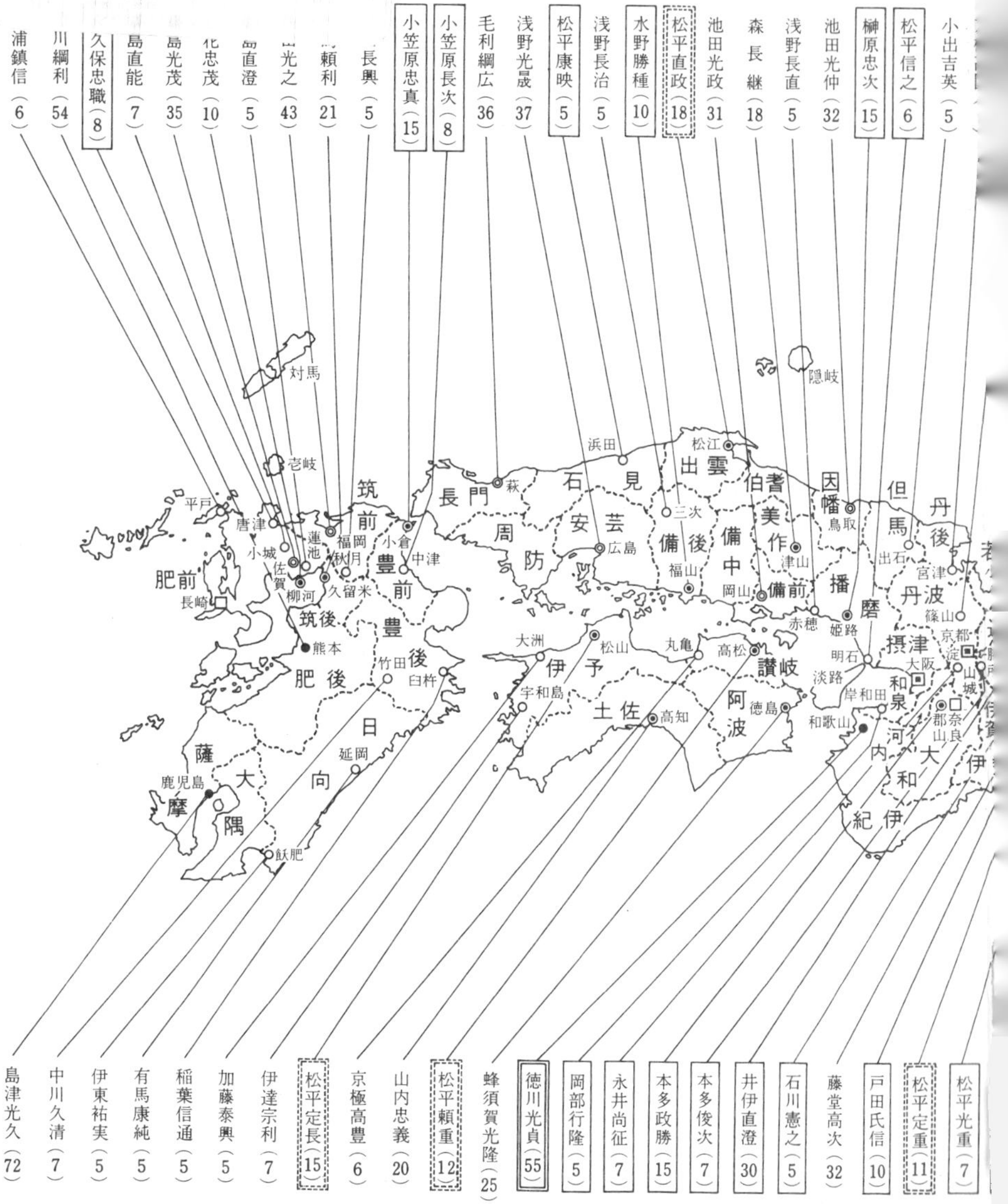

浦鎮信（6）
川綱利（54）
久保忠職（8）
島直能（7）
島光茂（35）
花忠茂（10）
島直澄（5）
山光之（43）
頼利（21）
長興（5）
小笠原忠真（15）
小笠原長次（8）
毛利綱広（36）
浅野光晟（37）
松平康映（5）
浅野長治（5）
水野勝種（10）
松平直政（18）
池田光政（31）
森長継（18）
浅野長直（5）
池田光仲（32）
榊原忠次（15）
松平信之（6）
小出吉英（5）
対馬
隠岐
壱岐
平戸
唐津
小城
佐賀
蓮池
柳河
福岡
秋月
久留米
小倉
中津
長崎
肥前
筑前
筑後
熊本
肥後
豊前
豊後
竹田
臼杵
日向
延岡
薩摩
鹿児島
大隅
飫肥
長門
萩
周防
石見
浜田
安芸
広島
出雲
松江
三次
備後
福山
備中
岡山
備前
伯耆
美作
津山
因幡
鳥取
播磨
赤穂
姫路
明石
但馬
出石
丹後
宮津
丹波
篠山
摂津
大阪
和泉
岸和田
淡路
伊予
大洲
松山
宇和島
土佐
高知
讃岐
丸亀
高松
阿波
徳島
紀伊
和歌山
河内
大和
郡山
奈良
京都
淀
山城
伊
島津光久（72）
中川久清（7）
伊東祐実（5）
有馬康純（5）
稲葉信通（5）
加藤泰興（5）
伊達宗利（7）
松平定長（15）
京極高豊（6）
山内忠義（20）
松平頼重（12）
蜂須賀光隆（25）
徳川光貞（55）
岡部行隆（5）
永井尚征（7）
本多政勝（15）
本多俊次（7）
井伊直澄（30）
石川憲之（5）
藤堂高次（32）
戸田氏信（10）
松平定重（11）
松平光重（7）

大　名　配　置　表（寛文4年）

日本史事典

普及版

［編集代表］
藤野　保
［編集委員］
岩崎卓也
阿部　猛
峰岸純夫
鳥海　靖

朝倉書店

序

敗戦を契機に、〝神話から科学的歴史学へ〟の転換が推進されるなかで、日本史研究は新たな方法論と分析視角のもと、新史料の発見や既成の学説の批判を通じて著しく発展するとともに、最近は研究対象の拡大、隣接諸科学との交流を通じて、その研究手法はますます多様化し精密化して今日に至っている。こうした研究動向を反映して、大小さまざまの日本史辞・事典が刊行されているが、そこにみられる共通した傾向は項目網羅主義というところにある。

一方、戦後『くにのあゆみ』に始まる日本史の教科書は、学制改革（六・三・三制）と並行し、社会科教育の一環として、学界における研究成果を反映しながら、各様の『中学日本史』『高校日本史』を生み出し、さらに『高校日本史』は、最近、近現代の叙述に重点をおく『日本史A』と、より詳細に時代史を概観する『日本史B』に分化し今日に至っている。それと並行し『日本史史料集』や『日本史用語集』も多数刊行され、日本史の教科書を史料と用語の双方から補強する役割を果たしている。また大学教養課程を対象とした日本史概説書も数多く、この場合は、学界の研究成果をつよく反映した高度の内容となっている。

ところで、日本史の辞・事典にみられる項目網羅主義は、個々の事象について詳細に知ることができても、これを時代の流れのなかで理解することは困難であり、また事象相互の関連把握や全体的な位置づけが不十分である。さらに日本史の教科書にみられる概説的叙述は、日本史の展開過程や全体的見通しは可能であっても、逆に個々の事象や位置づけが不明確であり、より詳細に知るためには、『日本史史料集』や『日本史用語集』を援用しなければならない。

こうした諸点を考慮に入れて、本事典は、全体としての日本史の展開過程を、概説的方式と事典的方式を併用し、両者が同時かつ即座に利用しやすいように構成した。また、必要に応じて史料を掲載し、表・系図・図・写真などを挿入することによって、「史料集」としても利用できるよう配慮した。

朝倉書店は、すでに昭和三十八年、概説的方式と事典的方式を併用した『日本史ハンドブック』（遠藤元男・大森志郎編集）を刊行している。本事典も、そうした編集方針を継承しているが、その後の研究成果を取り入れるとともに、概説を時代概観からより詳細な時代概説に改める一方、執筆も各時代史の専門家に依頼した。そのため、概説執筆者は二名から五名、項目執筆者は八名から一六四名に増加している。とくに最近の教科書の傾向を反映して、近現代に重点をおいたこと、新たに史料を掲載し、各種の表・系図・図・写真を掲載したところに特色がある。本事典が研究者はもとより、大学、中・高校における日本史の研究および教育に、お役に立つことができれば、編者一同これに勝る喜びはない。

最後に、本事典の趣旨にご賛同賜り、ご執筆いただいた多数の方々に謝意を表するとともに、朝倉書店編集部の各氏に、感謝の意を表する。

二〇〇一年正月

編集委員
代表　藤野　保
岩崎卓也
阿部　猛
峰岸純夫
鳥海　靖

凡例

編纂の趣旨

一、本書は、「序」で述べた趣旨にそって、日本史全般についての理解を容易にするため、概説的方式と事典的方式を併用した。

一、概説・項目のほか、必要に応じて史料を掲載し、表・系図・図・写真などを挿入することによって、「史料集」としても利用できるよう配慮した。

一、政治史・社会経済史・対外交渉史のほか、考古・文化に関する用語も広く収録し、また一般史上の用語も、必要な限り掲載した。

本書の構成

一、時代区分は、原始・古代・中世・近世・近代・現代の六段階とし、各時代の第一章に国際環境を入れ、世界史との関連把握に留意した。

一、中・高校の学習指導要項を基準に、独自性を加味しながら章節を編成し、各節とも、まず時代概説（概説的方式）を述べ、そのあと事項説明（事典的方式）を加えた。

一、項目は趣旨にそって約二一〇〇項目を時代概説に合わせて収録した。

一、項目は中小項目方式を採用し、そのうち特に重要な項目には参考文献を加えた。

記述について

一、文体は口語体とし、当用漢字・現代かなづかいを用いた。ただし、特殊な用語は新旧を併用した場合もある。

一、概説には小見出しを付し、文中の特殊用語・難読の人名にはふりがなを施し、一般利用者の便に供した。

一、外国人名・地名などには、必要に応じて見出し語のあとに原語音のローマ字綴りを付記した。

一、年代は原則として和暦年号を用い、（ ）内に西暦を併記した。ただし、外国関係記事で、日本史ととくに関係のない場合は西暦のみとした。

一、改元の年は原則として新年号を用いて「元年」とした。南北朝時代は北朝の年号を用い、必要に応じて南朝の年号を加えた。

一、同一世紀での年号が続く場合、二回目以降の年号は原則として下二桁のみを表記した。

一、年代は原始・古代・中世・近世・近代・現代の六段階法を用いたが、必要に応じて、奈良時代・平安時代・鎌倉時代・室町時代・戦国時代・江戸時代・明治時代などの時代区分を用いた。

一、項目の見出しにはふりがなを付し、項目によっては外国語を併記した。
一、人名項目には、（　）内に西暦で生没年を付し、死亡年齢は昭和二十四年以前に没した日本人の年齢はかぞえ年齢とした。

検索について

一、概説・項目とも、＊印の語は独立項目があることを示す。ただし一項目のなかに当該用語が複数ある場合は、最初の用語のみに＊印を付した。
一、巻末の索引は、全項目および概説の重要用語を収録し、検索の便を図った。

編集代表

藤野　保

編集委員

岩崎卓也
阿部　猛
峰岸純夫
鳥海　靖

執筆者

相曽貴志
赤羽貞幸
秋田かな子
阿部　猛
飯沼二郎
家近良樹
池田真由美
石井亜矢子
市村高男
伊藤邦彦
稲本万里子
犬塚孝明
岩崎卓也
上原兼善
魚住昌良
宇佐美　毅
宇野俊一
江村栄一
老川慶喜
區　建英
大石　学
大久保文彦
大関俊哉
太田勝也
岡田千昭
小木新造
小国浩寿
尾崎直人
落合　功
落合弘樹
小山田義夫
梶田明宏
片桐一男
金澤　弘
神山恒雄
川越泰博
川崎千鶴
川地博行
神崎直美
菊竹淳一
菊池勇夫
北原　進
木原溥幸
木本好信
久住真也
黒沢文貴
黒田日出男
黒田弘子
小池聖一
小風秀雅
小林　忠
小林敏男
小宮一夫
小宮木代良
小山幸伸
齋藤　融
齊藤保子
佐伯弘次
逆井孝仁
櫻井良樹
差波亜紀子
佐藤元英
設楽博己
柴多一雄
清水紘一
清水眞澄
正田健一郎
所澤　潤
白石典之
新藤東洋男
菅原　秀
鈴木暎一
鈴木哲雄
鈴木敏弘
関根省治
関根孝夫
高野信治
滝沢　誠
滝島　功
多田狷介
舘かおる
田中單之
田中浩司

田沼　睦
玉懸博之
圭室文雄
千田孝明
千々和　到
塚本康彦
土屋礼子
常木　晃
鶴崎裕雄
寺崎　修
土肥鑑髙
外山幹夫
鳥海　靖
内藤正中
仲　隆裕
中川　收
中野　等
中野三敏
長野ひろ子
中村洪介
中村隆英

中村光一
成瀬　治
西岡芳文
西川　誠
西村圭子
芳賀　登
橋本博文
長谷川伸三
長谷川　端
土生田純之
早川万年
林　勉
林　英夫
比留間　尚
廣瀬良弘
深井雅海
福田英一
藤野　保
藤村潤一郎
藤村道生
古川隆久

古谷紋子
細川涼一
堀　千鶴子
堀井典子
松尾正人
松木裕美
松崎　稔
松島周一
松本洋幸
丸山雍成
水野敏典
峰岸純夫
宮崎克則
宮崎正康
宮島敬一
宮原俊一
村上　直
村島　滋
百瀬　孝
森田　悌
森本岩太郎

盛本昌広
八木真博
安岡昭男
安田政彦
矢野信幸
山尾幸久
山形万里子
山岸常人
山本世紀
横井　清
横田佳恵
吉岡康暢
吉田昌彦
吉田靖雄
頼　祺一
劉　傑
和歌森民男
渡辺昭夫

（五十音順）

目　次

近世

近　代

現代

原始

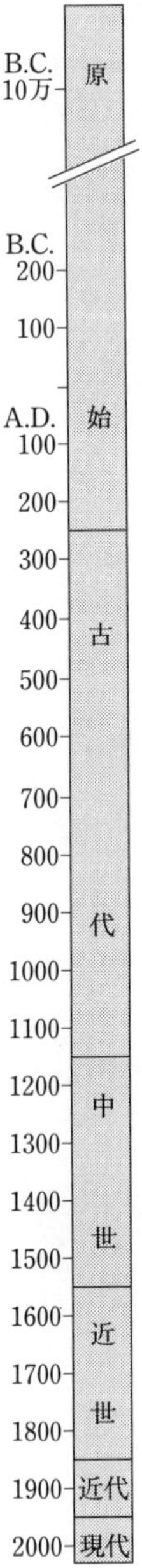

	〔日　本〕	〔世　界〕
500 万年前		猿人の出現（アフリカ）
200 万年前		更新世のはじまり
170 万年前		原人の出現
20 万年前	★旧石器文化	旧人の出現
4 万年前	岩宿遺跡（群馬県）	新人の出現 洞窟絵画
3 万年前	陸橋の形成 三ケ日人，浜北人，港川人	
1 万 2000 年前	縄文土器の出現 ★縄文文化 土偶，磨製石器	
1 万年前	海面上昇，列島形成	完新世のはじまり
8000 年前		西アジアに農耕文化
前 3000	山内丸山遺跡（青森県）	世界四大文明の出現
	亀ヶ岡遺跡（青森県）	
		ギリシア文明
前 300	弥生土器の出現 ★弥生文化 九州北部で水稲農業 金属器の使用	
前 221		秦の中国統一
前 202		前漢成立
前 108		朝鮮に楽浪郡を設置（−313）
前 100	倭，百余国に分立	
		ローマの隆盛
25		後漢成立
57	倭の奴国王，後漢に入貢 吉野ケ里遺跡（佐賀県）	
107	倭の国王帥升ら，後漢に遣使 登呂遺跡（静岡県）	
150	このころ倭国，戦乱状態	
204		朝鮮に帯方郡を設置（−313）
220		中国，三国時代（魏，呉，蜀）
239	卑弥呼，魏に遣使	
266	壹与，西晋に遣使	

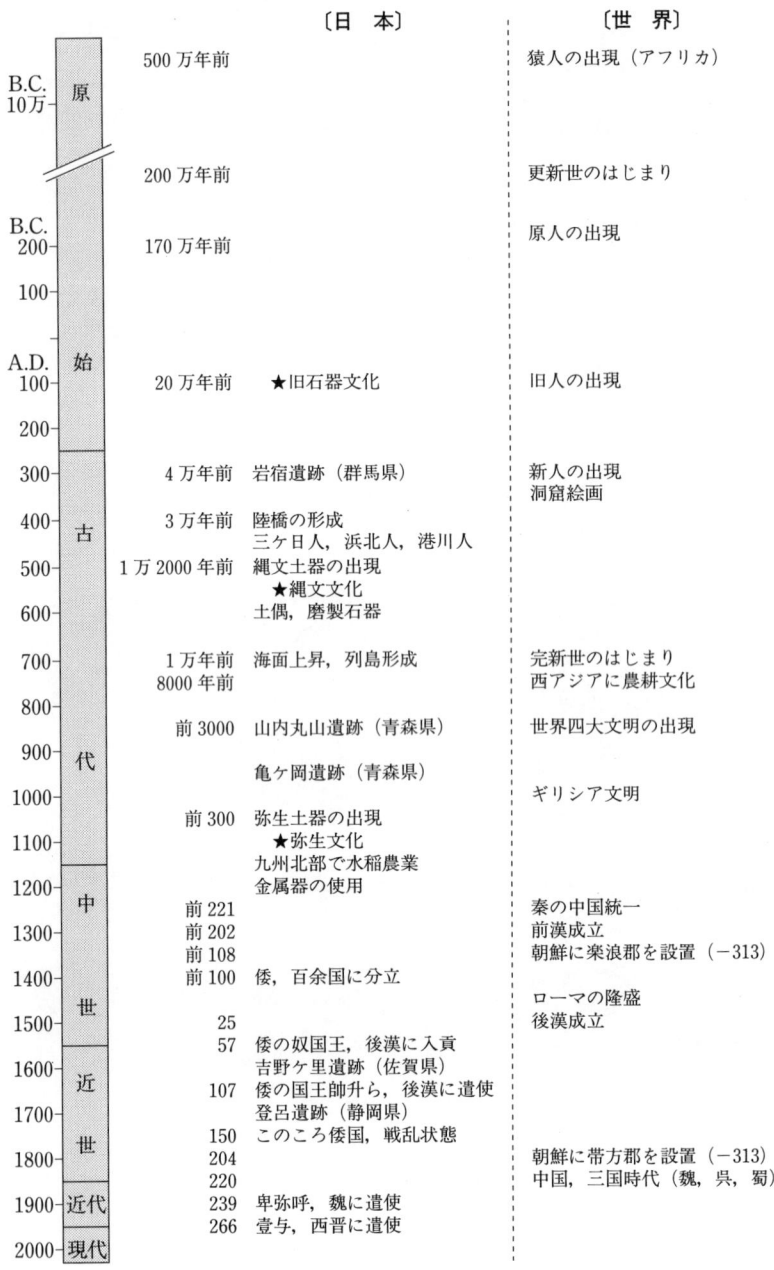

一　歴史のあけぼの

（一）人類文化のはじめ

人類の誕生　最近の人類学*ならびに考古学*上の新発見は、人類の誕生にかかわる私たちの常識を、つぎつぎに塗りかえている。そしていまや、人類の祖先はおよそ五百万年前、地質年代でいう新生代第三紀の鮮新世《せんしんせい》にアフリカで生まれた猿人と呼ばれる化石人類*だといわれるようになった。アウストラロピテクス（南のサル）と総称されるかれらは、二足歩行をする点でサルと区別される。それは乾燥が進むなかで、減少する森からとり残されたサルたちが地上生活に適応した姿だと説明されている。

やがて寒冷化が進み、人類の時代といわれる新生代第四紀の更新世《こうしんせい》*（洪積世《こうせきせい》）を迎えた。およそ二百万年続くこの更新世は、寒冷な氷河期と温暖な間氷期とが繰り返しおとずれたことで知られている。人類は、そのつど大きく姿を変える自然環境に適応しつつ、猿人から原人、旧人へ、そして現生人類の直接の先祖である新人へと移り変わるとともに、世界の各地に拡散していった。そのうち人類としての資質をより多く身につけた旧人からあとをホモ・サピエンス（知恵あるヒト）と呼ぶ。だが人類は、猿人から原人、原人から旧人、旧人から新人へと、一系的に進化したわけではない。それは猿人と原人が、あるいは旧人と新人とが、ある期間併存していたことからも理解できるという。それどころか、近年のミトコンドリアDNA研究の結果、すべての現代人は、二十万年前にアフリカで誕生した一女性から分かれたもので、死滅していった猿人・原人・旧人たちとは、まったくかかわりがないとの仮説（イヴ仮説）まで提起されるようになった。

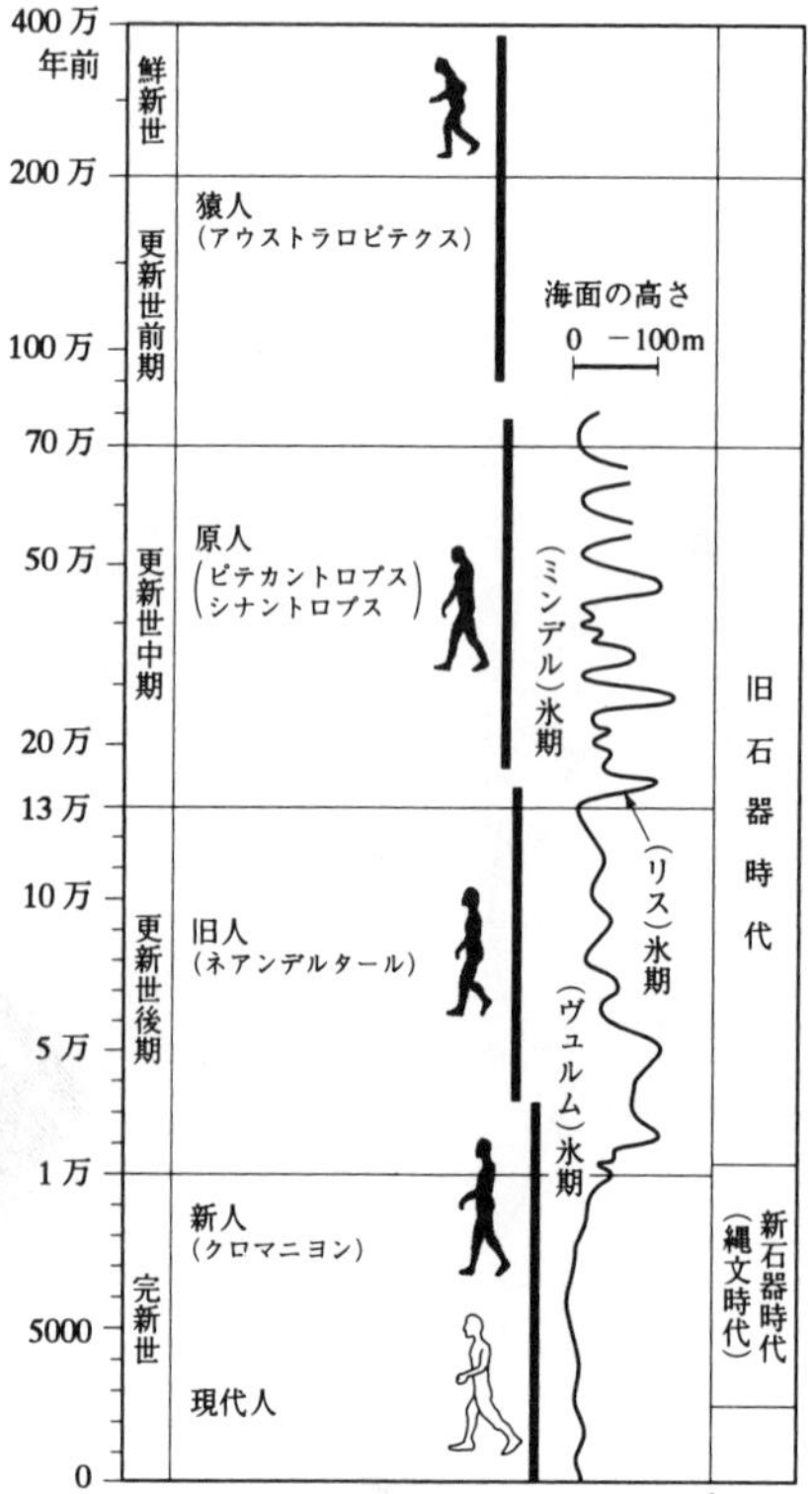

人類の変遷

最古の人類文化　地上の生活に適応した猿人は、やがて礫《れき》の一端を打ち欠いた程度の、礫器と呼ぶ簡単な打製石器*をつくり始めた。おそらく同じ石器が、割る、切る、削るなど、いろいろな用途に供されたのであろう。

　北京原人で知られる中国の北京市郊外周口店《しゅうこうてん》の猿人洞には、三十万—五十万年前の焚火跡が残っていた。周囲には猛獣を含む多くの獣骨が散乱し、何種類もの打製石器も発見された。この火については、自然発火説も出されていたが、アフリカのケニアで百四十万年前の焚火跡さえ発見されるようになった。原人が火を使い始めたことを認めてよい。ネアンデルタール人の名で知られる旧人の遺跡の一つ、イラクのシャニダール洞穴では、五万年ほど前、死者にたくさんの花をそえて葬った事実が確かめられた。そして旧人たちが、鋭利な刃部をもつ尖頭器*を製作する新技術を開発していたことも知られている。こうして三万五千年前ごろに始まった新人の時代には、のちにモンゴロイドと呼ばれる山頂洞人たち新人の仲間が、アメリカ大陸への移住を始めた。

　ヨーロッパではクロマニヨン人が優れた骨角器*や石刃*のような新式石器を創案するだけでなく、洞穴の壁に狩りの対象だったウシやウマをリアルに描いたり、豊満な女性の彫像をつくったりした。採集生活の豊かさを求めて、いろいろな呪術*を発達させたのであろう。しかし、大型獣を追うなど、移動を繰り返したかれらの社会は、血縁で結ばれた小規模な集団を基本とする原始社会*の域を抜け出すことはなかった。

変わる生活の舞台　およそ二万年前、最終氷期のピークを過ぎた地球は徐々に温暖となり、海水面も上昇を始めた。こうしておよそ一万年後には、ほぼ現在と同じ環境が形づくられた。完新世*（沖積世）の始まりである。

　三時期法*でいう石器時代はまだ続くが、この新しい恵まれた環境のもと、人類はまったく質の異なる新文化を発達させることになる。そこで旧大陸*では、更新世を中心とする打製石器に依存した採集経済*の段階を旧石器時代*と呼んで、完新世の石器文化と一線を画している。

　完新世に入り湿潤かつ温暖化した地域では草木が繁茂し、絶滅した大型獣に代わって機敏な獣が活躍を始めた。人びとは弓矢を発明し、それまでとは違う細石器*を使い始めるとともに、食用植物への依存を深めていった。この過渡的段階が中石器時代*である。

（岩崎卓也）

〔人類の研究〕

人類学《じんるいがく》　anthropology　人類科学の一分野。人類（ヒト）の自然史を研究する学問で、自然人類学ともいう。人類学は主として人類の時間的変化（起源・進化・時代差）と、地理的多様性（変異）とを取り扱う。一九五〇年代までは、もっぱら人類の形態学的研究が行われてきたが、最近は運動学（キネジオ

ロジー）、生理学、人類遺伝学、古病理学、生態学などの諸分野でも、広く人類の自然史が追究されるようになった。研究対象により、生体（体型・皮膚・毛髪など）を扱う生体人類学、硬組織（骨や歯）を扱う骨格または歯牙人類学、軟部組織（筋・血管など）を扱う軟部人類学、化石を扱う化石人類学、遺伝子（DNA）を扱う分子人類学などの別がある。人類は動物分類学上は霊長類に属するが、人類に関する研究が人類学であり、サル類の研究は霊長類学と呼んで区別する。人類学の歴史は古く、古代エジプトでは皮膚の色や毛深さなどの相違から四人種が区別されていた。自然人類学に対する文化人類学は、日本では民族学とも呼ばれる。（森本岩太郎）

考古学《こうこがく》　archaeology　考古学は、遺跡・遺構・遺物など、いまに残る過去の物的資料によって、人間の歴史の再構成を目指す学問である。したがって、文献資料（史料）に基づく歴史学とは、資料の扱い方などに大きな差異はあるが、目的とするところが通じ合う点を重く見て、これを歴史学の一分野と考えるのが一般である。だが、ヨーロッパやアフリカからの移民*が中心となって拓かれたアメリカなどでは、考古学を人類学の一分野に位置づけるなど、目的意識は必ずしも一致していない。

　考古学、あるいはギリシア語の古代学に由来するアーケオロジーの名から連想されるこの学問は、原始社会*など、人類の遠い過去が研究対象だと理解されがちである。だが、初期の段階はともかく、それは現在では誤りである。物質資料が遺存している限り、いかなる時代の歴史でも研究対象となりうるからである。事実、いま日本では中世・近世・近代の考古学研究はもちろん、戦跡考古学など、現代にかかわるジャンルの研究も活発に進められている。（岩崎卓也）

更新世《こうしんせい》　地質時代の新生代第四紀を二分するときの古いほうの時代名。約百七十万—約一万年前の地質時代。「最も新しい時代」の意味をもつ pleistocene の訳語である。かつては洪積《こうせき》世《せい》の用語が用いられた。第四紀は更新世と完新世*に区分される。第四紀は人類が栄えた時代であり、氷河が拡大した時代であるので、人類紀あるいは氷河時代とも呼ばれる。更新世は、前期・中期・後期更新世に三分される。前期更新世は古地磁気層序のオルドバイ・サブクロンの直上（約百七十万年前）からマツヤマ・クロンの終わり（約七十万年前）まで、中期更新世はブルン・クロンの始まり（約七十万年前）から最終間氷期の前（約十三万年前）まで、後期更新世は最終間氷期（約十三万—七万年前）と最終氷期（約七万—一万年前）とからなる。更新世は気候変化の激しい時代であり、何回もの氷河の拡大・縮小を繰り返し、これに伴って海水準が大きく変動し、動植物の移動が頻繁に行われた。火山活動や地震などを伴う地殻変動も激しく、現在見られる日本の地形の多くは、中期更新世以降に形成された。（赤羽貞幸）

化石人類《かせきじんるい》　旧石器時代の古人類。古いほうから順に猿人・原人・旧人・新人の四段階に分ける。旧人を古代型新人、新人を現代型新人と呼ぶこともある。旧人はネアンデルタール人とも呼ばれる。二足歩行を始めた猿人（アウストラロピテクス）は約五百万—百五十万年前のアフリカに住み、身長が一—一・三メートル、脳容積が四五〇立方センチメートルである。猿人には華奢《きゃしゃ》型と頑丈型の二型がある。約二百万—百五十万年前のアフリカには、猿人と平行して、脳容積が六〇〇—八五〇立方セ

ンチのホモ・ハビリスがいて、原人の祖となった。原人は約百七十万年前にアフリカに現れ、百十万年前ごろからアジア、ヨーロッパに広がり、約二十万年前まで生息した。身長一・五メートル、脳容積八五〇—一一〇〇立方センチで、言語をもつ。住居には「いろり」があり、氷河時代の寒さに順応した。百十万—七十万年前のジャワ原人と、約六十万年前に中国に達した北京原人は、この仲間である。

旧人の出現については、多地域連続進化説（多系説）と単一起源説（単系説）とがある。多系説によれば、原人から旧人への移行は旧大陸各地で行われたが、一元説に従えば、旧人は約二十万年前のアフリカに出現し、約十万年前から中近東、アジア、ヨーロッパへ広がった。ネアンデルタール人は約三十万年前から主として中近東・ヨーロッパに住み、身長一七〇センチ、脳容積一五〇〇立方センチで、頑丈な体格である。ムステリアン型石器を使い、洞窟やテントに住み、埋葬や儀式を行ったが、約四万年前に絶滅した。新人は現代人の祖先で、七万—一万年前にベーリング海峡を渡って新大陸にも入った。新人の脳容積は旧人と大差ないが、脳の前頭葉が発達して抽象的思考がよくできる。精巧な石器や工芸品をつくり、洞窟に絵画を残した。山頂洞人（約二万年前）やクロマニヨン人は新人に属する。約一万年前に旧石器時代*が終わった。〈D・ランバート著、河合雅雄監訳『図説・人類の進化』平凡社、一九九三〉　（森本岩太郎）

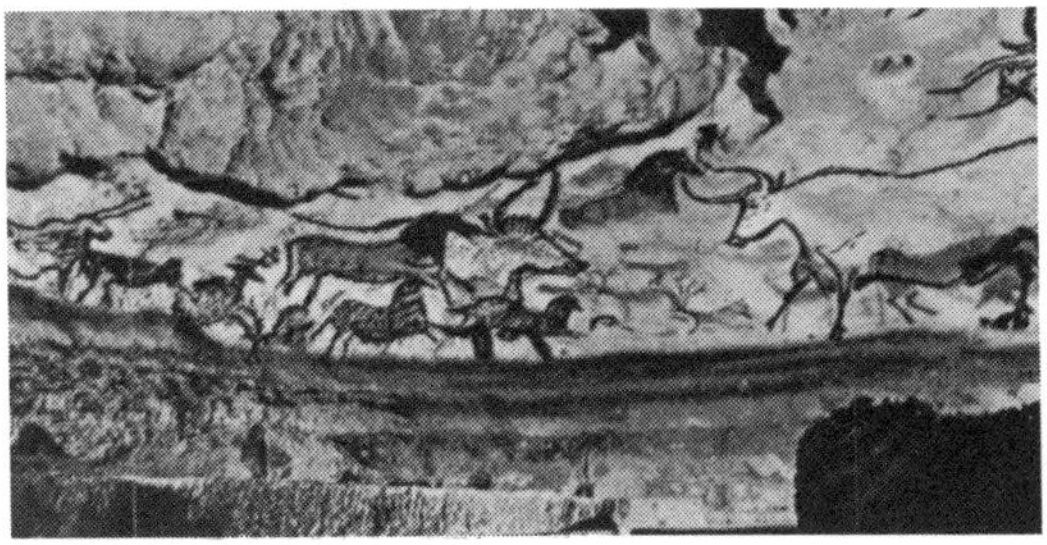
ラスコーの洞窟絵画（フランス）

採集経済《さいしゅうけいざい》　狩猟・漁撈・植物採集など、自然界から与えられる食料源の採取を生業《なりわい》とする経済システム。この経済下では、年間を通じて環境が安定している熱帯などを除けば、食料獲得のための季節的移動は避けられず、飢餓すれすれの不安定な生活も続いたから、居住にも永続性はなかった、と考えられてきた。確かに旧石器時代*の大型獣ハンターたちは、獣群を追う旅を繰り返したに相違ない。だが、採集経済下にあった縄文人たちは、手間をかけて住居を建ててムラ*を営み、クリなどの植物の管理も行ったようである。また海浜のムラでは、内陸部との計画的な交換のためと思われる、貝類の大量採取をしたとの指摘もある。また、アフリカの採集民たちには、毎日二—三時間の労働で生計維持が十分に可能であるため、豊かな余暇を楽しんできた、との調査報告もある。採集生活は、環境変化などにより壊滅的打撃を受けることが多く、人口増もほとんど期待できなかったとの指摘は多い。にもかかわらず、採集経済に関する先入観は、見直す必要があるようである。（岩崎卓也）

呪術《じゅじゅつ》　まじない。不幸や災難を蒙《こうむ》ったとき、あるいは積極的に災害を斥け、福を手にしようとするとき、自己主張的に一方的に表現される願望。その背景には二つの基礎的な考え方がある。一つは、似たものは似たものを生じるという思考、つま

り獲物を仕止めた絵を描くことにより、同じ現実がもたらされることを期待するという類感呪術である。もう一つは、かつて接触したことのあるものは、互いに離れても影響し合うという考え方で、たとえば生まれた子の臍《へそ》の緒を戸口に埋め、多くの人に踏ませることにより、丈夫で真面目な子に育つことを期待するなどで、これは感染呪術と呼ばれている。（岩崎卓也）

〔旧石器時代〕

旧石器時代《きゅうせっきじだい》* Palaeolithic Age 旧大陸では新石器時代*あるいは中石器時代に、日本では縄文時代に先行する時代区分で、五百万年前の人類誕生から約一万年前まで続いた。地質学の区分ではほぼ更新世*に相当する。石器と化石人類*の特徴から、最近の研究では、猿人・原人に対応する下部旧石器（五百万―二十五万年前）、旧人と古典的な現生人類に対応する中部旧石器（二十五万―四万五千年前）、現生人類に対応する上部旧石器（四万五千―二万八千年前）、続旧石器（二万八千―一万年前）という区分と年代が考えられている。これに対して日本では、前期（前・中期）旧石器（三万五千年前まで）、後期旧石器（三万五千―一万年前）という区分が用いられることが多い。これまでは磨製石器《ませいせっき》*が見られないことや、農耕を行わないことなどが旧石器時代の特徴とされてきたが、磨製石器や簡単な植物利用の存在は旧石器時代の終わりにすでに知られており、時代区分の再検討が必要となっている。わが国では土器を伴わないことが時代区分の基準となっている。（白石典之）

打製石器《だせいせっき》 石を打ち欠くことによりつくられた道具のこと。手に入れた原石を打ち欠いて周囲を剝ぎおとし、芯として残ったものを整形して道具とする「石核石器《せきかくせっき》」と、剝ぎおとされた石片（剝片《はくへん》）を整形して道具とする「剝片石器《はくへんせっき》」の二種類がある。主な打ち欠き法には、石、骨、角でつくったハンマーを直《じか》に打ちつけて割る「直接打撃法」と、角などをパンチとして用い、その一端を原石に当て他端をハンマーで打つ「間接打撃法」とがある。また、角の先端などを原石に押し当て、徐々に力を加えて割る「押圧《おうあつ》剝離法」は、石鏃《せきぞく》*や石槍《いしやり》などの精巧な加工を必要とする道具にもっぱら用いられた。さらに、民族誌には火や熱を利用して割る方法も知られている。日本では打製石器は旧石器時代*から弥生時代まで長い間にわたり用いられた。旧石器時代では局部磨製石斧《きょくぶませいせきふ》*を除いて、ほとんどが打製石器であるが、縄文時代以降しだいに磨製石器《ませいせっき》*の割合が増して、弥生時代には磨製石器が大部分を占めるようになる。（白石典之）

握斧《あくふ》 旧石器時代*の代表的な石核石器《せきかくせっき》で、ハンド=アックス hand-axe と呼ばれることもある。両面を打ち欠くことによって斧状に仕上げられているが、アーモンド形・楕円形・三角形といった形態のバリエーションがある。機能は斧というよりも、切ったり、削ったりという行為に使われた「万能石器」と考えられている。また、握斧を製作した際に生じた剝片《はくへん》を利用した可能性もあり、石核《せきかく》としての役割を果たしていたとも想定できる。欧州や西南アジアの下部旧石器時代に特徴的な石器と考えられてきたが、東アジアの遺跡からも出土が報告されている。（白石典之）

石刃《せきじん》 旧石器時代*に特徴的に見られる石器の一つ。縦長で両側縁が並行する剝片《はくへん》のうち、長さと幅との比率が二対一以上のものをいう。幅が一センチ以下のものは、特に「細石刃《さいせきじん》」と呼ばれる。石刃はそれ自体が切裁具として使われたほか、様々な道具の素材として用いられた。石刃を大量に製作する方法を「石刃技法」と呼ぶ。この方法は西アジアでは二十万年以上前から見られるが、日本では約三万年前に出現し、後期旧石器時代を特徴づける。特に北海道や東北地方では石刃技法が発達し、大型の石刃が見られるが、これは黒曜石《こくようせき》*や頁岩《けつがん》といった良質な石材に恵まれた結果であるといわれる。（白石典之）

尖頭器《せんとうき》　打ち欠きにより先端を鋭く尖らせた石器のこと。日本では六十万年前の上高森《かみたかもり》遺跡にすでに見られる。この段階では不定形で、三角形の剝片に簡単な加工を施したものが一般的であった。細部加工を施し、薄く木の葉形に定形化するのは後期旧石器時代*の後半である。この形態のものは、弥生時代まで用いられた。はじめは狩猟具であったが、弥生時代になると武器としても用いられたと考えられている。旧石器時代のものは「槍先形《やりさきがた》尖頭器」、縄文時代以降のものは「石槍《いしやり》」と呼ぶ場合が多い。また、旧石器（先土器）時代末から縄文時代初頭にかけて、基部に茎《なかご》をもつ「有茎《ゆうけい》（有舌《ゆうぜつ》）尖頭器」という特殊な形態のものが発達した。（白石典之）

完新世《かんしんせい》　地質時代の新生代第四紀を二分するときの最も新しい地質時代名。「完全に新しい時代」の意味をもつ holocene の訳語。完新世は最終氷期末の約一万年前から現在に至る地質時代。現世・後氷期・沖積世ともいう。氷河の消滅は場所によって異なるため、国際第四紀連合の第八回会議（一九六九年、パリ）では、ヤンガードリアス期とプレボレアル期の境界（約一万年前）を完新世の始まりとした。この境界は、急激な気温の上昇が行われた時代であり、人類*ではクロマニヨン人から現代人へ移行した時代で、旧石器時代の終わりにほぼ一致する。完新世の八千―五千年前（縄文時代早期・前期）の時期は、現在より気候が温暖で最大二度ほど高く、海水面は現在より三メートル前後上昇した。その結果、関東平野では埼玉県の栗橋町付近まで海域が広がり、各地に貝塚*がつくられ、房総半島館山沼の海岸段丘にはサンゴ化石が残されている。この時期を気候最良期またはヒプシサーマルと呼んでいる。この後の四千―二千年前（縄文時代後期―弥生時代）の時期は、いまより一度前後寒かった。（赤羽貞幸）

尖頭器（群馬県出土）

細石器《さいせっき》　microlith　約二万―八千年前までの間を中心に主にユーラシア大陸で盛行した小型石器の総称。人類の石器づくりは旧石器時代*終末から中石器時代*にかけてその極限を迎える。すなわち一つの礫《れき》から刃部を有する石器をいかに効率的かつ大量につくり出せるかを追求した結果、狭小な石刃*を連続的に剝離する細石刃技法が生み出され、この細石刃を主な素材とした細石器の製作に至った。細石器は、細石刃をほぼそのまま用いた細石刃石器と、三角形や半月形、台形などに加工した幾何学形細石器に大別される。日本では主に前者が出土する。これらの石器は単独で使用されることもあるが、主に複数を組み合わせて骨や木の柄に装着し、槍先や鏃《やじり》、ナイフなどとして用いられたと考えられる。（常木　晃）

中石器時代《ちゅうせっきじだい》　Mesolithic Age　旧石器時代*から新石器時代*への過渡期に対してヨーロッパ考古学で考案された時代名。およそ紀元前一万―前六〇〇〇年ごろに当たる。氷河期終末の紀元前一万年ごろになると、気候が世界的に温暖化し、ヨーロッパ各地で氷河が急速に後退していく。湖沼が形成され海進*が促されて、草原から森林へと自然環境が大きく変化している。それに伴い人びとの生活も、平原で大型・中型の草食獣を狩猟採集していた遊動的生活から、森林の多様な動植物や沿岸部の豊富な水産資源を計画的に調達する生活へと変化し始め、定住性も強まっていく。それに合わせ、木を伐採するための磨製石斧や小動物を効率よく狩猟するための石鏃《せきぞく》、*または漁撈活動に用いる釣針や魚網用錘、細石器*を組み合わせたヤスなどが発達している。北ヨーロッパに広がるマグレモーゼ文化やエルテベーレ文化などが中石器時代の代表的文化としてあげられる。時期的には日本の縄文時代草創期から早期に併行し、この時代の縄文文化*をヨーロッパの中石器時代に対応するものととらえる研究者もいる。ヨーロッパ以外では中国でも中石器時代という用語が用いられている。（常木　晃）

原始社会《げんししゃかい》　primitive society　単純な物質文化をもち、素朴な人間関係を有する社会をさす用語であり、歴史的には古代文明成立以前の先史時代の人間社会を呼び習わすときに用いられる。経済的には、狩猟採集・漁撈や小規模で原初的な農耕に従事し、集団が日常消費する食料は基本的にその集団自身が調達し、商工業に専業的に従事する人びとは存在しない。社会的には、階層性が希薄で、集団活動を調整するリーダーは存在しても、それが固定化・世襲化せず、経済的格差も希薄で、世襲化していない相互的な人間関係をもつ社会とまとめることができよう。人類が古代文明社会に突入するのはせいぜい五千―六千年前なので、五百万年前後に達する人類史の九九・九パーセントは原始社会であったといえる。この人類史のほとんどを占める原始社会は、単純な物質文化をもつ素朴な社会ゆえに、十九世紀以来、文明社会側にいる考古学者や文化人類学者からは野蛮・未開などと評価され、人びとは絶えず餓えや危険にさらされ貧困な生活を送っていたと考えられていた。しかしながら、現存する狩猟採集民社会の研究が進展するに従い、特に一九六八年のR・リーらによる『Man the Hunter』の出版などが契機となって、その社会が少ない労働時間で日々の食料を十二分に調達でき余暇と楽しみに満ちた「始原の溢れる世界」であると再評価する動きが高まった。このような現存する狩猟採集民の社会を先史時代の生き証人と考えるいわゆる伝統主義 traditionalism の主張に対しては、現存する狩猟採集民は文明社会によって周辺環境に追いやられた結果、近代になって出現したのであり、その社会の分析結果を先史時代社会の研究に用いるのは間違いであるという反論（歴史修正主義 revisionism と呼ばれる）が一九八〇年代に入ってなされている。
（常木　晃）

（二）　農耕のはじめと国家の誕生

新石器時代の始まり　石器時代*を細分して、新石器時代*の設定を提唱したラボック*は、人びとが打製石器*に代えて磨製石器*を創作・使用した点にこそ、新石器時代の特質があると技術の向上を重視した。人類文化の三段階区分を行ったモーガンの文化編年*も、また技術上の画期を指標とし

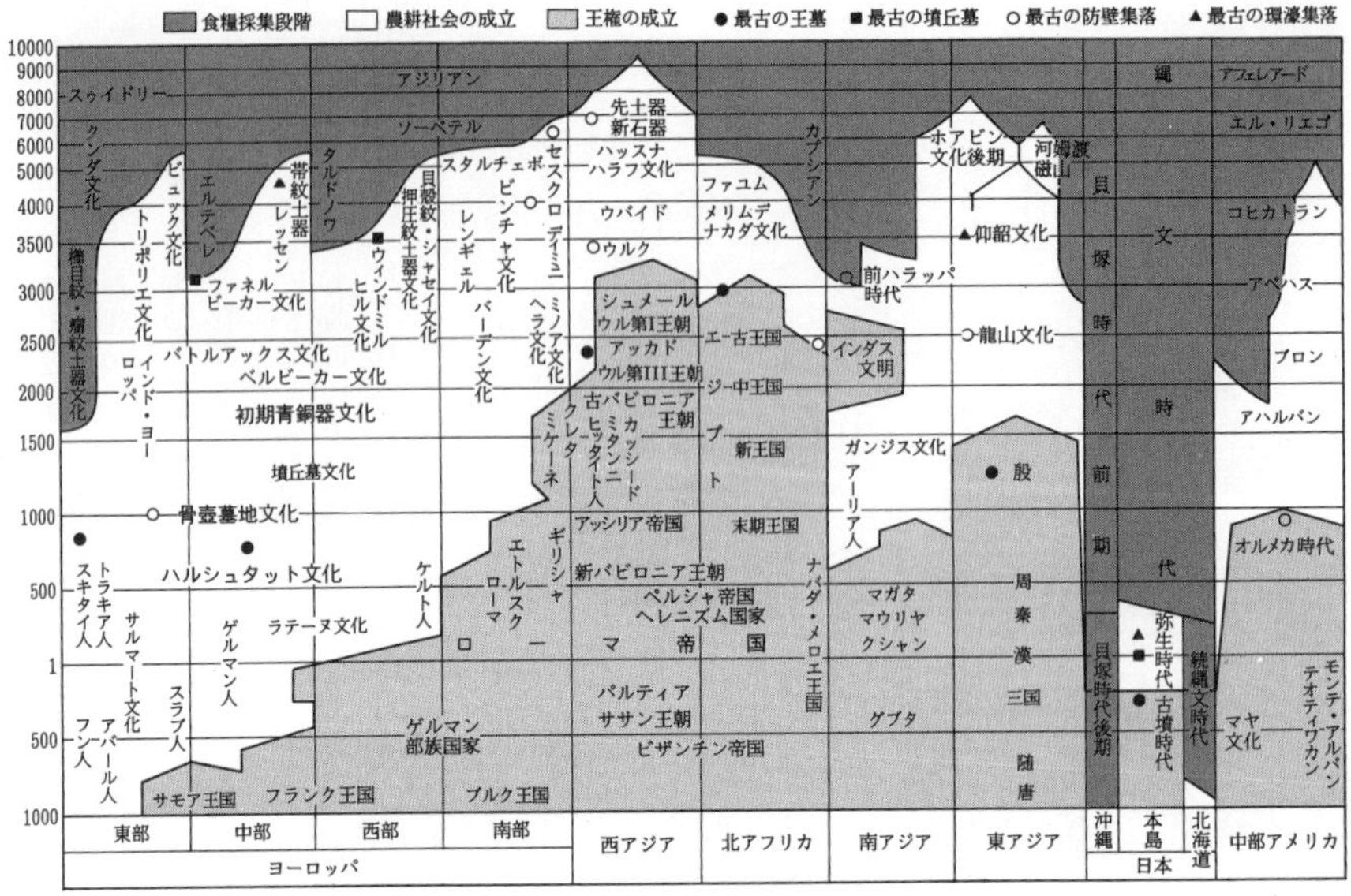

世界の文化・国家の変遷
（日本第四紀学会他編『図解・日本の人類遺跡』東京大学出版会より）

たものだった。

イギリスの考古学者チャイルド*は、これら先行する諸説を踏まえつつ、その後明らかになった新資料に立脚して、農耕・牧畜の開始、すなわち採集経済*から生産経済*への移行をこそ新石器時代開幕の指標とすべきことを説き、大方の支持を得た。しかし、かれの伝播論、すなわちメソポタミアで他地域に先駆けて始まった農耕が、東へ西へと各地に伝えられたという考えは批判され、いまでは環境の条件が整った地域ごとに、多発的に農耕生活に入っていったという多元論が支持されている。

農耕の定着　温暖かつ湿潤となった西アジアのチグリス・ユーフラテス両河川の流域を囲む山麓一帯では、繁茂する草木に混じって、野生のオオムギ、コムギも生育していた。こうして一万年前までに、中石器時代人たちは、この穀類を石鎌で刈り、石臼で挽いてパンをつくるようになっていた。こうして九千五百年ほど前になると、かれらはこれらの栽培を始めた。西アジアにおける新石器時代の幕開けである。

これとほぼ同じころ、中国の長江（揚子江）水系でも、野生イネを利用する段階を過ぎ、栽培が始まったとする説が有力になりつつある。同様に、タイなどの東南アジアでも、イモ類の栽培段階に入ったといわれている。年代的には下降するが、中南米でもトウモロコシ栽培という独自の農耕を開始することになる。

農耕は大地に働きかけて収穫を得るものであり、移動生活は不適格である。したがって、これで食生活が安定するなら、定住生活に入ることになる。定住が始まれば、それに耐える住居が必要となり、あちこちにムラ*も出現する。もとより住居は、それぞれの風土に合った構造となる。作物の種類が異なれば、栽培法や農具も異なってくる。もちろん調理法も異なるから、調理用具にも差が生まれる。焼くことを基本とするムギ・パン食地域に必ずしも必要としない土器（土鍋など）も、米食地帯では必需品だったに相違ない。それぞれの地域に個性的な文化が芽生えたと思われる。

農耕の開始は、社会システムも大きく変えることになる。いま、その要因をめぐり、戦争および交換・交易を加えての論議が高まっている。そこでの二、三の考えを紹介しよう。

戦　争　生活が安定すると人口が増加する。人口が増加すると耕地が不足する。農耕適地の開墾にも限りがある。勢い他集団との間に、土地争いが生じる。敗者は耕地ばかりか生命も奪われたり、奴隷的な境遇に追いこまれたりする。このような争乱は、回を追うごとに拡大する。ムラの家々は密集し、周囲に城壁や堀をめぐらすようにもなる。やがて、必要な折に農民が武装する程度では防御することは困難で、専従の指揮者と兵士が必要となる。そして勝利するたびに指揮者の権威は増し、多数の兵士を養う農民たちの負担も増加したと思われる。こうして戦争の大規模化とともに、国家体制に向けて社会は変化すると考えるのである。

交換・交易　移動生活の場合は、旅の途次で自ら入手できた石器素材なども、定住生活に入ると自給するのは困難となる。しかし、たとえばトルコ産の黒曜石*などは、その後も西アジア一円で使われていたから、早くからこれを入手する手段があったに相違ない。そしてここでは、紀元前五〇〇〇年ごろには、商品の輸送の際に使った封印と思われる、印影のある粘土塊などが多数見られるようになる。そして前三五〇〇年ごろには封印に加えて、内容物の種類や数を絵文字で印した、送り状と思われる粘土板も発見されるようになる。交通上の要衝には中継基地も設けられ、安全を確保するために城壁がめぐらされている。もちろん、交易をコントロールする人のもと、管理事務に当たる人、警備人・運搬人や物品の集配人たちの組織が不可欠となる。これらが社会組織を整え、経済組織を発達させる原動力だった、というのである。戦争や交易が社会の変革に果たした役割の大きさは十分に評価する必要があるが、その基盤が農耕の発達に伴う余剰の拡大にあったことはいうまでもない。

都市の誕生　西アジアでは、石器時代が終わろうとする紀元前三五〇〇年ごろには、長距離交易の中継地や、軍事・交易上の要衝に、守護神を祀る神殿や、実力をつけてきた指導者を中心に、役人・兵士・職人などの非農耕民が集住するようになっていった。増加した人口を擁する集落の周囲には防御用の城壁がめぐらされた。城内に住む人びとの食料が、周辺の農村から運びこまれるシステムも完成してきた。都市の誕生といってよいだろう。

中国でも紀元前三〇〇〇年紀に入るころには、黄河や長江流域はもちろん、東北区にまで、ほぼ一斉に城壁をめぐらす集落が出現した。なかでも長江中流域にある石家河《せきかが》遺跡には、一辺が一〇〇〇メートルもある城壁がめぐらされていた。ただ中国の場合、これらがどの程度都市としての機能をもっていたのか、いまのところ不明である。

いまから五千年まえ、青銅器時代*を迎えた西アジアの諸都市は、この新来の道具を駆使して支配体制を強化し、古代都市国家*を成立させ、王権を樹立させた。メソポタミアのウル王朝*、ナイル川流域のエジプト王朝*、インダス川流域のモヘンジョダロ*やハラッパー遺跡に代表されるインダス文明*も、それと見てよく、紀元前二〇〇〇年紀には殷王朝*の成立を見た。それぞれの文字の工夫も一段と進展した。中国で殷王朝が栄えていたころ、西アジアでは鉄器の使用が始まる。この鉄器時代*への移行は、古代国家の専制的な体制を強化していった。

（岩崎卓也）

〔新石器時代から金属器時代へ〕

磨製石器《ませいせっき》　ground stone tools　研磨*が施された石器の総称。打ち欠きによってつくられる打製石器*に対応する用語。十九世紀半ばのイギリスの考古学者ラボックにより新石器時代*の標識遺物とされたが、現在では四万年以上前の旧石器時代*中期の遺跡から、すでに磨製石器の存在が知られている。日本でも局部的に研磨された石斧*が旧石器時代後期の遺跡より出土している。しかしながら、磨製石器が日常用具として一般化するのは、世界的に後氷期の完新世*になってからで、石斧やノミなどの木工具のほか、石臼や石杵といった穀物・堅果類など植物性食料の処理具が早い段階で登場している。その後、容器や武器・装身具・祭祀用具といったものにまで幅広く研磨技術が用いられるようになった。

（常木　晃）

生産経済《せいさんけいざい》　人類は誕生してから数百万年にわたって自然界にある野性の動植物を捕食して生きてきた。このような生活は、生態学的には人間が自然生態系の一部をなしていたということができ、社会経済史的には死肉あさりや狩猟採集を基盤とした獲得経済と呼ぶ。ところがいまから約一万年前以降になると、馴化しやすくかつ利用が容易で栄養価も高い穀物や中型草食獣などの野性動植

磨製石斧（福岡県出土，九州大学文学部蔵）

物の栽培家畜化が試みられるようになった。西アジアではコムギ・オオムギやヤギ・ヒツジ・ウシ・ブタ、東アジアではイネ・キビやブタ・ウシ、新大陸ではトウモロコシやラマ・アルパカといった動植物がその主な対象となった。こうした栽培・飼育による動植物の再生産を基盤とした生活を生産経済と呼ぶ。生産経済の確立は大量の余剰食料を生み出し、その後の人類社会の階層化・複雑化の出発点となった。自然の動植物を人間の都合のよいように改変することで、人類はもはや自然生態系の一部という立場を飛び越えてしまい、その後の大規模自然破壊を含めた人間による生態系の改変に連なっていく。
（常木　晃）

新石器時代《しんせっきじだい》*　Neolithic Age　十九世紀半ばのイギリスの考古学者ラボック*は、その著書『先史時代』*において、石器時代*を、打製石器のみが出土する旧石器時代*と打製石器に磨製石器が加わる新石器時代とに区分し、この時代区分はヨーロッパの考古学界に広く浸透した。その後チャイルド*は、磨製石器のほかに土器や織物などが存在し、農耕牧畜の食料生産が始まった時代を新石器時代と考え、食料生産社会の出現を人類史上画期的なことととらえ新石器革命と呼んだ。しかしながら、チャイルドの定義した新石器時代の指標となる遺物と農耕社会とは必ずしも同時に出現しておらず、地域によって様々な多様性があったことが判明してきている。

新石器時代を定義する基準は、磨製石器の出現という技術史的観点から食料生産社会の出現という社会経済史的観点に変化してきており、現在では、後者の立場にたった定義が大勢を占めている。そして、地球上の様々な地域で様々な時代に見られる狩猟採集生活から農耕牧畜生活への過程を新石器化 Neolithization と呼ぶようになってきた。

このような意味での新石器時代の出現は、コムギ栽培に基づく西アジア地域が史上最も早く、紀元前九〇〇〇—前八〇〇〇年に遡る。東アジアでも近年、長江（揚子江）流域を中心にそれに近い年代まで遡るイネの栽培を伴った遺跡が発見され始めている。ヨーロッパや東南アジアの新石器化は、それらより数千年遅れて出現している。また独自の時代名が採用されているアメリカ大陸の考古学では、古期 Archaic Period と形成期 Formative Period が旧大陸の新石器時代とほぼ同趣の意味合いをもっている。日本の新石器化に関しては、世界に例がないほどの豊かな自然のなかで狩猟採集を基本としつつも、クリ・イネを含む雑穀などの管理を始めていた縄文時代前期以降におくのか、水田稲作を伴う本格的な農耕社会に突入した縄文時代晩期から弥生時代初頭におくのか様々な見方が可能であり、したがって日本における新石器時代の始まりをどの時代に想定するのか共通の合意は得られていない。西アジアやヨーロッパ、中国などでは、新石器時代は銅石器時代ないしは青銅器時代*（研究者により異なる）の始まりとともに終焉を迎える。〈常木晃編『食料生産社会の考古学』朝倉書店、一九九九〉（常木　晃）

青銅器時代《せいどうきじだい》　Bronze Age　十九世紀前半、デンマークの国立博物館員C・J・トムセンは、利器の材質を基準とする三時期法*と呼ばれる先史時代区分を初めて提案した。青銅器時代はこのうち二番目の時代にあたり、石器に代わって青銅が主要な利器製作の材料として用いられ、いまだ鉄器が導入されていない時代をさしている。この用語はその後ヨーロッパの先史時代のみならず、西アジア・東アジアなど世界各地の時代区分用語として広く用いられるようになった。ただし厳密にいうと、青銅とは銅に一〇パーセント前後の錫《すず》を含んだ合金をさし、こうした真正の青銅が利器として利用され始めるのは、最初の金属器としての銅冶金が開発されてから数百年の年月が経過してからとなる。銅器と青銅器の区分は理化学的分析を経ないとむずかしいため、通常、金属冶金術が本格的に開始されたことをメルクマールに青銅器時代が設定されることが多い。

西アジアでは紀元前三〇〇〇年ごろから紀元前一二〇〇年ごろまでの約二千年間が青銅器時代と呼ばれ、前・中・後の三期に区分されている。この時代は都市が発展し、国家が盛衰する時代でもある。西ヨーロッパでは紀元前二〇〇〇年前後から青銅器時代に入るとされる。また中国では紀元前一六〇〇年ごろ始まる殷代より本格的な青銅器時代に突入する。殷代から周代にかけては利器ばかりでなく、祭器や宝器の製作にも青銅が盛んに用いられ、きわめて特徴的なデザインをもつ精緻で多様な青銅器が製作されたことで知られる。近年主に長江流域で紀元前二〇〇〇年以前の年代の遺跡から銅製品が報告されるようになり、中国の青銅器時代の開始をさらに遡らせようという議論がある。日本では、縄文時代の遺跡から大陸起源の青銅器がきわめて例外的に出土することがあるが、これを除くと弥生時代になって青銅器と鉄器*がほぼ同時に大陸から一定量もたらされるようになる。冶金術自体もまもなく摂取されたようで、銅鐸*など日本独自の青銅器が弥生時代中期には製作され始めた。

〈E. W. Ehrich ed. *Chronologies in Old World Archaeology* (3rd edition), University of Chicago Press, Chicago, 1992. 平尾良光編『古代青銅の流通と鋳造』鶴山堂、一九九九〉　（常木　晃）

〔古代文明と考古学研究〕

オリエント文明《ぶんめい》　オリエントとはラテン語で「東方」を意味し、現代の中近東一帯をさす。チグリス・ユーフラテス両河川流域のメソポタミア（ギリシア語で「川の間」を意味する）とナイル川流域のエジプトを二大中心地として、イラン高原から地中海東岸一帯までの幅広い地域に、紀元前四〇〇〇年紀後半から約三千年間にわたって都市を基盤とした多様な文明が興隆した。通常、これらの諸文明を総括して古代オリエント文明と呼ぶ。世界史的に見て、この古代オリエント文明は高度に複雑化した社会組織を内包する人類最古の都市文明であり、インダス文明*や古代ギリシア・ローマ文明の成立にも深い影響を与えている。

メソポタミアでは、紀元前三五〇〇年ごろのウルク期と呼ばれる時代に都市がつくられ始め、紀元前三〇〇〇年紀前半のシュメール都市国家の時代を経て、アッカドやバビロン、アッシリアといった帝国が相次いで建設された。この文明はメソポタミア沖積地という、極論すると土と水と太陽のみが存在する土地に花咲いた。そこでは灌漑によって水を管理できれば大量のムギを収穫することが可能である代わりに、石材や木材・金属といった基本物資をすべて他所より導入しなければならなかった。そのため、都市の中心に設けられた神殿を核とした大規模な物資の集散・再分配システムが発達した。物資の管理分配のために、トークンと呼ばれる小型土製品を用いた計量システムからウルク絵文字を発達させ、さらにそこから楔形《くさびがた》文字が発明された。

エジプトでは紀元前三一〇〇年ごろよりいわゆる王朝時代が始まり、アレクサンドロスによる征服までの約三千年間、何度かの衰退期をはさむものの、ほぼ一貫して統一的な王朝が継続した。ナイル川の定期的な増水を利用した氾濫原で農耕を行い自然堤防上に居住するが、増水による泥土の堆積によりその居住地や都市が遺跡として残りにくいという条件があり、いきおい石づくりの神殿や墓が注目されることになった。紀元前三〇〇〇年ごろより神聖文字を発達させ、強大な王権による神権的な政治が行われた。（常木　晃）

都市国家《としこっか》　city state　権力の中枢としての一つの都市とその周辺の町邑・村落で基本的に構成される小規模な国家形態をさし、複数の都市と多数の町邑・村落をかかえ広大な領土を有する領域国家に対置する用語。国家出現期にあたるメソポタミアのシュメール諸都市、交易により経済力を高め政治的独立性を獲得したフェニキアの港湾都市、地形的に細分された小規模な生産単位ゆえに、互いに独立性を保った古典期ギリシアのポリスなどに古代都市国家の典型を見ることができる。メソポタミアにおいては、政治経済の中枢としての神殿・王宮をもち、城壁に囲まれた都市が、紀元前三〇〇〇年紀前半のウル*、ニップール、ラガシュなどといったいわゆるシュメール初期王朝時代の都市国家に先だつ紀元前四〇〇〇年紀後半までに出現している。ウルクを中心都市とする、このウルク後期文化の植民都市といえるような均質な小都市が、ユーフラテス川中流など広範な地域より発見されつつあり、都市国家の概念をはるかに越えた政治的統合が都市国家成立に先だつ可能性も議論されている。（常木　晃）

ウル王朝《おうちょう》　Ur dynasty　ウルはシュメール初期王朝時代の代表的都市国家*の一つで、キシュやウルク、ラガシュなどほかの都市国家とシュメールの覇権を争っていた。初期王朝時代III期の紀元前二五〇〇—前二四〇〇年ごろにウルは最初の最盛期を迎えた。L・ウーリーらにより発掘調査されたいわゆる「ウルの王墓」*は、このウル第I王朝に属し、多数の殉葬者と多彩な副葬品は当時の王の壮大な権力をよく伝えている。その後、シュメール地方全体は北方に興ったセム系のアッカド朝に支配されるが、紀元前二一〇〇年ごろウル・ナンム王によってシュメール人支配が回復し、ウルを王都とするウル第III王朝が打ちたてられた。同王朝は百年ほど継続するが、エラムにより王が捕囚となり、さらにバビロン第I王朝によってウルが滅ぼされて、シュメールは完全にセム化されていった。（常木　晃）

エジプト王朝《おうちょう》　メソポタミアとならんでエジプトは人類史上最も古くから国家が発達した地域と考えられている。アフリカ大陸北縁のナイル川流域という閉鎖的な自然環境に位置し、様々な民族が侵入、盛衰した西アジアとはシナイ砂漠で隔絶していたため、上下両エジプトが統一されたとされる紀元前三一〇〇年ごろから前三三二年のマケドニアのアレクサンドロス大王によるエジプト征服までの三千年近くにわたって、いくつかの断絶期をはさみながらも、エジプトではほぼ統一的な王朝が継続した。その王朝の発生過程については、先王朝時代の考古学的資料がいまだ十分でなく不明な点も多い。古代エジプトの王朝は通常、初期王朝、古王国、中王国、新王国、末期王朝の各時代に大別される。なかでも、ギザの大ピラミッド群が建設された古王国時代（紀元前二六八六—前二一八一年）と、トトメス三世やアメンホテプ三世のアジア進出によって世界帝国に発展した新王国時代（紀元前一五六七―前一〇八五年）がエジプト王朝時代の最繁栄期といえよう。豪華な副葬品で著名なツタンカーメン王墓も新王国時代に属する。（常木　晃）

ツタンカーメン王の棺
（エジプト出土）

インダス文明《ぶんめい》　現代のパキスタンを流れるインダス川流域を中心として、紀元前二四〇〇年ごろから紀元前一八〇〇年ごろまでの間に隆盛した計画的都市を基盤とする均質的な文明の総称。一九二一年のD・R・サハニらによるハラッパー遺跡の発見を端緒としてこの文明の存在が明らかになったため、ハラッパー文明と称されることもある。ラヴィ川、ガッカル涸川などの支流域を含めたインダス川流域のほか、イランに近いマクラーン海岸からインド北西部グジャラート地方にも遺跡の分布が広がる。

この文明の大きな特徴は、明確な都市計画に基づいて都市が形成されている点にある。モヘンジョダロ*やハラッパー、カーリーバンガンといった著名な都市遺跡は、いずれも西側に城塞区、東側に碁盤目状に区画された方形の市街区で構成され、それぞれが堅固な城壁によって囲まれていた。城塞区からは沐浴場・穀物倉・集会場・祭祀場などの公共的な施設が発見されており、行政中枢としての機能を有していたと考えられている。整備された給排水施設や整然とした都市計画をもつにもかかわらず、定型的な神殿や宮殿といった施設は発見されておらず、同時代のメソポタミアやイラン高原の青銅器時代*の都市と、この点で際立った対照を見せている。

標識遺物としては、赤地に黒で様々な幾何学文や具象文を描いた彩文土器や、方形の押捺面をもったインダス式印章が代表的であり、神像や神官像・礼拝者像といったものはきわめて少ない。印章に刻まれたインダス文字は、短文のために完全には解読されていない。同時代のメソポタミアの文書資料でインダス方面はメルッハという名称で言及されており、考古学的な証拠から見てもメソポタミアやイラン高原の諸都市と密接な交易を行っていたことがうかがえる。（常木　晃）

モヘンジョダロ　Mohenjo-Daro　パキスタン南部のシンド地方インダス川の西岸に位置するインダス文明*の都市遺跡で、北部パンジャーブ地方にあるハラッパー遺跡とならんでインダス文明の二大中心都市を形成していた。一九二二年以来断続的に発掘調査が繰り返されており、インダス文明の都市の様相を最もよく伝える遺跡といえる。遺跡は西側に位置する城塞区と、その東側に広がる市街区よりなり、都市の面積は一〇〇ヘクタールを越える。基壇上に構築された城塞区からは沐浴場・穀物

モヘンジョダロ遺跡

倉・集会場といった公共施設が発見され、碁盤目状の街路が整然と配された市街区には、整った給排水施設が完備されていた。近年塩害による遺跡破壊が深刻な問題となっており、国際的な遺跡保存プロジェクトが進行している。（常木　晃）

黄河文明《こうがぶんめい》　中国の中原《ちゅうげん》地区、すなわち黄河中流域で開花した、東アジア最古の古代文明で、エジプト、メソポタミア、インダス文明*とともに、世界四大文明の一つとされている。

黄河文明の地を厚く覆う黄土*（厚さ一〇―一〇〇メートル）は、更新世*末期に風によって運ばれてきた細粒の土で、水利に恵まれさえすれば、農耕に最適だという。そのため完新世*に入り、温暖で湿潤化した気候のもとで、紀元前六〇〇〇年ごろにはアワを栽培し、土器や磨製石器*をもつ新石器文化が定着していた。磁山《じざん》・裴李崗《はいりこう》文化と呼ばれる。やがて紀元前五〇〇〇年には、彩文土器が特徴的な仰韶《ぎょうしょう》文化へ、続いて紀元前二五〇〇年ごろには黒陶で知られる龍山《りゅうざん》文化へと進んだ。このころには、わずかではあるが銅器も使われ始めるので、銅石併用期として新石器文化と区別するむきもある。紀元前二十一世紀ごろに始まる二里頭《にりとう》文化は、青銅器文化の名にふさわしく、祭祀具や礼器としての各種青銅器*や、卜占に使った亀甲、広大な宮殿跡なども見出され、その一部を殷王朝前期*に擬そうという説が有力である。すでに明らかにされている殷中期（二里岡《にりこう》期）と後期（安陽《あんよう》期）の城壁をめぐらす都市や巨大な王墓、進行した分業の痕跡や文字の使用などは、完成された古代文明の姿を示しているといえ、やがて春秋期末、紀元前五世紀には鉄器*の使用も始まる。

ところが、最近の研究成果によれば、新石器時代*から中原地方がつねに東アジアの中心であったとの見方は、疑問視されるようになった。長江の中・下流域では、紀元前七〇〇〇年には稲作を軸とする異質の新石器文化が生まれており、中国には少なくとも六つの独自性の強い新石器文化圏が誕生していたという。また、紀元前三〇〇〇年紀には、中国の各地に有力者の墓や城壁に囲まれた都市が築かれ、儀礼用の玉器もつくられるなど、文明化の時代がさらに早まりそうだともいう。問われるのは、中原の地がどのようにして優位性を獲得し、殷文明に結実させたのか、という点であろう。〈貝塚茂樹『中国古代再発見』岩波新書、一九七九〉　（岩崎卓也）

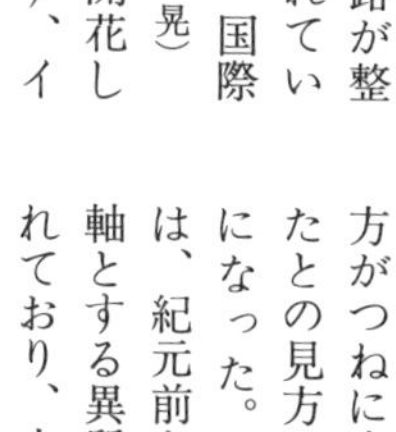
黒陶（河南省出土）

殷王朝《いんおうちょう》　実在が確認できる中国最古の王朝で、黄河中流域の黄土地帯、河南省を中心とする地域にあった。中国では、かれらが自称したという、商《しょう》の国名が使われている。『史記』の記録によれば、この国は紀元前一六〇〇年ごろ、伝説上の夏《か》王朝を倒した湯《とう》王によって建てられたといい、紀元前一〇二七年ごろ周の武帝に滅ぼされたという。

甲骨文字から復元された事実によれば、紂《ちゅう》王に至る三十一代の王位は、兄弟相承を原則とし、その政治形態は祭政一致の体制であった。また、大小に分化した墓や、王墓に殉葬された戦士たち、首をはねられた多数の奴隷の存在からは、厳格な階級制の貫徹が知れる。この国の都は数度にわたって遷されたが、偃師《えんし》県二里頭からは、初期のものと思われる一辺一〇〇メートル、高さ〇・八メートルという広大な宮殿基壇が、また中

甲骨文字（河南省出土）

期の鄭州《ていしゅう》二里崗では一辺一・七キロメートルの頑丈な城壁をもつ都市跡が発見された。後期の安陽県小屯《しょうとん》村の殷墟でも、五十三もの歴代宮殿跡や各種工房地区が、多くの優れた青銅器*や玉器などとともに見出されている。（岩崎卓也）

鉄器時代《てっきじだい》 Iron Age　三時期法*でいう三番目、つまり鉄製の道具、とりわけ利器が使われる段階をさす。これに従えば、現代もなお鉄器時代に属するが、技術史に基づくこの段階区分は、先史時代には有効と考えられる。しかし、複雑化した時代への適用には問題がある。そのため、副次的にせよこの区分を使用する場合には、その下限設定に配慮を要する。たとえばヨーロッパではローマの拡張で一線を引くのに、サハラ以南のアフリカでは、植民地化が進行する以前を広く含める。中国や日本などでは時代区分の表面に浮かび出ることはなく、アメリカ大陸の歴史では、この段階をまったく欠いている。鉄の利用は、東西両アジアとも、紀元前二〇〇〇—前三〇〇〇年紀の隕鉄に始まり、鉄器時代のはじめを画する製錬鉄の使用は、前二〇〇〇年紀の半ばごろアジアに始まり、前一二〇〇年ごろの拡散期を経て、前六世紀には中国もこの段階に入ったとされてきた。だが、前五〇〇〇年ごろというイラクのサーマッラ、前三〇〇〇年紀半ばとされるトルコのアラジアホユクの鉄製品などは、人造鉄の疑いが拭えないといわれ、前二〇〇〇年ごろのトルコの「キュルテペ文書」には、数種類の鉄の名があるという。鉄器時代の上限が繰り上がる可能性は否定できない。（岩崎卓也）

三時期法《さんじきほう》 three age system　デンマークのトムセン Christian Jürgensen Thomsen（一七八八—一八六五）が、一八一八年に王立古代北欧博物館の展示で試みた、「異教時代」を石器・青銅器*・鉄器*時代に段階づけたことに始まる時代区分法。この区分法は、かれがローマの哲学者ルクレティウス Titus Lucretius Carus（前九九—前五五）に影響されつつ、技術の向上を敏感に反映する利器の材質変化に焦点を絞って設定したもので、一八三六年に学界に公表され、好評を博した。その後、イギリスのラボック*が石器時代を新・旧二段階に大別し、さらにフランスのド・モーガン Jacques de Morgan（一八五七—一九二四）が、その間に中石器時代*を挿入するなど、部分的補強はあったが、長期にわたった先史時代に対する有効な段階区分法として現在に至っている。ただし、この三段階は、人類のすべてが同じ技術段階を経過したことを意味するものではない。たとえば日本列島では、青銅器時代*を経ないで石器時代から鉄器時代*に移行した。とはいえ、順序が逆転するような地域はない。（岩崎卓也）

モーガンの文化編年《ぶんかへんねん》　アメリカの人類学者モーガン Lewis Henry Morgan（一八一八—八一）が、アメリカ先住民の調査などを踏まえつつ、人類の文化史上で重要と思った指標を選定し、それによって提示した野蛮 savagery → 未開 barbarism →文明 civilization という人類の発達段階論をさす（表参照）。

モーガンによれば、人類の歴史は、その根源において、また経験において、そして進歩において一つであるという。すなわち人類諸種族は、まったく同じ段階をたどるとの一線的進化論の立場をとっていたから、アメリカ先住民の調査結果は全世界に適用できると考えたのである。したがって人類社会も、野蛮から未開、文明と進むなかで、血縁家族から単婚家族へ、母系社会から父系社会へ、財の共有から私有へ、血縁社会から地縁社会へと、普遍的に移行すると考えたのである。このモーガンの発展段階論の反響は大きく、同じ時代を生きたマルクスやエンゲルスの理論構成にも影響したことは、エンゲルスの『家族・私有財産及び国家の起源』を想起するだけで理解できよう。

モーガンの没後一世紀を経過した現在、かれが掲げた論点に立証困難なものが少なからず含まれていることが明らかになった。また、技術史に立脚する諸指標は、歴史上の画期設定に適切でないなどの指摘もある。二十世紀に入ってから、イギリスの考古学者チャイルド*が、農耕・牧畜の開始に、社会経済史上の意義を認めて、人類史上の一大画期に位置づけたのとは好対照といえよう。　（岩崎卓也）

文化の段階と指標

段階		指標
野蛮	下層	人類の揺籃期。
	中層	火の使用が始まる。魚類の捕獲が始まる。
	上層	弓矢が発明される。
未開	下層	土器の製作・使用が始まる。
	中層	農耕・牧畜が始まる。日乾煉瓦、石材の使用が始まる。
	上層	鉄器の使用が始まる。
文明		音標文字が発明される。文献的記録が始まる。

ラボック John Lubbock（一八三四—一九一三）　イギリスの考古学者。ダーウィン Charles Darwin（一八〇九—八二）の進化論に影響されつつ、トムセンが提唱した人類史の第一段階としての石器時代を、さらに二段階に細分した。すなわち、かれは一八六五年に刊行した著作『先史時代（Prehistoric Times）』で、次のように説明している。①漂泊の時代：マンモス・多毛サイなど、いまは絶滅してしまった獣類と共存した時代で、旧石器時代*と呼んでよい段階。②後続の、もしくは磨製石器*の時代：フリントその他の石材でつくった美しい武器や道具を特色とし、時に装飾品として使われた金以外、いっさいの金属を知らなかった時代で、新石器時代*と呼んでよい段階。　（岩崎卓也）

チャイルド Vere Gordon Childe（一八九二—一九五七）　オーストラリア出身のイギリスの考古学者。エディンバラ大学、ロンドン大学教授を歴任した。かれは文化伝播論の立場から、ヨーロッパ先史時代の研究を深め、この地域に生じた諸発展を、すべて中近東のそれの影響だと説明した。チャイルドはこの考えをさらに進め、更新世*から完新世*への移行のなかで最も重要な変革*は、中近東に始まりヨーロッパや各地に波及した狩猟・採集経済*に代わる農耕・牧畜、つまり生産経済*への移行だったと力説し、これを新石器革命と呼んだ。チャイルドはさらに、この生産経済がその後の発展を促し文明を誕生させたと説き、都市革命 urban revolution の名を冠した。このチャイルドの構想は、最近まで学界の論議の対象として重視された。

（岩崎卓也）

二　日本の原始社会

（一）日本の国土と民族

日本列島の浮き沈み　日本の歴史を考えるに先だち、その舞台となった日本列島の成り立ちと、その推移を思い起こしておこう。現在の日本の国土は、アジア大陸の東方海上に、南北に長く連なる山がちの弧状列島で、その大部分は温暖なモンスーン気候帯に属している。この列島もはじめから島国であったわけではなく、二千五百万年前（古第三紀末）までは大陸の一部であった。それが新第三紀に入ると、後の東シナ海や日本海となる地域が陥没を始め列島の原形ができあがった。

更新世《こうしんせい》*に入ると、この列島も数次にわたる氷河期の影響を受け、寒冷化と温暖化を繰り返した。そして寒冷期には海水面が極端に低下した。ちなみに最終氷期の海水面は、現在のそれより一〇〇―一四〇メートルも低かったという。したがって、浅海の間宮・宗谷両海峡はもとより、深さ一三三メートルの津軽海峡、列島を朝鮮半島から切り離している深さ一一〇メートルほどの対馬海峡、一二〇メートル余りの朝鮮海峡にも、陸橋で結ばれたり、狭い浅海が介在した程度の時期があったことが想定される。海峡が狭まると対馬海流（暖流）の日本海流入がさえぎられ、北陸地方を特色づける豪雪が姿を消し、列島の乾燥化も進んだ。しかし最終氷期で見る限り、北海道北部こそツンドラ化したが、道央部から東北地方にかけては亜寒帯針葉樹林、関東以西には温帯性針葉樹林、そして種子島・屋久島方面ともなれば、暖温帯常緑広葉樹林が広がるという、ヨーロッパなどより良好な風土が展開していた。

最終氷期には、陸橋伝いに北方系のマンモスゾウ・ヘラジカ・ヒグマ・ナキウサギなどのマンモス動物群が、またトウヨウゾウに代わりナウマンゾウ*・オオツノジカ*など温帯系動物群も移ってきており、沖縄地方にはイノシシ・リュウキュウシカなどが生息するようになった。更新世後半期の日本列島は火山活動が盛んで、富士・箱根・阿蘇・十和田湖・摩周湖など、成層火山や巨大カルデラがつぎつぎに出現し、火山灰や溶岩を噴出した。関東ローム層*もその一つであるが、なかに姶良《あいら》火山灰のように、列島のほぼ全域を覆いつくした広域火山灰も見られ、人類文化の編年に役立っている。

旧石器文化を残した人びと　長い間、日本列島に人類が住みつくのは完新世《かんしんせい》*に入ってからという常識が支配的だった。兵庫県で発見された「明石《あかし》原人」*も、これを覆すことはできなかった。しかし昭和二十四年（一九四九）に事情は一変した。群馬県岩宿《いわじゅく》*で、ローム層のなかの石器の存在が確かめられたのである。こうしてひとたび発見されるや、たちまちの間に列島の全域から更新世の石器が見出され、いまでは遺跡数も五千を数えるようになった。これを追うように静岡県で三ケ日人《みっかびじん》*・浜北人《はまきたじん》が、沖縄県で港川人*など、化石人骨も相次いで発見された。しかも、はじめせいぜい三万年どまりと推測された石器文化も、原人の時代に始まるとの説さえ提示されるようになった。しかし、これはまだ確認されてはいない。（岩崎卓也）

〔日本列島〕

モンスーン地帯《ちたい》　夏は海洋から大陸へ、冬は大陸から海洋へと正反対に吹く季節風をモンスーンという。地球上にはいくつもの季節風帯があるが、インド洋北部から東アジアにかけての地域を、狭義のモンスーン地帯と呼んでいる。また、東アジアの温帯季節風帯と東南アジアの熱帯季節風帯を、モンスーン・アジアということもある。モンスーン地帯は、一般に夏には海洋の影響で雨が多く、冬は大陸的で雨が少なく乾燥する。日本では、冬にユーラシア大陸から吹き出す乾燥した北西風が卓越し、夏には南方から高温多湿の風が卓越する。この夏の暑さと比較的豊富な雨量は、弥生時代以降の日本の稲作を発展させた要因である。（赤羽貞幸）

海進《かいしん》・海退《かいたい》　海岸線がしだいに陸地側へ移動してくる現象を海進、反対に海岸線が海側に退いていく現象を海退という。海岸線は、短期的には海岸付近における浸食と堆積物の供給や隆起とのバランスによって維持される。地質学的な時間での海

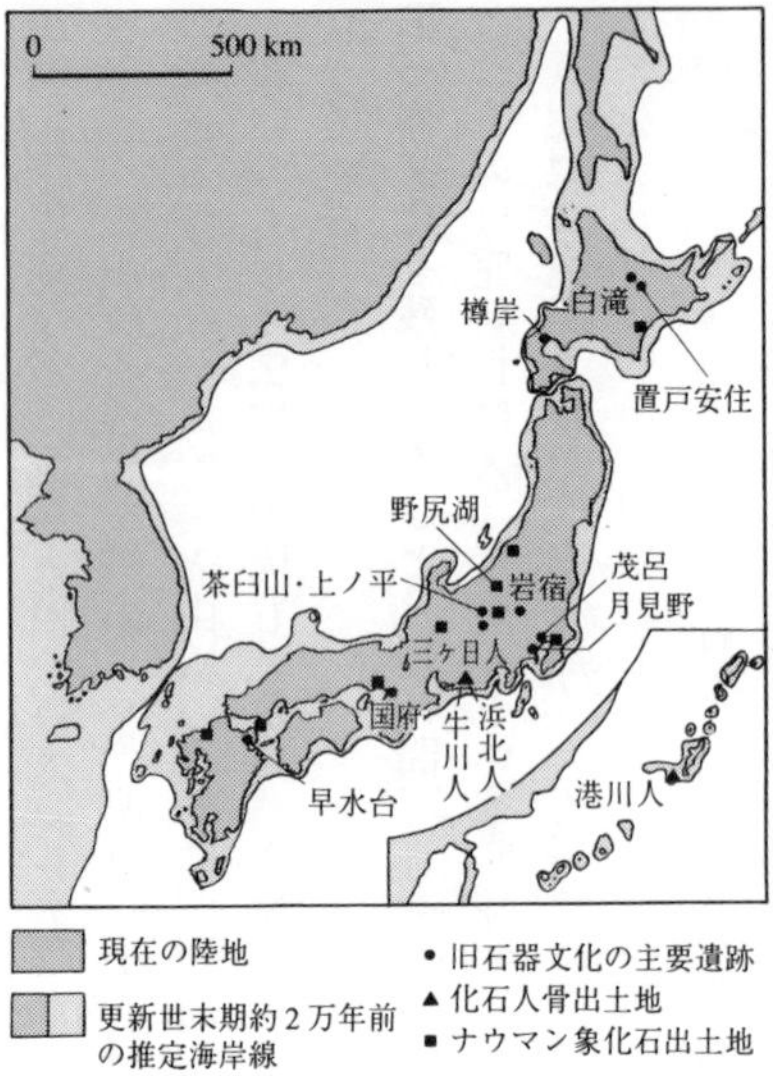

海岸線の変化

進・海退は、海岸付近の陸の高さと海水面との相対的な変化によって起こる。つまり陸の高さより海水面が高くなれば海進が起こる。海進・海退の主要な要因は、全海水の体積の増減と海水を蓄える器の大きさや形を変えるような陸域や海底での地殻運動である。大きな地殻変動は長い時間を必要とする。比較的短い時間における第四紀の海進・海退は、汎世界的な海水面の変動による。この海水面変動は、氷河の拡大縮小に伴う海水体積の絶対的な増減によって生じる。約二万年前の最終氷期の最寒冷期の海面は、現在の海面より一三〇メートル前後下がり、その後、氷河の縮小に伴って約六千年前まで海面は上昇した。この海進を後氷期海進または有楽町海進といい、特に一万年以降の急激な海進を縄文海進と呼ぶ。（赤羽貞幸）

関東《かんとう》ローム層《そう》　関東地方の地表部を覆う黄褐色の風化火山灰層や風成二次堆積物の総称。関東地方西方の富士・箱根・愛鷹などの火山、北西方の浅間・赤城・榛名・男体などの諸火山に由来する火山砕屑物《さいせつぶつ》を主とするが、遠来の広域テフラや中国からのレスを含む。堆積の時代は更新世*中期から後期。段丘面の形成年代との関係や時間間隙を示す埋没土層などによって、下位から多摩・下末吉・武蔵野・立川の四ローム層に区分される。武蔵野ローム層（六万—三万年前）からは、前期旧石器時代*の多摩ニュータウンNo. 471-B・権現山遺跡、立川ローム層（三万—一万年前）からは、後期旧石器時代の岩宿*・鈴木・高井戸東遺跡などが発見されている。（赤羽貞幸）

ナウマンゾウ　長鼻類ゾウ科に属するパレオロクソドン属の一種。更新世*中期に出現し、更新世後期末に絶滅した。中国の北部にも分布するが、日本列島の地理的孤立化に伴って固有化したゾウで、日本各地から産出する。槇山（一九二四）は浜松市佐浜から発見されたゾウ化石に、日本で最初にゾウ化石を研究したドイツ人エドモンド・ナウマンの名前をとってナウマンゾウと命名した。現生のアフリカゾウやインドゾウとは異なる属で、体はこれらよりやや小さいが、大きな牙をもっていた。最終氷期の野尻湖層からは、オオツノジカ*化石とともに多産する。野尻湖では、骨の一部が旧石器人によって断ち切ったり、削ったりする骨器として使用された。（赤羽貞幸）

オオツノジカ　偶蹄類シカ科に属するオオツノジカ属のシカ。第三紀末にユーラシア大陸に出現し、更新世*中期から後期にかけてユーラシア大陸の各地で分化発展して、更新世後期末に絶滅した。オオツノジカは現生種のヘラシカ、トナカイ、アカシカなどと同様に比較的寒冷な気候に適応して進化したシカである。ウシほどの体と大きな角をもったシカで、ヨーロッパには左右の掌状角の最大間隔が三メートルに達するものもいた。日本では北海道から九州までの更新世中期—後期の地層から産出するが、これらはヤベオオツノジカである。最終氷期の野尻湖層からは、遺物やナウマンゾウ*化石とともに数多く産出する。　（赤羽貞幸）

〔原始の日本人〕

明石原人《あかしげんじん》　昭和六年（一九三一）に直良《なおら》信夫により明石市の西八木海岸で発見された左寛骨の破片。直良は旧人段階の古人類と考えたが、実物は第二次大戦の戦災で焼失した。戦後その石膏模型が東京大学人類学教室で発見され、長谷部言人は原人段階の化石と考えた。昭和五十七年（一九八二）に遠藤万里・馬場悠男は、アフリカ・ヨーロッパの古人類や日本の旧石器人などとの比較から、明石原人の寛骨は形態学的に新人段階のものであり、縄文人以前には遡らないと推論した。しかし明石原人を旧人とする意見も根強い。いずれにせよ、明石原人の発見は、日本の旧石器人の存在を示唆した点で意義がある。その後、西八木の海岸からは、化石人骨は発見されていない。　（森本岩太郎）

牛川人《うしかわじん》　昭和三十二年（一九五七）に石川一美により豊橋市牛川町の石灰岩採石場で発見された女性の左上腕骨体片と、昭和三十四年（一九五九）に紅村《こうむら》宏により発見された青年男性の左大腿骨頭片の、二個の人骨片で、年代は中期更新世*の後期に属する。鈴木尚によれば、上腕骨体は偏平・頑丈で、形態学的には新人段階より、むしろ旧人段階の古人類に近い。復元された上腕骨の長さから推定されるこの女性の身長は、約一三五センチである。大腿骨の長さから推定される男性の身長は、約一四九センチである。ヨーロッパの旧人男性の平均身長は約一六〇センチなので、牛川人はそれより背が低い。しかし、発見された骨は人類のものではないという説もある。　（森本岩太郎）

三ケ日人《みっかびじん》　昭和三十二年（一九五七）に高橋裕吉・鈴木尚らにより静岡県引佐郡三ケ日町の石灰岩採石場で発見された男性の前頭骨二・頭頂骨二・側頭骨一・右腸骨一と、昭和三十六年（一九六一）に発見された男性の右大腿骨体一の計七個の古人骨片で、年代は後期更新世*に属する。頭蓋片も大腿骨片も新人段階の古人類の特徴をもち、縄文人*に似る。この男性の身長は約一五〇センチと推定され、牛川人の身長に類似する。縄文人男性の平均身長一五九センチに比べると、三ケ日人は背が低い。右頭頂骨は剝片石器で削り取られ、人工的に整形されている。右頭頂骨内面と右大腿骨には食肉獣による咬痕があり、遺体は埋葬されずに遺棄されたものと考えられた。　（森本岩太郎）

港川人《みなとがわじん》　昭和四十三年（一九六八）に大山盛保により沖縄県島尻郡具志頭村港川の石灰岩採石場で発見された五—九体分の人骨片で、一万七千年前の後期更新世*に属する。鈴木尚らによれば、個体別に整理できたのは、一号（男）と二—四号（女）の四体で、ほかに四体の下顎骨と一体の後頭骨がある。港川人は新人段階の古人類で、縄文人に似る。身長は男性一五三センチ、女性一四三センチ、脳容積は男性一三九〇立方センチ、女性一〇九〇立方センチである。港川人と中国の山頂洞人《さんちょうどうじん》・柳江人《りゅうこうじん》とは、低顔で、鼻根が凹み、頬骨が外側へ張る点などが共通するが、相違点もある。二号に斜頸、四号に前頭骨の穿孔《せんこう》と両肘の損傷、下顎骨A（女）に左中切歯の風習的抜

歯*が見られた。（森本岩太郎）

原日本人説《げんにほんじんせつ》　縄文文化*を残したのは、いまの日本列島に住む人びとと共通の祖先だったとする説で、清野謙次（一八八五—一九五五）が、古人骨計測結果に基づいて提唱した。明治・大正のころ、縄文文化の形成者は先住民だったとするのが最有力学説だった。日本近代考古学の発展に寄与したアメリカ人モースが、いち早く先住民説を唱えたのは、かれの母国の歴史を思えば不思議ではない。また、石器使用者を先住民と見るこの説は、列島に天下ったニニギノミコト以下が金属器を使用していたとの『古事記』『日本書紀』の記述と合致することもあり、支持されたようだ。こうした臆説の横行に対して、科学的根拠に基づくこの説が提唱された意義は大きい。（岩崎卓也）

アルタイ語族《ごぞく》　同一起源から生まれた言語群を語族と呼ぶが、トルコ語などチュルク語族、モンゴル語族、それに満州語などのツングース語族の三つを、親類関係にある一大語族とみなす立場の術語で、これらの言語を使う民族をアルタイ語系諸族という。その分布は東ヨーロッパからオホーツク沿岸に及び、言語の構造から見て朝鮮語や日本語もまた、これに含まれるとの意見も強い。

そうであれば、日本民族*は東北アジア系ということになる。確かにこれら諸族の言語には、構造上多くの共通点が見られるだけでなく、この語族には、いまなおシャーマニズム的世界観が根強く残存するなど、基層文化にも通じるものがあるようだ。しかし、基礎的語彙に祖語から受けついだといえる共通のものが乏しく、数詞は語族によって異なり、親族呼称などにもほとんど通じるものがないとの視点から、アルタイ語族は成立しがたいとする意見も強いようである。（岩崎卓也）

日本民族《にほんみんぞく》　日本列島に住みつき、その伝統的な生活文化を共有してきた集団で、大和《やまと》民族と呼ばれたこともある。もちろん、海で隔てられてきた日本民族といっても、孤立を続けてきたわけではない。もたらされた多くの要因を受けつつ、歴史的に変容をとげてきたものである。それゆえ、一般に類似する文化をもつ隣接集団の場合などは、客観的な文化の異同よりも「われわれ」という、むしろ主観的な身内意識ないし集団帰属意識が、民族の決定要因となる。

日本列島における居住のはじめは更新世に遡り、その後、最終氷期の終わりまで旧石器文化*が展開したが、かれらの居住が継続的だったか否かは明らかでない。ただ、現代日本民族は丸顔で彫りが深い縄文人的形質をもつ人びとと、面長で偏平な顔の朝鮮人的タイプの人びとに大別され、その出自が一系でない点が指摘されている。しかし、前者を南方的、後者を北方的とする主張も、まだ十分に説明されたとはいいがたい。この日本民族の成立については、変化を重ねてきた生活文化のどこに画期を求めるかにかかってくる。稲作社会の成立を重視するなら弥生時代以降となろうし、広域にわたる結束を考慮すれば古墳時代以降ということになろう。（岩崎卓也）

（二）狩猟・漁撈生活とその文化

旧石器時代の暮らし　寒冷な気候下に獣を追って渡来したと思われる初期の人びととの生活は、まだ十分知られるに至らない。しかし、三万年以降の遺跡にも、住居の痕跡はほとんど見あたらないが、礫群*や配礫*、また石器製作跡を思わせる石屑の集中個所などが見られる。なかにはそれら数単位が整然と環状に配された大型ムラ*の例もある。おそらくかれらは数世帯を単位とする一定の秩序をもつ集団で、小屋がけ程度の住居に住み、移動の生活を繰り返していたのであろう。洞穴を住居に利用した例もあるが、決して多くはない。

　採集生活に必要な道具の主なものは打製石器*であった。これには二つの基本的な製作手法がある。一つは手ごろな大きさの石塊から、不要部分を打ち欠いて整形する「石核《せきかく》石器」で、いま一つは原石から必要な形と大きさの石材を欠きとり、それに細部加工を行う「剥片《はくへん》石器」である。前者は西方の原人社会に、後者は北京原人の作品に見られ、列島の石器手法の基本となるのも後者であった。石器素材にふさわしい石材は、どこにでもあるものではない。かれらは移動の途次、石材産出地に立ち寄り、石器を製作し、原石ともどもこれを携えるという自給自足の生活を続けた。しかし最終氷期が終わろうとするころには、石器が交換材として流通の対象となったという説が有力である。行動半径が狭まった結果、かれらの石器文化にも大まかな地域圏が認められるようになった。

　新環境への適応　最終氷期も二万年前を境として、気温が上昇に向かい、およそ一万年前までに、現在の環境に近づいた。完新世*に入ったのである。列島の大半は針葉樹に代わり落葉広葉樹林が生育し、ナウマンゾウ*やオオツノジカ*など大型獣も姿を消し、木の間を縫うように走るシカ・イノシシ・ウサギなどが増えた。低下していた海水面も上昇を始め、気温がいまより二度ほど高まる六千年前には、海進*も頂点に達し、内陸深くまで入りこんだ浅海では、魚や貝が増殖を重ねるようになっていた。列島の住人たちは少しずつ新環境に適応していったが、一万三千年ほど前の細石器*の広がりは、新たに大陸から、しかも東西両系譜の技術を伴って導入されたものであった。人間の渡来を考える人も多い。

　人びとの生活を変えずにおかない、この更新世*から完新世への移行期を、ユーラシア大陸では中石器時代*と呼んでいる。だが土器の変化に画期を求める日本では、およそ一万二千年前の土器使用のはじめまでを「旧石器（先土器）時代」、それ以降を特徴的な土器の名にちなんで「縄文時代」という。この縄文時代は大陸の新石器時代*にほぼ対応するが、その終末はかなり遅れ、ほぼ一万年にわたって持続することになる。

　中国の国家形成　日本列島で縄文文化*が緩やかに変化をとげていたころ、早くから農耕あるいは牧畜を定着させ、紀元前三〇〇〇年には城壁をめぐらす集落を各地に出現させた東アジア中枢部では、これら防御的な大規模集落を中心に、政治的なまとまりを強めていった。そして紀元前二〇〇〇年には、邑《ゆう》と呼ばれる地域的な都市国家*群の上にたつ王が出現した。夏《か》王朝を最初とするが、現在確認できるのは殷（商）王朝*からである。その都、河南省安陽県の遺跡殷墟出土の甲骨文字によれば、国王が神意に従って治める神権政治が行われていた。地下深くに設けられた巨大な王陵には殉葬者・財宝が目立つが、青銅製の祭器や武器から、金属器時代に入っていたことが知られる。

　前十一世紀に殷を滅ぼした、封建制で知られる周は、都を鎬京に置いて華北支配を行った。やがて衰えて前八世紀には都を東方の洛邑に移したが、混乱は収まらず、春秋・戦国の世を迎えた。東アジア一円に鉄器*が普及するのは、この戦国時代のことであるが、同じころ北方の匈奴《きょうど》も西方騎馬民族から、これを受容していた。そのころモンゴル高原から中国東北区・朝鮮半島にかけて、曲刃剣に代表されるモンゴル・ツングース系の特異な青銅器*が広がりをみせていた。

縄文人の食生活　新しく展開した環境のなかでは、良質の殿粉からなる広葉樹の堅果《けんか》（ドングリ・クリなど）が、人びとの主食の座を占めていった。ただ堅果は列島の大半に生育し貯蔵もできるが、クヌギやナラなど落葉樹のそれは、アク抜きをしなければ食用にならない。それには粉化して水にさらしたり、煮沸することが必要である。石皿《いしざら》*と磨石に関係しよう。煮沸用の土鍋としての土器が世界に先がけて出現した理由を、ここに見出そうとする人も多い。しかし長い縄文時代の間、縄文人は一貫して自然に依存していたわけではない。福井県鳥浜遺跡では、前期のころすでにリョクトウやエゴマを栽培していたという。ほかに各地でソバ・アワなどもつくられたらしく、クリの管理栽培も指摘されている。だが、かれらの主食が堅果であったことは変わらなかったようである。

　ナウマンゾウのような大型獣はすでに姿を消し、森や山には機敏なシカやイノシシが棲みついた。これらを捕えようと、人びとは「けものみち」に落とし穴を掘り、弓矢も使い始めた。かれらにとって初めての家畜であるイヌが狩りを助けた。いっぽう、海進により生まれた奥深く浅い内湾では、貝の採捕のほか投網や釣針・銛《もり》を使っての漁、さらに丸木舟*を駆使しての沖漁も活発に行われた。迷いこんだクジラやイルカも捕えられた。貝塚*も急速に増加した。

　内陸でも海岸でも、もはや人びとは移住を繰り返す必要はなくなった。定住のための頑丈な竪穴住居が各地に出現した。

ムラの暮らし　かれらのムラは、数棟の竪穴住居が群がるほどのものが多かったが、やがて中央に設けた空閑地を囲むように住居が配され、大規模な環状集落*が出現した。中央の広場は先祖の墓地、あるいは祭りの場などがある共同空間で、採集生活を円滑に維持する上での連帯意義を固める場となった。おそらく、環状集落を中心に結集する集落群が、一単位の血縁集団と考えられる。とはいえ、かれらは決して単位ごとに自給生活を営んでいたわけではない。新潟県の姫川流域で産出した翡翠《ひすい》が、関東・東北地方はおろか、北海道にまでもたらされていたこと、長野県和田峠の黒曜石*が半径二〇〇キロメートルの範囲に分布することなどは、何らかの遠隔地間物流システムがあったことを暗示する。近在する集団間の日常的な生活材の交換も無視できない。木材を伐採・加工するための磨製石斧、土掘り用の打製石斧、狩猟に用いた石鏃*など、それぞれの用途に適した石材の使い分け、釣針や銛頭《もりがしら》などの漁撈具の製作に必要な、内陸の獣類の角や骨の入手などが如実にそれを物語っている。

精神生活　精神生活も単純ではない。死者の世界（墓域）を囲む生者の世界という集落構成は何を物語るのか。抜歯*は通過儀礼にかかわるようであるが、それだけではない。耳飾りなども単なる装身具ではない。土偶*や岩偶・土版・人面・石棒や石剣など、呪術*に関係すると思われる非日常的な道具も多い。また、その使われ方も一様ではない。長野県棚畑《たなばたけ》遺跡の土偶は全容を保っていた。しかし山梨県釈迦堂遺跡のそれはすべて破砕されており、部位がわかる破片だけでも一千点を上まわった。自然のなかの人びとにとって、アニミズム*、そして呪術は生活に密着していた。

年代の測定　これまで日本では、主として放射性炭素測定法による年代（^{14}C年代）が用いられてきた。しかし、この^{14}C年代と暦年代（実年代）とのあいだには、若干のずれがあるため、木材の年輪年代などとの対応によって暦年代への補正が試みられてきた。こうして一九八六年には、国際標準化された較正曲線が設定され、一九九八年にもその後のデータを加えた較正曲線が公表された。

それによれば、たとえばこれまで^{14}C年代で一万三千年前とされてきた縄文時代の始まりは、一万六千年前に較正される。測定法による年代のずれにも注意が必要である。なお、本書で採用している各年代は、^{14}C年代であり、暦年代に較正されたものではない。

（岩崎卓也）

〔旧石器文化〕

旧石器文化《きゅうせっきぶんか》*（先土器文化《せんどきぶんか》）　旧大陸では新石器時代*あるいは中石器時代に、日本では縄文時代に先行する時代に見られた最古の人類文化。わが国では土器を伴わないことから「先土器文化」と呼ぶ研究者もいる。アフリカでは五百万年前に人類が出現したが、日本列島のこの文化は次の二段階に区分できるという。

前期旧石器文化（三万五千年前まで）は、旧大陸の下部、中部旧石器に相当する。約十二万年前を境として石器の特徴が変わることから、前半を「前期」、後半を「中期」と分ける場合と、分けずに「前・中期」と呼ぶ場合とがある。前半の石器群には不定型な玉髄《ぎょくずい》や碧玉《へきぎょく》製の小型石器が中心で、中国周口《しゅうこう》店《てん》の石器に類似する。後半の石器群は剥片《はくへん》を簡単に加工してつくった尖頭器《せんとうき》*やスクレイパー*（切裁具）が主体となる。これらは北アジアのルバロワ技法をもった中部旧石器との共通点が多いものである。

後期旧石器文化（三万五千―一万年前）になると石刃《せきじん》*が出現し、石刃に加工を施してつくったナイフ形石器が北海道を除く各地で見られるようになった。終末には細石刃《さいせきじん》と呼ばれる小型石器を主体とするグループが大陸より到達した。これには北海道を経由して南下した湧別技法《ゆうべつぎほう》*を特徴とする一群と、中国・朝鮮半島から九州に到達した南まわりの一群とがあり、中部日本を境として北と南の二つの系統が見られた。やがて、この細石刃をもつグループのなかから土器が発明され、縄文文化*へと移行していったと考える研究者が多い。

この時代には寒冷期と温暖期が交互に訪れ、列島は寒冷期には大陸と陸続きになった。大陸からナウマンゾウ*やオオツノジカ*などがやってきたが、人類もそれらの動物を追って渡来してきたものと考えられる。一方、温暖期には海進*により列島は孤立化した。このような更新世《こうしんせい》*の自然環境の変化を背景に外からの影響と内的発展により日本列島独自の旧石器文化が展開したのである。当時の人類の化石は愛知県牛川など数カ所から見つかっているが、いずれも断片的であり、その文化の担い手については明らかになっていない。〈藤本強『モノが語る日本列島史』同成社、一九九四。佐川正敏「東アジアの先史モンゴロイド文化」『モンゴロイドの地球3』東京大学出版会、一九九五〉（白石典之）

岩宿遺跡《いわじゅくいせき》　群馬県勢多郡笠懸町阿佐美の小丘陵の鞍部に位置する。昭和二十二年（一九四七）に在野の考古学者相沢忠洋により発見され、同二十四年に相沢と明治大学考古学研究室とにより発掘された、わが国の旧石器時代*研究の端緒となった遺跡である。それまで無遺物層と考えられてきた一万年以前の「関東ローム層」*から、岩宿Ⅰ、Ⅱ、Ⅲと呼ばれる、縄文文化*に先行する三枚の生活面（文化層）が発見された。最下層の岩宿Ⅰ文化層からは石刃《せきじん》*と局部磨製石斧《せきふ》*、岩宿Ⅱ文化層からは「切出形《きりだしがた》ナイフ」と呼ばれる小型石器、最上層の岩宿Ⅲからは槍先形《やりさきがた》の尖頭器《せんとうき》*という異なる石器が検出され、以後の編年研究にも重要な役割を果たした。（白石典之）

礫群《れきぐん》**・配礫**《はいれき》　拳《こぶし》大から人頭大程度の河原石などの礫を人為的に配列や集積したもの。特に旧石器時代*のものをこのように呼ぶ。比較的大きな石を数個配列したものを配石《はいせき》、運びやすい拳大の小さな礫を数多く不規則に集積したものを礫群《れきぐん》として区別する。配石は住居の区画や、石囲いの炉として用いられた。一方、礫群は火を受けていたり、割れたりしている。礫群の機能については、バーベキュー説や祭祀場説などの意見があるが、いまのところ不明である。礫群のなかの割れた石は、人為的に動かされている場合が多い。それらを接合して石の動きを調べることにより、当時の人間集団の行動が復元できると考えられている。（白石典之）

ルバロワ技法《ぎほう》　Levallois technique　パリ郊外のルバロワ・ペレ遺跡の資料から定義された石器製作方法。まず、原材の周囲から加工を施し亀甲形の石核《せきかく》を準備する。次に石核の一端に調整を施して打面をつくる。最後にその打面に打撃を加えて一枚の大きな石片を剝ぐことを目的とする。これをルバロワ剝片《はくへん》と呼ぶが、その打面部には石核に施した調整の痕跡が認められ、「シャポー・ド・ジャンダルム」という独特な形状を呈する。顕著に見られた時期は中部旧石器時代*。分布はヨーロッパ・北アフリカから、北はモンゴル東部、南はインドやインドネシア諸島まで見られるが、中国や日本では確実な例はいまのところ知られていない。　（白石典之）

湧別技法《ゆうべつぎほう》　北海道北東部の白滝《しらたき》遺跡群の資料をもとに、昭和三十五年（一九六〇）ごろに芹沢長介・吉崎昌一《まさかず》が提唱した石器製作方法。まず、原材を周囲から打ち欠いて円盤形の石器を準備する。次に円盤形の石器を縦割りして「スポール」と呼ばれる石片を剝がす。最後に残った舟形のものを石核《せきかく》として用い、その甲板部から力を加えて端部より細石刃《さいせきじん》を剝離する。当初は細石刃だけを目的とする技術と考えられてきたが、スポールやその他の途中で生じた石片も利用する無駄の少ない石器製作方法ということがわかってきた。後期旧石器時代終末*に東シベリアから中国華北・朝鮮半島・東日本、さらにアラスカまでの広い範囲で見られた技術である。　（白石典之）

局部磨製石斧《きょくぶませいせきふ》　打ち欠きによって成形した打製石斧《せきふ》*の端部に、研磨により刃部をつくり出したもの。部分的に磨かれているために、この名称で呼ばれる。堅い火成岩を利用としたほか、割れやすい変成岩を利用した例もあり、すべて斧であったかは疑問である。刃部の再生・更新を繰り返している例もある。日本では後期旧石器時代*の初頭、縄文時代初頭の「長者《ちょうじゃ》久保《くぼ》・神子柴文化《みこしばぶんか》」、縄文早期前半に多く見られ、石器時代に普遍的な道具ではない。しかも後期旧石器時代初頭では楕円形で偏平、長者久保・神子柴文化のものは細身で片刃、縄文早期前半のものは礫器状というように形態に差異があり、それぞれの系譜と関係とは不明である。　（白石典之）

〔縄文文化〕

縄文文化《じょうもんぶんか》　縄文文化（時代）は、ヨーロッパ先史学でいう新石器文化（時代）に相当するといわれる。しかし、縄文文化では、新石器文化の最も特徴となる農耕・牧畜は明らかではない。縄文時代には栽培植物の存在は認められるが、食糧資源としていかほどの役割をもったか不明であり、いまだ自然物食糧の採集獲得の段階に止まったと見られる。しかし縄文文化は、土器をはじめとした生活技術の面や信仰・祭祀、交易、社会の組織などの面でもきわめて高度に発達した段階に到達していたことが明らかとなりつつある。縄文文化（時代）の名称は土器の名に由来するが、「縄文」の名は、モース*の大森貝塚の報告書にある「cord marked pottery」に基づき、当初は「索文《さくもん》土器」と訳され、後に白井光太郎により「縄紋土器」の名が用いられ、さらに「縄文(式)土器」の名称が一般化した。しかし、最近では学史的な意味をもつ「縄紋」の名称を用いる研究者が増えている。

縄文時代は後氷期にあたる完新世*に属し、ほぼ紀元前一万年から紀元前四―五世紀ころまでの約一万年間にわたると考えられている。山内清男は、縄文土器*の編年研究を基礎に、縄文文化を草創期をはじめとした六期に大別し、文化の推移と変化を指示したが、この区分が広く用いられている。山内は縄文土器（縄文文化）の起源を、草創期を設定するに際し、紀元前約二五〇〇〇年ごろとする短期編年を提唱した。しかし現在では、放射性炭素の年代測定に基づき、これを約一万年前と考える長期編年が一般的であり、草創期（紀元前一万—前七〇〇〇年）、早期（前七〇〇〇—前四〇〇〇年）、前期（前四〇〇〇—前三〇〇〇年）、中期（前三〇〇〇年—前二〇〇〇年）、後期（前二〇〇〇年—前一〇〇〇年）、晩期（前一〇〇〇年—前四〇〇年前後）としている。

　後氷期にあたる縄文時代には気候の温暖化が進み、その結果海水面の上昇が起こった。早期末から前期の段階には最も温暖となり、海進*作用が進んだと見られる。このころ西日本から東日本の太平洋岸沿いに照葉樹林が広がるが、東北日本に展開していたナラ林を中心とした生活文化があり、自然環境の違いに基づく文化的地方差を形成する基礎が生まれた。前期のころには、竪穴住居を基本とした生活は定着化が進み、定形化した住居が生まれ、大規模な集落も出現してきた。一方、後期から晩期になると気候は若干冷涼となり、生活文化に変化が見られ、その多様化・複雑化がいっそう進んだようである。従来、東北日本が優位にあったと見られた縄文文化は、最近では西南日本でもかなりな発達を見たことが知られ、特に南部九州では初期のころに、すでにかなり高度な文化の発展があったことが明らかとなっており、縄文文化の系譜と発展について新たな問題を投げかけている。〈加藤晋平・小林達雄・藤本強編『縄文文化の研究』1〜10、雄山閣、一九八二—八四。戸沢充則編『縄文時代研究事典』東京堂出版、一九九七〉　（関根孝夫）

モース　Edward Sylvester Morse（一八三八—一九二五）　アメリカの動物学者。明治十年（一八七七）に来日し、東京大学理学部で動物学および進化論を講じた。貝類の研究に長じており、同年九月に東京都大森貝塚で日本における先史遺跡最初の学術調査を行った。その報告書である“Shell Mounds of Omori”（和訳『大森介墟古物篇』）は、一八七九年に理学部紀要として出版された。出土した遺物・動物遺存体を精密に計測・分類し、かつ科学的な見地より分析を加え、今日でも優れた報告書として評価されている。モースの大森貝塚における一連の研究活動をもって日本考古学の先駆と見ることができる。また、日本陶磁器の収集・研究家としても知られている。　（宮原俊一）

縄文《じょうもん》土《ど》器《き》　土器とは粘土を成形・乾燥し、焚き火で得られる程度の温度（八〇〇度前後）で焼成した素焼きの容器である。日本列島における土器製作は、放射性炭素測定法によれば、世界的にも古い年代値である約一万三千—二千年前（完新世*を迎えるころ）に遡る。土器による煮沸調理は、気候の温暖化など自然環境の変化とも相まって可食資源の広がりをもたらした。このことの評価などから、土器の出現は旧石器時代*と縄文時代の区分の指標の一つとされている。

　縄文土器の名称は、装飾要素として撚《よ》った紐《ひも》の回転圧痕（縄文）が多く認められることに由来するが、縄文土器のなかには縄文を施されないものも多く、その形態や装飾は多様である。しかし土器には、多様性のなかにも一定の地理的・時間的な範囲でほかと区別されるまとまりが認められる。このまとまりは土器型式と呼ばれ、山内清男（一九〇二—七〇）を中心に打ち出された、地理的・時間的な単位としての型式を整備する編年的研究がなお進められている。山内が土器型式の推移から提示

中期（長野県出土）

早期（和歌山県出土）

晩期（青森県出土）

縄文土器

した縄文時代の六期区分（草創期、早期、前期、中期、後期、晩期）は今日に受け継がれている。それに従って大まかな装飾の変遷を述べると、草創期・早期には無文ないし比較的簡素な装飾だが、前期以降、単位性をもって描かれる文様が認められるようになる。中期には粘土紐を貼り付け、文様を隆起させる表現が発達し、後期は線描きの文様内に縄文を充填する磨消縄文手法、晩期にはこれに彫刻的な手法が加わってくる。また時期が下るほど形態も種類を増す。ほかに前期以降の各時期に赤色の顔料や漆《うるし》による塗彩や、まれに彩文を有するものも認められる。

土器型式は一定地域内で系統的に変化すると同時に、地域間で相互に影響し合うことにより連鎖的な変化も見せる。最古の土器から追えるそうした変化の範囲が土器から見た縄文文化の範囲ということになるが、実際には土器以外の文化要素との関連で、特に起源（大陸系石器との組合せとの関連）と終末（稲作開始の遡上との関連）をめぐる議論は尽きていない。一方で近年では、縄文土器を一系統のものとしてとらえ、列島に固有な文化を象徴するものという前提に対して疑問も提起されている。今後の研究では、編年研究の成果を基礎にしながらも、それが社会や文化的動向を示す単位となりうるのかといった根本的部分を含めて、新しい型式観の定立が目指されるべきであろう。〈山内清男「縄文土器型式の大別と細別」『先史考古学』一一一、一九六二〉　（秋田かな子）

石鏃《せきぞく》　矢の先端に付けた石製の鏃《やじり》。縄文時代から弥生時代にかけて製作・使用され、製作法により打製と磨製に分けられるが、磨製石鏃は弥生時代のごく限られた地域でのみ現れ、朝鮮半島から日本に伝播したものと考えられている。石鏃の形態は三角形を基調としており、その形や大きさにより地域差・時期差が現れる。矢柄に取り付ける茎部の有無によって有茎鏃・無茎鏃と呼ばれ、矢柄に装着するために漆*やアスファルトが用いられていた。石材には黒曜石・頁岩・サヌカイトなどが用いられるが、地域によりそれぞれの特色が現れる。石鏃の出現した時期については諸説あるが、地域によっては後期旧石器時代*の終末にまで遡る。　（宮原俊一）

石斧《せきふ》　縄文・弥生時代を通じて使用された石製の斧。製作方法により打製と磨製の別がある。打製石斧は粘板岩・頁岩などを打ち欠いて製作される。形態により撥形《ばちがた》・短冊形・分銅形などに分類される。縄文時代中期の中部・関東地方から多量に出土する打製石斧は、効果的な土掘り道具と考えられている。磨製石斧は刃の表裏両面に鎬《しのぎ》をもつ両刃と片面にのみ鎬を有する片刃がある。柄に装着された刃の方向によってその用途も異なると考えられる。主に両刃の刃が柄に平行して装着されるものを縦斧と呼び、木材などの伐採・切断に使用され、刃が柄に直交して装着されるものを横斧（または手斧《ちょうな》）と呼び、木工具および土掘り道具に使用された。（宮原俊一）

石皿《いしざら》　偏平な礫《れき》を円形・楕円形に敲打《こうだ》整形し、その中央部に浅い凹みをもたせた石器。石材は主に安山岩・石英粗面岩・砂岩が利用される。堅果類・根茎類をすりつぶすことを主目的としており、採集活動が活発だった縄文時代全時期を通じて各地で使用された。周縁部に装飾的な彫刻をもつものや、浅い凹みの中央部に島状の突起部を残すもの（中高石皿）、低い脚部を有するものなど時期・地域によって多種ある。ドングリやトチノミなどの堅果類を製粉処理するためには研磨された磨石・敲石《たたきいし》などと組み合わせて使用されていたと考えられる。その用途も広く、動物の骨を砕いたり、酸化鉄などの顔料をすりつぶす場合にも使われていたと考えられる。（宮原俊一）

黒曜石《こくようせき》　溶岩が急速に冷却されてできる火山岩の一種。堅緻なガラス質であり、打ち欠くとその割れ口が鋭利になるため石器の好適な材料として用いられてきた。色調は黒色の透明であるが、無色透明に近いもの、不透明で赤味を帯びたものや灰色に近いものなど種々ある。産出する地域は火山地帯に限られており、日本では北海道十勝地方・長野県和田峠周辺・伊豆七島神津島・静岡県天城山・佐賀県腰岳などが代表的な産地である。日本では後期旧石器時代*から主要な石器の原材料となり、細石器*・尖頭器*・石槍・石鏃*など、黒曜石の性質を利用した効果的な打製石器*が多く製作された。黒曜石は石材として優れた特徴をもつだけでなく、フィッショントラック法や水和層年代測定法といった各種の理化学的な分析方法によって、石器の製作年代や産地などが特定できる。こうした方法により、黒曜石が広範囲な分布圏をもつ石器の材料であることが知られており、各時期において利用された黒曜石の産地を特定することにより、当時の交易状況を知ることもできる。（宮原俊一）

骨角器《こっかくき》　動物や鳥や魚の骨・角・歯牙などを加工した道具の総称。なかでもシカやイノシシなどの歯牙・肋骨・尺骨などが多く用いられた。縄文時代早期から全時期を通じて見られるが、特に縄文時代後・晩期の東日本の太平洋側を中心に多く製作された。北海道オホーツク文化においては海獣の骨牙などを駆使した独自の発達が見られる。原材料が残存しにくいので、骨角器のほとんどが貝塚*出土のものである。骨角器の種類は多岐にわたり、削りや研磨、穿孔、彫刻といった加工を施し、必要とする製品をつくり上げた。生業にかかわるものとしては骨鏃・牙鏃や骨槍などの狩猟道具のほか、骨製の釣針や銛《もり》・ヤスなどの漁撈道具、骨斧などの土掘り具、装身具として櫛・垂飾・耳飾・腕飾・ピン、信仰にかかわるものとして彫像や骨角偶など、その用途により分類できる。狩猟活動の活発な縄文時代においては、獲物から骨角器を製作するべく素材を選択・加工し、それを利用するといった再生産が可能なことも骨角器が縄文時代に大いに利用された一因であった。（宮原俊一）

丸木舟《まるきぶね》　カヤ・イヌガヤ・ムクノキ・クリなどの樹木を半割し、火を用いて焦がすなどして内部をくり抜いて製作した船である。独木船とも書く。縄文時代の丸木舟は、全長五―七メートル、幅五〇―七〇センチ、内深三〇―五〇センチ程度の大きさをもつ。完存する最古のものには、前期の福井県鳥浜貝塚の例があげられる。丸木舟は、海に囲まれた日本列島において海上交通を担った重要な運搬具であり、縄文文化*に見られる離島産の黒曜石*の利用や外洋性の魚撈は、丸木舟の存在によって可能となった。さらに列島外との交流を考えるうえでも注目すべき道具である。（秋田かな子）

環状集落《かんじょうしゅうらく》　住居群が広場や墓域などを中心として、その周縁に、環状にめぐって構築された状況を示す集落をさしている。縄文時代中期から後期にその発達した形態が見られ、縄文集落の典型ともされている。環状集落は、集団が集落形成に際して、かなりの程度の計画性と規律をもっていたことを示すと見られており、かつその定着性の強さが強調される。したがって、このような集落は大きな規模をもち、地域社会のなかでも中核的な集団として存在したことを予想することができる。円形に並んだ住居群の内側には墓地が形成されたり、祭祀の場をもつことが多く、また食料貯蔵のための小竪穴が群在したりしている。最近では、こうした竪穴遺構とは異なった掘立柱建物*が伴うことも知られてきている。生活の場に死者の場をはらんでいる状況は、生者と死者の世界が一体化した観念をもっていたと判断され、縄文的な世界観を知ることができる。もちろん縄文集落には、こうした形態のものだけではなく、数軒からなる小集落や一時的な居住のためのものも多く認められる。（関根孝夫）

貝塚《かいづか》　過去に人びとが食料などに利用した貝類を廃棄し、現在に残されている堆積物を貝塚と呼んでいる。この遺跡の所在は古くから注意され、地名として残されている所も多い。地表に見られる貝の広がり方によって、地点貝塚・馬蹄形貝塚・環状貝塚などと呼び分けることがある。貝塚は全国でおよそ三千カ所くらいあるといわれているが、その多くは縄文時代に属しており、それ以降のものは少ない。太平洋沿岸地域に多く、特に東京湾周辺や仙台湾周辺は大貝塚が集中する地域として注目されている。貝塚には貝の堆積だけではなく、土器・石器や食料として利用された獣類・魚類の骨なども残されている。死者の埋葬が行われることも多く、貝塚がたんなるゴミ捨て場ではなく、儀礼的な場であったことも推察されている。このように貝塚には様々な考古学資料が残されており、最良の情報源とされている。（関根孝夫）

住居址《じゅうきょし》　住居はそこに住まう人びとが睡眠・食事・育児・家財管理など、生活の基本的な行為を行うための構設であり場である。集落遺跡からは、多くは構設の部分を除く痕跡のみが発見されるが、これが住居址である。住居址は地表面に対する床面の位置から、半地下にこれを設ける竪穴住居、地表面に設ける平地式住居、床面が地表面より高い高床住居（掘立柱建物*）などに分けられる。

住居址の形態や柱の配置から知られる構造は、自然環境や生活様式、歴史、文化に応じて変化を見せる。まず遊動的な生活を送っていた旧石器時代*から縄文時代草創期には、自然の洞穴や岩陰を利用した住居址が各地で発見されているが、構設物としての住居は簡易な構造だったと考えられ、確実な発見例はまれである。一定の土地とのかかわりを深める早期以降は、調理・照明・暖房施設としての炉をもつ竪穴住居が定着し、以後最も一般的な住居址の形態となる。その後、竪穴住居の平面形態は、おおまかには円形と方形の変化を繰り返しながら長くつくられ続ける。

竪穴住居址のうち特殊な機能が推定されるものに、前期の東日本に見られる大形住居（ロングハウス）があげられ、複数の炉をもつものの存在から、公共の作業場や越冬用の共同家屋などと考えられている。掘立柱建物は前期以降より認められ、通常の竪穴住居と併存することから、倉庫・もがり屋など住居以外の機能が推定されている。しかし、炉を伴う例も存在し、一概に非住居と断言することはできない。また中期後半に中部・関東地方に出現する柄鏡形《えかがみがた》住居は、通路状の入口部や、石を敷設する床面などを特徴とする。このため祭祀的な遺構と見る説もあるが、少なくとも前時期の竪穴住居からの変化でとらえうるものである。

このように一集落において複数の形態・構造が複合する様や前時期からの特殊な変化からは、住居以外の機能の推定や季節的な住居の住み分け、さらには異集団の共存、集団内の階層性など、より複雑な社会を想定する観点が生まれている。（秋田かな子）

抜歯《ばっし》　健康な歯を人為的に抜去する歯牙加工の風習で、日本においては縄文時代中期から弥生時代にかけて見られ、縄文時代後期・晩期に盛んに行われていた。出土した人骨の状態から通常、切歯・犬歯を左右対称に抜去することが知られているが、地域や時期により差異が認められる。抜歯は、歯槽が閉塞していることにより自然に脱落したものとほぼ区別ができる。また、抜歯のほかに切歯を裁断・研磨する研歯や、縦に溝をすり刻んだ叉状《さじょう》研歯などの加工法もあった。抜歯の目的については、成人に達した証に通過儀礼として一定の様式で抜去されるとの考えから、その様式により親族組織の構成や出自集団を明らかにする研究も試みられている。（宮原俊一）

土偶《どぐう》　主に粘土を人形に成形した土製品をさす。縄文時代早期には出現し、縄文時代を通じて製作された。土偶にも時期や地域によって変化があり、後期以降は中空・大形のものが現れ、著名な東北地方晩期の遮光器土偶などを生む。具体的な用途・機能の特定は困難であるが、乳房の表現から推測して女性をかたどったものが多数を占め、妊娠を思わせる腹部表現も認められることから、安産・多産への祈願を読み取る説がある。また多くの場合、損壊した状態で出土することから、故意に壊すことによって負傷や疾病のような災禍を転嫁したと見る説もある。いずれにしても、精神的な活動に即したものとする点で見解が一致している。（秋田かな子）

葬制《そうせい》　死者に対する葬法や葬送儀礼全般をいう。葬法としては縄文時代を通じて土葬が主流だが、一次的な埋葬（洗骨）から、改めて最終的な埋葬を行う場合もある（改葬）。埋葬姿勢は屈葬・伸展葬と仰臥《ぎょうが》・横臥《おうが》との組合せで分類され、それぞれである程度墓坑の形態が異なってくる。ほかに廃絶住居内に埋葬する廃屋葬なども行われ、同時期に一種類ではない葬法は被葬者の出自や性差、死因や死亡年齢の違いなどを反映すると考えられている。

土偶（静岡県出土）

墓域は前期以降集落内に付随して設けられる。多くは土坑への屈葬で、中期まで主流をなす。中期には住居の入口部に土器を埋設する風習があり（埋甕《うめがめ》）、乳幼児葬と見られている。後期以降は屋外の埋設土器への改葬や、土坑への伸展葬が認められるようになる。石を棺状に組んだ石棺墓への埋葬は、東日本において晩期まで続く。石棺墓には墓域に配石が伴う場合があり、墓標や埋葬後も継続する儀礼を示すと考えられる。このほか、合葬か洗骨葬かの結論が出ていないが、多数の遺体を埋葬、あるいは単に遺棄した土坑の存在が近年注目されている。

（秋田かな子）

アニミズム　自然や人間界のあらゆる事物に霊的な存在を見出す信仰に対し、イギリスの人類学者E・B・タイラー（一八三二―一九一七）が用いた語。タイラーはアニミズムを原初的な宗教の特色とし、これを起源に多神教を経て一神教へと進化すると考えた。この進化説は、民族事例などに見る宗教の多様性から必ずしも支持されていない。しかしアニミズムの語自体は、事物に宿る霊的な存在に対する信仰の総称として一般化しているといってよい。日本の原始宗教においても、たとえば縄文土器*の装飾の一部や土偶*などの土製品にそうした信仰に通じる側面を見出すこともできよう。

（秋田かな子）

（三）農耕の始まりと社会の変化

渡来した稲作文化　紀元前三世紀ごろ、西日本の縄文土器*は大きく変化して、簡素で均一な姿となり、やがてその影響は東北地方北部にまで広がった。弥生土器*である。この土器には、製作時に付いた籾《もみ》の圧痕をとどめるものが多く、石庖丁*のような収穫具を含む大陸系磨製石器も多数共伴する。そのうえ、銅剣*など東北アジア系の青銅器*に加え、少数ながら鉄器*も伴う。このような事実から、大陸文化の影響のもとに形成された初期農耕・金属器文化としての弥生文化*の誕生が想定された。

はじめこの新文化は、先住の縄文人を駆逐して列島に住みついたツングース系の北方民族（固有日本人）がもたらしたとの推論もあったが、現在では稲作を伝えた渡来人と混血した縄文人によって支えられた文化と考えられている。それとともに、静岡県登呂遺跡*の水田ほど整ったものではないが、北九州などでは、縄文時代晩期には早くも灌漑による水田が営まれていたことも明らかになった。当時すでに発見されていた大陸系の支石墓や土器をも考慮に入れるなら、新文化を伝えた人びとの渡来は、紀元前五世紀ごろから広い範囲に繰り返し行われたと考える人が多い。このとき日本列島に伝えられた稲作は、品種や農具から見て中国の長江（揚子江）下流域で発達した水稲で、その伝播ルートはまだ十分に明らかではないが、朝鮮半島南部の人びととのかかわりが大きかったことは否定できない。だが最近の人類学の研究成果によれば、長江下流域や山東半島など、中国本土を含む広い範囲からの渡来を想定しておく必要があるという。

農耕の暮らし　西日本一円に定着した稲作は、前期のうちに北日本の一部にまで広がった。耕作には各種の農具が使われ、田下駄*や田舟など、湿田用の農具も目につく。籾は直播きも行われたが、すでに田植えも導入されていたらしい。石庖丁で一本ずつ収穫された稲穂は高床式倉庫に蓄えられ、必要に応じ竪杵と木臼を使って脱穀した。多くの木製農具*や建材、開田のための森の伐採、畦《あぜ》や水路に使う矢板や杭など、木とのかかわりは特に深かったが、鉄が乏しかったはじめのうちは、数多くつくられた太形蛤刃石斧《ふとがたはまぐりばせきふ》*・抉入石斧《えぐりいりせきふ》・偏平片刃石斧《へんぺいかたはせきふ》などの磨製石器がこれにあてられた。

変化してきたムラ　農耕生活に入った人びとの生活の場も、はじめは水田近くに設けられ、縄文時代と大してかわらない数世帯ほどのムラ*だったと考えられる。しかし田を開き、水路を引くなどの土木作業は多人数の共同作業を必要とする。こうして中小河川単位に地域的なまとまりが形づくられ、中心的なムラも出現した。協業とともに石器や木製品の生産を通じて分業も行われるようになり、石器製作集落なども出現し、やがて始まる金属器生産が、これに拍車をかけた。協業と分業を調整する首長とそのムラの役割は重さを増し、拠点集落として規模を拡大した。やがてこれら拠点集落に、二重・三重の濠をめぐらす環濠集落*が目立ち始める。前期に散見されたものとは比較にならない本格的な構造である。近在する山丘頂には、高地性集落も現れる。時を同じくして、殺人用の弓矢や武器・武具の発達も見られるが、これは耕地や水利権、あるいは生産物をめぐる集団間の争いが頻発するようになったためと考えられている。とすれば争乱に勝利するたびに集団の力量は大きくなったであろう。

環濠集落のなかでも特に大規模な奈良県唐古・鍵遺跡*の中央部には、大阪府池上遺跡同様、とても住居とは考えられない大型建物があり、青銅器の鋳型が出土する地点、列島内諸地域の土器が出土する地点などがあった。また佐賀県吉野ケ里遺跡*には、環濠内にさらに堀をめぐらした巨大建物、望楼あるいは櫓《やぐら》を思わせる建物が、また倉庫が建ち並ぶ地区などが見られ、都市的な性格を強めていった。

強大化する首長たち　前期末ごろから、北九州地方では甕棺《かめかん》内に、東北アジア系の青銅製利器や多鈕細文鏡《たちゅうさいぶんきょう》などを副葬する墓が見られるようになった。近畿地方には、威信財としての青銅器を副葬する墓はなかったが、ムラの共同墓の一角に自らの墓域を溝で画した方形周溝墓《ほうけいしゅうこうぼ》*が出現した。ともに集団内に身分差が生じたことを物語るものといえよう。

中期も後半期の福岡県須玖遺跡の甕棺墓《かめかんぼ》*群の一つから、銅剣類*とともにガラス製の璧と勾玉、それに三十枚以上の前漢鏡が出土し、また同県三雲遺跡の共同墓地にも三十枚以上の前漢鏡と璧を出土した墓があった。それまでの東北アジア系青銅器に代わり、中国本土の文物が、この地方の副葬品の主役の座を占めたのである。また三雲遺跡近くの井原遺溝遺跡の甕棺墓には、後漢鏡ばかりが二十枚以上副葬されていたから、北九州ではこの状態が後期前半（一世紀）にも続いていたと考えられる。

強化されたのは、首長個々人の権力だけではない。前期末ごろから導入が始まった東北アジア系の青銅利器、同じく朝鮮の小銅鐸と関係する銅鐸《どうたく》*が、実用を離れ儀器として大型化を始めた。しかも銅剣・銅矛*は北九州、銅鐸は近畿地方中心に分布する傾向が強まっていくとの指摘がある。共通の祭式で結ばれた小国連合の形成を想定してのことである。だが至近の場所から多数の銅剣・銅鐸を出土した島根県荒神谷《こうじんだに》遺跡などの場合は何と説明できようか。現時点では、共通する祭器が流動を伴いながら、広域に分布していたことに注目しておきたい。

中国史書のなかの倭　周知のように、漢の武帝は元封三年（前一〇八）に朝鮮半島を支配下に収め、楽浪郡*など四郡を開いた。一方『漢書』地理志*には、百余りの倭人の国が、その楽浪郡に朝貢に来ていたと記されている。紀元前一世紀のことと見てよいであろう。ついで『後漢書』東夷伝*は、光武帝の建武中元二年（五七）に朝貢した倭人の国の一つである奴国王に印綬を与えたことを伝えている。江戸時代に福岡県志賀島から発見された「漢委奴国王」金印がそれであると考えられている。続いて同書は、安帝の永初元年（一〇七）にも倭国王帥升《すいしょう》たちが入貢したと述べている。おそらく多量の青銅器とともに葬られた人物こそ、中国に使者を送った北九州方面の倭人の国々の王であったと考えられる。『後漢書』は、さらに桓帝（在位一四七―六七）と霊帝（在位一六八―八九）の治世のころ、倭国内が戦乱状態に陥ったと伝えている。これにより小国の統合がさらに進んだものと想定される。

倭人の世界が動乱状態であったころ、中国本土も朝鮮半島も政治的に不安定な状態に陥っていた。朝鮮半島ではこれに乗じて初平元年（一九〇）に公孫氏がその支配権を握った。やがて公孫氏によって帯方郡が開かれるや、倭はこの郡の所属となった（二〇四年）。中国では二二〇年に後漢が滅び、魏・呉・蜀三国の分立時代に入った。そして中国北部を占めた魏は、二三八年に兵を送って公孫氏を滅ぼし、朝鮮半島の支配を回復した。

『魏志』倭人伝の世界　『魏志』倭人伝*によれば、三世紀のはじめごろの倭人の世界は、巫女王卑弥呼《ひみこ》が都をおく邪馬台国《やまたいこく》を中心に、三十国余りからなる連合体と、これに対抗する狗奴国《くなこく》を囲む国々があった。そこに住む倭人の間には、大人《たいじん》と下戸《げこ》という身分差があり、諸国の王たちも邪馬台国が伊都国《いとこく》に置いた一大率《いちだいそつ》の検察下にあった。女王の居所には宮室・楼観・城柵などが配置され、兵がつねに警固していた。国々には市場があり、交易も盛んであったが、とりわけ対馬国などは海路伝いにこれを行っていた。

卑弥呼は、帯方郡が魏の手に落ちるや、その翌年の景初三年（二三九）には魏に朝貢し、「親魏倭王《しんぎわおう》」金印と紫綬や銅鏡百枚などを下賜された。魏の王室により、卑弥呼は倭人の世界を代表する王と認定されたのである。卑弥呼の素早い遣使の背後にあるのは、大陸の進んだ文物につねに接する窓口を確保することであった。それとともに『魏志』弁辰《べんしん》条の、倭人が鉄をとりに来るという記述も無視できない。一―三世紀の列島は、急速に鉄器化が進み、石器が姿を消す時期にあたるのに、製鉄遺跡がほとんど発見されないからである。やがて起こった狗奴国との戦いの様を魏に報告したのち、卑弥呼は死んだ。人びとは彼女のために巨大な墳丘墓*をつくった。卑弥呼の後は男王が継いだが支持が得られず、争乱の末、壹与《いよ》（臺与《とよ》）が女王位につき争乱も収まった。この壹与の遣使を最後に、倭に関する中国史書の記述は一世紀半にわたって途絶する。（岩崎卓也）

〔弥生文化〕

弥生土器《やよいどき》　明治十七年（一八八四）、東京都文京区本郷弥生町の向ケ岡貝塚から発見された壺形土器は、縄文土器*と違う特徴をもつことから、「弥生式土器」と呼ばれた。その後、時代区分の進展に伴い、「弥生式土器」が用いられた時代という意味で、縄文時代の次に弥生時代が設定された。しかし、縄文土器と「弥生式土器」は製陶技術の点からいうと、轆轤《ろくろ》を用いず、野焼きであるなど本質的には変化がなく、明確には区別できない。したがって、「弥生式土器」はたんに弥生時代の土器と認識されるようになり、簡略化して「弥生土器」と呼称するのが一般的になった。しかし、なお弥生土器を弥生時代の指標とする立場もある。森本六爾・小林行雄らの型式学的研究を経て、弥生土器の地方的年代的単位と器形の組合せは「様式」の名のもとに理解されることが多い。森本は弥生土器を三時期に分け、小林は奈良県唐古遺跡出土の土器を五つの様式に分けた。その後の全国的な弥生土器の集成と編年によって、各地の弥生土器は前、中、後期の三時期ないしI～V、VI期の五、六時期に大別され、相互に比較されることになった。弥生時代を時期区分する際にも、弥生土器の時期区分が応用されるのが一般的である。弥生土器は、九州北部地方の縄文土器が朝鮮半島の土器の製作技術や形の影響を受けることによって成立したと考えられている。最古の弥生土器は福岡市板付遺跡出土土器を指標に、壺と甕と高坏《たかつき》を主要な器形とする板付I式土器の名で呼ばれていたが、それ以前の突帯文《とったいもん》土器*を最も古い弥生土器とする説も有力である。前方後円墳*の成立を古墳時代の開始と見る立場からすれば、弥生土器と土師器《はじき》*の境界も理論上は明確だが、古墳時代の始まりを土器から押さえようとする実践的研究になると、その境界に関しては微妙な点で意見が異なる。（設楽博己）

弥生文化《やよいぶんか》　日本列島において水稲耕作を基礎とする農耕文化*

が開始され、前方後円墳*が成立するまでを弥生時代というが、その時代の文化を弥生文化という。水稲耕作は紀元前五―前四世紀ごろ、朝鮮半島南部から九州北部地方に伝わり、紀元前三世紀ごろには西日本一帯に定着し、紀元前三―前二世紀ごろには東北地方北部にまで及んだ。水稲耕作を行う技術と木製農具*や、それをつくるための石の道具のほかに朝鮮半島からもたらされたものは、鉄器*や青銅器*といった金属器、機織*の技術や、鹿の肩甲骨などに焼きごてを当てて占いをする卜骨《ぼっこつ》などである。防御のための濠を巡らした環濠集落*や、磨製石鏃・磨製石剣などの武器とそれを用いた争いも、水稲耕作とほぼ同時に朝鮮半島からもたらされた。弥生文化には、縄文文化の伝統を引いたものもたくさんある。弥生土器*は縄文土器*を基礎として、朝鮮半島の土器の製作技術や形の影響を受けて成立した。狩猟に用いた石鏃*などの打製石器や漁撈に用いた骨角器*、木製の容器や装身具を漆《うるし》で飾る技術、貝に穴をあけて腕輪などの装身具をつくる技術や竪穴住居、あるいは木の実をあく抜きして調理する技術などの多くも伝統的な文化要素である。また、小さな青銅製の鐘や、剣《けん》・矛《ほこ》・戈《か》など細身の青銅製の武器は、朝鮮半島からもたらされるとまもなく銅鐸*など大型の祭りの道具につくりかえたように、弥生文化固有の技術や道具も多い。山口県土井ケ浜遺跡は弥生前期の埋葬遺跡だが、ここからは三百体を越える人骨が出土した。それらは縄文人よりも背が高く、顔の高い（上下に長い）形質的特徴をもつものであり、朝鮮半島から渡来した人びとの子孫だと考えられている。福岡県粕屋町江辻遺跡からは、朝鮮半島の青銅器時代*に特有の形態の住居跡が見つかっている。しかし、弥生文化は渡来系、縄文系、固有の三要素から成り立っており、朝鮮半島の文化要素だけで構成される集落は見つかっていない。したがって、弥生文化は朝鮮半島南部から若干の渡来人*が体系的な農耕文化をもち込み、縄文人とともにつくり上げた文化だといえよう。弥生文化の指標は、水田と金属器と弥生土器とされるのが一般的だが、東日本で水田や金属器が本格的に定着しておらず、西日本の弥生文化の影響を受けて縄文文化が著しく変化した段階も弥生文化に含めて理解されている。〈山内清男「日本遠古の文化　縄紋式以後」『ドルメン』一-八・一-九・二-二、一九三二・一九三三。白石太一郎編『発掘された古代日本』放送大学教育振興会、一九九九〉

（設楽博己）

弥生土器（福岡県出土，九州大学文学部蔵，左は津屋崎町教育委員会蔵）

青銅器《せいどうき》　青銅器は銅と錫《すず》と鉛などを主原料にした金属器である。それは弥生前期初頭に、朝鮮半島から日本列島に初めてもたらされた。最も古い青銅器は、福岡県津屋崎町今川遺跡出土の遼寧《りょうねい》式銅剣を加工した銅鏃《どうぞく》などである。弥生前期終末から中期初頭には細形の銅剣*・銅矛《どうほこ》*・銅戈《どうか》*といった武器が九州北部地方に伝わり、集落の中の特定の人物の墓に副葬された。佐賀県吉野ケ里遺跡*では細形銅矛の鋳型が検出されており、この時期に九州北部で青銅器生産が開始されたことがわかる。実用品であった武器形の青銅器と銅鐸*は、徐々に大きさを増すとともに武器は刃を、銅鐸は鳴らす機能を失い、非実用性を強めていく。弥生V期に、これらは飛躍的に大型化し、近畿地方を中心とした銅鐸と九州地方を中心とした銅矛という対立的な分布圏を形成するに至った。しかし、複数の青銅器が一括して埋納される場合、銅鐸も銅矛も互い違いに身を縦にして寝かせて埋める共通性があり、必ずしも対立的な側面ばかりではない。このほか、弥生時代の青銅器には、銅鏡*や腕輪である銅釧《どうくしろ》、楯に貼り付けたとされる巴形《ともえがた》銅器などがある。（設楽博己）

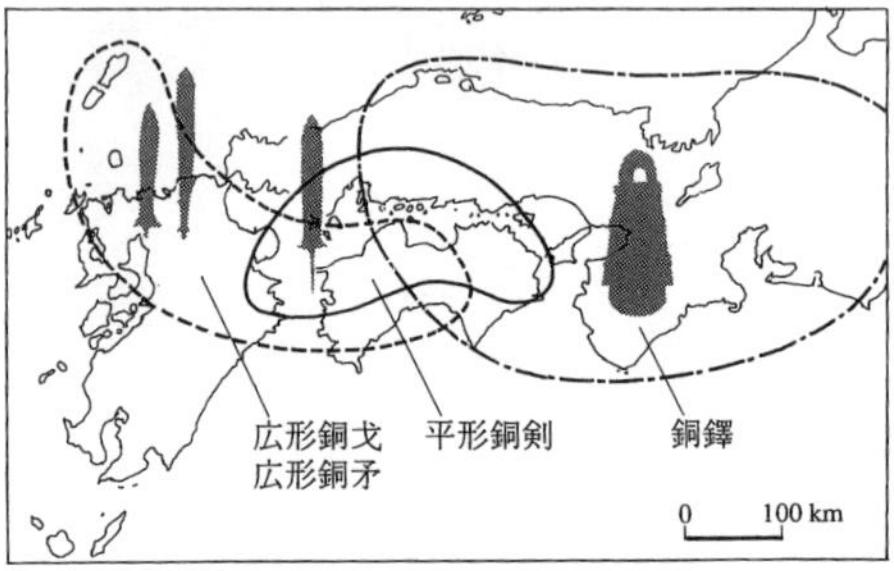

青銅器の分布

銅剣《どうけん》　手で握るための短い柄が付いた、主に対人用の刺突を目的とした武器。柄と身を一体でつくったものと、別々につくって組み合わせたものがある。最も早く日本列島に流入するのは、弥生前期の遼寧式《りょうねいしき》銅剣だが、それは柄や身の一部分をノミや鏃《ぞく》に加工したものである。弥生前期末には細形銅剣が朝鮮半島からもたらされた。銅剣は、細形・中細形・中広形・平形に区分されており、細形が弥生前—中期、それ以外は中—後期に用いられた。細形銅剣の鋳型が福岡県志賀島から出土しているので、すでにこの段階に日本列島で生産されていたことがわかっている。細形銅剣は九州北部・中国・四国を中心に広く分布するが、中細形銅剣は島根県斐川町神庭《がんば》荒神谷遺跡で三百五十八本埋納されているのが発見され、平形銅剣は瀬戸内地方を中心に分布するなど、主体的分布範囲には時期的な変動が見られる。（設楽博己）

銅矛《どうほこ》　袋状をなす根元に長い柄を差し込み、槍のようにして用いた武器。細形・中細形・中広形・広形と区分されている。細形銅矛の鋳型は佐賀県吉野ケ里遺跡*から出土しており、日本列島で弥生前期末にすでに生産されていた。長さ三〇センチに満たない、鋭い刃のついた細形銅矛が変化して、後期の広形銅矛になると八〇センチを越えるに至った。それらには刃がついておらず、袋部の中に鋳型の土がつまったままのものもあり、実用品から祭りの道具へと転化したことを示している。広形銅矛は九州北部から四国南西部を中心に分布し、大型化した銅鐸

左より銅剣，銅矛，銅戈
（福岡県出土，九州大学文学部蔵）

は近畿地方、平形銅剣は瀬戸内地方に分布するというように、弥生後期には共通の祭器を用いた地域的なまとまりが生まれていたことがわかる。（設楽博己）

銅戈《どうか》　かるく湾曲した長い柄の先端に、柄と直交して取り付けた武器。刃の部分を援《えん》、柄に密着する部分を胡《こ》、柄に差し込む突起を内《ない》と呼ぶ。援には二条の樋《ひ》が彫られ、樋の下端には柄と緊縛するための穿《せん》と呼ばれる穴が二つ開いている。鋭い刃を付けた細形銅戈は細形銅剣、銅矛とともに弥生前期末に朝鮮半島からもたらされた。中細・中広を経て後期の広形銅戈へと至る変化は、巨大化しつつ武器の機能を失っていく過程であり、それは他の青銅製武器と同じである。銅戈は九州北部を中心に分布するが、大阪湾沿岸には樋に鋸歯文を鋳出したり、樋の先端が離れるなど九州北部とは違う型式の銅戈が分布しており、大阪湾型銅戈と呼ばれている。（設楽博己）

銅鐸《どうたく》　身と吊るための鈕《ちゅう》からなる、やや偏平な紡錘形の断面をした釣鐘のような青銅器。*内部に舌《ぜつ》と呼ばれる棒を垂らし、裾部内面に設けた突帯と接触させることにより音響を発した。銅鐸は、弥生前期後葉に朝鮮半島からもたらされた小銅鐸をモデルに成立したとされる。身の文様には、横帯文・流水文・袈裟襷《けさだすき》文などがあり、かつてはそれが編年の指標とされていたが、いまでは鈕の型式による編年が主流である。すなわち菱環《りょうかん》鈕式、外縁付き鈕式、偏平鈕式、突線鈕式の四つの区分であり、さらにそれらが細かい型式に分けられ、編年されている。成立の当初は二〇センチほどの大きさだったものがしだいに大型化し、終末期には一三〇センチを越えるものもつくられた。突線鈕式のあるもの以降、内面突帯を失うなどして大型化に伴い鳴らす機能を失い、見るだけの祭器に変化したとされている。銅鐸は人里離れた山の斜面から、大量に埋納された状態で出土することがある。島根県加茂町加茂岩倉遺跡からは三十九個発見された。その背景として、政治的統合や境界儀礼を考える説がある。（設楽博己）

銅鐸（島根県出土，島根県教育委員会蔵）

銅鏡《どうきょう》　弥生時代に大陸からもたらされた銅鏡のうち、最も古いのは前期末の多鈕細文《たちゅうさいもん》鏡である。これは朝鮮半島からもたらされた。弥生中期になると前漢鏡である異体字銘帯鏡や、中期末には新の時代の方格規矩《ほうかくきく》鏡などがもたらされ、九州北部の特定の集落の甕棺に副葬された。楽浪郡*の設置によって、中国の銅鏡が朝鮮半島から九州北部にもたらされたのではないかとされている。後期には後漢の鏡である内行花文《ないこうかもん》鏡などが見られるが、輸入の量も減り九州北部に集中して出土することはなくなる。それを補うように、内行花文鏡を模倣した小型の仿製《ぼうせい》鏡が日本列島で初めてつくられ、九州を中心に近畿地方にまで及んだ。二―三世紀の中国鏡の分布の中心は、中国地方から東に移動した。（設楽博己）

鉄器《てっき》　日本列島で最も古い鉄器は、福岡県長行《おさゆき》遺跡や曲り田遺跡から出土した鉄斧《てっぷ》であり、弥生早期に遡る。前期では熊本県天水町斎藤山遺跡の鋳造鉄斧などがあるが、この時期はまだ鉄器は少ない。福岡県太宰府町吉ケ浦遺跡は中期前半の遺跡であり、ここから出土した鉄斧は朝鮮半島には見られない形態であり、国内でつくられたものとされている。中期になると鉄器の出土量が急増するのは、鉄器の国内生産が始まったことにも原因があろう。この時期、主に鉄斧や鉇《やりがんな》などの工具や鉄鏃《てつぞく》などの武器がつくられたが、その出土量は九州北部の遺跡に圧倒的に多い。鉄素材の原産地である朝鮮半島との直接的な交渉がスムーズに行われていたのであろう。後期になると九州北部などでは鉄製農工具*が急増する。また石器が全国的に少なくなるので、鉄器の流通が日本列島の各地に及んだと推測される。それだけの鉄器を賄うには、弥生後期にすでに鉄の生産が日本列島で始められていたのではないかとする考えがあるが、それに対しては異論もある。（設楽博己）

銅鏡（福岡県出土，飯塚市歴史資料館蔵）

木製農具《もくせいのうぐ》　弥生時代の木製農具は、農作業に応じて機能が分化している。田を起こしたり水路をつくるための鍬《くわ》・鋤《すき》、田をならすのに用いたエブリ、湿田用の田下駄*・田舟、脱穀用の臼《うす》と竪杵《たてぎね》は、その主なものである。鋤や鍬などは堅いカシの木を使ってつくられたものが多く、素材を伐採する両刃の石斧*や加工するための片刃石斧など、木製農具をつくるのに用いられたいわゆる大陸系の磨製石器*もまた機能分化している。木製農具もおそらく朝鮮半島南部から伝来したのだろうが、朝鮮半島ではまだ木製農具の出土は少なく、比較が困難である。弥生早期に知られているのは諸手鍬とエブリであるが、前期後半以降、鍬は狭鍬・広鍬・又鍬・横鍬などに分化し、鋤にも一本鋤や組合せ鋤が現れるなど、用途に応じて種類が増えた。さらに九州では近畿に比べて鋤が小型で鍬が大型、又鍬が特徴的だといった、地方差も生じた。エブリの存在を、弥生時代にすでに田植えがあったことの証拠と見るむきもある。（設楽博己）

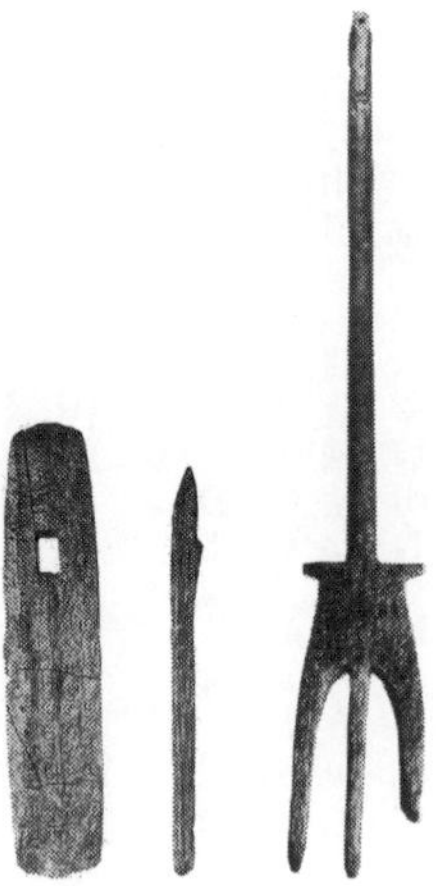

弥生時代の木製農具（佐賀県教育委員会蔵，右は福岡市教育委員会蔵）

田下駄《たげた》　低湿地の水田稲作に用いた木製農具*。現代の湿田で、稲刈りや施肥の際に体が沈まないように履いて用いる農具と形態的に類似しているところから、その用途が推測された。板に下駄の鼻緒の装着孔に相当するような穴が三―数か所開いた木製品は戦前から知られていたが、田下駄として注目されるようになったのは、静岡市登呂遺跡*の発掘調査からである。弥生時代の田下駄には、足を直接のせる足板が横長のものと縦長のものがあり、横長の田下駄が弥生前期から用いられ、中期に縦長が加わった。これらは足板だけで構成されたものだが、後期になると足板に木枝を丸くした輪樏《わかん》や長方形の外枠をつけた組合せ式のものが現れ、形態が多様化した。（設楽博己）

石庖丁《いしぼうちょう》　農作業で用いた石製の穂摘み具。弥生時代の始まりとともに日本列島に急増するので、稲などの穀物を収穫した道具とみなされている。磨製石庖丁と打製石庖丁がある。磨製石庖丁は中国大陸から朝鮮半島にわたって広く分布し、日本列島でも鹿児島県から青森県にまで及んでいる。しかし、時期により地域により粗密はあり、関東地方などでは弥生時代を通じてまれである。平面形態には半月形・杏仁形、刃の付け方には外彎刃・直線刃・内彎刃などがあり、その組合せで分類され、地域によって主体となる形態に違いがあることがわかっている。打製石庖丁は長方形や半月形で両側面に紐がかりの抉《えぐ》りを入れたものが一般的で、瀬戸内地方や中部高地など、陸耕が主体になる地域で盛んに用いられた。（設楽博己）

太形蛤刃《ふとがたはまぐりば》石斧《せきふ》　弥生時代に使われた伐採用の両刃の縦斧の刃。特に基部が厚くつくられ、身部の横断面は厚い楕円形をなし、刃部の側面が蛤《はまぐり》を横から見た形態をなすところから、この名で呼ばれるようになった。堅い樫《かし》などを材料とした木製農具*をつくるための伐採斧として、重量を確保する必要から大型で重いのが特徴で、長さ三〇センチ、重さ一キロを越えるものもある。この特徴をもつ石斧*は朝鮮半島にあり、その影響を受けたものであるが、定型化した太形蛤刃石斧は前期後半に完成し普及するので、ほかの加工用片刃石斧のように弥生時代の始まりとともに朝鮮半島からもち込まれたものではないことがわかる。福岡市今山遺跡は、太形蛤刃石斧の専業生産の遺跡として知られている。（設楽博己）

機織《はたおり》　布を織ることを機織といい、そのための道具を機織具という。機織具は縄文時代にはなく、機織は農耕とともに朝鮮半島から伝えられて定着したものである。日本列島で最も古い機織具は、福岡市雀居《ささい》遺跡から出土した弥生早期の緯打具《いだぐ》とされる。弥生時代の機織具は木製で、その部品が各地の遺跡から出土している。主要なものは、上糸と下糸を入れ換えるための開口具、経糸《たていと》に緯糸《よこいと》を通すための緯越具《よこごしぐ》、緯糸を手前に寄せるための緯打具、経糸を固定するための経巻具《たてまきぐ》と布巻具などである。それらの部品から、弥生時代の機織機は地機《じばた》や高機《たかはた》よりも原始的な形態が想定され、原始機と呼ばれている。木製の腰掛が出土する場合があり、機織に使われたとされている。（設楽博己）

紡錘車《ぼうすいしゃ》　繊維に撚りをかけて糸を紡ぐにあたり、それを巻き取る軸が用いられるが、巻き取る際に軸を回転させるためには、弾み車を付けて回転に必要な惰性を与えてやらなければならない。そのための弾み車を紡錘車と呼んでいる。弥生時代には石製と土製の紡錘車が一般的で、ほかに木製や鹿角製のものが知られる。平均して直径五センチ、厚さ一センチ前後である。中心に軸を通す穴が開いており、大阪府東大阪市鬼虎川《きとらがわ》遺跡からは直径七ミリ、長さ二二センチほどの軸が刺さったままの紡錘車が出土しており、その用途を裏付けた。紡錘車は弥生早期の九州北部に機織機とともにすでにその存在が知られ、後期には北海道にまで達した。（設楽博己）

支石墓《しせきぼ》　長崎県や佐賀県など西北部九州に見られる弥生時代の墓の一形態。上石である撐石《しょうせき》とそれを支える石と主体部から構成される。支石墓は無文土器時代の前半に朝鮮半島全域に濃密に分布する。主体部が地上にある北方式と、碁盤のような大きな撐石を支石で支えた南方式と、支えの石のない蓋石式が知られ、九州のものはほとんど南方式である。弥生早期―前期に集中しており、農耕文化とともに朝鮮半島から伝えられた墓制である。主体部は箱式石棺や甕棺、あるいは土坑や木棺などである。支石付近には小型の壺形土器が供えられる場合がある。著名な支石墓には福岡県前原市志登支石墓があり、一九五三年に十基の支石墓が調査され、副葬品＊の磨製石鏃が出土した。また、福岡県志摩町新町遺跡からは人骨が出土しているが、形質的には縄文系の弥生人骨であった。　（設楽博己）

甕棺墓《かめかんぼ》　北部九州で発達した弥生時代の墓の一形態。成人の遺体を埋葬するために専用につくった甕形の土器を二つ合わせたり、土器の蓋や石の蓋をして穴を掘って斜めや横位置に埋葬した。棺内にベンガラを塗ったものが多い。福岡県・佐賀県に集中的に分布し、現在、一万四千基ほどが知られる。弥生前期末に始まり、中期に発達する。いくつかの型式の変遷を経て後期に及び、衰退した。一つの集落で列をなして数百基検出される場合があり、集落の一般の人を甕棺に入れて埋葬したが、福岡市須玖岡本《すぐおかもと》遺跡や前原市三雲南小路《みくもみなみしょうじ》遺跡からは数十面の前漢の鏡やガラス璧《へき》などの宝器を納めた甕棺が検出されており、首長もまた甕棺に入れて埋葬されたことがわかる。　（設楽博己）

墳丘墓《ふんきゅうぼ》　土を盛って築いた墳墓。したがって、諸外国に見られる土を盛った墓もすべて墳丘墓と呼んでよい。日本考古学における墳丘墓の概念は、弥生時代の墳墓の諸形態を整理し、古墳＊との区別を明確にする必要から生まれたものである。そこで弥生時代の墳丘墓を特に弥生墳丘墓と呼ぶこともある。方形周溝墓＊も溝を掘った際に出た土を盛り上げていたとの理由から、墳丘墓に含めて理解する立場もある。弥生墳丘墓は、特に吉備地方や山陰地方の弥生後期に発達する。岡山県倉敷市楯築墳丘墓＊は円丘の両側に張り出しが付いた形態のものである。島根県出雲市西谷墳墓群は四隅突出形という方形の墳丘の四隅に張り出しが付いたもので、この型式は山陰地方から北陸地方などに分布する特徴的なものである。近畿地方には奈良県桜井市纏向《まきむく》石塚など前方後円形のものがあるが、墳丘墓とするか前方後円墳＊とみなすか、議論がある。弥生墳丘墓は、地域により形態の変異が大きいのが特徴である。　（設楽博己）

方形周溝墓《ほうけいしゅうこうぼ》　東京都八王子市宇津木遺跡で一九六四年に検出された遺構は、方形の溝で区画されたもので、墓ではないかということから方形周溝墓と呼ばれた。最も古い方形周溝墓は福岡県夜須町東小田峯遺跡や大阪府茨木市東奈良遺跡などの弥生前期中ごろのもので、前期のうちに愛知県一宮市山中遺跡など伊勢湾地方にまで及んだ。朝鮮半島でも検出されており、その起源が議論されている。関東地方に出現するのは弥生中期中葉である。北限は新潟県柏崎市下谷地遺跡である。古墳時代に継続する地域もある。単独で営まれるものは少なく、多くは群集し、場合によっては百基以上からなる方形周溝墓群もある。区画のなかには一基から数基の墓坑が認められる。大きさは一辺一〇メートルほどのものが平均で、大きなものでは愛知県春日町朝日遺跡のように一辺三〇メートル以上のものもある。形態的には溝の四隅が途切れるもの、連接したもの、一辺の中央が一個所途切れるものなどがある。茨城県東海村諏訪間遺跡では盛り土が確かめられており、こうした事例から方形周溝墓は墳丘墓＊に含めて理解される場合もある。　（設楽博己）

楯築墳丘墓《たてつきふんきゅうぼ》　岡山県倉敷市の丘陵上にある弥生後期の墳丘墓＊。円丘の両側に張出しが付いた形態をとる。張出し部の大半は失われており、円丘部の径は約四〇メートル、高さ約八メートルである。墳丘頂上からは二基の埋葬主体が検出されているが、中央にある埋葬施設は木槨《もっかく》に木棺を納めたもので、大量の水銀朱が棺底に敷かれ、朱の上から装身具の勾玉と管玉などが検出された。墓坑の埋土上には円礫が積まれ、そのなかから弧帯文を刻んだ破砕された礫、墳丘上での祭祀に用いられたであろう特殊器台や特殊壺、人形土製品などが出土した。墳丘の頂上を取り巻くように、大型の石が配置されている。墳丘の上に後世につくられた祠には、亀石と呼ばれる弧帯石が安置されているが、これも墳丘墓に伴うものと考えられている。九州や近畿地方よりも早く青銅器*による共同祭祀を廃止した吉備地方に出現するこうした大型の個人墓は、古墳*につながる要素をもつ墓として注目される。（設楽博己）

環濠集落《かんごうしゅうらく》　居住域の周りに空濠《からぼり》をめぐらした集落。環濠集落は縄文時代の北海道に数例知られているが、弥生時代の環濠集落は、朝鮮半島から水田稲作農耕とともにもたらされた集落形態である。朝鮮半島では青銅器時代*の慶尚南道《キヨンサンナムド》検丹里《コムタンニ》遺跡をはじめ、近年調査例が増している。日本列島で最も古い環濠集落は福岡市那珂《なか》遺跡であり、およそ紀元前五世紀の弥生早期に遡る。弥生前期には伊勢湾地方にまで広まり、紀元前一世紀の弥生中期後葉には関東地方でも急激に増えた。最も東の環濠集落は千葉県佐倉市大崎台遺跡である。環濠の外側には土塁が築かれていたことが、環濠の埋土からわかる例がある。広島県神辺町神辺御領遺跡では内側に柵がめぐっていた痕跡が調査されており、滋賀県守山市下之郷遺跡からは幾重にも取り巻く環濠や、銅剣*や石鏃*などの武器が検出されている。弥生中期末から後期には、比高差数十メートルもある丘陵の上に居を構えた砦を連想させる高地性集落が目立つようになるが、さらに環濠をめぐらした高地性集落もある。こうしたことからすると、環濠には防御機能が強くうかがえよう。（設楽博己）

登呂《とろ》遺跡《いせき》　静岡市にある弥生後期の集落遺跡。第二次大戦中、弥生時代の遺跡であることが判明したが、戦後まもなく考古学界をあげて発掘調査を行い、水田跡を含む集落の全容が解明された。暗い世相と戦前の歴史観を打ち破る調査として明るい話題を国民に提供した。その後数次にわたる調査の結果、周囲に盛土をもつ十二棟の円形竪穴住居跡、ネズミ返しを備えた二棟の高床倉庫跡、杭や矢板で補強された水路と畦畔で区画された水田跡が五十枚ほど検出された。また、土器のほか、容器・高坏・匙・発火具・機織具・田下駄*・大足・鍬・鋤・竪杵・木槌・剣・刀・弓・楯・琴・丸木舟*など各種多量の木製品が出土し、弥生時代の農村の全貌を初めて明らかにした点に意義がある。（設楽博己）

唐古《からこ》・鍵《かぎ》遺跡《いせき》　奈良県田原本町にある、弥生時代の環濠集落*。昭和十一―十二年（一九三六―三七）に京都帝国大学によって唐古池が発掘調査され、小竪穴と多量の弥生土器*や木製農具*が出土した。小林行雄は地点別の土器のまとまりなどから、それらを唐古第一様式から第五様式の五つに年代区分し、それが近畿地方の弥生土器編年の基準となった。また、多量の木製農具は弥生時代が農業を基礎にする生活の時代であることを初めて裏付けた。最近の調査によって、十数条もの環濠に囲まれた、三〇万平方メートルもの面積を有する、弥生時代で最も規模の大きな集落の一つであることが判明した。集落内部からは高床・竪穴住居跡、井戸、木器貯蔵穴、木棺墓などが検出されている。また、銅鐸の鋳型の外枠やふいごの送風管などが出土し、青銅器生産が行われていたことが確認された。楼閣とされる二階建て以上の建物を描いたものを含む百点に及ぶ多量の絵画土器や大型のヒスイ製勾玉や碧玉《へきぎょく》製管玉、伊勢湾地方や吉備地方など遠隔地の土器など、出土遺物からもこの集落がきわめて規模が大きく、拠点的な性格をもっていたことがわかる。（設楽博己）

吉野ケ里遺跡《よしのがりいせき》　佐賀県神埼町、三田川町にある弥生時代の環濠集落。背振山系から延びた丘陵に立地する。昭和六十一年（一九八六）から三年間の発掘調査で、巨大な環濠や墳丘墓といった集落の全貌が明らかにされた。環濠は弥生前期から掘られているが、後期になると丘陵全体をV字形の断面をもつ濠がめぐるようになり、南北約一キロ、東西約〇・六キロ、面積四〇万平方メートルの大環濠集落に発展した。濠の内側には住居が営まれ、倉庫が群をなして建てられた。後期には濠の内側にさらに濠をめぐらした、内郭と呼ばれる区画が出現する。内郭は南北二個所にあり、環濠が張り出した部分からは数本の柱の跡が検出されており、『魏志』倭人伝に書かれた楼観ではないかと推定されている。北内郭では十六本の柱をもつ大型の建物の跡も見出された。外郭の北はずれにある中期の墳丘墓には、把頭飾のついた細形銅剣やガラス管玉を内蔵した甕棺を含む十四基の甕棺が埋設されており、副葬品をもたない甕棺はその南に列をなしておよそ二千基確認された。青銅器の鋳型が出土し、青銅器生産が行われていたことが明らかにされた。そのなかには細形銅矛や巴形銅器の鋳型がある。こうした内容や規模から、吉野ケ里遺跡は当時の国の中心の一つであろうとされている。（設楽博己）

農耕文化《のうこうぶんか》　農耕を辞書的に定義すれば、植物を栽培することである。近年の縄文時代の遺跡からの情報によれば、すでに植物栽培が行われていたことは確実だから、縄文時代にある種の農耕があったことは疑いない。農耕が生み出した文化要素を農耕文化と呼べば、縄文時代にも農耕文化があったということができよう。しかし、縄文時代の生業は採集狩猟を基礎としており、農耕は補助的な役割をもっていたと考えられている。したがって、縄文文化全体をさして農耕文化とは呼ばない。考古学で通常いうところの農耕文化は、農耕が社会経済の基底的な役割を果たしている必要がある。つまり、農耕社会の文化を農耕文化というのであり、その際の農耕文化という概念は、社会を構成する文化要素の多くが農耕とのかかわりのなかから生み出されたり、あるいは農耕のために互いに関連し合って存在しているような、すなわち農耕文化複合といった意味合いをもっている。こうした定義に従えば、弥生文化は日本列島で最初の農耕文化ということができる。（設楽博己）

吉野ケ里遺跡（佐賀県教育委員会提供）

続縄文文化《ぞくじょうもんぶんか》　北海道では縄文時代が終わりを告げ、鉄器など弥生文化*の要素が本州からもたらされても、稲作農耕文化を受け入れず、縄文時代以来の伝統的な生活が継続した。およそ紀元前三世紀から、紀元五―六世紀の擦文《さつもん》文化の始まりまでを、山内清男の定義に従い続縄文文化と呼んでいる。続縄文文化は大きく前半と後半に分けられる。前半は道南の恵山《えさん》式土器、道央の江別太式土器、道東の宇津内II式や下田ノ沢式土器など複数の土器型式が並存していた時期であり、後半に至って後北C_2-D式土器や、それに続く北大式土器に代表されるように、北海道一帯を広く同じ型式の土器が覆い、地域色は解消された。前半には恵山町恵山貝塚や伊達市有珠モシリ遺跡といった、沿岸漁業に依存する人びとが残した貝塚*と骨角器*がその文化を特徴づけている。後半では札幌市K一三五遺跡に代表されるように、サケ・マスなどを中心とする内陸の河川漁業に生業のウエイトがおかれるようになった。キビやソバなどの炭化種子が検出されることがあり、雑穀栽培を行っていたらしい。東北地方北部には後半の土器を副葬した墓を伴う遺跡が多く、集団移動があったとされる。（設楽博己）

ムラ（村《むら》）　人が集まって構成する集落。農耕を前提とする居住を想定する場合が一般的であるが、農業に限らず、ある程度の集団で定住する形態をさす。ムラの語は「群」（ムラ、ムレ）と同根と考えられており、朝鮮語との関係を認める見解もある。『日本書紀』神武天皇即位前紀に「邑」をムラと読んでいるように、古くは村とともに邑の漢字があてられていた。ムラの語は様々な場合に使用されており、集落としての規模も多様であるが、行政上のムラというより、自然村落としてのムラを示す場合が通例である。『播磨国風土記』には「百八十村君」とあって、それぞれの村ごとに争っていたと記述しており、ムラにおける首長の存在を語る。（早川万年）

クニ（国《くに》）　様々な意味を込めて使われる用語であるが、基本的には人間の住む世界、土地をさす。天つ神・国つ神、天つ罪・国つ罪というように、天と対比して地上を示し、天皇の支配する国土として「クニ」をとらえられることもあるように、統治が行われる領域を念頭に置いた表現である場合も多い。ただし、日本国というような、国家をさすことよりも、伊勢国・美濃国といった、旧国程度の地域をいう場合が少なくなく、さらには吉野国などと、より限定されること、また故郷の意味で使われる場合もある。国造《くにのみやつこ》は、このようなある程度限られた地域の首長をさすとともに、そこに支配領域といった意味も付随する。多くはムラよりも広い地域を意図する。（早川万年）

〔史書のなかの倭〕

漢書地理志《かんじょちりし》　中国の二番目の正史である『漢書』の地理志。漢書は前漢の歴史を記した紀伝体《きでんたい》の歴史書で、後漢の班固《はんこ》の撰。そのなかの地理に関する記述（燕地《えんち》の項）に「倭」*が登場する。信頼できる中国の歴史書のなかでは、倭国に関する最も古い記載。楽浪郡*の近辺の海のなかに倭人がいて、百国余りに分かれている、決まった年に中国に朝貢している、との記述である。弥生時代の中期ごろに倭が多くの国に分かれており、統一された政権が誕生していなかったことを物語る。当時、中国側が倭についてどれほど正確な知識を有していたかは問題であるが、中国との交渉を示す重要史料である。（早川万年）

楽浪郡《らくろうぐん》　朝鮮半島の北部に、漢（前漢）の武帝が置いた四郡の一つ。中国王朝の朝鮮支配の拠点。元封三年（前一〇八）設

『漢書』地理志
夫《そ》れ楽浪海中に倭人《わじん》有り。分れて百余国と為《な》る。歳時を以て来り献見すと云ふ。

置。郡の中心地は現在の平壌市付近と考えられており、郡治跡と推定される遺跡も見つかっている。様々な変遷を経ながらも、約四百年にわたって続き、高句麗《こうくり》*の支配下に入って消滅した。『漢書《かんじょ》』地理志に*は、「領県二十五、戸数六万二千八百十二、戸口は四十万六千七百四十八」とあるが、のちしだいに衰退する。また、漢など中国の王朝と倭*との交渉の際には、この楽浪郡が具体的な中継点であった。後漢の末に遼東を本拠とする公孫子が楽浪郡を勢力下におさめ、その南半を分離して帯方郡が設けられた。それ以降は、この帯方郡が倭・韓方面との交渉の窓口になるので、およそ三世紀のはじめごろまで、楽浪郡が倭の情報を得る中国側の拠点であったと思われる。そのころが邪馬台国の女王卑弥呼の時代である。（早川万年）

倭《わ》　中国の歴史書などに見られる日本の呼称。ただし異論もあり、日本をさしていたとしても、現在の国土をどれほど正確に把握して用いられていたかは慎重な検討を要する。発音、字義ともに諸説あり、容易に決着を見ない。その字義を前提に国名として使用されたかどうかもわからない。古くは『漢書』地理志*に「楽浪海中に倭人有り」、『魏志』倭人伝*に「郡より倭に至るには、海岸に循ひて水行し」などとあり、倭人の国が倭国とみなされていた。中国の正史では、旧唐書に至って初めて「日本」が登場し、それ以前は倭、倭国の名称を用いる。日本ではヤマトの訓を付す。早く古事記*に「倭国」の用例が見られるが、これは畿内のヤマトをさす。（早川万年）

後漢書東夷伝《ごかんじょとういでん》　『後漢書』の本紀・列伝は南朝宋*の范曄《はんよう》（三九八―四四五）の撰。後漢時代の歴史を記述したものであるが、その成立は『三国志』（魏志）よりも降る。一―二世紀ごろの日本（倭*）の状況、中国との交渉を知るうえで不可欠の史料。内容的には『魏志』*倭人伝の影響を受けているものの、独自の記述も見られる。後漢光武帝の建武中元二年（五七）に、倭の奴国《なこく》が貢を奉じて朝賀したとし、その際に皇帝が印綬を下賜したとあるが、その印綬が志賀島発見の漢委奴国王の金印かと推測されている。また安帝の永初元年（一〇七）に、倭国王帥升《すいしょう》が生口（奴隷のことか）百六十人を献じたとあり、さらにいわゆる倭国大乱の時期を桓帝（位一四七―六七）、霊帝（位一六八―八八）のころとしている。日本の弥生時代後半には、中国と外交を結ぶ「国」が形成されつつあったが、その後、相互に争闘を重ねていたという、邪馬台国以前の歴史を語る。（早川万年）

『後漢書』東夷伝
建武中元二年、倭の奴国《なのくに》、貢を奉じて朝賀す。使人自《みずか》ら大夫《たいふ》と称す。倭国の極南界なり。光武、賜ふに印綬《いんじゅ》を以てす。安帝の永初元年、倭の国王帥《すい》（師）升《しょう》等、生口《せいこう》百六十人を献じ、請見を願ふ。桓霊《かんれい》の間、倭国大いに乱れ、更《こもごも》相攻伐して歴年主なし。

漢委奴国王印《かんのわのなのこくおういん》　天明四年（一七八四）、福岡県志賀島で見つかった純金の印。一辺二・三センチの方形で、重さ一〇九グラム。印文に「漢委奴国王」とあり、小篆《しょうてん》で三行に陰刻されている。『後漢書』*光武帝本紀、同東夷伝に、中元二年

（五七）、*倭の奴国が朝貢したのに対して、光武帝は印綬を下賜したとあるので、出土した金印はこの時のものと推定されている。印文のうち、委は倭の通字、奴国を「那の津」とされる現在の福岡市あたりとし、倭のなかの奴国王の印として中国から与えられたものと解釈されている。当時、北九州の王が中国と交渉し、その地位が認められていたことを物語る。金印の真偽、印文の解釈などについては議論が続いている。

（早川万年）

魏志倭人伝《ぎしわじんでん》　後漢滅亡後の中国に分立した魏・呉・蜀三国の歴史を記した『三国志』中の、『魏書』巻三十「烏丸・鮮卑・東夷伝」に収められた二千八文字からなる「倭人」条の通称である。この魏書三十巻、呉書二十巻、蜀書十五巻からなる『三国志』の撰者陳寿《ちんじゅ》（二三三―二九七）は、『魏書』を著すにあたり、わずかに早く編まれた*魚豢《ぎょかん》の『魏略』を参照したと考えられている。一方、南宋の*范曄《はんよう》の撰になる『後漢書』の*倭にかかわる記述が、『魏志』倭人伝に負っていることは著名である。

「倭人伝」の記述は倭の位置、帯方郡から一万二千里余り離れた邪馬台国に至る国々の里程・規模、そして官名などに始まり、邪馬台国の力が及ばない狗奴国《くなこく》とその周囲を概観する。ついで倭人の生活にふれ、その習俗が中国南部のそれに類似すると指摘する。それとともに倭人社会が大人と下戸に階層文化していたことに言及する。伊都国に一大率を置いて政治・外交拠点とした邪馬台国は、初め男王をたてていたが、国中が乱れたので、巫女の卑弥呼が女王として共立された。彼女は景初三年（二三九）に難升米を魏に送って朝貢した。魏の王室は、これに応え卑弥呼を親魏倭王に任じ、金印紫綬を与えた。正始四年（二四三）にも使を送った卑弥呼は、正始八年にも朝貢し、狗奴国との戦いのさまを報告した。

やがて卑弥呼が死に大きな墓に葬られ、男王が継いだところ、またも国中が乱れた。そこで十三歳の少女壹与《いよ》（臺与《とよ》）が王位についたところ、平和が回復したという。『魏志』倭人伝は、日本が国家形成期に入ろうという二―三世紀の状況を

金印（福岡市博物館蔵）

『魏志』倭人伝

倭人《わじん》は帯方《たいほう》の東南大海《たいかい》の中にあり、山島によりて国邑《こくゆう》をなす。旧《もと》百余国。漢の時朝見《ちょうけん》する者あり、今使《し》訳《やく》通ずる所三十国。郡より倭《わ》に至《いた》るには、海岸に循《したが》ひて水行し、……邪馬壹国に至る。……倭国乱《みだ》れ、相攻《こう》伐《ばつ》すること歴年《れきねん》、乃《すなわ》ち共《とも》に一女子を立てて王となす。名を卑弥呼といふ。鬼道《きどう》を事とし、能《よ》く衆《しゅう》を惑《まど》はす。年已《すで》に長大《ちょうだい》なるも、夫壻《ふせい》無《な》し。男弟あり。佐《たす》けて国を治む。……景《けい》初《しょ》二年六月、倭の女王、大夫《たいふ》難升米《なしめ》等を遣《つかわ》し郡に詣《いた》り、天子に詣りて朝献せんことを求む。……其《そ》の年十二月、詔書《しょうしょ》して倭の女王に報じていはく、「…今汝《なんじ》を以《も》って親魏倭王《しんぎわおう》となし、金印紫綬《しじゅ》を仮《ゆる》し、装封《そうふう》して帯方の太守に付し仮綬《かじゅ》せしむ。…」……卑弥呼死するを以って、大《おお》いに冢《つか》を作る。径百余歩、徇葬《じゅんそう》する者、奴婢《ぬひ》百余人。更《さら》に男王を立てしも、国中服せず。更々《こもごも》相誅殺《ちゅうさつ》し、当時千余人を殺す。復《ま》た卑弥呼の宗女《そうじょ》壹《い》与《よ》の年十三なるを立てて王となす。国中遂《つい》に定まる。

記した同時代史料である点で、古代史解明上の史料価値は大変高い。（岩崎卓也）

邪《や》馬《ま》台《たい》国《こく》論《ろん》争《そう》*　邪馬台国の存在を初めて紹介した『魏志』倭人伝は、重要な歴史的事実を提示しているが、いまなお論証できない問題を含んでいる。時あたかも列島の国家形成期に当たるだけに、江戸時代以来、史料の解釈をめぐる対立が続いてきた。この「邪馬台国論争」の争点は、国名・女王像・国家段階論など多岐にわたるが、多くの問題に連関する位置論が、最大の論点になっている。

『日本書紀』の編者は初めて『魏志』倭人伝を引き、女王卑弥呼を神功《じんぐう》皇后に擬した（神功皇后摂政三十九年条）。もちろん邪馬台国の所在地は畿内であって、その後も疑義は示されなかった。だが江戸時代に入ると、新井白石*が邪馬台国の地を福岡県山門郡に求めようとした。九州説のはじめである。続いて本居宣長*らも強力に邪馬台国九州説を主張したため、幕末期には伴信友《ばんのぶとも》が孤立的に近畿説を唱える状態となった。明治期以降もこの所在論は衰えることなく続いた。だが、たとえば本居が、卑弥呼を熊襲の女酋と見たてる前提を設けたのと異なり、史料の分析を深める方向が重視されていった。それでもなお、九州論者は「倭人伝」の里程を縮める論拠を、また近畿論者は南を東と読みかえる論拠を求めるなど、実証困難な袋小路に直面しつつ今日に至っている。

二十世紀に入ると、考古学*の立場からの所在論が論争に加わるようになる。かれらの論点は、大王の政治的記念物というべき、前方*後円形の巨大古墳*が近畿地方に集中するばかりか、その副葬品の魏鏡と思われる三角縁神獣鏡*もまた、この地方から最も多く発見される点にあった。だが古墳は卑弥呼より半世紀以上遅れて出現すると考えられていたので、鏡は大和政権が力を得た後に、二次的に移動した可能性や、九州にあった邪馬台国の東遷なども推測された。ところが近年の発見は、古墳の出現が卑弥呼の時代まで遡る公算があることを明らかにした。近畿説が有力化したといえよう。それとともに、古墳の形などから、伊勢湾以東が狗《く》奴《な》国《こく》傘下、近畿以西が邪馬台国連合の地とする見方まで強まっている。（岩崎卓也）

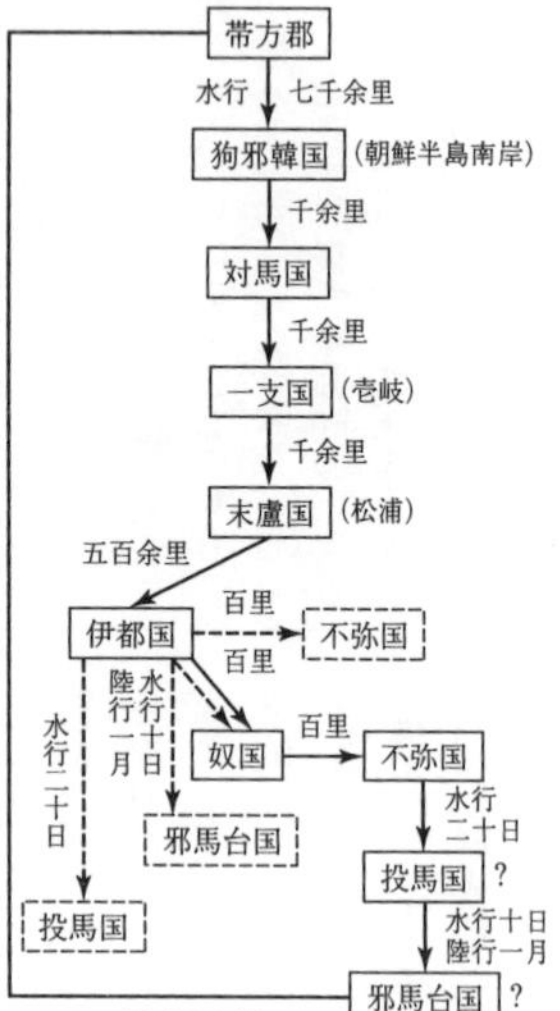

邪馬台国への道程（破線は榎一雄氏による）

古代

	〔政治・社会〕		〔思想・文化〕
239	邪馬台国女王の魏への遣使		
248	このころ卑弥呼没		
391	朝鮮出兵（—404）		★古墳文化
404	倭，高句麗と戦い敗退		＊漢字・儒教が朝鮮から伝来
478	倭王武の宋への遣使		
527	筑紫磐井の乱		
			＊仏教が朝鮮から伝来
562	伽耶諸国，新羅に滅ぼされる		
593	聖徳太子，摂政（—621）		
607	遣隋使派遣	607	斑鳩寺（法隆寺）建立
			★飛鳥文化
630	遣唐使派遣（—894）		
645	大化改新		★白鳳文化
672	壬申の乱		
		680	薬師寺建立
		701	大宝律令成立
710	平城京遷都		
723	三世一身法	720	『日本書紀』成立
			★天平文化
743	墾田永年私財法	752	東大寺，大仏開眼
764	藤原仲麻呂の乱	760	このころ『万葉集』成立
793	平安京遷都		★弘仁文化
810	蔵人所の新設		＊天台宗・真言宗開立
823	公営田制施行		
887	藤原氏の摂関政治始まる		
		905	『古今集』成立
936	承平・天慶の乱（—41）		★延喜・天暦文化
			★国風文化
988	尾張国郡司百姓等解文	985	『往生要集』成立
1028	平忠常の乱（—31）	1020	このころ『源氏物語』成立
1051	前九年の役（—62）	1053	平等院鳳凰堂建立
	＊荘園制の展開		
1069	延久荘園整理令		
1083	後三年の役（—87）		
1086	院政始まる		
		1126	中尊寺建立
1156	保元の乱		
1159	平治の乱		
1167	平清盛太政大臣となる		『今昔物語集』成立
		1175	＊浄土宗開立
1185	平氏滅ぶ，源頼朝の鎌倉政権		

一　東アジア世界の形成

六朝文化　秦・漢帝国が崩壊したあと、三―六世紀にかけて、六朝《りくちょう》時代が展開した。現在の南京《なんきん》に都を置いて、呉《ご》・東晋《とうしん》・宋《そう》*・南斉《なんせい》・梁《りょう》・陳《ちん》の六王朝が交替を繰り返し、ここから六朝時代の名が起こった。この時代は、政治的には王朝の対立と交替が激しく行われた不安定な時期であったが、文化史上では活気ある特色をもった時代であり、特に仏教が社会諸階級に浸透し、一方、道教が宗教としての体系を確立し始めていた。儒教的精神が、強く学問・芸術を規制していた時代には、学問・芸術の独自性は認められなかったが、後漢末から王朝の支配が揺《ゆ》らいで儒教の権威が弱まり、個人意識の確立へ向かう機運が生まれた。

隋の大運河

隋帝国の成立と崩壊　北朝の一つであった隋《ずい》*では、五八一年に文帝が即位し、五八九年に建康（南京）を占領して南朝の陳を滅ぼし、南北の統一を成就した。晋の南遷から約二百七十年にして統一王朝が成立したのである。文帝を殺して次に即位した煬帝《ようだい》は、大土木工事と外征に力を尽くし、広大な帝国をつくり上げた。しかし、帝国による大量の夫役徴収と過酷な貢租収奪は人民の反乱を招き、六一八年、煬帝は殺されて隋はたちまち滅亡する。

唐帝国とその文化　隋のあとを受けた唐*は、長安に都を置き、周辺民族を服属させ、強力な中央集権国家をつくり上げた。安定した王権の成立は、東西文化の交流を促し、当時のありとあらゆる文化を吸収した国際色豊かな文化を生み出した。均田制・租庸調制・府兵制を土台とする国家体制は、律令・格式に基づく整然とした支配の仕組みを築いたものであり、この政治組織は周辺の朝鮮半島の国々、および日本に強い影響を与えた。

五代十国　しかし、安史《あんし》の乱後、唐の勢いは急速に弱まり、周辺諸民族の侵入と、国内の大規模な農民反乱などによって大混乱に陥り、十世紀初めに唐は滅亡し、以後五十

五代十国（後梁）時代

年間、五代十国の分裂時代が続いた。これを統一したのは宋で、騒乱の過程で没落した旧貴族に代わり力を得た新興地主層を背景とした、集権的な支配体制を築いた。

朝鮮半島の状況　中国が南北に分裂していたころ、朝鮮半島では、高句麗《こうくり》*・百済《くだら》*・新羅《しらぎ》*の三国が鼎立《ていりつ》していた。隋は高句麗を攻め、次の唐は新羅の助けを得て高句麗・百済を攻め滅ぼした。ついで唐は新羅に侵入したが、新羅は果敢に戦って唐を押し返し、六七六年に半島をほぼ統一することに成功した。六九八年、北方に渤海《ぼっかい》が建国し、しだいに強大になると、唐は新羅と友好関係を維持しようとつとめた。同じころ、日本列島にも、中国大陸の統一国家の影響力が及び、半島諸国と同じく律令国家形成への動きがみられた。

冊封体制　強大な中華帝国と周辺諸国との関係は、諸国が帝国に朝貢し、帝国の皇帝（天子）が諸国の王に冊書《さくしょ》によって官爵を与え封建する冊封体制として認識される。東アジアが、中華帝国の圧倒的影響力のもとに、軍事・外交・通商・文化の全面にわたって、一つの歴史圏として形づくられたのである。

（阿部　猛）

六朝文化《りくちょうぶんか》　三国時代の呉が長江流域の現在の南京に初めて都を置いて以後、ここを都とした東晋*・宋・南斉・梁・陳の六つの王朝を合わせて六朝と呼ぶ。なかでも、五世紀前半に東晋を奪った宋王朝とそれ以後の斉・梁・陳の四つの王朝を南朝と呼ぶ。一方、四世紀後半に華北を統一した鮮卑《せんぴ》族の北魏《ほくぎ》王朝とその後に華北に分立した東魏・西魏・北周・北斉とを合わせて北朝と呼ぶ。それゆえ、魏晋南北朝時代、三国晋南北朝時代、六朝時代の語は同じ時代をさす。この時期は分裂と抗争、戦乱の時代であったが、他面、特に江南《こうなん》に移った漢民族の王朝下では、貴族制度が発達した。貴族社会を基盤にして、多様な文化が開花した。

統一後漢帝国の崩壊は、儒教的価値基準に対する一定の懐疑や批判を生んだ。統一的政治権力の後退、貴族社会の進展は、儒教による名分意識の拘束を緩め、個人を自覚する意識を育てた。老荘思想に基づく清談の流行、多様な社会階層における仏教の受容、宗教としての道教の体系の整備などもこのことと関連がある。漢代の文学は、儒教道徳を鼓吹するための手段、政治権力に荘厳さを添えるためのアクセサリーとしての傾向が強かった。魏晋六朝時代になると、文学は独自性を強め、四六駢《べん》儷体《れいたい》の創出など、固有の形式美を開拓した。書画・彫刻・文芸評論などの分野においても、六朝文化の内容は豊富である。（多田狷介）

隋《ずい》（五八一—六一八）　中国の統一王朝。北周の外戚楊堅《ようけん》が北周を奪って、大興城《だいこうじょう》（長安）に都して隋朝を建てた。楊堅すなわち隋の文帝である。文帝は中央官制の整備、地方行政の改革、均田・租庸調制や府兵制の体系化を推進した。五八九年には南朝の陳を滅ぼし、三世紀近く南北に分裂していた中国の統一を回復し、科挙制度を創始し、中央集権化をおし進めた。

六〇四年、文帝の死を承けて、その第二子楊広《ようこう》が帝位についた（煬帝《ようだい》）。父文帝を謀殺して即位したとの説もある煬帝は、まず洛陽の地に東都を建設した。また、文帝のときから始まった大運河の建設工事を継続して、黄河流域と長江流域を結ぶ大動脈を完成させた。北辺では突厥《とっけつ》の侵入に備えて長城を修築した。多数の人民を動員した大土木工事が一段落すると、煬帝は自ら軍を率いて西方の吐谷渾《とよくこん》を討って西海の地を併合、さらにトゥルファンのオアシス国家高昌《こうしょう》国の来貢を受けて西域への交通路を確保した。またヴェトナム東南海岸から南海方面にも出兵した。

その後、高句麗*を討つために三度にわたって出兵したが、いずれも惨敗した。高句麗遠征の失敗は、隋朝の政治的権威を失墜させた。巨大な土木工事や度重なる外征による過重な負担にあえいでいた農民たちが各地で蜂起した。さらに重臣楊玄感《ようげんかん》の反乱によって、動乱は全国化した。そのさなか、六一八年、江南の離宮において煬帝は近衛軍によって殺害された。（多田狷介）

唐《とう》（六一八—九〇七）　中国の統一王朝。隋の将軍*として突厥《とっけつ》の南侵を抑えるために太原（山西省）に駐屯して唐王に封ぜられていた李淵《りえん》は、地域の豪族や官僚たちと結んで勢力を固めていた。隋末の動乱に至り、李淵は次子李世民の助言によって挙兵、長安に入って、唐朝を創設した。その後、順次各地の群雄を平定し、二代李世民の治世の初年に至って完全に全国を統一した。李淵がすなわち唐の高祖（在位六一八—六二六）、李世民が太宗（在位六二六—六四九）である。

均田・租庸調制や府兵制の実施、科挙制度の拡充、律令格式の整備など、基本的には北朝・隋以来の諸制度を継承発展させて国力を充実させ、周辺諸地域をも勢力下におさめる大帝国となった。芸術文化の面では、六朝の貴族文化を継承し集大成した。整備された唐の法制や多彩な芸術文化は日本その他の東アジア諸地域に大きな影響を与えた。六代玄宗（在位七一二—七五六）の時期までが唐の繁栄期であった。繁栄のなかで土地の私有が進行し、均田制が崩壊し始めた。均田制を基盤としていた租庸調制や府兵制も動揺し始めた。玄宗の末年に起こった安史の乱以後、唐は衰退期に向かった。募兵制による私兵を率いて軍閥化した節度使《せつどし》が各地に割拠抗争し、中央政府の力は衰退した。異民族の侵入、朝廷における宦官《かんがん》の跋扈《ばっこ》、農民反乱も加わり、混乱のなかで唐の命脈は尽きた。（多田狷介）

宋《そう》（九六〇～一二七九）　中国の王朝。唐*の滅亡後に継起した五代の王朝の最後、後周の節度使であった趙匡胤《ちょうきょういん》（太祖）が部下の兵士に推されて帝位について建国、開封《かいほう》に都した。二代太宗のときに全国を統一。軍閥の弊害を知る乱世の武将出身の太祖趙匡胤は、徹底的な文治主義を建国の方針とした。これによって、宋では専制的な官僚支配の体制が確立したが、軍事的には弱体であった。北方の遼《りょう》と西北に起こった西夏《せいか》に対しては、年々多額の贈り物をして妥協策をとった。この間に、中国東北（満州）の渤海の故地から女真《じょしん》族が台頭して金《きん》国を建てた。金は宋と同盟して一一二五年に遼を滅ぼした。ついで、その際における宋の違約を責めて宋都開封を攻撃しこれを陥れ、一一二七年に皇帝欽宗《きんそう》や前皇帝徽宗《きそう》らを北方に連れ去った（靖《せい》康《こう》の変）。

残りの勢力は南に逃れて杭州に都を移して宋を再興した。再興後の宋を南宋という。南宋は淮水《わいすい》以南を領土とし、淮水以北を支配する金と対立した。金との緊張関係はしだいに財政を圧迫し、紙幣が乱発されて物価が騰貴《とうき》し、反乱も多発し、やがて蒙古の侵入によって亡んだ。南宋に対して、統一王朝期の宋を北宋という。北宋・南宋を通して一般庶民の経済力は向上し、庶民文化が成立した。他方、宋学と呼ばれる宋代の儒学は、華夷の別を明らかにし、大義名分・君臣父子の別を強調して、皇帝権力の思想的裏付けを整備した。　（多田狷介）

高句麗《こうくり》　中国東北部（満州）から朝鮮半島北部にかけて存在した民族およびその国家。紀元前後ごろから原始的国家を形成、四世紀はじめには楽浪郡を滅ぼして、朝鮮北部から東満州にまたがる強国となったが、西方への進出は鮮卑《せんぴ》族慕容《ぼよう》氏の建てた燕《えん》のためにはばまれた。このため四世紀末に即位した広開土王（好太王）は百済*・新羅*・日本と戦って、積極的に南方に領土を拡大した。次の長寿王もこの方針を受け継ぎ、都を鴨《おう》緑江《りょくこう》岸の丸都城《がんとじょう》から大同江《だいどうこう》岸の平壌《へいじょう》に移した。この二王から次の文咨明王《ぶんしめいおう》までの三代約百二十年間が高句麗の最盛期であり、慶尚道・全羅道・忠清南道を除く半島の大部分を領有した。六世紀後半からは百済・新羅の両勢力に押されて衰退した。一方、六世紀末大陸に起こった隋帝国は、突厥《とっけつ》と結んで高句麗を討つために四度にわたって大軍を派遣した。高句麗はよくこれに抵抗したが、七世紀に入って隋*に代わった唐帝国も新羅と連合して高句麗を攻めたため、ついに六六八年に滅亡した。　（多田狷介）

百済《くだら》　朝鮮半島南西部にあった古代国家。三韓の馬韓中の伯済国が中心となり、四世紀中ごろ建国。初期の都は漢山城（今のソウル）。日本では「くだら」と呼びならわしてきたが、その由来は不明。朝鮮三国のうちでも特に日本との関係が深かった。百済の地は楽浪・帯方二郡に近く、早くから中国文化に接しており、また豊かな農耕地帯であり、高句麗*・新羅*との対立・抗争が続いた。そのため、中国南朝の諸王朝や日本と緊密な外交関係を求めた。四世紀末から五世紀にかけて、北方高句麗に広開土王・長寿王が出るに及んで、百済はしばしばその侵攻をこうむった。これに対抗して日本との提携を強化したがしだいに追いつめられ、都は熊津《ゆうしん》（忠清南道公州）・泗沘《しひ》（忠清南道扶余）へとつぎつぎに南遷した。七世紀はじめ大陸に興った唐帝国は、高句麗を討つための準備として、新羅と結んで百済を攻め、六六〇年にこれを滅ぼした。百済の残存勢力を助け

た日本の援軍も、六六三年、白村江《はくすきのえ》（錦江河口）の戦い*で唐・新羅の連合軍に大敗した。　（多田狷介）

新羅《しらぎ》　朝鮮の古代国家。日本で「しらぎ」と呼ぶのは、新羅に城を付して発音したものといわれる。四世紀なかごろ、辰韓《しんかん》諸国中の斯盧《しろ》国が中心となって、慶州（慶尚北道慶州）を王都として、朝鮮半島東南部に建国。初期には、高句麗*・加羅（任那）・倭*（日本）の勢力の侵攻をこうむって苦境にあった。六世紀に至り、日本の勢力を抑えて加羅地方を掌握、また高句麗の勢力を退けて、漢江下流域を領有して勢力を拡大した。これより、朝鮮半島には高句麗・新羅・百済*の三国が鼎立した。鼎立・抗争する三国と日本、まもなく継起して大陸を統一した隋*・唐*帝国相互の間に複雑な外交交渉が展開された。そのなかで新羅は唐の百済・高句麗遠征に協力し、六六〇年に百済を、六六八年に高句麗を滅ぼし、朝鮮半島における統一的支配権を樹立した。半島統一の前後から、官僚体制を整備するなどして中央集権をはかったが、王権は必ずしも安定しなかった。九世紀になると、地方豪族の反乱が頻発して弱体化し、九三五年、王建（後の高麗の太祖）に降伏して滅亡した。　（多田狷介）

冊封体制《さくほうたいせい》　中国王朝を中心にした外交関係・国際秩序の体制。漢帝国においては、皇帝が臣下に封地を与えて諸侯王とする制度があった。この制度を国際関係に拡大・応用し、中国周辺の朝貢国の首長に、冊書（詔書）をもって王・侯の爵位や将軍などの官位を与えることによって冊封関係が成立する。文明の中国における君臣関係を開化の後れた周辺世界にまで拡大し、中国を中心とした国際秩序とした。周辺諸国の側からすると、国内的にも、周辺諸国相互間においても、冊封体制に依拠して中国の保証を得ることは重要であった。この国際体制は漢代以後の歴代の中国王朝によっても継承・整備され、清代まで存続した。後漢の光武帝と金印を授与された奴国の王、親魏倭王に封ぜられた邪馬台国女王卑弥呼《ひみこ》、南朝に朝貢した倭の五王*、明*より日本国王に封ぜられた足利義満*などは冊封体制に参入したといえる。ただし、日本が直接に冊封体制と関係した時期は例外的であり、また被冊封国としての儀礼や義務の尽くし方も部分的であった。　（多田狷介）

二　国家の形成とヤマト政権

（一）　ヤマト政権の成立

闕史時代　西暦二六六年に倭《わ》*の使者が晋にやってきたという『晋書《しんじょ》』の記事のあと約百年間、日本列島に関する大陸側の文献史料は存在しない。三世紀後半から四世紀後半までの約百年間にヤマト政権の成立発展が見られたのであろうが、史料の欠如によって事情は不明である。この百年を「闕史《けっし》時代」などと呼ぶこともある。三—四世紀の間に成立する高塚墳墓（古墳*）は強力な支配者の出現、すなわち国家の成立を物語っている。おそらく天皇家の先祖と思われる大王たちは、四世紀前後に西日本に統一国家をつくり上げ、ついで朝鮮半島に出兵して、半島南部に植民地的な拠点を確保したらしい。

⇦ 高句麗好太王軍に対する日本軍の反撃路（推定）
∴ 漢（前漢）が置いた四郡の郡治跡
× 漢（後漢）末，遼東の公孫氏が置いた郡治跡

四世紀末の朝鮮

倭の五王　五世紀に入ると、ヤマトの王権は支配組織を確立し、国土も拡大した。四二一年から五〇二年にかけて、中国の史籍には讃《さん》・珍《ちん》・済《せい》・興《こう》・武《ぶ》の倭の五王*が使者を中国に派遣した記事が見え、大王の姿がやや明らかに浮かび上がってくる。この五王は、それぞれ、仁徳《にんとく》（または履仲《りちゅう》）・反正《はんぜい》・允恭《いんぎょう》・安康《あんこう》・雄略《ゆうりゃく》の五天皇にあたると考えられている。倭王武が四七八年に宋朝に奉った上表文（『宋書』倭国伝）はよく知られている。しかし『日本書紀』から復元される、王権をめぐる当時の状況は混沌たるものがあった。

王位継承と豪族　当時の王位継承法は、父から子へと伝えられるものではなく、兄弟が順

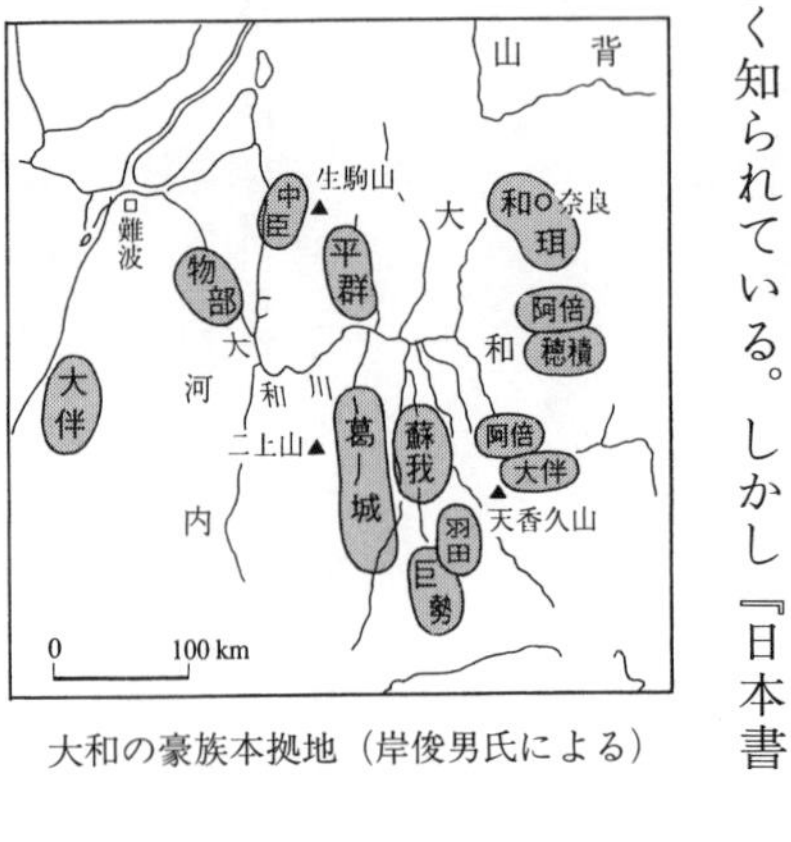

大和の豪族本拠地（岸俊男氏による）

に王位につく「兄弟相承《けいていそうしょう》」法であったから、世代の交代期に王家・豪族間の抗争は激化した。仁徳のあと、その子の履中・反正・允恭があいついで大王となった。三大王の母は葛城《かつらぎ》氏の出身であり、この王位継承の背後には、外戚葛城氏の干渉があったと考えられる。皇統の兄弟相承主義は宮廷・豪族間の抗争を激化させた。そして武烈に至って仁徳系の皇統は断絶し、応神五世の孫《そん》と称する男大迹《おおと》王が越前から迎えられて継体《けいたい》大王となった。継体を擁立したのは大連大伴金村《おおとものかなむら》であった。しかし、金村は半島をめぐる外交政策の失敗により失脚した。

磐井の乱　継体のあと安閑《あんかん》・宣化《せんか》を大王に擁立しようとする大伴氏と、欽明《きんめい》を擁する蘇我氏の抗争が激化し、また地方豪族筑紫国造磐井《いわい》の大規模な反乱も起こった。磐井は半島の新羅*と結んでいたといわれる。国内政治の混乱・不統一は国際関係にも反映し、朝鮮半島経営は行き詰まり、長年にわたって保持していた植民地的拠点を放棄せざるをえなくなった。

氏姓制度　大王を中心とするヤマト国家の支配組織は氏《し》姓《せい》制度といわれる。ヤマト国家では、大王を首長とし、有力な豪族が支配階級を形成して政治支配を行っていたが、その間の関係を秩序づけたものが氏姓制度である。氏《うじ》*は多くの家からなる同族組織で、族長である氏上《うじのかみ》は氏人を率い、氏神の祭祀を行い、氏を代表して朝廷に参与した。姓《かばね》*は氏の尊卑の等級や公的な地位を示すものとして朝廷から与えられ世襲された。臣《おみ》・連《むらじ》・君《きみ》・造《みやつこ》・直《あたい》・首《おびと》・史《ふひと》・村主《すぐり》・薬師《くすし》などの呼称は、朝廷内での地位や職務によって与えられたものであり、大化前代の諸豪族が統一的に氏・姓を与えられたのは六世紀はじめで、大王家が世襲王制を確立するに従って、形を整えたものであろう。

部民制　ヤマト国家の生産組織としての基本体制は部民《べみん》*制であった。当時の社会は、支配階級である豪族（氏）と被支配階級である農民に分かれ、さらにその下に奴隷がいた。農民は伴造《とものみやつこ》の統率下に部に編成され、貢納を行い労役に従った。部民には、大王やその一族の生活の資を貢納する名代《なしろ》・子代《こしろ》があった。

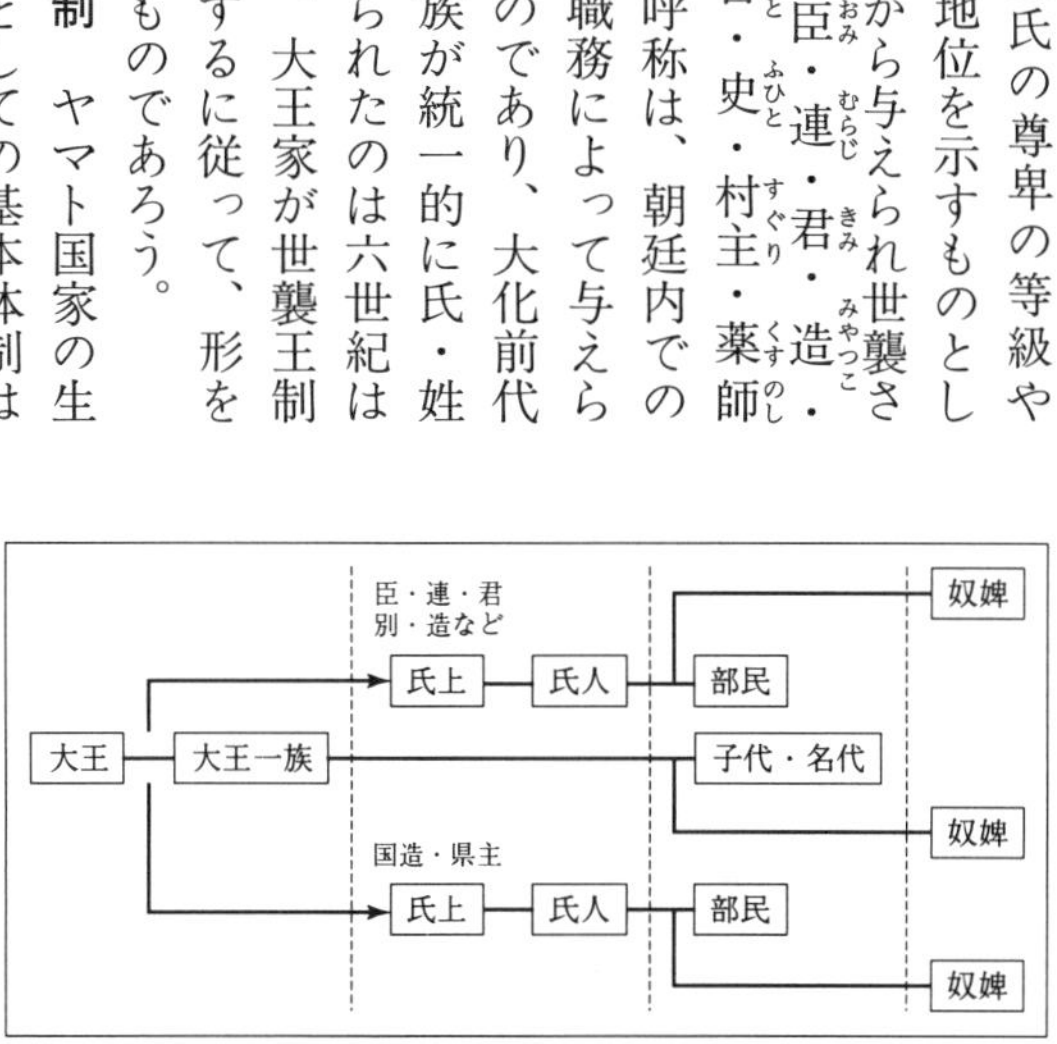

氏姓・部のしくみ

国造とミヤケ　ヤマト政権が国家の統一をなし遂げていく過程で、服属した部族国家の一部は県《あがた》として、一部は朝廷の直領となり、一部は国造《くにのみやつこ》組織の下部に組み入れられた。従来の族長はその地位を保証されて県主《かがたぬし》となった。国造には、従来の地方的君主が朝廷に服属してなったものと、中央から派遣され地位が世襲されたものと二種類あったと見られる。大王権力の確立の過程で、五世紀を通じて諸国造の領内にミヤケ*（屯倉）が設定された。これは、族長を管理者とする間接支配の形をとるもので、旧共同体を破壊することはなかったが、六世紀には中央から管理人（田令《たづかい》）を派遣する直接支配方式のミヤケが多く設置された。　（阿部　猛）

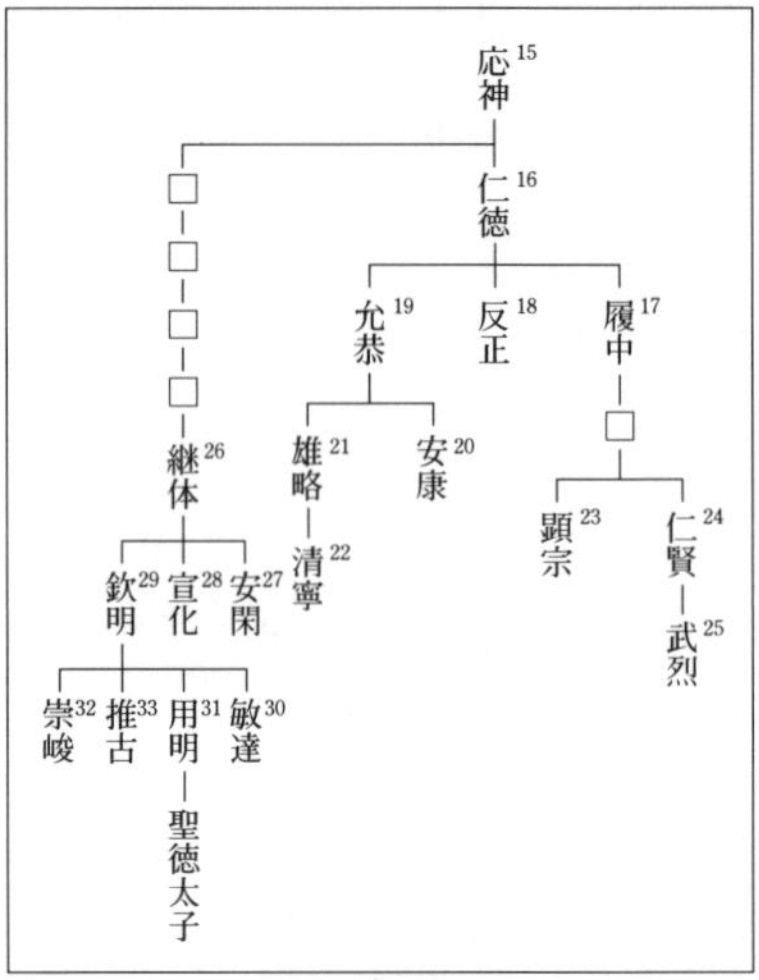

天皇略系図（I）
（数字は即位順）

〔王権の形成〕

崇神天皇《すじんてんのう》　『古事記』*『日本書紀』に国家統治を始めたハツクニシラス天皇とされる。諡号《しごう》はミマキイリビコイニエ。磯城瑞《しきのみず》籬宮《かきのみや》（奈良県桜井市）にいたという。三輪山の大物主神《おおものぬし》を三輪君氏の祖先大田田根子《おおたたねこ》に祭らせ、天神地祇の社を定め、墨坂・大坂の神を祭るなど国家的祭祀の創始を伝える。和邇臣《わにのおみ》氏の祖の活躍で南山城の勢力を平定して「畿内」を綏撫《すいぶ》し「四道将軍」を派遣したという。男には狩猟による、女には機織の、貢納物を初めて課し、灌漑用の池をつくったと伝える。『古事記』の注は没年を「戊寅」（二五八年説と三一八年説がある）とする。山陵は奈良県天理市の行燈山《あんどんやま》古墳とされる。ヤマト政権の初代君主の記憶による造型と見る説が多い。　（山尾幸久）

応神天皇《おうじんてんのう》*　諡号《しごう》はホムダワケ（ホムダは大阪府羽曳野市の地名）。『古事記』『日本書紀』によると、巫女的な神功《じんぐう》皇后の「胎中《はらのうち》天皇」として、住吉大神が授けた「三韓」に行き筑紫で誕生。帰還後角鹿《つぬが》の気比《けひ》大神を参拝し、軽嶋《かるしま》の明宮《あきらのみや》（奈良県橿原市）で統治。治世中に百済王による横刀・大鏡（七枝刀・七子鏡か）、博士王仁《わに》と『論語』『千字文』の「貢上」や、秦《はた》氏*・東漢《やまとのあや》氏*の祖先の「来帰」を伝える。山陵は羽曳野市の誉《こん》田御廟山《だごびょうやま》古墳とされる。朝鮮半島・北部九州からの征服王朝*の祖とする説、継体王朝の祖として創造された仁徳の分身とする説がある。貴種来臨譚をもつ神秘的始祖の性質があり、神から独立した儒教的「聖帝」仁徳とは一線を画する。　（山尾幸久）

征服王朝論《せいふくおうちょうろん》　騎馬民族説ともいう。昭和二十三年（一九四八）江上波夫が提起した日本古代の国家形成史の構想。考古学的文化領域を特定民族に直結するドイツ・ゲルマン学派の方法や解釈と、喜田貞吉《きたさだきち》の「日鮮両民族同源論」の構想や日本民族観を継承。水野祐の崇神・仁徳・継体三王朝交替説や、金錫亨《キムソクヒョン》の三韓三国の日本列島内分国論に影響を与えた。まず東北アジア扶余系騎馬民族が三世紀に朝鮮南部を支配して「辰王」となり、次に辰王系「任那*」王が四世紀はじめに北部九州に侵寇して「倭韓連合王国」の「倭王」となり（崇神天皇*）、四世紀末に近畿中部を征服して王権を樹立し国家の統一を果たした（応神天皇*）という。江上は、①古墳文化は五世紀に北方騎馬民族的なものに急激に変化、②天孫降臨、神武東征、神功・応神の任那《みまな》*からの帰還伝承は史実の記憶、③倭の五王*は南部朝鮮全体を支配する歴史的根拠を保有、などを根拠とする。島国一体的一国史像や万世一系的皇統観に打撃を与えたが、考古学・神話学・歴史学に独自の方法に基づく客観性の検証が必要である。　（山尾幸久）

好太王碑《こうたいおうひ》　広開土王碑ともいう。高句麗王談徳《だんとく》（在位三九一—四一二年）の山陵碑。四一四年建立。中国吉林省集安市に現存。高さ約六・四メートルの凝灰岩《ぎょうかいがん》の一本石の四面に隷書で一七七五字の銘文を刻む。拓本の編年に基づき李進熙《リジンヒ》が陸軍参謀本部による碑文改竄説を提起。いまのところ、水谷悌二郎蔵本などは一八八九年李雲従《りうんじゅう》が拓出した原石碑面精拓本で、一九〇〇年前後から石灰で碑面を補修して拓出し始めたのは現地の拓工と見るのが妥当か。碑文は三部からなるが、半ばを占めるのは第二部の王の勲績。西方や東方の征討の文もあるが、大半は朝鮮半島での戦果。この軍事行動の全体をやむをえないものと理由づける序文があり、ヤマト王権の任那《みまな》支配説を支える最大の根拠とされてきた。しかし内的史料批判の研究によると、この序文は、好太王即位以来の南下の戦果を、旧支配の回復として顕彰するため、口実を百済王の働きかけで始まった三九九—四〇四年のヤマト王権（異説もある）の高句麗王への敵対行動の事実に求め、誇張して正当化したものと見られている。勲績顕彰者の回顧的陳述である。　（山尾幸久）

好太王碑（中国吉林省）

七支刀《しちしとう》　奈良県天理市石上《いそのかみ》神宮伝来の鉄剣（国宝）。六五・六センチの剣身の両側に交互に各三本の枝をもつ。『日本書紀』神功五十二年（修正三七二）条に百済王が七子鏡とともに「献」じたとある七枝刀にあたる。同四十九年（同三六九）条の加耶*七国平定記事はその縁起譚。金象嵌《きんぞうがん》の銘があり、表は「泰□(和)四□(年)□月十六日丙午正陽、造百練□(鋼)、□(七)支刀、□(生)辟百兵、宜□(復)供侯□(王)、□□□□作」で、常用句・吉祥語を連ねた一般的刀剣銘で完結。追加した裏の文は「先世以来未有此刀、百済王世□奇生聖音、故為倭王旨造、伝□(示)□(後)世」で具体的な由来記。「聖音」は仏教説・道教説・天子の意志説など。「奇生」「旨」を人名と見る説、「□月」を「十□月」と見る説もある。　（山尾幸久）

任那《みまな》**と加耶**《かや》　韓国慶尚南道金海地方の小国（金官国・南加羅とも）。日本では任那を「弥摩那《みまな》」と読むが、古い朝鮮語の nim-naj（南の港）か nim-na（主の国）の宛字という。『日本書紀』のみが「任那」を加耶諸国の総称とし、滅亡時の百済王の統治範囲にも及ぼす。かつては三六九—五六二年のヤマト王権の朝鮮半島支配を史実と見ていたので、「任那」には朝鮮における大王直轄地の意味があった。古代天皇制のイデオロギーと韓国の考古学の研究とを踏まえた『日本書紀』の史料批判が進み、「任那」支配は否定され、総称としては「加耶（伽耶）」ということが多い。加耶諸国は三世紀には弁韓十二国としてまとまりがあったようで、その一国「狗邪《くや》」が任那。加耶諸国は慶尚南道の洛東江以西と慶尚北道の高霊（大加耶・加羅）を含む地を中心とする。南斉の建元元年（四七九）に加羅（高霊）王荷知《かち》が「輔国将軍・本国王」に冊封《さくほう》され、北部・西部の小国首長の権力の対外的な結集が進んだが、複雑な国際関係のため統一国家をつくることができず、六世紀半ばに新羅《しらぎ》領となった。（山尾幸久）

〔内乱と王権の再編〕

倭《わ》の五王《ごおう》　五世紀に中国南朝の宋と交渉をもったヤマト王権の五代の王。讃《さん》は四二一、四二五、四三〇年、その弟の珍《ちん》は四三八年、続柄不明の済《せい》は四四三、四五一、四六〇年、その世子の興《こう》は四六二年、その弟の武《ぶ》は四七七、四七八年に遣使したと考定される。四一三年に高句麗とともに東晋に入朝した「倭国」は王の使者か否か不明。四七九、五〇二年の武の日升進は遣使によるものではない。珍・済・興は王権継承直後の遣使だが、武の場合、即位後相当期間を経た後の百済*のための乞師《きっし》で、官爵の任命を求めず、属僚へも自ら仮授するなど（以上倭王武の上表文）*異質。山東半島を北魏が領有し、高句麗との結合を強めたことともに、朝貢の必要や価値が乏しくなったことも考えうる。宋朝は対北魏戦略、倭国は高句麗への対抗が主な関心事。安東将軍か安東大将軍の倭国王に冊封され、軍府には司馬などの府官が置かれた。朝鮮半島南部諸国を率いる軍事上の指揮命令の期待を表明し（四三八年）、百済王と協力して高句麗軍に*対決しうる正当性を認められたが（四五一年）、現実には宋の将軍号をもつヤマト王権の諸豪族の朝鮮半島での軍事活動の要望を集約するものだったらしい。ミヅハワケのミヅと珍、ワカタケルのタケルと武など、異説もあるが、五王は履中・反正・允恭・安康・雄略と見られることが多い。允恭即位に関する特異な記事から済—興・武を「倭」姓親族内の「仁徳」—讃・珍とは別の家系と見る説もある。（山尾幸久）

> **倭王武の上表文**（『宋書』倭国伝）
> 興《こう》死して弟武立つ。自《みずか》ら使持節《しじせつ》・都督《ととく》倭・百済・新羅・任那・加羅《から》・秦韓《しんかん》・慕《ぼ》韓《かん》七国諸軍事・安東大将軍《あんとうだいしょうぐん》・倭国王と称《しょう》す。順帝《じゅんてい》の昇明《しょうめい》二年使を遣《つかわ》して上表して曰《いわ》く。「封国《ほうこく》は偏遠《へんえん》にして藩《はん》を外に作《な》す。昔より祖禰《そでい》躬《みずか》ら甲冑《かっちゅう》を擐《つらぬ》き、山川を跋渉《ばっしょう》して寧処《ねいしょ》に遑《いとま》あらず。東は毛人《もうじん》を征すること五十五国、西は衆夷《しゅうい》を服すること六十六国、渡りて海北を平《たいら》ぐること九十五国（以下略）」と。

倭《わ》王《おう》武《ぶ》の上表文《じょうひょうぶん》　*宋の順帝にあてた四七八年の倭王武の書簡。『宋書』倭国伝に収める。中国古典の成語を多用し四字句を連ねた駢儷体《べんれいたい》の漢文。宋朝から安東将軍府に派遣された府官が類書《るいしょ》を用いてつくったものと推測される。前文で皇帝の臣下としての祖先の軍功を述べている。四七五年に百済*は王都漢城と南北漢江流域の広大な地を高句麗に奪われ蓋鹵《がいろ》王は殺された。王権存亡の危機に瀕していたが、その復興を支援したのがヤマト王権の雄略（倭王武《ぶ》）で、上表文の中心は百済のための高句麗討伐の要請。倭王済《せい》による百済支援軍の派遣計画、興《こう》の逝去前後の王権中枢の混乱、宋への要請が成功せず武《ぶ》が独力で百済を支援したことなどは『日本書紀』と対応する。

（山尾幸久）

継体王朝《けいたいおうちょう》　継体大王（在位五〇七?—三一?）の出自と即位の特殊性に注目する用語。継体は「彦太尊」のフト（壮健）が実名で、ヲホド（ホドは炉）は曽祖父と一対の通称らしい。和歌山県橋本市隅田《すだ》八幡神社人物画像鏡銘（五〇三年?）を「孚第《ふと》王」と釈読し、即位前の継体とする説もある。手白髪郎《たしらかのいら》女《つめ》に入婿。父系は応神天皇*、母系は垂仁天皇の血を引く系譜をもつ。『古事記』*は近江から、『日本書紀』その他は、近江の高島で生まれたが越前の坂井で育ち、そこから迎えられたとする。系譜を信用し継体は近江の坂田に分岐した応神五世の子孫たる王族と見る説は、『日本書紀』を疑うことに強い拒否反応を示すが、「王の血」の特殊化、王権の血統継承成立の解明が課題。他方、出自系譜の本質を血縁的支配の規範観念による政治結合の表象とする説は、応神の実在性を疑う説に結びついている。後者は継体の父系は近江坂田の息長《おきなが》氏、母系は越前坂井・近江高島の三尾《みお》氏と見、この地域の豪族の結合、交通路と交易、朝鮮系移住民と製鉄などに注目。両説ともに東アジア史的視野に基づく国家形成史のなかで考察するのが課題。

（山尾幸久）

磐井《いわい》の乱《らん》　五二七、五二八年（一説に五三〇、五三一年）の筑紫君とヤマト王権との戦争。筑紫君の本拠地は筑後の八女《やめ》地方。『古事記』*に簡単な記事があり、『筑紫風土記』は磐井が生前につくった墓（岩戸山古墳）と乱に関する古老の伝承を記す。『日本書紀』は詳細だが、漢籍による作文が多く、八世紀の通念と用語とに対する吟味が必要。磐井の乱、辛亥《しんがい》（五三一年）の変*による欽明天皇即位、新羅王の任那*（金官国）併合（五三二年）は一連の事件の公算が大。乱後那津官家《なのつのみやけ》を拠点とするヤマト王権の国家的支配が北部・中部九州に及んだ。五二九年、新羅*が加耶*東南地域に侵攻しはじめたので大加耶（高霊）王が継体に援軍を要請した。ヤマト王権は香椎潟《かしいがた》の港湾を王直属の国家施設（糟屋屯倉《かすやのみやけ》）とし、北部九州で徴兵して加耶支援の軍事態勢を敷こうとした。ところが、吉備《きび》の勢力の瓦解（五世紀末）以来危機感を募らせ、六世紀はじめ以来のヤマトと百済との直接的関係によって疎外されていた筑紫君が、新羅の要請を受けこれを阻止した。その結果、金官国は孤立無援のまま新羅の軍門に降った。王権による国土統一の最後の戦争であろう。

（山尾幸久）

欽明天皇《きんめいてんのう》（在位五三一?—七一）六世紀の大王。継体が手《た》白髪《しらか》に入婿して誕生。磯城嶋《しきしま》宮（奈良県桜井市）に君臨し、敏《び》達《だつ》のほか蘇我稲目《いなめ》の二人の娘との間に用明・推古・崇峻《すしゅん》らを儲けた。新羅*興隆期の複雑な国際関係のため対外政策は思わしくなかったが、百済*から最先端をいく知識人を招き、「王の血」の特殊化と血統世襲制、中央支配集団の結集組織と職務分掌、地方からの人的・物的資源集中制度、文字言語創造による記録作成、神祇祭祀制その他の国家形成史上に時期を画した。百済王に要請して仏教を導入し飛鳥文化*の基礎を築いた。初めて殯《もがり》が行われたらしく「天国排開広庭《あめくにおしはらきひろにわ》」の諡号《しごう》も事実上最初。山

陵を奈良県橿原市の見瀬丸山古墳とする説がある。（山尾幸久）

蝦夷《えみし》と隼人《はやと》　北東アジアや琉球諸島の文化圏に属した東北地方北部・北海道南部や九州南部の種族（文化的範疇）を中国・朝鮮につながる近畿地方の支配層から呼んだ語。領域国家成立により天皇の版図《はんと》への編入が政治問題となった。蝦夷（'emciw＝「人」か）は「同じ日本人」の辺民への政治的設定とされてきたが、アイヌ民族の祖型と共通する文化をもつ独自の社会と見る説が近年再興し、日本民族形成史に問題を提起。八―九世紀に国家的征服にさらされ、十二世紀には東北北部にも建郡。隼人（地名「波邪」か）は早くから近畿と交流をもち、倭人の文化が習合していたが、七世紀末に服属、一部は近畿に移され、他は定期的に朝貢。律令制支配に抵抗したが、八世紀末には公民化した。（山尾幸久）

〔ヤマト国家の構造〕

氏《うじ》　ヤマト国家の支配組織である氏姓《しせい》制度の構成単位。氏は、多くの家からなる同族組織であって、その族長を氏上《うじのかみ》、成員を氏人《うじびと》と呼ぶ。首長である氏上は、氏の神を祭り、氏人を率い、氏を代表して政治に参与した。氏は原始社会の氏族が崩壊したのちに現れる血縁的または擬制的血縁団体ともいわれる。しかし、氏の組織をもったのは中央や地方の豪族だけで、氏をもたない農民も多数存在したことからもわかるように、氏は単なる自然発生的なものではない。氏は、上から政治的に組織され、ヤマト朝廷の国家統一事業とかかわり合い、おそらく五世紀以後に創出されたものであると考えられている。氏の政治的性格は姓《かばね》の制と合わせ見ると、いっそう明らかになる。（阿部　猛）

姓《かばね》　ヤマト国家内部での氏《うじ》*の尊卑や公的な地位を示す標識。はじめは、氏人が氏上《うじのかみ》につけた尊称であったが、国家の統一が進行するにつれて公的な意味をもつようになり、朝廷から付与され世襲された。大王《だいおう》（天皇）家を中心とする血縁関係の遠近・濃淡や、朝廷内部での職務や地位によって呼称を異にした。臣《おみ》・連《むらじ》・君《きみ》（公）・造《みやつこ》・直《あたい》・首《おびと》・史《ふひと》・村主《すぐり》・薬師《くすし》など種類が多く、たとえば、蘇我臣《そがのおみ》、大伴連《おおとものむらじ》、東漢直駒《やまとのあやのあたいこま》、鞍《くら》作村主《つくりのすぐり》司馬達等《しばたっと》などがある。歴代天皇（大王）を祖とする氏を皇別《こうべつ》といい臣・君（公）、神代史上の神を祖先とする氏を神別《しんべつ》といい連、大陸から渡来した人びとを祖とする氏を諸蕃《しょばん》といい史・村主の姓が多い。大化以前の諸豪族が統一的に姓を与えられたのは六世紀のはじめで、大王（天皇）家が世襲王制を確立すると全国的に拡大され、姓による秩序づけが成立した。（阿部　猛）

部民制《べみんせい》　ヤマト国家の生産組織としての基本体制。部民は、大化以前の氏族制社会で豪族の支配下にあった一般民である。被支配階級である農民は豪族の私有民として部《べ》（部曲《かきべ》）に編成されていた。大王（天皇）家も御子代部《みこしろべ》・御名代部《みなしろべ》・田部《たべ》などの部民を所有していた。部民の大部分は農民であるが、特殊技能をもって仕える職業部があった。かれらは、首長である伴造《とものみやつこ》に率いられて品部《しなべ》と呼ばれた。土師部《はじべ》・弓削部《ゆげべ》・玉作部《たまつくりべ》・鏡作部《かがみつくりべ》・酒部《さかべ》・服部《はとりべ》・衣縫部《きぬぬいべ》など多様である。大陸から渡来した人びとの多くは品部に編成されて手工生産の主要な担い手となった。豪族たちが私有する部曲も、のちには伴造を通して朝廷に貢納したり、また伴造に率いられて労役に服したりして、機能的には品部と大差ないものになった。部民制は、五世紀末から六世紀前半の間に百済*の部制の影響を受けて成立したものと思われる。大化改新によって基本的に廃止され、食封《じきふ》などの封禄制に変わったが、部の称は戸籍に登録される姓《せい》となって残った。（阿部　猛）

国造制《こくぞうせい》　大化以前の政治組織としてヤマト朝廷が設置したもので、その下の組織である県《あがた》をも合わせて呼称する。部民《べみん》*（伴《とも》）の統率者を伴 造《とものみやつこ》というのに対して、国の長官を国 造《くにのみやつこ》と称した。国造の統治範囲は、のちの郡ほどの大きさで、国造には、従来の地方の部族国家の首長が大王に服属してなった者と、中央から派遣され、その地位が世襲されてなった者の二種類あった。大化以後、国・郡制が成立すると、国造支配の地域は郡となり、旧首長の多くは郡司《ぐんじ》に任命された（ただし、「郡」の字は用いられず、初期には「評《こおり》」の字が用いられ、郡司は評督と書かれている）。県《あがた》は、ヤマト朝廷による国家統一の過程で服属した小地域の部族国家で、一部は朝廷の直轄領となり、一部は国造組織の下部に組み入れられた。この場合、従来の族長はその地位を認められて県主《あがたぬし》となった。県は美濃国より西の地域に多く、国造組織よりも古い五世紀以前の組織と見られる。大和《やまと》の六 県《むつのあがた》（高市《たかいち》・葛城《かつらぎ》・十市《とおち》・磯城《しき》・山辺《やまのべ》・曽布《そう》の県）は大王（天皇）の直轄領として知られるが、これに対する大王家の支配は強烈で、大王の発祥地が、この地方であろうと考えられる根拠の一つとなっている。（阿部　猛）

ミヤケ　五世紀から六世紀にかけて全国に設置されたヤマト朝廷の直轄地。ミヤケとは、もとは収穫物を納める倉庫の敬称であるが、のち、倉庫を含む土地（耕地）をさす言葉となり、耕作農民である田部《たべ》や舂米部《つきしねべ》を伴う直轄地の呼称となった。ふつう、ミヤケは、①天皇に直属する屯田《みた》、②ヤマト朝廷の国家支配下の屯倉《みやけ》、③軍事・外交上の基地としての官家《みやけ》の三種に分類される。①は倭 屯田《やまとのみた》で、大王（天皇）の地位に付属する大王の財産。③は朝鮮半島の任那《みまな》官家がその例である。ミヤケの代表型は②である。五世紀、諸国の国造の領内に屯倉が多く設置されたとき、旧来の組織を温存しながら、国造の支配していた農民を田部に編成した。その支配も、ヤマト朝廷による直接支配の形をとらず、地方の族長を管理者とする間接支配形態をとった。しかし、六世紀に入ってから設置された多くの屯倉は直接支配形態をとった。たとえば吉備国《きびのくに》の白猪屯倉《しらいのみやけ》では、朝廷から田令《たづかい》といわれる管理者が派遣され、田部の戸籍をつくって課税している。農民を戸籍につけて氏《うじ》*を与えて直轄民とするものので、のちの律令制の公民支配の原型をなすものと考えられている。（阿部　猛）

田荘《たどころ》　「なりどころ」とも読む。律令制成立以前の豪族の私有地をさしていう。田地と屋・倉とからなる農業経営の拠点。豪族の私有奴婢《ぬひ》の労働力や、周辺の農民の賃租《ちんそ》（一年期限の賃貸借）によって経営されたものであろう。大王（天皇）支配下のミヤケと本質的には同じものと考えられる。（阿部　猛）

大臣《おおおみ》・大連《おおむらじ》　ヤマト朝廷内で、臣・連姓の最有力者で政治の中枢に立ったもの。伝承によると、大臣は武 内宿禰《たけしうちのすくね》を最初として、その子孫と称する平群《へぐり》氏・蘇我《そが》氏・巨勢《こせ》氏・葛城《かつらぎ》氏が任じ、大王家と結んで政治を行った。大連には物部氏と大伴氏が任じたが、五八七年に物 部守屋《もののべのもりや》が蘇我馬子《そがのうまこ》*に滅ぼされてのちは置かれなかった。のちの令制の左・右大臣は大臣・大連制の系譜を引くものであろう。（阿部　猛）

(二)　古墳文化の発展

古墳の出現と副葬品　前方後円墳*に代表される古墳は、三世紀の後半期に奈良盆地東南部で誕生した。その後、最大規模の古墳が集中する地域は、奈良盆地の北部へ、そして大阪平野へと移り、兵庫県東部を経て、飛鳥地方へと移行した。こうした動きから、そこに近畿地方の有力集団による連合政権としての初期ヤマト政権の姿を見出そうとする人が多い。

　古墳の副葬品*の組成も、時とともに変化した。四世紀末に至る前期には、三角縁神獣鏡*をはじめとする青銅鏡や、刀剣・農工具などの鉄製品、緑色をした石製品などの特別な配置が目立った。この呪術的ともいえる前期の副葬品に対して、五世紀のそれは武器・武具・農工具などの多量化が目立つ。また「牛馬なし」といわれた倭人の地に、馬具*の副葬が始まるばかりか、馬の殉葬さえ見られるようになる。銘文刀剣が示すように、文字の使用も定着してきたようである。加えて大陸風の金色に輝く装身具類も愛好されるようになった。首長たちの性格が大きく変化したことを示している。

ヤマト政権の支配　五世紀から六世紀に至る時期には、古墳の埋葬施設もまた大陸系の横穴式石室《よこあなしき》*が根づいた。近親者たちの死後の世界が想定され、これまた生産が始まっていた須恵器*に入れられた食物も室内に配置されるようになった。それとともに、このような石室をもつ小規模な円墳の築造が急ピッチで進められ、いわゆる群集墳が形づくられたのも、この時期の新しい動きである。そこにはかつてのように、古墳が首長層のステイタスの表徴という側面は見出せない。ここからヤマト政権による直接支配の浸透と、古墳築造意義の消滅を読みとろうという人も多い。

（岩崎卓也）

〔古　墳〕

古墳文化《こふんぶんか》　古墳*やそこに埋納された副葬品*が政治・社会構造や文化の解明に最も寄与する時代（三世紀後半―六世紀末）を古墳時代と呼ぶ。この時代は階級社会が成立した弥生時代を受けて、統一国家誕生までに至る過渡期である。その文化は水稲を中心とする農耕を基盤にしたもので、鉄器*の普及を背景とした生産力の増大が注目される。なかでも四世紀後半以後、武器・武具*・馬具*の副葬が急速に増加し、それまでの呪術的様相の濃い段階から武力的要素が顕著となる。こうした現象から騎馬民族による征服王朝の樹立を主張する説もあるが、基層文化の継続性や、外来文化の選択的受容の様相などから容認できない。

　階級間の隔絶性は弥生時代より一歩進んでいることが居住形態からうかがえる。弥生時代は集落のなかに溝や柵で区別された特別な一画があり、一般成員とは異なる首長層の居住空間と目される。しかしなお一般成員と同じ集落内で居住しており、共同体から完全に離脱できない未成熟な支配形態がうかがえる。古墳時代になると一般集落と離れて豪族居館が営まれており、両者の懸隔がいっそう進んだ。そして居館内では専門工人の工房が確認されており、支配層による技術の独占がうかがえる。しかも弥生時代では集落全体を溝で囲む防御施設（環濠集落*）が認められるのに対して、古墳時代は居館のみ濠をめぐらしている。

近年群馬県において、榛名山の爆発物に覆われた古墳時代の集落、中筋遺跡（五世紀末―六世紀初頭）と黒井峯遺跡（六世紀中葉）が発見され、水田跡とも合わせて牛・馬などの大型家畜の飼育が早くから普及し、生産力の増大に寄与したことが認められた。また集落構造や日常用具の確認のほか、集落内祭祀の実態解明にも大きく寄与しよう。

古墳時代の文化は大陸や朝鮮半島の影響下にあることが指摘されてきたが、最近では古人口学などの成果から渡来人の割合の相当に高いことが知られている。なお六世紀末ごろの前方後円墳*終焉以後は古墳の政治的意義が薄れ、終末期古墳と呼称して該期を古墳時代には含まない。〈小林行雄『古墳文化論考』平凡社、一九七六〉　（土生田純之）

古墳《こふん》　三世紀後半―八世紀初頭の高塚式墳墓。封土を盛り上げた墳丘墓は弥生時代に成立しており、後世にも存在する。古墳を単なる高塚式墳墓と区別する最大の根拠は、その政治・文化に対する象徴性にある。古墳の構造には多種類があり、時代や地域差も大きい。しかし最も普遍的構造は、墳丘のなかに遺骸を収める埋葬施設（内部主体）を設け、このなかに副葬品*を埋納するものである。墳丘の平面形によって前方後円墳*、前方後方墳*、円墳*、方墳*などに分類されるが、前方後円墳が最上位に位置づけられる。内部主体は竪穴《たてあな》式石室*・粘土槨《ねんどかく》*などの竪穴系埋葬施設と、横穴式石室*をはじめとする横穴系埋葬施設に大別されるが、前者から後者へ盛行期が推移する。墳丘には葺石《ふきいし》や埴輪*を置くものがあり、周囲に堀や外堤をめぐらせるものもある。しかし水を湛えた濠は、大和や河内など畿内中枢の大古墳以外にほとんど認められない。また石を積んで墳丘を形成した積石塚もあり、葺石はこの象徴的残存と見るような両者に有機的関係を認める説もある。古墳には構造や副葬品の構成からいくつかの画期が認められるが、特に四世紀後半、五世紀後半、六世紀末が顕著である。第一の画期までは鏡や少し遅れて石製腕飾類など呪術的・宝器的性格の品を中心に副葬した。画期後、甲冑をはじめとする武器・武具*・馬具*や金銅製装身具などが飛躍的に増加し、武力的・実用的性格が強くなる。また竪穴式石室内への割竹形木棺の納置を標式としたものから、粘土槨や木棺（石棺）直葬など簡略的形態が増加する。一方、最上位の被葬者用として長持形石棺が創作された。第二の画期以後、横穴系埋葬施設が竪穴系にとって代わるが、黄泉国《よみのくに》思想の導入など死後の世界観にも変化が認められる。また群集墳が出現して、古墳築造層が飛躍的に増加する。第三の画期では前方後円墳の築造が終焉を迎えた。第一と第二の画期を境に前・中・後の三期区分をとる見方と、第二の画期を重視して前・後の二期に区分する見解がある。〈白石太一郎編『古墳への旅』朝日新聞社、一九九六〉　（土生田純之）

前方後円墳《ぜんぽうこうえんふん》　円丘（後円部）と方丘（前方部）が接続した古墳*。諸形態ある墳形の最上位に位置する。形式変遷は前方部中心に展開し、前端部が両側に広がる初期を除くと、前期は前方部が低く狭長で全体が柄鏡形を呈するが、中期になると幅広で高さを増し接続部に造出《つくりだし》を設ける。後期は全体に規模が縮小するが、後円部側が顕著で結果的に前方部がこれを凌駕することもある。墳形の由来については、列島自生説と中国起源説に二大別される。前者には埋葬部（円丘）に祭壇ないし通路（方丘）が接続した形態とみる説などがあり、後者は文献史家による「郊祀制」に基づく「天円地方」を表したものとみる説、考古学者による三段築成の墳丘や北枕頭位の優勢を重視する説などがある。近年盛んな研究に墳丘相似性の比較がある。畿内の大古墳を規準とする古墳が各地で発見されており、地域間交流をはじめ諸問題解明の糸口となろう。終焉は六世紀末ごろで汎列島的に一斉に姿を消す。長く列島固有の墓制とされてきたが、近年朝鮮半島西南部でも発見され、史的意義の究明が課題となっている。（土生田純之）

帆立貝式古墳《ほたてがいしきこふん》　円丘に小さい方壇を付設した形状で、平面形が帆立貝に似ていることから名づけられた。円墳*に造出《つくりだし》を付設したようなものと、前方後円墳*の前方部が短小なものとがある。いずれも方壇部は円丘に比して著しく低く、儀礼執行の場であるという説がある。周濠のある場合は方壇部前面が直線状で、円墳とは異なる意識が認められる。古墳時代の各期に営まれたが、五世紀後半など特定の時期に集中する傾向がある。これは、ヤマト政権が強大なときには地方首長の造墓に規制がかけられて、前方後円墳の築造が許されなかった結果であるという仮説がある。しかし、大型前方後円墳の陪塚的位置の築造例も多く、実態は複雑である。（土生田純之）

前方後方墳《ぜんぽうこうほうふん》　方丘（後方部）に方丘（前方部）が接続した古墳*。近年確認例が急増しているが、前方後円墳*に比していまだ圧倒的に少数である。東北から九州まで各地に分布するが、多くは前期から中期にかけて築造された。弥生時代終末期の墳丘墓の平面形が、近畿を中心とした西日本が前方後円形指向であるのに対し、東海を中心とした東日本が前方後方形を指向しており、二者が対立していたとする説がある。この説によれば、東国に前方後方墳から古墳の築造の始まる地域の多いことが理解しやすいが、吉備《きび》を始め畿内中枢部にも古式の前方後方墳が少なからず構築されており、前方後円墳との意義の相違など、未解決の問題がなお多い。（土生田純之）

円墳《えんぷん》　平面が円形の古墳*で、最も構築数の多い普遍的墓制である。弥生時代の墳丘墓にも円形の例は多く、古墳との区別が難しいものもある。時期的にも地域的にも広がりをもつが、直径が一〇〇メートルを越す大古墳から数メートルのものまで、築造階層も多岐にわたる。特に六世紀後半から七世紀前半にかけて爆発的に構築された群集墳*の大半は円墳である。前期から中期は頂部が平坦な截頭《せっとう》円錐形をなすが、後期には平坦面のない丸みをおびたものとなる。前方後円墳*の終焉以後は首長墓の墳墓として各地で構築された例も多いが、方墳*を蘇我氏系の墳墓と見たうえで、非蘇我氏系墳墓として方墳とは対立する墓制と見る説がある。（土生田純之）

方墳《ほうふん》　平面が方形の古墳*。弥生時代の方形周溝墓*や方形台状墓との関連性が想起されるが、山陰地方を中心に構築された四隅突出墓《よすみとっしゅつぼ》*との直接的な系譜関係は認められない。竪穴式石室に割竹形木棺を埋置する典型的な前期の首長墓にも採用された例があるが、五世紀になると低墳丘墓といわれるほとんど墳丘をもたない小規模墳にも見られ、概して円墳*より下位に属すると考えられる。しかし六世紀後半から七世紀にかけて、天皇陵をはじめとする有力豪族の墓制となったようで、大型方墳が増加する。この傾向は地方にも及ぶが、特に東国の場合、一辺八〇メートルを測る畿内の例をしのぐほどの大方墳も築造された。（土生田純之）

上円下方墳《じょうえんかほうふん》* 二段築成の上段が平面円形、下段が平面方形を呈する古墳。奈良県明日香村石舞台古墳は上円下方墳であるという説が発掘調査時から一部で提唱されていたが、現在は方墳*と考えられている。七世紀のいわゆる終末期古墳のなかに候補を数えるが、京都府（木津町）・奈良県（奈良市）境の石のカラト古墳は、発掘によって検出された葺石《ふきいし》の存在からこの墳形であることが確認された。なお近代以降の明治・大正・昭和天皇陵はいずれも上円下方形を呈するが、これは八角墳*の天智天皇陵（京都市山科区・御廟野古墳）や舒明天皇陵（奈良県桜井市・段の塚古墳）を上円下方墳と誤認したことに起因するものと思われる。（土生田純之）

八角墳《はっかくふん》 平面形が八角形の古墳*。七世紀中葉から八世紀初頭までの短期間に築造された。畿内の天皇陵を中心に十基余りが確認および想定されている。当初同時期の天皇陵として排他独占的な墓制であると理解されていたが、広島県から群馬県に至る各地で発見例が増え、地方有力豪族の一部にも採用されたことが明らかである。ただし、畿内以外の例はいずれも相対的には古い段階に属する。天皇陵専用の墳形として特別の意義を目指していたことには相違ないだろう。墳形の由来については、①仏教思想の影響と見て円墳*とする説と、②道教などを背景とした広義の中国政治思想に基づくものと見て方墳*と考える説の二説が対立している。（土生田純之）

竪穴式石室《たてあなしきせきしつ》 古墳*の埋葬施設の一種。石材で四壁形成の後、長軸に直交した数枚の天井石を載せて閉塞する。通常、墳丘築成後に墓坑を穿って構築する。古墳成立当初から六世紀初頭にかけ構築された。当初は長さ六―八メートル、幅・高さ一メートル前後のものが多いが、五世紀には長さが短くなる一方、幅と高さを増す。壁体は偏平な板石を小口積みに形成し、墓坑壁との間に栗石や砂利を埋めた控え積みをもつものから、五世紀には割石や板石を長手積みにして控え積みを省略するものが多くなる。床に横断面U字形に粘土を置き（粘土床）割竹形木棺を据えたものが初現期の典型とされたが、実際には多様な形態がある。朝鮮半島南部にも同様の施設があるが、空間のほとんどないことから韓国では竪穴式石槨と称し、日本でも当呼称の使用が増えている。棺先置の構造が、棺後置の横穴式石室*と最も相違する。なお石室築成途上に朱などを用いた儀礼を何度も行うが、開閉の容易でない構造とともに、遺骸を封じ込める意図に基づくものであろう。（土生田純之）

粘土槨《ねんどかく》 古墳*の埋葬施設の一種で、前半期の古墳に多い。この形成過程は以下のとおり。まず木棺安置の前にあらかじめ棺下部に粘土の床を形成しておく。この粘土床の上面は、棺底部の形態に合わせて棺が固定できるようにする。棺納置後側面、ついで上面にも粘土で棺を被覆する。したがって木棺全体が粘土で覆われる。粘土槨の形成は数次の工程*に分けられるが、それぞれの工程の中間には丹を塗布し副葬品を配置することもある。粘土槨の出現は竪穴式石室*よりも遅れ、粘土床の構造など両者に共通する部分も多いことから、竪穴式石室の簡略形態と考えられる。なお粘土槨の簡略形態として、床のほかに両小口部のみ粘土を置いたものなどがある。　（土生田純之）

刳抜式石棺《くりぬきしきせっかん》　石棺の蓋と身として各一石を刳《く》り抜いて形成したもので、ほかにそれぞれが数個の石材を組み合わせた組合式石棺がある。刳抜式石棺には割竹形石棺・舟形石棺・家形石棺が、後者には箱式石棺・長持形石棺・家形石棺などがある。家形石棺に顕著なように、刳抜式のほうが上位の階層用と考えられているが、組合式のなかにも長持形石棺のように「王者の棺」と呼ばれる秀逸なものもある。石棺の形態と石材には有機的関係が認められ、各石工集団独自の石切り場を有していたと思われる。なかでも二上山白石《にじょうさんしろいし》と家形石棺、播磨の龍山石と長持形石棺および家形石棺、阿蘇凝灰岩と舟形石棺および家形石棺、讃岐の鷲の山石と割竹形石棺などが有名である。石棺（石材）のなかにはたとえば阿蘇石製が大阪や和歌山など、遠隔地に運ばれたものもみられる。この場合、組合式のほうが当然運搬に有利であるが、実際は刳抜式のほうが多い。一定型式の石棺の分布範囲などから古墳時代の政治・社会体制を探る試みも多いが、そのためにも石材の同定が重要で、肉眼観察のほかにX線回折法などが用いられる。　（土生田純之）

横穴式石室《よこあなしきせきしつ》　古墳*の埋葬施設の一種。一方の側面が外部に通じて出入口（開口部）となっているもののうち、石材を積んでつくったものをさす。通常遺骸を収める玄室《げんしつ》と、そこに至る通路（羨道《せんどう》）とからなる。開口部は塊石や板石によって閉塞されるが、開封が容易で、追葬に便利である。しかし実際には開口部や羨道が極端に狭く、遺骸や棺の石室構築後搬入が不可能なものもある。したがって追葬の可否でなく、明確に横口（開口部）を意識した構造の有無が最重要の規定要因といえる。最初の石室は四世紀末から五世紀初頭ごろ、朝鮮半島の影響によって北部九州の玄海灘沿岸地域に構築された。当初から複数の型式が存在したが、五世紀中は九州を除き定着していない。六世紀初頭ごろ、畿内で新型式の石室が創出されると急速に四周の地域に浸透して墓制を一変させた。これは本墓制と本来表裏の関係にある死後の世界観（石室内を死者の国、あるいはそこに至る入口と見る黄泉国《よみのくに》思想）とが初めて一致したためである。七世紀半ば以後、規模の縮小化が急速に生じ、やがて築造を停止した。　（土生田純之）

〔古墳の副葬品〕

副葬品《ふくそうひん》　一般に遺骸に副《そ》えて埋葬施設内に納められた器物全般をさす。日本列島での初現は旧石器時代に遡るが、古墳時代には質量ともにきわめて豊富な副葬品が知られるようになる。

古墳時代を通じてその組合せには変化が見られ、前期には、三角縁神獣鏡*に代表される各種の銅鏡、腕輪形石製品*（石釧《いしくしろ》など）、玉（勾玉《まがたま》・管玉《くだたま》など）、武器、鉄製農工具が基本的な組合せとなる。特に銅鏡、腕輪形石製品といった宝器的性格の強い器物が顕著に認められることが、この時期の大きな特徴である。

これに対し中期になると、腕輪形石製品が姿を消し、銅鏡の副葬も目立たなくなる一方、鉄製の武器・武具*（甲冑《かっちゅう》）や農工具の副葬が顕在化する。とりわけ注目されるのは、埋葬施設に付随する別施設に多量の鉄製品を埋納する古墳*が出現することである。また中期半ば以降には、このころ導入された馬具*の副葬がしだいに増加し、全体としては軍事や生産といった現実の諸活動に由来する器物の副葬が主座を占めるようになる。

後期には、横穴式石室*の普及に伴い石室内への須恵器《すえき》*の副葬が一般化する。また、国産化が進んだ馬具の副葬が広がりを見せるとともに、金銅製の冠帽《かんぼう》や耳飾り、各種の装飾付大刀に代表される装飾性豊かな副葬品が顕著になる。この時期には群集墳*が盛行し、小規模古墳にも一定の副葬品が見られるようになるが、その質や量において古墳間での格差が一段と進行する。その後、終末期になると仏教文化に関連する銅鋺《どうわん》などの副葬品が新たに加わり、その組合せはさらに変貌を遂げる。

以上のような副葬品の変化は、古墳被葬者の性格や埋葬観念の変化、ひいては古墳時代社会の変質を色濃く反映したものと考えられる。ただし、個々の副葬品の性格は一様ではなく、被葬者生前の所持具、副葬を目的とした諸具、葬送に伴う儀礼具などのほか、古墳築造時の使用具と想定されるものも存在する。そうした副葬品個々の多様な性格を理解するには、それ自体が本来もつ機能のほか、副葬状態などにも十分に配慮する必要がある。〈河上邦彦他編『古墳時代の研究』8、雄山閣、一九九一年〉（滝沢　誠）

三角縁神獣鏡《さんかくぶちしんじゅうきょう》　背面に中国の神仙思想に基づく神獣を半肉彫りによって表現した鏡のうち、縁の断面が三角形状を呈するものいう。直径二〇センチを越える大型品がほとんどで、破片も含めるとこれまでに四百八十面ほどが出土している。後漢鏡の流れをくみ、その銘文解釈や景初三年（二三九）などの年号をもつ鏡の存在から、日本の研究者の間では中国三国時代・魏の鏡であるとの見方が有力である。ここに、邪馬台国*の卑弥呼が魏帝から下賜された銅鏡百枚こそ三角縁神獣鏡とする意見も生じる。しかし、中国では一面も出土していないこと、神獣鏡はもともと呉の地域に多いことなどから、呉の工人が日本に渡り製作したとする中国人研究者の意見もある。この鏡が多くの論議を呼ぶのは、邪馬台国論にかかわるばかりでなく、同じ型（原型または鋳型）でつくられた同笵鏡《どうはんきょう》が畿内の古墳を中心として各地の前期古墳に分有されている事実が知られているからで、その製作と配布をめぐる解釈は、古墳時代開始論における重要な論点の一つとなっている。（滝沢　誠）

三角縁神獣鏡（椿井大塚山古墳出土）

鉄製農工具《てっせいのうこうぐ》　古墳*には各種の鉄製農工具が副葬される。その風習は、古墳時代前期・中期を中心とし、一部後期にまで存続する。鉄製農具には、鎌《かま》・鍬《くわ》・鋤《すき》などが知られる。それらは古墳時代のなかごろを境に主流形式が変化し、鎌は直線的な刃部をもつ直刃鎌《ちょくじんがま》から先端が屈曲する曲刃鎌《きょくじんがま》へ、鍬・鋤先は方形鉄板の両端を折り曲げた方形板刃先からU字形の刃部をそなえたU字形刃先へと移り変わる。鉄製工具には斧《おの》・鑿《のみ》・鉇《やりがんな》・鋸《のこぎり》・錐《きり》・刀子《とうす》などの木工具、鉄鎚《かなづち》・鏨《たがね》・鉄鉗《かなはし》などの金工具があり、それらの一部には石工具と考えられるものもある。農具同様、古墳時代中期に変遷上の画期があり、機能分化の進展と著しい量的増加が認められる。古墳に一括副葬された鉄製農工具の意味については諸説あるが、前期後半から中期にかけて、それらのミニチュア品や石製《せきせい》模造品が出現し、同様に古墳に副葬されることなどからすれば、それらは古墳被葬者が主宰した諸生産を象徴する器物として埋葬儀礼に供され、副葬されたものと考えられる。（滝沢　誠）

鉄製《てつせい》武器《ぶき》・武具《ぶぐ》　古墳時代には、鉄製の武器や武具が飛躍的に発達した。中国や朝鮮から導入された先端的な技術により実用機能の向上がはかられるとともに、きわめて装飾性に富んだものも現れ、権威や身分の象徴としての社会的役割を増大させた。その多くは古墳*の副葬品*として出土しており、古墳時代を通じて形態や組合せに変化が認められる。三―四世紀には短剣と槍に弓矢（鉄鏃《てつぞく》・銅鏃《どうぞく》）を加えた組合せが武器の主流をなす。武具としては、鉄製甲冑が初めて出現するが、数は少なく規格化されたものではない。

五世紀になると、短剣や槍に代わって長刀が武器の主体となる。また、銅鏃が消滅し、実用本位の鉄鏃が主流となる。甲冑も規格化がはかられ、大量生産が実現されるなど、このころ特に武器・武具の発達が著しい。六―七世紀の武器は、前代の基本的構成を受け継ぎつつも、装飾付大刀の盛行に見られるように、全体として武装の階層化*が進む。甲冑では、短甲から挂甲《けいこう》への交替が見られ、馬具の普及とともに騎兵的要素が強まる。（滝沢　誠）

馬具《ばぐ》　日本在来馬の初現については、縄文馬、弥生馬の存否論争があるが、馬具の出現や馬骨・馬歯の出土量の増加から、馬匹の積極的導入・利用は、古墳時代の前半期に開始されるとの見方が有力である。古墳時代の馬具として知られるものは古墳*に副葬されたものがほとんどで、多くの場合その金属製部分のみが出土している。ウマの制御に必要な轡《くつわ》、騎乗者の安定を保つための鞍《くら》や鐙《あぶみ》といった基本的装具に加えて、尻繋《しりがい》や胸繋《むながい》を飾る雲珠《うず》・杏葉《ぎょうよう》・馬鐸・馬鈴などの装飾具も数多く、轡・鞍・鐙にも金銀を施したものが少なくない。初期の馬具は多くが朝鮮半島製と見られ、四世紀の終わりごろ、まず北部九州にもたらされた。畿内では五世紀前半のうちに馬具の副葬が開始され、五世紀後半には国産化が進む。その後、六世紀から七世紀にかけては装飾的な馬具が盛期を迎え、支配者層の威儀具としての役割を増大させる。一方、簡素な実用馬具が広く普及するのもこの時期で、その要因として、馬匹生産の拡大、騎馬兵力の形成とのかかわりが指摘されている。（滝沢　誠）

埴輪《はにわ》　古墳*の墳丘や周堤などに立て並べられた土製品で、円筒埴輪と形象埴輪に大別される。『日本書紀』垂仁《すいにん》天皇三十二年条には、皇后日葉《ひば》酢媛命《すひめのみこと》の死に際し、それまでの殉死に代えて人・馬などの埴輪を陵墓に並べたとの記述がある。このことが、その起源に関してかつて殉死代用説を生んだが、今日では弥生時代後期に吉備地方で発達した墳墓供献用の特殊器台形土器が円筒埴輪の祖型であると考えられている。また、その終焉は前方後円墳*の築造停止とほぼ時を同じくし、七世紀はじめごろとする見方が有力である。円筒埴輪を主体とする埴輪列には、数本ごとに朝顔形円筒埴輪が置かれ、これに様々な形象埴輪が加えられる。形象埴輪は、古墳時代前半期には家形埴輪や器材埴輪が中心となり近畿地方で盛行するが、後半期には人物埴輪や馬形埴輪が出現し、特に関東地方で発達する。その配置は埋葬施設の位置に対応して変化し、墳頂部を中心とする前半

期から、後半期には横穴式石室*前方を中心に多様化していく。（滝沢　誠）

須恵器《すえき》　古墳時代中期に出現し、平安時代のなかごろまで盛んに用いられた土器で、一部の生産は中世まで存続した。朝鮮半島南部の陶質土器に起源をもち、成形にロクロを使用すること、丘陵斜面に構築した窖窯《あながま》を用いて還元焔焼成を行うことに特徴がある。色調は灰色から青灰色を呈し、一部に自然釉が見られるものもある。初期の須恵器は、須恵器生産の一大拠点として知られる大阪府の陶邑《すえむら》をはじめ、大阪平野、瀬戸内海沿岸、北部九州などの西日本各地の窯で焼かれた。この段階の製品が文様、器形に多様性を見せるのに対し、五世紀後半から六世紀初頭になると、陶邑製品を中心として定型化が進み、東日本にも生産地が拡大していく。（滝沢　誠）

土師器《はじき》　名称は『延喜式』に見える「はじのうつわもの」に由来する。考古学的には、古墳時代から平安時代にかけて用いられた、弥生土器の系譜を引く素焼きの土器をさす。一般にロクロを用いずに成形し酸化焔焼成を行うことから、全体に黄褐色から赤褐色を呈する。また、文様はほとんど施されず、その形は地域を越えて共通するものが多い。この点が、特徴的な文様をもつ地域色豊かな弥生土器とは大きく異なる。古墳時代には、貯蔵用の壺、調理用の甕《かめ》、甑《こしき》、供膳用の埦《わん》、高坏《たかつき》などが日常容器として用いられたほか、特に前期には、小型丸底土器、小型器台といった祭祀用の土器が盛行し、古墳*での儀礼にも使用された。（滝沢　誠）

土師器（奈良県出土）

〔王権の確立〕

稲荷山《いなりやま》古墳《こふん》鉄剣《てっけん》　埼玉県行田市にある埼玉古墳群のなかの稲荷山古墳（前方後円墳）*から出土した、長さ七三・五センチの鉄剣のことで、金象嵌《きんぞうがん》による一一五字（表五七字・裏五八字）の銘文が昭和五十三年（一九七八）に発見された。そこには、この刀剣をつくらせた乎獲居《ヲワケ》臣の上祖以来代々の名を記し、世々杖刀人《じょうとうじん》の首となって仕え、いまに至ったという。そして、獲加多支鹵《ワカタケル》大王の寺（行政施設のこと）が斯鬼宮《しきのみや》にあったとき、この乎獲居臣は天下を治めるのを助けたとする。銘文の冒頭には「辛亥年七月中記」とあり、この干支をどの年代にあてるかで議論が重ねられているが、四七一年とするのが有力。とすれば、この獲加多支鹵大王はその当時在位したとされる雄略天皇、さらに『宋書』倭国伝に見える倭王武に該当すると考えられよう。また、熊本県の江田船山古墳出土の刀剣銘に見える大王の名もワカタケルと読むことができ、これらの推測が事実とすれば、五世紀後半には、畿内ヤマトを中心とする政権が、

稲荷山古墳出土鉄剣（左）と江田船山古墳出土鉄刀（それぞれ，さきたま資料館蔵，東京国立博物館蔵）

九州から関東に至る範囲を一応、統属下に入れていたことになる。五世紀の政治状況を考える際の重要史料であるが、現在でも様々な論議が続いている。　（早川万年）

*__江田船山古墳鉄刀__《えだふなやまこふんてっとう》　熊本県玉名郡菊水町の江田船山古墳（前方後円墳）から、鏡や武具などの多数の副葬品*とともに発見された銘文のある大刀。長さ九〇・七センチ。明治六年（一八七三）に発見され、現在、東京国立博物館に所蔵。銘文は欠損があって判読困難な個所もあるが、銀象嵌による七〇字余りが認められる。冒頭に「獲□□□鹵大王」と見え、従来はタジヒノミヅハワケの名が知られる反正天皇にあてられていたが、埼玉県の稲荷山古墳出土鉄剣銘に「獲加多支鹵大王」とあったことから、近年では、同じくワカタケル、すなわち『古事記』*『日本書紀』に見られる雄略天皇と推定する説が有力となっている。もしこれが事実であるとすると、五世紀後半にヤマトの大王に、典曹人《てんそうじん》として仕えたムリテなる人物が、この鉄刀をつくらせたことになる。しかも、九州にまでこの大王が勢力を広げていたことを示す点で、重要な意味をもつ。なお、銘文中には、この刀を帯びる者が長寿で栄えるようにとの吉祥句や作刀者、銘文の筆者の名も見られる。　（早川万年）

__群集墳__《ぐんしゅうふん》　古墳時代の後期に盛行した小円墳を主体とした古墳群。数基から数百基と幅があり、造営の開始時期や期間も様々であるが、古墳の分布密度が非常に高いことを特徴とする。またふつうの古墳がその地域の首長墓とみなされるのに対して、群集墳は首長の血縁および同祖関係に基づく擬制的同族集団における有力階層累代の集団墓地と考えられている。したがって、群集墳内の支群などの古墳分布の偏りは被葬者間の同族関係の親疎の反映とみなされる。埋葬施設は木棺直葬や横穴式石室*、横穴墓など時期や地域により異なるものの、基本的に首長と同質の古墳祭祀を行っている。その萌芽は五世紀代の北九州、畿内に見られ、六世紀後半には九州から東北南部にかけて各地で爆発的に造営される。一部地域では前方後円墳*終焉後の七世紀に入っても築造され続けた。群集墳出現の解釈には畿内政権の身分秩序の拡大や有力階層の自立的な台頭などの説がある。いずれにしても古墳被葬者の数は飛躍的に増加し、古墳祭祀の大衆化と古墳造営意義の変質をもたらした。　（水野敏典）

__伝仁徳陵古墳__《でんにんとくりょうこふん》　大阪府堺市に所在する前方後円墳。*大山《だいせん》古墳ともいう。三段築成の墳丘は、全長四八六メートル、後円部の径二四五メートル、高さ三〇メートルで、周囲に三重の濠をめぐらす列島最大の古墳*（外濠の一部は後世掘削説がある）。他に比して前方部の長いことが注目されるが、近年相似墳も指摘されている。外堤上を含む周囲に十基以上の陪塚《ばいちょう》を配し、伝履中陵古墳やニサンザイ古墳などと百舌鳥《もず》古墳群の中核をなす。明治五年（一八七二）の台風により前方部から長持形石棺が露出、多数の遺物が出土した。ボストン美術館所蔵の「仁徳陵出土品」（獣帯鏡・環頭）がこの一部であるともいわれるが、ほかに眉庇付冑《まびさしつきかぶと》や横矧《よこはぎ》板鋲留短甲などが知られる。　（土生田純之）

__掘立柱建物__《ほったてばしらたてもの》　礎石を置かずに地面に穴を掘り、その穴に直接柱の根元を埋めて柱を立てる木造建築一般をさす。発掘調査において竪穴住居以外の高床式の倉庫や住居、平地住居や見張り台などの建物は、通常柱を埋めた穴と柱の痕跡だけが確認される。そのため柱の配置以外の上部構造は不明となりやすく、利用形態を限定しない考古学用語として使われることが多い。古墳時代以前の木造大型建物の柱は基本的に掘立柱であり、すでに縄文時代には直径八〇センチもの柱を六本もつ大型掘立柱建物の存在が青森県三内丸山《さんないまるやま》遺跡で確認されている。奈良時代以降の宮殿や寺院では礎石建物が主流となるが、付属施設や一般集落を中心に平安時代以降もつくり続けられた。

（水野敏典）

豪族居館《ごうぞくきょかん》　古墳時代の豪族居館は昭和五十五年（一九八〇）群馬県三ツ寺I遺跡で初めて確認された。立地として水上交通の要衝に位置する傾向がある。平面方形を基調とし、張出し部を伴うことが多い。外郭施設に、濠・柵・土塁をもつ。内部には、階層に応じて掘立柱建物*、竪穴住居、井戸などを有する。大型居館には祭祀遺構が認められる。内部に鍛冶などの生産工房を取り込むものもある。富や物資の蓄積の場である倉庫群を、その内側ないしは外側に配する。出土遺物として、威信財のほか外来系の土器が多く認められ、物資の流通の拠点となっていたことがうかがわれる。木製、鉄製、土製などの祭祀遺物が出土する。付近に時期的・規模的に対応する古墳*がしばしば見られる。後の律令期の官衙に比して比較的短命である。周囲の一般集落から隔絶した存在で、居住施設としてだけでなく地域支配の拠点としても機能していた。東日本の居館には防御性が発達していたが、七世紀に入ると防御性が衰退する。

（橋本博文）

纒向遺跡《まきむくいせき》　奈良県桜井市太田ほかに所在する。奈良盆地東南部に位置し、付近には箸墓《はしはか》古墳をはじめ初期ヤマト政権の王墓が群在する。邪馬台国*の中枢とする考え方もある。文献資料をも絡めて、わが国古代国家形成初期の王宮を含む都市、王都とする説もある。東西二キロメートル、南北一・五キロメートルほどの広がりをもつ。弧文円板や鳥形木製品を出土した纒向石塚をはじめとするいわゆる纒向古墳群は、箸墓古墳に先行する墳墓ともいわれている。神殿風掘立柱建物*、井堰《いせき》や集水マスを伴う水路、機織具、水鳥形・舟形の木製品を出土した祭祀土坑、濠・柵などの囲郭施設の一部も確認されている。外来系の土器の出土比率が高く、また山陰・山陽・北陸・東海・南関東など広範に及んでいる。吉備系の特殊器台形埴輪*の出土も注目される。王墓築造のベースキャンプを含むとする見方もある一方で、広域な交易の市としての性格を評価する立場もある。「纒向編年」という畿内・大和における古墳時代前期の土器編年の基準を設定した遺跡としても著名である。

（橋本博文）

加耶文化《かやぶんか》　加耶は朝鮮半島の東南部、洛東江中・下流域にあった古代連合国家。一世紀ごろに成立した。四七〇年代に「大加耶」と呼称される金海の金官国と高霊の大加耶を中心として連盟が成立したが、五三二年に金官加耶が新羅*によって滅ぼされ、五六二年には大加耶が同じく新羅によって併合された。『魏志』東夷伝の「狗邪《くや》韓国」は金官加耶にあたる。『日本書紀』には「任那*」とある。三韓―三国時代の墓制では、金海良《キメヤン》洞里《ドンニ》遺跡において、木棺墓→木槨墓→竪穴式石槨墓という変遷がとらえられている。なお、竪穴式石槨の脇に副槨を伴う構造は加耶の墓制の一特徴である。一九九〇―九二年（平成二―四）慶星大学校によって調査された大成洞《テーソンドン》古墳群は加耶の王族の墓と目される。そのなかからは玉杖を構成すると考えられる碧玉製紡錘車形石製品や筒形石製品、碧玉製鏃や筒形銅器、巴形銅器など、従来倭製の文物とされたものが多量に出土し、加耶と倭*との関係が深かったことが裏づけられた。一方、二九号墳のオルドス形銅鍑などからは吉林省北部の夫餘《ふよ》との関係も注目されている。また、一九九一年東義大学校によって調査された良洞里一六二号墳は木槨墳であるが、二面の漢鏡と八面の仿製鏡が出土している。そのうち、内行花文鏡は倭製と考えられる。申敬澈《しんけいてつ》は、先行する木槨墓は楽浪系であり、後続するそれは北方系の夫餘文化のものとし、後者は殉葬などの北方的習俗を伴っており、先行する墳墓を意図的に破壊していることから、種族の交替とも考えられている。しかし、高句麗*や楽浪からもたらされた可能性もある。

四—五世紀の加耶文化の特徴は甲冑の副葬である。鉄素材に恵まれ鉄鋌《てってい》の副葬も顕著である。短甲《たんこう》三十一例・挂甲《けいこう》二十四例・竪矧板冑《たてはぎいたかぶと》四十例・眉庇付冑《まびさしつきかぶと》二例・衝角付冑《しょうかくつきかぶと》三例・馬甲五例・馬冑九例などと豊富である。このうち、蒙古鉢形冑・挂甲・馬甲・馬冑は南下した高句麗の騎馬装備に関係するものであろう。また、眉庇付冑は倭製ではないかとされる。

最近加耶の群集墳的な小型墳墓群が注目されている。三韓—三国時代初期は土坑墓を主とし、甕棺墓《かめかんぼ》・石棺墓がある。三国時代の加耶連盟強大化の時期は墳丘をもち竪穴式石槨が主で、土坑墓・箱式石棺などからなる。六世紀代は竪穴系横口式石室や横穴式石室*が採用される。これらは家族墓的な性格が強い。ところで、硬質の加耶土器は、脚部二段透かし孔が新羅土器の上下がズレて千鳥状になるのとは異なって放射状に直線的に並ぶのを特徴とする。また、蓋において中空な摘《つま》みをもつ新羅土器に比して中実なそれをもつ。日本出土の陶質土器は圧倒的に加耶系のものが多い。なお、亀甲繋花文などの象嵌《ぞうがん》装飾大刀は加耶で製作され、その工人の一部はわが国へ渡来してわが国の象嵌装飾大刀の製作に携わったと考えられる。

（橋本博文）

（三）大陸文化の摂取と固有信仰

渡来人と大陸文化　日本列島のほぼ西半分を統一したヤマト国家は、四世紀には朝鮮半島に拠点を獲得し、ここを通じて大陸の文化が流入してきた。この状況は五世紀から六世紀にかけて著しくなり、百済*から多くの人々が渡来し、文化を伝える役割を担った。半島には漢・魏が楽浪郡*・帯方郡を設置しており、そこには中国文化が移植されていたから、この文化が渡来人とともに日本列島に流れ込んできた。渡来人には百済系の者が多かったが、新羅*・高句麗*や中国南部の人もいた。なかでも、楽浪郡に住んでいた中国系の子孫である漢氏《あやし》は、養蚕・機織の技術を伝えたとされる。漢氏のうち大和に住んだ東漢氏《やまとのあやし》*は後来の渡来人を管理下におき、多数の部を支配して蘇我氏の配下として活躍した。楽浪郡滅亡後にやって来た中国人である秦氏《はたし》*も漢氏同様に大陸の養蚕・機織の技術を伝えた。渡来人のもたらした高度な技術は支配階級の生活を豊かなものとし、土木技術は土地の開発を推進するのに与って力があった。

渡来人とその子孫のなかには、東漢直《やまとのあやのあたい》や西文首《かわちのあやのおびと》のように文筆の仕事に従う者もあり、新たに設けられた内蔵《うちくら》や大蔵の出納の記録を掌ったのも、かれらであった。大化前代に文書・記録を掌った文部《ふひとべ》は、これら渡来人の子孫であって、こうした仕事は、かれらがほとんど独占していた。

仏教の受容と豪族　六世紀半ばに百済から伝来した仏教の受容をめぐっては、蘇我氏と物部・中臣氏らの間に、崇仏・排仏の激しい論争があったといわれる。この対立は、たんに物部氏らの固有の神信仰と、蘇我氏の仏教信仰の対立だけではなく、新羅と結ぼうとした物部氏と、渡来人を支配下においた蘇我氏との、対半島政策のあり方の違いによるものであった。このように、仏教の伝来は政治的主導権争いとも結びつき、ついには武力的対立を招いたが、崇仏派の蘇我氏が排仏派の物部氏を打倒することで結着がついた。（阿部　猛）

〔文字と仏教の伝来〕

帰化人《きかじん》・渡来人《とらいじん》　両者は同義に用いられる。古代に中国や朝鮮から渡来し、わが国の体制内に入ってきた者たちをいう。『新撰姓氏録』によると、記載された氏族の約三〇パーセントが大陸からの渡来氏族である。わが古代国家の形成期にかれらの果たした役割りは大きい。五世紀前後のヤマト王権の半島への進出が多くの渡来人をもたらし、『古事記』*『日本書紀』は、弓月君《ゆずきのきみ》・阿知使主《あちのおみ》・王仁《わに》の渡来をこのころのこととして記述している。渡来人のもたらした土木技術、特に灌漑・築堤、土地開発の知識は生産力の発展をうながした。各種手工技術をもった人びとは部民としてヤマト王権の支配体制に組み込まれた。律令国家の体制が整うと、かれらは有能な官人として、政治の各方面で活躍した。（阿部　猛）

秦氏《はたうじ》　五世紀ごろに渡来したという弓月君《ゆずきのきみ》を祖とする氏族。雄略天皇のとき秦《はた》の民に養蚕《ようさん》・機織《はたおり》*による庸調を奉らせたという記事があり、養蚕・機織を業とする部民の伴造《とものみやつこ》として活躍したと考えられるが、史実は必ずしも明らかではない。東漢《やまとのあや》氏*が中央官僚機構のなかで勢力を増していったのに対して、秦《はたの》氏は地方に分散土着して土豪化していったと見られる。もと秦造《みやつこ》で、天武朝に連《むらじ》・忌寸《いみき》姓を賜わった。秦氏の本拠地は京都盆地、特に太秦《うずまさ》にあり、秦河勝《はたのかわかつ》*が氏寺広隆寺《こうりゅうじ》*を創建した話はよく知られている。のち桓武天皇による平安遷都には秦氏の経済力が背景にあったと考えられている。（阿部　猛）

東漢氏《やまとのあやうじ》　応神天皇*のとき渡来したという阿知使主《あちのおみ》を祖とする伝承をもつ渡来氏族。阿知使主については伝承の域を出ないが、五世紀ごろのことであろう。東漢氏は朝廷内の記録・出納・外交などを司どり、また手工業者集団の伴造《とものみやつこ》として活躍した。大和の飛鳥地方を本拠とし、各地の漢人《あやひと》（漢部）を統率した。中央では蘇我氏と結びついて有力氏族に成長していった。当初は直《あたい》姓、のち連《むらじ》・忌寸《いみき》となる。七世紀までに坂上《さかのうえ》氏・書《ふみ》氏・民《たみ》氏などに分かれた。（阿部　猛）

西文氏《かわちのあやうじ》　ヤマト国家組織*のなかで文筆を専門として活躍した有力渡来氏族。応神天皇のとき「千字文《せんじもん》」をもって渡来したという王仁《わに》の子孫と称されるが、王仁は伝承上の人物で実在は疑問視され、おそらく後世になって付加された氏族伝説であろう。漢字の使用が五世紀ごろからであることから、西文氏はこのころ大陸から渡来し、河内国古市付近を本拠とし、記録・学問・外交面で活躍したが、六世紀後半以後には船史《ふねのふひと》氏などにとって代わられ、しだいに勢力を失った。氏族は文《あや》氏・蔵首《くらのおびと》氏・津史《つのふひと》氏などに分かれるが、このうち津史氏はのち菅野朝《すがののあそ》臣《み》と改姓した。（阿部　猛）

漢字《かんじ》の伝来《でんらい》　一世紀に後漢の光武帝から奴《なの》国王に与えられた金印《きんいん》や、三世紀における魏《ぎ》王朝と邪馬台国*との交渉、また前期古墳から出土する中国鏡の銘文《めいぶん》の存在などから、漢字そのものの伝来は明らかであるが、実際に文字としての意義をもって使用されたかは疑問である。漢字を文字として使用し始めたのは五世紀ごろからであろう。所伝によると、応神天皇*のとき百済*から王仁《わに》が「論語《ろんご》」と「千字文《せんじもん》」をもたらしたというが、「千字文」の成立が六世紀前半であることからも、記紀の記事の信憑性は薄い。王仁についても不明の点が多く実在が疑われる。しかし、五世紀に朝鮮楽浪付近の王姓の人びとが大陸文化を帯びて渡来したことは推測できる。金石文から漢字の使用が認められるのは、和歌山県隅田《すだ》八幡宮の人物画像鏡の「癸未歳《きびのとし》」（四四三年説が有力）、熊本県江田船山古墳出土大刀銘文の「治天下獲□□歯大王」を反正天皇として五世紀前半と見るものである。漢字を用いて訓《くん》を表す手法が用いられており、これが五世紀前後に盛んに渡来した人びとの働きによるものであると思われる。（阿部　猛）

仏教《ぶっきょう》の伝来《でんらい》　公伝と私伝があるが、仏教の三要素である仏像・経典・僧侶がすべて備わった伝来となると、公伝（百済王権から倭王権への贈与）であろう。その初伝年次は三説ある。『日本書紀』欽明十三年（壬申、五五二）条に見えるほか、『元《がん》興寺縁起《ごうじえんぎ》』『上宮聖徳法王帝説《じょうぐうしょうとくほうおうていせつ》』に欽明戊午年（五三八、『日本書紀』編年では宣化三年）とする史料を伝えるため、継体—欽明朝を内乱状態とする説もあるが、壬申説は経典などによる文飾があり、末法第一年ともなるため戊午年説を信じる人も多い。逆に、戊午年説は戊午革運説により設定されたとし、壬申年説を信じる人もいる。しかし両者を百済王暦の異伝承と考え、『日本書紀』欽明十五年条から、西暦五四八年とする説もある。六世紀半ばとすればよいかもしれない。仏教は、百済王からの軍事的援助要請の代償として儒教・易・暦・医・薬・伎楽*の諸技術文化とともに伝えられた。欽明朝でも二回にわたり贈与され、社会に与えた文化的影響は推古朝文化として開花した。初期には在来の神々との軋轢《あつれき》があったが、しだいに重要な思想となった。（松木裕美）

〔固有信仰〕

祓《はらえ》　本来、罪を犯した者に償いのための財物を出させること（またその物）を意味したが、しだいに罪や穢《けがれ》・災を除くための神事となり、平安時代以降禊《みそぎ》と混同されるようになった。その起源は記紀のイザナキやスサノヲの説話にうかがわれるが、天武五年（六七六）に「四方の大解除《おおはらえ》」が行われ、令制のもとで六月と十二月の晦日《みそか》、百官が朱雀門《すざくもん》に参集して催される「大祓《おおはらえ》」の朝儀として制度化された。それを主宰したのは中臣《なかとみ》氏であり、大祓詞《おおはらえのことば》は「中臣祓《なかとみのはらえ》」と称されるようになった。後世、民間では六月の祓《はらえ》を夏越祓《なごしのはらえ》・六月祓《みなづきばらえ》といって茅《ち》の輪く

ぐりの習俗が生まれたり、伊勢神宮*の大麻《たいま》など神社の守り札の起源にもつながっていった。　（伊藤邦彦）

村落祭祀《そんらくさいし》と神社《じんじゃ》の起源《きげん》　わが国固有の信仰は精霊（タマ・モノ）や、自然界の力（ムスヒ・ヤマツミなど）を信仰の対象としていたが、しだいに雷や蛇、川山海といった存在を神として畏怖するようになった。こうした神に、物を捧げて機嫌をなだめることを原義とする祭りは、共同体の儀礼として営まれ、稲作を中心とする農耕の進展に伴って、春の予祝神事（祈年《としごい》の祭《まつり》）と秋の収穫儀礼（新嘗祭《にいなめのまつり》）に集約されていった。神はふつう姿を示さないので、祭りは、松や榊《さかき》などの常緑樹や鏡・剣などの憑代《よりしろ》・憑坐《よりまし》に、臨時に神霊の降臨を求めて行われた。八世紀ごろの村落祭祀の具体的な姿は、『儀制令集解《ぎせいりょうのしゅうげ》』春時祭《さい》田《でん》条に引く諸説から、たとえば出挙《すいこ》*の利稲で酒を準備するとか、祭りが郷村ごとに社《やしろ》を立てて行われたなどの形態を知ることができる。祭りは共同体の公事《くじ》として営まれたが、そこには中世の荘園絵図などに描かれる常設の社殿はなお存在せず（ヤシロとは本来、屋《や》をもって憑代《よりしろ》とする意）、まして記紀神話の神々と結びつけられた祭神とも無縁であった。　（伊藤邦彦）

日本語《にほんご》の系統《けいとう》　日本語にはかなり独自の特徴があり、近隣の他言語、またその日本語との関係などの研究が十分とはいえず不明な点が多い。現在までに朝鮮語と（アストン・白鳥庫吉・金沢庄三郎ら）、蒙古語と（小沢重男ら）、その他アルタイ語と（藤岡勝二・金田一京助ら）、南方語と（シュミット・パーマー・安本美典・大野晋ら）の同系または密接な関係説、北方語南方語混合説（村山七郎ら）などの研究があり、スワデッシュの言語年代学による他地域語との分離年数の推定からは、同系統とされる琉球方言とは約千七百年前に分かれたものとされる。日本語は、母音で終わる音節、母音交代、ラ行音や濁音が自立語の語頭にこないなどの音韻上の特徴、修飾語は被修飾語の前に、助詞・助動詞は自立語のあとに、否定辞が文末近くにくる、主語—補語—述語の語順など文法上の特徴があってアルタイ諸語に近いといわれ、また厳密な音韻対応、身体語・親族語・数詞等基本語彙などの調査から諸地域との関係を保ちつつ、列島でのかなり長い独自の発達を経てきたといわれる。　（林　勉）

日本神話《にほんしんわ》　日本の神話は、主に史書『古事記』*『日本書紀』の神代巻にあり、『風土記』*の古老伝聞、『万葉集』*の歌、『古語拾遺』『高橋氏文』『先代旧事本紀』など諸氏族の伝承、「延喜式祝詞《のりと》」の詞章などに見出せ、さらに後世の民間の伝承・祭儀・芸能にも残されている。日本神話の内容は、天地開闢《かいびゃく》、伊奘諾《いざなき》・伊奘冉《いざなみ》二神の国生み・神生みと黄泉《よみ》の国訪問と禊祓《みそぎはらい》、高天原《たかまのはら》の天照大御神《あまてらすおおみかみ》・素戔嗚尊《すさのおのみこと》姉弟の誓約《うけい》と天岩屋戸《あまのいわやと》隠り、追放された素戔嗚尊の出雲での八岐大蛇《やまたのおろち》退治、大国主神《おおくにぬしのかみ》の国譲り、瓊瓊杵尊《ににぎのみこと》の高千穂《たかちほ》峯への天孫降臨、海幸《うみさち》・山幸《やまさち》兄弟と海宮訪問などを根幹としている。なお神武天皇の九州からの東征、崇神天皇*の三輪山伝説などにも神話の色彩が濃い。また『風土記』では出雲の国引き、常陸の新嘗《にいなえ》の夜の筑波と富士、丹後・近江の逸文の天女神話などもある。

文献により内容も異なり、『日本書紀』では多い場合十一の一書に異伝を記し、『古事記』で高御産巣日神《たかみむすひのかみ》・神産巣日神《かむむすひのかみ》の上に天御中主神《あまのみなかぬしのかみ》を置いて造化三神とするのは中国思想によるものであって、『日本書紀』では第四の一書に『又曰く』として記すに止まり、また天孫降臨の三種神器も『日本書紀』では一書にあり、本来は鏡・剣の二種であることは『日本書紀』継体天皇巻などによっても明らかである。日本神話を他民族神話と比較すると、自然・文化神話の要素は因幡《いなば》の白兎と医療などにもあるが、むしろ政治神話の段階で、皇室が天神の子孫である神聖さを証し、諸氏の祖先が奉仕する内容である。一貫して現在の人間や土地に続く点、ギリシア・北欧などと異なるが、天上から神の降臨、岩戸隠り、天鈿女命《あまのうずめのみこと》のシャーマン性など北アジア、伊奘諾・伊奘冉二神の天父地母型天地創造、屍体から穀類発生などは、環南太平洋域からギリシアなどの神話に近い。

（林　勉）

（四）聖徳太子の政治

物部氏と蘇我氏　欽明《きんめい》大王（天皇）のあと、敏達《びだつ》・用明《ようめい》と王位は兄弟相承されたが、五八七年に用明が世を去ると、王位継承をめぐって蘇我氏と物部氏の対立が激化した。蘇我氏は大和の高市を本拠とする豪族で、雄略大王のとき三蔵（斎蔵・内蔵・大蔵）を管理して勢力を得、渡来氏族を配下に置き、当時の進歩的勢力の代表であった。物部氏も同じ大和の豪族で、現在の天理市付近を本拠とした。軍事を司どり、当時の保守的勢力を代表する。蘇我馬子*は物部守屋を滅ぼし、崇峻《すしゅん》大王を擁立して政権を独占したが、大王が蘇我氏の勢力を抑えようとしたので、五九一年、馬子は渡来人*東漢駒《やまとのあやのこま》に命じて大王を暗殺させた。

聖徳太子の登場　一方、朝廷の勢力の増大に伴って、朝廷内の有力豪族の勢いも強まり、彼らは多くの私有民（部曲《かきべ》）や私有地（田荘《たどころ》）*をもつようになった。蘇我氏を筆頭とする有力豪族の勢いは大王家をおびやかすほど強大となった。五九二年、わが国最初の女帝である推古大王が即位したが、外には朝鮮半島の経営不振、内には有力豪族の台頭という難問題をかかえ、朝廷は危機に直面してい

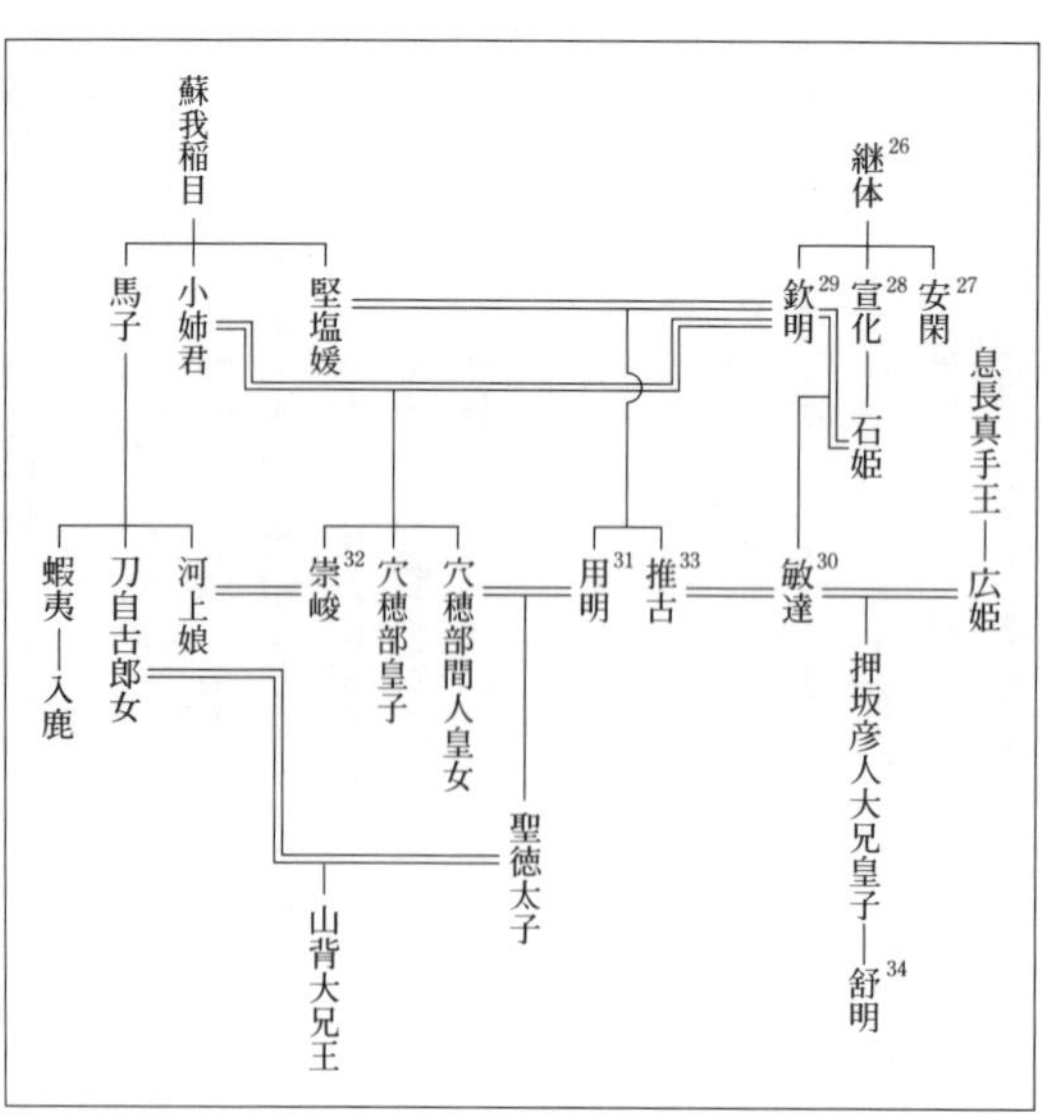

天皇家と蘇我氏の関係系図（数字は即位順）

た。大王はこの危機を打開するために、甥《おい》の聖徳太子*を皇太子とし、万機を摂行させた。この摂政政治は、大王と皇太子の共同執政を本質とするもので、のちの摂政が天皇の代行者であるのと性質を異にする。太子は蘇我馬子と協調しつつ、六二二年までの三十年間、新政策を実施した。

国内政治体制の整備　朝鮮半島問題は推古朝でも主要な課題であり、六〇〇年には境部臣《さかいべのおみ》に新羅*を討たせ、六〇二年には聖徳太子の弟來目《くめ》皇子を将軍として討たせたが、征討は果たせず、うやむやのうちに終わった。その結果、太子は新羅問題から手をひき、もっぱら国内体制の整備に力を注ぐようになった。太子の施策には、めざましいものがあった。しかし、冠位十二階*の制定、十七条憲法*の制定、国史の編修、遣隋使*の派遣などは、蘇我馬子との協調のうえに展開されたものであり、一定の限界を有したことはやむをえなかった。聖徳太子のときに構想された統一国家建設の理想は、のちの大化改新において第一歩を踏み出したと、旧体制の否定、新しい国家構想への起点と位置づける説と、崩れゆく旧《ふる》い氏族制度、豪族たちによる支配体制を維持するための反動的施策と見る説とがある。

（阿部　猛）

〔政治体制の改革〕

推古天皇《すいこてんのう》（五五四—六二八）　皇統譜上、第三十三代の天皇とされる、明確なわが国最初の女帝。欽明《きんめい》天皇*の第三皇女。用明天皇の同母妹、崇峻《すしゅん》天皇の異母姉。母は蘇我稲目の娘堅塩《きたし》媛《ひめ》。額田部《ぬかたべ》皇女と称し、五七六年敏達《びだつ》天皇の皇后となる。五八五年天皇と死別。五八七年兄の用明天皇が没し、五九二年に弟の崇峻天皇が暗殺されると、蘇我氏に推されて皇位についた。『日本書紀』は翌年厩戸《うまやど》皇子（聖徳太子*）を立てて皇太子としたと記すが、実際には六〇〇年ごろの立太子かという。推古天皇の時代は、皇室経済の基盤が整備され、官司制が整えられるなど、諸改革が推進された時代で、飛鳥文化の最盛期でもあった。

（阿部　猛）

聖徳太子《しょうとくたいし》（五七四—六二二）　用明天皇の皇子。母は穴穂部《あなほべの》間人皇女《はしひとのひめみこ》。厩戸豊聡耳皇子《うまやどのとよとみみのみこ》、上宮《かみつみや》太子などともいう。五九三年、推古天皇*の皇太子となり摂政《せっしょう》となる。ふつう摂政は天皇の代理者として政務を行うものとされ、のちの藤原氏による摂政、また明治以後に定められた摂政制（大正天皇のもとで皇太子、のちの昭和天皇が摂政となった）は、それである。しかし、聖徳太子の摂政は、天皇と皇太子の共同執政を本質とするもので、のちの摂政とは異なる。太子は蘇我馬子*と協調しつつ政治の改革を行った。冠位十二階*の制定、十七条憲法*の制定、国史の編修、隋*への外交使節の派遣などが著名であるが、太子はまた、あつく仏法を信じ、『三経義疏《さんぎょうぎしょ》』を撰述した。聖徳太子の系譜・行実・伝説などを集めた『上宮聖徳法王帝説《じょうぐうしょうとくほうおうていせつ》』*（十世紀ごろの成立）がある。

（阿部　猛）

蘇我馬子《そがのうまこ》（?—六二六）　稲目の子。嶋《しま》の大臣《おとど》ともいわれた。敏達《びだつ》朝から用明・崇峻・推古朝にかけて大臣として政治に参与した。敏達天皇のとき、田部の丁《よぼろ》の籍をつくり白猪屯倉《しらいのみやけ》の経営方式を整備した。反対勢力である物部守屋を滅ぼし、朝廷内での地位を不動のものとした。馬子の権勢増大を不快とした崇峻天皇と対立したが、東漢《やまとのあや》直駒に命じて天皇を暗殺させた。推古朝では、聖徳太子と協調して内政に成果をあげたが、太子の没後、新羅*を討つとして数万の軍を派遣した。馬子はあつく仏法を信じ、法興寺*を造立したりした。馬子の娘刀自古郎女《とじこのいらつめ》は聖徳太子の妃《きさき》となり山背大兄王《やましろのおおえ》を生んだ。没後、桃原墓に葬られたとか、現在奈良県高市郡明日香村島之庄にある、いわゆる石舞台《いしぶたい》古墳が馬子の墓ではないかといわれている。（阿部　猛）

冠位十二階《かんいじゅうにかい》　六〇三年に聖徳太子*が定めた冠位の制。新しい身分制の確立を目指し、十二の位《くらい》を定め、位に応じて色別した冠を与えた。十二階は、大徳・小徳・大仁・小仁・大礼・小礼・大信・小信・大義・小義・大智・小智で、儒教の徳目に基づくもので、各階に相当の色を定めたというが、具体的内容は明らかではない。冠位は個人の功績・才能により一代限り与えるもので、門閥打破・人材登用を目指したものであるが、実際に冠位を与えられたのは畿内とその周辺の中小豪族だけで、蘇我氏のような大豪族と地方豪族一般には及ばず、効果は疑わしいとされている。冠位制はその後何度か改変され、「大宝令」

冠位制の変遷

推古 11 年	大化 3 年	大化 5 年
	大織 小織	大織 小織
	大繡 小繡	大繡 小繡
	大紫 小紫	大紫 小紫
大徳 小徳	大錦	大花上 大花下
大仁 小仁	小錦	小花上 小花下
大礼 小礼	大青	大山上 大山下
大信 小信	小青	小山上 小山下
大義 小義	大黒	大乙上 大乙下
大智 小智	小黒	小乙上 小乙下
	建武 初位立身	立身

十七条憲法（『日本書紀』）

一に曰く、和を以て貴と為《な》し、忤《さか》うることなきを宗《むね》とせよ。

二に曰く、篤《あつ》く三宝を敬え、三宝とは仏法僧なり。

三に曰く、詔《みことのり》を承《う》けては必ず謹《つつし》め。

四に曰く、群卿百僚礼を以て本とせよ、それ民を治む本は要《かなら》ず礼に在り。

五に曰く、餮《あじあいのむさぼり》を絶ち欲を棄てて、明らかに訴訟を辨《わきま》えよ。

六に曰く、悪を懲《こら》し善を勧むるは古《いにしえ》の良典なり。

七に曰く、人各任《おのおのよさし》有り、掌ること宜しく濫《みだ》れざるべし。

八に曰く、群卿百僚、早く朝《まい》り晏《おそ》く退《まか》でよ。

九に曰く、信《まこと》は是れ義の本なり、事毎に信有れ。

十に曰く、忿《いかり》を絶ち瞋《おもてのいかり》を棄てて人の違うを怒らざれ。

十一に曰く、功過を明察《あきらかに》して賞罰必ず当てよ。

十二に曰く、国司・国造・百姓に斂《おさ》めとることなかれ、国に二君なく、民に両主なし、率土《くにのうち》の兆民王を以て主となす。

十三に曰く、諸《もろもろ》の任《よさ》せる官は同じ職掌を知れ。

十四に曰く、群臣百僚嫉妬《しっと》することなかれ。

十五に曰く、私に背いて公に向うはこれ臣の道なり。

十六に曰く、民を使うに時を以てするは古の良典なり。

十七に曰く、それ事は独《ひと》り断ずべからず。必ず衆《もろもろ》と論《あげつら》ふべし。

の位階制に固定した。　（阿部　猛）

十七条憲法《じゅうしちじょうけんぽう》　六〇四年に聖徳太子*がつくったわが国最古の成文法。法律というよりも、豪族や官人に対する政治的・道徳的訓戒というべきもの。皇室中心の国家体制と、和の精神による政治を強調し、仏教を尊信すべきことなどを説いている。儒教的徳治思想を基本とし、仏教や法家《ほうか》の思想の影響を受けた漢文。偽作説もある。　（阿部　猛）

〔対外関係〕

遣隋使《けんずいし》*　七世紀はじめ日本から隋*に派遣された外交使節。聖徳太子*は、新羅*征討に失敗したあと外交政策を転換し、中国王朝と直接外交関係を開こうとした。派遣回数については諸説あるが、最も多くとると六回となる。①六〇〇年、詳細は不明。②六〇七年七月。大使小野妹子《おののいもこ》。このときの国書に「日出《い》づる処《ところ》の天子、書を日没する処の天子に致す。恙《つつが》無きや」とあったので、隋の煬帝《ようだい》は不快だったという。③六〇八年。詳細は不明。④六〇八年九月。小野妹子は大使として隋使裴世清《はいせいせい》らを送って入隋した。このとき、高向玄理《たかむこのくろまろ》・僧旻《みん》・南淵請安《みなぶちのしょうあん》ら留学生・学問僧を伴った。⑤六一〇年。詳細不明。⑥六一四年六月。犬上御田鍬《いぬかみのみたすき》らを遣わした。使は百済*使を伴って帰国した。留学生・学問僧らは長年滞在して隋・唐*の制度・文物についての新知識を身につけ、帰国後わが国の文化の発達や政治改革に貢献した。　（阿部　猛）

遣唐使《けんとうし》　六三〇年、舒明《じょめい》天皇のとき犬上御田鍬《いぬかみのみたすき》が派遣されて以後、九世紀末までの約二百六十年間に十九回の遣唐使が任命され、実際に十六回派遣された（ただし、数え方によって十二回とも十五回ともいう）。使節団は大使・副使・判官・録事・留学生・学問僧のほか、水夫まで合わせて総勢は五百名に及び、二―四隻に分乗した。初期には朝鮮半島沿いに北上して山東半島に上陸する北路をとったが、新羅*が半島を統一してのちは、このコースをとることができず、南西諸島または五島列島から東シナ海を渡り、明州（寧波《ニンポー》）・揚州に至る南路をとった。当時の造船・航海技術は未熟だったので、しばしば難船し、多くの人命が失われた。特に南路は危険なコースであった。それにもかかわらず、当時の貴族・僧侶・学者たちは、唐文化への強いあこがれをもち、命をかけて荒波を越えていったのである。留学生・学問僧として入唐《にっとう》した人びとのうち、吉備真備《きびのまきび》*・阿部仲麻呂*・玄昉《げんぼう》*は有名であり、平安時代に入っては最澄《さいちょう》*・空海*・円仁*・円珍*・橘逸勢《たちばなのはやなり》らがいる。また遣唐使は多くの外国人を伴って帰った。インド僧菩提《ぼだい》・インドシナ僧仏哲・鑑真《がんじん》*は有名である。寛平六年（八九四）八月、菅原道真*が大使、紀長谷雄《きのはせお》が副使に任命された。ところが、ひと月もたたない九月十四日に道真は遣唐使を停止すべき旨を上表し、同三十日に朝議により停止された。おそらく、①唐*の衰退と混乱、②財政負担の過重、③新羅の侵寇など内外情勢の悪化がその理由と思われる。　（阿部　猛）

遣隋使の派遣（『隋書』倭国伝）

大業三年、其《そ》の王多利思比孤《たりしひこ》、使を遣《つかわ》して朝貢《ちょうこう》す。……其の国書に曰《いわ》く、「日出《い》づる処《ところ》の天子《てんし》、書を日没《ぼつ》する処の天子に致《いた》す。恙無《つつがな》きや、云云《うんぬん》」と。帝、之《これ》を覧《み》て悦《よろこ》ばず、鴻臚卿《こうろけい》に謂《い》ひて曰く、「蛮夷《ばんい》の書、無礼《ぶれい》なる有《あ》らば、復《ま》た以《も》って聞《ぶん》する勿《なか》れ」と。

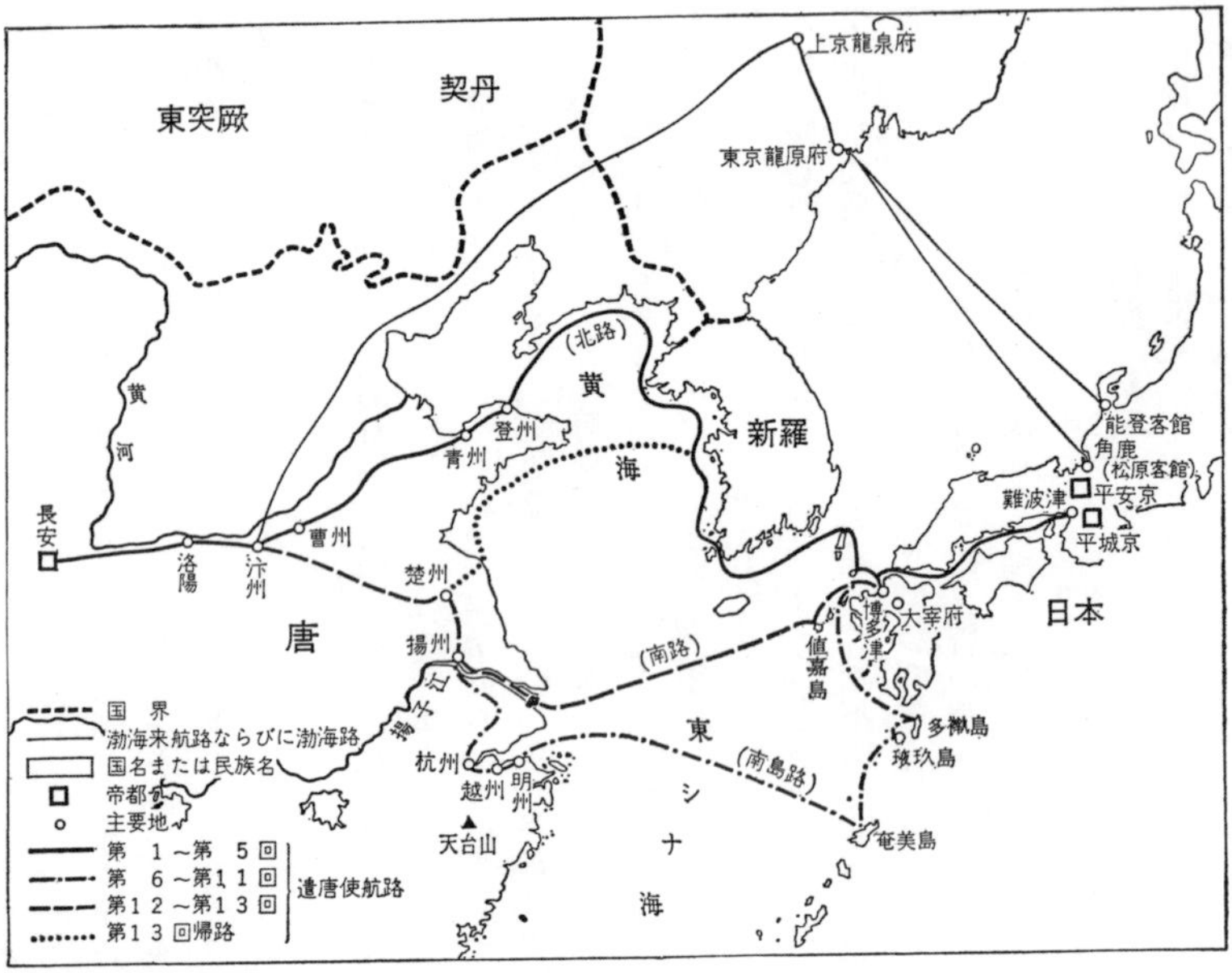

遣唐使の航路

日本《に》《ほん》の国号《こくごう》　隋*・唐*を中核とした東アジア世界の国際関係のなかで七世紀後半から八世紀初頭にかけて成立。煬帝《ようだい》に宛てた国書（『隋書』倭国伝）に見える「日出処《ひいづるところ》」が転化したのであろう。『古事記』『日本書紀』は「大八洲国《おおやしまぐに》」「葦原中国《あしはらなかつくに》」など多様な呼称を用いる。『漢書』など中国の歴史書や高句麗*広開土王碑などの金石文は、「倭（国）」（金印は「委」）と記し、古来外交上は倭国と称したが、字義的にふさわしくないため改称する。『旧唐書』倭国日本伝に「その名の雅ならざるを悪《にく》み、改めて日本となす」とある。呉音を用いた奈良時代は「にっぽん」と音読したと思われるが、『日本書紀』は分注で和訓「やまと」を記し、普及するのは平安時代以降である。　　（齋藤　融）

日本《に》《ほん》の紀年《き》《ねん》　紀年とは紀元（基準の年）から起算した年数をいい、紀年法には十干十二支を組み合わせた干支紀年法、前漢の文帝（前一六三年）に始まる元号紀年法、建国や君主の即位年を基準とする紀年法などがある。日本においては五世紀半ば以前には年を記す方法はなかったと見られるが、五世紀後半以降から文武四年（七〇〇）まで干支年を使用している。現存最古の例は「癸未《みずのとひつじ》年（四四三）」銘をもつ隅田《すだ》八幡宮所蔵人物画像鏡。七世紀半ばに至り唐*の制度に倣って年号（大化・白《はく》雉《ち》・朱鳥《あかみとり》）を制定するようになるが、中断の期間のほうが長く、元号紀年法に切り替わるのは公文書に年号記載を定めた大宝律令の施行（大宝元年、七〇一）による。『日本書紀』は神武天皇即位以前には干支を用い、即位以後の歴代は即位年からの年数をもって記し（即位紀年法）、即位元年には太歳《たいさい》干支（歳星、すなわち木星が十二年周期で巡行することに基づいた十二支による紀年法。太歳とは中国の暦法の用語で、歳星から

脱化した最高の天神）を付す例が多い。（齋藤　融）

上宮聖徳法王帝説《じょうぐうしょうとくほうおうていせつ》　聖徳太子*の伝記。作者不詳。一巻。①太子を中心とした皇室系譜。②太子の行実・事蹟。③法隆寺*金堂薬師像と釈迦三尊の光背銘。天寿国繍帳*銘とその注釈、巨勢三杖《こせのみつえ》の追悼歌など。④太子の事蹟、物部守屋討滅、仏教戊午年伝来、廃仏。太子の政治、山背大兄王滅亡、蘇我蝦夷・入鹿滅亡など。⑤欽明以下推古までの治世年数、崩年、陵名。太子の生没年、墓名などの記述。さらに裏書にも山田寺（浄土寺）などの記述が見える。『日本書紀』と異伝を伝え、該時期の研究に不可欠だが、史料批判も必要。知恩院に伝来。国宝。写真版や古い版本を見るには、中田祝夫編『勉誠社文庫85』が便利。『日本思想体系2』（岩波書店）にも収録。（松木裕美）

（五）飛鳥文化

飛鳥文化の性格　推古天皇*、聖徳太子*の時代の前後の仏教文化を中心とする文化を飛鳥《あすか》文化と呼ぶ。この時代、学問・技術・仏教など、大陸から摂取された文化が集大成されて画期的な文化が生み出されたのである。飛鳥は大和平野の南、皇居がおかれた地方で、聖徳太子のころから大化改新ころまでの文化は、この地方を中心に栄えた。飛鳥文化の核心は仏教である。仏教はもとインドに興り、中央アジアを経て中国に渡り、さらに日本に伝えられた。中央アジアは、当時ギリシア文明圏に属していたから、飛鳥文化もおのずから東西文化を融合した性格のものになっている。

仏教の興隆　『日本書紀』によると、推古天皇三十二年（六二四）には、日本には寺が四十六カ所あり、僧は八百十六人、尼は五百六十九人いたという。これらの寺は、朝鮮半島から渡来した人びとの技術によって建立された。仏像や荘厳具なども、またかれらの手になるものである。

推古天皇は、即位のはじめに仏教興隆の詔を発し、聖徳太子は十七条憲法*の第二条に「篤く三宝を敬え」と定めた。皇室が仏教の摂取・興隆の主導者だったのである。

仏教美術　飛鳥文化の中心は仏教美術であった。このころの寺院の伽藍配置は一定の形式をもっている。中門・塔・金堂・講堂が南北一直線に並ぶ四天王寺式は大陸直輸入のものとされるが、中門と講堂を結ぶ方形の回廊内に、東に金堂、西に塔が並列する法隆寺式は日本独自の考案と推定されている。法隆寺*の建築様式はこの時期特有のもので、金堂・五重塔・中門・回廊の一廓にはエンタシス様の柱、卍字くずしの勾欄、雲形の斗栱《ときょう》など特色ある様式が用いられている。仏像彫刻もさかんで、鞍作鳥《くらつくりのとり》*の作とされる法隆寺金堂の釈迦三尊像は、北魏《ほくぎ》の様式を示すもので、法隆寺金堂の薬師像、夢殿の救世観音《ぐぜかんのん》像もこの様式のものである。このほか、大陸中部の様式を受けた広隆寺*・中宮寺*の弥勒《みろく》像、法隆寺の四天王《してんのう》像などがある。

絵画と工芸　百済*や高句麗*から来日した僧侶によって彩

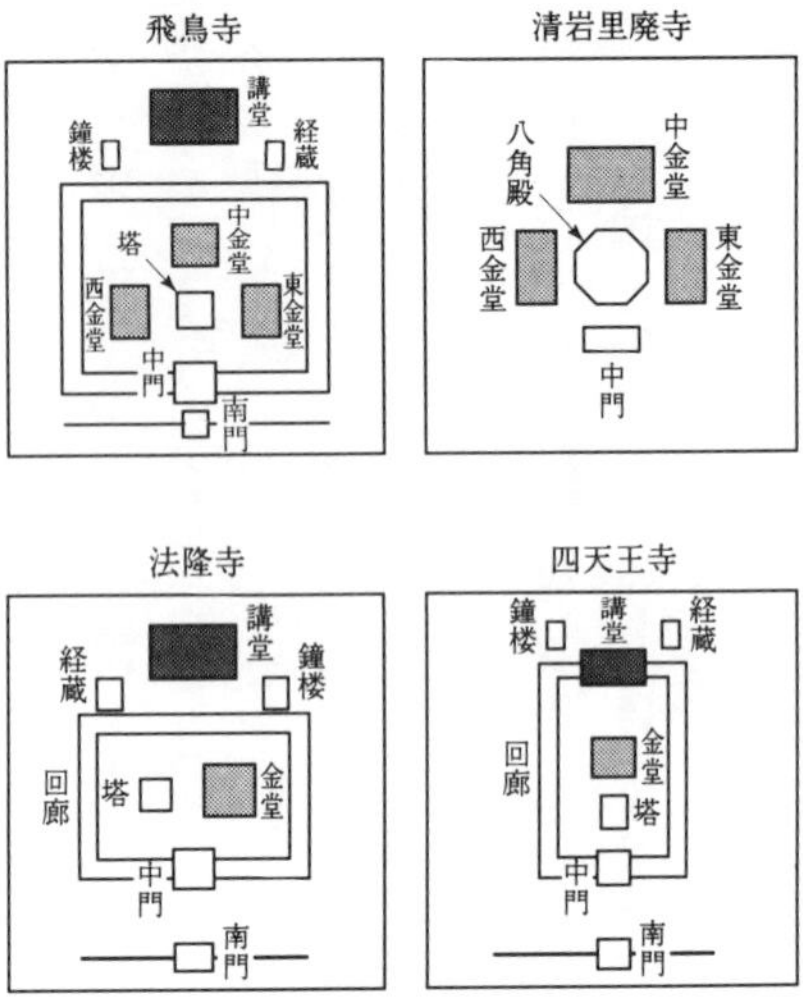

伽藍配置の変化

色・紙墨の知識も伝えられた。絵画には釈迦の本生譚《ほんじょうたん》を描いた法隆寺玉虫厨子の扉・台座の絵があり、工芸では玉虫厨子*、法隆寺の金堂灌頂幡《こんどうかんじょうばん》があり、織物には聖徳太子往生の図を刺繍した中宮寺の天寿国繡帳*、法隆寺の獅子狩《ししかり》文《もん》錦・蜀江《しょくこう》錦がある。これらの工芸品に見られる意匠・文様のなかには、ササン朝ペルシア・中国を経て日本に渡ってきたものも多く、飛鳥文化が世界的文化の伝播を受けとめていたことを示している。（阿部　猛）

〔仏教の浸透〕

法興寺《ほうこうじ》　別称、飛鳥寺、（本）元興寺。奈良県高市郡明日香村飛鳥の安居院が遺址。現在新義真言宗。はじめ蘇我馬子*が物部守屋に勝利し、崇峻元年（五八八）に百済*から送られた僧侶や技術者を使い建立し始めた。その後工事は曲折を経て続けられ、推古十三年（六〇五）には、推古天皇*が発願して銅と繡の丈六釈迦三尊像が造立される。発掘調査の結果、高句麗*に類例のある一塔三金堂形式の伽藍配置が明らかになり、三金堂の安置仏像が問題にされている。大化改新のクーデター後、国家の寺院となり、藤原京では四大寺の一つとして重きをなす。養老二年（七一八）平城京*に移ったが、本元興寺として残った。建久七年（一一九六）の火災で焼失。補修した釈迦仏が残存。（松木裕美）

四天王寺《してんのうじ》　大阪市天王寺区四天王寺一丁目にある。別称、荒《あら》陵寺《はかでら》、敬田院、三津寺、難波大寺、天王寺。和宗の総本山。山号は荒陵山。『日本書紀』には崇峻即位前紀に、聖徳太子*が物

飛鳥寺遺構（模型）

部守屋討伐に勝利を祈願して発願し、推古元年（五九三）に荒陵に四天王寺をつくると記すが、発掘出土瓦によれば法興寺*↓法隆寺*↓四天王寺の順に造立されており、推古朝末ごろの創建であろう。伽藍配置は百済*に多い、塔・金堂・講堂が南から北に並ぶいわゆる四天王寺式である。縁起は寛弘四年（一〇〇七）の『四天王寺御手印縁起《ごしゅいんえんぎ》』が有名。中世には浄土教が盛んになり、同寺は極楽浄土の東門にあたると信じられた。たびたびの火災で焼失したが、戦後に復興した。（松木裕美）

法隆寺《ほうりゅうじ》　奈良県生駒郡斑鳩《いかるが》町にある。別称、斑鳩寺（鵤寺、伊可留我寺）、法隆学問寺。南都七大寺の一つ。聖徳宗総本山。草創は四天王寺式伽藍で西院の南東にあり、若草伽藍と呼ばれる。天智九年（六七〇）の火災で焼失し、再建されたのが西院伽藍で、金堂が東、塔が西に位置する。東院は夢殿を中心とする伽藍で、地下に斑鳩宮の遺構がある。創建は七世紀前半と考えられ、再建は天武・持統朝ごろであろう。金堂には薬師仏・釈迦三尊・阿弥陀仏などがあるが、最古の仏像は六二三年に鞍《くら》作鳥《つくりのとり》*により造立された釈迦三尊で、聖徳太子の病気平癒を祈り等身につくられた。薬師仏は光背銘に六〇七年の造立を記すが、実際には釈迦三尊より後に造立された。中門は和銅四年（七一一）、南大門・食堂・経楼は奈良時代、大講堂・鐘楼は平安時代の建立。縁起は天平十九年（七四七）の『法隆寺伽藍縁起并流記《ならびにるき》資財帳』がある。東院は天平十一年（七三九）に行信が夢殿を建立し、救世観音を安置した。多数の文化財を所有し、国宝三十八件、重文百五十一件に及ぶ。世界文化遺産。（松木裕美）

中宮寺《ちゅうぐうじ》　奈良県生駒郡斑鳩町にある尼寺。鵤尼寺ともいう。現在聖徳宗。聖徳太子*の母穴穂部間人《あなほべのはしひと》皇后の追悼のため、その宮を改めて寺としたと伝える。創建時は現在地の東方約五五〇メートルの「幸前小字旧殿」にあり、塔・金堂の並ぶ四天王寺式伽藍配置であった。法隆寺*の若草伽藍とほぼ同時期の瓦が出土するので、七世紀前半の創建と考えられる。平安末に塔・金堂を修理（『法隆寺別当記』）し、文永十一年（一二七四）に尼信如は寺の再興を図り、法隆寺の綱封蔵から天寿国繡帳*を発見した。延慶二年（一三〇九）の火災で衰退し、天文年間（一五三二—五五）に現在地に移り、門跡寺院となる。国宝の菩薩《ぼさつ》半跏像《がぞう》がある。（松木裕美）

金堂釈迦三尊像（法隆寺）

法起寺《ほっきじ》　奈良県生駒郡斑鳩町岡本にある。岡本寺、池後*（尻）寺ともいう。山号岡本山。聖徳宗。伽藍配置は法隆寺と似ているが、塔が東、金堂が西に位置し、法隆寺と逆で法起寺式と呼ばれる。『聖徳太子伝私記』に三重塔露盤銘《ろばんめい》が収録され、創立事情が見える。聖徳太子が薨去《こうきょ》されるときに、山背大兄王に岡本宮を寺とするよう遺言され、戊戌年（舒明十年、六三八）に福亮僧正が弥勒像と金堂を建て、乙酉年（天武十四年、六八五）に恵施僧正が堂塔を建て、丙午年（慶雲三年、七〇六）に露盤をあげ完成した。発掘で岡本宮の遺構が見つかり、ほぼ銘文の内容は認められる。これらの建物は現在失われ、伝来の仏像、銅造菩薩立像や木造十一面観音立像は重文。
（松木裕美）

法輪寺《ほうりんじ》　奈良県生駒郡斑鳩町三井にある。別称、三井寺、法琳寺、御井寺。山号妙見山。聖徳宗。伽藍配置は金堂が東、塔が西の法隆寺*と同型式で、規模は三分の二の大きさである。創立は不明の点が多く、『聖徳太子伝私記』に聖徳太子*の病気平癒を祈り、山背大兄王と由義王が発願したとか、『上宮聖徳太子伝補闕記』に法隆寺火災の後に三人の人物が造立している記事があるが、膳臣の邸宅を伽藍につくり替え、天智―天武朝に寺院として創立。平安時代に隆盛を極め、のち倒壊、火災などにより衰退。塔は昭和五十年（一九七五）再興。仏像は、重文の木造薬師如来坐像、木造虚空蔵菩薩立像、木造十一面観音菩薩立像などが伝来する。
（松木裕美）

広隆寺《こうりゅうじ》　京都市右京区太秦《うずまさ》蜂岡町にある。別称、秦（公）寺、太秦（公）寺、蜂岡寺、葛野寺など。現在、真言宗御室派。山号蜂岡山。『日本書紀』には、推古十一年（六〇三）に秦河勝が聖徳太子*から授けられた仏像を安置するため寺をつくったと記し、さらに推古三十一年には新羅*・任那*の使者が貢じた仏像を葛野の秦寺に安置したという。たびたびの火災により、現存の堂舎は平安末期以降のもの。縁起として平安時代の『広隆寺縁起』（『朝野群載』二所収）や『広隆寺縁起資財帳』『広隆寺資財交替実録帳』などがある。寺宝として二軀の弥勒《みろく》半跏思惟像《はんかしゆいぞう》、不空羂索《ふくうけんさく》観音像、阿弥陀如来像、千手観音像、十二神将像など、国宝の仏像が多い。
（松木裕美）

〔初期の仏教文化〕

三《さん》経《ぎょうの》義《ぎ》疏《しょ》　『勝《しょう》鬘《まん》経義《ぎょうぎ》疏《しょ》』一巻、『維摩《ゆいま》経義疏』三巻、『法華《ほっけ》義疏』四巻をさす。上宮御製疏ともいわれ、聖徳太子*の撰述とする伝説があるが、著者未詳。三経典の注釈書。『法華義疏』のみ原本で、残りは写本。偽撰説もあり、天平十九年（七四七）に法隆寺資財帳提出にあたり、太子撰とされたとする小倉豊文説もある。しかし、『法華義疏』の内容・書体・紙質などから、推古朝末ごろのものとして矛盾しないとする反論もある。三経とも内容を序説、正説、流通説に分け、全体的に簡素な注釈である。花山信勝・金治勇の研究が詳細。『大正新修大蔵経』56、『大日本仏教全書』4、5、14などに収録する。
（松木裕美）

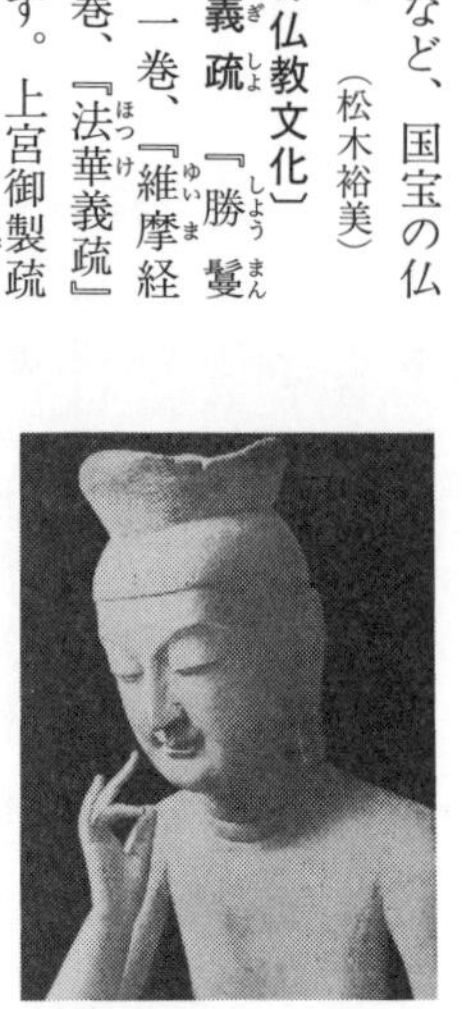

弥勒半跏思惟像（広隆寺）

天寿国繡帳《てんじゅこくしゅうちょう》　天寿国曼荼羅繡帳ともいう。日本最古の刺繡。国宝。製作由来は、帳に刺繡された亀甲に四字ずつ配し、百個、四百字の銘文で記される。もと二帳あり、三間の柱間に掛けられるほど大きかったが、現在は方九〇センチたらずが、中宮寺*に断片として伝わる。亀甲も数個しかないが、『上宮聖徳法王帝説*』などにより銘文の復元ができる。前半は聖徳太子を中心とした祖先の文章系図が書かれ、後半には、推古三十年（六二二）の太子*没後に、妃多至波奈大郎女《たちばなのおおいらつめ》が推古に太子の往生した天寿国を偲びたいと願い出、渡来系技術者や采女に

より製作されたと記す。天寿国の意味や図様が問題とされている。保存上、奈良国立博物館に保管。（松木裕美）

玉虫厨子《たまむしのずし》　檜《ひのき》づくり（一部 樟《くすのき》）。総高二二六・六センチ。国宝。現在は法隆寺*大宝蔵殿にあるが、古くは金堂にあった。製作時期は七世紀の範囲で諸説あり、作者不詳。上から宮殿部、須弥座、台脚で構成し、柱や横材に三種の唐草文と連珠文の飾金具が施され、金具下に玉虫の羽を敷くので玉虫厨子という。宮殿部は実際の建築の雛型で内部は押出の千仏があり、もとは金銅小仏三軀が安置されていたが現在は菩薩像一軀のみ安置。宮殿部の扉、壁面、須弥座の腰板に彩絵が描かれ、密陀絵あるいは漆絵で、有名な絵として須弥座の側面にある施身問偈《せしんもんげ》と捨身飼虎図《しゃしんしこ》があり、正背面には舎利供養図と須弥山図《しゅみせん》が描かれる。これらは仏教の本生譚や世界を表現する。（松木裕美）

恵慈《えじ》（?―六二三）　高句麗*の僧で聖徳太子*の師。慧慈とも書く。推古三年（五九五）五月に渡来し、百済*から渡来した恵聡とともに三宝の棟梁と称せられ、仏教弘伝の中心となった。翌四年に法興寺*が竣工すると、恵聡とともに住む。『上宮聖徳法王帝説*』には、太子が『三経義疏*』を著作するとき、恵慈と協力しながら作成した様子が、太子の夢に金人が現れる伝説として語られる。推古二十三年（六一五）に高句麗に帰国したが、このとき『三経義疏』をもち帰り流伝し、同三十年に太子の死を聞き、来年の命日に死ぬことを誓い、その日に亡くなったという。『伊予国風土記』逸文に、太子と温泉に逍遥した恵聡を恵慈と同一人とみる説もある。三論・成実の学僧と伝える。（松木裕美）

鞍作鳥《くらつくりのとり》（生没年不詳）　七世紀前半に活躍した仏師。司馬鞍首止利とも表記。渡来人司馬達等《しばたつと》の孫。多須奈の子。法興寺*建立の過程で、推古十三年（六〇五）に推古発願の銅と繡の丈六釈迦三尊像をつくった。銅像は現在安居院に修理され、残存。その賞に大仁位と近江国坂田郡の水田二十町を賜わり、この水田で金剛寺（坂田尼寺）を建立した。また推古三十年（六二二）、聖徳太子*が病気になったとき、王后王子諸臣などの発願により、太子と等身の釈迦三尊像をつくった。これは翌年完成し、現在法隆寺*金堂に安置され、光背銘に制作事情が記される。法興寺・法隆寺像ともに中国の南北朝時代の影響が認められる。鞍作氏は馬具の生産も行った氏族。（松木裕美）

曇徴《どんちょう》（生没年不詳）　七世紀高句麗*の僧。推古十八年（六一〇）三月に、高句麗嬰陽王《えいよう》の命により法定とともに貢進され、*倭国に渡来した。曇徴は仏教のみではなく、外典の五経（易経・書経・詩経・礼記・春秋）の知識があり、彩色《さいしき》（顔料・絵具）、紙と墨のつくり方を伝え、また碾磑《みずうす》（水力を利用した臼）を初めてつくったという。これらの知識は寺院建立にあたり仏像の彩色、壁画の作成、写経などに生かされ、初期の仏教文化を推進したと思われる。『聖徳太子伝暦』には、聖徳太子*が曇徴と法定を斑鳩宮（法隆寺*東院のあたり）に召すと、二人は衡山《こうざん》の恵思禅師（太子の前身という説話がある）の弟子であったというので、法隆寺に止住《しじゅう》せしめたとする。（松木裕美）

三　律令国家の展開

（一）　大化改新と壬申の乱

初期官司制の動揺　七世紀の前半、主に渡来人*たちによって構成された品部《しなべ》の増加、*ミヤケの拡大、直属部民の増加などを基礎にして、中央における初期官司制の発達と、地方における国造の地方官化が進んだ。しかし、国内的には部民層の成長に起因する支配体制の弱体化が見られ、国際的には*唐帝国の強大な武力の脅威と、朝鮮半島における日本の勢力の後退という危機的な状況が生み出されていた。これに対応するためには、急速に国家権力の集中を図る必要があり、土地・人民の再編成が要請された。しかし、初期官司制の頂点に立っていた蘇我氏は、この事態に対応することができず、かえって自己の権力の強化に狂奔するありさまであった。

蘇我氏打倒　この状況を打開するため、大化元年（六四五）中大兄《なかのおおえ》皇子*と中臣鎌足*を中心とする改革派は、三韓朝貢の儀式の席で蘇我入鹿《そがのいるか》を殺害し、ついでその父蝦夷《えみし》を自殺させた。蘇我氏を滅亡させて発足した新政府は、年号を大化と定め、難波に都を遷し改新政治を始めた。

「公地」「公民」　孝徳天皇のもと、中大兄皇子が皇太子となり、阿部内麻呂と蘇我石川麻呂が左右大臣に、中臣鎌足が内臣に、僧旻《みん》と高向玄理《たかむこのくろまろ》が国博士*となって改新政治は進められた。改新の基本方針は大化二年（六四六）正月に出された改新の詔*に示されているが、その根本をなす理念は、人民を「公民」として編成し、土地を「公地」として国家の所有とする点にあった。中央・地方の行政組織、班田収授法*、また租税制度も、土地と人民を一元的に支配するこの理念の上にうちたてられたものである。

北辺の征討　白雉《はくち》五年（六五四）皇極天皇が重祚《ちょうそ》して斉明天皇となったあとも中大兄皇子はいぜんとして皇太子の地位にあり政治を主導した。北辺の蝦夷に対しては柵《さく》をつくって備え、さらに積極的に軍事的な征討も行った。六五六―六六〇年ごろ、阿倍比羅夫《あべのひらふ》*は東北地方の日本海岸を征服し、北上して粛慎《みしはせ》を討ったという。

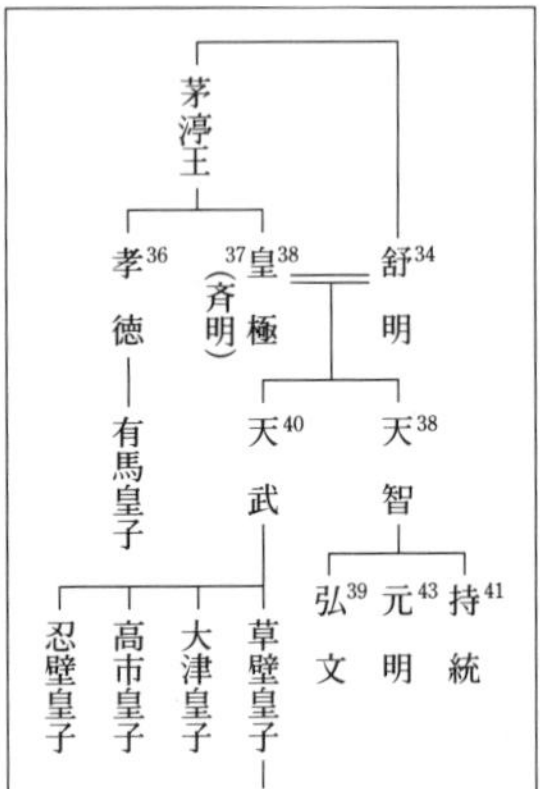

天智天皇を中心とした皇室系図

白村江の敗戦　一方、このころ朝鮮半島では、百済*が唐*・新羅*の連合軍に攻められて滅亡し、日本に救援を求めてきた。六六一年、斉明天皇と中大兄皇子は九州に赴き、多くの軍需物資と援軍を半島に送った。天皇はその地で世を去ったが、中大兄皇子は即位せず、皇太子の身分のままで軍政をみた。しかし、六六三年、白村江の戦い*で日本水軍は唐水軍に大敗し、日本は半島の拠点をまったく失った。

大津遷都　半島から手をひいた中大兄皇子は、防備体制を固めるとともに内政の整備・充実に力を注ぐようになった。太子は六六七年、都を近江の大津に遷し、即位して天智天皇となった。しかし、天皇の政治は、旧大豪族層に妥協的であり、改新の理想からは著しく後退した生彩のないものとなった。

壬申の乱と天武朝の成立　天智天皇没後に起こった壬申《じんしん》の乱*（六七二年）は、大友皇子《おおとものみこ》*と皇弟大海人皇子《おおあまのみこ》の皇位継承戦争という性格を出ないが、その結果は重大であった。勝利を収めた大海人皇子は即位して天武天皇*となり、律令を制定し、八色の姓《やくさのかばね》*によって姓相互間の秩序を再編成し、天皇を中心とする皇族・豪族の序列を整えた。天皇のみが秩序を超越した権威として確立され、大化改新の理想は天武朝において現実のものとなった。飛鳥浄御原令《あすかきよみはらりょう》*は、天武の皇后持統《じとう》天皇*によって藤原京*で施行された。古代律令国家は、名実ともにここから出発した。（阿部　猛）

〔大化改新〕

中大兄皇子《なかのおおえのみこ》（六二六―七一）　父は田村皇子（舒明天皇）、母は宝皇女（皇極天皇）。葛城《かつらぎ》皇子または開別《ひらかすわけ》皇子が実名。中大兄の大兄《おおえ》は、天皇輔政《ほせい》の地位を示す敬称で、異母兄の古人《ふるひと》大兄皇子に対抗して通称化されたもの。皇子は中臣鎌足《なかとみのかまたり》*とともに蘇我蝦夷《えみし》・入鹿《いるか》を打倒し（乙巳《いっし》のクーデター＝大化改新）、唐*を模範とする中央集権国家づくりを孝徳天皇の下で皇太子として進める。孝徳天皇亡きあと、母斉明天皇（皇極天皇）のもとでも引き続き皇太子として実権を握り、百済*滅亡後の復興戦争の指揮をとる。斉明女帝の死のあとも即位せず、約七年間称制《しょうせい》という形で政務をとり、六六七年飛鳥から近江大津宮に遷都する。翌年正月即位し、天智《てんち》天皇となる。（小林敏男）

中臣鎌足《なかとみのかまたり》（六一四―六九）　大化改新の功臣、藤原氏の祖。父は小徳中臣御食子《みけこ》、母は大伴夫人《おおともぶにん》。最初は中臣鎌子と称した。幼年より学を好み、特に兵法書『六韜《りくとう》』を学んだ。長じて遣隋使*の留学僧であった南淵請安《みなぶちのしょうあん》*や旻《みん》の門に入り、「周孔の教」を学び、そこで中大兄皇子とも親しくなった。乙巳《いっし》のクーデター（大化改新）では、中大兄と組んで蘇我大臣家から実権を奪取し、内臣（帷幄《いあく》の臣）として皇太子中大兄を補佐し、隋*・唐*を模範とする中央集権国家の改革に尽力した。死に臨んで、天智天皇から大織冠《たいしょくかん》と大臣《おほおみ》の位、藤原氏の姓*を授けられた。近年、阿武山《あぶやま》古墳（大阪府高槻市と茨木市の境）で発見された熟年男性の人骨を鎌足のものとする説もある。

（小林敏男）

蘇我氏《そがし》の滅亡《めつぼう》　蘇我氏では、宣化・欽明朝ごろから稲目《いなめ》が大《おほ》臣《おみ》として輔弼《ほひつ》の官に就き、大王家の外戚となって用明・崇峻・推古天皇*の蘇我腹の大王を輩出する。稲目の子の馬子が大臣のとき、物部守屋大連を打倒し（五八七年）、政界の頂点に立つ。しかし、馬子の子蝦夷《えみし》大臣の代になって、境部摩理勢《さかいべのまりせ》臣（馬子の弟）との族長権をめぐる内部争い、さらに大派王《おほまたのきみ》（敏達天皇の皇子）との朝参の乱れをめぐる意見の確執など王族層との対立もあって、その権勢にもかげりが目立ち始める。『日本書紀』皇極天皇の巻では、蝦夷・入鹿父子の専横記事が目立つ。①己《おの》が祖廟を葛城《かつらぎ》に建て天子にのみ許される八佾《やつら》の舞をした、②今来《いまき》に双墓《ならびはか》をつくって大陵・小陵と名づけた、③上宮《かみつみや》の乳部《みぶ》の民を勝手に己が墓づくりに使役した、④蝦夷が大臣たる紫冠を私的に入鹿に授けたなどの記事である。結局、入鹿が古人大兄《ふるひとのおほえ》（舒明天皇と馬子の女との間の子）を天皇にしようとして、独断で山背大兄皇子《やましろのおほえのみこ》を斑鳩《いかるが》に攻め滅ぼしたことを契機として、中大兄・中臣鎌足*を中心としたクーデター派によって暗殺される。蘇我本宗（大臣）家の滅亡である。

（小林敏男）

内臣《ないしん》　「うちつおみ」ともいう。大化元年（六四五）六月、軽皇子《かるのみこ》（孝徳天皇）が即位した日、中大兄皇子*を皇太子に、左右大臣をおき、中臣鎌足*を内臣として新政府が出発した。中国では皇帝の寵臣を内臣と称し、高句麗*では内臣の泉蓋蘇文《せんがいそぶん》が国政を専断したという。わが国の内臣は常置の官でなく、また令制にも見えない。のち養老五年（七二一）十月に参議藤原房《ふさ》前《さき》が内臣に任ぜられたが、これは太政官の枠外にあって、天皇に近侍して機要のことにあずかった帷幄《いあく》の臣であった。この房前の例から見て、鎌足の内臣も皇太子中大兄に近侍して、新政府の政策立案にあたった私的な官であったと思われる。

（小林敏男）

国博士《くにはかせ》　蘇我本宗家滅亡直後の改新政府は、皇太子・左右大臣・内臣とともに、国博士を置き、旻《みん》法師と高向玄理《たかむこのくろまろ》を任じた。律令制下では、国学《こくがく》（地方教育機関）の教師として国博士が国ごとに一名ずつ任ぜられたが、これとは違って政治顧問・諮問《しもん》機関的なものであった。このことは、『日本書紀』の大化五年（六四九）二月に「博士高向玄理、釈僧旻に詔して、八省・百官を置かしむ」とあって、両名に新官制の文案起草を命じていることによってもわかる。この場合、単に博士とあって、国博士となっていないのは、「国」は国郡制の国であるから、ただ博士であったものと思われる。

（小林敏男）

大化改新《たいかのかいしん》の詔《みことのり》　改新政府は、大化二年（六四六）正月、難波宮で四カ条からなるいわゆる「大化改新詔」を宣布した。第一条では、子代《こしろ》の民・屯倉《みやけ》*と部曲《かきべ》、田荘《たどころ》*の廃止と、それに代る食封《じきふ》（大夫以上）と布帛《ふはく》（官人と百姓）の給与、第二条では、京師《けいし》（みさと）・畿内・国司・郡司、関塞《せきそこ》・斥候《うかみ》・防人《さきもり》、駅馬《はゆま》・伝馬《てんま》の設置、鈴契《すずしるし》をつくること、第三条では、戸籍・計帳・班田収授の法をつくること、第四条では、旧賦役《ぶやく》をやめ田の調《みつき》、戸の調を施行することが宣せられた。以上の改新詔は、主文と十三項目の副文（凡《およそ》条）からなるもので、特に副文の多くが、のちの大宝令の令文ときわめて類似が強く、大宝令の知識による修飾を受けているといわれている。したがって、四カ条が、そのままの形で宣布されたわけでなく、原詔が想定されている。第一条は、従来、私地私民制から公地公民制への転換を宣言したものとされているが、その原理そのものが実際の歴史とは乖離《かいり》したものであること、第二条の郡司が評督（評造《ひょうぞう》）であること、第三条は戸口調査や田地の調査が、その実態であること、第四条の田の調や戸の調にはオリジナル性があることが指摘されている。全体としてこの詔は、地方制度を改革するとともに、大化前代の部民制*・屯倉制的収取体系を廃して新しい収取体系を目指した。その意味では律令体制への出発点に立つものであったといえる。　（小林敏男）

難波宮《なにはのみや》　大化元年（六四五）十二月、孝徳天皇の新政府は、難波（上町台地）に政権の場を遷すが、新しい難波長柄豊碕《ながらとよさき》宮は白雉《はくち》三年（六五二）に完成する。その宮殿の状《さま》は譬《たと》えようもないほどりっぱなものだったと『日本書紀』はいう。昭和二十九年（一九五四）以来の発掘調査によって、前期・後期に二大別される宮殿跡が発見され、前期が孝徳朝の長柄豊碕宮の遺構であることが明らかになった。この宮は天武朝の朱鳥元年（六八六）正月その大半を焼失している。また後期難波宮は、聖武天皇*の天平六年（七三四）に完成したが、それは平城宮をモデルにした遺構であることが判明した。　（小林敏男）

〔国内体制の整備〕

阿倍比羅夫《あべのひらふ》（生没年不詳）　阿倍氏は、崇神朝に、その祖大彦命が四道将軍の一人として越に派遣されたとの伝承をもつ軍事的氏族であった。比羅夫は、阿倍引田《ひけた》臣比羅夫とあるように大和国城上《しきのかみ》郡辟田《ひけた》郷を本貫とする阿倍氏の一族である。斉明天皇四年（六五八）から六年にかけて、越の国守（クニノミコトモチ）として、齶田《あきた》（秋田）、渟代《ぬしろ》（能代）の蝦夷を征討し、さらに北海道渡島《おしま》半島にわたり渡島蝦夷を懐柔したり、粛慎《みしはせ》（中国沿海州付近に住むツングース系か）を征討した。なお、天智天皇二年（六六三）三月、百済*救援のため新羅*征討の後将軍として発遣された。　（小林敏男）

白村江《はくそんこう》の戦い　「はくすきのえ」の戦いともいう。朝鮮半島では、高句麗*・百済*連合の侵攻に苦戦していた新羅*は、唐*へ救援依頼し、唐も高句麗に三度出兵したが、いずれも成果はあがらなかった。六六〇年唐の高宗は高句麗と結託する百済へ蘇定《そてい》方《ほう》を将軍として水陸十三万の軍勢を投入、七月王城は陥落し、百済義慈王と太子は降伏し、百済は滅亡した。しかし百済再興の抵抗が起こり、鬼室福信《きしつふくしん》は日本に救援を要請し、併せて人質として日本にいる百済王子豊璋《ほうしょう》の帰国を求めた。日本は百済救援を決意し、斉明女帝と中大兄皇子*は筑紫に本営（磐瀬行《いわせのかり》宮《みや》）を置き、豊璋は日本の先発部隊に守られ、百済に渡り国王に就任した。六六三年三月、日本は二万七千人の援軍を組織し新羅攻撃を開始した。八月日本軍は唐の劉仁軌の率いる水軍と白村江（錦江の下流）で戦い大敗、豊璋王は高句麗に逃れ、日本軍も百済の亡命将軍・兵士とともに引きあげた。このあと、中大兄は対馬・壱岐・筑紫に防人《さきもり》と烽《とぶひ》を置き、筑紫に水城《みずき》を、さらに大野城・基肄《きい》城の朝鮮式山城を築いて唐・新羅の侵攻に備えて防備体制を強化した。　（小林敏男）

有間皇子事件《ありまのみこじけん》　中大兄皇子*との不和のまま孝徳天皇は難波宮*で亡くなったが（白雉《はくち》五年、六五四）、それ以後、孝徳の遺子であった有間皇子は皇位後継者の一人として、反中大兄勢力のシンボル的存在となった。斉明四年（六五八）十月、斉明女帝は中大兄らと紀伊の牟婁温湯《むろのゆ》（和歌山県白浜町）に療養のため行幸した。十一月、大和の留守官蘇我赤兄《あかえ》は女帝の失政三カ条をあげ皇子に謀反《むほん》をすすめ、挙兵計画にのった皇子を赤兄は市《いち》経《ふ》邸(生駒市一分)に襲い逮捕、紀伊に護送した。そこで中大兄の訊問《じんもん》を受け、皇子は「天と赤兄のみ知る、吾《おのれ》全《もは》ら解《し》らず」と無実を主張したが、藤白《ふじしろ》坂(和歌山県海南市藤白)で絞刑に処せられた。十九歳。（小林敏男）

庚午年籍《こうごねんじゃく》*　天智天皇九年(六七〇)の庚午の歳につくられた戸籍をいう。戸籍は公民の身分を確定する氏姓の根本台帳として、また班田収授・課税の基本台帳としての役割をもつ。大宝令では、戸籍は六年ごとにつくられ、五比(三十年間)の保存と定めているが、庚午年籍は氏姓の台帳として重視され、律令制下では永久保存として規定されていた。現在、残存せず全容は不明であるが、ほぼ全国的に一斉に造籍された最初のもので、戸ごとに戸主・戸口の名を書きつらね、簡単な続柄や良賤の別があったものと推定されている。（小林敏男）

近江令《おうみりょう》*　『大織冠伝《たいしょくかんでん》』(七六〇年ごろの成立)によれば、中臣鎌足は、天智天皇の命令で、律令を制定したとあり、『弘仁《こうにん》格式《きゃくしき》』序(八二〇年撰進)によれば、天智七年(即位元年、六六八)に、令二十二巻が制定され、世人が「近江朝廷之令」と呼んだとある。これらの史料から、近江令は天智朝に制定された日本最初の体系的法典とされてきた。しかし、肝腎の『日本書紀』には、そうした令制定の記載がみえないこともあって、体系的な法典としての令は存在せず(近江令否定説)、近江朝の単行法令群に対する後世からの総称とする説が強い。（小林敏男）

〔壬申の乱〕

壬申《じんしん》の乱《らん》　天武元年(六七二)六―七月に起こった天智天皇の弟大海人皇子《おおあまのみこ》と天智の子大友皇子*との皇位継承をめぐる内乱。天智朝末年の天智十年(六七一)正月、天智天皇が大友皇子を太政大臣に任じたことから、大海人皇子との不和は決定的なものとなった。同年十月、重病に陥った天皇は、大海人皇子を病床によび後事を託すが、謀略の疑いを抱いた大海人皇子は、これを固辞し、剃髪出家して反抗の意志がないことを示したうえで、仏道修行と称して吉野へ出立した。伴《とも》の者は妃《きさき》の鸕《う》野《のの》皇女と若干の舎人《とねり》・女孺《めのわらわ》であった。十二月天智天皇が亡くなり、大友皇子が近江朝廷の実権を握った。翌年壬申の歳(天武元年、六七二)五月、近江朝廷は天智の陵《みささぎ》をつくる名目で、美濃の尾張国司に命じて人夫を集め、これに武器をもたしているとの情報が大海人配下の舎人から吉野へもたらされた。これが大海人挙兵のきっかけになった。六月二十二日、大海人は美濃出身の舎人村国男依《むらくにのおより》らを自分の所領である美濃国安八磨《あはちま》郡(評)に急行させ募兵するとともに、不破道《ふわのみち》を塞ぐことを命じた。二十四日には、大海人自身も鸕野皇女と皇子・舎人・女孺ら三十余人を率いて吉野を出発、伊賀・伊勢を巡り、美濃の不破を目指した。途中、伊賀の積殖《つむえ》の山口(三重県伊賀町)で大津宮からきた高市《たけち》皇子一行と落ちあい、高市を不破に派遣して前戦を指揮させた。また古来の名門で近江朝廷の政府首脳部に入っていなかった大伴氏は、飛鳥古京を占拠し、大和の豪族を味方につけていた。

一方、近江朝廷側は、内部が不統一で対応が遅れ、吉備や筑紫での募兵も吉備国守や筑紫大宰が動かなかった。七月二十三日、大海人側の主力軍は湖東を南下し、大津宮を陥し、大友皇子は山前《やまさき》（京都府乙訓郡大山崎町か）で自殺する。大海人は右大臣中臣金《かね》を斬刑、左大臣蘇我赤兄《あかえ》と大納言巨勢比等《こせのひと》を流刑にした。壬申の乱に勝利を得た大海人は、九月飛鳥に戻り後飛鳥岡本宮に入り、これを改造して飛鳥浄《あすかきよ》御原宮《みはらのみや》を造営、翌天武二年（六七三）二月即位した。この乱の勝因は、伊勢・美濃・尾張などの東国の地方豪族（旧国造、郡司クラス）の積年の不満を舎人を媒介としてうまく吸収して兵力にまとめあげた点であろう。〈直木孝次郎『壬申の乱』塙選書、一九六一。亀田隆之『壬申の乱』至文堂、一九六六。北山茂夫『壬申の内乱』岩波新書、一九七八。遠山美都男『壬申の乱』中公新書、一九九六〉

（小林敏男）

大友皇子《おおとものみこ》（六四八―七二）　天智《てんち》天皇の長子。母は伊賀采女《うねめ》宅子郎女《たくこのいらつめ》。伊賀皇子ともいう。天智天皇十年（六七一）正月、史上初の太政大臣に任命され執政する。天智の死後、大海人《おおあま》皇子（天武天皇*）との間に壬申の乱*（六七二年）が始まり、近江朝廷の盟主として大海人軍と戦ったが、山前《やまさき》（京都府乙訓《おとくに》郡大山崎町か）で縊死《いっし》した。『懐風藻』では、大友皇子を皇太子としており、またその伝では、風采《ふうさい》の立派な博学多通、文武の才幹のある優れた人物と評しており、漢詩二首も載せている。『日本書紀』は、皇子の即位を認めていないが、『大日本史*』（水戸藩）では皇子の即位を認め、明治三年（一八七〇）弘文天皇と追謚《ついし》された。

（小林敏男）

天武天皇《てんむてんのう》（？―六八六）　父は舒明天皇、母は皇極（斉明）天皇。中大兄皇子*（天智天皇）は同母兄である。幼名は大海人《おおあま》皇子。天智天皇十年（六七一）十月、天智天皇は病に倒れ、後事を大海人皇子に託すが、皇子はこれを固辞し、剃髪《ていはつ》出家して吉野へ隠棲《いんせい》する。天智の死後（十二月）の翌年六月に、吉野を脱して美濃に軍陣を定め、東国の兵を集めていわゆる壬申の乱を起こし、近江朝廷を倒して、翌年（天武二年、六七三）二月、飛鳥浄《あすかきよ》御原宮《みはらのみや》に即位した。天武天皇である。この天武朝は、天武親政のもとで以下に見るような諸政策が展開され、律令制古代国家の基盤が成立した。大舎人制、官人の考課・選叙の法、八色《やくさ》の姓《かばね》*、爵位六十階制などにみる官僚制の整備。伊勢神宮の祭祀の重視や、広瀬・龍田祭の国家的祭祀の開催。大官大寺造営や川原寺の一切経《いっさいきょう》の写経事業に見る国家鎮護的仏教の奨励。『帝紀《ていき》』『上古諸事《じょうこしょじ》』の記定と浄御原律令編纂に見る歴史と法の国家的事業の推進。中国風の礼法・衣服・結髪法などの礼楽の整備など。天皇は朱鳥元年（六八〇）九月に亡くなったが、二年余にわたる長期の殯宮《もかりのみや》儀礼が展開されたことは興味深い。

（小林敏男）

飛鳥浄御原令《あすかきよみはらりょう》　天武天皇*は、天武十年（六八一）二月、大極殿において親王・諸王および群臣を召して律令制定を命じ、編纂が開始されたが、律令がいつごろ完成したのかは不明である。持統天皇*三年（六九八）六月、令一部二十二巻が諸司に班賜されたとあるので、このときが浄御原令の全面的な施行時期とされている。編目としては、『日本書紀』に考仕令や戸令の名が見えるが、条文は逸文としても伝わっていない。浄御原令の戸令に基づいて、持統天皇四年（六九〇）に庚寅年籍《こういんねんじゃく》*がつくられたのは周知の事実である。ただ、律のほうは、その完成や施行について疑問を呈する見解が有力であり、実際上は唐律を参考にして対処したものとされている。大宝令完成のときの記事には、「大略以㆓浄御原朝廷㆒為㆓准正㆒」（『続日本紀』大宝元年八月）とあるから、日本の律令制政治の大綱は、天武・持統朝の浄御原令によって成立したものであるとするのが有力な見解となっている。（小林敏男）

八色《やくさ》の姓《かばね》　天武天皇*十三年（六八四）十月に定められた真《ま》人《ひと》・朝臣《あそん》・宿禰《すくね》・忌寸《いみき》・道師《みちのし》・臣《おみ》・連《むらじ》・稲置《いなぎ》の八種の姓《かばね》。*この月より翌年にかけて、皇親氏族や畿内の大氏・小氏・伴造（天智朝の甲子の宣）に上位四姓が順次賜与されたが、道師以下の賜姓は実施されなかった。真人は従来公《きみ》姓を称した継体天皇以降の皇親氏族に、朝臣は旧臣姓の大氏に、宿禰は旧連姓の小氏に、忌寸は旧直《あたい》姓の伴造に賜姓された。これによって、皇親の社会的地位を明らかにし、中央貴族と地方豪族との差別や、上級官人層と下級官人層の出身氏族の家柄も明確となり、律令的身分制秩序が形成された。（小林敏男）

〔天皇の出現〕

藤原京《ふじわらきょう》　持統天皇*八年（六九四）から和銅三年（七一〇）までの、持統・文武・元明天皇三代の宮都。大和三山（畝傍《うねび》山《やま》・天香久山《あまのかぐやま》・耳成山《みみなしやま》）の間に占地。現奈良県橿原市内。それまでの皇居が天皇一代ごとに地を移していたのに対して、唐*の長安など中国古代都市にまねて半永久的な都城を建設したもの。奈良盆地を南北に通ずる中ツ道・下ツ道を基線として設計され、南北十一条、東西各四坊（計八坊）よりなる条坊制に基づく。条坊を区画する大路は約一五メートルの幅をもち、朱雀大路は約一九メートル幅である。宮域は東西九二五メートル、南北九〇七メートルの規模をもち、大垣（掘立柱塀）で囲まれていた。大垣の各辺には三門宛の宮城門があり、猪使《いつかい》門・多《た》治比《じひ》門・建部《たけるべ》門など、そこを守護する氏族名で呼ばれていた。宮内には、中心線上に南から朝集殿・朝堂院・大極殿・内裏が一直線に並び、東西に官衙があった。内裏正殿と大極殿は分離しており、大極殿と朝堂院は瓦葺・礎石建物となっている。内裏と大極殿の分離は、国家的な儀式・政務・饗宴の場としての大極殿・朝堂院と天皇の住まいとの分離を意味し、これは天武・持統朝における大王から天皇への変化、国政における天皇の役割の変化を示している。（阿部　猛）

持統天皇《じとうてんのう》（六四五―七〇二）　第四十一代天皇。天智天皇の第二皇女。天武天皇*の皇后。天武天皇の没後、皇位継承をめぐって緊張が生まれたが、皇后は称制《しょうせい》し*（即位しないで執政すること）、朱鳥元年（六八六）大津皇子を謀反のかどで捕らえて自害させ、持統二年（六八八）天武を檜隈《ひのくま》大内陵に葬り、同三年（六八九）に飛鳥浄御原令*（一部二十二巻）を領布し、同四年（六九〇）に至ってようやく即位した。持統天皇一代約十年の間には、官人の位階昇進制度の改訂、庚寅年籍《こういんねんじゃく》*の造作、藤原宮の造営と遷都などが行われた。また、伊勢神宮の式年遷宮が始まったのはこのころと考えられており、「日本」の国号と「天皇」の称号が正式に定められたのもこのころと考えられている。先の天武朝と合わせて、古代天皇制の基礎が確立された時期であった。（阿部　猛）

天皇号《てんのうごう》の成立《せいりつ》　中央集権国家の形成過程で成立した君主号。「儀制令」天子条によると祭祀に用いる「天子」、華夷《かい》に対する「皇帝」など儀礼ごとに用字は異なるが、明法家《みょうぼうか》の解釈では訓《よ》みはいずれもスメラミコトで、聖武天皇*に宛てた玄宗皇帝の国書にも「日本国王主明楽美御徳《すめらみこと》」とある。五―六世紀の大和政権下の君主号は「大王《おおきみ》」（稲荷山鉄剣銘など）。道教思想において「天皇」とは宇宙の最高神である天帝を意味する。始用時期は、法隆寺*金堂薬師如来像の光背銘などから七世紀前半の推古朝と考えられてきたが、その制作年代が天智朝まで下ること、煬帝《ようだい》に宛てた国書に「天子」（『隋書』倭国伝）とあることなどから否定され、近年では東アジア世界の外交関係を視野に入れつつ、成立の思想的背景をなす道教に注目して天武天皇の和風諡号《しごう》が「瀛《おき》」「真人《まひと》」*を含むことから天武・持統朝が有力視されている。なお、唐代に高宗の天武三年（六七四）から則天武后時代（在位六九〇―七〇五）に君主号として「天皇」が使用されている。（齋藤　融）

皇親政治《こうしんせいじ》　天武・持統朝から奈良時代前半にかけての政治体制をさす。皇親とは「継嗣《けいし》令」の規定では四世王（天皇の玄孫、のち五世王まで拡大）以内の皇族一般をさすが、この場合は天武天皇*の諸皇子を中核とした皇族をいう。甥の大友皇子*と皇位をめぐって争った壬申の乱*に勝利して飛鳥浄御原《きよみはら》宮で即位した天武は、『万葉集』*に「大王は神にし坐せば…」と歌われるほどに神格化される。一方、旧豪族層の社会的・政治的地位は都城への集住、経済的特権の制限などによって相対的に低下して左右大臣は置かれず、天武のカリスマ性を血縁的に分与された皇親が、旧豪族層に代わって国政の多方面で重要な役割を果たす。天武の専制的権力はこのような政治形態を基盤としていた。続く持統朝に天武の庶長子の高市《たけち》皇子が太政大臣、准皇親の多治比真人嶋《たじひのまひとしま》が右大臣に任じられ、八世紀以降にも刑部《おさかべ》・穂積《ほづみ》・舎人《とねり》の三親王および鈴鹿王（高市の二男）が断続的に知《ち》太政官事《だじょうかんじ》（政務を総知する臨時の地位）に就任したことをその遺制と見なしている。（齋藤　融）

大津皇子《おおつのみこ》（六六三―八六）　天武天皇*の第三皇子。母は天智天皇の皇女大田皇女。同母姉に初代伊勢斎王の大伯《おおく》皇女がいる。壬申の乱*に際してはわずかな従者を伴い近江大津宮から逃れ、鈴鹿関を経て伊勢国朝明《あさけ》郡迹太《とほ》川のほとりで大海人《おおあま》皇子らと合流する。天武朝では皇太子草壁皇子に次ぐ地歩を占め、天武十二年（六八三）二月に朝政に参与するなど皇親政治*の一翼を担う。同十四年正月に新冠位制施行により浄大弐を授与される。天武が朱鳥元年（六八六）九月四日死去すると、謀反の密告によって十月二日に逮捕され、翌日訳語田《おさだ》の家で死を賜わる。二十四歳。妃山辺皇女（天智皇女）が殉死した。墳墓は二上山に所在。謀議に加担した三十余人が逮捕されたが、従者礪《と》杵道作《きのみちつくり》・新羅*僧行心《こうじん》以外は赦免されており、謀反の企てが事実か否か疑問が残る。有能で人望の厚い大津の存在は草壁の地位を脅かすため、皇后鸕野讚良《うののさらら》皇女（持統天皇*）に排除されたとも考えられる。所伝によれば成人になると武を好んだが、幼少のころから詩才に優れ、天智に寵愛されたという。（齋藤　融）

庚寅年籍《こういんねんじゃく》　持統天皇*四年（六九〇）に作成された戸籍*。前年に飛鳥浄御原令*が施行され、それを受けて農民支配を貫徹するために戸籍がつくられた。戸の分割や併合による行政村落の再編を伴うものであり、良賤身分の異動を伴う重要なものであった。記載の様式・内容は、飛鳥浄御原令に基づいてつくられた大宝二年（七〇二）の美濃国戸籍残簡などによって知られる。庚午年籍*が血縁的関係を中心にして編成された基本台帳であるのに対して、庚寅年籍は地縁的関係を中心にして戸を編成した台帳である。（阿部　猛）

(二) 律令制度

律令官制　令《りょう》（「大宝律令*」では官員令、「養老律令*」では職員令《しきいんりょう》）によって規定された都にある中央政府の官制は、二官八省とか八省百官といわれ、太政官*と神祇官*の二官と、八省・一台・五衛府*があった。八省の下には多数の下級官庁が付属していた。地方は、全国を畿内・七道に分け、その中を、国*—郡*—里*に編成し、国司・郡司・里長を置いた。中央・地方の官庁には、それぞれ長官《かみ》・次官《すけ》・判官《じょう》・主典《さかん》の四等官をおき、その下に多くの下級官人がいた。中央官庁の定員は職事官《しきじかん》*（常勤職員）と番上官《ばんじょうかん》*（非常勤職員）を合わせて約八千人といわれる。

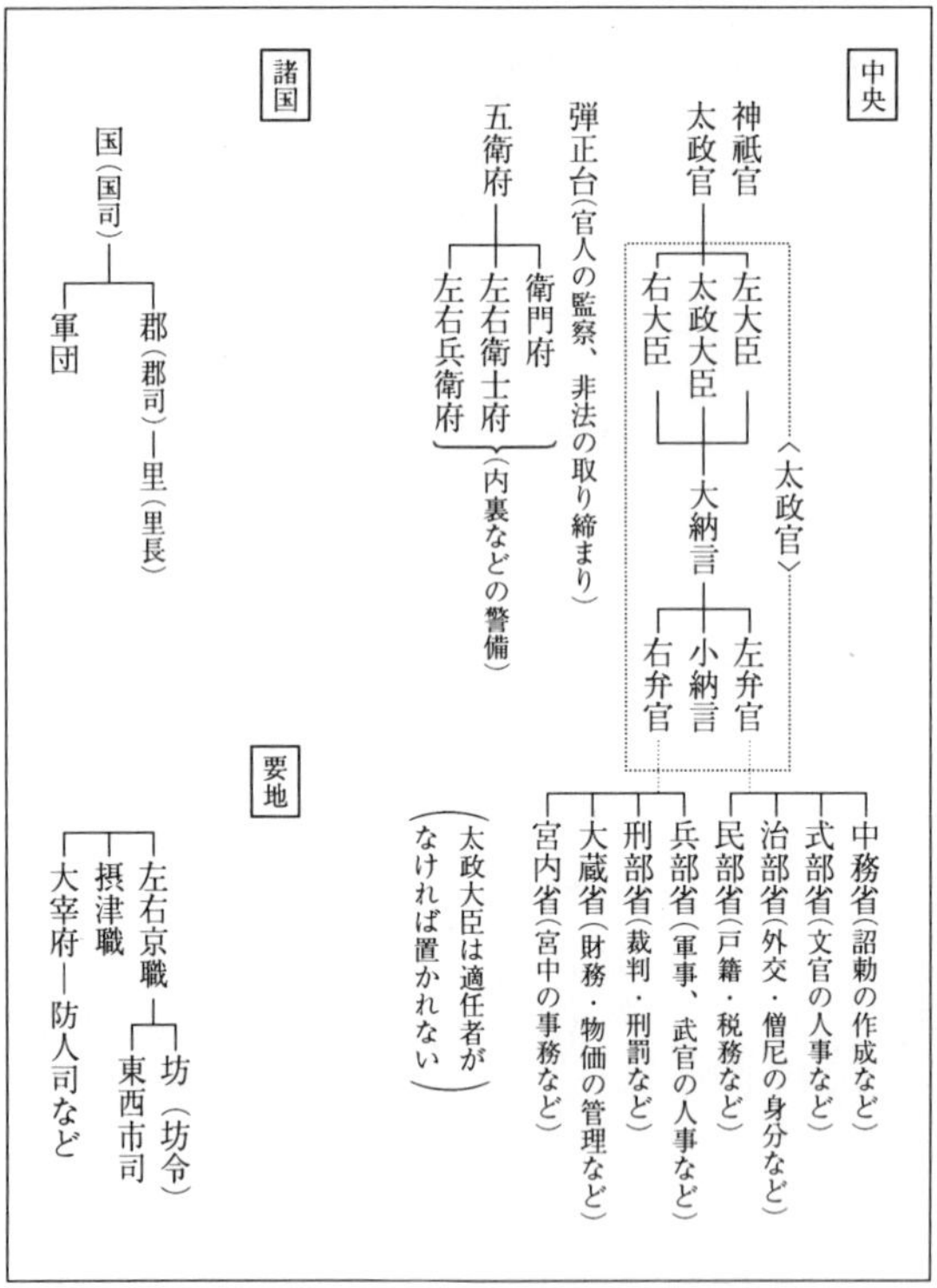

律令官制

律令官人　これら官人は勤務成績によって位階が上げられ、位階に相当する官職につけられる官位相当制が適用された。有位者の多くは大化前代の中央・地方の豪族の系譜を引くもので、課役免除の特権が与えられ、特に五位以上の有位者には食《じき》封《ふ》（封戸《こ》）・位田・位禄などが給与されて、その経済的基盤が保証され、さらに蔭位制《おんいせい》*によって世襲的に官職を独占し、律令貴族層を形成した。

身分制　律令国家の身分制は唐制*にならい、全人民を良と賤に分けた。良は皇族・官人と公民と呼ばれる大多数の人民で、賤はいわゆる奴隷であり、全人口の五パーセント程度で、寺院・貴族・地方豪族のもとに集中所有され、有位者は様々な特権をもっていた。

田制と租税　土地は公有を原則として、田地は種々の名目で人びとに班給され、期限を定めて用益させた。土地制度で主要なのは班田収授制で、律令国家の根幹をなした。人民は戸籍につけられ、計帳に基づいて租*・庸*・調*・雑徭*と雑税（義倉*と出挙*）を負担させられた。租四・調二〇・庸一〇・雑徭六〇の割合で、土地税よりも人頭税に比重がかかっていた。

律令諸制度　軍事組織としては、都には衛府《えふ》があり、皇居の警備と都の治安維持にあたった。諸国においた軍団の兵士は農民から徴発したが、過酷な負担だったので、しだいに実質を失い、延暦二年（七九二）大宰府*と奥羽を除いて廃止された。学制としては、都に大学を、諸国に国学を置いて官人の養成を目指した。庶民のための教育機関はほとんどなかったが、寺院が一部その役割を果たした。律令制下では、行政と司法の区別がなく、行政官が司法官を兼ねた。刑罰を規定するのは律で、儒教の教化主義に基づいていたから、儒教的な家族道徳や社会秩序に反するものは重く罰せられた。また、身分によって刑の適用が異なり、有位者や官人は一般人民よりも刑を軽減される仕組みになっていた。都と諸国を結ぶ幹線道路には駅家をおき、官人の往来に備えたが、庶民のための交通施設はほとんどなかった。

農民の家族形態と農業経営　奈良時代の農民の家族形態は、現存する戸籍*・計帳*を手がかりにして知ることができる。戸籍上の単位となったのは郷戸*で、戸主《へぬし》・戸主の妻妾・直系親・傍系親と同党・寄口《きこう》・奴婢《ぬひ》によって構成されていた。霊亀元年（七一五）郷里制の施行によって房戸*がうまれ、一郷戸は二、三房戸で構成されることになった。郷戸・房戸は支配のための単位であって、法的擬制を受けており、ただちに実態を示すものとはいえないが、房戸が世帯に相当し、労働の単位となり、郷戸が農業経営の単位だったと推測される。農民の耕地は口分田《くぶんでん》・墾田《こんでん》と賃租田《ちんそでん》からなる。田植・稲刈や灌漑施設の工事など、集中的に労働力を必要とするものは農民の協同によった。（阿部　猛）

〔律令と律令官制〕

大宝律令《たいほうりつりょう》　古代国家統治の基本法典。律六巻・令十一巻だが、現存しない。刑部《おさかべ》親王・藤原不比等*らの撰。唐の「永徽《えいき》律令」（六五〇年制定、翌年施行）を模範とするが、律は唐律を引き写した条文が多いのに対し、令には日本の実情が考慮されて固有法も存している。『続日本紀』によれば、編纂開始の時期は文武四年（七〇〇）三月であるが、短期間での完成には疑問も残り、文武初年まで遡らせる説もある。令は大宝元年（七〇一）三月に年号制定と同時に位階・官制などを新令により改め、四月から官人らに対する講説が始まり、六月に全面的に施行された。一方、律の制定はやや遅れて同年八月、施行は翌二月であるが、律令の写本が全国に配付されるのは十月であった。以後、養老律令*に代わる天平宝字元年（七五七）五月まで用いられた。条文そのものは散逸しているが、九世紀半ばに成立した『令集解《りょうのしゅうげ》』*が引用する「古記《こき》」（天平十年、七三八年ごろ成立）によって字句の一部が復原でき、現行法であった時期の『続日本紀』の記事からも大要が知られる。（齋藤　融）

養老律令《ようろうりつりょう》　古代国家支配の基本法典。律十巻・令十巻からなる。藤原不比等の統轄のもとで律令に通暁した渡来系の下級官人が編纂の実務にあたる。編纂の趣旨は、律令の制定、公布権は天皇に帰属するため皇太子首皇子（聖武天皇*）の即位後に、その名のもとで施行することにあった。『弘仁格式』序は養老二年（七一八）成立とするが、『続日本紀』に対応する記事は見えず、論功行賞が同六年二月と遅れることから疑問も残り、同四年八月の不比等死去によって事業は未完成に終わったと見られている。天平宝字元年（七五七）五月に施行されるが、専権を掌握した藤原仲麻呂*による父祖顕彰の意味合いが強い。『養老律令』は例外的に財産相続法は嫡子単独から庶子も含めた分割相続に改正するが、多くは『大宝律令*』の若干の不備を補い、用字を改めるにとどめて、大宝―養老年間以前に出された格による令規定の変更なども採り入れない方針をとった。天長十年（八三三）二月に公的注釈書の『令義解*』が制定され、ほかに諸学説を集成した『令集解*』（惟宗直本《これむねのなおもと》撰、九世紀半ば成立）もある。（齋藤　融）

神祇官《じんぎかん》　律令官制の二官の一つで、神祇行政全般を管掌した中央官庁。和訓は「かみづかさ」。一般庶政を司る太政官*と並んで独立した一官であった。特に天神地祇の祭祀の執行、諸国官社の総督、祝部の名帳と神部の戸籍などを司る。令制*では神祇官は筆頭に置かれたが、実際の政務のうえでは太政官より下位であった。職員は、「職員令*」の規定では伯（従四位下）一人、大副（従五位下）・少副（正六位上）各一人、大佑（従六位上）・少佑（従六位下）各一人、大史（正八位下）・少史（従八位上）各一人の下に神部《かんべ》三十人、卜部《うらべ》二十人、使部三十人、直丁二人が置かれたが、のちに史生・官掌が置かれた。神部は神事の実務に従事し、古くは「負名*」の氏が任じられたようだが、のちに中臣・忌（斎）部両氏に限られた。卜部は、『延喜式』臨時祭式では一定の国から卜術に優れた者を採用し、そのなかから天皇・中宮・東宮などに候する宮主が補任された。このほか、神祇官の祭る神に仕える女性の巫や、戸座という童男、御火炬と称する童女などがいた。（堀井典子）

太政官《だいじょうかん》　「だいじょうかん」とも。律令官制における行政の最高機関。天皇に直属し、八省以下を統轄、中央・地方の行政を指揮。詔勅の作成や意見の具申にも関与するなど、権限が集中した。太政官の内部は、太政大臣、①国政の審議部門である左右大臣・大納言、②その秘書部門である少納言局、③行政事務処理・執行する弁官局からなっている。最高官である太政大臣は、適任者がいるときにのみ任ずる「則闕の官」であった。

①は、いわゆる議政官であり、令外官*として中納言・参議*が追加されるなどして、全体で公卿とも総称された。政務審議の結論を太政官論奏として、天皇に裁下を要請するなどの権限をもつ。平安時代には、公卿会議が近衛府の陣座で月に数回開催することを便宜とし、これを陣定と称した。

②は、少納言が侍従を兼ね、小事の奏宣を行い、内印（天皇御璽）・外印（太政官印）・駅鈴などの出納を司り、外記が少納言の監督下に、中務省*の内記の作成した詔勅草案の検討を主たる職務とし、天皇と太政官を連絡する役割を果たした。しかし、平安時代初期から少納言の職が蔵人に奪われ、外記の機能が拡大すると、外記の地位も上がり、少納言局は外記局ともいわれるようになり、筆頭の外記は局務と呼ばれた。

③弁官局は、左右の二局に分かれ、左弁官局は中務*・式部*・治部*・民部*の四省を、右弁官局は兵部*・刑部*・大蔵*・宮内*の四省を管轄した。また左右弁官局にはそれぞれ大弁・中弁・少弁が属しており、弁は「因事管隷」の権限をもち、事務連絡を担当した。太政官符は弁官が作成していたが、のちに官符にかわってより簡便に発給できる官宣旨を作成するようになる。平安中期から史の事務的機能が重視され、両局を合併し、筆頭の史は官務と称した。〈八木充「太政官制の成立」『律令国家成立過程の研究』塙書房、一九六八。早川庄八「律令太政官制の成立」『続日本古代史論集（上）』吉川弘文館、一九七二。森田悌「太政官制成立の考察」『日本古代律令法史の研究』文献出版、一九八六〉　（堀井典子）

参議《さんぎ》　令制太政官*の議政に参与する令外官*の一つ。参議に任じない三位以上の者を非参議という。大宝二年（七〇二）大伴安麻呂ら五人をして「朝政に参議」せしめたのが初見。このときの「参議」設置は、新官制に収容できなかった旧来の豪族の代表に地位を与えて議政に参加させることが目的と考えられる。天平十三年（七三一）六人の参議に職封八十戸が定められ、以来おおむね四位を帯する者が任命された。弘仁年間以降定員は八名となり八座ともいわれた。平安時代以降の参議は、小事の朝儀の上卿を務めることもあったが、中納言以上の公卿と異なり、勅や太政官会議の決定事項を弁官に宣じて太政官符や官宣旨を作成させる権限はなかった。　（堀井典子）

中務省《なかつかさしょう》　令制八省の一つ。天皇に侍従し、詔勅文案の審署、臣下の上表の天皇への伝達、国史の編纂の監修、女官の名

律令官制

	定員	相当位
太政大臣	1	正・従一位
左大臣	1	正・従二位
右大臣	1	正・従二位
大納言	4	正三位
少納言	3	従五位下
大外記	2	正七位上
少外記	2	従七位上
史生	10	
左大弁	1	従四位上
右大弁	1	従四位上
左中弁	1	正五位上
右中弁	1	正五位上
左少弁	1	正五位下
右少弁	1	正五位下
左大史	2	正六位上
右大史	2	正六位上
左少史	2	正七位上
右少史	2	正七位上
左史生	10	
右史生	10	
左官掌	2	
右官掌	2	
左使部	80	
右使部	80	
左直丁	4	
右直丁	4	
巡察使		

中務省

	定員	相当位
卿	1	正四位上
大輔	1	正五位上
少輔	1	従五位上
大丞	1	正六位下
少丞	2	従六位上
大録	1	正七位上
少録	3	正八位上
史生	20	
侍従	8	従五位下
内舎人	90	
大内記	2	正六位上
中内記	2	正七位上
少内記	2	正八位上
大監物	2	従五位下
中監物	4	従六位上
少監物	4	正七位下
史生	4	
大主鈴	2	正七位下
少主鈴	2	正八位上
大典鑰	2	従七位下
少典鑰	2	従八位上
省掌	2	
使部	70	
直丁	10	

式部省

	定員	相当位
卿	1	正四位下
大輔	1	正五位下
少輔	1	従五位下
大丞	2	正六位下
少丞	2	従六位上
大録	1	正七位上
少録	3	正八位上
史生	20	
省掌	2	
使部	80	
直丁	5	

帳・考課・叙位・位記、諸国の戸籍*、租調帳、僧尼名籍などが主な職掌。職員は四等官のほか、内記・監物・主鈴・典鑰からなる。管下には中宮職、左右大舎人・図書・内蔵・縫殿・陰陽寮、画工・内薬・内礼司の一職六寮三司があった。詔勅文案の審署ないし覆奏という重要な職掌のため、卿は他の七省より相当位が一階高く正四位上であった。（堀井典子）

式部省《しきぶしょう》　令制八省の一つ。名帳、考課、選叙、礼儀、位記、版位、勲績の校定、論功、封賞、学校、録賜、課試などのことを職掌とする。六位以下の文官の人事権を握る重要な官司で、平安時代以来、卿は多く四品以上の親王、輔には日野・大江・菅原家などの儒者で侍読を経たものがなるようになった。（堀井典子）

治部省《じぶしょう》　令制八省の一つ。瑞祥、喪葬、贈賻、国忌、諱、諸蕃の朝聘、僧尼、姓氏、官人の継嗣、婚姻に関することなどを司った。職員は、四等官のほか、氏姓・系譜関係の訴訟などを担当する解部からなっていた。管下には、雅楽・玄蕃の二寮と、諸陵・喪儀の二司があった。（堀井典子）

民部省《みんぶしょう》　令制八省の一つ。諸国の民政一般と国家の財政を司り、戸籍*、課役と免除、家人・奴婢、橋道・津などの交通、未開地、田地を管轄対象とした。管下に主計・主税の二寮があり、前者は計帳より把握された毎年の課口数に基づき、諸国からの貢納物納入への立ち会いや調庸帳などによる監査を行い、後者は正税帳や租帳によって各国の田租、正倉の出納や舂米の貢納を計った。民部省符は、太政官符と並んで国衙行政に大きな権威をもった。（堀井典子）

兵部省《ひょうぶしょう》　令制八省の一つ。その職掌は、内外武官の人事一般である名帳、任官、叙位、位記、録賜、考課と、軍事一般である兵士以上の名帳・朝集、兵士の派遣、兵器、儀仗、城、烽といった事柄で、さらに武事関係の年中行事にも携わる。管下には、兵馬・造兵・鼓吹・主船・主鷹司の五司があったが、『延喜式』の段階で管下には隼人司のみを置くだけであった。（堀井典子）

刑部省《ぎょうぶしょう》　令制八省の一つ。その職掌は、獄令所定内での裁判、諸官司からの裁判上の疑問に関する回答、良賤に関する判断簿署書の保管な

治部省

	定員	相当位
卿	1	正四位下
大　輔	1	正五位下
少　輔	1	従五位下
大　丞	2	正六位下
少　丞	2	従六位上
大　録	1	正七位上
少　録	3	正八位上
史　生	10	
大解部	4	正八位下
少解部	6	従八位下
省　掌	2	
使　部	60	
直　丁	4	

民部省

	定員	相当位
卿	1	正四位下
大　輔	1	正五位下
少　輔	1	従五位下
大　丞	1	正六位下
少　丞	2	従六位上
大　録	1	正七位上
少　録	3	正八位上
史　生	10	
省　掌	2	
使　部	60	
直　丁	4	

兵部省

	定員	相当位
卿	1	正四位下
大　輔	1	正五位下
少　輔	1	従五位下
大　丞	1	正六位下
少　丞	2	従六位上
大　録	1	正七位上
少　録	3	正八位上
史　生	10	
省　掌	2	
使　部	60	
直　丁	4	

どである。職員は、四等官のほか、判事・解部がおり、前者は事実の認定、後者はそれに法を適用することを司った。管下には、因獄・贓贖の二司があった。九世紀はじめ、検非違使*の設置でほとんどの機能を失う。（堀井典子）

大蔵省《おおくらしょう》　令制八省の一つ。国庫の管理が主な任務のほか、諸国からの調の保管と支給、度量衡、売買估価のことを司る。職員は四等官のほか、主鑰・蔵部・価長・典履・百済手部・典革・狛部などからなり、皮革製品の製作を司った。管下には、典鋳・掃部・漆部・縫部・織部など多くの伝統工芸司があった。しかし、令制下では、大蔵省の位置づけは相対的に低いものであった。（堀井典子）

宮内省《くないしょう》　令制八省の一つ。調雑物、舂米、官田、天皇の食膳や園池・氷室など生産品に関し奏宣する、諸国の特産品のことなどを司る。管下には、大膳職、木工・大炊・主殿・典薬寮、正親・内膳・造酒・鍛冶・官奴・園池・土工・采女・主水・主油・内掃部・筥陶・内染司の一職四寮十三司があった。宮内省は天皇の家産を支えるうえで重要であったが、政治的には重視されなかったようで、管下の諸司の多くも平安初期に統廃合され規模を縮小した。（堀井典子）

五衛府《ごえふ》　令制によって整備された中央の常備軍制。衛門・左右衛士・左右兵衛の五府の総称。大宝元年（七〇一）「大宝令」の施行とともに五衛府が成立。兵力の主体は衛士であるが、豪族層出身の兵衛や門部の占める率も大きく、重要な職務は兵衛の担当とされた。衛門府は門部と衛士から構成され、宮門・宮城門の守衛、出入りの礼儀を司り、時に巡検して不法を糾察するのを職務とする。門部は改新前の靫負《ゆげい》の伝統を受け継ぐもの

刑部省

	定員	相当位
卿	1	正四位下
大輔	1	正五位下
少輔	1	従五位下
大丞	2	正六位下
少丞	2	従六位上
大録	1	正七位上
少録	2	正八位上
史生	10	
大判事	2	正五位下
中判事	4	正六位下
少判事	4	従六位下
大属	2	正七位下
少属	2	正八位下
大解部	10	従七位下
中解部	20	正八位下
少解部	30	従八位下
省掌	2	
使部	80	
直丁	6	

大蔵省

	定員	相当位
卿	1	正四位下
大輔	1	正五位下
少輔	1	従五位下
大丞	1	正六位下
少丞	2	従六位上
大録	1	正七位上
少録	2	正八位上
史生	6	
大主鑰	2	従六位下
少主鑰	2	従七位下
蔵部	60	
価長	4	
典履	2	従八位上
百済手部	10	
典革	1	従八位上
狛部	6	
省掌	2	
使部	60	
直丁	4	
駈使丁	6	
百済戸		
狛戸		

宮内省

	定員	相当位
卿	1	正四位下
大輔	1	正五位下
少輔	1	従五位下
大丞	1	正六位下
少丞	2	従六位上
大録	1	正七位上
少録	2	正八位上
史生	10	
省掌	2	
使部	60	
直丁	4	

で、衛士は諸国軍団兵士のなかから上京する農民兵。左右衛士府の職務は、衛士を管理統率して宮城内の宮門などを守衛し、諸所を巡察するほか、京中の行夜、行幸時の武器設営、天皇出入時の前駈・後殿、在京死囚決罰時の官司など。兵衛府は、郡司の子弟や位子の中等の者らによって構成される兵衛を統率し、宮城内の閤門の守衛、出入者の監視、宮内の巡検。行幸時の天皇の警護にあたり、五衛府中最も天皇の居所に近い重要な区域の護衛を担当。五衛府は、変遷ののち弘仁二年（八一一）に六衛府制が成立し、後代まで継続した。　（堀井典子）

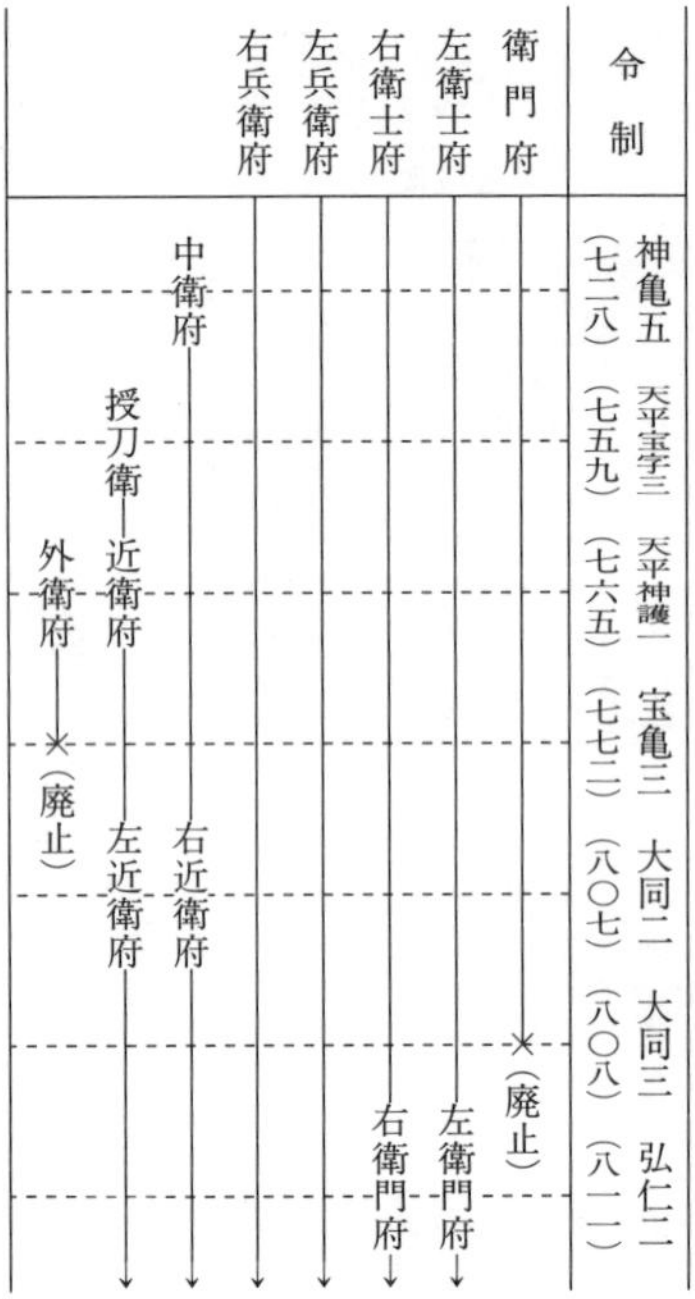

衛府制の変遷

弾正台《だんじょうだい》　令制官司の一つ。和訓は「ただすつかさ」。二官八省より独立し、太政大臣を除く全官人の綱紀粛正や非違を糾弾。左右大臣のみ弾正の不当糾弾を弾劾できる。尹、弼、大忠、少忠、大疏、少疏、巡察弾正を置く。直接的には京内を担当し、諸国における非違は訴訟を通じて行うにとどまった。糾弾する際の基準や手続きは、『弾例』、『延喜式』弾正台に詳しい。九世紀初頭の検非違使*設置により、弾正台は形骸化してゆき、長官たる尹は、名誉職化し親王を任命することが慣例化した。　（堀井典子）

弾正台

	定員	相当位
尹	1	従四位上
弼	1	正五位下
大　忠	1	正六位上
少　忠	2	正六位下
大　疏	1	正七位上
少　疏	1	正八位上
巡察弾正	10	正七位下
史　生	6	
使　部	40	
直　丁	2	

京職《きょうしき》　古代の在京官司。和訓は「みさとつかさ」。『日本書紀』天武天皇十四年（六八五）三月十六日条に「京職大夫」とあるのが初見。左右京職の官制は、四等官として大夫・亮・進（大・少）・属（大・少）、その下に坊令・使部・直丁が従っていた。朱雀大路の東を左京職、西を右京職が担当。その職掌は、『延喜式』左右京職によって知られるが、京内の行政全般にわたっており、また東・西市司を管した。平安時代に入って検非違使*が設置されると、京職の職掌はこれまでの行政・検察・訴訟・交易・兵事・交通・僧尼などを管することから一般行政のみになり、その職掌は有名無実化していった。　（堀井典子）

摂津職《せっつしき》　令制の地方官司の一つ。長官である大夫以

京　職

	定員	相当位
大　夫	1	正五位上
亮	1	従五位下
大　進	1	従六位下
少　進	2	正七位上
大　属	1	正八位下
少　属	2	従八位下
坊　令	12	
使　部	30	
直　丁	2	

下、亮、大進、少進、大属、少属の四等官のもとに、史生、使部、直丁などが置かれた。摂津国は、難波津が置かれる軍事・交通の要衝であり、難波宮*や客館としての鴻臚館《こうろかん》が置かれる政治・外交の要地であったため、京職に準じて職を置き管轄にあたらせた。その職務は、一般国守と同様摂津全体の行政のほか、難波津に関連して港湾や船舶の管理、難波市に関する事務を司った。長岡・平安遷都による難波宮の廃止などにより、延暦十二年（七九三）三月九日摂津職は廃止され、以後摂津国となり国司が任命された。　（堀井典子）

摂津職

	定員	相当位
大　夫	1	正五位上
亮	1	従五位下
大　進	1	従六位下
少　進	2	正七位上
大　属	1	正八位下
少　属	2	従八位下
史　生	3	
使　部	30	
直　丁	2	

大宰府《だざいふ》　律令制下筑前国にあり、西海道の九国三島（のちに二島）を総括し、外寇防備と外交を司る特殊な地方官庁。「大宝令」では職員には帥、大・少弐、大・少監、大・少典の四等官以下五十人の長上官が記されたほか、事力、使部らの番上官が加わり、また防人正、大工、少工、主船の定員をもつ。帥・大弐の地位は地方長官としては破格。職掌は、兵士・器杖・鼓吹・郵駅・伝馬・烽候・城牧など一般国司の職務の統轄と、蕃客帰化饗讌《きょうえん》など日向・薩摩・大隅・壱岐・対馬の国司の職務を統轄する任とがあり、民政・軍事・外交・司法・警察のそれぞれにおいて独立行政府で「遠朝廷《とおのみかど》」とも呼ばれた。律令制下では、西海道の調*・庸*・贄・雑物はすべて大宰府に貢進され府の倉庫に収納。租は各国の正倉に納められるが、使途については府の監督下に置かれる。府官の公解稲《くがいとう》は、筑前・筑後・豊前・豊後・肥前・肥後の六国の負担。貢納物は、府官人の俸禄、兵器生産・内外使節の接待費・旅費、貿易の支払い費などにあてられ、残余の一定額を京進した。京進物としては、絹・綿・年魚・紫草などが代表的。天平十二年（七四〇）藤原広嗣の乱*が起こり翌々年府を廃し、同十五年筑紫鎮西府を置いたが、同十七年に旧に復した。官衙建物は、鴻臚館《こうろかん》や警固所・主船司・主厨などが博多湾岸一帯にあり、政庁などほとんどが現在の太宰府市にある特別史跡大宰府跡一帯にあったと思われる。　（堀井典子）

大宰府

	定員	相当位
主　神	1	正七位下
帥	1	従三位
大　弐	1	正五位上
少　弐	2	従五位下
大　監	2	正六位下
少　監	2	従六位上
大　典	2	正七位上
少　典	2	正八位上
大判事	1	従六位下
少判事	1	正七位上
大令史	1	大初位上
少令史	1	大初位下
大　工	1	正七位上
少　工	2	正八位下
博　士	1	従七位下
陰陽師	1	正八位上
医　師	2	正八位上
算　師	1	正八位上
防人正	1	正七位上
佑	1	正八位上
令　史	1	大初位下
主　船	1	正八位上
主　厨	1	正八位上
史　生	30	

国《くに》　「こく」とも。律令制における行政区画でいくつかの郡を合わせたもの、またその区画と支配する行政機構。古くは『古事記』『日本書紀』の国生みや国引きの神話が示すように「くに」とは自然的な国土を意味する言葉であったようである。律令制度の形成とともに整備され、「大宝令」で五十八国三島が成立していたとみられる。その変遷を経て天長元年（八二四）には六十六国二島と確定されたが、この数とそれぞれの名称は『延喜式』、『和名類聚抄』*と

国の行政機構

		大国		上国		中国		下国	
		定員	相当位	定員	相当位	定員	相当位	定員	相当位
守		1	従五位上	1	従五位下	1	正六位下	1	従六位下
介		1	正六位下	1	従六位上				
掾	大 少	1 1	正七位下 従七位上	1	従七位上	1	正八位上		
目	大 少	1 1	従八位上 従八位下	1	従八位下	1	大初位下	1	少初位上
史生		3		3		3		3	
国博士		1		1		1		1	
医師		1		1		1		1	
学生		50		40		30		20	
医生		10		8		6		4	

郡の行政機構

<table>
<tr><th></th><th>大郡</th><th>上郡</th><th>中郡</th><th>下郡</th><th>小郡</th></tr>
<tr><td>大領</td><td>1</td><td>1</td><td>1</td><td>1</td><td rowspan="2">1</td></tr>
<tr><td>少領</td><td>1</td><td>1</td><td>1</td><td>1</td></tr>
<tr><td>主政</td><td>3(1)</td><td>2(1)</td><td>1(0)</td><td>—</td><td>—</td></tr>
<tr><td>主帳</td><td>3(2)</td><td>2(1)</td><td>1</td><td>1</td><td>1</td></tr>
<tr><td>書生</td><td>8</td><td>6</td><td>4</td><td>3</td><td></td></tr>
<tr><td>案生</td><td>2</td><td>2</td><td>2</td><td>2</td><td></td></tr>
</table>

同一であり、畿内五、東海道十五、東山道八、北陸道七、山陰道八、山陽道八、南海道六、西海道九国二島となっている。国の政庁を国府（平安時代には国衙と称することが多くなった）といい、都から国府までの行程の日数によって近国・中国・遠国に区分された。また課丁数と田積などを基準として、諸国は大・上・中・下国の四等級に分けられ、調庸*の納期、国司の四等官の定員などで差が設けられた。国に置かれる地方行政官である国司は、民政一般・警察・裁判・徴税・軍事・交通・宗教など多方面の職務を担った。（堀井典子）

郡《ぐん》　「こおり」とも。令制下の国郡里制の行政区画の一つ。大化改新の国造制廃止で、大化五年（六四九）に評《こおり》を全国的に設置。「飛鳥浄御原令*」の施行までに国評里制が成立。「大宝令」の施行により従来の評を中国風の郡に改め、郡の規模は大郡十六―二十里、上郡十二里以上、中郡八里以上、下郡四里以上、小郡二、三里と五等級に分けられ、それぞれに定められた郡司が置かれた。郡司は国造などの伝統的な豪族や、評・郡の設立に功績のあったものが任命され終身官であった。郡制成立以降、行政・交通・運輸などの利便を考慮しつつ分割が進み、帰化人の安置や辺境開拓などを理由に新郡設置が行われ整備されていった。（堀井典子）

里《り》　「さと」とも。①律令制下の地方行政単位。「大宝令」では原則として五十戸を一里として里長を置き、二里以上二十里以下を一郡とし、数郡をもって一国とした（国郡制）。里内には、さらに防犯・徴税の連帯責任組織として、五保という五戸を単位とする隣保組織が設置。霊亀元年（七一五）ないし同三年に里を郷に改め、郷の内部が二、三の里に分けられ、各里には里正（長）が置かれた（郷里制）。これにより郷—里—保—戸を通じて公民支配の徹底化を図るが、組織の複雑化により天平十二年（七四〇）にこの里は廃止され郷のみとなった。②路程の単位。令制では五尺を一歩、三百歩を一里とした。③条里制*における区画呼称。（堀井典子）

〔官人制〕

四等官制《しとうかんせい》　令制において諸官司の官員を長官・次官・判官・主典の四等級に定めた制度。神祇官*では伯・副・佑・史、省では卿・輔・丞・録、職では大夫・亮・進・属、寮では頭・助・允・属、国では守・介・掾・目と異なった文字を使用するが、すべて「かみ」「すけ」「じょう」「さかん」と読み、その職掌も大体において同様であった。おのおのの職掌の基本は、「養老令」神祇官に示すとおり「かみ」はその役所の事務を総判し、「すけ」は「かみ」と職掌を同じくし、「じょう」はその役所内の取締まりや公文書の案を審査し、「さかん」は公文書の抄録や公文書の読申にあたったが、官司によっては、それに特殊な職掌が加わる。令外官*は四等官制によったものもあったが、蔵人所のようにそれによらないものもあった。しかし四等官が諸官司において必ずしもそれを具備しているわけではなく、中国は次官を欠き、下国は次官・判官を欠く。大規模な官庁では次官以下を大小に分け、時勢の推移によってはそれらに権官も増設された。（堀井典子）

四等官表

官庁＼四等官	長官	次官	判官	主典
神祇官	伯	副	祐	史
省	卿	輔	丞	録
職	大夫	亮	進	属
寮	頭	助	允	属
司	正		佑	令史
弾正台	尹	弼	忠	疏
衛府	督	佐	尉	志
大宰府	帥	弐	監	典
国	守	介	掾	目
郡	大領	少領	主政	主帳

官《かん》**位**《い》**相当**《そうとう》**の制**《せい》　律令制における官人機構制度で、官人の位階に官職を対応させる制度。隋*や唐*の影響を受け、大化改新を経て官僚組織が整備されていき、持統天皇*三年（六八九）「飛鳥浄御原令*」で全面的な規定の成立、「大宝令」で本格的な意味で完成したとみられる。唐の官階相当制が各官職そのもののランクを示すのに対し、日本では品階や位階で示される官人個人を序列化し統制したため、官人統制の原則となる。「大宝令」では、不相当の任官の場合、位階が高く官職が低いときは「行」、その反対を「守」と規定した。平安時代には、位階上昇傾向が強まり、官低位高が一般化する。さらに下級位階の消滅により、官位相当制は崩壊していった。（堀井典子）

職事《しきじ》**官**《かん》**・番上官**《ばんじょうかん》　職事官とは、律令制で「官位令」に定められた官位相当のある官、およびその官についている官人の総称。内外諸司の執掌のあるものを職事官、執掌のないものを散官（散位）という。具体的には中央官司、大宰府*、国司などの四等官・品官をいう。女官は令に規定がないが、後宮諸官司の掌以上、令制以外では、蔵人頭、五位・六位の蔵人をさす。番上官とは、律令制における官人の勤務形態である番上という方式で勤務する職員。律令官人の勤務形態は、長上（常勤）と分番（交代制）に大別され、それぞれ前者を長上官、後者を番上官といった。職事官はすべて長上官で、番上官には一般舎人・史生・兵衛・伴部・使部などがあった。

（堀井典子）

蔭位制《おんいせい》　律令国家の貴族の特権の一つで、祖父の官位によって子孫に一定の位階を与える制度。令制での蔭位資格は、蔭子孫といわれ、皇親五世王の子、諸臣三位以上の子・孫、五位以上の子。二十一歳になると一定の位階が与えられた。その内容は、親王の子は従四位下、諸王の子は従五位下、五世王は従五位下、その嫡子は正六位上、諸臣の一位の嫡子は従五位下、以下逓減して従五位の嫡子は従八位上となっており、嫡庶の別があり、庶は嫡に一階を降し、また孫は子に一階を降す。さらに勲位・贈位にも適用された。大宝三年（七〇三）に初めて実施して以降、神亀五年（七二八）外五位を設けて内外の格差をつけ、外五位では嫡子は内五位の嫡子に一階、庶子は二階を降した。延暦十二年（七九三）に四位の孫も適用を受け、『延喜式』では、大臣の曾孫にまで及んだ。蔭位制は、蔭位資格範囲は狭いが、授与される蔭位が著しく高いのが特徴であり、官人層を五位以上と六位以下に二分してほぼ固定化させることにより、律令官人制に貴族性を与えることとなった。

（堀井典子）

〔班田制〕

班田収授法《はんでんしゅうじゅほう》　律令制において、徴税の基礎として水田を班給し用益させる制度。班田収授の初見は『日本書紀』大化二年（七四六）の大化改新の詔*であるが、この詔の信憑性については問題があり、「飛鳥浄御原令《きよみはらりょう》*」によって制度的に成立したと考えられている。「田令《でんりょう》」の規定によれば、六歳以上を対象として、男子二段《たん》、女子一段百二十歩《ぶ》、賤民男子二百四十歩、同女子百六十歩の基準によって、口分田《くぶんでん》を算出して、戸ごとの合計を戸主に対して班給した。口分田は、六年ごとにつくられる戸籍*に基づいて死亡者の口分田は収公し、新たに六歳以上になったものに班給することとなっていた。そしてこれら班給された口分田の実際の耕作者が、一段につき二束二把《は》（不成斤《ふせいきん》）、のちに一束五把（成斤）の田租*を納めることとなっていた。班田収授の制度は、三世一身《さんぜいっしん》の法*、墾田永年私財《こんでんえいねんしざい》法*を経て、徐々に崩れ出し、班田もしだいに遅れるようになった。さらに九世紀に入ると、全国一斉の班田という原則も破れ、数十年も班田の行われない国も見られ、班田収授の制度は崩壊した。

（相曽貴志）

戸籍《こせき》　戸籍は律令国家の人民支配の基本となる台帳であり、班田収授や徴税の基礎台帳であるとともに、氏姓の台帳としても大きな意味をもっていた。戸籍の語は『日本書紀』欽明天皇元年（五三二）を初見として、大化二年（六四六）の大化改新の詔*にも見えるが、これらがどの程度実施されたかは疑問である。この後、天智天皇九年（六七〇）に至り、日本で最初の全国的戸籍である庚午年籍《こうごねんじゃく》*が完成し、「大宝令*」や「養老令」で永久保存と定められた。さらに持統天皇四年（六九〇）には庚《こう》寅年籍《いんねんじゃく》*がつくられた。「戸令《こりょう》」によれば、戸籍は六年に一度つくられ、造籍年の十一月上旬より始めて、翌年の五月三十日までにつくり終えることとなっていた。班田収授はこれに基づき六年ごとに実施された。戸籍は同じものが三通作成され、一通は京職《きょうしき》*や国にとどめられ、二通が太政官に送られ、民部省*・中務省《なかつかさしょう》*に一通ずつ保管され、保存期間は三十年と定められていた。『正倉院文書』に、大宝二年（七〇二）の御野国《みののくに》戸籍のほかいくつか現存しているが、記載様式はそれぞれ異なっている。（相曽貴志）

計帳《けいちょう》　『日本書紀』大化二年（六四六）正月の大化改新詔*が初見であるが、その後「大宝令」に至るまで見えない。「戸令《こりょう》」によれば、京職《きょうしき》*や諸国は毎年六月三十日以前に部内の各戸から、各戸の戸口の姓名・年齢などを書きあげた手実《しゅじつ》を提出させることとなっていた。これを基礎資料として、京職や諸国では一定の書式に従って計帳を作成して、八月三十日までに太政官*に申送させた。令の規定による計帳は、手実と国帳《こくちょう》（目録とも呼ばれる）であるが、このほかに歴名《れきみょう》と称される文書もあった。これは手実と国帳の中間に位置する文書であるが、この歴名が目録とともに京進《きょうしん》されていたかどうかは議論がある。養老元年（七一七）に、新たに大計帳の書式が領下され、これまでの計帳の様式に整備・改訂が加えられた。これ以後、大計帳を略した大帳《だいちょう》という語が定着した。この大帳を京進する官人を大帳使または計帳使といった。『正倉院文書』には八世紀の計帳が現存しており、また『延喜式《えんぎしき》』には目録の書式についての詳細な規定が見られる。（相曽貴志）

租《そ》・庸《よう》・調《ちょう》　租は田の面積に応じて課されるもので、その起源は土地からの収穫物を初穂として、神に奉る農耕儀礼から転化し、大和朝廷時代は「タチカラ」となり、律令制下で租となったという考え方が有力である。「田令《でんりょう》」によれば、田一段につき稲二束二把《は》（不成斤《ふせいきん》）であったが、慶雲三年（七〇六）一束五把（成斤）に改定され、それ以後変化はなかった。税率も概して低かったことから、租税として大きな意味をもたなかったとする考え方もある。租の大部分は、国衙に収納され地方財源として活用された。

庸は「チカラシロ」と古訓され、大化改新詔*では采女や仕《し》丁《ちょう》の資養物とあり、労働力のために地方から貢上される財源であったとすることができる。「賦役令《ぶやくりょう》」によれば、正丁を一年のうち十日間歳役《さいえき》に徴発する代わりに、布二丈六尺を納めることとなっていたが（畿内は免除）、慶雲三年（七〇六）に半減された。こうして集められた庸は、八世紀以降中央で行われた造営事業の雇役の財源として大きな役割を果たした。

調は「ツキ」、「ミツキ」と古訓され、もともと朝廷に貢納するものであったと考えられ、大化改新詔にも田之調・戸別之調・調副物《そわつもの》の規定が見える。「賦役令」の規定には、絹・絁《あしぎぬ》・糸・綿・布などの繊維製品を中心に、調副物として鉄・鍬・塩のほか、様々な海産物（贄《にえ》）など、郷土の特産物の輸納が規定されており、次丁《じてい》は正丁《せいてい》の二分の一、少丁《しょうてい》（中男《ちゅうなん》）は四分の一を輸《いだ》すこととなっていた。一方、京および畿内の調は、すべて布であり、諸国の輸納量の半分とされていた。このほかに正丁は正調の三十分の一ほどの調副物が課されていた。調は京進され、官人の給与をはじめとして、様々な用途にあてられ、律令中央財政の大きな財源となっていた。（相曽貴志）

雑徭《ぞうよう》　雑徭の古訓は「クサグサノミユキ」であり、もともと天皇などの巡幸において奉仕する役に起源があり、地方豪族が独自に徴発してきた労役とは別であったと考えられており、「飛鳥浄御原《きよみはら》令」*において制度化された。「賦役令《ぶやくりょう》」には、一年に六十日以内と規定されており、さらに令の注釈書によれば、次丁《じてい》は三十日、中男《ちゅうなん》（少丁《しょうてい》）は十五日の雑徭が課されるとある。また「大宝令」の注釈書である『古記《こき》』には、その労役内容に関する詳細な例示が見えるが、それによれば道路・堤防・池溝・橋の新設・修理などがあげられており、律令国家の地方財政を支える重要な力役であった。雑徭は天平宝字元年（七五七）に藤原仲麻呂*によって三十日に半減されたが、この後、仲麻呂の没落に伴い六十日に戻されたらしく、延暦十四年（七九五）に再び三十日に半減された。以後、日数は改定されたりしたが、『延喜交替式《えんぎこうたいしき》』には諸国三十日、『延喜式《えんぎしき》』には左右京六日と規定されている。なお、奈良時代から平安時代にかけて、雑徭は徭・徭役と略称される例がみられる。
（相曽貴志）

出挙《すいこ》　大化前代より行われ、七世紀後半から八世紀初頭にかけて制度的に整備された利息付き貸借。「雑令《ぞうりょう》」の規定によれば、出挙には公出挙《くすいこ》と私出挙《しすいこ》があり、利息は複利計算を認めず、十割を限度とし、債務者に弁済能力がない場合には、債務者を役して負債を弁済させるとある。

公出挙は稲穀を毎年春夏の二度、穎稲《えいとう》で貸し出し、秋の収穫後に利息とともに回収される。利息は五割が原則であるが、三割に軽減された時期もあった。貯蔵される稲は、その成立や用途に合わせて正税《しょうぜい》や郡稲などに分けられて、それぞれ出挙されていたが、天平六年（七三四）から同十一年にかけて混合されるとともに、正税出挙に一体化されて大規模に運用されるようになり、財源として重要視された。その後、天平十七年（七四五）には国ごとの論定稲《ろんていとう》や公廨稲《くがいとう》の設置を見るなど整備され、完全に税制として位置づけられるようになった。論定稲は、毎年その国が出挙すべき正税の量を定めたものであり、これにより正税出挙が農民への強制貸付であったことがわかる。一方、公廨稲は、その利稲をもって正税出挙の未納などを補塡したうえで国司に配分したものであったが、のちには国司の得分と化した。九世紀に入ると、出挙の利稲を特定の用途にあてるために、国分寺稲など様々な雑稲が設置された。天平期の「正税帳」、「出挙帳」などに出挙の実態がうかがえるほか、雑稲などの数量の規定が、『延喜式《えんぎしき》』に見える。
（相曽貴志）

義倉《ぎそう》　備荒貯蓄のために、貧富の差に応じて粟《あわ》などを徴収して国衙の倉に保存する制度。「賦役令《ぶやくりょう》」の規定によれば、一位以下雑色人《ぞうしきにん》に至るまで、上々戸から下々戸の九等戸に分け、等級別に粟・稲穀・麦・豆を納めさせることとなっていた。しかし慶雲三年（七〇六）には、中々戸以上から徴収することとし、さらに霊亀元年（七一五）には、九等戸に分ける資産の基準額を改定し、負担すべき戸数の増加を図った。義倉は田租とともに徴収されたが、非常時に備える性格のものであったので、出挙*はされなかった。義倉の困窮者への支給については、『延喜式《えんぎしき》』に規定が見えるほか、その実態については、天平期の「義倉帳」が残されている。
（相曽貴志）

〔軍　制〕

軍団《ぐんだん》　律令制軍事組織の一つで諸国に置かれた兵団。律令軍団の成立は、はっきりしていないが、『日本書紀』持統天皇*三年（六八九）閏八月庚申条が、判断材料になる最初の記事。「養老令」軍防令の規定によれば、兵士は「同戸の内、三丁ごとに一丁を取れ」という方法で諸国の公民が徴発され、付近の軍団に配属される。軍団には、最大一千人の兵士が所属し、指揮官として大毅・少毅・主帳・校尉・旅帥・隊正などが置かれるが、その数は所属兵士数によって規定される。兵士は常勤ではなく十日交替で勤務し、そのうち弓馬に便なる者は騎兵隊、それ以外は歩兵とし、一部が衛士《えじ》*や防人《さきもり》*として京や辺境に送られる。有事には出征し、平時には倉庫・城隍などの修理、関などの守衛、天皇行幸時の護衛、外国使節の送迎、犯罪人の護送などに従事した。藤原仲麻呂*政権下で諸国軍団に対する支配体制は一段と強化。延暦十一年（七九二）陸奥・出羽・西海道諸国などの辺境の要地を除き廃止され、代わって建児制*が採用されると、形骸化し衰退していくこととなる。（堀井典子）

衛士《えじ》　古代において宮門・宮城の警備、京中の行夜、行幸時の護衛などにあたった兵士。諸国の軍団*のなかから交替で上京し、衛門府・左右衛士府に配属された。上京中は、課役が免じられ、役を終え帰京すると一年間国内上番が免除されるなどの規定があったが、一方で下番の日でも京より三〇里以外の地に行くことは禁じられ、父母の死にも帰京は許されなかった。勤務年限については、「大宝令」の規定では明らかでないが、長期勤務による弊害が生じていたと見られ、養老六年（七二二）に三年交替となり「養老令」の施行に至り一年交替となった。その後弱体化の一途をたどり、平安時代には軍事力としての価値はほとんど消滅する。（堀井典子）

防人《さきもり》　古代九州を中心とする地域に置かれ、西海の辺防にあたった兵士。大化二年（六四六）の大化改新の詔*に設置記事が見られるが、実際は天智天皇二年（六六三）の白村江の戦い*での敗戦以後、西海の辺防の強化のため置かれるようになったと思われる。大宝元年（七〇一）「大宝令」*で軍団兵士制の確立とともに、諸国軍団兵士の派遣を規定。兵部省*の支配下にあり、出身国の国司に率いられて津に至り、津からは専使に部領され大宰府*に向かう。大宰府では防人司の管下で部署を守備するほか、食料田を与えられ自給する。勤務は三年間で、十日に一日の休暇があり、任所は三カ月ごとに交替。帰国後三年間は兵士としての国内上番は免除。防人の出身地については、令に規定はないが、東国兵士によって編成されていたと思われる。天平宝字元年（七五七）には、東国防人の負担が重いことから廃止し、以後九州からの徴発となる。その後延暦二十三年（八〇四）に防人制廃止。『万葉集』*の防人歌は、率直な歌いぶりで真情味溢れる歌が多い。（堀井典子）

（三）　奈良時代の政治と社会

平城京　元明天皇は即位後まもなく新都の造営を始め、和銅三年（七一〇）三月平城京*に遷都した。壮麗な都城は律令国家の権威を示すものであった。平城京は、正北に大《だい》内裏《だいり》を据え、諸官庁や貴族の邸宅、それに寺院を中心とする政治的都市であった。左右両京に設けられた東・西市も市司《いちのつかさ》によって監督される国営市場で、律令体制を支える交易の場であった。和銅元年（七〇八）の和同開珎《わどうかいちん》の鋳造も、ただちには交換経済発達の所産と見ることはできない。

奈良時代の政治状況　壬申の乱*後、天武天皇*の皇子が相ついで知太政官事に任命されて皇親政治*が展開するが、一方では、大化以来の功臣藤原氏の勢力が台頭し、皇親と藤原氏の対立は長屋王事件*を生んだ。光明皇后*を立てることにより藤原氏の勢力は確立したかにみえたが、武智麻呂《むちまろ》・房前《ふささき》・宇合《うまかい》・麻呂《まろ》の四兄弟が相ついで疫病でたおれ、橘《たちばなの》諸兄《もろえ》*、玄昉《げんぼう》*、吉備真備《きびのまきび》*による政治が展開する。天平十二年（七四〇）の藤原広嗣《ひろつぐ》の乱*はまもなく鎮圧されたが、政情は不安定で、相ついで遷都が行われ、人心は安定しなかった。東大寺*の大仏造立は、こうした社会不安を除き、国家の隆盛を祈願したものとみられている。光明皇太后のもとで藤原仲麻呂*が進出して勢威を振るったが、ついで孝謙上皇（称徳天皇）のもとで道鏡*が台頭すると、仲麻呂は反乱を起こして討たれた。しかし、道鏡も称徳天皇の死とともに失脚し、藤原氏によって都から追放された。

天皇が律令から超越した存在であったことは、整備された官僚組織とは別に、特定の個人や氏族が天皇を利用して政治権力を拡大することを可能にした。奈良時代の政治過程は、このような天皇制と律令制の関係をよく示している。

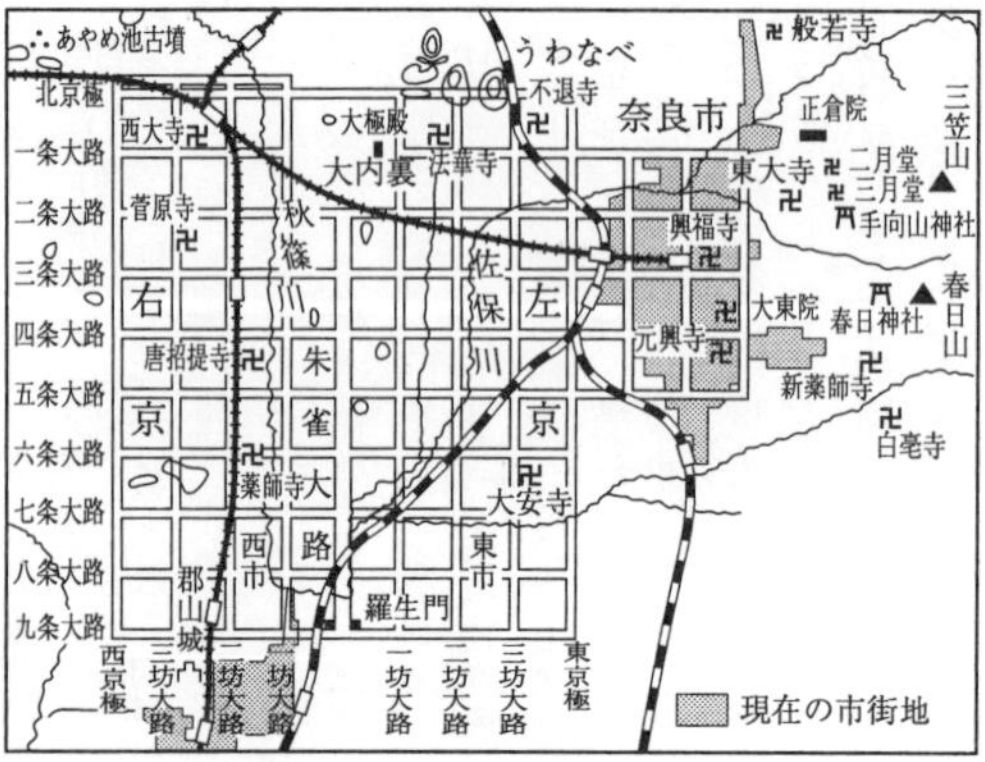

平城京

田地の荒廃と再開発　律令政府は、三世一身法*や墾田永年私財法*を公布して開墾を積極的に進めようとしたが、その狙いはむしろ荒廃田の再開発にあったように思われる。しかし結果的には、貴族・寺社の私有地拡大を公認することになった。一方、過重な負担にあえぐ農民は、課役を逃れるために逃亡して貴族・豪族のもとに走り、開発の労働力を形成した。農民の逃亡は口分田の荒廃を招き、律令国家の基礎をなす土地・人民掌握の体制は、ようやくその矛盾をあらわにし始めたのである。

（阿部　猛）

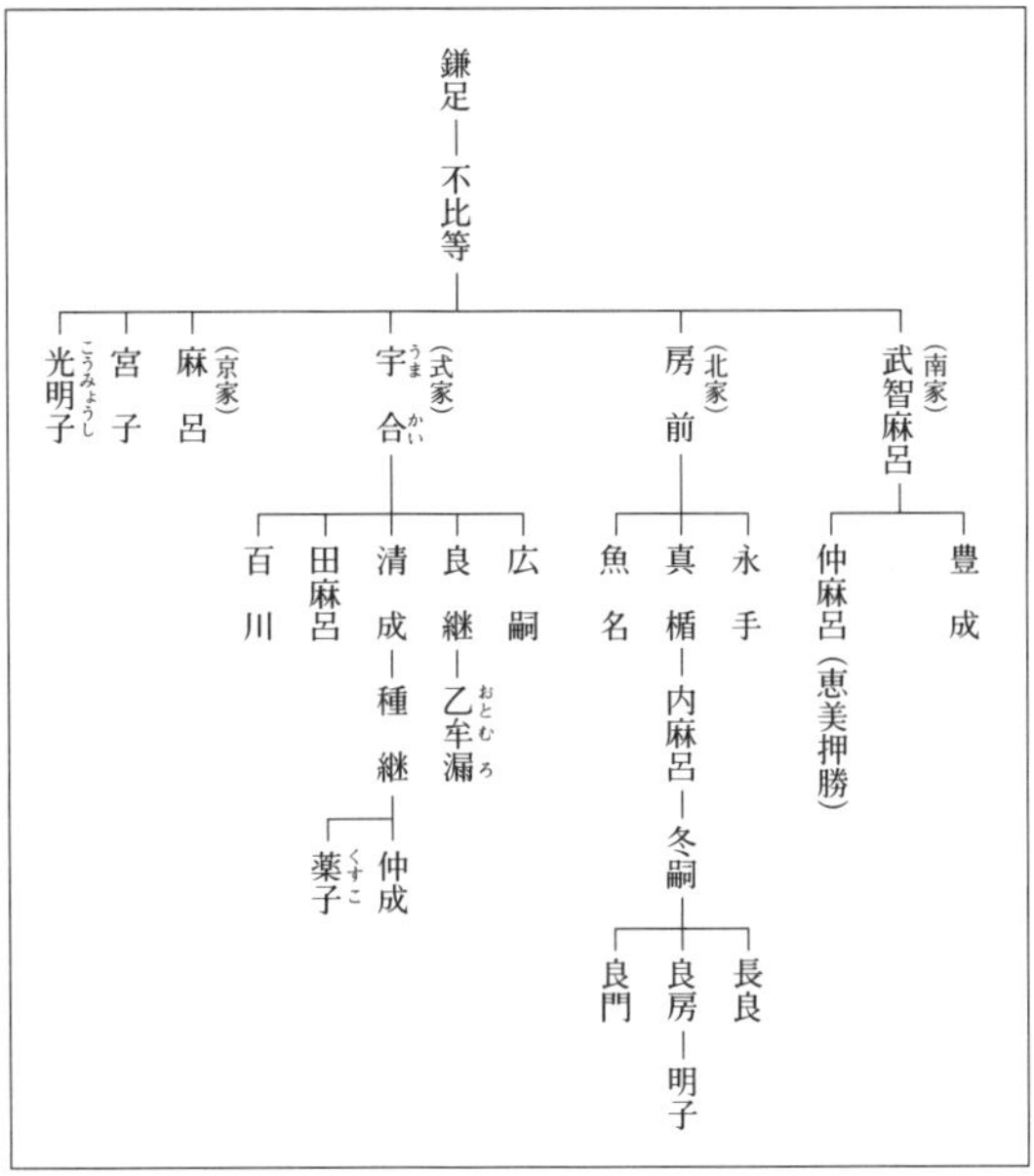

藤原氏系図

〔宮都の造営〕

平城京《へいじょうきょう》　奈良時代の宮都。和銅元年（七〇八）、元明天皇は藤原不比等《ふじわらのふひと》らの進言をいれて平城遷都の意志を詔し、造宮卿《ぞうぐうきょう》に大伴手拍《おおとものたうち》、造平城京司長官に阿倍宿奈麻呂《あべのすくなまろ》らを任命、造営が開始された。また同三年には遷都が正式に宣せられた。その理由としては、藤原京*よりも交通が便利な土地を求めたことや、藤原京が狭くなってきていたことなどがいわれるが、最近、藤原京も従来考えられたよりも広大であったとみなされるようになり疑問が残る。

京は東西四・三キロ、南北四・八キロで、南に正門として羅城門をもうけ、下《しも》ツ道を広げた幅七〇メートルの朱雀大路《すざくおうじ》をはさんで、東に左京、西に右京、東西方向に北より一条から九条までの大路、南北方向には左右京各一坊から四坊までの大路を通し、九条八坊に区画する。それに左京東辺に二条から五条に各三坊の外京《げきょう》と、右京の北に北辺坊と呼ばれる街がついていた。一坊は一辺五三三メートルで、これをさらに東西、南北各三本の小路で十六分割し、坪（広さを表すときは町という）と呼んだ。北中央部には内裏《だいり》、大極殿《だいごくでん》・朝堂院・八省の役所などが集まる平城宮がある。左右京は、左《さ》・右京職《ゆうきょうしき》が管轄し、四坊ごとに坊令《ぼうれい》、各坊には坊長が置かれ、坊内の監督、収税などを行った。街には八町の邸第を構えた藤原仲麻呂*、四町の長屋王《ながやおう》のように広大な邸宅を営む貴族、三十二分の一・六十四分の一町に住む役人から庶民まで、人口は約十万人を数えたといわれる。延暦六年（七八七）長岡遷都後、晩年を過ごした平城上《へいぜいじょう》皇《こう》が天長元年（八二四）に没すると急激に田畑化していった。

（木本好信）

恭仁京《くにきょう》　奈良時代中期に山背国相楽郡恭仁郷《やましろのくにさからかぐんくにごう》に営まれた宮都。天平十二年（七四〇）、右大臣橘諸兄《たちばなのもろえ》*が聖武天皇《しょうむてんのう》*に自分の本拠地である現在の京都府相楽郡加茂町例幣に遷都することを主唱。翌年には造宮卿《ぞうぐうきょう》に智努王《ちぬおう》らを任命し、大養徳《やまと》・河内・摂津・山背四国の役夫五千五百人を動員し造営にあたらせた。五位以上の官人を強制的に平城京*から移住させ、平城の二市も遷すなどした。また賀世山《かせやま》の西道より東を左京、西を右京として、藤原仲麻呂*らをして百姓の宅地を班給させたりもした。同十五年ごろにはほぼ完成し、大養徳恭仁大宮《やまとのくにのおおみや》と名づけられたものの、同十七年に平城京への遷都が決定すると、宮都の機能は停止し荒廃した。同十八年、大極殿は山背国国分寺に施入された。（木本好信）

紫香楽宮《しがらきのみや》　奈良時代中期に近江国甲賀郡にあった宮都。甲《こう》賀宮《がのみや》ともいい、信楽宮《しがらきのみや》とも書く。天平十四年（七四二）恭仁《くに》造宮卿《ぞうぐうきょう》智努王《ちぬおう》を造離宮司《ぞうりきゅうし》に任じ、造営が始まったことから恭仁京*と深い関係を有する。聖武天皇《しょうむてんのう》*はたびたび行幸《ぎょうこう》し、翌年ここに大仏造立を宣し、元正上皇《げんしょうじょうこう》も難波京《なにわきょう》から移った。同十七年には新京とされ、大安殿など主要部分は完成していたものの、宮周辺の山々が放火されるなどして情勢が不穏となり、平城京*遷都を契機として荒廃した。その場所については、信楽町牧と黄瀬《きのせ》にまたがる通称内裏野が国の史跡の指定を受けているが、平成六年（一九九四）北方一・五キロにある宮町遺跡《みやまちいせき》から「造大殿所」との木簡《もっかん》が発見され、宮の範囲は、ここを主要部として史跡・宮町遺跡を含んだ広い地域であることが推測されるようになった。（木本好信）

〔辺境と外交〕

多賀城《たがじょう》　宮城県多賀城市市川・浮島にあった古代の城柵・役所。『続日本紀』によれば、天平九年（七三七）に多賀柵として初見する。昭和三十八年（一九六三）から始まった発掘の成果によって、多賀城碑文が信じられるとの認識から、大野東人《おおのあずまひと》によって神亀《じんき》元年（七二四）に建置されたとするのが一般的である。天平宝字《てんぴょうほうじ》六年（七六二）藤原朝狩《ふじわらのあさかり》によって修造されたものの、宝亀《ほうき》十一年（七八〇）、伊治呰麻呂《いじのあざまろ》の攻撃によってすべて焼亡《じょうぼう》したこともあった。延暦二十一年（八〇二）までは鎮守府《ちんじゅふ》が置かれ、奈良時代を通して蝦夷《えみし》*征伐の軍事拠点となった。また陸奥国府《むっこくふ》の役所としての機能も果たす一方で、陸奥《むっ》出羽按察使《でわあぜち》も置かれたことから、東北全体の政治拠点ともなっていた。鎌倉時代には陸奥留守職が置かれ、南北朝時代には激しい攻防の場となるなど、古代から中世にかけて東北の軍事政治の中心でもあった。発掘の結果、東西約九〇〇メートル、東辺約一〇〇〇メートル、西辺六六〇メートルで、周囲には築地塀、中央には南北約一五〇メートル、東西約一二〇メートルの政庁などがあって、八世紀前半から十世紀半ばにかけ四期にわたる遺構変遷が確認された。（木本好信）

遣渤海使《けんぼっかいし》　奈良時代前期から平安時代初期にかけて渤海に派遣された国使。渤海は高句麗《こうくり》人が周りの靺鞨《まっかつ》人を支配下において六九八年に成立したが、半島に勢力をもった新羅《しらぎ》*とは対立し、そのために日本との同盟を必要とした。よって渤海は神亀《じんき》四年（七二七）高斉徳らを派遣してきたが、翌年、その送渤海客使《そうぼっかいきゃくし》として引田虫麻呂《ひけたのむしまろ》が任じられたのが遣使の最初である。その後天平十二年（七四〇）から弘仁二年（八一一）まで都合十三回使節が派遣されたが、そのうち第三回の天平宝字二年（七五八）、第五回の同五年、第十一回の延暦十七年（七九八）の三回以外はすべて送使であって、渤海が積極的なのに比べて日本の消極的なことが指摘できる。しかし、藤原仲麻呂《ふじわらのなかまろ》*政権下では新羅征討の計画もあって遣使はさかんで、天平宝字二年から同七年まで四回も派遣されている。出発から帰国までは平均一年弱ほど費やしている。渤海からは毛皮・人参・蜂蜜などがもたらされ、日本からは絹・綿・水銀・漆などが交易品となった。日本からの派遣は弘仁二年をもって廃絶したが、渤海からは国が滅亡する直前の延喜十九年（九一九）まで三十四回の使節が来日した。（木本好信）

遣新羅使《けんしらぎし》　天武《てんむ》朝から奈良時代にかけて新羅*に派遣された国使。正式な外交儀礼のために国使を新羅に恒常的に派遣するようになったのは、百済《くだら》*をめぐっての国交断絶を経て新羅が朝鮮*半島を統一し、国交が回復してからである。第一回の天武天皇四年（六七五）には大伴国麻呂《おおとものくにまろ》を大使として派遣、その後天武朝・持統《じとう》朝に各三度、文武《もんむ》朝、元明《げんめい》・元正《げんしょう》朝、聖武《しょうむ》*朝に各四度、孝謙《こうけん》朝に二度、そして光仁《こうにん》朝に一度の都合二十二回派遣している。使節の構成については明確ではないが、第一回を除いては、第八回文武天皇四年（七〇〇）から第十回の慶雲元年（七〇四）の使節までは、大使・小使・大少位・大少史の四等官制*であったらしい。第十一回の同三年からは大使・副使・大判官・少判官の四等官制となった。出発から帰国までは平均で約八カ月を要しており、長期間のものでは第五回のように満二年も費やした使節もあった。日唐関係回復前は文物制度移入などに重要な意味をもったが、第二十一回の天平勝宝五年（七五三）以降、藤原仲麻呂*政権下では新羅征討の議が起こったりして関係が悪化、二十六年間中断し、ついに宝亀十年（七七九）を最後に廃絶した。（木本好信）

〔政治抗争〕

長屋王事件《ながやおうじけん》　天平元年（七二九）二月、藤原氏の陰謀で左大臣長屋王が排除された事件。天武天皇*の孫で高市《たけち》皇子の嫡男長屋王は、藤原不比等死後の政局を担当、神亀元年（七二四）聖武天皇*即位で正二位左大臣となり、聖武の生母藤原宮子に、令制にない大夫人の尊称を奉った勅を問題にして、その存在を示威することになった。同四年聖武天皇の夫人光明子に皇子が誕生、ただちに皇太子に立てられたが、翌年夭逝、この年に嬪《ひめ》県犬養広刀自《あがたいぬかいのひろとじ》が安積親王を生んだ。分家していた不比等の四子は結束して安積の立太子を阻止し、皇嗣権と藤原氏の権勢を確保する策として光明子の立后を企てた。しかし、皇族以外の皇后は令制にないことから皇嗣権をもつ長屋王がまた問題にするだろうと判断し、王は左道を学んで国家を傾けようとしていると誣告《ぶこく》させた。その夜のうちに平城左京三条二坊の邸宅は衛府の兵に囲まれ、二日後の十二日に王は自殺した。同居していた正室で文武・元正天皇の妹吉備内親王、嫡男膳夫王とその弟らもともに自殺した。その六カ月のち、光明子は皇后に立てられた。（中川　収）

聖武天皇《しょうむてんのう》　（七〇一―五六）　第四十五代、在位七二四―四九。文武天皇の皇子で母は藤原宮子。諱は首《おびと》、法名勝満《しょうまん》。皇后は藤原不比等の三女光明子《こうみょうし》。和銅七年（七一四）立太子、神亀元年（七二四）元正天皇から譲られて即位した。同四年夫人光明子に皇子誕生、ただちに皇太子としたが翌年夭逝、これを要因とする長屋王事件*が起こったあと、天平元年（七二九）光明子を皇后に立てた。さらに同十年皇后所生の阿倍内親王を先例にない皇太子とした。同十二年藤原広嗣の乱*に動揺して平城京*を離れ、以来都を恭仁《くに》、難波《なにわ》、紫香楽《しがらき》へ遷す彷徨の五年間を過した。その間、仏教へ傾斜して国家鎮護のための国分寺の建立、盧舎那《るしゃな》大仏造顕を発願、それに国力を注いで華やかな天平文化の盛期を出現させたが、反面民力の疲弊もはなはだしかった。天平感宝元年（七四九）陸奥国産金を大仏に謝し、自らを三宝の奴として出家、阿倍内親王に譲位した。天平勝宝六年（七五四）来朝した唐僧鑑真*から受戒、同八年五月、五十六歳の生涯を終えて、佐保山南陵に葬られた。（中川　収）

光明皇后《こうみょうこうごう》（七〇一―六〇）聖武天皇*の皇后。藤原不比等の三女、生母は県犬養　橘三《あがたいぬかいのたちばなのみ》千代《ちよ》で安宿媛《あすかべひめ》という。皇太子首《おびと》皇子の妃となり、阿倍内親王（のちの孝謙・称徳天皇）を生む。首皇子の即位により聖武天皇夫人となって皇子を生み、ただちに皇太子とされたが、二歳で夭逝した。これを要因として起こった長屋王事件*のあと、天平元年（七二九）臣下として異例の皇后に立てられた。幼いころから聡敏で、その美しさが光り輝くようだということで光明子*といわれ、光明皇后と称された。仏教に深く帰依して氏寺興福寺*の建設や写経事業、さらに悲田・施薬両院を設けるなど社会事業にも励み、国分寺・東大寺*の創設にも深くかかわりをもった。聖武の退位で皇太后として紫微中台を設置、藤原仲麻呂*を長官に信任して孝謙天皇の政治を委ねた。来朝した唐僧鑑真*から聖武・孝謙とともに戒を受け、天平勝宝八年（七五六）聖武が崩じたので、その遺愛の品々を東大寺大仏に献じた。淳仁天皇の天平宝字四年（七六〇）六月、六十歳で崩じ、聖武と並べて佐保山東陵に葬られた。（中川　収）

橘　諸兄《たちばなのもろえ》（六八四―七五七）奈良時代中期の公卿。敏達*天皇四世孫美努《みぬ》王の子、母は県犬養　橘三《あがたいぬかいのたちばなのみ》千代《ちよ》で光明皇后の異父兄。葛城《かずらぎ》王と称した。和銅三年（七一〇）無位から従五位下に叙せられ、天平三年（七三一）左大弁で参議となる。同八年母三千代が賜わった橘宿祢の氏姓を継ぐことを許されて臣籍に降下、諸兄と称した。同九年天然痘の流行で廟堂の人を失い、大納言に任ぜられて、その首席に就き、翌十年右大臣に進んで政治を領導した。唐から帰国した僧玄昉*、吉備真備《きびのまきび》*を重用したことから、同十二年藤原広嗣が九州で反乱、それが聖武天皇*の東国行幸の契機になったが、諸兄の誘いで恭仁《くに》に遷都した。以来五年、都は難波《なにわ》から紫香楽《しがらき》へ遷る。この間、左大臣へ昇ったものの、光明皇后が信任する藤原仲麻呂*の進出が著しく、同十七年の平城遷都の段階で政治の実権を失った。天平勝宝七年（七五五）聖武太上天皇病臥のとき、飲酒の席で不遜の言辞があったと告げられ、聖武の優容があったが辞任した。天平宝字元年（七五七）正月、失意のまま七十四歳で生涯を閉じた。（中川　収）

吉備真備《きびのまきび》（六九五―七七五）奈良時代中・後期の公卿。旧氏姓は下　道朝臣《しもつみちのあそん》。留学生として入唐、経史をはじめ衆芸に通じ、その名は唐の朝廷においても知られていた。在唐十七年に及び天平六年（七三四）に帰国、典籍要物類多数を献上した。橘諸兄*に重用されて藤原広嗣の乱*の要因となったが、その学識をもって東宮学士から東宮大夫に昇任、のちの孝謙天皇の信頼を固めた。政権が藤原仲麻呂*へ移ると地方へ遷され、再度入唐もするが、仲麻呂の乱で召されて軍務を参謀、その功を機に称徳・道鏡*政権下で右大臣にまで昇進した。称徳天皇崩後の皇嗣擁立抗争に敗れて辞職、宝亀六年（七七五）十月八十三歳で生涯を閉じた。著書に『私教類聚』がある。（中川　収）

玄昉《げんぼう》（?―七四六）奈良時代中期の僧。阿刀《あと》氏の出で義淵《ぎえん》に師事。入唐して法相を学び、玄宗の尊敬を受け、三品に準じて紫の袈裟の着用を許されたという。在唐十七年で天平六年（七三四）帰国、諸仏像と経論五千余巻をもたらし、これが光明皇后*発願の写経「五月一日経*」となった。同九年僧正に任ぜられて内道場へ入り、聖武天皇の生母藤原宮子の看病に成功して信頼を確得、崇仏の気運に乗じて、この時期の仏教政策に深いかかわりをもった。橘諸兄*にも重用されて藤原広嗣の乱*の要因ともなったが、政権が藤原仲麻呂*へ移った同十七年、筑紫観世音寺別当に左遷、翌年六月配所で没した。広嗣の乱の残党に殺害されたとも伝えられている。（中川　收）

藤原広嗣《ふじわらのひろつぐ》の乱《らん》　天平十二年（七四〇）九月、僧玄昉《げんぼう》*と吉備真《きびのまき》備《び》*を朝廷から除くことを理由に大宰少弐広嗣が起こした反乱。不比等の孫で武家宇合《うまかい》の嫡男広嗣は、天然痘の流行で壊滅状態におちいった藤原氏の権勢挽回の意が急進で大宰少弐に遷されたが、時の政治の得失を指摘、災異の起こる原因である君側の二人を除くことを求める上表をなし、西海道諸国から一万を越える兵を動員した。政府は参議大野東人を大将軍に任じ、勅使と一万七千の兵を派遣、広嗣軍が拠る豊前の三カ所の鎮営を攻略した。動揺した広嗣軍からの投降者は相ついだが、両軍が板《いた》櫃河《びつがわ》で対峙中、忠臣を自認する広嗣の、勅使との応酬で返答に窮したことを契機に総崩れとなった。西へ走った広嗣はそのまま海上へ出たが風向きが変わり、出発地へ逆戻りして逮捕、弟とともに斬られて二カ月に及ぶ内乱は終わった。この間、血縁の強い藤原氏の反乱で動揺した聖武天皇*は、東国へ行幸、そのまま都を恭仁《くに》、難波《なにわ》、紫香楽《しがらき》へ遷すという彷徨の五年間を引き起こし、各方面に大きな影響を与えることになった。（中川　收）

藤原仲麻呂《ふじわらのなかまろ》（七〇六―六四）　奈良時代中期の権臣。武智麻《むちま》呂《ろ》の二男。恵美押勝《えみのおしかつ》ともいう。若くして算を学び、天平六年（七三四）従五位下に授爵、民部卿《みんぶのきょう》を経て同十五年従四位上に進み、参議《さんぎ》に左京大夫を兼ねた。同十七年近江守《おうみのかみ》となり、同国に基盤を築く一方、同十八年式部卿《しきぶのきょう》に任じ、従三位《じゅさんみ》に昇叙して徐々に政治力を増した。天平感宝元年（七四九）大納言、天平勝宝元年（七四九）に光明皇后《こうみょうこうごう》*の皇后宮職を拡大した紫微《しび》中台《ちゅうだい》の長官紫微令《しびれい》に就任して、光明皇后の信任を得て左大臣橘諸兄《たちばなのもろえ》*に対抗した。天平宝字元年（七五七）には内外の諸兵事を掌る紫微内相《しびないしょう》となり、橘奈良麻呂《たちばなのならまろ》と大伴《おおとも》・佐伯《さえき》・多治比《たじひ》氏らを中心とする反対勢力を一掃、右大臣を改名した太保《たいほ》に就任し、淳仁《じゅんにん》天皇を擁立するなどして政治権力を確立した。同四年には従一位、そして太政大臣である太師《たいし》に補され、同六年には正一位に昇り、位人臣を極めた。その間、問民苦使《もみくし》・巡察使の発遣、国司任期の六年への延長、常平倉と平準署の創設、雑徭*の半減など百姓負担の軽減策をとる一方で、祖父不比等・父武智麻呂の遺志をついで雄勝《おがち》・桃生《もむのふ》両城の築城など東北制圧をも積極的に推進した。しかし同四年光明皇太后の崩御を契機に政権基盤がゆらぐようになり、新羅《しらぎ》*征討・保良《ほら》造宮など独断的政策もあって官人の離反を招き、同六年孝謙上皇《こうけんじょうこう》との不和をきっかけとして、いっそうの律令制官人機構の掌握につとめ、上皇に対抗しようとしたが、同八年九月に謀反が発覚、越前に逃亡の途中近江国勝野鬼江で斬首された。（木本好信）

橘奈良麻呂《たちばなのならまろ》の乱《らん》　奈良時代中期におきた橘奈良麻呂を中心とした謀反事件。天平宝字元年（七五七）、父左大臣諸兄《もろえ》*を亡くした奈良麻呂は、聖武天皇*の皇位継承をめぐって、天平十七年（七四五）からいだいてきた藤原氏との対決に踏み切る。奈良麻呂は佐伯・大伴両氏の協力も求め、自宅・図書蔵辺の庭、太政官院庭と三度の会合をするなどして、*光明皇后《こうみょうこうごう》の支持のもとに政治的発言力を増してきた藤原仲麻呂を殺害し、大炊皇《おおいこう》太子《たいし》を退け、光明皇太后を傾け、孝謙《こうけん》天皇を廃帝にし、成功ののちには黄文《きぶみ》・道祖《ふなど》・安宿《あすかべ》・塩焼《しおやき》の四王中より選んで新帝に立てるとの計画をたてて実行に移さんとした。この不穏な空気を察知した光明皇后は塩焼王らに警告し、事を収拾しようとしたが、その陰謀は上道斐太都《かみつみちのひだつ》・巨勢堺麻呂《こせのさかいまろ》らの密告によって露見し、これを契機として反対勢力を一掃しようとの仲麻呂の意図のもとに厳しい訊問が行われた。結果、奈良麻呂をはじめ黄文王・道祖王・大伴古麻呂《おおとものこまろ》・小野東人《おののあづまひと》・多治比犢養《たじひのこうしかい》・賀茂《かもの》角足《つのたり》らは杖下に死んだ。また安宿王は佐渡に、信濃守佐伯大《さえきのおお》成《なり》・土左守大伴《おおとものこ》古慈斐《しび》らも任国配流になるなどして、その与党は縁坐を含めて四百四十三人にのぼったという。この事件の鎮圧によって、仲麻呂は専権を掌中にし、政権は確立した。（木本好信）

道鏡《どうきょう》（?—七七二）　奈良時代後期の僧。河内国若江郡の人。俗姓は弓削連《ゆげのむらじ》。天平十九年（七四七）東大寺写経所《しゃきょうしょ》の請経使《しょうきょうし》となって、良弁《ろうべん》のもとに赴いたのが史料の初見で、このときは沙弥《しゃみ》と見える。その後、梵文《ぼんぶん》を学び内道場に入り禅師《ぜんじ》となったらしい。天平宝字五年（七六一）孝謙上皇《こうけんじょうこう》が保良宮《ほらのみや》に居たとき侍してより寵幸されるようになり、これを危惧した淳仁天皇《じゅんにんてんのう》が上皇を諫めたことから上皇と天皇に不和が生じたという。同七年には少僧都《しょうそうず》となって綱政に参加し、藤原仲麻呂*の乱後の同八年には大臣禅師に任じ、職分封戸《ふこ》は大臣に准じた。天平神護元年（七六五）には太政大臣禅師を授けられ、文武百官の拝賀を受けるまでになった。同二年には隅寺《すみでら》の毘沙門像より仏舎利《ぶっしゃり》が現れたが、このことを契機に法王《ほうおう》の地位にのぼり、その月料は天皇に准じるとされた。同三年宇佐八幡の神託を利用し、皇位をも望んだが、和気清麻呂《わけのきよまろ》*にはばまれ、宝亀元年（七七〇）称徳女帝《しょうとくじょてい》（孝謙上皇）が西宮に崩じ、白壁王《しらかべおう》が皇儲《こうちょ》となるや、造下野国薬師寺別当《ぞうしもつけのくにやくしじべっとう》に退けられ、同三年下野国で死去した。（木本好信）

藤原百川《ふじわらのももかわ》（七三二—七七九）　奈良時代後期の公卿。雄田麻呂《おだまろ》ともいう。宇合《うまかい》の八男。母は久米若女《くめのわかめ》。天平宝字三年（七五九）従五位下に授爵、同七年智部少輔《ちぶしょうふ》、天平神護二年（七六六）山陽道巡察使となり、神護景雲元年（七六七）右兵衛督《うひょうえのかみ》に侍従《じじゅう》・内匠頭《たくみのかみ》・武蔵介《むさしのすけ》を兼任、同二年には中務大輔《なかつかさのだいふ》*に左中弁《さちゅうべん》・内匠頭・武蔵守を兼ねている。同三年には道鏡事件で配流となった和気清麻呂《わけのきよまろ》*に封戸《ふこ》二十戸を送る一方で、道鏡にも信頼されたようで、弓削宮《ゆげのみや》造営にかかわり、河内守・河内大夫にも任じられたりもしている。宝亀元年（七七〇）称徳天皇《しょうとくてんのう》が不予となると、その皇位継承をめぐって右大臣吉備真備《きびのまきび》*が擁立しようとした文室浄三《ふんやのきよみ》・大市《おおち》兄弟らに対抗して、兄良継《よしつぐ》らと謀って強引に天智天皇孫の白壁王《しらかべおう》を立てるのに成功した。その後は内豎大輔《ないじゅだいふ》・越前守・右大弁などを歴任し、実務派官人として活躍。同二年参議《さんぎ》となり、良継が内臣、田麻呂*が参議・兵部卿《ひょうぶのきょう》となっていたのに加えて、三兄弟で太政官の枢要職を占め、式家体制を確立した。同三年には巫蠱《ふこ》事件によって井上皇后《いのうえのこうごう》・他戸皇太子《おさべこうたいし》の廃后・廃太子を画策し、山部親王《やまべしんのう》（桓武天皇《かんむてんのう》*）を皇太子に擁立することをなしとげるなど、奈良時代末期の皇位継承に深くかかわり政治史に重要な役割を果たした。（木本好信）

和気清麻呂《わけのきよまろ》（七三三—九九）　奈良時代の官人。備前国藤野郡の人。乎麻呂の子。姉広虫《ひろむし》とともに称徳《しょうとく》天皇に仕え、右兵衛少尉《うひょうえのしょうじょう》を経て天平神護元年（七六五）勲六等を授けられ、姓を藤野別真人《ふじのわけのまひと》から吉備藤野和気真人《きびのふじのわけのまひと》に改めた。同二年には従五位下に授爵し、近衛将監《このえのしょうげん》に任じ、神護景雲三年（七六九）には、さらに輔治能真人《ふじのまひと》に改姓している。またこの年には大宰主神《だざいのかみづかさ》習宜阿曽麻呂《すげのあそまろ》が宇佐八幡の神教と称して道鏡*を皇位につければ天下太平となるといったことが起こった。清麻呂は称徳天皇に召されて九州へ下向して神教の再確認を命じられるが、その出発の際の道鏡からの大臣の職を約束する懐柔を退け、帰京後天皇には皇儲をたて道鏡を除く神託を奏上した。よって、清麻呂は本官を解任され因幡員外介に貶《おと》され、さらに大隅国に配流、名も別部穢麻呂《わけべのきたなまろ》と改めさせられた。しかし宝亀元年（七七〇）称徳天皇が崩じ光仁《こうにん》天皇が即位すると、勅により許され入京した。同五年和気朝臣を賜り、延暦二年（七八三）摂津大夫に任じられ、同三年には長岡京*造営の功績により従四位上、のち中宮大夫・民部大輔を兼任しつつ、潜かに桓武《かんむ》天皇*に遷都を上奏し、同十五年ごろには平安京*の造宮大夫にも任じられている。（木本好信）

〔**土地開発の進展**〕

郷戸《ごうこ》**・房戸**《ぼうこ》　戸令に五十戸で一里をなすと定められているような、里*を構成する戸を郷戸と呼ぶことがある。また、霊亀元年（七一五）から天平十一年（七三九）ないしはその翌年までの間の郷里制の施行下では、それまでの一戸の内部に、その成員をおよそ十人くらいずつに分けて収容していく新たな小戸が、各二、三戸程度設けられ、結果的に戸が重層化したため、その小戸を房戸、おのおので房戸を包含して、五十戸で郷を構成していくことになった戸を郷戸と呼称し、互いを区別した。さらに、郷里制が廃されて郷制に移り、房戸が郷戸のなかに解消して戸が一元化されてからあとも、その戸を郷戸と呼ぶことがある。史料上の例として、養老五年（七二一）下総国葛飾郡大嶋郷戸籍の「郷戸合伍拾里三二」、天平十二年（七四〇）遠江国浜名郡輸租帳の「新居郷官戸壹伯壹拾伍拾、郷戸陸拾、房戸」などがある。籍帳などに見る郷戸は、老若男女平均して二十名前後で編成されている大家族風の集団である。房戸も郷戸同様だが相対的に規模の小さい集団である。また、両者ともに奴婢や血縁関係の薄そうな者を加えている場合がある。さらに、『令集解*』賦役令水旱条《ふやくりょうすいかんじょう》の釈文に「一戸内口、或損或得」と記すものがあり、郷戸内には、おのおので別個に収穫物を集約するような、複数の個別農業経営単位が存在することがあったと考えられる。そのような郷戸内の個別経営単位を房戸の実態に想定することもできよう。（和歌森民男）

浮浪人《ふろうにん》　律令制下、不法に戸籍*上の本貫を離れて他所にある者。公民が本貫地を離れること自体は、調庸運脚・兵士役などの課役の負担上などからいくらもありえたが、それとは違って、たとえば課役を免れる目的で本貫から逃げ他所にあるような者を、浮浪ないしは浮浪人と呼んだ。本貫では、当地を去ったこのような者を、計帳上に「逃」と注記し、逃亡者として扱った。神亀三年（七二六）の山背国愛宕郡出雲郷雲上里計帳《やましろのくにおたぎぐんいづもごううんじょうりけいちょう》などにその例がある。「戸令」戸逃走条では戸や戸口の逃亡に関して、五保や同戸による捜索および調庸の代輸、三年ないし六年で見つからなければ計帳から除くことなどを定めている。浮浪人の発生は調庸の収取を困難にさせるものであったから国家による追及も厳しかった。「捕亡律」には里長がこれを部内に匿ったり黙認した場合の罰則がある。他方、浮浪人帳を設けて浮浪人を浮浪先で掌握しなおす「当処編附」策が、霊亀元年（七一五）に始まり八世紀末までには定着した。しかし、律令国家のこうした対応にもかかわらず、浮浪人の私的な経営あるいは浮浪人を寄住させての王臣家・寺社による荘園経営が発達、それは律令制を崩壊させる要因となった。（和歌森民男）

百万町歩開墾計画《ひゃくまんちょうぶかいこんけいかく》* 『続日本紀』養老六年（七二二）閏四月二十五日条の太政官奏にある良田開墾計画。農耕を奨励し、穀物を蓄積し、水害や旱魃に備えるため、所司に委任して、人夫を徴用し、良田百万町歩を開墾するというもの。身役は十日を限り、食料を支給、用具は官物を貸与し、秋収後につくり備えさせるとする。賞罰の定めもあり、国郡司がただちに開墾に着手しない場合には解任、百姓がよく開墾し、三千石以上収穫すれば勲六等を賜い、一千石以上で課役の免除ないし勲一転を加える。しかし受賞後に怠ればもとに戻すなどとしている。全四条からなるこの日の官奏では、他条で陸奥管内の施策を提示している関係から、本開墾計画にかかわる対象地域も同じく陸奥管内であるとする説と、百万町歩は当時の全国の田積を上回る規模で、それだけの開墾計画は一地域に限定されたものではないとする説とがある。また、良田として求められている田に、水田ばかりではなく陸田が含まれるか否かについても、説が分かれている。（和歌森民男）

三世《さんぜ》**一身法**《いっしんほう》 養老七年（七二三）四月十七日、太政官*奏に基づいて出された開墾田についての法令。「近年、人口が増加して、田は不足し、水利の便もよくなくなってきている。そこで、全土に呼びかけて開墾をさせよう。その際、新たに灌漑水路をつくり田を開いた者には、広狭にかかわらず、その地の所有を三世（本人・子・孫の三世代、もしくは子・孫・曾孫の三世代、いずれかは不詳）の間認める。また、既存の水利に拠っての開墾であれば本人の死亡までの所有を認める」というもの。前年の百万町歩開墾計画が公功によるものであったのに対して、本法が対象とする開墾は私功によるものである。これ以前には不備であった、そのような開墾田についての権利関係を明確に規定した法として画期的な意義を有している。しかし、そこにおける三世ないしは一身の間の所有の認定は、裏を返せば、墾田が一定期間を経過したあとは必ず収公されるものであることを語っているわけでもあり、かえって*開墾への意欲を鈍らせる結果を招き、二十年後の墾田永年私財法を必然のものにしたとも考えられる。なお、墾田は輸租田であった（『令集解』*田令田長条釈説などによる）。（和歌森民男）

> **三世一身法**（『続日本紀』）
> 太政官奏《だいじょうかんそう》すらく、「頃者《このごろ》、百姓漸《ようや》く多くして、田池搾狭《さくきょう》なり。望み請《こ》ふらくは、天下に勧《すす》め課《おお》せて、田疇《でんちゅう》を開闢《ひら》かしめん。其《そ》れ新《あら》たに溝池《こうち》を造《つく》りて開墾を営《いとな》む者有《あ》らば、多少を限らず、給して三世に伝へしめん。若《も》し旧《ふる》き溝池を逐《お》はば、其の一身に給せん」と。

墾田永年私財法《こんでんえいねんしざいほう》 天平十五年（七四三）五月二十七日に勅として出された墾田の所有に関する法。本法はテキストによって記載内容に異動があるが、次の四つの部分から構成される法で

墾田永年私財法（『続日本紀』）

詔《みことのり》して曰《いわ》く、「聞くならく、墾田は養老七年の格《きゃく》に依《よ》りて、限《かぎり》満《み》つるの後、例に依りて収《おさ》め授《さず》く。是《これ》に由《よ》りて、農夫怠倦《たいけん》して、開ける地復《また》荒れる。今より以後、任《まま》に私財と為《な》し、三世一身を論ずること無《な》く、咸悉《みなことごと》く永年取ること莫《なか》れ。其《そ》の親王の一品《いっぽん》及び一位は五百町、……初位已下《そいいか》庶人《しょにん》に至《いた》るまでは十町、但《ただ》し郡司は、大領《たいりょう》少領に三十町、主政主帳《しゅせいしゅちょう》に十町なり。……」と。

あったと推定される。①墾田は養老七年の格（三世一身法*）により所有期間満了後は収授される定めであったが、それが農夫の開墾意欲をそぎ、せっかくの開墾田も放置され荒れてしまう。そこでいまからあとは私財として三世一身を論じることなくすべて永年にわたって収公しない。②私財としうる墾田地の面積は品位階などによってそれぞれ限度がある。すでに限度を越えて給されている田はすぐに公に還す。③国司在任中の墾田については前格（三世一身法ないしは離任時還収などを定める天平元年十一月七日官奏）による。④開田のための占地にあたっては国に申請する。百姓の経営を妨げるような地の占請は許されない。また、許されてから三年経っても開かないときは他人の開墾が認められる。校異については、『続日本紀』には④の部分がない。手続きに関する規定は国史の編集方針上捨てたと解されている。また、『弘仁格』（『類聚三代格』）には②の部分がない。弘仁時点で制限規定が無効化していたことによると解されている。さらに、『令集解』*田令荒廃条中の本格文は、『続日本紀』と『弘仁格』とから合成復元されたものらしく（吉田孝説）、全部分を載せている。本法をもって公地公民制を後退させるものと一概にみなすことは昨今は行われていない。占定面積の制限、百姓経営の優先、墾田は輸租田などの条件に留意して、律令田制の展開の視点で理解すべきであろう。しかし、他方、本法などに依拠しながら荘園の形成が現実には進んだことも確かであって、本法の歴史的意義を考えるとき、この点も見落とせない。（和歌森民男）

条里制《じょうりせい》　日本古代の耕地開発上の区画法およびそれを受けた土地制度。耕地を六町（約六五四メートル）間隔に縦横に区切り、その六町四方の一区画（これが「里」である）内をさらに一町（約一〇九メートル）ごとに縦横に区切る。こうして得られた一町平方の区画を「坪」という。「条」は六町幅の耕地の列をさし、順に一条、二条のように呼称する。里内の三十六の坪も、条の起点側から一、二、三の番号が付いた（坪付という）。坪付のつけ方には二通りあり、六の坪の隣を七の坪とし、六坪ごとに折り返して三十六坪に至るものを千鳥式坪並、一から六の坪、七から十二の坪と、同方向へ六坪ずつ数えていくものを平行式坪並という。そして、里の順番は、この坪付の数が、一—六の側から三十一—三十六の側に進んでいく方向に、一里、二里と数えていった。また、一町平方

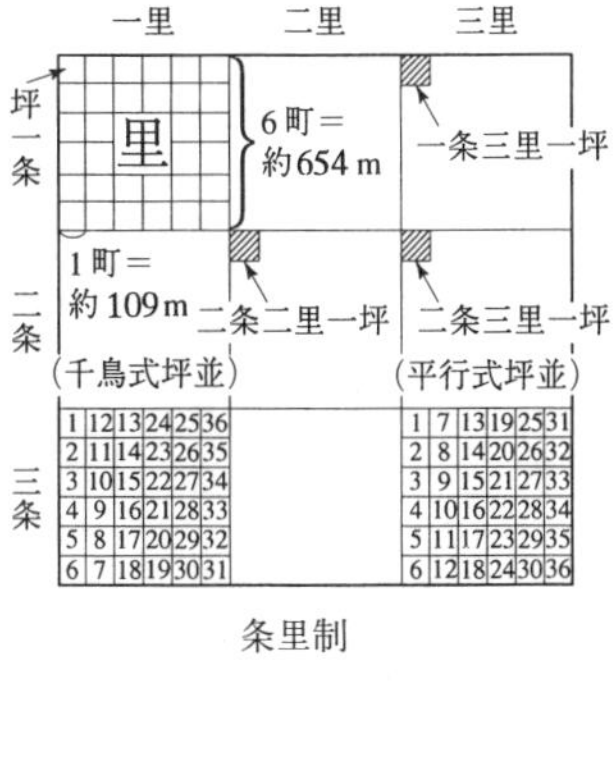

条里制

の坪内を十等分して各一段（反）の田を得ていくことが行われたが、その仕方として、中央で二分割し片側ずつ五等分する仕方（半折型）と、縦横どちらかの長さは一町のまま細長く十等分する仕方（短冊型）とがあった。条里制は、遺構などからも、平地部を中心に東北は秋田県までの日本各地に展開されたことが知られている。史料上は、奈良時代の開田図およびその関連文書などによく見ることができる。坪の名などの条里呼称は、荘園文書などにも散見し、今日の地名（字、小字名）に残っている例も少なくない。条里制の起源を大化前代に求めるか否かでは説が分かれている。方格地割は大化以前にも認め、条里呼称も含めての制度の確立は律令制下に考えるのが妥当であろう。

（和歌森民男）

初期荘園《しょきしょうえん》　荘園制の歴史の始期に位置する荘園、すなわち墾田永年私財法*以降の、おおむね八―九世紀の荘園をさす日本史研究上の概念。律令制下でのその成立および存在形態については、一連の史料の残る、北陸（越前・越中）の東大寺*領をめぐって論じられることが多い。一般に、占定された未墾地や集積された墾田の開発・耕営が組織されている荘園で、その組織過程には、国衙官人《こくがかんじん》、郡司、造寺司《ぞうじし》、寺使《じし》などがしばしば関与した。そして、主として班田農民・浮浪人*の賃租*・寄作などに依拠して経営された。荘園をその形成過程（立ち上がり方）から、墾田地系（自墾地系）荘園、寄進地系荘園などに類別する場合には、初期荘園は前者の一類型とされる。このような初期荘園をのちの荘園と明確に区別しつつ認識していくことを意図して、かつて「庄」の文字を用いての、初期庄園あるいは単に庄園とする表記法が提唱された。しかし必ずしも定着はしていない。また、初期荘園の生産関係をめぐっては、これを奴隷制的なものとする見解と農奴制的なものとする見解とに分かれて今日に至っている。

なお、初期荘園論に関しては、今後における吟味の余地も指摘しうる。たとえば、初期荘園には荘民が存在しないとか、ここでは土地の支配が人間の支配に先行しているとか、本来的には人間支配を含まないとかなどとする論がある。しかし、律令田制下では、人間の支配に先行していたといいうるほどの、一方的に安定あるいは深化した荘園の土地支配を認知していくことは困難である。また、荘園が労働の所産の収奪機構であったことを想起すれば、人間を支配しない荘園などはありえようがない。史料上に見出す、寄作人がなく荒廃・原野化した荘・所領の事例などもこのことを物語っていよう。これに関連して、初期荘園の直属の労働力は、存在しないのではなく、見えてきていないのだとする認識もある。それは、「功稲」を計上していながら、その支給対象人数が明記されていないような史料上の事実について、それをこの荘園で労働力が確保されていない（まだ人間を支配していない）ことの証と解するのではなく、「個々の人格を認める延人員の表現も不必要」とされるような、「人格などは認められない労働力、即ち奴隷労働力を使用した」ことの証だと解して、むしろ強固な労働力支配の存在を見出していくものである。このような方法論を受けて、今後の初期荘園研究の課題の一つに、初期荘園という形をとって見えてくるところの、特定の生産関係・社会関係の考究があげられよう。

〈藤間生大『日本庄園史』近藤書店、一九四七。村井康彦『古代国家解体過程の研究』岩波書店、一九六五。戸田芳実『日本領主制成立

史の研究』岩波書店、一九六七〉　（和歌森民男）

賃租《ちんそ》と地子《じし》　賃租は律令制下の田地経営法の一つで、一定の賃料を取って耕地を貸し与える行為。「養老令」*に、国司が公田をその地の相場で賃租し収入を太政官に送ること、田の賃租は一年を限るが園については任意であることが定められている。この賃租に関して『令集解』*の諸家は、春に小作料を前払いさせる方式およびその小作料が賃、秋に収穫後の稲を納めさせる方式およびその小作料が租であること、そしてその小作料は今いうところの地子であること、などを述べている。また「戸婚律」には、一年を過ぎての賃租について貸主を罰する定めがあり、賃租制に田の永売禁止の意図があったことをうかがいうるものにしている。賃租経営の実例は、八世紀後期の東大寺*領越前国桑原荘などに見ることができる。なお、地子は、賃租制とは別に、平安時代の荘公の田堵《たと》請作地でも収取されるなど、小作料や年貢の名称の一つとして、江戸時代にまで存在する。　（和歌森民男）

〔流通と交通〕

皇朝十二銭《こうちょうじゅうにせん》　奈良・平安時代に律令国家が鋳造・発行した銅銭の総称。和同開珎《わどうかいちん》（和銅元年、七〇八）、万年通宝（天平宝字四年、七六〇）、神功開宝（天平神護元年、七六五）、隆平永宝（延暦十五年、七九六）、富寿神宝（弘仁九年、八一八）、承和昌宝（承和二年、八三五）長年大宝（嘉祥元年、八四八）、饒益神宝（貞観元年、八五九）、貞観永宝（貞観十二年、八七〇）、寛平大宝（寛平二年、八九〇）、延喜通宝（延喜七年、九〇七）、乾元大宝（天徳二年、九五八）の銅銭。ほかに、銀銭の和同開珎と大平元宝（天平宝字四年）、および金銭の開基勝宝（同上）がある。改鋳ごとに新銭一を旧銭一〇にあてて政府は利益を得た。鋳造は、山城・河内・近江・播磨・長門・周防・大宰府*の鋳銭司工房で行われた。　（阿部　猛）

皇朝十二銭

蓄銭叙位法《ちくせんじょいほう》　奈良時代の経済は鋳造貨幣を必須とするほどには発達していなかったので、銭貨はあまり流通しなかった。そこで和銅四年（七一一）政府は、この法令を出して流通勧奨策をとった。十貫文以上の銭を蓄えた者に位階を授け、また蓄銭六貫文未満の者は郡司に任用しないとした。当初は有位者のみを対象としたが、無位・白丁から有位者となる際の蓄銭額を定めた法が追加された。　（阿部　猛）

奴婢《ぬひ》　律令制下の賤身分で、奴は男、婢は女。公奴婢・私奴婢・寺奴婢・神奴婢がある。大宝元年（七〇一）公奴婢を官戸と官奴婢に分け、私奴婢を家人と私奴婢に分けた。奴婢は良民との通婚を禁じられ、身分は世襲された。奴婢には良民の三分の一の口分田が給与され、不課口とされた。多くは家内奴隷として使役されたものと思われる。奴婢人口は総人口の五パーセント程度と推定されている。　（阿部　猛）

駅制《えきせい》　令制下の交通制度。平城京*と諸国の国府を結ぶ幹線道路は、交通量によって、大・中・小路に区別した。山陽道（大路）、東海道・東山道（中路）、山陰道・北陸道・南海道・西海道（小路）の七道には、一六—二〇キロメートルごとに駅家《うまや》を置き、それぞれ駅馬《はゆま》を飼わせて、官人の旅行や文書の伝達に備えた。駅務に従事する公戸を駅戸《えきこ》という。駅戸中の課丁を駅子《えきし》と称し、徭役《ようえき》を免除された。一駅に備える駅馬は、大路二十匹、中路十匹、小路五匹と定め、その飼養は駅戸の義務であった。馬が死ぬと駅田からの収入を代価として買い替えた。駅の費用を賄うために駅田を置き駅戸に耕作させた。駅田は一駅について大路は四町、中路は三町、小路は二町。駅戸に出挙*して、その利稲を駅家の設備費に宛てる駅稲（「大宝令」では駅起稲という）があった。ただし、山陽道を除く諸国駅稲は雑官稲に混合された。なお、川に沿って水駅を置き、水路を上下する船の継替場所とした。駅別に船を二～四隻置いた。官人が旅行するときには、駅家で人馬を徴発することができた。官人は駅鈴を所持しており、鈴の刻《きざみ》（剋）の数だけ人馬を徴発できた。親王・一位は十剋、三位以上は八剋、四位は六剋、五位は五剋、八位以上は三剋、初位以上は二剋。駅鈴は中央では太政官*の少納言が保管し中務省*が出納した。地方にも一定数を交付して国守が出納した。鈴数は大宰府*に二十、三関と陸奥国に四、大・上国に三、中・下国に二。十世紀以降、駅伝の制は衰退し、平安後期には交通の要衝に民間の経営になる宿《しゅく》が起こった。（阿部　猛）

布施屋《ふせや》　八—九世紀に、調*・庸*などを運ぶ運脚夫《うんきゃくふ》や行旅の人びとを宿泊させた施設。多くは僧侶などによって設けられ、国家もこれに保護を加えた。特に僧行基*が設けた九カ所の布施屋は名高い（山城・摂津・和泉・河内）。東大寺*も大和国十市郡内に布施屋を建て、敷地内に板葺屋《いたぶきや》・板倉があり、果樹八十三本が植えられていたことが知られる。政府は承和二年（八三五）墨俣河《すのまたがわ》の左岸と右岸に各一を建て、これを国司と講師《こうじ》（国分寺の僧）に管理させた。（阿部　猛）

木簡《もっかん》**・漆紙**《うるしがみ》　木簡は、木札に文字などを記したもの。一九六一年に平城宮跡で発掘されたものを第一号として、中央・地方の官衙、邸宅跡、中・近世の城跡、市街跡などから今日までに十数万点が出土している。当該の時代の物流にかかわる荷札木簡（調*の付札など）、召喚状《しょうかんじょう》などの文書木簡、手習いに使われたりした習書木簡、通行手形としての過所木簡などがある。長さ二〇—三〇センチ、幅三センチ程度のものが多い。漆紙は、歴史の史料として問題にするときは漆紙文書のことであり、反故紙として、漆を入れた容器のふた紙などに転用された文書紙に、漆が染みて紙面が保護され記事が今日に伝わったものをいう。一九七〇年代の多賀城跡発掘調査で漆紙文書を確認して以来、茨城県の鹿の子C遺跡ほか各地の官衙・集落跡などからの発見が続いている。古代の文書（計帳*、出挙帳*、暦、手紙など）の例が多い。木簡にせよ漆紙にせよ、それが史料として利用できるのは、肉眼では解読不可能な文言の解読を可能にしている科学技術の進歩が深くかかわっている。（和歌森民男）

（四）白鳳・天平文化

白鳳文化　律令体制の完成に伴い、天武*・持統*・文武の三天皇の時代には、天皇中心の国家が確立した。この機運は文化の面にも現れて、白鳳《はくほう》文化と呼ばれる一時期を生み出した。大化以後、平城遷都までの時期の文化を白鳳文化と総称するが、その特色は、前代の飛鳥文化が中国の北魏・六朝文化*の影響を受けたのに対して、唐*の文化を基調とした点にある。

白鳳文化の諸相　この時期には、日本固有の神祇《じんぎ》に対する祭祀が神祇令のなかで、明瞭に制度化された。天武天皇は伊勢神宮を崇敬し、大嘗会《だいじょうえ》・祈年《としごい》祭などが宮廷の重要な祭祀として行われるようになった。仏教興隆政策の結果、仏教の地方への普及が進んだ。しかし、寺院への保護政策は国家財政にとって重い負担となったから、天武天皇は封戸を有する寺院の調査・整理、官寺の数の制限などを行った。彫刻では、乾漆《かんしつ》・塑像《そぞう》の技法が採用され、絵画でも、グプタ朝のアジャンタの壁画に起源をもつ描法が伝わり、法隆寺*の金堂壁画などとして結実した。「初期万葉」の時代といわれる和歌の成立期は、白鳳期の国家の成長を反映して、構想の雄大さ、格調の高さにおいてすぐれている。

史書と地誌　和銅五年（七一二）には現存最古の史書である『古事記*』が編纂され、養老四年（七二〇）には『日本書紀』が編まれた。記・紀いずれも、古代天皇制の絶対性を裏づけようとした史書である。七一三年諸国に命じて『風土記*』を撰進させたのも統一国家としての当然の事業であった。

「懐風藻」と「万葉集」　大陸文化の摂取はいっそう進み、貴族たちは漢字を用いて漢詩文をつくった。天平勝宝三年（七五一）には六十四人、百二十首の作品を収めた『懐風藻《かいふうそう》*』が編纂された。漢字によって国語を表現することが進み、万葉仮名が発達した。大伴家持《おおとものやかもち》*によってまとめられたという『万葉集*』は、全二十巻、約四千五百首を収め、天皇・貴族・農民・兵士・乞食《こじき》の諸階層に及び、地域的にも京・畿内から東国・北陸・山陰・山陽・筑紫など広範囲にわたる。東歌《あずまうた》・防人歌《さきもりうた》などには農民・兵士とその家族の哀歓がうたい込められている。

天平文化と唐文化　奈良時代の文化は、その最盛期である聖武期の元号をとって天平《てんぴょう》文化と呼ばれる。律令制度に基づく国家権力の充実と貴族の繁栄を背景として、平城京*を中心に栄えた貴族的文化であって、唐の文化の影響を強く受けている。唐の文化は、鑑真《がんじん》*のように中国から来朝した人びとによってもたらされたが、その摂取に重要な役割を果たしたのは、遣唐使*に従って入唐した留学生や留学僧であった。彼らは帰朝の際に多数の書籍や教典を含む唐の文物をもち帰った。

学問の発達　官吏養成機関である大学・国学・陰陽寮・典薬寮では、儒学・法律・算・暦・天文・医などの中国の学術が貴族の子弟に教授された。こうして漢文学が起こり、漢詩集も編纂され、史書も編修されるようになったのである。

鎮護国家の仏教　天平文化は、仏教的色彩を濃厚にもっていた。仏教は国家の政治とかかわりあい、国分寺の建立などの国家的事業が行われ、隆盛の道を進んだ。しかし「僧尼令」で民間布教を禁じられた僧侶は、国家のための法会・祈願を営み鎮護国家の役割を果たしていた。民間に仏教を広めて罪福の因果を説き、作道・架橋・築堤・布施屋*の設置などの社会事業を行ったが禁圧され、その民衆動員力を大仏造立事業に吸収された。南都六宗*のうち華厳《けごん》宗《しゅう》は国分寺・大仏建立の理念を提供し、聖武天皇は「華厳為本」の立場をとった。法相宗《ほっそうしゅう》は中国玄奘《げんじょう》の新訳仏教が伝えられ、律宗は唐僧鑑真の来日によって確立した。この時代の宗派は学派というべきもので、一寺一宗ではなく、一寺に複数の学派を専攻する僧侶がいたのである。

仏教美術　天平文化の精髄は仏教美術であった。建築では、東大寺*の法華堂や転害門《てがいもん》、唐招提寺《とうしょうだいじ》*の金堂や講堂、法隆寺*の夢殿などは天平建築の遺構であり、唐招提寺の講堂は平城京*の朝集堂であり、法隆寺の伝法堂は聖武天皇の夫人橘氏の邸宅を改造したものであった。彫刻では、銅や木のほか塑・乾漆が用いられた。乾漆像《かんしつぞう》では東大寺法華堂の不空羂索《ふくうけんじゃく》観音や四天王像、塑像《そぞう》では東大寺法華堂の月《がっ》光菩薩《こうぼさつ》・日光《にっこう》菩薩像・執金剛神《しゅうこんごうしん》、同寺戒壇院《かいだんいん》四天王像、新薬師寺の十二神将像などがある。絵画では、薬師寺*の吉《きっ》祥天女像《しょうてんにょぞう》、正倉院*の樹下美人像《じゅかびじんぞう》、過去現在因果経、正倉院麻布の飛天菩薩像、山水図などがある。光明皇后*が東大寺に奉納した聖武天皇の遺品正倉院御物は、日常生活全般にわたる工芸品である。高度な技法を駆使してつくられたものであり、材料も遠く北インドやイランのものが用いられ、デザインもローマやササン朝ペルシアにみられるもので、これらは唐を経由して日本に伝えられたのである。

（阿部　猛）

高松塚古墳《たかまつづかこふん》　奈良県高市郡明日香村にある飛鳥時代後半の壁画古墳。昭和四十七年（一九七二）に発掘調査が行われた。直径約一八メートル、高さ約五メートルの円墳*。凝灰岩の横口式石槨があり、規模は幅一・〇三メートル、長さ二・六六メートル、高さ一・一三メートル。全壁面に漆喰が塗られ、天井に天極五星、四輔四星と二十八宿の星辰、東壁に日像と青龍、男女各四人の人物像、西壁に月像と白虎、男女各四人の人物像、北

高松塚古墳の西面壁画（模写，奈良国立文化財研究所飛鳥資料館蔵）

壁に玄武が描かれている。副葬品*の鏡、大刀の外装具、玉類や棺の金具も出土した。石槨内に星辰・日月・四神・人物群像を描いた古墳*はわが国初の例で、人びとに衝撃を与えた。この壁画は中国や高句麗*の墳墓壁画と深い関係を示すものとして注目された。壁画技法は法隆寺*金堂壁画に通ずるものがある。高松塚壁画の発見は古代史、美術史などの学界にも影響するところ大であった。古墳は特別史跡、壁画は国宝、出土遺物は重要文化財に指定。現在、壁画は現状のまま保存し、模写を壁画館で一般公開する方式がとられている。　（阿部　猛）

〔南都仏教〕

南都六宗《なんとりくしゅう》　奈良時代に成立した仏教の六宗派、三論《さんろん》・成実《じょうじつ》・法相《ほっそう》・倶舎《くしゃ》・華厳《けごん》・律《りつ》をいう。大安寺*や元興寺*の天平十九年（七四七）『資材帳』には、修多羅衆・三論衆などとあり、寺内に複数の宗派が存在していた。養老二年（七一八）以前に五宗が成立し、遅れて華厳宗が成立した。天平二十年ごろ衆を宗と表記するようになり、宗には大学頭・小学頭・維那《いな》の三役があり、宗派内の指導と世話にあたった。宗派は後世のそれと異なり学派というべき集団で、一人で複数の宗派を兼ねて学習するのがふつうであった。成実・倶舎の二宗は独自性が弱く、平安初期には三論宗と法相宗に包含された。三論と法相は最大の学派で教界の指導権をめぐりことごとに争った。　（吉田靖雄）

鑑真《がんじん》（六八八―七六三）　奈良時代に来日した唐僧*、俗姓は淳于《じゅんう》氏。現在の江蘇省に生まれ、二十一歳で具足戒を受けた。天台・律などを学び、特に律学を得意とし、江蘇省安徽《あんき》省で広く律学講義と授戒を行い、化主《けしゅ》と呼ばれ尊敬された。天平初年の日本では戒律の理解が未熟で僧尼の戒律違反が多く、これを憂えた舎人《とねり》親王は栄叡《えいえい》・普照《ふしょう》らを渡唐させ伝戒師を求めさせた。栄叡らは天平五年（七三三）に入唐し、インド僧菩提遷《せん》那《な》・唐僧道璿《どうせん》らに来日を承諾させ、ついで同十四年（七四二）鑑真に来日を要請した。鑑真は渡日を決意し、五回にわたる渡航失敗にもめげず、天平勝宝五年（七五三）渡海に成功した。同行したのは弟子の僧尼十七人・俗人二十四人にのぼった。同七年、政府は東大寺*に戒壇院*を設け鑑真らを戒師とし、比丘《びく》志望者に、ここでの具足戒授戒を義務付け、授戒儀式を定式化した。翌八年、聖武上皇の看病にあたり大僧都に任じられた。唐招提寺*は戒律伝授の場であり、彼の私寺として始まったが、その整備は弟子らの時代をまたなければならなかった。　（吉田靖雄）

行基《ぎょうき》（六六八―七四九）　奈良時代の僧、俗姓は高志史《こしのふひと》氏、法行ともいう。河内国大鳥郡蜂田郷の母方の実家（現大阪府堺市家原《えばら》寺町の家原寺）で生まれた。十五歳で出家し、二十四歳で具足戒を受けた。戒師は高宮寺の徳光で、かれは山林修行者であったので、行基も授戒後徳光のもとでしばらく山林修行に励んだ。のち飛鳥の法興寺*に籍を置き、仏典の学習に努めた。養老元年（七一七）四月の詔では「行基ならびに弟子ら」の宗教的非行が羅列され、厳しく指弾されている。当時行基は五十歳で、前年ごろから社会的な実践活動に入った。天平三年（七三一）、行基弟子のうち老齢者の出家が許可されるという融和策が打ち出されたが、これには光明皇后*の影響があったらしい。天平十五年（七四三）の大仏造立に際し、弟子らとともに勧進を行い、天平十七年に大僧正に直任された。実践は多種にのぼり、運河・道路・橋構築などの運輸事業、溜池・溝・樋の造営などの水利事業、布施屋*・施院などの救済事業、四十九院の造立などがある。　（吉田靖雄）

良弁《ろうべん》（六八九―七七三）　奈良時代東大寺*の僧。天平十五年（七四三）三月の「正倉院文書」に、良弁大徳の宣により東大寺が請経したのをはじめ、同文書に名が多出する。これ以前の経歴は判然としないが、天平初年に金鐘寺《こんじゅじ》（東大寺の前身）を建て華厳宗を起こしたという伝承もあり、金鐘寺時代からの住僧であったと見られる。天平勝宝三年（七五一）少僧都、同四年東大寺初代別当、同八年聖武上皇の看病禅師として大僧都、天平宝字七年（七六三）以後僧正に任じ、教界の主流を歩んだ。経歴からは聖武天皇*・光明皇后*との密接な関係が想定される。教学は華厳宗で、天平十二年金鐘寺で初めて華厳経を講説した審祥《しんしょう》から学を受けた。また「正倉院文書」の記事から密教経典の学習もしていたと考えられ、真言陀羅尼による呪術行為を得意としたことが推定される。天平宝字五年東大寺別当を辞退し、以後は近江国石山《いしやま》の石山寺建立に努力した。『東大寺要録』に根本僧正と呼ばれたこと、赤子のとき坂東で鷲にとられ山城に落とされた奇談をのせる。　（吉田靖雄）

東大寺《とうだいじ》　奈良市雑司町にある華厳宗の寺。大和国金光明寺・大華厳寺・総国分寺とも呼ぶ。聖武天皇*は天平十五年（七四三）に大仏像立の詔を発し、工事は近江国信楽《しがらき》で始まり、同十七年からは平城京*の東の金鐘寺《こんじゅじ》寺地で再開された。金鐘寺は神亀五年（七二八）没した光明子所生の皇太子のためにつくられた金鐘山坊を前身とし、いまの東大寺の東の丘陵部にあった。観音堂（二月堂）・法華堂（三月堂）は金鐘寺の建物であったといわれる。その金鐘寺の西部の丘陵が削平され谷間が埋められ、寺地が造成された。天平十九年から始まった大仏鋳造は八回の鋳継ぎを行い三年間を要した。大仏殿の建立も始まり、天平勝宝四年（七五二）四月、開眼供養会が行われた。東西の塔・三面僧坊・講堂なども造営された。斉衡二年（八五五）地震で大仏頭部が落下したが、すぐに修復された。大規模な火災はなく平安末を迎えたが、治承四年（一一八〇）の内乱で平家軍の焼き討ちにあい、観音堂・法華堂などを除いて焼失した。大仏殿再建供養会は建久六年（一一九五）に行われた。　（吉田靖雄）

唐招提寺《とうしょうだいじ》　奈良市五条町にある律宗の寺。『東征伝』によると天平宝字元年（七五七）、鑑真*は水田百町と故新田部《にいたべ》親王の宅地を下賜され、同三年その宅地に唐律招提の寺名を立てたのに始まるという。鑑真生存中は親王の邸宅を戒律講義の場としていたらしく、本格的な伽藍《がらん》は弟子の時代に整備された。『招提寺建立縁起』によると、金堂経楼鐘楼は如宝が、金堂本尊は義静がつくり、講堂は平城宮朝集殿を移し、食堂は藤原仲麻呂*が施入したものという。奈良時代の金堂・講堂と校倉《あぜくら》造《づくり》の経蔵・宝蔵が現存している。金堂は奈良時代のものとして現存する唯一のもので、講堂も奈良時代の宮殿建築の唯一の遺存例で貴重である。奈良時代末から平安初期の仏像として、盧舎那《るしゃな》仏座像（脱乾漆造）・薬師如来立像（木心乾漆造）・千手観音像（木心乾漆造）・梵天帝釈《ぼんてんたいしゃく》天像（檜一木造）があり、いずれも国宝に指定されている。鑑真座像は、弟子の忍基が師の死期の近いのを知り影像をつくったもので、礼拝の対象とされた肖像の最古の例である。　（吉田靖雄）

薬師寺《やくしじ》　奈良市西ノ京町にある法相宗の寺。東塔露盤銘によると、天武天皇*庚辰年（六八〇）、皇后の重体平癒のため天皇が発願し、その没後持統天皇*が完成させたとある。この寺は藤原京*の本《もと》薬師寺（橿原市木殿《きとの》に遺跡がある）のことで、平城京*遷都に伴い、養老二年（七一八）現在地に移った。平安時代以来たびたびの災害を受け、古い時代の建物は東塔を除き滅んだ。東塔は、本薬師寺から移築したもので白鳳時代の建築とするのが従来の説であったが、本薬師寺にはその後も二基の塔が残存し（『薬師寺縁起』）、東塔は天平二年（七三〇）建立との記録（『扶桑略記』）もあって、最近は奈良時代初期の作例とみる説が有力である。日光・月光菩薩を伴う薬師三尊像（銅造・国宝）と東院堂の聖観音像（銅造・国宝）は、本薬師寺から移動させたので白鳳仏だとする説がある一方、昭和十二年発見の旧山田寺仏頭（天武天皇十四年の完成）と比較すると、技術的芸術的にも完成度が高いので平城遷都後の作例とみる説が並立する。（吉田靖雄）

薬師寺東塔

興福寺《こうふくじ》　奈良市登大路町にある法相宗の寺で藤原氏の氏寺。藤原鎌足が死去した天智八年（六六九）、夫人が鎌足のために山科に造営した山科寺に始まり、不比等により藤原京*に移転して厩坂寺《うまやさか》と称し、平城京*遷都に伴い春日野に移建したと伝える。養老四年（七二〇）造興福寺仏殿司が設置され、官寺扱いになった。藤原光明子が皇后にのぼった天平年間に、藤原氏や皇室により伽藍が整い寺地が拡大した。天平宝字元年（七五七）藤原仲麻呂*は鎌足発願と伝える維摩会《ゆいまえ》を始め、これに参加することは僧侶として名誉の履歴とされ、宮中の御斎会《みさいえ》・最勝会とならぶ大会とされた。奈良時代の遺物として、光明皇后*発願の五重の塔が現存し、乾漆造の八部衆と十大弟子像がある。平安遷都後も弘仁四年（八一三）藤原冬嗣*が南円堂を造立するなど摂関家の帰依保護は続き、寺勢の拡大は続いた。しかし、十一世紀に度重なる大火災をこうむり多くの文化財が滅んだ。北円堂にある平安前期の乾漆造四天王像、十一世紀はじめの薬師如来座像などがわずかに残る。（吉田靖雄）

大安寺《だいあんじ》　奈良市大安寺町にある真言宗の寺。天平十九年（七四七）の『資材帳』は、聖徳太子*発願の熊凝寺《くまごり》を最初とするというが詳細は不明。また舒明天皇*十一年（六三九）の百済大寺、天武天皇二年（六七三）の高市大寺（大官大寺とも）を前身とし、ついで藤原京*に移ったという。代々の天皇との関係が密接で、天皇家の寺であったといえる。霊亀二年（七一六）平城左京に移建した記事（『続日本紀』）は、工事着手を意味するらしく、二年後に帰国した道慈が造営に関与した。たびたび受けた災害で古い時代の建物はすべて滅んだ。奈良末平安初期の仏像として、四天王像と五体の観音像が残る。（吉田靖雄）

元興寺《がんごうじ》*　奈良市芝新屋町にある華厳宗の寺。高市郡の飛鳥寺*（法興寺・元興寺）を平城京*に移したので新元興寺ともいう。

養老二年（七一八）平城京に移されたが、これより早く道照が飛鳥寺に創建した禅院寺は、和銅四年（七一一）新京に移っていた。奈良時代には大安・薬師・興福の諸寺とならび厚遇されて栄え、そのことは天平十九年（七四七）の『元興寺伽藍縁起並流記資材帳』に詳しい。たびたびの火災で往時の建物はすべて滅び、旧観音堂の系譜を引く寺が元興寺を名乗っている。寺内北東の旧僧坊の一部は極楽坊と呼ばれ、智光曼陀羅を安置して民衆の信仰を得、鎌倉時代から独立化し、現在は真言律宗。本堂は鎌倉時代の改造にかかる。　（吉田靖雄）

春日神社《かすがじんじゃ》　奈良市春日野町の旧官幣大社《かんぺいたいしゃ》。戦後春日大社と改称。祭神は武甕槌命《たけみかずちのみこと》（常陸鹿島《かしま》神）・経津主命《ふつぬしのみこと》（下総香取《かとり》神）・天児屋根命《あめのこやねのみこと》（河内枚岡《ひらおか》神）・比売神《ひめがみ》（同）の四座。四所《ししょ》明神《みょうじん》と通称された藤原氏の氏社。例祭である春日祭《かすがのまつり》の祭日は三月十三日（本来は二月と十一月の上申日）。昭和五十二年（一九七七）境内から発見された築地の遺構によって、奈良前期、おそらく不比等《ふひと》により、鹿島《かしま》神や中臣《なかとみ》氏の祖神である枚岡《ひらおか》神などが春日山麓に勧請《かんじょう》され、『大鏡《おおかがみ》*』や『古社記』が伝える神護景雲二年（七六八）創祀説は社殿の創建と考えられるようになった。しだいに神仏混淆《しんぶつこんこう》が強まり、院政期には興福寺《こうふくじ》*衆徒《しゅと》による神木動座《しんぼくどうざ》も行われた。　（伊藤邦彦）

戒壇《かいだん》　沙弥《しゃみ》（尼）が比丘《びく》（尼）になるため具足戒を受ける式場。授戒式はインドで始まったが、定まった形式の戒壇はなかった。中国では七世紀に南山律宗の道宣が、長安に戒壇を創立した。日本では天平勝宝七年（七五五）東大寺*に戒壇院が設けられ、来日した鑑真*一行を授戒師とし、定式的な授戒会《え》式が始まった。天平宝字五年（七六一）、筑前国観世音寺・下野国薬師寺にも戒壇が設けられ、遠国の官僧志望者のため授戒の場とされた。九世紀はじめ、延暦寺*の最澄*は従来の授戒を小乗的と批判し、大乗戒壇の設立を要望し勅許された。これにより戒壇・授戒は南都系と天台系に分裂し、*戒律研究は混乱し低調化する遠因をなした。現存の唐招提寺戒壇は鎌倉時代の創建。　（吉田靖雄）

〔学問と文学〕

大学寮《だいがくりょう》　官吏養成のための高等教育機関で、学生の教育と試験および釋奠《せきてん》（二月と八月に孔子をまつる）を司る。式部省*の被官。「養老令」による職員構成と相当位は表に示したとおりである。博士は学長で、儒学と書算を教授する。学生は明経生（儒学科生）で、五位以上の子孫と東西の史部《ふひとべ》の子、および八位以上の子の、特に聴《ゆる》された者を入学させた。音博士《こえのはかせ》は中国語の教官。書博士は書写。算博士は数学の教官である。神亀五年（七二八）に学制改革が行われて、新たに明法道《みょうぼうどう》（法律学科）と文章道《もんじょうどう》（文学科）が設けられ、教官には律学博士（のち明法博士）と文章博士が置かれた。大同三年（八〇八）には紀伝博士・紀伝生が置かれた（歴史科の設置）。しかし、

大学寮

	定員	相当位
頭	1	従五位上
助	1	正六位下
大允	1	正七位下
少允	1	従七位上
大属	1	従八位上
少属	1	従八位下
博士	1	正六位下
助教	2	正七位下
学生	400	
音博士	2	従七位上
書博士	2	従七位上
算博士	2	従七位上
算生	30	
使部	20	
直丁	2	

承和元年（八三四）に歴史科は廃止され、新たに文学科が発足した。これは文学・史学科というべきもので、文章道は紀伝道と呼ばれ、文章博士も紀伝博士といわれた。学生のなかから学業優秀な者を選び得業生（現在の大学院生に相当する）とし、衣服・食料を給与した。大学寮にはその維持と奨学のための食料などに当てるため勧学田や出挙*稲が置かれたが、十世紀に入るころには、ほとんど実質は失われていた。有力氏族は学生の寄宿施設を設けており、在原氏の奨学院、藤原氏の勧学院、橘氏の学館院、和気氏の弘文院などが知られる。（阿部　猛）

国学《こくがく》　官吏養成のために設けられた地方教育機関で、原則として国ごとに一校、国府に置くことになっていた。教官・学生の数は国の等級により差があった（表参照）。学生は郡司の師弟の十三―十六歳の聡令なる者を採り、定員に満たないときは庶人の子を採る。医生には十三―十六歳の庶人の子を採った。教官である国博士・医師に人材が得にくいこともあって、養老七年（七二三）には伊勢・遠江・常陸・美濃・武蔵・越前・丹波・出雲・播磨・伊予・備後の十一カ国に置かれたにすぎず、その後、長門・陸奥など少しずつ設置国を増やし、奈良末期には三、四国に一校が置かれるようになった。しかし、平安時代に入っても教官の質の低下は免れず、九世紀末には世襲を認めるなど、制度を維持することがむずかしかった。国学の存在は十世紀末まで認められる。（阿部　猛）

国　学

	博士	学生	医師	医生
大　国	1	50	1	10
上　国	1	40	1	8
中　国	1	30	1	6
下　国	1	20	1	4
大宰府	1		1	

懐風藻《かいふうそう》　天平勝宝三年（七五一）に編纂された日本最古の漢詩集。全一巻。唐*文化の影響を受けて漢文学が盛んになった近江・奈良朝の約百年間につくられた漢詩百二十首を作者別にまとめて年代順に配列したというが、現在知られるのは百十五首。書名は、先人の遺風を忘れないために「懐風」としたといわれる。作者は六十四人で、その多くは五位以下の下級官人であるが、天皇・皇子・僧侶・隠士などの作もある。詩形は五言詩が大部分である。編者は、淡海三船*また石上宅嗣《いそのかみのやかつぐ》*・葛井広成らとする諸説があり不明。『万葉集』*とともに奈良時代の文学の代表作である。『群書類従』*（文筆部）また『日本古典文学大系』（岩波書店）に収める。（阿部　猛）

淡海三船《おうみのみふね》　（七二二―八五）　奈良時代後期の文官。大友皇子*（弘文天皇）の曽孫。父は従五位上池辺王《いけのべのおう》。もと御船王《みふねおう》と称し、名を御船とも書く。若くして唐僧道璿《どうせん》に従って出家し僧名を元開といった。天平勝宝三年（七五一）還俗《げんぞく》し淡海真人の姓を賜い、式部少丞に任ぜられたらしいが、同八年朝廷を誹謗《ひぼう》し人臣の礼を欠く罪により、出雲守大伴古慈斐《こじひ》とともに衛士府《えじふ》に禁錮《きんこ》された。天平宝字二年（七五七）尾張介、同四年正六位上で山陰道巡察使に任じた。同五年従五位下で三河守となり、文部少輔・美作守を歴任。同八年九月造池使として近江国に在って藤原仲麻呂*（恵美押勝）の乱にあい、勢多橋を焼いて仲麻呂の徒を防いだ。功により正五位上・勲三等を授けられ近江介に任じ、天平神護二年（七六六）功田二十町を賜い、東山道巡察使となったが、独断のかどで解任された。のち大学頭、文章博士となり、刑部卿在任中に卒去した。石上宅嗣《いそのかみのやかつぐ》と並び称される文人で、「唐大和上東征伝」を撰し、また『続日本紀』の編

纂にも参与した。神武天皇以下歴代の漢風諡号《かんぷうしごう》を撰定したとも伝える。（阿部　猛）

石上宅嗣《いそのかみのやかつぐ》と芸亭《うんてい》　宅嗣（七二九―八一）は中納言乙麻呂の子。天平勝宝三年（七五一）従五位下・治部少輔となり、以後相模守・三河守・上総守・大宰少弐・常陸守を歴任し、天平神護二年（七六六）参議となり、神護景雲二年（七六八）従三位、式部卿、宝亀元年（七七〇）大宰帥・中納言・中務卿・大納言を経て天応元年（七八一）正三位にのぼるが、同年六月五十三歳で没した。学識豊かで書に巧みであり、淡海三船*とならび称される当代を代表する文人であった。宅嗣は旧宅を阿閦寺《あしゅくじ》とし、寺内に外典《げてん》（仏教以外の典籍）を収蔵した書庫を設け、これを芸亭と名づけ好学の士に公開したという。創設年代は不詳であるが、宝亀年間（七七〇―八〇）といわれる。蔵書内容は不明であるが、わが国最初の公開図書館としての意義は大きい。（阿部　猛）

万葉集《まんようしゅう》　奈良時代に編纂されたわが国最古の歌集。二十巻。編者は不詳であるが、大伴家持《おおとものやかもち》*とする説が古くからある。橘諸兄《たちばなのもろえ》*説もある。成立年次は不詳であるが、延暦九年（七九〇）ごろには成立していたとみられる。仁徳天皇の皇后磐姫《いわのひめ》の作と称されるものから、天平宝字三年（七五九）の大伴家持の歌まで、約四百五十年間につくられた長歌・短歌・旋頭歌《せどうか》など約四千五百首を収めるが、多くは舒明朝（六二九―四一）以後の作である。作者は天皇・貴族から農民・兵士に至る各層にわたる。漢字の音・訓をかりた、いわゆる万葉仮名《まんようがな》で表記されている。奈良時代以前、わが国は固有の文字をもたなかったから、日本語を表記するために漢字を表音文字として使用したのである。作品の時代は、ふつう四期に分ける。壬申の乱*（天武元年、六七二）までの第一期は、伝承など感情を率直に表した素朴な歌謡が多く、また専門歌人はいない。平城遷都（和銅三年、七一〇）までの第二期は、柿本人麻呂*らが出た最盛期で、天平五年（七三三）ごろまでの第三期には、山部赤人*・大伴旅人*・山上憶良*らが出た。第四期は天平宝字三年（七五九）までで、大伴家持らが中心的な歌人であった。作品は、雑歌《ぞうか》、相聞《そうもん》（贈答歌、恋の歌が多い）、挽歌《ばんか》（死を哀悼《あいとう》する歌）と東歌《あずまうた》、防人歌《さきもりのうた》など多岐にわたる。万葉仮名の例を一つあげると、「青丹吉《あおによし》、寧楽乃京師者《ならのみやこは》、咲花乃《さくはなの》、薫如《にほふがごとく》、今盛有《いまさかりなり》」（巻三、三二八番）。（阿部　猛）

柿本人《かきのもとのひと》麻呂《まろ》　生没年も経歴も明らかではないが、大化改新（六四五年）以後の生まれで、平城遷都（七一〇年）以前に没した人物と思われる。「石見国《いわみのくに》にありて臨死《みまか》らむとする時、自ら傷《いた》みて作る歌」（巻二、二二三番）の存在から、石見国で没したと推測され、あるいは政争にからんだ流罪説もある。天皇や諸皇子に従って吉野・近江などに旅行して歌を詠《よ》んだ。忍壁皇子《おさかべのみこ》とのかかわりで詠まれた歌が多く、その家扶・家令的な存在であったかもしれない。位階は低く、六位以下と思われる。『万葉集』*には、雑歌三十四首、相聞七首、挽歌三十八首を収める。雄大な構想と荘重な調べをもつ長歌を得意とし、高市皇子《たけちのみこ》の死をとぶらう挽歌や、「近江の荒都を過ぐる時」の歌などが名高い。平安時代、紀貫之《きのつらゆき》*が『古今和歌集』*の仮名序《かなじょ》で人麻呂を「歌の聖《ひじり》」と称《たた》えて以後、歌人たちから「歌聖」として尊崇された。柿本氏は孝昭天皇の皇子天足彦国押人命《あめたるひこくにおしひとのみこと》を祖とする和邇《わに》氏の一族で、芸能を世襲する家柄であった。

額田王《ぬかたのおおきみ》（生没年不詳）　額田姫王《ひめみこ》・額田部《ぬかたべ》姫王とも書く。鏡王《かがみおう》の娘。天武天皇*に嫁して十市《とおち》皇女（大友皇子妃）を生んだ。『万葉集』に、天智天皇を慕う歌のあることから、天武天皇との三角関係的な恋愛物語が伝えられるが、根拠のあるものではない。また、宮廷における地位についても、巫女《みこ》的な役割を認めたり、祭祀に奉仕する采女《うねめ》的存在としたり、あるいは天皇の歌の代作を根拠として、専門的宮廷歌人と規定したりする説があるが、確証は得られない。天智天皇がその七年（六六八）五月五日近江国蒲生野《がもうの》に遊猟せしときの歌、「あかねさす　紫野《むらさきの》行き　標野《しめぬ》行き　野守《のもり》は見ずや　君が袖振《そでふ》る」（巻一、二〇番）は名高い。　（阿部　猛）

山上憶良《やまのうえのおくら》　生没年不詳であるが、斉明天皇の六年（六六〇）の生まれか。山上氏は孝昭天皇の皇子天足彦国押人*命《あめたるひこくにおしひとのみこと》の後裔という皇別氏族であろう。天智朝に渡来した百済出身者の子とする説もある。持統四年（六九〇）九月の紀伊国行幸のときの歌が『万葉集』*にあり（巻一、三四番）、これが憶良の作とすれば初見ということになる。大宝元年（七〇一）正月无《む》（無）位《い》で遣唐少録に任ぜられて渡唐し、在唐中に詠んだ歌がある（巻一、六三番）。慶雲元年（七〇四）七月帰国し、和銅七年（七一四）正月正六位下から従五位下に叙され、霊亀二年（七一六）四月伯耆守となった。養老五年（七二一）正月退朝ののち東宮に侍せしめられ、このときも従五位下。神亀三年（七二六）ごろ筑前守となり、天平四年（七三二）ごろ帰任したらしい。著名な貧窮問答歌《ひんきゅうもんどうか》は筑前在任中の作である。天平五年六月の歌（巻五、八九六番）によると、十余年以前から病いに悩んでいたとい い、このとき七十四歳とある。このころ死没したかと思われる。『万葉集』に収められた作品は多く、歌集『類聚歌林《るいじゅうかりん》』の存在も知られる。歌人としての憶良の関心は人生や社会に向けられ、叙景や恋の歌はない。貧窮問答歌は、酷薄な徴税吏の姿をリアルに歌い、下層社会の人びとに深い愛情を示したものと評価されているが、中国の詩の発想や詩句と通ずるものが多く、その影響を強く受けているとの説もある。　（阿部　猛）

> **貧窮問答歌**（『万葉集』）
> 人並《なみ》に　吾《あれ》も作《つく》るを　綿も無き布肩《ぬのかた》
> 衣《ぎぬ》の　海松《みる》の如《ごと》　わわけさがれる
> 襤褸《かかふ》のみ　肩に打ち懸《か》け　伏廬《ふせいお》の
> 曲廬《まげいお》の内に　直土《ひたつち》に　藁《わら》解き敷きて
> 父母は　枕の方に　妻子《めこ》どもは　足《あと》
> の方に　囲《かく》み居て　憂《さまよ》へ吟ひ　竈《かまど》に
> は　火気《ほけ》ふき立てず　甑《こしき》には　蜘蛛《くも》
> の巣《す》懸《か》きて　飯炊《いいかし》く　事も忘れて
> 鵺鳥《ぬえどり》の　呻吟《のどよ》ひ居るに　いとのきて
> 短き物を　端截《はしき》ると　云へるが如く
> 楚《しもと》取る　五十戸良《さとおさ》が声は　寝屋処《ねやど》
> まで　来立ち呼ばひぬ……

山部赤人《やまべのあかひと》（生没年不詳）　明人とも書く。姓《かばね》*は宿禰《すくね》。聖武天皇*のころの下級官人で、宮廷歌人として活躍し、『万葉集』*に五十首（うち長歌十三首）を残している。相聞歌はなく、三首の挽歌を除き、他はすべて雑歌である。神亀元年（七二四）十月の聖武天皇の紀伊国行幸に従い歌を詠み、同二年五月の吉野離宮行幸、十月の難波行幸、同三年九月の播磨国印南野行幸、天平八年（七三六）九月の芳野離宮行幸にも従い、それぞれ歌を残している。天平十三年ごろの歌を最後とする。長歌よりも反歌や短歌に佳作が多い。自然美を巧みに表現して自然詩人と称され、その作風は『古今和歌集』*以後の作風の先駆ともいわれ、さらに近代短歌にも大きな影響を及ぼした。柿本人麻呂*と並び称される宮廷歌人ではあるが、その経歴はほとんど明らかになっていない。（阿部　猛）

大伴旅人《おおとものたびと》（六六五—七三一）　多比等・淡等とも書く。姓《かばね》*は宿禰《すくね》。天智四年の生まれ。父は大納言安麻呂、母は巨勢郎女《こせのいらつめ》で、その第一子。祖父長徳《ながとこ》は右大臣、同母弟に田主《たあるじ》、異母弟に稲公《いなきみ》、異母妹に坂上郎女《さかのうえのいらつめ》、生母不詳の弟に宿奈麻呂《すくなまろ》がいる。家持《やかもち》*・書持《ふみもち》は子である。和銅三年（七一〇）正月一日、左将軍・正五位上で朝賀に騎兵を率いて陳列した。同四年四月従四位下に昇叙、同七年十一月迎新羅使・左将軍、霊亀元年（七一五）正月従四位上、同年五月中務卿に任ぜられ、養老二年（七一八）三月中納言となり、翌三年正月正四位下に叙した。同年九月山背国《やましろのくに》摂官《せっかん》となり、同四年二月隼人が反乱を起こし大隅守が殺害されるや、三月に征隼人持節大将軍に任ぜられた。六月には勅使が遣わされて討隼人の労苦に対して慰問せしめられた。七月将軍以下抄士《かじとり》に至るまで物を賜わり、八月旅人は入京を許された。しかし、いまだ隼人は平定されず、副将軍以下は留めおかれた。十月長屋王とともに右大臣藤原不比等の邸宅に赴いて詔を述べ、太政大臣正一位を贈る使者となった。同五年正月従三位に叙され、三月帯刀資人《たちはきのとねり》四人を賜わり、十二月元明太上天皇の大葬の営陵のことにあたった。神亀元年（七二四）二月、聖武天皇*の即位にあたって正三位に叙し、封戸《ふこ》を増し、また物を賜った。七月、夫人《ぶにん》石川朝臣大蕤比売《いしかわのあそんおおぬひめ》の薨去に際し詔使となり、夫人に正二位を贈り、絁《あしぎぬ》三百疋・糸四百絇《く》・布四百端を賻《おく》った。神亀五年ごろには大宰帥となり九州に赴任したが、間もなく妻を失った。天平二年（七三〇）十月（または十一月）大納言に任じられたが、翌年七月二十五日薨去した。『万葉集』*に七十余首の歌を残しているが、その作風は平明で大らかな性格を反映しており、亡妻を想う歌や、自己の老いをなげき、都を想う歌にはかれの真情があふれている。（阿部　猛）

大伴家持《おおとものやかもち》（?—七八五）　生年については、霊亀二年（七一六）、養老元年（七一七）、同二年、三年、四年説などがあり定かではない。安麻呂の孫、旅人*の子、書持《ふみもち》は弟。妻は大伴坂《さかの》上大嬢《うえのおおいらつめ》。天平三年（七三一）父が死去したあと叔母の坂上郎女に養育された。同十年十月には内舎人《うどねり》であり、同十一年六月に妾を失った。十二年十月の藤原広嗣の乱*のとき聖武天皇*の伊賀・伊勢行幸に従い、十三年、十五年には久邇京に在り、十七年正月正六位上から従五位下に昇叙、十八年三月宮内少輔、六月越中守となる。十九年四月正税帳使《しょうぜいちょうし》として入京し、九月には帰任している。同二十年春、出挙《すいこ》*のために国内諸郡をまわり、諸郡で歌を詠《よ》んでいる。天平勝宝元年（七五一）四月従五位上に昇叙。同三年八月国司の任期満ちて、大帳使を兼ねて帰京し、ついで少納言に任じた。兵部少輔、兼巡察使*、兵部大輔、右中弁を経て因幡守となり、天平宝字三年（七五九）正月、因幡国庁で国司・郡司らを饗し、『万葉集』*中の最後の作品（巻二〇、四五一六番）を詠《よ》んでいる。のち信部（中務）大輔、薩摩守、大宰少弐、民部少輔、左中弁兼中務大輔、相模守、左京大夫兼上総守、衛門督、伊勢守を経て、宝亀十一年（七八〇）参議兼右大弁、右京大夫兼春宮大夫となり従三位にまでのぼったが、延暦元年（七八二）閏正月氷上川継《ひがみのかわつぐ》事件に坐して京外に移された。しかし、ただちに赦免され、春宮大夫兼陸奥按察使鎮守将軍となり、また持節将軍に任ぜられたが、同四年（七八五）八月多賀城において没した。『万葉集』の編者に擬され、万葉末期の代表的歌人であり、集中の総歌数の一割以上が家持の作である。（阿部　猛）

〔国史・風土記〕

古事記《こじき》　現存するわが国最古の歴史物語。三巻。上巻は天地のはじめから天孫降臨前後に至る神々の物語。中巻は神武天皇*から応神天皇*に至る英雄伝説。下巻は仁徳天皇から推古天皇に至る物語。天武天皇*のとき、諸家に伝わる皇室の系譜や伝説を、天皇の権威を確認する見地から、稗田阿礼《ひえだのあれ》に誦習させたのを、元明天皇の詔をうけた太安万侶《おおのやすまろ》が和銅五年（七一二）に撰録したもの。説話的な史書で、記事は作為と伝承がからまっている。文学作品としても評価されている。（阿部　猛）

六国史《りっこくし》　古代の勅撰の史書六種の総称。①『日本書紀《にほんしょき》』三十巻・系図一巻。舎人《とねり》親王・太安万侶《おおのやすまろ》らの撰で、養老四年（七二〇）完成。漢文、編年体で、神代から持統天皇*十年（六九六）に至る。古代史研究の基本史料であるが潤色も多く、史料批判を要する。②『続日本紀《しょくにほんぎ》』四十巻。藤原継縄・菅野真道らの撰で延暦十六年（七九七）完成。文武元年（六九七）から延暦十年に至る奈良時代の基本史料。③『日本後紀《にほんこうき》』四十巻。藤原冬嗣*らの撰で承和七年（八四〇）完成。延暦十一年から天長十年（八三三）に至る。多くは散佚《さんいつ》し、現存するのは全体の四分の一の十巻分のみ。④『続日本後紀《しょくにほんこうき》』二十巻。藤原良房*・春澄善縄《はるずみのよしただ》らの撰で貞観十一年（八六九）完成。天長十年から嘉祥三年（八五〇）に至る仁明天皇一代記。⑤『日本文徳天皇実録《にほんもんとくてんのうじつろく》』十巻。藤原基経*らの撰で元慶三年（八七九）完成。嘉祥三年から天安二年（八五八）に至る、文徳天皇一代記。⑥『日本三代実録《にほんさんだいじつろく》』五十巻。藤原時平らの撰で延喜元年（九〇一）完成。天安二年から仁和三年（八八七）に至る清和・陽成・光孝天皇の三代の記録。以上、いずれも漢文で書かれ、編年体であるが、部分的に紀伝体の要素もとり入れている。（阿部　猛）

風土記《ふどき》　和銅六年（七一三）諸国に命じて編纂させた地誌。内容は、各国の物産・地味・地名の由来や古老の伝承など。出雲・播磨・常陸・豊後・肥前の五カ国の風土記が伝来している。このうち完本は『出雲国風土記』のみで、他は欠落部分がある。また、後代の文献に引用された『風土記』の逸文《いつぶん》もかなりある。奈良時代の地方の状況や、各地に伝わった伝承などを研究するのに貴重な史料となっている。延長三年（九二五）にも提出が命ぜられ、また江戸時代には各地で『風土記』と称するものがつくられたので、これらと区別するために「古風土記《こふどき》」と呼ぶことがある。（阿部　猛）

日本霊異記《にほんりょういき》　「にほんれいいき」とも読む。正しくは「日本国現報善悪霊異記」という。薬師寺*の僧景戒《きょうかい》の著作で全三巻。弘仁十三年（八二二）ごろに成立。中国の『冥報記《めいほうき》』や『般若《はんにゃ》験記《げんき》』にならい、わが国の説話百十六話を集めた日本最古の説話集。観念的な教理ではなく、身辺かな現実のなかに仏教的な因果律の存在を確かめようとする。奈良末―平安初期の社会の実相を写していて興味深い。のちの『三宝絵詞《さんぼうえことば》』、『法華験記《ほっけげんき》』、『今昔物語集』*などに多大の影響を与えた。（阿部　猛）

〔建築・芸能〕

正倉院《しょうそういん》　正倉とは、もと官倉の意。正倉院とは、正倉の存在する一画をさす普通名詞で、寺院や国衙に付属した倉庫と敷地。現在では、もと東大寺*に付属した正倉をさす固有名詞として用いられる。東大寺正倉院は大仏殿の西北にあり、現在は宮内庁の管理下にある。もとは校倉造《あぜくらづくり》の双《ならび》倉《くら》であったが、のち中間をつなぎ北倉・中倉・南倉の三倉となった。光明皇后*が大仏に献納した聖武天皇*の遺愛品や、大仏開眼供養に用いた物などが収められている。天皇の許可がなければ開扉《かいひ》できない勅封の倉として大切に扱われてきたので、貴重な品物が保存され、現在に伝えられた。仏具・文房具・楽器・遊戯具・武器・飯食器・服飾品・薬種・文書など多数を収蔵し、明治以後は皇室が管理したので「正倉院御物《しょうそういんぎょぶつ》」と呼ばれる。　（阿部　猛）

伊勢神宮《いせじんぐう》　三重県伊勢市にあり、二所大神宮《にしょだいじんぐう》と通称される。皇祖神天照大神《あまてらすおおみかみ》を祀る内宮《ないくう》と五穀の神である豊受姫神《とゆけひめのかみ》を祀る外宮《げくう》を中心に、多数の別宮などからなる。令制の下では天皇以外の私幣が禁止された。皇祖神の大和三輪《みわ》から伊勢への遷座は、雄略朝ごろという説もあるが、確実な最初の斎王《さいおう》（斎宮《さいぐう》で奉仕した未婚の皇女）である天武天皇*の皇女大伯《おおく》が泊瀬《はっせ》を経て伊勢に向かっていること、遷宮が天武・持統朝に始まっていることなどから、壬申《じんしん》の乱*を契機に伊勢地方の太陽信仰と結びついたものと考えられる。祭祀は九月の神嘗《かんなめ》祭と六・十二月の月《つき》次《なみ》祭が中心で、これを三節祭という。管理機構として神宮司が設けられ、大少宮司（京官）のもとで内宮は荒木田《あらきだ》氏、外宮は度会《わたらい》氏が禰宜《ねぎ》以下の神職を務めた（惣官である祭主《さいしゅ》は本来常設でなく、神祇官*中臣《なかとみ》氏の兼務）。神領は神郡（度会・多気《たけ》・飯《いい》野《の》郡）・神戸などからなり、二十年に一度の造替遷宮には、勢濃尾三遠五カ国の役夫を徴し神税をあてた（役夫工米《やくぶくまい》による造営は十一世紀末にはじまる）。　（伊藤邦彦）

正倉院正倉

伎楽《ぎがく》　飛鳥時代から平安時代にかけて、寺院や朝廷の儀式のときに演じられた大陸伝来の楽舞。一種の仮面劇《かめんげき》で呉楽《くれのがく》ともいう。推古天皇*二十年（六一二）に百済《くだら》*人の味摩之《みまし》が伝えたという。現在では、呉公《ごこう》・迦楼羅《かるら》・金剛《こんごう》・波羅門《ばらもん》などの伎楽面が正倉院*や法隆寺*に伝えられるだけで、楽舞そのものの伝承は絶えてしまった。記録によると、滑稽な身振りの多いものだったらしく、のちのわが国の演戯に多くの影響を与えたといわれる。　（阿部　猛）

散楽《さんがく》　奈良時代に伝わった唐楽《とうがく》のうちの卑俗な俗楽のこと。演目は、曲芸・奇術・歌舞や滑稽なものまねなど。雅楽*とともに国家の保護を受け、宮廷や寺院の行事のときに演じられた。しかし、延暦元年（七八二）に国の保護を解かれてからは民間雑芸《ぞうげい》となり、滑稽なものまねや寸劇的なものを中心として発展した。平安時代からは散楽を「猿楽」とも書くようになり、この猿楽が一つの母胎となって、のちの能・狂言が発生する。その意味で、散楽がわが国の芸能に及ぼした影響はきわめて大きかったといえる。　（阿部　猛）

雅楽《ががく》　卑俗な音楽（俗楽）に対して雅正な音楽をさすが、狭義には、飛鳥・奈良時代に大陸から伝来した宮廷の楽舞をいう。音楽だけのものを管絃《かんげん》といい、舞《まい》を伴うものを舞楽《ぶがく》という。「大宝令」によると、雅楽寮が扱ったのは、和楽《わがく》・唐楽《とうがく》・三韓楽《さんかんがく》・伎楽《ぎがく》の四種であったが、のちこれに度羅楽《とらがく》・林邑楽《りんゆうがく》が加えられた。天平勝宝四年（七五二）に行われた東大寺*大仏開《かい》眼供養《げんくよう》では雅楽が盛大に演じられ、そのときの楽器や装束《しょうぞく》が正倉院*に伝えられている。　（阿部　猛）

（五）平安初期の政治と社会

造都とエゾ戦争　道鏡*失脚後、藤原氏に擁立された光仁天皇は、仏教界の革新、冗官の整理、財政の引締めなど一連の施策によって律令制の再建を企て、それは桓武朝に引き継がれた。桓武朝二十余年の歴史は、帝都の建設と東北地方の経略（エゾ戦争）に終始したと要約できる。すべての政策は、この二つの事業を遂行するために行われたといってよい。財政の基礎を固めるために地方政治の刷新を図り、国司交替の厳正を期した。郡司層を直接に把握し官僚化しようとする政策も、軍制の改革と相まって、財政と軍備の充実を目指すものであった。

律令制の再建　総じて平安時代の前半九―十世紀は、律令国家の解体期ということができる。官司の統廃合、令外官*の設置によって機能的な官庁機構をつくり出したのは、崩壊を阻止しようとした努力の現れである。格・式の整備も結局は同一の姿勢と見ることができる。

宮廷を中心とする権力闘争は、伊予親王事件*や藤原薬子《くすこ》の変*における平城《へいぜい》・嵯峨《さが》の二朝対立の事態さえ引き起こしたが、それらは政策や基盤の相違に基づくものではなかった。九世紀には、学者・文人を多く政治の中枢に採用したが、これも結局は形式や理念による律令制再建政治の一面にすぎなかったと見られる。

土地制度の改変　奈良時代の後半から始まる私的大土地所有の進展、初期荘園*の発達は、天皇権力強化のための勅旨田や親王賜田の大量設置を生み、班田制および律令租税大系の変質を余儀なくさせた。弘仁十四年（八二三）の大宰府*管内の公営田制、元慶三年（八七九）の畿内の官田の設置などは、律令体制の修正・維持を策したものであったが、一時的な効果をあげたにすぎなかった。「良吏」と称される一部の有能な地方官たちは、積極的な勧農策をとって、部分的には治績をあげたが、頽勢を支えることはできなかった。

租税体系の変革　国家の土台をなす租税体系も、九世紀末から十世紀はじめに大きな変革を余儀なくされた。調*・庸*の収奪は困難となり、中央財政の基礎は揺らいだ。八世紀半ばごろから国の主要財源となっていた出挙*は、令制租税体系の全般的動揺の過程でいっそう重要性を増し、九世紀には土地税としての性格を明らかにしていった。十世紀以後の社会の土台をなす公領・荘園の体制と新しい租税体

系はこの平安初期に生まれたのである。（阿部　猛）

〔平安京〕

長岡京《ながおかきょう》　桓武天皇＊のとき、延暦三年（七八四）から同十三年までの都。山城国乙訓《おとくに》郡の地で、現在の京都府向日《むこう》市・長岡京市付近。平城京＊の豪族や寺院勢力から脱し、人心を一新して新政を施行する意図からとか、平城京と難波京の正副二京併存制度を解消するためとかの説がある。遷都の主導者藤原種継の暗殺事件や早良《さわら》親王＊廃太子事件、および早良親王の祟《たた》りと信じられた事件などが原因で平安京＊に遷都した。かつて、長岡京は未完のままであったと思われてきたが、発掘調査が進んで、官衙・宅地や市の規模も明らかになり、都としての体裁が整っていたことがわかっている。（阿部　猛）

平安京《へいあんきょう》　延暦十三年（七九四）から明治元年（一八六八）の東京遷都までの都。山城国葛《かど》野《の》郡、現在の京都の地である。長岡京造営をやめて、和気清麻呂＊の建議に従って遷都し平安京といった。莫大な費用と労働力を投入して建設を進めたが、十年たっても完成せず、桓武天皇＊が世を去る直前の延暦二十四年（八〇五）に工事も中止されたから、平安京は未完のままだった。形式は唐＊の長安城をまねた。規模は平城京＊よりやや大きく、東西四・五キロ、南北五・二キロ。最北端に大内裏《だいだいり》があって皇居と官庁が並び、大内裏中央の朱雀門から南へ羅城門に至る朱雀大路が走り、大路より東を左京、西を右京とした。東西に走る道（条）と南北に走る道（坊）で区画された一画を坊《ぼう》と呼び、左右両京はそれぞれ三十六坊（九条四坊）に分けられ、さらに一坊を四保《ほ》、一保を十六町に分けた。一町は四〇平方丈（一四・五アール）で、これを東西に四分割、南北に八分割した間口五丈（八・三メートル）・奥行き一〇丈（一六・六メートル）の地を一戸主《へぬし》と称し、これ

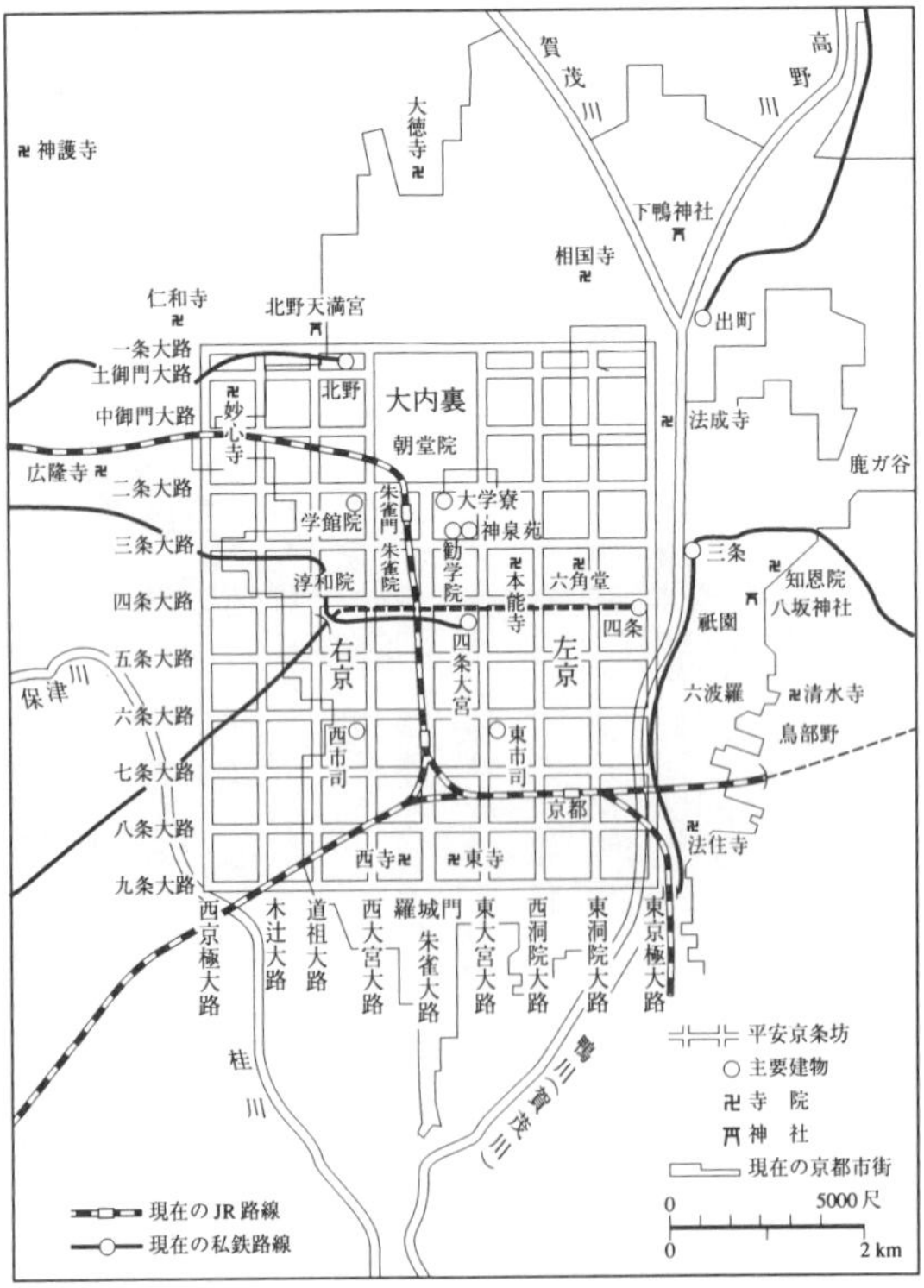

平安京

を京内宅地の単位とした。平安京は、その地理的条件から左京に人家が集まり、右京は人口が希薄であった。右京には空地や湿地が多く、四条以北の左京を除けば、他の地域には水田や畠があり、田園的景観をもっていた。

調*・庸*を中心とする貢納物や、貴族・寺社の封戸物などが国司の指揮のもとに公民の労働力によって平安京に輸送されてきた。しかし、律令制度の変質に伴い、弁済使《べんざいし》とか問《とい》などと呼ばれるものによる請負いが始まり、やがて専門の運輸業者も生まれた。官営市場である東西の市は衰え、専業の民間商人が発生し、店棚を設けた簡単な店舗が立ち並び、市町が形成された。宮廷・官衙・貴族・寺社などに抱えられて、その工房で働いていた手工業技術者たちも、しだいに自立性をもった職人にかわっていった。平安京の治安状態は摂関期以降特に悪化し、貴族の邸宅への放火、強盗の侵入、また白昼強盗、追剝《おいはぎ》の類が多かった。しかも一定の組織をもつ盗賊集団が多く、その首領には藤原保輔のような南家出身の貴族もいた。〈京都市編『京都の歴史』全五冊、京都市史編纂所、一九六八—七二。仲村研『京都「町」の研究』法政大学出版局、一九七五。北村優季『平安京』吉川弘文館、一九九五〉　（阿部　猛）

桓武天皇《かんむてんのう》　（七三七—八〇六）　天応元年（七八一）から大同元年（八〇六）まで在位した第五十代の天皇。光仁天皇の皇子で（山部親王と呼んだ）、母は渡来系氏族出身の高野新笠《たかののにいがさ》。異母弟の皇太子他戸《おさべ》王が廃されたあと、藤原百川《ももかわ》*らのあとおしで皇太子に立った。政治の刷新をはかって、長岡京*ついで平安京*に遷都した。光仁朝に始まる律令制の修正・再建の方針を引き継ぎ、地方行政の改革、特に勘解由使《かげゆし》*の設置による国司交替の制の改変による監察の強化を行い、地方豪族である郡司層を直接把握しようとする政策をとった。陸奥・出羽・佐渡と大宰府*を除く地方の軍団の兵士をやめて健児《こんでい》を置いたが、この兵制改革も郡司層把握の方向と重なる。班田の励行をうながし、調*庸*収取の体制を整え、出挙《すいこ》*制を強化するなど、財政の基礎を立て直すことにつとめた。東北地方の経略は桓武朝の重要課題であり、三度にわたってエゾ戦争を行った。この期の政治は、天皇の個性が強く反映した専制政治であり、桓武天皇に専制君主としての風貌を見出そうとする見解もある。陵は京都市伏見区の柏原陵。　（阿部　猛）

伊予親王事件《いよしんのうじけん》　平安時代初期に起こった政治事件。大同二年（八〇七）十月、桓武天皇*皇子の伊予親王が陰謀事件にまきこまれ、桓武夫人であった母吉子とともに幽閉され、ついで死に至った。事の発端は、親王外戚の大納言藤原雄友《おとも》が、蔭子《おんし》藤原宗成が伊予親王に不軌を勧めていると聞き、右大臣藤原内麻呂に報告したことによる。そこで、親王は宗成が自分に謀反を勧めたことを急ぎ奏上した。しかし、取り調べられた宗成は、反逆の首謀は親王であると申したてた。ここに至って、安倍兄雄《あにお》らが兵百五十人を率いて親王第を囲み、親王を捕えた。翌十一月、親王は母親とともに大和国城上郡川原寺《かわはらでら》に幽閉され、ついに薬を仰いで死んだ。時人はこれを哀んだと伝える。この事件で宗成が配流されたほか、藤原雄友、藤原友人、中納言藤原乙《たか》叡《とし》、参議秋篠安人《あきしぬのやすんど》*や橘安麻呂、橘永継らが失脚した。親王が無実であったことは明白であり、主として藤原南家が打撃を蒙ったことは注目される。藤原式家仲成による陰謀説もあるが、事件の真相はいまだ定説を見ない。　（安田政彦）

早良親王《さわらしんのう》（七五〇―八五）　光仁第二皇子。母は高野新笠《たかののにいがさ》。*桓武同母弟。幼くして仏門に入り、父帝即位後は「親王禅師」として東大寺*の最高実力者となった。天応元年（七八一）四月、桓武の即位に伴い、皇太弟に立てられた。延暦四年（七八五）九月、藤原種継《ふじわらのたねつぐ》暗殺事件に座して廃太子され、乙訓寺《おとくにでら》に幽閉された。『日本紀略』に、親王が十余日間飲食を断ち、移送途中の高瀬橋頭において死去したが、その屍は淡路に葬られたことが見える。時に三十六歳。翌月、桓武皇子安殿親王《あてしんのう》（平《へい》城《ぜい》天皇）が皇太子に立てられた。早良の異常な死は、時の人にも不本意な憤死とみられ、怨霊として畏怖された。同十九年には崇道天皇《すどうてんのう》号が追贈された。（安田政彦）

藤原緒嗣《ふじわらのおつぐ》（七七四―八四三）　式家百川《ももかわ》*の子。母は伊勢大津の女。桓武天皇*擁立の功臣であった百川の子として天皇に鍾愛され、延暦七年（七八八）桓武天皇自ら殿上で加冠した。ときに正六位上内舎人《うどねり》を拝し、封百五十戸を下賜された。同十年従五位下、同二十一年、二十九歳で参議*に列した。同二十四年、殿上で菅野真道《すがののまみち》と天下の徳政を論じ、「征夷と造都」の停止を主張して天皇の容れるところとなった。大同元年（八〇六）、緒嗣の建議による観察使《かんさつし》*設置に伴い、山陰道・畿内、ついで東山道観察使に任じ、陸奥出羽按察使《あぜち》を兼ねた。弘仁六年（八一五）従三位、同八年中納言、天長二年（八二五）右大臣、同九年に左大臣。翌年正二位に至った。承和十年（八四三）七月に七十歳で没。贈従一位。『新撰姓氏録《しんせんしょうじろく》*』、『日本後紀』撰進に携わり、現地官人の待遇改善や民生安定策を多く発議するなど、政論家として平安初期の地方政治を推進した。その伝に「政術に暁達《ぎょうたつ》し、国の利害、知りて奏せざることなし」と評されるが、晩年は病気がちでふるわなかった。（安田政彦）

〔監察制度と令外官〕

問民苦使《もんみんくし》　奈良時代から平安時代の前期、数度にわたって政府から地方に派遣された民政監察官。その奏言によって、いくつかの施策がなされている。いつの時期に設けられたかは定かでないが、史料上の初見は天平宝字二年（七五八）で、京畿内を含む八道に、石川豊成《いしかわのとよなり》以下が派遣されている。このときは、東海・東山道問民苦使藤原浄弁の奏上によって、従来、六十一歳から老丁であったのを六十歳からに、六十六歳以上が耆老であったのを六十五歳以上に改め、また、毛野川（鬼怒川）の治水工事が行われている。次に延暦十六年（七九七）ごろに派遣されていることが知られるが、このときに東海道問民苦使であった紀広浜《きのひろはま》は、食料の乏しくなる六月に民を役使する場合は、公粮を支給すべきことを要請している。寛平八年（八九六）にも、問山城国民苦使平季長《たいらのすえなが》の奏言によって、王臣家諸大寺が国務を妨げることを抑止する施策をとっている。このように、民政の実情を把握したうえで、適切な処置を提案するのが問民苦使の役割であったと思われるが、*唐の観風俗使にならったとの説もあるように、中国の儒教的徳治政治の理念から設置されたものであろう。（早川万年）

巡察使《じゅんさつし》　律令制下における地方行政監察官。「養老職員令」に規定があり、常置の官ではないが、太政官*に属して諸国を巡察するとある。巡察使の名称は『日本書紀』持統天皇*八年（六九四）七月条が初見。和銅五年（七一二）以降は毎年派遣し、国内の状況を調査させるとし、天平宝字二年（七五八）十月には三年ごとの派遣を決めている。このように八―九世紀を通じ、畿内七道ごとに何度か巡察使が任命されているが、実際にどの程度の頻度で派遣されたかは不明、その最後は天長二年（八二五）。唐*の巡察使の制度にならったもので、国司・郡司の政務を監督し、民政の実をあげる目的であったと思われるが、どの程度、実効性があったかはわからない。（早川万年）

検税使《けんぜいし》　諸国の正税（収納した田租）の管理が正しく行われているかどうかを調べるために中央政府から派遣された使い。「延暦交替式《えんりゃくこうたいしき》」によれば、天平六年（七三四）に七道検税使の算計法が定められており、東海・東山などの道ごとに税穀一斛の容積を決めている。翌年には実際に検税使が派遣されたことが知られる。その後、宝亀七年（七七六）にこの算計法が改められ、天長二年（八二五）には検税使を詔使に位置づけている。『万葉集』*一七五三番歌題詞にも検税使大伴卿とある。概して検税の実情はよくわからないが、国衙財政の責任は国司にあるので、地方監察官の一つと考えられる。（早川万年）

観察使《かんさつし》　平安時代初期に設けられた地方行政監督官。平城《へいぜい》天皇即位直後の大同元年（八〇六）五月に六道の観察使が置かれ、翌年四月には畿内の藤原緒嗣《ふじわらのおつぐ》*以下、畿内七道の観察使が整えられた。延暦五年（七八六）に国郡司の監督、政府の命令の徹底を期して十六条の条例がつくられたが、それが実行されていなかったため、新たに観察使を置いて督察することにしたというが、そこには平城天皇の強い意志が働いていたと考えられる。参議*クラスの高官が任じられ、実際、短期間のうちに、具体的な改善策がつぎつぎと提議されている。しかし平城天皇の譲位後、実質的な意味を失い、わずか数年で廃止された。（早川万年）

勘解由使《かげゆし》　令外官*の一つで、国司などが交替する際に、後任者が前任者に与える不与解由状《ふよげゆじょう》などの書類を審査する中央官庁。設置時期については明証を欠くが、延暦十六年（七九七）とする説が有力。その後、大同元年（八〇六）年に観察使*の新設に伴って一時廃止されるが、天長元年（八二四）に再設置され、以後常置となる。中断の理由として、地方政策を巡る路線の対立を想定する見解のほか、第一次勘解由使の主たる任務を「延暦交替式」の編纂と見る説もある。復置後は勘査の対象をひろげ、人員として長官一、次官二、判官三、主典三を擁し、ほかに史生八、書生十を置いた。具体的な活動を知る史料として、『政事要略』所収の「勘解由使勘判抄」がある。（中村光一）

令外官《りょうげのかん》　「大宝律令*」、「養老律令*」に規定された律令官制以外に、新たに設置された常置の官司・官職。ただし名称変更や、員外官・権官《ごんかん》のような令制官の増員は含まない。奈良時代には省・寮などの官司が必要に応じて設置され、その官人は四等官制*・官位相当制*をとり、考選などでの待遇も令制の官とほぼ同一で、太政官の体制内にあった。一方、すでに職事官*をもつ官人を天皇の宣旨《せんじ》によって任命する、官位相当が定められていない職もあった。前者の例として中納言や造東大寺司・紫微中台などがあり、後者の例として蔵人*・検非違使*・摂政*・関白*などがあげられる。平安時代に入ると特に後者が発達し、しだいに令制的な政治機構を蚕食していった。（中村光一）

蔵人所《くろうどどころ》　弘仁元年（八一〇）設置の有力な令外官*司。嵯峨天皇*と平城《へいぜい》上皇の対立のなかで、天皇側の機密保持・体制強化を目的に設置されたとするのが通説であるが、薬子《くすこ》の変*後も停廃・縮小されていないことから、これを疑問とする見方もある。職掌・機能はしだいに拡大し、宇多朝成立の『蔵人式』では宮中の諸事全般に及んでいる。主たる職員に別当・蔵人頭・蔵人があり、総裁である別当は主に大臣が任命された。定員二名の蔵人頭は近衛中将や大弁・中弁を兼ねる例が多く、これを頭中将《とうのちゅうじょう》、頭弁《とうのべん》と呼ぶ。蔵人は五位、六位の官人から任命され、昇進の登龍門となった。平安中期以降には、東宮・院・摂関家などにも置かれた。　（中村光二）

検非違使《けびいし》　平安時代から室町時代にかけて、京中の警察・裁判を管掌した令外官*。弘仁年間（八一〇―二四）に設置され、原則として左右衛門府の職員が「使の宣旨」により補任された。「延喜式」では、左右それぞれに佐・尉・志・府生各一、火長九を規定しているが、火長の下にはさらに下部《しもべ》と称される下輩が置かれていた。また承和元年（八三四）には長として別当が置かれ、参議*・中納言で衛門督を帯びる者が任命された。その任務は弾正台*・刑部省*・京職*の職務を吸収する形でしだいに拡大し、京外まで管轄権を及ぼすようになり、中世に入ってからも、強力な執行機関として存続した。なお、諸国・郡・荘園・神社などにも置かれた例がある。　（中村光二）

〔政　変〕

嵯峨天皇《さがてんのう》（七八六―八四二）　平安初期の天皇（在位八〇九―八二三）。父は桓武天皇*、母はその皇后藤原乙牟漏《おとむろ》。諱《いみな》は神野。同母兄平城《へいぜい》天皇の皇太弟から、その病による譲位により即位。しかし、平城上皇が寵姫《ちょうき》藤原薬子《くすこ》ら多数の官人を率いて平城旧京に移り、政治に干渉して「二所朝廷」の観を呈すると、坂上田村麻呂*以下の兵を派遣して上皇方を制圧した。これを薬子の変*といい、蔵人所*の設置も上皇方への対抗措置とする見方が有力である。以後、弘仁・天長・承和の約三十年間は、嵯峨天皇（上皇）の皇室家父長としての権威と指導のもとで太平の世が続き、弘仁文化と呼ばれる宮廷中心の文化が開花した。政治的には「弘仁格」「弘仁式」「内裏式」などが編纂され、文化的には『凌雲集』などの漢詩集が編まれるなど、唐風文化への傾倒が見られる。五十人にのぼる皇子女のうち、生母が卑姓の子には源《みなもと》の姓を賜って臣籍降下させ、なかには源信《まこと》・融《とおる》のように政界で活躍する者も出た。能筆でも知られ、空海*・橘《たちばなの》逸勢《はやなり》とともに三筆に数えられている。　（中村光二）

薬子《くすこ》の変《へん》　平安時代初期に起こった、嵯峨天皇*の朝廷と平城《へいぜい》上皇およびその側近勢力との争い。平城天皇は大同四年（八〇九）四月皇大弟に譲位し、平城旧京に遷居した。以後、嵯峨天皇の平安京*と平城上皇の平城旧京との間に「二所朝廷」の対立が生じ、天皇側は機密保持のため巨勢野足《こせののたり》・藤原冬嗣《ふゆつぐ》*を蔵人《くろうどの》頭《とう》に補し、機密に預らしめた。弘仁元年（八一〇）九月、上皇が平城旧京への遷都を命ずるに及んで人心の動揺極まり、朝廷はついに薬子の官位を解き、仲成《なかなり》を拘禁するに至る。激した上皇は側近藤原葛野麻呂《かどのまろ》らの諫言も聴かず、宿衛の兵を従えて薬子とともに川口道より東国へ入ろうとした。しかし、坂上田《さかのうえのた》村麻呂《むらまろ》*率いる軽鋭の卒に遮られて平城旧京に引き返し、上皇は剃髪し、薬子は自殺した。仲成も禁所で射殺され、官人多数が権任官《ごんにんかん》として貶謫《へんたく》された。また、皇太子高丘は廃され、大伴親王（淳和天皇）が皇太弟に立てられた。この変の性格については諸説あるが、平城上皇の変とするべきであろう。なお、この変で藤原式家の没落が決定的となった。　（安田政彦）

藤原冬嗣《ふじわらのふゆつぐ》（七七五—八二六）　北家内麻呂の子で良房*の父。母は百済永継《くだらのながつぐ》。桓武皇子良峯安世《よしみねのやすよ》の同母兄。閑院大臣と号す。嵯峨天皇*に皇太弟時代から近侍し、すこぶる信任篤く、弘仁元年（八一〇）初代蔵人頭《くろうどのとう》に就任。その後も昇叙を重ね、要職を歴任し、同十二年右大臣。弘仁後期の現実に立脚した律令制再建策を推進し、「弘仁格式」「内裏式《だいりしき》」の撰進、『日本後紀』の編纂にも携わった。天長三年七月、五十二歳で没。左大臣贈正一位。文武の才を兼備し、寛容で人心収攬の才があった。皇室との結びつきを強め、藤原北家繁栄の基礎を固めた。また、興福寺*南円堂を建立し、勧学院を設置した。『勅撰漢詩集』*に十首を伝える。（安田政彦）

藤原良房《ふじわらのよしふさ》（八〇四—七二）　白河殿、染殿とも称する。北家冬嗣《ふゆつぐ》*の二男。母は尚侍《しょうじ》藤原美都子《みつこ》。嵯峨皇女源潔姫《みなもとのきよひめ》を室とした。承和《じょうわ》の変*により同母妹順子《のぶこ》所生の道康《みちやす》親王が立太子し、ついで文徳天皇となるや、女明子《あきらけいこ》所生の惟仁《これひと》親王を立太子させた。惟仁が九歳で即位し清和天皇となるに及んで、太政大臣にして万機を摂行した。応天門《おうてんもん》の変*により人臣初の摂政*となり、変後の政局の主導権を自家に確保して、後世における摂関政治の基礎を確立した。貞観十三年（八七一）准三宮《じゅんさんぐう》などの待遇を得たが、翌年九月、六十九歳で薨去。贈正一位。忠仁と諡《おくりな》され、美濃公に封ぜられた。「貞観格式」「儀式」『続日本後紀』の編纂にも携わった。（安田政彦）

承和の変《じょうわのへん》　平安時代前期、嵯峨上皇の崩御を契機として起きた政変。淳和上皇崩御二年後の承和九年（八四二）七月嵯峨上皇が崩じたが、その二日後に伴健岑《とものこうみね》・橘逸勢《たちばなのはやなり》らの謀反が発覚した。これより先、阿保親王《あぼしんのう》は太皇太后橘嘉智子《たちばなのかちし》へ密書を奉り、嘉智子は中納言藤原良房*をして、密かに仁明天皇に奏上させた。密書の内容は、嵯峨上皇の崩御を機に皇太子恒貞親王《つねさだしんのう》を奉じて東国に挙兵し、国家を傾けんとするものであった。その結果、主謀者伴健岑・橘逸勢は配流となり、恒貞親王は廃太子され、道康親王《みちやすしんのう》（文徳天皇）が立太子した。また、春宮坊《とうぐうぼう》官人を中心に大納言藤原愛発《あらち》・中納言藤原吉野など恒貞親王派の官人が多く左遷され、連累者は六十余名に及んだ。この事件は、淳和上皇・恒貞親王派と嵯峨上皇・仁明天皇派の官人の対立を利用して、藤原良房が妹順子腹の道康親王の立太子を実現したものとされ、良房の権力確立に大きな意味を有した。また、この事件以降、上級官職の貴族化が進行し、文人・能吏の進出が困難となったことが指摘されている。（安田政彦）

応天門の変《おうてんもんのへん》　平安前期の政治疑獄事件。貞観八年（八六六）閏《うるう》三月に応天門（朝堂院正門）が炎上し、はじめ左大臣源信《みなもとのまこと》に放火の嫌疑がかけられた。しかし、備中権史生《びっちゅうごんのししょう》大宅鷹取《おおやけのたかとり》が、大納言伴善男《とものよしお》とその子中庸《なかつね》の所為であると告発。善男は否認し続けたが、その従僕生江恒山《いくえのつねやま》・伴清縄《きよなわ》らが大宅鷹取の娘を殺したことから、善男の嫌疑は深まった。そしてついに生江恒山らの自白により、源信を失脚させるために善男と中庸が共謀して放火したことが判明した。九月には善男・中庸以下、伴（大伴）・紀両氏を中心に共犯・縁者十三人が流刑となり、善男らの私財田宅は没収された。放火の真犯人は明らかではないが、事件の進展中に藤原良房*が初の人臣摂政*となり、事件後には姪の高子《たかいこ》を入内《じゅだい》させ、また嗣子基経*を中納言に特進させるなど、良房と事件のかかわりが濃厚である。当時進出してきた能吏群を排除するために、良房がこの事件を利用したとみら

れ、藤原氏の摂関政治*確立への第一歩となった。なお、この事件を素材にした絵巻に「伴大納言絵巻」*がある。（安田政彦）

〔基盤の再編〕

富豪層《ふごうそう》　特に九世紀ごろ、豊かな財力をもち農村に君臨していた豪族層をさす学術用語。当時の史料に「富豪之輩《ともがら》」と見えるのによる。多くの銭・稲を蓄え、これを周辺の貧窮な農民に出挙《すいこ》*して利をあげ、また貧窮農民の租税納入の肩がわりなどをして、かれらを隷属させた。広い営田をもち、貧窮農民を駆使して農業経営を行った。平安初期の政治・経済動向のなかで中核的な働きをする存在であり、律令国家は、富豪層把握を通じて農村を支配しようとした。（阿部　猛）

官田《かんでん》**と公営田**《くえいでん》　令制下の官田は、大化前代のミヤケ*に系譜をひく天皇の供御田《くごでん》で、大和国・摂津国に各三十町、河内国・山城国に各二十町あった。宮内省*の管轄下にあり、班田農民の雑徭*の労働力で経営された。また藤原冬緒《ふゆお》の奏上によって、元慶三年（八七九）畿内に四千町歩（山城・摂津・河内に各八百町歩、和泉に四百町歩）の官田を置いた。一部は正長《しょうちょう》の管理による直営、他は農民に賃租させた。九世紀後期、官人給与財源の不足を補うために設けたものであるが、元慶五年（八八一）以後、各官庁に官田の一部を分割付与し諸司田とした。これがのちに官衙領荘園へと発展する。

公営田は小野岑守《みねもり》の建議で弘仁十四年（八二三）大宰府*管内に設けられたもの。口分田・乗田（公田）のうちから良田を選び取り、これを課丁に耕作させた。課丁には食料と功（手間賃）を与え、雑徭*・出挙《すいこ》*を免除した。公営田からの収穫は課丁の負担すべき租・調*・庸*の代価に当て、官舎溝池修理料をも賄い、残りの稲は官の収入とした。在地の有力者を正長に任命して経営にあたらせたが、公営田の経営方式は民間営田（初期荘園*）の経営法にならったものである。調庸収取が困難となってきた九世紀の律令体制の再建を目指す施策として評価されている。類似の営田は石見国（八一三年）や上総国（八七九年）などでも行われた。（阿部　猛）

健児制《こんでいのせい》　奈良・平安時代の地方軍事力。八世紀前期ごろから見え、軍団*兵士制の補助的兵力として、特定期間局地的に置かれたが、初期の実態は不明な点が多い。延暦十一年（七九二）六月七日の太政官府*により辺要地を除く諸国兵士を廃止したため、十四日太政官は郡司子弟からなる健児を編成、兵庫・鈴蔵および国府などの類を守衛させるよう諸国に指令し、五十一カ国三千百五十五人を定めた。「延喜式」兵部省*では西海道諸国を除き五十七カ国三千九百六十四人を定めている。健児は、原則として徭役が免除となり、食料として健児田などが置かれ、兵庫・鈴蔵・国府の守衛など主要な仕事のほかに、神事への供奉、護送などにも動員された。（堀井典子）

〔辺境の制圧〕

坂上田村麻呂《さかのうえのたむらまろ》（七五八―八一一）　平安時代初期の武人・公卿*。天平宝字二年に、苅田麻呂の子として生まれる。桓武天皇に軍事的才能を認められ、延暦十年（七九一）に征東副使に任命され大使大伴弟麻呂のもとで征夷に従事、同十六年征夷大将軍*に任命され、同二十年に陸奥に赴き胆沢《いさわ》地方を攻略、同二十一年胆沢城*を築き鎮守府*を多賀城から移し、その翌年さらにその北方に志波城*を築いた。のちに弘仁元年（八一〇）の薬子《くすこ》の変*でも嵯峨天皇の下で活躍し、文武の要官を歴任して大納言となり、右近衛大将・兵部卿を兼ねた。かれの功績は征夷事業にかかわる軍事的な面が多い。後世武将として尊崇され、征夷大将軍の職は長く武門の名誉となり、朝廷から将軍号を受け出征する者は出発に際し必ず参詣した。弘仁二年五月二十三日、粟田別業にて薨去。五十四歳。このとき正三位であったが、従二位を追贈される。山城国宇治郡栗栖村（現京都市山科区勧修寺）の馬背坂あたりに葬られたという。京都の清水寺は、彼の創建と伝える。（堀井典子）

文屋綿麻呂《ふんやのわたまろ》（七六五—八二三）平安時代の公卿。文屋真人浄三（智努王《ちぬ》）の孫、父は三諸朝臣大原《みもろのあそんおおはら》。天平神護元年に生まれる。延暦十四年（七九五）に従五位下右大舎人助となって以来、大同五年播磨守となる。大同四年（八〇九）三山朝臣、その後文屋真人（朝臣とも）姓を賜る。弘仁元年（八一〇）の薬《くす》子《こ》の変*では、平城上皇側にあったが、坂上田村麻呂の献言もあり許されて参議*となり、変後大蔵卿・陸奥出羽按察使《あぜち》を兼任。同二年征夷将軍となり爾薩体《にさて》・幣伊《へい》の二村を討ち、宝亀以降の蝦夷征討を終わらせることに成功。その後右大将になり、さらに中納言に昇り、弘仁十四年四月二十六日（二十四日とも）に薨す。五十九歳。（堀井典子）

藤原保則《ふじわらのやすのり》（八二五—九五）貞雄の子。貞観八年（八六六）従五位下、備中権介となり、以後備中守・備前権守を歴任し善政をうたわれた。元慶元年（八七七）左中弁となったが、翌年出羽で俘囚《ふしゅう》の乱*が起こると、出羽権守に任じ秋田に赴き、小野春風らと協力してこれを鎮圧した。かれは武力討伐によるよりも*懐柔策によって功を収めた。のち讃岐権守・大宰大弐となり良吏*とたたえられた。仁和三年（八八七）従四位上にのぼり左大弁、翌年参議*、同五年には民部卿を兼ねたが、七年四月没した。のち三善清行*は保則を良吏の典型として『藤原保則伝』を著し、菅原道真も詩（「路遇㆓白頭翁㆒」）のなかで保則の善政を称讃している。（阿部　猛）

胆沢城《いさわじょう》　平安時代前期、東北支配の基地となった城。現、岩手県水沢市内。延暦二十年（八〇二）坂上田村麻呂が築いたという。ついで多賀城にあった鎮守府が胆沢城に移されたが、のち志波城・徳丹城が設けられると（八一二年）、胆沢城の機能は失われたらしい。（阿部　猛）

俘囚《ふしゅう》**の乱**《らん》　九世紀から十一世紀にかけて俘囚による反乱を総称する言葉。俘囚とは、律令国家に服属した蝦夷《えみし》に対する呼称の一つで、八世紀の初頭から諸国に移配され、食料・禄の支給など優遇されたが、律令国家による過酷な支配が続いていた。中でも元慶《がんぎょう》の乱は、元慶二年（八七八）出羽国秋田郡を中心に起こった俘囚の大反乱であった。『日本三代実録』によると、同年三月に秋田城・秋田郡衙・秋田城辺の民家などを俘囚軍が襲撃し焼き払った。『藤原保則伝』にみえる、前年の不作に加えて秋田城司良岑近の苛政が原因。国衙側は野代営に派兵したが、俘囚勢力は出羽国軍を撃破し秋田城下を制圧すると、六月七日秋田河（雄物川《おもの》）以北の自立を要求。陸奥からの援軍も撃破され、政府軍に不利な戦局となった。そこで、出羽権守藤原保則、鎮守将軍小野春風を現地に派遣、説得にあたらせた。八月末俘囚軍側が保則に降伏し、出羽国現地側と俘囚勢力の妥協が成立。十月十三日付訓令で朝廷も承認し、乱は終結した。（堀井典子）

〔北家専制体制へ〕

良吏《りょうり》　一般的には立派な官人のこと。国司をさすことが多い。歴史的名辞として、九―十世紀の有能な官人たちをいう。中国では循吏《じゅんり》といい、法に従い良く治める役人のこと。『六国史』*などに見える良吏像は、開明的で優民の心をもち、しかも国家の利益を損なうことのない優れた地方官（国司）というものである。十世紀に三善清行はその著作『藤原保則伝』で典型的な良吏像を描き、また「意見十二箇条」で、九世紀の良吏による治世を理想化している。　（阿部　猛）

摂政《せっしょう》**・関白**《かんぱく》　摂政は天皇の代理として政務全般を行う職であり、関白は百官を統べて上奏や勅旨を預知する役である。したがって摂政は幼帝のときに置かれ関白は自から政務を執ることのできる成人した天皇の下に置かれることになる。ともに廟堂において擅権体制の確立を目指した藤原北家が案出した制度であり、藤原良房*が清和幼帝のもとで摂政の任に就き、成人すると関白の実を行い、その子（養子）基経*が光孝・宇多天皇*のもとで関白のことにあたった。抽象的な職掌規定しか行われていない太政大臣の権限の具体化を図ったところに、摂政・関白が創置されるようになったと説かれている。幼帝のときに代理として摂政が置かれるのは当然として、関白は、議政にあたる公卿らの第一人者である左大臣であっても上奏や宣下の権能を独占できず、大納言や中納言らと共有していたので、擅権体制をねらう藤原北家が全公卿に優越し統率する権限をもつ職として工夫したものである。ただし制度としての摂政・関白が現実に機能するためには天皇との近親（ミウチ）関係の裏打ちが必要であった。　（森田　悌）

宇多天皇《うだてんのう》（八六七―九三一）　第五十九代天皇。在位は八八七―八九七。光孝天皇皇子。母は班子女王《はんしじょおう》。臣籍降下して源定省を称していたが、仁和三年（八八七）に親王となり、ついで皇位についた。即位の直後、藤原基経*との間に阿衡《あこう》事件*が起こり、天皇は詔書中の阿衡を撤回し、寵臣橘広相《たちばなのひろみ》の処罰を図るという屈辱を余儀なくさせられている。基経は寛平三年（八九一）に死去するまで関白*として政務を執った。基経死後は親政を開始し、菅原道真*や藤原保則*らの有能な官人を登用して政治の改革に努めている。これを年号に因んで「寛平の治」と称することがある。寛平九年に女御《にょうご》藤原胤子《いんし》の生んだ皇太子敦仁《あつぎみ》親王に譲位し、「寛平御遺戒」を発して新帝（醍醐天皇）に対する政治指導を行い、基経の子時平と菅原道真を政務の責任者としている。退位後昌泰二年（八九九）に出家して法皇を称し、修行生活に入っている。延喜元年（九〇一）に菅原道真が失脚すると法皇の政治力が失われたが、時平が延喜九年に死去すると、宇多の寵臣藤原忠平が政治をとるようになったため、宮廷内で重きをなすようになった。　（森田　悌）

藤原基経《ふじわらのもとつね》（八三六―九一一）　藤原良房*の兄長良《ながら》の三男。母は藤原乙春《おとはる》。良房の養子となり、藤原北家の隆盛に努めた。仁寿元年（八五一）に文徳天皇の手で加冠し、以後官位をすすめ、貞観八年（八六六）応天門の変*のときは父に協力して伴善男《とものよしお》を失脚させ、中納言に就任している。ついで大納言を経て貞観十四年に右大臣となっている。貞観十八年（八七六）に陽成天皇が即位すると、摂政*の任につき、元慶八年（八八四）に光孝天皇*が即位すると、関白*となり、仁和三年（八八七）に宇多天皇が即位したときも関白の詔を受けるが、阿衡《あこう》の文字があったことから紛議が起こり、政務を放棄する事件となった。寛平二

年（八九〇）末に辞表を提出し、翌年正月死去している。（森田　悌）

阿衡事件《あこうじけん》　九世紀末に起こった天皇と藤原北家との政治抗争事件。元慶《がんぎょう》八年（八八四）に陽成天皇が廃立され、老齢の光孝天皇が位につくと、藤原基経*が関白*として実権を振ったが、仁和三年（八八七）に光孝天皇が死去し、臣籍降下していた宇多天皇*が即位すると、親政を意欲する天皇と基経が対立するようになった。その直接的なきっかけは、天皇が基経に関白を委任する旨の詔書のなかに「宜しく阿衡の任をもって卿の任となすべし」とあったことに始まり、基経が家司藤原佐世《すけよ》の進言をとりあげて、阿衡は実権を伴わない名誉職であると非難し、政務を放棄してしまったのである。天皇はやむなく詔書を改め、起草者橘広相《ひろみ》の処罰を図ることにより事件を解決した。この事件のあと基経の女温子《おんし》を女御とするなどし両者間の妥協が成立するが、天皇は基経に諫言を行った菅原道真*を腹心として登用するようになり、藤原氏の勢力抑制を意図した。摂関政治*が確立する過程における一事件であるとともに、当時の学者間の反目がからみ複雑な展開を示した。事件の経緯は『政事要略』に詳しい。（森田　悌）

菅原道真《すがわらのみちざね》**と藤原時平**《ふじわらのときひら》　菅原道真は承和十二年（八四五）に是善《これよし》の子として生まれ、藤原時平は貞観十三年（八七一）に基経*の長子として生まれる。道真は儒門の出であり、元慶《がんぎょう》元年（八七七）に文章博士に就任し、讃岐守などを経て寛平五年（八九三）に参議*になっている。宇多天皇*の信頼あつく、醍醐天皇が即位すると、宇多の伝国詔命により時平とともに奏宣の任に就いている。道真が儒門中流貴族から公卿の地位に昇っているのに対し、時平は名門中の名門たる摂関家の嫡流で、寛平二年に二十歳で従三位となり、同五年に中納言、醍醐が即位する昌泰元年（八九八）には二十七歳で大納言となった。このとき道真は五十四歳で権大納言である。昌泰二年（八九九）に両者は左右大臣として廟堂の頂点に相並ぶと対立するようになり、やがて道真は謀反を図ったとして大宰員外帥に左遷され、そこで延喜三年（九〇三）に死亡している。道真失脚後ただ一人の最高指導者となった時平は意欲的に政治の刷新を行うが、延喜九年に三十九歳で死去した。道真が宇多天皇の後援を受けたのに対し、時平は醍醐天皇との結びつきが深く、人脈の面で両人は齟齬するとともに、政策面でも中流貴族出身の道真が現実を直視し律令政治原則の修正を含む改革策を構想していたのに対し、名門出身の時平は律令政治原則に固執し、復古的な施策で臨む傾向が強かったようである。「寛平の治」と称される宇多朝の改革策に道真が深くかかわっていたのに対し、延喜期の政治改革「延喜の治」には時平の関与が大きい。（森田　悌）

〔格式の時代〕

三代格式《さんだいきゃくしき》　平安時代前期に編纂された法典。弘仁《こうにん》・貞観《じょうがん》・延喜《えんぎ》の三つの格式を合わせて「三代格式」と称するが、「三代格式」という名の書物は存在しない。また、格《きゃく》と式《しき》はそれぞれ別の法典であって、律《りつ》と令《りょう》を合わせて律令というのと同様。「弘仁格式」は、弘仁十一年（八二〇）に撰進され、「貞観格」は貞観十一年（八六九）、「貞観式」は貞観十三年（八七一）にそれぞれ撰進、「延喜格」は延喜七年（九〇七）に撰進され、翌年施行、「延喜式」は延長五年（九二七）に撰進、康保四年

（九六七）に至り施行された。格は詔書・勅旨・太政官符*などの単行法令を収め、式は律令の細則、官司の服務規定であって、ともに律令の付属法典の位置を占める。律令国家がいかなる問題にどのように対処したかを知るための重要資料。今日、「三代格」はすべて失われているが、十一世紀に成立した「類《るい》聚《じゅ》三代格」によって、そのかなりの部分を知ることができる。式は、弘仁・貞観の両式が、ごく一部を残して散逸し、「延喜式」のみがほぼ完全なかたちで残存している。そのため、実際には「類聚三代格」と「延喜式」を参照することになる。『新訂増補国史大系』（吉川弘文館）に所収。　（早川万年）

令義解《りょうのぎげ》　「養老令」の公定注釈書。天長十年（八三三）に撰上、翌承和元年（八三四）に施行。「養老令」の体裁に準拠し全十巻三十篇。右大臣清原夏野《きよはらのなつの》らの撰。権威ある注釈書として尊重された。すべてが現存するわけではないが、『令集解』*に引用されるところも含めると、その大部分が残されている。律令研究の際には、『令集解』とともに、基本文献となる。内容は明法家たちの議論を経て整理された令条文の解釈を示したもので、平安時代に至ってからの法解釈という一面と、令文そのものの理解という二つの側面があるが、概して穏当、簡潔な解釈となっている。令条文を区切りながら、「謂…」として解釈の文章を挿入するかたちを取る。『新訂増補国史大系』などに所収。　（早川万年）

令集解《りょうのしゅうげ》　「養老令」の注釈書を集成したもの。編者は九世紀後半から十世紀はじめに活躍した明法家の惟宗直本《これむねのなおもと》と考えられている。具体的な成立年は不明であるが、貞観年間（八五九―八七七）の比較的早いころと推定されている。三十五巻が現存するが、もとは五十巻であったらしい。令条文を区切りながら、『令義解』*をはじめ、『古記』『令釈』『跡記』『穴記』『讃記』などの注釈書を書き込む形式をとり、八―九世紀の法律学者の説を集成している。日本令を研究するうえでの基本文献。なお引用される注釈書のうち、『古記』は「大宝令」の注釈書と考えられている。また、唐*の法令なども引用している。諸注釈書は多くの問答体で記されており、それぞれに特色がある。『新訂増補国史大系』に所収。　（早川万年）

新撰姓氏録《しんせんしょうじろく》　律令時代の諸氏の系譜を集めたもの。混乱した氏姓を正す目的で、桓武天皇*のとき着手され、嵯峨天皇*のとき弘仁六年（八一五）万多《まんだ》親王らによって撰進された。三十巻と目録一巻。左京・右京・山城・大和・摂津・河内・和泉に住む一千百八十二氏を皇別（三百三十三氏）・神別（四百二氏）・諸蕃（三百二十四氏）・未定雑姓（百十七氏）に分類配列している。古代氏族研究の必須の史料である。江戸時代、文化九年（一八一二）に完成した『寛政重修諸系譜』一千五百二十巻は、『新撰姓氏録』にならい、諸氏を分類配列している。
（阿部　猛）

（六）平安初期の文化

漢文学の時代　平安初期も奈良時代に引き続いて、唐風文化が積極的に移植された。朝廷の儀式も唐風に整備された。天平文化が唐文化の「直訳」文化的性格を有していたのに対して、平安初期には、それを自分なりに消化しようとした点に特色がある。この時期の代表的文化は漢文学である。国を治めるためには文章が大切であり、立身出世のためにも学問が必要であるとの考えが貴族社会に浸透し、貴族たちは漢詩文に熱中した。小野篁《たかむら》・菅原清公《きよとも》・僧空海・島田忠臣・都良香《みやこのよしか》・菅原道真・紀長谷雄《きのはせお》らの詩人・文人が輩出し、勅撰詩文集が相ついで編纂され、私家集も編まれた。

六国史と律令の注釈　漢文学の流行は、大学の学科の中心に紀伝道《きでんどう》（史学科）と文章道《もんじょうどう》（文学科）を据えるようになり、明経道《みょうぎょうどう》や明法道《みょうぼうどう》は低く位置づけられた。貴族たちは、その子弟の教育のために私学寮を設けた。

史書では『日本書紀』についで『続日本紀《しょくにほんぎ》』『日本後紀』『続日本後紀』『日本文徳天皇実録』『日本三代実録』が編纂され、六国史が完成したが、その後官撰の史書はつくられなかった。律令については官撰の『令義解《りょうのぎげ》』が諸家の法解釈の統一を試み、惟宗直本《これむねなおもと》は『令義解』をはじめ二十余種の注釈書をあつめて『令集解《りょうのしゅうげ》』をつくった。

天台と真言　平安仏教は最澄と空海によって始められた。二人はともに唐に渡って仏教を学び、天台宗・真言宗を日本に伝えて、学派的仏教とは異なる信仰的宗派仏教を樹立した。天台・真言二宗は、ともに山林仏教のいき方をとった。天台宗では最澄の没後、円仁・円珍が入唐して密教をとり入れて密教化し、真言宗の東密《とうみつ》に対して台密《たいみつ》といわれた。台密・東密とも国家・貴族との結びつきが深く、国家鎮護や個人の延命息災・銷災致福《しょうさいちふく》の祈願を行った。

弘仁・貞観文化　寺院建築も、山林仏教の性格に呼応して変わった。山間の地形に対応して、諸坊が分散する形をとった。延暦寺や金剛峯寺《こんごうぶじ》はその状態を示し、大和の室《むろ》生寺《うじ》の金堂・五重塔は代表的遺構である。密教芸術の性格は絵画に最もよく現われた。東寺七祖《しちそ》像の龍智・龍猛像、神護寺《じんごじ》の両界曼荼羅《りょうがいまんだら》、高野山明王院《みょうおういん》の赤不動、園城寺《おんじょうじ》の黄不動などは代表的な作品である。彫刻では、東寺の五大明王、河内観心寺の如意輪観音像などが知られる。建築・絵画・彫刻ともに、幽暗・強烈さを含んで神秘的となった。平安初期は、美術史上では、嵯峨天皇のときの弘仁《こうにん》、清和天皇のときの貞観《じょうがん》の元号をとって、弘仁・貞観時代と称される。

（阿部　猛）

〔天台と真言〕

天台宗《てんだいしゅう》　中国、日本仏教宗派の一つ。天台宗そのものの開祖は天台智者大師智顗《ちぎ》であり、日本天台宗は最澄の入唐求法（八〇四—〇五）によって創始された。天台の宗名は中国浙江省の天台山に由来する。『法華経』が主要な所依の教典である。大同元年（八〇六）に、南都六宗とともに年分度者を賜り、ここに最澄による日本天台宗が開創された。弘仁十三年（八二二）大乗戒壇建立が許され、同十四年、延暦七年以来の比叡山寺を改めて延暦寺と号した。最澄亡きあとは円仁・円珍などの入唐により、本格的な密教体系が比叡山にもたらされた。しかし円仁系と円珍系の門徒の対立が徐々に激しくなり、十世紀の後半には、ついにこの対立により円珍派が下山し、山門・寺門は分裂した。天台宗は南都旧仏教と対立しながら、独自の天台教学を形成し、貴族とも結びついてその勢力を拡大するに至った。鎌倉仏教の祖師である法然・栄西・親鸞・道元・日蓮なども比叡山で学んだ。（八木真博）

真言宗《しんごんしゅう》　日本仏教宗派の一つ。天台系の密教を台密《たいみつ》というのに対して東密《とうみつ》ともいう。『大日経』『金剛頂経』を所依の教典とし、即身成仏を期することを宗旨とする。空海の入唐求法による真言密教の請来をその創始とする。空海は弘仁七年（八一六）に高野山に金剛峯寺を開き、弘仁十四年には東寺を賜り活動の中心とした。承和二年（八三五）空海入定後は、皇族や貴族の保護を受け各地に布教を行うが、真言宗教団は東寺・仁和寺・醍醐寺・大覚寺などに分散し、統一を欠くようになる。貴族に近づいた広沢流と山岳宗教と結びついた小野流に分かれた。十世紀初頭に出た観賢は教団統制を行い復興を図った。平安時代末期に出た覚鑁《かくばん》は高野山に大伝法院を建立するなどして改革を行おうとしたが、東寺や金剛峯寺側の反感をかい、これ以後百年にわたって大伝法院と金剛峯寺は争うことになる。（八木真博）

最澄《さいちょう》（七六七―八二二）　平安時代の僧。日本天台宗の始祖。諡号《しごう》は伝教大師。生誕は神護慶雲元年、父は三津首百枝《みつのおびとももえ》とされるが、生誕を神護慶雲二年（七六八）、父を三津首浄足であるとする説もある。幼少より陰陽・医方・工功を学び、近江国分寺に入り、国分寺僧として得度し最澄を名乗ったとされる。延暦四年（七八五）に東大寺の戒壇院で具足戒を受けるが、その後比叡山に入り天台法華の教学に傾倒することになる。同二十三年（八〇四）還学生として入唐し、円禅戒密の四種相承をして二百三十部、四百六十巻の典籍を請来した。大同元年（八〇六）年分度者二人を賜り、最澄による日本天台宗が開創された。弘仁三年（八一二）には、高雄山神護寺で、弟子たちとともに金剛界・胎蔵界灌頂を受け、ともに入唐した空海から新たに密教について学ぶことになったが、親交は長くは続かなかった。同五年には九州へ、その後東国へ巡化した。同十三年六月四日最澄は比叡山の中道院で示寂した。貞観八年（八六六）七月、清和天皇より伝教大師の大師号を贈られた。（八木真博）

空海《くうかい》（七七四―八三五）　平安時代の僧。真言宗の宗祖。諡《し》号《ごう》は弘法大師。宝亀五年讃岐国多度郡に生まれる。父は佐伯田公、母は阿刀《あと》氏。延暦七年（七八八）叔父の阿刀大足《おおたり》に伴われて入京。論語・孝経・史伝などを学び、大和石淵寺の勤操について仏教を学ぶ。同十年大学寮明経科に入学。この間一沙弥から虚空蔵求聞持法を授けられる。延暦二十二年（八〇三）得度、翌二十三年入唐。翌年青龍寺にて恵果《けいか》から金剛界・胎蔵界両部の秘法を受ける。大同四年（八〇九）七月十六日官符により、京に入住し高雄山に居す。弘仁七年（八一六）七月八日の官符により高野の山或を賜り、高野山金剛峯寺を開き、同十四年正月十九日嵯峨天皇より東寺を預けられる。承和二年二月三十日に金剛峯寺が定額寺に加えられたのを見届けて、三月十五日入寂す。天安元年（八五七）に大僧正、貞観六年（八六四）に法印大和上位を追贈され、延喜二十一年（九二一）弘法大師の諡号《しごう》が贈られた。大師の業績はほかに庶民の子弟の教育機関として綜芸種智院*の開設などがある。
（八木真博）

円仁《えんにん》（七九四―八六四）平安時代の僧。延暦寺*第三世座主。延暦十三年下野国都賀郡に生まれる。俗姓は壬生氏。幼くして大慈寺の僧広智について仏教を学ぶ。大同年間（八〇六―八〇九）に叡山に登り、最澄*に師事する。弘仁五年（八一四）に得度を受け、同七年東大寺*にて具足戒を受ける。天長元年（八三二）に伝燈満位の僧位を授けられ、承和二年（八三五）天台請益僧として第十七次遣唐使*の一行に加わる。この入唐*に際し伝燈法師位が授けられる。同五年入唐するも、その目的であった天台山に登ることを許されず、五台山を巡礼する。承和十四年（八四七）帰国。仁寿四年（八五四）延暦寺座主となる。貞観六年正月十四日入滅。同八年七月法印大和尚の位とともに慈覚大師の諡号《しごう》を贈られた。著作に『顕揚大戒論』『金剛頂経疏』『蘇悉地羯羅経略疏』などがある。また『入唐求法巡礼行記』は入唐の際の円仁の行動を知る記録である。
（八木真博）

円珍《えんちん》（八一四―九一）平安時代の僧。延暦寺*第五世座主。讃岐国那珂郡金倉郷に生まれる。本姓因支首《いなきのおびと》。俗名広雄。父は宅成、母は佐伯直*氏の出で、空海*の姪にあたる。幼くして『毛詩』『論語』などを学ぶ。天長四年（八二七）に入京。同五年叔父である仁徳に連れられて叡山に登り、義真に師事する。同十年年分度者として得度を受ける。嘉祥三年（八五〇）伝燈大法師位を授けられる。仁寿三年（八五三）八月入唐。天台山・長安などで修行し、天安二年（八五八）六月、大小乗経律論疏など四百四十一部、一千巻をもち帰国。貞観十年（八六六）延暦寺座主となる。寛平二年（八九〇）少僧都に任ぜられ、天台宗*の僧侶としては、初の僧綱入りとなった。寛平三年十月二十九日入滅。延長五年（九二七）十二月法印大和尚位と智証大師の諡号《しごう》が贈られた。『大日経義釈目録縁起』『授決集』などの著書のほかに入唐時の記録である『行歴抄』がある。
（八木真博）

御霊信仰《ごりょうしんこう》　疫病の流行は死霊の祟りであるとして、この霊魂を慰める信仰。古くから不遇の死を遂げた霊に対する畏怖・信仰はあったと思われるが、疫病と死霊とが結びつき政治に影響を及ぼすようになるとき、ここに御霊信仰の形成がうかがわれる。御霊となった者には政治上の失脚者が多いが、その初期には皇室関係者が大部分である。宝亀八年（七七七）に光仁天皇・皇太子山部親皇（のちの桓武天皇*）が病となり、その後井上内親皇を改葬して御墓と称し、淳仁天皇の墓を山陵と改称していることは、病と死霊とが結びついた最初の例である。疫病の流行が御霊の祟りであると考えられはじめるのは九世紀半ばの橘逸勢《たちばなのはやなり》に至ってからである。『日本三代実録』貞観五年（八六三）五月二十日の記事から、御霊を慰めるための御霊会が行われたことが知られるが、御霊会は恒常的に行われており、民間にまで御霊信仰が受容されていたことがうかがえる。
（八木真博）

延暦寺《えんりゃくじ》　滋賀県大津市坂本本町にある。天台宗*の総本山。山号は比叡山。延暦七年（七八八）最澄*が薬師仏を置き、小堂を建てたのに始まる。同二十五年年分度者を賜る。弘仁十三年（八二二）大乗戒壇*建立の允許が下り、南都僧綱の所管を脱し、完全に独立する。翌十四年それまでの比叡山寺を改め、延暦寺とする。天長元年（八二四）最澄の弟子義真が初代延暦寺座主となり、このころより講堂・戒壇院などの建立が続き、徐々に堂舎が揃いだした。その後、第三代座主円仁＊、第五代座主円珍＊らの活躍により皇室・貴族の信仰を集めた。しかし、円仁の門徒と円珍の門徒の争いがしだいに激しくなり、正暦四年（九九三）に円珍派は下山し園城寺に移り、これより山門派（円仁派）と寺門派（円珍派）の対立が始まる。院政期になると僧兵＊の横暴はなはだしく、白河上皇＊が「天下不如意」と嘆かれたなかに「山法師」としてあげられるほどであった。（八木真博）

金剛峯寺《こんごうぶじ》　和歌山県伊都郡高野町高野山にある。全高野山域を総称して金剛峯寺といい、明治以前までは特定の寺院名ではなかった。その名の由来は「金剛峯楼閣一切瑜伽瑜祇経」からであるとされる。真言密教の根本道場として、空海＊が弘仁七年（八一七）嵯峨天皇＊より許されて開創した。承和二年（八三五）には年分度者が許されるが、のちに神護寺・東寺＊との間で争いが起こり、さらに入唐中の空海自筆の法文とされる『三十帖冊子』の所有問題が起こり、延喜十九年（九一九）に一応解決するが、その勢力は弱まることになる。済高のときに執行職を置き、寛朝に至り検校職が置かれ復興をはかったが、正暦五年（九九四）七月、落雷により御影堂を除く諸堂が焼失した。十一世紀に入ると藤原道長＊や白河上皇＊など貴族や天皇の参詣が行われ、それに伴う荘園の寄進などにより、興隆を迎えることになる。（八木真博）

東寺《とうじ》　京都市南区九条町にある。教王護国寺ともいう。真言宗＊東寺派の総本山である。平安京遷都＊に際し、京内の安鎮のため、また国内の衛護のために羅城門の東に建てられた。左大寺とも呼ばれた。東寺創建の時期は明らかではないが、延暦十五年（七九六）大納言藤原伊勢人が造東寺長官に任じられたとされる。弘仁三年（八一二）布勢内親王の墾田七百七十二町が東寺・西寺に施入された。同十四年嵯峨天皇＊により東寺が空海＊に与えられ、他宗の僧の雑住を禁じてより、京都における真言宗の根本道場としての契機となった。天長二年（八二五）に講堂が建てられ仁王経曼荼羅などを安置し、もって国家の安全を期し教王護国寺と名づけられた。同五年空海は綜芸種智院＊を設立、承和元年（八三四）には東寺長者となり、翌年には真言宗に年分度者が許された。東寺に力を注いだ空海はこの年に寂すが、その後も実恵らにより灌頂院・塔婆の完成を見た。また御影堂の完成後は大師信仰の中心ともなった。（八木真博）

室生寺《むろうじ》　奈良県宇陀郡室生村にある。山号は宀一山《べんいちさん》。現在は真言宗＊室生寺派大本山であるが、以前は真言宗豊山派であった。高野山が女人禁制であるのに対し、室生寺は女性の参詣を許したので、女人高野とも呼ばれる。宝亀九年（七七八）に光仁天皇の皇太子であった山部皇子（のちの桓武天皇＊）の病気平癒の延寿法を興福寺＊の賢憬らが修したことが知られ、その後開創されたとされる。室生寺には空海＊の高弟真泰、延暦寺＊の円修・堅恵らがよったことが知られ、宗教的内容は多彩であっ

室生寺五重塔

た。近くには龍穴神社があり、平安期以後、祈雨に験があるとされ、信仰が広まった。五重塔はこの地に初めて寺をつくったとされる賢璟《けんきょう》以来のものと見られ、奈良時代か平安初期の様相を伝える。金堂は建立年次について拠るべき史料がないが、その様式から平安初期のものと推定される。建築以外にも、釈迦如来像、十一面観音像、金堂壁が有名であり、いずれも国宝である。

（八木真博）

密教芸術《みっきょうげいじゅつ》　平安初期、当時の仏教のあり方を反映して、寺院は山間に建てられたから、諸堂は地形に応じて配置され、本堂も内陣・外陣の区別が厳重になり、神秘的な雰囲気をかもし出すようになった。仏像の需要も多くなり、仏像彫刻が盛んになった。この時期から、それまでの金銅・乾漆《かんしつ》・塑造《そぞう》などの像に代わって木彫仏が主流となった。その理由には、①唐の彫刻の影響、②入唐僧が唐の檀像《だんぞう》（檀木に彫刻した像）をもち帰った、③木彫の材料は豊富であるうえに製作の手間や費用が節約できる、④天平期以来の木心乾漆造が盛んになり、これがしだいに木彫化したことなどが考えられる。この時期の木彫の特長は一木彫《いちぼくちょう》（一本の木から一体の仏像や台座まで彫り出す技法）で、これによって仏像の量感をより表現できるようになった。翻波式《ほんぱしき》の手法も量感を増す手法であった。元興寺*（奈良）薬師如来像、観心寺（大阪府）如意輪観音像、東寺*（京都）五大明王像などが知られ、地方でも常勝寺（福島県）薬師三尊像、黒石寺（岩手県）薬師如来像、正長寺（香川県）聖観音像などの優れた仏像がつくられた。また、密教は図像を尊び、諸尊の絵画をつくった。西大寺（奈良）十二天像、園城寺（滋賀県）黄不動明王像が著名である。曼荼羅は密教の教理を図に描いたものであるが、金剛界曼荼羅と胎蔵界曼荼羅があり、合わせて両界曼荼羅という。神護寺（京都）や子嶋寺（奈良）の両界曼荼羅は名高い。高僧を描いた肖像画や仏像を線描する図像画も行われ、これは後世の世俗画に影響を与えた。作品は残っていないが、百済河成《くだらのかわなり》・巨勢金岡《こせのかなおか》らの名が伝わっている。

（阿部　猛）

〔漢文学〕

大学別曹《だいがくべっそう》　平安時代、有力氏族が一門の学生たちのために建てた大学付属機関としての寄宿舎。十世紀後半には、寄宿学生を諸国の掾《じょう》に推薦する特権を得た。①勧学院は弘仁十二年（八二一）藤原冬嗣*が創設した。平安京*左京三条北・壬生西にあった。貞観十三年（八七一）ごろ大学別曹として公認された。封戸・荘園・出挙《すいこ》稲*・出挙銭を財源として経営された。平安末期には学生数も減少し、治承元年（一一七七）四月の大火で焼失、再建されたが、その後衰退の一途をたどった。②奨学院は元慶《がんぎょう》五年（八八一）在原行平が王氏（皇族出身の氏族）出身学生のために建てた。昌泰三年（九〇〇）大学別曹として公認された。一族が寄進した荘園を財源として維持され、源・平・大江・清原・中原など諸氏の学生が在籍した。③学館院は承和（八三四―四八）の末ごろ、橘《たちばなの》嘉智子《かちこ》らによって右京二条西大宮辺に建てられた橘氏の寄宿舎。康保二年（九六四）に大学別曹として公認された。政界における橘氏の勢力衰退もあって振わず、久安三年（一一四七）ごろには学館院敷地は田となり、築垣のみが残っていたという。④弘文院は延暦（七八二―八〇五）年間、和気広世が私邸を当てて弘文院と称し、多数の書籍と墾田四十町を置いた。大学別曹として公認されたことを

示す史料はない。十世紀には廃絶した。（阿部　猛）

綜芸種智院《しゅげいしゅちいん》　空海*が京都に建てた私立学校。天長五年（八二八）に綜芸種智院式を制定して創立。古代の大学や国学が入学資格に身分上の制限を設け、しかも儒教一辺倒の教育であったのに対して、広く庶民の入学を認め、儒教・仏教の書物・経典などを教授するを目的とした。しかし、承和二年（八三五）に空海が没すると経済的に維持困難に陥り、そこで弟子僧らが相談して承和十二年（八四五）種智院を売却し、その代金で土地を買い、永く伝法料とすることにした。その土地は丹波国にあり、のちに大山荘として発展する。（阿部　猛）

勅撰漢詩集《ちょくせんかんししゅう》　平安初期には、漢詩文は貴族の必須の教養として尊重された。大学での教科も、従来の明経道・明法道中心から紀伝道・文章道に移り、文章道には多くの英才が集まるようになった。その結果、優れた詩人・文人が輩出し、勅撰の漢詩文集が編纂されるようになった。①『凌雲新集』はふつう『凌雲集』と称される。弘仁五年（八一四）ごろの成立。小野岑守《みねもり》らの撰進。作者二十三名で詩集九十首。個人別・官位順に配列されている。宴集と遊覧の詩が多く、天皇讃美の奉和応製や唱和の多いことが特色である。②『文華秀麗集』は弘仁九年（八一八）成立。藤原冬嗣*らの撰上。作者二十八名で詩数百四十八首。部立は『文選《もんぜん》』にならい十一部門に分ける。作者には宮廷の官人が多いが、渤海客や女流詩人も含まれる。表現・措辞に重点を置き、文学の美を追求するところに特色がある。質量ともに『凌雲集』にまさり、弘仁期の漢詩の頂点を示す。③『経国集』は天長四年（八二七）良峯安世らの撰上。作者は百七十八名で、賦十七首、詩九百十七首、序五十一首、対策三十八首を二十巻に分類した。韻文と散文の合集はわが国最初の試みであるが、『凌雲集』の雄渾《ゆうこん》な詩風と、『文華秀麗集』の華麗な詩風の調和をはかったものといえる。以上の三詩集は、圧倒的な唐風文化の影響のもとで、当時の知識人たちが中国文化を輸入・消化するための努力のあとを示している。（阿部　猛）

文鏡秘府論《ぶんきょうひふろん》　空海*が編纂した漢詩文作成のための参考書。六巻。大同四年（八〇九）から弘仁十一年（八二〇）の間に成立。中国の六朝《りくちょう》・唐代に流行した「詩体」「文筆式」など多くの漢詩文作法書類を参考し、その要をとった詩文手鑑で、「秘府」とは宮廷の書庫のように便利なものの意でつけた名前である。天・地・東・西・南・北の六巻よりなり、各巻に項目を立てて中国の書籍を引用し論評している文学評論集である。引用書類には、すでに散佚《さんいつ》したものも多く、中国文学史上の貴重な資料となるのみならず、わが国の後世の歌論にも大きな影響を与えた。（阿部　猛）

新撰字鏡《しんせんじきょう》　平安時代前期の代表的漢和辞書。昌住の撰になり十二巻。寛平四年（八九二）から部分的に成立し、昌泰（八九八—九〇一）年中に完成したらしい。所収漢字二万一千三百字を偏旁《へんぼう》（へんとつくり）によって分類し、発音・意義・和訓をつけている。編纂のために参照した書籍は広汎に及び、特に中国の典籍で散佚したものも多く、その点で貴重な資料となっている。注記された和訓は三千に及び、古語研究上にも貴重である。（阿部　猛）

和名類聚抄《わみょうるいじゅしょう》　十世紀につくられた意義分類体の辞書。源順《みなもとのしたごう》の撰。承平（九三一—三八）年間の成立。「倭名類聚鈔」とも書く。醍醐天皇の皇女勤子内親王《いそこないしんのう》のために撰したものという。三千余の項目を立て、万葉仮名による和名約三千、ならびに撰者の説を付す。全文漢文で書かれている。当時の国語語彙《ごい》の実態や語義研究に不可欠の文献である。引用書も二百九十種に及び、すでに散佚したものを多く含み、貴重である。

（阿部　猛）

〔和　歌〕

古今和歌集《こきんわかしゅう》　最初の勅撰和歌集。延喜四年（九〇四）に、醍醐天皇が「歌集並古来旧家」（真名序）を献ぜさせ、翌五年勅令で、紀貫之*・凡河内躬恒《おおしこうちのみつね》・紀友則・壬生忠岑《みぶのただみね》の四人が選者となり、『万葉集』*以後の歌の約一千百首を選び二十巻の歌集とした。二十巻の部立ては、「仮名序・春（上下）・夏・秋（上下）・冬・賀・離別・羇旅・物名・恋（一―五）、哀傷・雑（上下）・雑体・大歌所御歌・東歌・真名序」からなる。「仮名序」は、わが国初のまとまった文学論として後世に多くの影響を与えた。歌は、「古今風」と呼ばれ、その特徴は七五調、理知的・観念的・たおやめぶり、縁語・掛詞《かけことば》などの技巧・比喩・見立ての多さがある。

（菅原　秀）

歌合《うたあわせ》　平安初期（八八〇年代）に発生した一種の文学的遊戯。多種多様な形があるが、代表的な形は、歌の題・歌人の組分けが事前に決められ、歌人は当日、あらかじめつくった歌を持参し、左右二組に分かれ、左右一首ずつ歌の優劣を競い、その際、「勝・負・持《じ》（引分け）」が判定される。左右から出る歌の朗読者を「講師《こうじ》」、勝負の判定者を「判者《はんじゃ》」という。判定理由の「判詞《はんじ》」は歌論として重視されている。主要なものに『在民部卿家歌合』天慶八―仁和三年（八八四―八七）、『亭子院歌合』延喜十三年（九一三）三月十三日、『天徳内裏歌合』天徳四年（九六〇）三月三十日などがある。

（菅原　秀）

紀貫之《きのつらゆき》　（八七二ごろ―九四五）　平安前期の歌人。武内宿禰《すくね》の後裔で紀望行の子、童名を内教坊阿古久曽《あこくそ》という。延喜年間に御書所預、越前権少掾、内膳典膳、少内記から大内記となり、従五位下に叙せられ、加賀介、美濃介となる。延長年間（九二三―三一）には大監物、右京亮となり、同八年正月に土佐守に任ぜられた。承平四年（九三四）十二月、土佐の国府を発ち、翌二月に帰京。この後失職するが、天慶年間（九三八―九四七）に玄蕃頭《げんばのかみ》、朱雀院別当、その後木工《もく》権頭となり、天慶八年（九五四）十月以前に死去と考えられている。役人としては恵まれてはいなかったが、優れた歌人であり、その歌論の学識・鑑賞眼は他の追随を許さなかった。その本領は和漢いずれをも極めた華麗な文章によっても発揮された。『古今和歌集』*の撰者の一人であり、その「仮名序」の執筆者でもある。また、宮廷・貴族のために多くの屛風歌をつくった。さらに『土佐日記』*の作者として有名であり、ほかに『貫之集』がある。

（菅原　秀）

かなの成立《せいりつ》　奈良時代に発生した、漢字の音を借りて日本語の音にあてはめた「万葉仮名」は、日本語の音一つに対して数種、または十数種の漢字をあてるという複雑なものであった。それらは自然に淘汰され、使用文字の種類も狭められていった。「万葉仮名」はそれから徐々に略体化されて「草仮名」が発生し、さらに変形され「平仮名」が発生した。またまったく別に「万葉仮名」の一部を取った「片仮名」も発生した。「仮名《かな》」という名称は、もとは「かんな」といい、「かりな」から転化したものである。「な」とは文字の意味であり、「かりな」

（仮字）とは、漢字を正式の文字として「まな」（真字）というのに対し、略式とみなしていたことによる。また「仮名」は広く総称として使われる場合と、狭義に「女手」（女性の使う文字）として使われる場合もある。文学史的には、平安時代に入り約百年ほどは、いわゆる国風暗黒時代といわれ、漢詩文が主流であったが、寛平六年（八九四）の遣唐使*廃止のころを境として、和歌が復興し、やがて散文の発達に至る。仮名文学の成立と文学史の展開とは密接にかかわっている。（菅原　秀）

三筆《さんぴつ》　平安初期の書の名人三人を称する。空海*（七七四―八三五）、嵯峨《さが》天皇*（七八六―八四二）、橘　逸勢《たちばなのはやなり》（？―八四二）の三人。のちの三蹟*に対する。空海の筆跡としては「風信帖《ふうしんちょう》」「七祖賛《しちそさん》」以下いくらか現存し、同時代の書では抜群といわれる。嵯峨天皇の筆跡としては「光定戒牒《こうじょうかいちょう》」があり、中国風の筆致である。橘逸勢については確実なものは伝わらず、平安宮の安嘉門《あんかもん》・偉鑒門《いかんもん》・達智門《たっちもん》の額を書いたという伝説が残っている。（阿部　猛）

四　貴族政治と国風文化

（一）摂関政治の展開

藤原氏の他氏排斥　藤原氏は、不比等《ふひと》の四人の男子が南家・北家・式家・京家をたてて四家に分かれた。このうち北家は房前《ふささき》の曾孫冬嗣*が薬子の変*のとき蔵人頭《くろうどのとう》に任命されてから、最も有力であった。冬嗣の子良房*のとき、北家の地位は貴族中群を抜くものとなったが、しかしなお旧来の名家として伴氏・橘氏・紀氏があり、嵯峨天皇*のとき創立された賜姓源氏の勢力も無視できないものがあった。藤原氏は機会をとらえては他氏の排斥につとめた。承和九年（八四二）の承和の変*で伴氏・橘氏を、貞観八年（八六六）の応天門の変*で伴善男《とものよしお》を、延喜元年（九〇一）には右大臣菅原道真*を失脚させ、安和二年（九六九）の安和《あんな》の変*で皇族出身の源高明《たかあきら》を政界から追放した。

摂政と関白　天安二年（八五八）清和天皇が九歳で即位すると、太政大臣良房は外祖父として摂政《せっしょう》*になり、ついで養子基経*は父の死後摂政となり、陽成《ようぜい》天皇の代も、はじめ摂政、のち関白*となった。

醍醐《だいご》天皇・村上天皇の時期には摂政・関白を置かず、律令制再建への積極的な姿勢が見られたとして、のちにいわゆる「延喜・天暦の治」と称される「聖代」観が成立する。しかし、十世紀後半になると摂政・関白が常置されるようになり、藤原北家がその地位を独占した。十世紀末から十一世紀前半の藤原道長*・頼通*父子の時代がその全盛期であった。

摂関政治の本質　摂関政治*は本質的には律令政治の変形であった。政権は藤原氏摂関にあったが、摂関の地位は天皇の権威に由来した。したがって藤原氏は天皇の尊厳を示し、その権威を高めることを怠らず、天皇との血縁関係を固めた。一方、摂関家の一族は、大臣・大中納言・参議*など、政務決定にあずかる公卿の過半を占め、かつ官人の任免権を握った。藤原氏が長期にわたる安定政権を樹立しえたのは、祖先鎌足*以来の功績によって、特に政治の中枢に参与すべき氏族と観念されていたこと、そして代々外戚、すなわち天皇の母方のミウチとして摂政・関白の座を確保したことによる。また一族のものが主要な官職を独占した結果、かれらが官人として受ける給与は莫大であり、経済力の点でも他氏を圧倒していた。権力確立の結果、摂関家に荘園の寄進が集中して経済力はさらに増大し、政権持続の条件となった。

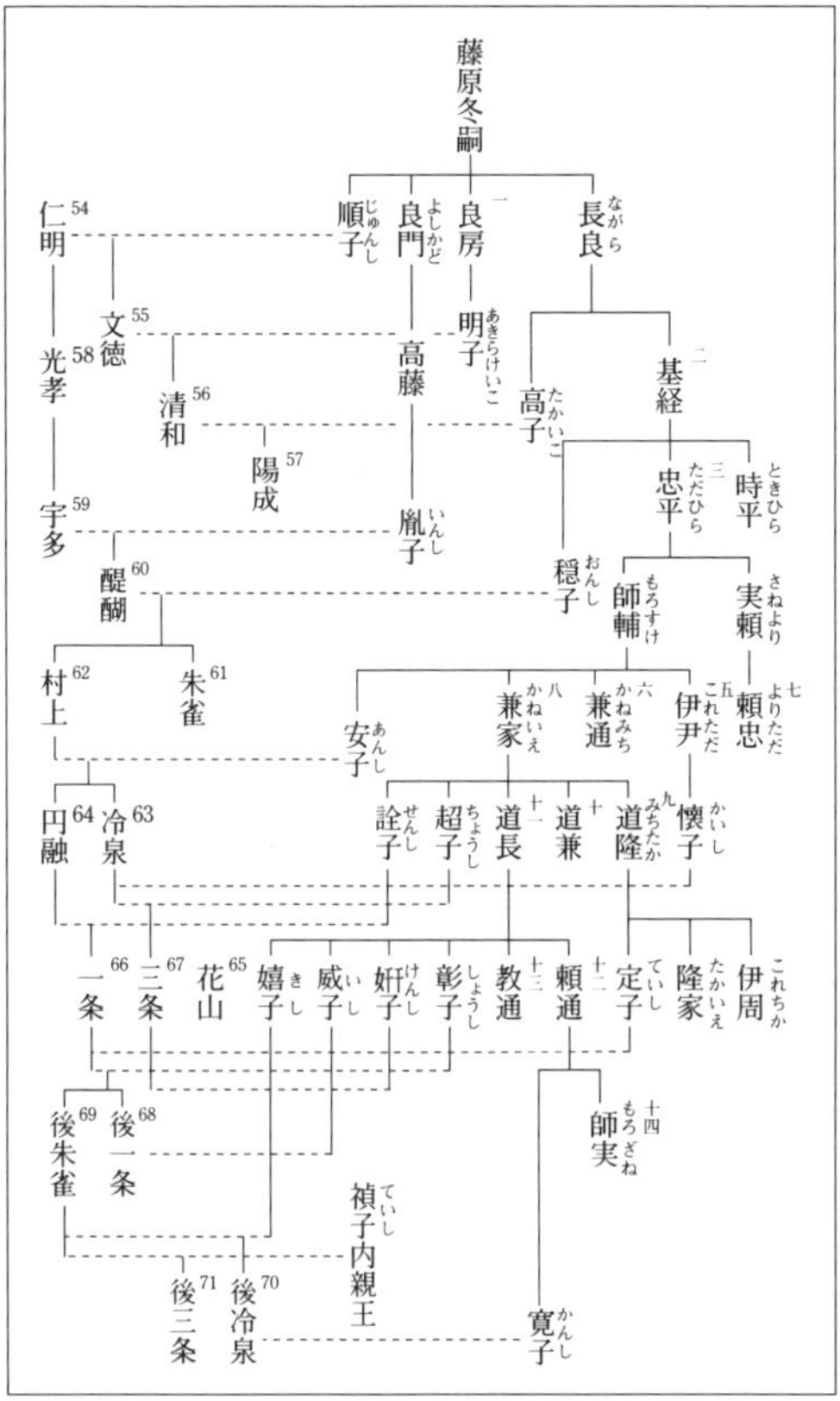

皇室と藤原氏（北家）の関係系図
（数字は皇位継承順，漢数字は摂政・関白の順）

政務の儀式化と儀式書の成立　藤原道長・頼通の時代を頂点とする藤原氏の独裁体制の樹立過程で、政務の儀式化、あるいは政務と儀式の一体化の様相が著しくなった。大臣・納言・参議による最高会議は陣座《じんのざ》において行われ、多数決原理をとりながら、最終的な決定は摂関と天皇の合議に委ねられた。政務・儀式においては故実・先例

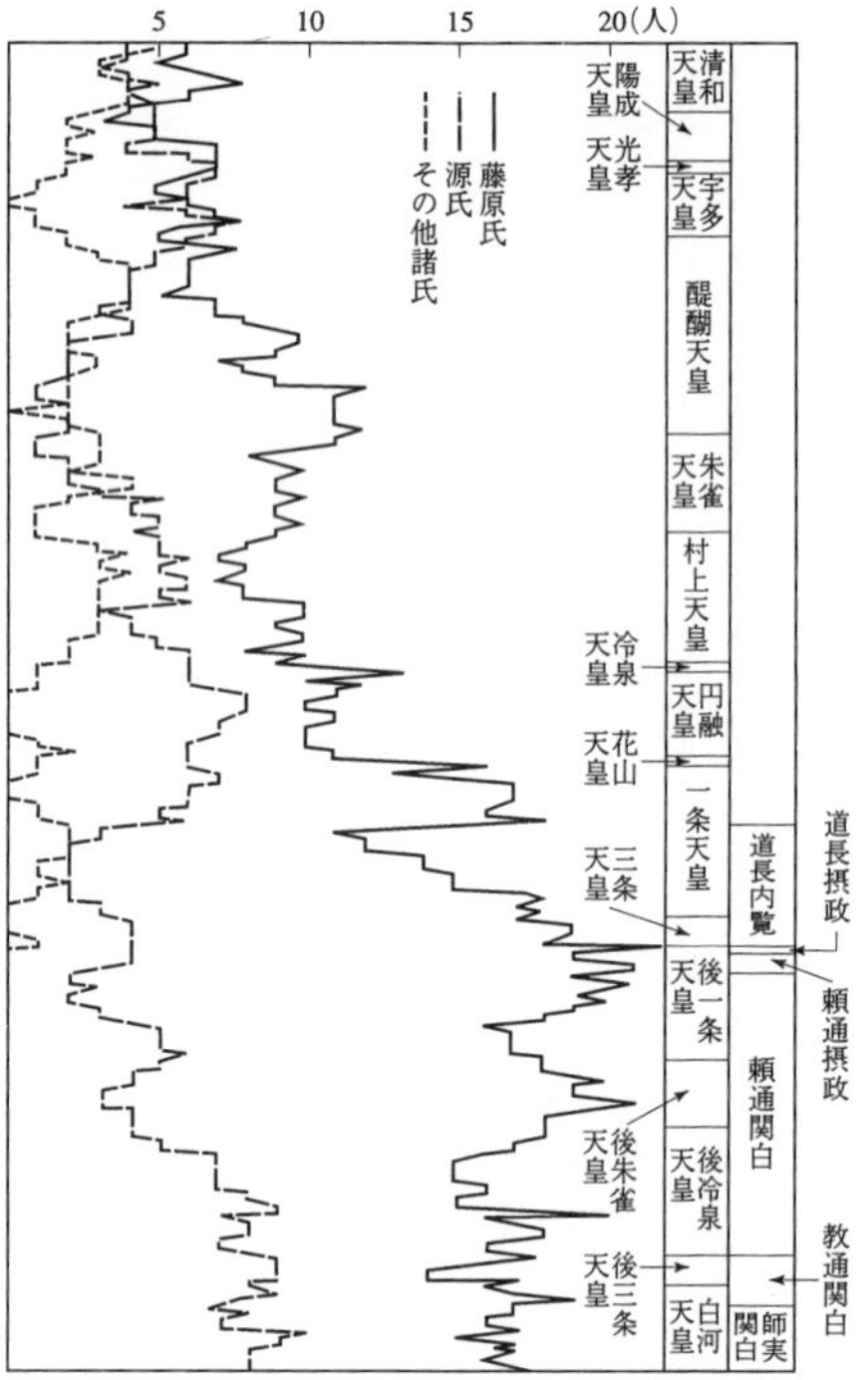

氏族別公卿数の変遷

が重んじられ、官人・貴族はそつなく仕事をこなすことが求められた。貴族の家では、故実・先例を記した「日記」が保存され、儀式に関する書物も編纂された。源高明の「西宮記《さいきゅうき》」*、藤原公任《きんとう》の「北山抄《ほくざんしょう》」*と院政期*の大江匡房《まさふさ》の「江家次第《ごうけしだい》」*が代表的なものである。宮廷における年中行事の成立もこの時期にあった。貴族社会における家格が成立し、序列化が進んだ。官職・位階を売買することがふつうに行われた。年官・年爵の制(年給制)が行われ、それによる任料は皇族・貴族の収入となった。朝廷に仏事や造営の費用を寄進させることによって一定の官職に就任させる成功《じょうごう》*は国司の場合特に著しく、延任・重任《ちょうにん》も認められた。

大土地所有の進展　律令制的土地制度は完全に変質し、院宮王臣家(貴族)や有力な寺院・神社による大土地所有制、すなわち荘園制の発展が見られた。平安初期の在地の有力者(「富豪之輩《ふごうのともがら》」と呼ばれた)は、土地の開発・営田*と周辺農民への米・銭の貸し付け(出挙《すいこ》*)とによって富を蓄えたが、彼らの活動と貴族らによる荘園の設置は緊密に結びついた現象である。

受領と在地百姓　在地の変動と律令体制の崩壊現象が進行するなかで、現実的な対応を迫られた中央政府は、地方官である国司・受領《ずりょう》層の徴税吏的側面を容認し、調*・庸*・租*税収奪の方式を改めつつ、その経済的な基盤を維持していった。受領として収奪にあたったのは、主として権力中枢から疎外された中流貴族層出身者であった。受領はその任国を利得の対象と見る傾向が強く、一期一任の間に莫大な収入の得られることから、有能な目代《もくだい》*や軍事力としての郎等・従者を多数率いて地方に下向し、在地の郡司や農民との間に軋轢《あつれき》を生じた。受領の荒政に対して郡司・百姓らが中央政府に直接訴え、いわゆる国司苛政上訴は十世紀から十一世紀半ばまで盛んに行われた。

(阿部　猛)

〔摂関政治〕

延喜《えんぎ》の国政《こくせい》改革《かいかく》　延喜年間（九〇一—二二）のはじめに活発な展開を示した政治改革をいう。その中心は延喜二年三月十二日から十三日にかけて布告された一連の太政官符からなり、①班田収授の励行、②田租を穎《えい》（穂についたままの稲）で徴収することの禁止、③調*庸*の精好、④官人の交替時に再度の延期を認めない、⑤諸院宮王臣家による山川藪沢を占固することの禁止、⑥諸院宮王臣家が民の私宅を庄家とし稲穀を蓄積することへの禁制、⑦勅旨開田および五位以上による百姓田地・舎宅の買取や占地の禁止、⑧臨時御厨ないし院宮王臣家の厨の停止などを内容としている。①～④は律令行政の励行にかかわり、⑤～⑧は王臣家の経済活動を抑制することを意図しており、ことに⑦は「延喜荘園整理令*」としてよく知られている。この整理令では相伝の庄家として券契分明かつ国務に妨げないものを除き権門の庄を整理することにしており、このときを基準にして後代に至っても荘園整理に際し、格前・格後と称している。律令行政の励行はもとより、権門の経済活動への抑制策も律令支配への回帰を意図していると解され、復古策と評価することが可能である。延喜の国政改革に先行する宇多天皇*朝の寛平の政治改革が菅原道真*や平季長のような中級貴族出身者により指導され、深刻化する律令支配の矛盾を柔軟に対処することにより乗り切ろうとしたのに対し、延喜の国政改革では律令支配の原則を強調することにより克服を図っているのである。延喜二年当時の醍醐天皇は十八歳と若く、左大臣藤原時平も三十一歳の若年で経験が浅く、現実を直視するというよりは、理念的な律令支配の原則に傾斜する傾向を有していた。この改革は多分に摂関家の立場にたった施策と見てよく、延喜二年に先立つ同元年に道真が大宰府*へ左遷されていることと関連していると推考される。ただし、律令支配の衰微のほどは復古策により乗り切れる段階ではなく、革新策を不可避とする状況にあり、延喜初期を過ぎると漸次宮廷政治は沈滞化していき、延喜九年時平の死を契機に途絶する。この後、延長年間（九二三—三一）以降に至り、藤原忠平政権下で政治は新しい動きを示すようになるが、律令政治というよりは王朝国家のそれと解される。〈上横手雅敬「延喜天暦期の天皇と貴族」『歴史学研究』二二八号、一九五九。森田悌「摂関政治成立期の考察」『平安時代政治史研究』一九七八〉（森田　悌）

意見《いけん》十二《じゅうに》箇条《かじょう》　意見とは臣下が天皇に対し献策するもので、封をしたうえで献進し、少納言が受理・奏聞することになっている。「意見十二箇条」は延喜十四年（九一四）四月に式部大輔三善清行が提出したもので、序論で律令国家の衰微ぶりについて述べ、ついで十二箇条にわたり再建のための献策を行っている。内容は祭礼を厳粛にすること、奢侈を禁ずること、口分田制の改革、大学生徒食料の加給、五節妓員の減定、判事の増置、季禄の均給、訴訟の抑制、勘籍人の定数化、諸国検非違使*・弩師の贖労補任の禁止、濫僧・凶暴舎人の禁遏、魚住泊の修復からなっている。復古的な内容を有するとともに、口分田を見口数により頒ち、無身百姓口分田を沽却し調*庸*にあてることを求めているあたりは、律令支配の原則たる個別人身支配の方式の改訂を図っているといえる。清行は備中守を経歴しており、そのときの体験に基づいている。この意見は藤原忠平政権下において採用されている。古来意見の代表例とされ、『本朝文粋』*『群書類従』および『日本思想大系』（岩波書店）などに収録されている。（森田　悌）

安和《あんな》の変《へん》　十世紀後葉に起きた政変。安和二年（九六九）三月に源満仲*の密告により、橘繁延《たちばなのしげのぶ》、僧蓮茂らが謀反を企てたとして逮捕され、罪は当時朝廷内で重きをなしていた左大臣源高明に及んで、大宰員外師に左遷され、与党として武士の藤原千晴らも流罪に処された。この事件の直後、右大臣藤原師尹《もろただ》が左大臣、大納言藤原在衡が右大臣に昇任している。事件の真相については不明な点が多いが、結局は藤原氏の陰謀と思われる。康保四年（九六七）村上天皇が死去し、冷泉《れいぜい》天皇（忠平親王）が即位、弟守平親王が同母兄為平親王を越えて皇太弟となったが、為平の妃は源高明の女であり、高明やその側近周辺に不満の声があり、それが謀反事件とされたらしい。事件の首謀者は藤原師尹と藤原兼家であったと推測され、摂関家内部の反目も事件にかかわっていたようである。事件の背景には、源満仲や藤原千晴らの武士どうしの対立もあった。この事件は藤原氏による他氏排斥の最後とされ、以後北家の擅権体制が確立された。なお、高明の流嫡は宮廷貴族らを驚愕させ、その一端は藤原倫寧《ともやす》の女の日記『蜻蛉日記』*に書き留められている。（森田　悌）

摂関政治《せっかんせいじ》　摂政*・関白*が執政した政治形態をいう。人臣摂政の最初は、貞観元年（八五九）に九歳で即位した清和天皇のもとで、執政にあたった藤原良房*であるが、天皇が成人に達した後の貞観八年に摂政にするとの勅が出され、後代の関白の任に就いている。良房が貞観十四年に死去した後、その子（養子）基経*が陽成天皇の摂政、ついで光孝天皇の関白となっている。基経は宇多天皇*のもとでも関白に就くが、即位早々の段階で阿《あ》衡《こう》の紛議を起こしている。基経の任とされた阿衡に権限があるか否かが問題になり、この事件を介し関白の権限が明確化されたといえる。ただし宇多天皇は親政を意欲し、基経存命中は関白職を置いたが、その死後は置かず、次の醍醐天皇も摂政・関白を置かず親政を旨とし、朱雀天皇が即位した延長八年（九三〇）に至り、藤原忠平が摂政に任じ、ついで関白となった。

朱雀天皇の次の村上天皇も忠平在命中は関白を置いたが、その死後は置かず、康保四年（九六七）に冷泉天皇が即位して藤原実頼が関白となり、以後摂政・関白の常置時代となった。良房・基経の時代は摂政と関白の区別が必ずしも明確化されておらず、いわば摂関政治確立への途上期にあたり、これを初期摂関政治と称している。摂関常置以降、藤原北家のなかでも師輔《もろすけ》の子孫が栄えるようになり、十一世紀前半に執政した道長*のときに最盛期を迎えた。もっとも道長は後一条天皇のとき、一年余摂政に就任したにすぎず、関白にはなっていない。長期にわたる執政期のほとんどは内覧《ないらん》の肩書で摂関の実を行った。

摂関政治を可能にした条件は、天皇とのミウチ関係であり、天皇の外祖父などであることにより実権を振うことができた。道長の栄光は三人の女を天皇の妻とし、その所生の皇子を天皇としたことにある。摂政・関白にとり天皇の権威が必要なことは、後三条天皇*が関白藤原教通に対し「関白摂政ノオモクオソロシキハ、帝ノ外祖ナドナルコソアレ」と語ったということに示されており、藤原氏の外戚関係から自由になった後三条天皇以降、摂関政治は衰微し、摂関は置かれても実権を振えず、天皇の父の立場に立つ上皇（院）が政治の実権を掌握するようになった。〈竹内理三『律令制と貴族政権』御茶の水書房、一九五八。石母田正『古代末期政治史序説』未来社、一九五七。橋本義彦『平安貴族社会の研究』吉川弘文館、一九七六。藤木邦彦『平安王朝の政治と制度』吉川弘文館、一九九一〉　（森田　悌）

陣定《じんのさだめ》　左近衛陣ないし右近衛陣に置かれた公卿の座である陣座《じんのざ》で執行された公卿の国政会議。陣議・仗議などともいう。律令制下の公卿評議に由来し、平安中期以降は恒常的な会議として定着し、摂関盛期のころにおいては、月にほぼ二、三回の頻度で開催されている。まず上卿*が開催を公卿らに告知し、当日は諸司・諸国の申文や弁官・外記の勘文により審議した。発言するに際しては、末席の公卿から意見を述べたという。執筆の参議*が発言者の意見をとりまとめて筆録し、多数決などにより一の決定をすることなく、異論は併記して定文をつくり、蔵人を介して天皇に奏上し裁可を仰いだ。議題は民政事項から外交・軍事・人事など政務万般にわたった。陣定の定文の一例に寛弘二年（一〇〇五）四月十四日、「条事定文写」（『平安遺文』四三九号）があり、大宰大弐藤原高遠申請五条をはじめとする地方官の申請について審議している。左大臣藤原道長*の意見に拘束されることなく、公卿らは所見を述べたてており、議論は活発な展開を示すことが珍しくなかった。ただし院政期以降になると実を失い形骸化し、院評定にとって代わられるようになった。　（森田　悌）

〔権力者と実務官人〕

藤原道長《ふじわらのみちなが》（九六六―一〇二七）　平安中期の公卿*。氏長者《うじのちょうじゃ》。御堂《みどう》、出家して行観（のち行覚）。摂政藤原兼家の五男、母は摂津守中正女時姫。寛和二年（九八六）外孫一条天皇即位で父兼家摂政。道長は翌年従三位に叙位され、正暦二年（九九一）権《ごん》大納言。長徳元年（九九五）すでに一条天皇と外戚《がいせき》関係にある兄の関白*藤原道隆《みちたか》が赤斑瘡《あかもがさ》の流行で病に臥すと、子息藤原伊周《これちか》との間で後継者争い。伊周に内覧《ないらん》宣旨が下るも関白許可は出ず、道隆の死後内覧宣旨は道長に移った。右大臣に昇任。同年七月二十四日陣座で「宛如闘乱」といわれた口論、二十七日伊周の弟藤原隆家の従者が道長の従者を殺す合戦。翌年花山法皇と伊周・隆家の闘乱で伊周は大宰権帥《だざいごんのそち》、隆家は出雲権守に左遷。長保元年（九九九）道長の女彰子《しょうし》が一条天皇に入内《じゅだい》、中宮。道隆の女定子との異例の二后並立。寛弘七年（一〇一〇）三条天皇に女妍子《けんし》入内、中宮。長和五年（一〇一六）外孫後一条天皇のとき初めて摂政となる。三年後出家。無量寿院《むりょうじゅいん》（法成寺《ほうじょうじ》）を建立。同阿弥陀堂で薨去。日記に『御堂関白記』がある。　（古谷紋子）

藤原頼通《ふじわらのよりみち》*（九九二―一〇七四）　平安中期の公卿。太政大臣藤原道長の長男、母は左大臣源雅信女倫子。氏長者。宇治殿《うじどの》。法名蓮花覚（のち寂覚）。幼名田鶴《たづ》。自邸は高陽院《かやのいん》。長徳四年（九九八）童殿上《わらはてんじょう》、蔵人所小舎人*《こどねり》となる。長保三年（一〇〇一）東三条院四十の御賀試楽の際、童舞《わらはまい》により御衣を賜る。同五年元服《げんぷく》、正五位下叙位。右近衛少将《うこのえのしょうしょう》。寛弘三年（一〇〇六）には一条天皇行幸の賞で従三位《じゅさんみ》に叙位。同六年参議*を経ず権中納言に任官。寛仁元年（一〇一七）後一条天皇*即位で道長は太政大臣《だいじょうだいじん》に、頼通は道長の譲りで摂政となり、内大臣《ないだいじん》にも就任。その後、後朱雀・後冷泉天皇三代にわたって五十一年間摂政・関白の地位にあった。政治家として道長の在世中は、その指示を仰ぎ、道長没後は藤原実資《さねすけ》*と親密な関係を築く。政策に長久・寛徳・天喜の荘園整理令*がある。外戚関係をもたない後三条天皇*即位で摂関家の衰退を招く。治暦四年（一〇六八）、子息藤原師実《もろざね》に譲渡する条件で関白を弟藤原教通《のりみち》に譲り宇治に隠棲した。宇治別業《べちぎょう》（別荘）を平等院*とした。（古谷紋子）

藤原実資《ふじわらのさねすけ》（九五七―一〇四六）　平安中期の公卿。後小野宮《のちのおののみや》殿《どの》。参議*右衛門督斉敏《ただとし》の三男、母は播磨守藤原伊文女。祖父藤原実頼《さねより》の養子となり、小野宮《おののみや》流を継承。童殿上後、康保三年（九六六）臨時楽に蔵人所*小舎人として、納蘇利《なそり》を舞い、衵《あこめ》を賜る。安和二年（九六九）元服、従五位下叙爵《じょしゃく》。天元四年（九八一）蔵人頭《くろうどのとう》。以後円融・花山・一条天皇三代の蔵人頭を勤めた。永祚《えいそ》元年（九八九）参議。右大臣に至るまで、左衛門督、検非違使《けびいし》*別当、右衛門督、太皇太后宮《たいこうたいごうぐう》（昌子内親王）大《だい》夫《ぶ》、右近衛大将、按察使《あぜち》、蔵人所別当《べっとう》、皇太弟《こうたいてい》（敦良親王）傅《ふ》などを兼帯。なかでも右近衛大将は長保三年（一〇〇一）から長久四年（一〇四三）十一月の辞任まで、四十二年の長きにわたり勤める。万寿三年（一〇二六）輦車宣旨《てぐるまのせんじ》を受ける。子どもに恵まれず、兄懐平《かねひら》の子資平を後継者とし、資産は正室婉子《わんし》女王《にょおう》の侍女に生ませた女子に譲渡。故実に通じ、「賢人右府」と称された。日記『小右記《しょうゆうき》』は当時の政治情勢を知る好史料。故実書に『小野宮年中行事』、歌合*『蔵人頭家歌合』がある。（古谷紋子）

藤原行成《ふじわらのゆきなり》（九七二―一〇二七）　平安中期の公卿。右近衛少将藤原義孝《よしたか》の長男、母は源保光女。祖父藤原伊尹《これただ》がかれの誕生年に、父も天延二年（九七四）に亡くなったため、外祖父保光のもとで養育された。長徳元年（九九五）蔵人頭に抜擢され、有能な事務官僚ぶりで一条天皇と左大臣藤原道長*の信任を得た。長徳四年疱瘡《ほうそう》が流行し、七月に行成自身も羅病《らびょう》、重体に陥ったが、奇跡的に回復し、激務である蔵人頭と左中弁辞任を奏上したが、却下。長保三年（一〇〇一）参議*になると、当時参議以上に限られた牛車《ぎっしゃ》と牛を道長からもらった。権大納言のまま、道長と同年同日に亡くなった。東三条院詮子《せんし》の別当なども勤めた。後世、源俊賢《としかた》・藤原公任《きんとう》・藤原斉信《ただのぶ》とともに「寛弘四納言」と称された。仏教信仰に篤く、祖父保光より伝領した桃《もも》園第《ぞのてい》を世尊寺《せそんじ》とし、長保三年に盛大な供養を行った。源泰清女との間に実経、泰清女死後はその妹を室として行経をもうけた。日記『権記《ごんき》』、故実書に『新撰年中行事』がある。能筆《のうひつ》家で、三蹟*の一人。世尊寺流の祖。（古谷紋子）

上卿《しょうけい》　平安時代の恒例・臨時の儀式や政務を担当した公卿。古記録類のなかでは日上《ひのしょう》、上《しょう》とだけ記された場合もある。式《しき》日《じつ》の決まっている儀式は前年度に行われた公卿分配《くぎょうぶんぱい》（行事の役割分担）によって担当公卿が割り当てられ、主に大臣・納言《なごん》が当てられた。しかし、公卿分配のできない日常政務は、当日参入した公卿のうち、上級の者が担当者となった。参議*もまれに上卿になることがあった。担当公卿を上卿といわない儀式もあり、元日節会《がんじつのせちえ》*・白馬節会《あおうまのせちえ》・祈年穀奉幣《きねんこくほうべい》には一上《いちのかみ》（主に左大臣）を内弁《ないべん》、仁王会《にんのうえ》・大嘗会《だいじょうえ》も大納言を検校《けんぎょう》と称して行事を主宰した。上卿が天皇の裁可を経て下す文書を奉勅宣、独断で決める文書を上宣という。（古谷紋子）

官司請負制《かんしうけおいせい》　十二世紀はじめのころから顕著になってきた官司のあり方で、特定の官職に特定の氏族が世襲的に就任することをさしている。弁官局の事務官たる史の場合、九世紀の中ごろから小槻氏のものが就くようになり、十一世紀に入ると小槻氏の嫡系の子孫は必ず左大史に昇る慣例が生じ、十二世紀になると大夫史は小槻氏が独占するようになる。外記局にあっては、九世紀後半になると大外記就任者は中原・清原・三善三氏を中心とするようになり、十一世紀以降になるとほぼ中原・清原両氏に限定されるようになっている。検非違使庁*では中原・坂上両氏が優越する傾向があり、十二世紀以降両氏による明法人事の慣行ができあがっている。官司は特定の氏族の家業の対象と化し、それは収益をもたらすものでもあり、中世的所有権たる職の原型といいうるとされる。このような官司請負制の理解は佐藤進一『日本の中世国家』（岩波書店、一九八三）において説かれ、以後変質した後の律令官司論としてしばしばとりあげられている。佐藤によれば、官司請負制の成立した十二世紀初中期をもって王朝国家の成立期とするのが妥当だという。

（森田　悌）

〔受領による政治〕

刀伊《とい》の襲来《しゅうらい》　寛仁三年（一〇一九）三月末から四月にかけて大宰府管内へ刀伊が侵入し、人を捕え殺したり略奪を行った事件。刀伊はツングース系の民族で女真族をさし、沿海州方面に住み狩猟や牧畜を行っていた。かれらは五十余隻の船に分乗し、まず対馬と壱岐を侵し、ついで筑前国怡土郡を襲い、千数百人もの人を捕え三百数十人を殺し、牛馬・犬を殺食して米穀を奪い民家を焼き払うなどの濫妨《らんぼう》を行った。これに対し現地の最高責任者であった中納言兼大宰帥藤原隆家は朝廷に急報するとともに防戦の指揮にあたり、大宰府軍の勇戦により撃退した。このとき、活躍した大宰府軍は現地の武士的土豪勢力からなっていたと考えられている。大宰府軍の戦いぶりには目ざましいものがあったが、賊の撃退が追討の官符以前であったので、朝廷では恩賞の必要なしという見解が出されており、当時の朝政の形式主義の一端がうかがわれる。捕虜になった日本人はその後高麗軍により救出され、送還されている。事件の経過は藤原実資*の日記である『小右記』および『朝野群載』所収の「大宰府解」などに詳細である。

（森田　悌）

受領功過定《ずりょうこうかさだめ》　平安時代の中期、任期が終わる受領の勤務評定を審査し、功・過を判定する公卿の会議。考課定とも書かれる。毎年春の除目の際に行われた。この当時の受領は、徴税請負人化しており、中央への税物の納入が重視され、審査を行う公卿には「朝之要事《ちょうのようじ》」と認識されていた。その次第は、天皇・摂関の命を受けた大臣が、大納言に命じる。大納言は上卿*として会議を開催する。会議に参加する参議*のうち一人は受領の提出した中文と主計・主税大勘文を照合し、一人は定文を書く。参議で大弁を兼ねているものが、勘解由大勘文を読む。具体的には、①調庸惣返抄、②雑米惣返抄、③勘済税帳、④封租抄、⑤新委不動穀、⑥率分無欠、⑦斎院禊祭料、⑧勘解由勘文が審査された。そして功（無過）・過の判定は、会議に出席している公卿全員の一致した結論が求められ、一人でも反対者がある場合には継続された。功とされた受領は、勧賞または治国加階といい、位を一階進められた。平安末期には、知行国制の進展により衰退した。

（鈴木敏弘）

目代《もくだい》　平安・鎌倉時代に国司*が私的に任国に派遣した代官のこと。目代の語自体は、奈良時代から見えるが、国司制度上の初見は、延喜二年（九〇二）十一月七日付「近江国依知秦文子施入状」である。平安時代中期以降になると、国司が任国に赴かない遥任が一般化するとともに、国司の長官である国守は、目代を任国に派遣して、留守所（国守不在の国の庁）や*在庁官人の統率・支配をさせた。これを公文目代というが、国務を総括した目代を庁目代とする見解もある。また国庁は、田所・税所・出納所など種々の所によって構成されていたが、これらの所にも目代が設置され、一所目代・分配目代などと称された。

（鈴木敏弘）

成功《じょうごう》　売官制度の一種で、朝廷の儀式や御所の造営、また寺社の造営・修造や法会などに際して、本来国家が負担すべき費用を官人が提供し、反対給付として官職や位階を得ること。その源流は、官人が勤務の代わりに銭を納めて「労」とみなされる律令制下の続労銭に求めることができるが、その対象となる範囲は限られており、のちのような財政的な意味はなかった。この続労銭は、贖労銭へと発展し、財政的な意味を有するようになった。特に摂関期から*院政期には、造営や造寺に際して受領が造営などを請け負って工事を完成し、その功によって、再度受領に任ぜられる重任《ちょうにん》や、任期を延期してもらう延任などが盛んに行われた。これは、内裏・大内裏の焼失や院政期における造寺の増加などが、その要因である。また、造営に際して、当初より負担に応じた官職が用意されている例も見られる。このような成功の盛行は、国家財政上新たな財源として恒常的な位置を占めるようになった。成功は、鎌倉時代になっても続き、南北朝期以後廃絶に至った。

（鈴木敏弘）

在庁官人《ざいちょうかんじん》　平安中期から鎌倉時代にかけて国衙《こくが》で実務を行った役人。在庁と略称される場合もあるが、在庁と官人とはその系譜を異にする。律令制下の*国司制度では、*国の等級によって、その定員は異なるが、中央から派遣された守・介・掾・目・史生らによって行政が担われていた。しかし、平安時代中期以降になると、国守の遥任などによって、国衙行政の体制が変質した。その結果、現地の豪族出身の雑色人《ぞうしきにん》や介以下の雑任国司らによって国衙行政が担われるようになった。本来在庁とは、惣大判官代・大判官代・判官代・録事代などの雑色人の系譜を、官人とは介・大掾・少掾・目という雑任国司の系譜を引く役人のことをいう。そして在庁と官人とが一括した概念でとらえられるようになるのは、平安時代の末期以降のことである。しかし、国衙内の税所・田所などの所の長官は、ほぼ官人が独占し、文書の署名の順序などからも官人と在庁の身分差が認められ、鎌倉時代になってもこの傾向は続いていた。

（鈴木敏弘）

弁済使《べんさいし》　平安時代に国・*国衙領・*荘園に設置された役人。*国司が私的に置き、官物の収納・管理にあたった。律令制国司は、元来官物徴収請負人的性格を有していたが、十世紀以降、国司の受領化・任用国司の国衙行政からの遊離に伴い、受領が都から私的従者を帯同し、国衙行政にあたらせた。弁済使の具体的性格については、その初見史料である天暦元年（九四七）閏七月二十三日付「太政官符」に、「近年、諸国司は弁済使という者を置いている、これは国司が私的に置いているものであって、朝廷の関知するところではない、官物は弁済使に収納し、弁済使がこれを管理するなどのはかりごとをなしている」と見える。これによると、弁済使は、在庁の「所」のような性格を有し、在国して収納・管理にあたったと考えられる。しかし、平安時代後期の史料には、弁済使が在京している事例が多々見られ、また下級官人としての肩書を有している者もおり、必ずしも国許にいたとは考えられず、このような弁済使は徴税請負人であったと考えられる。（鈴木敏弘）

尾張国郡司百姓等解文《おわりのくにぐんじひゃくせいらげぶみ》*　永延二年（九八八）十一月八日付で、尾張国の郡司・百姓らが、国守藤原元命の非法を三十条にわたって記し、その解任を求め朝廷に提出した文書。尾張国解文・尾張国申文ともいう。十世紀後半から十一世紀前半には、このような百姓が国守を訴えた苛政上訴が幾例も見られ、尾張国のみでも、この前後四例見られる。なかでもこの解文が注目される理由は、三十一条の内容が具体的にわかるとともに、十世紀末期の地方政治の実態を伝える貴重な史料だからである。その主な内容は、正税・租穀・地子率分の加徴、本来認められていない子弟・郎等を引きつれて赴任し、かれらが苛斂誅求を行っていること、調*の絹を安く値踏みして、質のよい生糸を多く責め取って私用に宛て、質の悪い生糸を他国から買って中央に送進すること、などである。また解文は四六駢儷《べんれい》体を用いた名文であり、その作者は郡司や百姓ではなく、都の学者や官人・僧侶の手によるものと考えられるが、断定はできない。なお原本は伝わらず、数種の写本が伝わる。（鈴木敏弘）

> **尾張国郡司百姓等解文**（『宝生院文書』）
>
> 尾張国郡司百姓等解《げ》し申《もう》す官裁《かんさい》を請《こ》ふの事。裁断せられんことを請ふ、当国の守《かみ》藤原朝臣元命《あそんもとなが》、三箇《か》年の内に責め取る非法の官物《かんもつ》並《なら》びに濫行横法《らんぎょうおうほう》三十一箇条の愁状《しゅうじょう》。
>
> 一、裁断せられんことを請ふ、官法の外《ほか》に意に任《まか》せて加徴せる租穀段別三斗六升の事。
>
> 一、裁定せられんことを請ふ、守元命朝臣、三箇年間毎月、借絹《しゃっけん》と号し、誣《し》ひ取る諸郡の絹千二百十二疋《ひき》并《なら》びに使々の副《そ》へ取る土毛《どもう》の事。
>
> 永延《えいえん》二年十一月八日　郡司百姓等

（二）貴族の生活と国風文化

国風文化　九世紀末に遣唐使*が廃止されたことに示されるように、衰弱した唐*の文化に幾分魅力を失い、自国文化の自主性を認める空気が生まれてくる。大陸文化に対するあこがれはいぜん強かったが、文化の様々な面に日本的なものが生まれ始めた。しかし、この国風文化は、藤原氏を中心とする貴族たちの豊かな生活のなかから生み出されたものであって、一般民衆の生活とはほとんど無縁であった。

貴族生活　貴族たちは、優美な寝殿造《しんでんづくり》*の家に住み、そのなかには、日本の風景や風俗を描いたやまと絵*の屏風《びょうぶ》や几帳《きちょう》を置き、蒔絵《まきえ》の調度品を用いた。衣服も男の直衣《のうし》・狩《かり》衣《ぎぬ》、女の十二単《ひとえ》衣など日本独自の衣装を着た。社交教養として詩歌をつくり楽器を演奏する技が求められた。

和歌と仮名文学　九世紀における仮名《かな》の発生は、日本文化史のうえで画期的ともいえる意義を有する。かたかなとひらがなという二種類の表音文字は和歌や散文の世界に新しい機運を生じさせた。和歌では九世紀に六歌仙《ろっかせん》が出て、十世紀には最初の勅撰和歌集の『古今《こきん》和歌集』*がつくられる。散文の世界では、初期の『竹取物語』*『伊勢物語』*を経て、最初の仮名日記『土佐日記』*が生まれる。仮名を駆使して書かれた代表的な作品は『源氏物語』*と『枕草子』*であるが、それに続く『蜻蛉《かげろう》日記』*『和泉式部《いずみしきぶ》日記』*『更級《さらしな》日記』*など、いずれも女性の手によって書かれた。女流文学の盛行は当代の一代特色である。

寺院の貴族化　天台宗*・真言宗*は貴族たちのための加《か》持《じ》・祈禱《きとう》を行い、年中行事にも参加するようになり、特定の貴族との師檀《しだん》関係も結ばれるようになった。仏教が貴族社会に定着したのである。寺院の経済的基礎は厖大《ぼうだい》な荘園にあり、有力寺院は巨大な荘園領主となった。貴族の子弟も教団に進出し、教団自体が貴族化した。天台宗では良源が円仁*門流から出て叡山を発展させたが、円珍*門流は叡山

以い	呂ろ	波は	仁に	保ほ
部へ	止と	知ち	利り	奴ぬ
留る	遠を	和わ	加か	与よ
太た	礼れ	曾そ	州つ	祢ね
奈な	良ら	武む	宇う	為ゐ
乃の	於お	久く	也や	末ま
計け	不ふ	己こ	衣え	天て
安あ	左さ	幾き	由ゆ	女め
美み	之し	恵ゑ	比ひ	毛も
世せ	寸す			

阿ア	伊イ	宇ウ	江エ	於オ
加カ	幾キ	久ク	介ケ	己コ
散サ	之シ	須ス	世セ	曾ソ
多タ	千チ	州ツ	天テ	止ト
奈ナ	二ニ	奴ヌ	祢ネ	乃ノ
八ハ	比ヒ	不フ	部ヘ	保ホ
万マ	三ミ	牟ム	女メ	毛モ
也ヤ	由ユ	与ヨ	良ラ	利リ
流ル	礼レ	呂ロ	輪ワ	韋ヰ
慧ヱ	乎ヲ			

仮名の成立

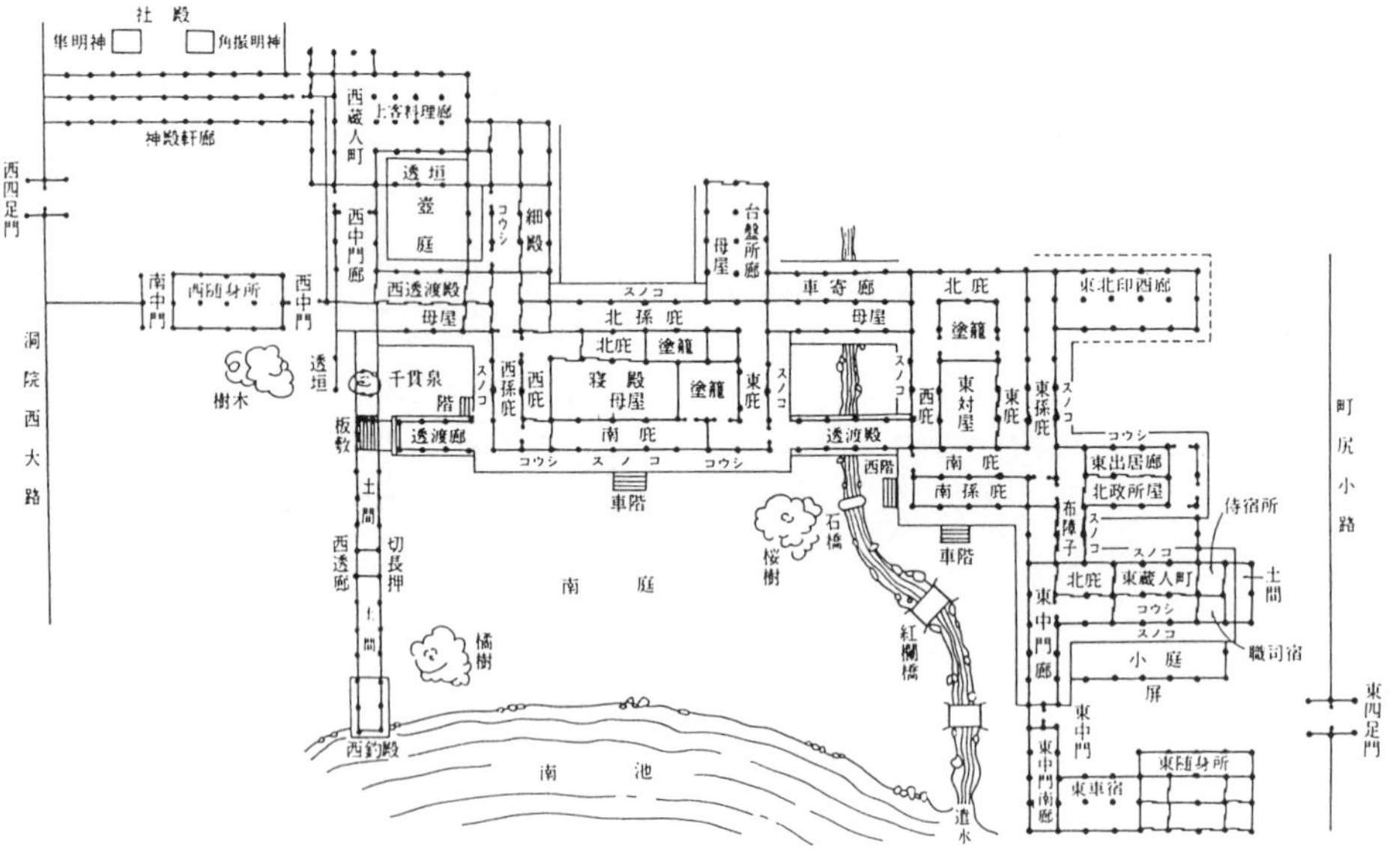

寝殿造の邸宅（東三条殿）（太田清六氏による）

から分離して、園城寺《おんじょうじ》に拠《よ》って叡山と争った。叡山には、すでに円仁が浄土教を中国から移植していたが、十世紀半ばごろ、空也*はこれを民間に広めて市聖と称された。

信　仰　貴族たちは、陰陽《おんみょう》思想に支配されて迷信を深く信じ、天台・真言の密教の祈禱により、現世を離れて浄土への再生を願う浄土信仰に没入した。また、来世の幸せを願うのみならず、現世に極楽浄土《ごくらくじょうど》を現出させようと、仏像の製作、堂塔の建立に莫大な費用を投じたのである。

政治や社会の不安に伴い、御霊《ごりょう》信仰*が広まった。奈良末期・平安初期の政争で失脚した貴族の霊魂のたたりで疫病が流行するという信仰である。貞観五年（八六三）に神泉苑の御霊会が行われ、さらに祇園《ぎおん》・北野・今宮などの社が祀られ、しだいに地方にも流布していった。仏教は、はじめ神祇信仰と衝突したが、しだいにこれを包摂して神仏習合の風潮をつくった。神は仏教を擁護し、神も衆生《しゅじょう》のひとりであるとの考え方が現れ、神前読誦、神宮寺の建立、寺院の鎮守勧請《かんじょう》などが行われた。そしてやがて特定の神は特定の仏菩薩の垂迹《すいじゃく》であり、仏菩薩は神の本地であるとする本地垂迹説*も形成された。

美　術　浄土教の観想的性格は、阿弥陀仏の絵像・彫刻や阿弥陀堂《あみだどう》の建立など、浄土芸術を現出させた。藤原道長*の法成寺《ほうじょうじ》、頼通*の宇治平等院鳳凰堂《びょうどういんほうおうどう》*など、いずれも浄土信仰ととけあった建築であった。阿弥陀堂の中央には阿弥陀仏を安置し、周囲や天井を極楽図で飾った。その仏前に坐って念仏すれば、さながら極楽浄土にあるを思わせるものがあった。浄土信仰の発展に伴い阿弥陀来迎図《あみだらいごうず》*が描かれた。鳳凰堂の扉絵の来迎図、高野山の聖衆《しょうじゅ》来迎図は代表的作品である。仏像では、定朝《じょうちょう》が寄木造《よせぎづくり》を完成し、鳳凰堂の阿弥陀仏像はかれの作で、日野法界寺のそれは定朝系の最古の作品である。また法成寺の阿弥陀堂や平等院鳳凰堂は、貴族の住宅様式である寝殿造《しんでんづくり》を取り入れており、貴族の生活と宗教の融合を示している。寝殿造は檜皮葺《ひわだぶき》・板張床で、庭園をとりいれる様式で、室内の屏風・障子（襖《ふすま》）にはやまと絵が描かれた。

（阿部　猛）

〔儀式と年中行事〕

寝殿造《しんでんづくり》　平安時代の貴族の邸宅。方一町（約一二〇メートル四方）の敷地内に寝殿、東西北に対屋《たいのや》を置いて廊（渡殿《わたどの》）で結び、東西対から南に細長い中門廊、その南端に釣殿《つりどの》がある。左右対称の配置が理想とされた住居。敷地の周囲は築地塀《ついぢべい》で東西北に門、南には大きな池。ほかに侍所《さむらいどころ》や車宿《くるまやどり》、雑舎などが建てられた。屋根は入母屋《いりもや》造、葺き材は檜皮《ひわだ》、茅《かや》、板葺きなど。丸柱を使用し、板敷き。儀式の場に用いられることもあり、内部には間仕切りがなく、使用目的に応じていかようにもしつらえることができた。発掘調査から左右対称の建物配置がきわめて少ないことが報告されている。当時、すべての貴族がこのような邸宅に住めたのではなかった。

（古谷紋子）

婚姻形態《こんいんけいたい》　婚姻に伴う居住のあり方は、古代では嫁入り婚が未成立であったので、弥生時代末には夫が妻のもとに通う妻訪《つまど》い婚であり、子どもは母方で養育された。八世紀にも同じような婚姻形態が続き、妻訪いが一定期間続き夫婦関係が成立すると、夫婦同居に移行した。その際の住居は夫方・妻方のどちらでもない新処居住であった。しかし、夫婦の結合は強固ではなく、離合が容易に行われたと考えられる、対偶《たいぐう》婚であった。九世紀以降、貴族層を中心に父親に婚姻締結権が移り、婚姻にも社会的公認を目的とした儀式が成立した。また、一夫多妻制も成立し、諸階層にわたって夫婦結合が強固になり、女性の従属を伴う家父長的単婚が成立した。十一世紀中ごろまで、結婚後の住居は妻方居住か、妻の両親が提供した新処居住であった。十一世紀末になると、最初から新処居住が一般的となり、妻方居住は消滅。しかし、夫方居住婚は未成立であった。夫婦同居が一般的になっても、諸階層での離婚は容易に行われたようである。

（古谷紋子）

年中《ねんちゅう》行事《ぎょうじ》の成立《せいりつ》　一年のうち、特定の日に慣習的に行われる行事。農耕社会であった日本は、稲作儀礼として豊作の予《よ》祝《しゅく》・報謝《ほうしゃ》が行われた。そのほか、季節に応じ、正月や春秋の祭・宴が行われたり、半年の区切りも重視された。また、月の満ち欠けを生活の基準にし、朔日と十五日を祝う習慣があった。律令国家は暦の導入とともに節日を取り入れ、正月元日、七日、十六日、三月三日、五月五日、七月七日、十一月大嘗日に天皇が群臣に宴会を賜る国家行事を設定した。民俗行事が色濃く残った年中行事は、時代が下るにつれ仏教、儒教、陰陽道《おんみょうどう》*の要素を多く取り入れた。それは天皇を頂点とした中央集権国家のなかで強化され、政治的な威儀をもつ国家行事に変化した。平安時代に入ると様々な行事が行われ、季節に応じた華やかなものも現れた。藤原基経*が仁和元年（八八五）に光孝天皇に献上した『年中《ねんちゅう》行事《ぎょうじ》御障子文《みそうじぶん》』は年中行事の語の初見と考えられる。これによれば、平安貴族の正月元日の四方拝《しほうはい》から十二月晦日の追儺《ついな》に至る三百項目の行事が確認できる。これらの行事のために儀式次第を記す儀式書もつくられた。官撰《かんせん》では『弘仁儀式』『儀式』『内裏式《だいりしき》』、個人著に『西宮記《さいきゅうき》』*『北山抄《ほくざんしょう》』*『江家次第《ごうけしだい》』*などがある。年中行事はしだいに形式化し、儀式を間違えることなく無事に遂行することが貴族の評価基準となり、先例が重視された。そのため、貴族は競って日記を書き記した。

（古谷紋子）

西宮記《さいきゅうき》　平安時代の私撰儀式書として最初のもの。著者は源高明（九一四―九八二）。書名は高明の邸宅が西宮（右京）にあったことに由来。本書は撰者が左大臣在任中および失脚・帰京後たびたび改稿、完成時期は確定できない。『年中行事御障子文』を基準に儀式を記述。各項目ごとに後世の加筆になる多数の頭書、傍書、裏書などの勘物《かんもつ》が記される。なかには逸文や逸書もみられ貴重。古写本《こしゃほん》（平安末―鎌倉時代写）を含むものに宮内庁書陵部所蔵の十七巻（壬生《みぶ》家本）がある。影印《えいいん》本は尊経閣文庫所蔵大永本があり（九冊、冊子体）、刊本として『故実叢書』『神道大系』がある。『北山抄』*『江家次第』*とともに、三大儀式書といわれる。

（古谷紋子）

北山抄《ほくざんしょう》　平安時代の故実書。著者は藤原公任《きんとう》。十巻。巻一・二「年中要抄」、巻三・四「拾遺雑抄」、巻五「践祚抄」、巻六「備忘略記」、巻七「都省雑事」、巻八「大将儀」、巻九「羽林要

抄』、巻十「吏都指南《りとしなん》」の構成。それぞれ個別の成立事情があり、最終的な成立は治安—万寿年間（一〇二一—二八）である。巻八・九の成立は女婿藤原教通の左近衛大将就任と密接にかかわり、巻七・十も公任の長男定頼の弁官歴任や勘解由長官就任と関連する。巻十は公任自筆稿本が京都国立博物館に所蔵、国宝指定。注解に『北山抄注解巻十吏都指南』がある。影印本に尊経閣文庫所蔵本、刊本には『故実叢書』『神道大系』がある。（古谷紋子）

江家次第《ごうけしだい》　平安後期の故実書。撰者は大江匡房《おおえのまさふさ》。二十一巻。天永二年（一一一一）以前の成立。匡房が藤原師通《もろみち》の要請によって記した書。巻十六・二十一は現存しないが、目録に全巻の篇目を載せる。古くは「江次第《ごうしだい》」の名称が用いられた。巻一—十一「年中恒例行事」、巻十二「臨時神事」、巻十三「臨時仏事」、巻十四—十七「譲位以下の臨時朝儀」、巻十八「政務」、巻十九「弓射・競馬及び院中行事」、巻二十「摂関大臣家の臣下礼節」、巻二十一「崩御以下の凶事」の構成となっている。本書は神事・仏事の篇目をあらたに加えるとともに、院・摂関家の行事を記述した点に他書とは異なった特色をみせる。刊本として『故実叢書』『神道体系』がある。（古谷紋子）

九条殿遺誡《くじょうどのゆいかい》　著者は藤原師輔《もろすけ》。一巻。十世紀中ごろ成立。『本朝書籍目録《ほんちょうしょじゃくもくろく》』には「九条右丞相《しょうじょう》遺誡」と記る。はじめに「遺誡並日中行事」とあり、公卿の日々の行事作法や宮中に出仕する際の心得など、公卿の生活全般にわたって細かい訓戒を記述した書物。師輔の父忠平《ただひら》の教えと師輔自身が古賢を訪ねて得た知見を子孫のために書き残したといわれている。九条流子孫に信奉された。『台記《たいき》別記』や『古事談《こじだん》』『愚管抄《ぐかんしょう》』*『明月記』などに、この書物のことが記されている。『江談抄《こうだんしょう》』に引用される『九条殿遺誡』によれば、異本も存在したらしいが、現存しない。『大鏡』*は、藤原伊尹《これまさ》がこの遺誡を守らなかったため、夭死《ようし》したと書き記す。（古谷紋子）

節会《せちえ》　平安時代、天皇が群臣に宴を賜ること。また公式の宴会をさす。節日《せつじつ》の集会の意味。律令国家は暦の導入とともに節日も取り入れた。「養老雑令《ぞうりょう》」は節日を「凡そ正月一日、七日、十六日、三月三日、五月五日、七月七日、十一月大嘗日、皆節日となせ。それ、あまねく賜うは臨時に勅を聴け」と規定。九世紀初頭は節会の停廃・復活が繰り返され、三月三日は廃止、七月七日の相撲節会《すまいのせちえ》は平城《へいぜい》上皇の崩御《ほうぎょ》により国忌《こき》となったため、七月下旬に移行した。『延喜式』は節会を大儀・中儀・小儀に区別、正月元日、七日の白馬節会《あおうまのせちえ》、十六日の踏歌《とうかの》節会《せちえ》、十七日の大射《たいしゃ》、五月五日の騎射《うまゆみ》、七月二十五日相撲節会、九月九日菊花宴、十一月新嘗会を節会に規定。節会は原則として豊楽院《ぶらくいん》で行われ、天皇と臣下が一体となって共同体意識を高める重要な場で、官人統制としても機能。各節会の儀式次第は共通し、上卿*などの着座、天皇出御、開門、群臣参入・着座、饗宴の順で行われ、この間に各節会独自の行事があり、節《せち》禄《ろく》の賜与、天皇還御、臣下退出、閉門で会は終了となった。（古谷紋子）

〔宗　教〕

末法思想《まっぽうしそう》　釈迦の入滅後一定期間正法が保たれるが、像法を迎えて仏教は衰え、末法に至るとする思想。正法とは釈迦の教えにより修行する者が証果を得ることのできる時代、像法とは正法の時代より劣り、修行者はいるが、証果は得られない時代、末法は仏の真理はまったく消滅してしまい、修行者も証果もない時代をいう。日本においてはすでに奈良時代には、その思想は中国より輸入されていたはずであるが、広くは受け入れられなかった。また正法・像法・仏滅の年次は様々であったが、平安時代に至ると正法千年、像法千年、釈迦入滅を壬申年(紀元前九四九)とする説が一般化し、永承七年(一〇五二)が入末法年とされた。末法思想は、天災地変や政治の動揺とあいまって、人びとに危機感を募らせることになった。古記録や『三宝絵詞』『栄花物語』*『扶桑略記』などにも末法の思想が見え、当時の知識階層に広く浸透していたことがうかがえる。
(八木真博)

本地《ほんち》垂迹説《すいじゃくせつ》　日本の神祇と伝来の仏教とを関係づける理論。仏・菩薩を本地、神々を垂迹とし、仏・菩薩は人間を利益し衆生を救うために、神となって現れるとする。『法華経』寿量品では、絶対的理想的釈迦を本地とし、歴史上の現実的な釈迦を垂迹とする教説が見える。日本では東大寺*大仏造立の際に、天《あま》照《てらす》大神《おおかみ》と盧舎那仏《るしゃなぶつ》とを同一視していることが伺え、神仏同体思想の早い段階である。ただし神と仏だけが融合されたのではなく、日本の古くからの土俗的信仰と伝来の宗教・思想とが複雑に混じったものであり、その信仰対象は貴族階級に限らず、広く民衆にまでいきわたった。その影響は抽象的なものにとどまらず、習合美術として美術の分野にも及んだ。　(八木真博)

浄土教《じょうどきょう》　仏・菩薩の清浄な国土への往生を説く思想。『無量寿経』『阿弥陀経』『観無量寿経』の三経を根本経典とする。浄土には様々あるが、日本では阿弥陀仏の西方極楽浄土が広く信仰された。阿弥陀信仰は飛鳥時代には伝来し、死者の追善儀礼として発達していたが、*厭離穢土《おんりえど》の来世的信仰の浄土思想は受け入れられず、南都六宗内での研究にとどまったようである。十世紀に入ると天台浄土教が興隆し、良源の『極楽浄土九品往生義』、源信の『往生要集』*が著された。また慶滋保胤《よししげのやすたね》が『日本往生極楽記』を著すなど、貴族社会にも浄土思想が普及するようになった。一方、空也《くうや》*をはじめとする聖*・上人などと呼ばれた布教者たちにより、民間にも浄土教は広まることになった。院政期*に至ると浄土教は天台教団のみならず、真言*・南都にも発展し、それぞれ独自の様相を展開した。
(八木真博)

往生要集《おうじょうようしゅう》　天台僧源信(九四二―一〇一七)によって著された念仏生活の指南書。巻末に永観二年(九八四)十月より書き始め、翌年の四月に完成したとある。内容は、①厭離穢土《おんりえど》、②欣求浄土、③極楽証拠、④正修念仏、⑤助念方法、⑥別時念仏、⑦念仏利益、⑧念仏証拠、⑨往生諸行、⑩問答料簡の十章に分かれている。特に④⑤⑥の三章が、その中心とされる。また引用経論疏の数は百六十数部に及び、信仰的・実践的立場から書かれている。『往生要集』は人びとが何故に念仏をすべきか、またいか

『往生要集』序文

夫《そ》れ往生極楽の教行《きょうぎょう》は、濁世《じょくせ》末代の目足《もくそく》なり。道俗貴賤、誰か帰せざる者あらんや。但《ただ》し顕密《けんみつ》の教《きょう》法は、其文一に非ず。事理の業因《ごういん》は、其の行惟《ぎょうこ》れ多し。利智精進《しょうじん》の人は、未だ難《かた》しとなさざるも、予の如き頑魯《がんろ》の者、豈敢《あにあえ》てせんや。是の故に念仏の一門によりて、聊《いささ》か経論の要文を集む。之を披《ひら》き之を修《しゅ》すれば、覚《さと》り易《やす》く行ひ易からん。

に念仏をすべきかを論じた書であり、念仏生活の規範としても用いられた。（八木真博）

聖《ひじり》　既成の教団から離れて、民衆間において教化活動を行う仏教者。奈良時代には国家の仏教政策によって厳しく統制されていたため、その活動の場は制限されていたが、十世紀に入ると、律令政府の僧尼統制は弛緩し、これにより民衆を教化する仏教者の活動が自由となり、ここに聖が現れる。聖の出現理由はいろいろ考えられるが、既成教団の世俗化、頽廃によるところが大きい。平安時代末になると、聖はいっそう民衆との結びつきを強くし、精力的な活動を見せる。また貴族に受け入れられる者もこのころ見られるが、多くの聖の活動の拠点は民衆にあった。（八木真博）

空也《くうや》（九〇三―七二）　十世紀中ごろの僧。幼いころ優婆塞として五畿七道を巡ったという。二十余歳で尾張の国分寺に入り、鬢髪を剃り落とし、自ら空也と名のり、播磨国揖保郡の峯合寺で経論を披閲す。天慶元年（九三八）京に入り、このころ市聖と呼ばれる。天暦二年（九四八）四月比叡山に登り、天台座主延昌に従い、大乗戒を受ける。同五年観音像・梵王・帝釈・四天王像をつくり、大般若経一部六百巻を書き写す。応和三年、金字大般若経会の際に西光寺（のちの六波羅密寺）を創建。天禄三年九月十一日西光寺にて入寂す。空也は民間念仏の布教につとめ、のちの日本浄土教の興隆の先駆であった。（八木真博）

往生伝《おうじょうでん》　法華信仰・阿弥陀念仏信仰などの兼修により、来世たる浄土に生まれることを願い、信仰生活を行うことによって往生を遂げた人びとの伝記。往生者の範囲は道俗男女貴賤を問わず、階層的なものは見られない。『往生伝』がもつ仏教思*想は天台教学によるところが大きいと考えられる。中国では唐代迦才の『浄土論』下に二十人の往生者を収めたのが最初で、その後数多く撰述された。日本古代においては、十世紀の後半に慶滋保胤《よしげのやすたね》が『日本往生極楽記』を著したのに始まり、平安後期に至って、大江匡房『続本朝往生伝』、三善為康『拾遺往生伝』『後拾遺往生伝』、蓮禅『三外往生伝』、藤原宗友『本朝新修往生伝』、如寂『高野山往生伝』が相ついで著された。往生伝は単に説話を蒐集したものではなく、往生信仰の弘通教化を意図し、自らも往生を願う著作者によって形成された教説的説話と考えるべきである。（八木真博）

地蔵信仰《じぞうしんこう》　『大乗大集地蔵十論経』『地蔵菩薩本願経』『占察善悪業報経』などの経典を中心とし、五濁悪世の無仏世界の衆生の救済を行う地蔵菩薩への信仰。地蔵菩薩は六道のうち、一番の悪趣である地獄の衆生の苦を除くとされた。元来はインド古来の地神の信仰が、仏教に組み込まれ、やがて大乗仏教のもとで理想的神格となり、中国では七世紀ごろに盛大になったと考えられる。日本への伝来の時期は明らかではないが、正倉院*の「写経文書」に地蔵信仰関係の経典の名が見えることから、天平年間（七二九―四九）には、すでに伝来していたものと思われる。ただし奈良時代に信仰が盛大であった形跡は見られず、九世紀後半から十世紀にかけて、貴族社会の浄土教*の発達とともに盛んになったと考えられる*。（八木真博）

一宮《いちのみや》**と総社**《そうじゃ》　一宮《いちのみや》とは、国司によって国内第一等の社格を与えられた「国（第一）鎮守《ちんじゅ》」であり、中央の二十二社に対する地方神社制度として、十一世紀末から十二世紀初頭ごろに、

*国ごとの多様性を帯びながら成立した（一宮は必ずしも令制下、最も高い神位をもった神社ではない。また、のちに一宮が交代する国も見られた）。その本来の性格は在庁官人《ざいちょうかんじん》*の守護神たる点にあり、一般に所在地・社司・社領などの面で国衙《こくが》と密接に結びついたが、十二世紀半ばごろ、荘公の存在を越えた国家的神社制度へと転化した。一方、総社《そうじゃ》（惣社とも）は、国内諸神を合祀《ごうし》した国衙の宗教施設で、一、二宮制の成立に伴い（総社が先行するのではなく）、在庁官人や、本来「郡鎮守《ちんじゅ》」の性格をもった二、三宮に結集した領主層を、国司が国衙に統合しようとしたものである。ところが十二世紀半ば以降、国家的神社制度に転化した一宮に総社の機能が吸収され、以後総社は、「府中《ふちゅう》鎮守」とのみ認識されるようになった。その他、寺院や郡郷・荘園の総社などもある。（伊藤邦彦）

陰陽道《おんみょうどう》　古代日本の貴族社会に機能した思想体系。古代中国の陰陽五行説・道教をその要素とし、吉凶を占い、禁忌を設け、祭祀を行う。日本陰陽道は、神祇・仏教とは異なる独自の性格を得て成立したもので、その成立期は九―十世紀に求められる。継体天皇七年（五一三）七月、五経博士段楊爾が百済*からわが国に派遣されたことが、その伝来と考えられる。推古十年（六〇四）十月に百済僧観勒が暦本・天文地理書・遁甲方術の書をもたらし、天智天皇十年（六七一）正月の記事では「陰陽」を習学していた人物の存在が知られ、天武天皇*四年（六七五）正月条には「陰陽寮」の語が見え、同五月に占星台が設けられている。律令官制のなかでは、中務省*の管轄下に陰陽寮が置かれ、天文・暦科と並び置かれた。天文・暦と総称して陰陽道と呼ぶことがある。寮には技術者として陰陽師《おんみょうじ》が置かれ、占筮相地のことを司った。平安時代に入ると、陰陽道の禁忌・祭祀が急増し、藤原師輔《もろすけ》の『九条殿遺誡』*には、貴族の行動を拘束していたことがうかがえる。十世紀後半、賀茂保憲・安倍晴明の登場のころより陰陽道の両家への分掌化がなされ、院政*期以降は両家によって家業化されることになる。（八木真博）

宿曜道《すくようどう》　天徳元年（九五七）に延暦寺*僧日延によってわが国に請来された符天暦に基づき、占星・暦算を行う術。符天暦とは八世紀末に唐*の曹士蔿がつくったインド暦法の系統を引く暦法書である。元来、その請来は暦家からの要請であったが、元来占星と暦算とを内包する密教側に受容され、十世紀末からは興福寺*・延暦寺・楼霞寺などに宿曜師と称される僧侶が輩出された。『二中歴』には宿曜師の名がうかがえる。宿曜師の活動は、天皇や貴族の占いのための宿曜勘文の作成・転禍為福の祈禱・歴算が知られる。特に造暦においては、長徳元年（九九五）に造暦の宣旨を蒙った仁宗以後は、暦家と共同で造暦を行っており、またしばしば暦家と論争することもあった。（八木真博）

〔文　学〕

本朝文粋《ほんちょうもんずい》　平安時代の漢詩文集。藤原明衡《あきひら》編。十四巻。弘仁から長元に至る約二百年間（八一〇―一〇三六）の詩文四百三十二篇を収める。康平年間（一〇五八―六五）の成立。収載作品は、賦・雑詩・詔・勅書・意見封事・対冊・論奏・表・詩序・讃・論・祭文・表白・願文・位記・官符など三九部門に分類されている。書名は宋*の「唐文粋」にならったもので、当代の模範的な詩文を集め、学生の教育、学者の作文の参考に資する目的で編纂された。慶滋保胤《よししげのやすたね》の『池亭記』や三善清行の

「意見十二箇条」*などの著名な文章を含む。『新訂増補国史大系』（吉川弘文館）、『新日本古典文学大系』（岩波書店）などに収める。（阿部　猛）

和漢朗詠集《わかんろうえいしゅう》　平安時代、貴族たちの間で口ずさまれた漢詩文の句や和歌を集めたもの。藤原公任《きんとう》の撰とされ二巻。漢詩文の句五八八首と和歌二百十六首を収める。詩句は七言二句が多い。秀句を朗詠する貴族社会の流行に乗じた選集。貴族主義的・耽美的で、社会意識や歴史的な人間把握に欠けるが、漢文学と和歌の結びつき、声歌・音曲とのかかわりという点で、中世的な新しい文体を生み出す原動力の一つとなった。『日本古典文学大系』（岩波書店）に収める。（阿部　猛）

竹取物語《たけとりものがたり》　最古の物語、伝奇物語。二巻。別名『かぐや姫の物語』『竹取の翁物語』とも呼ばれる。作者未詳。成立年代不詳。『源氏物語』*「絵合」の巻において「物語の出で来はじめの祖」といわれる。竹を取り暮らす老人が、竹のなかから女の子を見つける。成長し、やがて美しい姫（なよ竹のかぐや姫）となるが、世間の評判となり、五人の貴公子が熱心に求婚する。それに対し姫は結婚の条件に無理難題を与え、皆失敗に終わる。最後に帝までが、その権威をもって求婚するが断られる。八月十五日に地上の人びとの嘆きをあとに、姫は月の世界に帰っていく。昔話のなかでも有名な作品である。（菅原　秀）

伊勢物語《いせものがたり》　歌物語。別名『在五中将物語』『在五が物語』とも呼ばれる。作者不詳。成立年代不詳。一首ないし数首の和歌を中心とする短編の物語で、全百二十五段からなり、在原業《ありわらのなり》平《ひら》とおぼしき「昔男」の初冠《ういこうぶり》（元服）の段を巻頭に、辞世の歌の段を最後において、その一代記らしき体裁をとる。成立過程は諸説あるが、十世紀初頭ごろに原型ができ、『古今和歌集』中の在原業平の歌による物語に限られ、十一世紀に入り、大幅に増補され、現在の形になったと推測されている。（菅原　秀）

宇津保物語《うつほものがたり》　最古の長編物語。成立十世紀中ごろ。作者は不確定だが源順《したごう》*説が有力である。全二十巻に及ぶ。遣唐使として渡唐途中、「波斯《はし》国」に漂流し、その後に名琴をもち帰った清原俊蔭《としかげ》、その娘、その子の仲忠、さらにその娘犬宮の四代にわたる琴の名手の家系と、仲忠のころの美女貴宮をめぐる求婚譚との二つが交錯して、多様な人間関係が描かれる。当時実在したと思われる人物が登場し、当時の社会や人間像がきわめて写実的に描かれているが、物語全体は構成がやや曖昧で、混乱が見られる。（菅原　秀）

落窪物語《おちくぼものがたり》　継子いじめの物語。四巻。成立年代不詳（十世紀末ともいわれる）。主人公の姫君は中納言の娘でありながら、継母にあたる北の方に虐待され続けていたが、阿漕《あこぎ》という侍女の働きによって左近少将道頼に見出され結婚する。その後、道頼が継母に復讐するという典型的な「継子いじめの物語」であり、当時多く実在した継子たちの夢を実現するような内容である。書名は、主人公の姫君が、床の低く下がった「おちくぼ」なる一室に住まわせられ、「落窪の君」と呼ばれたことに由来する。（菅原　秀）

源氏物語《げんじものがたり》　長編物語。十一世紀初頭成立。作者紫式部*。全五十四帖に及ぶ。主人公の光源氏の生涯を描く前編と、その子とされる薫の半生を描く後編からなるが、物語の展開から、前編を二分し、三部構成とする読み方が一般的である。第一部の「桐壺」から「藤裏葉」は、光源氏が栄華を極めるまでの過程と、多様な女性関係、恋の人間模様が描かれ、第二部の「若菜上」から「幻」は、栄華を極めた光源氏が、しだいに絶望的な苦悩に至る晩年が描かれ、第三部の「匂宮」から「夢浮橋」は、光源氏の死後、罪の子として生まれ、救いを求めて彷徨《さまよ》う薫の姿が描かれている。最後の十帖を、物語の舞台が宇治であることから、特に「宇治十帖」と呼ぶ。日本文学の最高傑作とされている。（菅原　秀）

土佐日記《とさにっき》　日記文学、紀行文学。作者紀貫之。* 承平五年（九三五）ごろ成立。承平四年（九三四）十二月二十一日、土佐守の任を終え、翌年二月十六日に都へ帰着するまでの五十五日間の、船旅の不安、海賊の恐怖、女児を亡くした悲しみ、珍しい風景、帰京の喜び、出発時、到着時における人情の厚薄、社会風刺、さらに文学論などが、六十首の歌を交えながら、女性仮託の形をとり、仮名で文学性豊かに書かれている。従来の男性の公的な宮廷行事の備忘録的な日記に対し、私生活を題材として、自己の内面の告白という文芸的・創作的なものへと日記観を転換させた。日記文学の創始、仮名散文の向上という点で、後世への影響が大きい。（菅原　秀）

蜻蛉日記《かげろうにっき》　日記文学。作者右大将道綱の母（藤原倫寧《ともやす》の女）。天延二年（九七四）ごろ成立。三巻からなる。上巻は天暦八年（九五四）から安和元年（九六八）まで、中巻は安和二年から天禄二年（九七一）まで、下巻は天禄三年から天延二年（九七四）までの計二十一年間の記事が書かれている。物語のつくりごとに対し、自らの実生活を題材に真実を書こうと、藤原兼家と結婚してから二十一年間を、結婚生活を中心に、それによって引き起こされた一夫多妻下の女の苦悩を描き、やがて一子道綱への母性愛に生きる姿も書きつづった作品である。平安女流文学の先駆として、後の文学に大きな影響を与えた。（菅原　秀）

和泉式部日記《いずみしきぶにっき》　日記文学（歌物語説もある）。別名『和泉式部物語』とも。作者和泉式部（自作・他作両説ある）。成立年不詳。長保五年（一〇〇三）四月十日過ぎから、寛弘元年正月に至る十カ月の、当時第一の歌人であった和泉式部と敦道《あつみち》親王との恋を中心とした自叙伝風の作品。恋愛は百四十余首の和歌の贈答を中心に展開し、親王と中流の女房という格段の身分差を乗り越えた、純粋な恋愛関係が描かれており、それに対する作者のありのままの心情がつづられている。この作品中、和泉式部は「女」と三人称で記されており、他作説の根拠とされ、その場合歌物語とも考えられるが、一般的には、三人称の使用は創作上の一つの手法とし、自作の日記文学と考えられている。（菅原　秀）

紫式部日記《むらさきしきぶにっき》　日記文学。二巻。作者紫式部。* 成立年不詳。『源氏物語』* の作者である紫式部が、一条天皇中宮* 彰子《しょうし》に仕えた際の、特に土御門殿での中宮の御産、それにかかわる五壇の御修法、産養などの行事、宮仕え生活を通した感想・見聞を中心に書きつづった、一見日記的性格の強い作品である。しかし、敦成・敦良両親王の誕生（中宮の御産）にかかわる記事が大半を占めるが、その間に性質の異なる「消息的部分」があり、単なる御産部類記、宮廷見聞記とは考えにくい。この作品のいわゆる女房批評の部分での清少納言* をはじめとする女房た

ちへの批評は有名である。また冒頭部分が『栄花物語』*「初花」の巻に用いられている。（菅原　秀）

更級日記《さらしなにっき》　日記文学。一巻。作者菅原孝標《たかすえ》の女。康平三年（一〇六〇）ごろ成立。作者が十三歳の秋、父の任国である上総国を出発して、京に至る道中、京の生活、宮仕え、結婚生活、晩年夫に死別したころまでの約四十年間の生活を回想しながら記した、いわば自伝である。この間の、少女期の物語世界への思慕憧憬から、妻・母としての現実的幸福、さらに阿弥陀仏来迎の夢に最後の魂の安住を見出すに至る精神の遍歴がつづられている。作者の憧れの対象は、現実の壁によって変わっていくが、絶望的にならず、憧れは生涯持続される。全体を通して、宗教的意識が色濃く見られる。（菅原　秀）

枕草子《まくらのそうし》*　随筆。作者清少納言。長保―長徳年間（九五一―一〇〇四）成立。全体で三百余の章段からなり、「類従的章段（ものづくし）」、「日記的章段」、「随想的章段」の三種に分けられる。作者の宮仕え時代の経験を中心に、自然・事物・情意・人生など、テーマは各方面にわたり、豊かな才能と鋭い観察力ときびきびとした表現力を駆使しながら、折に触れての感想が自由な形式で記されている。作者の美的感覚は、宮廷の華麗さを絶対的なものと賛美する精神にある。随筆の祖とされ、『徒然草』*など後の文学に大きな影響を与え、平安文学の傑作として『源氏物語』*と並び称される。（菅原　秀）

紫式部《むらさきしきぶ》**と清少納言**《せいしょうなごん》　紫式部は『源氏物語』*、清少納言は『枕草子』*と平安時代を代表する女性作家である。作品を通して両者の才能は比較されることが多い。ともに生没年不詳（諸説あり明確でない）。紫式部は受領階層であったが、当時屈指の文人であった藤原為時の末娘として生まれ、幼いころから和漢の書に馴染んだらしい。のちに年の離れた藤原宣孝の妻となるが、数年後死別する。その後藤原道長*の長女中宮彰子《しょうし》のもとに出仕し、宮廷において物語作者としての評判が高かった。本来の女房名は父為時の前官名にちなんで「藤式部」と呼ばれたらしい。紫式部とは、あだ名であり、そう呼ばれるようになった理由も確定しないが、『源氏物語』の登場人物「紫の上」に由来するとの説が一般的である。宮仕えを辞した後没したらしい。

清少納言は、後撰集時代の優れた歌人であった清原元輔の娘として生まれ、幼いころから和歌や漢詩に馴染んだらしい。のちに橘則光《のりみつ》の妻となるが離婚、その後中宮定子《ていし》のもとに出仕する。「清」は清原氏の略称、「少納言」は宮仕えにおける呼称である。中宮の寵愛を受け才能を発揮し、それが『枕草子』の執筆につながる。宮仕えを辞した後、藤原棟世《むねよ》と再婚、のちに出家し孤独な晩年を送ったとも伝えられる。（菅原　秀）

〔美　術〕

平等院*鳳凰堂《びょうどういんほうおうどう》*　京都府宇治市にある寺院。現在は単立。藤原頼通*が父道長から譲られた別業宇治殿を永承七年（一〇五二）に寺に改め平等院と号した。天喜元年（一〇五三）三月四日に供養された阿弥陀堂は、建物の外観と棟上の金銅製鳳凰から鳳凰堂と呼ばれている。南北幅四六メートル。本尊阿弥陀如来坐像は仏師定朝《じょうちょう》*作（『定家朝臣記』）。堂内長押上の小壁には定朝工房による雲中供養菩薩像が懸けられ、壁扉には『観無量寿経』に説かれる「九品来迎図《くほんらいごうず》」*と「日想観図《にっそうかんず》」が描かれていた。五組の扉絵が現存する。「九品来迎図」の背景に描かれたやまと絵*は、北面から右回りに春夏秋冬を表す四季絵《しきえ》であり、宇治を表す名所絵《めいしょえ》でもある。

（稲本万里子）

定朝《じょうちょう》（?—一〇五七）平安時代後期の仏師。仏師康尚《こうじょう》の子と伝えられる。治安二年（一〇二二）藤原道長*建立の法成寺の造像や永承三年（一〇四八）興福寺*の復興造像に携わり、仏師として初めて法橋《ほっきょう》、法眼《ほうげん》の位についた。天喜元年（一〇五三）藤原頼通*のために制作された平等院鳳凰堂*の阿弥陀如来坐像は現存する唯一の作例。寄木造《よせぎづくり》の技法を用いて、緩やかな曲面で構成された穏やかで円満な姿に形づくられている。定朝は鋭い彫法を見せる前代の彫刻を脱し和様彫刻を完成させた。翌年につくられた西院邦恒堂の阿弥陀如来像は後世「仏の本様」と仰がれ、定朝の様式は、その後一世紀以上、造仏の規範になった。天喜五年八月一日没（『初例抄』）。

（稲本万里子）

阿弥陀如来坐像
（平等院鳳凰堂）

やまと絵　日本の絵画は中国唐時代の絵画を学びながら展開したが、九世紀中ごろから日本の風景や風俗を描くようになると、これをやまと絵と呼び、中国的な主題を描いた唐絵《からえ》と区別した。平安時代のやまと絵は四季の自然や年中行事を描いた四季絵《しきえ》や月次絵《つきなみえ》、または、それらを特定の名所に見立てた名所絵《めいしょえ》であった。鎌倉時代以降、中国から宋元時代の絵画が請来されると、これらの中国絵画にならった新しい主題や様式の絵、すなわち水墨画が唐絵または漢画《かんが》と呼ばれ、やまと絵は平安時代以来の伝統的な様式で描かれた絵を広く意味するようになった。室町—江戸時代には土佐《とさ》派や住吉《すみよし》派、琳派《りんぱ》、復古大和絵派などの流派の画風を表すことばとして用いられた。

（稲本万里子）

来迎図《らいごうず》　阿弥陀仏が臨終に際して信者の前に現れ、極楽浄土に迎える様子を描いた絵。浄土教*の盛行とともに、阿弥陀仏の来迎の様子をイメージするために数多くつくられた。阿弥陀来迎図には『観無量寿経』*に説かれる「九品来迎図《くほんらいごうず》」（京都・平等院鳳凰堂）のほか、来迎印を結ぶ阿弥陀仏が、蓮台をもつ観音菩薩と合掌する勢至菩薩以下、多くの奏楽菩薩を従え来迎する「阿弥陀聖衆《しょうじゅ》来迎図」（和歌山・有志八幡講十八箇院）、聖衆を二十五菩薩に限定した「阿弥陀二十五菩薩来迎図」（京都・知恩院）、山の彼方から半身を見せて来迎する「山越《やまごえ》阿弥陀図」（京都・禅林寺）などがある。また、阿弥陀来迎図にならった弥勒菩薩や十一面観音の来迎図の遺例もある。

（稲本万里子）

「山越阿弥陀図」（禅林寺）

三蹟《さんせき》　平安時代の書に優れた小野道風《おののみちかぜ》（八九四—九六六）、藤原佐理《ふじわらのすけまさ》（九四四—九九八）、藤原行成《ふじわらのゆきなり》（九七二—一〇二七）の三人または三人の筆蹟（野蹟《やせき》、佐蹟《させき》、権蹟《ごんせき》）を江戸時代以降、三蹟という。小野道風は小野篁《たかむら》の孫。王羲之《おうぎし》の書を規範としながらも、端正で平明な書風から和様の書の創始者とされる。遺墨には「屏風土代《びょうぶどだい》」「玉泉帖」（ともに宮内庁三の丸尚蔵館）などがある。藤原佐理は如泥人といわれ、放縦な性格であったらしい。遺墨は「詩懐紙」（香川・歴史博物館）、「離洛帖」（東京・畠山記念館）など。藤原行成は和様の書を完成させ、その書流は世尊寺流《せそんじりゅう》と呼ばれた。遺墨は「白氏詩巻」（東京国立博物館）など。『権記』の作者としても名高い。

（稲本万里子）

（三）荘園制の発達と武士の成長

「荘」の成立　天平十五年（七四三）の墾田永年私財法*をきっかけにして、貴族・寺社による開墾・買得、土地の占有が盛んに行われるようになった。この土地を管理するための建物や倉庫が設けられ、これを「荘《しょう》」といい、やがて土地（田・畠）そのものを荘と呼ぶようになった。こうした私的大土地所有の発展が一般農民の生業を妨げることが多かったので、政府はしばしば制約を加えた。

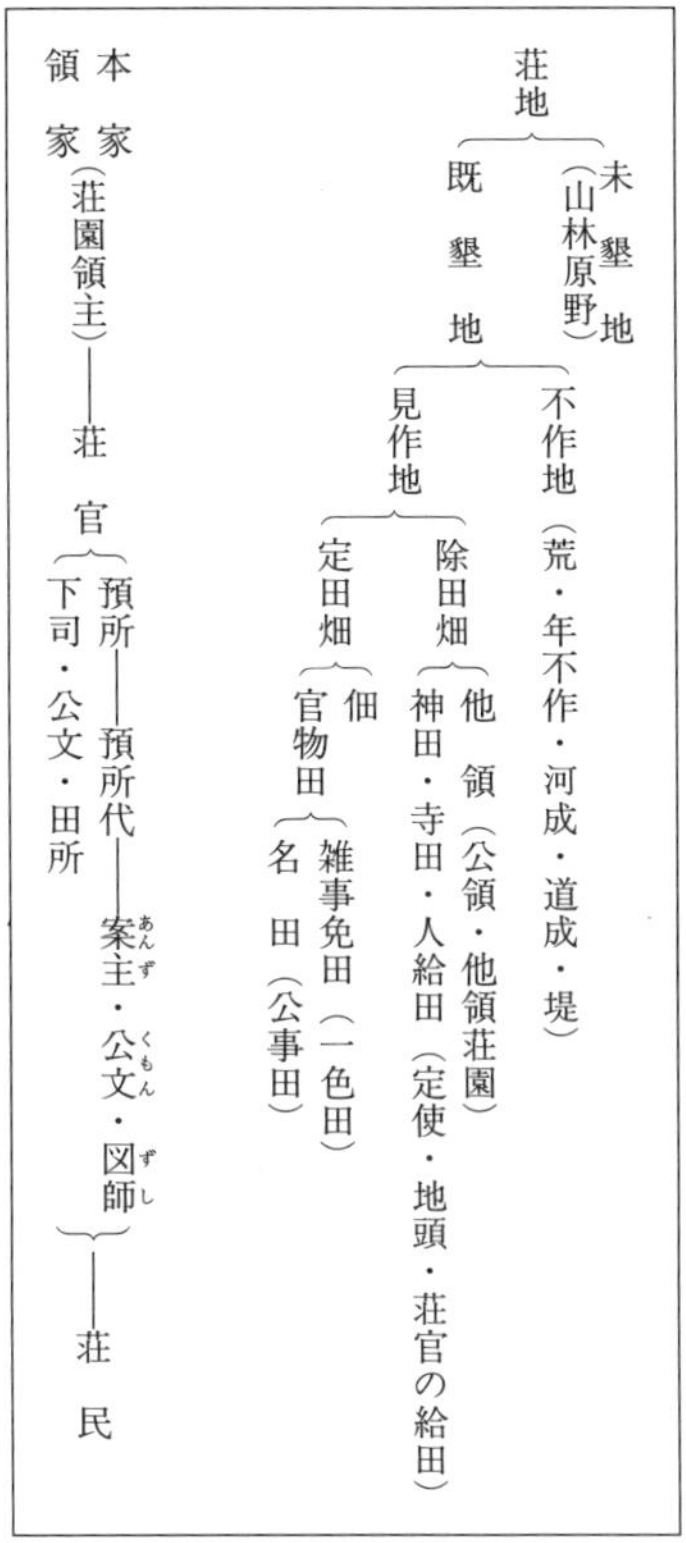

荘園の構成

官省符荘の成立　貴族・寺社は種々の口実を設けて墾田の租税の一部を免除されるように働きかけ、太政官符や民部省符の下符を受けて不輸の特権を得た。官省符荘《かんしょうふしょう》*の成立である。未開地についても、絵図のうえに示された牓示《ぼうじ》（境域を示す標識としての杭や置き石）の範囲内の開発権を得た。この措置はしばしば農民の耕地をも囲い込んで紛争を起こした。一方、荘園には雑役《ぞうやく》のみ免除されるものもある。雑役は律令制の調*・庸*・徭役《ようえき》など田租以外のものに系譜を引くものである。田租は徴収されるが農民の雑役は免除され、その分が荘園領主の所得となるもので、雑役免荘園と呼ばれる。荘園といえども国衙官人による検注（田地の測量や年貢額の決定）や検断（警察権の行使）を免れるものではなく、国衙使《こくがし》の荘園への立ち入りは当然行われた。しかし、やがて国衙による検注を拒否する荘園も生まれ、合法的に不輸・不入*権を獲得する荘園も出現した。

寄進型荘園　平安初期に発達した貴族・寺社による初期荘園*（墾田地型荘園）の経営はやがて行き詰まり、寄進型荘園が増大する。郡司*層をはじめとする地方豪族や有力農民層は、大規模な開墾を行ったり、零細農民の治（墾）田を買得し、これを中央の貴族・寺社に寄進して荘園としての特権を獲得し、みずからはその現地管理者としての地位を確保した。被寄進者は本家《ほんけ》*・領《りよう》家《け》*といわれ、寄進者は預所《あずかりどころ》*・下司《げし》・地頭*などとなり、重層的な領有関係が成立した。

田堵と名主　九—十世紀の荘園では、はじめは直属の住人（荘民）は少なく、田堵《たと》*と呼ばれた有力農民が荘園領主と契約して荘田の耕作を請け負っていた。田堵が請け負った土地は名《みよう》と呼ばれたが、名に対する田堵の権利はきわめて弱かった。しかし、かれらを専属荘民に編成しようとする荘園領主の意図と相まって、田堵はしだいに田地に対する権利を強めた。田堵のうち有力な者は「力田《りきでん》の輩《ともがら》」とか「幹了《かんりよう》の者」と称され、その私倉は国の正倉の機能を代替し、納所《なつしよ》と呼ばれ、かれらはここを拠点として私出挙《しすいこ》*を行い富を蓄えた。田堵は公領・荘園の徴税単位である名《みよう》の責任者であり、負名《ふみよう》*とも呼ばれた。十一世紀から十二世紀にかかるころには、田堵は名田*の持ち主という意味で名《みよう》主《しゆ》*と呼ばれるようになった。名主は家族や下人《げにん》*を使って直接耕作し、田地の一部や荘内のほかの名主や作人に小作させて名田を経営した。この構造は国衙領*での官物・雑役徴収のために創出されたものであったと見られる。

職の体系　荘園体制の秩序は、本家職《ほんけしき》・領家職《りようけしき》・預所《あづかつそ》職《しき》・下司職《げししき》・名主職《みようしゆしき》などの「職」の体系で成立していた。職は荘園からの年貢・公事の一部を取得する権利（得分権）であり、その意味で、荘園は重層的な職の体系であるといわれる。その権利は、国家および国衙の法的秩序、その補償のもとに成立しており、荘園制が国家秩序から逸脱した私的権力による秩序ではない点は確認する必要がある。

初期武士団の成立　律令制的な秩序の解体の過程に、地方の郡司《ぐんじ》・郷司《ごうじ》・荘官《しようかん》*などの豪族たちは、自己の所領の支配と保全のために武装し、周辺の名主層をも郎等・所従として組織し、武士団を形成する。かれらは国衙の軍事力として編成されて「侍《さむらい》」身分を形成する。一方、荘園の支配組織を通じて地方の武士が都に上り、有力貴族の私兵として働く者も多かった。かれらは、在地では大規模な開

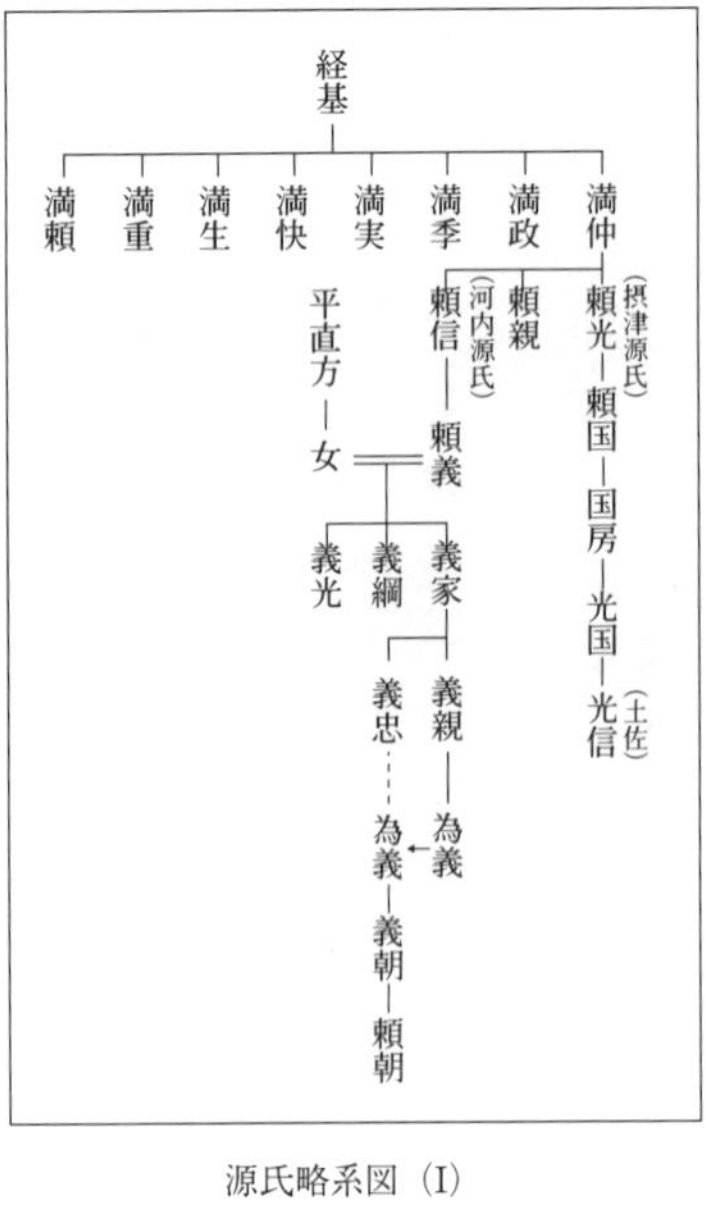

源氏略系図（Ⅰ）

発領主であり、国衙領内の別名《べつみょう》・別符《べっぷ》の領主として経済力を誇っていた。平安末期には、各地の小武士団をまとめて、一つに結集していく傾向が見られ、組織者（棟梁《とうりょう》）としてその中心に立ったのが桓武平氏*と清和源氏*であった。

源氏の台頭　摂津守に任ぜられ、同国多田荘を本拠とする武士団の長となった源満仲*は、藤原摂関家に結びついてその地歩を築いてきたが、源氏は義家*の代に及んで、前九年・後三年の役《えき》*の苦労のうちに、部下の東国武士との間に、きわめて強固な主従関係を結んだ。その実力をたのみとして、義家に所領を寄進し保護を仰ぐ者が多くなった。

（阿部　猛）

〔荘園の発達〕

荘園《しょうえん》の諸類型《しょるいけい》　荘園とは古代から中世にかけて「荘《しょう》」（史料上は「庄《しょう》」）と呼ばれた領地のあり方を示した用語であった。古代では、天平十五年（七四三）の「墾田永年私財法《こんでんえいねんしざいほう》*」に基づいて東大寺*などの中央官寺が買得や開発によって集積した墾田のことであり、十世紀以降には公田官物《こうでんかんもつ》などを免除された荘《しょう》田《でん》のことであった。そして院政*時代に成立する中世荘園も、荘園と呼ばれてきた。これらを整理するために、荘園の成立契機から古代の墾田ないしはその系譜をひく荘園を墾田地系荘園といい、寄進を契機として成立した荘園を寄進地系荘園と呼んだりしてきた。こうしたなかで荘園の類型化は、荘園（荘園制）を古代から中世にわたる私的大土地所有と、それに基づく社会的諸関係と見る立場から、構造的・時期的な違いに基づいて、「墾田地系荘園（古典荘園）」、「雑役免《ぞうやくめん》系荘園（畿内荘園）」、「寄進地系荘園（公家領荘園）」の三類型が提示されている。これに対して、土地制度史の立場からは、古代の墾田を「初期荘園*」、十世紀以降の荘園を「免田系荘園」、中世荘園を「寄進型荘園（寄進地系荘園）」と区別することが提唱されている。また歴史教育の立場からは、「初期荘園」、「免田・寄人《よりうど》*型荘園」、「領域型荘園」という区分が提唱されるとともに、「荘園」の語は、中世荘園に限定し、初期荘園は「墾田」、免田系荘園は「荘田」と呼んだらどうかとの提案もなされている。

（鈴木哲雄）

国衙領《こくがりょう》　国衙が領有した所領。公領《こうりょう》ともいう。平安中期以降の国衙行政権の再編に伴い、国内の領地はすべて公領とされたが、免除領田制《めんじょりょうでんせい》*によって官物《かんもつ》などを免除された荘田《しょうでん》とそれ以外の公田《こうでん》との区別がなされた。この荘田を私領と呼び、公田を公領と呼ぶ場合もある。十一世紀後半に郡郷《ぐんごう》制が再編されるなかで、開発や買得などを契機に開発領主が、公田を中核に郡*や郷を私領として囲い込む運動が進んだ。こうした私領化運動によって、新たな郡や郷、そして別名《べつみょう》などの中世的な郡郷が成立したわけで、これが国衙領である。郡司や郷司となった開発領主の多くは、国衙の在庁官人*でもあり、その結果、中世の国衙および国衙領は在地領主層の権力基盤となっていった。他方で私領化運動は、国免荘の形成をうながし、国免荘がさらに権門寺社に再寄進されることによって中世荘園が成立していった。こうした経過から、国衙領と中世荘園とがほぼ同質の構

造をもつ荘園公領（国衙領）制の中世社会が形成されたのである。（鈴木哲雄）

不輸《ふゆ》・不入権《ふにゅうけん》　不輸とは国家への租税の一部またはすべてを免除される権利であり、不入とは中世荘園などの所領に対する公権力の介入を拒絶する権利のこと。不輸と不入は本来は別個の特権であったが、中世荘園の多くが立券荘号《りつけんしょうごう》にあたり、両方の権利を獲得したために、一つの用語として使用されている。不輸は古代の不輸租田に由来する語で、十世紀以降の荘田において一般化した。荘田には、公田官物《こうでんかんもつ》の免除を受けた場合と、臨時雑役《りんじぞうやく》*の免除を受けた場合があり、ともに特権として租税の一部を免除されており、これが不輸の権であった。しかし不輸権を得た荘田であっても、太政官《だじょうかん》*からの官使《かんのつかい》や検田使《けんでんし》・収納使《しゅうのうし》などの国衙からの国使《くにのつかい》の入部を受けたため、中世荘園としての立券荘号を得る場合には、領域内への使者の入部を拒否する権利（不入権）を獲得する場合が多かった。鎌倉期以降には、守護使などの警察権の不入を獲得した場合もあった。（鈴木哲雄）

官省符荘《かんしょうふしょう》・国免荘《こくめんのしょう》　太政官符《だじょうかんぷ》や民部省符《みんぶのしょうふ》（合わせて官省符、符は命令文書）によって不輸*（税の免除）の特権を認められた荘園（荘田）が官省符荘で、国司の免判《めんぱん》のみで不輸権を得た荘園が国免荘。奈良時代の墾田（初期荘園*）はもともと輸租田*（租を払う）であったが、平安時代に入ると貴族や寺社などの墾田の領主は、政府に働きかけて、官物などを免除する不輸権を得ようとした。政府が、官省符によってそれを認めたとき、その荘園（荘田）は官省符荘と呼ばれた。一方、平安時代中ごろになると、国司の任国に対する権限が強化され、国司が独断で荘園（荘田）の不輸権を認めるようになった。これが国免荘である。しかし国司の免判は、在任中にだけ有効であったため、政府による「荘園整理令」*の対象とされたが、延久《えんきゅう》の「荘園整理令」以降、中央政府は実質的に国免荘を不輸と認めることになった。また院政*時代以降には、宣旨《せんじ》などによって、中央政府が追認する場合も多かった。（鈴木哲雄）

寄人《よりうど》　海民《かいみん》、山民《さんみん》、工民《くみん》などの集団のことで、中世に入り、寄人のなかには広い交易《こうえき》活動を保証されて供御人*の地位を得るものもあった。また荘園や公領内の寄人は、荘園や公領の住人でありながら、ほかの貴族や寺社との隷属関係をもち、年貢は荘公の領主に納入するが、非農業生産にかかわる雑役や公事は免除されていた。この非農業生産にかかわる部分が、寄人と他の貴族や寺社とを結びつけたものである。こうして中世の非農業生産にかかわる人びとは、供御人として編成されていった。（鈴木哲雄）

私営田領主《しえいでんりょうしゅ》　平安時代、営田《えいでん》（墾田＝初期荘園*）を経営した地方豪族。九世紀以降、地方の富豪層《ふごうそう》は営田と私出挙《しすいこ》*によって富を蓄積した。この富豪層の営田活動に視点をおいて用いられた歴史用語。私営田は、富豪層が農業経営に必要なすべての種子《しゅし》（籾《もみ》）や農料《のうりょう》（食料など）などの営料《えいりょう》を準備し、農民を雇い入れて全収穫を獲得する直営方式であったとされている。しかし平安時代後半には、こうした直営田方式は、農民による請負い方式（請作《うけさく》経営）に変わっていき、私営田領主に代わって、新たな段階の領主制が展開したとされる。このように私営田領主は、領主制の発展段階に位置づけられてきた。（鈴木哲雄）

負名《ふみょう》　平安時代後期の郡《ぐん》*や郷《ごう》などの公領《こうりょう》（国衙領《こくがりょう》*）において、名《みょう》にかかる官物《かんもつ》や臨時雑役《りんじぞうやく》*を請け負った人。律令制下の税制は、戸籍《こせき》*・計帳《けいちょう》*に登録された「戸《こ》」を単位とするものであったが、十世紀に入ると徴税の対象は人から土地へと変化した。田地が徴税単位としての名に編成され、名の経営と名にかかる官物・臨時雑役は、富裕な百姓が請け負った。かれらは農業技術に秀でた者という意味では、田堵《たと》*と呼ばれたが、名にかかる税の負担者としては負名と呼ばれた。したがって大名《だいみょう》田堵とは、広大な名の経営を請け負った負名（田堵）のことであった。　（鈴木哲雄）

田堵《たと》　平安時代中期から後期の公田《こうでん》や荘田《しょうでん》の請作者《うけさくしゃ》。早くは「田刀《たと》・田頭《たと》」などと表現された。もともとは現地を意味する田頭であり、請作地に堵《かき》を結《ゆ》うことからできた呼称という説もある。平安時代中期からの公田や荘田の経営は、田堵の請作《うけ》によっていた。請作とは、田堵が春時に国衙《こくが》や荘田の領主に請文《ぶみ》を提出し、領主からは宛文《あてぶみ》が下されて、請負いの内容が確定するものであった。また田堵のなかには公田や荘田の両方を同時に請作している者も多く、こうした場合「諸方兼作《しょほうけんさく》の民《たみ》」といわれた。請作地には田堵の名《な》が付けられて「名《みょう》」と呼ばれたが、「名」は公田や荘田の徴税単位であった。　（鈴木哲雄）

名主《みょうしゅ》　中世の荘園や公領内の名田畑の経営を請け負った農業経営者で、名《みょう》を単位に徴税された年貢《ねんぐ》*・公事《くじ》*などの納入責任者をいう。律令制下の徴税は、戸籍《こせき》*・計帳《けいちょう》*に登録された「戸《こ》」を単位とするものであったが、十世紀に入ると徴税の対象は人から土地へと変化した。田地が徴税単位としての名に編成され、名の経営と官物《かんもつ》・臨時雑役《りんじぞうやく》*の納入責任を負う田堵《たと》*が、負《ふ》名《みょう》*と呼ばれた。この負名の変遷から名主の呼称が始まったといわれる。中世の荘園公領制下では、年貢や公事などが賦課される定田畑《じょうでんぱた》部分が、名田《みょうでん》*畑《ぱた》に再編された。名主には、名田畑に対する勧農《かんのう》や年貢の納入、諸公事の責任と権利をもった上層の百姓が補任《ぶにん》された。名主には、下級の荘官*的な職権とそれに伴う権益（得分《とくぶん》）が認められており、名主職《みょうしゅしき》と呼ばれた。名主職は相続されるものであり、名主職に付随した職権と得分は名田畑の経営から分離し、物件として売買・譲渡され、移動して集積されるものであった。かつては、名主職の得分権化によって旧名《きゅうみょう》体制の解体が進行したと考えられた。　（鈴木哲雄）

名田《みょうでん》　中世の荘園公領制下の租税体系である年貢《ねんぐ》*・公事《くじ》*などの徴税単位。中世の耕地は、年貢・公事等の賦課される定《じょう》田《でん》と、それらが免除された除田《じょでん》（給免田《きゅうめんでん》）に区分されるのであり、定田部分は名主《みょうしゅ》*がその経営と年貢・公事などの納入を請け負った。こうした名主の請負単位が、名田である。名田の成立についての定説はないが、律令制下の徴税は、戸籍《こせき》*・計帳《けいちょう》*に登録された「戸《こ》」を単位とするものであったが、十世紀に入ると徴税の対象は人から土地へと変化した。田地が徴税単位としての名に編成され、名の経営と官物・臨時雑役*の納入責任を負う田堵《たと》*が、負名《ふみょう》*と呼ばれた。この負名の名《な》をつけた「名《みょう》」が、中世の名田の前提と考えられる。なお、「名」と名田を同一と見る見解もある。名田の規模や経営については、時代差や地域差が大きいが、畿内では比較的小規模な数町単位の百姓名《ひゃくしょうみょう》が成立し、辺境地域では数十町に及ぶ大規模な領主《りょうしゅ》名《みょう》が展開した。また辺境では、名田に代わり、在家《ざいけ》*支配が進展した。　（鈴木哲雄）

均等名《きんとうみょう》　荘園の田地は、一般に名田《みょうでん》*と除田《じょでん》（給免田《きゅうめんでん》）と公事《くじ》*（雑役《ぞうやく》）の免除された一色田《いっしきでん》とからなっていた。名主《みょうしゅ》*は名田《みょうでん》部分から、年貢《ねんぐ》*・公事《くじ》を荘園領主に納めるのであるが、名主に割り当てられた（請け負わされた）名田部分が、均等に分割されている場合、その名田の構成を均等名と呼ぶ。均等名の構成をもつ荘園は畿内に多く、均等名は畿内荘園の特色とされている。均等名は、荘園領主が名主から均等に公事を徴収するために編成したものとされる。なお均等名には、完全な均等名と不完全なものとがあった。（鈴木哲雄）

佃《つくだ》　荘園や公領のなかでの領主の直営地。正作《しょうさく》とほぼ同じもの。もともと佃とは「田をたがやす」ことを意味し、領主が直接耕作し経営した耕地のことをさす語であった。佃には、荘園や公領内の熟田《じゅくでん》が選ばれ、農耕に必要な種子《しゅし》・農料《のうりょう》は領主が負担した。耕作は下人《げにん》*・所従《しょじゅう》*などの隷属民と百姓の夫役《ぶやく》*によって行われ、全収穫が領主のものになったとされている。しかし実際の佃の経営は、周辺百姓の請作《うけさく》によって経営された場合が多かった。佃には荘園領主によるものと、領所*などの荘官*や地頭*などの在地領主*のもつ佃があった。（鈴木哲雄）

在家《ざいけ》　もともと住屋の意味。中世の荘園や公領（国衙領《こくがりょう》）*において、住屋（屋敷）と付属する耕地を一体として在家役の収取単位としたもので、在家役の負担者を在家という場合もあった。年貢*・公事*・夫役*という中世的な収取体系では、荘園や公領での名田畑の編成に基づいて名役《みょうやく》として諸税が賦課されたが、公事や夫役などの雑役が名役に転化できなかった荘園や公領、あるいは荘園や公領に属さない供御人《くごにん》*・神人《じにん》*などの非農業民に対しては、在家別の収取が行われた。これが在家役である。鎌倉時代以降、在家にかかわる史料は東国や南九州に比較的多く見られる。検注帳に固定された在家（本《ほん》在家）に対して、新たに収取の対象とされた在家は脇《わき》在家などと呼ばれた。（鈴木哲雄）

〔年貢と公事〕

検田帳《けんでんちょう》　古代における土地台帳。中世では検注《けんちゅう》帳《ちょう》、近世では検地帳《けんちちょう》に対応する。古代では、田租《でんそ》*を確保するために耕地の調査をすることが検田であり、耕地の坪付《つぼつけ》、面積、地主や作人、等級などが調査され、整理のうえ検田帳に記録された。平安時代に、不輸権《ふゆけん》をもつ荘園《しょうえん》（荘田《じょうでん》）が多くなると、国司*は検田使を派遣して耕地の調査を行い、新田などを摘発して課税の対象とした。そのため荘園領主のなかには、検田使の入部を拒否する特権（不入権*）を獲得する場合もあった。また荘園（荘田）に対しては、荘園領主が独自に検田を行い、検田帳を作成した。（鈴木哲雄）

散用状《さんようじょう》　荘園や公領での年貢*・公事*などの収支決算の報告書。算用状とも書く。荘園年貢の場合には、現地の荘官*が作成し、荘園領主に提出（注進《ちゅうしん》）する形がとられた。記載事項は、定められた収納額とそこから控除することを認められた分、現地での支出分を計算したうえで、実際に納められた分（現納《げんのう》分《ぶん》）と未納分（未進分《みしんぶん》）を書きあげている。散用状の提出を受けた領主側では、記載事項と数量などの点検・監査が行われた。監査では、朱書での訂正や合点《がってん》などが加えられた。なお、寺社などの法会《ほうえ》や行事における収支決算書も散用状と呼ばれた。（鈴木哲雄）

臨時雑役《りんじぞうやく》　平安時代後期から中世にかけての税の一つ。雑役、雑公事《ぞうくじ》ともいう。十世紀以降の租税体系の改革のなかで、それまでの租《そ》*・調《ちょう》*・庸《よう》*・雑徭《ぞうよう》*・正税《しょうぜい》などに代わり、官物《かんもつ》とともに新たに成立した租税であった。官物が租・正税などが地税化することで成立したのに対して、臨時雑役は雑徭などが変化したもので、人別の賦課形式を残したままの税であった。そのため荘園の荘子《しょうじ》や寄人《よりうど》*に対する臨時雑役の免除は人別に行われた。しかし十世紀後半以降には、臨時雑役の地税化が進み、雑役を免除された荘田として雑役免田が出現し、十一世紀後半には、畿内を中心に雑役免田を集積した雑役免系荘園が成立した。（鈴木哲雄）

出作《でさく》・籠作《ろうさく》　出作とは、特定の荘園や公領の住民が他の所領で耕作すること。「でづくり」とも読む。籠作とは、荘園の領域内（四至《しいし》）に残った公領（公田）や他の領主の耕地を荘園（荘田）化すること。また、領域外の出作田を荘園（荘田）に取り込むことも籠作という場合があった。出作が、領域外に荘田を拡大する方式であったのに対して、籠作は領域内の他の所領を取り込んで、荘園の一円化を目指すものであった。もともと出作は、平安時代の荘園（荘田）が公領（公田）内に散在したために、公領に居住する住民でありながら、耕作地は公領外の荘田ということがしばしばあったことにより行われたものである。そのため公領が再編成されるなかで、出作が問題となったのである。出作の整理と籠作の進展によって、中世の領域型荘園は形成されていった。（鈴木哲雄）

〔荘園支配の組織〕

本家《ほんけ》・領家《りょうけ》　荘園領主のこと。多くは天皇家や貴族、将軍家、寺社などの権門勢家であった。中世の荘園には、平安時代後期の国免荘《こくめんのしょう》*を前提としたものが多かった。国免荘は、国司*の代替《だいが》わりに際し荘号《しょうごう》を否定される場合があったため、院政*時代には、国免荘の領主であった中流の貴族や官人は、競って上級権力者に国免荘を再寄進して権益の保護を求めた。この結果、中流の貴族や官人は領家と呼ばれ、寄進を受けた上級権力者が本家と呼ばれることになった。本家の多くは、院の周辺や摂関家などに集中し、院領荘園（天皇家領荘園）や摂関家領荘園が形成された。本家と領家のうち、荘務権を有する荘園領主が本所《ほんじょ》と呼ばれた。（鈴木哲雄）

預所《あずかりどころ》*　荘園において、荘園領主の代官として荘務権を預かった荘官。「あずかっそ」とも読む。下司《げし》や公文《くもん》などの下級荘官を指揮して荘園の経営や管理にあたった。中流の貴族や官人《かんじん》がすでに荘務権をもつ国免荘《こくめんのしょう》*が、院周辺や摂関家などを本家*として再寄進された場合には、中流の貴族や官人が本家に対して領家*であるとともに預所である場合が多かった。開発領主が在地支配権を掌握したまま権門勢家に所領を寄進して荘園とした場合には、開発領主自身が預所となった。また、荘田の再編によって成立した寺社領などの場合は、寺僧や神官が預所として現地に下り、複数の荘園の荘務を担う場合もあった。（鈴木哲雄）

荘官《しょうかん》　荘園（荘田）の領有者によって任命された荘園（荘田）の役人の総称。荘園の経営にあたった。古代の墾田（初期荘園*）では、荘目代《しょうもくだい》・荘領《しょうりょう》などが用いられ、平安期の荘田では、荘長《しょうちょう》・荘領《しょうあずかり》・荘別当《しょうべっとう》・荘検校《しょうけんぎょう》・荘司《しょうじ》などと呼ばれた。預所《あずかりどころ》*・下司《げし》・公文《くもん》・田所《たどころ》などの荘官名が一般化するは、中世荘園の成立以降であった。ただし名称そのものは、時期や場所により多様であった。荘官には、現地の荘園にいない不在の上級荘官（上司《じょうし》、多くは預所など）と現地で実務を行う下級荘官（下司など）があった。下司や公文・田所などの下級荘官の多くが在地領主や百姓の上層であったのに対して、上司は荘園領主の政所《まんどころ》*や公文所《くもんじょ》*に属する役人であり、下級荘官を指揮して勧農《かんのう》や収納《しゅうのう》などの荘園経営にあたった。荘官職《しき》*は、在地領主などが領主制を展開する基盤としたものであり、地頭職も荘官職の一つであった。荘官には、職務分として給名《きゅうみょう》や給《きゅう》免田《めんでん》が与えられた。（鈴木哲雄）

職《しき》　平安時代中期以降、役人の職務的権限と職務に付随した収益権が世襲の私財となることによって成立した権益。のちには土地の用益権などの権益そのものを意味するようになった。中世の荘園公領制下において、荘園では本家職《ほんけしき》、領家職《りょうけしき》、預《あずかり》所職《どころしき》、下司職《げししき》など、公領（国衙領*）では郷司職《ごうじしき》、保司職《ほうじしき》などのように、重層的な領主諸階層の地位や権利が職で表されるようになった。これらの職は、役人としての職務や地位を表すとともに、付随した権益は私的な財産として譲与された。また荘園や公領の内部においても、名主職《みょうしゅしき》、作職《さくしき》、下作職《げさくしき》などとして農民などの土地に対する権利が職で示され、その得分《とくぶん》は売買の対象とされた。（鈴木哲雄）

牧《まき》　牛馬を飼育する土地や施設。律令制下では、「厩牧令《きゅうもくりょう》」によって兵部省《ひょうぶしょう》*のもとで国司*が、主に軍馬を飼育した。十世紀には、兵部省の管轄する諸国牧《しょこくのまき》（官牧《かんまき》）以外にも、天皇家の料馬を供給する勅旨牧《ちょくしのまき》や遠国《おんごく》からの貢馬《こうば》を放牧・飼育する畿内近国の近都牧《きんとのまき》などが整備されていた。平安時代後期になると、摂関家などの私牧《しまき》も広がり、官牧も荘園制的な編成を受けていった。東北や関東に広がった牧を現地で支配したのは、多くは武士であった。平将門《たいらのまさかど》が下総国《しもうさのくに》の牧をよりどころにしていたように、板東《ばんどう》武士や奥州《おうしゅう》藤原氏などは、牧の経営を基盤の一つとしていたのであった。また馬牧《うままき》は東国に、牛牧《うしまき》は西国に多かった。（鈴木哲雄）

免除領田制《めんじょりょうでんせい》　十―十二世紀、官省符荘*の荘園領主が、その荘園の所在する国の国司*に対して、荘田の坪付と面積を列挙して、その荘田の免除（＝官物不輸）の申請をし、申請を受けた国司は、調査のうえ、免除の国判を与える制度。この免除領田の認定手続は、国司の交替ごとに行われた。免除の認可される荘田は、国衙が所持する国内の基本台帳である「基準国図」で確定された「荘田」が存在する坪について、その坪内の「荘田」面積の中の見作分が免除された。これは、坂本賞三の「王朝国家体制論」のうち「前期王朝国家体制」（十世紀初頭―十一世紀中葉）を特徴づける荘園政策として提唱されている。（鈴木敏弘）

〔初期の武士団と戦乱〕

武士団《ぶしだん》　族的・軍事的に組織された武芸を職能とする武士の集団。九―十世紀以後、地方政治の秩序・治安が乱れ、田堵層*など新しい農民層が成長してくると、地方の農村では、郡司*・郷司・荘官層*らの豪族・土豪層たちは、郡*・郷に対する私的支配を強めつつあった。かれらは、未墾地や荒廃地の開発を積極的に行い、開発地（私領）を保有して「根本領主」とか「開発領主」と呼ばれた。地方豪族層は、自己の支配地や財産を守り、また支配地内の農民を抑圧する武力組織を形成した。一族子弟を中心とした私的な武装集団は、一方において、武装をもって国衙・郡衙に連なって公的な軍制秩序のなかに編成されていった。このようにして成立してきた武士団の構成の原型は、農村支配における豪族・土豪の同族的結合を基礎にして、それが軍事的に編成されたものである。すなわち、豪族たちの一族子弟（家の子）を中心として、郎等、所従*、下人*と呼ばれる農民出身の従者によって構成された。有力な武士団は、荘園・公領の枠を越えて付近の小武士団や武力保持者をも結集して、規模を拡大していった。

中世後期になると、武士団の結合は血縁的要素が薄くなり、地縁的要素が強くなる。平安末期から中世にかけて、同族的武士団を「党《とう》」と呼ぶことがあった。武蔵七党・湯浅党・隅田党・松浦党などの党が知られている。各地の中小武士団が統合されて生まれた大武士団の統率者を、武士の棟梁《とうりょう》、また単に棟梁といった。棟梁には、中央政界に容れられず、国司*・受領として地方に下り、そのまま土着した中下級の貴族やその子弟も多かったが、桓武平氏*や清和源氏*など皇族の血筋をひく貴族の末裔もいた。各武士団の構成員のなかで、家の子は主家と主従関係を結んだ一族・庶流の武士で、武士団の中心的構成員であった。郎等（郎党・郎従）は、同じ武士団のなかでも家の子より下級の武士で、まとまった所領をもたない従者をさした。しかし、中世後期には、従者のなかで一族以外の武士のことを総称するようになった。地方の武士団は、都の貴族（荘園領主）や天皇家に仕え、文字どおり「侍《さぶら》」う者として働いていたが、かれらの利益を守る組織である「幕府」を形成し、新しい時代を切り拓いていく。〈牧健二『日本封建制度史研究』弘文堂、一九三五。豊田武『武士団と村落』吉川弘文館、一九六三。豊田武「日本の封建制」『豊田武著作集8』吉川弘文館、一九八三。高橋昌明『清盛以前』平凡社、一九八四。元木泰雄『武士の成立』吉川弘文館、一九九四。〉（阿部　猛）

国衙軍制《こくがぐんせい》　平安時代中期以降、東国における群盗蜂起や承《じょう》平《へい》・天慶《てんぎょう》の乱*に代表される「凶党（凶賊）」による反乱を武力で鎮圧するため、国衙によってつくられた軍事組織（編制）のこと。国司*は凶党の反乱が起こると、太政官*に対し軍事指揮権と勲功賞推挙権をもつ「追捕官符」を要請する。これを受け取った国司は、押領使《おうりょうし》*・追捕使《ついぶし》*に凶党の「追捕」を命じる。かれらは国内の武士を率いて鎮圧に向かい、軍功に応じて勲功賞が与えられる。これは、のちの中世において主従制が形成される際の基礎的な役割を果たした。押領使・追捕使は、徐々に特定の有力武士に世襲されていくようになり、同時に国衙の行政・軍事権もかれらに移行・掌握されていき、有力武士とそうでない武士との間に主従関係が生まれた。これが平安時代末に登場する、一国棟梁と称される地域軍事権力につながる。さらに源頼朝*によって治承《じしょう》・寿永《じゅえい》の内乱*の際に置かれた惣追捕使に権力が受け継がれた後、鎌倉幕府*の守護*・地頭*制度に発展・確立していくのである。（齊藤保子）

桓武平氏《かんむへいし》　桓武天皇*を祖とする皇族のうち平朝臣《たいらのあそん》を称した氏族。葛原《かずらはら》親王の系統が最も栄えた。親王の系統は子の高棟《たかむね》、孫の高望《たかもち》の二つに大別され、高棟流は延臣として繁栄したが、最も有名なのは武家として活躍した高望流のほうである。高望は賜姓の後、上総介となって任地に土着、子孫も坂東諸国に土着し、その一部が平氏の全盛を築いた伊勢平氏*へと分かれていった。伊勢平氏である正盛は白河上皇*に接近、源義家の子義親《よしちか》の追討で功名し、海賊討伐や僧兵*の強訴を鎮圧、院近臣となって中央政界へ進出した。子の忠盛も鳥羽院の近臣となり、その子清盛*も保元・平治の乱*後、武力を背景に勢力を伸ばして、後白河院*に接近、仁安二年（一一六七）太政大臣、治承三年（一一七九）院の幽閉と院政*停止を行い国政を掌握、平氏政権を樹立した。娘の徳子は高倉天皇の中宮となり安徳天皇を生み、建礼門院の院号宣下を受けるなどして一族は権勢を誇ったが、治承・寿永の内乱*で政権は瓦解し、一族のほとんどは壇ノ浦の戦い*で安徳天皇とともに滅亡した。（齊藤保子）

清和源氏《せいわげんじ》　清和天皇を祖とする皇族のうち源朝臣《みなもとのあそん》を称した氏族。貞純親王の子経基《つねもと》の系統が最も栄えた。清和源氏が有名になったのは、その子満仲《みつなか》*のときで、安和二年（九六九）に起きた安和《あんな》の変*が契機となっている。満仲は摂関家と結びつく一方、摂津国多田に多田院を創立、その長子頼光《よりみつ》が後を継いで摂津源氏（多田源氏）を称した。三子頼信《よりのぶ》は平忠常《ただつね》の乱*で名をあげ、東国進出の足掛かりをつくり、河内石川郡に基盤を置いて河内源氏を称した。その子頼義と孫の義家*も前九年・後三年の役*で活躍、東国に強力な地盤を築き上げ、東国武士の信望を集めた。その後、一族の内紛や保元・平治の乱*などで勢力は衰退するが、義朝の子頼朝*が平氏を倒し、鎌倉幕府*を開き征夷大将軍*となったことで、武家の棟梁の地位を不動のものとした。源氏の正統は三代目の実朝*で絶えるが、江戸時代の徳川氏に至るまで、武家政権を成立させようとする者には、清和源氏の一流であることを主張するものが多かった。（齊藤保子）

滝口の武士《たきぐちのぶし》　平安時代中期以降、禁裏の警護を務めた武芸堪能な武士のこと。滝口という名は、清涼殿の東庭北方にあった御溝水の落ち口（滝口）近くに武官の詰所（滝口所・滝口陣）があったことに由来する。創設は宇多天皇*の寛平年間（八八九―九八）ごろである。蔵人所*に属し、相当位は六位。定員は十人、のちに増えて二十人、白河天皇*のときには三十人にもなったという。禁裏の警護のほか、天皇乗船の際は必ず供奉し、斎宮《さいぐう》・斎院《さいいん》の随行、遠方への蔵人所の使者、検非違使*に従って京中の夜間巡視や追捕なども行った。はじめは官職のない者に任ぜられたが、平安時代以降は、源平代々の中から任ぜられるようになった。（齊藤保子）

承平・天慶の乱《じょうへい・てんぎょうのらん》　承平―天慶年間（九三一―四七）に東国・瀬戸内海で起きた平将門《まさかど》・藤原純友《すみとも》の乱の総称。桓武平氏*である高望王の孫将門は、承平五年（九三五）所領を巡って対立していた伯父の国香《くにか》を殺害、一族の内紛*を招いた。やがて、将門は関東諸国府を襲って印鎰《いんやく》奪取、国司追放を行い、内紛は国家の反乱入へと発展した。将門は「新皇」と称し、王城を建て、国司を任じたといわれる。朝廷は征伐軍を差し向けるが、その到着以前に下野国《しもつけのくに》押領使藤原秀郷《ひでさと》と国香の子貞盛《さだもり》による連合軍が将門を攻め、天慶三年（九四〇）二月十四日、下総国猿島《きしま》郡の戦いで将門は敗死した。一方の純友による乱は、瀬戸内海の海賊を基盤としている。藤原北家支流の純友は、前伊予《いよの》掾《じょう》として任地の伊予に土着し、伊予の日振《ひぶり》島を拠点に、船団を組織して各地で略奪を行った。承平六年（九三六）国守紀淑人《きのよしと》の政策により活動は静まるが、天慶二年（九三九）ごろから再び活動を始めた。朝廷は懐柔策として純友に従五位下を授けるが、その後も海賊による襲撃は相ついだ。朝廷は、小野好古《おののよしふる》を追捕凶賊使に任じて追討させ、天慶四年（九四一）五月、純友軍は博多津の戦いで大敗し、六月二十日、純友も伊予に逃れたところを討たれた。乱後、鎮圧の主力となった在地土豪は朝廷に武士として仕え、これが源頼朝*による武家政権を関東に成立せしめる基盤となった。　　（齊藤保子）

平忠常の乱《たいらのただつねのらん》　平安時代中期に房総で起こった内乱。長元元年（一〇二八）平忠常が安房守惟忠を焼殺したことに始まる。同年六月、朝廷は検非違使*平直方《なおかた》と中原成通《なりみち》を追討使として派遣したが、忠常の強い抵抗にあい成功しなかった。さらに、同年三月、忠常は安房国府を襲撃して国守藤原光業《みつなり》を追放するなど乱を拡大した。そこで朝廷は、事態の早期収拾を図り平直方を召還し、甲斐守源頼信《よりのぶ》を追討使に任命した。頼信は追討に赴くが、忠常と折衝を図り、同四年四月、忠常は戦わずして降伏した。忠常は頼信に伴われての上洛中、美濃で病没している。この乱が起きた当時、関東地方の豪族層が領主支配を樹立しようとして国司*と深刻な対立関係にあった。この乱も、そうした状況から起きたように見られているが、以前から忠常と対立していた平直方が、忠常打倒の契機と見て積極的に追討使を望んだ形跡があり、私的な面が強いと見られる。なお、乱を鎮圧した源頼信は、これを契機に清和源氏*の東国進出の足掛かりを築いた。　　（齊藤保子）

前九年《ぜんくねん》**・後三年**《ごさんねん》**の役**《えき》　平安時代後期に奥州で起きた戦乱。前九年の役は、鎮守府の統治下にある俘囚《ふしゅう》の地・奥六郡を領有した俘囚長安倍氏による反乱である。勢力の拡大を図る安倍氏に対し、永承六年（一〇五一）朝廷は、武家の棟梁の源頼義・義家*父子を討伐に向かわせた。安倍頼時・貞任《さだとう》父子は一時帰順するも、再び反乱し、天喜五年（一〇五七）頼時の敗死後も、貞任は強烈に抵抗し続け頼義は苦戦した。しかし、出羽国の豪族清原氏の助力により、康平五年（一〇六二）厨川柵《くりやがわのさく》で貞任を破った。この乱の功績により、鎮守府将軍に任ぜられた清原武則《たけのり》は、安倍氏の旧領奥六郡を領有し、奥州随一の豪族となった。武則の死後、孫の真衡《さねひら》、異母弟家《いえ》衡《ひら》、異父兄清衡《きよひら》の間で内紛が起き、これが後三年の役の発端となった。その内紛へ、永保三年（一〇八三）陸奥守として赴任してきた源義家が介入した。真衡の急死により、義家は奥六郡を家衡・清衡の双方に二分したが、これが原因で家衡と清衡に争いが生じた。義家は清衡の要請を受け、弟の新羅三郎義光の援軍とともに、苦闘の末、寛治元年（一〇八七）十一月十四日、家衡を破り乱は終結した。しかし、朝廷はこれを私闘とみなし恩賞を与えなかったため、義家は私財をもって兵士に報いた。この乱の勝利により、源氏は東国における武家の棟梁としての地位を、清衡は奥州藤原氏の基礎を確立することとなった。　　（齊藤保子）

頼義（上右）と義家（上中）（「前九年合戦絵巻」東京国立博物館蔵）

源満仲《みなもとのみつなか》　（九一二—九七）　平安時代中期の武将。清和源氏。*延喜十二年経基の長男として生まれる。武蔵・摂津などの諸国守、左《さ》馬権頭《まごんのかみ》などを歴任する。安和《あんな》二年（九六九）の安和の変*では、陰謀を密告して正五位下に叙され、政敵源高明《たかあきら》らを失脚させた。摂関家に臣従する一方、摂津国多田（兵庫県川西市）に多田院を創立し、強力な基盤をつくった。永延元年（九八七）出家して満慶、多田新発意《しんぽち》と称す。かれとその一族のことが『小右記』逸文に見えるが、これは十二世紀ごろの武士団*の投影と考えられる。長徳三年、八十六歳（一説には八十八歳）で没す。兵庫県川西市猪名川沿いの多田神社に祀られている。（齊藤保子）

源義家《みなもとのよしいえ》（一〇三九―一一〇六）平安時代後期の武将。清和源氏*。長慶三年頼義の長男として生まれる。母は平直方女。八幡太郎と称す。前九年の役*では父に従い乱を平定、その功賞として従五位下出羽守となる。永保三年（一〇八三）陸奥守兼鎮守府将軍として奥羽の清原氏の内紛に介入し、後三年の役*を起こす。朝廷はこの乱を私闘として功賞を与えなかったため、義家は私財をもって武士たちに報いたという。これにより、義家への所領寄進が相つぎ、源氏の棟梁としての信望を集めた。承徳二年（一〇九八）院の昇殿を許される。嘉承元年七月四日、六十八歳で没す。墓は大阪府羽曳野市の通宝寺にある。（齊藤保子）

押領使《おうりょうし》**・追捕使**《ついぶし》　平安時代に、治安の維持のために設けられた令外官*。はじめは臨時に置かれていたが、承平・天慶の乱*のち、全国的に常置されるようになった。補任《ぶにん》形式は、国司*が国内から武勇の者を選抜し、太政官*に申請して「太政官符」で補任が認可されるというものだった。この地位は、やがて現地の特定の有力者による世襲という形になり、さらには国衙機構の下級官人などを兼任することで、国衙の軍事・行政を実質的に支配していくこととなった。鎌倉幕府*の守護*・地頭*制度は、これらの制度と権限を受け継いで形成されたものである。（齊藤保子）

兵《つわもの》**の道**《どう》　武士の間に成立した一種の道徳。「弓馬の道」とも呼ばれる。その具体的な内容は、当時の合戦における中心的戦闘方法であった騎射や乗馬などの武技、合戦の際の戦陣や采配などの技術・方法を修得し、日常生活のなかで狩猟・射芸を重ねることで、それらを研鑽していく、というようなものであった。近世の武士道と比較すると、内容的には実践向きであり、中世以降に見られる武士（団）の主従関係も確立していなかったため、道徳的・倫理的な性格は、多分に薄かったと思われる。（齊藤保子）

（四）院政と平氏政権

院庁政治とその特質　皇太子の位にあること二十余年、三十五歳で践祚《せんそ》し、政治の実情に通じた後三条天皇*は、摂関家の勢力を抑えようとして親政を行った。延久元年（一〇六九）には荘園整理令*を出し、新しく設置した記録荘園券契所*で立荘の券契をきびしく調査した。また、新立の荘園や証拠の明らかでない荘園を収公し、国家の財政的基礎を固めようとした。後三条天皇は在位わずか四年で位を白河天皇に譲り、みずからは上皇として院庁《いんのちょう》を開き強力な政治を行おうとしたが果たせなかった。その遺志をついだのが白河天皇であった。

白河天皇は在位十四年、外戚《がいせき》の権勢を顧慮することなく政治にあたり、譲位後は上皇として四十三年の長きにわたって院政*を行った。太上《だじょう》天皇（＝上皇、譲位後の天皇）が実質的に国政に参与するという意味での院政は、律令制以来の伝統的貴族政治ではある。しかし、従来の政治形態が、天皇から委任を受けた貴族による政治、あるいは天皇と特定貴族との共同執政という形であるのに対して、この時代の院政は、太上天皇が独自に権力を掌握する形をとる。したがって、上皇の専制君主的性格があらわになる。しかも、たとえば藤原摂関家が独自の権力基盤としての社会的階層を積極的に創出しなかったのに対して、院政政権は、中・下級貴族層（受領《ずりょう》層）と武士階級をその直接的基盤にすえた。

国衙領と荘園　院政を支えた基盤の第一は国衙領*であった。「治天の君」と呼ばれ、知行国*配分権をもつ上皇の政権を支持したのは、摂関政権下でめぐまれなかった中級以下の貴族官僚層、ことに国司*（受領層）であり、基盤の第二は荘園であった。荘園整理政策の強行の結果、最高権力者としての院の位置が明確になるにつれ、摂関家に集中していた荘園は、一転して上皇へ寄進されるようになった。地方荘園の武士は北面の武士その他の形で院庁政権の軍事的基盤となり、長講堂領・八条女院領《はちじょうにょいんりょう》など、分割を許さない家領《けりょう》として巨大な集積を見ることとなった。

荘園整理令は何回も発布されたが、それはかえって残余の荘園を公認し、従来同一の土地と人民の上に競合併存していた国衙領と荘園とを一元化することになった。荘園領主の支配は強化され、荘園の不入権*も国家権力を排除するように拡大された。摂関政治*が天皇の外戚による私的政治であるとすれば、院政は天皇の親権者による私的政治であった。院は巨大な荘園を支配する専制君主として、律令的支配の崩壊をくいとめようとした。

平氏の台頭　院政の発足によって摂関政治は急速に衰退したが、これに並行して、白河上皇に登用された平正盛*・忠盛父子の平氏が興隆し、一方源氏はにわかに衰えた。平氏は伊勢・伊賀地方を根拠として武士団*を形成していったが、その勢力を飛躍的に発展させたのは忠盛の子、清盛であった。

平氏政権の性格　保元・平治の乱*を経て権力の座に就いた平清盛*は、伊勢平氏一門の棟梁で、祖父・父と続いて院権力に接近し、その傭兵《ようへい》として武士団の実力を蓄えた者で

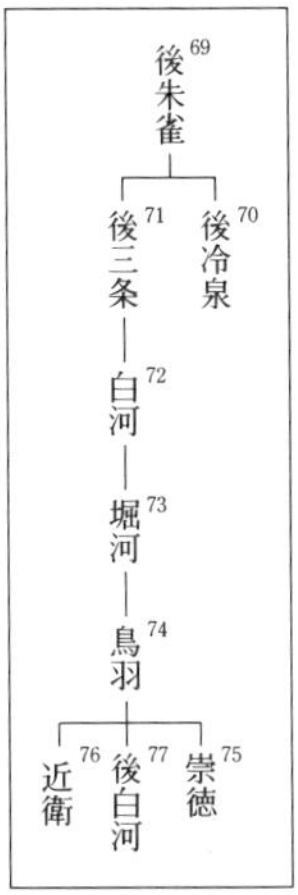

天皇略系図（II）
（数字は即位順）

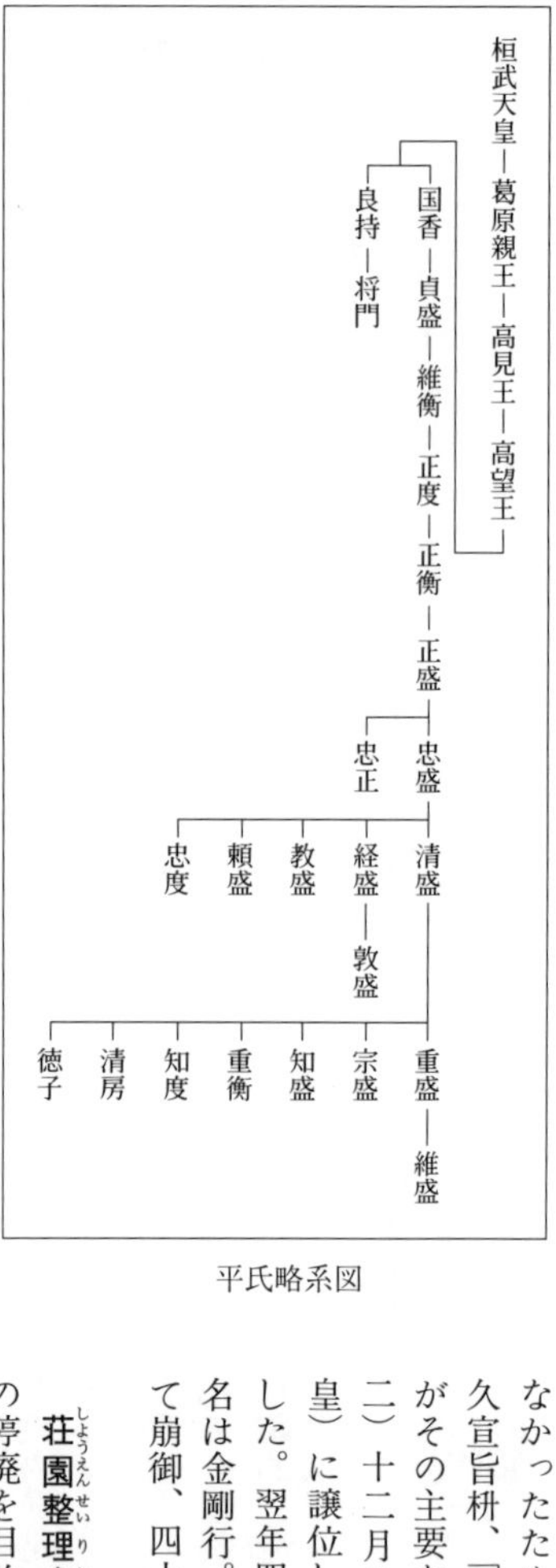

平氏略系図

あった。平氏政権は、その出自は武士階級にあり軍事政権的性格が明瞭である。しかし、権力掌握の方式は藤原摂関家の場合と同じであり、その点で貴族政権的性格を具有し、武士階級の利益を守る方向性をもたなかった。ここに平氏政権が急速に崩壊せざるをえなかった理由がある。

（阿部　猛）

〔荘園整理〕

後三条天皇《ごさんじょうてんのう》（一〇三四―七三）　第七十一代の天皇。名は尊仁。長元七年（一〇三四）七月十八日生まれる。東宮敦良親王（後朱雀天皇）の第二皇子。母は三条天皇皇女禎子内親王（陽明門院）。寛徳二年（一〇四五）立太子。治暦四年（一〇六八）四月十九日践祚《せんそ》、同年七月二十一日即位。藤原氏を外戚にもたなかったため、天皇親政の強化に努めた。延久宣旨枡、「荘園整理令」*、記録所*の設置などがその主要な政策である。延久四年（一〇七二）十二月八日第一皇子貞仁親王（白河天皇）に譲位し、第二皇子実仁親王を皇太子とした。翌年四月二十一日病気のため出家、法名は金剛行。同年五月七日大炊御門殿において崩御、四十歳。陵墓は京都円宗寺陵。

（鈴木敏弘）

荘園整理令《しょうえんせいりれい》　平安―鎌倉時代の初期、荘園の停廃を目的として発布された法令。荘園整理は、発令主体によって、①政府が主体的に全国に対して発した法令、②諸国申請雑事・国司初任令状官符・荘園整理の実施など、国司*らが主体となって国内支配を行うに際して発した法令の二種に分類できる。ふつう「荘園整理令」とするのは、①の法令をさし、②の事例は単に「荘園整理」として区別している。史上「荘園整理令」とみなされる法令は、延喜・永観・永延（寛和）・長久（長暦）・寛徳・天喜・延久（治暦）・承保・寛治・康和・康治・久安・保元元年・保元二年・建久・建暦・嘉禄の十七例である。

このうち「延喜令」については、「永観令」の整理基準となったことから、初めての荘園整理令とする見解が大勢を占めているが、延喜二年（九〇二）三月十二日および同月十三日に発布された太政官符の主たる内容は、荘園の整理ではなくて、勅旨開田の停止、院宮王臣家が民宅を仮りて荘家と称し稲穀などを貯積することの禁止などであり、厳密に定義するならば、

「荘園整理令」とみなすことはできない。「延喜令」とともに、整理令史上注目されるのが「延久令*」である。「延久令」が発令された際には、記録荘園券契所が設置され、荘園の審査が行われ、収公された事例も見られる。特に摂関期における整理令の発令主体をめぐっては、摂関期には摂関家に荘園が集積された時期であり、摂関家は整理令の発布に消極的であるとの評価がなされていたが、摂関家の所領も審査を受けており、積極的に荘園を抑圧する立場に立っていたことが明らかにされている。なお、整理令をめぐる研究は古くより行われてきたが、個別の整理令研究はまだ端緒についたばかりであり、不明確な点も多い。（鈴木敏弘）

記録荘園券契所《きろくしょうえんけんけいじょ》　延久元年（一〇六九）、後三条天皇*が「荘園整理令」を発布した際に、中央政府において諸国の荘園の公験を審査するために設置された機関。太政官庁朝所に置かれた。記録所*ともいわれる。その設置月日については、『百錬抄*』延久元年閏二月十一日条に「始めて記録券契所を置き、寄人を定めた」ことが記されているが、この年の閏月は十月であり、この記事については、疑問が呈されている。『八坂神社文書』の延久二年二月二十日付太政官符には、記録荘園券契所が正月二十六日に勘奏したことが記されている。なお、天永二年・保元元年・永仁元年・建武新制の際などにも設置されたが、やや性格を異にする。（鈴木敏弘）

一国平均《いっこくへいきん》の役《やく》　古代末期から中世における臨時課役の一つ。原則的に一国内の公領・荘園を問わず一円に賦課されたことからこの名称がある。全国的規模で賦課された造内裏役・伊勢神宮役夫工米《やくぶくまい》・大嘗会役、また宇佐神宮造営役のように西海道（九州地方）のみという地域的なもの、さらには当該国単位で賦課された各国の一宮造営役などがあった。これらは賦課主体により勅事・院事・国役などと呼ばれた。令制負担体系が崩れた十一世紀ごろから出現し、十二世紀に至って恒常化した。大田文*に基づいた段別賦課が一般的。一国平均とはいえ、院宣*・太政官符*などにより免除される荘園も多数あり、実際的には文字どおり一国平均というわけではなかった。応仁・文明の乱*以降消滅した。（小山田義夫）

〔院庁政治〕

白河上皇《しらかわじょうこう》　（一〇五三—一一二九）　第七十二代天皇。在位延久四年—応徳三年（一〇七二—一〇八六）。後三条天皇*の第一皇子。母は藤原公成の女茂子。名は貞仁。弱体化しつつあった摂関家を抑え、それに代えて村上源氏と受領層を登用する。応徳三年、八歳の皇子善仁親王に譲位し、新帝堀河天皇が幼少であったことから、上皇として院政*を開始した。以後堀河・鳥羽・崇徳三天皇四十三年間に及んで院政を行った。武力組織として北面の武士*を設け、別に平氏を登用した。永長元年（一〇九六）出家して深く仏教に帰依し、在位中の法勝寺造営をはじめつぎつぎと造寺・造仏、社寺参詣・供養を行った。その間に権勢を強め、専制化した。（小山田義夫）

院政《いんせい》　上皇または法皇が院庁《いんのちょう》において国政をとる政治形態。譲位した上皇が国政に関与することは奈良時代以来まま見られたが、独自の権力機構をもっていたわけではなく、本格化したのは応徳三年（一〇八六）白河上皇*による院政開始からである。以後中世を通じて継続し、形式的には江戸時代の天保十一年（一八四〇）光格上皇の崩御まで存続した。院政が特に権勢をふるったのは平安後期から鎌倉初期にかけての白河・鳥羽・後白河の三代で、この時期は院政時代（期）とも呼ばれる。

院政は摂関政治などと異なり、天皇の委嘱手続きもなく、天皇の機能を代行するものでもなかった。譲位した上皇が天皇直属親としての親権に基づく恣意によるものである。上皇の居所である院内に院庁が設けられ、別当・判官代・主典などの院司が置かれた。かれらは院の近臣を構成し、また院の警固のための直属武力組織として北面の武士が置かれた（のち後鳥羽上皇は西面の武士を創設）。上皇の政務の決裁は院宣によって発せられ、院庁下文《くだしぶみ》も出された。院宣や院庁下文は詔勅・宣旨と並んで重視され、太政官機構を通じて国務を左右した。特に後白河院政期には院宣が官符・官宣旨にとって代わり、以後院庁が国政をとる役割をもつようになる。かくして院の実権は朝廷・摂関家をしのぐようになり、のちには武家政権とも対立した。院政を行う上皇は「治天《ちてん》の君《きみ》」と呼ばれた。院政が出現した主な理由としては、天皇家による摂関政治の抑圧による王権回復の意図、それに摂関家に政治面・経済面で抑圧されていた中・下級貴族との結合とその支持があったことなどがあげられる。（小山田義夫）

院《いん》の近臣《きんしん》　一般的には上皇・法皇の側近者のことであるが、特に院政期、院の側近として権勢をふるった中小貴族や僧侶をさす。上皇の代によって変わるが、源俊明、葉室《はむろ》顕隆、その子家保、その孫家成、僧正寛助、藤原通憲（信西）などが有名。その出身は様々で、上皇の乳母の子・夫・兄弟、地方の国司として巨富を貯え経済面で上皇・法皇に奉仕した受領層、そのほか上皇の個人的嗜好で取り立てられた者などであるが、総じて摂関政治下では官職昇進の途がとざされていた者が中心。かれらは時に摂関家をしのぐ権勢をふるった。（小山田義夫）

院宣《いんぜん》　院司《いんし》が上皇や法皇の意を奉じて出す文書。奉書形式をとる。九世紀末の宇多法皇の時《とき》に始まる。内容は私的（上皇・法皇の家政のためのもの）・公的（一般政務上のもの）両者があるが、特に後者は院政の進展とともに国政上重要性を増し、様式も整っていく。しかし、形式的には院庁下文よりも私的なものである。国政上の重要性は承久の乱以後、武家権力の進展とともにしだいに衰えていくが、院宣それ自体は江戸時代まで存続した。（小山田義夫）

北面《ほくめん》の武士　白河上皇が創設した武力組織。院の御所の北面の詰所に祗候したことから、この名がある。上皇の身辺の警護や御幸の際の警備、さらには僧兵強訴の防御などにあたった。当初は整然とした組織ではなかったが、上下に分かれ、上北面は四位・五位の諸大夫層、下北面は五位・六位層が任じられ、後者は武士（侍）が多く、平正盛・忠盛父子が中心であった。院に直属し院政を支える重要な武力となった。員数は不定であったが、白河院政期約八十人余を数え、郎党を合わせ一千人余に及んだ。また院の寵童や文学・芸能に秀でた者も加えられ、後白河院政下では院の側近層を形成、反平氏勢力の中心となった。後鳥羽院政下でも北面は設けられたが、武力的側面はまったく失われた。以後、北面の制度は院政とともに維持されたが、大きな位置を占めるものではなくなった。（小山田義夫）

知行国《ちぎょうこく》　一国の知行権（吏務という）を特定の皇族・公卿・大寺社などに与え、その国の正税《しょうぜい》（のちには官物）などの収益を与える制度の対象となった国。これを得た者を知行国主といい、国守の任命権を得た。十世紀末ころの上皇・女院に与える院宮分国制に始まり、しだいに院宮以外の公卿にも与えられるようになった。平安後期にはその数は急増し、*院政や平氏政権の重要な財政基盤となった。十二世紀末には寺社知行国、武家知行国（関東御分国はその一つ）も現れ、十三世紀には全国の三分の二以上が知行国化し、世襲的権利を得た永代知行国も出現した。しかし荘園の増大や武士の侵略によりしだいに支配権が縮小され、室町末期には消滅した。　（小山田義夫）

公家《くげ》新制《しんせい》　十世紀半ばころから十四世紀半ばころまでの間に発布された公家の成文法の一つ。朝廷を主体として発布された新制は、武家を主体とした武家新制、寺院を主体とした寺院新制などと区別するため、通常公家新制と称される。平安時代以前にあっては、公家（朝廷）の基本法として律令が存在していた。しかし、律令体制の衰退・変質によって律令の変更・追加・細則の制定などが必要とされるに至った。それが「弘仁」「貞観」「延喜」の三代*格式であり、また官符・*院宣などの形態によって発布されたものもある。新制はこれらとは別に、天皇の勅旨に、その起源を発し、新たに禁止すべき事柄を数カ条から数十カ条に箇条書した法令であり、その内容は、下級官吏や僧侶の服飾、地方政治の刷新、人身売買の禁止、荘園の整理など様々である。その発布の契機は様々であるが、天変地異に対処するため、辛酉革命説に基づく徳政興行、内乱などの社会的混乱の克服であった。また新制を制符という場合があるが、新制の官符の省略である。　（鈴木敏弘）

〔信仰・記録〕

院《いん》の熊野詣《くまのもうで》　紀伊熊野の熊野三山（本宮・新宮・那智）へ参詣すること。特に本宮証誠殿で、阿弥陀仏に往生の証明をもらうことが目的とされた。上皇・法皇の参詣（熊野御幸）は延喜七年（九〇七）の*宇多法皇の参詣に始まる。当時は参詣者もまれであったが、*院政期に入ると各上皇らの崇敬も深めて盛んになった。*白河・鳥羽・*後白河・*後鳥羽の各上皇の約百年間に百回近い御幸が行われた。その規模も大きく、一行数千名に及ぶこともあった。熊野への道は紀伊路・伊勢路・奥駆道《おくかけ》などがあったが、往復二十日あまりかかり、その負担は沿道の*国衙領・荘園に賦課され、きわめて大きかった。　（小山田義夫）

六勝寺《ろくしょうじ》　「りくしょうじ」ともいう。平安後・末期、京都白河（現京都市左京区岡崎付近）に建立された六つの御願寺（天皇のために祈禱を行う寺）の総称。法勝寺（*白河天皇）・尊勝寺（堀河天皇）・最勝寺（鳥羽天皇）・円勝寺（鳥羽天皇皇后の待賢門院）・成勝寺（崇徳天皇）・延勝寺（近衛天皇）の六寺。いずれも「勝」の字がつくのでこの名がある。このうち最も早く建立されたのが承暦元年（一〇七七）に金堂などの落慶供養が行われた法勝寺で、以後の各寺の範となった。各寺ともその多くが受領の*成功《じょうごう》によって造営された。*仁和寺《にんなじ》を総検校として各寺に別当または執事が置かれた。院政期に隆盛をきわめ、数多くの荘園を所有していたが、中世後末期に衰微した。　（小山田義夫）

僧兵《そうへい》　武装した下級僧侶（大衆）のこと。江戸時代の史書以後の呼称で、古くは悪僧ともいった。奈良時代から見られるが、特に平安時代になって律令制が弛緩するにつれ、寺院が質の低い僧侶を多くかかえこむようになり、また寺院防衛のため、各寺院の荘園から徴収されたりして中央・地方の諸大寺・

諸山は多くの僧兵をかかえた。なかでも奈良法師と呼ばれた興福寺*、山法師と呼ばれた延暦寺*、寺法師と呼ばれた園城寺の各僧兵*は強力で、相互の勢力争いを繰り返しただけでなく、しばしば神人*と同じく朝廷*さらには幕府に強訴して、その要求を通した。戦国末期織田信長や豊臣秀吉らの抑圧により勢力をそがれ、消滅した。（小山田義夫）

時範記《ときのりき》　平安後期の廷臣平時範（一〇五四—一一〇九）の日記。極官《ごっかん》（その家柄として到達しうる最高の官職）である右大弁の官名に基づいて『平右記』『右大記』『右御記』などとも呼ばれる。現在知られている記事は承暦元年（一〇七七）十一月から康和元年（一〇九九）八月までの間のもの。失われた部分も多いが、記主時範が因幡守として任地に赴いて国務を行い、帰京するまでの康和元年二月—四月の記事は、平安時代後期の国司*による国務執行の実際を知ることができる一つの史料として貴重である。（小山田義夫）

中右記《ちゅうゆうき》　院政*時代の延臣中御門右大臣藤原宗忠の日記。書名はその略記。中御門（家名）の「中」、右大臣（官名）の「右」、日記の「記」をとったもの。「なかうき」とも読み、『宗忠公記』『愚林』ともいう。記事は白河院政開始期の応徳四年（一〇八七）正月に始まり、宗忠が鳥羽院政期に従一位右大臣に昇進して保延四年（一一三八）二月に出家するまでの五十二年に及ぶ。写本百九冊。もとの全容は二百巻を越えると推定される浩瀚かつ克明な記録で、王朝貴族社会での年中行事、恒例臨時の公事、仏神事などの記録およびその故実に関する記事が主であるが、白河院政・鳥羽院政初期の朝廷・都内外の状況などを知る好個の史料。（小山田義夫）

台記《だいき》　平安後期、右大臣・左大臣として活躍し、保元の乱*の首謀者の一人であった藤原頼長《よりなが》の日記。大臣の唐名である三台・三槐から『台記』『槐記』、また宇治（京都府）に縁が深かったことから『宇槐記』『宇治左府記』などとも称された。現存の所収年次は途中欠けている部分もあるが、保延二年（一一三六）から久寿二年（一一五五）の十七年間に及ぶ。ほかに『台記別記』八巻、後人の抄録である『宇槐記抄』がある。記事は頼長の強い個性から生彩に富み、朝儀・公事の詳細な記述とともに鳥羽院政下の施策や政情に対する批判的観察が見られ、特に保元の乱に至る政治動向を知る一等史料となっている。（小山田義夫）

〔平氏政権の成立〕

保元の乱《ほうげんのらん》　保元元年（一一五六）天皇家および摂関家内の権力抗争が契機となって、京都で起きた争乱。「ほげんのらん」ともいう。久寿二年（一一五五）近衛天皇が没したが嗣子なく、後白河天皇*が即位した。子の重仁親王即位を望んだ崇徳上皇は、これに不満をもち、後白河天皇を支持した鳥羽法皇妃美福門院*・関白藤原忠通・藤原通憲*（信西）らと対立した。摂関家内部でも藤原忠通（兄）と氏長者で左大臣の頼長（弟）との対立が深まっていた。こうしたなかで頼長と崇徳上皇が結びつき、後白河天皇・忠通派と崇徳上皇・頼長派との対立が深刻化した。保元元年七月鳥羽法皇が没すると、後白河天皇方は平清盛*・源義朝らで警固を固め、上皇方は白河殿に源為義・為朝父子・平忠正らを召集した。両者の武力衝突は天皇方による白河殿夜討ちに始まり、わずか数時間の戦闘で天皇方の勝利に終わった。頼長は戦死、上皇は讃岐に配流、為義・忠正らは公式に永くとだえていた死刑に処せられた。為朝は伊豆大島に流刑。武士の活躍で政争の帰趨が決まったことから武士の政界進出の端緒となった。（小山田義夫）

平治の乱《へいじのらん》　平治元年（一一五九）京都で起きた争乱。保元の乱*後藤原通憲（信西）は後白河天皇の近臣として朝廷内で勢力を強めたが、天皇が上皇となってから、その寵臣として急速に勢力をのばした藤原信頼と対立するようになった。他方、保元の乱で軍功のあった平清盛*は信西と結んで権勢を強め、ともに戦った源義朝を圧倒するようになった。保元の乱での恩賞が清盛に比べ薄かった義朝は不満をいだき政治力を強めるため信頼と結んだ。義朝らは清盛が熊野詣*に出かけている機をねらって挙兵し、清盛・信西の打倒を図った。義朝・信頼は後白河上皇を幽閉、信西の殺害に成功し、一時権力をにぎったが、急拠帰京した清盛軍に敗れた。義朝は東国に逃れる途中、尾張で殺害され、子の頼朝は伊豆に流された。また信頼は京都六条河原で斬首された。このため一時源氏は衰退し、以後平氏の全盛をもたらす大きな画期となった。また朝廷内の政争が保元の乱に続いて武士の活躍によって決着されたことは、武士の世の到来を人びとに実感させた。（小山田義夫）

伊勢平氏《いせへいし》　桓武平氏*のなかでも本流とされ、伊勢を基盤として勢力を伸ばした武家の家柄。桓武天皇*の曽孫高望《たかもち》王の流れをくみ、はじめその子国香、孫の貞盛・将門*らのころまでは東国に勢力があったが、平将門の乱、平忠常の乱で地盤を失い、貞盛の子維衡《これひら》が伊勢を根拠地として勢力を伸ばしてから伊勢平氏と呼ばれた。維衡の曽孫正盛、その子忠盛のころから院と結びつき、中央政界に進出、忠盛の子清盛*は保元の乱*・平治の乱*で軍功をあげ、朝廷内での地歩を固め、ついには政権をにぎるとともに一族・一門の空前の繁栄をもたらした。しかし旧勢力の反発と諸国の源氏の蜂起により、文治元年（一一八五）、一族の主流は長門壇ノ浦で滅亡した。（小山田義夫）

平清盛《たいらのきよもり》　（一一一八―八一）平安末期の武将。通称平相国《しょうこく》。父は忠盛、母は祇園女御の妹。実父を白河上皇*とする説もある。祖父正盛・父忠盛が院の近臣*として蓄えた力を基礎に朝廷内*に地歩を築き、忠盛死後、平氏武士団*の棟梁となる。保元の乱*で後白河天皇方*として軍功をあげ、藤原信西と組んで勢力を伸長。平治の乱*で源義朝を滅ぼし、朝廷の軍事担当武家としての地位を確定した。後白河上皇・二条天皇の信頼を得、承暦元年（一一六〇）正三位参議*となって武家として初めて公卿に列した。仁安元年（一一六七）正二位内大臣となり、翌二年（一一六八）には従一位太政大臣にまで昇りつめた。ほどなく官を辞し、翌年重病を患って出家（法名清蓮、のち浄海）、摂津福原に隠棲したが、なお中央政界に強い発言力を保持した。妻時子の妹滋子の子高倉天皇を即位させ、承安元年（一一七一）には娘徳子（のち建礼門院）を高倉天皇の中宮として入内させ、その子安徳天皇の外祖父となる。一門の公卿十六人、殿上人三十余人に及び平氏全盛時代をつくった。急速な勢力拡大と貴族化は旧勢力や地方武士の反発を招き、鹿ケ谷の変*、福原遷都*などの間に反平氏勢力が挙兵、討伐軍を派遣したが鎮定に成功しないまま病没した。（小山田義夫）

六波羅《ろくはら》　京都市東山区の鳥辺山西麓一帯の地名。鴨川の東でかつては洛外。現京都市東山区松原町付近。空也上人*の創建とされる六波羅密寺がある。平安後期、平氏がここに本拠をおいてから脚光をあびるようになる。清盛*以下一門の居宅が軒をならべ、平氏政権の中心地となった。鎌倉時代には六波羅探題*が置かれ、六波羅の範囲も南に拡大され、七条あたりまでも含むようになった。鎌倉時代末、足利尊氏*によって六波羅探題が攻撃され炎上したあと、地域としての政治的重要性は失われたが、現在でも信仰の地として生き続けている。（小山田義夫）

平氏政権《へいしせいけん》*の性格《せいかく》　平氏は地方武士団の一部を荘園や公領の地頭*に任命するなどして畿内や西国一帯の武士を家人とすることに成功した。かれらをその軍事基盤としたことなどから武家政権としての側面をもっていた。しかし、清盛*が太政大臣となったことをはじめ、一族こぞって公卿・殿上人となって王朝の官職を多数占めて国政に参与する一方、清盛は娘徳子（のち建礼門院）を高倉天皇の中宮に入れ、その子安徳天皇が即位すると、その外祖父として権勢をふるまったこと、また数多くの知行国*と五百余の荘園を所有して経済基盤としたことなどからも摂関家と似たものがあった。その意味で貴族的性格が強く、純粋な武家政権とはいえない。しかし、日宋貿易に力をいれたことなどに新しさを見ることができる。（小山田義夫）

（五）平安末期の文化

末法思想　藤原摂関家を中心とする貴族の政権は、院政*の開始とともに相対的にその勢いを失う。さらに武家階級の台頭と南都・北嶺の寺院勢力（僧兵*）の張行《ちょうぎょう》は、社会的変動を予測させるに十分であった。あたかも天災地変と凶作・飢饉《ききん》の連続は、人びとを不安に陥れた。末法思想*の説くところが現実の社会動向と照応すると感じた人びとは、急速に浄土信仰に引き寄せられた。恵心僧都《えしんそうず》（源信《げんしん》）の書いた『往生要集《おうじょうようしゅう》*』は現世を忌避《きひ》し西方浄土にあこがれる貴族たちの心を掻き立てた。

文化をめぐる貴族と庶民　浄土教*は地方にも広がり、平泉の中尊寺*阿弥陀堂（金色堂《こんじきどう》）や豊後国富貴寺《ふきじ》の阿弥陀堂のような優れた建造物また仏像などが生み出された。すでに十世紀には、空也《くうや》*のように市井・民間に教えを説く者があり、平安末期になると、かれのような念仏聖*や法華経の持経者などが増え、地方・民間に急速に広まった。庶民の姿が文学作品のなかに見られるようになるのも、この時期の著しい特長である。また、今様や田楽*そのほか庶民芸能も盛んになり、それが貴族の生活のなかに取り入れられていったことも注意すべきことである。

古代国家の動揺・解体は貴族たちに回顧と反省の機会を与えた。『栄花物語』*は道長*の栄華を讃美したが、『大鏡*』は政争の実態を叙述し批判した。鴨長明*の『方丈記*』は無常感によって時代と人生の変転をとらえ、慈円*の『愚管抄』*は歴史の過程を道理の顕現として把握した。十二世紀の歌壇には、歌合《うたあわせ》*の流行によって新旧両派が対立し歌論書が多く出たが、藤原俊成はこれを統一した。かれとその子定家*は幽玄・有心《うしん》体の歌風をつくりあげた。『新古今和歌集*』はこの時期の貴族文化を代表するもので、同時代の耽美的・技巧的な歌を収めている。俊成とならぶ西行《さいぎょう》は長明とともに隠者文学の代表者であった。

院政期は絵巻物の興隆期で、「源氏物語絵巻」*「伴大納言《ばんだいなごん》絵巻」*「信貴山縁起《しぎさんえんぎ》絵巻」*「鳥獣人物戯画巻」*「餓鬼草紙《がきぞうし》」「病草紙《やまいぞうし》」など多くの絵巻が知られる。

源平内乱に焼打ちされた東大寺*の復興には、大仏様*の新様式が採用され、奈良仏師運慶・快慶は、南大門金剛力士像、興福寺*北円堂の無著《むちゃく》・世親《せしん》像に写実的手法を発揮した。この傾向は説話文学にも現れ、『今昔《こんじゃく》物語集』*『宇治拾遺物語』*は貴族・武士・庶民の生活を描いた世俗説話を収録している。『将門記《しょうもんき》』『陸奥話記《むつわき》』などを受け継ぐ『保元物語』*『平治物語』*『平家物語』*などの戦記物語は動乱期の武士を描いたもので、いずれも琵琶法師《びわほうし》*によって語られた。

（阿部　猛）

〔歴史物語・絵巻物〕

栄花物語《えいがものがたり》　歴史物語。正編三十巻、続編十巻からなる。正編は赤染衛門《あかぞめえもん》の作、続編は後一条天皇女章子内親王の周辺に詳しい女房といわれている。十一世紀末成立。編年体。宇多天皇*から堀河天皇までの十五代約二百年の歴史を描いたもの。正編は後一条天皇の長元元年（一〇二八）二月までの百四十年間、続編は長元三年から約六十年間を収める。正編は天皇の歴代を主軸とする「世継《よつぎ》」的性格と、藤原道長*の栄花を中心に描かれており、物語として筋もある。続編は記述に偏りがあり、后妃・皇女などの消息に詳しく、史書として未完成に終わった『新国史』のあとを継ぐ意図をもつと見られるが、史実に正確な一方で、書き換えなども多い。

（古谷紋子）

大鏡《おおかがみ》　歴史物語。十二世紀初頭成立。八巻。世継物語とも。作者は源顕房、藤原能信、源道方、源経信など諸説ある。「四鏡」の一つ。文徳天皇から後一条天皇の時代を叙述。構成は序、帝王物語（本紀）、大臣物語（世家・列伝）、雑々物語（書・志）、後日物語からなる。物語は後一条天皇の万寿二年（一〇二五）五月、紫野雲林院の菩提講《ぼだいこう》で、昔宇多天皇*の母班子女王の召使だった百九十歳の大宅《おおやけ》世継と、夏山繁樹という藤原忠平の小舎人童《こどねりわらは》で百八十歳の老人が若侍に語り聞かせ、それを作者がメモした形になっている。問答体と紀伝体を兼ねあわせたもの。藤原道長*を中心に藤原氏の栄花を叙述するが、道長に対する批判的描写は、ほかに類を見ない。

（古谷紋子）

今昔物語集《こんじゃくものがたりしゅう》　説話集。十二世紀前半成立。撰者は源隆国説、南都寺院僧説がある。三十一巻、一千七十九話の構成であったが、現存本は巻八・十八・二十一が欠けており、一千四十話。巻一―五は天竺（インド）、巻六―十は震旦（中国）、巻十一―三十一は本朝（日本）の三部構成である。内容は多方面にわたり、仏教説話六百六十三話は釈迦関連説話、動物説話、諸寺建立縁起譚、霊験譚、因果応報譚など、世俗説話三百七十七話は実在の人物の逸話、芸能、詩歌譚などである。物語は「今は昔」で始まり、「となむ語り伝へたるとや」という伝聞形式で終了している。出典の明確な話と、口承による話が混交する物語集。表記方法は宣命体、助詞は小書き。

（古谷紋子）

源氏物語絵巻《げんじものがたりえまき》　『源氏物語』*を絵画化した現存最古の絵巻。

東京・徳川黎明会に十五段の絵と詞書および詞書のみの一段、東京・五島美術館に四段の絵と詞書が伝わるところから徳川・五島本と呼ばれる。ほかに若紫の絵の残欠と八葉の詞書断簡が残る。絵は薄墨の下描き線を濃彩で塗り潰した上に、人物の顔貌や輪郭線を濃墨で描き起こす「つくり絵」の技法を用いる。建物は屋根や柱、建具などを省略して斜め上から俯瞰的に描き（吹抜屋台《ふきぬきやたい》）、やや大きめの人物は理想的な美男・美女を表す抽象的な顔貌（引目鉤鼻《ひきめかぎはな》）に描かれる。詞書は金銀の箔や砂子、野毛によって装飾された料紙に物語の一部が仮名で記されている。十二世紀の作。紙本着色、縦二一・二―二一・一センチ。　（稲本万里子）

「源氏物語絵巻」夕霧段（五島美術館蔵）

信貴山縁起絵巻《しぎさんえんぎえまき》　十世紀初頭、大和と河内の境にある信貴山に籠もって毘沙門天を祀り、その功徳によって様々な奇跡を行った修行僧命蓮《みょうれん》に関する三つの物語を描いた三巻の絵巻（飛倉巻あるいは山崎長者巻、延喜加持巻、尼公巻）。冒頭の詞書は欠落しているが、『古本説話集』や『宇治拾遺物語』*に収められた「信濃国聖事」によって失われた物語を知ることができる。絵は抑揚のある線で人物の表情や動作を生き生きと描き、描線を生かした彩色が施されている。対象をとらえる視点は様々に変化し、流線型のすやり霞によって場面のつながりや視点の移動が可能になっている。奈良・朝護孫子寺所蔵。十二世紀の作。紙本着色、縦三一・七センチ。　（稲本万里子）

伴大納言絵巻《ばんだいなごんえまき》　貞観八年（八六六）春に起こった応天門の火災をめぐる大納言伴善男の陰謀と失脚を描いた絵巻。現在三巻に分かれているが、もとは一巻の長大な絵巻であった。冒頭の詞書は欠落しているが、『宇治拾遺物語』*に収められた「伴大納言焼応天門事」によって知ることができる。絵は柔らかく的確な線で人物の表情や動作を描き、色鮮やかな彩色を施す。群衆の様々な動きを巧みにとらえる洗練された技法と「年中行事《ねんちゅうぎょうじ》絵巻《えまき》」模本《もほん》との類似から、後白河上皇*に重用された常磐源二《ときわげんじ》光長《みつなが》を中心とする宮廷絵師の作と考えられる。室町時代には若狭国新八幡宮に伝わり、江戸時代に小浜藩主酒井家の所有になり、現在は東京・出光美術館所蔵。十二世紀後半の作。紙本着色、縦三一・五センチ。　（稲本万里子）

鳥獣人物戯画巻《ちょうじゅうじんぶつぎがかん》　京都・高山寺に伝わる白描の画巻。猿、蛙、兎などが遊ぶ様子を擬人化して描いた甲巻、実在する動物と空想上の動物を絵手本風に描き集めた乙巻、人間の勝負事と動物の遊戯を前後に描き継いだ丙巻、人間の風俗を滑稽に描いた丁巻の四

「鳥獣人物戯画巻」（高山寺蔵）

巻からなり、甲乙巻と丙巻、丁巻は画風や制作期も異なる。甲乙巻の作者として鳥羽僧正覚猷《かくゆう》や絵仏師定智《じょうち》の名が伝えられるが確証はない。密教図像との共通性から絵仏師の作とする説や、「年中行事絵巻《ねんちゅうぎょうじえまき》」模本《もほん》との図様の一致から絵師の作とする説がある。十二―十三世紀中ごろの作。紙本着色、縦三〇・六―三一・三センチ。（稲本万里子）

平家納経《へいけのうきょう》　平清盛*が一門の繁栄を願い厳島神社《いつくしまじんじゃ》*に奉納した装飾経《そうしょくきょう》。『法華経』二十八巻と『無量義経』『観普賢経』『阿弥陀経』『般若心経』各一巻に、長寛二年（一一六四）の奥書のある清盛の願文一巻を加えた三十三巻からなる。金銀の箔や砂子、彩色の文様などで装飾された料紙*を用い、表紙や見返絵《みかえしえ》には経意を表す唐風の人物、やまと絵風の男女などが描かれている。表紙の外題《げだい》と発装《はっそう》、水晶の軸首は精緻な金具で飾られ、金銀荘雲龍文銅製経箱に納められる。慶長七年（一六〇二）福島正則による修理の際、三巻分の表紙と見返絵が俵屋宗達《たわらやそうたつ》*によって補われた。紙本着色、縦二四・二―二七・三センチ。（稲本万里子）

〔建築・芸能〕

中尊寺《ちゅうそんじ》　岩手県西磐井郡平泉町にある寺院。天台宗*東北総本山。山号は関山《かんざん》。藤原清衡《ふじわらのきよひら》の発願により大治元年（一一二六）ごろに建立されたが、建武四年（一三三七）金色堂《こんじきどう》と経蔵を残して焼失した。清衡の葬堂として天治元年（一一二四）に立てられた宝形造《ほうぎょうづくり》の金色堂は一辺五・四八メートル。堂内中央と背面両脇に須弥壇《しゅみだん》を置き、各壇上に阿弥陀三尊像、六地蔵菩薩像、二天像を配し、壇内に清衡、基衡《もとひら》、秀衡《ひでひら》三代の遺体と泰衡の首級を安置する。堂の内外全面を黒漆金箔押とし、須弥壇と四天柱、長押、組物には螺鈿《らでん》、蒔絵《まきえ》、透彫金具などの装飾を施す。宝蔵には一字金輪大日如来坐像、「中尊寺経」「金光明最勝王経金字宝塔曼荼羅」などがある。（稲本万里子）

厳島神社《いつくしまじんじゃ》　広島県佐伯郡宮島町にある神社。筑前国宗像神社の市杵島姫命《いちきしまひめみこと》、田心《たごり》姫命、湍津《たぎつ》姫命の海女神三柱を祀る。平安時代に安芸国一宮になり、平清盛*の安芸守任官を機に平氏一門の尊崇を集め、後白河院*や高倉院の参詣も行われた。仁安三年（一一六八）ごろ、現在のような規模になったが、その後、仁治二年（一二四一）再建、元亀二年（一五七一）毛利元就*によって修造された。本殿、幣殿、拝殿、祓殿を連ねた本社と摂社を回廊で結ぶ建物は寝殿造《しんでんづくり》*を彷彿とさせ、潮が満ちると海上に浮かぶように見える。「平家納経《へいけのうきょう》*」「彩絵檜扇《さいえひおうぎ》」などを所蔵。神能（四月十六―十八日）、管弦祭（旧暦六月十七日）、玉取祭（旧暦七月十八日）、鎮火祭（十二月三十一日）。（稲本万里子）

新猿楽記《しんさるがくき》　往来物《おうらいもの》*。著者は藤原明衡《あきひら》とされる。一巻。漢文体。天喜年間（一〇五三―五七）から康平年間（一〇五八―六四）にかけて成立した。猿楽*を見物する西京の右衛門尉一家の妻三人、娘十六人、子息九人に仮託した形で各種の職業階層の生活様式を描く。また当時都で流行した猿楽の演技について、

中尊寺金色堂（岩手県磐井郡）

人形繰りや中国伝来の曲芸および滑稽《こっけい》な物真似《ものまね》などの演劇形態について列挙、次に猿楽の名人上手を列挙して、それぞれの芸態を論評、見物人の狂態を記した。類書的性格をもち、庶民の初級教科書である往来物の祖型となった。『色葉字類抄《いろはじるいしょう》』の字書としても引用される。平安後期の社会生活を知るうえで貴重な文献である。（古谷紋子）

催馬楽《さいばら》　平安時代、儀式に使われた歌謡。日本古来の民間歌謡を唐楽の拍子《ひょうし》・旋律《せんりつ》に合わせて編曲。八世紀末から九世紀はじめに成立。貴族社会で十—十一世紀に全盛、十二世紀にはかなりの曲が廃絶した。十三世紀以降、催馬楽の演奏は衰退、十七世紀に入り古譜に基づき復興。宝亀元年（七七〇）以前の編曲である「葛城《かつらぎ》」、聖武天皇*の恭仁宮を歌った「沢田川」、天平十四年（七四二）作詞の「新年」などがある。『日本三代実録』には、貞観元年（八五九）に没した広井女王が催馬楽を善くしたとある。催馬楽の名前の由来は、唐楽の「催馬楽（さいばらく）」に合わせて編曲したためという説がある。律二十五、呂三十六の合計六十一曲が現存する。（古谷紋子）

梁塵秘抄《りょうじんひしょう》　平安時代末の歌謡集。撰者は後白河天皇*。全二十巻のうち、現存は巻一頭の断簡《だんかん》、巻二、『口伝集《くでんしゅう》』の巻一頭の断簡と巻十である。十一世紀初頭、従来の神楽《かぐら》歌・催馬楽《さいばら》*を今様《いまよう》（当世風）にした歌謡がはやった。これらは傀儡子《くぐつ》や遊女の代表的な芸であった。十二世紀中ごろ、今様は洗練され、従来の節《ふし》回しが忘れられつつあったため、後白河天皇が伝承の確かな傀儡子や遊女について今様を習い、また詞章も集成、歌謡集十巻が編成された。現存本は五百六十六首の歌謡が収められ、長歌、古柳、今様、仏教的歌謡の法文歌、四句神歌、二句神歌などに分けられる。当時の風俗や文化、人間の姿を垣間見ることのできる貴重な史料。（古谷紋子）

田楽《でんがく》　豊作予祝として田植えの際に行われた田遊びに、猿楽*の要素が加わったもの。平安時代中期から鎌倉時代にかけて芸能史の主流をなす。初見は延喜二十二年（九二二）の『和泉国大鳥大明神*五社流記帳』。院政期に盛行し、大江匡房は『洛陽田楽記』に永長元年（一〇九六）の「永長の大田楽」を詳述（『朝野群載《ちょうやぐんさい》』三）。当時貴賤を問わず大流行したが、農耕儀礼との結びつきを失い、娯楽的な芸能に変容。地方の社寺では神事や仏会の余興として広く行われるようになった。十三世紀中ごろ、歌唱と舞踊をマイムふうの芸に結合した「能」を猿楽者が考案し、好評のため田楽者もこれを模倣した。十四世紀初頭、「田楽能」が優位に立った。（古谷紋子）

田楽（「大山寺縁起絵巻」東京大学史料編纂所蔵）

猿楽《さるがく》　散楽*とも記す。七世紀末、唐楽の一つとして渡来。雅楽*の付属に演じられ、曲芸・奇術、滑稽技などが含まれた。律令国家は散楽戸を設けたが、延暦元年（七八二）廃止した。九世紀以降は相撲節会*や競馬《くらべうま》の際に演じられた。二系統ある猿楽のうち、神楽付随の散楽は即興的な滑稽技を演じ、もう一方の唐楽系統の散楽も、滑稽な所作が代表芸になり、「猿楽」と宛字された。十一世紀末ごろ、猿楽者が簡単な筋のあるマイムを演じ、人気者が出た。鎌倉時代には、マイムに歌謡と舞が加わり、「能」の原型となった。猿楽の芸人は山城・大和・近江・丹波・摂津に分布、座《ざ》*を組織し、応仁・文明の乱*以後は大和の四座（金春・金剛・宝生・観世）が残った。（古谷紋子）

中世

〔政治・社会〕

1185　源頼朝の鎌倉政権成立

1189　平泉藤原氏滅亡

1221　承久の乱

1232　御成敗式目制定
　　　＊北条氏の執権政治

1274　＊蒙古襲来（一次・文永の役）

1281　蒙古襲来（二次・弘安の役）
1296　徳政令実施

1317　二皇統の迭立決定
1324　鎌倉幕府滅亡・建武政府成立
1338　足利尊氏の室町政権
　　　＊倭寇活発化

1392　南北朝統一〔南北朝内乱終わる〕

1404　倭寇の禁止・勘合貿易開始

1428　徳政一揆→土一揆の全国化
1438　永享の乱
1441　嘉吉の乱
　　　＊倭寇再び活発化
1454　享徳の乱（―78）

1467　応仁・文明の乱（―77）

1485　山城の国一揆
1488　北陸の一向一揆（長享一揆）
1493　明応の政変（細川政元覇権）
　　　北条早雲の伊豆制圧

1498　明応の大地震津波
1532　天文の乱（一向一揆・細川晴元戦う）

1546　北条氏康、河越合戦に勝利

1568　織田信長入京
1573　室町幕府滅亡
1582　本能寺の変

1592　朝鮮出兵（一次・文禄の役）

1597　朝鮮出兵（二次・慶長の役）
1600　関ケ原の戦（徳川家康勝利）

〔思想・文化〕

1191　＊臨済宗開立

1205　『新古今集』成立

1227　＊曹洞宗開立
　　　＊浄土真宗（一向宗）開立

1253　＊日蓮宗開立

1276　＊時宗開立
　　　金沢文庫開設
　　　＊神国思想高揚

1339　『神皇正統記』成立

1397　金閣造立

　　　★北山文化

1439　足利学校再興

　　　★東山文化
1483　銀閣造立

1495　『新撰菟玖波集』成立

1543　鉄砲の伝来
1549　キリスト教の伝来

　　　★桃山文化

一　ヨーロッパ世界の変動と東アジア

十字軍と都市の勃興　十世紀末に封建社会の安定化を達成したヨーロッパ世界は、外への発展を求め、十一世紀末—十三世紀後半にかけて七回の十字軍*を組織し東方への侵攻を行った。セルジューク・トルコの小アジア進出に脅威を感じた東ローマ皇帝の要請で、ローマ教皇ウルバヌス二世が諸国王に命じたものである。ところが、聖地奪回のための聖戦という名分と裏腹に、侵略と略奪がその実態であった。しかし、これを契機に東方貿易が活発化し、ヨーロッパの諸都市が勃興した。

蒙古帝国の成立　中国では宋が盛期を過ぎ、代わって蒙古（モンゴル）が台頭してきた。一二〇六年にチンギス・ハンによる蒙古帝国*が成立すると、それ以後この帝国は膨張を続け、一二四一年にはポーランド、ハンガリーに侵攻してワールシュタットでヨーロッパ騎士団を大破した。日本へは、一二七四年と八一年の二度にわたる侵略（文永・弘安の役）を行ったが、蒙古・高麗両軍の不統一、日本軍の激しい抵抗、台風などによってこの侵攻作戦は挫折した。

黒死病流行と戦乱　ヨーロッパでは十四世紀半ばに黒死病（ペスト）が大流行し、農村人口が半減するという災難に見舞われた。この結果、社会の矛盾が激化し、十四世紀後半にフランスではジャックリーの乱、イギリスではワット・タイラーの乱が起こり、また一三三七—五三年には、イギリスとフランスは王位継承をかけて百年戦争が戦われた。

東アジア世界の状況　朝鮮半島では、十四世紀末に李成桂が建国した李氏朝鮮*が発展し、『高麗史』『東国通鑑』『海東諸国記』などの史書・地誌があいついで刊行された。儒教国教化による仏教抑圧によって、大量の高麗版大蔵経が日本にもたらされた。また、木綿とその栽培技術も日本に輸入され、安価で吸湿性に富む衣料として日本国内で急速に普及した。

一三六〇年代に成立した明帝国は、十五世紀半ばには勢力にかげりを見せ、福建省の農民反乱に浙江省の鉱山労働者の反乱が結びつき、帝国の基盤を揺るがしていた。日本の幕府・大名や大寺社は、遣明貿易を行い大量の銭貨を輸入し国内に流通させた。この結果、日本国内では年貢・公事の代銭納の一般化、商品流通の活発化が進み、貨幣を蓄積する有徳人*が全国各地に存在するようになった。

世界史の成立　中央アジアのティムール帝国*が衰亡に向かい、代わって西アジアのオスマン・トルコ帝国*が勢力を伸ばし、一四五三年に首都コンスタンティノープルを陥落させて東ローマ帝国（ビザンティン帝国）を滅ぼした。こ

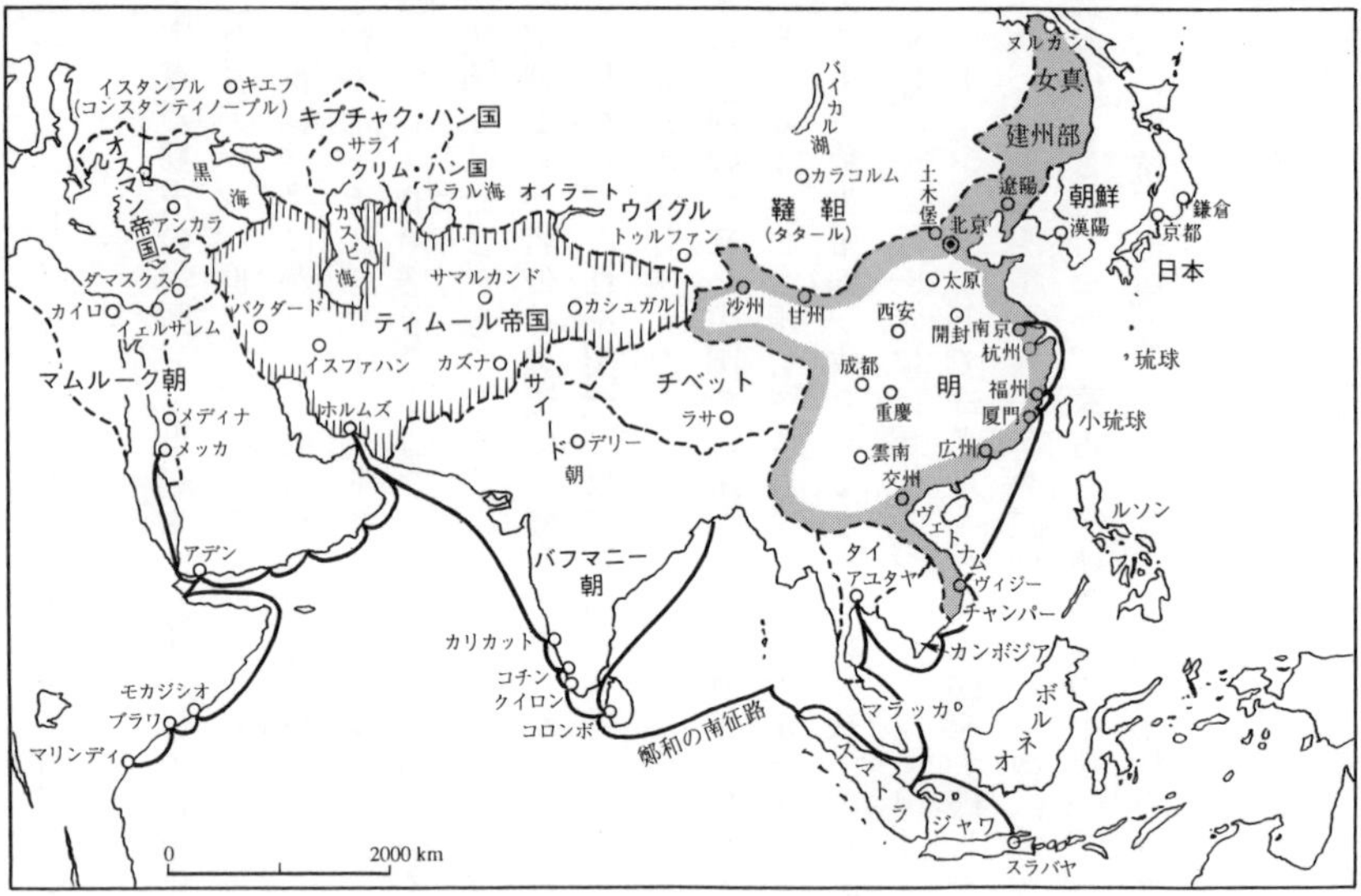

15世紀初頭のアジア

の年には百年戦争も終結し、イギリス、フランスともに独自の国家形成に向かう。これと並行してスペイン、ポルトガルの国家形成も進み、両国主導の大航海時代の幕が切って落とされた。一四九二年のコロンブスのバハマ諸島への到達、一四九八年のヴァスコ・ダ・ガマの喜望峰・インド航路の開発がそのきっかけとなった。オスマン・トルコ帝国の西アジア制圧は、必ずしも東西交易の障害にならなかったが、このルートはイタリア諸都市の影響下にあったため、スペイン、ポルトガルによる新たな貿易ルートの模索がこの結果をもたらした。やがて、西欧人が日本列島にやってくることになる。

一五四三年（天文十二）に、倭寇船に分乗したポルトガル人が種子島に上陸し鉄砲を伝えたことを皮切りに、一五四九年には宣教師フランシスコ・ザビエル*が鹿児島に上陸してキリスト教を伝えるなどした。これ以後、東アジアの一角にある日本も国際化の波に洗われることになるのである。　（峰岸純夫）

封建制《ほうけんせい》　feudalism（英）、féodalisme（仏）、Feudalismus（独）　ヨーロッパ中世の社会・政治・経済構造に対する近代の歴史学者たちの呼称。フューダリズムという術語は、古ドイツ語のfihu（家畜＝財産）――中世にはfeudum（レーン＝封土）という形で現れる――に由来。学術用語の定義は学者によってニュアンスを異にするが、大別すると、封主・封臣間のレーン制的関係を考えるものと、グルントヘルシャフト（土地領主制、荘園制）を媒介とする領主・農民関係ととらえるものの二つとなり、前者は伝統的なドイツの法史、国制史家たちに多く、後者は主としてマルクス主義の影響を受けた経済史家たちの説くところである。両者を総合して身分（ないし階級）的従属関係を基本とする社会を封建社会とする説明もある。

「封建制」は、レーン制とほぼ同じとするドイツ国制史の場合も、マルクス主義的歴史叙述の場合も、時代区分上の一段階を示す用語でもある。レーン制はゲルマン的従士制度などを淵源として七―八世紀ごろに形成され始め、九世紀カロリング期から中世中期にかけて社会・国家組織の中枢的靭帯《じんたい》となったとされ、その後、身分《シュテンデ》（等族）制を経て絶対王制（ドイツでは領邦）国家に移行すると説明される。グルントヘルシャフトはローマ後期のコロヌス制やゲルマンの大土地所有制などをルーツとしながら、八―九世紀のカロリング時代に形成され、中世中期のヴィリカチオン制から地代荘園制へという構造転換を含みながらも、原理的には十八、十九世紀の市民革命までは存続した。したがって時代区分の標識としての封建制は、その始期はともかく、終期については定義の仕方によって大きく異なってくる。

なお「封建制」ないし「封建的」という言葉は、もともと十九世紀前半の政治的スローガンとして発生したもので、「封建制廃棄」を宣言したフランス革命の立場に基づいており、しだいにほかの国々や地域でも、自由・平等を欠く時代遅れとなった社会秩序の総体をさすものと認識された。したがってこの呼称は、研究者の価値観とも無関係ではありえず、特にマルクス主義的史的唯物論の場合には、その理論と学問的、政治的実践の緊張関係が大きかった。イギリス・フランスの中世史家の間では概して躊躇《ちゅうちょ》なくfeudalism, féodalismeが使われるが、（旧西）ドイツの中世史家たちの場合は、イデオロギー的色合いをもつFeudalismusを避けて、「中世」のほうを時代区分概念として強調する傾向もあった。〈O・ヒンツェ、阿部謹也訳『封建制の本質と拡大』未来社、一九六六。H・ミッタイス、世良晃志郎訳『ドイツ法制史概説（改訂版）』創文社、一九七一。M・ブロック、新村猛他訳『封建社会（I・II）』一九七三・一九七七。H・シュルツェ、千葉徳夫他訳『西欧中世史事典―国制と社会組織』ミネルヴァ書房、一九九七〉　（魚住昌良）

十字《じゅうじ》軍《ぐん》（一〇九六―一二九一）　聖地エルサレムをイスラム勢力から解放し、後段では獲得した占領地を防衛するために、西ヨーロッパのキリスト教徒が送った七回（回数は解釈により諸説ある）にわたる遠征軍。一〇九五年クレルモンにおける教皇ウルバヌス二世の呼びかけが最初の契機となった。十一世紀に急激に増加した聖地巡礼願望を含む宗教的高揚と並んで、地域や時期によって異なる様々の政治的・社会的・経済的背景が看取される。たとえば、教会と国家の対決（ドイツの叙任権闘争）のなかで教皇庁と騎士層の結びつきができ、全西欧的遠征軍の編成を通して教皇が実際の指導権を掌握できると考えるようになったこと、人口急増に起因する土地不足（フランス）、東方通商の拠点を求めるイタリア商人の経済的願望など。軍事的には失敗に終わったが、ヨーロッパ世界が拡大し、異世界との経済的・文化的接触の端緒となった意義は大きく、後年の大航海時代の先駆けとなった。なお今日では、ローマ教皇ヨハ

ネ・パウロ二世も、十字軍の横暴をキリスト教徒が過去に犯した過ちの一つと認めている。（魚住昌良）

騎士《きし》と市民《しみん》　騎士chevalier（仏）、Ritter（独）は騎乗の戦士として農民や聖職者などと区別され、『ローランの歌』などの叙事詩に見られるような独自のエートスや文化でヨーロッパ中世を彩《いろど》った社会層。重装備と武技習練に資力を要するため領主層に限られるようになり、「戦う人」の集団が成立した。八世紀フランク王国の戦術転換に端を発するが、十二世紀ごろから不自由人出自のミニステリアール（家人《けにん》）層——国王や諸侯に登用されて社会的実力を獲得し、軍事面でも活動した——の一部とも融合して貴族の下層部分を構成する社会集団となった。

中世都市の市民は、住民のすべてではなく、一定の条件（土地財産の所持、ギルド所属など、都市により時期により異なる）を満たして市民権を得ている者とその家族に限られた。市民の多くは商業ないし手工業を営み、社会的声望や地位に応じて市政に参加できたが、一部の門閥商人たちの寡頭支配が多く、上流市民たちの間では騎士的生活スタイルを取り入れようとする傾向も目立った。近年の研究では、ミニステリアールやその子孫が中世中期に始まる都市の形成・発展に重きをなしたことが指摘されている。中世の自力救済権であるフェーデは、騎士はもちろん、市民の共同体たる都市にも認められている。（魚住昌良）

ルネサンス　Renaissance（英・仏・独）　十二—十四世紀のイタリアに始まり、十五—十六世紀にかけて西欧・中欧諸国に広まる美術・文芸・思想の革新運動。原語は再生を意味するフランス語で、学術用語としての使用は十九世紀フランスの歴史家J・ミシュレを創始とし、J・ブルクハルトによって定着した。すでに当時の人びとが古典古代文化の復興によって暗黒で野蛮な時代（十六世紀G・ヴァザリのゴシック批判など）を克服して、人間らしい、かつ合理的な新時代を拓《ひら》こうとしたことが、古代→中世→近代という後世の時代区分法の発端となった。ただしその後の研究の進展によって、中世に遡《さかのぼ》るカロリング・ルネサンス（八世紀）、オットー朝のルネサンス（十世紀後半）、十二世紀のルネサンスなども指摘され、古典古代文化の伝播ということもアラブ世界やビザンツを媒介とする様相が明らかになりつつある。（魚住昌良）

宗教改革《しゅうきょうかいかく》　Reformation（英・独）、réformation（仏）　信仰の内面化を通じてカトリック教会の普遍的支配を解体しプロテスタンティズムの成立に導いた十六世紀ヨーロッパの宗教革新運動。ドイツでは、ルターの贖宥状《しょくゆうじょう》批判に始まり（一五一七年）、新旧諸勢力の対決（一五四六〜七年のシュマルカルデン戦争など）を経てアウクスブルクの宗教和議（一五五五年）に至ってカトリックとルター派の併存が認められた。選択は諸侯や都市当局の権限とされて領邦国家形成の重要な画期となる。スイスでは少し遅れてチューリヒのツヴィングリやジュネーヴのカルヴァンの教義が支持を得るようになり、特に後者はスコットランドの長老派《プレスビテリアン》、イングランドの清教徒《ピューリタン》というかたちで発展し、後世に大きな影響を与えた。主として政治的契機からカトリックと分離した英国国教会《アングリカンチャーチ》の圧迫を逃れて新天地に渡った清教徒は後年アメリカ合衆国建国の礎《いしずえ》の一つとなる。

宗教改革をめぐっては、再洗礼派を含む過激な集団がより根源的な改革を求めてルター派やツヴィングリ派と競合し、一時的に権力を掌握した（一五三四、三五年ミュンスターの千年王国）こともあったが、最後には鎮圧されて根絶に近い形で崩潰した。（魚住昌良）

地理上《ちりじょう》の発見《はっけん》　十五世紀から十七世紀前半にかけてヨーロッパ人は急速にアフリカ、アジアの諸地域やアメリカ大陸に進出した。この時期は、コロンブスの航海（一四九二年）やヴァスコ・ダ・ガマのインド到達（一四九八年）、マゼランとその後継者による世界周航（一五一九―二二年）などで知られ、ヨーロッパ人の立場から「発見の時代」と呼ばれた。近時は「大航海時代」という呼称が多く用いられる。イエズス会を中心とするカトリック教会の布教活動とも絡みながら占領と略奪が続いた。中南米が主としてスペイン人（メキシコ、ペルーなど）に、少し遅れて北アメリカがフランス人・オランダ人・イギリス人によって開拓され占領された。ポルトガルはインドからインドネシアに植民地を獲得したが、十七世紀になるとイギリスやオランダに覇権を奪われた。（魚住昌良）

蒙古帝国《もうこていこく》（モンゴル帝国《ていこく》）　十三世紀のはじめ、チンギス・ハンによって建設され、ユーラシア大陸にまたがった蒙古族支配下の大帝国。のちには元朝を宗主国とする諸ハン国に分かれ、その連合からなる大帝国として、約一世紀半にわたり、インドを除くアジア大陸のほとんど全体を支配統治し、中世紀のユーラシア各地に大きな政治的影響を与えた。独特の軽装騎馬戦術と機動力・軍制（千戸・百戸制）を利用して、東は満州、西は南ロシアからイラクに至る大帝国をつくったチンギス・ハンは、四子に領土を分けたので、チャガタイ、キプチャク、オゴタイ、イルの四ハン国が成立した。二代オゴタイ・ハン（太宗）、三代グユク・ハン（定宗）、四代モンケ・ハン（憲宗）を経て五代フビライ・ハン（世祖）のとき、帝国の首都を北蒙古のカラコルムから中国の領土に近いドロン・ノールの地に上都という新首都を定め、中国内の政治的中心地たる燕京を大都として、政治的中心を著しく南下させ、従来属領に過ぎなかった華北の地をフビライ政権の根拠地として、新たに中国の王統を継ぐ元朝政権をつくり出し（一二七一年）、南宋を滅ぼして全中国を統一した。

これによって、蒙古帝国の体制は一変し、元朝は帝国の宗主たる地位を自ずと占めることになり、従来から半ば独立していた西方の諸ハン国は、これを機会に完全な独立の態勢をとったが、東方の諸ハン国は、元朝の強力な集権的勢力に抑えられて、かえって独立性をまったく失い、蒙古帝国は、こうして宗主国元朝を中核として、チャガタイ、キプチャク、オゴタイ、イルの諸ハン国からなる緩やかな一大連合政権へと変わったのである。しかし、モンゴル人は、征服地の住民を軍団に編入して征服地を拡大し、また中央アジアやイランの出身者（色目人）を重用として優れた交通運輸ルートをつくった反面、現地の社会と生産の構造を変革せず、各地で遊離した上層社会を構成して収奪するだけであったことが、支配が永続しなかった原因となった。元朝は一三六八年に、チャガタイ・ハン国は一三七〇年に、キプチャク・ハン国は一五〇二年に、オゴタイ・ハン国は一三一〇年に、イル・ハン国は一四一一年に崩壊した。〈本田実信『モンゴル時代史研究』東京大学出版会、一九九一。杉山正明『モンゴル帝国の興亡（上・下）』講談社現代新書、一九九六〉

（川越泰博）

ティムール帝国（一三七〇―一五〇〇）　ティムール（Tīmūr）が中央アジア・イランに建てた国。ティムールの急逝後、子孫の間で激しい政権争奪が繰り返されたが、初期にはシャー・ルフ、後期にはスルタン・アフメドが名君としてよく政治の実を上げ、首都サマルカンドは東西貿易の最大中継市場として栄えた。しかし一五〇〇年、ウズベク族の侵略を受けて崩壊し、その領土はサファヴィー朝ペルシアに併合された。この王朝は、スンニー派イスラムに属し、諸君主はイラン・イスラム文化の保護者として都市文化の発展につとめ、主要都市には壮麗な建物が建てられ、有名な学者・文人・工芸家が輩出し、法学・数学・医学などイスラム科学も興隆した。（川越泰博）

オスマン・トルコ帝国（一二九九―一九二二）　十三世紀末、オスマン・ベイ（オスマン一世）が小アジアを中心に建てたトルコ人のイスラム国家。その後、バルカンに進出し、一四五三年、コンスタンティノープルを陥れて、東ローマ帝国を滅ぼし、アジア、ヨーロッパ、アフリカの三大陸にまたがる大帝国となった。十六世紀のスレイマン一世時代に最盛期を現出。その後、十七世紀後半から衰え始め、十九世紀に入ると、被支配民族の独立運動が激化、さらに第一次世界大戦*にドイツ側に立って敗戦を招き、セーブル条約を強いられて、小アジアだけの一小国家に転落した。一九二二年、ケマル・アタテュルクは帝国を滅ぼし、翌年トルコ共和国を建てた。（川越泰博）

明《みん》（一三六八―一六四四）　中国の統一王朝。朱元璋《しゅげんしょう》（太祖洪武帝《こうぶてい》）がモンゴル民族の元朝を倒して建国した、漢民族としては最後の王朝。元末、貧農出身の朱元璋は、群雄を下して即位し、元を北に追って中国を統一すると、中央集権的支配体制の強化、法制の整備など内政に力を注いだ。国都ははじめ南京に置かれたが、成祖永楽帝が靖難《せいなん》の役に勝利して、建文帝から皇位を奪うと北京に遷都した。成祖はモンゴルを親征すること五回、南海経略を行うこと七回に及んだ。中期以後は、皇帝に凡庸なものや年少者が多く、内にあっては綱紀が乱れて宦官の横暴、官僚の党争が絶えず、外からはモンゴルの侵寇と倭寇*の北虜南倭に苦しんだ。万暦以後、満州民族が興起し、また各地で農民反乱が起こると、軍事・財政に破綻をきたし、一六四四年、李自成が北京を占領すると、崇禎《すうてい》帝は自殺し、明は滅亡した。明に代わって中国を統一したのは、満州民族の清であるが、鄭成功《ていせいこう》ら明の遺臣は、その後も十七年間にわたって、永明王らを奉じて南方において亡命政権を維持した。（川越泰博）

李氏朝鮮《りしちょうせん》（一三九二―一九一〇）　朝鮮の王朝。初代の李成桂（太祖）は、高麗末期に倭寇、その他の外敵を破って人望を集め、やがてクーデターにより文武の実権を握り、一三九二年王位につき、明から朝鮮王の称号を認められて、漢城（漢陽、いまのソウル）を都とした。旧来の王公貴人の農荘を没収して田制改革を行い、儒教を導入して内政を整えた。技術文化の発達も著しく、特に十五世紀の銅活字印刷とハングル（諺文）の発達は注目すべきものである。しかし、両班と呼ばれる世襲官僚が実権を握り、党派の争いを生じて国政が乱れ、十六世紀には七年にわたる文禄・慶長の役によって、国土が荒廃し、十七世紀には二度も後金（清）軍の侵入を受けて、これに服属した。十九世紀になると、日本および列強の圧迫が加わり、なかでも日本は特に積極的で、日・清の対立が生じ、壬午軍乱*、甲申事変*などが起こった。日清戦争*の結果、清に朝鮮の独立を認めさせた日本は、日露戦争*後、完全にこれを保護国とし、一九一〇年（明治四十三）ついに合併を断行した。

（川越泰博）

新安沖《しんあんおき》の沈船《ちんせん》　一三二三年、浙江省慶元（寧波《ニンポー》）から博多へ向かい、朝鮮半島南西端の新安沖で沈没した日元貿易船。船体の長さ約二八メートル、幅約九メートル、重量約二〇〇トンの中国船で、八百万枚以上の銅銭、多量の紫檀《したん》木と中国陶磁・金属器約二万点のほか、乗員が所持した中華鍋・高麗匙《こうらいさじ》・箸および瀬戸瓶子《へいし》・瓦器《がき》火鉢・和鏡・鍔・下駄などが回収されている。中国陶磁の大半は龍泉窯青磁・景徳鎮窯白磁を主体とする日常品で、高級品は天目茶碗、若干の高麗青磁など骨董品を含め二百点余にすぎず、雑釉壺には香木・薬材・胡椒を収めた形跡があった。金属器は日本で唐物《からもの》として珍重された銀・銅製の香炉・花瓶《かびょう》類と錫《すず》材である。沈没船の性格については、荷主名を記した三百六十四枚にのぼる付札木簡から、六年前に焼亡した京都・東福寺と末寺の博多・承天寺釣寂庵《きんじゃくあん》などが仕立てた寺社造営料唐船説が有力であるが、木簡の三分の一を占める「綱司」の解釈に問題を残している。また、日本で出土がまれな白磁鉄斑《てっぱん》文の小型磁器があることから、フィリピン方面への巡航船説もある。

（吉岡康暢）

二　鎌倉政権の成立と展開

（一）鎌倉幕府の成立

源頼朝の「天下草創」　治承四年（一一八〇）八月に、流罪に処せられていた源頼朝*が、南関東の豪族伊豆の北条氏、相模の三浦氏などの支援を得て反平氏の蜂起を行った。一時は石橋山の合戦で敗れはしたものの、安房に逃れて再起を図り、江戸湾岸を時計の針と反対回りに安房・上総・下総・武蔵・相模と進攻し十月には鎌倉に本拠を定め「天下草創」（国家の改造）の宣言を行った。この「湾岸征服戦争」ともいうべき合戦に勝利することで、南関東をそ

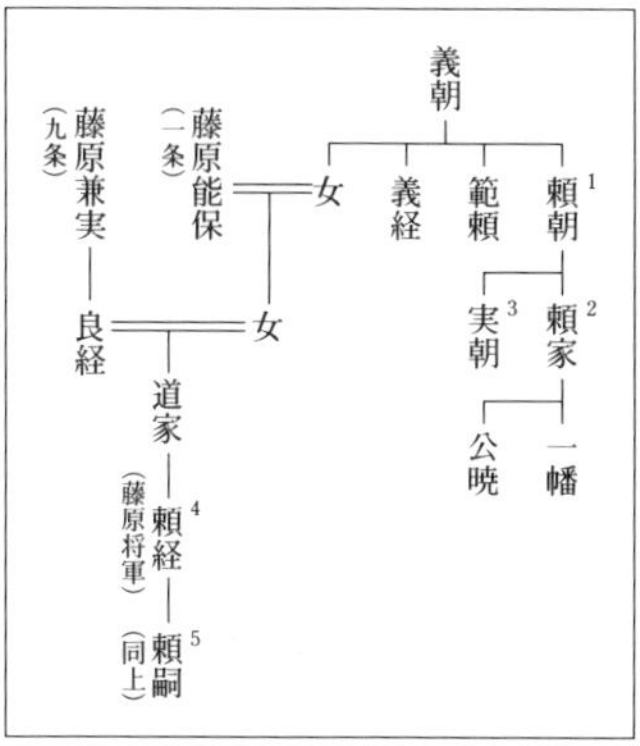

源氏略系図（II）
（数字は将軍就任の順）

の支配下に収めた。ついで平氏の追討軍を富士川で敗走させ、信濃に蜂起した木曽（源）義仲*に味方する常陸の志田義広を下野の野木宮合戦*に破り、これと結んだ下野の足利忠綱を滅ぼした。さらに、常陸の佐竹氏を抑圧し、関東を完全に制圧した。頼朝は後白河法皇*を中心とする朝廷と折衝し、寿永二年（一一八三）の宣旨によってこの関東の支配権を認知させた。その後は、元暦元年（一一八四）には木曽義仲、翌文治元年には平氏を滅ぼした。文治五年（一一八九）には仲違いして追放していた弟の義経*をかくまったことを口実に、陸奥の藤原泰衡を平泉に滅ぼし、奥羽をその支配下に収めた。

鎌倉幕府とその組織　日本歴史上において、鎌倉幕府*が成立した意義は非常に大きい。それまでの律令制に基礎をおく天皇・院を頂点とした京都の朝廷の一元的支配のなかに、東国（関東と奥羽）に基礎をもち鎌倉に政庁をおく征夷大将軍（将軍）を頂点とする幕府という軍事政権が内包されたからである。朝廷と幕府はその支配権力の行使をめぐって相互に矛盾を抱えつつも、基本的には協調して日本列島の支配を行う「朝幕国家」の体制を治承・寿永内乱期を出発点に構築していった。そして、幕府という軍事政権は、これ以後六百年の長きにわたって形を変えながらも日本列島を支配し続けるのである。

頼朝は征服戦争のなかで帰属した関東を中心とした武士を御家人*として組織し、戦功の恩賞として旧来の所領を安堵し、また没収所領を新恩として与えた。没収所領のなかには、内乱のなかで鎌倉方の武士が軍事占領し、その既成事実をもとに朝廷方を譲歩させて獲得した諸国の荘園・公領の地頭職が含まれていた。頼朝は、この地頭*や、のちに諸国に配置される守護*を通じて権断権（軍事・警察権）を掌握することになるのである。

朝廷と幕府　幕府の組織は、御家人を統率する侍所*、権門としての将軍家の家政を運用する政所*、御家人などの訴訟を担当する問注所*など簡素の機構から出発し、しだいに

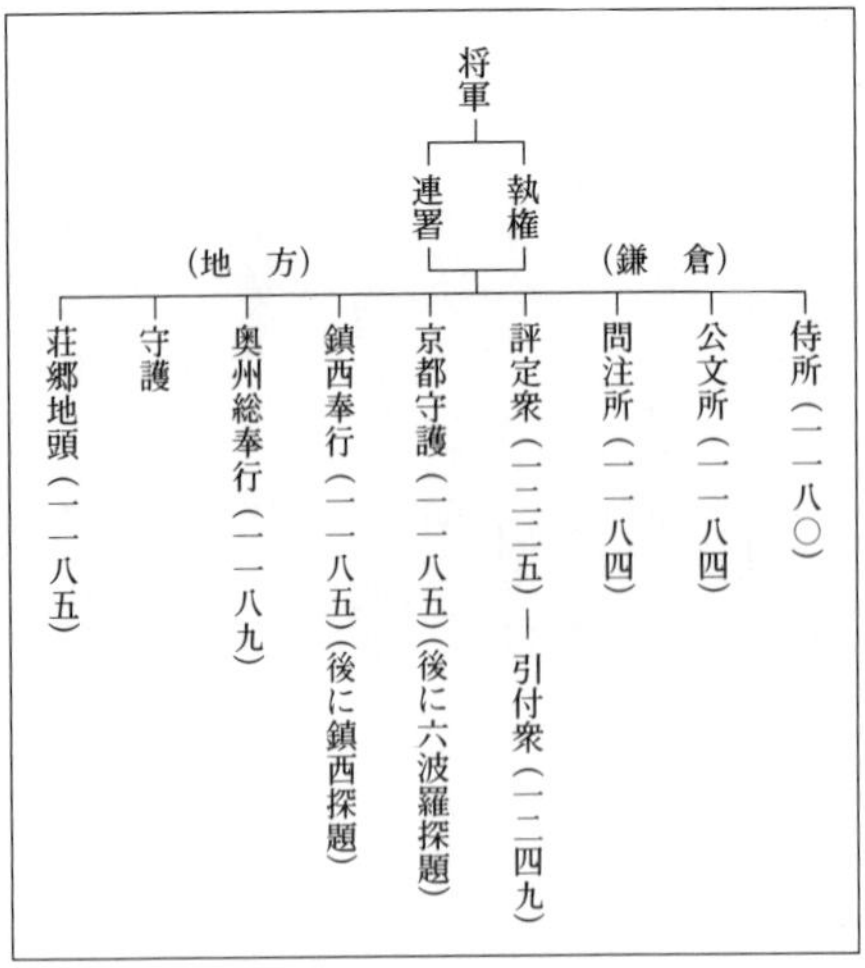

鎌倉幕府の組織図
（数字は設置年）

整備されていった。幕府は、頼朝・頼家*・実朝*三代の源氏将軍が続くが、この間、梶原景時・畠山重忠・和田義盛*が相ついで滅ぼされ、北条義時*の権勢は強められて政所執事と侍所別当を兼帯する執権*となった。

やがて実朝が兄頼家の子公暁に暗殺されると、幕府討滅の好機とみた後鳥羽上皇*は、承久三年（一二二一）北条義時追討の宣旨を発し、諸国に軍勢を募り幕府は危機を迎えた。頼朝の妻政子*（「尼将軍」といわれた）と弟の義時は、御家人の結束を強め、軍勢を京都に派遣し上皇軍を撃破して、上皇以下反幕府の指導者を朝廷から一掃した（承久の乱*）。ここに朝廷と幕府の力関係は一挙に逆転する。京都には、従来の京都守護に権限を強化した六波羅探題*がおかれ、北条氏の一門が配置されて朝廷の監視と連絡役を担った。朝廷方として幕府に抗戦した公家・武家の没収所領には、多くの御家人が新補地頭に任命されて西遷した。やがて貞応二年（一二二三）に幕府は、新補地頭の権利を、十一町ごとに一町の免田と、全体から反別五升の課徴米の収取、山川からの収益を荘園領主と折半することに定めた。また諸国の大田文*（国ごとの荘郷の基本台帳）が作成された。やがて藤原頼経《よりつね》*・頼嗣《よりつぐ》の摂家将軍が相ついで京都から迎えられ擁立される。

（峰岸純夫）

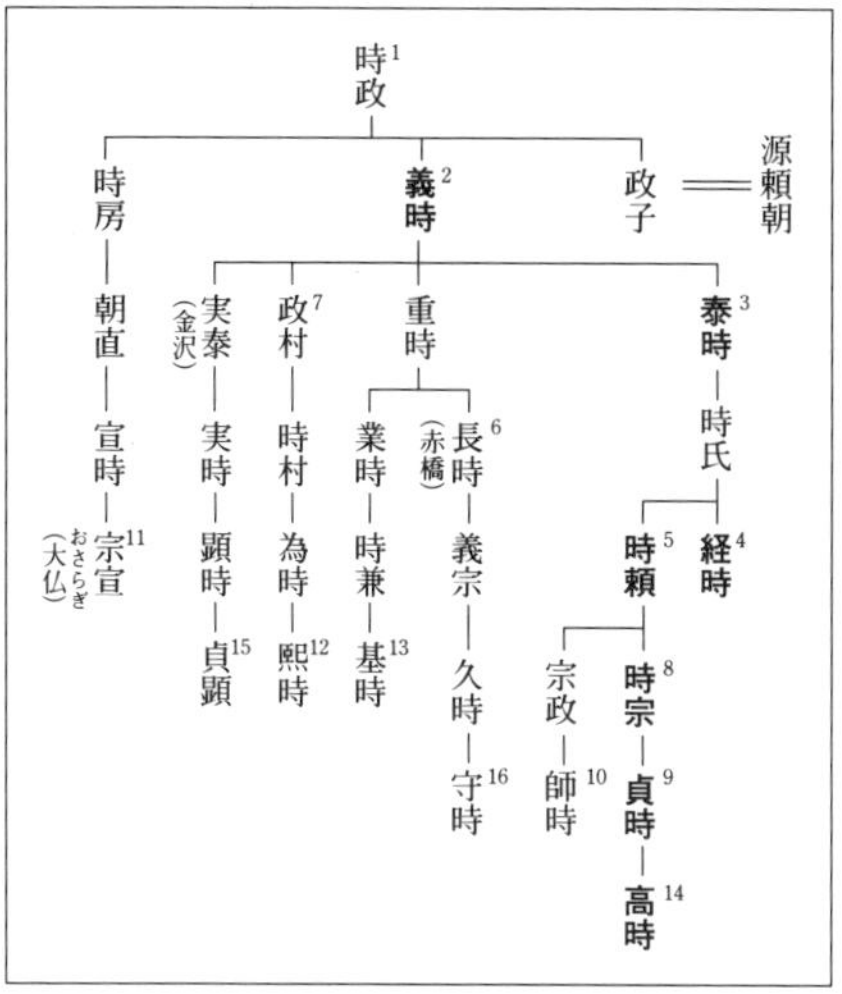

北条氏略系図
（数字は執権就任の順，太字は得宗）

〔平氏政権の崩壊〕

治承《じしょう》・寿永《じゅえい》の内乱《ないらん》　一一八〇年代前半を中心として戦われた内乱。治承・寿永は当時の年号である。主に源氏の諸勢力と平氏の軍事的衝突が繰り返され、源頼朝《よりとも》*のもとに坂東《ばんどう》武士団《ぶしだん》が結集した鎌倉幕府*がそれを勝ち抜き、全国を制覇する形で決着した。

平氏を率いる平清盛《きよもり》*は、一一五〇年代の保元《ほうげん》・平治《へいじ》の乱*での勝利を踏み台にして貴族政権内に有力な政治勢力としての地歩を固めていった。しかし、平氏はその急速な台頭ゆえに後白河《ごしらかわ》法皇*や藤原摂関家《せっかんけ》との間にしだいに摩擦を生じ、ついに清盛は治承三年（一一七九）十一月に軍事クーデターを敢行、院政を停止して自ら権力を掌握した。そのころ東国などでは、中央で権勢を得た平氏に結びついた有力武士と、それ以外の地方武士との対立が進んでいた。軍事権門《けんもん》として権力の座に近づいた平氏は、しかし地方武士間の対立を深めてしまい、自らの基盤を強化できなかったのである。そのため、治承四年に後白河法皇の皇子であった以仁王《もちひとおう》*が諸国源氏に平氏打倒の命令を発すると、源頼朝や源義仲《よしなか》*が挙兵して急速に勢力を拡大することとなった。反乱の拡大に加え、膝元の畿内《きない》でも有力寺社の抵抗などで情勢が悪化し、平氏は後白河院政の復活、畿内での軍事体制の創出などで対処しようとしたが、養和《ようわ》元年（一一八一）閏《うるう》二月に総帥の清盛を病で失い、寿永二年（一一八三）に入ると北陸の戦況が悪化、ついに七月、義仲の軍勢に追われて西海へと落ちていった。しかし義仲も貴族政権からの反発を受け、また頼朝の派遣した東国武士の軍団に敗れて、翌元暦《げんりやく》元年（一一八四）一月に戦死する。頼朝の軍はさらに西海の平氏勢力を打ち破り、文治《ぶんじ》元年（一一八五）三月、長門国壇《ながとのくにだん》ノ浦《うら》での一門滅亡へと追い込んだ。頼朝率いる鎌倉幕府は、のち文治五年（一一八九）に奥州《おうしゅう》の藤原氏も滅亡させ、日本全土をその制圧下に置くこととなる。この内乱の進行に伴って幕府軍は各地で軍事的占領による支配を進め、在地武士《ざいちぶし》たちを御家人《ごけにん》*として麾下に組織し、以後、貴族政権との交渉による曲折はあったが、大筋として新たな武家政権を構築する基盤をつくっていったのである。〈川合康「治承・寿永の『戦争』と鎌倉幕府」『日本史研究』三四四、一九九一。元木泰雄「平氏政権の崩壊」『日本史における国家と社会』思文閣出版、一九九二〉　（松島周一）

鹿ケ谷《ししがたに》の変《へん》　治承《じしょう》元年（一一七七）六月、後白河法皇*の近臣藤原成親《ふじわらのなりちか》・西光《さいこう》・俊寛《しゅんかん》らによる平氏打倒の謀議が発覚した事件。鹿ケ谷は俊寛の山荘があったところ。摂津源氏《せっつげんじ》の多田行《ただゆき》綱《つな》が裏切って密告したという。西光は斬られ、成親も配流の途中に急死した。当時、平氏は貴族政権内で権勢を増大させていたが、この事件を、それに対する法皇や貴族層の反発というには、関係者が中下級貴族である法皇の近臣たちばかりで、平氏による追及の範囲もさほど拡大していない。後白河法皇自身と平氏の関係さえ、そう悪化していた徴候はない。平氏が法皇や上層貴族と全面的に衝突した治承三年のクーデターとは異なり、法皇近臣の排除が重視された事件であろう。（松島周一）

平泉政権《ひらいずみせいけん》　十一世紀末から十二世紀末まで、平泉（岩手県西磐井郡平泉町）を拠点として東北地方を支配した奥州藤原《おうしゅうふじわら》氏の勢力。その支配は、自立性が高かったにしても、朝廷や国司との共存の上に成り立つ形をとっており、あえて政権と呼ぶべきかは意見が分かれよう。藤原清衡《きよひら》・基衡《もとひら》・秀衡《ひでひら》の三代を経て四代泰衡《やすひら》が文治《ぶんじ》五年（一一八九）に鎌倉幕府*に滅ぼされるまで続いた。

清衡の父経清《つねきよ》は京下りの官人《かんじん》であったが、前九年《ぜんくねん》の役《えき》*（一〇五一―六二）で源頼義《よりよし》に敵対し、破れて殺された。遺児の清衡は、役後の奥州に勢威を振るった清原氏に育てられ、のち後三年の役*（一〇八三―八七）では源義家《よしいえ》*と結んで他の清原一族を打倒した。役ののち義家が朝廷から召還されると、清衡は京の摂関家《せっかんけ》に取り入りつつ、奥羽《おうう》の地に支配を拡大していったのである。平泉を本拠地としたのも、その当時、十一世紀末から十二世紀の初頭であったとされる。平泉は藤原氏の政庁を中心に一門の館《たち》や寺院が立ち並ぶ都市としての偉容を誇っていた。かつては平安京に倣《なら》った都市建設がなされたと考えられたが、近年の発掘を含む研究の進展によって強く異論が出され、より中世都市的な復元が主張されている。また、当時の平泉は奥羽の一地方都市にとどまらない。巨大な経済力を背景に京都の文化が輸入された一方、近年の陶磁器《とうじき》の発掘からは、海路などの流通・交易ルートが北方世界や東海、西国との間に形成されていたこともうかがえるなど、その位置づけは当時の日本史全体とのかかわりのなかで探られる必要があろう。

のち治承・寿永の内乱*に際して、三代当主秀衡*に率いられた藤原氏は、平氏と接触しつつ鎌倉の源頼朝を背後から牽制し、奥羽に自立した勢力としての活動を見せた。また、頼朝と対立した源義経《よしつね》*をかくまうなど新興の鎌倉幕府に屈しない態度を見せたが、それだけに頼朝にとっては「天下落居《てんからっきょ》」のためにも奥羽への軍事支配が達成されなければならなかった。秀衡の没後、文治五年の幕府軍の進攻によって藤原氏の奥羽支配は終幕を迎える。それは同時に、鎌倉幕府の軍事力による全国制圧の完成でもあった。〈斎藤利男『平泉』岩波新書、一九九二。平泉文化研究会編『奥州藤原氏と柳之御所跡』吉川弘文館、一九九二。平泉文化研究会編『日本史の中の柳之御所跡』吉川弘文館、一九九三〉

（松島周一）

八条院暲子《はちじょういんしょうし》　（一一三七―一二一一）　平安末・鎌倉初期の女院《にょいん》。鳥羽院《とばいん》と美福門院《びふくもんいん》得子の間に生まれる。保元《ほうげん》二年（一一五七）に出家して金剛観といった。応保《おうほう》元年（一一六一）に二条天皇《にじょうてんのう》の准母《じゅんぼ》として院号宣下《いんごうせんげ》。后位を経ぬ院号の初例という。弟の近衛天皇《このえてんのう》が崩じたあと、女帝に立てようとする動きもあった。父母から相続した荘園に、さらに多数の所領が集積され、膨大な八条院領荘園が形成される。以仁王《もちひとおう》*挙兵の背景にはその財力が存したといわれ、治承・寿永の内乱*期前後の政治史に深くかかわる人物でもあった。没後、その荘園群は皇室経済の重要な一部分として、後鳥羽院政《ごとばいんせい》やのちの大覚寺統《だいかくじとう》を支えるものとなった。

（松島周一）

以仁王《もちひとおう》と源《みなもとの》頼政《よりまさ》　後白河法皇*の皇子であった以仁王（一一五一？―八〇）は、平氏の血をうける異母弟憲仁親王《のりひとしんのう》（高倉天皇《たかくらてんのう》）と皇位継承を争いうる立場にあったため平氏側から冷遇され、後白河院政を停止した平氏のクーデターの翌治承《じしょう》四年（一一八〇）、源頼政*（一一〇四―八〇）と反平氏の兵を挙げた。頼政自身は治承二年に平清盛*の推挙で従三位《じゅさんみ》にのぼり世間の耳目を驚かせたほどで、特に平氏との関係が悪化していたとは思われず、この挙兵は以仁王の主導でなされたものと考えられる。両者の挙兵は直ちに鎮圧されたが、以仁王が諸国源氏に発した平氏追討の命令は、源頼朝*らの挙兵に正統性を与え、平氏政権を崩壊させる引き金となった。

（松島周一）

福原遷都《ふくはらせんと》*　福原は現在の神戸市兵庫区のあたり。平安時代末期、平清盛が別荘を構え、近くの輪田泊《わだのとまり》に経島《きょうがしま》を築いて港湾整備を行うなど、平氏の重要な拠点となっていた。治承三年のクーデターで権力を掌握し、翌四年（一一八〇）に外孫の安徳天皇《あんとくてんのう》を擁立した清盛は、以仁王*の挙兵など反平氏の動きが高まるなか、対抗勢力である寺社との衝突を避けて独自の政権を確立するためにも、同年六月に自ら主導して、強引に天皇・高倉上皇らを福原へと移した。正式な遷都ではないうえに、一門の中にも反対論があり、また東国で拡大しつつある内乱への対処に遷都反対派の貴族や寺院を引き込むため、清盛も妥協して、十一月、天皇以下は京都へ戻った。

（松島周一）

源　頼朝《みなもとのよりとも》（一一四七―九九）鎌倉幕府*の創始者。源義朝《よしとも》の三男。母は熱田大宮司《あつただいぐうじ》藤原季範《すえのり》の女《むすめ》。平治の乱*で義朝が敗れたとき平氏に捕われたが、平清盛の継母池禅尼《いけのぜんに》の嘆願で助命され、伊豆《いず》に配流《はいる》されて二十余年を過ごす。その間、北条時政《ほうじょうときまさ》*の女政子《まさこ》*を妻とし、のちの幕府内で北条氏勢力が伸長するもとをつくった。治承四年（一一八〇）、平氏追討を命じる以仁王*の令旨《りょうじ》を受け八月に挙兵する。直後に相模《さがみ》の石橋山《いしばしやま》で平氏方と戦い一敗地にまみれるが、安房《あわ》に脱出。そこから各地の武士たちを糾合しつつ進軍し、房総《ぼうそう》半島・武蔵《むさし》を経て、まず江戸湾《えどわん》を制圧する形で、十月に相模の鎌倉へと入り拠点を定めた。その成功の要因として、平氏の軍制に組織されていない地方武士の不満を吸収したことと同時に、軍事貴族源氏の嫡流たる頼朝自身の「貴種《きしゅ》」性がその武士たちの指導者に相応《ふさわ》しかったこと、その権威をさらに高める以仁王の令旨が存在したことを指摘できるだろう。同月、富士川《ふじがわ》で平氏の追討軍を破り、東国を政権基盤として確保した。

その政権は基本的には各地を武力で征服した、いわば実力による軍事政権としての支配を展開していったものであるが、「貴種」としてそれを率いる頼朝は、単なる反乱軍の首領とはならず、朝廷との接触にも心を配っていた。平氏が西走した寿永二年（一一八三）には十月宣旨《じゅうがつせんじ》を獲得して名実ともに東国の支配を自らが担う形をつくりだしている。さらに弟の範頼《のりより》・義経*らを指揮官とする軍を畿内から西国へと派遣し、寿永三年一月に源義仲*を、文治元年（一一八五）三月には壇《だん》ノ浦《うら》で平氏をつぎつぎに倒した。文治五年に奥州藤原氏をも滅ぼして、日本全土を制圧する。その間、文治元年末には、不和になった弟義経の失脚にからみ、義経を支援した朝廷側に強請して自らに好意的な体制をつくらせようとした。「貴種」たることを政治的資源とした彼にとってそうした朝廷との連携の確保は重要であったが、当時の貴族政権を牛耳る後白河法皇*の反撃によってあまり実効をあげえなかった。建久六―七年（一一九五―九六）の、結局失敗に終わった長女大姫《おおひめ》の入内《じゅだい》運動も同様な希求からのものであった。〈石井進『鎌倉幕府』中央公論社、一九六五。佐藤進一『日本の中世国家』岩波書店、一九八三〉

（松島周一）

源　義仲《みなもとのよしなか》（一一五四？―八四）平安時代末期の武将。父の義賢《よしかた》が東国の源氏の内紛で殺されたのち、信濃国《しなののくに》の木曽《きそ》で養育された。治承四年（一一八〇）、以仁王*の平氏追討の令旨《りょうじ》を受け、さらに関東の頼朝*の挙兵を聞いて、自らも反平氏の軍事行動を起こした。北陸に進出し、寿永二年（一一八三）には、平家の大軍を越中国倶利迦羅谷《えっちゅうのくにくりからだに》などで破って、七月、西海に逃れた平氏に代わって京都を支配下に置いた。しかし、新天皇の擁立などをめぐって後白河法皇*と対立し、また頼朝の勢力拡大の圧力も加わってしだいに追いつめられ、十一月のクーデターで権力を奪取するが、翌年一月、頼朝の派遣した東国軍に破れ、近江国粟津《おうみのくにあわづ》で敗死した。

（松島周一）

源　義経《みなもとのよしつね》（一一五九―八九）平安時代末期の武将。父の義朝《よしとも》が平治《へいじ》の乱に敗れて殺されたのち、鞍馬寺《くらまでら》で成長したという。成人ののち奥州の藤原秀衡を頼る。異母兄の頼朝*が反平氏の兵を挙げるとその陣に加わり、以後、源義仲*や平氏の討滅に力を尽くした。しかし畿内にあって後白河法皇*との接触を深めたことで頼朝との関係が悪化。文治元年（一一八五）十月、頼朝追討宣旨を得て挙兵するが失敗。九国地頭《きゅうこくじとう》の院庁下文《いんのちょうくだしぶみ》を帯びて鎮西《ちんぜい》に下ろうとして果たさず、奥州に逃れ、文治五年に頼朝の圧力を受けた藤原泰衡に討たれた。その失脚は頼朝による廟堂《びょうどう》改造のきっかけとなった。九国地頭の権限は内乱期に進行した武家による広域支配の集大成として、鎌倉幕府*の「文《ぶん》治守護地頭《じしゅごじとう》」へもつながるものであった。（松島周一）

後白河法皇《ごしらかわほうおう》　（一一二七―九二）　鳥羽院《とばいん》と待賢門院《たいけんもんいん》璋子《しょうし》の間に生まれる。名は雅仁。久寿《きゅうじゅ》二年（一一五五）、弟の近衛天《このえてん》皇《のう》を継いで皇位に登る。保元《ほうげん》の乱*（一一五六）を勝ちぬいたあと、保元の新制を発令、荘園整理と神人*・悪僧の統制を図る。保元三年（一一五八）に譲位して院政を開始。平治《へいじ》の乱*（一一五九）では多くの近臣を失い、また乱後には二条天皇《にじょうてんのう》を擁する親政派《しんせいは》と厳しく対立。この政治抗争によって院権力は貴族政権内でも対抗勢力が生じうる、いわば相対化されたものとなったが、二条天皇の崩後は政権内の主導権を確立した。また急速に台頭する平氏を当初は庇護したが、のちには抑圧へと転じたため、治承三年（一一七九）、平清盛の軍事クーデターを招き、一時院政を停止される。治承・寿永の内乱*が起こると平氏は院政を復活させるが、法皇が貴族政権での主導権を回復したのは、寿永二年（一一八三）の平氏西走後であった。以後の法皇は、朝廷の貴族らに影響力を強めて院権力を抑えようとした源頼朝*と対峙することになる。頼朝による文治元年（一一八五）末の廟堂《びょうどう》改造や「文治守護地頭《ぶんじしゅごじとう》」設置の要求に一時屈しても、しだいにその実効を失わせるなど、頼朝が手を焼き、その崩御を期待し続けた政敵であった。また盛んに造寺・造仏・寺社への参詣を行い、また今様を好み、今様を集めた『梁塵秘抄《りょうじんひしょう》』*を撰した。（松島周一・小山田義夫）

養和《ようわ》の飢饉《ききん》　養和元年（一一八一）から寿永元年（一一八二）にかけての大飢饉。「飢饉、前代を超ゆ」（『百練抄《ひゃくれんしょう》』）、「天下の飢饉……開闢《かいびゃく》以来いまだかくの如きのこと有らず」（『帝王編年記《ていおうへんねんき》』）といわれた。『方丈記《ほうじょうき》』*には京都近辺の様相が記されている。寿永元年四―五月、左京《さきょう》の路頭にあふれた死者数は四万二千三百余、周辺を加えてゆけば数知れないという。地方に物資の供給を仰ぐ消費都市の惨状である。この時期、さすがに京の平氏政権による積極的な軍事行動は見られない。事態が改善に向かう寿永二年の春以降、平氏の大規模な兵力動員と北陸進攻に始まった情勢の流動化が、一気に進むこととなる。（松島周一）

野木宮合戦《のぎみやかっせん》　寿永二年（一一八三）二月二十三日、常陸《ひたち》の豪族志田三郎先生義広《しださぶろうせんじょうよしひろ》（義憲《よしのり》）を下野《しもつけ》の豪族小山朝政《おやまともまさ》が打ち破った戦い。義広は鎌倉幕府*を開いた源頼朝*の叔父であったが、これに敵対し、数万の兵を率いて鎌倉を攻めようとして、途中、小山氏にも自軍に加わるよう求めたという。小山氏は当主政光《まさみつ》が在京中であったが、その子朝政は頼朝に心を寄せており、参陣すると偽って義広の軍を引き寄せ、野木宮（栃木県下都賀郡野木町）に兵を隠して急襲した。このため義広は敗れ逃亡した。頼朝が源氏の棟梁として東国での支配を強める過程の通過点であったといえよう。この合戦は『吾妻鏡』*では養和《ようわ》元年（一一八一）閏二月のこととして記述されるが、これは『吾妻鏡』編纂の過程で生じた誤謬の顕著な一例である。朝政をこの合戦の恩賞で得た地の地頭職《じとうしき》に任ずる後年の頼朝文書は、寿永二年二月に朝政が義広と戦ったことを明記している。

なお、逃亡した義広は源義仲*を頼り、その存在が頼朝と義仲の関係を悪化させる一因になった。（松島周一）

屋島《やしま》・壇《だん》ノ浦《うら》の戦い　文治《ぶんじ》元年（一一八五）、源義経《よしつね》*の軍が瀬戸内海の平氏勢力を急襲、覆滅した一連の戦闘。源範頼《のりより》・義経が率いる鎌倉幕府軍は元暦《げんりゃく》元年（一一八四）初頭に畿内を勢力下に入れ、西海の平氏追討の準備を進めた。しかし義経は源頼朝*の不興を蒙って軍の指揮を解かれ、九月から範頼の統率下に山陽道《さんようどう》を西進した幕府軍は苦戦を続けた。そのためか、義経は再び幕府の兵を率い、文治元年二月、平氏の拠点であった屋島（香川県高松市）を急襲、逃れた平氏勢力を三月に壇ノ浦（山口県下関市）の海戦で滅亡させた。この戦功に誇った義経は麾下の東国武士の反発を買い、頼朝の怒りを招いて没落への途をたどることになる。（松島周一）

奥州合戦《おうしゅうがっせん》　鎌倉幕府*が文治《ぶんじ》五年（一一八九）に奥州藤原氏《おうしゅうふじわらし》を攻め滅ぼした戦い。藤原秀衡《ひでひら》率いる奥州は、治承・寿永の内乱*のなかで鎌倉の源頼朝*を背後から牽制し、また頼朝に追われた弟義経*をかくまうなど、自立した広域勢力として活動する。秀衡没後、後継の泰衡《やすひら》が義経を討ったにもかかわらず、頼朝の大軍は文治五年七月に奥州へ進発。八月に平泉を占領し、九月には泰衡も殺害された。このとき、全国規模でなされた幕府軍の動員は、内乱時に進行した頼朝のもとへの武士層の統合を改めて確認・再編する契機として活用されたといわれる。また、乱後の奥州は東国武士団による征服と、それに伴う地頭《じとう》*設置、国衙《こくが》掌握などの幕府の支配制度の典型となったともいう。（松島周一）

水軍《すいぐん》　九―十世紀の瀬戸内海などでの海賊の活動や藤原純友《ふじわらのすみとも》の乱、それに対する国衙《こくが》の戦力の整備を通して、西国では国衙軍制のなかで発生・成長しつつあった武士のなかに、固有の水上戦力が登場した。それらが、治承・寿永の内乱*の段階では、「船いくさ」を専門的・組織的に行いうる存在になっており、瀬戸内海に展開した平氏の軍事力はそうした水軍を多く含んでいた。一方、当初は平氏の水軍に苦戦した幕府軍も、やがて紀州《きしゅう》の熊野灘《くまのなだ》に古代から勢力をもっていた熊野水軍を翼下に組み入れ、また瀬戸内の海上勢力の一部をも味方として戦力を充実させた。壇ノ浦の合戦*はこうして組織された源平両水軍の総力をあげた衝突であった。（松島周一）

〔鎌倉幕府とその機構〕

鎌倉幕府《かまくらばくふ》　一一八〇年代から元弘《げんこう》三年（一三三三）まで続いた武家政権。治承四年（一一八〇）に挙兵した源頼朝*の率いる東国武士団の軍事力が、治承・寿永の内乱*を通して日本全土を制圧し支配の基盤を形成、貴族政権と共存する新たな国家統治の形態をつくり出したものである。その性格については、東国を拠点として一定度の自立をとげた武家政権としての側面を重視する立場と、公家《くげ》・武家《ぶけ》を合わせた総体としての国家機構のなかに、軍事担当の権門《けんもん》としての位置を占めるとする見方との両極の間に諸々の見解が存する。いずれにしても幕府の成立が、ただちに武家による国家全体の支配の確立につながるのではない。まずは王権《おうけん》を保持する治天《ちてん》（院など天皇家の家長）のもとでなお強力な貴族政権と、幕府とが併存する公武の二元的支配の時代が開始される。以後、承久《じょうきゅう》の乱*や蒙古襲来《もうこしゅうらい》*への対応などを経てしだいに幕府側の優位が明確になり、それに反発した建武政権《けんむせいけん》*の一時的な公家中心への志向を経て、室町幕府《むろまちばくふ》*による武家側の一元的支配の確立へと至る。

幕府の根本原理は将軍《しょうぐん》（鎌倉殿《かまくらどの》）とその家人《けにん》として組織された武士たち（御家人《ごけにん》*）との主従関係である。東国を中心に、しだいに全国的な統治を展開する政権としての組織整備の必要性と、この原理とが組み合わされて生まれたのが守護《しゅご》*・地頭《じとう》*制であった。鎌倉将軍家から各地の本領・新給地への地頭補任《ぶにん》という形で保護を受けた御家人が、軍役などの負担で幕府の軍事力を構成し、諸国守護《しょこくしゅご》という幕府による統治権の行使を基底で支えるのである。その頂点にある将軍の地位は貴種《きしゅ》としての尊貴さが求められ、まず武家《ぶけ》の棟梁《とうりょう》たる源家の頼朝とその子が立つが、その断絶後は摂関家、さらには皇族出身の将軍が相ついで擁立されることとなった。もっとも、将軍の権力そのものはしだいに弱体化し、執権《しっけん》の北条氏《ほうじょうし》が有力武士と合議しつつ幕府の政治を主導するようになる。そして実権を掌握した北条氏内部でも、嫡系の得宗《とくそう》*家に権勢が集まり、やがてその専制に対する反発が幕府の滅亡と一時的な建武政権の成立に結果するのである。一般に、幕府政治史は以上の経過を将軍独裁《しょうぐんどくさい》・執《しっ》権政治《けんせいじ》（合議制）・得宗専制《とくそうせんせい》の三段階に区分している。〈佐藤進一『日本の中世国家』岩波書店、一九八三。上横手雅敬『日本中世国家史論考』塙書房、一九九四〉

（松島周一）

征夷大将軍《せいいたいしょうぐん》　古代にあっては朝廷が東北を征討するために派遣した軍事指揮官をいう。久しく任命されなかったが、元《げん》暦《りゃく》元年（一一八四）一月、没落直前の源義仲*がこの職に就く。ついで頼朝*もこの職を望んだが、後白河法皇*が承認せず、建《けん》久《きゅう》三年（一一九二）の法皇の崩後にようやく宿望を達した。外征での最高指揮官という官職を得ることで、頼朝は東国の軍事集団を自律的かつ恒常的に指揮する地位に就き、内乱が生み出した幕府という軍事政権を平時に復したのちも維持し続けるための正統性を求めたと考えられる。ただ、頼朝自身はのちにこの官職を辞したようである。当時は諸国守護権を公認されて幕府という軍事権門《けんもん》を率いる形が固定してくれば、官職の保持に拘泥しないですんだのである。とはいえ、これが幕府の頂点に立つ鎌倉殿《かまくらどの》の官職に相応しいものとしてしだいに定着したことも確かで、三代実朝《さねとも》*は鎌倉殿となった当初からこの官職に就いた。以後、武家政権たる幕府の頂点に立つ者はこの官職に任ぜられる慣例が、足利《あしかが》・徳川《とくがわ》幕府を通して続く。（松島周一）

侍所《さむらいどころ》　鎌倉時代、平時・戦時の御家人の統制や処断を司った幕府の機関。治承四年（一一八〇）末、和田義盛《わだよしもり》*が別当《べっとう》（長官）に補せられたのがはじめである。政治機構として、まず侍所が成立したことは、武士を組織した軍事集団としての幕府の性格をよく示していよう。建保《けんぽう》元年（一二一三）に和田氏が滅ぶと、北条氏が別当職を掌握。その管掌事項は、御家人の奉行《ぶぎょう》や供奉所役《ぐぶしょやく》などの催促、御所内の雑事《ぞうじ》の沙汰《さた》、鎌倉の保安警察などであった。こうした御家人の統轄は、各国の守護《しゅご》*を通してなされたようである。また鎌倉後期には訴訟機関化し、刑事訴訟を司ったとされる。室町時代には、しだいに山城国や京都の警察権を司る機関となった。（松島周一）

公文所《くもんじょ》（政所《まんどころ》）　鎌倉幕府*の政務・訴訟機関。当初、御家人の所領安堵などをその下文《くだしぶみ》で司るなど、幕府内の重要機関であったが、執権政治《しっけんせいじ》の進展でしだいにその位置づけも後退したと思われる。もともとは律令国家《りつりょうこっか》のもとでの寺院や貴族らの家政《かせい》の機関であり、特に親王《しんのう》や三位《さんみ》以上の貴族家では政所といった。源頼朝*もこれに倣い、元暦《げんりゃく》元年（一一八四）に公文所を置き、京の官人であった大江広元《おおえのひろもと》*を別当とした。政所となるのは、頼朝が正四位下から従二位に昇った文治元年（一一八五）以降のことであろう。幕府の中枢に鎌倉殿頼朝の家政機関が存した事実には、頼朝が私的な従者である御家人を率いて国家機構の軍事警察部門を担当した初期幕府の性格の一面が反映されていよう。（松島周一）

問注所《もんちゅうじょ》　鎌倉幕府*の訴訟機関。元暦元年（一一八四）十月、朝廷の実務官僚であった三善康信《みよしやすのぶ》*（法名善信）を長（執事《しつじ》という）として設置された。内乱の進行するなか、軍事征服に伴う所領の安堵や新給などは新旧権利主体の錯綜した相論《そうろん》を引き起こしたと思われ、それに対処するための機関設置であった。当初は訴訟当事者の口頭弁論の執行と記録を司るだけであったが、しだいに判決草案の作成に携わるようになり、御家人*の訴訟を管掌した。のち建長《けんちょう》元年（一二四九）に引付《ひきつけ》*が設置されると、御家人訴訟の機能もそちらへ移行したといわれ、問注所は東国の利銭《りせん》・出挙《すいこ》*などの雑務沙汰《ざつむさた》を管轄することとなった。（松島周一）

和田義盛《わだよしもり》（一一四七―一二一三）　鎌倉時代初期の武将。相模国の豪族三浦氏《みうらし》の一族。治承四年（一一八〇）、源頼朝*の挙兵直後に陣営に加わり、侍所*別当となるなど創業の功臣として初期の幕府内部で重きをなす。しかし、三代将軍実朝《さねとも》*が北条氏を重用することに不満を抱いたためか、実朝政権の打倒を計画し、建保《けんぽう》元年（一二一三）五月に鎌倉でクーデターを起こす。しかし幕府側は実朝の指揮のもとに北条氏や足利《あしかが》氏、さらに鎌倉周辺の武士たちも動員してこれを鎮圧、義盛自身も戦場に斃れた。これを和田合戦《わだかっせん》という。反対派を排除した実朝は、承《じょう》久《きゅう》元年（一二一九）に暗殺されるまで、積極的に幕府運営の主導権をとることになる。（松島周一）

大江広元《おおえのひろもと》（一一四八？―一二二五）　鎌倉幕府初期の重臣。父は大江維光《これみつ》か藤原光能《みつよし》。朝廷で外記《げき》を務めたが、源頼朝*に招かれて関東へ下る。元暦元年（一一八四）には公文所*、のちの政所の別当《べっとう》（長官）となった。当初、新興の幕府を実務的に支える吏僚として東下したと思われるが、政治的・軍事的な幕府の重要方針の決定にもしだいに随所で関与していき、幕府の中枢で重きをなす存在となった。なお、「文治守護地頭《ぶんじしゅごじとう》」設置（一一八五）は彼の発案とされるが、おそらく伝説である。頼朝没後も、北条氏とともに幕府を支える有力者であった。承《じょう》久《きゅう》の乱*（一二二一）に際しては幕府軍の即時西上を主張し、幕府を勝利に導いている。（松島周一）

三善康信《みよしやすのぶ》（一一四〇―一二二一）　鎌倉幕府*の初代問注所*執《しつ》事《じ》。法名善信《ぜんしん》。朝廷の実務官人であったが、母が源頼朝*の乳母の妹であった縁から、かねてより京の様子を、伊豆に流罪中の頼朝に伝えていた。治承四年（一一八〇）、以仁王*の挙兵と平氏による諸国源氏追討の報は、頼朝の挙兵にも影響を与えたといわれる。のち元暦元年（一一八四）に頼朝*に招かれて鎌倉へ下り、まもなく問注所の執事に任ぜられた。執事の職掌は訴訟の進行役として頼朝を補佐することであったが、かれはそれにとどまらず広く幕府の政務に関与していった。大江広元とならぶ有力な京下りの官人であり、承久《じょうきゅう》の乱*に際して幕府軍の西上を主張した点でも広元と同じであった。（松島周一）

御家人《ごけにん》　将軍（鎌倉殿《かまくらどの》）と主従関係を結び、地頭《じとう》*への補任《ぶにん》という形で本領の安堵《あんど》や新恩《しんおん》の給付《きゅうふ》を受けた武士が、それに対して軍役などを負担して報いる。そうした幕府に組織された武士を、将軍の家人《けにん》としてこう呼ぶ。『沙汰未練書《さたみれんしょ》』には「御家人とは、往昔《おうじゃく》以来、開発領主《かいほつりょうしゅ》として、武家御下文《おんくだしぶみ》を賜る人のことなり」とある。在地に所領を有する武士が将軍に従い、その下文によって所領の安堵や新給付を受けることが御家人制の基本だったのである。治承・寿永の内乱*のなかで、まず頼朝*と東国武士団の間にこうした関係がつくられ、さらにその勢力圏の膨張とともに、征服された各地の武士たちが幕府の支配下に組み込まれて、御家人に編成されていった。したがって、東国と、当初は貴族政権の影響力が強く非御家人が多かった西国とでは、その編成規模や幕府の支配力にも差があった。また同じ御家人とはいえ、統率する勢力の規模は大小様々であった。それでも、そうした各地の多様な武士たちを御家人という将軍につながる立場のなかに一律に組織することが、「諸国守護《しょこくしゅご》」という軍事・検断を通した統治権の行使を幕府が展開するための基盤として必要だったのである。　（松島周一）

大番役《おおばんやく》　鎌倉時代の御家人役《ごけにんやく》の一つ。京都の内裏《だいり》などの警衛にあたること。平安末期すでに諸国の武士が勤めていたこの役を鎌倉幕府*が受け継ぎ、御家人が各国ごとに守護《しゅご》*の召集・指揮のもとに京に上って勤務する体制をつくった。もともと守護は謀反人《むほんにん》の討伐や殺害人の追捕など各国で軍事警察権を行使し、「諸国守護」という幕府の国家統治に占める職権を具体化する存在であり、そのために管国内の御家人*を動員する。そうした守護の御家人召集指揮権が平時に現れるのが大番役の催促で、御家人からすれば、これは平時における最大の軍役であった。一回の期間は三カ月から六カ月であったが、その負担は重かったようである。　（松島周一）

守護《しゅご》・地頭《じとう》　鎌倉幕府*の支配体制を支えた制度的基盤。一般的には制度として完成した形、すなわち諸国に守護が置かれ、国内の荘園《しょうえん》や公領《こうりょう》に荘郷《しょうごう》地頭が補任《ぶにん》され（この補任が鎌倉殿（将軍）から御家人への本領安堵や新恩給与の御恩《ごおん》となる）、そして守護が各管国内の地頭（御家人*）を召集・指揮し、国内の治安維持や大番役*などの軍役奉公にあたる（いわゆる「大犯《たいぼん》三箇条」）という図式がよく知られている。

ただ、鎌倉初期の、制度成立までの過程については現在も不明な点が多い。国単位（あるいはより広域）の幕府の支配形態としては、文治元年（一一八五）末のいわゆる「文治守護地頭《ぶんじしゅごじとう》」の設置がある。おそらく治承・寿永の内乱*を通して武家側が展開した地域支配のための軍事・行政の諸権限をまとめる形で「国地頭《くにじとう》・総追捕使《そうついぶし》」の設置がなされた（畿内・西国に。東国ではそれまでに事実上の幕府支配が展開していた）と思われるが、貴族政権の反発を受けて、翌年以降、幕府の権限はより軍事的な面にしぼられる。それがのちの守護につながるものとなっていったの

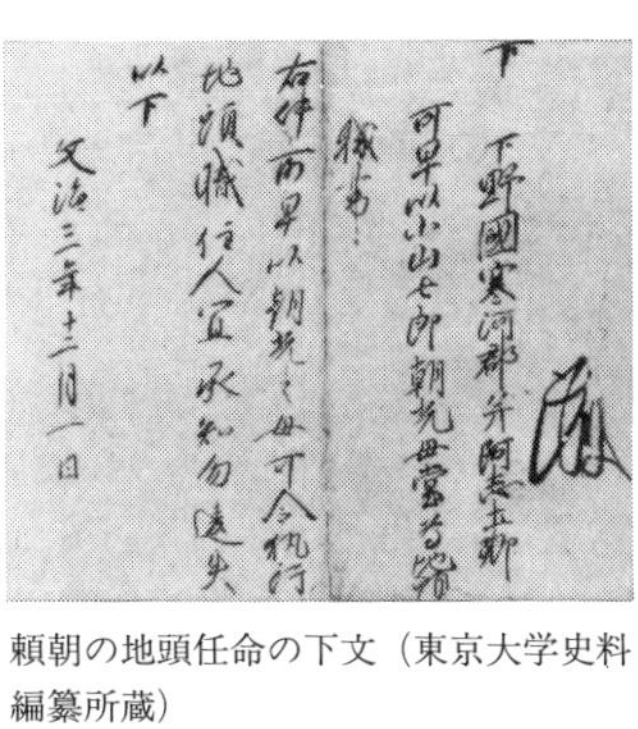

頼朝の地頭任命の下文（東京大学史料編纂所蔵）

である。

荘郷地頭は、むしろ「平家没官領《へいけもっかんりょう》・謀反人跡所領《むほんにんあとしょりょう》」への幕府の地頭補任という系譜から検討されることが多い。内乱のなか、東国武士団が各地に展開して敵対者の所領への軍事的征服を進めていったことが直接の前提となり、それがのちに幕府と貴族政権の交渉を経て、平家没官領・謀反人跡所領への幕府側による地頭設置の公認という形で定着していったと考えられる。その公武の交渉に関しては、元暦元年（一一八四）の頼朝*と後白河法皇*の交渉、そこでの平家没官領の認定と頼朝への給付などが重視されている。

ともあれ、成立期の幕府と鎌倉殿は、地頭職への補任を通して、麾下に組織した御家人との間に御恩と奉公の主従関係を形成する手段を得た。それによって調達する軍役をもって、幕府の派遣する軍事指揮官が各地域で「諸国守護」の任にあたる、いわば主従制と統治権の行使を一体化させた体制が構築され、一般に知られる守護・地頭制へとつながっていったことは確かである。〈関幸彦『研究史地頭』吉川弘文館、一九八三。川合康「鎌倉幕府荘郷地頭制の成立とその歴史的性格」『日本史研究』二八六』一九八六〉　（松島周一）

鎮西奉行《ちんぜいぶぎょう》　鎌倉幕府*が鎮西御家人の統率のために設けた職。文治元年（一一八五）末、源義経《よしつね》*の挙兵と没落に際して、幕府はその鎮西への逃亡阻止、与同者の捜索などのために天野遠景《あまのとおかげ》を鎮西九国の奉行人《ぶぎょうにん》として派遣したと考えられている。遠景はそうした軍事的指揮権と、律令制下の鎮西行政機関である大《だ》宰府《ざいふ》*の最高責任者としての立場をあわせ、九州全域に支配を浸透させた。幕府はその成立当初、九州で東国に準ずる支配権の行使を図ったという。遠景の任命もその諸措置のなかに位置づけることができる。なお、遠景は建久《けんきゅう》三年（一一九二）から同六年の間に解任された。以後の鎮西奉行の存否と継承者については諸説が分かれている。　（松島周一）

曾我兄弟《そがきょうだい》　曾我十郎祐成《すけなり》と五郎時致《ときむね》の兄弟。河津祐泰《かわづすけやす》の子。伊豆の武士であった祐泰は、安元《あんげん》二年（一一七六）に一族の工《く》藤祐経《どうすけつね》に暗殺された。そののち成長した兄弟は、父の仇を討つために、建久《けんきゅう》四年（一一九三）五月、源頼朝*に仕えて富士《ふじ》野の巻狩《まきがり》に参加していた祐経を、宿所に襲って討ち取った。そのあと、十郎祐成は警衛の武士に討たれ、五郎時致は頼朝の宿所に迫って捕えられたのち、斬られた。十郎、時に二十二歳、五郎は二十歳であった。この仇討ちには、背後に北条時政《ほうじょうときまさ》の策謀を指摘する見方があり、幕府内部の権力抗争とかかわる事件であったともいわれる。この事件を語った『曾我物語《そがものがたり》』は中世以降、広く流布した。　（松島周一）

鶴岡八幡宮寺《つるがおかはちまんぐうじ》　相模国鎌倉にある八幡社。源頼義《よりよし》が康平《こうへい》六年（一〇六三）に石清水八幡宮《いわしみずはちまんぐう》を勧請《かんじょう》したことに始まる。八幡神は河内源氏《かわちげんじ》が氏神とする武神としての性格も有しており、坂東で勢力を固めつつあった頼義がそのイデオロギー的な拠りどころにしようとしたものである。治承四年（一一八〇）に挙兵して鎌倉へ入った源頼朝*も、この八幡宮を現在の若宮《わかみや》・本宮《もとみや》の地に遷座して造営し、そこから由比ケ浜《ゆいがはま》に向かってのびる若《わか》宮大路《みやおおじ》を中心として都市鎌倉の建設を進めた。源氏将軍の滅亡後も幕府から、その支配領域である東国の鎮護国家《ちんごこっか》を祈る中心的存在としての崇敬を受け続け、室町時代にも幕府や鎌倉府のもとで有力な権門寺社であり、また東国の宗教的中心でもある位置を占め続けた。中世の鎌倉と関東を代表する宮寺であった。神仏習合《しんぶつしゅうごう》のもと、中心となって祭祀や経営を行っていたのは供僧《くそう》たちであり、その数は最高で二十五人。宮寺の最高責任者である別当《べっとう》にも僧侶が就き、供僧たちの合議と合わせて運営がなされた。

（松島周一）

鶴岡八幡宮寺

〔公家政権と幕府〕

九条《くじょう》兼実《かねざね》　（一一四九―一二〇七）　平安末・鎌倉初期の公家。父は摂政・関白藤原忠通《ただみち》。兄基実《もとざね》・基房《もとふさ》もともに摂政・関白に昇った摂関家の嫡流に生まれる。長寛《ちょうかん》二年（一一六四）に内大臣、永万《えいまん》二年（一一六六）に右大臣に昇り、若くして朝廷の上層に座を占めた。以後、摂関家の一員として朝儀《ちょうぎ》や故実《こじつ》への造詣を深め、他の貴族たちへは辛辣な視線を送り続ける。当時の貴族政権の中心であった後白河法皇*に対しても時に批判的な姿勢をくずさず、非主流的な立場を保った。鎌倉幕府*の成立後、後白河法皇に対抗しつつ朝廷に影響力を広げようとした源頼朝*は、そうした兼実の存在を貴重なものとして提携の手を伸ばし、文治元年（一一八五）末に内覧《ないらん》に推挙する。兼実はさらに翌年には摂政、建久二年（一一九一）には関白となった。兼実はさらに翌年には摂政、建久二年（一一九一）には関白となった。

建久三年に後白河法皇が亡くなると、頼朝とともに院政の勢力削減を行おうとした。しかし、頼朝が長女大姫《おおひめ》の入内《じゅだい》を求めて旧院政勢力と結ぶに及び、建久七年に失脚した。日記『玉葉《ぎょくよう》』は平安末・鎌倉初期の重要史料である。

（松島周一）

土御門《つちみかど》通親《みちちか》　（一一四九―一二〇二）　平安末・鎌倉初期の公家。父は内大臣　源　雅通《みなもとのまさみち》。高倉天皇のもとで蔵人頭《くろうどのとう》を務め、平氏にも接近してその意向に沿う主張を廟堂で行い、藤原摂関家の怒りを招くこともあった。平氏の西走後は後白河法皇*の近臣となり、さらに新帝後鳥羽*の乳母であった高倉範子《たかくらはんし》を妻とした。なお、範子の女《むすめ》在子《ざいし》は通親の養女として、のちに後鳥羽の後宮に入り、後年の土御門天皇《つちみかどてんのう》となる皇子を出産して、通親の権勢を大いに強めた。後白河院の崩後、鎌倉幕府*と九条兼実*が結んで旧院政勢力の抑圧にかかったが、通親は故院の寵妃であった高階栄子《たかしなのえいし》らと提携して巻返しを図り、長女大姫の入内を求める頼朝*を取り込んで兼実を孤立させたうえで、建久七年（一一九六）に兼実を関白の座から追った。同九年、後鳥羽が譲位して院政*を開き通親も別当となった。後継の天皇は通親の外孫土御門である。官職は内大臣にとどまったが、貴族政権の実権を握るその権勢ゆえに、世人に「源博陸《みなもとのはくりく》」とも呼ばれた通親は、しかし建仁《けんにん》二年に急死した。

（松島周一）

源《みなもとの》頼家《よりいえ》　（一一八二―一二〇四）　鎌倉幕府*の二代将軍。源頼朝*と北条政子*の間に生まれる。正治《しょうじ》元年（一一九九）、頼朝の急逝を受けて鎌倉殿となった際に、頼朝の「家人郎従等《けにんろうじゅうら》」を引き継ぎ、彼らに「諸国守護」を行わせよ、と宣下されている。鎌倉幕府の位置づけを端的に示した表現である。頼朝の鎌倉殿《かまくらどの》独裁《どくさい》の体制を踏襲しようとして有力御家人らの反発を招き、その合議体制による掣肘を受けることになった。そうした幕府内の権力闘争のなかで、梶原景時《かじわらかげとき》・比企能員《ひきのりかず》ら頼家の支持者は相ついで排除された。やがて頼家自身も建仁《けんにん》三年（一二〇三）に将軍の座を追われて伊豆に幽閉され、翌元久《げんきゅう》元年刺客によって暗殺された。（松島周一）

源　実朝《みなもとのさねとも》（一一九二―一二一九）　鎌倉幕府*の三代将軍。源頼朝*と北条政子*の二男。建仁《けんにん》三年（一二〇三）の兄頼家*の失脚後、北条氏をはじめ反頼家の有力御家人らに擁立されて将軍となる。頼家の代には将軍独裁の体制が揺らいだが、実朝は源氏将軍としては切り札的な存在であるだけに、成長するにつれ、北条義時《よしとき》*らを主要なパートナーとして幕府内の主導権を執っていくことができた。その体制に反発した有力御家人の和田義盛*は建保《けんぽう》元年（一二一三）にクーデターを起こすが敗死し、実朝の政権はほぼ安定した。また、その晩年に右大臣まで達した急速な官位の昇進は有名である。源氏将軍が幕府の首長の地位を占めたのはその貴種《きしゅ》性のゆえであったが、実朝は高い官職に昇ることで自身の貴種性や、自らが接点となる幕府と貴族政権との繋がりをより深め、それを梃子《てこ》に幕府内への統率を強める路線をとったといえよう。しかし、それが可能なまでに指導力を強めていた彼の突然の暗殺によって、その政治路線は断絶した。将軍としての彼の軌跡は、貴族政権との関係が重視される当時の幕府の政治構造をよく示すものであった。（松島周一）

承久《じょうきゅう》の乱《らん》　承久三年（一二二一）に起こった内乱。後鳥羽上皇*と鎌倉幕府*が争い、軍事力に優る幕府が勝利を収めた。鎌倉時代初期、幕府は東国に基盤を有する武家政権であるとともに、国家機構のなかの軍事警察部門を、鎌倉殿《かまくらどの》（将軍）が御家人《ごけにん》*を率いて担当する権門《けんもん》としての側面も有していた。全体の王権を保持する治天《ちてん》の座には、天皇家の主がつく。そうした治天として、建久九年（一一九八）に院政*を開き、貴族社会での強力な支配を進めつつあった後鳥羽上皇は、東国に一定度の自立性を有する幕府にも自らの意思に従う一権門たることを求めた。建仁《けんにん》三年（一二〇三）に将軍となり、成長とともに統率力を強めていた実朝*は、上皇からの要求に対して、地頭職《じとうしき》の停廃など幕府の御家人保護の根幹にかかわる部分では拒否することもあったが、幕府内の異論を抑えても譲れるところは譲る姿勢をとっていた。しかし、承久元年（一二一九）、貴種の源氏将軍として幕府を強力に主導していた実朝が暗殺されると、以後の幕府首脳部は実朝のような支配の正統性をもたなかったため、強硬な御家人保護に自らの正統性確保を求めざるをえず、上皇からの圧力に抵抗して摩擦を強めていった。

当時、後鳥羽上皇は膨大な荘園群と、西国中心に武士を組織した軍事力とを擁しており、その経済的・軍事的実力への自信もあったと思われる。承久三年、鎌倉幕府の執権《しっけん》*である北条義《よし》時《とき》*の追討命令を発したのは、治天として、その意思に背く幕府は実力で排除するしかないとの誘惑に駆られたためといえよう。これに対して追い詰められた幕府側は、貴族政権から自立して御家人保護のために独自の政治的・社会的利益を追求する集団という自らの位置づけを鮮明にして武士たちを結集させ、総力をあげた攻勢に出る。上皇は皮肉にも、そうした幕府の独自性重視への傾斜を外部から強制したということができる。このことが、武家政権形成の過程でもった意義は大きい。乱に勝利した幕府は、上皇を隠岐《おき》に流し、京都には六波羅探題*を設置、上皇側に与した公家や武士らの所領（西国に多い）に新補《しんぽ》地頭《じとう》を送りこんだ。かくて幕府の支配力は西へと大きく浸透したのである。〈上横手雅敬『日本中世政治史研究』塙書房、一九七〇。田中稔『鎌倉幕府御家人制度の研究』吉川弘文館、一九九一〉

（松島周一）

藤原頼経《ふじわらのよりつね》（一二一八―五六）　鎌倉幕府*の四代将軍。父は摂政・関白九条道家《くじょうみちいえ》。幼名は三寅《みとら》。承久《じょうきゅう》元年（一二一九）、源実朝《さねとも》*が暗殺されたあと、貴種《きしゅ》の将軍を求める幕府は皇子の東下を請うて後鳥羽《ごとば》上皇*に拒絶され、摂関家のうち源頼朝*と関係が深かった九条家の子供を迎えることとなり、二歳の三寅が選ばれたのである。北条政子*らの後見をうけ、嘉禄《かろく》元年（一二二五）に元服、翌年には征夷大将軍となった。成長後はしだいに将軍としての独自の勢力を形成して執権*北条氏と対立を深め、寛元《かんげん》二年（一二四四）に将軍職を子の頼嗣《よりつぐ》に譲り、同四年、京都に送還された。北条得宗《とくそう》*の権力は、こうして摂家《せっけ》・宮将軍《みやしょうぐん》の勢力を排除しつつ確立されていった。

（松島周一）

後鳥羽上皇《ごとばじょうこう》（一一八〇―一二三九）　高倉天皇の第四皇子。母は七条院《しちじょういん》殖子《しょくし》。寿永二年（一一八三）、兄の安徳天皇《あんとくてんのう》を擁した平氏が西国に逃れると、皇位継承の候補者のなかから、後白河法皇*が愛妾の夢占で強引に後鳥羽を践祚《せんそ》させた。平氏がもち去った神器を欠いての異例の践祚であった。在位は建久《けんきゅう》九年（一一九八）まで。その間、後白河法皇・九条兼実*・土御門通親*らが相ついで貴族政権の実権を握ったが、譲位後は院政*を始めた後鳥羽上皇が主導権を執った。さらに上皇は、実朝*のもとに安定を見せはじめた幕府にも融和的な姿勢をとって公武の協調をめざし、実朝もしばしば幕府内の異論を抑えて上皇の意に従おうとした。しかし、このように王権を保持する治天《ちてん》として の後鳥羽上皇が、幕府をも含めたすべての勢力を統率下に置く体制は、承久元年（一二一九）の実朝の横死によって破綻する。実朝を失った幕府首脳部は、強硬な御家人保護*を主張して上皇との摩擦を強めた。そのため、承久三年、上皇は幕府執権《しっけん》*北条義時《よしとき》*の追討を命じるが、西上する幕府軍に敗れて隠岐《おき》に流され、その島で生涯を終えた。

（松島周一）

六波羅探題《ろくはらたんだい》　鎌倉幕府*が京都に置いた出先機関とその長。承久の乱（一二二一）で幕府軍を率いて西上した北条泰時《やすとき》*と時房《ときふさ》が、六波羅の館に入って戦後処理の政務などにあたったのが起こりである。以後、基本的に二名（北方と南方）の探題が北条氏のなかから選ばれて派遣され、幕府の滅亡時まで続く。その任務は、幕府への脅威となるような貴族政権側の動向を監視することで、幕府と朝廷の交渉にもかかわった。また京都周辺の軍事検察機能とそのための在京御家人の統率、西国での裁判権行使などの権限がしだいに拡大して与えられ、その立場を強化していった。尾張《おわり》・飛驒《ひだ》・加賀《かが》以西を管轄したが、鎮西探題《ちんぜいたんだい》ができると九州はそちらに属した。

（松島周一）

(二)　執権政治から得宗専制へ

執権政治　執権*の地位は、北条氏家督（義時*の号にちなんで得宗*という）とともに泰時*・経時・時頼*と引き継がれていく。執権北条泰時による幕府権力の行使（執権政治）は、補佐役の連署*を北条氏一門から選定し、有力御家人*や法曹官僚からなる評定衆*の合議制を踏まえて行われた。元仁元年（一二二四）に義時が執権に就任してまもない寛喜二年（一二三〇）六—八月に、日本列島を襲った寒冷異常気象と大風雨は、三年にわたる大凶作・飢饉をもたらした（寛喜の飢饉）。幕府は、飢民対策に没頭し、様々な諸政策を打ち出したが、寒冷気候の恒常化のなかで、その後も断続的に飢饉が発生した（一二五九年、正嘉の飢饉など）。飢饉状況によって頻発する相論（とりわけ人身の帰属をめぐるもの）に対応するため法の整備が要請されたこともあって、幕府は成立以来の法や現実の事態に対応した諸法令を集成して御成敗式目*（貞永式目）としてまとめた。これが中世を通じて武家法の基本となった。泰時の孫時頼は、宝治元年（一二四七）に幕府創立以来の有力御家人の三浦氏を滅ぼし（宝治合戦）、北条氏の権力をいっそう強化させた。建長元年（一二四九）に訴訟実務を担当する引付衆*を置き裁判の迅速化を図った。また、建長四年には摂家将軍に代わって後嵯峨天皇の皇子宗尊親王を迎えて将軍とした（親王（宮）将軍）。

蒙古襲来と得宗専制　日本は、文永十一年（一二七四）（文永の役）と弘安四年（一二八一）（弘安の役）の二度にわたり北九州へのモンゴル（蒙古）の侵攻にあった。この民族的危機のなかで幕府（執権北条時宗*）は西国の守護*の多くを北条氏一門に代え、また御家人に北九州の防備を命じた。文永の役においては、モンゴル・高麗連合軍は博多湾に上陸したが、日本軍の激しい抵抗にあい、夜に入りいったん船に引き上げたところ、大風雨に見舞われ船団に損害が発生して引き上げた。モンゴルは朝鮮半島南部での三《さん》別抄《べつしょう》（高麗王の直属兵）の反乱*にあい、両軍の矛盾や準備不足が原因で撤退したと考えられる。弘安の役では、モンゴル・高麗・南宋の三軍が、本格的に侵攻したが、本土に上陸することなく大台風の襲来にあい、多くの船が肥前国鷹島沖に沈没し、残る船は遁走した。

二度のモンゴル襲来を、自然条件の幸いにも支えられ挫折させたことによって、日本は神の加護する国という「神国思想」が、モンゴル撃退の祈禱を行った寺社の恩賞請求の宣伝活動とあいまって急速に広まった。その結果、よろず神頼みの国民性が形成された。寺社への恩賞は、寺社興行の徳政令*という形で行われ、人手に渡った寺社所領の返還が広範に行われ、西国を中心に所領支配の再編が進行した。この政策を推進した安達泰盛*は、弘安八年（一二八五）の霜月の乱で、執権北

文永の役（「蒙古襲来絵巻」宮内庁蔵）

条貞時の家臣（内管領*）平頼綱に滅ぼされたが、この政策はその後も継続された。やがて、永仁元年（一二九三）に平頼綱は、鎌倉を襲った永仁の大地震の混乱のなかで貞時に誅殺された、ここに、内管領に補佐されて得宗を兼帯する執権が政務を執行する専制体制が確立した（得宗専制）。

鎌倉幕府の滅亡　寺社への徳政興行によって所領を喪失し抵抗する在地勢力は、しばしば悪党*と称されて荘園領主や幕府の弾圧を受けた。朝廷では、持明院統と大覚寺統の対立があり、仲裁に入った幕府は両統迭立*の原則を定めたが、後者の後醍醐天皇*はこの方針に従わず幕府と対立した。やがて悪党勢力の楠木氏や公家・寺社勢力、そして新田氏や足利氏といった有力御家人を味方につけ、反幕勢力を組織化した後醍醐天皇方が元弘の乱*で得宗で前執権の北条高時*を滅ぼした。

（峰岸純夫）

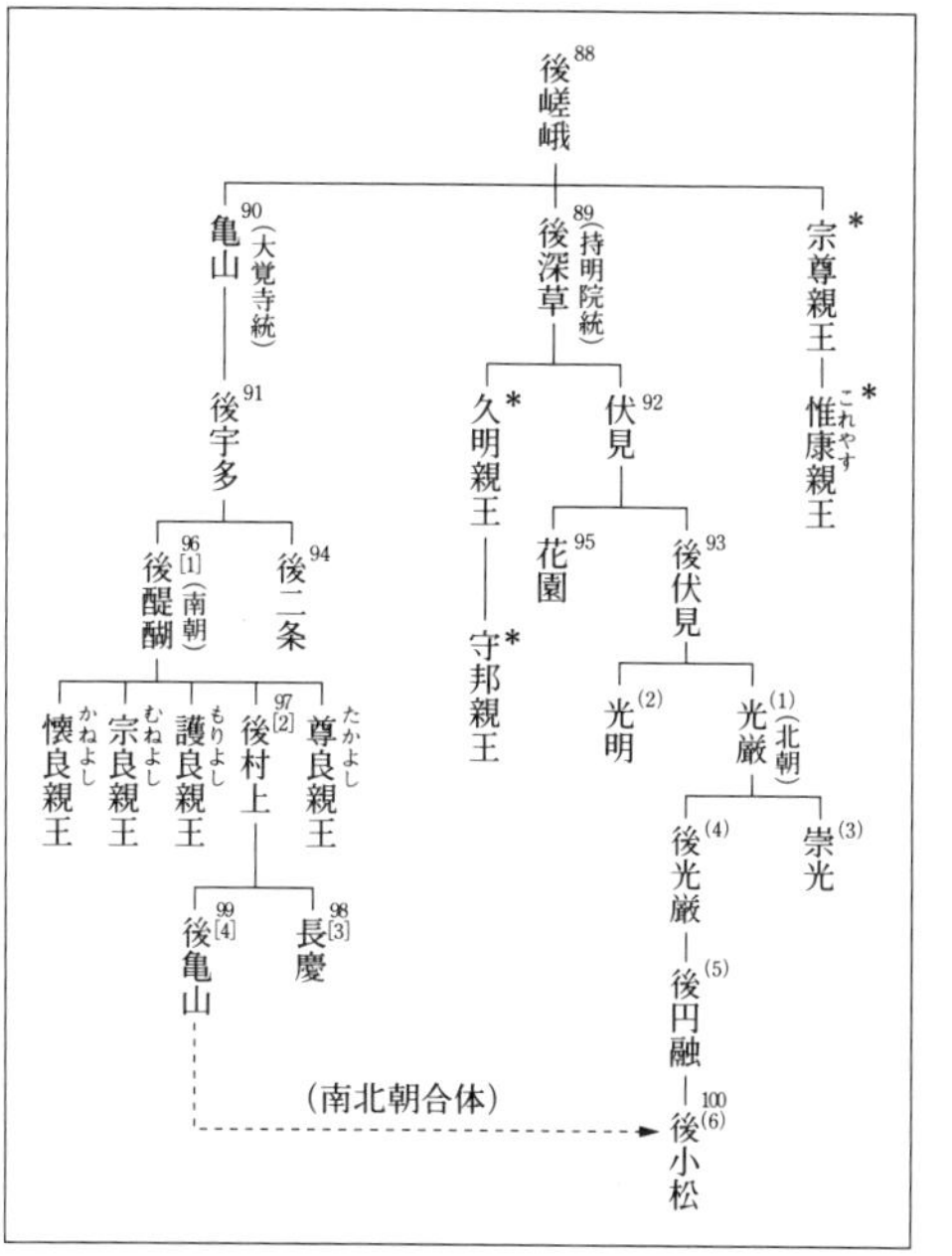

両統迭立図
（数字は即位順，（　）数字は北朝即位順，
［　］数字は南朝即位順，＊は鎌倉将軍）

〔執権政治の展開〕

執権《しっけん》と連署《れんしょ》　北条氏《ほうじょうし》が鎌倉幕府*の実権を握った職名。まず執権であるが、これが当初、どのような位置づけと内容の役職として出発したのかは必ずしも判然としない。一般的には政所《まんどころ》*別当《べっとう》との関連が説かれている。その場合、大江広元*も執権の一員に数えるかどうかが問題であるが、幕府政治のなかで実権を握ったという観点からは源実朝*を擁立した北条時政《ときまさ》*が初代の執権とされることが多い。

源頼朝*の没後、鎌倉殿独裁の体制を踏襲しようとした頼家*に対して有力御家人が反発、時政を含む十三人の合議制が頼家を掣肘することとなった。頼家に代わって実朝が将軍になると、その政所（ただし、まだ正規のものではない）の別当に時政が座り、『吾妻鏡《あづまかがみ》*』は、これを執権と呼ぶこととなる。ただし、鎌倉殿独裁から執権が主導する有力御家人の合議制への転換は一直線には進まず、実朝はむしろ指導力を発揮した将軍であった。そして、そのもとで時政に続き執権となって幕府の中枢に位置を占めた北条義時《よしとき》*が、実朝の死後も北条政子*と連携しつつ承久の乱*を乗り切り、その子泰時《やすとき》*も御成敗式目《ごせいばいしきもく》*を定めるなど幕府内での主導権を固め、そうやってしだいに築かれた地位が経《つね》時《とき》・時頼《ときより》*へと受け継がれていくのである。こうして形成された執権主導の体制を、幕府政治史のうえでは鎌倉殿独裁に代わる執権政治と呼ぶ。それは合議を基調とし、整備された裁判の基準と制度によって御家人保護が図られた時期とされる。こうした状況が現出した背景として、当時の執権の立場の不安定さ、やがて執権勢力と対立を繰り返すこととなる摂家将軍の存在などの要因も無視できない。その情勢下で御家人の支持を調達するためにも、合議制とそれが生み出す公正な裁判制度を執権側は推し進める必要があった。

やがてこの要因が解消される過程で、幕府の公職である執権から北条氏の家督である得宗《とくそう》*に権力が移行し集中する、得宗専制の体制が生ずる。時頼・時宗《ときむね》*の代に始まったその傾向は、貞《さだ》時《とき》のころに頂点に達した。幕府政治史では専制への志向こそがふつうであり、執権政治の合議制はその狭間での例外的な現象ともいわれる。また、連署は執権の補佐役。下知状《げちじょう》や御教書《みぎょうしょ》などの幕府文書に執権と並んで署名する。北条氏の有力者がこれにあたった。〈佐藤進一『日本の中世国家』岩波書店、一九八三。村井章介「執権政治の変質」『日本史研究』二六一、一九八四〉

（松島周一）

北条時政《ほうじょうときまさ》（一一三八—一二一五） 鎌倉幕府*の初代執権*とされる。もと伊豆《いず》国の在庁《ざいちょう》であった。治承四年（一一八〇）、頼朝*の反平氏の挙兵に参加し、鎌倉幕府の創設にも役割を果たしたが、当初、その勢力はあまり大きくはなかった。かつて伊豆に配流中の頼朝が女《むすめ》の政子*を妻とし、それがのちに彼とその一族に将軍の外戚という立場を与え、幕府内での勢力伸長をもたらしたのである。頼朝が没して頼家*の代になると、時政は有力御家人*の合議体制に加わることとなり、相つぐ権力闘争で有力者が没落するなか、しだいに主導権を握った。頼家の失脚後は弟の実朝*を擁立し、政所《まんどころ》別当となる。幕府内の実権を握る地位としての執権には、当時の時政が初めて就いたとする意見が一般的である。しかし、時政は性急な有力御家人の排除や、実朝に代わる新将軍の擁立騒動によって幕府内の支持を失い、元《げん》久《きゅう》二年（一二〇五）に失脚した。かくて、以後の幕府政治史は、執権の地位を継いだ義時《よしとき》*・泰時《やすとき》*らが、なお強大な将軍の指導力と共存しつつ、合議を基調として幕府内支持の調達に向かう展開を見せる。

（松島周一）

北条政子《ほうじょうまさこ》（一一五七—一二二五） 鎌倉幕府*の実質的な四代将軍ともいわれる。初代将軍源頼朝*の妻。二代頼家*・三代実朝*は実子である。伊豆国に配流中の頼朝の妻となり、そのことが実家の北条氏に幕府内での権力伸長の基盤をもたらした。正治《しょうじ》元年（一一九九）に頼朝が没したのち出家。頼家・実朝の代には父の時政*や弟の義時*らとともに幕府内の権力闘争にもかかわる。頼家や時政の失脚には彼女自身も役割を果たしていたという。建保《けんぽう》六年（一二一八）には、後鳥羽院政の有力者卿二位《きょうにい》兼子《けんし》との間で、子供のいない実朝の後継将軍として皇子の東下を打ち合わせるなど、幕府の運営に深く関与していた。実朝の急死（一二一九）後は、四代将軍予定者の藤原頼経*が幼かったため、実質的に政子が将軍の立場にあったといわれる。承久の乱*（一二二一）に際して、幕府側の武士を結集させるために行った演説は名高い。幕府を、御家人*保護という独自の政治的・

社会的目標を追求する集団と位置づけるその内容は、乱ののち、しだいに貴族政権から自立していく幕府の方向性を鮮明に示すものであった。（松島周一）

北条義時《ほうじょうよしとき》（一一六三―一二二四）　鎌倉幕府*の第二代執権*。父は時政*。政子*は姉である。正治《しょうじ》元年（一一九九）、源頼朝*の没後に有力御家人*十三人の合議制がつくられたとき、時政とともにそのなかに加わった。元久《げんきゅう》二年（一二〇五）、時政の失脚ののち執権の地位を継ぐ。建保《けんぽう》元年（一二一三）、和田合戦《わだかっせん》ののち侍所《さむらいどころ》*別当も兼ね、その地位をいよいよ確固たるものとした。彼が執権政治の確立過程に重要な位置を占めることは確かである。ただし当時の義時の幕府内での立場は、実質的にも三代将軍実朝*の主導権のもとにあり、ナンバーツーとしてのものであった。のち、実朝が貴族政権との連携とそれによる将軍の立場の強化を求めて昇官を追求したとき、義時は批判的な姿勢をとりつつも実朝の主導権に屈した。なお実朝の没後は、姉の政子が実質的な将軍代行となって執権としての義時の幕府運営を助けたと思われる。承久の乱*（一二二一）で御家人たちの求心点となったのは義時でなく政子であったことが、当時の執権政治の限界をよく示していよう。その克服は以後の執権政治の展開のなかでなされていくことになる。（松島周一）

北条泰時《ほうじょうやすとき》（一一八三―一二四二）　鎌倉幕府*の第三代執権*。父は義時*。建仁《けんにん》元年（一二〇一）、泰時十九歳の秋、大風の被害が出たあと、伊豆の北条で窮民への出挙米《すいこまい》の証文を焼いたと伝えられる。また執権となったのちの寛喜《かんき》三年（一二三一）、大飢饉に際して窮民を救うため駿河《するが》・伊豆《いず》で出挙米を施したともいう。真偽はともかく、そうした逸話が残されるところに「唐堯《とうぎょう》・虞舜《ぐしゅん》の再誕」と評され善政を讃えられた泰時の真面目《しんめんぼく》がある。和田合戦《わだかっせん》や承久の乱*での武将としての活躍、六波羅探題*としての執務。父義時の死に際しては北条氏の内紛に直面し、また伯母政子の亡きあとは幼い将軍頼経*を抱えて幕府を主導する。そうした多事多難な経歴を重ねた彼のなかで、仁政への志向は一貫していた。貞永《じょうえい》元年（一二三二）に御成敗式目《ごせいばいしきもく》*を定めて、武家のための公正な裁判基準をつくったことも同様な志向からであろう。当時、なお執権北条氏の力が幕府内で卓越していないという背景が、合議と公正を基調とする執権政治を生み出したにせよ、泰時という指導者の存在もまた、そうした政治体制の運用に影響を与えていた。（松島周一）

御成敗式目《ごせいばいしきもく》　鎌倉幕府*が貞永《じょうえい》元年（一二三二）に定めた武家の法典。執権*北条泰時*が、その制定を主宰した。五十一条。その内容は、冒頭で神社仏寺に関する規定がなされたあと、幕府と朝廷・本所《ほんじょ》との裁判権の区画が示される。そのあとに刑事法・家族法・訴訟法などの実質的な裁判規範が続く。なお、こうした体系性を有するのは、現存の式目条文の三十五条までであり、ここまでが当初の式目の内容で、それがのちにまとめられ縮減されたとする有力な見解が存する。そうであれば、現存の三十六条以下はのちに付加されたものということになる。この見解には賛否両論があり、今後の検討課題であろう。

式目制定当時、泰時が六波羅探題*宛てに送った書状によれば、こうした立法の目的は、まず裁判の公正な基準となるべき法を定めるということであった。また公家法に対して「武家の習ひ、民間の法」は異なる点があり、裁判で公家法のみによっては武家側の利益を守れない、ともいう。その適用範囲は武家

御成敗式目

一 諸国守護人奉行《ぶぎょう》の事（第三条）
右、右大将家の御時定めおかるる所は大番催促・謀叛・殺害人《せつがいにん》等の事也。

一 右大将家以後、代々の将軍ならびに二位殿御時充《あ》て給はるところの所領等、本主《ほんしゅ》訴訟によつて改補せらるるや否やの事（第七条）
右、或は勲功の賞に募《つの》り、或は宮仕の労によつて拝領の事、由緒《ゆいしょ》なきにあらず。しかるに先祖の本領と称して御裁許を蒙るにおいては、一人たとひ喜悦《きえつ》の眉を開くといへども、傍輩《ほうばい》さだめて安堵《あんど》の思ひを成し難きか。濫訴《らんそ》の輩停止せらるべし。

一 御下文《おんくだしぶみ》を帯すといへども知行せしめず、年序を経る所領の事（第八条）
右、当知行《とうちぎょう》の後、廿箇《か》年を過ぐれば、大将家の例に任せて理非《りひ》を論ぜず改替する能《あた》はず。

（御家人）*のみであり、公家法と対立するものではないとするが、逆にいえば武家社会に立脚する独自の幕府法の必要性も強調されている。そうした法典は、裁判権により表現される幕府の統治権をより客観化し確立するものとなろう。そのため、式目は守護*から地頭*御家人へと周知される措置がとられ、中世法には珍しい全社会的に長く受容された法となる。鎌倉幕府の法令としては式目以外にも追《つい》加法《かほう》として出されたものが多く存するし、式目はむしろその制定当時の現実に対応するため必要な法規が修正選択されたもの、との見解もある。しかし、追加法が限定された時間と空間のみに効力を有したのに比べ、式目は中世以降、長きにわたり社会的な規範としての意義さえ帯びながら生命を保ったのである。

なお、こうして裁判規範が制定されたことは、評定衆《ひょうじょうしゅう》*の任命による衆議の原則と並んで、裁判の公正を保証する要素となった。北条氏の執権政治が幕府の裁判権（統治権）を行使することの正統性は、これによって確保されていった。〈笠松宏至『日本中世法史論』東京大学出版会、一九七九。佐藤進一『日本の中世国家』岩波書店、一九八三〉 （松島周一）

評定衆《ひょうじょうしゅう》 鎌倉・室町幕府*の職名。以下、鎌倉幕府*について述べる。正治《しょうじ》元年（一一九九）、源頼家*の政務直断《じきだん》を抑え、審議のための有力御家人*らの合議体制がつくられたことが評定衆につながる。やがて北条泰時*の執権*就任（元仁元年、一二二四）の翌年（嘉禄《かろく》元年）に将軍代行の政子*が逝去すると、泰時を中心とする評定のメンバーは幼い新将軍に代わって政務・訴訟の裁断を行うこととなる。ここに評定衆が、合議を基調とした執権政治を支える、幕府の中枢の機関として位置づけられるに至った。しかし、北条得宗《とくそう》*に権力が集中するにつれて、評定衆にもしだいに北条一門が増加して若年化も進み、実質の機能を失った幕府内の昇進階梯《かいてい》となっていった。 （松島周一）

北条時頼《ほうじょうときより》（一二二七―一二六三） 鎌倉幕府*の第五代執権*。幼時に父の時氏《ときうじ》が没したため、祖父の泰時*に養育された。寛元《かんげん》四年（一二四六）、兄経時《つねとき》の病により執権職を継ぐ。すでに経時の代から激化していた執権と将軍勢力との抗争は、このあと、同年の前将軍頼経*の京都送還とその近臣名越光時《なごえみつとき》の追放、翌宝治《ほうじ》元年の、有力な将軍支持派であった三浦氏《みうらし》の討滅（宝治《ほうじ》合戦《がっせん》）となって表出する。これらの将軍勢力との衝突に時頼は勝利を収めた。さらに当時、かつて将軍が保持していた幕府内での裁判権は執権の側が奪取しつつあり、また評定衆*などの人事配置も執権側の優位が確立していく。こうして執権北条氏の勢威を増大させた彼の治世は、引付《ひきつけ》*の設置による訴訟制度の改革もあって執権政治の盛期といわれる一方、北条得宗《とくそう》*への権力集中が進み、将軍やその背景にある貴族政権への圧迫が強まることとあわせて、得宗専制へと移る第一の段階であったとも評される。なお、出家後の時頼が諸国を忍び歩いて勧善懲悪を行ったという伝説の背景として、当時における得宗領（伝説を生みだす地域）の増大*などが指摘されている。（松島周一）

引付《ひきつけ》　鎌倉幕府についていえば、建長《けんちょう》元年（一二四九）に設けられた訴訟機関。当初は御家人*訴訟を担当したが、やがて所領相論《そうろん》などの所務沙汰《しょむざた》を扱うようになった。三―六方に分かれ、それぞれに訴訟指揮を行う引付頭人《とうにん》と引付衆、実務にあたる奉行人がいる。上位者の頭人や引付衆には評定衆*との兼務も多い。訴訟の迅速化を目的に新設されたものであるが、同時に前将軍頼経*を追い、有力御家人三浦氏《みうらし》を滅ぼしたばかりの執権*北条時頼*が、御家人の信頼を確保するために、かかる迅速・公正を追求した訴訟制度の改革を行ったとの指摘もある。しかし、やがて評定衆とともに、得宗*権力のもと、北条一門による運営が強められた。（松島周一）

三浦泰村《みうらやすむら》（一一八四?―一二四七）　鎌倉時代中期の武士。父は義村《よしむら》。相模の豪族三浦氏を率いて鎌倉幕府*内に重きをなす。評定衆*にも、遅くとも貞永《じょうえい》元年（一二三二）までには列していた。執権*北条氏と対峙する将軍頼経*派の勢力に組み込まれる。特に弟の光村《みつむら》は頼経の近臣として長く仕えていたという。寛元《かんげん》四年（一二四六）の執権北条時頼*による頼経の京都送還は、そうした三浦氏の、反北条の動きを表出させたと思われる。宝治《ほうじ》元年（一二四七）六月、三浦氏は時頼側と武力衝突を起こし、破れて泰村・光村らが自害した。泰村自身は時頼との信頼関係を保っていたが、幕府内諸勢力や一族の動向に押し流されたのである。三浦氏の没落によって、北条氏の権力集中はさらに進展していった。（松島周一）

〔得宗の専制と幕府の動揺〕

北条時宗《ほうじょうときむね》（一二五一―八四）　鎌倉幕府*第八代執権*。時頼*の嫡子で母は北条重時の女《むすめ》。幼名正寿、通称相模太郎。元服時に将軍宗尊《むねたか》親王より時宗と命名。文永元年（一二六四）連署*となり、同二年には、成人となった将軍宗尊親王を京へ送還し、その皇子で三歳の惟康《これやす》王を新将軍に迎える。モンゴルの国書が初めて日本にもたらされた同五年には執権に就任し、対外的な難局に真正面から立ち向かうこととなる。その後の対モンゴル外交では、終始、強硬な姿勢を崩さず、文永・弘安二度の蒙古襲来*も結果的に切り抜けた。またその間、文永九年（一二七二）には反得宗勢力の名越時章・教章および時宗の庶兄時輔を誅殺し（二月騒動）、北条氏内での得宗*の地位を確固たるものにし、さらに皇統の継承にも関与し、のちの持明院・大覚寺両統迭立*の端緒をつくる一方で、御家人*所領回復令を出すなど、対外問題の深刻化に伴う社会矛盾*に動揺する国内情勢の安定化に努めた。文化面では、禅宗を崇敬。蒙古合戦戦没者の弔死を目的に、無学祖元*を開山として円覚寺を建立。法名は道杲。（小国浩寿）

蒙古襲来《もうこしゅうらい》　モンゴル帝国第五代皇帝（元朝創始者）フビライの東アジア支配構想の一環としてなされた文永十一年（一二

七四）と弘安四年（一二八一）の二度にわたる日本来攻。文永五年に初めて高麗使がモンゴル・高麗両国書を携えて来日。その内容は、威嚇を込めつつ通好を求めたものであった。しかし、日本側はこれを黙殺。その後、文永六年、八年、十年と使者が来日するが、結局、返牒を送るには至らなかった。ただし、フビライが国名を「大元」に改めた文永八年（一二七一）の使者の姿勢から、襲来*必至を感じ取った幕府は、ようやく鎮西に所領を有する御家人に対して異国防御を命じ、有事体制を整え始めた。

実際この前年よりフビライは、南宋侵略の進展もあり、度々の交渉に応じない日本への遠征準備を、三別抄の反乱*で混乱する高麗政府に命じていた。そして同十年に、南宋の首都襄陽が陥落し、三別抄もようやく壊滅すると、翌十一年、ついに日本遠征軍（元・女真・漢・高麗人の混成部隊）二万六千が高麗を発った。対馬・壱岐をつぎつぎに襲ったあと、博多湾西部に上陸。日本軍との激戦は、優勢ながら一日では決着はつかず軍船に撤退。翌日、遠征軍の船は博多湾内から消えていた。指揮官間の確執と士気の低さから高麗への撤退中、たまたま強い風雨に遭ったと考えられている。幕府は、翌建治元年（一二七五）に来日した元使を斬る一方で、その年から翌年にかけて、異国警固番体制の確立や石築地の構築など、急速に防備態勢を整備。そして、弘安四年（一二八一）に元・高麗の東路軍と元・南宋の江南軍の計十四万が再来襲するが、江南軍の遅延と遠征軍間の連絡不備が原因で攻撃時期が台風期にかかり、遠征軍の劣悪な造船事情も重なって、大風雨の前に壊滅。三度目の日本遠征計画も、江南の反政府運動によって放棄。この二度の合戦とその後の防御態勢の維持は、幕府の影響力を非御家人にまで及ぼし、幕府権力を得宗*へ集中させることになったが、その専制体制は、幕府の滅亡を早める結果となった。〈網野善彦「蒙古襲来」『日本の歴史10』小学館、一九七四。村井章介編「蒙古襲来」『朝日百科・日本の歴史9』朝日新聞社、一九八六〉

（小国浩寿）

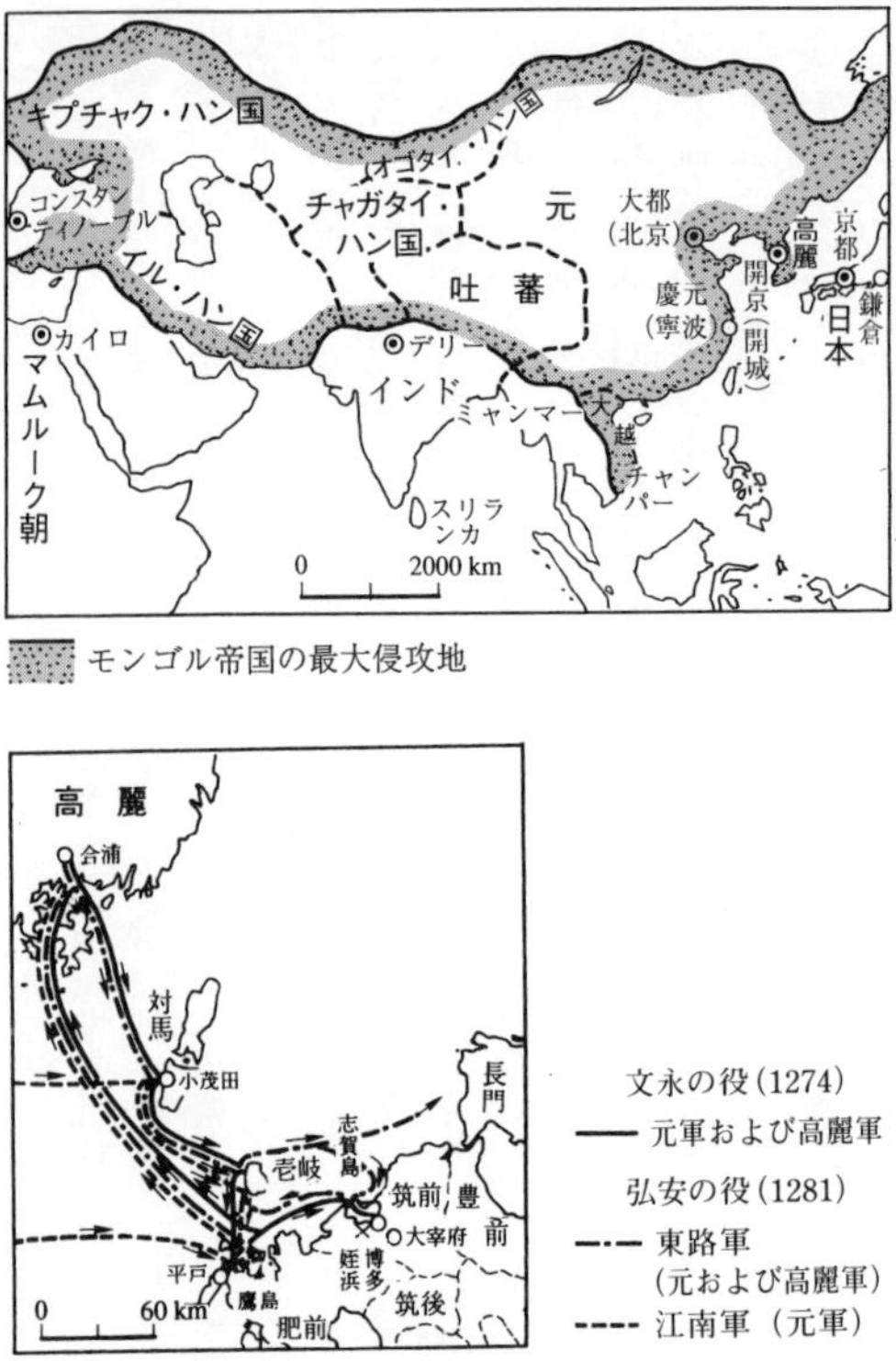

元の版図と元寇の進路

三別抄《さんべつしょう》の反乱《はんらん》（一二七〇—七三）　高麗の裴仲孫《はいちゅうそん》を頭領とした三別抄による反モンゴル戦争。崔《さい》氏が高麗に確立した武臣政権の中核軍として存在したのが高麗の正規軍より特別に抄出された精鋭部隊たる別抄であり、特に左右の夜別抄と神義抄を三別抄と総称した。その崔氏政権は、モンゴル軍の第一次侵略の翌年（一二三二）、難を避けて江華島に移るが、国王元宗と結んだ武臣金俊のクーデターにより、一二五八年、崔氏の政権は滅び、一二六〇年には、モンゴルへの政治的従属を基本とする講和が結ばれるに至る。ただ、処断を恐れた武臣勢力は、開京への還都（出陸）には抵抗。一二七〇年、武臣勢力の実権者林惟茂《りんいも》が文臣に殺され、出陸が日程に上るや、モンゴルに屈服した旧政府を否認する三別抄が、珍島ついで済州島を拠点に武装蜂起。四年間にわたって抵抗を続けたが、一二七三年、ついにモンゴル・漢・高麗連合軍によって壊滅。しかし、この反乱によりモンゴルによる日本遠征は大幅に遅れ、遠征軍は疲労し、その士気は大きく削がれた。　（小国浩寿）

得宗《とくそう》　鎌倉幕府*の執権*北条氏嫡流の家督。一般には、時政*・義時*・泰時*・時氏・経時・時頼*・時宗*・貞時・高時*の九代をさす。この称号は北条時政の子義時の法名「徳崇」に由来し、その子泰時以降から称されたといわれる。実際、泰時は幕政に評議制（執権政治）を導入する一方で、初めて得宗家の家令を設置し、家政機関である得宗家公文所*も整備、そのもとで広大な所領（得宗領）を集積・管理し、それらを実際に管理する得宗家の被官（御内人*）の育成に努めた。またその孫時頼は、宝治元年（一二五二）に有力御家人*三浦氏を滅ぼすと、その統制力は、北条一門にとどまらず、有力御家人にまで至る。さらに時宗の代になると、得宗家の北条一門に対する惣領権が確立するとともに、幕政もしだいに得宗邸における秘密会議（寄合）によるようになり、かつての評議制の主催者としての執権の地位も、大きく変容を余儀なくされる。そしてその後の貞時・高時も、幕府の終焉まで、得宗・外戚・御内人を三本柱とした得宗専制政治を展開していった。　（小国浩寿）

惣領制《そうりょうせい》　主に鎌倉時代の武士階級が形成する同族結合の体制。武士社会において、一族所領を惣領する意から転じて一族の長を示すようになった惣領は、内部的には庶子への知行配分と統制をなし、対外的には、一族の軍事・所務関係の総責任者であった。この仕組みを、御家人*支配の基盤として体制化したのが鎌倉幕府*であり、惣領は一族代表として、一族内部における戦時の軍事動員と平時の公事分配を委託された。しかし、鎌倉後期からの庶子の独立化と所領の細分化の進行は、惣—庶関係を変え、分割相続制から惣領単独相続制に移行させ、さらに南北朝の動乱期を通して形成された地縁的結合原理は、結局は惣領制を崩壊させる。　（小国浩寿）

御内人《みうちびと》　鎌倉幕府*執権*北条氏の家督である得宗*家の被官・家人。義時*の代より平盛綱*などの著名な被官は存在したが、それらが組織化されたのは泰時*の代からである。尾藤景綱*が家令に任命され、得宗領を管理する得宗家公文所*も設置、御内人による知行体制が整備され、一般御家人*の外様に対して御内方と呼ばれるようになる。その後、得宗権力の拡大に伴いその数も増して一大勢力を形成し、時頼*の代には得宗邸での秘密会議*（寄合）への出席を通じて政治的発言力を伸ばす。さらに時宗*の代になると御内人の頭目を内管領*と呼ぶようになり、貞時・高時*

の代に至ると、その動向が幕政を左右し、幕府滅亡まで得宗専制政治の推進基盤として活躍した。（小国浩寿）

内管領《ないかんれい》　鎌倉幕府執権北条氏の家督である得宗の家令。初代の家令は、義時に任命された尾藤景綱で侍所所司も兼ねたようだが、内管領の呼称は、時宗・貞時の家令を務めた平頼綱からである。頼綱は、得宗公文所を管領しつつ、侍所頭人となり、幼少から得宗貞時の養育にあたり、得宗邸での「寄合」を拠点に幕政全般に大きな影響力を及ぼした。その後、重臣安達泰盛を倒すなど、専横極まるに至り、頼綱が貞時に滅ぼされ、一時期、北条一門の宗方（内執権）が活躍するが、彼が滅ぼされたあとは、再び長崎高綱（頼綱甥）・高資父子が相ついで内管領となり、得宗高時を擁して権勢を掌握。得宗専制政治推進の主柱として幕府滅亡を迎える。（小国浩寿）

安達泰盛《あだちやすもり》（一二三一―八五）　鎌倉時代後期の武将。初名城九郎。秋田城介、陸奥守。父は義景で母は小笠原時長の女。安達氏は、まずは開幕以前からの頼朝側近として曾祖父盛長が幕府で重きをなし、ついで祖父景盛の娘が北条時氏に嫁して経時・時頼を生んで以降は、代々得宗家中心に北条氏との緊密な姻戚関係を保ち、親得宗派の有力外様御家人としてつねに幕政の枢機に与かった。泰盛も、引付衆・引付頭人・越訴奉行・御恩奉行などを歴任し、評定衆・寄合衆にも列す。内憂外患に揺れた政村・時宗・貞時執権期の政局に深く関与。特に弘安七年（一二八四）に時宗が没すると、時宗の岳父で貞時の外祖父という姻戚関係と幕政全体を見通す政治的見識の高さにより、政権を主導。新式目三十八条をはじめにつぎつぎと新法を発し、朝廷とも連携しながら、後の永仁徳政にも影響を与えた弘安徳政を断行。しかし、翌八年の十一月、以前より対立関係にあった内管領平頼綱の讒訴により誅殺される（霜月騒動）。法名覚真。高野山信仰篤く、また書・鞠・馬術など諸道諸芸に精通。（小国浩寿）

永仁《えいにん》の鎌倉《かまくら》大地震《だいじしん》　永仁元年（一二九三）四月十三日、鎌倉に大きな被害をもたらした関東大地震。この地震は、震源地を相模の陸地（丹沢付近か）としたマグニチュード七・一の直下型地震と推定され、六百三十年後の関東大震災（相模西部を震源としマグニチュード七・九）に匹敵する大地震と考えられている。関東全域で二万人以上の死者を数えたこの大地震は、鎌倉にも大きな爪痕を残し、当時の寺僧の日記にも、「鎌倉の堂舎や人宅は悉く転倒し、幾千人の死者が出て、由比ケ浜の鳥居付近では、百四十人もの死体が転がっていた」、とその被害の状況がリアルに表現されている。その後、寺社では地変の災いを除く祈禱・読経が盛んに行われたが、余震は二十一日まで続き、人びとの不安は極限にまで昂じていたという。この一種の集団ヒステリーの状況下で、二十二日には、当時、専横著しかった平頼綱が滅びる政治的大事件（平禅門の乱）が起きている。その被害の大きさとともに、自然災害が政局に大きな影響を与えた適例として注目される。（小国浩寿）

平禅門《へいぜんもん》の乱《らん》　執権北条貞時が内管領平頼綱を滅ぼした事件。弘安八年（一二八五）の「霜月騒動」でライバルの安達泰盛を滅ぼし、若年の執権貞時を擁して権力を一身に握った平頼綱であったが、母・妻ともに安達氏出身であった貞時の成長とともに、両者に確執関係が醸成。このような状況下で永仁元年（一二九三）四月に大地震が起きる。頼綱はこの天災に過敏に反応し、その発生直後から屋敷内の防備を固めた。一方の貞時は、その行動を謀叛の準備と判断し、討手を派遣。直前に寝返った頼綱嫡子宗綱を除く一族の屋敷が襲撃され、頼綱以下九十三人が死亡。この事件を機に、貞時は実権を自ら掌握し、以後の得*宗専制政治を展開する。　（小国浩寿）

徳政令《とくせいれい》　条件付きながら、売買・貸借などの経済的契約関係の破棄を宣言する法令。永仁五年（一二九七）三月、彗星の出現を契機に、*北条貞時独裁政権下の鎌倉幕府*は、経済的に困窮していた御家人救済のための徳政（異常現象が象徴する厄害を除くための善政）を実施した。それは、①立法以前に非御家人に売却・入質された御家人所領の御家人への無償返付（買主が御家人の場合のみ二十年の年紀法を適用）、②以後の御家人所領の売買・入質禁止、③債権債務に関する訴訟の不受理、④越訴制度の廃止、などを主旨とした一連の法令の発布であった。翌年に②④は撤回されたが、①はその後も有効性を維持し、実際に多くの御家人所領が返付された。②には文永四年（一二六七）令、①の入質地については文永十年令という先例があるが、その浸透力は比べるべくもなく、実際、「御家人所領」という枠を越えて、「売買・入質地無償返付令」としてその影響は諸階層に及び、これ以降、経済的契約文書には、徳政適用を排除する「徳政文言」が多く見られるようになる。

　この法が諸階層に受容・利用された要因には、一つに、「もの」が本来あるべきところに戻ることを自然なこととして受けとめる中世人の社会的通念の存在、そして、元寇という国難を契機に、仏神事および裁判制度の「興行（あるべき姿へ復帰させる意）」を二大題目とした弘安七年（一二八四）に始まる公武一同の「弘安徳政」を画期とするさらなる徳政待望論の醸成があったと考えられている。その後、正安三年令（一三〇一）、正和元年令（一三一二）など個別寺社を対象にした徳政令が出されるが、天下一同の徳政令は、建武元年（一三三四）に建武政権*下で出されたものを待つしかない。そして室町時代も後期となると、それまで史料の陰に隠れていた私徳政や在地徳政が表出してくるようになり、著名な正長・嘉吉の徳政令も、それらを前提とした土一揆の要素による代替り徳政と評価されている。〈佐藤進一・池内義資編『中世法制史料集』第一・二巻，岩波書店、一九五五・一九五七。笠松宏至『徳政令』吉川弘文館、一九八三。海津一朗『中世の変革と徳政』、吉川弘文館、一九九四〉　（小国浩寿）

永仁の徳政令（『東寺百合文書』）

一　質券《しちけん》売買地の事

右、所領を以て或《あるい》は質券に入れ流し、或は売買せしむるの条、御家人等侘傺《たてい》の基《もとい》なり。向後《きょうこう》に於《お》いては、停《ちょう》止に従ふべし。以前沽却《こきゃく》の分に至りては、本主領掌せしむべし。但《ただ》し、或は御下文《おんくだしぶみ》・下知《げち》状を成し給《たま》ひ、或は知行廿箇年を過ぐるは、公私の領を論ぜず、今更《いまさら》相違有るべからず。

　次に、非御家人・凡下《ぼんげ》の輩《ともがら》の質券買得地の事。年紀を過ぐると雖《いえど》も、売主知行せしむべし。

　永仁五年七月二十二日

両統迭立《りょうとうてつりつ》　鎌倉中期、後深草（持明院統）、ついで亀山（大覚寺統）の二子を即位させた後嵯峨院が治天の君の後継者を指名することなく没して以来、両統が対立。次代に両統がおのおの二派に分かれるとさらに激化し、朝廷内で解決できず、調停が幕府にもち込まれた。そこで文保元年（一三一七）に幕府が示した和解案が、両統が交互に天皇を立てる両統迭立の原則の確認を主としたものであった（文保の和談）。これは鎌倉期を通じてほぼ継承されたが、本質的問題の解決とはならず、後醍醐の討幕運動も、皇位継承を左右し、実子への譲位を困難にさせるこの原則の維持者である幕府を討滅することに、その活路を求めた結果とも考えられている。（小国浩寿）

悪党《あくとう》　反社会的または反体制的分子。広くは、平安末期から近世にかけて、山賊・海賊・盗賊など社会秩序を乱す反社会的分子を示した。その一方で、鎌倉後期から南北朝期にかけては、前者と趣を異にする人びとも史料上に登場してくる。それは、社会情勢の変化に鋭敏に対応して自己勢力の拡大に努めた結果として、それを抑圧する中世的体制者たる荘園領主や幕府に反抗し、反体制分子の烙印を押されて「悪党」と呼称された者たちで、前者のような社会的落伍者に一括される者たちではなく、山僧・神人*・凡下・借上・荘官*・有力名主、時には御家人*をもその対象となった。彼らは、利害関係によっては、血縁関係を越えた地縁的結合を形成し、その行動は、年貢対捍・苅田狼藉・殺害刃傷など多様にわたり、城郭を構えることもしばしばであった。南北朝の動乱期に入ると、組織を拡大して積極的に合戦に参加する者も現れ、戦乱の中で没落する者がいる一方、生き残りをかけて、地域勢力を結集して国人一揆を結成する者や守護被官となる者もあった。（小国浩寿）

北条高時《ほうじょうたかとき》（一三〇三—三三）　鎌倉時代末期の執権*で最後の得宗*。貞時の四男で母は安達泰宗（時顕説あり）の女。幼名成寿丸。相模太郎を称す。応長元年（一三一一）、父貞時の死により九歳で九代得宗となる。正和五年（一三一六）に執権に就任。しかし、政務の実権はすでに内管領*長崎高綱（円喜）・高資父子および外戚安達時顕に握られていた。翌文保元年、皇室の政争に関与して「文保の和談」を成立させるが、火種は残る。一方このころ、長崎高綱の収賄事件に端を発し、解決に十年余を要した「奥州安藤氏の乱」が勃発。また、正中元年（一三二四）には、後醍醐最初の討幕計画事件である正中の変*が起こり、世情不安となる。同三年、病により執権を辞して出家、日輪寺崇鑑と号す。この間、成年に達し「太守」と奉られながらも実権なく、元弘元年（一三三一）、後醍醐の隠岐配流に及ぶ元弘の乱*の渦中、長崎父子の誅伐を図るが失敗。その後、乱が急展開。同三年、寝返った新田義貞*らに鎌倉を攻め落とされ、東勝寺で一族とともに自害。（小国浩寿）

〔鎌倉幕府の滅亡〕

後醍醐天皇《ごだいごてんのう》（一二八八—一三三九）　在位一三一八—三九。後宇多天皇（大覚寺統）第二皇子で、母は藤原忠継女。諱《いみな》は尊治。延慶元年（一三〇八）立太子、文保二年（一三一八）に即位。元亨《げんこう》元年（一三二一）には、院政*を廃して天皇親政（前期親政）を実現し、記録所を再興し、京都の都市行政・商工業統制に関する綸旨《りんじ》をつぎつぎに発布。特定の官僚家や有力寺社の既得権にメスを入れ、天皇による京都直轄化を志向し、また、諸国の商工民・廻船人金融業者の掌握にも努めた。これらの諸政策は、宗学*に傾倒した後醍醐が宋朝の君主独裁制と重商主義に影響を受けたものと考えられる。しかしこの方向性の拡大は、蒙古襲来*以来、全国にその強い影響力を及ぼしはじめていた得宗*専制下の幕府との関係悪化を必至とするものであった。

また、当時の皇位継承問題に関しても、幕府の提案をもとにした和解案（文保の和談）によって「一代の天皇」と規定され、持明院統からの皇位移譲の圧力も日増しに増していた。

そこで、幕府に接近して自統の有利を図る持明院統に対抗して自己の地位を守り、理想の政道を実現し、さらに皇位を直系子孫に譲るために後醍醐に残された選択肢、それが討幕であった。しかし、正中元年（一三二四）の計画失敗（正中の変*）についで、元弘元年（一三三一）の事件では、後醍醐自身も隠岐に流され、討幕計画は水泡に帰したかに思われた。しかし、翌二年の護良《もりよし》親王*・楠木正成*らの再決起が、かねてより僧文観や近臣を通じて密かに糾合に努めていた諸国の悪党勢力の*一斉蜂起を誘発。幕府が対応に手間取る間に西に足利高氏（尊氏*）、東で新田義貞*が討幕蜂起。翌三年、ついに幕府は滅亡した。後醍醐も還御し、建武の新政を展開。しかし、急進的な改革は公武の不満を醸成し、建武二年（一三三五）の足利尊氏の離反を契機に瓦解へ。翌三年、吉野に潜行して南朝を樹立するが、その後の挽回策も奏功せず、後事を後村上天皇*に託して、吉野に病没。著書に『建武年中行事』など。〈佐藤進一「南北朝の動乱」『日本の歴史9』中央公論社、一九六五。網野善彦『異形の王権』平凡社、一九八六〉　（小国浩寿）

正中《しょうちゅう》の変《へん》　後醍醐天皇*が、正中元年（一三二四）に討幕を図った事件。皇位継承への幕府の関与を良しとしない後醍醐は、北条氏の専制政治に対する御家人*らの潜在的不満や各地の悪党*蜂起に幕府の弱体化を読み、無礼講と称する遊宴の会合で密かに討幕を計画。同士糾合のために日野資朝《すけとも》が関東、日野俊基が紀伊へそれぞれ下る一方で、土岐・多治見・船木ら美濃武士が入京。決起日を正中元年九月の北野祭当日とするが、事前に計画が漏洩。土岐・多治見は六波羅*に囲まれ自殺。天皇は、急ぎ資朝・俊基の官を解き、幕府からの詰問にも万里小路宣房を鎌倉に派遣して不関与を主張し、事なきを得る。結局、資朝が責を一身に負い佐渡へ配流された。　（小国浩寿）

元弘《げんこう》の乱《らん》　元弘元年（一三三一）の後醍醐天皇*による二回目の討幕計画の失敗（元弘の変*）に始まりながらも、結局は同三年の鎌倉幕府*滅亡と建武政権成立を導いた兵乱。正中元年（一三二四）の正中の変*によっていったんは頓挫した後醍醐の討幕計画は、同三年の皇太子邦良《くによし》親王（大覚寺統、後二条天皇皇子）の急死に伴う後継問題の再燃と後伏見上皇（持明院統）皇子量仁《かずひと》親王の立太子によって再始動。後醍醐は、比叡山をはじめとした大寺社勢力や畿内近国の悪党*的勢力を懐柔・糾合し、計画実行の好機を待った。しかしこの計画も、元弘元年、吉田定房*の密告により発覚。天皇は京を出て、南都から笠置山に入ったが、幕府の早い対応に落城、囚われの身となる。天皇に呼応した楠木正成*が拠る赤坂城も陥落し、反北条勢力を糾合すべく各地で隠密に活動していた多くの近臣も捕縛。結果、首謀者として日野俊基らが処刑され、後醍醐自身も皇位を量仁親王（光厳天皇）に渡し、隠岐に配流される。

しかし、時代の流れは、後醍醐側にあった。翌二年の末、護《もり》良《よし》親王*が吉野に、そして河内で楠木正成が再挙し、正成が千早城に幕府の大軍を引き付けている間に、各地で反北条勢力*が蜂起。翌三年には、後醍醐が隠岐を脱出して伯耆《ほうき》の名和長年*に迎えられる。意外な展開に、幕府は名越高家・足利高氏（尊氏*）を大将とする大軍を再び西上させる。だが、この大軍の派遣が逆に幕府の命取りとなる。高家は、赤松則村*らに討たれ、高氏は丹波篠村で寝返る。大軍を率いた高氏は赤松軍らと協力して京に突入し、五月七日に六波羅*を攻略。一方、関東でも同月八日に新田義貞*が上野の生品《いくしな》神社で討幕の挙兵。鎌倉街道南下の途中、鎌倉を脱出した足利千寿王の軍をはじめ多くの武士が合流し、迎撃する北条軍をつぎつぎに撃破。二十一日、ついに鎌倉陥落、北条高時*以下は自害し、ここに鎌倉幕府*は滅亡。後醍醐は、鎮西探題が落ちたと同日の二十五日に光厳天皇を廃し、六月五日に京都還幸を果たす。〈網野善彦「蒙古襲来」『日本の歴史10』小学館、一九七四。村井章介「十三―十四世紀の日本」『岩波講座・日本通史8』岩波書店、一九九四〉　（小国浩寿）

吉田定房《よしださだふさ》（一二七四―一三三八）　鎌倉後期―南北朝初期の公卿。吉田経長の二男で、母は葉室定嗣の女。大覚寺統の後宇多上皇の信任厚く、後醍醐天皇*の乳父。後宇多院の評定衆*として皇位継承をめぐる公武交渉で活躍。後醍醐天皇親政後も万里小路宣房・北畠親房*とともに「後三房」と称され重用。正中の変*では、天皇不関与の勅書を草す一方で、天皇へ討幕不可を諫言。元弘の乱*においては、事前に討幕計画を幕府に密告することで、日野俊基に罪を負わさんとするが、天皇も隠岐に配流。一時、持明院統に召されるが、建武政権*が成立すると、再び天皇に重用される。吉野還幸の翌年、遅れて吉野に入りそこで没す。日記に『吉槐記』がある。　（小国浩寿）

護良親王《もりよししんのう》（?―一三三五）　後醍醐天皇*の皇子。母は北畠師親の女親子《しんし》。若年より三千院（梶井門跡）の一門徒大塔に入室。後に同門跡を継ぎ、ついで天台座主となる。元弘二年（一三三二）に還俗して護良親王と名乗り、一般に大塔宮と号されるまでは、雲法親王と称した。元弘元年の元弘の乱*の際には、後醍醐天皇が幕府に逮捕されるなか、畿南の山間に潜伏しながら、南河内の赤坂によった楠木正成*と連携し、畿内近国の悪党*的土豪層を糾合する一方で、各地の寺社や武士に多くの令旨を発し、反幕府勢力の奮起を促した。元弘三年、幕府が滅亡し、後醍醐の政権が実現するが、護良は、武家政権再興を図る足利尊氏*の排除を要求して、すぐには帰京せず、征夷大将軍*兵部卿の任命を条件に政権に参画。その後も尊氏との対立は続き、結局、建武元年（一三三四）、後醍醐の影が見える護良らによる尊氏襲撃計画の失敗を契機に、突如失脚し、当時、足利勢力の拠点であった鎌倉に送致。翌年起きた中先代の乱*の渦中、後難を除くべく足利直義の命により殺害される。　（小国浩寿）

名和長年《なわながとし》（?―一三三六）　鎌倉後期―南北朝初期の武将。伯耆長田の豪族長田行高の子で、初名は長高。後に名和に移り名和氏を称す。名和浦を拠点に海運業に従事。元弘三年（一三三三）、配所の隠岐を脱出した後醍醐天皇*を船上山に迎え、幕府軍を撃退。この功により後醍醐より「年」の一字を与えられ、長年と改名。その後の建武政権*では、伯耆守に任じられた彼は、楠木正成*・結城親光*・千種忠顕*らと「三木一草*」の一人として重用され、記録所寄人・恩賞方衆・雑所決断所衆などの要職を歴任。しかし、建武三年（一三三五）に足利尊氏*が政権に反旗を翻すと、一度は西に敗走させるも、再挙した足利の大軍の前に三条猪熊にて敗死。　（小国浩寿）

楠木正成《くすのきまさしげ》（?―一三三六）　南北朝時代の武将。橘姓を称する南河内の豪族。その系譜は必ずしも明らかでなく、鎌倉御家人説や散所の長者説など諸説がある。彼が確実な史料に初めて登場するのは、元弘元年（一三三一）、和泉国若松荘における臨川寺・守護代側が呼称した「悪党*」としてである。この行動は、醍醐寺僧らを介して後醍醐天皇*と通じていた彼が、同時期に討幕を目して笠置山に入った後醍醐に呼応したものだったと考えられる。実際に笠置が落城すると、後の護良親王*を擁して赤坂城に挙兵。幕府軍の攻撃によりいったんは城を捨て潜伏を余儀なくするが、翌二年にこれを奪還し、翌三年には幕府の大軍を長期間にわたって千早城に釘付けにし、結果、六波羅*陥落に大きく貢献。建武政権*成立後は、河内・摂津の国司を得たうえに中央の諸機関でも要職を歴任。建武二年（一三三四）、関東で反旗を翻した足利尊氏*が西上すると、それをいったんは鎮西に追い落とすが、再起して大軍で京を目指す足利軍に対して不本意な形で迎撃。激戦の末、湊川にて自害。（小国浩寿）

新田義貞《にったよしさだ》（一三〇一―一三三八）　鎌倉後期―南北朝初期の武将。新田朝氏の嫡子。通称小太郎。元弘三年（一三三三）、幕府軍の一員として千早城攻めに参加するが、途中で帰国。得宗*が派遣した徴税使を斬ったことを機に生品神社で挙兵。鎌倉への進軍中に足利寿王丸を擁した足利軍（事前の連携？）をはじめ多くの武士が合流した大軍は、迎撃する幕府軍をつぎつぎに撃破。ついに鎌倉に突入し、北条高時以下を攻め滅ぼす。建武政権*下では、上野・越後・播磨の国司のほか、武者所*頭人《とうにん》に任命され重用。そして広い武士層の支持のもとに武家政権再興を目論む足利氏との対立激化は、義貞をしてその存在基盤をいっそう後醍醐*政権に求めさせた。建武二年（一三三四）の中先代の乱*を契機に足利氏が反旗を翻すや東下。箱根竹の下で敗戦し、北畠顕家*の援軍を得ていったんは尊氏を鎮西に走らせる。しかし、三カ月後に大挙して東進してきた足利軍に兵庫で大敗。その後、恒良・尊良両親王を奉じて敦賀の金崎城を拠点に再起をかけるが、藤島で不意の敗死。（小国浩寿）

赤松則村《あかまつのりむら》（一二七七―一三五〇）　鎌倉―南北朝時代の武将。茂則の嫡子として播磨佐用荘地頭職を伝領。後に入道して円心と号す。元弘の乱*では、護良親王《もりよししんのう》*の令旨にいち早く応え佐用荘苔縄《こけなわ》城に挙兵。東上して摂津摩耶《まや》城に拠って幕府軍と対戦。宮方に転じた足利高氏（尊氏*）らとともに六波羅*を攻略。鎌倉幕府*滅亡後の建武政権*下で、いったんは播磨守護を手にするが、間もなく解任。足利高氏が建武政権*から離脱すると、それにすかさず呼応。一時的に鎮西に敗走する高氏を助け、その後の再起と足利政権樹立に貢献。その恩賞として自身は播磨、子息二人はそれぞれ摂津・美作の守護*に補される。また、禅に深く帰依し、雪村友梅を開山に法雲寺を創建。（小国浩寿）

建武政権《けんむせいけん》　鎌倉幕府*が滅亡した元弘三年（一三三三）五月から二年余の間、後醍醐天皇*に主導された政権。その性格は、宋朝の君主専制と重商主義に影響を受けた前期親政の拡大・修正版といえ、直轄の軍事力や実務官僚の脆弱さに比して、急速に推進された天皇独裁体制は、公武の反発を受けて、短期間で崩壊するが、各「家」への治天者の介入や重商主義など、室町幕府*にも影響を与えた。まず、五月に帰京した後醍醐は、天皇親政の障害となる院・摂関・将軍を廃し、翌六月には、綸旨《りんじ》万能主義を象徴する「個別安堵法」を発布。天皇親裁の審議・調査機関として記録所*を再開し、恩賞方*を設置する。しかし、訴訟の繁多に翌七月には、北条氏与党者以外の所領の当知行安堵を一律に国司に委任する「諸国平均安堵法」を発し、九月までには、「大儀」以外の訴訟を処理する雑訴決断所*を設立。公卿・旧王朝官僚・旧幕府官僚に有力武士が加えられた混成体であったが、所務相論に対する一定の裁決権限を有し、崩壊直前まで、現実的な政権運営の中枢機関となった。

一方、地方支配では、国司の自由な任免により知行国制度*を破壊するが、守護*の併置や奥州将軍府ばかりか、幕府再生の危険性をはらむ鎌倉将軍府*の存在を認めざるをえなかったことは、中央集権国家構想の一部修正と位置づけられる。翌年には、建武への改元、造幣構想、大内裏造営費のための二十分の一課税、そして徳政令*とつぎつぎと新政策が打ち出される。また、特定の官僚家が既得権化していた職に寵臣を任命し、太政官*の議定会議員であった公卿を八省の長官に配して天皇直属の執政官に位置づけ、経済的利権や政治的権力の天皇への集中を試みた。しかし、基盤を伴わない政令は、朝令暮改となり、先例無視の後醍醐の専制は、公武、特に武士の心を政権から離し、多くの有力武士を幕府再興を掲げる足利尊氏*の旗のもとに集める結果となり、翌建武二年の中先代の乱*を機とした足利氏の政権離脱は、政権の崩壊を決定的なものにした。〈佐藤進一「南北朝の動乱」『日本の歴史9』中央公論社、一九六五。森茂暁『建武政権』教育社、一九八〇〉　（小国浩寿）

記録所《きろくじょ》　十二世紀末、後白河法皇*により、それまで荘園整理を目的に設置されてきた機関を訴訟処理機関として再建。十三世紀末には、伏見天皇がさらに整備・強化を行う。後醍醐天皇*も、元亨元年（一三二一）の親政実現とともに設置し、親臨して大儀（荘園本所・領家階層を当事者とする訴訟）を議した。そして建武政権*樹立直後に再設置。庭中・越訴*はもとより、五畿七道の区域分割システムも整備し、全国統治の態勢を構えた。しかし、綸旨万能主義がたたり、訴訟繁多。その年のうちに大儀以外の訴訟を処理する雑訴決断所*を設立。その後、建武元年（一三三四）五月と翌年三月に再編を行うが、結局、訴訟処理機能の大半が決断所に移行。　（小国浩寿）

雑訴決断所《ざつそけつだんしょ》　建武政権*の訴訟機関。政権成立直後は、記録所*が公武訴訟を一手に担当していたが、繁多さに対応できず、元弘三年（一三三三）九月までには四番編成の雑訴決断所を新設。「大儀」以外の所務沙汰（相論裁許・武家所領の安堵）などを処理し、主に牒を発給。その構成は、後醍醐前期親政以来の廷臣や弁官層と旧幕府奉行人および一部の武士たちからなり、そのなかには、足利氏影響下の人びとも含有。翌建武元年八月には、八番制に拡充。特に、当初濫発された綸旨の整理を意図する綸旨施行権の獲得は、訴訟処理機能の決断所への集中傾向を促進させ、記録所の機能をも吸収していくが、翌二年の足利離反により、その活動も急速に衰退する。　（小国浩寿）

武者所《むしゃどころ》　建武政権*下で主に皇居警備のために置かれた機関。円融院の寛和元年（九八五）に、院御所の警護武士として初見。以降、武士階級の興隆とともにその位置づけに変化が見られるが、南北朝期まで継続的にその所見がある。建武政権下では、天皇の親衛隊的性格が強く、武家歌人が多く含まれていることが特徴。その一方で、近国における反乱鎮圧までをも果たす政権の武力装置としても機能。具体的メンバーについては、建武三年（一三三六）の結番交名が残存。そこでは、新田一族の比重がことに重いが、それは、必ずしも機関の性格を示すも

のではなく、この史料が、足利氏の政権離反後のものであることによると考えられる。（小国浩寿）

恩賞方《おんしょうがた》　建武政権*の恩賞審議機関。寄せ集めの軍勢で政権を奪取した後醍醐天皇*は、厳しい内部対立が予想される恩賞問題を処理するため、政権樹立直後の元弘三年（一三三三）八月までには設置。はじめ、洞院実世・万里小路藤房・九条光経らを上卿*として担当。しかし、最終決定権をもつ天皇独断の新恩乱発に混乱。翌建武元年には、改編。恩賞と不可分の関係にある所領訴訟を処理する雑訴決断所*から吉田定房*・光経・藤房・四条隆資に両頭人を兼ねさせたうえ、寵臣楠木正成*・名和長年*や一部の奉行人層などの寄人も兼任させて態勢の立て直しを図るが、足利勢力の不参加や藤房の失脚もあり、政権崩壊まで有効に機能しなかったと考えられる。（小国浩寿）

二条河原《にじょうかわら》の落書《らくしょ》　建武政権*が成立した翌年の建武元年（一三三四）八月、京都の後醍醐天皇*政庁（二条富小路）にほど近い河原（公権力の介入しにくい「無縁」の地）に立てられた落書（詩歌の形式をとるものを特に落首とも呼ぶ）。「此比《このごろ》都ニハヤル物。夜討、強盗、謀綸旨《にせりんじ》」に始まり、「京童ノロスサミ、十分一ヲモラスナリ」と結ぶ八十八行、自由律長詩型をとる。「安堵、恩賞、虚軍《そらいくさ》。本領ハナルル訴訟人。文書入タル細葛《ほそつづら》」と、後醍醐の急進的な中央集権主義に振り回される武士たちを嘲るとともに、「下克上《げこくじょう》スル成出者。器用ノ堪否《かんぷ》沙汰モナク。モルル人ナキ決断所」と器量なき成り上がり者（元弘の乱*に功ある後醍醐寵臣）が多く寄人に登用された政権中枢機関の機能性に疑問を呈し、「京鎌倉ヲコキマゼテ。一座ソロハヌエセ連歌」と文化面も含め、当時の社会を「譜代非成ノ差別ナク。自由狼《ろう》藉《ぜき》ノ世界也」と評する。政権に不満をもつ知識人の手によるものと考えられ、「天下一統メツラシヤ」と、この矛盾に満ちた政権の短命をも予告している。『建武年間記』に採録。（小国浩寿）

> **二条河原の落書**（『建武年間記』）
>
> 此比《このごろ》都ニハヤル物。夜討、強盗、謀《にせ》綸旨《りんじ》。召人《めしうど》、早馬《はやうま》、虚騒動《そらそうどう》。生頸《なまくび》、還俗《げんぞく》、自由《まま》出家。俄《にわか》大名、迷者《まよいもの》、安堵《あんど》、恩賞、虚軍《そらいくさ》。本領ハナルル訴訟人。文書入タル細葛《つづら》。追従《ついしょう》、讒《ざん》人、禅律僧。下克上《げこくじょう》スル成出者《なりでもの》。器用ノ堪否《かんぷ》沙汰モナク。モルル人ナキ決断所。キツケヌ冠《かんむり》上ノキヌ。持《もち》モナラハヌ笏《しゃく》持テ。内裏《だいり》マジハリ珍シヤ。……誰ヲ師匠トナケレドモ。遍《あまねく》ハヤル小笠懸《こかさがけ》。事新《あたら》シキ風《ふ》情《ぜい》ナリ。京鎌倉ヲコキマゼテ。一座ソロハヌエセ連歌《れんが》。在々所々ノ歌連歌。点者《てんじゃ》ニナラヌ人ゾナキ。

鎌倉将軍府《かまくらしょうぐんふ》　建武政権*の関東地域統治機関。元弘三年（一三三三）十二月、足利直義が成良《なりよし》親王を奉じて鎌倉へ下向し、関東十カ国を管轄下に置く。関東武士を糾合すべく同年十月に北畠顕家*が義良親王を奉じて奥州に下向したことに対抗したものと考えられるが、詳しい職制は不明。ただ、政所*執事の存在、また「関東廂番《ひさしばん》」構成員に、足利一族・被官や関東諸国の武士のほかに、多くの旧幕府官僚が含まれていることから、旧幕府に模した一応の機構を備えていたことが想定できる。しかし、後の建武二年（一三三五）の中先代の乱*に与する番衆武士が多く出て崩壊している事実は、いまだ関東武士を統括しうる組織でなかった限界性を示す。（小国浩寿）

（三）鎌倉時代の社会と経済

荘園公領制と村落　鎌倉時代は全国的に十一―十二世紀に成立した荘園公領制という土地制度を基本とする。荘や郷の所領において、田畑を耕作する農民から年貢*・公事*を徴収し、それを地頭*・領家・本家と下から上へと重層化している領主階級（武士・公家・寺社・院）が分割・取得する体制であった。それゆえ年貢・公事の納入などをめぐって百姓（農民）と地頭が対立する場合があった。京都の寂楽寺領であった紀伊国阿氏河荘では地頭の湯浅氏の暴力的非法を仮名書きの申状で訴えている。

　中世の身分関係は、公家・武士・僧侶の支配身分に対して、年貢・公事の納入を義務づけられた圧倒的多数の百姓身分が対置される。百姓の多くは農民であるが、一部には農業をその生業の一部にとりこんだ漁民や山民なども含まれていた。これに対して商人や手工業者は、職人として位置づけられていた。武士などの支配身分や有力な百姓・職人に従属する下人*・所従*は、戦争による捕虜、債務による転落、人身売買などによって成立した基本的には売買可能な奴隷身分であった。その一方で特定の病気（癩《らい》＝ハンセン氏病）などによって社会から疎外されて、河原・宿や寺社門前などに集住し施行の対象となる人びとや、清掃や皮革製造、行刑などにたずさわる人びとなどの非人身分があった。

　武士は、将軍を頂点とする御家人制*の主従関係に組織され武装集団を形成するとともに、幕府を媒介にして朝廷から官職を与えられて支配身分に位置づけられ、また地頭などの在地領主*として地域の支配を行っていた。なお、非御家人の武士で朝廷や公家に組織される武士もあり、幕府と朝廷・公家に両属する場合もあった。武家の女性は、嫡子以外の庶子とともに、所領を譲与され地頭になる場合もあったが、鎌倉後期になるとその権利はしだいに制限されていく方向にあった。

水陸の交流と物流　荘園の年貢は、陸運（道路）や水運（河川・海）によって荘園領主の集住する京都・奈良・鎌倉などへ運ばれた。古代以来の道路を改変して、鎌倉から放射状に東国各地に通ずる鎌倉街道*がつくられた。この道路は、江戸湾に流入する利根川などの河川と結びつけられ、荘園年貢の輸送や各地の特産物などの輸送に重要な役割を果たした。水陸交通の要地には町が形成され、問丸*が物流を取り仕切った。

　日本海側の水陸交通を、小浜・敦賀・三国などの湊から陸路で琵琶湖に通じ、ここから京都を結ぶ、あるいは淀川を通じて大坂、さらには瀬戸内海と結びつける、このような物流の大動脈が形成されていった。畿内近国と関東は、伊勢湾の大湊などと鎌倉―品川を結ぶ太平洋水運ルートも

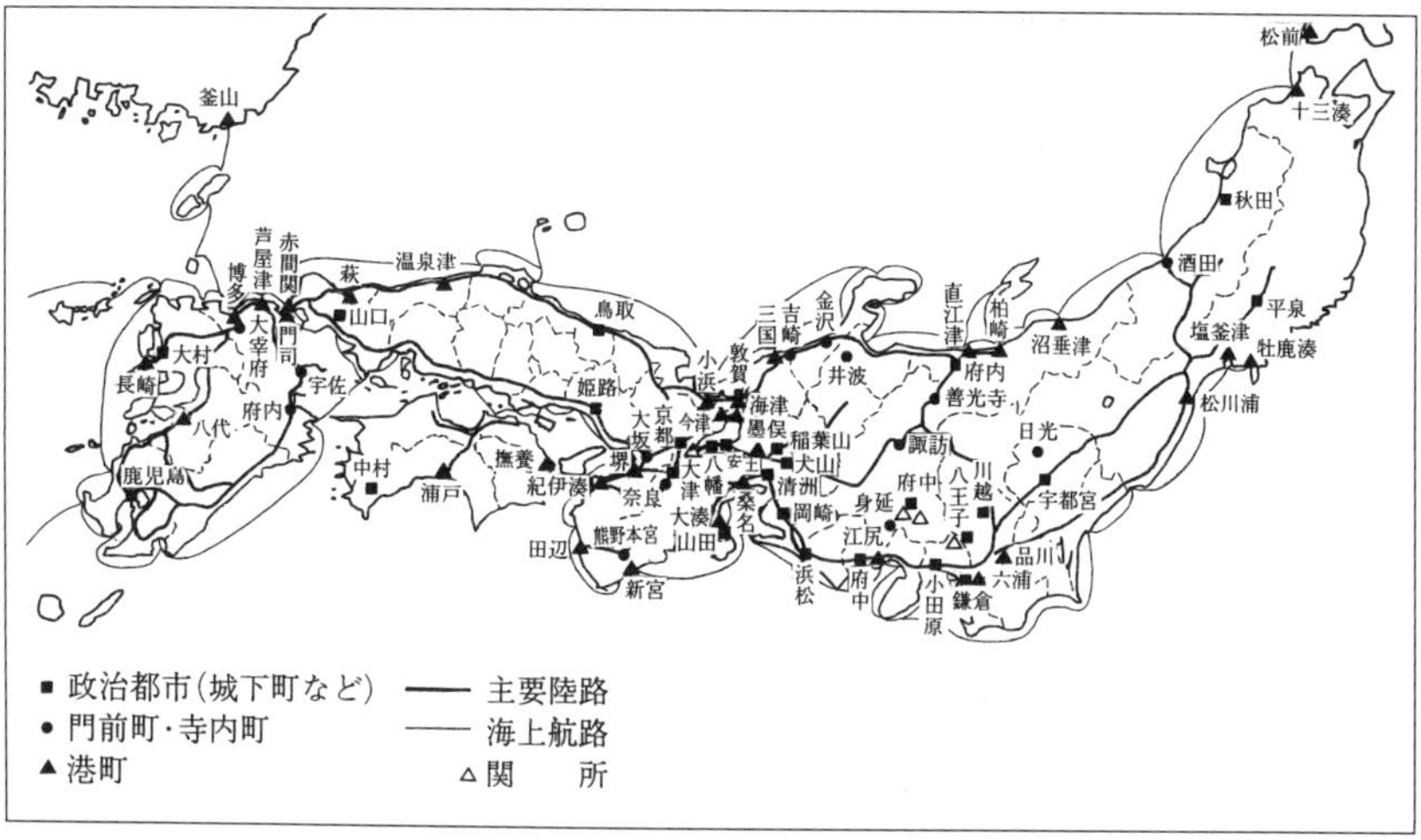

中世の陸運と水運

開かれた。これらのルートを使って年貢輸送や各地域の特産物などの商品が運送されていた。中国から輸入された宋銭などの貨幣が、商品の交換や年貢の納入（代銭納）に用いられた。各地の湊・津に倉庫業に金融業を兼ねる問丸が発達して年貢や商品の輸送に関与し、現物と引き替えに為替*を発行して目的地の都市などで貨幣に換えることのできる便宜を図った。町・市などでの商業活動も活発に行われ、各地に富を蓄えた有徳人*が社会層として成立していき、朝廷や幕府はこれに課税して国家の財源とした。（峰岸純夫）

〔荘園公領制と村落〕

大田文《おおたぶみ》　鎌倉時代を中心に、中世に作成された一国ごとの土地台帳。一国内の国衙領*・荘園別の田地面積、さらには領有関係などが記録されている。「大田文」「田文」「田数帳」「惣田数帳」「田数目録」「作田惣勘文」「田図帳」などの総称であり、現在二十一種が知られている。それらは幕府が守護*に命じて国衙在庁官人につくらせたものと、国司が作成させたものと二種類に大別され、前者には地頭*の補任状況などが記されている。一国平均の課役賦課の体制化や荘園整理令*との関連から、作成されるようになったのは院政*期ごろと推測される。一国平均に課役や段銭を賦課するための基本台帳として、中世を通じて重視され、利用されていった。（黒田弘子）

在地領主《ざいちりょうしゅ》　学術用語・概念であり、在地すなわち地方の農村に居所・居館をもち、在地民を支配した領主層（武士）をいう。在地領主を日本の中世社会形成の基本的な担い手・主体として位置付けたのは、戦後歴史学の出発点となった石母田正の名著『中世的世界の形成』であった。すなわち律令制国家（古代専制国家）支配を打倒して中世封建社会をつくり出したのは、草深い地方で勢力を培ってきた在地領主であった。いいかえれば領主―農民の支配・隷属関係こそが中世を生み出した原動力であったとみたのである。

この領主制理論は戦後の歴史学に巨大な影響を及ぼし、中世史研究はこの領主制理論をめぐって展開されたといっても過言ではない。まず支配階級である在地領主を歴史発展の担い手にすることはできず、人民の役割を重視すべきだという鋭い批判が加えられた。在地領主の支配下におかれた百姓や下人*の歴史的性格についても論争が展開され、下人・所従*は階級的には奴隷そのものであるとして、領主制が封建的支配関係ではないとした家父長的奴隷制説と、領主に隷属する農民は農奴そのものであるとして、平安期を中世封建制成立期とみる見解が対立し、いまも決着がついていない。さらに京都など都市に住む荘園領主も封建領主であるとし、また領主制に包摂されきらない平民百姓の自由民的性格に注目した見解も生まれた。また東アジアの視点に立って、日本のみに粗野で荒々しい在地領主（＝武士）が政権を樹立したことを、領主制理論のように西欧的発展を可能にした進歩的現象とみるのではなく、むしろ東アジア社会の辺境で起きた例外的・後進的現象とすべきではないかとする批判も出ている。近年では武士は必ずしも在地領主にあらずとして、在地領主＝武士という基本的な理解にも疑義が出され、殺生を職能とする特異な存在とみる武士論が唱えられている。また在地領主の国家公権への依存が着目され、かつ都市的性格が指摘されて、自らの力で在地に深く根を張って成長するといった在地性の部分も問われており、研究は新たな段階に入ったといえるだろう。〈石母田正『中世的世界の形成』伊藤書店、一九四六。入間田宣夫『百姓申状と起請文の世界』東京大学出版会、一九八六。石井進『中世を考える』校倉書房、一九九一。歴史科学協議会編『新しい中世史像の展開』山川出版社、一九九四〉

（黒田弘子）

館《やかた》　「たち」「たて」ともいう。中世の貴人・豪族や在地領主*の屋敷・宿所・居館。特に在地領主・上層武士の本宅・居館をさすことが多い。古くは政庁的な建物をさしたが、やがて身分のある者の居所・居館を意味するようになった。中世の代表的な館は在地領主層の居館であり、文献史料によれば、方一―二町の屋敷地をもち、周囲を堀や土塁で囲んでいて、「堀之内」や「土居」などと称した。内部には、主屋・廊・門・厩屋・土屋・倉・雑舎などの建物群があり、弓馬の訓練のための馬場もあった。その姿は平安末期から南北朝期にかけての絵巻物に描かれている。代表的なものとしては、『一遍上人絵伝』巻四に描かれた筑前国のある武士の館、『法然上人絵伝』巻一に描かれた漆間時国の館、『男衾三郎絵巻』第一段の男衾三郎の館、『蒙古襲来絵巻』*第九段の安達泰盛邸などがある。また、近年の発掘によって、館の多様な姿が明らかになりつつある。なお*南北朝時代以降には、将軍の居所（幕府）は「御所」、守護大名クラスの邸宅は「屋形」と区別して呼ばれるようになる。

（黒田弘子）

武士の館（「一遍上人絵伝」歓喜光寺蔵）

下人《げにん》・所従《しょじゅう》　中世における主要な被支配身分。奈良時代の奴婢などの系譜を引く面もあるが、基本的性格は、平安中期以降の律令制解体の巨大な社会変動のなかから成立してきた新たな被支配身分という点にある。中世の主要な被支配身分は百姓身分と下人身分であり、百姓が主人をもたず、人格的に自由であったのに対し、下人・所従は、主人に人格的・世襲的に隷属して朝夕召し使われるところに身分的特徴があった。下人という身分呼称は中世の成立過程で歴史的に形成されてきたから、当初は、都鄙《とひ》の多様な階層・職能・隷属形態を含んでいたが、中世社会が確立した段階では、荘園公領制支配下の百姓とともに、在地領主*や名主*支配下の下人・所従が、二大被支配身分の一つとして定着した。鎌倉幕府は、百姓には地頭*・荘官*の非法を法廷に訴える雑人訴訟の権利を認めたが、下人については、「奴婢」とも表現して主人を訴えることを禁止した。また譜代相伝の下人は主人の財産とされ、譲与処分された。そのような状態におかれた下人は、逃亡や訴訟によって人格的隷属から抜けだそうとする動向を示したが、他方、百姓の一部が債務・犯罪・人身売買・飢饉などを契機に新たに下人化していく動向も並行して展開した。こうして下人・所従は基本的な被支配身分・隷属民として中世を通じて再生産されていった。

（黒田弘子）

年貢《ねんぐ》・公事《くじ》　中世荘園公領制における基本的課役。中世荘園公領制下の百姓には、米・麦・大豆などの生産物を貢納する年貢と、種々の物品や夫役などを徴収される公事の二つの基本的な負担があった。「年貢」が史料上に登場するのは中世社会の形成過程においてである。それに対して「公事」は、本来は「おほやけごと」、つまり公務、ひいては朝廷の公的な行事を意味したが、中世荘園公領制においては雑税の総称とされた。公事のうち、労働をもってつとめることが夫役であった。年貢の特徴は、年ごとの貢納物として山野・河海・田・畑を問わず、その土地からの土産《どさん》の貢納であった点にあり、実際の品目は水田での稲作を基準としつつも、米以外に多様な生産物が年貢とされた。これに対して、公事は国家的な行事や年中行事の費用となるもので、本来は百姓身分に対する負担であった。中世の百姓は、荘公の年中行事の費用を負担することで行事に参加できたのであり、荘官や地頭の佃《つくだ》*を耕作することで、村の共同体の担い手として認められたのであった。また荘公の領主から派遣された代官をもてなすこと（饗応《きょうおう》、送迎《そうげい》、供給雑事《くごうぞうじ》）で、荘公の領主との従属関係あるいは契約関係を確認したのである。佃の耕作も供給雑事も公事の一つであり、公事は百姓身分を象徴する所役であった。なお、公領（国衙領《こくが》*）では、年貢といわず官物の語が使われたが、中世後期には年貢となった。

　年貢・公事の基本性格については長い研究史があり、いまだに結論は出ていない。代表的な学説をあげると、第一は、年貢＝生産物地代、公事＝労働地代と理解し、両者を封建地代とみる説で、封建的な経済外強制による収取とみる。第二は公事のほうを重視して打ち出された租税説で、それには贈与・互酬、貸借の契約関係の一形態である租税の一種とみなす説もある。そして第三には、律令制の租*・庸*・調*が導入される以前に年貢・公事があり、年貢は土地に対して、公事は人に対して課されたとする説である。なお最近では、公事の研究を通して中世社会の「公」に迫ろうとする研究もでている。

（鈴木哲雄・黒田弘子）

夫役《ぶやく》　支配者が百姓などの被支配者に課した労役のこと。荘園制の発展とともに中世的租税としての年貢*・公事*が成立するが、そのうち公事は雑公事と夫役からなっていた。夫役には、荘園領主や在地領主*の直営地（佃《つくだ》*）の耕作、年貢などの貢納物輸送、築堤・溝整備などの土木労働、領主屋敷などの清掃などがあった。特に在地領主は「朝夕駆使」と史料にあるように恣意的な夫役を課したので、百姓の激しい抵抗にあい、夫役はしだいに定量化・固定化されていった。だが室町・戦国期になると、守護*や戦国大名*が守護夫や陣夫という新たな夫役を課すようになり、また土豪や地侍が支配下百姓を夫役に駆使することは近世初期まで行われた。

（黒田弘子）

寛喜《かんぎ》の飢饉《ききん》　寛喜二年（一二三〇）から数年間続いた全国的な大飢饉。その数年前から気候の変異や小規模飢饉があったが、寛喜二年夏は、七月末から八月はじめに美濃・信濃・武蔵で降雪がみられたほど極度の寒冷気候となり、全国的に稲作が大凶作となった。さらにその冬は異常な暖冬となったため麦作が打撃を受け、麦も凶作となった。このため、同三年一月から七月ごろまで、大量の餓死者を出す大惨状を呈した。さらに同年秋も西国が干魃で凶作となった。餓死の危機に直面した人びとは、妻子や自身を売買・質入れして、辛うじて生きながらえることができた。こうした大飢饉によって生じた大量の人身売買は、その後、多くの紛争を引き起こした。それに対して公家側は人身売買を認めない方針で臨んだが、鎌倉幕府*のほうは延応元年（一二三九）に法を出し、飢饉の最中の人身売買・質入れの有効性を認め、社会が平常に復した同年五月以後はそれを認めないとした。同法はその後の中世身分制に大きな影響を与え、そのため、寛喜の飢饉は単なる一過性のものではなく、中世社会のその後の展開に大きな影響を与えた。

（黒田弘子）

二毛作《にもうさく》　耕地を一年に二度使い二種類の作物を作付けする集約的な田畑の利用法。畑地の場合、平安中期には安定的な二毛作が行われていた。それに対して水田二毛作のほうは、伊勢と讃岐の事例によって、ほぼ十一―十二世紀ごろから始まったと推定されている。鎌倉時代になると、文永元年（一二六四）四月の備前・備後の御家人*宛の幕府御教書に、諸国の百姓が稲刈りした跡につくった田麦に対して、領主らが所当を徴収してはならないとあることから、少なくとも近畿や中国・四国・九州地方では、水田二毛作のある程度の展開を想定できる。たとえば紀伊国紀ノ川流域の十四世紀半ばの水田二毛作率は、三〇パーセント程度になっている。（黒田弘子）

地頭請《じとううけ》　鎌倉時代、荘園・国衙領*において地頭*が豊凶などの変動に関係なく、毎年定額年貢の貢納を請け負うことをいい、その対象となった地を地頭請所といった。鎌倉時代の地頭の権限は一様ではなく、しかもその権限内容も多岐にわたっていたため、荘園領主と対立することが多かった。特に地頭による年貢の未進が繰り返されたために両者の間で紛争が頻発した。こうした問題の解決・回避のためにとられた手段の一つが地頭請である。その成立事情としては、武家（将軍や北条氏）の口入によるもの、寄進地系荘園*の在地領主の権限が地頭職に転化した際に地頭請とされたもの、荘園領主と地頭の私的契約によるものなどがあった。（黒田弘子）

下地中分《したじちゅうぶん》　鎌倉中期から南北朝末期まで行われた、領地をめぐる領主間紛争の解決方法の一つである。年貢*・公事*を生み出す土地（下地という）そのものを分割し、各当事者が別個に一円支配するようにしたもの。開発の進行、山野・河海利用の活発化に伴い、新たな利益・得分をめぐって領主間に鋭い対立が生じた。また承久の乱*後に設置された新補地頭らによる荘園侵略も進行したので、荘園領主と地頭*の間には相論が頻発した。その解決策の一つが下地中分で、分割は二分の一、三分の一と三分の二など様々である。両者の和解によるもの（和与）と幕府命令によるものとがあり、中分絵図と分文が作成され、幕府によって承認された。（黒田弘子）

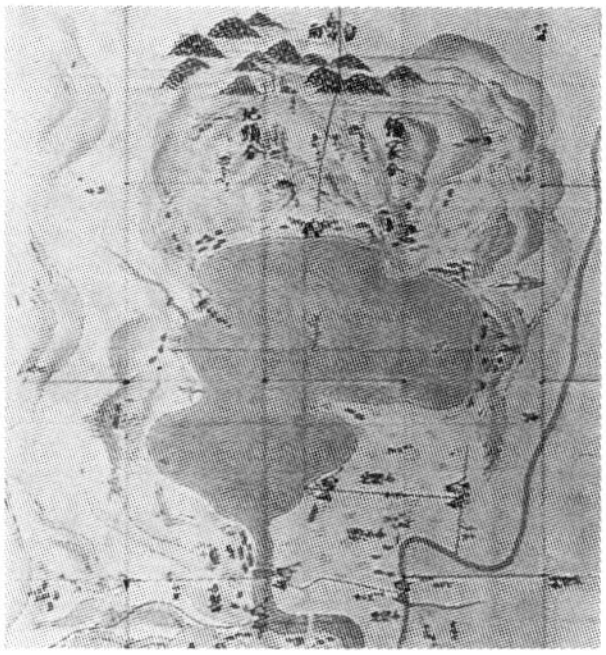

下地中分絵図（伯耆国東郷庄）

阿氐河荘《あてがわのしょう》の片仮名《かたかな》書言上状《がきごんじょうじょう》　建治元年（一二七五）十月二十八日付けの紀伊国阿氐河《あてがわ》荘上村百姓らの片仮名文字で書かれた訴状（申状ともいう）。地頭*湯浅宗親の非法を告発したもの。地頭の目を盗んで、夜の密議のなかで番頭（有力百姓）の一人が執筆した。料紙は縦二五センチだが、横の長さは二メートル一六センチにも及ぶ長大なもので、百姓申状では珍しい。また同時期の百姓申状のほとんどが漢文体であるのに対し、日本語文（片仮名文）であり、かつ日常の話し言葉で、きわめて具体的に記述されているのが大きな特徴である。たとえば朝夕（チヤウセキ）を「チヤウセチ」と訛ったまま表記したり、方言もいくつかみられる。あるいは「ミミヲキリ、ハナヲソキ……」の地頭の威嚇発言が直接話法で表記されたりして、リアルな地

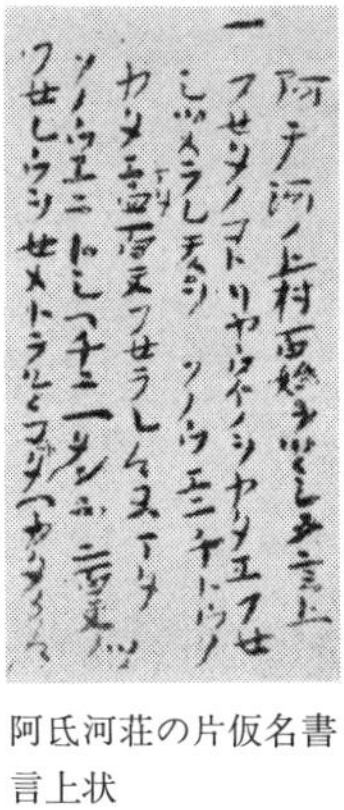

阿氐河荘の片仮名書言上状

頭と百姓らの関係・やりとりがうかがい知れる。さらに地頭に対抗して、百姓ら主導の逃亡跡の再建や、処罰の対象とされた首謀者を守りぬく取組みを読み取ることができ、中世後期村落につながる鎌倉期村落の姿が浮かび上がる。（黒田弘子）

〔物・貨幣・人の流れ〕

神人《じにん》　平安末期から戦国時代に活躍した神社の下級神職あるいは寄人《よりうど》*。「じんにん」ともいった。神人には本社に常時勤務する本社神人と、各地の末社や社領荘園*に寄人として活動している散在神人がいた。奈良の春日神社の場合でいえば、本社神人は黄色の衣（黄衣）を、散在神人は白色の浄衣（白衣）を着ていた。職務は神事祭礼の際の雑役や社域の警固、非常時の軍事警察的活動などであり、特に強訴における武装行動では大きな役割を果たした。鎌倉末期以降は神社の威勢を背景に活発な経済活動を展開した。代表的な商工業関係の神人として灯明油を製造・販売した大山崎油座神人、綿座を組織した祇園社神人、麴の製造・販売をした北野社の麴座神人などがある。（黒田弘子）

供御人《くごにん》　供御とは天皇の飲食物をさすが、加えて、手工業製品など、天皇が使う種々の品物の貢進を行う集団をいう。禁裏供御人ともいう。たとえば生魚を貢納する粟津橋本供御人・菅浦供御人・上桂供御人、野菜や菓子を納める精進御園供御人・宇治菓子供御人、鋳物を貢納する蔵人所*燈炉供御人、水銀を貢納する水銀供御人、火鉢を貢納する小南供御人など、様々な供御人がいた。中世の供御人は品物の貢納と引き換えに他の国家的課役免除の特権を得ていたが、さらに関所*の自由通行権や営業独占権などを獲得していった。南北朝時代以降になると、農村における商品経済の進展の結果、農間副業として農産物の行商をしている京近郊の農民が、営業権や関所通行権を得るために供御人身分を獲得している。（黒田弘子）

有徳人《うとくにん》　中世が生み出した庶民的な富裕者。有得人とも書き、有徳者、徳人、得人などともいう。徳（得）は銭貨・米穀などの動産的な富を意味し、それらをたくさん蓄えた人が有徳人と呼ばれた。鎌倉後期から文献に頻出するようになる。彼らは身分的には凡下であり、借上*・山僧・問丸*・土倉・酒屋・商人などの商工業者や金融業者たちであった。中世社会のなかで発達してきた貨幣経済を背景に出現した社会層であり、『徒然草』*二百十七段に登場する「大福長者」の「人は万をさしおきて、ひたぶるに徳をつくべきなり、まづしくては生けるかひなし、とめるのみを人とす」という発言にあるような、きわめて成金的・拝金主義的な世相を体現していた。こうした有徳人らはとかく貪欲な存在と見られがちであったために、寺社への莫大な寄進行為などを行ってその徳（得）を示した。『康富記』文安四年（一四四七）六月十八日条に記されている、夢の告げによって京の六角堂本堂の造営費用に一千二百貫文もの大金を寄進した「商売之徳人」は、その代表例である。（黒田弘子）

鎌倉街道《かまくらかいどう》　武士の都鎌倉から諸国・諸地方へと放射状に伸びていた多くの道筋の総称である。『吾妻鏡』*には「鎌倉往還」とあるが、『新編相模風土記稿』『新編武蔵風土記稿』といった近世の地誌では「鎌倉街道」「鎌倉海道」などと呼ばれている。『太平記』*や『梅松論』にみえる「上ノ道」「中ノ道」「下ノ道」が主なものといえる。政治的・軍事的な性格の濃い鎌倉街道は、国府を通過することが多く、また守護所もその道筋に設置される場合が多かった。主要な幹線としては、京鎌倉往還（東海道の道筋）、碓氷峠《うすい》を越えて信濃方面に伸びる信濃道筋、御坂峠を越える甲斐道筋、下野国府から白河関を越えて奥州へ通ずる道筋、常陸国府から勿来関《なこそ》を越えて奥州へと向かう道筋、海路で安房・上総・下総の国府をつなぐ道もあった。鎌倉街道は、現在でも道として生きていることが多い歴史的な道であり、各県の教育委員会による調査が行われている。それによると五—六メートルほどの道幅の窪地状になっているところが多く、また台地では両側に土手が築かれているところもある。（黒田弘子）

借上《かしあげ**》　平安末から南北朝期の高利貸業者で、室町時代の土倉にあたる。主な借上は、興福寺*・延暦寺*・園城寺・熊野山・金峯山の悪僧・山僧や祇園社・日吉社の神人*らで、神社・仏寺の聖なる権威を利用して米銭の高利貸し付けを行った。『庭訓往来*』に「泊々の借上、湊々の替銭、浦々の問丸*」とあるように、諸国の港湾都市を活動の舞台とし、荘園の預所*や代官となって年貢*徴収の請負まで行った。そうした借上の高利貸活動が御家人*の所領までを侵食し始めたので、幕府は、延応元年（一二三九）、諸国の地頭*が借上らを地頭代官に任ずることを禁じ、翌年には御家人の私領を借上らに売り渡すことを禁じたが、効果的な対策とはならなかった。強引な借銭取り立てから、横暴な行為をさして「借上の如し」といわれたりした。（黒田弘子）

座《ざ》　中世において、商工業者・芸能者・農民・漁民に至るまで様々な職業・階層において結ばれた共同組織。地主神を祭祀する宮座に起源があるとする説が有力であり、なかでも奉仕者集団としての座が代表的なものである。中世社会では朝廷・寺社・権門貴族が本所となって、人びとを供御人《くごにん》*・寄人《よりうど》*・神人《じにん》*・散所雑色などに身分編成し、芸能や夫役*、特産物の貢納などの奉仕をさせたが、その代償として給免田や課役免除の特権を得た供御人らは、奉仕と特権をともにする共同組織としての座を結成した。商品経済の発達は彼らをしだいに営業者的存在にしていき、領主に営業税を納めることによって営業上の特権を獲得した商工業者集団の座が成立していった。代表的な座として大山崎油座、北野麴座、祇園綿座、堀川材木座、三条釜座などがある。また芸能者の座として著名な猿楽能の大和四座がある。（黒田弘子）

三斎市《さんさいいち》　一カ月に三度、特定の日を定めて開かれた定期市で、平安末期に生まれた。その最も早い例として知られているのは『醍醐雑事記』に見える近江国高島郡饗庭川《あえばがわ》のほとりの市であり、康治元年（一一四二）に現れ、九の日に開かれた。こうした月三度開催される定期市は、商品経済の発達を背景にして、平安末期から鎌倉時代にかけて発達した。市の開催日は各地域ごとに市相互間の競合を避けるための様々な調整・決定がなされたらしく、や

三斎市（「一遍上人絵伝」歓喜光寺蔵）

がて一定の地域的な市場網が形成されていった。南北朝期以降になると、一と六、二と七、三と八、四と九、五と十といった組合せによって月に六度開催される六斎市の成立へと発展した。　（黒田弘子）

為替《かわせ》　遠隔地への送米・送金に、手形や証書で代用するシステムであり、中世以降に発達していった。中世ではふつう、銭の場合は「替銭」と書いて「かえせん」「かえせに」「かわし」と読み、米の場合は「替米」と書いて「かわしまい」と呼んだ。年貢*輸送や訴訟費用の送金にあたって、現物輸送の不便や危険を避けるために始まった。室町期になると商業取引が発達し、各地の問屋が為替業を営むようになり、為替が盛んになった。その仕組みは、為替依頼人が振出人に米銭を渡して為替手形を受け取り、この手形の受取人が支払指定地で支払人にそれを渡し、その引換えに米銭を受け取るというものである。ただし、まだ中世の商業取引システムは十分に発達していなかったため、不良手形も多かった。　（黒田弘子）

問丸《といまる》　中世において、港湾や都市に居住して貨物の保管・輸送・販売などに携わった運送業者兼商人。年貢物の陸揚げ、馬借*、車借への貨物の積み替え、倉庫への保管、委託販売、関銭の代理徴収、宿屋の提供など幅広い営業を行った。平安末・鎌倉期の、山城の淀津・山崎津・木津などの問丸は、権門・寺社などから問職《といしき》に任じられ、荘園支配に関与していた。鎌倉後期以降の商品経済の発達によって各地に都市が発展してくると、問丸は商品の輸送や中継取引にも携わるようになり、やがて同業組合である座*を結成した。たとえば淀津の「淀魚市問丸中」は塩および塩魚の問丸の座である。彼らは有徳人《うとくにん》*と呼ばれる富裕な商人となり、港町などの自治の担い手となっていった。　（黒田弘子）

馬借《ばしゃく》　中世・近世の運送業者。荷駄を馬の背に乗せて運び、駄賃を稼いだ。初見は十一世紀半ばの『新猿楽記*』の記述で、鎌倉中期以降、その活動が広く見られるようになる。草鞋履きで鞭を手にもつその姿は、『石山寺縁起絵巻』や『一遍上人絵伝』などの絵巻物に描かれている。日本海・瀬戸内海や淀川などから船送されてきた物資を、荘園領主の住む都市へ陸送するのが仕事であったから、京都や奈良の外港的機能を果たしていた越前の敦賀、若狭の小浜、近江の大津・坂本・草津、山城の淀・山崎・木津・伏見・横大路・鳥羽、大和の生駒・鳥見・八木・布留郷などが彼らの主な集住地となった。馬借の実態は、米や塩・榑《くれ》・苧《お》・相物《あいもの》・炭・薪などの商売をしている商人的な馬借から、農閑期に周辺農民が運送業に従事する場合まで多種多様であり、院や摂関家の厩《うまや》に属した厩寄人が馬借として活躍していたことも明らかにされている。室町時代になると、商品流通に深くかかわっていた馬借はしばしば各地で蜂起し、土一揆・徳政一揆*においても、その集団性を活かして「土民」とともに活動した。　（黒田弘子）

馬借（「石山寺縁起絵巻」石山寺蔵）

関所《せきしょ》　通行税としての関銭徴収の施設。港湾や道路の修築・維持の費用を確保するために、寄港する船舶や通行する人びと・貨物から徴収した使用料・通行税が本来の関銭であったが、鎌倉中期以降、国家の財政収入や寺社の造営費にそれがあてられるようになり、各地に新関が設置されるようになった。交通量の多い関所では一年に一千—三千貫もの関銭収入を得ている。室町時代には新関が濫立し、たとえば長禄元年（一四五七）ころの淀川には約四百、伊勢神宮*のある伊勢国には、室町中期に百二十もの関所が設けられていた。こうした関所濫立に対して、鎌倉・室町幕府*はたびたび新関の停止を命じたが、徹底せず、特に室町幕府は、応仁の乱*以後の財政不足を補うために自らも新関を設けたから、濫立に拍車をかけることになった。関銭目的の関所の撤廃という課題は、近世的権力の成立によって初めて可能になった。　（黒田弘子）

陶磁器《とうじき》の流通《りゅうつう》　中世の陶磁器流通は、古代の生産地から隔離した半島や臨海地に新たな広域向けの貯蔵・調理器の特産地が成立する動きに、十一世紀半ばの中国陶磁の大量流入にみられる民衆レベルでのアジア貿易圏（海洋国家）への参入が結びついたところに特色がある。しかし一方で、日本列島各地で陶製の貯蔵・調理器、陶・瓦・土師製の供膳・煮炊器が、数国あるいは一国ないし以下を単位に稼動し、国産陶器の消長を規定したことも重要である。なお、瀬戸焼は中国陶磁コピー専用の唯一の施釉陶器で、東日本を主要な市場としたが、内陸に位置し陸送の比重が高かった。

　中国陶磁（碗皿・壺瓶）と国産無釉陶器（甕・壺・擂鉢《すりばち》）の広域流通は、十二世紀前半に博多—京都の瀬戸内コースを軸に西日本で先行し、後半には東太平洋・日本海両コースが北都平泉によってリンクされ、列島の廻船網として完結した。西日本は東播《とうばん》焼と南西諸島の亀焼《カムイ》、東日本は列島中央の対極に突出した知多・渥美半島と能登半島産の常滑《とこなめ》・渥美《あつみ》焼と珠洲《すず》焼の四大流通圏が対応する。それは荘園公領制の首都市場圏を核とする求心的な海運貢納システムと表裏の関係にある。その意味で広域流通陶磁を貢納船の往反の副産物とする説は合理性があり、寺社権門配下の神人《じにん》*・供御人《くごにん》*が海上権を握っていた。ただ、陶磁器の流通は基本的に地域間の民需品の物流を代弁しており、地廻り海運との複合が考えられる。また、陶磁器の都市での大量消費は産地直行の廻船活動が考えられよう。

　やがて、中世後期には、博多—京都—鎌倉の三局構造がゆるみ、地方都市と町場が発達し、中核港湾をもつ地域経済圏が形成される。そこでは、集約生産体制を整えた西の備前焼と東の常滑焼の広域流通と、擂鉢・鍋釜の中・狭域流通の二局化が加速されて物流量が増大し、一部は戦国期に領国経済に組み込まれる動きもみられる。流通の主役も都市の問丸*のネットワークに移ったことは、文安二年（一四四五）浦伊部《いんべ》浦の問丸が農産物とともに、備前焼を月三—四回、三十—八十個ずつ畿内へ海送した記録（「兵庫北関入船納帳」）からも知られる。〈吉岡康暢「新しい交易体系の成立」『考古学による日本歴史9』雄山閣、一九九七〉　（吉岡康暢）

（四）鎌倉文化

仏教と神道　断続的に襲う自然災害や飢饉の不安のなか

で、人びとは宗教や呪術にその救いを強く求めた。南都六宗*や天台*・真言*の八宗は、平安時代に引き続いて支配層の保護を受け仏教の支配的地位を保持し続けたが、新興の武士層や庶民の救済を主張して新たな宗教として鎌倉新仏教が登場してきた。阿弥陀一仏に帰依して念仏を唱える浄土教*系の宗派には、法然*の浄土宗、親鸞*の浄土真宗、踊り念仏の一遍*の時宗*などがあり、既成仏教や支配層の非難・抑圧のなかで、民衆を含む諸階層のなかにしだいに勢力を拡大していった。中国から渡来して武士層を中心に信者を拡大していった禅宗系には、栄西*の臨済宗*、道元*の曹洞宗*などがある。法華経への帰依を説く日蓮*は、蒙古襲来*の民族的危機のなかで幕府や他宗を激しく攻撃する辻説法を展開した。一方、南都六宗の系譜を引く律宗は、奈良の西大寺に叡尊《えいそん》*・忍性《にんしょう》*が出て、戒律の厳守と「癩者」（ハンセン氏病）を含む非人救済などを説き、幕府の援助を得て社会救済や土木事業などに乗り出し信者を拡大した。この宗派を鎌倉新仏教に加える説もある。

念仏踊り（「遊行上人縁起絵」）

　天台・真言宗の密教信仰と古代以来の民族的な山岳信仰が結びつき、熊野・那智や各地の霊山を巡回する修験道*が発展し、生活のなかの呪術と結びつき社会のなかに根を下ろした。中世の神社は、本地垂迹思想に基づき仏教と結合し神宮寺となったり、あるいは寺院（別当寺）の管轄下に置かれた。蒙古襲来において神の加護が大きかったと考え、神社はこぞってその神威を喧伝し、朝廷・幕府も恩賞として所領を与えたり、徳政興行を行ったりしたので、日本は神によって加護される国という神国思想が広まった。この流れのなかで、伊勢神宮*などを中心に神道の体系化などが行われた。政治・社会のなかで、二者ないし多数が神前で誓約を交わす起請文の慣行が広く成立した。

文学と芸術　浄土教的な人生への諦観（無常観*）にねざす文学が、この時代の潮流となり、鴨長明*・吉田兼好*・慈円*などが和歌・随筆・歴史書などに優れた作品を残した。

　盲目の琵琶法師によって語られた『平家物語*』は、あらゆる諸階層から共感をもってむかえられ、のちの『太平記*』とともに軍記物語の頂点をなす。和歌も隆盛をきわめ、当代一流の歌人といわれる藤原定家*は『新古今和歌集*』を編纂し、その教えを受けた源実朝*は『金塊和歌集*』をつくった。古典の注釈や有職故実の研究も盛んになり、北条*（金沢）実時は自己の所領の武蔵国六浦荘金沢に金沢文庫*（図書館）をつくった。

武士の戦陣での活躍や日常生活、法然・一遍など僧侶の伝記、地獄や飢饉・病気などを絵と詞書きで活写する絵巻物の傑作が現れた。肖像画（似絵）や禅僧の肖像画である頂像《ちんぞう》も多く描かれ、所領譲与や所領争いの結果作成された荘園絵図も多く残され、視覚的に当時の荘園景観を追求する手がかりとなっている。

治承・寿永の内乱*の直前、ないし乱中に焼失した信濃善光寺や奈良東大寺*の再建は、朝廷や幕府の重要課題で、とりわけ源頼朝*はそれに対し努力を傾注した。前者においては、資金集め（勧進）のために僧侶の背に負える善光寺式阿弥陀三尊仏が多くつくられ、東国各地に普及した。東大寺の再建にあたっては、重源《ちょうげん》が造営勧進職に任命され、十年余の歳月を費やしその任務を遂行した。大仏（天竺）様*といわれる東大寺南大門に代表される建築様式はこのときに始まる。この再建に動員された仏師のなかに奈良仏師の運慶・快慶がおり、東大寺南大門の金剛力士像をはじめ多くの仏像彫刻を残し、その流派は慶派として仏像彫刻界の支配的地位を保った。（峰岸純夫）

〔仏教の新展開〕

八宗体制《はっしゅうたいせい》　奈良時代の南都六宗*の三論・成実・法相・倶舎・華厳・律に、平安仏教の天台*・真言*の二宗を加えて八宗とした。これらは国家によって保護・統制され国家仏教の色彩の強いものであった。これに対して平安時代末期・鎌倉時代に、つぎつぎに鎌倉新仏教の諸宗派が成立していく。しかし、中世を通じて、この八宗の旧仏教の支配的位置は揺るがなかった。八宗体制とは、鎌倉仏教に対する顕密の旧仏教を包括した表現である。しかし、これらの新旧の区分を固定的にのみにとらえることはできず、たとえば律宗のうち奈良西大寺*を拠点に戒律の遵守を説き、社会救済事業を活発に展開する叡尊*・忍性*の真言律宗は国家仏教のわくに当てはまらないとして、これを鎌倉新仏教に加える見解もある。なお、中世の仏教は宗派と寺院の関係が近世のように、かならずしも固定的でなく、一寺院の中に複数の宗派の僧侶が共存して宗教生活を営む「兼修・兼学」の場合も多く、今日でも長野の善光寺が天台宗と浄土宗が一つの寺院のなかに併存しているのはその名残である。（峰岸純夫）

大仏再建《だいぶつさいけん》　治承四年（一一八〇）、平清盛*の命で平重衡*は反平勢力の拠点となった南都（奈良）を攻撃し、興福寺*・東大寺*などを焼いた。このときに東大寺大仏殿は焼失し、大仏は焼けただれて首も手も折れてしまった。戦乱と飢饉にあえぐ当時の人びとにとって、災難除去のために大仏再建は急務と認識された。翌年朝廷は東大寺再建のために帰国僧で高野山の念仏聖俊乗坊重源（南無阿弥陀仏と号す）を大勧進職に任命し、大仏の鋳造が開始された。諸国からの勧進（資金集め）を大々的に行う一方で、大仏の鋳造が本格化し、大仏の右手や顔が鋳造された。文治元年（一一八五）平氏は滅亡し、捕らえられた平重衡*は南都で斬首された。この年の八月に後白河法皇*が臨席して盛大に大仏開眼供養が催された。

その後、大仏殿を含む東大寺の再建のために、周防国が東大寺御料国に指定されて、その財源となった。ここからの材木が瀬戸内海を経て南都に輸送された。建久六年（一一九五）大仏殿の落慶供養が行われ、これに参加するために源頼朝*は上洛している。下って正治元年（一一九九）南大門が建立され、建仁三年（一二〇三）には運慶・快慶らの金剛力士像が、ここに納められた。その三年後の建永元年（一二〇六）に重源は没している。この大仏および東大寺の再建には、重源の大奮闘のもとに朝廷・幕府の協力があり、九条兼実*と頼朝の援助が大きかった。（峰岸純夫）

浄土宗《じょうどしゅう》　宗祖は法然房源空*で、阿弥陀仏の本願を信じ、その仏の名号（南無阿弥陀仏）を唱えることによって、すべての人は極楽往生できると説く宗派である。法然教団は、京都を中心に公家の女房衆や民衆に急速に支持を広げたところから、興福寺*や延暦寺*が危機感をもち、朝廷に迫って承元元年（一二〇六）に念仏停止令を発布させた。この弾圧で数名のものが死罪になり法然・親鸞*らは流罪となった。間もなく許され法然は宗教活動を開始し、公家や各地の農民の間に布教した。法然の没後その教団は、源智（紫野門徒）、証空（西山派）、弁長・良忠（鎮西派）、信空（白川派）、隆寛（長楽寺派）らにそれぞれ引き継がれ分裂していった。今日では総本山は京都府東山区の知恩院である。（峰岸純夫）

法然《ほうねん》（一一三三—一二一二）　名は源空。父は漆間時国。美作国稲岡荘の領主で、永治元年（一一四一）荘園支配をめぐる内紛で討たれた。この父の遺言で僧となり、十五歳で比叡山に入り受戒したが、十八歳で遁世して西塔黒谷に住んだ。天台の円頓戒を相承したが、『往生要集*』を読んでからは浄土宗*に傾倒していき、四十三歳で専修念仏に転入した。その後、比叡山を出て京都の所々に住んで、武士・庶民だけでなく、九条兼実*などの貴族の帰依も受け、専修念仏を顕密仏教と別立することを説き『選択本願念仏集』を著し弾圧された。それは専修念仏では念仏が阿弥陀の選択した唯一の往生行であり、念仏以外では往生できないこととして、それ以外の諸行、造像起塔などに宗教的価値はないとした。来世においてはすべての人間は宗教の上では平等であると説いた点で意義がある。延暦寺*・興福寺*など顕密仏教寺院は専修念仏を世に惑わすものとして弾圧を要求、承元二年（一二〇七）後鳥羽上皇は専修念仏禁止令を発令、弟子二人は死罪、法然は土佐に流罪となった（承元の法難）。法然は間もなく赦免され、摂津国勝尾寺に住み、後に京都への帰還も許され、八十歳で死去した。（峰岸純夫）

善光寺《ぜんこうじ》阿弥陀《あみだ》三尊《さんぞん》信仰《しんこう》　信濃国長野の善光寺は、天台宗*と浄土宗*が共存し、今日でも多くの参詣者でにぎわう有力寺院である。治承・寿永の内乱*発生の直前に火災となり、乱世の前兆とささやかれた。朝廷も幕府もこの再建に助力し、とりわけ内乱で権力を掌握した源頼朝*は所領を寄進するとともに、この寺の再建への助成を御家人*たちに命じた。この過程で、善光寺の秘仏である本尊仏を定尊《じょうそん》という僧が夢告によって模刻したとする金銅製阿弥陀三尊仏を再々鋳造して、多くの僧が厨子に入れて背負い、東国を中心とする各地に赴いて勧進（資金集め）を行った。この三尊仏は一つの光背を共有し（一光三尊）、その多くは本尊一尺五寸（約四五センチ）、脇侍一尺（三〇センチ）で、本尊は右手を開いて胸の高さにかざす施無畏印《せむいいん》、脇侍の勢至・観音は宝冠をかぶり、両手を上下に重ね合わせる梵篋印《ぼんきょういん》を結び、三尊とも臼型の台座に乗り、中国からの渡来仏を思わせるエキゾチックな形相をしており、当時の人びとの人気を博した。この三尊仏によって善光寺信仰は広範な地域に普及し、各地に新善光寺や如来堂が建立された。東国においては、この善光寺阿弥陀*三尊信仰が、浄土教*普及の地均しとなり、その土壌の上に法然*の浄土宗、親鸞*の浄土真宗*、一遍*の時宗*などの衆派の展開がなされるのである。長野善光寺の定尊作の三尊仏は、戦国時代に武田信玄*によって甲府善光寺に運び去られた。（峰岸純夫）

浄土真宗《じょうどしんしゅう》　真宗あるいは一向宗ともいう。親鸞*を開祖とする浄土教*系の一宗派。親鸞は師匠法然*の信心往生の「真実の教え」を発展させて宗派名とした。承元の法難以後、関東に下った親鸞から直接教義を継受した坊主（「面授」の弟子）は各地に門徒を組織した。なかでも真仏《しんぶつ》・顕智《けんち》の下野高田専修寺は有力な門徒団を形成した（専修寺派）。なお、専修寺の本尊仏は善光寺式阿弥陀三尊仏である。この高田門徒から分かれて三河の和田門徒が生まれ、さらに越前では山元・三門徒・誠照寺派などに分派した。武蔵の荒木門徒からは京都山科の仏光寺派が形成され、そこから近江の錦織寺派が分かれた。親鸞*の死後、京都大谷に墓所が形成され、三世覚如はこれを本願寺とした。本願寺八世の蓮如*は、十五世紀後半に畿内・近国・北陸・東海地方に教線を飛躍的に拡大し、中国地方に勢力をもつ興正寺派（仏光寺派の分派）をも統合した。戦国期には各地の本願寺門徒は支配権力と激しい戦いを展開した。顕如は、元亀・天正の争乱において織田信長*と争覇を繰り返したが後に屈服した。現在は仏教宗派中最大の信者を有する教団である。（峰岸純夫）

親鸞《しんらん》（一一七三―一二六二）　浄土真宗*の開祖。父は公家の日野有範。九歳のとき慈円*のもとで出家。比叡山で修行の後、夢のお告げで法然*のもとに入門、専修念仏に帰依し綽空《しゃくくう》と号した。朝廷の念仏弾圧（承元の法難）により藤井善信の名を与えられて越後の国府に流罪となり、配流後は愚禿《ぐとく》と称した。建暦元年（一二一一）赦免された後、妻恵信尼らを伴い関東への布教活動に赴いた。以後、常陸稲田を拠点として二十年間にわたり東国での布教に専念した。この間に下野では高田の真仏・顕智、下総では横曽根の性信、蕗田の善性、常陸では鹿島の順真、河和田の唯円、奥州では大網の如信などを中心とする初期真宗教団が東国各地で成立した。この関東在住中に浄土真宗の根本教義『教行信証』*を著し、帰京後完成させた。京都では多くの著述と門弟の強化につとめた。没後、東国門徒によって墓所が改修され大谷本廟が造営され、後に本願寺*となる。弟子唯円が著した『歎異鈔』*が、悪人正機説や他力本願など親鸞の信仰や言説を伝えている。（峰岸純夫）

教行信証《きょうぎょうしんしょう》　正確には『顕浄土真実教行証文類』といい、親鸞*の著述した浄土真宗*の根本経典である。教・行・信・証・真仏土・化身土の六巻からなり、広く教論解釈の諸文を集成して浄土真宗の教義を叙述したものである。その構想は越後の流罪時代に始まり、関東での布教活動のなかで著述が進み、最終的には京都に帰洛後の元仁元年（一二二四）ごろに完成したものと思われる。末尾に記された「後序」の部分においては、承元の法難の際、当時の支配者の後鳥羽上皇*・土御門天皇*の朝廷が、旧仏教勢力の圧力に押されて念仏者を死罪や流罪に処した弾圧の不当性を厳しく批判している。（峰岸純夫）

歎異抄《たんにしょう》　一巻十八章からなり、親鸞*の高弟常陸河和田の唯円《ゆいえん》の著作である。師の説に背く異端の発生を嘆き、その誤りを正し正統の論を示して、多くの念仏者の疑問に答えるために記述されたものである。前半部は親鸞の語録をまとめ、後半部は当時起こった異義（異端の教説）に対して唯円の意見を述べた部分からなる。全体が唯円の叙述ではあるが、ところどころに親鸞の言説を引用して、悪人正機説や他力本願など親鸞自身の信仰告白をもリアルに伝えていて読者に感銘を与える。（峰岸純夫）

時宗《じしゅう》　一遍*の開いた浄土教*系信仰の一宗派で、その信者を時衆ともいう。日常を臨終の場とし、つねに阿弥陀仏の名号を唱えることで極楽往生できると説く。一遍は諸国を旅行（遊行）し念仏踊りによって念仏を広めたので遊行宗ともいう。関東を中心に武士・庶民に迎えられ、鎌倉後期から南北朝期にかけて飛躍的に信者を獲得した。一遍の没後、その事業は他阿信教《たあしんきょう》に引き継がれ、相模当麻寺、藤沢の清浄光寺（遊行寺）などが宗派の拠点寺院となった。時宗の徒（時衆）は、僧俗ともに～阿弥陀仏（～阿弥）と称する阿弥号をもち、その僧は従軍僧として戦場で敵味方の区別なく戦死者を弔い、その戦歴を遺族に伝えたりしたので、太平記など軍記物語の形成に大きな役割を果たしたという。また、遁世僧であるために自由に往来ができるので、使僧（使者の僧）となったり、あるいは芸能や技術者として、室町将軍家に仕える同朋衆などになる者もいた。（峰岸純夫）

一遍《いっぺん》（一二三九―八九）　時宗*の開祖。法名智真《ちしん》。伊予の豪族河野通広の子。十歳で出家し浄土宗西山派の聖達や華台に学び、信濃善光寺参籠や伊予窪寺での修行を経て、「十一不二頌」に代表される独自の宗教的悟りに達し、みずから一遍と称した。これ以降「南無阿弥陀仏、決定往生六十万人」という名札号（賦算）を配り、全国各地に遊行して念仏を勧進したので遊行上人と呼ばれた。踊り念仏による布教で教線は拡大し、賦算は二百五十万人、門弟は約一千人に及んだという。兵庫県真光寺に廟所がある。体系的な著作はなく、「一遍聖絵」や「一遍上人絵伝」の絵巻物語が、その教化の様子を詳細に伝え、門弟の聞き書きを収録した「播州法語集」「一遍上人語録」などから、その思想がうかがえる。（峰岸純夫）

日蓮宗《にちれんしゅう》　日蓮*を宗祖とし「法華経」の信仰を中心とする。法華宗ともいう。弘安五年（一二八二）日蓮は、日昭（浜門流）・日朗（比企谷門流）・日興（富士門流）・日向（身延門流）・日頂・日持を本弟子（長老僧）に指名して没した。のち、これらの門弟らが各門流を形成し、また、日蓮の没後に僧となった富木日常（中山門流）の門下も門流を形成し、主に東国に展開する。また京を拠点とした門流も形成され、内部分立を含みつつもおのおの教線を延ばしていく。分裂には「法華経」の解釈をめぐって大きく一致派と勝劣派に分かれる。戦国期に入ると、日蓮宗は京の町衆と法華一揆を形成するが、天文五年（一五三六）延暦寺*を中心とした勢力に武力抑圧される。いわゆる天文法華の乱である。天正七年（一五七九）織田信長*が浄土宗*と日珖とを争わせ日蓮宗を敗北させている。いわゆる安土宗論である。文禄四年（一五九六）には豊臣秀吉*の方広寺千僧供養への出仕の可否をめぐり受不施と不受不施とが対立。さらに慶長四年（一五九九）には徳川家康*が受と不受に関して対論させ、のち、江戸幕府*は不受派を抑圧した。また教育の場として多くの檀林が形成される。近代になると在家仏教運動が展開し、第二次世界大戦*中には各宗の統合も図られるが、戦後再び分立。霊友会・立正佼正会・創価学会などの大衆宗教が興ったのも同宗の特色である。（廣瀬良弘）

日蓮《にちれん》（一二二二—一二八二）　日蓮宗*の開祖。貞応元年安房国（千葉県小湊町）生まれ。天福元年（一二三三）ごろ清澄山で出家得度。初め蓮長、後に日蓮と称す。延応元年（一二三九）ごろより鎌倉・比叡山・高野山などに学び、「法華経」を顕揚。建長五年（一二五三）に法華信仰弘通を開始する。翌年には鎌倉名越にて説法を始め、文応元年（一二六〇）に度重なる災害に際し、『立正安国論』を著し、前執権の北条時頼*に提出し、念仏などの信仰をやめて、法華経を信仰するよう勧めた。その後、念仏門徒らの襲撃を受け、一時下総中山に退く。さらに弘長元年（一二六一）伊豆伊東に配流され、同三年に赦免。文永元年（一二六四）小松原で東条景信一族の襲撃を受け、同八年蒙古襲来*の危機に際し、鎌倉幕府*は、日蓮らの言動を反秩序的として弾圧。捕らえられ相模片瀬龍ノ口で斬罪に処されるところを赦免され、佐渡に配流された。翌九年に『開目抄』、十年に『観心本尊抄』などを著す。同十一年に赦免され、ほどなく波木井（南部）六郎実長の招きにより甲斐身延山に退き、建治元年（一二七五）『撰時抄』、同二年『報恩抄』を執筆。弘安五年（一二八二）、常陸（茨城県）に湯治に赴く途中、武蔵池上宗仲の館にて、六人の本弟子に後事を託し示寂。六十一歳。（廣瀬良弘）

禅宗《ぜんしゅう》　坐禅宗の略。達磨《だるま》宗・仏心宗ともいう。北魏末にインドから中国に禅宗を伝えた達磨を中国禅宗の祖とする。唐から宋代にかけて四祖道信には五祖弘忍と法融（牛頭《ごず》禅の祖）、弘忍には六祖慧能《えのう》と神秀が出て、慧能下の南宗禅と神秀下の北宗禅の南北二宗に分派。北宗禅は絶えるが、南宗禅は臨済・潙《い》仰《ぎょう》・曹洞・雲門・法眼《ほうげん》の五派に分かれ、さらに臨済宗は黄《おう》龍《りょう》・楊岐《ようぎ》の二派に分派し、五家七宗《ごけしちしゅう》と称された。日本では、元興寺*の道昭が入唐して禅を伝えたり、最澄*も牛頭禅を伝えたりしたが、本格的な展開を遂げるのは栄西*以降で、鎌倉から江戸期に二十四流が伝来した。そのうち二十一流は臨済宗*で、千光派（開祖は栄西）が黄龍派である以外はすべて楊岐派で聖《しょう》一《いち》派（円爾《えんに》）・大覚派（蘭溪*）・仏光派（無学*）・大応派（南浦）などがあり、曹洞宗*は道元派・東明《とうみょう》派・東陵派の三流である。また、日本禅は江戸前期に隠元*隆琦（楊岐派下）が伝えた黄檗《おうばく》宗*があり、曹洞宗・臨済宗とともに三宗に大別される。（廣瀬良弘）

臨済宗《りんざいしゅう》　唐代の禅僧、臨済義玄が開祖。中国禅宗の五家七宗の一つ。義玄から七代の石霜下から黄龍派と楊岐派が生じた。鎌倉・室町時代を中心に日本に伝来した禅宗*二十四派のうち、二十一派は臨済宗。そのうち千光派（開祖は栄西）が黄龍派以外はすべて楊岐派で、聖一《しょういち》派（円爾）・法燈《ほっとう》派（無本）・大覚派（蘭溪*）・兀庵《ごったん》派・大休派・法海派（無象）・仏光派（無学*）・一山《いっさん》派・大応派（南浦）・西礀《せいかん》派・鏡堂派・仏慧派（霊山）・大鑑派（清拙）・明極《みんき》派・愚中派・竺仙派・別伝派・古先派・大拙派・中巌派の各派である。臨済宗は、鎌倉や京都の武士や公家に受容され、鎌倉五山や京都五山を中心に教線を拡大し、各地においても守護などに受容され、五山派の中心をなした。また、漢文学を中心とする五山文学の隆盛をもたらした。

鎌倉時代に南浦紹明《なんぽじょうみょう》（大応国師）が伝えた禅は、大徳寺開山の宗峯妙超（大灯国師）から妙心寺開山の関山慧玄へと伝えられ、戦国期には、応《おう》・灯《とう》・関《かん》の系統が栄え、江戸時代中期には独自の公案体系を確立し、臨済宗中興と称される白隠慧鶴《はくいんえかく》が出る。近代の臨済禅の法系はすべてこの門派である。ただし、有力寺院ごとに派を形成しており、天龍寺派・相国寺派・建仁寺派・南禅寺派・妙心寺派・建長寺派・東福寺派・大徳寺派・円覚寺派・永源寺派・方広寺派・国泰寺派・仏通寺派・向嶽寺派・興聖寺派に分かれ、臨済宗十五派と称される。（廣瀬良弘）

栄西《えいさい》（一一四一―一二一五）「ようさい」とも読む。鎌倉時代の臨済宗*黄龍派の禅僧。道号は明庵、法号は栄西。別に千光法師、葉上房とも称した。父は備中吉備神社の社司賀陽氏、母は田氏（一説に王氏）。叡山で具足戒を受け、台密を学ぶ。伯耆大山の基好にも参学している。仁安三年（一一六八）四月、宋に渡海。日本僧俊乗房重源《しゅんじょうぼうちょうげん》と会い、ともに天台山・阿育王山などを巡り、同年九月に帰国。十数年間、密教の研究を深め、文治三年（一一八七）夏、再度入宋し、インドへの巡礼を計画したが失敗。天台山万年寺の虚庵懐敞《きあんえしょう》に参じ、虚庵とともに天童山景徳禅寺に移り、虚庵から臨済宗黄龍派の禅と戒を受け、建久二年（一一九一）秋に帰国した。その後、京都で禅の布教を行うが、叡山の弾圧を受け、禅宗*の立場を弁明するために『興禅護国論』を著した。その後、鎌倉幕府*の帰依を得て、鎌倉寿福寺や京都建仁寺を開創し、東大寺再建の大勧進職《だいかんじんしき》も勤める。著書としては、源実朝*の病気平癒のためお茶の効能を説いた『喫茶養生記』、台密と戒律に関する『教時義勘文』や『菩薩心論口訣』『出家大綱』がある。長楽栄朝・退耕行勇・明全・道聖・玄珍・巌琳・円琳などの門弟がいる。建保三年七月五日、七十五歳で示寂。入宋中に天台山修営費を喜捨したり、帰国後、天童山千仏閣復旧のための良材を送るなどの活動も知られている。（廣瀬良弘）

蘭溪道隆《らんけいどうりゅう》（一二一三―七八）臨済宗*楊岐派の僧で、日本臨済宗大覚寺派の祖。諱《いみな》は道隆、道号は蘭溪。中国西蜀涪江《せいしょくふこう》（四川省）の出身。無明慧性の法を嗣ぎ、寛元四年（一二四六）渡来し、北条時頼*の帰依を受け、はじめ大船の常楽寺を改宗して与えられ、鎌倉巨袋《こぶくろ》坂の刑場跡に建てられた建長寺の開山に迎えられる。その後、京都建仁寺、鎌倉寿福寺などの住持となる。流言により甲斐に流された時期もあった。他宗と兼修であった日本禅宗に、宋朝風の禅を流布させ、日本臨済宗のもとが固められた。弘安元年七月二十四日没。建長寺西来庵に墓塔がある。のちに北条時宗*の奏請により大覚禅師と諡《おくりな》される。これは日本における禅師号のはじめといわれる。著述には『大覚禅師語録』がある。（廣瀬良弘）

無学祖元《むがくそげん》（一二二六―八六）中国宋代の臨済宗*の僧、慶元府鄞県（浙江省）の出身。道号は無学、法諱《ほうき》は祖元。はじめ子元と号したが、のち無学と自称。抗州浄慈《じんずじ》寺で出家し、径山《きんざん》の無準師範《ぶしゅんしはん》の法を嗣いだ。北条時宗*は使僧を遣し、無準の高弟環溪惟一あたりを招こうとしたが、代わりに弟子の無学が弘安二年（一二七九）に渡来し、蘭溪道隆《らんけいどうりゅう》寂後の建長寺住持となった。同五年（一二八二）、時宗は円覚寺を建立し、祖元を迎えて開山とした。住すること二年にして、建長寺に帰り、同九年九月三日に寂。日本臨済宗に大きな影響を及ぼした。のちに仏光禅師の勅諡を受け、後光厳天皇から円満常照国師の号を下

賜された。仏光国師と称されたことから無学門派を仏光派という。遺著に『仏光国師三会語録』がある。（廣瀬良弘）

虎関師錬《こかんしれん》（一二七八―一三四六）鎌倉時代後期の臨済宗*の僧。諱は師錬、字《あざな》は虎関。勅諡号は本覚国師。弘安元年京都に生まれる。父は藤原左金吾校尉、母は源氏。三聖寺の東山湛照や南禅寺の規庵祖円に師事。儒学を菅原在輔と六条有房に、密教を仁和寺・醍醐寺で学ぶ。元亨二年（一三二二）『元亨釈書』三十巻を完成した。以後三聖寺・東福寺・南禅寺などに歴住、康永元年（一三四二）後村上天皇より国師号を受く。五山の儒学・文学の先駆者。貞和二年七月二十四日海蔵院にて寂。著書は『元亨釈書』、語録『十禅支録』『続十禅支録』三巻、四六文の作法書『禅儀外文集』二巻、『仏語心論』十八巻、詩文集『済北集』二十巻、日本における韻書の嚆矢『聚文韻略』五巻など。（廣瀬良弘）

曹洞宗《そうとうしゅう》　中国禅五家七宗の一つで、日本では禅宗三派（曹洞・臨済*・黄檗*）の一つ。中国禅六祖慧能の弟子青原行思から四世代に洞山良介、その弟子に曹山本寂が出て宗派のもとを築く。曹山の系統は絶え、洞山下の雲居道膺《うんごどうよう》の門下が発展。宋代に丹霞子淳《たんかしじゅん》の門弟に真歇清了《しんかつせいりょう》と宏智正覚《わんししょうがく》が出る。日本から道元*が入宋し、真歇下四代の天童山の如浄の法を嗣ぎ、安貞元（一二二七）に帰国する。道元は京都宇治に興聖寺を建てたが、寛元元年（一二四三）に越前（福井県）志比荘《しいのしょう》に移り、のち大仏寺（のちの永平寺*）を開いた。永平寺では三代相論があり、三代義介が加賀（石川県）大乗寺に出、その弟子の瑩山紹瑾《けいざんじょうきん》が能登に永光寺《ようこうじ》と総持寺を開き、その弟子に明峰《めいほう》素哲と峨山《がさん》韶碩《しょうせき》が出、明峰の門下は永光寺《ようこうじ》を中心に、峨山の門下は総持寺を中心に発展した。特に峨山には多くの門弟がおり、五哲（太源宗真・通幻寂霊・無端祖環・大徹宗霊・実峰良秀）とも二十五哲とも称され、全国的な展開をみせた。禅風も瑩山のころより変化し、授戒会・葬祭・祈禱などの活動を通じて、戦国期から江戸前期にかけて在地武士や上層農民層を中心に受容され、多くの寺院を建立し、江戸中期には一万七千カ寺（現在は一万四千カ寺）を擁した。この間、永平寺は大野（福井県）宝慶寺を拠点とした寂円派により守られてきたが、峨山派の援助も受けるようになり、総持寺とともに、二大本山となっていった。宏智派の曹洞宗は延慶二年（一三〇九）に東明恵《とうみょうえ》日《にち》、観応二年（一三五一）に東陵永璵《とうりょうえいしょ》が来日して伝えられ、京・鎌倉の五山文学界で重きをなし、越前朝倉氏の外護を得て発展したが、同氏の滅亡とともに衰退した。江戸前期の延宝五年（一六七七）には心越興儔《しんえつこうちゅう》が来日し、徳川光圀*の帰依を受け、水戸に祇園寺を建立したが、道元派に編入された。（廣瀬良弘）

道元《どうげん》（一二〇〇―五三）鎌倉時代の禅僧。日本曹洞宗*の開祖。号は希玄。正治二年、内大臣源（久我）通親（一説に通具）を父とし、摂政太政大臣藤原基房の娘を母として、木幡の松殿山荘で生まれたといわれる。三歳で父、八歳で母を失い、建暦二年（一二一二）に出家して比叡山横川の首楞厳院《しゅりょうごんいん》の般《はん》若谷《にゃだに》千光房にとどまり、翌年天台座主《ざす》公円について得度し、仏法房道元と名のる。建保五年（一二一七）建仁寺に赴き、栄西*門下の仏樹房明全に師事。貞応二年（一二二三）明全らと入宋し、天童山景徳寺の長翁如浄《にょじょう》に参じ、その法を嗣いで、安貞元年（一二二七）に帰国。しばらく建仁寺に寄寓するが、比叡山の衆徒の迫害を受けたため、天福元年（一二三三）山城に興聖寺を開き、寛元元年（一二四二）七月波多野義重らの請により、越前志比荘《しいのしょう》に移り、翌年大仏寺を開き、のちに永平寺*と改称。宝治元年（一二四七）、一時鎌倉に下向したがすぐに越前に戻り、建長五年八月二十八日に京都において没。五十四歳。著書に『正法眼蔵*』『永平清規』『普勧坐禅儀』などがあり、弟子孤雲懐奘の聞書『正法眼蔵随聞記』がある。末法思想の立場に立たず、只管打坐《いかんだざ》（ただひたすら打ち坐すのみ）、修証一等（修行と悟（証）は一であり、修行を悟りの具としない）を唱えたことが特色である。　（廣瀬良弘）

正法眼蔵《しょうぼうげんぞう》　日本曹洞宗*の根本宗典。道元撰。寛喜三年（一二三一）の「弁道話《べんどうわ》」から「八大人覚《はちだいにんがく》」に至る説示を集めた和文の法語集。漢文の『（真字）正法眼蔵』を台本として敷衍展開したものが和文の『正法眼蔵』。編述には門弟の孤雲懐奘《こうんえじょう》の助力が大きい。説示の場所は山城興聖寺・波多野義重邸・六波羅密寺・越前吉峰寺・禅師峰・大仏寺（永平寺）など。七十五巻、十二巻、六十巻、八十四巻、八十九巻、九十五巻本の六系統がある。このうち七十五、十二巻本は道元親集とされ、ほかは後の編集による。道元は真理はいまここに現れているとするが、それを多くの巻を通じて説示したのが本書。その真理は知識をもって知ることはできず、坐禅によってのみ体得できるとする。　（廣瀬良弘）

永平寺《えいへいじ》　福井県吉田郡永平寺町志比にある曹洞宗大本山*。山号は吉祥山。開基は波多野義重。開山は道元*。寛元二年（一二四四）の創建で、当初は大仏寺と称し、寛元四年（一二四六）に永平寺と改称。応安五年（一三七二）後円融天皇より「日本曹洞第一道場」の勅額を下賜され、曹洞宗の出世道場となる。文明五年（一四七三）に火災にあうが、永正四年（一五〇七）に勅額を受け、天文八年（一五三九）にも出世道場の綸旨を受けている。天正二年（一五七四）にも一向一揆*により焼失したが、その都度再建され、元和元年（一六一五）に江戸幕府*より「永平寺諸法度」を受け、総持寺とともに曹洞宗大本山の地位を確認された。三三万平方メートルの寺域には、寛延二年（一七四九）再建の山門をはじめとする七十余の堂宇が立ち並んでいる。　（廣瀬良弘）

貞慶《じょうけい》（一一五五—一二一三）　鎌倉時代初期の法相宗の僧。字《あざな》は解脱房。藤原貞憲の子。十一歳で出家して以来、寿永元年（一一八二）二十八歳で維摩会の研学竪義、文治二年（一一八六）三十二歳で維摩会講師を務めるなど、興福寺学侶*としての栄達の道を進んだ。建久三年（一一九二）生涯の転機となる笠置寺への隠遁を行った。笠置隠遁の理由としては、弥勒浄土とされた笠置寺を拠点として弥勒信仰を広めることで、法然*の浄土教*学に対抗しようとしたことがあげられる。元久二年（一二〇五）には、『興福寺奏状』を著して法然を批判した。承元二年（一二〇八）海住山寺に移り、観音信仰を修め、同時に戒律復興を図った。著書に『愚迷発心集』がある。　（細川涼一）

高弁《こうべん》（一一七三—一二三二）　鎌倉時代前期の華厳宗の学僧。一般には字《あざな》である明恵《みょうえ》で知られる。紀伊国に父平重国と母湯浅宗重の娘との間に生まれた。文治四年（一一八八）十六歳で高雄山神護寺の上覚房行慈について出家した。以後、神護寺や母方の湯浅氏の所領がある紀州で顕密の修行を行い、華厳の仏典の研究をした。幼少から釈迦に対する恋慕の思いが強く、建仁三年（一二〇三）と元久二年（一二〇五）の二度、天竺に渡り釈迦の遺跡を巡礼することを企てたが、いずれも春日大明神の託宣によって中止した。建永元年（一二〇六）栂尾の地を*後鳥羽上皇より賜り、高山寺を建てて釈迦在世のインドに模した。著書に*法然の専修念仏を批判した『摧邪輪《さいじゃりん》』、自らが見た夢を記録した『明恵上人夢之記』がある。（細川涼一）

俊芿《しゅんじょう》（一一六六—一二二七）鎌倉時代の律宗の僧。京都泉涌寺開山。肥後国生まれ。十九歳で筑紫観音寺で具足戒を受け出家。正治元年（一一九九）、三十四歳で戒律の復興を決意して入宋し、天台山・四明山などで学ぶこと十三年に及んだ。建暦元年（一二一一）に日本に帰って京都に入った。翌二年京都稲荷の崇福寺に入寺したが、同六年、生涯の活動の拠点となる東山仙遊寺に移り住み、泉涌寺と改めた。嘉禄二年（一二二六）には泉涌寺の落慶が行われたが、泉涌寺の特徴は、律を中心に*禅・*真言・*天台・*浄土の諸宗が兼学されたことであり、俊芿の教学の特徴は顕密諸宗の融和にあった。その戒律は*叡尊ら奈良の南都律に対して、京都の律として北京律と呼ばれた。（細川涼一）

叡尊《えいそん》（一二〇一—九〇）鎌倉時代の律宗の僧。西大寺の中興開山。字《あざな》は思円房。興福寺の学侶慶玄の子として大和国に生まれる。建保五年（一二一七）、十七歳で*醍醐寺恵操を師として出家し、以後、醍醐寺・高野山・東大寺などで真言密教を学ぶが、文暦元年（一二三四）戒律の復興を志すに至った。嘉禎二年（一二三六）九月、覚盛・円晴・有厳とともに東大寺法華堂で自誓受戒をした。大和海龍王寺を経て、暦仁元年（一二三八）西大寺に住み、以後そこを拠点として戒律の普及に努めるとともに、社会体制の外部に排除・疎外された非人救済運動も展開した。彼の非人救済は、非人を文殊菩薩の化身とみなして非人施行を行うもので、その最大の行事が、文永六年（一二六九）三月に奈良坂中腹にある般若寺の文殊菩薩像の完成を記念して、非人二千人を集めて行われた非人供養である。この際には非人一人一人に斎戒を授けるとともに、米などの食糧や、浅鍋などの乞食の道具が施行《せぎょう》された。弘長二年（一二六二）には*鎌倉幕府の*北条時頼の招きで鎌倉にも下向した。弘安九年（一二八六）には、宇治川の網代破却による殺生禁断を条件として、宇治橋を再興するなど、勧進活動にも活躍した。自伝『感身学正記』がある。（細川涼一）

忍性《にんしょう》（一二一七—一三〇三）鎌倉時代の律宗の僧。鎌倉極楽寺の開山長老。字《あざな》は良観房。大和国の人。幼少より母の影響で文殊信仰を学び、母の死を契機として出家を決意した。延応元年（一二三九）、二十三歳で西大寺*叡尊と出会い、戒を受けてその弟子となった。癩病（ハンセン氏病）のため足腰の立たなくなった奈良坂の非人を、毎日奈良の市まで背負って送り迎えし、乞食で生計が成り立つようにするなど、非人救済に奔走した。建長四年（一二五二）、三十六歳で律宗の東国布教を目指して関東に下向し、常陸三村寺に住した。弘長二年（一二六二）、師叡尊の鎌倉下向に際しての活動で、忍性も幕府の北条氏の信頼を得、多宝寺を経て、文永四年（一二六七）、生涯の活動の拠点となる極楽寺に住した。以後、鎌倉にあって非人救済・作道（極楽寺坂）・殺生禁断（鎌倉前浜）などの慈善事業に努めた。彼が鎌倉に建立した療病施設・桑谷療病所では、二十年間に生者四万六千八百人、死者一万四百五十人で、五分の四が生きたといわれている。*東大寺大勧進、四天王寺別当、摂

津多田院別当なども歴任し、多くの寺社の勧進・復興活動もなしとげた。　（細川涼一）

非人《ひにん》　中世の下層身分の一つ。「癩者」（ハンセン氏病患者）を中心にすえて交通の要地、寺社門前、河原などに非人宿を形成し、公家・武家や寺社・教団などの「施行」（救済）を受けながら集団生活を営み、乞食（街頭での物乞い）、清掃（死体処理を含む）、行刑などの業務にたずさわっていた被差別の身分である。かれらのなかには、動物の死体処理から皮革業を発展させたり、庭園業を芸術的に高め、あるいは芸能を発展させる者も現れた。京都の清水坂の非人や奈良の奈良坂の非人は有名で、その権益を守るため集団の長である長吏に率いられた武装集団を有し、相争った。居住する場所から「宿者」「河原者」「坂者」などとも称せられた。　（峰岸純夫）

〔神道思想〕

伊勢神道《いせしんとう》　中世に伊勢神宮*で形成された神道説。平安後期以降、国家的祭祀の衰退、および密教的神道説の影響を受け、外《げ》宮《くう》神官の度会《わたらい》氏は、陰陽道《おんみょうどう》*的宇宙観を加味した独自の神道理論を形成した。鎌倉中期、蒙古襲来*によって神国意識が高まるとともに、神宮では上古の作に仮託した『神道五部書』を創出し、教義の根本に置いた。度会行忠《ゆきただ》（一二三六―一三〇五）は外宮優位を説いて内宮神官と摩擦を引き起こしたが、度会家行《いえゆき》（一二五六―一三六二）は鎌倉末期以降の皇統分裂期に『類聚《るいじゅ》神祇本源《じんぎほんげん》』を著して教説を体系化し、北畠親房*ら南朝方に思想的基盤を提供した。近世初頭、度会延佳《のぶよし》（一六一五―一六九〇）は、さらに儒教的宇宙論を加えて伊勢神道の革新を図り、江戸時代の神道理論の源流となった。　（西岡芳文）

神道五部書《しんとうごぶしょ》　伊勢神道の原典とされた五部の書物の総称。『天照坐《あまてらします》伊勢《いせ》二所《にしょ》皇太神宮《こうたいじんぐう》御鎮座《ごちんざ》次第記《しだいき》』『伊勢《いせ》二所《にしょ》皇太神宮《こうたいじんぐう》御鎮座伝記《ごちんざでんき》』『豊受《とゆけ》皇太神宮《こうたいじんぐう》御鎮座本紀《ごちんざほんぎ》』『造《ぞう》伊勢《いせ》二所《にしょ》太神宮《だいじんぐう》宝基本紀《ほうきほんぎ》』『倭姫命世紀《やまとひめのみことせいき》』からなり、いずれも古代の成立に仮託されるが、実際は鎌倉中期に伊勢神宮*の神官たちによって創作されたもので、最初の三書は伊勢神宮の由緒を記し、後二書は密教的神道説に対抗して、神宮を主体とする神秘的宇宙観を述べるが、いずれも短編であり、教説に体系性は薄く、同一作者によるものとは思えない。中世には神宮内部の秘伝書（禁河《きんが》之書）として固守されたが、近世には神道説の根源として広く尊重され、吉田神道や垂加《すいか》神道に受け継がれた。『新訂増補国史大系・神道大系』に収録。　（西岡芳文）

修験道《しゅげんどう》　日本固有の山岳宗教を示す学術用語。諸国の山岳で肉体的修行を重ねた行者（修験者《しゅげんじゃ》・山伏《やまぶし》）が、霊験によって民衆の帰依を受けたもの。奈良時代中期の伝説的人物である役小角《えんのおづぬ》が開祖とされるが、教義・教団は未発達であった。平安初期、山岳寺院を根拠とした密教は、修験者を取り込んで仏教化した。平安中期以降、末法思想を背景に、上皇・公家たちは熊野信仰に傾倒し、熊野三山が修験道の頂点に立ち、吉野山から大峰山を経て熊野に至る修験の道が確立した。寛治四年（一〇九〇）、白河上皇*の熊野詣の先達を勤めた園城寺の増誉《ぞうよ》が熊野三山を統括する検校《けんぎょう》職に任じられて熊野を掌握し、室町時代には聖護院《しょうごいん》を頂点とする本山派《ほんざんは》を形成した。一方、真言宗*の醍《しょう》醐寺（三宝院）は、平安前期に吉野で蔵王権現を感得した聖宝《ぼう》を開祖とする当山派《とうざんは》を形成した。江戸幕府*は全国の修験者をこの両派に統合した。明治維新に伴う神仏分離*の際、制度としての修験道は廃止されたが、第二次世界大戦後*、旧修験道系の密教寺院を中心に復興が図られ、独立した教団組織が復活している。 （西岡芳文）

〔学問と教育〕

往来物《おうらいもの》　平安後期より明治初期まで用いられた教科書の一形式。様々な分野の語彙や決まり文句を往復書状の形式で編集し、書簡作法とともに知識を授ける目的でつくられた。平安後期、藤原明衡《あきひら》のつくった『明衡往来《めいこうおうらい》』や『高山寺本古往来』『和泉《かせん》往来』などが知られている。鎌倉時代には『十二月《じゅうにげつ》往来』や、書簡用語集『雑筆《ざっぴつ》往来』がつくられた。南北朝時代に成立した『庭訓《ていきん》往来』*は、分野別の語彙を網羅して、実用性を高めて江戸時代まで用いられ、古往来の代表作とされる。江戸時代には寺子屋*の教科書として職業別・分野別の膨大な往来物が出版され、明治初期には西洋の知識を紹介したものまで現れ、学校制度が確立するまで使用された。主要なものは『日本教科書大系』に翻刻されている。 （西岡芳文）

金沢文庫《かなざわぶんこ》　鎌倉時代後期、金沢北条氏が設けた文庫。鎌倉幕府*の要職にあった北条実時《さねとき》は、蔵書を武蔵国六浦《むつら》庄金沢郷の居館に文庫を創設して収納した。孫の金沢貞顕《さだあき》は朝廷制度に関する和書・漢籍版本類を収集し、また幕府要人や学僧たちに貸し出した。幕府滅亡後、文庫は金沢氏の菩提寺・称名寺によって管理されたが、当地の支配者足利・上杉・後北条・豊臣氏らによってたびたび接収され、散逸した。金沢文庫の蔵書の多くには金沢文庫印が押捺され、良質の典籍として尊重された。江戸初期、徳川家康*は称名寺より金沢文庫本を接収し、江戸城内に文庫を建て、幕府蔵書の基礎とした。幕末に書物奉行となった近藤正斎《せいさい》（重蔵）は、『金沢文庫考』を著し、近代の書誌学的研究の基礎を築いた。昭和五年（一九三〇）、神奈川県は称名寺境内に県立金沢文庫を再興し、関靖《せきやすし》は新たに発見された仏典・古文書を整理し、研究を集大成した。現在は隣接する遺跡伝承地に移転し、中世歴史博物館として運営されている。〈関靖『金沢文庫の研究』講談社、一九五一〉 （西岡芳文）

〔和歌と日記・紀行〕

新古今和歌集《しんこきんわかしゅう》　鎌倉時代前期の勅撰和歌集。後鳥羽上皇*の院宣*により源通具・藤原有家・藤原定家*・藤原家隆*・藤原雅経が撰者となり、元久二年（一二〇五）三月に竟宴が催されて完成。二十巻、約一千九百八十首。撰定では後鳥羽上皇の意向が強く、承久三年（一二二一）承久の乱*後、隠岐配流中も上皇は改訂を行い「隠岐本」を残した。作者に西行*・慈円*・藤原良経・藤原俊成ら同時代人のほか、柿本人麻呂*・紀貫之ら古人も多い。『万葉集』*『古今和歌集』*とともに三大和歌集と称される。特に秋の部・冬の部の歌が多く、「見渡せば花も紅葉もなかりけり浦の苫屋の秋の夕暮れ」（定家）など、後世のわび・さびに通ずる歌として、茶道の千利休*らに尊ばれた。 （鶴崎裕雄）

藤原定家《ふじわらのていか》　（一一六二—一二四一）　鎌倉時代前期の歌人。ふつう「ていか」というが「さだいえ」が正しい。藤原氏北家、道長の子長家を祖とする御子左家。父は、歌人で千載和歌集撰者藤原俊成。五十二歳で参議、五十四歳で民部卿、七十一歳で権中納言、翌年に出家、法名明静、京極中納言入道と呼ばれた。若年より歌道に励み、勅撰集*では『千載和歌集』*に入集、建仁元年（一二〇一）後鳥羽上皇*より源通具・藤原家隆*らとともに『新古今和歌集』*の撰者の一人に任命された。この前後

『老若五十首歌合』『千五百番歌合』『元久詩歌合』など後鳥羽上皇の主要な歌会に出座。文暦二年（一二三五）『新勅撰和歌集』の撰者も務めた。撰集に『百人一首』の草稿といわれる『百人秀歌』、歌論に『近代秀歌』『詠歌之大概』などがあり、家集に『拾遺愚草』がある。日記『明月記』は治承四年（一一八〇）から嘉禎元年（一二三五）までが現存。治承四年九月冒頭の「紅旗征戎非吾事」は政治と距離を置こうとする定家の気持ちを表す文として有名である。（鶴崎裕雄）

藤原家隆《ふじわらのいえたか》（一一五八―一二三七）　鎌倉時代前期の歌人。正二位中納言光隆二男。四十九歳で宮内卿、七十八歳で従二位。『月詣和歌集』入集をはじめ歌人として活躍し、後鳥羽上皇*に仕える。『新古今和歌集』*の撰者となり、「谷河のうち出づる波も声立てつ鶯さそへ春の山風」など本歌取り・三句切れ・体言止めの新古今調の歌を詠んだ。後鳥羽上皇の連歌会に加わり「乙女子が葛城山を春かけて霞めどいまだ峰の白雪」（『菟玖波集』*）などの句を残す。承久の乱*以後は不遇で、晩年、病により出家、法名仏性、摂津国天王寺に下り、日想観を修め、「契りあれば難波の里に宿り来て波の入日を拝みつるかな」と詠んで亡くなったという（『古今著聞集』*）。（鶴崎裕雄）

金槐和歌集《きんかいわかしゅう》　鎌倉時代前期、源実朝*の歌集。書名の「金」は鎌倉、「槐」は大臣の唐名「槐門」、すなわち鎌倉の右大臣源実朝の歌集の意味。伝本に、建暦三年（建保元年、一二一三）実朝二十二歳までの歌をまとめた建暦三年本系（定家所伝本・群書類従本）と後世の柳営亜槐（将軍で大納言であった人）編集の貞享四年版本系がある。明治時代、正岡子規*は、実朝の歌を万葉調の優れた歌と賞賛したが、『金槐和歌集』は万葉調よりも古今調・新古今調の歌が主流を占める。冒頭の「今朝見れば山も霞みて久方の天の原より春は来にけり」、斎藤茂吉が万葉調とする「大海の磯もとどろに寄する波われて砕けて裂けて散るかも」などがよく知られる。（鶴崎裕雄）

十六夜日記《いざよいにっき》　鎌倉時代、阿仏尼（?―一二八三）の日記。藤原定家*の嫡男、御子左家の藤原為家の長男為氏と異母弟為相は遺領の播磨国細川荘の相続をめぐって鎌倉幕府*に訴訟を起こした。為相の母阿仏尼は、この訴訟のため弘安二年（一二七九）十月十六日京都を出発して鎌倉に下った。書名は出発の日の「十六夜」に由来する。日記の前半は、同月二十九日の鎌倉到着までの紀行。途中の宇津山の詠歌「蔦楓しぐれぬ隙も宇津の山涙に袖の色ぞ焦がるる」のように、その土地ごとの歌枕を詠む。後半は、翌三年八月二日まで鎌倉に滞在中の記録で、都の知人からの音信や息子らの歌の添削などを記し、最後に鎌倉下向の経緯を詠んだ長歌を付ける。（鶴崎裕雄）

海道記《かいどうき》　鎌倉時代の紀行。作者不詳。古来、鴨長明*や古典学者の源光行が作者とされたが、長明の没年や光行の経歴からは矛盾が生じる。冒頭、京都白川に隠遁する作者は遁世思想と道中の概略を記す。次に貞応二年（一二二三）四月四日、あとに残す老母を気遣いつつ、京を発ち、大津・鈴鹿・熱田宮・豊川・佐夜中山・藤枝・手越・蒲原・足柄山を経て、十七日に鎌倉に着き、五月まで滞在した後、帰途につく。最後は仏道への深い思いを書き連ねる。本書の特色として、道中の日付と地名、特に宿泊地の詳しい記述や、紀行とともに濃厚な仏教思想があげられる。また、承久の乱*で非業を遂げた藤原宗行・藤原光親への哀悼の記述が注目される。（鶴崎裕雄）

東関紀行《とうかんきこう》　鎌倉時代の紀行。作者不詳。古来、鴨長明*や古典学者の源親行が作者とされたが、長明の没年や親行の経歴からは矛盾が生じる。百歳の半ばに近づいた作者が、仁治三年（一二四二）八月十日、京都を発って鎌倉に赴き、しばらく滞在して、十月二十三日に帰京の途につくまでの記録である。ほかの紀行と同様、歌枕の名所を尋ねては歌を詠むが、本書の特色は、道中の歴史や説話・古歌に関連する人物の記述にある。たとえば、地名と人物をあげれば、逢坂の関＝蝉丸、不破の関＝後京極摂政（藤原良経）、熱田宮＝日本武尊、八橋＝在原業平、菊川＝中御門（藤原）宗行、清見が関＝藤原忠文、富士山＝都良香、鎌倉＝源頼朝*などである。（鶴崎裕雄）

方丈記《ほうじょうき》　鎌倉時代前期、鴨長明*（一一五五―一二一六）の随筆。長明の出家遁世後に執筆を始め、建暦二年（一二一二）三月晦日成立。前半は、安元三年（一一七七）の大火、治承四年（一一八〇）の辻風、同年の平清盛*による福原遷都、養和元―二年（一一八一―八二）の飢饉、元暦二年（一一八五）の大地震の、京都を襲った五大災禍を記して世の無常を説き、後半は、日野の草庵に隠遁するまでの生涯を回顧し、仏道修行の生活を述べる。書名は草庵の広さである「一丈四方」による。冒頭の「ゆく河の流れは絶えずして、しかももとの水にあらず」は名文としてよく知られており、兼好*の『徒然草』*とともに隠者文学を代表する随筆である。（鶴崎裕雄）

鴨長明《かものちょうめい》　（一一五五?―一二一六）　鎌倉時代の歌人・随筆家。京都下賀茂神社の禰宜鴨長継二男。生年は『方丈記』*などより推定。『月詣和歌集』『千載和歌集』*に入集し、後鳥羽上皇*の信任を得て和歌所の寄人に加えられ、『新古今和歌集』*に十首入集。後鳥羽上皇は長明を下賀茂河合社の禰宜に補任しようとしたが、下賀茂神社の惣官鴨祐兼の反対で実現せず（『家長日記』に詳しい）、元久元年（一二〇四）長明は五十歳で出家した。法名を蓮胤。洛北の大原、次に醍醐の南の日野で隠遁生活を送り、隠者文学の代表的随筆『方丈記』*を一丈四方の草庵に因んで著した。また、歌論の『無明抄』、仏教説話集の『発心集』がある。（鶴崎裕雄）

徒然草《つれづれぐさ》　鎌倉時代末期、卜部兼好*（一二八三?―一三五二以後）の随筆。成立年代は諸説あって不定。上下二巻、二百四十三段から構成される。冒頭の「つれづれなるままに、日暮らし硯にむかひて……」（序段）は名文として有名。内容は豊富で、よく知られている「花はさかりに、月はくまなきをのみ見るものかは……」（百三十七段）のような自然観察、賀茂の競馬の日、居眠って楝《あふち》の木から落ちそうになる法師（四十一段）を見て悟る無常観、久米の仙人（八段）の色欲論、周りを囲った柑子の木に失望する（十一段）人間論、蹴鞠*の庭（百七十七段）の有職故実など様々である。鴨長明の『方丈記』*とともに隠者文学を代表する随筆である。（鶴崎裕雄）

兼好《けんこう》　（一二八三?―一三五二以後）　鎌倉時代末期から南北朝時代の歌人・随筆家。卜部兼顕の子。俗名は「かねよし」と訓読。吉田兼好ともいう。朝廷に六位の蔵人として出仕し、延慶元年（一三〇八）後二条天皇没後、出家遁世。二条為世に和歌を学び、浄弁・頓阿・能与（のちに能与に代わって慶運）とともに二条派の和歌四天王と呼ばれた。勅撰集『風雅和歌集』『新千載和歌集』『新拾遺和歌集』に入集。家集に『兼好法師集』がある。「つれづれなるままに」心に移りゆく事柄を書き留めた『徒然草』*は、長明*の『方丈記』*とともに、隠者文学を代表する随筆である。『太平記』*巻二十一に、兼好が高師直の恋文を代筆する話が載る。（鶴崎裕雄）

〔軍記物語〕

保元物語《ほうげんものがたり》・平治物語《へいじものがたり》　鎌倉時代初中期の成立。ともに三巻三冊。古来、両書合わせて書写・版行されることが多く、作者として葉室《はむろ》時長、源喩《げんゆ》（あるいは公喩）の名が伝えられているが未詳。保元物語は保元元年（一一五六）七月、鳥羽法皇の崩御のあと、第一皇子崇徳上皇と、その実弟後白河天皇が皇位継承をめぐって対立し、それぞれ武士階級をも巻き込んで争い、崇徳上皇方が敗れた保元の乱*の顚末《てんまつ》を語る。中巻後半から下巻にかけて、敗れた上皇方の人びとの最後のありさま、たとえば為義や義朝の弟たち、為義の北の方の最後、為朝の遠流などが詳細に描かれている。平治物語は平治元年（一一五九）十二月に起こった平治の乱*の発端から義朝が尾張国内海《うつみ》で相伝の家人に討たれること、頼朝*が斬られずに伊豆に流されることまでを語る。諸書とも原本成立以後、南北朝・室町時代まで書き換え・増補が行われた。室町中期の成立と思われる金刀比羅本が『日本古典文学大系』の底本とされて注目された。（長谷川端）

平家物語《へいけものがたり》　平安末期から鎌倉初期にかけての源平争乱を描いた軍記物語。流布本は十二巻に「潅頂巻《かんじょうのまき》」がついている。異本が多く、八十余種の伝本は、ふつう、屋代《やしろ》本・覚一《かくいち》本・流布本・百二十句本などの語り本系と、四部合戦状《しぶかっせんじょう》本・延慶《えんぎょう》本・源平闘諍録《げんぺいとうじょうろく》などの読み本系とに分類されているが、両系統の中間的な本もある。どの本も原本ではなく、現存諸本で書写年代の最も古いものは、延慶二―三年（一三〇九―一〇）書写の奥書をもつ延慶本である。諸本はほぼすべて慈円*の『愚管抄』*（承久二年（一二二〇）に起こった承久の乱*直前の成立が定説化している）の影響を受けている。『徒然草』*二百二十六段にいう後鳥羽院時代に「信濃前司行長」が慈鎮（慈円の諡号）の扶持を受けて『平家物語』をつくり、「生仏といひける盲目に教て語らせけり」とする聞書《ききがき》に注目して、九条兼実*の『玉葉』に名前の見える、九条家の家司《けいし》下野守《しもつけのかみ》中山行長を作者に擬する試みが従来行われていたが、かりにその考えを認めるにしても、ここにいう『平家物語』は現存本とは大きく異なるであろう。『日本古典文学大系』『新日本古典文学大系』『新編日本古典文学全集』他に収める。（長谷川端）

源平盛衰記《げんぺいじょうすいき》　軍記物語、四十八巻。鎌倉末期から南北朝時代にかけて成立か。作者不詳。『平家物語』*の読み本系の一異本であるが、江戸時代には別個の軍記物語として広く享受された。源頼朝*の挙兵、石橋山合戦など源氏に関する記事が多く、書名はこれに起因する。院宣*・宣旨、説話を多数増補していて、『平家物語』諸本の中では、覚一《かくいち》本などとはまた別の、注釈的・考証的な興味に支えられた大きな達成である。『盛衰記』は『太平記』*とも共通する、いわば百科事典的な編纂態度に支えられた作品である。源平交替の動乱を正確に知って、それを解釈しようとする態度が濃厚である。「異本云」「或本云」「秘本云」という形式で異説を引くのはそのためである。（長谷川端）

琵琶法師《びわほうし》　寺院に隷属し、髪を剃り僧体となって琵琶を演奏した盲人。十一世紀中ごろに書かれた藤原明衡の『新猿楽記』*の冒頭部分に「琵琶法師の物語」とあり、見せ物で琵琶法師の様を滑稽に真似る芸人がいたと記す。それより古く、『源氏物語』*明石巻に「入道琵琶の法師になりて、いとをかしう、めずらしき手、一つ二つ弾きいでたり」とあるのも、明石入道が当時すでに貴人の間でもてはやされるようになっていた琵琶法師の真似をしたのであろう。源平合戦以後、『平家物語』*を語ることを表芸として、彼らの芸能は飛躍的に洗練され、南北朝期の覚一《かくいち》検校（在名《ざいみょう》明石殿）は潅頂巻《かんじょうのまき》を特立し、表現を磨いて、覚一本『平家物語』を制定した。（長谷川端）

琵琶法師（「慕帰絵詞」西本願寺蔵）

〔歴史書・歴史物語〕

吾妻鏡《あずまかがみ》　治承四年（一一八〇）四月から文永三年（一二六六）七月に至る八十七年間の鎌倉幕府*の漢文編年体の記録で、「東鑑」ともいい、源頼政挙兵の歴史から始めて、その後の幕府の発展、将軍と御家人*、朝廷と幕府関係などの織りなす政治・社会の動向を記録した一級史料である。文中に文書・記録などが原文のスタイルで引用されている点で利用価値が高い。十四世紀初頭の時点で、当時存在した幕府の記録や『玉葉』などの公家の日記、御家人の家に伝わる文書・記録・故実伝承などを網羅して編纂されたもので、編纂作業の中心人物として北条（金沢）実時・安達泰盛*らが推定されている。目録では全五十二巻とされているが、ここにない一巻三カ年分が別に存在し、また頼朝*の死去の前後を含む十二カ年分が欠本となっていて未完成説もある。原本は存在せず多くの写本があり、金沢文庫*旧蔵の北条本を底本にして、そのほかの吉川本・嶋津本など諸本と校合して注記を施した『新訂増補国史大系』（吉川弘文館）などの刊本が今日広く使用されている。（峰岸純夫）

愚管抄《ぐかんしょう》　史論。七巻。承久二—三年（一二二〇—二一）の成立。大僧正慈円*著。第一、第二が中国王朝・日本歴代天皇の治世の年代記、第三—第六は神武から順徳に至る歴史を道理の現れという観点から叙述したもの、第七は総論で、歴史の見方、政治のあり方を説く。「保元々年七月二日鳥羽院ウセサセ給ヒテ後、日本国ノ乱逆ト云コトハヲコリテ後、ムサ（武者）ノ世ニナリニケル也ケリ。コノ次第ノコトハリヲコレハセン（詮）ニ思テ書置侍ルナリ」（第四）と、執筆動機を記し、武家の台頭は必然であるという「道理」論を展開した。承久の乱*の起こることを予見して、後鳥羽上皇*を中心とする討幕勢力に自重を促した書である。『日本古典文学大系』他に収める。（長谷川端）

慈円《じえん》（一一五五—一二二五）　鎌倉初期の天台宗の高僧。歌人。史論『愚管抄』*、家集『拾玉集』の著者。関白忠通《ただみち》の子。月輪《つきのわ》関白九条兼実《かねざね》*の同母弟。二歳で母に死別、十歳で父に死別、十一歳で比叡山に登り、十三歳のとき座主明雲《めいうん》について受戒、法号道快《どうかい》。東塔の無動寺《むどうじ》千日入堂など厳しい修行を行い、養和元年（一一八一）法印となって、法名を慈円と改めた。建久三年（一一九二）天台座主となり、同六年には辞したが、以後合計四度、天台座主を務めた。和歌に優れ、後鳥羽院歌壇に活躍し、『新古今和歌集*』に西行に次ぐ九千二首入集。院の討幕政策には危惧を抱き、承久の乱*の直前に『愚管抄』を匿名で書いた。（長谷川端）

神皇正統記《じんのうしょうとうき》　南北朝時代の歴史書。北畠親房*著。六巻。延元四年（一三三九）秋、常陸の小田城で「或ル童蒙」に示すために「大日本《おおやまと》」の国が「異朝ニハソノタグヒ」のない「神国《かみのくに》」であること、天照大神はつねに日本の国の上に君臨していること、皇統は三種の神器とともに受け継がれ、南朝こそ正しい皇統であることを力説している。下剋上*の世に生きる南朝の輔政の臣としての立場から、「神代ヨリ正理《しょうり》ニテウケ伝ヘルイハレヲ述《のべる》コト」を意図して書いたから「神皇ノ正統記」と名づけたと、序論にいう。内容は三部に分かれ、後醍醐天皇*の条に最も力を注いでいる。諸本は初稿本系統と、興国四年（一三四二）に親房自身が「修治」を加えた第二次本とに分かれる。標準的テキストとしては、後者の善本である国学院大学図書館蔵猪熊本を底本とした『日本古典文学大系本』がある。第二次大戦後の『正統記』研究は、「或ル童蒙」とはだれをさすかをめぐってなされた感がある。昭和四十年代に吾妻建治氏は『易伝』を媒介として、「『君位』にあり、『尊』なるもの」を意味するとした。（長谷川端）

増鏡《ますかがみ》　歴史物語。十七巻。増補本系は十九巻。応安ごろ（一三七〇年前後）の成立。二条良基説が有力だが、洞院公賢説もある。『大鏡』『今鏡』『水鏡』に続く、鏡物と呼ばれる一連の歴史物語の系譜を引く、最後の名作であり、王朝的なものの回復を願う作者は、現代からはやや退屈な鎌倉中期の宮廷や貴族生活をも力をこめて描いている。圧巻は「一　おどろのした」「二　新島守」の後鳥羽院政下の『新古今和歌集*』の撰定事業、その他、承久の乱*と隠岐への配流、および「十五　むら時雨」から「十七　月草の花」までの、後醍醐天皇*の討幕計画・元弘の乱・隠岐遷幸を経て都への帰還、北条氏の滅亡、そして建武新政への予兆を語る部分である。『日本古典文学大系』に収める。（長谷川端）

〔説話集〕

宇治拾遺物語《うじしゅういものがたり》　鎌倉時代の説話集。版本《はんぽん》系は十五巻。鎌倉初期成立か。作者不詳。序文によれば、大納言源隆国《たかくに》が宇治の平等院南泉房《なんせんぼう》で、往来の者に昔物語をさせて記録したものが『宇治大納言物語』で、隆国自筆本が「侍従俊貞」のもとに伝えられていたが、それが二次にわたる増補を経て、さらに一世代も二世代も経過して「今の世」に、隆国没後の出来事なども書き集めてなった新しい物語集が『宇治拾遺物語』であるという。この序文については、編者自身によるものではないとする説と、編者自撰説とが対立している。『今昔物語集』がほとんど流布しなかったのに対して、仏教臭のない、いささか諧謔《かいぎゃく》的な語り方の本書は広く流布した。『新編日本古典文学全集』他に収める。（長谷川端）

十訓抄《じっきんしょう》　鎌倉時代の説話集。三巻。建長四年（一二五二）十月中旬成立（序による）。作者不詳。序によれば、「少年ノタグヒニ」善を勧め悪を戒める仲だちとするために、古今の物語を集めたとある。「第一　可ㇾ定㆓心操振舞㆒事」「第二　可ㇾ離㆓憍慢㆒事」などのように、具体的な処世の道しるべとなるような十の徳目を立て、約二百八十の説話を配置している。『史記』『漢書』をはじめとする漢籍や、『六国史』*『万葉集』*『大和物語』から『袋草紙』『俊頼髄脳』*のような物語評論や歌論書、また『古事談』『宇治拾遺物語』ほかの鎌倉期説話集から、作者の意図に合うような形に表現を変えて引用している。近世に教訓書として流布した。　（長谷川端）

古今著聞集《ここんちょもんじゅう》　鎌倉時代の説話集。二十巻。建長六年（一二五四）十月成立。橘成季《たちばなのなりすえ》編。序の冒頭に、「夫レ著聞集者《トイハ》、宇県ノ亜相巧語之遺類、江家ノ都督清談之余波也」として、本書が『宇治大納言物語』（散佚）、『江談抄』の流れを汲むものであるといい、跋文では、「詩歌管絃のみちみちに時にとりてすぐれたるものがたりをあつめて」、「かつは此集、彼《かの》三の道（注　詩歌管絃の道）よりをこれるによりて云々」と述べている。『古今和歌集』*などの勅撰集の形式にならって、七百余話の説話を、神祇・釈教から草木・魚虫禽獣の三十編に整然と分類し、採録の範囲は日本の古今の説話に限定して、年代順に配列している。風雅な話題だけでなく、猥雑な話もある。　（長谷川端）

沙石集《しゃせきしゅう》　鎌倉時代の説話集。「させきしゅう」とも。十巻。弘安二年（一二七九）起筆（序文による）、同六年に脱稿（識語などによる）。本書は早く都に知られ、加筆訂正の様々な段階での本文が流布したため異本が多い。無住道暁著。序に、「狂言綺語《きょうげんきぎょ》ノアダナルタハブレヲ縁トシテ、仏乗の妙《たえ》ナル道ニ入シメ、世間浅近《せんごん》ノ賤キ事ヲ譬《たとえ》トシテ、勝義《しょうぎ》ノ深キ理《ことわり》ヲ知シメント思」い著したという。全百五十二話の説話の大多数は仏教的説話であるが、中世の庶民生活、特に関東・東海地方の珍しい話題が多いことは、著者が関東に生まれ、尾張（現在の名古屋市東区の長母寺）に後半生を送ったことと関係する。巻八「児ノ飴クヒタル事」が「附子《ぶす》」になるなど、狂言の材を提供している。『日本古典文学大系』に収める。　（長谷川端）

発心集《ほっしんしゅう》　鎌倉時代の説話集。八巻。成立年不詳。鴨長明*著。百余話の仏教説話を集めた本書は、従来、長明が『方丈記』*を著した建暦二年（一二一二）以後と考えられてきたが、近年、起筆は『方丈記』以前とする説、巻七、八を後人、特に説経唱導の専門家による増補とする説などあり、成立事情は不分明である。また、『方丈記』末尾の「みづから心に問ひて云はく」に連なる自己告発に本書を接続させて、長明の思想の最終段階を反映するものとの理解も同時に揺らいでいる。玄賓《げんぴん》僧都（巻一・一）・増賀《そうが》上人（巻一・五）の話は、序で「短き心を顧みて、殊更に深き法《みのり》を求めず、はかなく見る事、聞く事を註《しる》し集めつつ」と説話を集めた意図を最もよく現している。『新潮日本古典集成』に収める。　（長谷川端）

〔建築・彫刻〕

大仏様《だいぶつよう》**（天竺様**《てんじくよう》***）**　鎌倉時代初頭、東大寺の復興に際して東大寺大勧進に任ぜられた俊乗坊重源《ちょうげん》が用いた建築様式。中国南宋、いまの福建省近辺の建築様式

大仏様（東大寺南大門）

を基礎にしたとされる。重源の配下で直接建設に当たった工匠は物部為里・桜島国宗が知られる。貫《ぬき》・挿肘木《さしひじき》・皿斗《さらと》を用い、垂木《たるき》は隅扇垂木《すみおうぎだるき》としてその先端に鼻隠板《はなかくしいた》をうち、扉は桟唐《さんから》戸《ど》、太い虹梁《こうりょう》を用いた架構を組むことなどが特徴。部材の寸法が限られた種類に規格化され、構造的には強固。重源在世中の東大寺および東大寺別所の建築に用いられたが、彼の没後はすぐにすたれた。その技法・意匠の一部は和様にとり入れられ、新和様と呼ぶ特色ある建築様式を生み出す。東大寺南大門、浄土寺浄土堂が代表例。（山岸常人）

禅宗様《ぜんしゅうよう》（唐様《からよう》）　禅宗寺院で用いられた建築様式。十二世紀後期から十三世紀に入宋僧・宋元僧が禅を体系的に導入したのに伴ってもたらされた。本格的な禅宗様は蘭溪道隆*が建長元年（一二四九）に建立した建長寺で確立したとされる。中国浙江・江蘇省などの南宋末の建築様式を模す。伽藍配置は総門・三門・仏殿・法堂《はっとう》を一列に並べ、周囲を廻廊で囲み東西に庫院《くいん》・東司《とうす》、僧堂・西《せい》浄《ちん》などを配す。建築は貫《ぬき》・台輪《だいわ》と独特の架構を用いて構造的には強固にし、垂直方向に伸びる広大な内部空間を形成する一方、木割は細く華奢で、木鼻《きばな》・拳鼻《こぶしばな》などの細部や花頭《かとう》窓の曲線、組物を柱間にも密に置く詰組など、装飾性が豊か

禅宗様（円覚寺舎利殿）

である。善福院釈迦堂・円覚寺舎利殿が代表例。（山岸常人）

慶派仏師《けいはぶっし》　平安時代中期以降、定朝の流れをくむ仏師の一派で、運慶の父康慶以後、名前に「慶」を付ける仏師が多いので慶派仏師と称されるが、「康」の字を冠する者もこの派に多い。京都の七条に仏所を構えたので七条仏師とも呼ばれるが、平安時代末期に京都から奈良に仏所を移して南都仏師となり、治承四年（一一八〇）源平の合戦で焼失した東大寺*、興福寺*の復興に際して造像の機会を得て技量を発揮し、力強く動きがあり、写実的な鎌倉時代様式を確立した。鎌倉時代初期の主な仏師と作例としては、運慶とその一門の東大寺南大門金剛力士像、興福寺北円堂弥勒如来像、無着・世親像、康慶の同寺南円堂不空羂索観音像、法相六祖像、快慶の東大寺僧形八幡神像、湛慶の高知・雪溪寺毘沙門天像ほか、康勝の京都・六波羅蜜寺空也上人像、康弁の興福寺天灯鬼、龍灯鬼像、定慶の興福寺金剛力士像などがある。以後も、康円、康俊、康成、康誉などが出、各時代を通して地方にも多くの作例を残す一方、江戸時代まで京都・東寺*仏師として造像界に重きをなした。（清水眞澄）

東大寺南大門金剛力士像

円派仏師《えんぱぶっし》　平安時代中期以降、定朝の流れをくむ一派で、長

勢によって開かれ、円勢以降名前に「円」の字を付けている。京都の三条に仏所を構えたので三条仏師とも呼ばれ、院政期*には円勢、長円、賢円、明円などが皇室や貴族の庇護を受けて、仏師の世界で最も勢力をもち、六勝寺などで多くの造像に携わった。現存する作例としては、円勢の京都・仁和寺薬師如来像、長円、賢円の同・安楽寿院阿弥陀如来像・明円の同・大覚寺五大明王像がある。鎌倉時代になると、前期では滋賀・金剛輪寺阿弥陀如来像の作者経円、中期では三十三間復興の際に大仏師になった隆円がいる以外に、活動状況や系譜などは不明である。なお、南北朝時代には、神奈川・宝戒寺地蔵菩薩像の造立仏師に三条法院憲円がいる。（清水眞澄）

院派仏師《いんぱぶっし》　平安時代中期以降、定朝の流れをくむ一派で、院助以来名前に「院」の字を冠する仏師。京都の七条大宮に仏所を構えたので七条大宮仏師とも呼ばれ、院政期*には、院覚、院尊、院朝などが皇室や貴族の庇護を受けて活躍した。造像以外に、紀伊国吉仲荘ほか荘園の地下職を相伝し、他派の仏師にない地位と権利を保持していた。鎌倉時代にも多数の仏師を擁し、南北朝時代には、院吉が足利尊氏*、直義の信任を得て、足利氏の菩提寺等持院の大仏師となり、天龍寺本尊を造像するなど勢力を伸ばした。現在百十余名の仏師が判明、在銘作例も六十体に及ぶ。作風は、天福元年（一二三三）に院範が造立した、宝積寺十一面観音像など全体に円みと滑らかな起伏で統一された優雅なものが基本になっている。（清水眞澄）

〔絵巻物ほか〕

絵巻物《えまきもの》　物語・伝記・社寺縁起・説話などを、絵と詞書を交互に組み合わせて表現し、横長の巻物に仕立てた絵画作品。絵巻ともいう。中国には巻物形式の絵画作品である画巻があるが、それが日本に伝わり工夫されて、絵と詞書を交互に連ねて物語や伝記などを表現する作品形式としたのが絵巻である。日本で独自に生まれ育ったといってよい。この作品形式の誕生は十一―十二世紀（美術史でいう「藤末鎌初」の時期）であるが、その初期絵巻のなかに、「源氏物語絵巻*」「信貴山縁起絵巻*」「伴大納言絵巻*」「鳥獣人物戯画*」などの最高傑作が揃っている。十三―十四世紀（鎌倉・南北朝時代）にも、「粉河寺縁起」「北野天神縁起」「一遍上人絵伝」「春日権現験記絵」などの優れた絵巻が生み出されたが、十五世紀（室町時代）以降になると、絵巻作品の質はしだいに下降線をたどるようになる。つまり絵巻は、中世という時代にふさわしい作品形式であったと言いうるであろう。もちろん作品としての絵巻は、江戸時代以降にもつくられ続けていくが、初期絵巻と比すべくもない。ただし、日本史学にとっては、作品としての出来・不出来は関係ない。それぞれの時代の人びとの姿や社会・文化を描いている絵巻は最良の絵画史料なのであり、近年では、風俗史のような伝統的な分野だけでなく、政治史・社会史・文化史などの研究に盛んに利用されるようになっている。（黒田日出男）

似絵《にせえ》　中世前期から中期にかけて流行した肖像画の一種。拝礼や尊崇の対象とされるふつうの肖像画と異なり、描こうとする人物の特徴に似せて描くことを主眼としていた。写生画的ないし記録画的な肖像画である。十二世紀後半の藤原隆信が人物の面貌表現を得意とし、その子藤原信実によって「似絵」は新しいジャンルとなった。水無瀬神宮の「後鳥羽天皇像」は彼の作品とされている。この隆信・信実の家系には、曽孫為信や長福寺の「花園天皇像」を描いた為信の子豪信などの似絵絵師が現れた。その技法は、対象とする人物の面貌の特徴を細線を引き重ねていって表現するものであり、代表的な作品としては、信実・為継親子の作とみられている「随身庭騎絵巻」（大倉集古館）、信実の子専阿弥陀仏の作とされる「親鸞聖人像（鏡御影）」（西本願寺）、為信・豪信の作とある「天皇摂関大臣影図巻」（宮内庁書陵部）などがある。（黒田日出男）

肖像《しょうぞう》画《が》の主《ぬし》　有名・無名を問わず、歴史上の人物の顔や姿を知りたいと思えば、その人物の肖像画や肖像彫刻を探すことになる。日本には膨大な肖像画があり、合計点数は数十万点にのぼるのではないだろうか。歴史上の人物なら、たいていその肖像画が見つかるといってよいくらいなのである。織田信長*・豊臣秀吉*・徳川家康*などは、少ないほうの信長でも数十点、家康なら百点以上の肖像画が残されている。そして信長・秀吉・家康のような人物の場合には、それらの肖像画の賛などによって、だれであるかすぐに特定することができる（よく似ているか否かは別として）。問題は、多くの肖像画が名無しであり、また著名な肖像画の多くが伝承にすぎないという点である。確かに、肖像画がつくられたときには、その肖像画を絵師に描かせた注文主（多くの場合、家族や家来など）にとっては、だれの肖像画であるか自明であった。しかし、それらの肖像画を拝み年忌法要を執り行う一族がいつまでも繁栄しているわけではない。様々な要因によって、多くの肖像画はその主の名前が忘れ去られていってしまうのである。しかし、しばらくたってから、その肖像画が別の人びとによって発見され、新しい名前がつけられる。たとえば、伝源頼朝像*、伝足利尊氏像*、伝名和長年像*、伝武田信玄像*というように、伝某とされている肖像画などは、そうしたケースの一つにほかならない。日本史研究のためには、そうした伝承名で納得するわけにはいかない。そうした肖像画の主がだれかを調べるには、肖像画の様式や表現、肖像画の伝来、関連史料の探索などを丹念に行うことが不可欠であり、その結果として、像主が再確認されたり、あるいは再発見されることになる。すなわち、近年の研究によって多くの有名な肖像画の像主の名前がゆらいでいる。たとえば、伝足利尊氏像とされていた守屋本騎馬武者像（京都国立博物館）の像主は高師直*か高師詮であるとされており、伝武田信玄像（成慶院所蔵）の場合は、能登の戦国大名畠山氏のだれかではないかとの説が提出されている。また、有名な伝源頼朝像（神護寺所蔵）の場合も、足利尊氏の弟直義ではないかとされているのである。〈米倉迪夫『源頼朝―沈黙の肖像画』平凡社、一九九五。黒田日出男編『肖像画を読む』角川書店、一九九八〉（黒田日出男）

牛《ご》玉《おう》宝《ほう》印《いん》　熊野三山をはじめ、白山、多賀、英彦山など各地の社寺で出す「～牛玉宝印」または「～宝印」と書いた災厄除けの護符。修正会や修二会などの新春の祭で授与される。一般には家の戸に貼ったり田の苗代のお守りにされるが、中・近世には、起請文と呼ばれる誓約の文書の料紙に用いられることも多く、その場合には、起請文の文面を料紙の裏のほうに書くので、「宝印を翻す」などという。現存最古の牛玉宝印として知られているものは、東大寺*文書のなかに残る文永三年（一二六六）の起請文で、東大寺二月堂と熊野の那智滝のものが使われている。中世後期以後の牛玉宝印で最も一般的なものは熊野三山のいわゆる熊野牛玉で、烏と宝珠で「熊野山宝印」や「那智

滝宝印」の字を表している。（千々和到）

五輪塔《ごりんとう》　上から団形の空、半球の風、三角の火、球形の水、方形の地の五つの部分からなる塔。この五つは、密教の教えでは世界を構成する五大元素を表し、またこの塔の形は大日如来を象徴するとも説明される。平安時代の後期ころから死者への供養塔や墓塔、舎利容器などとして石や金属でつくられたが、現在知られている在銘の最古の塔は、岩手県平泉の中尊寺*釈尊院にある仁安四年（一一六九）銘の石造五輪塔で、その後、律宗の叡尊*・忍性*の活動とともに、鎌倉時代後期には特に優れた形のものが多数つくられる。中世の後半からは、一石で小さくつくる一石五輪塔も多くなるなど、中世につくられた石塔の中で最も一般的で数の多い石塔だということができる。（千々和到）

板碑《いたび》　中世につくられた石塔の一種で板石塔婆ともいう。両親の追善や生きている者の逆修のためにつくられた供養塔で、埼玉県大里郡江南町の嘉禄三年（一二二七）銘のものが初見。南北朝・室町時代に最も盛んとなり、十七世紀に姿を消す。九州から北海道までの全国各地に分布し、地方によって安山岩・凝灰岩などが石材として用いられるが、関東地方の秩父産の青石（緑泥片岩）の板碑は数が特に多く、また厚さの薄い板状の石に細かな彫刻が施されるなど、芸術的にも優れている塔が多いためこれが典型的な塔とされる。その形態は、頭部を三角形に尖らせ、二条の溝が刻まれ、梵字や画像で主尊とする阿弥陀仏などを表現し、その下に偈《げ》という経文の一部や造立の趣旨を示す銘文が刻まれているのが典型で、この形の起源については諸説あるが、五輪塔の形が源流であるとする説が有力である。板碑造立者は鎌倉時代には在地領主層*だが、中世後期の東国では、月待や庚申待などの民俗行事を行う農民の結衆が供養塔を造立する例も多い。板碑は、近世にはつくられなくなる。その理由も諸説あるが、位牌や石塔墓の普及に象徴されるような、家・村落や仏教の変化など社会的諸条件の変化に伴うものと考えるべきであろう。（千々和到）

胎内文書《たいないもんじょ》　仏像の中空の胎内に納入された集団ないし個人の造立者の造立趣旨、願主やその賛同者の結縁交名、仏像彫刻を行った仏師の名などが記された文書。像内文書ともいう。仏像の解体修理などの際に発見され、仏像の造立年次、造立主体、仏師などの情報が得られるとともに、当時の仏教信仰の状況を知ることができる重要な歴史史料となる。東京都日野市にある高幡金剛寺の不動明王の胎内から発見された六十八点余の文書は、紙面いっぱいに地蔵や大黒の印仏（仏のスタンプ）が捺され、その用紙は南北朝期に常陸に出陣した山内経之という武士の戦場から書状が裏文書として使用されていた。滋賀県信楽町玉桂寺の阿弥陀如来像からは、法然*の高弟源智の呼びかけに応じて法然供養の阿弥陀立像の造立に寄金を寄せた四万五千人に及ぶ公家・武家・僧侶・庶民から「蝦夷地」の住民までの各地の交名が記され、さながら鎌倉時代の日本列島人名簿となっている。その他、栃木県真岡市荘厳寺の不動明王からも、多くの紙背文書が発見されている。このように、つぎつぎと発見された胎内文書は、地域の歴史情報を豊かなものにしている。（峰岸純夫）

三　荘園公領制の再編と大名領国

（一）　南北朝の争乱と村落組織の発展

三つ巴の争覇　後醍醐天皇*は、朝幕体制に不満の中下級公家や御家人*、その体制に抑圧された悪党*勢力などの反幕府勢力を結集して、元弘三年（一三三三）に幕府を滅亡させて公家主導の建武政権*を樹立した。しかし、この新政権は間もなく足利尊氏*の離反によって崩壊した。尊氏は新政権に不満をもつ多くの武士や反後醍醐派の公家を結集し、建武三年（一三三六）光明天皇（北朝）を擁立して征夷大将軍*に任命され、建武式目*を制定して室町幕府*を成立させた。ここに後醍醐天皇の南朝方との間に南北朝内乱が展開される。両者の戦いは、南朝方の有力武将楠木正成*・北畠顕家*・新田義貞*らが相ついで討死し、内乱発生後四年にしてほぼ軍事的には決着がついた。ところが、当初協力して幕府の政務を分掌し合っていた足利尊氏・直義兄弟を二頂点にして、両派が分裂して争う観応の擾乱*が発生し、南朝勢力を含めて三つ巴の内乱となって内乱は長期化した。

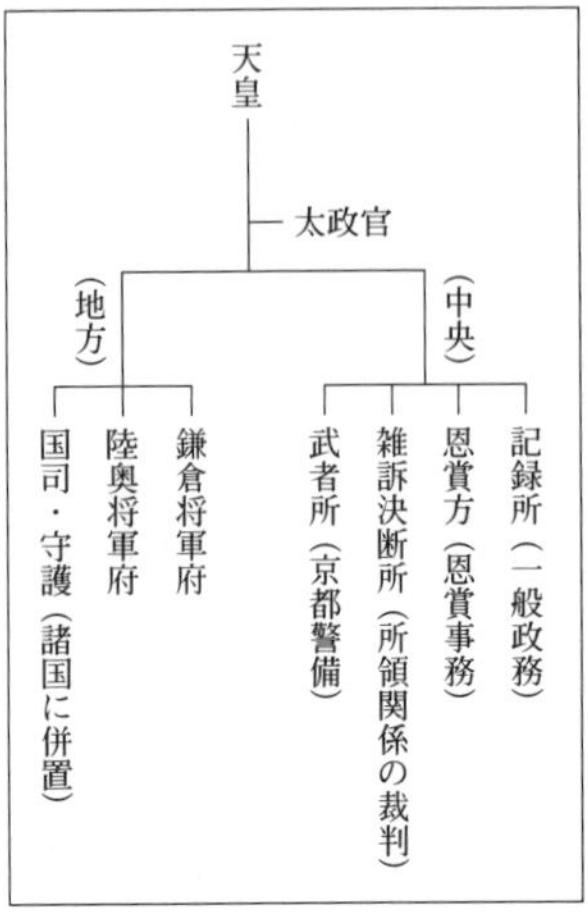

建武政権の機構

後醍醐天皇の御手印
（四天王寺縁起奥書）

幕府の支配体制は、京都の幕府のほかに関東を統治する鎌倉府*を設置し、将軍の分身として子の義詮、のちに足利基氏*を配置した。中央では、将軍執事の高師直*と足利直義が争い、関東では執事の高師冬*と上杉憲顕が対立した。文和元年（一三五二）に駿河の薩埵山《さったやま》合戦で尊氏軍が勝利し、直義は捕らえられ鎌倉へ護送されて殺害された。この過程で、尊氏が南朝と結んだり、また直義が南朝と結んだりしたため南朝は勢力を盛り返し、その後も足利氏の反幕府勢力と結び政情不安定の要因となった。関東では、上杉憲顕派は追放されたが、後に復帰することになる。この内乱の過程で、国ごとに足利氏の一族・有力家臣や鎌倉時代以来の有力豪族が守護*に任命され領国の支配を固めた。

一揆の世　本家*・領家*・地頭*と重層的に荘園・公領を支配する体制は、鎌倉後期以降に本家・領家と地頭との争いの結果、幕府の裁許による下地中分*によって所領を分割するなどして領家方（公家・寺社一円地）と地頭方（武家領）という形に再編が進んでいった。この動向に拍車をかけたのは南北朝の争乱であった。まず、南朝と結びついた本家職が没落し、室町幕府の所領安堵は武家領と寺社・公家領を分離する方向で進められた。

再編された荘園・公領、とりわけ寺社領の村落は、農民の成長と相まって内乱期にはしだいに村落の結合を強め、惣村（村落共同組織）という形で山野や用水*を管理し宮座を運営するなどして自治権を獲得し、しばしば領主に対して年貢減免や非法の代官の罷免などを要求した荘家の一揆を起こして闘った。その中心的役割を担ったのは名主*層である。

建武元年（一三三四）の若狭国太良荘の農民は、建武新政府になって、得宗領*の支配から解放されて東寺*の支配となったにもかかわらず、前代と変わりない地頭代脇袋彦太郎の厳しい年貢取り立てに耐え難いと訴状を提出している。ここに署名しているのは、実円・禅勝などの名主を中心にした五十九人の百姓で、彼らは訴状のなかで「百姓は末代の御器」と記している。播磨国矢野荘の農民は、建武元年に長期にわたる寺田法念などの悪党との戦いに最終的に勝利し、彼らの荘外への放逐に成功している。それ以後、東寺の直務支配下で暦応四年（一三四一）、永和三年（一三七七）、明徳四年（一三九三）の三度にわたり、田所昌範・公文祐尊・明済らの非法を糾弾して強訴や逃散*を行っている。このような状況は、この二荘だけの特殊な現象ではなく、畿内近国を中心に各地で行われた一揆状況が考えられる。南北朝内乱の基礎過程には、このような領主権力と農民の戦いがあったことを忘れてはならない。

（峰岸純夫）

〔三つ巴の争覇〕

足利尊氏《あしかがたかうじ》（一三〇五—五八）　室町幕府*初代将軍。初名又太郎高氏。貞氏の二男、母は上杉頼重の女清子。元弘の乱*に際し、幕府軍の一大将として大軍を率いて二度上洛するが、二度目の際には後醍醐天皇*側に寝返る。元弘三年（一三三三）四月末に丹波篠村で討幕の旗をあげ、同時に綸旨を受けた形で各地の武士に来援要請の御教書を多数発給し、五月七日に六波羅*を滅ぼすや、直ちに奉行所を設け上京武士を掌握。一方で、五月はじめに鎌倉を脱出した嫡子義詮を新田義貞*の挙兵に合流させ、同月二十二日、鎌倉幕府*滅亡。六月、天皇が帰京すると、三カ国三十カ所と諱《いみな》の一字を与えられて尊氏と改名。十二月に成良《しげよし》親王を奉じた弟直義を鎌倉に下向させ関東武士の把握に努め、翌建武元年（一三三四）の十一月には、建武政権*成立当初から激しく対立していた護良親王*を鎌倉に幽閉。同二年七月の北条時行の反乱に際して、征夷大将軍*への補任が叶わぬまま、八月には東下し乱を平定すると、天皇の帰京命令に応じず、鎌倉にとどまる。そして十一月に新田義貞率いる討伐軍を迎撃して破り、そのまま上洛するが、北畠顕家*の奥州軍に追撃され西に敗走。途中、「元弘没収地返付令」を発するとともに光厳上皇の院宣を獲得し、短期間で九州を平定し、同三年四月には上洛の途につき、迎撃軍を破りながら五月に入京。八月、光明天皇を即位させ、十一月に建武式目*を発布すると、十二月には後醍醐天皇が吉野に脱出し、南北朝の動乱に突入。そして、南軍の主たる武将を討滅した暦応元年（一三三八）八月に北朝から念願の征夷大将軍に任命。

一方、幕政においては弟直義*との二頭政治を展開するが、直義と執事の高師直*との確執が直義党と尊氏党との対立（観応の擾乱*）に発展し、文和元年（一三五二）には直義を毒殺するに至る。その後も直冬党・旧直義党と南軍の連携にしばしば苦しめられるが、延文元年（一三五六）に斯波高経が復帰し静謐に向かう。同三年四月、京都にて死去。五十歳。〈佐藤進一「南北朝の動乱」『日本の歴史9』中央公論社、一九七四。網野善彦「蒙古襲来」『日本の歴史10』小学館、一九七四〉　（小国浩寿）

中先代《なかせんだい》の乱《らん》　建武二年（一三三五）、北条高時*の子時行《ときゆき》が鎌倉*幕府の再興を図って挙兵し、いったんは鎌倉を陥れるも、短期間で壊滅した兵乱。高時以前の北条氏を先代、足利氏を後代として、時行を中先代と称す。この年の六月、ともに建武政権*の転覆を謀っていた西園寺公宗《きんむね》の逮捕を契機に、諏訪氏の後援を受けた時行が、翌七月初旬に信濃で挙兵。守護軍を敗ったのについで迎撃する足利直義軍をも撃破し、同二十五日には鎌倉に入る。直義は、後難を断つべく幽閉中の護良親王*を殺して鎌倉を脱出し、後醍醐天皇*の命を待たずに東下した尊氏*軍と三河で合流。以後、足利軍が反撃に転じて、翌八月十九日には鎌倉を奪還し、時行軍は壊滅する。　（小国浩寿）

北畠親房《きたばたけちかふさ》（一二九三—一三五四）　鎌倉末期から南北朝前期の公卿。従一位、准三后。父師重、祖父師親の養子。母は左少将隆重女。父祖代々大覚寺統*に仕え、親房も後宇多院の代より活躍。特に後醍醐天皇*の親政が始まると、「後三房」の一人として重用。鎌倉幕府*が倒れ、建武政権*が成立するや、長子顕家*とともに義良《のりよし》親王を奉じてに奥州に下向し、関東の足利勢力を牽制（陸奥将軍府）。建武二年（一三三五）、離反・再起した足利軍が九州より東上すると伊勢に逃れ、吉野遷幸を断行。暦応元年（延元三年、一三三八）には、南軍の劣勢挽回を図って常陸へ。神宮寺城から小田城、ついで関・大宝城を拠点に粘り強く在地勢力の糾合を試みるが奏功せず、康永二年（興国四年、一三四三）に吉野への帰途につく。また、北軍の猛攻に行宮も吉野から紀伊、そして賀名生《かのう》へ移す。その後、観応の擾乱*に乗じて一時期、京の奪還を果たすが、数カ月で再び賀名生に撤退し、その地で文和三年（正平九）に死去。広学博覧で、著書に『神皇正統記』*『職源抄』のほか多数。　（小国浩寿）

北畠顕家《きたばたけあきいえ》（一三一八—三八）　南北朝時代の公卿・武将。北畠親房*の長子。年少より空前の昇進を遂げ、建武政権*成立直後の元弘三年（一三三三）の十月には、従三位陸奥守として父親房とともに義良《のりよし》親王を奉じて奥州に下向。多賀国府を拠点に奥州武士の掌握に専心。建武元年（一三三四）には従二位となり、同二年末の足利尊氏*の政権離脱に際しては、鎮守府将軍を兼ね、東海道を西上して足利軍を長駆追撃。同三年正月、いったんは京を手中に収めた尊氏を新田義貞*・楠木正成*らと挟撃して九州に走らせた。そしてその年の三月には、再び多賀国府へ。しかし、素早い足利軍の再起もあり、北関東および奥州の戦況は悪化し、同四年（延元二年、一三三七）正月に伊達郡霊山へ撤退。そこに、前年遷幸した吉野からの上洛命令。八月、再度西上の途に着く。途上、敵軍を撃破しながら、翌年正月に漸く美濃に至る。緒戦の青野原の戦いに勝利し、伊賀・大和を経て京を伺うも、般若坂で敗れた後、五月、和泉石津で戦死。その死の七日前、後醍醐*天皇の中央集権制や朝令暮改などを諫する奏状を残す。（小国浩寿）

常陸合戦《ひたちがっせん》*　暦応元年（延元三年、一三三八）の北畠親房*の常陸入部から五年余、常陸を中心に展開した南北両軍による諸合戦。初期の攻勢を除き、全般的に、南朝の正当性を説き、理をもって北関東の武士を糾合する親房の施策は奏功しなかったが、一方の北軍側も、中央での高師直《こうのもろなお》*と足利直義との対立の影響が関東にも及び、高師冬*を中心とした北軍に直義派上杉憲顕の援助が得られず、一進一退の状況が続いた。しかし、南軍内部での分派活動が囁かれ出した同四年ごろからの北軍の総攻撃に、南軍の拠点はつぎつぎに陥落。康永二年（興国四年、一三四三）には親房も吉野に去り、ここに、関東における北軍の軍事的優位性は決定的なものとなった。（小国浩寿）

高師直《こうのもろなお》**・高師冬**《もろふゆ》　（?―一三五一）　ともに南北朝時代の武将。師直は師重の子、師冬は師重兄師行の子で師直の猶子。師直は早くから足利氏執事としてつねに尊氏*の側で活躍し、建武政権*下においても要職を歴任。特に南北朝内乱突入後は、各地を転戦して軍事的功績を重ね、室町幕府*内の地位を高めるが、政治路線で直義との関係を悪化。貞和五年（一三四九）にはいったんは執事を辞するも、すぐに反撃を転じ、同年のうちに逆に直義を雌伏せしむ。師冬も、師直に属して転戦する一方、特に関東の南軍追討（常陸合戦*）で顕著な戦功を示し、上杉憲顕を中心とする直義派の拠点関東で師直派の楔となり、軍事的大勢が決した康永二年（一三四三）の翌年にいったん上洛。しかし、師冬が鎌倉府の両執事（一方は憲顕）の一方として再び鎌倉に下った観応元年（一三五〇）に、東西で直義党が蜂起。東では、擁する公方基氏*を憲顕方に奪取された師冬が逃亡し、翌年正月、甲斐にて自害。その年の二月には、摂津打出浜合戦で敗れた師直も出家の上、同国武庫川辺で殺害される。（小国浩寿）

後村上天皇《ごむらかみてんのう》*　（一三二八―六八）　南朝第二代天皇。後醍醐*天皇第七皇子。母は阿野公廉の女廉子《れんし》。諱《いみな》は義良《のりよし》。建武政権成立直後から、北畠顕家*を後見に二度にわたり陸奥に下向。陸奥太守に任じられ、陸奥宮と称される。暦応元年（延元三年、一三三八）の三度目の陸奥渡航には失敗。吉野に還御し、翌年皇太子となり、同年即位。貞和四年（正平三年、一三四八）の高師直*軍の攻撃により吉野から大和賀名生《かのう》に移るが、幕府の内紛（観応の擾乱*）の過程で、正平七年（一三五二）には「正平の一統」を実現し、一時的に京都を回復。しかし、数カ月で再び賀名生に追われ、その後は行宮を転々とし、応安元年（正平二十三）に住吉にて崩御。在位三十年で綸旨《りんじ》四百余通。（小国浩寿）

観応の擾乱《かんのうのじょうらん》　観応元年（一三五〇）から文和元年（一三五

二）にかけて展開された室町幕府*の内訌。創立期の室町幕府では、私的・個別的な主従制的支配権を帯する将軍尊氏*が御家人*に対する軍事指揮や恩賞給与などを掌握し、一方、公的・領域的な統治権的支配権に基づいたその他の一般行政は弟直義が担当する、という足利兄弟による二頭政治が展開。だが、執政者として法と「職」の秩序を重んじる直義と、それらを実力で破壊していくことで新興勢力を軍事的に組織していく執事師直*と侍所*別当師泰の高兄弟とは、しだいにその対立を深めていった。そして貞和三年（一三四七）から四年にかけての南軍討伐、そこでの高兄弟の大戦果に伴う師直派の増長は、同五年、直義の尊氏への強要による師直罷免を誘発。これに対し、師直は、自派の兵をもって直義が逃げ込んだ尊氏邸を囲み、自己の復職とともに、直義側近の処分と尊氏嫡子義詮への政務移譲を実現した。

しかし、観応元年十月、中国・九州に反師直勢力を扶植していた直冬（尊氏実子、直義養子）討伐に尊氏が発する間際、直義が大和に走り、南朝と講和し綸旨を獲得。翌年には京から義詮を追い、取って返した尊氏・師直軍も同年二月に摂津打出浜で撃破。講和の後、師直・師泰を殺害。ただ、この直義の勝利は、曖昧としていた尊氏との対立を決定的にし、尊氏の具体的な反撃を察した直義は、同年八月に支持勢力を頼り北陸に脱出。これにより、尊氏党と直義党、そして同年五月に和議破れた南党による三つ巴の形勢が現出した。結局、同年九月に近江で直義軍を敗った尊氏が、今度は逆に、南朝に降伏して綸旨を得て、関東に下った直義軍をつぎつぎに撃破し、翌年正月には鎌倉に入り、直義を毒殺し、この乱を終結させる。この間に一時期ながら南朝による「正平一統」が実現し、その破綻後も、各地における旧直義党と南軍との連携など、この乱の影響はしばらく続くが、これまで二分されていた幕府権力が、機構上では「将軍—管領」のもとに一元化される大きな契機となった。

〈佐藤進一「南北朝の動乱」『日本の歴史9』中央公論社、一九七四〉

（小国浩寿）

懐良親王《かねよししんのう》（?—一三八三）　後醍醐天皇*の皇子。征西将軍宮。暦応元年（延元三年、一三三八）、征西大将軍として九州へ向かい、伊予忽那島に三年の滞在の後、薩摩谷山城に入る。貞和三年（正平二年、一三四八）に肥後入りを果たし、翌年には菊地武光に迎えられる。その後、幕府内紛の九州への波及に乗じて勢力を拡大。正平十四年の大保原合戦では筑前少弐氏を破り、二年後の太宰府*入部と征西府の設置を実現せしめた。以後、一時期「日本国王」として明との通交を有するなど、応安五年（文中元年、一三七二）に今川了俊*によって陥落されるまで、当時の凋落した南朝勢力にあって唯一異彩を放った。没落後は筑後矢部に隠遁しそこで没す。

（小国浩寿）

南北朝合一《なんぼくちょうごういつ》　明徳三年（元中九年、一三九二）、幕府主導のもとで北朝（持明院統）の後小松天皇と南朝（大覚寺統）の後亀山天皇との間に成立した和平合一。①正平の一統の際に南朝に接収された神器を北朝に渡す、②皇位を両統迭立*（交互に即位）とする、③諸国国衙領*は大覚寺統が、長講堂領は持明院統を支配する、以上の三カ条の合一条件をもって双方が合意。この年の閏十月、後亀山天皇は、神器を後小松天皇に渡して大覚寺に入り出家、法皇となった。しかし、幕府・持明院統が両統迭立の原則を無視したため、応永十七年（一四一〇）に後亀山

法皇が吉野に出奔。以後、三十余年にわたる後南朝勢力による散発的な反幕府事件が展開する。 （小国浩寿）

〔一揆の世〕

惣《そう》 惣とは総合・総体、集合や組織の全体を示す語。惣村、惣社、惣荘、惣国などと現れるが、主に中世後期の村落や荘・郷における自治組織・惣結合をさす。惣村は、老《おとな》*・年寄などの上層農民を中心に運営された。その構成員は限定され、村落の鎮守の祭祀組織である宮座と不可分の関係にあった。山野（惣山など）や田畑（神田など）をもち（惣有地・共有財産）、その収穫は宮座の仏神事祭礼の費用や堂社の維持、用水路の管理費などにあてられた。また、村掟（惣掟・置文）を制定して、惣の運営・組織、用水*や入会地*、惣有財産の管理、「加地子」の売買、宮座や祭礼など生活や生産活動の多種多様の内容を決めている。さらに、刑事事件の処理である犯人逮捕・裁判・処罰の執行を村落自ら行う自検断は、領主検断の介入拒否を意図するもので、殺人・盗み・放火の犯人を死罪にしたり、村落から追放するなどの厳罰・重科も課した。領主に対しては、年貢徴収を請け負い（地下請*・村請*）、年貢減免や非法代官の罷免を要求して荘家の一揆*を起こした。このほか、他村落との紛争などには武装して戦った。 （宮島敬一）

> **惣掟**（『今堀日吉《いまぼりひえ》神社文書』）
> 定　条々事
> 一　奇（寄）合ふれ二度に出でざる人は五十文咎《とが》たるべき者也《ものなり》。
> 一　森林木なへ（苗）切木は五百文宛咎たるべき者也。
> 一　木葉ならびにくわ（桑）の木は百文宛咎たるべき者也。
> 一　切物かきハ一ツたるべき者也。
> 衆儀（議）に依《よ》り、定むる所件《くだん》の如《ごと》し。
> 　文安五年十一月十四日之《これ》を始む

寄合《よりあい》 同じ資格をもった人が目的をもって集まること。集会・会合。村落では、主に惣村の運営・自治のための集会。惣村が展開する十五世紀前後にはもたれたと考えられる。村落の鎮守や寺庵で開かれ、祭礼の挙行、紛争の処理、犯科人の摘発など惣村の内部問題全般のほか、隣村との山野・用水相論*、領主に対する年貢減免要求や非法代官の罷免要求など様々な問題を扱った。老《おとな》*や番頭など村落の特定代表者・執行部の集会を基本としながらも、惣寄合・大寄合・野寄合などとして、重要時には、村落を越えて、荘や郷、郡に及んだ。あるいは十五歳以上の男子全員などが武装して結集する場合があった。 （宮島敬一）

老《おとな》（**長**《おとな》） 乙名、長男、宿老、老人、年寄などの文字があてられる。中世後期村落における上層農民・代表者であり、年齢的にも若衆・若党に対して上位にある階層。惣村の形成により、村落運営の執行部が組織されたが、礼銭の支払いによる「おとな成《なり》」を経て宮座の中心に位置し、「〜方」あるいは「〜殿」と敬称を付けられ、一般百姓とは区別された。さらに、村の行事の頭屋《とうやく》を務めるなど村落内での祭礼・神事・儀式を執行し、また棟別銭*を免除されるなど特権身分であった。多くが沙汰人*、政所*などとして、村落の百姓の代弁者であると同時に、年貢収納など権力の末端に位置した。 （宮島敬一）

沙汰人《さたにん》 物事を処理する、とりわけ年貢*・地子の納入やその裁判など土地に関する諸問題を処理することが沙汰であり、その責任者、執行者をさす。惣村の自治活動・運営の中心的人物であり、また一方で、荘園支配の末端にあって、年貢の収取や命令伝達・執行などにあたる下級荘官であった。その実体は村落の上層農民・有力名主*層あるいは土豪・地侍であり、名主・沙汰人あるいは番頭・沙汰人として現れる。また、「沙汰人中」とあり、村落内に複数の存在が考えられる。（宮島敬一）

用水《ようすい》　水田稲作には用水（灌漑《かんがい》用水）の確保は一番の課題であるが、中世では大規模灌漑が展開せず、多くは既設の用水路や溜池《ためいけ》にたよった。中世の用水相論*は頻繁であり、裁判訴訟、また武力衝突（喧嘩・合戦）として各地で激烈に起こった。池や河川にはそれぞれ番水慣行や引水秩序があったが、その管理者、統制者、また権利・相論の調停者は様々で、井奉行や池守が置かれ、幕府や荘園領主、国人、土豪・地侍などが関与した。山城国桂川下流部では十六カ所の井堰が存在し、用水秩序が成立しており、興福寺*では六荘間の引水順位の決定権をもっていた。また、村落相互間の自治的自主的用水の支配・管理も存在し、利権化も展開した。（宮島敬一）

入会地《いりあいち》　一村あるいは複数の村の人びとによって共同利用された山野。山野は田畑でつくれない生活・生産の必要物質の入手先であり、副食物、薪、建築資材、刈敷などの肥料原料、牛馬の飼料、農具の材料など自給的な再生産活動に不可欠の場であった。その利用・用益権は、惣山など共同共有のものとして特定の者の占有・所有を否定した。入会地では私的な利用と共同の利用とが考えられるが、入会地の開墾禁止や牛馬放牧の禁止、あるいは採集許可、利用開始時期などが村の集会で決められ、惣（村）掟として残されている。入会地に権利をもつものは村人など一定の資格を要求された。また、用益権をめぐって、村落間の相論がしばしば起こった。（宮島敬一）

刀禰《とね》　十世紀ころから平安京の保刀禰《ほうとね》のほか、郷刀禰など在地の保・村・里・浦・津などに現れる有力者の称。およそ畿内近国に存在は限られ、山野河海とのかかわりが強く、港湾・漁村に顕著に見られる。十世紀には、淀・山崎・大津などの交通の要衝におかれ、使庁の管轄下で勘過料の徴収や河船交通・運輸に従事した。また、田畑売券の保証人として「保証刀禰」の名がみられる。十一世紀ごろには「在地刀禰」として勧農や祭礼にかかわり、検注や徴税機能を担い、国衙や荘園領主に荘官として組み込まれていった。十三世紀の和泉国では池を築造して開発を推進した。若狭国田烏浦や志積浦では近世まで活動がある。（宮島敬一）

衆徒《しゅと》**・国民**《こくみん》　奈良興福寺*が土豪・地侍層を荘官また武士団*に編成した身分呼称で、衆徒は僧徒で法体、国民は興福寺春日社の神人《じにん》*で俗体であった。寺内や奈良市中の検断の任務を負い、祭礼や猿楽*を主宰した。南北朝期以降、自立性を強め、領主的地位を確立していく。一乗院方衆徒の筒井氏や国民の越智氏、大乗院方衆徒の古市氏、国民の十市氏がその代表で、それぞれ党を結成していた。応仁の乱では筒井順永が東軍で活躍し、十六世紀初頭から筒井氏は大名化したが、他の国衆を一掃できなかった。永禄二年（一五五九）三好長慶*の家臣松永久秀*が大和守護として入国し、天正十三年（一五八五）豊臣秀吉*が筒井順慶および国衆を追放したため廃滅した。（宮島敬一）

宮座《みやざ》　村や郷・荘の氏神・鎮守を祭る組織の形態およびその構成員の集会。宮衆・宮組・座衆など様々な呼び名がある。惣村の発展と関連して、畿内近国を中心に十五世紀前後から顕著になる。村落上層農民あるいは土豪・地侍層による特権的・閉鎖的な仏神事祭礼執行者・主宰者（頭屋）の組織であり、座への加入は村内身分・家格などとかかわり、また年齢階梯的で、年寄・老《おとな》*、若衆・若者などの階層があった。一神社一座の独占を基本とするが、南座と北座、また新座の形成などにより複数の座をもつ場合もある。宮座は共有財産として座田・神田や山野をもった。また、村落・惣村の運営・自治と不可分の関係にあった。（宮島敬一）

講《こう》　宗教あるいは経済上の目的を遂行するために結集した人びとの集団・組織。結衆、講中。本来は、寺院における法華講や弥勒《みろく》講など仏典を講説する研究集会、あるいは仏事法会をさしたが、中世になると世俗社会の人びとによって主催されるようになり、大師講・往生講・地蔵講などが成立した。中世後期には、ことに、阿弥陀仏への信心を志す浄土真宗*の門徒の集合をさした。宗祖親鸞*の忌日の二十八日に行われる報恩講などが、村落の有力者の住居である道場で、本尊と名号の掛け軸を置いて開かれた。身分的・地域的にも幅広く多彩な人びとが互いに信心を語り合い、平等な同朋として結びつける場となり、一向一揆*の基礎組織となった。（宮島敬一）

百姓請《ひゃくしょううけ》・地下請《じげうけ》・村請《むらうけ》　中世荘園制下における年貢請負*の一つの形態。名主*・百姓あるいは番頭が共同して、また村（惣村）として荘園年貢・公事*の納入を請け負うこと。村（惣村）また百姓側では一定額の年貢納入を請け負うことで、荘園領主から土地の支配権を委譲され、荘園領主は豊凶にかかわりなく安定した年貢納入を期待できた。十三世紀の半ばから見られるが、このころは逃亡あとの名主・百姓などの連帯請負であり、十五世紀前後から惣村、村落自治が発展して村請・地下請が成立する。これはこれまでの「名」による徴収原理・支配方法と異なり、農民は村に年貢・公事を納入することで、領主との個々の支配関係がなくなった。（宮島敬一）

国人《こくじん》　南北朝・室町時代に活躍した在地性の強い地方領主・豪族であり、国人衆・国衆とも呼ばれた。鎌倉時代の地頭*に系譜を引く者が多かったが、散在していた所領・所職を本領中心の領域支配に転換し、地域領主としての姿を鮮明にしていた。地名を苗字（姓）とする者が多かったのはそのためである。荘園の代官職を一定額の年貢で請け負うことも多く、実質的にはこれらの荘園を所領と化し、荘園・公領制の変質にも大きくかかわっていった。

守護*の領国支配との拮抗や在地支配の強化などのために国人一揆を形成したことは、東北から九州までの広い地域に見られた。地縁的結合であるこの国人一揆は興味深い内容的特質をもっていた。構成員間の平等、話し合いと多数決による紛争処理、その裁定に従わない者の一揆からの追放などである。さらに所領内の百姓・下人*の逃亡が国人相互間の紛争を引き起こすことの回避策として、人返し規定を含む一揆契状も多かった。さらに喧嘩両成敗を明文化したことも注目される。国人の多くは十五世紀以降、守護被官化していったが、毛利氏のように国人一揆の場から擁立された戦国大名*も存在した。（田沼　睦）

荘家《しょうけ》の一揆《いっき》　荘園領主に年貢*・夫役*の減免や悪徳非法代官の交替・排斥などを訴えて、有力名主を指導者に、農民が村落・惣村を基盤に起こした一揆。中世荘園制支配下の農民闘争の基本形態とされ、荘園を単位にして、南北朝期から十五世紀まで各地で継続的に多数起きた。「百姓申状*」をもって訴訟として提起され、要求が入れられないと逃散*へと展開した。たとえば、山城国久世荘では、暦応二年（一三三九）から寛正三年（一四六二）までの間に二十九件の荘家の一揆があり、若狭国太良荘では、建武年間（一三三四―三八）に地頭代の排斥を要求している。延文年間（一三五七―六一）には公文が百姓に非法をしないことを誓わされ、さらに国人代官の排斥に成功している。十四世紀になると、播磨国矢野庄では、田所の非法を訴え、損免や検見また年貢減免を要求し、永和三年（一三七七）には代官の非法を訴え逃散した。備中国新見荘でも、寛正二年（一四六一）に代官安富氏の排斥に成功し、翌年直務代官を迎えたが、これを殺害している。（宮島敬一）

徳政一揆《とくせいいっき》　室町時代、徳政また徳政令*の発布を要求して蜂起した土一揆。高利貸しである酒屋*・土倉*などを攻撃して借書を破棄し、質物（土地）を取り返した。正長元年（一四二八）に畿内近国に起きた土一揆が最初とされる。このとき、幕府は徳政令を出さなかったが、大和・河内・播磨などで出された。幕府が徳政令を出したのは嘉吉元年（一四四一）の一揆のときで、「土民数万」が京都を包囲し、組織的に洛中の酒屋・土倉などを攻めたため、天下一同の徳政令を出し、永代売却地や年紀売地の取戻しを認めた。文安四（一四四七）から寛正三年（一四六二）にかけて数年ごとに大規模な一揆が続いたが、その後は散発化・縮小化する。

中世社会では、土地は本主（開発主・耕作農民）に返されるべきと観念され、正長元年や嘉吉元年など将軍や天皇の代始めに徳政が要求された。また、幕府などの徳政令は、郷や荘などの私徳政・在地徳政の延長上にあると理解されている。正長元年の神戸四郷の徳政碑文や嘉吉元年の近江国大島北津田荘の徳政棟札などがその例である。（宮島敬一）

正長の土一揆（『大乗院日記目録』）

（正長元年九月　日）天下の土民《どみん》蜂起す。徳政と号《ごう》し、酒屋、土倉、寺院等を破却《はきゃく》せしめ、雑物《ぞうもつ》等恣《ほしいまま》に之《これ》を取り、借銭等悉《ことごと》くこれを破《やぶ》る。管領《かんれい》これを成敗す。凡《およ》そ亡国《ぼうこく》の基《もとい》、これに過《す》ぐべからず。日本開白《かいびゃく》（闢）以来、土民蜂起是《こ》れ初めなり。

山城の国一揆（『大乗院寺社雑《ぞう》事《じ》記《き》』）

（文明十七年十二月十一日）今日山城《やましろ》国人集会す。上は六十歳、下は十五六歳と云々《うんぬん》。同じく一国中の土《ど》民《みん》等群集す。今度《このたび》両陣の時宜《じぎ》を申《もう》し定めんが為《ため》の故《ゆえ》と云々。然《しか》るべきか。但《ただ》し又《また》下極《げこく》（剋）上《じょう》の至《いた》りなり。両陣の返事問答の様如何《いかん》、未《いま》だ聞かず。

（文明十八年二月十三日）今日山城国人、平等院に会合す。国中の掟《じょう》法《ほう》なお以《もっ》て之《これ》を定むべしと云々。凡《およ》そ神妙《しんみょう》。但し興成《こうじょう》せしめば天下のため然るべからざる事か。

国一揆《くにいっき》　戦国時代、土豪・地侍層を中心として形成された国*単位の一揆。山城国一揆、伊賀惣国一揆、乙訓《おとくに》郡一揆、紀州惣国一揆など。必ずしも一国全体ではないが、「惣国」を名乗り、地域的な自治組織として、守護などの上部・外部権力に対峙した。

山城国一揆は、文明十七年（一四八五）久《く》世《せ》・綴喜《つづき》・相楽《さから》三郡の国衆*などが宇治平等院などで土民とともに集会し、両畠山軍の撤退など地域の平和・自治をうたった「国の掟法」を決めている。明応二年（一四九三）幕府は伊勢氏を守護にしてこれを破った。伊賀国では土豪・地侍などが仁木義視*を推戴、永禄年間（一五五八—七〇）には三好氏との軍事的緊張から十一カ条の「惣国一揆掟書」を定めた。織田信長の進攻に合うが、天正九年（一五八一）まで存続した。乙訓郡では、十五世紀末に、細川氏の被官や守護代の侵入阻止を目的に郡鎮守向日宮で「国衆・郡の面々」による「国の寄合*」をもった。紀州では、天文期（一五三二—五五）に成立し、雑賀・根来・粉河の国衆が織田信長や豊臣秀吉*と戦った。（宮島敬一）

一向一揆《いっこういっき》　戦国時代、浄土真宗*本願寺*教団に組織された武士や農民、また商工業者など非農業民などによって闘われた一揆。文明六年（一四七四）の加賀・越前の一揆、同十二年の越中の一揆、長享二年（一四八八）の守護富樫政親を討ち約一世紀にわたる「百姓の持ちたる国」を実現した加賀の一揆、天文元年（一五三二）の畿内の一揆があり、三河国では永禄六年（一五六三）に領国支配を進める徳川家康*と戦い、さらに元亀元年（一五七〇）から天正八年（一五八〇）にわたる石山本願寺一揆は天下統一を目指す織田信長*と戦った（石山合戦）。信仰をかけた宗教一揆あるいは農民闘争として、また中世後期から近世初頭の政治勢力と自治組織との戦いとして、国政史上に大きな位置を占めた。

　十五世紀後半に、本願寺八世の蓮如*（一四一五—九九）の出現により、惣村の発生・展開による新たな農民層や新興商工業者にその教養が受け入れられた。教団は彼らを基盤として、文明三年（一四七一）の越前・加賀境の吉崎進出を出発として、北陸・近畿・東海・中国地方へと教線を拡大した。平易な「御文」による教義の伝宣、「講*」という門徒組織の形成、また同朋・同行という平等観あるいは新たな職業倫理観をもとに、念仏による救い「信心を得たり」として、これまでの価値観・世界観と対立・衝突する反権力組織となっていった。現実には、講を基盤に、武士層を含んだ「組」あるいは「郡」がつくられ、また本願寺寺院を中心に周囲に土居や堀を巡らした集落・寺内町が大坂石山本願寺*、越中井波や大和今井など各地に形成され、支配者・領主、守護や戦国大名*、あるいは他の寺社勢力・教義に反抗・抵抗し、「進まば極楽、退かば地獄」をスローガンとして下剋上*の世界を生み出した。（宮島敬一）

（二）　室町幕府の政治と外交

室町幕府と鎌倉府　京都を首都とした室町幕府*は、以前の鎌倉幕府*の基盤だった関東（後に陸奥・出羽が加わる）の支配のために鎌倉府*を設置した。ここに幕府・鎌倉府という日本列島の二元的な政治支配のシステムが、尊氏*の子義詮《よしあきら》・基氏《もとうじ》*それぞれの子孫に継承されることとなった。やがて両府とも管領制*が導入され、京都では細川・斯波・畠山の三管領が交互に、鎌倉では上杉氏が関東管領*となった。侍所*には赤松・山名・京極・一色の四家（四職）が任ぜられた。三代将軍義満*のときに幕府は最盛期を迎え、義満は明徳三年（一三九二）に南北朝の合一*を実現して内乱に終止符を打ち、将軍を子の義持*に譲ったあとも政権を掌握し、太政大臣に任ぜられ武家・公家合わせた最高の権力者になった。

細川・斯波・畠山の管領は、有力守護大名家*として各国守護*を兼帯した。細川氏は、和泉・摂津・丹波・備中・淡路・阿波・土佐、斯波氏は十五世紀初頭の段階において、尾張・遠江・越前、畠山氏は河内・紀伊・越中・能登、関東管領上杉氏は、上野・武蔵・伊豆などを守護国とした。四職の赤松氏は播磨・美作・備前、山名氏は丹後・但馬・因幡・伯耆・石見・備後・安芸、京極氏は出雲・隠岐・飛驒、一色氏は若狭・丹後を守護国にした。守護は多くの場合、在京（関東の場合は在鎌倉）していたので、腹心の部下を守護代として管国に派遣し、国人*（在国の奉公衆・御家人*）を統括して国の軍事と政治支配を行っていた。この支配体制を守護領国制という。

室町将軍邸「柳の御所」
（「洛中洛外図屏風」歴博甲本，国立歴史民俗博物館蔵）

室町幕府・鎌倉府は、南北朝内乱期に守護を味方に引きつけておくために優遇したが、内乱の終息とともに守護を抑圧し、その勢力の削減に努めた。関東では、永徳元年（一三八一）に下野守護小山義政が滅ぼされ（小山義政の乱）、明徳元年（一三九〇）には美濃守護土岐《とき》康行が討たれ（土岐氏の乱）、翌年には山名氏清*が滅ぼされ（明徳の乱*）、応永六年（一三九九）には周防・和泉守護大内義弘*が滅ぼされた（応永の乱*）。

関東では、将軍足利義教*に対立した鎌倉公方足利持氏*が、幕府に支援された関東管領上杉憲実らによって永享十一年（一四三九）に滅ぼされ（永享の乱*）、翌年に持氏の子息・遺臣らが下総結城に籠城し滅亡した（結城合戦）。嘉吉元年（一四四一）結城合戦の勝利を祝う赤松満祐*邸での能興行の場で、満祐は義教を殺害し、播磨に引き上げ反乱を起こして滅亡した（嘉吉の乱*）。その後、関東では享徳三年（一四五四）から享徳の乱*、京都では応仁元年（一四六七）から応仁・文明の乱*という長期にわたる内乱に突

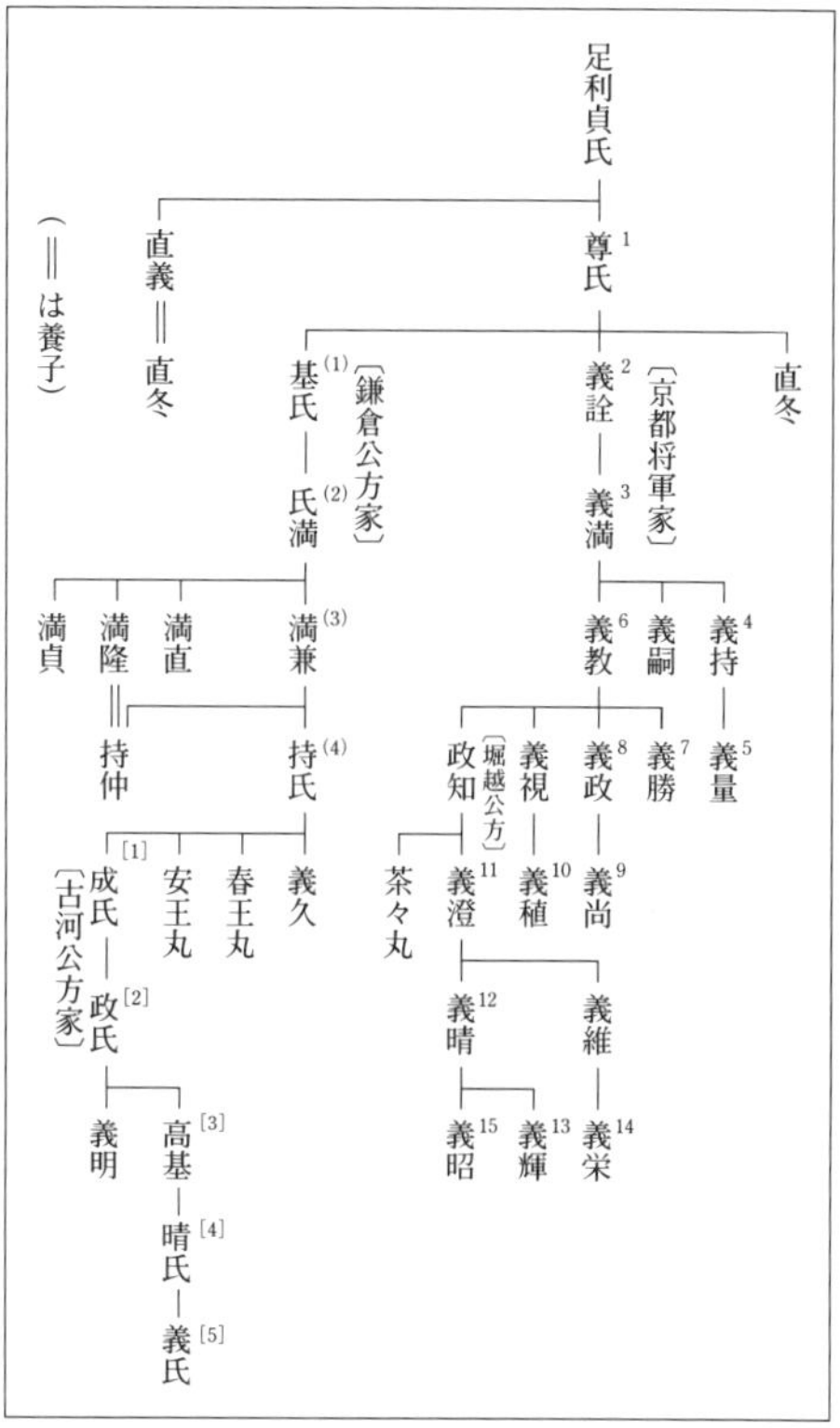

足利氏将軍・鎌倉公方・古河公方略系図
（数字は就任の順）

入する。

外交と貿易　将軍足利義満は、明*の皇帝に対し「日本国王臣道義」と称して臣従する形での外交関係を結び、日明貿易*を活発に行い、大量の銭貨を流入させて国内に流通させた。室町幕府の経済的基盤は、全国各地の直轄領の年貢*や各国守護を通じて徴収される臨時の段銭*・棟別銭*、それに酒屋*・土倉*などから徴収される営業税などであり、その多くは銭貨で徴収されるようになり、また各地の商業活動が活発化し、十五世紀前半には空前の貨幣流通量となる。

日明貿易では、勘合札をもった日本船に限り交易が許されるという勘合貿易*で、細川氏や大内氏などの有力大名や興福寺*・相国寺などの寺院が加わった。日本からは、銅・硫黄・刀剣、明からは銭貨のほかに綿糸・生糸などがもたらされた。

壱岐・対馬・五島列島などの三島地方や、東シナ海の島々を拠点に、日本・朝鮮・中国の国家の枠を越えて活動する海民たちは、しばしば海賊行為を行い倭寇*といわれて恐れられた。李成桂の朝鮮は、倭寇対策のため西日本の守護大名と貿易を開き、幕府や対馬の宗氏に倭寇の禁圧を求める一方、投降した倭寇に土地や官職を与えるなどして倭寇の活動を激減させた。日朝貿易では、富山浦（釜山）・乃而浦《ないじほ》（熊川）・塩浦（蔚山）の三浦（港）が指定されて制限貿易が行われた。尚巴志によって統一された琉球王国は、明や東南アジア諸地域と日本との中継貿易を活発に行った。　（峰岸純夫）

〔守護権力の増大〕

守護大名《しゅごだいみょう》　南北朝・室町時代の守護*を鎌倉時代の守護と区別して用いる名称である。戦後の研究で、室町幕府*下の守護の特質を前代とは異なり、地域的封建制の形成主体の一つととらえた際、それを示す学術用語として登場した。守護の任国支配が一定の領域支配に達した段階の呼称である守護領国制概念と不即不離といえる。

室町幕府下の守護は、前代の大犯三カ条に加え、苅田狼藉検断権・使節遵行権・闕所地半済預置権・段銭*等諸役徴収権を与えられ、軍勢催促（軍事指揮）権の継承と相まって管国における立場を強化していった。幕府法上の守護は一国吏務職とされ、その吏務観によって規制される遷替の職であった。しかし守護は、守護職所領観を自己のものとして、これに対抗していった。十五世紀以降、守護の管国はほぼ固定化されていったが、これは所領観が吏務観を圧服したことを示している。こうして守護は主従制的支配と領域的支配の二つの側面から独自権力として成長していった。前者は闕所地預置権や国衙領*を含めた半済*預置権などによって形成され、後者は使節遵行権や国衙機構の包摂による大田文*の掌握によって実現された段銭賦課徴収権を出発点とし、独自の一国守護段銭の賦課などによって進展していった。大田文公田を対象とした守護段銭の賦課徴収は経済的意味にとどまらず、その免除・宛行などによって主従制的支配の媒介環ともなっていった。また守護の掌握下にあった大田文は荘園の分割再登録という機能を併せもっており、この点から見れば、荘園制の崩壊とは守護被官層を中心とした荘園の分割的領有状況の大田文への再登録だったといえよう。管国支配がこうした段階に達した守護を守護大名と称している。このように管国支配を深化させていった守護であったが、室町殿分国四十五カ国の守護は、応仁の乱*以前は二十一屋形と称されているように、在京して幕政を支えていた。幕府公権の分掌、幕府による全国支配の国別執行人という基本は変わらず、幕府と命運をともにする守護が多かった。〈佐藤進一『室町幕府守護制度の研究（上・下）』東京大学出版会、一九六七・一九八八。永原慶二『大名領国制』日本評論社、一九六七。今谷明『守護領国支配機構の研究』法政大学出版局、一九八六〉　（田沼　睦）

守護請《しゅごうけ》　室町時代の守護*が、荘園や国衙領*の年貢*を荘園領主・知行国主に対して一定額で請け負った制度。任国内に経済的基盤の少なかった守護は、国内の荘園・国衙領の守護請を強く望んだ。遷替の職として守護を任命した幕府が、これを支援することも多かった。請負額は本年貢の半分ほどとか十分の一以下など、荘園・国衙領ともにきわめて個別的であった。国内所領の半分ほど存在したとされる国衙領の守護請は、東国以外の畿内・東海・西国などに広く見られた事象であり、守護の管国支配に大きな意味をもった。請負額の未進による守護領化への道とともに、国人*層を請地代官とすることによって、権力機構の形成にも結果した。　（田沼　睦）

半済《はんぜい》　鎌倉時代には年貢*・公事*などの半納を意味したが、歴史上重要な役割を果たしたのは室町幕府*下の半済制度である。観応三年（一三五二）、内乱が激しく戦われた近江・美濃・尾張三カ国の本所領年貢半分を、兵粮料

半済令（『建武以来追加《けんむいらいついか》』）

一、寺社本所領の事（観応《かんのう》三・七・廿四御沙汰）

……次に近江・美濃・尾張三ケ国の本所領半分の事、兵粮料所《ひょうろうりょうしょ》として、当年一作、軍勢に預《あず》け置くべきの由、守護人等に相触《あいふ》れ訖《おわ》んぬ。半分に於いては、宜《よろ》しく本所《ほんじょ》に分かち渡すべし。……

所として一年を限って軍勢に預け置いたのが出発であったが、戦乱の拡大に伴い適応国は広がり、応安元年（一三六八）に至って全国的に拡大された。この応安半済令は、禁裏仙洞御料所や寺社一円仏神領などを除いた諸国本所領全体を対象としたものであり、年貢ではなく土地そのものの均分であった。諸国荘園・国衙領*の半分が法的に武家領となったのであり、かつ半済預置権を掌握していた守護*にとっては、領国支配展開の有力な手段となった。（田沼　睦）

一円知行《いちえんちぎょう》　特定所領の支配を、ほかの領主諸階層の関与を排し、単独で支配すること。荘園・公領制社会は、重層的な職の所有体系を基本とするものであった。すなわち荘園所領には本家職・領家職・預所職・地頭職などの所有・支配権が重層的に存在するのが一般的だった。鎌倉時代、荘園領主と地頭*による下地中分*は、双方にとって一円知行の出発点ともなった。また荘園年貢を請け負う地頭請*も、事実上の所領支配権を掌握した地頭による一円化の歩みといえる。室町幕府*による応安の半済*令は全国的規模での一円知行化を進めたものであった。その後、織田政権による一職支配、太閤検地*による作合否定などによって一円知行は確立された。（田沼　睦）

〔室町幕府とその機構〕

室町幕府《むろまちばくふ》　足利将軍家による中世の政治体制。その呼称は三代将軍義満*が京都北小路室町に政庁を営んだことに由来する。建武三年（延元元年、一三三六）尊氏*の新政権樹立から天正元年（一五七三）義昭*の京都放逐まで存続。後醍醐天皇*が吉野に脱した建武三年、尊氏は「建武式目*」を立法、既設の執事・侍所*に加え政所*以下の諸機関を設置し、室町幕府を発足させたが、その内実は尊氏が侍所・政所・恩賞方*を抑えて主従制的支配権を掌握、弟の直義が評定を核に引付*・問注所*・安堵方を抑え統治権的支配権を行使する、尊氏優位の二頭政治であった。その矛盾が観応の擾乱*を招き、直義の没落と南朝方の攻勢、足利一門の反乱など混乱を生むが、斯波高経・細川頼之の管領就任による政治主導と二代義詮《よしあきら》の親裁権の強化により幕政は安定し、将軍と管領*を中心とする体制が固まった。

康暦元年（一三七九）の頼之失脚後、三代義満*は親政を展開、山名・土岐・大内氏ら有力守護*を抑圧し勢力を削減する一方、従一位内大臣から太政大臣までを歴任し、王朝支配権の大半を奪取すると、応永二年（一三九五）太政大臣を辞して自らを法皇に擬し、公武両権力の頂点に立ち日本国王となる。最盛期の幕府は鎌倉府*が管轄する関東・東北と九州探題*管轄下の諸国を除く国々を「室町殿分国」として支配した。四代義持*は義満の政策の多くを否定するが幕政は安定、六代義教*は徹底した専制支配を目指し有力守護の家督紛争につぎつぎと干渉、鎌倉公方をも打倒する恐怖政治を展開し、嘉吉元年（一四四一）機先を制した赤松満祐*に暗殺され将軍の権威を低落させた。

嘉吉の乱*後、有力守護家の多くが内紛で衰退し、管領政治に代わって近習・禅僧による側近政治が展開、八代義政の政治は混迷を極め、幕閣に残った細川・山名両氏の抗争から応仁・文明の乱*へと発展する。乱の過程で幕府の統制は大きく弛緩し、地方では守護大名*が自立化、さらに戦国大名*の台頭が始まり、幕府は細川京兆家の専制化を経てしだいに畿内中心の地域政権に変貌し、三好長慶*の台頭や将軍義輝殺害を機に事実上崩壊、織田信長*による義昭の将軍擁立で一時復活を見るが、天正元年

（一五七三）の義昭追放を機に完全に解体した。〈今谷明『室町幕府解体過程の研究』岩波書店、一九八五。佐藤進一『日本中世史論集』岩波書店、一九九〇。伊藤喜良『南北朝の動乱』集英社、一九九二。今谷明『日本国王と土民』集英社、一九九二〉
（市村高男）

鎌倉府《かまくらふ》　室町幕府*が関東八カ国と伊豆・甲斐支配のために置いた政庁で、関東府ともいう。南北朝初期の鎌倉将軍府*を前提として、足利尊氏*の子基氏*の代に基礎が固まる。その組織は基氏とその子孫が就任した鎌倉公方を頂点に、公方の補佐役に関東管領*が置かれ、上杉憲顕以来ほぼ上杉氏が世襲的に任じられた。さらに侍所*・政所*・問注所*や評定衆*・引付衆・社

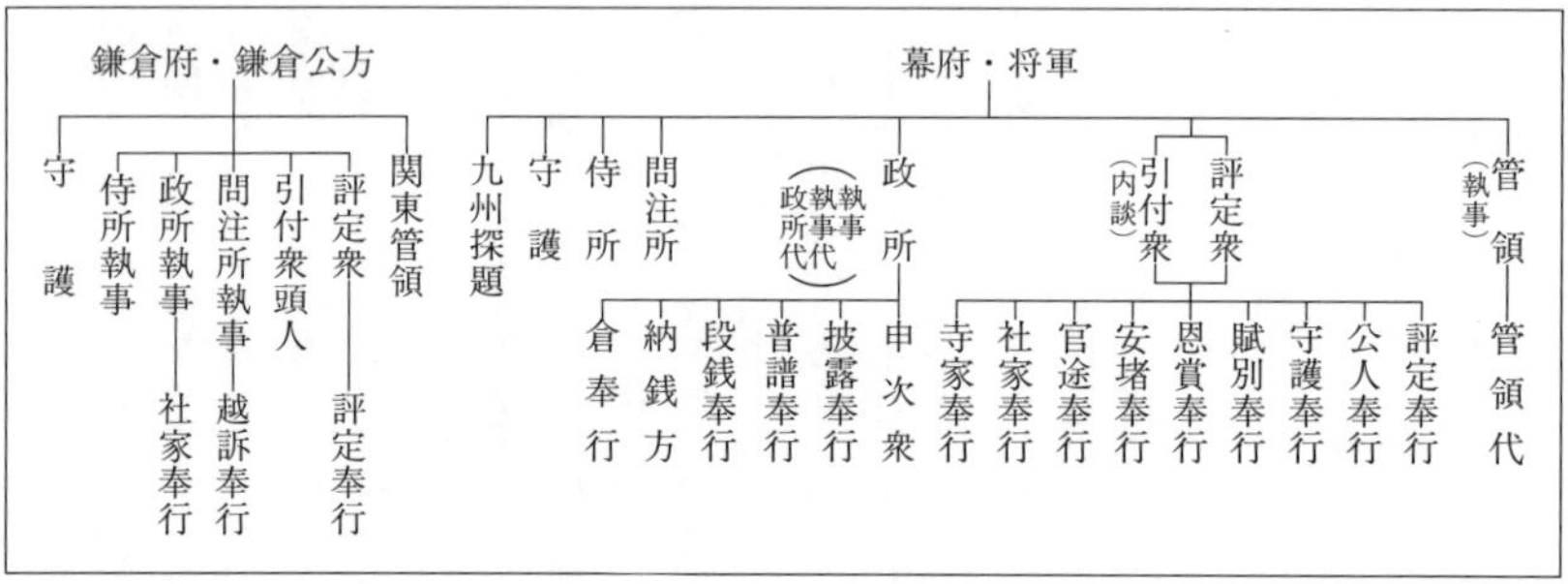

室町幕府・鎌倉府組織図

家奉行なども設置され、管内諸国の守護*は外様と呼ばれる関東八家（千葉・小山・結城ら）の中から選ばれた。二代氏満の代に安定期を迎え、奉公衆・料所が整備されるが、公方に与えられた多岐にわたる行政権と相まって室町幕府からの自立性を強め、「関東幕府」と呼ばれるに至る。四代持氏のとき永享の乱*で解体に瀕し、成氏の代に再建された後、下総古河《こが》へ移転し組織・基盤を縮小させ古河府に継承される。
（市村高男）

管領《かんれい》　室町幕府*で将軍を補佐し政務を統括した職。鎌倉時代に北条得宗家*の家宰を内管領*と呼んだのが、政務統括者に通じる管領の初期の使用例で、南北朝時代になると鎮西管領・奥州管領など広域的軍政権の行使者を呼ぶ例が現れる。足利氏には古くから家宰として高（高階）氏がおり、室町幕府開設後も執事として将軍を補佐したが、幕府の基礎が固まった十四世紀半ば過ぎ、執事に代わる管領の語が広く使用される（その後しばらく執事の語も混用）。この転換は、室町幕府政治機構の変化に伴うもので、観応の擾乱*以前まで、足利尊氏*の弟直義*が裁判権や業務命令権など強大な権限を掌握し、執事高師直*の権限が制約されていたが、直義抹殺後の執事はその制約から解放され、二代将軍義詮《よしあきら》*による将軍親裁権の強化と相まって権限を拡充し、侍所*・政所*・問注所*などの幕府諸機関の政務の統括者に成長した。

高師直以後、足利一族の有力守護*で将軍に近い者が執事に就くようになり、観応二年（正平六年、一三五一）に仁木頼章が就任、そして延文三年（正平十三年、一三五八）に細川清氏が、貞治元年（正平十七年、一三六二）には斯波義将が就任して以来、細川・斯波両氏がこの職に交替で着任、さらに応永五

年（一三九八）畠山基国の就任を機に畠山氏を加えた足利一門三家の管領就任が慣例化し、三管領（三職）の呼称を生む。その間、貞治六年（一三六七）義詮から幼い義満を託された細川頼之、その跡を受けた斯波義将がそれぞれ約十三年にわたって在職し、三管の全盛時代を築いたが、三代義満の壮年時代と六代義教の時代は将軍の親裁権が最も発揮され、管領の権限が削減されてその影を薄くした。義教の死後、管領の権限は旧に復したものの、その威信を大きく失墜させた。そのころ、斯波氏では嫡家が断絶し、内紛を引き起こして幕政への影響を失い、まもなく畠山氏も山城守護職をめぐる一族の抗争で混乱し、応仁・文明の乱後は細川氏が幕閣を牛耳り、政元が約二十年にわたって管領を務めるようになるが、しだいにその内実を空洞化させて、大永元年（一五二一）十二月に就任した政元の子高国を最後に、この職に任じられた者が確認されなくなる。〈豊田武・ジョン・ホール編『室町時代』吉川弘文館、一九七六。小川信『足利一門守護発達史の研究』吉川弘文館、一九八〇。今谷明『室町幕府解体過程の研究』岩波書店、一九八五。佐藤進一『日本中世史論集』岩波書店、一九九〇〉　（市村高男）

関東管領《かんとうかんれい》　室町幕府が鎌倉公方の補佐役として任命した職。設置当初は執事。幕府将軍を補佐した管領に対し、鎌倉府の管領の意味で「関東之管領」と呼ばれた。建武二年（一三三五）足利尊氏が嫡子義詮《よしあきら》の補佐役とした斯波家長がその嚆矢。ついで石塔義房・上杉憲顕、高師冬・憲顕らが両管領に任じられ、観応の擾乱後、畠山国清が追放されると上杉憲顕が復帰して関東管領に就任、以来上杉氏一族の山内・詫間・犬懸の三家が相ついでこの職に就き、犬懸家が上杉禅秀の乱で滅ぶと、山内家の独占に帰した。関東管領は鎌倉公方の補佐役ながら、幕府将軍から任免される立場にあり、また武蔵守護を兼帯したほか、上杉氏独自の守護国上野・上総・伊豆を支配して国人や一揆を組織し、鎌倉府内で公方に匹敵する実力をもつ。鎌倉公方が永享の乱で断絶した後、一時鎌倉府を運営するが、関東諸家の反発を受けて持氏の子成氏の復帰を認め、享徳の乱の開始とともに鎌倉府内の自派を率いて公方派に対峙した。戦国期には古河公方を擁立し関東管領になった後北条氏と名分をかけて争い、越後に敗走した憲政から譲りを受けた上杉謙信が最後の関東管領となる。　（市村高男）

奥州探題《おうしゅうたんだい》　室町幕府が陸奥国統治のために設けた職。南北朝時代は奥州管領と呼ばれた。足利尊氏が鎮守府将軍北畠顕家に対抗し任じた奥州総大将がその前提となり、貞和元年（興国六年、一三四五）に奥州へ入った畠山国氏・吉良貞家から奥州管領と呼ばれる。その権限は軍事指揮権・寺社興行権が中心であった。観応の擾乱を受けて貞家と国氏が争ったのを機に奥州管領制は分裂し、広域統治機関の内実を失う。応永六年（一三九九）鎌倉府が足利満貞・満直を奥州へ派遣すると、これに対して幕府は大崎（斯波）満持を派遣し、奥州管領制を継承させたが、このときから奥州探題の呼び名が登場する。その職権は軍事指揮権・段銭徴収権・官途推挙権などで、戦国期には大崎氏を従えた伊達氏が任じられた。　（市村高男）

羽州探題《うしゅうたんだい》　室町幕府が出羽国統治のために設けた職。延文元年（一三五六）斯波兼頼が初めて任じられて以来、その子孫の最上氏が代々就任したとされる。その名称や存在を明示する同時代史料に乏しいが、十四世紀後半から十五世紀半ば過ぎ、兼頼やその子孫とみられる人びとが、出羽国の棟別銭*賦課、出羽国での使節遵行、出羽国内の国人*たちに対する軍事指揮権を行使すべき人として位置付けられているので、実際に設置されていた可能性が高い。戦国末期に最上義光が「出羽之探題」と自称したのも、そうした背景をもつ。明徳二年（一三九一）末の奥羽両国鎌倉府*移管から永享の乱*の終結ごろまで、鎌倉府からの支配も及び、京都・鎌倉の対立の渦中に巻き込まれて動揺した。　（市村高男）

九州探題《きゅうしゅうたんだい》　室町幕府*が九州統治のために置いた職。鎮西管領・鎮西探題ともいう。建武三年（延元元年、一三三六）足利尊氏*が九州から東上するとき、一色範氏に幕府軍の統括にあたらせたのが嚆矢。貞和二年（正平元年、一三四六）に子の直氏も九州に入るが、南朝方攻略に手を焼き、同五年足利直冬の入部を機にいっそう困難な戦局に直面、文和四年（正平十一年、一三五五）九州経営を放棄し帰京する。応安四年（建徳二年、一三七一）斯波氏経・渋川義行についで今川貞世（了俊）が就任すると、その才覚を発揮し幕府方の九州平定を実現するが、職権を越えた九州の分国化をはかり、応永二年（一三九五）失脚、渋川満頼の就任をみる。以後渋川氏が代々着任するが、少弐・菊池・大内氏らに圧せられて衰退した。　（市村高男）

建武式目《けんむしきもく》　建武三年（延元元年、一三三六）十一月七日、発足と同時に立法された室町幕府*の法令。明法家中原是円・真恵兄弟らが足利尊氏*の諮問に答えた上申書の体裁を採っているため、古くから制定法とはみなし難いとする説があるが、現在では形式や観念的道徳的な内容は立法時の室町幕府の特異な立場に規定されたもので、実質的には制定法と同じ効力をもつ法令とする説が定着している。内容は、幕府の所在地を鎌倉に置くか他所に移すかという前編と、聖徳太子*の十七条憲法*を意識しつつ当面の基本政策十七カ条を示した後編とからなる。前編では政道の善悪が居所の興廃を左右するので、衆人の考えに従うべきであると述べられ、後編では治安回復、私宅没収の禁止、京中空地の本主返還、邸宅の復旧、無尽銭・土倉*の保護など動乱の中で荒廃した京都の復興を目的とした諸条文、政務に堪能な者の守護*任用、賄賂の禁止、信頼できる近習の任用、礼節の励行、神仏の権威を背景とした不合理な寺社訴訟の否定などの諸条文からなる。後編は足利直義の政道に多くが一致するので、幕府鎌倉説をとる直義が、自説を譲る代わりに自らの政治理念を示したとする意見もある。〈佐藤進一・池内義資編「室町幕府法」『中世法制史料集2』岩波書店、一九五七。「中世政治社会思想（上）」『日本思想大系21』岩波書店、一九七二〉　（市村高男）

> **建武式目**
>
> 一　倹約を行はるべき事
>
> 近日婆佐羅《ばさら》と号して、専ら過差《かさ》を好み、綾羅錦繡《りょうらきんしゅう》・精好《せいごう》銀剣・風流《ふりゅう》服飾、目を驚かさざるはなし。頗る《すこぶる》物狂《ぶっきょう》と謂ふべきか。富者はいよいよこれを誇り、貧者は及ばざるを恥づ。俗の凋弊これより甚だしきはなし。もつとも厳制あるべきか。
>
> 一　群飲佚遊《いつゆう》を制せらるべき事
>
> 一　狼藉を鎮めらるべき事
>
> 一　私宅の点定《てんじょう》を止めらるべき事
>
> 一　京中の空地、本主に返さるべき事

段銭《たんせん》　中世に田地一段別に賦課された公事*。はじめは臨時に賦課され、のち恒常化した。その起源は、朝廷諸行事・大寺社修造・将軍宣下など国家的行事の費用調達に賦課された一国平均役にあり、年貢*・公事の銭納化に伴い、田地一段別何文という賦課方式に変化、鎌倉時代には米の徴収が多く段米と呼ばれた。賦課基準は大田文*に記載された公田にあった。十四世紀後期には賦課権も朝廷から幕府へ全面移行し、幕府財源として重視され制度的に整備された。十五世紀には守護*も独自の段銭を成立させて分国に賦課、守護被官形成の梃子《てこ》とし、段銭を給付された個別領主層や京済権を有する将軍近習・奉公衆らも領主段銭を形成、さらに戦国大名*は段銭課徴権を継承・発展させ、独自な収取体系をつくり出した。（市村高男）

棟別銭《むなべつせん》　鎌倉時代から戦国時代にかけて見られた家屋税。「むねべつせん」「むなべちせん」とも読み、家屋の棟数ごとに臨時に課され「棟役」とも呼ばれる。特定の国郡または全国に課された。寺社の修理・造営を主な目的とするが、朝廷の費用や橋の築造に当てられることもある。室町時代になると幕府が賦課徴収権を掌握、重要な財源としてしばしば賦課したが、現地での抵抗から守護*に依存した徴収方法が採られたうえ、守護独自の棟別銭も課されたため恒常的な課税に変質していった。戦国時代には、戦国大名*が棟数の基本台帳を作成、他の課役を含めた新たな課税として改変し、段銭*と並ぶ大名権力の軍事・財政基盤として位置付けた。（市村高男）

酒屋役《さかややく》　中世の酒造業者に賦課された営業税。朝廷に酒や酢を納める職務の造酒司が、諸国からの貢納の欠を補うべく洛中の酒屋*に賦課したのが起こりだが、洛中の酒屋の多くが比叡山の支配下にあったため容易に実現せず、十四世紀半ば以降、臨時・恒例の課役の事例が現れる。明徳四年（一三九三）室町幕府*は造酒司がもつ酒麴役を除き権門寺社の特権を否定し、洛中洛外の酒屋・土倉*に政所*の年間費用を賦課、その代わりにほかの課役いっさいを免除した。以来、酒屋役は室町時代を通じて幕府の重要財源となる。十五世紀前半の洛中洛外には三百四十二軒の酒屋があり、賦課基準の酒壺は一軒当たり十—数十壺、一壺当たり一〇〇文が賦課されたという。当初は幕府が直接徴収し、のちに納銭方と呼ばれる有力酒屋の請負制となった。（市村高男）

倉役《くらやく》　鎌倉—南北朝時代、朝廷・幕府・寺社などが金融業者である土倉*に賦課した税。土倉役・土倉懸銭とも呼ばれる。臨時課税と恒常的営業税とがある。十四世紀初頭、京都市中には三百三十余軒の土倉が存在、その大多数は比叡山や祇園社の配下にあり恒例・臨時の課税がなされ、朝廷からも即位式など諸行事に臨時の税が課された。南北朝期以降、室町幕府*は土倉に対する支配を強化し、明徳四年（一三九四）旧来の諸権力の課税権を否定し、臨時課税の免除を保証、その代わりに酒屋土倉役の納入を制度化し、幕府の年間通常会計の重要な財源とした。幕府の倉役徴収は、納銭方と呼ばれる有力土倉が受けもったが、戦国期には諸大名や自治都市も独自に倉役を賦課する場合があった。（市村高男）

足利基氏《あしかがもとうじ》　（一三四〇—六七）　南北朝時代の武将。初代鎌倉公方。幼名は亀若丸。父は足利尊氏*、母は北条久時の娘赤橋登子。室町幕府*二代将軍義詮《よしあきら》の弟。貞和五年（正平四年、一三四九）叔父直義の養子となり、兄義詮に代わって鎌倉へ入り初代鎌倉公方となる。養父直義の影響を受けて文和元年（正平七年、一三五二）鎌倉で元服する。その直後、南朝方の新田義宗らが鎌倉を陥れると、父尊氏と反撃に出てこれを奪回、翌年の尊氏の京都帰還とともに、執事の畠山国清を伴い武蔵入間川に在陣し、六年にわたって反対勢力の一掃に力を注ぎ、延文四年(正平十四年、一三五九)左兵衛督に任じられて鎌倉へ帰還した。康安元年(正平十六年、一三六一)専横を極めて関東武士の反感をかった畠山国清を追放し、直義の執事であった上杉憲顕を越後から呼び戻して関東管領*に就け、これに反対する宇都宮氏綱・芳賀禅可らを下すなど、鎌倉府*体制の基礎を固めた。義堂周信らと親交して禅に通じたほか、笙《しょう》をよくする文化人であったが、貞治六年(正平二十二年)二十八歳で病死した。法名は瑞泉寺玉岩道。(市村高男)

足利義満《あしかがよしみつ》(一三五八—一四〇八) 室町幕府三代将軍*。幼名は春王。父は二代将軍義詮《よしあきら》、母は石清水八幡宮の検校善法寺通清の娘紀良子。康安元年(正平十六年、一三六一)南朝方に京都を追われ、播磨の赤松則祐*の庇護を受ける。貞治六年(正平二十二年、一三六七)父の病死により十歳で将軍に就任、康暦元年(天授五年、一三七九)細川頼之の失脚までその補佐を受け、それより親政を開始する。このころから公卿界でも栄進し、永徳三年(弘和三年、一三八三)には源氏長者、准三后となり、朝廷内で絶大な力を振るった。その一方、明徳元年(元中八年、一三九〇)に土岐康行、翌年に山名氏清*、応永六年(一三九九)には大内義弘*を討って有力守護の勢力を削減。その間の明徳三年、後亀山から後小松に神器を譲らせ、南北朝の統一を実現し、翌年後円融の死を機に上皇の権限を吸収し、公家や門跡の儀式を義満の別荘北山第で実施、自らの参内出仕は上皇に準ずるものとした。応永二年出家し道義と号し、同八年明*との国交を回復、翌年明皇帝から日本国王に冊封され、勘合貿易*の制度を固め、同十三年に妻日野康子を准母とし、同十五年には次男義嗣を皇位候補者としたが、同年自らの上皇就任を目前に死去した。享年五十一歳。法名は鹿苑院天山道義。(市村高男)

〔室町幕府の動揺〕

山名氏清《やまなうじきよ》(一三四四—九一) 南北朝時代の武将。守護大名*。時氏の第四子。民部少輔・陸奥守となる。父の死後丹波守護*を継承、永和三年(天授三年、一三七七)には侍所頭人*を務め、翌年南朝方の橋本正督討伐を機に和泉守護となり、至徳二年(元中二年、一三八五)には新設の山城守護に就任。康応元年(元中六年、一三八九)惣領時義が死去すると、将軍足利義満*は山名氏の勢力削減を画策、翌年氏清は義満の命で時義の子時熙・氏幸を討ち但馬を獲得するが、明徳二年(元中八年、一三九一)甥満幸の出雲守護職没収などの挑発に乗り挙兵。大軍をもって京都に攻め込むが、義満が率いる幕府軍*に大敗を喫し、三条大宮付近で戦死した(明徳の乱*)。その分国但馬は時熙、伯耆は氏幸、和泉は大内義弘*におのおの与えられた。法名は宗鑑寺殿古鑑衡公。(市村高男)

明徳の乱《めいとくのらん》 明徳二年(元中八年、一三九一)山名氏清*・満幸らが室町幕府*に対して起こした反乱。山名氏は十四世紀半ば過ぎの時氏の代に隆盛期を迎え、時氏が守護職*をもつ丹波・丹後・因幡・伯耆・美作の五カ国に、一族が抑える出雲・但馬・隠岐・山城・和泉・紀伊の六カ国を加えて十一カ国の守護国をもち、「六分の一衆」と呼ばれた。将軍専制の強化を目指す足利義満*は、山名一族の強大化を危惧し、時義(時氏の子)死後に起こった時熙・氏幸と満幸・氏清との内紛を利用、挑発に乗った満幸が氏清・義理らと挙兵すると、細川・畠山・大内氏らに命じこれを撃破、山名一族の守護国は時熙の但馬、氏幸の伯耆を除いて没収し、畠山・細川・赤松・大内・佐々木氏らに分与した。これにより山名氏の勢力は大きく削減された。

（市村高男）

大内義弘《おおうちよしひろ》（一三五六―九九）室町時代の武将。仮名は孫太郎。大内介と称す。弘世の嫡子。周防介のち左京権大夫となる。応安四年（建徳二年、一三七一）より九州探題*今川了俊*（貞世）に従い九州を転戦、南朝方の菊池武朝を破るなど功をたて豊前守護*職に補任された。父の死後、弟満弘と内紛を展開するが間もなく和解。明徳の乱*で山名氏討伐に戦功をあげ、その旧領の和泉・紀伊守護職を獲得し、六カ国守護として将軍義満*を支えたが、幕政に影響を与え始めたうえ、応永二年（一三九五）の今川了俊の失脚後、朝鮮貿易の中心となって明*との貿易にも注目したため、王権の確立を目指す足利義満との関係を悪化させ、同六年和泉堺で幕府軍と戦って敗死した。享年四十四歳。法名は秀山仏実。

（市村高男）

応永《おうえい》**の乱**《らん》　応永六年（一三九九）六カ国守護*大内義弘*が室町幕府に対して起こした反乱。義弘は父弘世から周防・長門・石見の守護職*を継承、北九州に進出し、応永二年（一三九五）の九州探題*今川了俊*失脚後は朝鮮貿易の中心となり、豊前守護職を兼ね、山名氏に代わって和泉・紀伊の守護職も合わせ、幕政への影響力をもった。同四年、末義弘は九州探題渋川満頼の援軍として鎮西に下るが、平定後も将軍義満*の命に応じて上洛せず、幕府側の出方をみて同六年十月和泉堺に出陣。義弘は鎌倉公方足利満兼と密約を交わし、東西から幕府の挟撃ちを狙ったが、満兼の進軍がなく、十二月幕府軍の攻撃の前に戦死し、乱は鎮圧された。大内氏は周防・長門を除く守護職を没収され、勢力を削減された。

（市村高男）

足利義持《あしかがよしもち》（一三八六―一四二八）室町幕府*四代将軍。父は三代将軍義満*、母は醍醐寺三宝院坊官安芸法眼の娘慶子。応永元年（一三九四）九歳で元服し将軍に就任するが、その後も父義満が政務全般を掌握、しかも異母弟義嗣を偏愛したので家督相続も危ぶまれた。同十五年、父の死を機に親政を開始、管領*斯波義将や畠山満家らの補佐を受けた。父への反発から尊号贈与を拒否し、明*への屈従を理由に国交を断ち、北山第も破却した。同二十三年上杉禅秀の乱*で義嗣の関与が発覚すると、鎌倉公方持氏*を支援しこれを鎮圧した。同三十年将軍職を嫡子義量《よしかず》に譲るが政務を執り続け、同三十二年の義量早世後は将軍を置かず執政。正長元年、四十三歳で死去。法名は勝定院顕山道詮。

（市村高男）

足利義教《あしかがよしのり》（一三九四―一四四一）室町幕府*六代将軍。父は室町幕府三代将軍義満*、母は醍醐寺三宝院坊官安芸法眼の娘慶子。義持*の同母弟。応永十年（一四〇三）青蓮院へ入室、同十五年得度し義円《ぎえん》と称す。大僧正ついで准后の宣下を受け、同二十六年十一月から同二十八年四月まで天台座主を務めた。正長元年（一四二八）兄義持*が継嗣を定めず死去するとき、管領*畠山満家らが三宝院満済と議し籤《くじ》による選出を決定、義円が選ばれた。義円は同年三月還俗して義宣《よしのぶ》と名乗り、従五位下左馬頭に叙任、永享元年（一四二九）に元服、将軍宣下を受け再度改名し義教と名乗る。将軍専制を目指し評定衆*や引付*衆を復活、管領の権力を抑え、大名家当主に近習を立てたほか、皇位継承にも介入、意に反する廷臣を処罰し、永享七年（一四三五）には嗷訴《ごうそ》を繰り返す延暦寺に弾圧を加えた。同十年事あるごとに敵対した関東の鎌倉公方足利持氏*を滅ぼし、同十二年五月には一色義貫・土岐持頼らの守護大名*を暗殺、嘉吉元年（一四四一）正月には畠山持国を追放し、関東平定直後の同年六月、誅殺の危機感を抱いた赤松満祐*に殺害された。四十八歳。法名は普光院善山道恵。（市村高男）

足利《あしかが》持氏《もちうじ》（一三九八―一四三九）室町時代の武将。四代鎌倉公方。幼名は幸王丸。父は三代鎌倉公方足利満兼。応永十六年（一四〇九）父の死後鎌倉公方に就任、翌年元服し将軍義持*の偏諱を得て持氏と称し、左馬頭ついで従三位左兵衛督となる。応永二十年ころより稲村公方・篠川公方に代わって南奥州の支配に乗り出し、関東では千葉・大掾《だいじょう》・那須氏ら大名層を圧迫してその反感を買い、応永二十三年に反持氏勢力と結ぶ前関東管領上杉禅秀*（氏憲）の乱*を呼ぶ。いったん鎌倉を没落した持氏は、弟義嗣の関与を知った将軍義持の支援を得て禅秀一派を撃破、鎌倉を回復するが、以来禅秀与党の討伐に奔走、専制支配を目指し室町幕府*と対立した。正長元年（一四二八）義教*の将軍嗣立とともに一触即発の状態となり、いったんは持氏が折れて事なきを得るが、永享十年（一四三八）嫡子賢王丸の元服で将軍の偏諱を受ける慣例を破り関東管領上杉憲実とも対立。憲実打倒に出陣し、幕府・上杉方と戦い敗北、武蔵金沢の称名寺に出家・謹慎するが、翌年義教の命により鎌倉永安寺で自殺した。四十二歳。法名は長春院楊山道継。（市村高男）

上杉《うえすぎ》禅秀《ぜんしゅう》の乱《らん》　応永二十三年（一四一六）十月から翌年正月に、前関東管領犬懸上杉氏憲*（禅秀）が鎌倉公方足利持氏*に対して起こした反乱。直接の原因は、鎌倉府*における山内・犬懸両上杉氏の勢力争いと、持氏による禅秀家人の所領没収に対する禅秀の不満などにあるが、これに持氏とその叔父満隆・弟持仲との対立、大名層に抑圧的な鎌倉府体制に対する岩松・千葉・大掾《だいじょう》・小田氏らの不満が絡み、十五世紀前期最大の反乱に発展した。応永二十三年十月に挙兵した禅秀は、鎌倉を制圧し持氏を駿河へ追ったが、将軍義持*が弟義嗣と禅秀との密約を知って援軍を派遣すると、形成は逆転し、持氏・上杉憲基が鎌倉へ攻め入り、翌年正月乱を鎮圧した。敗れた禅秀は鎌倉雪ノ下で自殺した。（市村高男）

永享《えいきょう》の乱《らん》　永享十年（一四三八）八月から翌年二月に、鎌倉公方足利持氏*が将軍足利義教*・関東管領上杉憲実*と抗争し敗北した東国の内乱。鎌倉府は二代公方氏満のときに室町幕府*から自立化し対立するようになるが、持氏は上杉禅秀の乱*後、公方専制を目指し関東管領上杉氏を排除し、事あるごとに将軍義教と対立、その関係を決定的に悪化させる。永享十年六月持氏は嫡子の元服に将軍偏諱を受ける慣例を無視、諫めた上杉憲実が危機を感じて上野へ退去した八月、憲実追討に出陣し、まもなく憲実の支援に派遣された幕府軍と戦い敗北、翌年二月自殺した。これにより鎌倉府は断絶。永享十二年三月から翌年四月に起きた結城合戦は、内容上永享の乱の後段をなす内乱と位置付けられる。（市村高男）

赤松《あかまつ》満祐《みつすけ》（一三七三―一四四一）室町時代の武将。仮名は五郎。左京大夫・大膳大夫。父は播磨・備前・美作守護の赤松義則。応永三十四年（一四二七）父の死後、将軍足利義持*から播磨守護職解任を告げられ対立するが、管領畠山満家の仲介により和解、父と同じ三カ国の守護となる。翌年義教が将軍になると侍所頭人に就任し、正長の土一揆鎮圧に当たったが、義教の専制化とともに播磨・美作守護職没収が噂され、相つぐ有力守護誅殺事件が満祐の不安を募らせた。嘉吉元年（一四四一）六月、嫡子教康や弟則繁と謀り、義教を結城合戦平定の祝宴として自邸に招き殺害、播磨に下って追討軍を迎え撃つが九月十日に本拠の城山城で敗死した。六十九歳。法名は性具。（市村高男）

嘉吉《かきつ》の乱《らん》　嘉吉元年（一四四一）播磨守護赤松満祐が室町幕府六代将軍足利義教を殺害し、幕府の追討軍に敗れて自殺した事件。将軍義教は、永享の乱で鎌倉公方足利持氏を打倒、結城合戦では持氏の遺児を奉じて挙兵した結城氏朝を滅ぼし、関東の平定に成功したが、その間満祐から守護職の没収を企てたほか、満祐の弟満雅の所領を没収し満祐の反感を買い、さらに一色義貫・土岐持頼ら守護大名の殺害を決行し、満祐に危機感を募らせた。満祐は先手を打って嫡子教康や弟則繁と共謀し、嘉吉元年六月関東平定の祝賀と称して義教を自邸に誘殺した。管領細川持之らは義教の子義勝を立て追討軍を起こし、播磨に下った満祐を城山城に滅したが、これを機に将軍権威失墜の緒が開かれた。（市村高男）

足利《あしかが》義政《よしまさ》（一四三六―九〇）室町幕府八代将軍。六代将軍義教を父、日野重光娘重子を母として誕生。義勝の同母弟。初名は義成。嘉吉三年（一四四三）兄の早世により、宿老らに擁立され家督を継承。文安六年（一四四九）元服し将軍となる。享徳二年（一四五三）義政と改名。初め政治の実権は母重子らが握ったが、康正元年（一四五五）日野富子と結婚後は、富子の兄勝光や蔭涼軒《いんりょうけん》季瓊真蘂《きけいしんずい》・政所執事伊勢貞親らが掌握。政治力に欠ける義政は政務に対する意欲を失い、寛正の大飢饉の最中に別荘を造営するなど不評を買った。寛正五年（一四六四）弟義視を継嗣とするが、翌年富子が義尚を生むと文明五年（一四七三）これに将軍職を譲り、同十五年東山山荘を造営し隠栖、東山殿と呼ばれた。（市村高男）

日野《ひの》富子《とみこ》（一四四〇―九六）室町幕府八代将軍足利義政の夫人。日野政光（重政）の娘。康正元年（一四五五）足利義政に嫁し、長禄三年（一四五九）男子を生むが夭死、暫く男子なく、義政が弟義視を養子にした翌年義尚を出産、山名持豊に義尚の後見を依頼し、義視を後見する細川勝元と対立。応仁・文明の乱では義政・義尚と室町第に住んで東軍に属し、兄勝光と幕政に関与する。文明八年（一四七六）兄の死後は義尚を擁立し政治の中心に立つ。新関を設置、高利貸・米相場にも手を出し蓄財に努め、やがて義政・義尚とも不和となる。夫子の死後、義材《よしき》（義稙《よしたね》）が将軍になると出家し一位の尼となるが、まもなくこれと対立、細川政元と結び足利政知の子義澄の将軍擁立にも関与した。明応五年五月二十日死去。五十七歳。（市村高男）

足利《あしかが》義尚《よしひさ》（一四六五―八九）室町幕府九代将軍。八代将軍義政を父、日野政光の娘富子を母として京都に誕生。寛正五年（一四六四）末、義政は弟義視を還俗させ継嗣に指名したが、義尚が誕生すると富子は実子の嗣立を目論み山名持豊（宗全）と連携、一方の義視は細川勝元と結び、これに斯波・畠山氏の家督争いが絡んで応仁・文明の乱の一因となった。文明五年

（一四七三）父の譲りを得て将軍に就任、当初は母富子に後見されるが、やがて混乱した政治を正すべく一条兼良*に政道を諮問し、『樵談治要』『文明一統記』を献上される。また、将軍権力の強化を目指し、寺社本所領や幕臣の所領を横領した近江守護*の六角高頼討伐を決行、これを窮地に追い込むが近江 鈎《まがり》の陣中で病死した。享年二十五歳。法名は常徳院悦山道治。

（市村高男）

足利義視《あしかがよしみ》（一四三九―九一）　室町時代の武将。六代将軍義教*の子で八代将軍義政*の弟。嘉吉三年（一四四三）浄土寺門跡に入室し義尋《ぎじん》と称したが、兄の妻日野富子*に男子が生まれず、寛正五年（一四六四）次期将軍に指名され、還俗して義視と名乗り、従五位下左馬頭に叙任され今出川邸宅を構えた。翌年富子が義尚*を生むと、彼女は山名持豊*と結んで義視の排斥に動き、将軍家跡目争いが始まった。文正元年（一四六六）政所*執事伊勢貞親や蔭涼軒季瓊真蘂《いんりょうけんきけいしんずい》は義視の暗殺を計画するが失敗。この事件を導火線とする応仁の乱*でははじめ東軍に属し、後に西軍に属して持豊らより将軍に見立てられた。乱の終息後も京都へ戻らず美濃に住み、延徳二年（一四九〇）子の義材《よしき》（後の義稙《よしたね》）が将軍後継に指名されると上洛し、これを後見するが翌年病死した。享年五十三歳。法名は大智院久山道存。

（市村高男）

細川勝元《ほそかわかつもと》（一四三〇―七三）　室町時代の武将。父は細川持之。幼名聡明丸。仮名六郎。のち右京大夫。嘉吉二年（一四四二）父の死により十三歳で家督継承、将軍義勝の偏諱を得て勝元と名乗り、摂津・丹波・讃岐・土佐の守護*となる。文安二年（一四四五）管領*に就任、死去するまでに計三回、二十一年余り在任した。はじめ山名持豊*の娘を妻とし持豊と結んだが、やがて畠山・斯波氏や将軍家の家督紛争をめぐってこれと対立、応仁の乱*が勃発すると、持豊を中心とする西軍と戦い、戦局が膠着状態となった文明五年に四十四歳で病死した。法名は龍安寺宗宝仁栄。妙心寺の義天に師事、和歌・連歌にも心を寄せ、儒学にも通じるなど多趣味であった。

（市村高男）

山名持豊《やまなもちとよ》（一四〇四―七三）　室町時代の武将。時熙の子。仮名小次郎。左衛門佐・弾正少輔・右衛門督。永享五年（一四三三）父から家督を継承、但馬・備後・安芸・伊賀の守護*に就任、のち侍所*頭人と山城守護を兼ねる。嘉吉の乱*では赤松満祐*を滅ぼし、その功によって播磨守護となり、一族の教之・教清も備前・美作の守護に就任、幕閣での地位を高めた。宝徳二年（一四五〇）出家し宗全《そうぜん》と号し家督を教豊に譲るが、なお山名一族の中心として君臨し、幕政の主導権をめぐり細川勝元*と対立した。さらに畠山・斯波氏や将軍家の家督紛争を機に勝元一派と全面対決（応仁・文明の乱*）に突入するが、文明五年膠着した戦局のなかで病死した。法名は遠碧院殿最高崇峰。

（市村高男）

応仁《おうにん》・文明《ぶんめい》の乱《らん》　応仁元年（一四六七）正月から文明九年（一四七七）にかけて、京都を中心に西日本で展開された内乱。将軍義教*の守護*弾圧策は安定期幕政の基本である重臣会議を空洞化させ、嘉吉の乱*後、政所*執事伊勢貞親・蔭涼軒季瓊真蘂《いんりょうけんきけいしんずい》らの側近政治を生み、有力守護山名・細川氏による幕政の主導権争いを呼ぶ。山名氏は嘉吉の乱後、赤松氏の遺領を合わせ山陰・中国八カ国の大守護に成長、細川氏も畿内・山陽・四国にまたがる八カ国守護職を確保し、ともに幕府内外に派閥を形成した。その中心が山名持豊*（宗全）と細川勝元*であった。折しも畠山氏では持国の死後、嫡子義就と養子政長との家督紛争が勃発、勝元は終始政長を支持し、持豊は義就を支持し復権を援けた。斯波氏でも義敏と義廉との家督争いが起こり、義敏は勝元を頼り、義廉は持豊を頼んで戦いを続行。将軍家では義政*が弟義視*を後継に指名したが、日野富子*が義尚*を生むと方針を変え、文正元年（一四六六）伊勢貞親、季瓊真蘂《きけいしんずい》らの意見を入れ義視抹殺を企てるが失敗、貞親・真蘂の逃亡とともに義政側近政治が崩壊し、幕府は勝元・持豊の抗争の場と化す。同年末、畠山義就の入京を機に持豊は管領を畠山政長から斯波義廉に変え、義就を畠山氏の家督とし持豊派が幕府を掌握した。

翌応仁元年正月、窮した政長が義就を攻め、十余年に及ぶ大乱が開始された。劣勢に立った勝元は赤松政則*に播磨・備前・美作を攻めさせ持豊を牽制、持豊派守護の分国へは係争中の一族で勝元派に立つ者を侵入させ、同年五月には奉公衆の支援を得て花御所を占拠（東軍）、堀川の西に陣を構えた持豊軍（西軍）と対峙する。東軍には細川一族や畠山政長・赤松政則・京極持清・斯波義敏らが参加、西軍には山名一族や畠山義就・斯波義廉・六角高頼・土岐成頼・大内政弘らが属した。東軍は後花園上皇・後土御門天皇を味方とし、将軍義政・義尚父子を担いで名分を立てれば、西軍は義視を味方にして将軍に見立て、さらに南朝の皇胤小倉宮を担ぎ出し東軍に対抗した。当初は東軍が優勢に立つが、同年秋、大内軍の入京とともに形勢は逆転、そのまま戦況は膠着状態に入り、文明元年（一四六九）ごろから戦局の中心は地方に移った。同五年の持豊・勝元の相つぐ死去を機に厭戦気分が高まり、同九年、義就が河内に帰還し政弘も分国へ戻ると、他の大名たちも帰国し内乱は終わりを告げる。この間京都市街の大半が焦土と化し、由緒ある寺社・公家邸宅などが失われ、幕府も京都周辺の地域政権に変貌を遂げた。〈鈴木良一『応仁の乱』岩波新書、一九七三。稲垣泰彦『日本中世社会論』東京大学出版会、一九八一。今谷明編「応仁の乱」『朝日百科・日本の歴史12』朝日新聞社、一九八六〉　（市村高男）

足利成氏《あしかがしげうじ》（一四三四―九七）室町時代の武将。初代古河公方*。幼名は万寿王丸。父は四代鎌倉公方足利持氏*。永享の乱*で父持氏が自殺すると、鎌倉を脱出し信濃の大井持光のもとに逃れた。兄の安王丸・春王丸らを中心とする下総結城での挙兵（結城合戦）には、呼応する動きをみせながらも参加せず、嘉吉元年（一四四一）の結城落城後、信濃で鎌倉公方家の再興運動を開始し、文安四年（一四四七）三月鎌倉公方に就任、同年八月に室町幕府*の許しを得て鎌倉へ帰還し、宝徳元年（一四四九）、将軍足利義成《よししげ》（のちの義政*）の偏諱を受けて成氏*と名乗り、従五位下左馬頭に任じられた。その後、従四位下・左兵衛督となる。

成氏の復帰による鎌倉府*の復活は、鎌倉公方成氏を支持する奉公衆や北関東の大名たちと、関東管領上杉憲忠*を支持する長尾・太田氏らとの対立を再燃させることになった。宝徳二年、成氏は上杉方の攻勢により鎌倉から江の島へ退去するが、まもなく反撃して鎌倉へ帰還し、享徳三年暮、結城成朝らに命じて憲忠を西御門の御所で殺害すると、翌康正元年（一四五五）には武蔵へ出陣して上杉方と戦った。以来成氏は、室町幕府・上杉氏と約三十年に及ぶ抗争を展開することになるが、その間奉公衆たちを従えて下総古河に本拠を移し、鎌倉府以来の料所を抑えつつ、周辺の騎西・関宿・栗橋・幸手などに一族や有力奉公衆を配置し、小山・結城・宇都宮・千葉氏ら大名たちを味方に付けて上杉方勢力に対峙した。これより成氏は古河公方と呼ばれるようになる。これに対し将軍義政*は上杉氏を支持し続け、新たな鎌倉公方とすべく弟政知を関東へ派遣するが鎌倉入りはならず、伊豆堀越《ほりごえ》にとどまり（堀越公方）成氏に代わる存在とはなりえなかった。文明三年（一四七一）成氏は上杉方の攻勢を受けて一時古河を退去するが翌年帰還、同八年長尾景春の乱を機に上杉氏勢力の分裂が始まると、室町幕府との和睦の道を探り始め、文明九年末にまず上杉氏と和睦、ついで同十四年には幕府とも和睦し、伊豆を堀越公方政知に譲り渡した。その後、家督を嫡子政氏に譲り、明応六年九月晦日、下総古河で六十七歳の生涯を閉じた。法名は乾亨院久山昌公。〈『古河市史資料中世編』茨城県古河市、一九八一。佐藤博信『古河公方足利氏の研究』校倉書房、一九八九〉

（市村高男）

古河《こが》公方《くぼう》　十五世紀半ばから戦国末期まで下総古河に本拠を置いた鎌倉公方の末裔。鎌倉公方は永享の乱*で足利持氏*が自殺し断絶、その後文安四年（一四四七）に持氏の遺児成氏*がこれを再興するが、まもなく上杉方と対立を再開（享徳の乱*）、康正元年（一四五五）上杉・幕府軍の攻撃を受けて鎌倉から下総古河に移転、以後、政氏・高基・晴氏・義氏がこの地に住し古河公方と呼ばれる。権力基盤を縮小させながら特異な権威をもって関東の領主たちの上に君臨したが、十六世紀半ば以降、後北条氏の傘下に入り権威を後退させる。義氏の死後はその娘氏姫が家を保ち、天正十九年（一五九一）豊臣秀吉*の計らいで小弓公方家の国朝と婚姻（国朝の死後その弟頼淳と再婚）、下野喜連川に知行を得て喜連川家のもとを築く。

（市村高男）

享徳《きょうとく》の乱《らん》　享徳三年（一四五四）から文明十四年（一四八二）にかけて関東を中心に展開された内乱。永享の乱*後、関東管領*上杉氏が鎌倉府を運営し関東八カ国の統治に当たったが、関東領主層の強い反発を受け、文安四年（一四四七）その抑止力とすべく、幕府承認のもとに足利成氏*の鎌倉公方復帰を実現させた。しかし成氏が永享の乱以前の鎌倉府*への回帰を目指すと、長尾景仲・太田資清を中心とする上杉方がこれに反発し、宝徳二年（一四五〇）成氏を江の島に追った。成氏はまもなく鎌倉に帰還、幕府を介し上杉方との関係を調整するが、享徳三年（一四五一）結城成朝らに命じて関東管領上杉憲忠を殺害、鎌倉の上杉氏勢力の一掃を図る。これを機に約二十八年に及ぶ内乱が始まるが、その間成氏が京都の改元に従わず享徳年号を使い続けたので享徳の乱と呼ぶ。

成氏の行動に対し幕府は上杉方支援を表明し、後花園天皇から錦御旗を得て成氏討伐の名分を獲得すると、翌年三月、在京中の憲忠の弟上杉房顕を関東管領に任じて関東へ下向させ、ついで駿河今川氏・越後上杉氏らの隣接守護軍を派遣した。このため成氏は鎌倉から下総古河へ移り、まもなく下総栗橋・関宿・武蔵騎西などの城々に野田・簗田・佐々木氏らを配置、周辺の料所には奉公衆を置き、鎌倉に入った房顕ら上杉方と幕府に対峙する。上杉方は武蔵松山・河越・岩付・江戸などに城を築き、上野五十子に本陣を構えて成氏の動きに対応、幕府は将軍義政*の弟政知を鎌倉公方に任じ、渋川義鏡らを添え関東に下すが、鎌倉に入れず伊豆に止まった（堀越公方）。

上杉方は、顕定（越後上杉房定の子）が関東管領になると、文明三年（一四七一）に越後上杉軍の支援により成氏を古河から追放するが、まもなく家宰職の問題をめぐって長尾景春と対立、同八年景春の攻撃により五十子陣を崩壊させる。一方成氏は古河退却の翌年、結城氏広らの協力で古河へ復帰、一時離反した小山氏らを再結集し、内紛に揺れる上杉方に対して優位に立つと、同九年上杉顕定と和睦、さらに同十二年から幕府との本格的な和睦交渉に入り、同十四年伊豆を堀越公方政知に譲るとの条件で都鄙和睦を成立させ、内乱に終止符を打った。その間古河公方*は、特異な権威を保った地域政権へと変貌を遂げ、関東管領は支配権を空洞化させ、その下から多くの国人*たちの台頭を許した。応仁・文明の乱*に対し、関東の戦国を準備した内乱といえる。〈峰岸純夫『中世の東国』東京大学出版会、一九八九。佐藤博信『古河公方足利氏の研究』校倉書房、一九八九〉

（市村高男）

〔外交と貿易〕

天龍寺船《てんりゅうじぶね》　南北朝時代初期に天龍寺を造営するために元に派遣された貿易船。いわゆる造営料唐船《ぞうえいりょうとうせん》の一つで、天龍寺造営料唐船ともいう。足利尊氏*・直義兄弟は後醍醐天皇*の冥福を祈るため京都に天龍寺を新たに造営することにした。直義は夢《む》窓疎石《そうそせき》*と相談し、元に貿易船を派遣し、その利潤を造営費用にあてることにした。貿易船を経営する綱司《こうし》には至本《しほん》が任命された。至本は博多商人とするのが通説。至本は商売の成否にかかわらず、帰国時に銭五千貫文を支払うという請文を書いた。貿易船は暦応四年（一三四一）入元した。天龍寺は貞和元年（一三四五）に落慶した。関係記録に「天龍寺造営記録」がある。

（佐伯弘次）

日明貿易《にちみんぼうえき》　日本と明*との貿易。日明関係は十四世紀後半の洪武帝と九州南朝の懐良親王《かねよししんのう》*との交渉に始まったが、安定した関係とはならなかった。応永八年（一四〇一）に足利義満*が、博多商人肥富《こいずみ》のすすめによって最初の遣明船を派遣してから、両国の関係は安定した。これに対して明は使者を日本に派遣した。明の永楽帝は義満に金印を与えて日本国王に冊封《さくほう》（任命）し、勘合符*を与えて通交の証拠とした。こうして勘合貿易*が始まった。日明関係は単なる経済的な関係ではなく、朝貢―冊封という上下の関係であった。

義満の時代にはほぼ毎年のように交流が行われたが、義満の死後、子の義持によって関係は断絶した。永楽帝は朝貢の復活を要求したが、義持はこれを拒否した。六代将軍足利義教*は日明貿易を再開し、永享四年（一四三二）に第九次遣明船を派遣した。このときから有力守護大名*や大寺社が船を派遣するようになった。その後、堺*商人と結ぶ細川氏と博多*商人と結ぶ大内氏が遣明船の派遣をめぐって争った。この時代に堺商人によって太平洋を通る南海路が利用された。両氏の対立は大永三年（一五二三）に両者の使節が明で争乱を起こすという寧波《ニンポー》*の乱にまで発展した。

十六世紀中期の第十八次・十九次遣明船は大内氏の独占となったが、天文二十年（一五五一）の大内義隆の滅亡によって勘合貿易は断絶した。これと前後して中国の密貿易商人が日本に渡航した。ある者は日本に居住して貿易を行い、あるいは大陸で略奪行為を行った。これがいわゆる後期倭寇*である。日明貿易の輸出品としては、日本刀・硫黄・銅・扇子などの工芸品が主であったが、輸入品としては絹織物・陶磁器・絵画・書籍・

薬などのほか、銅銭も大量に入ってきた。こうした輸入品は唐物として日本人に愛好され、唐物趣味は室町文化の重要な要素となった。〈田中健夫『倭寇と勘合貿易』至文堂、一九六一〉

応永《おうえい》条約《じようやく》と永享《えいきよう》条約《じようやく》　日本と明*との間に結ばれたとされる遣明船についての条約。いずれも事実ではないとするのが通説。応永条約は永楽条約・永楽要約とも称される。応永十一年（一四〇四）、永楽帝が足利義満*を日本国王に冊封するため派遣した使者がこの条約をもたらしたとされる。その内容は、遣明船の内容を船二隻、人員二百人などと規定。永享条約は宣徳条約・宣徳要約とも称され、応永条約の改訂版とされる。永享六年（一四三四）の明使がもたらしたとされ、船三隻、人員三百人以内、刀剣三千と規定している。両者の規定は実際の遣明船の頻度・船数・人員と異なっている。（佐伯弘次）

勘合《かんごう》貿易《ぼうえき》　勘合符*を使用してなされた日明間の貿易。日明貿易*の大部分がこの形式の貿易であった。第二次遣明船とともに来日した明使は、勘合（永楽勘合）をもたらし、応永十一年（一四〇四）に入明した第三次遣明船がこの勘合を使用し、勘合貿易が開始された。その後、勘合は明皇帝の交代によって更新され、余った古い勘合は明に返却された。永楽勘合ののち、宣徳勘合・景泰勘合・成化勘合・弘治勘合・正徳勘合が順次使用された。

遣明船はこの勘合を携えて明に赴き、貿易を行った。正使・副使のほか、居座《こざ》・土官《どかん》などの貿易代行者や客商・従商といった貿易商人が乗船した。足利義満*期にはほぼ毎年のように明と交流があり、船数は多いときで九隻ということもあったが、応仁二年（一四六八）の第十二次遣明船からは、十年一貢、船数三隻に制限された。貿易のあり方には、進貢貿易・公貿易・私貿易があった。日本からは日本刀・銅・屏風・硫黄などが輸出され、明からは生糸・絹織物・陶磁器・絵画・書籍・薬材などが輸入された。（佐伯弘次）

勘合符《かんごうふ》　明*が朝貢使節などの真偽を確認するために発行した符。永楽帝の時代以降、日本国王にも与えられ、日明貿易*の証となった。同時代においては勘合と呼ばれた。日本へは永楽以降、六回にわたり発行された。これを使用した貿易が勘合貿易*である。明の礼部は「日」字、「本」字の勘合を発行したが、本字勘合の写しが「戊子入明記」にあることから、日本に与えられたのは本字勘合のみとする説が有力。勘合の裏には進貢品・貿易品のリストや船数・乗船人数などが記されていた。日本使節が持参した勘合は、明の布政司と礼部において底簿と照合され、貿易が終わると没収された。新勘合を取得すると旧勘合を返却した。（佐伯弘次）

寧波《ニンポー》　中国浙江省の港町。銭塘《チエンタン》江の河口部、杭州湾の南岸に位置する。はじめ明州、後に慶元と称され、明代に寧波と改称された。唐代から貿易港として使用されたが、宋代初期の九八九年、明州と杭州に貿易を管理する両浙市舶司が置かれ、九九九年には独立の市舶司に昇格した。明州市舶司は高麗・日本との貿易を管轄したため、日本向けの貿易船は明州から出発し、日本の貿易船もここに多数来航した。後背地にはすぐれた絹織物や陶磁器などの特産地ができ、その製品はここを経由して高麗や日本に輸出された。韓国新安沖の沈船*は、一三二三年にこの慶元を日本に向けて出港した日元貿易船であった。

朝鮮貿易《ちょうせんぼうえき》　日本と朝鮮との貿易。朝鮮は、日本の倭寇*を沈静化するために様々な日本人優遇政策を行ったが、日本人通交者が激増し、その接待費用が膨大になったので、日本人の通交を制限する政策に転換した。授図書《じゅとしょ》制、文引《ぶんいん》制、歳遣船定約《さいけんせんていやく》などの通交統制策が取られた。応永二十六年（一四一九）の応永の外寇*後、九州探題*渋川氏とその関係者が活発に朝鮮貿易を行ったが、渋川氏の没落に伴い、対馬宗氏の役割が増大した。宗貞盛は渡航証明書である文引を日本人通交者に発行し、嘉吉三年（一四四三）には朝鮮と嘉吉条約を結び、年間五十隻の歳遣船派遣を認められた。このほか足利氏・大内氏・博多商人・松浦党など多くの日本人が朝鮮と貿易を行ったが、十六世紀に入ると対馬による貿易の独占が進行した。日本からの輸出品には、刀剣・扇子・屏風などの工芸品や銅・錫・硫黄といった鉱産物のほか、蘇木《そぼく》・胡椒・沈香《じんこう》などの南海産物質も多く含まれていた。朝鮮からの輸入品には、麻布・木綿・紬・虎皮・豹皮・花むしろ・人参・経典などがあった。（佐伯弘次）

応永の外寇《おうえいのがいこう》　朝鮮軍が倭寇*の根拠地対馬を襲撃した事件。応永二十五年（一四一八）に対馬島主宗貞茂が没すると、倭寇勢力が台頭した。翌二十六年、対馬の倭寇が中国を襲う途中、朝鮮の沿岸で狼籍行為を働いた。このため朝鮮は対馬に派兵することを決定し、六月、二百二十七艘、一万七千二百八十五人の朝鮮軍が対馬に遠征した。朝鮮軍は対馬中央の浅茅湾《あそうわん》から上陸し、対馬兵と戦ったが、七月はじめに撤退した。室町幕府*は事件の真相究明のため、日本国王使を朝鮮に派遣し、翌年には朝鮮から回礼使宋希璟《そうきけい》が来日した。幕府はこの事件を明*・朝鮮の連合軍による日本攻撃と考えていたが宋希璟の説明によって朝鮮の倭寇討伐であることを理解した。（佐伯弘次）

通信符《つうしんふ》　日朝関係において朝鮮が一部の日本人通交者に与えた勘合符。通信符と牙符《がふ》の二種類が知られている。通信符は毛利博物館に現存するもので、景泰四年（一四五三）に朝鮮が大内教弘に与えた銅印である。「通信符」の文字を陽刻したものの右半分で、大内氏が外交文書にこれを押し、朝鮮で残る左半分と照合された。近年対馬宗氏がこれを模造した木印が発見され、宗氏が大内氏名義の偽使派遣に利用したものと推定される。牙符は象牙製で半円形の勘合である。室町幕府*の要請により、文明六年（一四七四）に朝鮮が将軍に牙符十枚を与えたという記録があるが、現存しない。これには「朝鮮通信」「成化十年甲午」と刻されていた。（佐伯弘次）

琉球貿易《りゅうきゅうぼうえき》　日本と琉球との貿易。十五世紀初頭に始まる。当初琉球船は畿内まで渡航し、室町幕府*まで頻繁に使者が派遣された。当時は足利義持*によって日明貿易*が断絶していた時期に当たるため、琉球貿易は日明貿易のバイパスの役割を果たし、唐物が琉球経由で流入した。室町将軍は琉球国王（世主《よのぬし》）に仮名書きの御内書形式の文書を出し、琉球国王は日本の上申文書形式の文書を出していたことから、両者の間に一種の上下関係が成立していた。室町後期になると、琉球船の畿内渡航は減少したが、九州の博多*には頻繁に渡航していた。また、琉球には博多商人や堺*商人も渡海し、貿易を行ったが、島津氏・細川氏・大内氏などの守護大名*も琉球と交流をもった。琉球からの輸入品としては、生糸・絹織物・陶磁器などの中国製品のほか、琉球の東南アジア貿易を反映して、蘇木・香料・薬材など東南アジア産の物資が多く含まれていた。輸出品としては、日本産の工芸品や鉱産物が主であったが、これらは中継貿易によって明*や東南アジアに再輸出された。（佐伯弘次）

倭寇《わこう》　東アジアを荒らし回った日本の海賊。北九州・壱岐・対馬の海民や領主が主力であった。平安末から確認できるが、鎌倉初期の十三世紀前半に高麗への倭寇が活発化した。観応元年（一三五〇）に中国・高麗への倭寇が爆発的に増えたため、朝鮮半島では「庚寅以来の倭寇」と称された。これを前期倭寇という。南北朝の動乱の混乱した政治状況が倭寇激増の原因とされる。特に一三七〇年代から八〇年代にかけてが前期倭寇のピークで、これは高麗滅亡の原因の一つになった。朝鮮は倭寇に対して武断と懐柔の両面から対処し、十五世紀の前半には朝鮮半島への倭寇は終息に向かったが、明*への倭寇活動は継続された。十六世紀前半には明の海商の活動が活発化し、十六世紀半ばには王直らの海商が日本に移住して、密貿易や海賊活動を行った。彼らは日本人とともに東アジアを荒らしたため、倭寇と称された。これが後期倭寇である。その主力は中国人であった。彼らの貿易活動によって、生糸・絹織物・陶磁器などの中国製品が大量に日本に流入した。（佐伯弘次）

明の出兵（「倭寇図巻」東京大学史料編纂所蔵）

堺《さかい》　和泉国の港町、自治都市。はじめ堺北荘・堺南荘という荘園として出発したが、交通の要衝に位置し、国内流通の活発化に伴い港町となった。南北朝時代には和泉の守護所が置かれ、政治の中心地ともなった。応永六年（一三九九）の応永の乱*では、和泉守護でもあった大内義弘*はここで挙兵し、敗死した。文明元年（一四六九）に帰国した第十二次遣明船のうち、幕府船・細川船は大内氏が抑える瀬戸内海を避け、太平洋沿岸を通って堺に入港した。これが契機となり堺は日明貿易*港になった。これ以降、堺商人は細川氏と結んで博多商人と対抗し、一時期遣明船を独占した。戦国時代になるとさらに発展し、町人が市政を運営する自治都市となり、町の周囲には環濠が掘られた。市政を担った有力町人を会合衆*という。十六世紀後半になると日明貿易*や南蛮貿易*で栄え、鉄砲の製造も始めた。また茶の湯も盛んで、わび茶の祖である武野紹鷗*や千利休*が出た。永禄十一年（一五六八）に織田信長*と対立したが、翌年屈服し、その直轄領となった。（佐伯弘次）

会合衆《えごうしゅう》　自治都市の市政を担った有力町人。「かいごうしゅう」ともいう。堺・大湊・宇治で確認されている。特に堺の会合衆は著名で、三宅・泉屋・池永・今井・千・津田などの豪商がいた。その定員は、文明十六年（一四八四）の時点では十人であったが、その後三十六人に増加したという説と十人のままであったとする説がある。会合衆の下には町年寄・町代・月行事などの役職があり、堺の自治は重層的に担われていた。キリシタン宣教師ビレラが十六世紀後半の堺を「この町はベニス市のように執政官によって治められている」と述べているが、こ

の「執政官」についても会合衆であるという説と武将であったとする説がある。（佐伯弘次）

博多《はかた》　筑前国の港町、自治都市。日宋貿易の貿易港として栄え、十一世紀後半には都市化していた。特に日宋貿易を担った宋商人が集住し、大唐街という中国人町が形成された。こうした宋商人の支持によって博多禅という仏教文化が栄える。十三世紀後半に二回にわたり蒙古の襲来*を受けたが、その直後に鎮西探題がここに設置され、九州の政治の中心となった。ここで異国警固が行われるとともに、日元貿易の貿易港ともなった。南北朝時代には九州探題*の在所に指定された。室町時代になると明*・朝鮮・琉球・東南アジアとの貿易で栄え、宗金・道安といった貿易商人が活躍したが、大友氏・宗氏・大内氏など守護大名*の争奪の対象ともなった。戦国時代には自治都市として栄え、「博多の富裕な商人たちは、戦いが起ころうとすると進物を贈って交渉し、かつて破壊されたことがない」とさえいわれたが、実際には何度も戦火にあい、町は壊滅的な打撃を受けた。天正十五年（一五八七）に九州平定を終えた豊臣秀吉*によって再興された。（佐伯弘次）

（三）　室町時代の社会と経済

農業の発展と惣村　再編された荘園公領制のもとで、農民は農業技術を発達させていった。早稲・中稲・晩稲などの品種のほか、病虫害や干害に強い大唐米（赤米）を輸入して普及させ、土地柄に合わせて栽培するようになった。灌漑用水を整備して旱魃に備える一方、二毛作可能な乾田の造成につとめ、常滑焼などの大型の壺を購入して蓄えた人糞尿や、刈敷（山野から刈った草木）や草木灰などを肥料にして収穫を増やした。富裕な農民のもとでは牛馬耕も盛んに行われた。

このような農業技術の発達は、前代からの惣村の力に負うところが大である。惣村は有力農民で村落内の侍身分である地侍（名主層）と平百姓からなり、寄合*（代表者会議）や大寄合（全員総会）を開き全体の意志統一をした。惣掟も作成され、領主の支配や干渉を排して一定額の年貢*を請け負う地下請*を実現する場合もあった。

惣村を基礎に領主に対して強訴や逃散*を行う荘家の一揆も頻発した。当時の人びとは「一味神水」（一致結束を誓う起請文を焼きその灰を水に溶かして飲みあう）をして屋敷を閉鎖し立ち退くことを、「篠《ささ》ヲ引ク*」と表現した。惣村が広い地域にわたって連合し、大規模な土一揆を起こす場合もあった。正長元年（一四二八）に畿内近国の農民や馬借が起こした正長の土一揆*、嘉吉元年（一四四一）に京都近郊農民が蜂起した嘉吉の土一揆は、ともに徳政*（債務関係の破棄）を求めた大規模なもので幕府や守護がその鎮圧に苦労した。

物流と都市・町・市　十五世紀前半までは、農業・商工業の著しい発展がみられる。京都・奈良・堺*などの中央都市は、多くの商工業者の人口をかかえ、全国的な商品流通の拠点となった。それに関東の鎌倉、九州の博多*などが加わり、当時の中世都市といわれるものが形成された。これらの都市が、各地の港町*・門前町*・城下町*・宿場町*などの町、あるいは各地で特定の市日に開催される市（月三回の三斎市*、六回の六斎市）とネットワークで結びつけられ、全国的な市場圏と地域的な市場圏が重層的に構成された。商工業者や商品の輸送ルートとして、道路や水運の航路が整備され物流は盛んになり、貨幣流通もピークを迎える。

しかし、十五世紀半ばを境にして経済的繁栄はかげりをみせる。その画期は、寛正元年（一四六〇）から三年間にわたる寛正の大飢饉*である。旱魃と畿内近国を襲った大暴風雨に河内を中心とする戦乱が重なり、大量の餓死者が発生した。それ以後は、自然災害と凶作・飢饉の繰返しが重なり、それが引き金になって戦乱が発生した。中国よりの銭貨輸入も中国での銭貨発行の減少などにより激減し、国内での粗悪な模鋳銭の大量鋳造がなされた。その結果、市場では売買の際に銭貨の良否を選別する撰銭が広範に行われ、市場が混乱し、幕府や大名・大寺社などの撰銭（禁止）令*が相ついで発布された。明応七年（一四九八）に遠州灘で発生した大地震・津波は、西は紀伊半島から東は房総半島に及ぶ太平洋沿岸地域の港湾や船舶に甚大な被害を与え、発展していたこの地域の水運に大きな打撃を与えた。寛正の飢饉と明応の地震津波という自然災害を引き金にし、その後の旱魃・冷害、飢饉の連続などと重なって日本経済は下降線をたどり、各地の紛争は深刻化して応仁・文明の乱*、享徳の乱*と、それに引き続く戦国の争乱となっていく。

（峰岸純夫）

〔自然災害と農業技術の発達〕

寛正《かんしょう》の大飢饉《だいききん》　寛正元―二年（一四六〇―一）に畿内近国を中心とする地域をおそった大飢饉。飢饉の原因は、長禄三年（一四五九）五―七月の大旱魃、九月の風水害、翌年の寛正元年三―六月の長雨・洪水という二年続きの自然災害であった。後者の場合、琵琶湖の水位が上昇し多くの田畑が水没し、日照不足に起因する冷害により人びとは夏に冬服を着用したという。稲は根ぐされ病を起こし、イナゴ*が大量発生した。寛正元年の旱魃の際各地に用水相論*が発生し、凶作にあえぐ農民は徳政令*（債務破棄）を求めて土一揆を起こし、とりわけ寛正三―四年の土一揆は蓮田兵衛に指導された強力なものであった。

このとき、有力守護大名*（紀伊・河内・越中）の畠山氏の家督をめぐる分裂抗争が畠山義就と政長（畠山持国の実子と養子）の間に起こり、寛正元年九月政長が家督を継ぎ義就は河内に放逐された。以後四年にわたって義就は河内の嶽山（富田林市）に立て籠もり政長ら討伐軍を迎え撃ち、河内・紀伊は戦乱の巷となった。この自然災害と戦乱によって、飢饉は深刻なものになった。

凶作・飢饉によって生活基盤を失った人びと（とりわけ下層

民）は流民化し、大都市である京都になだれ込んできた。京都は権門・寺社が集中し、商職人の有徳人*も多く、物資の流入が活発であったから、何とか生きていけると考えられたのであろう。また寺社は、流民に対して施行（食物の施し）をする慣行があり、このなだれ込み現象を生んだのであろう。しかし、予期せぬ大量の難民の集中に、施行は効果を発揮せず、体力の弱った飢人の上に伝染病が襲い、河原や路地に多くの死骸が転がっている惨状が記録されている。この大飢饉に対する危機管理能力の欠如した幕府・権門に代わって、民間の願阿弥ら時衆（時宗の徒*）の活動はめざましく、彼らが死骸の上に立てた卒塔婆によって、洛中での餓死・病死者の数は八万二千以上と伝えられている。この大飢饉は、すでに進行していた畠山氏の内紛、関東での享徳の乱*と関連しつつ、政治危機をいっそう深刻なものにし、応仁・文明の乱*の要因を形成した。〈「碧山日録」『増補・続史料大成20』臨川書店、一九八二〉　（峰岸純夫）

明応《めいおう》七年《しちねん》東海《とうかい》大地震《だいじしん》　明応七年（一四九八）八月二十五日に遠州灘を震源地とする推定マグニチュード八・二―八・四の大津波地震。この大津波の被害は、西は紀伊の紀ノ川の流域から、東は三浦半島・房総半島の太平洋沿岸の広域にわたり、大被害を与えたことが多くの日記・記録・年代記に記録されている。紀ノ川の流域では、和歌の浦・雑賀崎方面に南流していた河口部が、津波によって海岸砂丘が破壊され現在のように西進する流路となった。伊勢大湊では、港が破壊され家一千軒、五千余人が流失し、隣接する大塩屋の塩田が壊滅した。安濃津は、津波被害で寒村と化した。遠江の舞阪と橋本の間の砂丘が切れて一里余の今切りの渡しができて、浜名湖が入り海となった。駿河の江尻湊も周辺の寺社とともに大被害を受け、鎌倉の由比ケ浜下では津波が若宮大路にまで達し長谷の大仏殿の堂舎も倒壊した。この地震津波は、当時発展を遂げていた太平洋水運の船舶・港湾・梶取・水夫に壊滅的打撃を与え、その回復には多くの歳月を費やしたと推定される。　（峰岸純夫）

用水《ようすい》相論《そうろん》　用水の権益をめぐる争い。日本社会は農業を基本とし、そのなかでも水田稲作の占める比重は大きかった。水田は天水に依存する谷間のヤトや自然堤防の後背湿地などに多く営まれた。その一方で古代以来、溜池や自然河川から引水して耕作する扇状地などで多くの水田が開発され、灌漑用水の重要度が高まった。平野部では網の目のような用水系が多くの乾田稲作の生産力を押し上げてきた。灌漑水利は各村落共同体によって管理されており、村落間にしばしば用水相論が発生した。とりわけ、同一河川から引水する場合、旱魃のときなど特定の堰が完全にせき止められると、下流域は困窮する。一般には洗《あらい》堰《ぜき》という方法で下流に流しつつ堰をかさ上げして水を引き入れていた。その堰のせき止めの度合いが争いのもとにもなった。村落間の争いは荘園間の領主の争いともなった。高野山領紀伊国名手荘と粉河寺領丹生屋村の相論、山城国西岡の十一カ郷用水の上六カ郷と下五カ郷の相論は有名であるが、田植時期には、全国各地に大小の「水引相論」が発生した。（峰岸純夫）

農具《のうぐ》の改良《かいりょう》　農業生産力の発展の指標として、農具の改良は重要である。中世では田畑耕作における農具は季節によって使用された。まず春先の田起こしでは、牛馬に牽かせる犂《すき》が活躍する。犂は木部に鉄製の刃先を付けたものである。ついで、木製のけたに鉄製の歯杆《しかん》を並列した馬鍬が牛馬に牽かれて、水の張った水田の土を砕き平らにならす代掻きに用いられる。牛馬耕作は有力百姓を中心に盛んに行われるようになった。また、一人一人が手にもつ鍬や鋤などが、主として牛馬を所持しない小百姓の間に普及した。収穫時には、稲・麦を刈り取る鉄製の鎌が用いられ、脱穀には二本の棒を組み合わせたこぎ箸が用いられた。用水を田に引き込む投げつるべや龍骨車（水を汲み入れる足踏み水車）なども開発された。また、鳴子などを使って害鳥を追い払うことも始まった。製粉用石臼などにも改良が加えられた。このような農具使用の状況は、戦国時代に成立した「たはらかさね耕作絵巻」や「四季耕作絵巻」などによって知られる。（峰岸純夫）

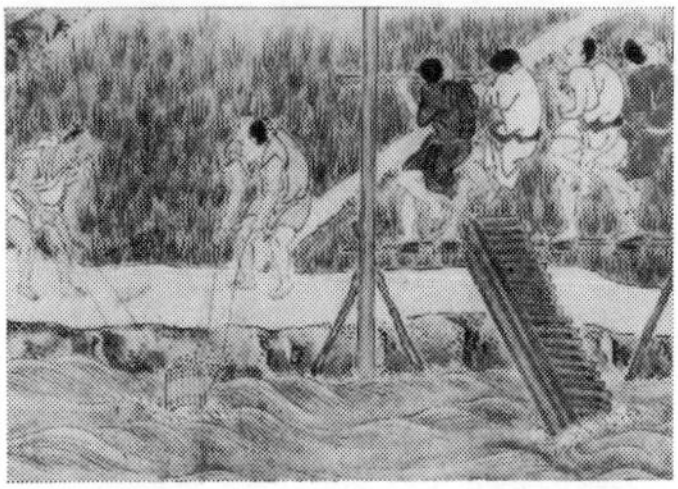
揚水（「たはらかさね耕作絵巻」東京大学史料編纂所蔵）

〔物流と都市・町・市〕

廻船《かいせん》　人や荷物を乗せて港津を巡る船のこと。奥州平泉出土の渥美焼や常滑焼など、近年の考古学的な発掘成果によって、十二世紀ごろにはすでに日本列島を巡るような形での隔地間廻船が存在したことが明らかになってきた。その当初は、朝廷などから自由航行権を認められた供御人《くごにん》*や神人《じにん》*などが主体であったとみられ、貢納輸送を主としていたが、時代が下がると、交易に比重を移した廻船活動へ転じたと考えられる。十四世紀末には、品川―伊勢間の太平洋海運が進展し、北方では廻船交易の拠点として青森の十三湊《とさみなと》の繁栄が知られる。十五世紀半ばの兵庫港への入港船は、一年間で延べ一千九百艘にものぼっており、中世を通じて物資の輸送に廻船が不可欠なものであったことを物語る。（田中浩司）

頼母子《たのもし》　史料上には「憑支」「頼子」などともみえる。中世を通じて行われていた相互扶助的な米銭融通の一形態。村落などで、そのための「講」*を結び、講の成員が米・銭を出し合って、くじ引きなどで選ばれた当選者に、その出し合った米銭を支払うといった方式が一般的なものである。出し合う米・銭を懸米・懸銭というが、寺院が講の親となり、懸銭などを講以外の者に貸し付け、その利子を寺院修造の資にあてることも行われた。天文十五年（一五四六）室町幕府*は、利子（利息）の支払いを条件とした頼母子（の懸銭）に、徳政令*を適用することとしており、当該期の京都では、営利目的の頼母子が広く行われていたことをうかがわせる。（田中浩司）

無尽《むじん》　鎌倉時代以降にみられる金融の一形態。建長七年（一二五五）の「鎌倉幕府追加法」が初見とされる。それによれば、鎌倉中の出挙《すいこ》銭は、近年、無尽銭と号して、質物（担保）を入れないと銭を貸してはくれないとあり、動産の担保をとる利子付き貸付の一形態であると考えられる。「建武式目」*の第六条には、衰退した無尽銭土倉*の興行がみえており、諸人との密接な関係が看取できる。また、『大乗院寺社雑事記』によって奈良でも無尽の存在が知られるが、こちらでは利銭出挙とともに、無尽が悪行とみなされ、六方衆らから攻撃の対象とされたことなどがうかがわれる。（田中浩司）

貫高《かんだか》　貫高とは、室町・戦国時代にみられるもので、耕地一段あたりの基準となる年貢収取額を銭高で定め、それをもとに、所領・田畑の規模を銭高で表示するものである。その数値を年貢*や諸役・軍役の賦課基準とするシステムを貫高制という。これにより概略、給人の貫高（知行高）は百貫文などと表記され、これが軍役などの賦課基準となり、郷村では耕地一段あたりの基準となる年貢収取額に田積をかけることで、その郷村の年貢納入額が算出された。貫高制下では、年貢の銭納が原則だが、これは領外からの物資の移入のために大名が精銭を必要としたことに起因し、精銭が領国内の市場で不足していたため、実際には現物納も併用されたといわれる。（田中浩司）

出土銭《しゅつどせん》　地中から出土した銭のこと。甕や桶などの容器に入れられた事例が多く、一千枚以上一括して出土したものを大量出土銭と呼ぶ。すでに中世から出土銭に関する記録は散見するが、一九六八年発見の三十七万枚を超える函館市志海苔《しのり》出土銭をはじめ、近年、全国各地で事例の報告が相ついでいる。大量出土銭の主体は中国歴代の唐*・宋・明*などからの輸入銅銭であるが、高麗や安南などの銭、皇朝十二銭*や模鋳銭などが混在している場合もある。考古学的に各銭種の初鋳年を基準に時期区分がなされており、それによると、十三世紀後半から十六世紀にかけて埋められたものとされる。最近では精銭のみの出土銭や粗悪銭のみのもの、あるいは緡銭《さしぜに》の枚数や形状が明らかな事例も報告され、中世の貨幣流通状況の復原のための好資料として注目を集めている。なお、埋めたことの意義については、貯蓄・再利用のためとする備蓄銭説、呪術的な用途とする埋納銭説など、諸説に分かれている。（田中浩司）

永楽銭《えいらくせん》　永楽通宝の通称。中国・明*の成祖永楽帝の治世、一四〇八年初鋳の銅銭。日明貿易*により大量に輸入され流通。応仁の乱*以降、宋銭などの精銭より劣るとされ、畿内・西国で忌避の対象となり、永正三年（一五〇六）七月二十二日の室町幕府*の撰銭令*で準精銭とされた。関東の後北条氏領国では、永禄十二年（一五六九）ごろより年貢*の収納高を永高と呼ぶなど、永楽銭を基準通貨とし、精銭の二倍の価値として通用させた。慶長十一年（一六〇六）、同十三年に江戸幕府*は永楽銭の使用禁止を命じ、同十三年、公定の通用価値割合を金一両＝永楽銭一貫文＝鐚《ビタ》四貫文と定めたという。その後も関東の村落では、永銭勘定などの表記にその名を残した。（田中浩司）

永楽通宝

撰銭令《えりぜにれい》　一般に、室町幕府*・守護*や織田政権などによる粗悪銭などの選別・排除令とその関連法令をさす。初見は大内氏掟書にある文明十七年（一四八五）のもの。幕府法では明応九年（一五〇〇）以降にみえる。いずれも粗悪銭などの排除条項をもつ点で一致

> **撰銭令**（『室町幕府法追加法』）
> 一　商売の輩以下撰銭の事
> 　近年ほしいままに撰銭の段、はなはだ然るべからず。所詮日本新鋳の料足に於ては、堅く撰るべし。根本渡唐銭（永楽・洪武・宣徳）等に至つては、向後これを取り渡すべし（ただし自余の銭のごとき相交ふべし）。もし違背の族あらば、速かに厳科に処せらるべし。

する。これに、悪銭売買や悪銭を理由とする取引拒否禁止条項、当初の永楽*・洪武・宣徳銭などの明銭の排除禁止条項は、のちに諸種の銭の混用比率を規定した条項に継承され、これらが幕府の撰銭令の基本線をなす。これらを総合的に評価すれば、粗悪銭の排除のみならず、悪銭視されつつあった明銭や諸種の銭の価値安定、それによる貨幣流通の円滑化と物価の安定を意図した法令といえる。（田中浩司）

楽市《らくいち》・楽座《らくざ》　戦国大名*や織豊政権による商業・都市振興再編策の一つ。楽市とは、大名などの領主から諸役・諸公事・地子などを免除された市場（都市）をさす。楽座とは、市座独占などの座特権の否定、それに伴う座*の解体などを意味する。こうした内容の法令を「楽市令」「楽座令」と呼ぶ。一般に天文十八年（一五四九）六角氏が近江石寺を楽市としたものが初見とされ、主に畿内以東の各大名（政権）によって発令された。東国では、座商人を御用商人として登用した戦国大名が多く、そのため楽座よりも諸役免除を主旨とする楽市（令）が中心である。畿内近国では、織田信長*が近江の安土山下町に発した楽市・楽座令が著名であるが、他所で信長が座を安堵した例もみられ、地域により対応が異なる。また、楽市場をアジール（社会的制約の及ばない領域）とみなし、押買や債権取立の禁止条項を含めて楽市場の属性としてとらえる説や、伊勢桑名など市町住人による自治的な楽市・楽座令（宣言）の存在を指摘する説もある。（田中浩司）

門前町《もんぜんまち》*　寺社の門前に成立した町場。初期には、奈良のように興福寺などの門前に僧坊が拡大し、寺社に付属・奉仕する商工業者が集住して成立。室町・戦国時代以降、寺社参詣の盛行や商品経済の発展により、宿泊施設をもち、定期市が開かれる、門前町が各地に発展した。成立時期や規模も様々だが、いくつか例をあげる。山城八幡（石清水八幡宮）、宇治山田（伊勢神宮*）、甲斐身延（久遠寺）、駿河大宮（浅間社）、信濃諏訪、安芸厳島など。形態的には、参道沿いに形成されるのが最もシンプルなものである。門前は当該寺社の支配に属すが、室町・戦国時代には、大名が門前町を諸役免除（楽市*）などとして、商工業の振興・統制を図った事例も多い。（田中浩司）

城下町《じょうかまち》　武士領主層の城館を中心に、そこに集住した武士団とその経済・信仰生活を支える商工業者や寺社などによって形成された町場。南北朝・室町時代以降に発達し、応仁・文明の乱*以降、守護*の在国化で、城館の大型化とともに、周防の山口*など、町割りをもった城下町（屋形町とも）が徐々にみられるようになる。十六世紀後半、山城の居城化が進み、一般の商工業エリアが分離して、大名の居城の下に形成される例が増えていく。織田信長*の安土城*と楽市*・楽座令*で有名な安土山下町との関係などは、その一例である。近世になると、城が平地に戻り、ある程度の都市計画をもった城下町の建設が行われるようになる。（田中浩司）

山口《やまぐち》　現在の山口県山口市。周防国。南北朝時代、守護大内氏の居館が置かれ、その城下町として発展した。大内氏は、京都にならった町づくりを行ったといわれ、往時の景観は「山口古図」によって知られる。それによれば、築山殿と呼ばれる大内氏館（現在の龍福寺）を中心に、周囲に役所・重臣層の館、八坂社などを配し、おのおの小路で区切られた地割が存在する。石州街道（現在の国道9号線）沿いには、太刀売町・中市町などの地名がみえ、商工業地域であったことをうかがわせる。また、「大内氏掟書」には同地に対する撰銭令*や不審者の寄宿禁止などの条文が散見し、都市としての繁栄を示す。十六世紀半ばの陶晴賢《すえはるかた》の下剋上、毛利氏による攻撃などで町のかなりの部分が焼失した。（田中浩司）

港町《みなとまち》　河口部、港津に成立した町場。史料上の津・湊・泊などが現在の港にあたる語とみられる。政治都市の外港、交通・経済拠点、漁港としてなど成立要因は多様である。古くは、難波津や博多津、大輪田泊などが知られる。律令制下、各国府付属の外港の存在も指摘されるが、越前の敦賀津などを除き未詳。中世になると、荘園制的な貢納輸送・倉敷地、廻船*の拠点として、摂津の兵庫、和泉の堺*、越前の三国湊、津軽十三湊、伊勢の大湊、備後の尾道などきわめて多く見出される。整然とした町割・濠の存在の有無に違いはあるが、河岸・中洲（島）・浜に沿って多くの町屋が密集し、河岸などに荷の積み下ろし場があるといった景観が多く見られる。（田中浩司）

宿場町《しゅくばまち》　街道沿いなどにあって宿泊施設を伴った町場。鎌倉時代末期の東海道の尾張国萱津宿（草津）では、定期市が開かれていたともいわれ、数宇の小寺院と数軒の在家《ざいけ》が点在する宿場町の姿がうかがわれる。平安時代中期ごろの東海道の宿には、遊女や傀儡子《くぐつ》が存在したとする記録があり、規模の大小はともかく中世前期には宿泊に、娯楽や交易機能を加えた宿場町の存在が想定される。戦国時代、東国の大名領国の宿には伝馬*制が敷かれ、また新宿の開発も進められた。町人が伝馬役などを請け負い、町の自治を行った例もある。また、寺社参詣の街道筋では、道者や商人専門の問屋（旅宿）をもつ宿場町もみられ、その発展が知られる。（田中浩司）

土倉《どそう》**・酒屋**《さかや》　日本中世における金融業者のこと。土倉とは、金融業を営む者が質物や財産の保管のため土蔵を保有していたことに由来し、酒屋の場合は酒造業によって財をなし、金融を兼業する者が多かったことにより、その代名詞の一つになったものといわれる。文暦元年（一二三四）の『明月記』の記事には、火災にあった京都の土倉の富裕な様子がみえている。十四世紀初頭の京都では三百軒以上の土倉が存在したとされ、その数の多さから、通説の金融→荘園経営という理解に対して、荘園経営業者の側面を強調する説もある。応永三十二年（一四二五）には北野社を本所とする京都の酒屋の数は実に三百四十軒以上にも及ぶ。鎌倉中期ころから朝廷側は商工業者への課税を行っていたが、明徳四年（一三九三）、室町幕府*は土倉・酒屋からその営業税にあたる土倉役・酒屋役を年額六千貫文徴収し、幕府政所*の財源とすることを決めており、当時の幕府経済の構造を考える有力な根拠となっている。（田中浩司）

町衆《まちしゅう》　「ちょう（の）しゅう」とも読む。町衆とは、主に中世（後期）の京都の町の行動主体となる構成員といった意味で使われてきた。しかし、町衆の語には、本来様々な階層の住人を包摂する意味合いがあり、その点に批判がある。そこで近年では、学術的な用語としてではなく、当時の京都の町の多様な階層の住人の姿を象徴する語として使われる場合が多い。なお、室町時代の京都では、道路をはさんだ形の両側町が成立し、そこに地縁的な結束をもった家主（家持ち）が「町」共同体を形成するが、その家主層が町の行動主体となっていたとみる説が、近年では有力である。（田中浩司）

天文《てんぶん》法華《ほっけ》の乱《らん》　法華一揆、天文法難とも呼ばれる。狭い意味では、天文五年（一五三六）に起きた山門・六角氏連合軍による洛中の日蓮*（法華）宗徒の一揆に対する攻撃事件ともいうべきもの。当時、日蓮宗*は京都・堺などの町衆*・都市住人を信者とし、勢力を拡大。天文元―二年、畿内での一向一揆*蜂起に際し、法華一揆は管領細川晴元の催促に応じ、一向一揆勢攻略に大きく貢献した。これにより幕府は、法華一揆に京都の治安維持を委ね、この間、町衆を中心とする法華宗徒は自治的な統治を展開。天文五年二月、法華宗信者の松本なる者と山門の高僧が宗論を行い、山門僧が論破されるという事件が起き（松本問答）、これを契機に山門は、京都の法華一揆と敵対。山門は近江の六角氏を動かして、洛中にあった日蓮宗二十一本山を焼き討ちした。これが天文法華の乱である。同閏十月、細川晴元は法華宗徒僧俗の京都居住を禁止。天文十一年、日蓮宗徒還京の勅許が出されたが、山門との和議が成立するのは、天文十六年のことである。（田中浩司）

（四）　室町文化

北山文化　十四―十五世紀前半の文化を、足利義満*の金閣*で知られる北山第（後の鹿苑寺）にちなんで北山文化という。軍記物語・史論、芸能、禅宗文化に特徴がみられる。長期にわたる南北朝内乱に関連して、優れた軍記物語や史論の著作が現れた。『太平記*』は、内乱に参加した従軍僧（時衆）や武士の記録をドラマ構成したもので、激しく揺れ動く政治状況や合戦のなかの群像を活写している。これが南朝方に偏っているとの批判から訂正が加えられ、足利氏方を軸に組み立てた『梅松論』や『難太平記』も書かれた。承久の乱*以来の歴史を公家の立場からまとめた『増鏡』*、南朝の皇位継承の正統性を説く北畠親房*の『神皇正統記』*も著された。

芸能では、短歌の上・下の句を交互に連ねて合わせていく連歌が大流行し、二条良基*が『菟玖波集』*を編纂し、これが勅撰集に準ぜられた。神事芸能から出発した田楽*・猿楽*は盛んとなり、大和結崎座の観阿弥*・世阿弥*父子は将軍義満の保護のもと、これを芸術性豊かな猿楽能に育てていった。世阿弥は、『風姿花伝*（花伝書）』を書き、能楽*の精神や作法を芸術論として展開した。能の幕間に演じられる寸劇の狂言*は、支配層への風刺をも織りまぜ人気を博した。

足利尊氏*が夢窓疎石*に帰依して以来、幕府は臨済禅に手厚い保護を加え、義満のときに宋の官寺制度にならって五山・十刹の制が確立した。義堂周信・絶海中津らの五山の禅僧は政治・外交の顧問になり、漢詩・水墨画などの中国文化を普及させた。これらの漢詩文は五山文学といわれ、その出版物は五山版といわれる。禅の境地を示す水墨画に漢詩をつけた詩画軸が流行し、禅僧の肖像画である頂相も多く残された。

東山文化　足利義政*の東山山荘（後の慈照寺）にちなん

で、十五世紀後半の文化を東山文化という。東山山荘には、観音殿（銀閣*）と持仏堂である東求堂などが建てられた。銀閣は一層が書院造*、二層が禅宗様の仏間からなり、東求堂の同仁斎は書院造の様式をもつ優れた建造物である。従来の寝殿造*に代わって、禅宗寺院や武家の住宅に書院造が採用されてきた。住宅様式の変化に伴って、茶の湯・立花・水墨画が室内芸術として発展していった。茶の湯は義政や村田珠光*・武野紹鷗*によって侘び茶として発展させられた。書院造の装飾として、襖や床の間の掛け軸に水墨画が好まれ、雪舟*・雪村らが活躍し、また水墨画にやまと絵の技法を取り入れた狩野正信・元信父子が狩野派を起こした。義政の側近には、「阿弥」号を名乗る同朋衆といわれる文化的ブレーンが集まり、能・茶の湯・立花・造園などに、その才能を発揮し、今日に伝わる古典文化のもとをつくった。南北朝期に盛行した連歌は、旅の文芸として宗祇*によって芸術的に高められ、松柏・宗長に引き継がれて全盛時代を迎えた。

東山文化は、文化の地方化・民衆化という点に一つの特徴をもつ。応仁・文明の乱*後、公家・僧侶などの地方移住や連歌師などの旅行などが、この傾向に拍車をかけた。関東管領*上杉憲顕は下野に足利学校*を再興して多くの漢籍を蒐集し、鎌倉時代から存続していた武蔵の金沢文庫*とともに多くの学徒がここに学んだ。肥後の菊池氏や薩摩の島津氏は禅僧桂庵玄樹*を招いて朱子学*を講じさせ、土佐でも南村梅軒*が朱子学*を教え南学の祖となった。民衆の間では、踊り念仏や仮装踊りの風流《ふりゅう》が盛んに行われ、町衆*の間には一寸法師・ものぐさ太郎などの御伽草子*が愛読された。

宗教では、浄土真宗*（本願寺派）や日蓮宗*などがとりわけ発展を遂げ、本願寺蓮如*は、親鸞*の教学を甦らせ、門徒に信仰を伝える手段として平易な仮名交じり文の御文をつぎつぎに発し、道場などで読み聞かせ、畿内近国に門徒を飛躍的に拡大させた。本願寺門徒は、北陸地方で一向一揆*を組織し、守護*や他の宗教勢力と激しく抗争し、加賀に門徒領国を樹立した。日蓮宗も日親*などが激しい弾圧に屈せず、信者を獲得し、京都などの都市部を中心に教線を広げた。

（峰岸純夫）

〔宗教と学問〕

日親《にっしん》（一四〇七―八八）　室町時代の日蓮宗*の僧。上総国埴谷氏出身。中山法華経寺で修業、九州での布教を理由に、永享九年（一四三七）中山法華経寺から追放されると、上洛して京都に本法寺を創建し布教につとめた。永享十一年（一三三九）将軍義教*に法華信仰を求めるが拒否され、投獄された。翌年『立正治国論』を著して再度の直訴を試みたため投獄された。このとき灼熱の鍋をかむらされたとして、「鍋かむり日親」の伝説ができた。たびたびの幕府の弾圧にもかかわらず、日蓮*の正統意識を行動に表し、本法寺を中心とした教団の確立を目指し、日蓮宗の全

国的な拡大に寄与した。著書に『立正治国論』『埴谷抄』『伝燈抄』などがある。（川崎千鶴）

本願寺《ほんがんじ》　京都市下京区にある浄土真宗*の本山。現在は、七条堀川の西本願寺は浄土真宗、本願寺派の本山、七条烏丸の東本願寺は真宗大谷派の本山として分派。弘長二年（一二六二）に没し京都東山大谷に埋葬された親鸞*の遺骨を、文永九年（一二七二）門弟たちと末娘覚信尼が、覚信尼の居住地であった吉水に廟堂を建てて改葬し、親鸞の影像を安置した大谷廟堂が起源である。覚信尼の子孫が、その留守職を相伝し、孫の覚如は、親鸞・如信・覚如と法脈・血脈が相承されたとして教団化につとめた。八世蓮如の精力的な布教に反発する比叡山の僧により、寛正六年（一四六五）大谷堂舎は破却された。文明七年（一四七五）吉崎から畿内へ戻った蓮如*によって、文明十—十二年（一四七八—八〇）にかけて山城山科に本願寺が再建された。また明応五年（一四九六）に大坂石山に坊舎が創建された。天文元年（一五三二）山科本願寺は六角定頼と法華衆徒によって焼かれ、第十世証如は石山に移って本寺とした。石山本願寺は加賀一国を支配し、寺内町をもち、諸国門徒の往来で栄えた。十一世顕如は、寺地譲与を要求した織田信長*と、元亀元年（一五七〇）から十一年にわたり戦ったが、朝命によって和睦、天正八年（一五八〇）紀伊鷺宮に退去した。その後、豊臣秀吉*によって、京都七条堀川に寺地を寄進されて堂舎を建立（のちの西本願寺）、慶長七年（一六〇二）徳川家康*から七条烏丸に寺地を寄進された教如が堂舎を建立（のちの東本願寺）し、東西に分裂した。（川崎千鶴）

専修寺《せんじゅじ》　三重県津市一身田にある浄土真宗*高田派本山。山号は高田山。親鸞*が越後から関東に至ったとき、下野国芳賀郡大内荘高田で信濃善光寺の一光三尊仏を感得し、嘉禄二年（一二二六）に創建されたと伝えられる。親鸞帰洛後は、高弟真仏・顕智らによって高田門徒と呼ばれる真宗の有力教団が形成された。十世真慧のとき、一身田に一寺を建立、無量寿院・無量寿寺と称した。こののち、応真・真智が対立して内紛となった。大永年間（一五二一—二八）高田専修寺が兵火によって伽藍を喪失して衰退し、天文十七年（一五四八）十二世堯慧が伊勢国一身田に住持して以降、教団の本寺としての機能は高田から一身田へ移った。親鸞真筆の『三帖和讃』『西方指南抄』や多くの専修寺文書を伝える。（川崎千鶴）

蓮如《れんにょ》（一四一五—九九）室町時代の僧侶。浄土真宗*本願寺*派八世。諱《いみな》は兼寿。号は信証院。応永二十二年大谷本願寺で生まれる。父は本願寺七世存如。母は不詳で六歳で生別したといわれる。永享三年（一四三一）中納言広橋兼郷の猶子として青蓮院にて出家。存如とともに、文安四年（一四四七）関東、宝徳元年（一四四九）北国を巡り、応仁二年（一四六八）北国・東国の親鸞*遺跡を訪ねる。長禄元年（一四五七）存如の死によって四十三歳であとを継ぎ、衰退していた本願寺の再興にあたった。蓮如の精力的な布教によって教線は拡大したが、寛正六年（一四六五）大谷本願寺は延暦寺*の僧徒によって破却された。蓮如は祖像を奉じて近江に逃れたが、近江各地を転住ののち近松に祖像を安置して、文明三年（一四七一）に越前国吉崎に赴き、坊舎を構え、北国を中心に「御文」を主とする教化につとめた。吉崎御坊と呼ばれ、多数の門徒が参集して繁栄をみたが、加賀の守護*や近隣の他宗との軋轢を生じ、文明七年（一四七五）吉崎から小浜を経て畿内へ戻った。文明十年（一四七八）から文明十二年（一四八〇）にかけて山城山科に本願寺を再建して、近松から祖像を移した。山科本願寺は、寺内町を形成し土居に囲まれた壮大なもので、「只如仏国《しじょぶっこく》」といわれた。延徳元年（一四八九）実如に職を譲って山科南殿に隠居、明応五年（一四九六）大坂石山坊舎を創建して隠棲した。明応八年死期を悟り、石山から山科南殿へ入り、人びとに別れを告げ、三月二十五日に没した。八十五歳。十三男十四女の子女を要所に配置して教団の統率にあて、文明五年（一四七三）には「正信偈」（親鸞著）と「和讃」を合本して開版し、多くの六字名号を下付、『正信偈大意』を著述するなど、教団を組織化し、その発展をみたため中興の祖と称された。一方、蓮如の布教により本願寺門徒の勢力が強まった加賀では、長享二年（一四八八）一向一揆*が守護富樫政親《とがしまさちか》を滅ぼし、一族の泰高を守護に擁立したものの、実質は「百姓持ちの国」となって本願寺の分国となっていった。〈笠原一男『一向一揆の研究』山川出版社、一九六二〉（川崎千鶴）

真盛《しんせい》（一四四三—九五）室町時代の天台僧。天台真盛派の祖。伊勢国一志郡に生まれ、七歳で同郡川口光明寺に入門、十四歳で出家、真盛と号す。十九歳で比叡山に上り、以来二十年間にわたり西塔の慶秀に教学を学んだ。文明十五年（一四八三）黒谷青龍寺に隠棲、『往生要集』*に傾倒し、文明十八年（一四八六）源信の旧跡である近江坂本西教寺を再興し、不断念仏の本寺とした。こののち、近江・伊賀・伊勢・越前・若狭・加賀など諸国をめぐって、各地に念仏道場を開いた。称名念仏と戒法を主とし、戒称一致を説いた教説は広く信仰された。著書には『奏進法語』『念仏三昧法語』などがある。（川崎千鶴）

庭訓往来《ていきんおうらい》　南北朝期につくられた往来物の一つ。筆者未詳。手紙の形態をとった書状の模範文で、一月から十二月までの毎月の往復書状二十四通と、八月十三日の一通をたした二十五通がある。各月ごとの主題にかかわる日常的な必要語彙が多く列挙されているのが特徴で、内容は、一月の新年の行事から始まって、衣食住・職業・諸国産物・武具・地方行政など、多岐にわたる。室町時代初期の政治・経済・文化・生活などを知る重要な史料であり、中世での写本は四十種を越える。江戸時代から明治時代初期まで、庶民の家庭での教育や寺小屋での読本・習字などの教科書として広く用いられ、江戸時代後期には、挿絵が入ったものも流布した。（川崎千鶴）

一条兼良《いちじょうかねよし》（一四〇二—八一）室町時代の公卿・学者。「かねら」とも呼ぶ。父は関白一条経嗣*。母は東坊城秀長の女。応永十九年（一四一二）十一歳で元服、正五位下で昇殿、翌年従三位、永享元年（一四二九）左大臣、文安三年（一四四六）太政大臣、翌四年関白、辞任後准三宮となる。応仁元年（一四六七）関白に再任するが、応仁の乱*で、一条坊門邸と文庫「桃華坊」の蔵書を散逸し、五男の興福寺大乗院尋尊*を頼って奈良に避難した。日野富子*の求めで著した『小夜のねざめ』や、将軍義尚への『文明一統記』『樵談治要《しょうたんちよう》』などの政治書、『公事根元』『江家次第抄』などの有職故実書*、『源氏物語』*の注釈書である『花鳥余情』や『日本書紀纂疏』などの古典研究を遺した。（川崎千鶴）

宋学《そうがく》　中国、宋時代の学問文化の総称。政治の新しい担い手となった士大夫の学で、宋学者としては、北宋の司馬光・王安石ら、南宋の陸象山らがいる。また、儒教と仏教・道教を峻別して新儒学を興した道学派に、北宋の周濂渓《しゅうれんけい》・張横渠《ちょうおうきょ》・程明道《ていめいどう》・程伊川《ていいせん》がおり、これらの人びとの説を集大成したのが南宋の朱子（朱熹《しゅき》）である。この朱子（朱熹）によって集大成された思想体系が朱子学*と呼ばれる。北宋・南宋の道学を、程朱学・性理学などとも呼んだ。日本での宋学は、鎌倉時代に宋学の書物が禅僧によって輸入されていたが、学問的な発展までには至らず、江戸時代に入って本格的に受容された。（川崎千鶴）

有職故実《ゆうそくこじつ》　公家・武家の礼儀上や行事上の先例や法則と、その制度の研究をいう。平安時代以降、朝廷の儀式の根拠となる歴史的事実を故実、故実に通じていることを有識と呼んだ。儀式や宮中の作法に通じている人を有識者といい、政治の内容が形式化して、除目や官吏の任免なども恒例行事と化し、年中行事が朝儀として主要となった摂関期に成立した。鎌倉時代以降、伝統も専門の家柄に世襲された。鎌倉から室町時代にかけて武家儀礼が成立し、これ以来、公家儀礼における公家故実を有職、武家儀礼における武家故実を故実と呼ぶことが多い。平安時代までは有識と書き、「ゆうしょく」「ゆうそこ」「ゆうそく」などと読み、鎌倉時代以降は「ゆうしょく」と読んだが、江戸時代の国学者は「ゆうそく」と読んだ。故実は、古実とも書き「こしつ」と読んだが、武家は「こじつ」と読んだ。（川崎千鶴）

足利学校《あしかががっこう》　室町時代初期に、下野国足利荘に設立された漢学研修施設。創建には諸説がある。永享年間（一四二九―四一）に、関東管領*上杉憲実が庠主《しょうしゅ》（学校長）に鎌倉円覚寺から快元を招いて再興した。各地から多くの学僧が集まり、その繁栄はザビエル*によって「坂東の大学」としてヨーロッパに紹介された。儒学を中心としたが、なかでも、周易・占筮《せんぜい》が主とされ、戦国武将の吉凶を占する時流に則し、後北条氏の保護を得た七世のときに最盛期を迎えた。徳川家康*により復興し、江戸時代を通じて幕府の保護を受けた。明治三十年（一八九七）足利学校遺跡保存会が成立、明治三十六年（一九〇三）学校跡に足利学校遺跡図書館が開設され、国宝や重文の典籍が所蔵されている。（川崎千鶴）

〔五山文学〕

宗峰妙超《しゅうほうみょうちょう》（一二八二―一三三七）鎌倉・南北朝初期の禅僧。大徳寺開山・臨済宗*大徳寺派派祖。諱《いみな》は妙超、字は宗峰。大燈国師。弘安五年（一二八二）播磨国揖西《いさい》郡に生まれる。父は紀氏、浦上掃部助入道覚性、母は赤松季房の女。十一歳で書写山戒信律師に師事して出家、天台学を学ぶ。のち禅に転じ鎌倉建長寺の高峰顕日のもとで悟達の境を極めた。ついで南浦紹明のもとで参問・研弁し、二十六歳のとき大悟しその法を嗣いだ。そののち、洛東の雲居庵に隠棲していたが、赤松則村*らの外護を受け大徳寺を落成した。その後、花園上皇・後醍醐天皇*の帰依を受け、大徳寺は朝廷の勅願寺となった。建武四年（一三三七）十二月二十二日没。『大燈国師語録』三巻がある。（山本世紀）

大徳寺《だいとくじ》　京都市北区紫野大徳寺町五三番地にある臨済宗*大徳寺派大本山。山号は龍宝山。本尊は釈迦如来。赤松則村*創建の小院に始まり、正中元年（一三二四）宗峰妙超が創建。翌年花園上皇・後醍醐天皇*の祈願所となる。公家が外護する特異な禅寺となり、寺領や末寺の寄進が相ついだ。正慶二年（一三三三）五山の第一位に列した。室町時代には寺勢が衰え応仁・文明の乱で消失、一休宗純が堺の豪商尾和宗臨の助力で復興した。近世では、元和元年（一六一五）幕府の発した「大徳寺諸法度」を巡って寺内が軟派と硬派に分裂。その結果、沢庵宗彭ら硬派は流罪となった（紫衣事件）。天明七年（一七八七）の調査では、朱印地二千十一石・塔頭二十四・末寺二百八十五カ寺であった。（山本世紀）

関山慧玄《かんざんえげん》（一二七七—一三六〇）鎌倉後期・南北朝期の禅僧。妙心寺開山・臨済宗妙心寺派派祖。諱《いみな》は慧玄、字《あざな》は関山。無相大師と称する。建治三年（一説に永仁五年）信濃国中野に生まれる。父は中野の城主高梨美濃守高家。はじめ伯父で信濃高巌寺住職月谷宗忠に学び、のち南浦紹明などに参じたのち、京都大徳寺宗峰妙超のもとで大悟した。その後、美濃国伊深に隠棲したが、京都花園の離宮を禅寺（妙心寺）に改めた花園上皇の招きに応じ開山となった。上皇は日夜関山に問法した。厳しさと世緑を嫌う宗風で、智行兼備の禅人として知られた。延文五年十二月十二日、妙心寺で立忘した。墓所は妙心寺。『関山和尚百則公案』は伝関山著。（山本世紀）

一休宗純《いっきゅうそうじゅん》（一三九四—一四八一）室町時代前期の臨済宗の禅僧。諱は周建のち宗純、字は一休。狂雲子などと称す。京都の民家にて生まれる。父は後小松天皇、母は南朝の遺臣花山院某の女。応永六年（一三九九）山城安国寺象外禅鑑の童子となり、のち近江国堅田祥瑞庵の華叟宗曇のもとで大悟した。文明六年（一四七四）大徳寺住持の綸旨《りんじ》を受けたが、法兄養叟宗頤《ようそうそうい》一派が力を握り修禅が形式化していた同寺に反発し断った（入寺説もある）。以後、名利《みょうり》を好むなどの理由で、養叟を批判し続けた。一方、自らは女犯肉食など破戒を行い、人間味豊かな生涯を送った。文明十三年十一月二十一日、自ら開創した山城国薪の酬恩庵で没した。『狂雲集』『自戒集』『一休和尚仮名法語』がある。（山本世紀）

夢窓疎石《むそうそせき》（一二七五—一三五一）鎌倉・南北朝期の禅僧。臨済宗夢窓派派祖。諱は智曤《ちかく》のち疎石、字は夢窓。木訥叟と称す。建治元年伊勢に生まれる。父は村上源氏佐々木一流の朝綱といい、母は北条一門の政知の女といわれる。弘安元年（一二七八）一族で甲斐に移住。同六年同国平塩山寺の空阿大徳のもとで出家、密教を学ぶ。正応五年（一二九二）東大寺慈観のもとで教学を受けるが、のちに禅宗に転じ、無隠円範や一山一寧などに参じ、嘉元三年（一三〇三）鎌倉浄智寺で高峰顕日の印可を受け嗣法した。その後、後醍醐天皇・北条高時などに招かれ南禅寺・円覚寺に住し、その間瑞泉寺・恵林寺などを開いた。幕府滅亡後京に赴いた夢窓に対し、後醍醐天皇と足利尊氏は弟子の礼をとり、尊氏は夢窓の勧めで全国に安国寺と利生塔を創設した。天皇崩御後、尊氏の招きで天龍寺の開山となった。顕密との融合禅を唱えた夢窓のもとには多くの弟子が集まり、その門下からは五山で活躍した者を多数輩出した。正平六年九月三十日、臨川寺三会院で没す。『夢中問答』『西山夜話』『夢窓法話』『谷響集』などがある。（山本世紀）

義堂周信《ぎどうしゅうしん》（一三二五—八八）南北朝時代の臨済宗僧侶。諱《いみな》は周信、字《あざな》は義堂。空華道人と称す。土佐国高岡郡の人。正中二年閏正月十六日生まれ。父は平氏、母は藤原氏。七歳で同郡松園寺浄義から法華経と儒学を学び、のち比叡山延暦寺で受戒。十七歳のとき夢窓疎石*の門に入り、のちに夢窓の法を嗣いだ。その後学芸を修め、正平十四年（一三五九）足利基氏*の招きで鎌倉に下り、足利氏・上杉氏などの帰依を受け参禅を指導した。天授六年（一三八〇）足利義満*の招きで上洛し建仁寺・南禅寺などに住職、嘉慶二年四月四日、南禅寺慈氏院で没す。義堂は五山を代表する文学僧で、その詩文は明人にも推賞された。『義堂和尚語録』『空華集』『空華日用工夫集』などがある。
（山本世紀）

絶海中津《ぜっかいちゅうしん》（一三三六―一四〇五）南北朝・室町初期の臨済宗*僧侶。諱は中津、字は要関のち絶海。蕉堅《しょうけん》道人と称す。諡号は仏智広照国師など。建武三年十一月十三日生まれ、土佐の人。父は土佐の津野氏、母は惟宗《これむね》氏。正平三年（一三四八）天龍寺に入り夢窓疎石*に師事する。正平二十三年（一三六八）入明し、季潭宗泐《きたんそうろく》などに参じ、天授四年（一三七八）に帰国。この間、明*の太祖と法問し称賛されたことは有名。帰国後は勅命で甲斐恵林寺に住し、細川頼之の依頼で阿波宝冠寺を開山。帰国後の一時足利義満*に逆らって摂津銭原に隠棲したが、呼び戻され等持寺・相国寺などに住した。絶海は漢詩文に優れ、義堂周信とともに五山文学の双璧と称された。『絶海和尚語録』『蕉堅稿』がある。
（山本世紀）

桂庵玄樹《けいあんげんじゅ》（一四二七―一五〇八）室町後期の臨済宗*僧侶。諱は玄樹、字は桂庵。島陰と称す。応永三十四年生まれ。長門赤間関の人。俗姓不詳。九歳のとき、南禅寺景蒲玄忻《けいほげんきん》に師事、南禅寺で儒学も学ぶ。応仁元年（一四六七）天与清啓に従って入明して宋学*を学び、文明五年（一四七三）帰国。応仁・文明の乱*を避け石見・筑後・肥前に滞留、釈奠《せきてん》を行い儒書を講じた。のち島津忠昌に招かれ薩摩で武家・僧侶などに儒学を講じた。名声は都まで達し、文明六年（一四七四）京都建仁寺第二百四十世に任命された。彼の学統は薩南学派と呼ばれ、九州一円に広まり、嗣法の僧侶は宋学も嗣承した。永正五年六月十五日、薩摩国伊敷村東帰庵で没。『島陰漁唱』『桂庵和尚家法倭點』がある。
（山本世紀）

南村梅軒《みなみむらばいけん》（生没年不詳）戦国時代に土佐の儒学（海南学派）興隆のもとを築いた儒学者。号は離明翁、南村を号とする説もある。学統も不明だが、京都五山派の儒僧に朱子学*を学び、その教養をもって周防の大内義隆に仕えたものと思われる。梅軒を大内氏の旧臣で、字を梅軒、名を□有と称した禅僧とする説もある。天文十七年（一五四八）ごろ、土佐弘岡城主吉良宣経に迎えられ儒学や兵法を講義、儒禅一致、実践と修養を重視する彼の学風は、しだいに浸透した。宣経の死後その子宣直と対立、周防に帰り大内義長の御伽衆となった。大内氏滅亡後、同国上宇野郷白石に隠棲し、そこで死去。土佐での梅軒の学統からは谷時中*・野中兼山・山崎闇斎*らを輩出した。
（山本世紀）

印刷《いんさつ》　印刷技術は、木版から活版へ進歩した。現存世界最古の印刷物は法隆寺*の百万塔に納められた木版刷の陀羅尼（無垢浄光陀羅尼経の一部）とされる。平安末期には死者の冥福のため多数の経文をつくるのに印刷（摺経供養）が畿内で行われた。京都付近では叡山・東寺*・智恩院、奈良では東大寺*・法隆寺*・興福寺*など。なかでも興福寺の出版物は春日版と呼ばれ、寛治二年（一〇八八）版の『成唯識論』が現存。鎌倉・室町時代には京都五山を中心に詩文集（五山文学）・禅籍・経文などが出版（五山版）され、正平十九年（一三六四）には堺*の道祐居士が儒教の経書『論語集解』を出版した。活版印刷は秀吉*の朝鮮出兵、およびキリスト教とともに伝来したが、発展をみなかった。（山本世紀）

〔和歌と連歌〕

新葉和歌集《しんようわかしゅう》　南北朝時代の准勅撰和歌集。弘和元年（永徳元年、一三八一）長慶天皇の綸言《りんげん》により後醍醐天皇*の皇子宗良親王が撰定。仮名序や末尾の綸言により、撰定の動機には南朝の勅撰集『風雅和歌集』『新千載和歌集』に対抗する意識がうかがわれる。全二十巻、約一千四百二十首。主な歌人は、後醍醐天皇・後村上天皇・長慶天皇・宗良親王・花山院家賢・二条為忠ら。歌風は二条派の伝統的な技巧を凝らした詠歌が多いが、後醍醐天皇の「ここにても雲居の桜咲きにけりただ仮初めの宿と思ふに」や、宗良親王の「思ひきや手も触れざりし梓弓起き臥し我が身慣れんものとは」など南北朝の内乱を実感させるような歌も見られる。（鶴崎裕雄）

今川了俊《いまがわりょうしゅん》（一三二六―一四一七？）　南北朝時代・室町時代の北朝の武将、歌人。俗名は貞世。今川範国の子。足利義詮・義満*に仕え、室町幕府*引付頭人・山城守護*などを経て九州探題*となり、応安四年（一三七一）より二十五年間、九州統治につくした。応永二年（一三九五）九州探題を解任され、駿河守護となった。和歌を冷泉為秀に学び、連歌を二条良基・救済らに学んだ。勅撰集には『風雅和歌集』『新拾遺和歌集』『新後拾遺和歌集』に入集、歌論に『二言抄』『師説自見集』『落書露顕』など、紀行に『道ゆきぶり』『鹿苑院厳島詣記』がある。ほかに、今川氏一門の歴史と『太平記*』の誤謬を指摘した『難太平記』がある。（鶴崎裕雄）

正徹《しょうてつ》（一三八一―一四五九）　南北朝時代・室町時代の歌人。備中国小田氏の出身という。今川了俊*に和歌を学ぶ。京都東福寺の書記を務め、徹書記と呼ばれる。字は清岩、庵号は松（招）月庵。応永二十五年（一四一八）美濃・尾張に旅して『なぐさめ草』を著す。歌集『草根集』には永享元年（一四二九）から没年の長禄三年（一四五九）までの日次詠草があって、冷泉家・飛鳥井家など公家歌人、畠山・細川・山名など室町幕府*の上級武士や守護*の有力大名、宗砌・心敬ら連歌師と交遊のあったことがわかる。このように幅広い交遊が正徹の特徴の一つであり、史料としても有用である。また『源氏物語*』の注釈書『源氏一滴集』がある。（鶴崎裕雄）

二条良基《にじょうよしもと》（一三二〇―八八）　南北朝時代の北朝の公家、古典学者、連歌作者。関白左大臣二条道平の子。康永二年（一三四三）右大臣、貞和二年（一三四六）関白*、永徳元年（一三八一）太政大臣などを歴任し、摂政関白は四度務めた。『万葉集*』『源氏物語*』などの古典や『三体詩』など漢詩漢文を学ぶ。古典、特に連歌に精通し、地下の連歌師である救済と協力して、連歌の規則である式目の統一をはかり、『応安式目』を制定、延文二年（一三五七）には最初の連歌撰集である『菟玖波集*』を編集し、准勅撰となった。また連歌論書に『連理秘抄』『筑波問答』などがあり、紀行に『小島のくちずさみ』がある。（鶴崎裕雄）

菟玖波集《つくばしゅう》　南北朝時代の連歌撰集。二十巻。二条良基*が救済・周阿ら地下の連歌師の協力を得て、延文元年（一三五六）に編集し（序文は同年三月二十五日付）、翌年、准勅撰となった。勅撰和歌集に倣って四季・神祇・釈教・恋・雑・雑体などの部立を置き、和歌の余技、亜流と低く見られていた連歌を高めることに努めた。撰定は全時代におよび、最初の連歌といわれる『日本書紀』の日本武尊（倭建命）と火焼翁の「新治筑波を過ぎて……」（巻十九）や『万葉集*』の尼と大伴家持*の「左保川の水を堰き入れ……」（巻十二）の初期の連歌、後鳥羽上皇*の許で盛んに行われた百韻連歌、さらに二条良基の時代の連歌が集成されている。（鶴崎裕雄）

心敬《しんけい》（一四〇六―七五）　室町時代前期の歌人、連歌作者。紀伊国名草郡田井庄（現在、和歌山市）出身。延暦寺*で修行の後、守護*畠山氏と関係の深い京都十住心院の住持に就任し、権大僧都となる。和歌を正徹*に学んだ。寛正四年（一四六三）故郷の八王子社に参籠して連歌論書『ささめごこ』を著した。応仁元年（一四六七）伊勢神宮*参詣ののち関東に下向し、太田道真ら武将たちの庇護を受けて『川越千句』や『武州江戸歌合』などを行った。そのころ宗祇*は関東に下向し、心敬を尋ねて教えを受けた。晩年は相模国大山の麓の石蔵で連歌論書『老のくりごと』を著した。宗祇が句集『竹林抄』に撰んだ先輩の連歌師、宗砌や専順ら七人の一人である。（鶴崎裕雄）

宗祇《そうぎ》（一四二一―一五〇二）　室町時代の連歌の大成者。出身地は不明。連歌を専順・心敬*に学び、古今伝授*を東常縁より受けた。応仁・文明の乱*以後の京都で近衛政家や三条西実隆、幕府管領*の細川政元らと交わり、越後の上杉氏・周防の大内氏ら地方の豪族を尋ねた。肖柏・宗長との『水無瀬三吟』『湯山三吟』は後世、連歌の代表的作品とされた。長享二年（一四八八）幕府より北野神社連歌所奉行人に任命され、名実ともに連歌界の第一人者となり、明応四年（一四九五）『新撰菟玖波集*』を完成した。明応九年越後に下向し、二年後、弟子の宗長らと駿河に向かう途中、箱根の湯本で客死した。紀行に『白河紀行』『筑紫道記』がある。（鶴崎裕雄）

宗鑑《そうかん》（?―一五四〇?）　室町時代の連歌・俳諧作家。山城国山崎（京都府大山崎町）に住んだので山崎宗鑑と呼ばれる。室町時代に隆盛を極めた連歌が、高尚を求めて古典を重視したため、かえって陳套な傾向に陥った。新しい風潮を求めて滑稽を旨とした俳諧連歌が詠まれるようになり、宗鑑や荒木田守武が詠む俳諧が流行するようになった。真跡の残る「うづき来て根太に鳴くや時鳥」の発句や、『宗長手記』に載る「追ひつかん追ひつかんとや走るらん／高野聖の後の槍持ち」の付け句が宗鑑の作としてよく知られている。また俳諧撰集『犬筑波集』（成立年不詳）も宗鑑の撰と推定されている。（鶴崎裕雄）

新撰菟玖波集《しんせんつくばしゅう》　室町時代の連歌撰集。二十巻。付句一千八百二句、発句二百五十一句。明応四年（一四九五）九月成立（序文と准勅撰の綸旨《りんじ》はすでに六月二十日付）。編集は宗祇*が一門を率い、三条西実隆の支援を得て進められ、周防の大内政弘ら地方の有力武将が援助して成立した。仮名序は一条冬良が記す。『菟玖波集*』に倣い、四季・神祇・釈教・恋・雑などの部立を置くが、雑体の部をなくして俳諧の句を省いており、春の付句「夢うつつとも分かぬ曙／月に散る花はこの世の物ならで　心敬*」や冬の発句「世にふるもさらに時雨の宿り哉　宗祇*」のように、中世の美意識である幽玄やわび・さびが詠まれていることに特徴がある。（鶴崎裕雄）

古今伝授《こきんでんじゅ》　鎌倉時代―江戸時代の和歌の伝授形態。師資相承・父子相承を原則とする。平安時代末期、和歌や『伊勢物語』『源氏物語』の解釈・伝承・逸話などが師弟一対一で伝授されたが、室町時代には『古今和歌集』を中心とした古今伝授が重視された。特に宗祇が東常縁より古今伝授を受けた後は、近衛家・三条西家に伝わり、公家社会をはじめ、堺や奈良の古典愛好家に広がり、関ケ原の戦いを前に細川幽斎が戦死すると、古今伝授が途絶えるといって田辺城（京都府舞鶴市）を救う勅使が派遣されるほど神聖視されるようになった。江戸時代には歴代の天皇が古今伝授を受け、伝授完成後、廷臣たちと歌会を催し、住吉社・玉津島社に和歌を奉納した。（鶴崎裕雄）

〔物　語〕

御伽草子《おとぎそうし》　南北朝時代から江戸初期にかけてつくられた三百余の短編の物語草子の総称。江戸中期、大坂の書肆《しょし》渋川清右衛門が、『文草正子』以下二十三編をまとめて「御伽文庫」として出版・販売したことをきっかけとして、これらの作品に類似する物語草子も御伽草子と呼ぶようになった。文学史的には、江戸時代の仮名草子・浮世草子につながる作品群であるが、筋中心の簡単な読み物が多い。市古貞次は物語内容から、①公家物、②宗教物（僧侶物）、③武家物、④庶民物、⑤異国物（外国物）、⑥異類物に分類した。絵入り写本（絵巻物やいわゆる奈良絵本）で伝わるものが多く、京都の草絵子屋、城殿《きどの》和泉掾《いずみのじょう》のような製作者の存在が知られている。『新日本古典文学大系』に収める。〈横山重・松本隆信『室町時代物語大成』全十三巻・補遺二、角川書店、一九八一―八八〉（長谷川端）

太平記《たいへいき》　室町時代の軍記物語。四十巻。室町初期成立。作者不詳。五十年にわたる南北朝の動乱を、同時代人が記録し、物語として構成した作品であり、今川了俊が応永九年（一四〇二）に著した『難太平記』にあるように、はじめ法勝寺の恵鎮を中止として行われた編纂事業は、時の政務担当者足利直義による「外聞」禁止措置のあと、直義の監督下で、おそらくは直義と親しい玄恵主宰のもとに改訂・再稿本がつくられ、玄恵の死後も編纂は続けられ、巻四十の義満を補佐しての細川頼之の管領就任で擱筆された。『洞院公定日記』応安七年（一三七四）五月三日条に、「近日翫㆓天下㆒太平記作者」としてその死が記録される小嶋法師は、『太平記』製作・編纂の最終段階における責任者であろう。ふつう鎌倉幕府の崩壊を語る巻十一までを第一部、後醍醐天皇の崩御を記す巻二十一までを第二部、それ以後を第三部としているが、近年、直義による改訂以前の『太平記』を後醍醐の鎮魂のための物語とする説が諸氏によって唱えられている。『日本古典文学全集』『新潮日本古典集成』『新編日本古典文学全集』（底本は天正本）『角川文庫』（巻十七まで）に収める。（長谷川端）

梅松論《ばいしょうろん》　十四世紀半ばごろに成立し、上下二巻で元弘の乱から南北朝内乱前期（新田義貞の金崎落城まで）にわたる軍記物語。鎌倉時代の執権北条氏の先代から、建武政権の成立を経て足利尊氏（当代）が天下を掌握するまでの物語を、北野神社に参籠した人びとが老僧から聞くという体裁をとり、その場の雰囲気が松風に梅の匂いというもので、足利氏の運が梅とともに開き、松のように永く栄えるようにということで書名の由来としたと記している。作者は不詳だが、足利政権の成立を謳歌するその内容から足利氏に近い人物と推定され、細川氏・少弐氏あるいは夢窓疎石などの関係者とする説がある。『梅松論・

源威集』（新撰日本古典文庫3、現代思潮社）の刊本がある。（峰岸純夫）

義経記《ぎけいき》　室町時代の物語。八巻。成立は室町初期か。作者未詳。源義経*の生涯のうち、『平家物語』*に描かれなかった、いわば陰の部分を中心にした物語。平家追討を中心とする歴史の脚光を浴びた時代はわずか百二十字ほどにまとめる形（巻四・義経平家の討手に上り給ふ事）ですませて、すべて語り本『平家物語』に任せて省略している。省略部分を境にして、『義経記』の前半は鞍馬寺の牛若丸、御曹司時代の雌伏の物語であり、後半の判官時代は都落ち、吉野山から北国へと頼朝*に追われて衣川で最期をとげるまでの逃走の物語である。巻三は弁慶物語で、全体は『平家物語』や『太平記』*とは異なり、御伽草子*に近い。「判官物語」系・流布本系・古活字本系に大別される。『日本古典文学大系』『新編日本古典文学全集』に収める。（長谷川端）

曾我物語《そがものがたり》　室町時代の物語。十巻、十二巻。成立は室町初期か。曾我十郎祐成《すけなり》・五郎時致《ときむね》兄弟の、十八年にして成就した敵討という史実を題材にした伝記的な室町期物語である。本文は真字《まな》本系（漢字表記の妙本寺本と、それを簡略化した漢字・仮名交りの大石寺本）と平かな本に分かれる。前者は用字法や挿入説話から『神道集《しんとうしゅう》』との関係が明らかにされている。東国の寺社の唱導の素材かと思われる仏教説話もある。後者は東国の地理にも不案内な点が多く、都で編纂されたかと想像され、御伽草子的傾向をもち、巻末の大磯の虎の回国譚には時宗*教団の唱導家のかかわりが考えられる。怨みを抱いて死んだ者への鎮魂の物語とする説が有力である。『日本古典文学大系』に収める。（長谷川端）

〔建築・庭園〕

金閣《きんかく》　京都市北区金閣寺町所在の臨済宗*鹿苑寺《ろくおんじ》にある。鹿苑寺は室町幕府三代将軍足利義満*が西園寺家の山荘を譲り受けて応永四年（一三九七）から営んだ北山殿を、嗣子の義持*が義満夫人日野康子の没後に寺としたもので、金閣はその仏殿でおそらく応永四年の建立。鏡湖池に臨む三層の宝形造こけら葺きの楼閣建築。一階は蔀・妻戸を用いた寝殿造*住宅風、二階は和風の仏殿風、三階は花頭窓・桟唐戸を用いた禅宗様仏殿とする。柱間寸法は七尺で統一される。西に釣殿風の建物漱清が付属。一、二階の南面では眺望のため側柱を一部省略している。内外に金箔を押していたのでこの名がある。北山文化の代表的建築。昭和二十五年に焼失し再建された。（山岸常人）

銀閣《ぎんかく》　京都市左京区銀閣寺町の臨済宗慈照寺*にある。室町幕府八代将軍足利義政*が営んだ山荘東山殿に長享三年（一四八九）に建てられた観音殿。同山荘は義政の遺志に従って彼の死後寺となった。観音殿は重層、宝形造、こけら葺きの楼閣建築で、一階の心空殿は間口四間、奥行き三間で三部屋からなり、腰高障子や杉戸を用いた書院造*住宅、二階の潮音閣は方三間で東西面に腰掛けを設け、花頭窓・桟唐戸を用いた禅宗様*仏殿風につくる。柱間寸法は一階は六尺五寸、二階は六尺である。同寺東求堂《とうぐどう》とともに東山文化を代表する建築。名前の由来とされる銀箔を押した形跡はなく、江戸時代になって銀閣と呼ばれるようになった。（山岸常人）

枯山水《かれさんすい》　平安期の庭づくりについて記された『作庭記』にいう「枯山水」は「池もなく遺水もなきところに石を立つる事」

であり、築山の斜面や野筋に石を配するなど水を使うことのない石組をさしていた。これに対し、室町時代中期、特に応仁の乱*以降に禅宗*寺院において発達した枯山水は、本来水のあるべきところに水を使わず、石や砂で水のある趣きを象徴的に表現した庭園の全体をさす。大徳寺塔頭大仙院方丈東庭園、龍安寺方丈南庭などがこの系統である。近年、大内氏館跡など戦国期の遺構の検出が相次いでいる。今日一般にいう枯山水には平庭形式、築山形式を問わず、また石組本位であったり刈り込んだ植栽本位であったり、水景の表現とは無関係な意匠のものも含まれている。（仲　隆裕）

龍安寺《りょうあんじ》*の石庭《せきてい》*　龍安寺は、藤原実能の別業徳大寺を譲り受けた管領細川勝元*が宝徳二年（一四五〇）に創建した禅寺である。応仁の乱で焼失後、細川政元が再興、寛政九年（一七九七）再び焼失した。現在の本堂は西源院方丈（建立は慶長十一年、一六〇六）の移築である。約二五〇平方メートルの矩形の白砂敷に五群十五個の石を配石した方丈南庭は優れた独創性をもつ代表的な枯山水庭園である。しかしその成立に関する根本史料に欠け、作庭者・作庭年代・作庭意図などについては様々な解釈がある。大正十三年の文化財指定では、「勝元が真相に命じて方丈前に築造させた砂庭であって、寛政九年の火災にあっても存続した室町時代の名園」との説をとっている。（仲　隆裕）

龍安寺の石庭

西芳寺《さいほうじ》の庭園《ていえん》　苔寺の別称をもつ西芳寺の庭園は、室町時代初期ごろ活躍した禅僧夢窓疎石*の代表的庭園である。暦応二年（一三三九）開山として招かれた疎石は『碧巌録』にある禅学の理想境を目指した。洲浜に松などの嘉樹があった黄金池は旧来の池を整備したもので、水面に映る殿舎の姿は天下の絶景で「人の能力でつくりうるものとは思われない」と賞された。枯山水石組と呼ばれて著名な山腹の石組は、中国（北宋）の修業僧熊秀才が高僧亮座主を尋ね問うの故事にちなんだものである。山頂には周辺の景色を法界として見晴らす縮遠亭があった。この庭園は貞成親王の伏見殿、足利義満*の北山殿、足利義政*の東山殿など後世の庭園に大きな影響を与えた。（仲　隆裕）

西芳寺の庭園

〔絵画・工芸〕

明兆《みんちょう》（一三五二―一四三一）　吉山《きちざん》の号をもつ東福寺の画僧、兆殿司《ちょうでんす》（寺の堂守り役）の名で有名。永徳三年（一三八三）「五百羅漢図」の作画に従事したのが初めての記録。このとき生母の病臥が知らされるが、重要な寺の仕事を中断するにしのびず、自画像を母の許に送り、自らの健在と母への愛情を示した。引き続き「聖一《しょういち》国師像」「達磨《だるま》・蝦蟇鉄拐《がまてっかい》図」などの謹厳な彩色画の大作を描く一方、「白衣観音図」や師僧の逸話を描いた「大道《だいどう》和尚説法図」、初期詩画軸山水の傑作「溪陰小《けいいんしょう》築《ちく》図」などの水墨画にも冴えをみせた。しかしこの一派の赤《せつ》脚子《きゃくし》、霊彩《れいさい》を含めて遺作のほとんどが道釈《どうしゃく》人物画であることは、保守的な東福寺画派の特色でもある。　（金澤　弘）

如拙《じょせつ》（生没年不詳）　大巧《たいこう》の号が夢窓《むそう》派の高僧、絶海中津《ぜっかいちゅうしん》*の命名によることから、十五世紀の初期に活躍した相国寺の画僧であった可能性が高い。「大相公（足利義持）*、僧如拙をして新様を座右小屏の間に描かしめる」という大岳周崇《たいがくしゅうすう》の序文をもつ座屏《ざびょう》（現在は掛幅に改装）、「瓢鮎《ひょうねん》図」の作者として有名。新様とは、角のない瓢簞で川の中の鮎《なまず》（鯰）を取り抑えるという禅問答のような画題のことともとれるが、主な景物を片隅に集める辺角景《へんかくけい》、不要なものを極度に省略する減筆法という、馬遠《ばえん》や梁楷《りょうかい》らの南宋院体画家の画風を学んだ新しい技法のこととするのが妥当で、その後の室町水墨画の進む方向を決定づけた。　（金澤　弘）

周文《しゅうぶん》（生没年不詳）　越溪《えっけい》と号し、天章《てんしょう》の字をもつ。『蔭凉《いんりょう》軒日録《けんにちろく》』に相国寺の都管《づかん》（管理役）と記され、一方寺の画僧、幕府の御用絵師でもあった。画作の記録は応永三十一年（一四二四）の『李朝実録』に、大蔵経板を得るために渡鮮した一団のなかに画僧周文の名と、その山水図は画中に詩有りと評されるのが初見で、小栗宗湛《おぐりそうたん》に御用絵師の地位が移行する寛正四年（一四六三）までの約四十年間が活躍期と確認される。五山禅僧の隠遁思想を背景にもつ周文の書斎詩画軸山水図は、潤沢な墨色と柔らかい筆致の「三益斎図」から「竹斎読書図」などの余白の効果と枯淡さが支配的な図に変化し、周文と室町水墨画の奥深さが実感できる。

秋景図（「秋冬山水図」東京国立博物館蔵）

雪舟《せっしゅう》（一四二〇—一五〇六）　諱《いみな》を等楊《とうよう》という。岡山の郷士の一族に生まれ、若く相国寺に入り、修行のかたわら周文*に水墨画を学ぶ。三十五歳ころ、大内氏治下の周防（山口）*に下り、雲谷庵《うんこくあん》を営んで作画に専念する。五十歳のとき渡明し、広大な大陸の風景と風俗に感激して筆をとる。帰国後も精力的に旅を続け、足跡は北九州・岐阜・石川・京都の北部に及ぶ。自然の中に生きる人びとの姿を、確実な遠近感と構成の山水の中に描く。六十七歳の「四季山水図（山水長巻）」は南宋の夏珪《かけい》に私淑した雪舟画の集大成である。また「秋冬山水図」「破墨山水図」「天橋立図」などの五点の国宝の山水図は、雪舟画の軌跡と鑑賞絵画として完成された水墨画の頂点を形成する。　（金澤　弘）

阿弥派《あみは》　能《のう》阿弥（一三九七—一四七一）、芸《げい》阿弥（一四三一—八五）、相《そう》阿弥（?—一五二五）の父子三代、将軍の同朋衆《どうぼうしゅう》として唐物奉行・鑑定家の地位にあり、さらに記録から連歌・

香道・表装・床飾りなどと多彩な活動が知られ、いわば芸術顧問的な立場にあった。この派の水墨画は古来、潤沢な墨色と柔軟な筆使い、平遠な構図が特色とされたが、能阿弥の「白衣観音図」、芸阿弥の「観瀑図」などの数少ない遺作は周文*以下の楷体の筆致と変わらない。特徴的な柔軟の体は相阿弥の大仙院の「瀟湘《しょうしょう》八景図襖」（一五〇九ごろ）を初見とし、やがて日本的な情趣をもつこの画風は阿弥派の専業となり、やがて狩野派*にも大きな影響を与えた。（金澤　弘）

土佐《とさ》派　室町時代の絵画は水墨画一色の感があるが、公家社会を中心としてマンネリ化しながらも大和《やまと》絵*の需要は続いており、十五世紀に入ると宮廷の絵所預として土佐派が独占的に画壇を制した。土佐三筆の一人、土佐光信《みつのぶ》（活躍期は一四六九—一五一九）の社会的な地位の高さと絵巻などの伝承作品の多さは水墨画人の比ではなかったが、画風は伝統の枠内にとどまって新鮮味はなかった。その中で土佐広周《ひろちか》の極めをもつ「花鳥図屏風」のおおらかさ、土佐光重《みつしげ》と光茂《みつもち》に帰される特殊な画題の「浜松図屏風」の単純な色彩による、荒波と洲浜の松林を組み合わせた山水図の迫真性は、雄大な桃山障屏画の輝きを予感させるものをみせている。（金澤　弘）

狩野《かのう》派　宗湛《そうたん》の跡をついで狩野正信《まさのぶ》（一四三四—一五三〇）が御用絵師に登用され、将軍義政*の常御所や東山殿などに精力的に筆を振い、山水画から肖像画まで幅広い画技をみせた。「周茂叔《しゅうもしゅく》愛蓮《あいれん》図」の整然とした構図と明るい清楚な色調は和様化した水墨画の頂点を示している。十六世紀に入ると、長男の元信《もとのぶ》（一四七六—一五五九）が家督を継ぎ、幕府、禁裏に加えて京都の禅寺などと緊密な関係を保って活躍した。大仙院と霊雲院の「四季花鳥図」や「山水人物図」の襖絵は、元信の三十年間の成長と工房製作の常套化を物語るとともに、官画派としての狩野派の基礎を確立した。そして桃山期に孫の永徳《えいとく》*の登場によって近世障壁画*は完成する。（金澤　弘）

後藤祐乗《ごとうゆうじょう》　（一四四〇—一五一二）　室町時代の金工家。家彫《いえぼ》り（後藤彫）の始祖、名は正奥。美濃国の出身で、将軍足利義政*の側近として仕え、近江国坂本郷に三百町（二百貫）の領地を支給され、従五位・右衛門尉となった。祐乗は装剣金具の様式化、材質のよい赤銅に魚子地・高彫りで龍・獅子などを彫り、その装飾効果を優れたものとし、伝統芸術に仕立てた。日本金工史上の巨人として名をなし、その子孫は金工家として重んぜられた。有銘の作品は少ないが、いくつかの逸品を残している。（峰岸純夫）

〔芸　能〕

珠光《じゅこう》（一四二三—一五〇二）　室町時代の茶人。茶道開祖とされる。一般に姓を村田とするが不明。応永三十年（一四二三）に奈良で生まれた。父は琵琶法師*の杢市《もくいち》検校というが不詳。長じて奈良の浄土宗称名寺*の下僕となったが、闘茶《とうちゃ》*（飲茶勝負）に溺れて追い出され、やがて上洛。足利義政*に接して、その茶事に従事したともいうが、確証はない。上洛後は道具類の鑑定・売買活動で蓄財し、茶の湯に深入りしたらしい。また京都の臨済宗*大徳寺*真珠庵の檀那となり、一休*に参禅するなどして、禅寺での茶湯《ちゃとう》の作法に開悟したらしい。禅僧や諸芸の達人から多くを学び、「侘び数奇《わすき》」の理念を深め、従来の書院茶の湯を四畳半茶の湯へと改めたり、唐様《からよう》*の勝った趣を和様《わよう》の趣味で中和することの重要性を説くなど、以後の茶道理念への影

響は深甚。文亀二年五月十五日、八十歳で没。著述に「古市播磨法師宛一紙（心の師の文）」がある。（横井　清）

武野紹鷗《たけのじょうおう》（一五〇二―五五）室町時代末期、和泉国の堺*の茶人・皮革商。幼名松菊丸。通称新五郎。仲材《なかき》を名乗り、一閑・大黒庵と号した。父は武野（もと武田）信久といい、若狭国の守護職武田氏の後裔と伝え、堺で皮革業を営んだ富商。母は奈良興福寺*の衆徒《しゅと》（被官である武士）中坊氏の娘。文亀二年（一五〇二）、大和国に生まれ、長じては堺の舳松《へのまつ》町で家業を営んだが、上洛して山科本願寺*に侍として参仕。好んで歌道に精進し、三条西実隆の教導を受けた。天文元年（一五三二）、本願寺勢力の武装蜂起にさいし従軍。同年、京都の大徳寺*に参禅していた由縁で剃髪し紹鷗と称した。天文六年、師実隆・父信久を失って堺に戻り、京都でなじんでいた茶の湯に精進し、千利休*・津田宗及・今井宗久・武野宗瓦（後嗣）ら名だたる茶人を育て、茶道形成の基礎を固めたが、弘治元年十月二十九日没。五十四歳。墓は堺の臨江寺。供養塔は堺の南宗寺などにある。（横井　清）

池坊《いけのぼう》　華道の流派の一つで、最古の伝統を有する。他の流派が何々流というのに対して、単に池坊とのみ称する。池坊とは、京都の天台宗*寺院、頂法寺六角堂執行職の池坊のことで、それを宗家とする。室町時代中期の六角堂の僧、池坊専慶が元祖。長い歴史をもつ池坊での供花《くげ》の修練の蓄積が専慶の代に大きく実り、旧来の供花の域を超えて、美的鑑賞の対象としての立花《りっか》が成立したとみられる。その後、著名な連歌師の飯尾宗祇*から連歌七賢の一人とまで讃えられた専順が現れ、また戦国期には、立花の基本型の定立や立花の理論の形成に不滅の業績を残した専応・専栄が出て池坊の花技は各地に広まり、やがて安土桃山時代から江戸時代初期にかけては専好が華麗な活躍ぶりをみせ、現代にまで及ぶ池坊の指導的な地位が確立した。（横井　清）

能楽《のうがく》　広義には狂言*（能狂言）をも含めるが、狭義では能だけをさす。狂言とともに舞台芸能として室町時代に基礎が固められ、江戸時代に洗練された代表的古典芸能の一つ。狂言が室町時代の日常語による滑稽さで笑いを呼ぶのに対して、能は謡《うたい》（謡曲）と笛・鼓などの囃子《はやし》を伴う典雅で高尚な歌舞劇として発達。面《おもて》を着ける場合が多い。もとは、猿楽《さるがく》*といわれていた物《もの》真似《まね》中心の芸能が、十四世紀のはじめごろ、南北朝から室町時代初期にかけて、観阿弥*・世阿弥*父子の時代に、小歌節《こうたぶし》・曲舞《くせまい》*・神楽・延年風流《えんねんふりゅう》・田楽能《でんがくのう》など別種の芸能の美点を摂取しながら、象徴性の深い歌舞中心の様式美をととのえ、現在みるような姿形の能が完成。室町幕府*将軍家代々の保護を受けて式楽《しきがく》（儀礼の場での楽）とされて以後、江戸幕府*においても同様の待遇であった。つとに国際的に注目され評価も高い。（横井　清）

能面《のうめん》　能役者が女・老人・神・霊・鬼など三百以上の役に応じてかぶる仮面で「おもて」といい、通常はシテ（主役）だけが用いる。現実の人間の役は、真面《ひためん》（あるいは「ひたおもて」）といって面を着けず素顔で演じる。現在、能楽の各流で使用される面の種類

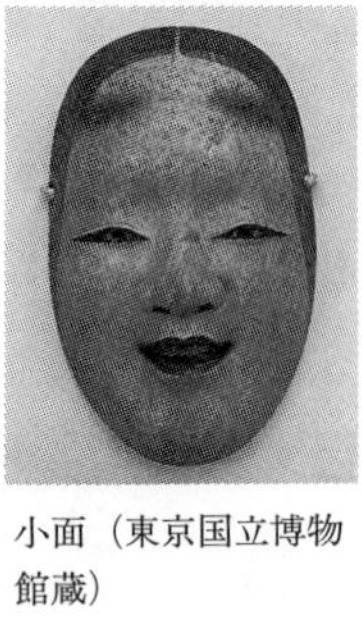

小面（東京国立博物館蔵）

は、翁《おきな》、最も小振りな尉《じょう》（老翁）の面である小尉《こじょう》、最も小振りな若い女面である小面《こおもて》、そして鬼畜面など百種以上に及び、個々に名称をもつ。能と表裏一体をなす狂言では、いわば現代劇である性格上、面を着用する例は能に比して至って少ないが、狂言方が用いる面は狂言面といい、老人や醜女《しこめ》・神・霊・鬼・閻魔王《えんまおう》、さらに狐・猿・鳶《とび》など各種動物の役に用いる。古来、面の制作を「面を打つ」、制作者を「面打ち」という。優秀な技倆の面打ちは、特に近江・越前両国に輩出した。なお、流派や能役者や面打ちの好尚に応じた新作の面は、絶えず制作されている。（横井　清）

観阿弥《かんあみ》（一三三三—八四）　南北朝時代の能作者・能役者。大和四座猿楽*のうち、観世座《かんぜざ》（初め結崎座《ゆうざきざ》）の創立者で、その初代大夫。幼名は観世丸で、これが座名の由来。成人して観世三郎清次。法名観阿弥・宗音。元弘三年生まれ。父は伊賀の服部氏から大和の山田猿楽座の美濃大夫のもとに養子入りした人。一説では、母は河内玉櫛庄の楠入道正遠（正成*の父）の娘で、観阿弥は正成の甥に当たる。長兄某は宝生座《ほうしょうざ》（外山座《とびざ》）を、次兄正一《しょういち》は山田の座を継いだ。三十歳のころに大和磯城郡結崎で座を設立。やがて京都へ進出し、優れた技芸や幼少の嫡男世阿弥の容姿が将軍足利義満*を魅了したのが契機となって、以後、観阿弥の率いる観世座は義満の絶大な庇護を受け、観阿弥の努力・工夫とあいまって、能楽*界の主流をなした。代表作に「卒塔婆小町《そとばこまち》」「自然居士《じねんこじ》」など。至徳元年五月十九日、旅先の駿河で没。五十二歳。（横井　清）

世阿弥《ぜあみ》（一三六三—一四四三）　室町時代前期の能役者・能作者。大和四座猿楽*のうち、観世座《かんぜざ》の第二世棟梁（大夫）。幼名鬼夜叉、藤若。成人して観世三郎元清。法名世阿弥。晩年は至翁善芳。貞治二年生まれ（通説。これに対して同三年誕生説もある）。父は観阿弥*清次。母は小馬多領主竹原大覚法師の娘。父観阿弥の京都進出に幼少の身で同行、特に十二歳の年、応安七年（一三七四）の京都今熊野《いまぐまの》での猿楽興行は将軍足利義満*が見物、これが契機で観世座興隆の道が開けた。世阿弥は能芸練磨のかたわら古典文化の修得にも努め、卓抜な能役者に成長。至徳元年（一三八四）二十二歳で父を亡くし、大夫の地位を継承してのちは、近江猿楽の犬王道阿弥の芸能の評判に刺激され、大和猿楽の写実的な芸風を歌舞中心のそれへと転換。六十歳のころに出家し、大夫職を長男元雅に譲渡。しかし、かねてより音阿弥*を贔屓にしていた将軍足利義教*の圧迫を受け、永享四年（一四三二）には七十歳で元雅を失い、その翌年に音阿弥が観世大夫を継いだが、世阿弥はなぜか義教の怒りに触れたらしく、同六年五月に佐渡へ配流。その後は不詳。嘉吉三年八月八日、八十一歳で没したと伝えられる。著書は『風姿花伝*』『至花道《しかどう》』『花鏡《かきょう》』など。また能作品は『高砂』『頼政』『砧《きぬた》』『班女《はんじょ》』『融《とおる》』など。『申楽談儀《さるがくだんぎ》』は二男元能が出家前に父の芸談を筆録したもの。（横井　清）

風姿花伝《ふうしかでん》　二十余に及ぶ世阿弥*の能楽*論書の最初で、最も代表的な著述。全七部。父観阿弥*亡き後、その遺訓に基づき執筆され、応永七年（一四〇〇）著者三十七歳の年から翌々年にかけて第五までが成立。第六・七はそれ以降何年かにわたって書き継がれたらしい。明治四十二年（一九〇九）に初めて翻刻公刊されたさい、不用意に華道の伝書類の一部の呼称と紛らわしい『花伝書』の名が付されてしまい、それが流布しているが、本来は著者自身の命名による『風姿花伝』が正しい。ただし、初名・略称とも『花伝』といった。内容は、能役者の芸道精進の心得、物真似《ものまね》の演技術、猿楽*の演出・故実、一座の盛り立て方、能作・幽玄論等々を語り、最後には「人の心に思ひも寄らぬ感を催す手立」である「花」について説く。全体に芸術と人生一般にも通ずる示唆や教訓に満ち、味読にたえる名著である。（横井　清）

音阿弥《おんあみ》（一三九八—一四六七）　室町時代中期の能役者・能作者。大和四座猿楽*のうち、観世座の第四世棟梁（大夫。系図上では三世とする）。観世三郎元重。法名音阿弥。応永五年生まれ。父は世阿弥*の弟の四郎。若くして俊才を現し、いち早くのちの将軍足利義教*の援護を得て華麗な技能を示したが、義教の将軍職就任以後はますますその厚遇に恵まれ、永享二年（一四三〇）山城醍醐寺清滝宮《せいりゅうぐう》楽頭職の要職に就き、観世内部で世阿弥の一座と並ぶ自身の一座を担い立つまでになった。ついで同四年、観世大夫の元雅（世阿弥の後嗣）が急死したため、その翌年に観世大夫職を継承。長禄二年（一四五八）六十一歳で出家し、長子政盛に大夫職を譲ったとみられるが、老後も名高い寛正五年（一四六四）の京都糺河原《ただすがわら》での鞍馬寺勧進《かんじん》猿楽興行など、晴れ舞台で壮者を凌ぐ活躍ぶりをみせた。応仁元年正月二日没。七十歳。（横井　清）

金春禅竹《こんぱるぜんちく》（一四〇五—？）　室町中期の能役者・能作者。大和四座猿楽*中で最古の由緒を誇る円満井座《えんまいざ》（竹田の座・金春座）の第三十代棟梁（大夫）。金春大夫氏信（初名貫氏）。法名禅竹（正式には賢翁禅竹）。晩年は竹翁・禅竹翁・賢翁・金春式部大夫・金春竹田秦式部大夫などを称した。応永十二年（一四〇五）生まれ。祖父は金春権守、父は弥三郎、岳父は世阿弥*。若年より他流の観世大夫世阿弥の薫陶を得て技芸を伸ばし、やがては音阿弥*とも並んで活躍。正長元年（一四二八）二月以前に金春大夫となり、秘伝を世阿弥から直接に相伝。寛正六年（一四六五）、子息の七郎元氏（宗筠《そういん》）に棟梁の地位を譲渡。応仁二年（一四六八）三月には健在が確認されるものの文明三年（一四七一）六月にはすでに「故人」とされ、この間に死去。能作のほか、『歌舞髄脳記』『至道要抄』など、多数の著書を残した。（横井　清）

狂言《きょうげん》　広義の能楽*の一部で、能狂言（能の狂言）という。舞台芸能として室町時代に基礎が固められ、江戸時代に洗練された古典芸能。能（狭義の能楽）が謡《うたい》（謡曲）と囃子《はやし》を伴う典雅で高尚な歌舞劇なのに対して、狂言は室町時代の日常語による庶民的な滑稽劇・笑劇が主となる。古い起源をもつ物真似《ものまね》芸や即興的な演芸だった猿楽《さるがく》*を母体として生まれ、南北朝時代から室町時代へかけて、いわゆる下剋上*時代の社会風潮や庶民感情を露骨に反映し、本来の滑稽味・即興性・祝言《しゅうげん》性に加えて強い風刺性・批判性をも表現するようになった。しかし、その後の歴史の中では、おかしみのうちにも雅《みやび》やかさを失わぬ舞台芸能として磨かれて現在に至り、国際的な評価も高い。（横井　清）

曲舞《くせまい》　南北朝時代から室町時代を通じて盛んに行われた中世歌舞芸能の一種。久世舞とも記す。室町中期以前の前期曲舞では、京都・奈良などの散所《さんじょ》に集住していた声聞師《しょうもじ》がこれに堪能で、詳細は不明だが長めの優美な歌謡を鼓の拍子に合わせて歌い、それに簡単な所作の舞を付随させたらしい。また、これが能楽*の中にも取り入れられ、語り舞となり、曲（クセ）と称する。室町中期以後の後期曲舞では芸態が著しく変化し、軍記物語などに材を取る長篇もつくられ、京都では北畠散所・桜町散所などの声聞師、奈良では五カ所十座の声聞師が中心的に演じてまわった。そのほか近畿各地の声聞師たちの活動も活発で、座的組織や流派の発生もみられた。特に越前地方で興隆した幸若流の曲舞は幸若舞*として名をあげ、その名は曲舞の異称とさえなった。近世に入ると曲舞は、おおむね歌舞伎などに吸収されていった。（横井　清）

幸若舞《こうわかまい》　南北朝時代から盛んに行われた歌舞芸能の一種である曲舞《くせまい》*のなかで、特に室町中期以降に越前地方で興隆し、戦国武将の間でもてはやされて広まった幸若流の曲舞をいう。また、それの盛行により、幸若舞といえば曲舞の異称とさえなった。舞の名称は、創始者が室町前期の越前の武将桃井直詮《もものいなおあきら》で、その幼名が幸若丸であったことによるというが確かな根拠はなく、後世の権威づけによるものかとみられる。曲舞は、およそ室町中期を境としてその芸態を著しく変え、語り物を好んだ同時代の風潮を反映して軍記物語などに材を取ったものが多くなり、幸若舞でもその傾向は顕著であったが、近世に入ると曲目の固定化が進んで活力が衰え、ごく限られた地方で、辛うじて現在まで命脈を伝えるにとどまった。（横井　清）

閑吟集《かんぎんしゅう》　室町時代に世俗に流行した小歌を、『詩経』（『毛詩』）にならって三百十一首選び、巧妙・綿密な連鎖的配列と構成で編集したもの。「閑吟」とは漢詩文の常套語で「静かに詩歌を口ずさむ」意。室町小歌の撰集としては、のちの『宗安小歌集』や隆達節の小歌群と並び称される。編者は「仮名序」が記す「桑門」（世捨人）としかわからないが、世情に明るい連歌師の関与を推察する考え方もある。「真名序」によると、永正十五年（一五一八）八月に成立。軽妙洒脱、あるいは率直・奔放な言語感覚・表現で恋心・人情を吐露する作品が圧倒的だが、従来の和讃*や宴曲*（早歌《そうが》）に比すると、概して二、三行程度の短詩形が多く、「思ひの種《たね》かや、人の情《なさけ》」（八十一番）のように十二音のみ、一行だけの曲さえある。当代の庶民生活・生活感覚を探るうえでも貴重な資料である。『新潮日本古典集成』『新日本古典文学大系』などに収める。（横井　清）

宴曲《えんきょく》　中世歌謡の一種で延曲とも書き、別に現爾也娑婆《げにやさば》・理里有楽《りりうら》とも通称されたが、本来は早歌《そうが》というのが正称。ただし、神楽歌にある「早歌《はやうた》」は別のもの。先行する雅楽歌曲の催《さい》馬楽《ばら》*や仏教での講式から影響を受け、また天台声明《しょうみょう》の節回しも取り入れられたりして、七五調一句で一節をなし、これが物尽くしや道行きなどを内容とする長短各様の語り物音曲として成長、歌詞・曲節とも謡曲の先駆けをなしたとみられている。鎌倉時代末期に沙弥明空が大成して以後、室町時代にかけ、早歌うたいと称する専門的芸能者によって伝承され、武家・公家・僧侶・猿楽者らのあいだで宴席や仏教講式の場で楽しまれたが、やがて戦国期に入ると急速に衰退。明空編『宴曲集』は宴曲の初の撰集で、永仁四年（一二九六）以前に成立。（横井　清）

和讃《わさん》　日本語による仏教歌謡の一種で、仏・菩薩の徳を讃えた仏讃、仏教の教義・教法を讃えた法讃、祖師・高僧の立派な行跡を讃えた僧讃に三分される。和讃の呼称で、梵語を漢字に音写した梵讃や、梵讃を漢文に翻訳したり、独自に漢文で制作したりした漢讃などと区別する。平安時代中期に始まり、同時代末期から鎌倉時代にかけてさかんに制作され、巷間に広まるうちに流行歌謡の今様《いまよう》と相互に影響しあった。鎌倉時代に入ると七五調の四句で一首（一節）をなす形式が主となり、これも今様の影響によるらしく、著名な親鸞*作の和讃（代表作の「三帖和讃」など）はすべてこの形式により、これ以外の形式の仏教讃歌は和讃とはいわない。仏教諸宗派で、各流儀で適用されてきたが、最も盛んなのは浄土真宗系*。

（横井　清）

（五）戦国の動乱

戦国大名の成立　戦国時代の開始は、一般には応仁・文明の乱*といわれるが、東国ではそれに先行して享徳三年（一四五四）に起こった鎌倉公方*足利成氏と関東管領*上杉氏が激突する享徳の乱*を画期とする。しかし、本格的な戦国時代は、この二つの内乱を前史として明応二年（一四九三）における細川政元のクーデター（明応の政変）と北条早雲*の伊豆制圧として把握される。また当時の関東の人びとにとって、戦国の到来と意識化されたのは、もっと下って永禄三年（一五六〇）の上杉謙信*の関東侵攻（「庚申年の越山」）で、これ以後に上杉・武田・北条三氏の三つ巴の争覇が行われたからである。

戦国大名*は、守護*・守護代・国人*などの出自をもち、各地に勢力を張った軍事集団が、下剋上*、ないし上剋下によって一郡ないし一国規模の政治的・軍事的な支配権力を掌握することによって成立した。三管領*・四職、関東管領などの有力守護大名*は早期に没落したが、甲斐の武田、駿河の今川、周防の大内、豊後の大友、薩摩の島津の各氏が領国支配を再編強化して戦国大名になっていった。また、越後の長尾（上杉氏を継承）、尾張の織田、越前の朝倉、出雲の尼子の各氏は守護代に系譜を引く。これに対し、陸奥の伊達、三河の松平（徳川）、近江の浅井、安芸の毛利、土佐の長曽我部などの各氏は国人の出身である。相模の北条早雲は、駿河に下向した幕府の政所執事伊勢氏の庶家の伊勢新九郎長氏である。これに近江の比叡山延暦寺*、紀伊・和泉に勢力をもつ根来寺、北陸や畿内に勢力を張る石山本願寺*（一向一揆*）、京都の日蓮宗門徒*（法華一揆）などの宗教勢力が割って入り抗争を繰り返した。これらの宗教勢力は、将軍や鎌倉（古河）公方のある段階まで権威をもち大名勢力に擁される場合もあった。戦国大名は、各地域に割拠する国衆*をその配下に組織化して争覇を繰り返した。このような戦国争乱の基礎には、十五世紀後半以降の自然条件の悪化による食糧不足を、略奪や領土拡大によって補塡したり、自衛のために武装した村落農民の戦争参加などの動向があり、地域の国人・地侍が結集する惣国一揆の結集もあった。

戦国大名と分国法　戦国大名は服属した国人や地侍に所領を与えて軍役衆として組織化した。有力な家臣を寄親*に

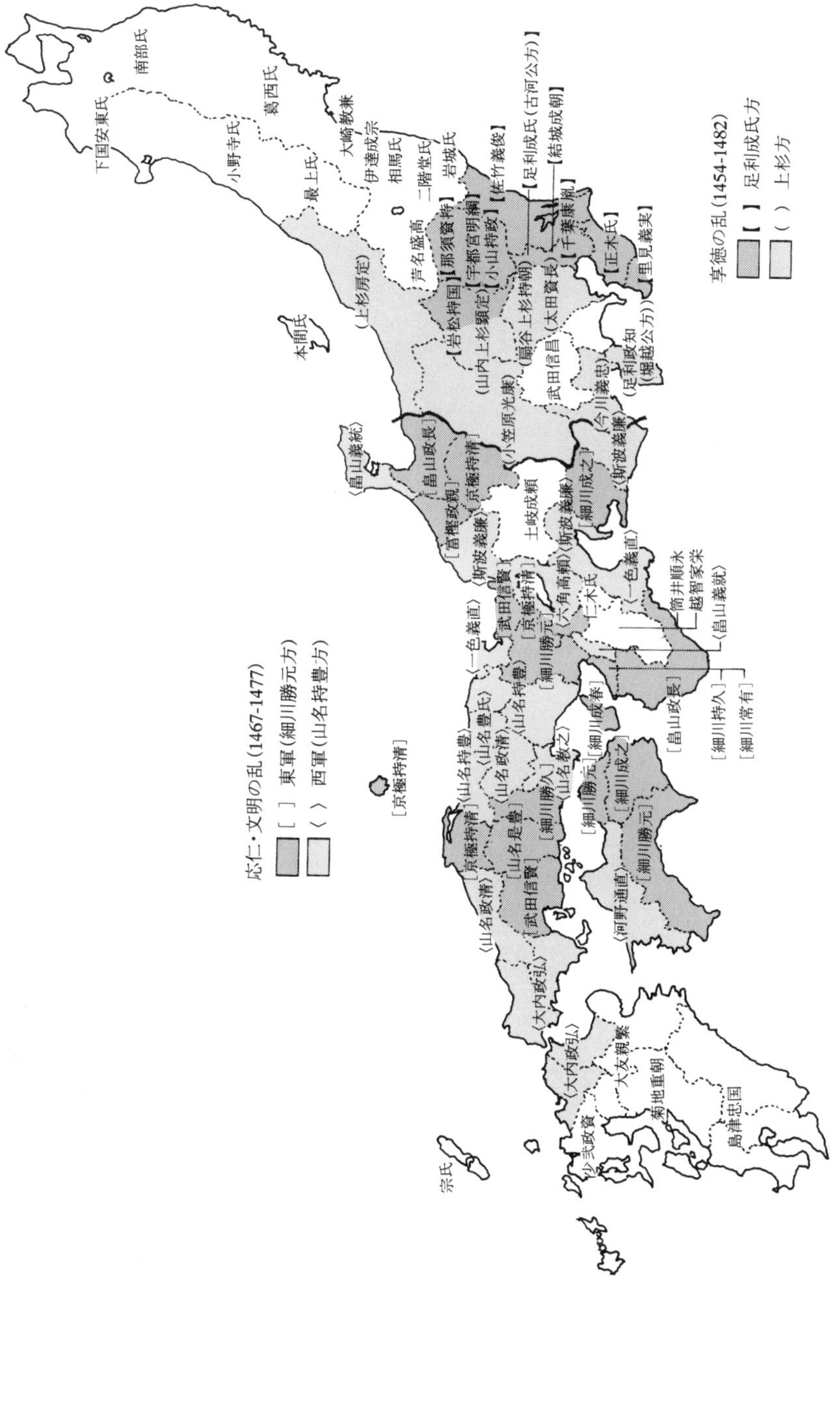

南部氏
葛西氏
下国安東氏
小野寺氏
最上氏
大崎教兼
伊達成宗
相馬氏
二階堂氏
岩城氏
芦名盛高
本間氏
(上杉房定)
【岩松持国】
【那須資持】
【宇都宮明綱】
【小山持政】
【佐竹義俊】
【足利成氏(古河公方)】
【結城成朝】
【千葉康胤】
【正木氏】
【里見義実】
(山内上杉顕定)
(扇谷上杉持朝)
(太田資長)
(足利政知(堀越公方))
武田信昌
(今川義忠)
(小笠原光康)
享徳の乱(1454-1482)
【 】足利成氏方
( )上杉方
〈畠山義統〉
[畠山政長]
[京極持清]
[富樫政親]
〈斯波義廉〉
土岐成頼
〈斯波義廉〉
[細川成之]
〈斯波義廉〉
〈一色義直〉
[武田信賢]
[京極持清]
〈六角高頼〉
仁木氏
〈一色義直〉
筒井順永
越智家栄
〈畠山義就〉
[細川勝元]
〈山名持豊〉
〈山名豊氏〉
〈山名政清〉
〈山名持豊〉
〈山名政清〉
[細川勝久]
〈山名教之〉
[細川成春]
[細川勝元]
[細川成之]
[細川勝元]
[畠山政長]
[細川持久]
[細川常有]
[京極持清]
[京極持清]
〈山名是豊〉
[武田信賢]
〈山名政清〉
〈河野通直〉
〈大内政弘〉
〈大内政弘〉
大友親繁
菊地重朝
島津忠国
少弐政資
宗氏
応仁・文明の乱(1467-1477)
[ ] 東軍(細川勝元方)
〈 〉 西軍(山名持豊方)

享徳の乱および応仁・文明の乱の勢力図

して、それに地侍などを寄子とする寄親・寄子制が採用された。家臣団の統制と領国支配のために、分国法（家法）が制定され、細川政元式条は最も古い分国法である。大内家壁書などはその都度発布した法文の集成であるが、まとまりをもった分国法としては、朝倉孝景条々、六角氏式目、結城氏新法度、塵芥集（伊達氏）、甲州法度（武田氏）、今川仮名目録、長曽我部元親百箇条などがある。これらの分国法には、所領の相続・売買、訴訟の手続、喧嘩両成敗、戦陣での心得など家臣団の統制に関するものや、領国の農民支配の関する規定も含まれている。

　戦国大名は、領国内の生産力を越えた過大な軍事力を構築するために、常備軍以外に村落農民や手工業者を物資輸送、城郭づくりなどの役務に動員し、各地に本城・支城と張り巡らされた城郭のネットワークが形成された。農民が侵攻する軍隊の略奪から逃れるための村の城もつくられた。戦国大名は、軍事を支える豊かな経済力を保持するために、城下町を建設し楽市・楽座などの政策で営業の自由を保証し商工業者を集住させ、商取引の円滑化のための諸施策を講じ町・市の活性化を促進した。道路や宿の整備にも意を用い、積極的に鉱山開発に乗り出し、また傷病兵の医療のために温泉の積極的活用がなされた。城下町・門前町・宿場町・港町などの水陸交通・流通の要地の都市的な場が発展し、畿内には主に浄土真宗本願寺派の寺院を中心に環濠をめぐらした寺内町が各地につくられた。

　十六世紀後半に入ると、日本列島は関東の北条氏、畿内近国の織田氏、中国地方の毛利氏の三大勢力による統合が進み、やがて織田信長・豊臣秀吉による天下統一が実現されることになる。（峰岸純夫）

〔下剋上と戦国時代〕

下剋上《げこくじょう》　下位の者が上位の者にうち勝ち、その地位や権力をおかすことをいう。この語源については陰陽道の書物『五行大義』に「下、上に尅《か》つ」（原漢文）とみえることが注目され、それがやがて下剋上の成語として広まったものといわれる。『源平盛衰記』の用例が早いもので、鎌倉時代末期から頻出するようになる。中世後期には上級権力の支配に対抗して結ばれた国人一揆や、土一揆などが下剋上といわれ、大乗院尋尊は国人・地侍主導の自治組織である山城国一揆の成立を「下極上之至也」と評している。下剋上の語は、既存の支配秩序を乱す行動や、身分関係の逆転、家臣による主家への反逆といった風潮を表す語として多用された。（福田英二）

三好長慶《みよしながよし》（一五二二―六四）　戦国時代の武将。元長の嫡男。幼名千熊丸。元服後に孫次郎範長。伊賀守・筑前守・修理大夫。天文三年（一五三四）細川晴元の被官となり、のち摂津越水城を与えられる。同十七年晴元に背き、翌年叔父政長を敗死させ、晴元・将軍足利義藤（のち義輝）逃亡後の京都に入る。同二十一年義藤と和睦し京都に迎えるが、翌二十二年義藤を近江朽木に追い、摂津芥川城に本城を移し、畿内政権を支配する。その勢力圏は山城・摂津・和泉・丹波・淡路・讃岐・阿波に及んだ。永禄元年（一五五八）義輝と和睦。同三年河内・大和を版図に加え、河内飯盛城に本城を移す。晩年は、松永久秀*の台頭をゆるした。連歌などにも優れていた。（福田英二）

松永久秀《まつながひさひで》（一五一〇—七七）戦国時代の武将。出身地は阿波、山城西岡、摂津五百住の諸説がある。弾正忠・弾正少弼。天文十一年（一五四二）以前三好長慶*に仕え、訴訟取次などを行う。摂津滝山城主となり摂津西半国の軍政を任されたが、永禄二年（一五五九）大和信貴山城に移り大和攻略を進め、翌年大和を平定。この後奈良の眉間寺山に多聞山城築城。同七年長《なが》慶が没すると、幼主義継を擁した三好三人衆（三好政康・長逸《ゆき》、岩成友通）と謀り、翌年将軍足利義輝を暗殺。三人衆政権が畿内を制するが、やがて三人衆と交戦状態となる。同十一年入京した織田信長*に降り大和一国を安堵されるが、一時期離反。天正五年信長に抗し、信貴山城で自殺。（福田英二）

戦国大名《せんごくだいみょう》　戦国争乱の中で、全国各地に数郡から数カ国の規模で領域支配を展開した地方政権。各地域の諸条件に規定され、出現の時期・規模・性格は様々だが、十六世紀前半には全国的に登場する。自己の支配領域において、封建的主従制の頂点に立ち、所領安堵権・軍事指揮権・裁判権などを掌握し、領土と人民を一元的に支配した。その出自は、守護*（今川・武田・大内・大友・島津など）、守護代（朝倉・三好・尼子など）、国人*（伊達・毛利・長宗我部など）、幕府申次衆（北条早雲*）など様々である。戦国期にも多くの大名が幕府から守護職を得ているが、守護職*によって管国を支配するのではなく、実力により独立的に分国を支配した点で、守護大名*とは本質的に

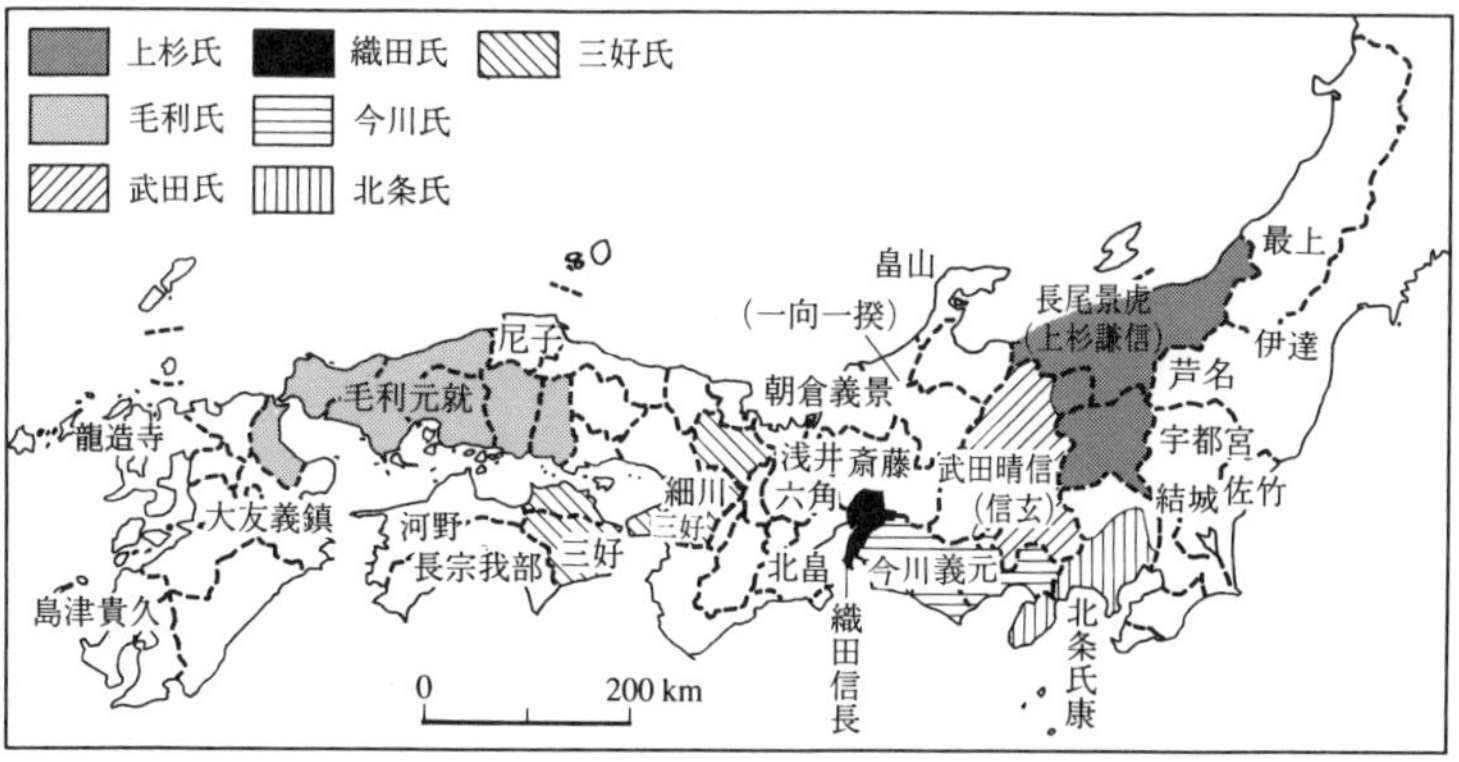

家法
- 相良氏法度 1493～1555 年
- 大内氏掟書 1495 年ころ
- 今川仮名目録 1526 年
- 今川仮名目録追加 1553 年
- 塵芥集（伊達氏） 1536 年
- 甲州法度之次第（武田氏）1547 年
- 結城氏新法度 1556 年
- 六角氏式目 1567 年
- 新加制式（三好氏）1562～1573 年
- 長宗我部氏掟書 1596 年

家訓
- 朝倉孝景条々 1471～1481 年
- 早雲寺殿廿一箇条（北条氏） 成立年代不明

戦国大名割拠図

異なる。戦国大名出現の背景には、領国の平和と秩序を維持する器量をもつ者が領国の支配者であるという、十五世紀に登場した政治思想の定着があった。戦国大名はこの政治思想の体言を自らの家の義務とし、大名の国と家とを合体させた「国家」という支配理念を創出した。この国家の存続を目的として、領国の構成員（国民*）に対する支配権を国家から付託された権力と自らを位置づけ、国民の保護義務を負う一方、国民が国家に負担すべき国役として、段銭*・棟別銭*・普請役などを課した。多くの戦国大名が制定した分国法*は、その支配の正当性を主張する武器であった。支配政策の中心は検地*であり、年貢*納入基準を統一的に貫高*で表し、給人にも所領の貫高に応じて定量的に軍役を課す体制（貫高制）を敷いた。武田氏は、検地の施行で増分を掌握し、それを給恩として与えて軍役を課す軍役衆と、増分を年貢の名請高に加え、新たに決定した名請高の何割かの控除を保証する百姓とに、地主層を区分している。大名の家臣には独立的な国衆*もあったが、村落の有力者を大量に大名の家臣団に組み込み、寄親寄子制*で編成した。また、商人や職人にも職能に応じた役を課した。城下町*を建設し有力家臣を集住させ、御用商職人の編成、六斎市での秩序維持、伝馬制度*の整備などの商工業・交通政策をとったほか、鉱山開発や治水事業なども行った。〈勝俣鎮夫『戦国時代論』岩波書店、一九九六年〉　（福田英二）

分国《ぶんこく》　平安時代中期、上皇・女院などが特定の国*の知行権を得て、その国の正税・官物などを取得した院宮分国に始まる。鎌倉幕府*の将軍の知行国*は関東御分国といわれた。南北朝期以降、守護*がその管国に対する支配権を、闕所地預置や半済*給与、管国内の国人*の被官化、国衙機構の掌握などを通じて強化したことに伴い、分国の語も独立的な守護の領国を意味するようになった。領国の平和と秩序を維持することを自認して、実力による領域支配を展開した戦国大名*も、自らの支配領域を分国と呼び、分国統治・家臣団統制の基本法として分国法*を制定した。なお、その支配領域が一国に及ばない場合は、「領」などと称されている。　（福田英二）

一子相続制《いっしそうぞくせい》　鎌倉時代後期以降、武士の所領相続は、分割相続による家領の減少を防ぐ必要などから、女子一期分の一般化を経て、一子による単独相続へと移行していった。南北朝期から室町時代には、独立を遂げた庶子もあったが、その他の庶子は家督から扶持を与えられるなどし、両者間に主従関係が形成された。また女子には所領は譲与されなくなり、化粧料が渡されるにとどまった。単独相続の成立に伴い家督をめぐる争いが激化し、幕府の家督相続への介入も見られるようになる。応仁・文明の乱*の一因にも畠山・斯波両氏の家督争いがあった。戦国時代の武士社会では、長子が名字・所領の跡目を継承する名跡相続の観念が一般化した。　（福田英二）

国衆《くにしゅう》　南北朝期以降の在地領主*の呼称で、国人*ともいう。国衆の所領規模にも大小があるが、戦国期には有力国衆は「領」と呼ばれる地域的な支配領域を形成し、年貢*・公事*の独自の収取、知行制と家臣団の編成、裁判権の掌握など、一円的・自立的な領主権を掌握した。戦国大名*毛利氏の家臣団は、一門・譜代・国衆・外様から構成され、北条氏の勢力下には、北条氏から「他国衆」と位置づけられた下位の同盟者的な国衆がいた。国衆は、戦国大名の成長過程で大名に政治的・軍事的に服属し、所領の安堵・充行を受け、それに伴い軍役などの負担を要求されたが、譜代の家臣とは異なり、なお独立的な地位を保持した。（福田英二）

寄親《よりおや》・寄子《よりこ》　主従関係やこれに類する保護・被保護関係を親子に擬制したもの。鎌倉時代の惣領制*では、非血縁武士を寄子として一族に編入し、所当公事*を庶子同様に配分した。後北条氏・今川氏・武田氏などの戦国大名*は、有力家臣を寄親とし地侍級の下級家臣を寄子として家臣団を組織した。寄親と寄子の関係は、寄親から恩給地を与えられ主従関係にあるものと、単に寄親の保護下に入り、その指揮・命令に従うものとに大別される。寄子は戦時に寄親の指揮下で行動したが、平時にも大名への訴訟は寄親の取次を経ることとされ、寄親をみだりに替えることも禁じられた。寄親も大名の直臣である寄子の恣意的な処断は許されなかった。（福田英二）

指南《しなん》　人を教え導く意味をもつ言葉として用いられたが、さらに指南する人、指南される人をもさすようになった。戦国大名*の伊達氏・佐竹氏・結城氏などでは、家臣団組織の職名に用いられ、指南・被指南の関係は、寄親*・寄子*の関係とほぼ同一のものといわれる。寄親・寄子の関係は、寄親から恩給地を与えられ主従関係にあるものと、単に寄親の保護下に入り、その指揮・命令に従うものとがあるが、指南・被指南の関係では、前者が見られず、後者の形態にその本質が求められる。大名は指南・被指南関係の固定化に努めたが、被指南者にはより有力な者を指南と頼む動きがあり、指南・被指南の関係をめぐる相論がしばしば発生した。（福田英二）

中世城郭《ちゅうせいじょうかく》　中世には武将の防衛・政治支配の拠点としての城郭がつくられた。城郭には、武士の館*である方形館に堀・土塁を構築して堅固にし、周辺に縄張りを拡張して城郭化していく平地の館城がある。その一方で、丘陵上に頂上部分や尾根筋に複数の平場をつくり出し、敵の侵攻に対して、ここに立て籠もって防御を行う山城がある。また、館の裏山に山城を築きこれを「詰の城」と称して、両者を平時・戦時のセットとして機能させる場合もあった。

城郭の防備構造は、堀と内側の土塁を築き、城の入口（虎《こ》口《ぐち》）は敵に突破できないように門の前に堀・土塁で馬出しをつけたり、堀を屈曲させて、横から狙撃できるようにした。中世城郭は、基本的には堀・土塁・堀切り・竪堀・連続竪堀などの地面を加工した土木工事が主であったが、地山で石材が得られる場合は石垣を用いたものもある。城の機能によって、本城・支城・砦・陣城・つなぎの城などがあり、侵攻する軍隊の略奪に備えて、村民たちが立て籠もる村の城とでもいうものもあった。（峰岸純夫）

武具《ぶぐ》　武士の武装のうち、攻撃用の太刀・槍・弓矢・薙刀・鉄砲などを武器といい、防御用の鎧《よろい》・兜《かぶと》などを武具という区分もあるが、ここでは両者合わせて武具という用法に従う。これに馬に付属する馬具を加えると武士の武装のすべてとなる。中世前期の大将は大鎧を着けたが、後期になると腹巻となった。従者

鎌倉時代の大鎧（大山祇神社蔵）

は前期では腹巻、後期では胴丸となる。太刀は時代につれて変化し、平安期以前では直刀であったが、平安期以後の中世では騎馬戦に有利な湾曲刀となった。（峰岸純夫）

足軽《あしがる》　武士の重装騎兵に対する軽装歩兵（雑兵）の呼称である。応仁・文明の乱*において東西両軍は足軽を雇い入れ、市街戦、敵への夜討ちや補給路の遮断などのゲリラ的活動を行わせた。足軽は武家・寺家の奉公人や都市民の「あぶれ者」などが、銭や酒の供与によって応募して足軽大将の統率のもとに活動した。戦乱の中で困窮した都市民や交通労働者の馬借*、近郊農民などが戦争出稼ぎとして参加したと思われる。足軽大将としては京都所司代*の獄吏の配下の者といわれる骨皮道賢《ほねかわどうけん》が有名で、かれの足軽集団は稲荷社に立て籠もって東軍の一翼として活動した。足軽は戦闘にも参加するが、寺社や町への略奪、通行人への剥取りなども行い、恐怖の的となった。興福寺*大乗院尋尊は「亡国の因縁」といって嘆いた。足軽は東国の享徳の乱*でも太田道灌などに用いられ、城攻めなどに能力を発揮した。のちには織田信長*らに足軽鉄砲隊として組織され、しだいに傭兵から常備軍に編成されて末端の軍事力の担い手となり、近世では下位の武家奉公人に位置づけられた。（峰岸純夫）

制札《せいさつ》　上級権力（武将）が、寺社、市・町・村あるいは不特定の人びとに対して、その政策意図を布達する文書で、木札ないし紙の文書として交付される。本来は、交通の要地に立てられたり、役所や寺社の壁面に貼られたりするものである。しかしその交付の実情は、利害関係を有する下位の集団からの要請があって発給される場合が多かったと思われる。戦国時代には、侵攻する軍隊の大将（戦国大名*）に対して、寺社・町・村などがこぞって「乱暴狼籍停止」の制札を得て、自己の地域を侵攻する軍隊の略奪から守ろうとした。そのため、礼銭《れいせん》をもって陣所に馳けつけ、制札を入手して備えたのである。かれらは、軍隊が踏み込んできたとき、その軍隊の所属を確認して、大将の発給した制札を示して退去を要請したのである。戦乱の境界領域では当然のことながら、両軍から制札を取得することが必要があった。今日、寺社や市・町・村などに多くの制札が残されているのはそのためである。武田信玄*から得た制札によって寺を守った僧受連の生々しい記録が上野国下室田の長年寺に伝えられている。

侵攻軍隊にとって、制札発給は軍備調達の役割を担ったので、大名はあらかじめ同文の制札（多くの場合は紙）を用意して、現地で宛名を書いて渡したのである。それゆえ、制札があるからといって、そこに必ずしも軍隊が駐留したことを意味せず、侵攻を予想して、遠方までもらいにいった場合もある。制札には、ほかに高札・禁制・掟書・定書など、名称が大名により異なって用いられた。また、制札が大名や大将の庇護を意味するところから「カバイ（加倍・嘉倍などの当字）の御印判」などと称せられた。（峰岸純夫）

篠《ささ》**を引**《ひ》**く**　室町・戦国時代にかけての畿内・近国において領主に対する抵抗や侵攻する軍隊への対抗措置として、農民が家屋を閉鎖して立ち退くこと。家の入り口に篠を×状にして、家を閉ざしたことを表示した慣行のあったことが和泉国日根野荘、播磨国鵤《いかるが》荘などの史料に現れる。この「篠を引く」の行為を家屋を閉鎖して家内に籠もる行為とする説もある。両者の説は、「篠を引く」を閉鎖の作法と考えれば必ずしも対立する

ものではない。（峰岸純夫）

半手《はんて》　戦国時代に交戦する軍事勢力の境界領域の町や村の住民が、両方の勢力からの乱暴狼籍や年貢*徴発に対処するため、町・村の共同体が両者に折衝して年貢を折半して半分ずつを納めることを了承させることがしばしば行われた。その結果、両者ともこの町・村を「半手の地」として一種の味方の地に位置づけて乱暴狼籍や徴発を禁止したので、地域ごとに個別的な平和領域が実現していったのである。この状況は、戦国期の東国や西国の軍事境界領域に広範に出現するが、地域によって「半納」「半所務」などとも称されている。（峰岸純夫）

〔戦国大名と分国法〕

北条早雲《ほうじょうそううん》（一四三二—一五一九）　戦国時代の武将。出家後は宗瑞《そうずい》を名乗る。出自は室町幕府*政所*執事伊勢氏の一族申次衆伊勢新九郎盛時と推測されている。文明八年（一四七八）には駿河守護*今川義忠の妻であった妹の依頼により駿河に下り、家督相続争いを仲裁し、これ以降妹が生んだ氏親を補佐した。明応二年（一四九三）堀越公方足利茶々丸を攻撃して、伊豆を支配下に収め、二年後には小田原城を攻略して居城とした。さらに永正九年（一五一二）相模国岡崎城を攻略し、四年後三崎城を攻撃し三浦義同《よしあつ》（道寸《どうすん》）を滅ぼし、相模国を手中にした。また、家訓早雲寺殿二十一箇条の制定、検地の施行、虎の印判状の発給を行い、領国支配の基礎を固めた。（盛本昌広）

毛利元就《もうりもとなり》（一四九七—一五七一）　中国地方の戦国大名*。弘元の子。兄興元、その子幸松丸が相継いで死んだため、大永三年（一五二三）に家臣に迎えられて家督を継ぎ、郡山城に入った。その後、大内氏と関係を深めて、大内氏から安芸国内の重要な場所に所領を与えられ、また尼子氏を撃退するなど戦功をあげることで、安芸国の国人*のなかで優越的な地位に立った。さらに、小早川氏に三男隆景、吉川氏に二男元春を入れて、事実上両家を乗っ取って基盤を固め、天文二十四年（一五五五）には厳島合戦で陶晴賢《すえはるかた》を滅ぼし、周防・長門を支配下に収めた。以後、尼子氏とは大森銀山をめぐり激烈な戦いを繰り返したが、中国各地を攻略して、戦国大名毛利氏の基礎を築いた。（盛本昌広）

武田信玄《たけだしんげん》（一五二一—七三）　甲斐の戦国大名*。天文十年（一五四一）父信虎《のぶとら》を駿河に追放して武田氏の家督を継いだ。その後、諏訪・村上・小笠原氏などを打倒して信濃国を勢力下に置いたが、上杉謙信*と信濃国領有をめぐり対立し、川中島で数度にわたり死闘を繰り広げた。上杉氏への対抗措置として、最初は北条・今川と三国同盟を結んでいたが、永禄十一年（一五六八）に今川氏真を攻撃して、駿河・遠江両国を支配下に置いた。元亀三年（一五七二）西上の途中、三方ヶ原で徳川家康*を破ったが、病気になり翌年死去した。「信玄家法」*の制定、甲斐・駿河の金山開発、信玄堤の築造、検地*などを行い、領国経営にも力を尽くした。（盛本昌広）

上杉謙信《うえすぎけんしん》（一五三〇—七八）　越後の戦国大名*。長尾為景の子。景虎・政虎・輝虎と改名した後、天正二年（一五七四）に謙信を称す。天文十七年（一五四八）兄晴景と争って家督を継ぎ、越後国を支配する。信濃国支配をめぐり、武田信玄*と五度の川中島合戦を行った。北条氏康により関東を追われた関東管領*上杉憲政《のりまさ》を庇護し、永禄四年（一五六一）には小田原城を攻撃し、その帰路に鎌倉で憲政から上杉姓と関東管領を譲られ、以後は毎年のように関東へ進軍した。永禄十一年、武田信玄の今川氏攻撃により三国同盟が崩壊し、翌年には北条氏と越相同盟を結んだが、三年後に越相同盟は破れ、以後は関東での戦略拠点を失った。代わって越中・能登・加賀への侵略を行い、織田信長*との対決姿勢を強めたが、春日山城内で脳溢血で死亡した。（盛本昌広）

長宗我部元親《ちょうそかべもとちか》（一五三九―九九）　土佐の戦国大名*。国親の子。長宗我部氏は土佐の国人*で、永禄三年（一五六〇）家督を継ぎ、本山・安芸氏などを下し、ついで天正三年（一五七五）には中村を本拠としていた一条氏を滅ぼして、土佐一国を平定した。その後、伊予・阿波・讃岐を攻撃し、天正十三年（一五八五）には四国全土を平定したが、同年豊臣秀吉*の四国攻めを受けて降伏し、土佐一国を安堵された。天正十五年の九州攻めでは先鋒となったが、豊後戸次川の戦いで長男信親が戦死。小田原攻め、文禄・慶長の役*にも従軍。天正十五年から太閤検地*の一環として惣国検地を行い、「長宗我部地検帳」を残す。慶長元年（一五九六）には「長宗我部掟書」を制定。（盛本昌広）

分国法《ぶんこくほう》**（家法**《かほう》**）**　戦国家法、国法ともいう。戦国大名*が領国内に通用させるために規定した法で、家臣を対象とする家法、領国内すべての人びとを対象とする国法の二つが一体となったもの。系譜的には家で定められた置文・家訓、特定地域の国人*が平等の立場で定めた一揆契状が発展したもので、「御成敗式目*」や「室町幕府法」などの影響も認められる。たとえば、多くの分国法に規定されている逃亡した百姓や下人*の返却の規定は一揆契状に源泉がある。また、「伊達家塵芥集*」の冒頭の条項は「御成敗式目」と同様となっている。分国法を制定しなかった戦国大名も多いが、後北条氏のように国法という形で領国一般に通用する法が存在することもあった。法の内容は各大名が置かれていた立場を反映し、たとえば「相良氏法度」では、郡中惣という個別領主の連合組織が大名権力の中で重要な役割を果たしていたことがわかる。また、「六角氏式目」は六角氏と家臣が相互に相手の恣意を規制していて、六角氏の権力は家臣に支えられて成り立っていた。戦国大名が公儀として国内に君臨するには、侍・百姓・下人といった階級間の矛盾、家臣相互・村落間の争いを調停する必要があり、その際の客観的な基準となるべき分国法を定める必要があった。

法の対象は多岐に及び、総じて百姓による年貢*未払い、百姓の被官化、百姓・下人の逃亡、下人の子供の処置、殺人・喧嘩・盗みなど検断、土地売買、借金・質入れ、境・用水相論*などが主となっているが、その比重の度合いは分国法により異なり、各大名の領国内の社会状況を逆照射するものである。東国や九州の分国法に多く認められる下人に関する規定は辺境地域

> **分国法（家法）**
>
> 一　喧嘩《けんか》の事、是非に及ばず成敗《せいばい》を加ふべし。但し、取り懸《かか》ると雖《いえど》も、堪忍《かんにん》せしむるの輩《ともがら》に於ては、罪科に処すべからず。（『甲州法度之次第』）
>
> 一　駿《すん》・遠《えん》両国の輩、或《あるい》はわたくしとて他国より嫁《よめ》をとり、或は婿《むこ》にとり、娘をつかはす事、自今已後《じこんいご》停止《ちょうじ》し畢《おわん》ぬ。（『今川仮名目録』）
>
> 一　百姓、地頭の年貢所当《しょとう》相つとめず、他領へ罷《まか》り去る事、盗人の罪科たるべし。（『伊達家塵芥集』）

における下人の多さを示している。戦国時代は近世への過渡期とも位置づけられるが、分国法にも近世へつながる規定が見受けられる。喧嘩両成敗に関する規定は中世における自力救済慣行を制限し、刑罰権を戦国大名が一元的に把握しようとする指向性を示している。また、百姓の被官化の制限や移動の禁止は兵農分離の先駆けともいえ、これらの規定は近世に受け継がれていった。〈佐藤進一他編「武家家法Ⅰ」『中世法制史料集3』岩波書店、一九六五。石井進・石母田正「中世政治社会思想（上）」『日本思想大系21』岩波書店、一九七二〉　（盛本昌広）

朝倉敏景十七箇条《あさくらとしかげじゅうしちかじょう》　「朝倉孝景条々」「朝倉英林壁書」ともいう。越前守護*朝倉孝景制定の家訓。孝景が死んだ文明十三年（一四八一）に近い時期の成立とされる。能力に応じた人材の登用、他国への人材流出の禁止、贅沢の禁止、陰陽道《おんみょうどう》*にとらわれない戦の遂行、国*内巡検の際の心掛け、年頭出仕の際の服装などを規定したもの。なかでも国内に城郭を構えることを禁止し、家臣を一乗谷に集住させ、村には代官を置くという規定は、戦国法や一国一城令の先駆けとして評価されてきたが、この段階で出された点には疑問がある。条文の最後には子孫がこの条項を守ることで、国が保たれ、朝倉の名字が継続するという孝景の期待が書かれている。　（盛本昌広）

大内家壁書《おおうちけかべがき》　「大内氏掟書」「大内家法」ともいう。大内氏の分国法*。四系統の写本があり、それぞれ収録されている条文の数が異なる。大内氏が発布した単行法令を編纂したもので、永享十一年（一四三九）から享禄二年（一五二九）まで計百八十一条。内容は撰銭《えりぜに》、徳政、各種の禁制、船賃の規定、盗物や殺害人の処置、社寺や祭礼に関する規定、金銀の目方、市町での押買の禁止、訴訟の手続きなどがある。なかでも勘気を受けた人は公界人《くがいにん》同前であり、殺害しても罪に問われないという規定は興味深い。また、撰銭される銭の種類の規定は、大内氏領国の貨幣流通の実態を示すものである。ほかに奉行人の出仕や勤番・宿直、椀飯《おうばん》や御節の膳の内容など大内氏内部の執務規定も含まれている。　（盛本昌広）

今川仮名目録《いまがわかなもくろく》　今川氏が制定した東国最古の分国法*。大永六年（一五二六）今川氏親が制定した仮名目録三十三条と天文二十二年（一五五三）今川義元が制定した仮名目録追加二十一条からなる。また、義元制定と推測される十三条の訴訟に関する規定も付属している。内容は土地をめぐる相論、下人*の帰属、喧嘩両成敗、知行地の売却、借銭・借米・国質の処置、守護*不入地、寄親*・寄子*関係、寄船《よりぶね》・流木の処置、嫡子と庶子の相続争いに関する規定など多岐に及ぶ。守護不入を認めないという規定に代表されるように、戦国大名*としての意識が前面に出た条項もある。この法の規定を根拠に今川氏の検地*を公事検地とする説もある。「信玄家法」*の条項の一部は仮名目録を継承している。　（盛本昌広）

伊達家塵芥集《だてけじんかいしゅう》　陸奥伊達家の分国法*。天文五年（一五三六）伊達稙宗《たねむね》が制定。分国法のなかでは最多の計百七十一条。殺人・盗みに対する罰則規定が多い点に特徴が認められるが、現実には被害者が自力で犯人を処置していて、伊達氏への訴えにより法が適用されるのが原則であり、伊達氏の成敗権は限定的であったが、私的成敗を制限して、刑罰権を独占しようとする指向性も認められる。また、下人*の逃亡に関する規定も多く存在し、家臣や百姓が多数の下人を召し抱えていたことがわかる。他領への百姓の移住を禁止する条項は百姓の土地緊縛への指向性を示している。他に土地売買の相論*、境・用水相論、国《くに》質《じち》、質入れ、寄親*・寄子*制などに関する規定がある。

（盛本昌広）

信玄家法《しんげんかほう》　「甲州法度之次第」「甲州法度」ともいう。甲斐武田氏の分国法*。二十六条本と五十五条本があるが、天文十六年（一五四七）に武田信玄*が二十六条を制定し、その後に条項が付け加えられ五十五条本が成立したと推測されている。一部の条項は「今川家仮名目録*」を継承したもの。百姓による年貢*の不払いに対する措置、喧嘩両成敗、陣夫徴発、下人*の逃亡、棟別銭*、田畑屋敷の質入れ、借銭・借米、恩領地などに関する規定がある。棟別銭に関する規定からは棟別銭が財政基盤として重要であったが、納入拒否が頻発していたことがわかる。年貢・棟別銭の未払い、借金、質入れ、土地売買に関する規定の多さは家臣や百姓の経営基盤の不安定性を示している。

（盛本昌広）

結城氏新法度《ゆうきししんはっと》　下総の結城郷を本拠地とする結城政勝が、弘治二年（一五五六）に制定した戦国家法。百四条に、政勝による追加二条、その養子晴朝による追加一条、計百七条からなる。内容は、主従関係、行政手続き、刑事処罰など多岐にわたって規定している。制定時に五十三歳の老境にあった政勝は、自己の経験を総括して、その信条を随所に吐露しつつ、自問自答しながら判断を下している条文も多く、そのことが他の戦国家法にみられない特徴となっている。結城氏は、当時周辺の山川・多賀谷・水谷氏などを配下に繰り込み、下総北部に一大勢力を形成していたが、この法度の及ぶ領域は結城氏直属の結城領に限定されていた。

（峰岸純夫）

近世

〔政治・社会〕

1573　織田政権誕生（室町幕府滅亡）
1583　豊臣政権成立・太閤検地開始

1592　朝鮮出兵（—98）
1600　関ヶ原の戦い・徳川政権成立
1603　徳川家康，征夷大将軍となる
1604　糸割符制度設置

1615　大坂夏の陣・豊臣氏滅亡

1616　武家諸法度制定

1635　武家諸法度改訂・参勤交代実施

1637　島原の乱・五人組制度強化
1639　鎖国の完成
1643　田畑永代売買禁止令発布
1651　由井正雪の乱（慶安の変）

1663　殉死の禁止

1673　分地制限令発布
1685　生類憐令発布

1695　金銀貨幣改鋳（元禄金銀）

1702　赤穂浪士，吉良義央を討つ
1714　貨幣改鋳（正徳金銀）
1715　海舶互市新例制定
1716　享保改革（—45）
1732　享保の大飢饉
　　　＊百姓一揆・打毀し頻発
1742　公事方御定書制定
1758　宝暦事件
1767　明和事件
1772　田沼時代開始（—86）

1782　天明の大飢饉（—87）
　　　＊百姓一揆・打毀し続発
1787　寛政改革（—93）

1808　フェートン号事件

1825　無二念打払令発布
1833　天保の大飢饉（—39）
1837　大塩平八郎の乱（大坂）

1841　天保の改革（—43）
1844　オランダ国王、開国を勧告
1853　ペリー，浦賀に入港

1859　開国・安政の大獄
1867　大政奉還・王政復古
1868　明治維新

〔思想・文化〕

　★桃山文化

1587　バテレン追放令公布
1591　キリシタン版刊行
1592　ヤソ教徒 26 人を磔殺

　＊阿国歌舞伎

1612　キリスト教禁止（—13）

朱子学勃興
　★寛永文化（京）
1620　桂離宮創建（—24）

1636　日光東照宮完成

1657　『大日本史』編纂開始

1670　『本朝通鑑』完成
　★元禄文化（大坂）
　＊儒学の興隆
1690　湯島聖堂落成
　＊実学（洋学）の発達

1697　『農業全書』刊行

1715　『西洋紀聞』成立

　＊藩校・郷学・私塾の興隆

　＊国学・洋学の勃興

1774　『解体新書』出版
1782　『群書類従』完成

1790　寛政異学の禁
1797　官立の昌平坂学問所設置
1798　『古事記伝』完成

　★化政文化（江戸）
1821　『大日本沿海興地全図』完成
　＊町人文芸の発展
　＊攘夷論と開国論の展開
1839　蛮社の獄

1856　蕃書調所設置

1868　神仏分離令公布・廃仏毀釈運動起こる

一　ヨーロッパ世界の拡大とアジア

（一）　大航海時代とアジア

ヨーロッパ世界の拡大　十五世紀から十六世紀にかけて、ヨーロッパはルネサンス*と宗教改革*を経て、封建社会から近代社会への移行期を迎えた。ヨーロッパ諸国は十字軍*の遠征以来、ヨーロッパ以外に膨張しようとする傾向を強め、その結果、新大陸の発見、新航路の開拓となり、世界の諸地域がヨーロッパを中心に広く交流する大航海時代に入った。こうした東西交流により、ここに世界史が成立し、地球は新しい時代を迎えたのである。

十四—十五世紀以来、ヨーロッパでは国王による中央集権化が進められたが、大航海時代になると、王権はいっそう強化され、絶対主義*と呼ばれる専制国家が成立した。この国家は国王が常備軍や官僚を維持するために、多くの貨幣を必要としていたうえ、国家の富は貨幣保有量に比例すると考えられていたため、金・銀の獲得や、貿易の発展に力を注いだ。また輸出の増大には、国内産業の発展を必要としたので、盛んに産業の保護・育成につとめた。これが重商主義*政策といわれるもので、すすんで海外貿易を拡大し、さらには植民地獲得のため、アジアへ進出した。その先頭に立ったのが、イベリア半島のスペイン（イスパニア）とポルトガルであり、オランダとイギリスが、これに続いた。

アジアの政治情勢　当時、中央アジアでは、ティムールの子孫といわれるバーブルが現れ、十六世紀はじめインドに侵入してムガール帝国*を建設した（一五二六年）。その孫アクバル帝は、インドの大部分とアフガニスタンを統一し、古代以来の大帝国を建設した。しかし、イスラム教徒とヒンドゥー教徒の対立や、地方勢力の反乱によって政治的分裂が続いたなかで、ヨーロッパ諸国の侵入を受け、帝国はしだいに衰退していった。

東アジアでは、モンゴル系の元に代わって、明*の太祖洪武帝が中国を統一し（一三七一年）、諸制度の改革を行って、皇帝権力を強化する一方、対外政策に意を用い、南方の三十余国と朝貢貿易を行ったが、内外にわたる政治的困乱や倭寇*の猛威によって、しだいに国力が衰えた。これに代わって、満州民族である女真族のヌルハチは、明軍を破って満州を支配し、次の太祖は国号を清《しん》と改め（一六三六年）、朝鮮を属国とし、さらに世祖順治帝のとき、明を滅ぼして、都を北京に移し、清帝国*を建設した。

一方、東南アジアでは、マラッカ王国が海上貿易の中心として栄えたが、一五一一年にポルトガルにマラッカを奪われて、急速に衰えた。タイでは、十四世紀のなかごろにたてられたアユチヤ朝が領土を拡大して、独自の文化を築き、十六世紀のなかごろに統一されたビルマでは、十八世紀に入り、アラウンパヤ朝がたてられた。琉球では、一四二九年、中山王の尚巴志《しょうはし》が地方勢力を統一して、琉球王国を建設し、広く東南アジア諸国と貿易を行い繁栄した。

（藤野　保）

絶対主義《ぜったいしゅぎ》　封建制とは、領主が各地を地方分権的に支配する制度であるが、その末期に、最大の領主である国王が、国内のすべての領主を中央集権的に支配する絶対主義に移行する。そのような変化を起こす基本的理由は、商業資本の発達と、それに伴う農業生産力の発達（地主階級の成立）であり、商業資本家と地主とを基盤として絶体主義が成立する。商業資本家と地主は、国王の力をかりて封建領主に抵抗し、国王は商業資本家と地主の力をかりて封建領主への支配を強化する。

すなわち商業資本家は、国王から種々の独占を認可され、その見返りとして国王に独占料を支払う。地主は小作料の定額化と土地売買の自由を獲得し、最末端の官僚としての役割を果たす。一方、旧来、領主のもっていた諸特権は、上から国王特権として集中的に統一され、このような国王特権を行使するために国家官僚組織が導入される。国王は一個の領主としての「家計」的機構の統率者から、中央集権的な国家官僚組織の統率者へと大きく変化する。

イギリスの十六—十七世紀の国王財政は、商業資本の発達、特に新大陸の銀による価格革命と戦争の影響により、しだいに困窮を増し、封建制再編の強化による現金収入の増加を希求せざるをえなかった。一方、地主は封建的付帯義務の保留された土地の購入を嫌い、高い価格を払っても封建的付帯義務のない土地の購入を欲した。それは高額の現金を支出しうるほどに経済的に上昇した地主の広範な存在を示す。国王特権に依存していた官僚層を残して、大部分の地主は国王のもとをはなれて下院に結集し、絶対主義の封建制再編成政策の完全な廃棄を要求し、価格革命の結果、上昇してきた非特権的な新興商人とその下部の産業資本家と手をたずさえて革命へつき進んでいく。革命は一切の国王特権を廃棄し、地主的利益を貫徹した。このことはフランス、ドイツにおいても同様であり、徳川時代は最も典型的な絶対主義といえる。

（飯沼二郎）

重商主義《じゅうしょうしゅぎ》　イギリスにおいて十六—十八世紀に、政府が特権商人に与えた商業独占を守らせるために行った政策を重商主義という。この期間の産業資本はマニュファクチュア*（道具による分業に基づく集中作業場）の形態をとる。資本の有機的構成はきわめて低く、生産費の大部分は労賃だったから、資本家の最大の関心は、いかにして安い労働力を大量に確保するかにあった。そのために利用されたのが、家族ぐるみの農家の副業であった。その上、この時期には景気（需要）の変動が激しく、かつ原料の供給量が不確定だったから、長期間、一定の労働力を雇用することは、資本にとって不利であり、その意味からも、不必要なときにいつでも解雇できる農家の副業のほうが、資本にとって有利であった。こうして、当時の資本は、本来の産業資本部門である集中作業所の周囲に、農家の副業を組織した前借問屋制を設けた。

このような産業資本には発展に限界があり、しかも当時の交通機関の未発達によって、商品の交易には多大の時間と危険とがあったから、莫大な資本を必要とした。そのため、産業資本はつねに巨大な商業資本の支配を受け、その商業資本もまた危険をできるだけ転嫁するため、国王と結びついて独占権を獲得し、その見返りとして国王は巨額な献金を受けた。これが重商主義の構造である。

市民革命は、このような国王特権を廃止した。しかし、産業資本は前述の状態にあったため、依然として巨大商業資本の支配下にあり、国内では独占は廃止されたが、海外貿易では商業資本の独占が続いた。やがて産業資本はマニュファクチュアから機械制大工場に進む（産業革命*）。生産の増大はマニュファクチュアでは商品単価を増すが、機械制大工場では逆に商品単価を減じる。このため、貿易独占をめぐって、マニュファクチュアと機械制大工場は対立し、ついに後者の勝ちに終わる。ここに重商主義は終わる。なお、フランス、ドイツにおいても同様に、産業革命まで重商主義が行われた。（飯沼二郎）

ムガール帝国《ていこく》（一五二六―一八五八）　インドのイスラム教国。ムガール Mughal とはモンゴル（蒙古）のなまったもの。ティムールの子孫バーブルがウズベク族の圧迫によって中央アジアを追われてインドに移り、一五二六年、デリーに王朝を創立したのに始まる。第三代アクバルのとき土着のヒンドゥー教を懐柔し、中央集権化を進めて勢力を増大し、帝国の基礎を築いた。第五代シャー・ジャハーン、第六代アウランゼーブのときには文化が発達し、ムガール帝国の黄金時代を現出した。タージ・マハルに代表されるムガール建築は、ヒンドゥー・イスラム両文化の伝統を融合した。また中国・ペルシア風絵画の特色にインド的要素を融合したムガール絵画が発達した。アウランゼーブの治世は五十年に及び、領土も最大版図に達したが、その死後、内乱が起こって諸侯が自立し、特にヒンドゥー教徒が強力となり、わずかにイギリス人の保護で王統を維持した。やがてセポイの反乱*を機に名実ともにイギリスに併合され、ここに王朝は名実とともに消滅した。〈石田保昭『ムガル帝国』吉川弘文館、一九六五。佐藤正哲『ムガル期インドの国家と社会』春秋社、一九八二〉（川越泰博）

清帝国《しんていこく》*（一六一六―一九一二）　中国東北（満州）から起こり、明に代わって天下を統一、辛亥革命*に至るまで続いた王朝。太祖ヌルハチが満州族を統一、興京に都し、後金を建国し（一六一六年）、のち瀋陽《しんよう》に遷都した（一六二五年）。子の太宗ホンタイジのときに朝鮮・内モンゴルを従え、国号を清と改めた（一六三六年）。三代順治帝のとき、李自成の乱に乗じて中国に進出、北京を都として、明に代わって中国の王朝となった（一六四四年）。領土は台湾・外モンゴル・チベット・新疆《しんきょう》から中央アジアに及び、内政も君主権が強く、制度が整い、人口が急増して商工業が発展した。四代康熙《こうき》帝・六代乾隆《けんりゅう》帝の時代は、その全盛期であった。七代嘉慶帝以後次第に衰え、白蓮教*徒の反乱・太平天国の乱*などの内乱、アヘン戦争*・アロー戦争*・ロシアの黒龍江地方奪取*などの外圧によって動揺し、十一代光緒《こうしょ》帝の代には日清戦争など対外戦争に敗れ、列強による植民地化が進んだ。十二代宣統帝溥儀*が退位して、一九一一年、辛亥革命が起こり、翌年二月、清は滅亡した。（川越泰博）

（二）ヨーロッパ人の来航

大航海時代の開幕　大航海時代におけるヨーロッパ人のアジア進出の契機になったのが、マルコ・ポーロの『東方見聞録』*である。彼は、この旅行記のなかで、日本をジパングと称し、〝黄金の国〟として、初めてヨーロッパ人に紹介し、アジアへの関心を呼び起こした。

　イタリア人コロンブスは、一四九二年、スペインのイサベル女王の援助によって大西洋を横断し、西インド諸島に到着した。のち、イタリア人のアメリゴ・ベスプッチの探検によって、新大陸が発見され、この大陸は、彼の名にちなんで「アメリカ」と名づけられた。一方、ポルトガル人のヴァスコ・ダ・ガマは、一四九八年、アフリカ南部の喜望峰を回って、インド西岸のカリカットに到着し、また、ポルトガル人のマゼランは、一五二一年、スペイン王の命を受け、南アメリカ南端（マゼラン海峡）を通過して太平洋を横断し、フィリピン諸島に到着した。マゼランは、ここで死亡したが、彼の部下はインド洋、喜望峰を経て、翌年、スペインに帰国した。こうして、最初の世界一周が成功し、大航海時代が開幕したのである。

　やがてスペインは、南北アメリカ大陸に植民地を広げ、十六世紀半ばには、アジアに進出してフィリピン諸島を占領し、マニラを東洋貿易の根拠地とした。ポルトガルは、インド西岸のゴアを根拠地にして東進し、中国のマカオを占領して東洋貿易の拠点とした。こうして、ヨーロッパ人の日本来航が現実の問題となった。

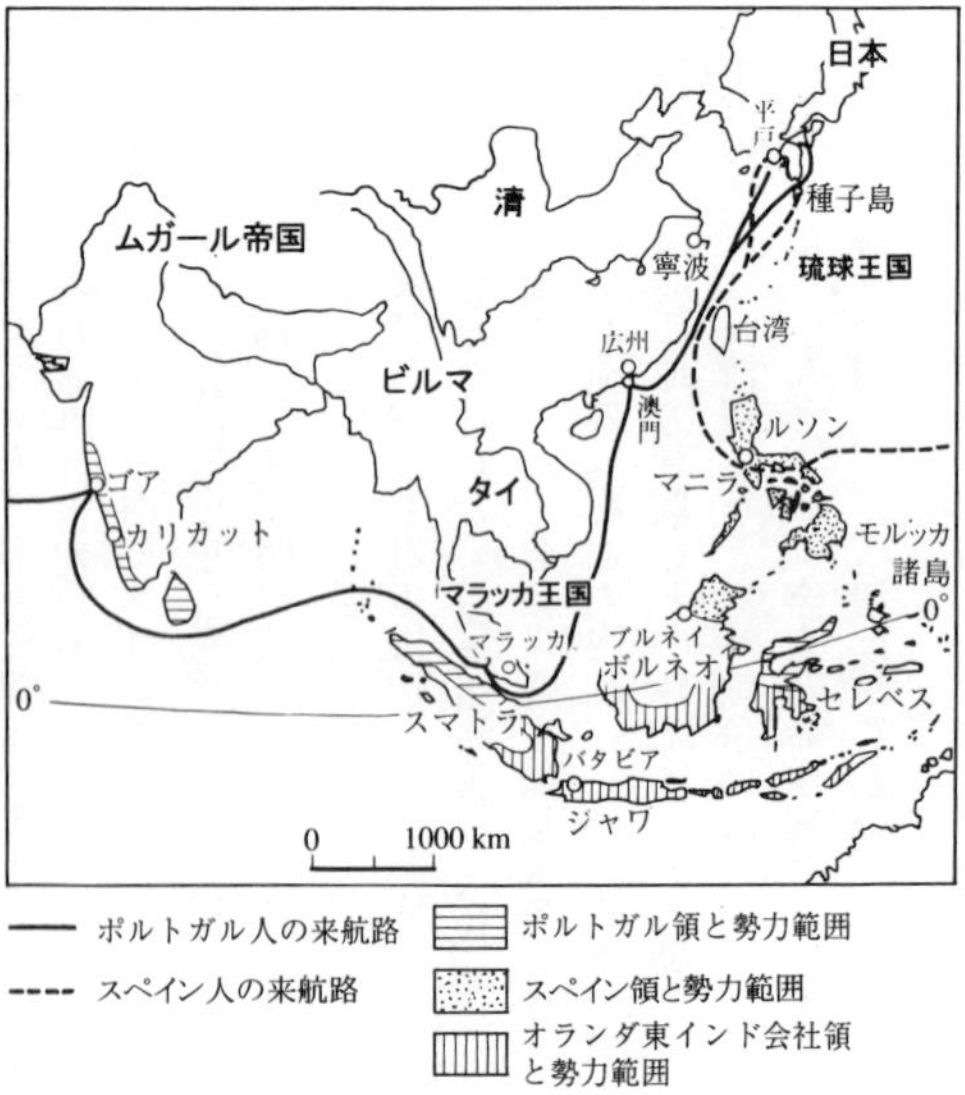

ヨーロッパ人の進出

南蛮貿易とキリスト教　天文十二年（一五四三）、ポルトガル人を乗せた中国船が、初めて九州南方の種子島に漂着し、鉄砲*をもたらした。その後、ポルトガル人は毎年のように九州の諸港に来航し、日本との貿易を行った。また、スペイン人も、天正十二年（一五八四）、肥前の平戸*に来航し、日本との貿易を開始した。当時の日本人は、彼らを南蛮人*と呼び、その貿易を南蛮貿易*と称した。

ついで天文十八年（一五四九）、イエズス会*（耶蘇会）の宣教師フランシスコ・ザビエル*が鹿児島に上陸し、初めてキリスト教を日本に伝えた。当時、ヨーロッパでは宗教改革*によって、プロテスタントの動きが活発となったが、カトリック側も勢力の挽回をはかって、アジアでの布教に力を入れた。特にイエズス会は厳格な軍隊的組織をもち、ポルトガル、スペインの植民政策と結びついて、積極的な伝道を行った。しかも、来日した宣教師たちは、南蛮寺（教会堂）・コレジオ（修学所）・セミナリヨ（神学校）などを建設し、熱心に布教に従事したため、キリスト教は急速に広まった。

こうして、古代以来、東アジアの国際関係史のなかに位置していた日本は、ヨーロッパを機軸とする全世界的な新しい国際関係史のなかにみずからを位置づけた。また、それに応じて、貿易港も玄界灘に面する北九州の那津（博多*）から東シナ海に面する西九州の平戸・横瀬浦・福田浦・長崎*に移動した。

鉄砲文化のインパクトは、これまでの築城法や戦略・戦術に大きな変化をあたえ、戦国争乱に国家統一への気運をもたらした。キリスト教のインパクトは、東アジアのなかの仏教国日本に、まったく異なった宗教・思想・文化をもたらした。南蛮貿易のインパクトは、貿易港の自領招致をめぐって、戦国大名*の競争を激化させ、九州の大名のなかには、貿易による利潤獲得のため、布教を保護し、なかには洗礼を受けるものもあった。彼らをキリシタン大名*という。そのうち、大友義鎮（宗麟*）・大村純忠*・有馬晴信*の三大名は、天正十年（一五八二）、少年使節をローマ教皇のもとに派遣した。

南蛮文化　南蛮人のもたらしたヨーロッパの文物や風俗・習慣の一部は、日本人の生活にも受け入れられた。宣教師たちは、天文学・医学・地理学などの実用的な学問を伝え、油絵や銅版画の技法をもたらし、南蛮屏風も描かれた。また活字印刷術を伝え、宗教書・辞典・日本古典などが刊行された。これをキリシタン版*という。こうしたキリスト教の文化は、一時的に異国趣味を日本にもたらしたが、のちキリシタンの禁制*とともに、その多くは消滅した。

（藤野　保）

〔南蛮貿易〕

東方見聞録《とうほうけんぶんろく》　イタリア人マルコ・ポーロの著作。ポーロは一二七〇年、父ニコロとともにベネチアから陸路中国に至り、元朝の皇帝フビライに仕えた。復路は海路をたどり、一二九五年、故国に帰着した。本書はその間に見聞した事柄を、メモと記憶により、対ジェノバ戦中捕えられていた獄中で、物語作者ルスティケロに口述し、記録させたものである。祖本というべき最初の筆録本は失われ、現在では百四十余種もの写本・流布本が知られている。他には類を見ないヨーロッパ―アジア間横断の見聞録であり、十五世紀に活発化する大航海時代の手引書として広く用いられた。特にモンゴル軍の日本進攻に関する部分で、有名な「黄金の国ジパング」の記述を残しているが、これは黄金伝説とジャパンの起源とされ、人々を発見航海に駆り立ててゆく一つの背景となった。十六世紀に来日したキリシタン宣教師J・ロドリゲス神父が執筆した『日本教会史』（一六三四年ごろ成稿）にも、同書の記事に言及した個所がある。
（清水紘一）

鉄砲《てっぽう》　戦国時代末期から使用された火縄銃。伝来の時期と契機については天文十二年（一五四三）種子島に漂着したポルトガル人からの購入説と、同十一年（一五四二）の二説がある。薩摩の僧南浦文之が書いた『鉄炮記』は、前説を根拠づける記録で、領主種子島時尭《ときたか》が鉄砲の威力に驚き銃二挺を譲り受け、火薬と銃の倣製に成功したと記している。鉄砲とその技術は橘屋又三郎らにより畿内に伝えられ、堺*や国友で国産化された。また戦国大名*にも注目され、戦場での主要兵器として急速に普及した。島原の乱*（一六三七―三八）後、鉄砲は農村でも使用されたが、幕府は明暦三年（一六五七）以降、鉄砲改めを繰り返し、規制を強化して、幕末期の洋式銃導入に至った。
（清水紘一）

平戸《ひらど》　肥前国（長崎県）平戸島、狭義には同島北端の旧平戸町。天然の良港で、古代以来内外を結ぶ海港として栄えた。領主松浦氏は地の利を活かした対外政策を展開し、特に中世末期から近世の初頭にかけて中国船や南蛮船、紅毛船の誘致に努めた。中国船のなかには、平戸を根拠とした倭寇船も含まれる。南蛮船は、天文十九年（一五五〇）のポルトガル船、天正十二年（一五八四）のスペイン船の来航が最初である。紅毛船の来航は、慶長十四年（一六〇九）のオランダ船、同十八年のイギリス船などが最初で、平戸に商館を設営した。ここに貿易港平戸*の黄金時代が現出されたが、寛永年間に入ると外国船は長崎に集中され、海港としての平戸は、その歴史を終えた。以降は城下町*として存続し明治に至る。
（清水紘一）

長崎《ながさき》　長崎湾の周縁部に位置する港町。天然の良港であったが、中世末まで戦国大名*大村氏の配下長崎甚左衛門所領の一寒村に過ぎず、元亀元年（一五七〇）ポルトガル船（黒船）の入港地として着目され、翌年以降町立てが行われ急速に発展した。その画期については、イエズス会領*、豊臣氏公領、江戸幕府*公領に区分される。イエズス会領への転機は、領主大村純忠が天正八年（一五八〇）同地を、日本イエズス会に寄進したことに始まる。大村氏の企図は、同会への保護権をもつポルトガル船を領港に独占することにあり、以降の長崎は教会領として発展した。天正十五年、長崎は豊臣秀吉が発布したバテレン追放令*を契機として没収、公領とされた。初代の代官は佐賀龍造寺氏の配下鍋島直茂で、長崎奉行*の源流となった。文禄元年（一五九二）以降長崎は、免租地の内町と課租地の外町に区分された。江戸幕府が成立すると、徳川家康*は慶長八年（一六〇八）小笠原一庵を長崎奉行とし、同十年、大村領浦上と外町の一部を交換して江戸時代の公領を確定した。寛永鎖国*により長崎には中国船（一六三五）、オランダ船（一六四一）の入港が確定され幕末に至る。
（清水紘一）

南蛮貿易《なんばんぼうえき》　南欧のカトリック国や、アジアにおける同上進出地との交易のこと。南蛮貿易は、天文十二年（一五四三。天文十一年説もある）のポルトガル（葡）人の種子島漂着、天正十二年（一五八四）のスペイン（西）人の平戸来航に始まる。ポルトガル船*は以降、マラッカやリャンポウから鹿児島・豊後府内・平戸などに来航したが、一五五七年マカオに居住を認められ、対日貿易の足場を築いた。また元亀二年（一五七一）長崎*が開港されると同地への寄港がしだいに定着した。貿易は、生糸など唐物を中継輸送するものであり、対価として日本から銀を輸出した。日本での生糸販売は、パンカーダと呼ばれる一括方式で売却され、江戸幕府*により糸割符制度*に展開する。日葡関係は、寛永十四—十五年（一六三七—三八）の島原の乱*により断絶した。スペインには、マニラ—メキシコ間の航路上の寄港地*とする対日認識があり、また豊臣秀吉*のキリシタンの禁制*やマニラへの入貢要求などが重なり、西日貿易は葡日貿易ほどの実績を残していない。　（清水紘一）

南蛮人《なんばんじん》**・紅毛人**《こうもうじん》　南蛮とは、中国の四夷思想に基づき南方の民を蛮人と呼称した用語で、中世日本では東南アジア諸国一般の呼称とされた。南欧ラテン系のポルトガル人・スペイン人がアジアに進出し、ゴア、マカオ、メキシコ、ルソンに本拠を置くと彼らを南蛮と呼称した。そのことは『通航一覧』所収の南蛮呂宋国部に「南蛮といふは、此の国及び阿媽港、臥亜、伊斯把爾亜、新伊斯把爾、意大里阿等の総称なり」と記しているところに明らかである。日本でキリシタン禁制*が強化されると、彼らがカトリックを国教としているところから、同教が南蛮の語義に含意されることとなった。紅毛とは、中国の『明史』和蘭伝に「和蘭又名紅毛番（中略）其人深目而長鼻、髪眉髭皆赤」と記述されたように、西欧ゲルマン人の身体的な特徴に由来する用語である。日本でも紅毛はオランダ人をさす語として定着したが、「人物阿蘭陀ニ似タリ」（西川如見『華夷通商考』一六九五年刊）とされたイギリス人にも適用された。　（清水紘一）

「南蛮屏風」（神戸市立博物館蔵）

〔キリスト教とキリシタン大名〕

イエズス会《かい》　一五三四年イグナチウス・デ・ロヨラを中心として、パリで創立されたカトリック教会内の男子修道会。同会のモットーは救霊による人類の救済と世界宣教にあり、反宗教改革運動（カトリック刷新）と世界伝道に取り組んだ。日本には天文十八年（一五四九）フランシスコ・ザビエル*が来日し布教に着手した。最初九州を中心としたが、京畿にも進出。天正九年（一五八一）には信徒数が十五万人内外で、布教区を下（シモ）・豊後・都などに分割するほどの盛況を呈した。天正十年（一五八二）に準管区、慶長十六年（一六一一）に管区に昇格。翌年以降のキリシタン禁令により教会組織の維持に困難を来し、寛永十五年（一六三八）マカオに本部を移した。　（清水紘一）

ザビエル　Francisco de Xavier（一五〇六―五二）　日本キリスト教会の開祖。ピレネー山脈西麓のナヴァラ王国の出身。パリの聖バルバラ学院で哲学を修め、同学院生のロヨラと投合し一五三四年イエズス会*を創立した。東方伝道に意欲を燃やし、一五四二年インドのゴアを拠点として布教に従事。天文十八年（一五四九）日本人ヤジロウとともに鹿児島に上陸し、宣教を開始した。ザビエルの意図は日本国王（将軍）から布教の許可を得て伝道を行うことにあり、翌十九年暮上洛したが、将軍義輝は三好長慶《ながよし》*に追われて不在（一五四九―五二）であり、荒廃した京都を見て、当時繁栄していた山口*に戻り布教を継続した。その後、豊後を経てインドに戻り、日本文化の源流的位置を占める中国への布教を企図。広東付近の上川島に上陸したが、同地で病没。　（清水紘一）

キリシタン大名《だいみょう》　キリシタン宗門に帰依した大名*・武将。日本キリスト教会の開祖ザビエル*は、民衆との対話のほかに戦国大名*領国の封建機構に着目し、上から下への教化策を重視した。日本イエズス会は同方式を踏襲し、支配層の教化に尽力した。主要なキリシタン大名として、九州では肥前大村の大村純忠*や同国有馬村の有馬晴信*、豊後の大友宗麟*などがいる。また畿内では播磨明石の高山右近や、同国室津の小西行長、伊勢松島の蒲生氏郷らがいる。キリシタン大名領では、寺社の破壊と住民の集団改宗が顕著に進められた。その背景として、伝統宗教との対決や「効率」を重んずるイエズス会*側の思惑と、民衆の霊魂救済を至上のものとするキリシタン大名の使命感があげられる。が、豊臣秀吉*が九州で発布した天正十五年（一五八七）のバテレン追放令*により、大身層への教化はむずかしくなったほか、領民に対する強権的教化策は転換を余儀なくされ、キリシタン大名はしだいに姿を消してゆくこととなる。　（清水紘一）

大友宗麟《おおともそうりん》（一五三〇―八七）　戦国時代の武将。享禄三年豊後府内生まれ（大永七年（一五二七）出生説もある）。父は大友義鑑《よしあき》。母は坊城氏の女説のほか、大内義興《よしおき》の女説、さらに伏見宮貞常親王の女説もある。幼名塩法師丸。通称五郎。諱《いみな》は義《よし》鎮《しげ》。法名宗麟。教名フランシスコ。斎名三非斎、三玄斎。父義鑑の領国支配を継承。大内・少弐両氏の滅亡などの条件に支えられて領国を拡大。豊後をはじめとする北九州六カ国の守護職のほか、永禄二年（一五五九）九州探題*就任。またザビエル*を領内に招き布教を許可。天正六年（一五七八）日向で島津軍に大敗し衰退。晩年臼杵《うすき》を経て本居を津久見に移し、天正十五年没。墓は津久見のほか、京都大徳寺にある。　（外山幹夫）

大村純忠《おおむらすみただ》（一五三三―八七）　戦国時代の武将。天文二年肥前高来郡有馬村の日野江城に生まれる。父は有馬晴純入道仙岩。母は大村純伊《すみこれ》の女。幼名勝童丸。諱は純忠。法名理専。教名ドン・バルトロメウ。天文十九年（一五五〇）大村家に入嗣し家督。武雄の後藤貴明《たかあきら》、平戸の松浦隆信・鎮信父子、伊佐早の西郷純堯らの攻撃にさらされ、局面打開のため永禄五年（一五六二）横瀬浦をポルトガル貿易港とし、翌六年入信。元亀元年（一五七〇）長崎*を同じくポルトガル貿易港とするも、天正八年（一五八〇）これをイエズス会*に寄進。同十年、少年使節をローマに派遣。一時、龍造寺隆信により追われる。天正十五年没。墓は不明。　（外山幹夫）

有馬晴信《ありまはるのぶ》（一五六七―一六一二）　戦国・近世初頭の武将。

永禄十年肥前高来郡有馬村の日野江城に生まれる。父は有馬義直（義貞）。母は安富得円の女。幼名十郎。諱は晴信。始め鎮《しげ》純《ずみ》・鎮貴《しげたか》・久賢《ひさまさ》。教名ドン・プロタジオ、のちドン・ジョアン。兄義純の没後、元亀二年（一五七一）家督。天正八年（一五八〇）、巡察師ヴァリニャーノにより受洗。同年日野江城下にセミナリヨを建設。天正十年、少年使節をローマに派遣。同十二年、島津氏の援の下、襲来した龍造寺隆信を討ち取る。豊臣秀吉*の命に従い朝鮮出陣。のち徳川家康*に従う。長崎港外でポルトガル船を撃沈。岡本大八事件に巻き込まれ、甲斐の配流先で斬首。四十五歳。墓所は山梨県内。（外山幹夫）

キリシタン禁制《きんせい》　キリシタン宗門保護の禁制と、禁教の禁制がある。保護の禁制には、永禄三年（一五六〇）将軍足利義輝がヴィレラ神父に与えた乱暴狼藉・悪口・課役を禁ずる制札*がある。同様の禁制には、同年の三好長慶*、永禄十二年（一五六九）の織田信長*、足利義昭*らの保護状、天正十四年の豊臣秀吉*の朱印状など。禁教の禁制には、文面から追放型・根絶型・褒賞型、その他の形式がある。追放型には、①永禄八年・同十二年の正親町天皇の追放令、②天正十五年（一五八七）のバテレン追放令*、③慶長十八年（一六一三）のバテレン追放文がある。①は京都から、②③は日本からの宣教師追放令で、布教権の剥奪が主旨とされた。根絶型は、慶長十八年の追放文には「彼徒手足置く処なく」とされ、宣教師と信徒の追放が規定された。元和二年（一六一六）の二港制限令*では「下々百姓」に至るまでの取締りがうたわれ、根絶策が確認された。褒賞型の嚆矢は、元和四年（一六一八）の嘱託銀の制札が最初で、賞金高はしだいに釣り上げられ、しばしば発令された。慶応四年（一八六八）の維新政府によるキリシタン高札も同型といえる。その他型は根絶のための諸々の施策を示したもので、多数規定された。（清水紘一）

キリシタン版《ばん》　狭義には日本イエズス会の刊本、広義にはそのほかドミニコ会などが外国で印刷した刊行物を含む。イエズス会*では天正十九年（一五九〇）ヴァリニャーノが少年使節一行に付託してヨーロッパから取り寄せた活版印刷機を賀津佐に置き、仮名や漢字の活字を新鋳し出版事業を開始した。出版物は『ドチリナキリシタン』などの教理書をはじめ、『日葡辞書』などの辞書類、『日本大文典』などの文法書、『平家物語』ほかの古典など多方面にわたる。以上のほかドミニコ会は、マニラやローマで『ロザリヨ記録』などの信心書、『羅西日辞典』などの語学書を刊行した。禁教の強化により、それらの刊本は失われたが、世界各地で三十二種が現存。（清水紘一）

二　統一政権の成立

(一)　織田信長の統一事業

信長の中央進出　大航海時代における日本は、応仁・文明の乱*後、約一世紀にわたる戦国争乱に終止符が打たれ、ヨーロッパを機軸とする国際関係と密接に結びつきながら、新たな統一政権が誕生し、近世における幕藩制国家が成立する。それはまず織田信長*によって着手され、豊臣秀吉*によって継承され、徳川家康*によって達成される。これら三人の〝天下人〟が、中間地帯を代表する東海地方から誕生したことは重要である。

織田信長の台頭の基盤となった濃尾平野は、畿内につぐ生産力の発展がみられ、そこでは農村の階級分化に伴い、有力名主*や土豪の多くは、生産過程から離れて武士化しつつあった。信長は、これらの武士層を家臣団に編成して、常備軍に組み直し、新しく鉄砲隊を組織して、強力な戦国大名*権力を打ち立てることに成功した。永禄三年（一五六〇）における田楽狭間（桶狭間の戦い*）の奇襲戦法は、信長の非凡な才能と機眼の冴えを示している。

こうして信長は、三河の徳川家康と同盟を結んで背後からの脅威を取り除き、西進策をとって美濃・近江を攻略し、「天下布武」の名のもとに、永禄十一年（一五六八）には、戦国大名に先駆けて入京することに成功した。入京後の信長は、足利義昭*を将軍職につける一方で、貿易都市堺*を直轄地とし、検地*や楽市・楽座*の実施、関所*の撤廃など、新しい経済政策を実施した。

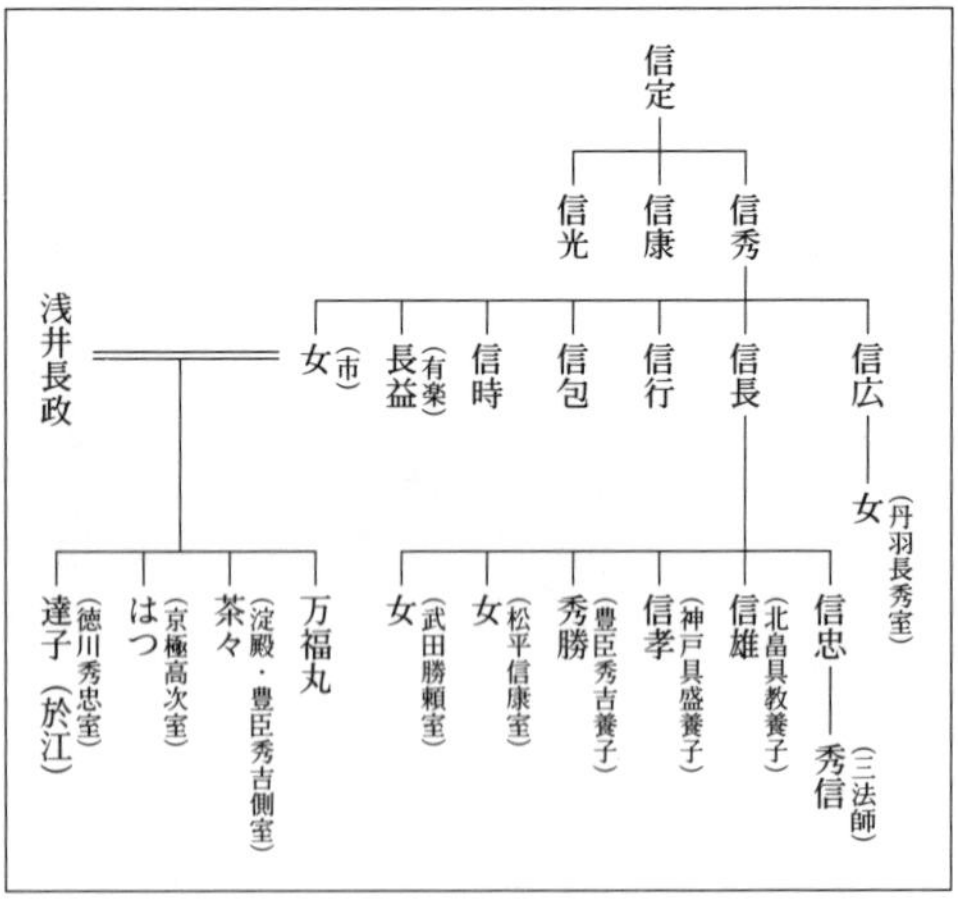

織田氏略系図

統一事業と挫折　この間、信長は浅井長政*・朝倉義景*の連合軍を近江の姉川で破る一方で、一向一揆*と対決し、延暦寺*を焼き払い、寺院勢力を屈伏させ、天正元年（一五七三）、将軍足利義昭を追放した（室町幕府の滅亡*）。ついで

信長の印章「天下布武」

天正三年、家康と連合して武田勝頼の大軍を三河の長篠の戦い*で破り、翌年、琵琶湖畔に壮大な安土城*を建設して、織田政権の基礎を固めた。ついで信長は、北陸に進出して、越中を平定し加賀・能登を支配下におさめ、天正八年（一五八〇）には、石山本願寺*を屈伏させて、近畿地方を平定し、天正十年には、甲斐の武田勝頼を攻め滅ぼした。

信長の入京が地方の戦国大名に与えた影響は大きい。時代は小領主の局地的な争いから、戦国大名に勝ち進んだ大領主の大規模な領土獲得戦へと変化してきた。こうして近畿と周辺諸国に打ち立てた信長の「天下」に対し、地方の戦国大名は〝天下人〟を目指して、戦国時代最後の熾烈な闘争を展開した。天正十年（一五八二）、信長は、備中において毛利氏と対戦中の秀吉の援助にむかう途中、京都の本能寺で家臣の明智光秀*の反乱にあい自殺した（本能寺の変*）。信長の統一事業は半ばにして中断したのである。

（藤野　保）

〔信長の台頭〕

織田信長《おだのぶなが》（一五三四―八二）　戦国大名*。尾張下四郡守護代の家老、織田弾正忠信秀の長子。天文二十年（一五五一）父の死後襲封。永禄二年（一五五九）までにほぼ尾張一円を制圧。翌三年、上洛のため尾張に侵入した今川義元を田楽狭間に破り、一躍名声をあげる。同十年美濃稲葉山井ノ口城主斎藤龍興を追放し、岐阜と改める。翌十一年、足利義昭*を奉じて上洛、三好三人衆らを追放し、十五代将軍に就任させた。元亀元年（一五七〇）信長は、上洛に応じない朝倉義景*を攻め、その途中、義弟浅井長政*に夾撃されて京に撤退、この年徳川家康*との連合で浅井・朝倉軍を姉川に破る。同年本願寺顕如《けんにょ》は、宗派の権益維持のため三好氏を支援、各地の一揆を動員、浅井・朝倉も南下して叡山を拠点とし、信長を攻める。信長は、正親町天皇の和議の勅令を得て危機を脱し、翌二年（一五七一）報復のため山堂僧俗を殺戮。このころ義昭は、本願寺・武田・浅井・朝倉の反信長連合を工作、天正元年（一五七三）京都二条城と山城槇島城に挙兵したが、信長に追放され幕府は終焉。信長は同年越前一乗谷の義景、近江小谷城の長政を敗死させ、翌二年、伊勢長嶋の一向一揆*を殲滅した。

翌三年、亡父信玄の遺志を嗣ぎ上洛のため東三河長篠城を包囲した武田勝頼を設楽原《しだらがはら》で大敗させ、同年に越前一向一揆も制圧。四年に湖東の安土城本丸が完成してこれに移る。同年宿願の石山本願寺を攻め、救援の毛利水軍に敗れたが、六年鉄船を建造して制海権を奪う。七年加賀一向一揆を制圧、八年顕如は宗旨の滅亡を恐れ信仰の存続を条件に紀州鷺森に移る。同八年丹波・丹後を平定、本格的に毛利攻めを行い、山陰の但馬・因幡、山陽の播磨・備前・美作を攻略、同十年勝頼を攻め、信濃・甲斐・駿河を処分する。五月安土城*に徳川家康*を招くが、備中高松城攻めの羽柴秀吉から毛利本隊来攻の報により、明智光秀*らに出陣を命じ、自ら京都本能寺で仮泊中、光秀の急襲をうけ自害。四十九歳。

信長は中世的権威に束縛されない自己の権力の確信と、軍事力の機動的運用のための直臣団の創設、地域支配を行う軍団の配置、経済力維持のための自由市場の創設など、天下覇権への合理的戦略を展開した。墓所は大徳寺。総見院泰巌安公。〈桑田忠親校注『改訂信長公記』新人物往来社、一九六五。奥野高広『織田信長文書の研究』全三巻、吉川弘文館、一九六九―八八〉

（西村圭子）

桶狭間《おけはざま》の戦《たたか》い　永禄三年（一五六〇）五月、今川義元が信長領田楽狭間（愛知県豊明市）に侵攻したところを、織田信長*が壊滅させた戦い。駿河・遠江の守護今川氏は、伝統的に東国における幕府の前衛の誇りを自覚し、義元は四万の軍を擁して上洛。三河から尾張に入り、鳴海・大高・沓懸城を確保し、同月十八日織田方の付城鷲津・丸根砦を攻める。同夜、信長は野戦策をとり善昭寺砦に兵を集結させ、義元軍休息中の報を受けて中嶋砦を経て襲撃した。前衛軍の後退によって旗本は混乱し、義元は戦死。この勝利により信長は名声を得て領国支配を強化する。義元の子氏真《うじざね》は凡庸で信長に報復することもなく衰退。今川氏から独立した徳川家康*は、信長の天下統一の事業に協力した。

（西村圭子）

足利義昭《あしかがよしあき》（一五三七―九七）　室町幕府*十五代将軍。十二代義晴《よしはる》の子。奈良一乗院門跡となり覚慶という。永禄八年（一五六五）五月、兄義輝《よしてる》が松永久秀に殺害されたため、還俗《げんぞく》して義秋となり、同十一年、越前朝倉義景*の許で元服し義昭と改める。九月織田信長*に擁立されて上洛し将軍となる。しかし、信長と対立して、浅井・朝倉・武田・本願寺ら各地の反信長勢力に働きかけ、織田包囲網をつくり揺動させた。天正元年（一五七三）四月自ら二条城・山城槇島城に挙兵したが、降伏し、室町幕府は終焉した。その後、毛利を頼り翌四年備後の鞆《とも》に移った。義昭から再三の要請により毛利輝元は、決断して信長の包囲に加わるが、上杉謙信*の死去、本願寺の石山撤退などにより挫折し、信長の中国攻めに遭う。信長の死後、諸将は義昭に協調せず、豊臣秀吉*の保護を受けた。天正十六年（一五八八）に山城で出家して昌山道休と号し一万石を給された。慶長二年没。六十一歳。墓所は京都相国寺霊陽院。

（西村圭子）

浅井長政《あさいながまさ》（一五四五―七三）　近江国、湖北の戦国大名*。浅井氏は浅井郡丁野郷の領主で、亮政《すけまさ》のとき、京極氏の内紛に乗じて江北に領土を拡大、のち江南の守護六角《ろっかく》氏の侵攻を受け、越前朝倉氏の援助を受けつつ対抗した。父久政は、六角氏庇護の下に支配を続けたが、長政は永禄三年（一五六〇）相続後、六角氏の内紛の間に、江北六郡を制圧した。永禄十年（一五六七）織田信長*の妹お市（小谷《おだに》の方）と結婚し江南に勢力を伸長した。しかし、元亀元年（一五七〇）四月、信長の朝倉義景*攻めに際し、長政は朝倉への恩顧から、信長を狭撃。信長は危機を脱して六月、徳川との連合軍により姉川で浅井・朝倉を破る。その後将軍足利義昭*からの要請を受け、本願寺や比叡山勢力と連合して信長への抵抗を続けた。天正元年（一五七三）義昭を追放した信長は、八月小谷城を包囲し、義景は越前一乗谷で敗死、長政は小谷城落城とともに戦死。二十九歳。このときお市の方と長女茶々（淀殿）、二女（京極高次室）、三女（徳川秀忠*室）を信長に還した。のち淀殿は、京都に長政の菩提寺養

源院を建立した。（西村圭子）

朝倉義景《あさくらよしかげ》（一五三三―七三）　戦国大名。一乗谷*初代孝景《たかかげ》から五代義景まで越前守護として支配を拡大。義景は、戦乱に生きたが、壮麗な一乗谷の館、庭園を愛した文化人でもあった。父孝景以来、加賀一向一揆*と戦いをくり返し、天文十七年（一五四八）襲封後、弘治年間（一五五五―五七）に、加賀に出兵、半国を制圧したが、将軍足利義輝《あしかがよしてる》の調停によって一向一揆との和議成立。永禄八年（一五六五）義輝弑逆《しぎゃく》後、義景は逃れた一乗院覚慶（のち義昭*）を保護した。その後本願寺勢力と対立したが、同十年末、義昭の斡旋により義景の娘と本願寺宗主顕如《けんにょ》の長男教如《きょうにょ》との婚約が整い、越前・加賀の和平は実現。義昭は、翌年九月織田信長*を頼って上洛。しかし、元亀元年（一五七〇）義景は上洛を拒否して信長に攻められる。浅井長政*は義景を支援して挙兵、その後、朝倉・浅井連合軍は反信長の抵抗を行う。天正元年（一五七三）信長は大挙小谷城を攻め、救援の義景は孤立して越前退去の途中国境でこれを追った信長軍に包囲され大敗。一乗谷から大野に退き自害する。四十一歳。（西村圭子）

長篠《ながしの》**の戦**《たたか》**い**　天正三年（一五七五）五月、織田信長*・徳川家康*の連合軍が、三河の設楽原《しだらがはら》で、武田勝頼の主力を壊滅した合戦。天正元年、武田信玄*歿後、家康は同年九月から北三河を制覇するため長篠城を奪取。しかし翌二年、勝頼も南下して、徳川方の出城、高天神城を奪う。翌年二月以降、徳川方に変わった奥平信昌《おくだいらのぶまさ》が長篠城主となる。勝頼は四月長篠城を包囲、救援要請を受けた信長は五月十三日、岐阜を出て、十八日設楽郷極楽寺山に着陣。勝頼は精鋭の騎馬隊を正面から突入させたが、信長の鉄砲隊に阻まれて壊滅した。武田氏はこれを契機に衰退した。（西村圭子）

安土城《あづちじょう》　織田信長*が琵琶湖畔、湖東伊庭門湖の安土山に築いた城郭。天正四年（一五七六）から着工、丹羽長秀を奉行として三年後に完成。信長は、天下統一を視野に入れて、北陸の雄上杉氏の上洛にも備える位置を選んだ。京都・奈良・堺の大工・職人を集め、畿内および尾張・美濃・伊勢・三河などの支配地の諸侍や農民を動員した。安土山頂に本丸を置き、御殿と地階の内部七階の天守閣各層には趣向をこらし、座敷は見事な金泥塗や黒漆塗の彩色で、座敷襖には狩野永徳*の壮麗な山水花鳥人物画が描かれた。さらに、二の丸・三の丸と続く。西南に総見寺があり、山腹には諸将の邸宅、諸侍の住居を置き、城下町を発展させた。同十年六月本能寺の変*で本丸・天守閣など焼失。イエズス会*神父は、信長の子信雄が主な室と市に放火したと報告している。（西村圭子）

〔本能寺の変〕

明智光秀《あけちみつひで》（一五二八―八二）　安土・桃山時代の武将。土岐《とき》氏の庶流といわれ、美濃明智荘出自のため明智と称した。朝倉義景*に仕え、永禄十一年（一五六八）細川藤孝とともに朝倉氏に寄寓中の足利義昭*を織田信長*の許に赴かせ、上洛工作を行った。信長に従い上洛し、渉外・軍政の実績が評価される。元亀元年（一五七〇）若狭・越前を攻め、近江滋賀郡を与えられ、坂本に築城。天正元年（一五七三）から浅井・朝倉攻略に尽力した。同三年から丹波攻めの先陣となり、多紀郡八上城主波多《はた》野《の》秀治《ひではる》の謀反で敗退、翌年石山本願寺、紀州雑賀攻め、同六年から再び丹波攻めで亀山城を奪取、一時播磨に転戦したが、同七年に制圧、丹波一国を与えられる。同十年、武田勝頼攻めに参加、安土城で徳川家康*饗応役のとき、中国攻めの羽柴秀吉の救援を命ぜられて坂本に帰る。丹波亀山城に移って六月二日未明、本能寺の信長を急襲する。しかし諸将の支援はなく、中国から転進した秀吉と山崎で決戦して大敗。坂本に退却中に山城小栗栖《おぐるす》で重傷を負い、自害した。五十五歳。　（西村圭子）

本能寺《ほんのうじ》の変《へん》　天正十年（一五八二）六月二日、明智光秀*が、中国出陣の途次、京都本能寺に宿泊中の主君織田信長*を急襲して自殺させ、天下覇権を意図した事件。備中高松城を包囲した豊臣秀吉*は、毛利軍の襲来を前にして、五月十七日信長に救援を乞い、光秀は信長の命により、近江での徳川家康*接待役を中断して坂本に帰り、二十六日丹波亀山城に入る。このころ信長への叛意を重臣にあかし、二万の兵を率いて出発。信長は安土城を出て本能寺に入る。本能寺で信長を害し、二条御所に入った長男信忠も自殺。光秀の動機は怨恨説もあるが明らかでなく、ただ信長の重臣がすべて地方で合戦中で、無防備な絶好の機会であった。しかし期待した細川藤孝父子らの協力がなく、他方、秀吉の迅速な転戦と主君の仇を打つ名分からたちまち織田旧臣が集結し山崎の戦い*で光秀は敗死した。　（西村圭子）

（二）豊臣秀吉の全国統一と東アジア

秀吉の天下統一　明智光秀*の反乱を知った豊臣秀吉*は、ただちに毛利氏と講和を結び、東上して光秀に乾坤一擲の決戦をいどみ、これを山崎に破った（山崎の戦い*）。そこには的確な情勢判断と読み、綿密な計算、それに機略縦横の戦略・戦術があった。秀吉が第二の〝天下人〟となったゆえんである。

こうして秀吉は、天正十一年（一五八三）賤ケ岳の戦い*において、ライバル柴田勝家*を破り、第二の〝天下人〟と

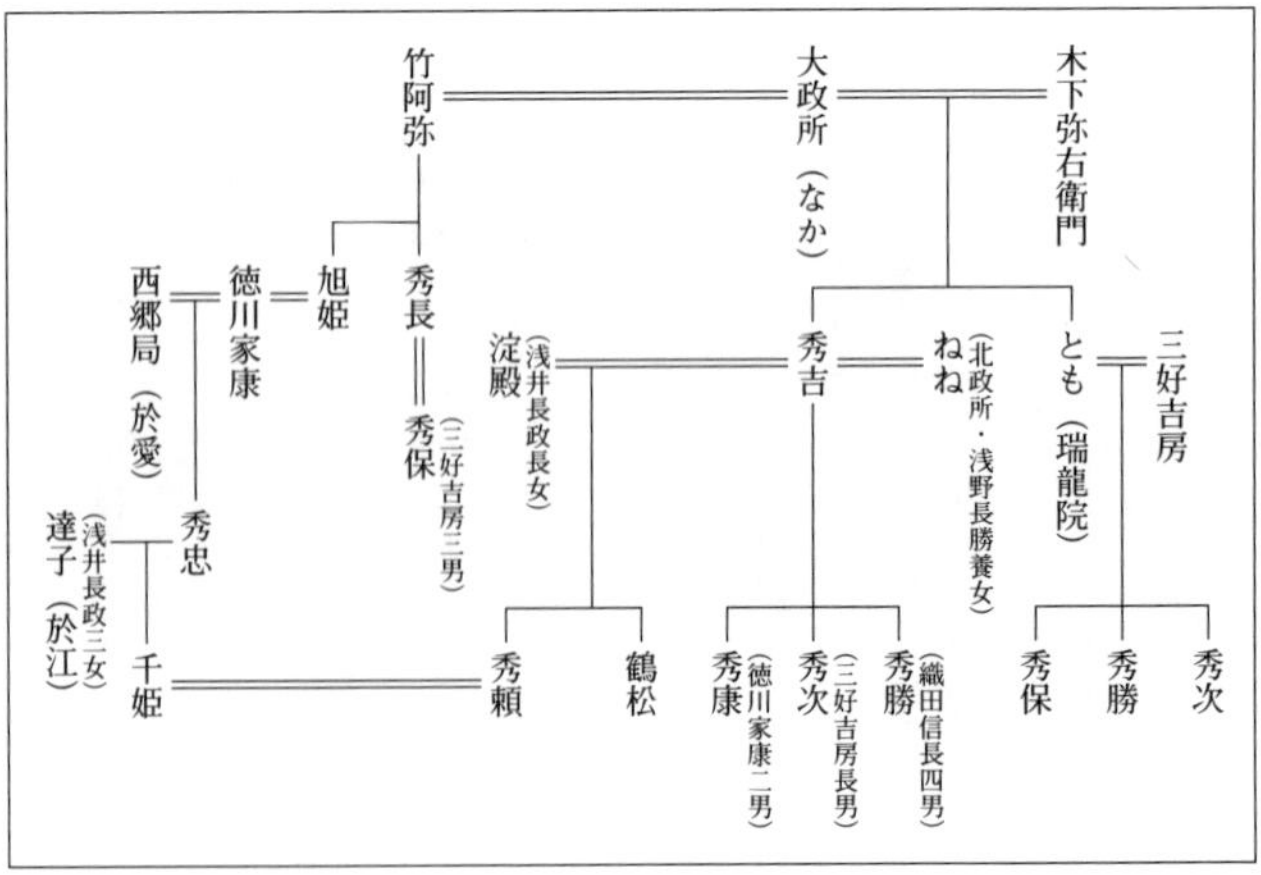

豊臣氏略系図

しての地位を確立すると、太閤検地を実施し、一筆ごとに生産高（石高）を把握して、百姓を検地帳に登録した。そして、大規模な知行割（国分・知行分）を行い、麾下の家臣団のなかから多数の豊臣大名を創出するとともに、織田大名を自由に国替え（転封）した。それは幕藩体制成立の前提をなすものであった。

天正十二年（一五八四）、秀吉は石山の本願寺跡に壮大な大坂城を築き、全国統一の拠点とした。しかし、徳川家康との長期の対陣（小牧・長久手の戦い）を通じて、みずからの「天下」の限界を知り、翌天正十三年から、信長も果たしえなかった唯一の「天下」をめざして立ち上がった。こうして、三月には紀伊に出陣して根来《ねごろ》・雑賀《さいが》一揆を制圧し、ついで高野山を降伏させ、四月には四国征伐を敢行して長宗我部元親をくだし、天正十五年には、九州平定を意図して島津氏を降伏させた。さらに天正十八年には、関東・東北征伐を実行し、小田原を包囲攻撃して北条氏を滅ぼし、そのあと関東には、東海五カ国から家康を転封し、さらに東北に出兵して、諸大名を服属させ、全国統一を完成した。ここに一世紀にわたる戦国争乱に終止符が打たれ、秀吉は唯一の〝天下人〟となった。統一政権のもと大名知行制が開始されたのである。

豊臣政権の性格　尾張の愛知郡中村の百姓の伜秀吉は、前関白近衛前久《さきひさ》（藤原氏）の養子となって藤原氏を称したが、天正十三年（一五八五）関白となり、翌年太政大臣となって、藤原氏から豊臣氏に改めた。ここに秀吉による武家関白制が実現したが、それは武家が公家官位制の頂点を極めたという点において、鎌倉幕府以来の武家政権のなかで際立った特色をもっている。しかも、関白の地位を甥秀次にゆずりながら、嫡子秀頼が誕生すると、秀次を自害させ、みずからの手によって武家関白制を否定した。残るは太政大臣としての太閤権力のみとなった。

秀吉は全国平定戦を通じて、各地に約二百万石の直轄領（太閤蔵入地）を設定したほか、佐渡・石見・生野などの主要鉱山を直轄して、貨幣を鋳造するとともに、京都・大坂・堺・伏見・長崎などの重要都市を直轄して、豪商を支配下におき、彼らのもつ経済力を活用した。しかし、豊臣政権は秀吉の独裁化が強く、石田三成ら腹心の豊臣大名を五奉行に任じて政務を分掌させたが、重要な政務は徳川家康らの有力大名を五大老に任じて、合議制度を採用した。そこに政治組織からみた豊臣政権の不安定な要素があった。

豊臣政権の重要政策は検地（太閤検地）と刀狩である。秀吉は全国統一事業の一環として、太閤検地を実施し、全国の生産力を米で換算する石高制を確立した。また、土地の面積表示を町・段・畝・歩に統一するとともに、枡の容量を京枡に統一し、一地一作人の原則を確立して、これまでの複雑な土地所有関係を整理した。さらに刀狩*によって兵農分離*を促進し、身分統制令*によって士農工商*の身分制度を確立した。

秀吉の対外政策　秀吉は大航海時代に対応して、南蛮貿易*を保護するとともに、豪商らに朱印船貿易*を奨励し、広く東南アジア諸国と交流した。そのため最初はキリスト教の布教を黙認する態度をとったが、やがてその教えに危険を感じ、天正十五年（一五八七）九州平定が完了するとバテレン追放令*を出して、宣教師の国外追放を命じた。

さらに秀吉は、日本に対する朝貢貿易の一環として、朝鮮に対し朝貢と明出兵*の先導を求めた。しかし、朝鮮側がこれを拒否すると、文禄元年（一五九二）十五万余の大軍を朝鮮に派兵した（文禄の役*）。初戦の勝利に反し、戦局が不利になると、明との講和をはかったが、講和条件が異なっているとみるや、慶長二年（一五九七）再び十四万余の大軍を朝鮮に派兵した（慶長の役*）。日本軍は最初から苦戦をしいられ、翌年、秀吉の死によって撤兵した。朝鮮出兵は、秀吉のもつ専制化への志向をいっそう明確にするとともに、豊臣政権のもつ矛盾をあらわにして、諸大名の対立を激化し、膨大な戦費と兵力の損耗とあいまって、豊臣政権を衰退させる原因となった。（藤野　保）

〔秀吉の天下統一〕

山崎《やまざき》の戦《たたか》い　天正十年（一五八二）六月、山城乙訓郡山崎での合戦。羽柴秀吉が織田信長*の仇を討つため、信孝（信長三男）らと連合して明智光秀*軍を壊滅させた。光秀は信長殺害後、京および近江一円を制圧、丹後の細川藤孝父子ら諸将に支援を求めたが断られ、他方備中高松城攻撃中の秀吉は、急遽毛利と和睦して六日夕転進、旧織田家臣の協力を得ながら富田（大阪府高槻市）に集結。総勢二万余を山崎に向けて出陣させ、十二日夜戦略の地天王山を確保して着陣する。光秀は勝龍寺城（長岡京市）南西に布陣、劣勢のために山崎の秀吉軍に対し先制する。秀吉軍は反撃し、光秀は坂本城に退去の途中、土民に襲われ自刃した。坂本城の一族妻子らも自害した。（西村圭子）

柴《しば》田《た》勝家《かついえ》（一五二二—八三）　安土桃山時代の武将。尾張愛知郡に生まれ、織田信長*の弟信行に仕えて、信長廃嫡を画策し失敗、信行誅殺後は、弘治三年（一五五七）から信長の直臣となる。つねに先鋒として軍功をあげ、永禄元年（一五七〇）から天正元年（一五七三）に浅井・朝倉攻めに活躍。同三年、越前一向一揆*を制圧、前田利家・佐《さ》々《さ》成政らを与力とし越前を与えられる。加賀一向一揆を攻め、同八年和睦し、能登・越中に進出、越後上杉氏への備えとなる。天正十年、信長の本能寺暗殺時には動けず、明智光秀*に報復した羽柴秀吉の主催する清洲会議で、信長三男信孝の後継擁立に失敗した。同年十二月、甥柴田勝豊領近江長浜や、信孝支配の岐阜を制圧した秀吉に対抗して、翌年三月北近江に南下し、賤《しず》ケ《が》岳《たけ》で大敗、退去して北庄城で秀吉に包囲され落城。正室お市の方とともに自害した。六十二歳。（西村圭子）

*賤ケ岳の戦い《しずがたけのたたか》　天正十一年（一五八三）、羽柴秀吉と柴田勝家の北近江賤ケ岳一帯を中心にした決戦。前年冬から、秀吉は美濃・近江・北伊勢の勝家支配地を制圧し、清洲会議の決定により信忠の子三法子を信孝から二男信雄に預ける。北陸の勝家は信孝救援のため前田利家・佐久間盛政らを率いて南下、北上した秀吉軍と琵琶湖の北、余呉湖をはさんで対陣した。秀吉本隊は、信孝挙兵のため岐阜に向かうが、二十日未明盛政が先制攻撃し、余呉湖東岸の大岩山を奪取、秀吉は同夜反転して帰陣、盛政の退却を支援した柴田勝政を賤ケ岳から、福島正則・加藤清正ら秀吉子飼の将が追撃して勝利、勝家は越前北庄城に退く。秀吉は四月、これを包囲攻撃、勝家と正室お市の方は自害した。秀吉は帰順の将を許し、*徳川家康らの諸国の有力大名も誼を秀吉に通じ、秀吉は同年*大坂城を築城して天下人として地位を固めた。（西村圭子）

豊臣秀吉《とよとみひでよし》（一五三七―九八）　安土桃山時代の武将。*関白・太政大臣。天文六年二月尾張国愛知郡中村の百姓弥右衛門となか（のちの大政所、天瑞院）の子として生まれる。初名は木下《きのした》藤吉郎《とうきちろう》、のちに羽柴と名字を改める。遠江の松下之綱《まつしたゆきつな》、ついで尾張の*織田信長に仕え、しだいに頭角を現す。信長の入京後は京都の諸政に当たり、天正元年（一五七三）浅井氏滅亡後の北近江に十二万石の大名として封ぜられ、長浜城を築いた。同五年十月から中国計略に従い、織田領国を西へ拡大、同十年六月備中高松城を包囲中に*本能寺の変に接し、毛利輝元と講和し反転。山城*山崎の戦いに*明智光秀を破った。織田家臣団の主導権争いでも同十一年四月柴田勝家を*賤ケ岳《しずがたけ》の戦いに破り、越前北庄に滅ぼした。この後大坂を本拠として、築城を開始。同十二年、信長二男織田信雄・*徳川家康の連合軍と*小牧《こまき》・長久手《ながくて》に戦い、やがて両者を服属させる。四国・九州・関東・奥羽を平定して、国内統一を達成。この間全国規模で*太閤検地を進め、文禄元年（一五九二）から朝鮮へ出兵。慶長二年（一五九七）から再出兵するが、八月伏見城で没す。六十二歳。妻は杉原定利の女で浅野長勝養女寧《ねい》（のちの北政所、高台院）。（中野　等）

大坂城《おおさかじょう》　大阪市中央区に所在する平城。錦（金）城とも称す。中世の大坂は石山本願寺の寺内町として繁栄したが、*織田信長との戦いによって焼失。*賤ケ岳《しずがたけ》の戦いの後に羽柴（豊臣）*秀吉がこの地を本拠と定め築城を開始し、石山城の遺構を利用した本丸・二の丸・山里曲輪などは天正十六年（一五八八）までに完成、外観五層・内部九階の天守閣は織田信長の安土城を凌いだ。三の丸および惣構《そうがまえ》の工事は秀吉が没するまで断続的に続行。秀吉死後には秀頼が伏見城から移り住んだが、慶長二十年（一六一五）五月八日*大坂夏の陣によって落城。この後大坂は松平忠明が領したが、元和五年（一六一九）以降は幕府直轄地となり、大坂城は徳川氏の手で再建され、城代がおかれた。（中野　等）

小牧《こまき》**・長久手**《ながくて》**の戦い**《たたか》　天正十二年（一五八四）に尾張の小牧・長久手地域を中心に濃尾・北伊勢で羽柴（豊臣）*秀吉と織田信雄・*徳川家康の連合軍が争った戦い。*賤ケ岳《しずがたけ》の戦いの後、秀吉と織田政権の継承を自認する信雄の対立が顕然化。秀吉が犬山城を奪取し、信雄と結んだ家康が要衝小牧山を押さえたため、戦局は硬直化した。両者ともに遠国の諸大名と結んで、外交戦を展開した。秀吉軍は膠着状態を打破するため、羽柴秀次を総大将とする三河攻めを敢行するが、四月九日に長久手で大敗、池田恒興らを失った。一方、伊勢方面では秀吉軍優勢裡に信雄が単独で講和を受諾。まもなく家康も兵を退いた。秀吉にとっては信長の二男信雄を臣従させたことに意義があり、一方の家康にとっては長久手の戦勝によって豊臣政権下での特別の地位が約束された。（中野　等）

〔豊臣政権〕

文禄《ぶんろく》の役《えき》　豊臣秀吉*が「征明」を意図して始めた朝鮮半島への侵攻。豊臣政権による第一次朝鮮侵略戦争。朝鮮では壬辰倭乱と呼称。文禄元年（一五九二）四月から小西行長らの軍勢が釜山鎮の攻略を開始。火器の性能が優秀なこともあって、日本勢は破竹の進撃を行い、五月には首都漢城（京城）が陥落、国王は北方へ逃走した。日本勢は年末までに小西が平壌を占拠、加藤清正が咸鏡道《かんきょうどう》から豆満江《とまんこう》を越えて中国領を侵した。しかし、朝鮮各地で義民が挙兵し、李舜臣《りしゅんしん》率いる朝鮮水軍は日本の水軍を撃破して日本側の補給路を断った。また救援要請を受けた明軍が李如松を提督として遼東から反攻を開始、翌二年正月には明*・朝鮮軍が平壌の日本軍を破って漢城を目指した。一方日本側も漢城付近に軍勢を集結させ、南下する明軍を小早川隆景・立花宗茂らが碧蹄館に破ったが、深刻な兵員・武器・兵糧不足に陥っていった。李如松の戦意喪失もあって、この後日明間には講和の機運がもちあがり、朝鮮の反対を退けて、両国による講和交渉が開始され、軍勢は留ったまま休戦を迎えた。（中野　等）

慶長《けいちょう》の役《えき》　文禄の役を休止して開始された日明講和交渉が破綻した後、朝鮮半島で再開された戦い。豊臣政権による第二次朝鮮侵略戦争。朝鮮側では丁酉倭乱と呼称。日明講和交渉*においては日本側は明皇女を日本天皇の后とすること、勘合貿易の復活、朝鮮半島南半分の日本への割譲などを要求したが、これらはいずれも明の容れるところではなく、明*の詔勅は単に秀吉を日本国王となすというものであった。こうして講和交渉は決裂、慶長二年（一五九七）二月を期して秀吉は戦争再開に踏み切り、明も再派兵を決定した。今度の戦争目的は朝鮮半島南部の実力奪取であったが、七月日本軍は巨済島に朝鮮水軍を破り、八月には慶尚道黄石山城・全羅道南原城を陥落させたが、明・朝鮮軍も反攻に転じ、十二月には日本側の蔚山新城を包囲した。翌三年八月の秀吉死去に伴って、日本側は撤兵を開始するが、実際の戦闘は泗川の戦い、露梁の海戦など十一月まで継続した。侵略の過程で朝鮮民衆の鼻切りがなされ、一般農民のほか陶工・儒者などが日本へ強制連行されている。

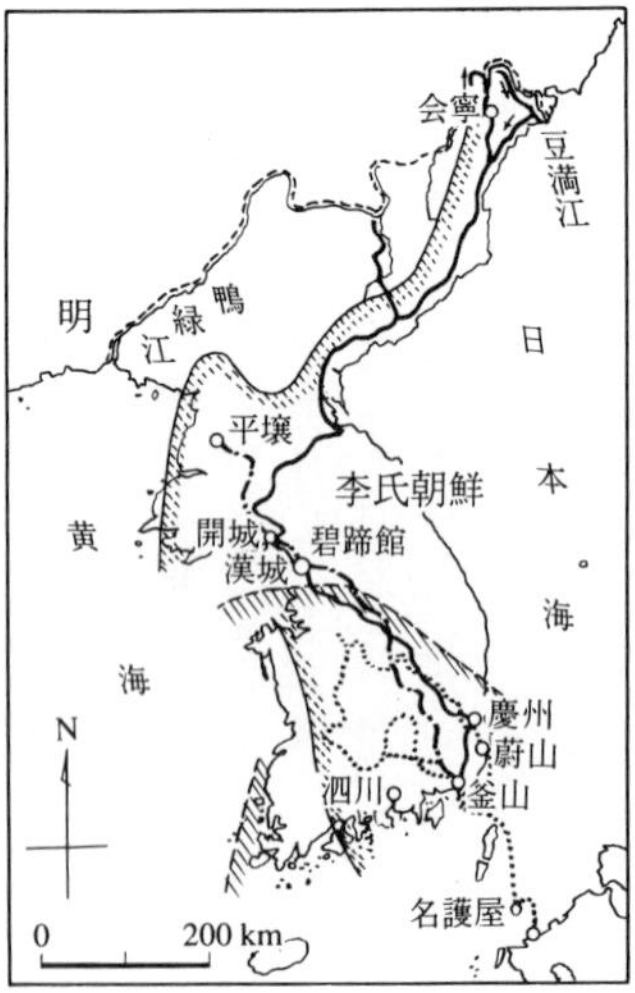

文禄の役（1592～93）　慶長の役（1597～98）
文禄の役戦域　慶長の役戦域
小西行長の経路　加藤清正の経路
加藤清正の経路

文禄・慶長の役

（中野　等）

五奉行《ごぶぎょう》　豊臣政権の職制。前田玄以《まえだげんい》・浅野長政《あさのながまさ》（長吉）・増《まし》田長盛《たながもり》・石田三成《いしだみつなり》*・長束正家《なつかまさいえ》の五名からなる。秀頼を支える目的から秀吉の死の直前、慶長三年（一五九八）に五大老*制度とほぼ同時期に成立したと推定される。京都支配を前田が専管するというように政務分担もあるが、基本的には蔵入地の支配や治安維持といった庶政をはじめ伏見・大坂両城の統監、朝鮮出陣将兵の撤収などを各人協力のもとで進めることを委ねられた。しかし、秀吉の死後には長政と他の奉行衆の対立が顕然化し、翌四年閏三月徳川家康*によって三成が近江佐和山へ引退させられ、ついで長政が武蔵府中に蟄居するに至って実質的には崩壊する。（中野　等）

五大老《ごたいろう》　豊臣政権の職制。徳川家康*・前田利家（利家没後は前田利長）・宇喜多秀家・毛利輝元*・上杉景勝ら大大名からなる。職制としての成立は豊臣秀吉が没する直前であるが、国内平定の過程で秀吉は東国大名を家康と景勝に、西国大名を輝元と小早川隆景を通じて統制する体制を敷いており、ここに祖型を求めることができよう。さらに、文禄四年（一五九五）秀次事件の直後、利家と秀家が中央で秀頼を支え、東日本を担当する家康・景勝、西日本を担当する輝元と隆景らとともに豊臣政権の国家統治を支える体制が形成、「御掟・御掟追加」を発布した。五大老制度はこの延長上にあるが、関ヶ原の戦い*に伴って、実質的に消滅する。（中野　等）

検地《けんち》　戦国期以後、特に近世に行われた領主の土地基本調査。竿《さお》や縄を用いて丈量されたため竿入・竿打・縄入・縄打などとも呼ばれた。戦国期には後北条氏・今川氏・武田氏をはじめ多くの戦国大名*が指出《さしだし》を中心とする検地を実施したが、太閤検地*以降は検地役人が現地を丈量する方式が中心となった。

検地は村を単位に実施され、村の領域が定められて（村切《むらぎり》）、田畑・屋敷を主たる対象に一筆ごとの所在地・地種・面積・等級・名請人《なうけにん》などが確定された。これにより各村の石高*が確定され、これが年貢*・諸役の賦課基準となった。検地後には検地帳が作成され、ここには前述の所在地以下の内容や石盛*、田畑の等級ごとの分米、朱印地や除地など免税地、総反別や石高、検地役人、村からの案内人などが記入された。検地帳は通常二部作成され、一部を領主、一部を村が保管した。また検地帳では耕地が名請人ごとにまとめられていないため、別帳として名寄《なよせ》帳《ちょう》と呼ばれる名請人ごとの持高を記した帳簿も作成された。これをもとに村に賦課された年貢・諸役は各名請人に小割された。

検地はその実施規模により広範囲を一斉に検地する総検地と、それ以外に大別されるが、総検地の場合には、その基本方針や実施細目を定めた検地条目がつくられることもあった。江戸幕府*の総検地としては十七世紀はじめの慶長検地、十七世紀中ごろの寛永・慶安検

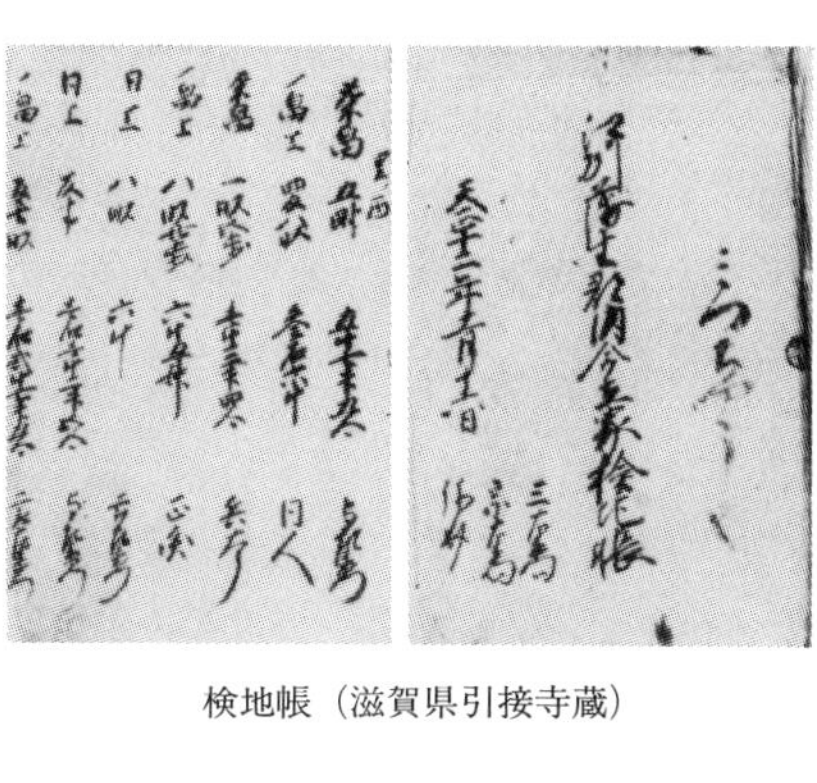

検地帳（滋賀県引接寺蔵）

地、十七世紀後半の寛文・延宝検地、十七世紀末から十八世紀初頭の元禄検地が有名で、特に幕藩制成立期の慶長検地、全国的規模での幕領検地である寛文・延宝検地が重要視されている。なお元禄検地以後は大規模な幕領検地はみられない。太閤検地において採用された地積表示は一間が六尺三寸から六尺に変更された点を除き、ほぼ江戸時代にも継承されたが、石高制については、これを原則としながらも少なからず例外もみられた。その典型が関東・東海地域の山間部における永高検地で、ここでは村高が年貢高である永高で表示された。太閤検地が地域の実態を無視し石高制採用を強要したのに対し、徳川検地は弾力的な対応を行ったといえる。〈北島正元『江戸幕府の権力構造』岩波書店、一九六四。神崎彰利『検地―縄と竿の支配』教育社、一九八三〉（関根省治）

石盛《こくもり》　石高*制下における田畑・屋敷の一段あたりの法定収穫高。斗代《とだい》ともいう。段別に石高をもりつける意味に由来し、検地によって決定された。石盛十五といえば段別一石五斗の玄米収穫見積を意味する。一般的には田畑の品位（等級）別に設定され、見積収穫高を基準としつつも、裏作の有無、商工業など農業外収入の状況、交通などの諸条件を勘案して決定された。したがって、同じ品位でも村ごとに石盛は異なるが、太閤検地*の場合、一般的には上田が一石五斗で二斗ずつ下がり、上畑・屋敷は下田並みで上畑以下も二斗下がりが多かった。また石盛にあたっては近世初期には検地条目の基準や坪刈《つぼがり》と呼ばれる実地調査、さらにその他の生産諸条件が総合的に検討されたが、江戸中期以降は坪刈による設定が中心となった。『地方凡例録《じかたはんれいろく》』によれば十八世紀初頭までは坪刈の籾米のうち二割を減じて算出していたが、享保期（一七一六―三六）以降はこの控除を廃止し、籾米の五合摺《ごごうずり》（五割）を石盛としたという。〈『地方凡例録（上）』『日本史料選書』近藤出版社、一九六九〉（関根省治）

石高《こくだか》　玄米に換算された法定収穫高。近世社会においては年貢賦課基準高であるとともに大名*・給人*の知行高、軍役《ぐんやく》賦課の基準高ともなった。石高は検地*によって確定され、畑・屋敷や山野河海からの収益なども石高表示されることを原則とした。したがって、石高制は近世における封建的土地所有編成の基本原理ということができる。石高制の体制的成立は天正十九年（一五九一）の豊臣秀吉*による御前帳《ごぜんちょう》の徴収に求められ、石高表示された検地帳*が一斉に提出された。以後江戸幕府*も数次にわたる郷帳の作成を行い、全国の石高を掌握した。石高は一般には収穫高に基づくものと理解されているが、明らかに年貢高を示す事例もあり、その性格をめぐっては多くの議論がある。（関根省治）

太閤検地《たいこうけんち》　豊臣秀吉*が統一政権確立過程に実施した全国的検地*。狭義には秀吉直属の奉行衆や子飼の大名*が行った領国検地をさすが、広義には服属した外様大名*の領国検地も含める。天正十年（一五八二）の山城国検地をはじめに慶長三年（一五九八）の越前国検地まで行われ、天正十九年の秀吉による御前《ごぜん》帳《ちょう》徴収を境に、これ以前を天正検地、以後を文禄検地と区分する。ただ太閤検地を統一政権の国家的検地と規定する場合は、関白に任ぜられた天正十三年が画期とされる。

施行原則は六尺三寸四方を一歩、三十歩を一畝、十畝を一段とし、田畑を上・中・下・下々に分け、それぞれに石盛*をして石高*を決定した。また枡《ます》も京枡に統一された。米の穫れない畑・屋敷・山林をはじめ、様々な農業外収益も石高に換算されたため、石高制が国家的な土地所有編成の基本原理となった。太閤検地では直接耕作者を名請人《なうけにん》として登録し耕作権を保証するとともに、年貢納入を義務づけ（一地一作人の原則）、また長《おとな》百姓が小百姓から中間搾取を行ったり、私的な徭役労働に従事させることを禁じた（作合《さくあい》否定）。この結果、百姓は土地に緊縛されることになったが、領主と農民の支配体系は一元化されて兵農分離*が確定するとともに、小農民の自立が進んだ。また荘園制下における重層的な土地保有関係が消滅し近世的村落の成立をみた。

このように太閤検地が重要な土地政策であった点は共通理解されているが、その評価をめぐっては一九五〇年代なかばに太閤検地論争と呼ばれる大論争を生んだ。すなわちこれを「封建革命」と規定し、太閤検地をもって日本の封建制が成立するという学説が提起され、これに対しそれほど高くは評価できないとする相対的革新説や、その主眼は諸役負担者である役屋《やくや》の設定にあったとする説などの反論がなされた。その後、論争の影響は戦国大名検地論にまで及び、この段階で作合否定がなされていたか否かは大きな論点となっている。〈宮川満『太閤検地論（Ⅰ・Ⅱ）』御茶の水書房、一九五九・一九五七。安良城盛昭『幕藩体制社会の成立と構造』御茶の水書房、一九五九。秋澤繁「太閤検地」『岩波講座・日本通史11』岩波書店、一九九三〉　（関根省治）

大名知行制《だいみょうちぎょうせい》　知行とは中近世の土地支配を示す概念で、知行制はその授受を通じて成立した政治社会制度である。武士層内では奉公を受ける主君と御恩（知行）を与えられた家臣との主従関係、また、土地支配の面では領主と知行地領民との関係をそれぞれ構成・規定するものである。大名知行制とは幕府将軍へ大名*が奉公（軍役）を働き、御恩として与えられた知行、すなわち領地と領民を大名が統治支配する制度ということができる。

大名知行制は中世期を通じ形成された。大名とは本来多くの名田《みょうでん》*を有した階層をさしたが、武士が社会的に優位な地位を確立する鎌倉時代以降には有力な武士が大名と呼ばれた。そのなかには鎌倉幕府*から守護*に補任されたものもあり、室町時代*では幕政に携わると同時に各地の統治にあたり守護大名と呼ばれた。彼らはその領地を拡大していくが、そのもとから台頭してきた戦国大名*は在地掌握を進め領地の集中化（一円知行）がみられるようになった。このように鎌倉・室町・戦国期を通じて形成された大名が江戸時代の徳川将軍との主従関係の成立のなか近世大名となった。なお、戦国大名によって家臣化された階層の知行制は、近世大名と家臣との関係や一大名としての性格も有する徳川氏と旗本・御家人*との関係に展開したとみられ、地方知行制と呼ばれる。

大名知行制は地方知行制と相違し、一万石以上の領主（藩主）であり、その領地支配の権限は武家諸法度*などの幕府法の制約内ではあるが、地方知行の拝領を受けた領主（給人）のそれよりもはるかに強い独自性が行政・司法・立法の各面で認められた。大名知行の宛行《あてがい》は将軍の代替わりごとに知行状と領地目録が与えられ、大名からは誓詞が提出された。大名は自領地の一定度を直轄領（蔵入地）として確保し、残余を家臣への恩領として知行宛行を行った。これが地方知行であるが、大名は家臣（給人）の知行権を漸次制限し集権的体制をつくっていった。ただし、畿内や関東を中心に、所領が分散した大名知行もみられ、特に譜代大名*ではその傾向が強かった。〈鈴木壽『近世知行制の研究』日本学術振興会、一九七一。J・F・モリス『近世日本知行制の研究』清文堂、一九八八〉

（高野信治）

兵農分離《へいのうぶんり》　兵（武士）と農（百姓）の身分的、階級的分離をいう。律令制下では公民（百姓）は兵役義務が課された。律令制の衰退過程で武士層が形成されると、軍事を専門的職能とする武士団を構成、下人*や周辺の百姓を従属させ農業の経営体としても展開、漸次社会的地位を高め武家政権を確立した。他方、百姓層は惣村のような自律的地縁団体を形成、戦国大名*はそれ上層の有力農民を家中として編成し軍役負担を義務づけ、それ以外の百姓は年貢*・夫役*を負担するものとした。統一政権はこのような兵と農の分離を政策的に推進した。商工者とともに家臣団を城下町に集住、農民は村落居住とし、検地*により耕作権を保障、改めて年貢納入を義務づけた。また刀狩*令で百姓は農耕に専念するものとし、農民の商工者への移動、武士団底辺層の町人・農民への移動を禁止した。さらに領主は転封しても検地帳登録の百姓は同伴できないともした。このように武士は商工者とともに都市に居住し軍事・統治に専念、農民は農村居住で生産活動に従事するものとされた。

（高野信治）

刀狩《かたながり》　社寺・農民の所有する武器・武具の領主による没収をいう。古くは鎌倉期武家による僧徒の武器没収、室町期大内氏（周防）による諸人の長刀所持禁止などの事例がみられるが、農民の武器没収の端緒は柴田勝家*が越前で実施した「刀ざらへ」といわれ、織田信長*らによる北陸の一向一揆*弾圧に呼応した政策とされる。豊臣秀吉*はこのような方針を徹底させ兵農分離*政策の一環として実施した。天正十六年（一五八八）に刀狩令を全国的に発布、百姓の所持する刀剣・弓・槍・鉄砲などの武器を没収し百姓は農耕に専念すべきものと説いた。ただし、江戸時代も鹿・猪などの害獣駆除、海賊防御の用具などとして一部の保留は認められていた。

（高野信治）

> **刀狩令**（『小早川家文書』）
>
> 一、諸国百姓、刀、脇指《わきざし》、弓、やり、てつはう、其の外、武具のたぐひ所持《しょじ》候事、堅《かた》く御停止《ちょうじ》候、其の子細《しさい》は、入らざる道具をあひたくはへ、年貢・所当《しょとう》を難渋《なんじゅう》せしめ、自然《じねん》一揆を企《くわだ》て、給人《きゅうにん》にたいし非儀《ひぎ》の動《はたらき》をなすやから、勿論御成敗あるべし。然《しか》れば其の所の田畠不作せしめ、知行ついえになり候の間、其の国主、給人、代官として、右武具悉《ことごとく》取りあつめ、進上いたすべき事。
>
> 一、右取をかるべき刀、脇指、ついえにさせらるべき儀にあらず候の間、今度大仏《だいぶつ》御建立の釘《くぎ》、かすがひに仰せ付けらるべし。然れば、今生《こんじょう》の儀は申すに及ばず、来世までも百姓たすかる儀に候事。
>
> 一、百姓は農具さへもち、耕作専《もっぱら》に仕《つかまつ》り候へば、子々孫々まで長久に候。百姓御あはれみをもつて、此《かく》の如《ごと》く仰《おお》せ出《いだ》され候。誠《まこと》に国土安全万民快楽《けらく》の基《もとい》なり。右道具急度《きっと》取り集め、進上あるべく候なり。

身分統制令《みぶんとうせいれい》　天正十九年（一五九一）八月二十一日付で豊臣秀吉*が発令した三カ条の「定」をさし、単に「身分法令」などとも称する。内容は第一条で、奥州平定がなされ全国統一が達成されたことを機に、「奉公人、侍、中間、小者、あらしこ」などが今後新たに町人・百姓になることを禁じる。第二条では百姓が耕地を捨てて商売を行ったり賃仕事に就くことを禁じ、さらに奉公もせず田畑耕作も行わないものの改め出しを代官・給人に命じている。最後の第三条では奉公人の暇乞いについて述べ、また違反者に対する罰則を定めている。従来は第一条にみえる「侍」を一般の武士と無批判に考えてきたが、最近の解釈はこれをいわゆる「若党」と位置づけ、「侍、中間、小者、あらしこ」の部分を武家奉公人の具体的説明ととらえる。法令の意義は統一政権による統治対象の類型化と固定化を表明したことに求められるが、一方、本法令を朝鮮出兵を前に年貢*と武家奉公人を確保するための時限立法であるとみる立場もある。（中野　等）

〔外交政策〕

朱印船貿易《しゅいんせんぼうえき》　近世成立期、日本から東南アジア各地へ向かう船には、豊臣秀吉*・徳川家康*といった最高権力者が海外渡航許可の朱印状を下付することで貿易への従事を認めたが、そうした「朱印船」によって担われた貿易制度をいう。渡航船への朱印状下付は秀吉による創設と考えられるが、これを疑問視する向きもある。いずれにせよ家康がこれを発展させ、寛永中期にいわゆる「鎖国*」政策が実施されるまで継続した。渡航先は中国南部からインドシナ各地および南洋諸島に及ぶが、とりわけ交趾《コーチ》・暹羅《シャム》・呂宋《ルソン》・柬埔寨《カンボジア》へは多数の朱印船が赴いており、日本人の移住も盛んに行われて、日本町が形成された。朱印船の主な輸出品は銀・銅・硫黄・樟脳のほか刀や陶器・漆器などであり、一方の輸入品には生糸・絹織物・綿布などがあげられる。朱印船を派遣したのは島津・*松浦・鍋島といった西国大名や在留外国人、京・大坂*・堺*・長崎の有力町人で、朱印船の派遣主体は百名以上に及ぶが、後年には幕府と関係の深い特権的な商人が主体となっていった。（中野　等）

朱印船の絵馬（京都市清水寺蔵）

> **バテレン追放令**（『松浦文書』）
>
> 一、日本は神国たるところ、きりしたん国より邪法を授け候儀、太《はなは》だ以て然るべからず候事。
>
> 一、其国郡の者を近付け門徒になし、神社仏閣を打破るの由、前代未聞に候。（以下略）
>
> 一、伴天連《バテレン》その知恵の法を以て、心ざし次第に檀那《だんな》を持ち候と思《おぼ》し召され候へば、右の如く日域の仏法を相破る事曲事《くせごと》に候条、伴天連の儀、日本の地にはおかせられ間敷《まじく》候間、今日より廿日《はつか》の間に用意仕り帰国すべく候。
>
> 一、黒船の儀は商売の事に候間、各別に候の条、年月を経、諸事売買いたすべき事。
>
> 天正十五年六月十九日

バテレン追放令《ついほうれい》　豊臣秀吉*が、天正十五年（一五八七）筑前博多で発布した伴天連《バテレン》（Padre＝キリシタン宣教師の転訛）に対する日本からの退去命令。秀吉は同年六月十八日付覚十一カ条で、キリシタン宗門への帰依を「其者の心次第」とする政令を下していた。これは同日までの右宗門は、体制内宗教であるとの秀吉の認識を示している。ところがその翌十九日付定五カ条で、秀吉は右の方針を撤回し宣教師の日本退去を命じた。その第一条では、日本を神国*、右宗門は邪法と規定した。その第二条では、キリシタン大名領における集団改宗と寺社の破壊を前代未聞のこととし、秀吉の給人の知行は「当座」のことで天下の法の遵守を説く。その三条では、宣教師が「心さし」しだいに信徒獲得を図った場合は日本仏教の破壊を招来するゆえに二十日以内に退去せよと通告する。四条では、黒船は貿易船であるから格別と規定。第五条では、仏法を妨げない者の往還について保証すると制令。本令により集権的封建制の原則が宣言され、商教分離の原則が打ち出されたほか、日本イエズス会*のそれまでの布教策（上から下への教化）が転換されることとなった。（清水紘一）

(三) 桃山文化

城郭建築と障壁画　約一世紀に及んだ戦国争乱がおさまり、統一政権が成立したこの時代は、新興の大名や都市の豪商たちの気運を反映して、新鮮味にあふれた豪華・壮大な文化を生み出した。また、南蛮文化や琉球・朝鮮文化の影響を受けて、その内容は多彩となり、仏教的色彩がうすれて、現実的で闊達な文化が創造された。この文化を桃山文化という。それを代表するのが城郭建築*と障壁画*である。

鉄砲*の伝来による築城法の変化は、戦国時代の山城から平山城・平城へと変化し、軍事施設としての機能とともに、大名の居館・政庁としての機能をあわせもつ城郭へと発展した。本丸を中心に巨大な石垣や深い濠で囲まれた郭からなり、安土城*や大坂城*は、天下統一*を示す雄大・華麗なものとなり、城の内部には書院造*の邸宅がつくられ、襖・壁・屏風には濃絵《だみえ》と呼ばれる金箔の豪華な障壁画が描かれた。障壁画の中心となったのが狩野派で、狩野永徳*はやまと絵*と水墨画を融合し、華麗な色彩と雄大な構図をもつ装飾画を大成し、門人狩野山楽とともに多くの障壁画を描いた。海北友松*や長谷川等伯らも、この時代を代表する障壁画家である。

町衆文化の成立　新興の武将とともに京都・大坂*・堺*・博多*などの都市で活動する富裕な町衆も、桃山文化の担い手として登場した。堺の千利休*は、簡素・閑寂を旨とする侘茶《わびちゃ》を完成し、茶の湯は秀吉や諸大名の保護によって大いに流行し、武将のなかからも織田有楽斎*や小堀遠州、古田織部らの茶人が現れた。茶室*・茶器・庭園にも優れたものがつくられ、また花道や香道も発達した。

民衆の娯楽として室町時代に起こった浄瑠璃は、琉球から渡来した三味線を伴奏楽器に取り入れ、人形操りと結びついて発達した。また、出雲の阿国は京都で歌舞伎踊（阿国歌舞伎*）を始め、民衆に歓迎された。衣服は一般に小袖が着用され、男子は袴、女子は小袖の着流しが多くなった。食事も朝夕二回が三回となり、庶民の多くは雑穀を常食としたが、公家や武士は日常の食事に米を用いた。

（藤野　保）

城郭《じょうかく》　敵の攻撃を防御するための軍事的施設。古代では天智天皇築城の大野城・水城（ともに福岡県）、多賀城（宮城県）・城輪柵（山形県）などの東北の城柵があげられる。中世では平地の居館としての簡単な城郭と、有事の際に籠城するための山上の城郭があった。安土・桃山時代には山城から、見通しのきく平野の小高い丘の上につくられた平山城が主流を占めるようになる。丘がない場合は堀・石垣などをめぐらし平城がつくられた。縄張の基本は天守などの建つ本丸を囲むように二ノ丸・三ノ丸などの郭が設けられ、それらを石垣・堀が囲んだ。またこの時期には壮大な規模の天守が登場、安土城*はその始まりで、大坂城*・伏見城などもその傾向を継承し、城郭は戦闘のための防御的なものから権力の威光を示す政治的な性格を帯びてきた。徳川家康*は、諸大名に居城以外の城郭を破却させ、居城の修理・改築なども厳しく制限した。しかし江戸時代も安定した十七世紀半ば以降では天守も無用となり、江戸城をはじめ、火災焼失などの後再建されない例も多くあった。

（高野信治）

姫路城天守閣

書院造《しょいんづくり》　室町時代末期から桃山時代初期に成立した住宅の様式。寝殿造《しんでんづくり》*や僧侶住宅から発展し、それまで個々に使用された付書院《つけしょいん》・床《とこ》の間《ま》・棚・帳台構《ちょうだいかまえ》などの造付《つくりつ》けを組み合わせて主室に集め、それらを座敷飾とし、接客用の空間を重視する。室内は、間仕切りを襖《ふすま》障子《しょうじ》・明《あかり》障子・杉戸などの引違《ひきちがい》戸《ど》を多用し、柱はすべて角柱、壁は張付壁、天井は格《ごう》天井・棹《さお》縁《ぶち》天井を張り、畳を敷きつめる。外廻り建具は、舞良戸《まいらど》・明障子・雨戸を用いる。内部は、床《ゆか》高の高低、天井の種別、座敷飾の繁簡《はんかん》などにより、各室の性格を定めている。現存遺構としては、慶長五年（一六〇〇）の園城寺勧学院客殿、同六年の園城寺光浄院客殿などがある。

（菊竹淳一）

茶室《ちゃしつ》　喫茶の風習より起こった芸能の一つ茶湯《ちゃのゆ》を楽しむための建物。桃山時代までは茶湯座敷・数寄屋《すきや》・囲《かこい》などと呼び、江戸時代初期以降は茶室と称する。茶湯は、当初、書院座敷などで催行したが、武野紹鷗《たけのじょうおう》*（一五〇二―五五）のころより四畳半の小座敷を用いた独自の空間が成立した。千利休《せんのりきゅう》*（一五二二―九一）は、侘《わ》び・寂《さ》びを主眼とした自然の素材を多用する草庵風茶室をつくり、小堀遠州《こぼりえんしゅう》（一五七九―一六四七）は、角柱・長押・障壁画*などをもつ格式を重んじた書院風茶室を成立させた。茶室には、茶道口・貴人口・躙口《にじりぐち》・給仕口と呼ばれる出入口・窓・床《とこ》・炉などを備える。現存遺構は、草庵風茶室として千利休作と伝える妙喜庵の待庵《たいあん》（国宝）、書院風茶室として遠州好みといわれる大徳寺龍光院の密庵《みったん》（国宝）などが

ある。　　　（菊竹淳一）

庭園《ていえん》　造形的意図をもってつくられた庭。古代庭園の芽ばえは、四世紀の城之越遺跡大溝祭祀場（三重県上野市）などの神域の景観制作に認められる。文献上の初見は、推古天皇二十年（六一二）に蘇我*馬子邸の庭園で、大陸伝来の作庭技術による。奈良時代の平城京*跡邸宅の庭園遺構は、伝来文化に加えて池泉を中心とする風景式庭園の創出がある。平安時代には、寝殿造*庭園が成立し、自然地形を利用した形態へ変化したことが『作庭記』によって知られ、さらに浄土教*信仰の盛行とともに浄土庭園へ発展する。鎌倉時代は、禅宗*の自然観を反映し、簡素な縮景法が採用される。桃山時代に入ると大規模な書院造*庭園がつくられる。一方、草庵風茶室の成立とともに茶庭（露地）も発達する。江戸時代は、諸大名により華麗な回遊式庭園が完成する。　　　（菊竹淳一）

聚楽第《じゅらくだい》　「じゅらくてい」とも呼び、諸記録には、聚楽第・聚楽亭・聚楽城・聚楽屋敷などと記す。桃山時代に豊臣秀吉*（一五三七—九八）が、関白*公邸として、平安京*大内裏《だいだいり》址に築いた城郭風邸宅。天正十四年（一五八六）二月に着工し、翌十五年九月に竣工。その規模は、『山城名勝志』により、東は大宮、西は朱雀、南は春日、北は一条に及ぶ東西四町・南北七町を誇ったとされたが、さらに広大とする説もある。四周に堀をめぐらせ、本丸・北ノ丸・西ノ丸などの諸曲輪《くるわ》・櫓・城門・殿館などを備え、本丸に五層の天守を構え、堀の外に大名屋敷を配置する。天正十九年に秀吉が関白を辞任後、関白豊臣秀次（一五六八—九五）が住居し、文禄四年（一五九五）に秀次自刃ののち解体された。その威容は「聚楽第図屏風」などでうかがい知られ、大徳寺唐門《からもん》・西本願寺飛雲閣などが遺構と伝えられるものの確証はない。　　　（菊竹淳一）

障壁画《しょうへきが》　障子絵《しょうじ》と壁貼付絵の総称で、板壁や土壁に直接描いた壁画と区別する。障屏画《しょうへいが》と同意義として、屏風《びょうぶ》絵や衝立《ついたて》絵などを含めることもある。障壁画は、古代以来の生活空間の装飾としてばかりでなく、近世初期に成立した書院造*の各室の機能を明確にする間仕切りとして多様に利用され、日本独自の展開を示した。そこには、床壁《とこかべ》貼付絵、違棚《ちがいだな》小襖絵、長押《なげし》上小壁貼付絵、天井画、衝立障子絵、座頭《ざちょう》屏風絵、襖《ふすま》障子絵などの形態がある。表現は濃彩と墨色を多種多様に使用するが、ふつう公的空間に金碧花鳥画、私的空間に水墨画を描くことが多い。桃山時代以降は、諸大名が城郭*建築に権威の象徴として豪華な障壁画を飾り、寺院建築にも用いられて全盛期を迎える。　　　（菊竹淳一）

狩野永徳《かのうえいとく》（一五四三—九〇）　桃山時代の画家。狩野松栄（直信）の嫡子として京都に生まれる。名は州信《くにのぶ》、通称は源四郎、永徳は法名。記録上の初見は天文二十一年（一五五二）で、若年より画才を認められ、実作は永禄九年（一五六六）二十四歳のときの作品、大徳寺聚光院《じゅこう》客殿襖絵（国宝）は鮮烈で躍動感溢

障壁画（西本願寺）

れる作風が注目される。織田信長*に重用され、天正二年（一五七四）制作の洛中洛外図屏風（上杉家・重要文化財）、同四年着工の安土城*障壁画*制作に一門を率いて当たる。信長急死後は豊臣秀吉*に起用され、同十一年着工の大坂城*、同十四年の聚楽第*・正親町《おおぎまち》院御所、同十六年の天瑞寺・東福寺法堂など大規模建築の大画面障壁画制作に精力的に従事し、同十八年九月四十八歳で急逝。永徳により完成された豪放華麗な障壁画様式は、当時の画壇を支配し、狩野派*の社会的地位を確立し、弟子の狩野山楽（一五五九―一六三五）などに多大な影響を与えた。（菊竹淳二）

「唐獅子図屏風」（宮内庁三の丸尚蔵館蔵）

海北友松《かいほうゆうしょう》（一五三三―一六一五）桃山時代の画家、海北派の始祖。浅井長政*家臣海北善右衛門綱親の子として、近江国（滋賀）坂田郡に生まれる。名は紹益《しょうえき》、字は友松。幼時より東福寺に喝食《かつしき》として止住し、浅井家滅亡の難を免れる。四十歳代に還俗し、文禄年間（一五九二―九五）より作画活動を本格化する。師は狩野元信とも永徳*とも伝える。その作風は、狩野派に限らず、宋元画に学んだ独自性を確立。慶長四年（一五九九）再建の建仁寺本坊方丈襖絵、同七年の山水図屏風（東京国立博物館）、飲中八仙《いんちゅうはっせん》図屏風（京都国立博物館・重要文化財）など、晩年に優作が多い。武人らしい激しい気性と禅的素要による機知的な画風を示す。元和元年（一六一五）六月、八十三歳で没。その画系は、嫡子友雪《ゆうせつ》（一五九八―一六七七）をはじめ、友竹・友泉・友三《ゆうさん》・忠馬《ちゅうま》・友徳・友憔と八代にわたり禁裏御用絵師として幕末まで活躍する。（菊竹淳二）

高台寺蒔絵《こうだいじまきえ》　桃山時代を代表する漆工芸蒔絵の様式。慶長十年（一六〇五）に徳川家康*が豊臣秀吉*夫人の北政所《きたのまんどころ》（落飾して高台院と称す）のために京都東山に建立した高台院の霊屋には、秀吉と北政所夫妻を祀る。この霊屋内部の装飾および同寺の夫妻愛用と伝える調度類は、黒漆に蒔絵の加飾を施す。これらの意匠と技法をもつ蒔絵作品を高台寺蒔絵と呼ぶ。霊屋内部の厨子《ずし》扉には、文禄五年（慶長元年、一五九六）に幸阿弥《こうあみ》派の蒔絵師が加飾したことを記す。高台寺蒔絵は、意匠的には写実に表現した秋草植物に菊桐紋を散らし、塗面を対角線で二分した片身替《かたみがわり》を用い、技法的には平《ひら》蒔絵を基本に絵梨子地《えなしじ》や針描《はりがき》を多用することを特色とする。この新鮮な様式は、江戸時代以降も継承され、高台寺ばかりでなく豊国神社や妙法院にも作例がある。（菊竹淳二）

千利休《せんのりきゅう》（一五二二―九一）　桃山時代の茶湯《ちゃのゆ》の大成者。堺*の納屋衆千与兵衛の子として堺に生まれる。名は与四郎、別号は宗易《そうえき》・抛筌《ほうせん》・不審庵。十七歳で堺の北向道陳に能阿弥《のうあみ》流の書院の茶を習い、ついで武野紹鷗《たけのじょうおう》*に珠光流のわび茶を学ぶ。天正元年（一五七三）ごろより織田信長*に仕え、のち豊臣秀吉*に重用され、自らの創意を加えて茶湯の諸形式を完成する。その茶風は、豪奢な美と質素な美を対照させたわび茶にあり、従来の唐物《からもの》中心の茶器に対して、朝鮮陶磁器や民衆雑器を茶道具として採用した。利休が好んだ器物のうちの優品を利休名物と呼ぶ。天正十三年（一五八五）に秀吉の禁中茶会を司って正親町《おおぎまち》天皇に献茶し、居士号を賜わり、利休居士と称したという。大徳寺山門の寄進が原因で、天正十九年（一五九一）に秀吉より死を命ぜられ、同年二月二十八日に京都で自刃す。七十歳。死後、利休の子弟門弟により、その茶風は茶道の主流を形成した。（菊竹淳一）

阿国歌舞伎《おくにかぶき》 桃山時代、阿国《おくに》がはじめた芸能。慶長八年（一六〇三）四月、出雲《いずも》大社の巫女《みこ》と称する阿国が京都で演じたかぶき踊で、初期歌舞伎《かぶき》の名称となる。女性がかぶき者と呼ばれる当世異風の若者の姿に扮して流行歌や踊を演じ、これに女猿《さる》楽《がく》や念仏踊《ねんぶつおどり》の要素を混じえた単純な芸能から、しだいに物語性をもつ構成へ発展し、歌舞伎*の先駆的存在となる。阿国は華麗な衣装に黄金《こがね》造の太刀や水晶の数珠《じゅず》をつけた異相で踊り、滑稽な仕草や官能に訴える場面を加えるなどして京都で好評をはくした。これに追随・模倣する女芸人が続出し、各地で流行する。阿国歌舞伎の盛況は、『阿国歌舞伎草子』（京都大学図書館）に詳しい。（菊竹淳一）

三　幕藩体制の確立

（一）江戸幕府の成立

徳川氏の登場と覇権確立 三河の一大名として登場した徳川家康*は、織豊政権のもとで東海五カ国を領有する大大名に発展し、天正十八年（一五九〇）、豊臣秀吉*から北条氏滅亡後の関東に転封*を命じられ、江戸*に入城した。家康の関東領国は武蔵・相模・上野・上総・下総・伊豆の六カ国で二百五十万石に達し、豊臣政権下の諸大名のなかでは最大の所領規模をもち、しかも五大老*の筆頭として重要な地位にあった。

慶長三年（一五九八）、秀吉が死亡すると、統一政権のゆくえをめぐって諸大名の対立が表面化した。家康は彼らの対立を巧みに利用しながら、勢力の拡大をはかり、慶長五年、上杉景勝の叛意を口実に会津攻撃を開始した。一方、五奉行*の一人石田三成*は毛利輝元を盟主に西軍を編成し、宣戦を布告した。家康は会津攻撃に参加した諸大名を東軍に編成して西上し、ここに〝天下分け目〟の決戦が展開され（関ケ原の戦い*）、激闘八時間のすえ、東軍が決定的勝利をおさめた。

こうして覇権を確立した家康は、秀吉の後継者としての地位を確立し、三人目の〝天下人〟となって、幕藩体制*の組織づくりに着手した。まず、石田三成ら西軍に味方した外様大名*を改易・転封する一方、新たに多数の徳川一門（親藩*）・譜代大名*を創出し、関東・東海とその周辺諸国に配置した。ここに徳川氏を中心とする新しい領国体制ができあがった。

大御所と将軍　慶長八年（一六〇三）、家康は伏見城において後陽成天皇から征夷大将軍*に任ぜられ、江戸に幕府を開いた。しかし、わずか二年後の慶長十年、将軍職を三男秀忠*にゆずって、徳川氏による将軍職の世襲を天下に示した。家康は駿府に退いて大御所となったが、実際は政治の実権を掌握し、江戸の秀忠を教導しながら、事実上の全国支配として、多彩な側近を通じ、幕藩体制の組織づくりに邁進した。こうした大御所と将軍による政治形態を二元政治という。

家康は徳川政権の確立にあたり、外様大名に対して懐柔と統制の巧妙な政策でのぞんだが、前政権の遺児豊臣秀頼*の存在は、不安材料をあたえた。家康は、慶長十九―元和元年（一六一四―一五）、大坂の役（大坂冬の陣・夏の陣*）を誘発して、豊臣氏を攻め滅ぼし、徳川政権の基礎を安泰にした。戦争はおわり、いわゆる元和偃武が到来した。

ついで家康は、元和元年六月、

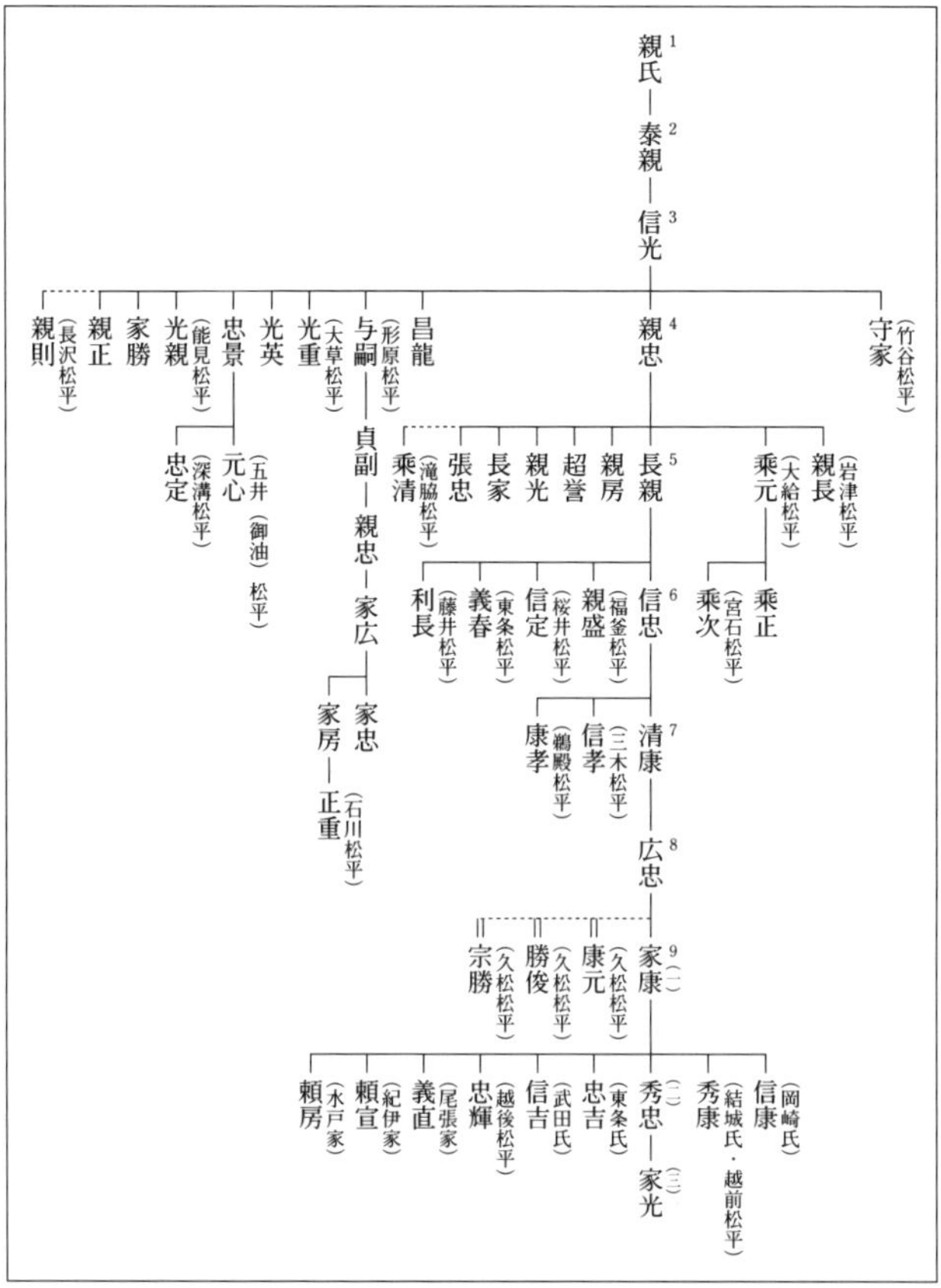

松平氏略系図
（洋数字は松平主家，和数字は徳川将軍家の代数）

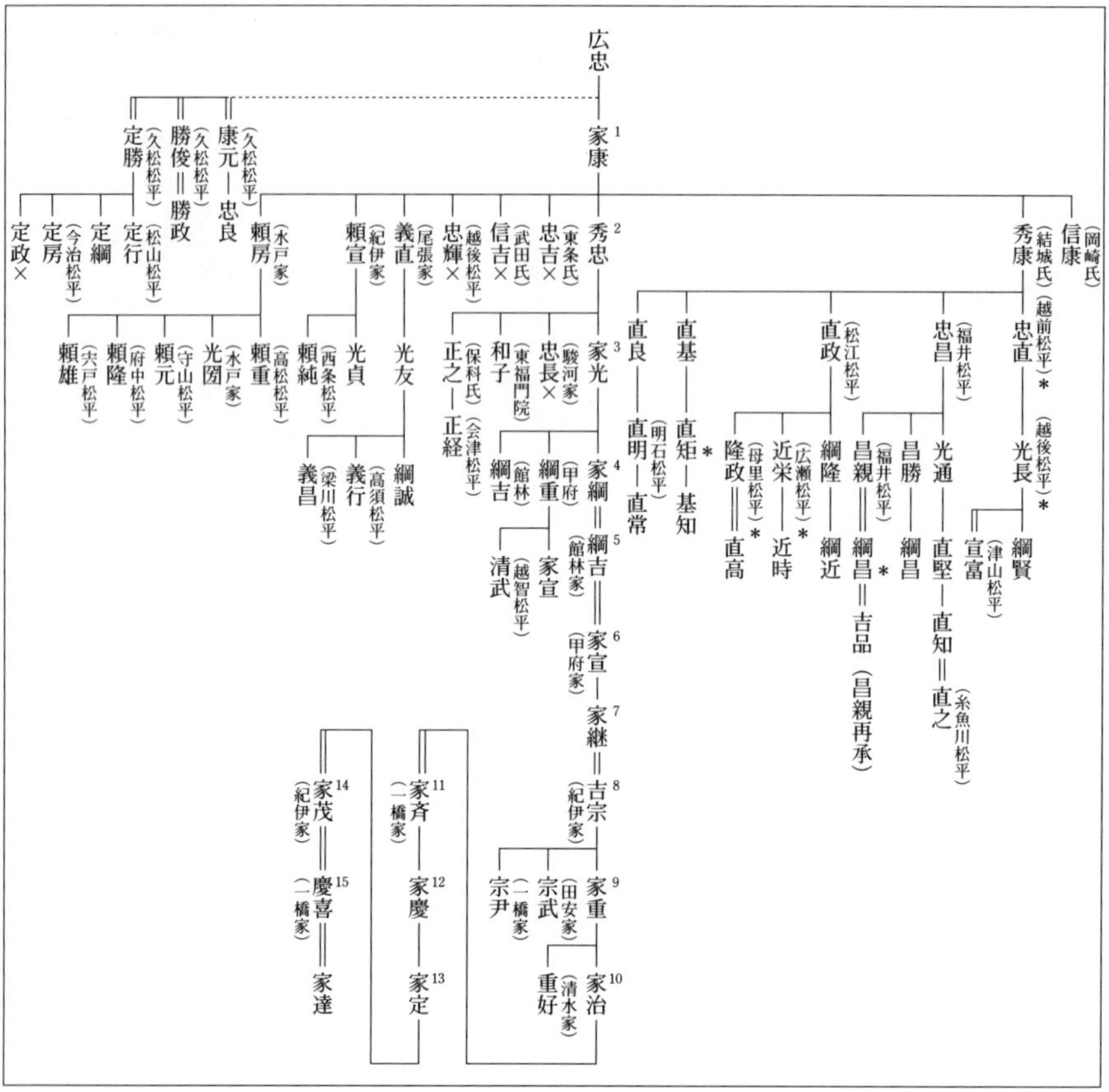

徳川氏略系図
（×印は改易による絶家，＊印は改易による減封）

「一国一城令*」を発布して、大名*の本城を除くすべての支城を破壊させ、大名領国の戦略体制を否定する一方、翌七月には、「武家諸法度*」を制定して、法による大名統制の方針を示し、同じ七月、「禁中並公家諸法度*」を制定して朝廷・公家統制を強化した。ここに武力に代わって、法の制定と運営による幕藩体制の政治原則が確立した。

秀忠政権の性格　元和二年（一六一六）、家康の死によって、二元政治は解消し、江戸の将軍権力が強化されて、幕政の中心は秀忠側近の酒井忠世・土井利勝*らに移行した。秀忠は元和二年、軍役令を制定し、翌年、諸大名に領知判物・朱印状を交付して、幕府と大名の封建的主従制を強化しながら、元和六年、息女和子（東福門院）を後水尾天皇*に入内させ、朝廷統制をさらに強化した。

関ケ原の戦い後の改易大名数と石高
（太字は減封）（藤野保『新訂幕藩体制史の研究』吉川弘文館より）

地方別	国別	除・減封大名数		その石高
東北	陸奥	2	1	169,234 **900,000**
	出羽	1	**2**	31,600 **6,790**
	計	3	3	200,834 **906,790**
関東	常陸	1	1	60,000 **349,800**
	下野	1		20,000
	上野			
	下総			
	上総			
	安房			
	武蔵			
	相模			
	計	2	1	80,000 **349,800**
中部	越後			
	越中			
	能登	1		215,000
	加賀	3		185,450
	越前	10		352,000
	若狭	2		82,000
	信濃	1		38,000
	飛騨			
	甲斐			
	伊豆			
	駿河			
	遠江			
	三河			
	尾張	1		12,000
	美濃	11		325,000
	計	29		1,209,450
近畿	近江	5		299,000
	山城			
	伊勢	7		104,000
	伊賀			
	志摩			
	大和	5		258,000
	河内			
	摂津	1		30,000
	和泉			
	紀伊	2		46,000
	丹波	2		41,000
	丹後			
	但馬	1		22,000
	播磨	3		49,000
	淡路			
	計	26		849,000
中国	因幡	3		80,000
	伯耆	1		40,000
	出雲			
	石見			
	美作			
	備前	1		574,000
	備中			
	備後			
	安芸		1	**906,520**
	周防			
	長門			
	計	5	1	649,000 **906,520**
四国	阿波	1		10,000
	讃岐			
	伊予	3		150,000
	土佐	1		222,000
	計	5		382,000
九州	筑前			
	筑後	4		298,200
	豊前	1		60,000
	豊後	1		20,000
	肥前			
	肥後	1		200,000
	日向	1		28,600
	薩摩			
	大隅			
	対馬			
	計	8		606,800
外		10		139,000
総　計		88	**5**	4,161,084 **2,163,110**

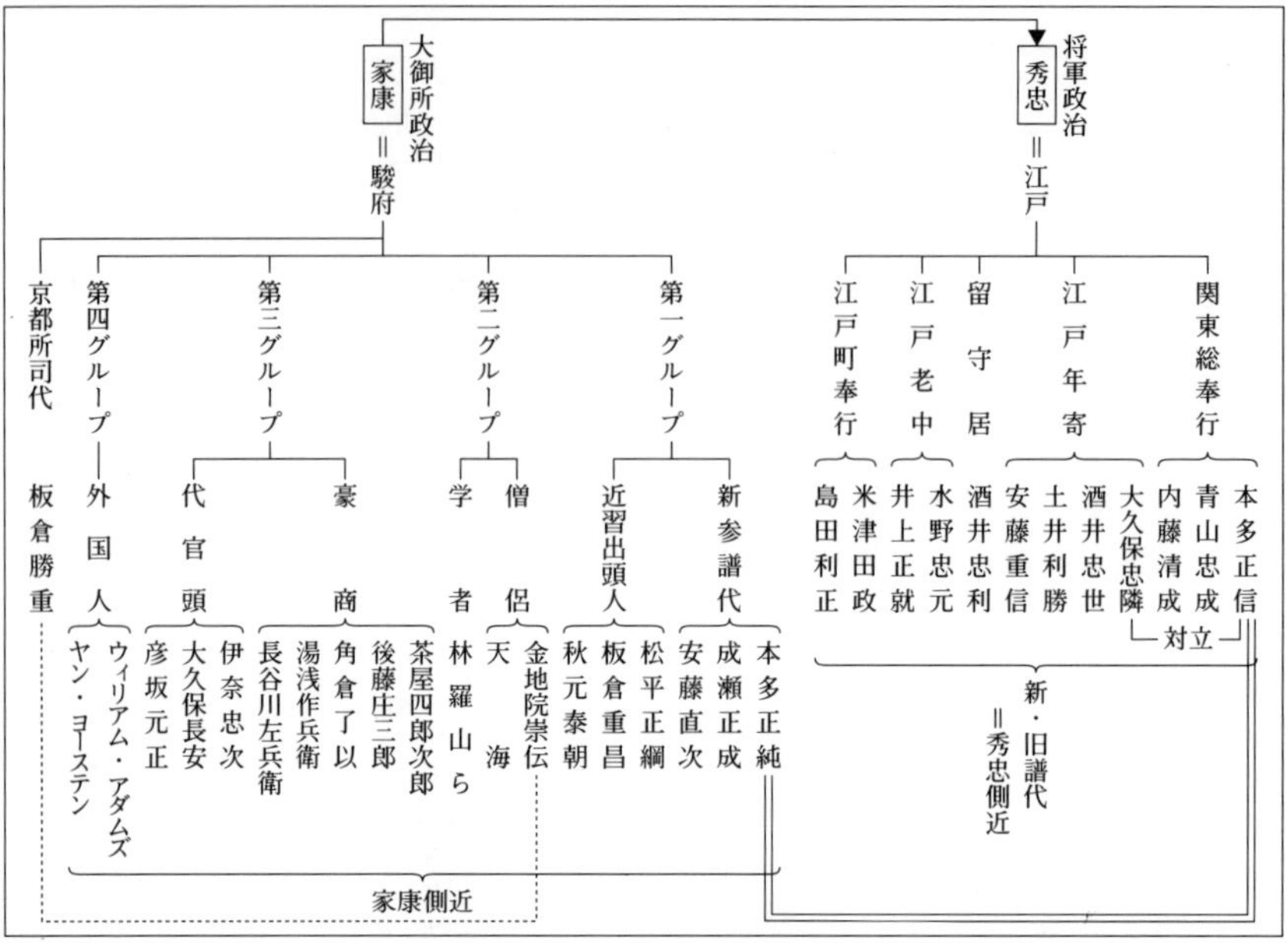

二元政治の構造（慶長10年代）

元和九年（一六二三）、将軍職を世子家光*にゆずったあと大御所となり（二元政治の復活）、自由な立場から大名統制を強化しながら、寛永六年（一六二九）後水尾天皇の譲位のあと、和子が生んだ興子内親王を天皇（明正天皇）として、天皇との外戚関係を確立した。また、同四年、紫衣事件*を契機に宗教勢力をも支配下におき、家康が残した政治課題を解決した。

老中政治の成立　寛永九年（一六三二）、秀忠の死後、外様大名の雄加藤忠広と弟の忠長を改易して、〝生まれながらの将軍〟の威容を示した家光は、幕府の政治機構の整備に着手した。まず同年十二月、大目付*を設置し、翌十年二月には、旗本*に対し知行目録を交付して、蔵米支給を知行地に切り替えるとともに（寛永の地方直し）、軍役令を改定し、軍役規定を十万石の大名にまで拡大して整備した。ついで翌三月、松平信綱*・阿部忠秋・堀田正盛らの側近を若年寄*に任命して旗本統制にあたらせ、寛永十一年（一六三四）三月には、老中*と若年寄の職務分掌を定め、老中＝大名支配・若年寄＝旗本支配という幕政の基本原則を確立した。また、これに前後して、三奉行*（寺社・勘定・江戸町奉行）の職制を整備し、遠国奉行*や天領*における地方支配機構（郡代*・代官*）をととのえた。

ついで寛永十一年、秀忠と同じく、諸大名に領知判物・朱印状を交付し、将軍代替りにおける領地更新を慣習化しながら、翌十二年「武家諸法度」を改訂し、参勤交代*を制度化して、諸大名の将軍に対する軍役負担＝役儀・奉公として義務づけた。また、翌十二年、老中・若年寄の月番交代制を開始するとともに、評定所*の制度を整備した。この過程で、信綱・忠秋・堀田正盛らは若年寄より老中に昇格する一方、同十五年、土井利勝・酒井忠勝らの老中を臨時職としての大老*とした。ここに家光側近の政治中枢掌握が実現し、江戸周辺の城地に集中配置されて、幕政は老中政治を中心に運営されることになった。こうして家光は、江戸幕府*の政治機構の基本形態と政治運営の基本原則を確立し、対外的には鎖国*体制を完成して、諸大名に絶対優位する幕府権力を確立した。（藤野　保）

〔家康の台頭〕

徳川家康《とくがわいえやす》（一五四二―一六一六）　江戸幕府*初代将軍。天文十一年十二月二十六日、三河岡崎城主松平広忠の嫡男として生まれる。母は同国刈谷城主水野忠政の娘於大《おだい》。幼名は竹千代、のち元信・元康、さらに家康と改めた。六歳のとき、尾張の織田信秀、ついで駿河の今川義元*の人質となったが、永禄三年（一五六〇）、桶狭間の戦い*を契機に人質生活から開放された。岡崎に復帰した家康は、まず織田信長*と同盟を結んで東進策をとり、一向一揆*と戦いながら、鋭意三河の経略を推し進め、永禄七年（一五六四）三河の統一に成功し、のち従五位下、三河守に任ぜられ、松平姓を徳川姓に改めた。永禄十一年（一五六八）より、今川氏の領国遠江に進出し、東海の経略をめぐって甲斐の武田氏と激しい攻防戦を展開したが、天正九年（一五八一）までに遠江の統一に成功し、翌年、信長の武田攻撃戦に参加して駿河一国を与えられ、信長の死後は、甲斐・信濃経略に乗り出し、翌十一年までに、東海・東山五カ国を領有する大大名に発展した。天正十八年（一五九〇）、豊臣秀吉*から関東六カ国を与えられて江戸に入城し、関東領国体制を整備した。

慶長五年（一六〇〇）、関ケ原の戦い*に戦勝し、同八年には征夷大将軍*に任ぜられて江戸に幕府を開いた。二年後の同十年、将軍職を三男秀忠*にゆずって、二元政治を展開し、江戸の秀忠には譜代勢力をつけて幕府の基礎を固めさせ、みずからは大御所となって駿府に移り住み、新参譜代をはじめ近習出頭人・僧侶・学者・豪商・代官頭・外国人など、家康側近を通じて、幕藩体制*の組織づくりに邁進した。元和元年（一六一五）、家康は豊臣氏を滅ぼして、名実ともに天下を統一し、「一国一城令」*に続いて、「武家諸法度」*「禁中並公家諸法度」*を制定し、法による大名統制の論理的基礎をつくると同時に、公家ならびに寺院に対する統制を強化した。ここに武力に代わる幕藩体制の政治原則が確立し、徳川三百年の基礎が固まった。元和二年四月十七日、駿府において死亡。七十五歳。遺言により遺体は久能山に葬られたが、翌年日光山に改葬された。法名は安国院。〈北島正元『徳川家康』中央公論社、一九六三。藤野保『徳川幕閣』中央公論社、一九六五〉（藤野　保）

石田三成《いしだみつなり》（一五六〇―一六〇〇）　安土桃山時代の武将。永禄三年（一五六〇）近江国坂田郡石田村生まれ。幼名は佐吉、はじめ三也と名乗った。父は隠岐守正継。年少のころから豊臣秀吉*に近侍した。秀吉が関白*に任ぜられると秀吉の奉行として活躍、五奉行*中随一の実力者として政務の処理にあたり、戦陣でも兵站関係や占領地処理に能力を発揮した。天正十一年（一五八三）に近江水口城主、文禄四年（一五九五）近江佐和山城主。秀吉死後、徳川家康*の権勢の強大化を危惧、慶長五年（一六〇〇）毛利輝元を盟主として関ケ原の戦い*を起こすが敗れ、同年十月一日京都六条河原で処刑、大徳寺三玄院に葬る。四十一歳。法号は江東院正岫因公大禅定門。　（高野信治）

関ケ原《せきがはら》の戦《たたか》い　慶長五年（一六〇〇）に美濃関ケ原で起こった合戦で、俗に「天下分け目」といわれるが、実際は豊臣政権内部の主導権を争うものだった。慶長三年（一五九八）に豊臣秀吉*が没すると、五大老*筆頭の徳川家康*は伊達・加藤らの有力大名と婚姻を約するなど独自の行動をとるようになったが、特に五奉行*の実力者石田三成*が加藤・黒田ら七武将に襲撃されたのを助けるという事件を契機に発言権を強めた。さらに、大坂城で秀頼*周辺者へ圧力をかけつつ福島・最上らの有力諸大名へ多数の書状を送り政治力を強めようとした。慶長五年正月、会津へ帰国していた大老上杉景勝*の上洛を促したが、上杉は領内仕置を理由に拒否した。これを口実に家康は五月に会津攻めを決定、七月に江戸経由で下野小山にいた。この間三成は毛利輝元を総大将に諸大名へ参軍を募り、毛利一門のほか宇喜多・小西・島津ら、総勢九万三千七百人が集まったという。これら西軍は七月伏見城を落とし、八月に大垣に入城した。他方、小山の家康は諸将にこれを告げ去就は自由としたが、結局三成に抗するとこになった。ここにいわゆる東軍と西軍との間に美濃岐阜・北陸大聖寺・伊勢阿濃津等の各地で戦端が開かれ、両軍は美濃関ケ原での決戦を九月十五日にむかえた。午前八時ごろから始まった合戦は正午ごろに至っても決着しなかったが、小早川秀秋の東軍への内応などにより東軍優位となり、結局三成は敗走、その居城佐和山も落とされ、大坂城*に入っていた毛利輝元もそこを退去した。

この合戦の東軍構成のうち家康の直属部隊は遅参の徳川秀忠*隊も欠いたため少なく、むしろ旧豊臣系大名が多く、西軍大名からの没収地六百六十二万石余のうち八〇パーセントはこれらの諸大名に配分された。その結果、福島正則・山内一豊・加藤清正らのように国持大名に上昇した豊臣系大名さえいた。しかしこれらは転封され、福島・加藤のように後に改易されたものもあった。いずれにしてもこの合戦での家康は五大老として行動しており、その覇権確立は将軍補任さらに大坂の陣をまたなければならなかった。〈二木謙一『関ケ原合戦』岩波書店、一九八二。笠谷和比古『関ケ原合戦』講談社、一九九四〉　（高野信治）

江戸《えど》幕府《ばくふ》　徳川家康*が江戸に開設した武家政権。慶長八年（一六〇三）、家康が征夷大将軍*に任命されてから、慶応三年（一八六七）、十五代将軍徳川慶喜*が大政奉還*し消滅するまで二百六十五年にわたって存続した。江戸幕府は鎌倉幕府*にみられる源氏将軍制の論理と伝統のうえに、室町幕府*を媒介とし、新たな継承者として誕生した。その意味で江戸幕府は、日本における長い幕府政治の最後の政権であり、武家政権としてもっとも完結した内容を備えている。

慶長十年（一六〇五）将軍職を秀忠*にゆずり大御所となって駿府に移った家康は、二元政治を採用し、秀忠に幕府の組織を整備させる一方、みずからは全国政権として、政治・経済・外交のすべてにわたって幕藩体制の基礎を固め、大坂の陣後の元和元年（一六一五）「武家諸法度」「禁中並公家諸法度」を制定し、武力に代わる法の制定と運営による幕藩体制の政治原則を確立した。秀忠も、その晩年二元政治を採用したが、三代家光は、寛永九年（一六三二）秀忠の死を契機に、大老以下老中・若年寄・三奉行・大目付・目付など幕府の職制や地方支配機構を整備し、老中＝大名支配・若年寄＝旗本支配という幕政の基本原則を確立し、また参勤交代を制度化し、鎖国体制を完成した。四代家綱は、幕府の職制をいっそう整備したが、そのもとで、幕政は武断政治より文治政治へ転換した。五代綱吉・六代家宣は側用人政治を採用し、文治政治をいっそう促進した。

十八世紀に入り、幕政は将軍側近＝側用人と譜代勢力の政治路線をめぐる政争へと変化していくが、農村に商品経済が発展し、農民の階級分化が進行すると、幕府・諸藩の財政難に拍車が加えられ、彼らは、ひとしく財政再建のための政治改革を断行した。幕府は享保・寛政・天保の三大改革を実施したが、予期した成果をあげることができなかった。特に天保の改革に失敗すると、内外にわたる危機の進行のなかで、富国割拠を基盤とする諸藩、特に西南雄藩の尊攘・倒幕運動に直面し、薩長同盟を中心とする討幕派軍隊の成立により崩壊する。〈北島正元『江戸幕府の権力構造』岩波書店、一九六四。藤野保『新訂幕藩体制史の研究』吉川弘文館、一九七五〉　（藤野　保）

豊臣秀頼《とよとみひでより》（一五九三―一六一五）豊臣秀吉の第二子。文禄二年八月三日大坂城内にて生まれる。母は側室淀君。幼名は拾。秀吉は実子にめぐまれず、養子秀次があったため、関係調整は困難で、結局秀次は文禄四年（一五九五）自殺させられた。秀吉は徳川家康ら有力諸大名に秀頼のことなどを遺言し死去。関ケ原の戦い後、秀頼は摂河泉六十五万石余の一大名に過ぎなかったが、国制上の官位は家康・秀忠につぎ、同八年（一六〇三）徳川秀忠の娘千姫と結婚。だが同十六年家康が後水尾天皇を擁立すると、徳川体制の強化が図られ、結局、元和元年（一六一五）大坂夏の陣で淀君とともに自刃。二十二歳。男子国松は処刑、女子は尼となり天秀と称した。　（高野信治）

淀君《よどぎみ》（？―一六一五）豊臣秀吉の側室で秀頼の母。父は近江国浅井郡小谷城主浅井長政。母は織田信長の妹お市の方。小谷城に長女として誕生。生年不詳。幼名茶々。天正元年（一五七三）織田信長の小谷城攻め、同十一年（一五八三年）母お市が再嫁していた柴田勝家居城越前北ノ庄攻めなどに遭遇したが、秀吉に保護された。やがてその寵愛を受け同十七年五月鶴松を出産するも三歳で夭折、文禄二年（一五九三）再び男子を出産。これが秀頼で、関ケ原の戦い後も徳川氏への屈服を潔しとせず、結局元和元年（一六一五）の大坂夏の陣で、秀頼とともに自刃した。秀吉より山城淀城拝領、淀の者・淀の女房と呼ばれ、淀君は江戸時代の俗称。　（高野信治）

大坂《おおさか》**冬**《ふゆ》**の陣**《じん》**・大坂**《おおさか》**夏**《なつ》**の陣**《じん》　関ケ原の戦い後、豊臣氏は摂河泉六十五万石余の大名となったが、徳川体制のもとで一大名として存続するか対抗するか見解が分かれ、秀吉子飼いの実力者片桐且元《かたぎりかつもと》は前者、秀頼の生母淀君は後者だった。慶長十九年（一六一四）家康は方広寺鐘名事件を契機に秀頼移封か大坂に集めた牢人放逐を迫った。且元はこの難局打開のため淀君の江戸移住案を構想したが、失脚した。ここに豊臣方は開戦を決定、秀吉恩顧の大名に救援依頼するも失敗。徳川方は同年十一

—十二月に大坂城*を包囲し、大坂城の軍事施設を豊臣方自ら破却することを条件に講和した（冬の陣）。しかし家康は条件を無視、破却を強行した。豊臣方は牢人の所領問題打開のため開戦が望まれた。徳川方は再度兵を大坂へ動かし、元和元年（一六一五）四月二十八—五月七日に激しい戦闘が展開した。だが徳川方十五万五千人、大坂方五万五千人余で城塞機能が著しく低下した大坂城で籠城できず、八日、秀頼・淀君は城内の櫓で自刃、ここに豊臣氏は滅亡*した（夏の陣）。（高野信治）

一国一城令《いっこくいちじょうれい》　江戸幕府*の大名統制策のひとつ。一領国一城の趣旨のもとに、大名*の本城（居城）を除くすべての支城を破壊することを目的としたもので、大坂の陣後の元和元年*（一六一五）発布された。江戸初期の大名領国は、戦国大名の領国を受けつぎ、大名の本城のほか領内各地に支城が設けられていたが、「一国一城令」は、こうした大名領国における臨戦的な軍事組織の否定をねらいとしたものである。それによって、軍事組織が改組されるとともに、藩*の地方支配は役方（行政職）の郡奉行—代官が担当することになり、こうして、大名領国は臨戦的な軍事組織より、農民支配を基軸とする藩体制に転換し、いわゆる「元和偃武《げんなえんぶ》」*が始まった。（藤野　保）

武家諸法度《ぶけしょはっと》　江戸幕府*が制定した大名統制*の基本法令。徳川家康*は覇権確立以降、幕府*を創設し、法の制定と制度の整備・運用を通じて大名統制を強化し、元和元年（一六一五）六月発布した「一国一城令」*に続いて、翌七月、「武家諸法度」（元和法度）を制定・公布した。この元和法度は、家康の命によって、金地院崇伝*が起草し、秀忠*の名をもって発布したもので全十三カ条からなる。その内容は、大名の教養・品行、反逆・殺害人の追放、他国者の禁止、城郭修理の報告、徒党の禁止、婚姻の許可、参勤作法、大名の国政などについて規定した。その後、三代家光*の寛永十二年（一六三五）大改訂が行われ、林羅《はやしら》山《ざん》*が起草し、家光の承認を得て全十九カ条からなる寛永法度が発布された。この寛永法度は、抽象的な原則にとどまった元和法度に対し、より具体的な細目をかかげ、新しい時勢に応ずる幕政の根本原則を確定したところに、その特色があった。大名の参勤交代*を制度化し、五百石積み以上の造船を禁じ、大名の国政について拘束を加えたことなどは、その現れである。

武家諸法度（元和法度）（『御触書寛保集成』）

一　文武弓馬ノ道、専ラ相嗜ムベキ事。……

一　諸国の居城修補ヲ為スト雖モ、必ズ言上スベシ。況ンヤ新儀ノ構営堅ク停止令《せし》ムル事。……

武家諸法度（寛永法度）（『御触書寛保集成』）

一　大名小名、在江戸交替、相定ル所也。毎歳夏四月中参勤致スベシ。従者ノ員数近来甚ダ多シ、且ハ国郡ノ費《ついえ》、且ハ人民ノ労也。向後其ノ相応ヲ以テ、之ヲ減少スベシ。……

一　五百石以上ノ船停止ノ事。

ついで四代家綱*の寛文三年（一六六三）、再び改訂され（寛文法度）、新たに耶蘇《やそ》教禁止と不孝者の処罰規定が加えられたが、そのほかは旧法の辞句の修正にとどまり、殉死の禁令は口上で発表された。この殉死の禁令は大名証人制の廃止とともに、武断政治より文治政治への政策転換を*示している。五代綱吉が天和三年（一六八三）発布した天和法度は、この文治主義をいっそう顕著に示している。ついで新井白石*の改訂になる六代家宣*が宝永七年（一七一〇）発布した宝永法度は、儒教の仁政思想に基づく文治主義精神を最高に現している。しかるに、八代吉宗*は、享保改革の一環として、側近政治を否定する一方、享保二年（一七一七年）には、宝永法度を退けて、綱吉が制定した天和法度を復活した。以上のように、「武家諸法度」は将軍の代替りごとに必要に応じて改訂され、その意味で、幕政の変化を示したが、その後安政元年（一八五四）に若干の修正が加えられたほかは、天和法度が踏襲された。〈藤野保『新訂幕藩体制史の研究』吉川弘文館、一九七五〉（藤野　保）

禁中並公家諸法度《きんちゅうならびにくげしょはっと》　江戸幕府*が朝廷および公家統制のために制定した法令。「禁中方御条目」または「公家諸法度」ともいう。徳川家康*は、覇権確立後、京都に所司代*をおき、板倉勝重をこれに任じて朝廷を監視させたが、慶長十四年（一六〇九）、宮女と公家衆の醜聞を契機に、同十八年（一六一三）「公家衆法度」全五カ条を制定し、法による公家統制の方針を打ち出した。ついで二年後の元和元年*（一六一五）、大名統制の基本法をなす「武家諸法度」*とともに「禁中並公家諸法度」を制定し、法による天皇・公家統制を強化した。この法度は、金地院崇伝*が起草したもので、全十七カ条からなり、家康*・秀忠*に前関白二条昭実が加わって署名・発布した。これは「憲法十七条」にならったものとされている。「武家諸法度」が、将軍の代替りごとに改訂されたのに対し、この法度は改訂されることなく幕末まで継承された。前の「公家衆法度」に比べると、わずか二年の間に、法としての体裁を整える一方、天皇・公家統制がいっそう強化されたことがわかる。

　第一条は「天子諸芸能の事、第一御学問也」として、天皇を政治から切り離し、以下、大臣・親王・門跡の席次、摂政*・関白*・大臣の任免、養子、武家の官位、改元、天子以下の服装、諸家の官位昇進、関白・武家伝奏の指令に対する服従義務、刑罰の規準、さらに僧正・門跡・紫衣《しえ》・上人号の任命について、厳しい規定を設けた。

　重要なことは、第七条の武家の官位について、これを朝廷の定員外としたことである。これは武家の官位は公家の官位とは別個に存在することを示したもので、武家官位制の独立を闡明《せんめい》にしたものである。このことは、もともと私的かつ個人的な支配権として成立した武家政権が、鎌倉幕府*の成立以降室町幕府*の成立にかけて、古代王朝国家の公権力をしだいに奪取し、その実態部分を吸収して、江戸幕府*の成立に至り、武家政権が独自の官位体系をもつ国家公権力に上昇したことを意味する。この法度に対して、後水尾天皇*をはじめ公家の一部に不満を残し、寛永四年（一六二七）の紫衣《しえ》事件*へと発展する。〈辻善之助『日本文化史5』春秋社、一九六〇〉（藤野　保）

> **禁中並公家諸法度**（『大日本史料』）
>
> 一　天子諸芸能の事、第一御学問也。
>
> ……
>
> 一　武家の官位は、公家当官《とうかん》の外為《ほかた》るべき事。
>
> 一　関白・伝奏《てんそう》并びに奉行《ぶぎょう》・職事《しきじ》等申渡す儀、堂上地下《とうしょうじげ》の輩《ともがら》相背《そむ》くにおいては流罪《るざい》たるべき事。
>
> 一　紫衣《しえ》の寺、住持職《じゅうじしき》、先規希有《けう》の事也。近年猥《みだ》りに勅許の事、且は臈次《ろうじ》を乱し、且は官寺を汚し、甚《はなは》だ然るべからず。……

崇伝《すうでん》（一五六九―一六三三）　江戸時代初期の臨済宗*僧侶。字は以心、金地院崇伝、本光国師。姓は一色、徳川家康*の信任厚く、幕府創業期に外交・法制などに力を発揮し、家康の片腕として活躍、黒衣《こくえ》の宰相と呼ばれた。慶長十年（一六〇五）南禅寺住持、同十三年から家康の命を受け外交を司る。同十六年には京都諸寺の寺領検地を板倉勝重*とともに行う。翌十七年から再度板倉勝重と寺院行政に着手、特に「武家諸法度*」「禁中並公家諸法度*」「紫衣勅許法度」「寺院法度」ならびに「伴天連追放令*」などの主要な法令の起草にかかわった。また大坂の陣の契機となった京都方広寺鐘銘事件や日蓮宗*不受不施派の禁圧にもその力量を発揮した。しかし元和二年（一六一六）家康の葬儀をめぐって吉田神道を主張、山王一実神道を主張した天海《てんかい》*と対立し、敗北して政治の表舞台から姿を消した。しかし宗内においては、元和五年（一六一九）臨済宗総録司となり、その地位はゆるがなかった。著作に『本光国師日記』四十六冊、『本光国師法語』四冊、『異国日記』二冊などがある。（圭室文雄）

天海《てんかい》（一五三六―一六四三）　江戸時代の天台宗*僧侶。南光坊天海と称し、慈眼大師。会津（福島県）高田の出身、芦名氏の系属。川越（埼玉県）喜多院、長沼（栃木県）宗光寺の住持を経て、慶長十五年（一六一〇）比叡山東塔南光坊に住し、信長による焼打後の比叡山の復興にあたった。慶長十七年（一六一二）ふたたび川越喜多院住職となり、関東天台宗の叡山に対する優位性を確立、慶長十八年（一六一三）日光輪王寺大僧正となる。元和二年（一六一六）徳川家康*の葬儀のすすめ方をめぐり崇伝《すうでん》*と対立。天海の主張する山王一実神道に決するや、翌年日光輪王寺に家康の墓所東照宮を創立、さらに寛永二年（一六二五）江戸上野に寛永寺を開創、東叡山寛永寺と称した。家康・秀忠*・家光*の三代の将軍の側近としてその政治力を発揮し、江戸時代の天台宗復興に力を注いだ。（圭室文雄）

徳川秀忠《とくがわひでただ》（一五七九―一六三二）　江戸幕府*二代将軍。徳川家康*の三男。天正七年四月七日、遠江浜松にて生まれる。母は側室於愛《おあい》。幼名は長松。長男信康の死亡、二男秀康*、秀吉の養子となることによって、早くから世子に決定した。慶長十年（一六〇五）二代将軍となり、二元政治のもと江戸にあって幕府の基礎を固め、元和九年（一六二三）、将軍職を家光*にゆずったあと大御所となり、自由な立場から大名統制を強化し、息女和子を後水尾天皇*の女御として、天皇との外戚権を確立し、紫衣《しえ》事件*を契機に朝廷統制を強化した。寛永九年正月二十四日没。五十四歳。増上寺に葬る。法名は台徳院。夫人は浅井長政*の三女於江《おごう》。淀君*の妹にあたる。（藤野　保）

紫衣事件《しえじけん》　「しいじけん」とも読む。江戸時代の初期、幕府の朝廷統制策を示す事件。紫衣とは高徳の僧尼に対し、朝廷が与えた紫色の法衣および袈裟《けさ》のことをいう。幕府は慶長十八年（一六一三）「勅許紫衣法」を定め、大徳寺・妙心寺などの住職になるためには、勅許のまえに幕府の同意を必要とさせたが、二年後制定した「禁中並公家諸法度*」において、紫衣・上人号について制限を加えた。ところが、後水尾天皇*は、これまでの慣例どおり、幕府に相談なく紫衣の勅許を与えたため、幕府は勅許権の無効を宣言し、これに抗議した大徳寺の沢庵《たくあん》*・玉室らを配流《はいる》の刑に処した。江戸時代初期における朝幕確執の最大の事件で、天皇は怒って譲位を決意した。（藤野　保）

後水尾天皇《ごみずのおてんのう》（一五九六―一六八〇）　第百八代天皇。後陽成天皇の第三皇子。文禄五年六月四日誕生。母は中和門院藤原前《さき》子。幼称は三宮、名は政仁《ことひと》。慶長十六年（一六一一）、後陽成天皇のあと十六歳で即位した。徳川秀忠*の息女和子を女御とし、のち中宮とした。幕府の朝廷統制に反発し、紫衣事件*および家光*の乳母お福（春日局）の参内を不満として、寛永六年（一六二九）に譲位、翌年和子が生んだ興子《おきこ》内親王が七歳で即位した。これが女帝の明正《めいしょう》天皇である。譲位後は明正・後光明・後西・霊元の四代にわたり院政*を行った。学問・詩歌に関心深く、また洛北に修学院離宮を造営した。延宝八年八月十九日没。八十五歳。法名は円浄。御陵は月輪陵。（藤野　保）

〔江戸幕府の確立〕

徳川家光《とくがわいえみつ》（一六〇四―五一）　江戸幕府*三代将軍。二代将軍秀忠*の二男。慶長九年七月十七日、江戸城*西丸で生まれる。幼名は竹千代。母は浅井長政*の三女於江。世子の地位をめぐって弟国千代（忠長）との間に確執を生じたが、家光の乳母お福（春日局）の功績により世子に決定した。元和九年（一六二三）三代将軍となり、大御所となった秀忠（西丸居住）のもとで、寛永政治に登場する新官僚（家光側近グループ）の陣営をととのえた。寛永九年（一六三二）秀忠の死を契機に、江戸幕府の整備に着手し、大老《たいろう》*以下老中*・若年寄*・三奉行*（寺社・江戸町・勘定）の職制を整備する一方、遠国奉行や天領*における地方支配機構をととのえた。また軍役体系を整備して、大名統制を強化しながら、参勤交代*を制度化し、鎖国体制*を完成した。こうして家光は、その晩年までに、諸大名に絶対優位する幕府権力の基礎を安泰にする一方、徳川政権下の領国体制を確立した。慶安四年四月二十日没。四十八歳。日光山に葬る。法名は大猷院。（藤野　保）

大老《たいろう》　江戸幕府*職制の中の最高職。寛永十五年（一六三八）十一月に、家光*から「小事」への参与を免除され「大事」*についての政策関与のみを命じられた酒井忠勝と土井利勝に始まるが、「大老」の呼称は貞享・元禄ごろからである。基本的には日常的な幕府政治への参加は免除されていたが、重要事項の決定に関与した。したがって常置職ではなく、幕政全期間を通じて、九名がその職に就いたに過ぎない。井伊・酒井・堀田らの徳川譜代大名の中でも名門の家に限られ、官位も四位少将ないし三位中将に達した。下馬将軍と称されたという酒井忠清*や、幕末に「大事」の決断を自ら行った井伊直弼*の活躍が特記される。（小宮木代良）

老中《ろうじゅう》　江戸幕府*の職制。常置の職としては、将軍の下、最高の位置に置かれた。幕府政治初期、将軍のもとにあって、将軍と大名らの間を取り次ぎ、政治補佐の要職にあったものを年寄などと呼ぶことが多かったが、三代将軍家光*の政治の本格化する一六三〇年代に、家光のイニシアティブのもとでの、増大する諸案件の分掌や取次ぎ体制の整備の中で、老中の呼称が松平信綱*・阿部忠秋・阿部重次らに対して用いられるようになった。職務としては、対朝廷向きのこと、対大名、宗教政策、民政などであり、全国を統治する将軍権力直属の要職として、大目付*・町奉行・勘定奉行・遠国奉行*、その他諸奉行を統括して職務にあたった。御用部屋で右筆*を指揮し、小事は月番老中一名の加判した老中奉書により、大事は、老中一同による連署奉書で処理された。さらに日常的命令は、大目付に渡される老中御書付を通じて行われ、検討を要する案件には、配下の各奉行や評定所一座への諮問を経て判断が下されることもあった。基本的に月番制をとったが、延宝八年（一六八〇）設置の勝手掛老中は、以後、民政・財政を専管した。官位は従四位下侍従が通例であった。　（小宮木代良）

若年寄《わかどしより》　江戸*幕府常置職では、*老中に次ぐ要職。その起源は、三代*将軍家光が寛永十年（一六三三）に、側近*松平信綱ら六人に、*旗本の御用・訴訟の取次や諸職人、医師、常の普請と作事、京都・*大坂・駿府の番士などのこと、万石以下組外れのことなどの所管を命じた六人衆に始まるとされる。老中が*大名や寺社・朝廷向きの全国統治にかかわることを統括していたのに対して、将軍の親衛隊長でもあった彼らは、将軍の家政向きのことを統括した。ただし、この六人衆は、慶安二年（一六四九）に中絶し、寛文二年（一六六二）に再設置された。このとき、旗本支配としての若年寄の支配範囲（書院番頭・小姓組番頭・新番頭・小姓・*目付・使番・納戸頭・右筆・医師・書物奉行など）が明確にされ、以後、幕末まで常置された。六万石未満の*譜代大名で、帝鑑間席・雁間詰・菊間詰大名から、奏者番・側衆・大番頭などを経て任命されることが多かった。また、老中に進む者もあった。定員は三名から五名、官位は従五位下諸大夫が通例であった。　（小宮木代良）

三奉行《さんぶぎょう》　寺社奉行・勘定奉行・町奉行の総称。この三者は、*江戸幕府の諸奉行の中でも権限が強く、評定所一座と呼ばれ、評定所の中心メンバーとして協力して審議することも多かった。このうち寺社奉行は、三奉行中最上位に位置し*大名の役であった。寺社および寺社領の支配・訴訟と宗教統制、さらに遠国の訴訟を扱った。寺社行政を扱う職務としては、当初、以心*崇伝らがあたっていたが、崇伝の死後の寛永十二年（一六三五）十一月、安藤重長・松平勝隆・堀利重が任じられてから職制として定着した。万治元年（一六五八）からは奏者番の中から四名が選ばれる兼帯の役となり、それまでの*老中所管から将軍直属にかわった。勘定奉行は、財政・農政を担当する勘定所の長官であり、幕府直轄領の支配と*年貢徴収、全国の直轄領と関八州の大名・旗本領などからの訴訟を受理した。*旗本が任命され、老中支配であった。また、享保六年（一七二一）には、司法を扱う公事方と、年貢や財政を扱う勝手方に分かれた。町奉行は、*江戸の町地を支配し、町や*町人の行政・司法・警察・消防などを管掌した。老中支配のもと旗本が任じられ、南北の町奉行が月番交代で勤務した。　（小宮木代良）

大目付《おおめつけ》**・目付**《めつけ》　大目付は、寛永九年（一六三二）十二月に、秋山正重・水野守信・柳生宗矩・井上政重の四名が総目付に任命されたのが始まりであり、当時の職務としては、*大名・*旗本・*老中以下諸役人の監察が命じられ、また同十二年十一月には、「万事訴人」に対応することが命じられている。その後、切支丹宗門改めや道中奉行などを兼務するようになった。中期以降は、老中御書付によって命じられた法令の各大名家への伝達、江戸城中における大名の作法などの取締りが主要な職務となった。寛文二年（一六六二）以降、老中支配。旗本としては最高位の職であった。一方、目付は、慶長・元和期ごろから設置され、*享保十七年（一七三二）に定員十名に定められたが、幕末には三十人となった。旗本・*御家人の監察、江戸城内諸礼法の指揮、消防監視、判元見届け、御日記の作成指揮などを行った。また、配下として徒目付や小人目付を使って情報の収集にあたった。役高は一千石で、その後、遠国奉行や禁裏付、普請奉行などの実務能力の要求される要職に進む者が多かった。大目付も目付も、ともに幕政上欠かせない監察制度を担っていたが、大目付がしだいに実務上は比較的閑職化していくのに対して、目付は、実務吏僚集団の中心として幕末まで機能した。（小宮木代良）

評定所《ひょうじょうしょ》　寺社・町・勘定の三奉行*を中心として、幕府*の裁判・意思決定に重要な役割を果たした審議機構、またはその建物。幕府要職者による合議は、当初は、要職者宅の持ち回りで行われることが多かったが、寛永十二年（一六三五）十二月より伝奏屋敷を用いるようになり、このとき、評定所定が出されている。当時は、各奉行などで決断できない案件などを持ち寄り、老中*らの参加のもと合議を行う位置付けであった。月三日の定められた日に行う式日と、ルーチンワーク以外のことも審議する大寄合があった。式日には、必ず老中一人が参加し、評定所式日寄合を主宰していたが、寛文以降、その参加は一カ月のうち一日に限られていた。式日のほか、立合と呼ばれる月三回の寄合は、三奉行と目付*に限られており、しだいに三奉行主体の機構としての性格を強め、また、勘定所からの出役である評定所留役などの実務吏員が実質的機能を果たすようになっていった。いわば最高裁判所として、通常は他領・他支配関連の出入物の審議を行った。また老中からの諮問に答えるための審議も行った。（小宮木代良）

本多正信《ほんだまさのぶ》（一五三八―一六一六）　江戸初期の大名*。譜代*の名門本多家の一族本多俊正の二男。天文七年三河に生まれる。幼名は弥八郎。別名正保・正行。三河の一向一揆*に加担して追放され、のち再仕した帰り新参譜代。家康*側近の吏僚派として頭角を現し、佐渡守に叙任された。家康の関東入国後、相模甘《あま》縄《なわ》にて一万石を領し、関東総奉行として江戸城の建設をはじめ、関東の領国経営に活躍した。家康が駿府に移ったあとも、秀忠*付の江戸系政治家として、家康付の子正純とともに、創業期の幕府政治に貢献した。『本佐録』は有名であるが、正信の著作であるかどうか不明。元和二年六月七日没。七十九歳。京都本願寺に葬る。（藤野　保）

土井利勝《どいとしかつ》（一五七三―一六四四）　江戸初期の大名*。老中*・大老*を歴任。下総古河藩主。天正元年、遠江浜松に生まれる。土井利昌の子とされているが、家康の御落胤ともいわれ、その素性は不明。幼名は松千代、大炊頭に叙任される。天正七年（一五七九）秀忠*誕生と同時に付けられた側近第一号。慶長七年（一六〇二）大名となり、下総小見川にて一万石を領し、その後数次の加増を経て、下総佐倉から同古河に転封*されて十六万石を領した。明敏で智略にとむ吏僚派の大名で老中となり、秀忠時代、幕閣の第一人者として活躍し、家光*時代には老中より大老*へ昇格し、幕府政治の運営にあたった。正保元年七月十日没。七十二歳。増上寺に葬る。（藤野　保）

松平信綱《まつだいらのぶつな》（一五九六―一六六二）　江戸前期の大名*。若年寄*・老中*を歴任。武蔵川越藩主。慶長元年十月三十日、代官大河内久綱の長男として武蔵に生まれ、のち松平正綱の養子となる。初名は長四郎、伊豆守に叙任される。家光*誕生と同時に小姓となった側近第一号。家光の将軍就任と同時に昇進し、寛永四年（一六二七）一万石の大名となり、のち武蔵忍を経て、同川越*に転封されて六万石を領した。寛永十年（一六三三）、六人衆（若年寄）の一人となり、同十二年、老中となって幕政の確立に貢献した。機敏で政務処理にたけ、「知恵伊豆」と称され、家光死後は、幼将軍四代家綱を補佐して幕政の基礎を固めた。寛文二年三月十六日没。六十七歳。岩槻平林寺に葬る。

（藤野　保）

郡代《ぐんだい》・代官《だいかん》　代官とは本来、本官を代理する人のことであるが、中世以降は郡代・代官が幕府の役人の職名となり、地頭代を代官、守護代を郡代と称した。代官は戦国大名や豊臣政権では蔵入地の管理にあたったが、江戸時代では幕府や諸藩の地方官の職名になった。江戸幕府の初期関東では代官頭（伊奈忠次・大久保長安ら）の配下に代官がおり、摂津・河内、尼崎、丹波などには郡代と称する地方巧者がいた。また、畿内・近江には豪商代官もみられ、その数は七十名以上に及んだ。幕藩制社会が確立する過程で代官は農政官として位置づけられたが、寛文・延宝から元禄期（一六六一―一七〇三）には多くの年貢請負人的な世襲代官が年貢滞納などの理由で失脚し、やがて享保十年（一七二五）代官所経費支給法の改正によって封建官僚制に基づく徴税農政官へ編成替えとなり、給人代官から吏僚代官へ性格が改変した。

　幕府代官は勘定奉行の配下に属し、旗本から任命され五万―十万石以上を支配したが、江戸中期以降には代官所の属吏（手代・手付）や庶民からも登用され、その数は四十―五十人で天領各地の代官役所（陣屋）を拠点に民政を担当した。主要任務は検地・灌漑・治水・宗旨人別の吟味などによる年貢収納や治安維持であったが、ほかに鉱山開発や山林の伐採運搬、河川の管理、新田造成、さらに災害や飢饉対策など領民の生活維持に

江戸幕府の郡代・代官所配置図（天保 10 年）
（村上直・荒川秀俊編『江戸幕府代官史料―県令集覧』吉川弘文館より）

努めた。郡代も職務内容は同じであったが、伊奈氏世襲の関東郡代（寛政四年まで）は別格で支配地が二十五万石以上にも及んだ。江戸中期以降に美濃・西国・飛騨郡代が成立したが、役高は四百俵で代官の百五十俵より格式は高かった。属僚の手付（寛政期新設）・手代十数名は江戸と任地に在駐し実務に携わったが、鉱山などには地役人もいた。郡代・代官には一代だけの在任のほか、江川（伊豆韮山）、多羅尾（近江信楽）、角倉（京都）、高木（肥前長崎）らの世襲もいた。藩の代官*は郡代や郡奉行の下にいて農民の取締り、年貢収納など行ったが、規模や権限も小さかった。〈村上直・荒川秀俊編『江戸幕府代官史料』吉川弘文館、一九七八。村上直『江戸幕府の代官群像』同成社、一九九七〉　（村上　直）

天領《てんりょう》　江戸幕府*の直轄領の俗称。江戸時代には御料、御料所、公領とも称した。明治維新で維新政府は旧幕府領を接収して直轄体制を引き継いだが、一般では、これを朝廷の直轄地、天皇の領地と認識して天朝御料または天領と呼んだ。そのことをさかのぼらせて幕府領を天領と称するようになった。天領は徳川氏の蔵入地が拡充されて成立するが、慶長末年には約二百三十万石に達し、元禄年間（一六八八―一七〇四）には約四百万石となり、全国六十八カ国のうち四十七カ国に分布した。開発のほか、大名*・旗本*の改易*や転封*、知行替えの際の所領に当てられたため、総石高は固定化することはなかった。享保十五年（一七三〇）には郡代*・代官*支配地三百六十万石余、大名預地七十四万石、遠国奉行支配地十三万石に分けられている。このうち大名預地は郡代・代官支配の補助的手段として大名に年貢*徴収を委ねた所である。延享元年（一七四四）の総石高四百六十三万石余、年貢高百八十万石余を最高に、以後は漸減の傾向となるが四百万石台は維持された。

天領は関東と上方に二分されるとともに関東・畿内・東海・北国・奥羽・中国・西国の七筋を単位に分布している。このなかで幕府の政治基盤である関東筋には約百万石が幕末まで存在した。各地の天領は代官役所（本陣屋）や出張陣屋を拠点に管轄されたが、政治・軍事・経済上の考慮により、主として年貢の基幹をなす米や商品作物の生産地帯、直轄都市や港湾・河川流域、鉱山地域や山林地帯などに設定されている。

天領諸村は藩領と異なり、村高に応じて高掛り三役（蔵米入用・伝馬宿入用・六尺給米）の付加税が課せられ、年貢米金は旗本・御家人*の給米や重要な幕府の財政の収入源として陸路や河川・海上の舟運によって江戸*の蔵に納入された。また大坂*・二条・駿府・甲府・大津などの蔵には備蓄米制度による城詰米として軍事・備荒用に貯蔵された。なお、天領を単なる経済的基礎ではなく「公儀御料」として、国家的支配の基盤として捉えようとする見解もある。〈村上直『天領』人物往来社、一九六五。藤野保編「天領と支配形態」『論集幕藩体制史4』雄山閣、一九九四〉　（村上　直）

旗本《はたもと》**・御家人**《ごけにん》　旗本とは、本来軍陣で主将の旗下にある直属の親衛隊を意味している。江戸幕府*では一万石以下で将軍に御目見《おめみえ》できる階層を旗本、御目見以下を御家人と称した。ともに江戸居住を原則として将軍に近侍する直臣《じきしん》であったので直参《じきさん》ともいった。徳川氏の三河譜代の旧臣を中核とし、これに駿河・遠江・甲斐・信濃の近国衆や関東衆、大名の一族や家臣、名家の子孫、学芸で登用された者も加わって構成され、その数は正徳二年（一七一二）の『御家人分限帳』によると旗本五千二百五人、御家人一万七千三百六十四人、合計二万二千五百六十九人となっている。俗に「旗本八万騎」という確証はないが、旗本の数に「軍役人数割」を適用し、その家臣を加えれば七万余となり、これに御家人の数を含めると戦時動員総人数は九万を超えることになるという。

旗本の知行形態は地方《じかた》・切米《きりまい》・現米《げんまい》・扶持《ふち》・給金であるが、寛政期（一七八九―一八〇一）では地方知行が四四パーセント、切米取りが五六パーセントを占めていた。地方知行である旗本領は寛永・元禄期の地方直しにより生産性の高い安定した耕地が組み込まれ、均等した分給が展開し三百万石にも及んだ。その知行地は四十カ国に分布したが、このうち関東は八〇パーセント、中部が一〇パーセント、近畿が九パーセントを占めていた。地方知行の階層構成は、人数は三千石以上一一パーセント、二千石から五百石が六〇パーセント、四百石以下が二九パーセントである。三千石以上は陣屋を設けて知行地を支配し、その他は幕府代官*に支配権を委ねる場合もあった。旗本は御家人を指揮して役職につき、番方（軍事）は常備軍団を構成、役方（行財政）は封建官僚群として枢要な位置にあった。無役は三千石以上が寄合、以下が小普請に編入された。御家人は家格により譜代・二半場《にはんば》・抱席《かかえせき》に分かれ、このうち抱席は一代限りの俸禄給与であった。旗本・御家人は幕府の保護を受けたが、規制も厳しく家計も苦しかったため、御家人株を売買し、町人*や農民が家格を取得することもあった。〈新見吉治『旗本』吉川弘文館、一九六七。鈴木壽『近世知行制の研究』日本学術振興会、一九七一〉　（村上　直）

（二）　幕藩体制

幕府の軍事力と経済基盤　江戸時代は、幕府（将軍）を統一権力とし藩*（大名*）および家臣団によって階級秩序が維持されたところから幕藩体制*と呼んでいる。幕府は三代将軍家光*までに、法度・制度の整備、参勤交代*の実施、大名統制の強化、天領*農村のほか全国の主都都市・街道・鉱山の直轄、貨幣鋳造権の掌握、外国貿易の独占によって、諸大名に絶対優位する幕府権力を確立し、世界の封建王政のなかで、まれにみる長期の体制維持を可能とした。

幕府の軍事力は、旗本*・御家人*と呼ばれる直属家臣団によって構成されたが、その起源は三河時代にあり、その後、五カ国時代から関東領国時代にかけて、その数は飛躍的に拡大し、さらに覇権確立後、大名分知や旗本分知、改易大名の召出しによって激増した。これらの直属家臣団は、多く番・組に編成されたが、その中核は大番・書院番・小姓組番・新番であり、これらの番方制度も家光時代までに増設・整備された。また、軍役は知行高に応じて諸大名に賦課され、幕府の軍事力の一部として行使されたが、平和の到来によって、参勤交代が軍役として義務づけられたところに、ヨーロッパの封建制と異なる幕藩体制独自の性格があった。

幕府の経済的な基礎は、約四百万石の直轄地（天領）と約三百万石の旗本の知行地よりなる。天領は関東・東海から畿内近国にかけての東海道ベルト地帯に多く、幕府はこれらの天領に郡代*・代官*を設置して、農民統制や年貢米・諸役を徴収させた。また、江戸*・京都・大坂*の三都のほか、伏見・堺*・長崎*・奈良・山田などの主要都市を直轄地とし、京都には所司代*、大坂には城代*、その他の都市には奉行（遠国奉行*）をおいて、厳重な統制下におき、中央市場（大坂）・手工業生産（京都）・外国貿易（長崎）を独占支配した。さらに佐渡・伊豆・石見・生野などの主要鉱山を直轄し、金銀制度を確立して貨幣鋳造権を掌握した。

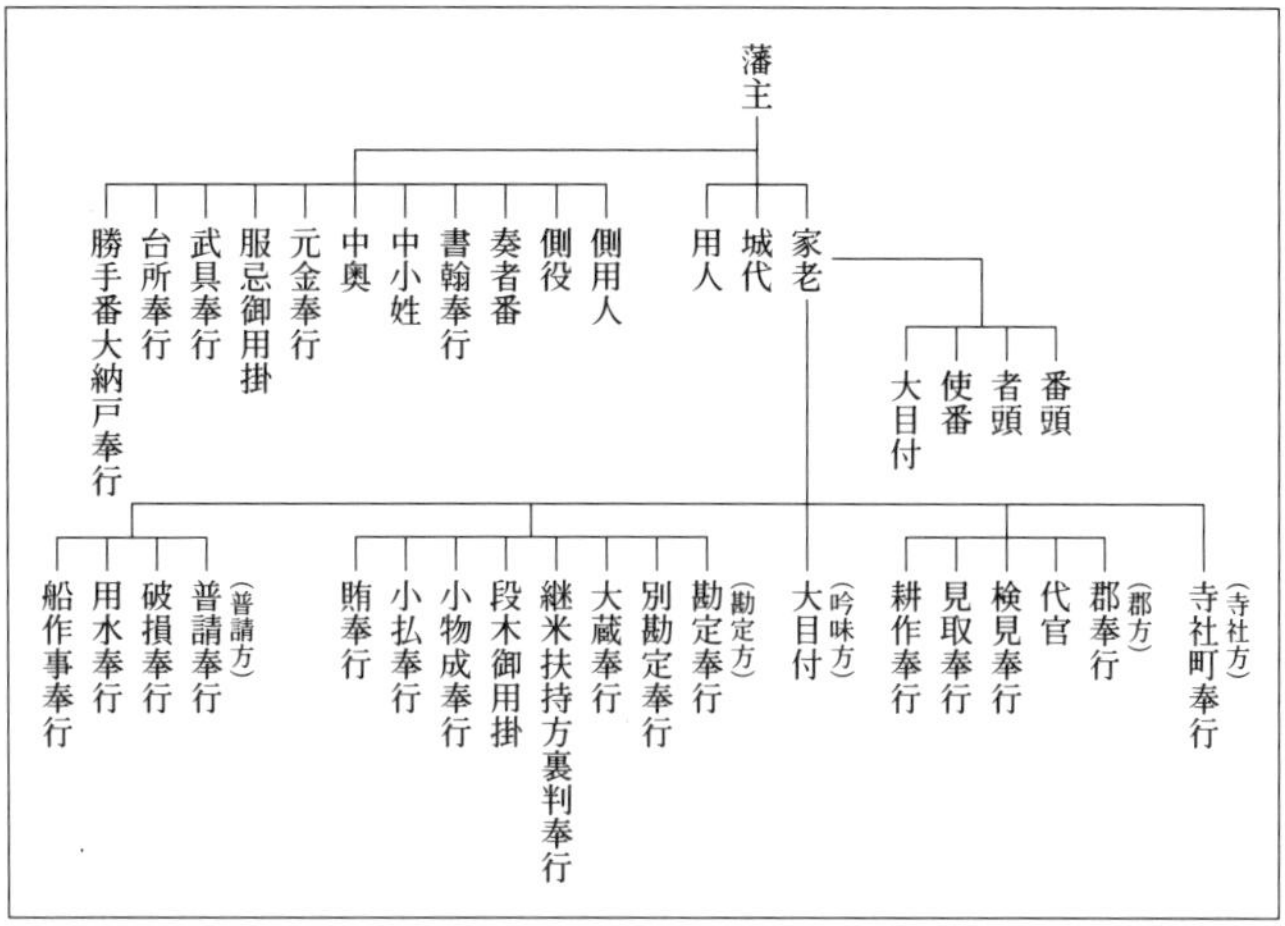

大垣藩の職制
（木村礎・藤野保・村上直編『藩史大事典』第4巻，雄山閣より）

藩の成立と機構　藩とは、大名の支配する領国および支配機構をいう。大名は一万石以上の領主で将軍に対し直接奉公の義務をもつ者をさした。大名は、その経歴・取立の条件によって、旧族・織豊・徳川（＝一門・譜代）の各大名に分かれるが、前二者を一括して外様大名*という。初期三代の将軍を通じて強力に推進された外様大名に対する改易*・転封*と、徳川一門（親藩*）、譜代大名*の創出策によって、外様大名はしだいに辺境地帯に移され、代わって徳川一門・譜代大名が関東・東海から畿内にかけての中央地帯に配置され、家光時代までに徳川大名の配置は全国に拡大した。それと同時に、外様大名の一円知行化*と譜代大名領の分散知行化が進行した。

藩制成立の様相は、藩の規模や立地条件などによって異なるが、諸大名は幕府の統制下にあって、ひとしく軍役を負担し、家臣団統制・本百姓*創出・勧農策・流通統制を通じて藩制を成立させ、藩の直轄地（蔵入地）を拡大しながら、家臣団の知行地を削減し、あるいは蔵米で支給する俸禄制に切り替えて、家臣団に絶対優位する大名権力を確立した。

各藩は藩法を制定して、法による家臣団統制の方針を示し、藩の制度・機構を整備して、最高職の家老のもとに、財政担当の勘定奉行、城下町*の行政を担当する町奉行、農政担当の郡奉行などの職制を設置し、行政諸役を分掌させた。藩の数は、初期三代の将軍による強力な大名統制（改易）と徳川大名の多数の取り立てによって、その数も安定しなかったが、その後しだいに固定し、中期以降は二百六十前後となった。幕末慶応二年（一八六六）の数字では二百六十六藩となる。

小農民の自立　幕藩体制は農村を基盤とする封建社会であり、その主な産業は農業、特に稲作であった。そのため幕藩領主は、ひとしく太閤検地*に続いて検地*を実施し、より精密に土地の等級・面積・収穫高を定め、石高制*を徹底して、小農民の自立を推進し、年貢*・諸役を負担する農民（本百姓）の確保につとめる一方、各種の制限を加えて、経済的基盤の安定をはかった。

小農民とは、単婚の小家族より構成され、家屋敷・土地・農具などを保有し、家族労働を中核として、独立した経営を行う農民をさし、一般に本百姓という。江戸時代初期の農村では、小農民とともに、兄弟・おじ・おばなどの家族や非血縁的な家族を含む複合家族が存在し、特に後進地帯の農村にその傾向がみられた。しかし、幕藩領主による小農民の自立策によって、複合家族はしだいに解体し、十七世紀の後半までに、小農民を中核とする農村構造が一般化した。

身分秩序　幕藩体制は、武士を支配階級とし、社会秩序を固定化するために、士農工商*という身分制度を確立して、この体制を維持・存続した。武士は苗字・帯刀を許され、農民や町人に対して切捨御免の特権が認められた。武士の間では、上下関係が厳しく定められ、主君に対する絶対奉公が求められたが、農民や町人の間でも、上下の秩序は厳格であり、朱子学*に基づく封建道徳と家父長的家族制度*が、この体制を他の面から支え強化した。そこでは家長の権限が強力で、家を継ぐ長男が重視され、男尊女卑の風潮が強く、女子の社会的地位は低く、忍従の生活が求められた。

（藤野　保）

〔大名と藩〕

幕藩体制《ばくはんたいせい》　日本近世の政治社会体制を、その歴史的特質に基づいて表現した言葉である。この体制は兵農分離*を完了し、石高制*を基軸とする封建制*の社会であり、小農経営を社会的基盤として成立した。兵農分離によって創出された軍事力は、幕藩領主の常備軍（家臣団）となって、小農経営に対する年貢*・夫役*の徴収を可能とし、また石高制の採用によって、米納年貢制に基づく生産物地代の原則が確立した。

幕府は、「武家諸法度*」の制定、軍役体系の整備、参勤交代*

制の実施、改易*・転封*の遂行を通じて大名統制を強化し、また天領*農村のほか、全国の主要都市・鉱山の直轄、貨幣鋳造権の掌握、外国貿易の独占によって、諸大名*に優位する幕府権力の経済的な基盤を確立した。こうして、幕府を統一権力とし、藩*および家臣団によって階級秩序が維持される集権的な封建国家がつくられた。そこでは武力よりも徳化を重視する文治政治が幕藩政治の基本原理となり、幕藩体制*を合理化し維持・固定化するためのイデオロギーとして、朱子学*が重視された。そして士農工商*の身分制と家父長的家族制度が、この体制を他の面から支え、身分制の貫徹した社会構成をもたらした。

一方、都市と農村および兵農・農商分離による地域的・社会的分業の進行によって、家臣団が集居する城下町は、大名領国における経済の中心地となったが、参勤交代*制の実施により、江戸*は大消費都市となり、大坂*は全国中央市場に発展した。幕府による貨幣鋳造権の掌握と鎖国*体制による外国貿易の独占によって、大名領国における自立的な経営は不可能となり、そこから諸大名の大坂市場への連携・依存が強化された。こうして、城下町→大坂→江戸の経済的結合が実現して、全国市場が形成された。このような遠隔地間の分業に基づく領主的な商品流通が、幕藩体制を支えた流通構造であり、それは小農経営を基盤とする政治体制に照応するものであった。そこに中世ヨーロッパの封建制と異なる幕藩体制の特色があった。〈藤野保『日本封建制と幕藩体制』塙書房、一九八三〉　（藤野　保）

大名《だいみょう》　大名とは、本来私田の一種である名田*の所有者をいい、名田の大小によって大名、小名に区別された。すでに平安末期からその名がみえ、鎌倉時代には、大きな所領をもち、多数の家子*・郎党*を従えた有力な武士を大名と称した。南北朝から室町時代にかけて、守護*が領国を拡大し大名領を形成したところから守護大名*と呼ばれた。守護*に代わって新しく台頭し、在地土豪の掌握を通じて一円知行化を推進した戦国時代の大名は戦国大名*と呼ばれた。こうして形成された大名は、江戸時代にはいって近世大名*となり、大名領を完成、江戸幕府*を頂点とする幕藩体制*が形成された。江戸時代の大名は、一万石以上の領主（藩主）をいい、将軍に対して直接奉公の義務*をもつものをさした。これに対して、一万石以下の領主を旗本*・御家人*、給人あるいは地頭*と称した。

大名は、その経歴・取立によって旧族大名・織豊大名・徳川大名に分類される。旧族大名は戦国大名から近世大名に発展したもので、東北・九州など辺境地帯の大大名が多い。織豊大名は織豊両氏の家臣から近世大名に取り立てられたもので、北陸・中国・四国・九州に多い。徳川大名は徳川氏の一門・家臣から近世大名に取り立てられたもので、さらに親藩*・譜代大名*に分かれる。親藩は御三家・御家門など大大名が多いが、譜代大名は五万石以下の小大名が多く、主として関東から東海・畿内にかけての中央地帯に配置された。旧族大名と織豊大名は徳川大名に対して外様大名*に一括する。

大名は、また領国や居城の規模によって、国主（国持）・準国主・城主（城持）・城主格・無城に分け、あるいは江戸城の詰《つめ》の間《ま》によって、大廊下・溜《たまり》の間・大広間・帝鑑《ていかん》の間・柳の間・雁《かり》の間・菊の間に分かれ、さらに官位によって、侍従《じじゅう》以上・四品《しほん》（四位）・諸大夫（五位）に分けられた。大名の数は、初期三代の将軍による強力な大名統制によって、その数も安定しなかったが、その後しだいに固定し、中期以降には二百六十家前後となった。そのなかで、もっとも多かったのは五万石以下の譜代大名である。〈藤野保『新訂幕藩体制史の研究』吉川弘文館、一九七五〉　（藤野　保）

藩《はん》　江戸時代、大名の支配する領域およびその支配機構をいう。江戸時代中期以降、幕藩体制を中国の封建制になぞらえて、諸大名を幕府の藩屏《はんぺい》と意識するようになってから、藩の呼称が用いられるようになったが、さらに後期になり、領国経済の自立化が意識されはじめると、藩の呼称は一般化した。明治元年（一八六八）、維新政府は旧幕領に府・県を設置したのに対し、旧大名領は藩の呼称を用い、ここに藩は公称として用いられるようになったが、明治四年（一八七一）、廃藩置県によって藩の実態は消滅し、以降大名領をさす場合の通用語となった。

江戸時代の大名は一万石以上の領主をいい、その経歴・取立によって旧族大名・織豊大名・徳川大名（＝一門・譜代）に分類されるが、前二者は外様大名として一括された。これらの外様大名は、幕府の改易・転封策によって、しだいに辺境地帯に移され、代わって譜代大名が中央地帯に配置されたが、それと同時に、外様大名領の一円知行化と譜代大名領の分散知行化が進行した。しかし、諸大名は幕府の統制下にあって、ひとしく軍役を負担し、領内においては、兵農分離による家臣団の城下町集住策、藩検地による小農民の創出・維持策、生産力の増強と貢租の増徴のための勧農策、城下町の興隆と市場統制のための流通策を実施した。

これらの政策は、藩によって、その方法・内容を異にしたが、諸大名が共通に実施したもので、それを通じて藩体制が確立していった。それと同時に、諸大名は家中法（藩法）を制定して家臣統制を強化する一方、藩の制度・機構を整備して、家老・城代・奉行以下の行政諸役を分掌させた。諸大名は藩体制確立の過程で、地方知行を俸禄制に切り替える初期藩政改革を実施したが、中後期になると、財政窮乏を打開するため、年貢を増徴し運上金・冥加金《みようか》を賦課するとともに、藩札を発行して、国産品を奨励し、専売制を実施した。さらに幕末になると、西南雄藩は産業統制を強化し、軍制改革を実施して藩権力を強化していった。版籍奉還後、大名は一時知藩事《ちはんじ》になったが、廃藩置県の結果廃止され、家格によって華族となった。〈藤野保『大名と領国経営』新人物往来社、一九七八。藤野保『新訂幕藩体制史の研究』吉川弘文館、一九七五〉　（藤野　保）

親藩《しんぱん》　将軍徳川氏との親疎関係による近世大名の区分の一つで、三家・家門・三卿など将軍徳川氏の一門にあたる大名家を特に親藩と称した。しかしその範囲をめぐっては必ずしも明確な解釈があるわけではない。三家は徳川家康の子の義直・頼宣・頼房を祖とする名古屋（尾張）・和歌山（紀伊）・水戸（常陸）の三徳川氏である。家門は、将軍の子弟の創立した家や三家の分家で、家康の次子秀康を祖とする越前家系の数家、秀忠の三子正之が入った会津の保科（松平）家などがある。三卿は八代将軍吉宗の子の宗武・宗尹、九代将軍の子重好を祖とする田安・一橋・清水の三家で、十万石の賄料が与えられたが、家老は幕府付きで領地には赴かず、このために大名としない見方もある。なお家門の定義も不明確な部分があり、三家・三卿を含めることもあった。三家と越前福井の松平家と会津保科家の五家を親藩とすることもあり、三家・家門すべて含めて親藩という場合もある。譜代大名*とは違い親藩の大名は、一般に幕政に参与することはまれであった。（高野信治）

譜代大名《ふだいだいみょう》　将軍徳川氏との親疎関係による近世大名の区分の一つで、関ケ原の戦い*以前より徳川氏に臣従していたものをいう。鎌倉期より代々家系を相承し主家に臣従するものは譜代の家として重んぜられ、室町期には将軍家に服属する大名*の家格の違いを譜代と外様（本来家臣ではないもの）という呼称でも明示されることがあった。江戸幕府*成立以降、譜代ないし譜代大名は大名の家格の一つとして固定したが、脇坂氏のように関ケ原の戦い後に譜代化した場合もある。外様大名*と比較し禄高は低く、彦根井伊家三十五万石を除くと、五万石以下のものが多い。特に関東や東海などの重要地点に配置された。親藩*の大名が幕政に参与することがまれであったのに対し、幕政を運営する役職につくことが多かった。ただ、大老*や老中*になる家は井伊・酒井・土井・堀田など狭い範囲に限られていた。また役職によっては領地の変わることがあり、譜代大名には転封された例が多い。江戸城*に登城した際の詰所は普通、帝鑑の間や雁の間だったが、井伊などの特別な家は溜の間だった。（高野信治）

外様大名《とざまだいみょう》　本来、外様とは集団のなかで主家との親疎関係で疎の場合をさしていい、公家社会と武家社会では近世以前よりみられた。近世期、公家社会では内々と外様と区別され、武家社会では譜代と外様と称されたが、特に関ケ原の戦い*以後徳川氏へ臣従した大名を外様大名*と称し、徳川一門の親藩*、関ケ原の戦い前に臣従した譜代大名と区別している。外様の国持大名層は、旧領を保持した島津・南部などの旧族、転封*した佐竹などの旧族、黒田・山内などの織豊取立など、いずれも僻遠地におかれた。外様大名は幕府の役職につかないのが原則であったが、五代綱吉時代には外様大名を役職につかせ、譜代並みに扱ったこともある。また、堀田正盛の二男の安政が養子として入ってから譜代となった脇坂など、はじめ外様*で後に譜代大名となった場合もあり、外様大名の分家が旗本*として幕府の役職につくことは珍しくなかった。江戸城*に登城した際の詰所は、国持の外様の大大名や四位以上の外様大名は大広間、十万石未満は柳の間、三万石未満は菊の間などとされた。（高野信治）

参勤交代《さんきんこうたい》　江戸幕府*が諸大名*に課した軍役のひとつ。諸大名が江戸*と国元を往復する制度をいう。三代家光*が発布した改訂「武家諸法度*」によって制度化され、諸大名の幕府に対する役儀・奉公として義務づけられ、毎年四月が交代期と定められた。在府・在国一年交代を原則とし、大名妻子のほか多数の家臣団が江戸に常住することになった。寛永十九年（一六四二）、制度の改正が行われ、譜代大名*の交代期は六月、特に関東の譜代大名は在府・在国半年、八月ないし二月交代となった。ほかに対馬の宗氏は三年一勤、水戸藩や老中*などの役付大名は江戸定府《じょうふ》となった。参勤交代の制度化によって、江戸は諸大名とその家臣団が集居する大消費都市に発展したが、諸大名の参勤交代に要する費用は膨大なもので、大名財政の窮乏をきたす主因となり、財政再建のための藩政改革を余儀なくされた。江戸時代における商品流通の発達、交通・宿場*の整備など、この制度によるところが大きく、また中央文化の地方普及にも貢献した。（藤野　保）

改易《かいえき》・転封《てんぽう》　改易とは、本来罪によって官職や身分を取り上げること。鎌倉時代には御家人*の地頭職*を奪うこと、江戸時代には領地・知行を没収することを意味し、ほかに減封《げんぽう》・転《てん》封《ぽう》・役儀召放などにも併用された。転封とは、江戸時代に行われた大名*の配置替えのこと。国替《くにがえ》または移封《いほう》ともいう。

大名改易は江戸幕府*の大名統制の基本をなすもので、世嗣断絶・幕法違反を主な理由とし、徳川家康*・秀忠*・家光*の初期三代将軍によって強行された。その数は関ヶ原の戦後処理後、外様大名*八十二名、徳川一門（親藩*）・譜代大名*四十九名、合わせて百三十一名となり、没収総高は千二百十四万八千九百五十石という膨大な額となる。幕府はこれらの没収地を天領*に編入する一方、徳川一門・譜代大名の取り立てにあて、大名改易によって無主空白地となった地域に転封し、外様大名に絶対優位する将軍権力を確立した。ところが、外様大名中心の大名改易は、四代家綱*のころより変化し、五代綱吉*の時代には、徳川一門・譜代大名中心の改易に移行するが、これを境に大名改易は減少し幕末に至った。

大名転封は、豊臣秀吉*のときに始まり、江戸幕府*の初期三代将軍によって強行された。まず、家康は関ヶ原の戦後処理を通じて、東海・東山地方に配置されていた外様大名を中国・四国・九州などの辺境地帯に転封する一方、大坂*の陣後は、大坂およびその周辺諸国に譜代大名を集中配置したが、秀忠は、さらに譜代大名の大坂周辺集中配置と東北進出を積極化し、家光は西国を中心に転封を強行して、九州には譜代大名、中国・四国には徳川一門を転封・配置した。こうして、家光の末期までに、徳川一門・譜代大名の配置は全国に拡大し、これら徳川大

大名の改易・転封一覧
（藤野保『新訂幕藩体制史の研究』吉川弘文館より）

年次	改易		転封		年次	改易		転封	
	外様	徳川一門・譜代	外様	徳川一門・譜代		外様	徳川一門・譜代	外様	徳川一門・譜代
慶長	24	13	15	22	延享	0	1	0	15
元和	19	10	33	71	寛延	0	0	0	11
寛永	31	19	21	82	宝暦	1	3	0	12
正保	4	5	3	15	明和	0	0	1	9
慶安	4	3	1	20	安永	0	0	0	4
承応	3	0	0	0	天明	1	3	0	2
明暦	3	0	0	2	寛政	0	0	0	2
万治	1	2	1	3	享和	0	0	0	0
寛文	6	5	3	23	文化	1	0	1	3
延宝	3	7	0	12	文政	0	0	0	6
天和	2	8	2	23	天保	1	1	1	4
貞享	4	3	0	15	弘化	0	2	0	3
元禄	11	15	8	60	嘉永	0	0	0	0
宝永	1	2	3	24	安政	0	1	0	0
正徳	0	2	1	14	文久	0	6	0	1
享保	6	7	0	33	元治	0	2	0	0
元文	0	0	0	1	慶応	1	1	0	3
寛保	0	0	0	6					

名を中心とする新しい領国体制ができあがった。ところが、寛永期（一六二四―四三）を境に、大名改易緩和と連動して転封も減少し、外様大名の多くはその領国に定着したが、譜代大名は幕政執行の立場から、その後も転封が行われた。転封は改易とともに江戸幕府の大名統制の基本をなし、それによって、兵農分離*が促進され、幕藩領国体制が確立した。〈藤野保『新訂幕藩体制史の研究』吉川弘文館、一九七五〉　（藤野　保）

士農工商《しのうこうしょう》　江戸時代の主要な社会的身分をさした言葉で武士・農民・職人・商人をいう。もともと中国の古典『漢書』などに典拠し国を支える人民を四種に分け「四民」とも称したが、その区分は職業に基づくもので貴賤観念はなかったといわれ、北畠親房*『神皇正統記*』は農商工士の順に説いている。兵農分離*をとげた近世では、政治を司る士と一般庶人の農工商の区別が明確になった。また、商農分離政策により都市居住者となった工商は農村居住の農民と空間的にも区別、町人と一括されるようになり、現実には農民の上位の扱いを受けることも多かった。近世中期以降、金上侍、在郷商人などの登場により、このような身分的枠組みも変質していった。　（高野信治）

家父長的家族制度《かふちょうてきかぞくせいど》　絶対的な権威と権力をもった家長としての父が、妻子やその他の非血縁隷属家族員を支配する家族制度をいう。ただし近世の場合、家族は武士のみならず庶民層においても「家」という枠組みのなかで存在したため、父の権威も家の当主の地位にあって強まり、当主としての立場を隠居した場合には子に対する支配力は弱まった。また「孝」観念も父母個人に対するものだけではなく、家を存続させることが先祖代々に対する孝、という言い方もされた。つまり近世の家族は「家」制度と一体化していたといえる。しかも近世は士農工商*という身分制が存在したが、そのもとにおける社会的機能としての家業と家産の継承は、家と家族の関係、家の当主として家父長の権限などをさらに強め、家名（屋号）・家業・家産などが、長子やそれに代わる嫡子に相続された。これを世襲制といい、武士では給付が一代限りが原則だった知行俸禄が世襲的に相続される世禄制という形態が見られるようになった。他方、家父長の家族・家に対する責任は重かった。　（高野信治）

〔幕府の職制〕

京都所司代《きょうとしょしだい》　京都に常設された幕府出先機関の長官。幕初の板倉勝重（在任元和六年まで）およびその子板倉重宗*（在任元和六年から承応三年まで）の二代の間に、江戸幕府と京都朝廷との近世における政治関係は確定された。所司代の権限は、朝廷・公家・寺社にかかわる諸事や、京都市中、上方八カ国の公事・訴訟・検断など、および西国支配であった。このうち、京都市中や上方八カ国の民政にかかわる部分は、寛文八年（一六六八）設置の京都町奉行に吸収された。二条城の北側に所司代屋敷をもち、二条在番大番頭と連携し、また、京都町奉行や奈良奉行・伏見奉行などを統括した。老中*に次ぐ席次であり、この所司代を経て老中に就く例が多かった。官位は侍従。文久二年（一八六二）に京都守護職が新設されると、その下に属した。　（小宮木代良）

大坂城代《おおさかじょうだい》　大坂城*の守護と大坂町奉行や大坂定番などの大坂在勤幕府役人の統括を行った役職。また、西日本の諸大名の監察も行った。元和五年（一六一九）直轄地となった直後に任命された内藤信正を初代とし、幕末までにのべ七十人が在勤した。幕府の全国支配のための要地支配を統括する重職であったため、比較的大身の譜代大名で奏者番・寺社奉行を務めたものから任命され、転じては京都所司代や老中に進むことが通例であった。任期は一定しないが、最も長いのは内藤信正のあと、寛永三年（一六二六）から正保四年（一六四七）まで二十二年間在任した阿部正次の例もある。役知一万石、官位は四品。城内二の丸千貫櫓北に屋敷があった。（小宮木代良）

遠国奉行《おんごくぶぎょう》　江戸幕府が、地方の直轄地支配を行うために置いた諸奉行の総称。京都・駿府・大坂の町奉行をはじめとして、長崎・兵庫・堺・伏見・奈良・山田・新潟・佐渡・下田・浦賀・神奈川・日光・箱館（はじめ蝦夷《えぞ》・松前奉行）の各奉行がある。このうち兵庫・神奈川は幕末に新設。主に各地方の流通あるいは政治・文化上の中心都市や貿易・外交上の要地に置かれたものが多い。各奉行によって成立の契機や職務内容は様々であるが、職制上は、ほとんどが老中支配、旗本役（伏見のみは大名）で、現地と江戸の二人役による交代制をとり、与力・同心・地役人を配下として、地域の行政や治安・司法などを任とした。また、上方においては、京都町奉行が五畿内と近江・丹波・播磨の寺社の支配、山城国内への触書伝達など、奈良奉行が大和国の民政、伏見奉行が近江・丹波両国への触書伝達を行うなど、京都所司代の指揮の下、各奉行が連携して広域支配を行う体制をとっている。（小宮木代良）

長崎奉行《ながさきぶぎょう》　江戸幕府の遠国奉行の一つ。豊臣秀吉による代官補任（鍋島直茂、天正十六年）をその起源とする。江戸幕府も長崎を直轄領とし、慶長八年（一六〇三）小笠原一庵を同地の奉行とした。以降少数の外様大名を除き、多くは千石級の旗本が起用され、幕末に及んだ。総数百二十五名。寛永十年（一六三三）以降、定員は二—四名。長崎における行政・司法をはじめ、外交・貿易を管掌し周辺地域のキリシタン禁制や、異国船に対する警備を指揮した。長崎貿易は初期の糸割符制度に始まり変遷を見せたが、長崎奉行が幕末の開港期に至るまで、諸役人を指揮した。キリシタン禁制については、踏絵や訴人褒賞制が全国に先駆けて施行され、取締りが厳しく行われた。また寛永鎖国令により、周辺の大名領における信徒探索の権限を付与された。長崎警衛については寛永十七年（一六四〇）ポルトガル使節斬首に対する報復を警戒するため、同十八年以降、幕府は黒田・鍋島両藩に長崎出兵と隔年常駐を命じ、有事の際には隣接する諸大名を動員して即応する権限を与えられていた。（清水紘一）

（三）　対外関係の推移と鎖国

初期の外交と貿易　十六世紀後半になると、ヨーロッパにおいては新たな絶対主義国家が誕生した。一五八一年、オランダがスペインから独立し、イギリスは、一五八八年、スペインの無敵艦隊を撃破してより、ともに強力な絶対主義国家となり、東インド会社を設立してアジアへ進出した。

こうしたなかで、徳川家康は朱印船貿易を奨励し、西国大名や京都・大坂・長崎の豪商らに、盛んに朱印状を与えて、海外貿易を伸張した。朱印船貿易の進展とともに、海外に移住する日本人も増えて、南方の各地に日本人町*がつくられ、山田長政*のようにシャムの王室に重用された者もいる。

慶長五年（一六〇〇）、オランダ船リーフデ号が豊後に漂着した。家康は、航海士ヤン・ヨーステン*と水先案内人のイギリス人ウィリアム・アダムス*（三浦按針）を江戸*に招いて、幕府の外交・貿易の顧問とした。その後、オランダは慶長十四年、イギリスは同十八年、幕府から自由貿易の許可を受けて、それぞれ平戸*に商館を設け、日本との貿易を開始した。当時、ポルトガル商人は、中国のマカオを根拠地に中国産の生糸（白糸）を長崎に運んで巨利を得ていたが、家康は慶長九年（一六〇四）糸割符制度*を設け、京都・堺*・長崎の特権商人に仲間（糸割符仲間）をつくらせて、輸入生糸を一括購入させ、ポルトガル商人に打撃をあたえた。

禁教と貿易統制　このように、家康は貿易を奨励し利潤を期待したことから、はじめはキリスト教の布教を黙認したが、その後、信者の増大やポルトガル・スペイン両国の領土的野心を警戒し、慶長十七年直轄領に対し、翌年全国に対して禁教令を公布した。これを契機に、宣教師およびキリスト教信者に対する弾圧が始まり、教会堂は破壊され、多数の信者が長崎に護送されて大追放が行われた。さらに秀忠*は禁教令を徹底し、外国貿易を統制するため、ヨーロッパ船の寄港地を平戸と長崎の二港に制限した。その後、イギリスはオランダとの競争に破れ、元和九年（一六二三）、平戸商館を閉鎖して日本から退去し、スペインは翌寛永元年（一六二四）、日本との国交を断絶し、日本貿易から手を引いた。

鎖国体制の成立　寛永八年（一六三一）、秀忠は糸割符制度を改正して、江戸・大坂の特権商人を新たに糸割符仲間に加えるとともに、西国大名に対する分国糸の配分を制定して、幕府の貿易統制下に従属させた。また、朱印状のほか老中奉書を携帯する奉書船*貿易を開始し、外国貿易に対する老中の権限を強化した。ついで家光*は、寛永十年、奉書船以外の日本船の海外渡航と在外日本人の帰国を条件付きで禁止し、同十二年には、これを全面禁止するとともに、中国船の寄港地を長崎一港に制限した。

寛永十四年（一六三七）、島原の乱*の勃発により、キリスト教を恐れた幕府は、同十六年二月、オランダ人や中国人に対しても取締りを強化し、混血児をジャカルタに追放するとともに、七月には、ポルトガル船の来航を全面的に禁止した。ついで同十八年、平戸のオランダ商館*を長崎の出島*に移し、日本人との自由な交流を禁じて監視を強化した。こうして鎖国体制が完成し、外国貿易は完全に幕府の統制・掌握するところとなった。鎖国*は日本を世界市場から隔離する意味をもち、幕府の目指す幕藩体制*の確立に大きな役割を果たした。

出島と唐人屋敷　鎖国体制の完成により、日本に来航する外国船はオランダ船と中国船のみとなり、貿易港は長崎一港に限定された。幕府は長崎を窓口としてヨーロッパの文物を輸入し、出島のオランダ商館長が提出するオランダ風説書*によって、海外の情報を入手した。一方幕府は、キリスト教に対する国内の取締りをいっそう厳重にし、踏絵*を実施して五人組*制度を強化した。また寺請制度*を設けて、すべての日本人をいずれかの寺院の檀徒とし、宗門人別改帳*に登録させた。下って元禄元年（一六八八）、長崎市中に雑居していた中国人の居住地を唐人屋敷*と呼ばれる区画内に限定し、日本人町と区別した。

朝鮮・琉球と蝦夷地　一方、幕府は対馬の宗氏を通じて朝鮮との国交を回復し、釜山に倭館を設置して貿易を再開させた。琉球王国は、慶長十四年（一六〇九）島津氏の支配下に入ったが、中国との朝貢貿易は継続された。幕府は将軍の代替りごとに、朝鮮から通信使を、琉球王国から慶賀使を派遣させて、将軍権力の高揚につとめた。また慶長九年、家康からアイヌとの交易独占権を与えられた蝦夷の松前氏は、寛文九年（一六六九）のシャクシャインの戦いを最後に、アイヌを全面的に服属し、無高大名として蝦夷の支配にあたった。

（藤野　保）

〔外交と貿易〕

東《ひがし》インド会社《がいしゃ》　重商主義*時代、西欧諸国（イギリス・オランダ・フランス）により設立された独占貿易会社のこと。イギリス東インド会社は、一六〇〇年、エリザベス一世によって喜望峰からマゼラン海峡に至る貿易・植民の独占を勅許され設立。オランダとインドネシアでの香料貿易を争い、日本の平戸*にも商館を開設（一六一三―二三）したが、オランダとの競争に敗れ、一六二三年のアンボイナ事件以後はインドに拠点を置いた。オランダ東インド会社は、スペイン・ポルトガル勢力との対抗のため、国内各地にあった十四の東インド貿易会社を統合し、一六〇二年に喜望峰以東マゼラン海峡以西の貿易独占権を与えられ設立された。一六一九年にはバタビアを建設し、インドネシアでの香料貿易の拠点とし、日本・台湾・トンキンなど各地に設けられた商館を結ぶアジア内各地間貿易の中心地とした。日本商館は、その貿易において金・銀・銅の補給地としての性格をもった。フランス東インド会社は一六〇四年に設立されたが、日本との貿易はなかった。

（小山幸伸）

ウィリアム・アダムス　William Adams（一五六四―一六二〇）　イギリスのジリンガム生まれ。オランダ船リーフデ号の航海士となり、慶長五年（一六〇〇）豊後佐志生《さしう》に漂着。徳川家康*の信を得て外交顧問となり、相模国*三浦郡逸見村（横須賀市）に領地二百五十石と江戸日本橋に邸宅を与えられ、日本名「三浦按針《あんじん》」と名乗る。イギリスの日本貿易開始の契機をつくり、イギリス東インド会社*の平戸商館*と家康の仲介者として活躍。自らも朱印状を得て、アンナン、トンキンに渡航して貿易を行った。日本人妻との間に二子を儲け、その一人ジョセフ

も朱印船貿易*を行った。元和六年、平戸*で病没。夫妻を祭った按針塚は横須賀市に現存。（小山幸伸）

ヤン・ヨーステン Jan Joosten van Lodensteijn（?—一六二三）オランダ人貿易家。漢字名は耶揚子。慶長五年（一六〇〇）オランダ船リーフデ号で、イギリス人ウィリアム・アダムス*（三浦按針）らとともに豊後佐志生《さしう》（大分県臼杵市）に漂着。のち江戸に出て徳川家康*の信任を得、江戸*に住宅を与えられ、日本女性を妻とした。八重洲《やえす》の地名は彼の名に因んだものといわれる。慶長十七年（一六一二）より十年間に、シャム、パタニ、コーチ、トンキン、カンボジアなどに朱印船を派遣した。慶長十四年（一六〇九）平戸*にオランダ商館が開設されてからは、毎年江戸と平戸を往復して幕府との仲介役を果たす。元和九年、難破し死去。（小山幸伸）

平戸商館《ひらどしょうかん》 慶長五年（一六〇〇）に豊後に漂着したリーフデ号乗組員の尽力で貿易を開始した英・蘭の東インド会社が平戸*に設置した商館。同十年平戸の領主松浦鎮信《しげのぶ》は、漂着したオランダ人の帰国に際して船を建造して与えたため、オランダはこれに感謝して同十四年に平戸に来航し商館を開いた。以後、寛永十八年（一六四一）に長崎*の出島*に移転を命じられるまで存続した。一方、イギリスは、慶長十八年にジョン・セーリスが家康*・秀忠*に謁して通商許可を受け、これに基づき平戸に商館を開設、商館長にリチャード・コックスを任命した。しかし商況が次第に悪化し、元和九年（一六二三）に商館を閉鎖し対日貿易から撤退した。（小山幸伸）

支倉常長《はせくらつねなが》（一五七一—一六二二）伊達政宗の臣下で慶長遣欧使節の正使。フランシスコ会士ルイス・ソテロの助言により、政宗は慶長十八年（一六一三）スペイン領メキシコとの通商を望み、スペイン国王ならびにローマ教皇に使節を派遣し

日本人の南方発展

た。ソテロほか百八十名余の常長ら一行は、陸奥国牡鹿郡月浦をサン・ファン・バウティスタ号で出帆、アカプルコを経由してマドリッドに至った。元和元年（一六一五）スペイン国王フェリペ三世に謁見し、さらにローマで教皇パウロ五世に拝謁し、再びスペインに戻ったが、政宗の提案はスペイン政府に認められず帰国した。元和六年に帰国したときには、すでに禁教令下で隠棲を余儀なくされ、二年後に病死した。（小山幸伸）

山田長政《やまだながまさ》（?—一六三〇）　江戸時代前期、シャムの日本町*を中心に活躍した人物。駿河国生まれ。慶長十六年（一六一一）ごろ朱印船でシャムに渡り、当時同国の首都アユタヤに形成された日本町において、港務長から町の長となった。元和七年（一六二一）国王の使節の来日に際して、長政は幕府重臣に書状・贈物を呈して国交親善に尽力した。国王ソンタムの信任を得て寛永三年（一六二六）には、同国最高の地位オーヤ・セーナピモクを授けられた。国王の死後、王位継承の内乱に関与し王子を即位させたが、王位を狙うオーヤ・カラホムにより六昆《リゴール》太守に左遷され、パタニ軍との対戦中に負傷し、傷口に塗られた毒が原因で死亡した。（小山幸伸）

日本町《にほんまち》　十七世紀初期に東南アジア各地に形成された日本人居住地。近世初期に同地域への日本船渡航が盛んになり、渡航先に留まる者が特定地域に日本人による集落を形成した。これらの日本町の多くは自治権を与えられ、その頭領には日本人が選ばれた。日本町の主要構成員は貿易商人で、朱印船の舶載する積荷の売りさばきと、土産品の集荷積込み、来航唐船の舶載品の買付けなどにあたった。寛永十年（一六三三）以降の一連の鎖国令による海外渡航禁止により朱印船来航が途絶えると、しだいに現地社会のなかに吸収されていった。しかし十七世紀末までは日本人の生存が記録されており、じゃがたら文*など日本への通信も行われていた。（小山幸伸）

糸割符制度《いとわっぷせいど》　江戸幕府が輸入白糸（中国産生糸）を統制した貿易仕法。慶長九年（一六〇四）にその起源が求められ、当初はポルトガル船の巨額な利益を抑制するため、幕府は独占的に一括購入する国内商人団体（糸割符仲間）を堺*・京都・長崎*の富商につくらせたといわれる。しかし、この制度以前よりポルトガル船は一括取引（パンカダ）を採用しており、また当初は実質的に生糸価格の抑制になっていたか疑問が呈されており、創設期の意義は再検討を要する。寛永八年（一六三一）から同十年にかけて江戸*・大坂*が加えられ五カ所商人となり、さらに分国配分や呉服師配分も定められた。同八年には中国船、同十八年にはオランダ船の生糸にも、この制度が適用された。明暦元年（一六五五）にいったん廃止されるが、相対期・市法期を経て、貞享二年（一六八五）に再興された。元禄十年（一六九七）に改革が加えられ、糸割符仲間の利権は大きく後退し、国産生糸増加により輸入生糸が減少するなかで、同制度は形骸化したが、制度そのものは幕末まで継続した。（小山幸伸）

二港制限令《にこうせいげんれい》　元和二年（一六一六）八月八日付で、将軍秀忠*により発令されたヨーロッパ船に対する平戸*・長崎*集中令。同令の趣旨は、キリシタン禁制*を「下々百姓以下」に至るまで徹底させるため、「黒舟・イキリス舟」は長崎・平戸に入港させ、領内での交易を禁止、中国船は舟主次第とするもの。同令はポルトガル・スペイン両国を含め、オランダ船にも適用された。これは慶長十四年（一六〇九）と同十八年、家康*によりオランダ・イギリス両国船に認可された入港地と商売ともに自由とする権利を覆すものであり、最初の「鎖国令」とされる。また慶長*十年代の駿府・江戸二元政権の政治機構を、旧江戸政権を中心として将軍秀忠が再編成した意味も併せもつ。（清水紘一）

二港制限令（『御当家令条』）

追て唐船の儀は、何方へ着き候えども、舟主次第、売買仕るべき旨、仰せ出され候。以上。

急度《きっと》申し入れ候。すなわち伴天連門徒の儀、堅く御停止《ちょうじ》の旨、先年相《しょう》国《こく》様仰せ出され候上は、弥《いよいよ》其意を得られ、下々百姓以下に至る迄、彼の宗門これ無きように御念を入らるべく候。将又《はたまた》黒舟・いきりす舟の儀、右の宗体《しゅうたい》に候間、御領分に着岸候えども、長崎・平戸へこれを遣わされ御領内にて商売仕らざる様尤もに候。この旨、上意に依りかくの如くに候。恐々。

奉書船《ほうしょせん》　寛永八年（一六三一）に朱印船制度が改革され、朱印船を派船する際に従来の渡海朱印状に加え、老中*が発行する老中奉書を携行することが義務づけられた。それ以後同十二年に日本人の海外渡航が禁止されるまでの間に、同制度に基づき渡航した船のことを奉書船と呼ぶ。当時、台湾事件など南方地域において日本船が巻き込まれる国際紛争が発生し、また偽造朱印状問題の頻発や、キリスト教禁教の強化、日本からの武器輸出禁止などの問題があったため、幕府は渡航者の管理強化の必要性に迫まられていた。そのため老中奉書の携行を義務づけることにより、適格者が選定され、幕府との特殊関係者のみに限られることとなった。（小山幸伸）

〔キリスト教禁止と鎖国体制〕

島原《しまばら》の乱《らん》　寛永十四—十五年（一六三七—三八）島原半島と天草諸島の農民が、原城に拠って幕藩軍*と戦った一揆。島原・天草ともにキリシタン大名の有馬晴信・小西行長らの旧領であり、両氏の退転後も同宗門になじむ気風が残されていた。その後入部した松倉勝家・寺沢堅高らは苛酷に信徒を弾圧したほか、過重に貢租を賦課し、未納者を厳罰に処した。そうした状況下で有馬・小西らに仕えた土豪層が談合し、寛永十四年十月十五日付で天童の出現を告げる檄文を村々に回付。農民は益田四郎を擁立し、鎮圧のため出兵した富岡城代三宅藤兵衛を敗死させたが、征討上使として板倉重昌の下向が伝えられ、一揆勢二万七千人余は原城に集結。寄手の幕藩軍は最初統制がとれず重昌は戦死したが、鎮圧後の処置として派遣された松平信綱*が指揮権を継承。徹底した兵糧攻めのうえ、寛永十五年二月の総攻撃で落城させた。一揆勢は大半が殺されたほか、松倉家は当主勝家が斬首・改易、寺沢家では天草没収に処された。乱後、ポルトガル船は、一揆との密接な関係を指摘されて断交とされ、鎖国*体制はいっそう強化された。（清水紘一）

鎖国《さこく》　江戸幕府*がキリスト教禁制を主目的とし、それを基軸としつつ関連する貿易や日本人の海外往来を、統制したり禁止することによって、中央集権的な支配体制を強化するために採択した対外政策、およびそれによってもたらされた状態を「鎖国」と呼んでいる。必ずしも完全な国交断絶状態ではなく、朝鮮国・琉球国からは使節も来日し、中国人・オランダ人とは貿易のみながら交流がもたれた。広義には、このような体制が成立した寛永十六年（一六三九）から、幕末にペリー*により結ばれた日米和親条約*が調印された安政元年（一八五四）までの、二百年余の日本の対外関係上の状態を「鎖国制」と呼ぶ。またこの対外的枠組の中で構築された近世国家の政治・社会・経済の体制を「鎖国体制」と区別して呼ぶこともある。狭義に「鎖国」という場合は、寛永十年代に出された一連のいわゆる「鎖国令」のことをさす。いわゆる鎖国令とは、第一次（寛永十年）・第二次（同十一年）・第三次（同十二年）・第四次（同十三年）・第五次（同十六年）の五次にわたって交付された法令をさす。これは五段階の法令と考えられがちである。しかし最後の十六年令を除いては、いずれも老中*が毎年長崎に下る長崎奉行*に宛て、現地での対応を指示したものであったのに対し、十六年令は来航禁止をポルトガル船に伝達するためのものであり、異質な要素をもつものであった。

寛永十年禁令（『武家厳制録』）

一　異国え奉書《ほうしょ》船の外、舟遣《つかわ》すの儀、堅《かた》く停止《ちょうじ》の事。

寛永十二年禁令（『徳川禁令考』）

一　日本人異国え遣し申すまじく候。若《も》し忍び候て乗渡る者これ有るに於《おい》ては、その者は死罪、その船船主共に留置き言上《ごんじょう》仕《つかまつ》るべき事。

一　異国え渡り住宅仕りこれ有る日本人来り候はば、死罪申付くべき事。

寛永十六年禁令（『徳川禁令考』）

一　日本国御制禁成され候吉利支丹《きりしたん》宗門の儀、其趣を存知ながら、彼の法を弘《ひろ》むるの者、今に密々差渡《さしわた》るの事。

一　自今以後かれうた渡海の儀、これを停止《ちょうじ》せられ畢《おわんぬ》。此上《このうえ》若し差渡るに於ては、其船を破却し、ならびに乗来る者、速《すみやか》に斬罪に処せられるべきの旨、仰《おお》せ出さるる所なり。

「鎖国」という言葉は、享和元年（一八〇一）長崎のオランダ通詞志筑忠雄が、出島商館に在勤したこともあるドイツ人医師ケンペルの『日本誌』のオランダ語訳本付録の「現在のように日本帝国を鎖して国民にいっさい外国貿易に関係せぬことの可否についての探究」という一章を全訳し、『鎖国論』と題したことに始まる。ケンペルは鎖国状態のもたらす効用を肯定的に記述したのであったが、志筑の訳語には批判的ニュアンスが含まれている。またこのような外交体制は、当時の中国や朝鮮で採択された「海禁」に近似するものであり、東アジアにおける国際関係の一環としてとらえることも可能であるため、「海禁」の語を妥当とする説もある。（小山幸伸）

じゃがたら文《ぶみ》　寛永鎖国令に伴い人的交流遮断がとられて追放になった人々のうち、ジャワ方面に在住した人々が故郷にあててその気持ちを書き綴っている。この文のことを「じゃがたら文」という。現存するのは五通であるが、個人の所有になっており、一部を平戸観光資料館で閲覧できる。その内容を「第一・第二の文」を例に見ると、オランダ商館長ナイエンローデを父にもつコルネリアの追放先での経済的豊かさ・交際範囲が推測できる。なお『長崎夜話草』にお春の文として紹介されたじゃがたら文は、西川如見の偽作によるものである。ここで如見が表現したかった点は、追放を悲劇ととらえさせ鎖国の思想をうえつけたことにある。（横田佳恵）

踏絵《ふみえ》　キリシタン検索のために踏ませた聖画像とその制度のこと。前者を御影《みえい》、後者を影踏《えいふみ》などという場合がある。創始については諸説あるが、長崎*では寛永五年（一六二八）ごろから実施されたようである。当初は転者《ころび》などの証明としてクルスなどが踏み具とされたが、のちしだいに板製の踏絵や真鍮製の鋳像などが用いられた。禁制が強化されると、キリシタン宗徒が多い九州各地で藩単位に実施され、年中行事とされた。例年正月に長崎で実施されたあと、諸藩に絵像が貸し出され一般住民を対象に実施された。漂流民などにも宗教色の有無を確かめる手段として用いられた。安政五年（一八五八）廃止。長崎で使用された踏絵は、現在東京国立博物館に所蔵されている。（清水紘一）

寺請制度《てらうけせいど》　檀家の人々が禁制された宗派の門信徒でないことを檀那寺に証明させた制度。慶長十七年（一六一二）キリシタン禁制*を発令した幕府は、当初棄教した転者《ころび》に同信者でないことを証明させていたが、寛永十一年（一六三四）京都で五人組の手形に檀那寺の裏書きをさせ、住民に対する仏教信仰の制度化に着手。全国的に確立されてゆく契機は、大村藩における明暦三年（一六五七）の郡崩れで、幕府は諸大名に命じて五人組と結合させた寺請を施行させた。以降、寛文十一年（一六七一）宗門改の作成が発令され、制度として完成の段階を迎える。寺請は寺院や僧侶に経済基盤を保証するものであったから、僧侶の中には安逸に流れるものが出た。明治になり廃止。（清水紘一）

宗門人別改帳《しゅうもんにんべつあらためちょう》　江戸初期のキリシタン禁制*の強化に伴い、潜伏信徒摘発のために作成された人別の信仰調査の記録。寛永年間（一六二四―四三）ごろ各地で作成されはじめた。現存する最古の改帳は長崎*で作成された「平戸横瀬浦町人数改帳」で、同帳には人別の宗旨と檀那寺、男女別の人数合計などが記入されている。改帳はしだいに寺請の形式がとられ、仏教信仰の深化に資するところがあった。寛文十一年、幕府は直轄領に「宗門改の儀に付御代官江達」とする法度を下し、人別帳の作成と男女別人口を一紙手形として、勘定奉行に提出させた。人別帳の役割が信仰調査から人口調査に比重を移し、領民掌握の役割を色濃く帯びはじめたことが推察される。（清水紘一）

出島《でじま》　江戸時代に長崎*にあったオランダ人居留地。キリスト教伝播をおそれた江戸幕府*は、寛永十三年（一六三六）市中の豪商二十五人（のちの出島町人）に命じて長崎港内に人工島を築造させ、ポルトガル人を収容する家宅を建立させ家賃を取らせた。同十六年にポルトガル人が追放され空家となっていたところに、同十八年より平戸*のオランダ商館*をここに移転させた。以後幕末に至るまで、商館員の居留地は出島にのみ限定され、彼らが「国立の牢獄」と呼ぶほど不自由な生活を送った。出島は扇形の人工島で、面積三九六九坪、建造物の位置や種類は寛政十年（一七九八）の大火で変化はあったが、基本的には、四区画に分かれ、オランダ人居宅、日本人諸役人・通詞の家、各倉庫などが設けられた。町との間には橋があり、橋の手前には制札が掲げられた。制札

出島（「長崎和蘭陀屋舗図」立正大学図書館田中啓爾文庫蔵）

によると出島への出入りが許されたのは、出島役人（出島乙名・組頭・日行使・筆者・金場役・オランダ通詞・料理人・コンプラ仲間など）、門鑑をもった入札商人、日雇人および遊女に限られた。（小山幸伸）

オランダ商館《しょうかん》*　江戸時代に平戸*および長崎*にあったオランダ東インド会社の日本支店。オランダとの通商が開始された当初は平戸に商館が設置されたが、寛永十八年（一六四一）に、ポルトガル人の来航禁止で空家となっていた長崎出島*に移転を命じられた。以後幕末に至るまで、オランダ船の発着地ならびに商館員の居住地は出島に限定され、他地域への立入りは許されなかった。滞在するオランダ人は、商館長（カピタン）・次席（ヘルト）・台所役・荷倉役・筆者・外科医・大工・鍛冶など、九人から十二、三人であった。また日本人の出島への出入りも厳しく制限され、出島乙名がオランダ人との直接交渉にあたった。（小山幸伸）

唐人《とうじん》屋敷《やしき》　江戸時代の長崎*において、密貿易やキリスト教伝播の防止のため来航する「唐人」（「唐船」乗組みの清人、東南アジアの華僑・現地人）を収容した施設。はじめ唐人は市中雑居であったが、取締りや宿口銭の市中配分のため寛文六年（一六六六）からは宿町・付町制（各町が順番に一艘ずつ取り仕切る）となった。その後、密貿易が頻発したため、長崎町年寄に命じて元禄二年（一六八九）長崎郊外の十善寺村に竣工。竣工当時の敷地面積は八〇一五坪余、二階建の長屋十九棟、部屋数は五十あり、各棟を来航船の出船地別に区分した。日本人の出入りは、指定商人のほか遊女・禿《かむろ》に制限された。明治三年（一八七〇）焼失し消滅。（小山幸伸）

オランダ風説書《ふうせつがき》　毎年交替のために長崎*に来航したオランダ商館長が、長崎奉行所を通じて江戸幕府*に提出した海外情報の和訳文。「阿蘭陀風説書」「和蘭陀風説書」と呼ばれた。オランダ語では「情報」を意味する Novos, Nieuws, Tijdingen と綴られた。原文は通詞が訳し清書二通を作成し、新旧商館長が署名し、通詞目付、大・小通詞数人が連署捺印して一通を老中に進達した。当初は敵対関係にあったポルトガル・スペインに関する情報を自発的に幕府に提供したが、寛永十八年（一六四一）に出島*に商館が移転してからは、幕命により海外情報の提出が義務づけられ、安政六年（一八五九）まで毎年提出することが慣例であった。（小山幸伸）

長崎貿易《ながさきぼうえき》　近世期に肥前長崎港で行われた対外貿易。元亀元年（一五七〇）からポルトガルとの貿易が始まるが、江戸時代になると唐船《とうせん》（中国やベトナム・カンボジア・タイなどから来る船）との貿易も始まる。ポルトガルとの貿易は、寛永十六年（一六三九）に停止されるが、同十八年には平戸*のオランダ商館*（オランダ東印度会社日本支所）が長崎出島*に移転し、いわゆる鎖国*下では唐船とオランダ商館を相手に貿易が行われた。徳川政権下で貿易制度が整えられ、長崎奉行所と長崎*の地役人によって管理・運営された。貿易制度は慶長九年（一六〇四）以後、糸割符仕法《いとわっぷしほう》・相対《あいたい》売買法・貨物市法・御定高《おさだめだか》制度などの変遷を経て、元禄十一年（一六九八）からは長崎会所の貿易となる。輸入品は生糸・反物（絹・麻・木綿・毛織物）・薬種・荒物類。輸出品は、寛文八年（一六六八）までは銀（丁銀・灰吹銀）が主で、その不足により以降は、小判・銅（棹《さお》銅《どう》・荒銅）が中心となり、十八世紀以降になるとこれに俵物*

（鱶鰭《ふかのひれ》・干鮑《ほしあわび》・煎海鼠《いりこ》）などの海産物が加わる。（太田勝也）

（四）寛永文化

幕藩体制と儒学　江戸時代初期の文化は、いわゆる「元《げん》和《な》偃《えん》武《ぶ》」によって平和がもたらされ、幕藩体制*が安定するにつれて、桃山期の豪壮・華麗な文化を継承しながら、新しい文化の傾向を示しはじめた。この文化を寛永文化という。

学問では、儒学が幕藩体制に適合的な学問として、特に重視された。京都相国寺の禅僧藤原惺窩《せいか》*は、のち還俗して朱子学*を究め、その弟子林羅山*は、家康*の側近となって、幕府の法令制定や修史事業に参加し、その子孫（林家《りんけ》）は代々儒者として幕府に仕え、封建教学の担い手となった。土佐の南学（南村梅軒*）より出た山崎闇斎*は、崎門学派をたて、晩年には垂加神道を主張した。近江の中江藤樹*と門人熊沢蕃山*は、陽明学*を学び知行合一を説いた。

都市民の芸術　建築では、日光東照宮*をはじめ霊廟建築が流行し、神社建築には権現造《ごんげんづくり》が普及した。住宅では書院造*に茶室*を取り入れた数寄屋造が工夫され、京都の桂離宮*がそれを代表した。また、長崎*の崇福寺や宇治の万福寺などの黄檗宗*の禅寺には、中国の様式が伝えられた。

絵画では狩野派から狩野探幽*が出て、幕府の御用絵師となり、同じころ京都では土佐光起*と俵屋宗達*が活躍した。光起はやまと絵*に北宋画の手法を取り入れ、宗達は新しい装飾画の手法で「源氏物語図屏風」などの作品を残した。また京都の本阿弥光悦*は、刀剣鑑定のほか蒔絵・書道に優れ、多くの芸術作品を残した。陶芸では光悦が楽焼の茶碗に秀作を残したが、朝鮮出兵の際、諸大名が連行した朝鮮人陶工の手によって、各地で製陶が勃興した。有田焼*・平戸焼・薩摩焼・萩焼などが有名である。特に有田の酒井田柿右衛門*は赤絵磁器の技法を完成し、有田焼の名を高めた。

文芸面では、京都の角倉了以*の長男素庵は、『史記』をはじめ多くの和漢書を刊行して、上層町衆の文化活動を代表した。室町時代のお伽草子*に代わって現れた仮名草子は、教訓・道徳を主とした通俗的作品を生み、庶民の読みものとして親しまれた。また、俳諧*が連歌から独立して、しだいに庶民の間に普及した。松永貞徳*は滑稽卑俗の作風をもって貞門派を起こし、西山宗因*は談林派を形成して自由奔放な俳諧を開いた。また堺*の隆達は、室町時代の小歌をうけつぎ、隆達節を唄い出して、近世小歌の祖となった。（藤野　保）

藤原惺窩《ふじわらせいか》（一五六一―一六一九）近世初期の儒学者。名は粛《しゅく》、字は斂夫《れんぷ》。惺窩は号。ほかに柴立子《さいりゅうし》、北肉山人《ほくにくさんじん》、惺々子《せいせいし》などと号す。永禄四年（一五六一）播磨国細河荘（現兵庫県三木市）に藤原（下冷泉）為純の三男として生まれた。幼時に仏門に入り、十八歳のとき父が別所長治に攻められ敗死したのを機に、叔父を頼って京都の相国寺《しょうこくじ》に住み、禅学に励むとともに儒学を学んだ。文禄二年（一五九三）徳川家康*に招かれて『貞観政要』を講ず。のち中国の新儒学にふれるため渡明を企てたが果たさず、後援者であった赤松広通*を通じて朝鮮の捕虜姜沆《きょうこう》（朱子学者）と親交を結んで朱子学*を深め、やがて還俗して儒者となった。学問は朱子学を主としたが、陸王学《りくおうがく》の長所も取りいれ、人倫の日常の実践を説いた。門下に、林羅山《はやしらざん》*・松《まつ》永尺五《ながせきご》・堀杏庵《ほりきょうあん》・那波活所《なわかっしょ》ら近世儒学の展開に大きな役割を果たした学者を輩出し、近世儒学の開祖とされた。元和五年（一六一九）九月十二日、京都に五十九歳で没す。墓所は相国寺林光院。著書には、詩文集・歌集のほか『寸鉄録』『大学要略（逐鹿評）』などがあり、『藤原惺窩集』（国民精神文化研究所編）に収録されている。（頼　祺一）

林羅山《はやしらざん》（一五八三―一六五七）近世初期の儒学者。名は信《のぶ》勝《かつ》、忠《ただし》、字は士信、通称は又三郎、剃髪して道春。羅山は号。祖父は加賀の牢人で父信時より京都に住む。天正十一年（一五八三）八月生まれ。伯父吉勝の養子となる。幼時から学才があり、一時建仁寺に入ったが、僧になることを拒否し、独学で経学などを修め、朱子学*に関心を深めた。慶長九年（一六〇四）二十二歳のとき藤原惺窩《ふじわらせいか》*に入門。翌十年徳川家康*に謁し、駿府で家康に仕え、禄米三百俵を与えられた。秀忠*・家光*・家綱*と四代の将軍に仕え、晩年には知行高九百十石余となる。幕府創業期の法度の制定、外交文書の起草、儀礼の整備などの公務に従い、幕命により『寛永諸家系図伝』『本朝編年録《ほんちょうへんねんろく》』などを編纂した。寛永七年（一六三〇）上野忍岡《しのぶがおか》に屋敷を賜り、塾舎を建て門人を教育した。思想上は朱子学を信奉し、排仏論を唱えたが、神儒一致の立場をとった。明暦三年正月二十三日、七十五歳で没す。墓所は東京都新宿区市谷山伏町の林家墓地。著述は多く『林羅山文集』『林羅山詩集』（京都史蹟会編）がある。（頼　祺一）

本朝通鑑《ほんちょうつがん》　江戸前期の歴史書。漢文体の編年史で、林羅山《はやしらざん》*・鵞峯《がほう》父子の共著。全三百十巻。前編三巻、正編四十巻、続編二百三十巻、提要三十巻、附録五巻、凡例ならびに引用書目録二巻よりなる。寛文十年（一六七〇）に完成。正編は、はじめ羅山が正保元年（一六四四）幕府の命によって編纂し、『本朝編《ほんちょうへん》年録《ねんろく》』（十巻）と呼ばれたが、のち四十巻とした。羅山没後の寛文四年（一六六四）鵞峯が事業を継続して、同十年（一六七〇）続編を完成した。正編は神武天皇より宇多天皇*まで、続編は醍醐天皇より後陽成天皇までを扱っている。水戸藩の『大日本史』*と並ぶ江戸時代の二大通史とされているが、儒教的な合理主義が基調となっている。（藤野　保）

沢庵《たくあん》（一五七三―一六四五）江戸時代の臨済宗*の僧侶。沢庵宗彭《そうほう》、号は東海、諡《おくりな》は普光国師。但馬国（兵庫県）出石出身。慶長十四年（一六〇九）大徳寺*住持となる。寛永五年（一六二八）紫衣《しえ》事件*では朝廷側につき幕府の宗教行政を批判する書を京都所司代*板倉周防守重宗に提出、寛永六年（一六二九）には紫衣を剥奪され、出羽上之山（山形県）藩主土岐頼行の所に流罪となる。寛永九年（一六三二）赦免され、その後徳川家光*の帰依を得て寺領五百石と寺地を拝領、寛永十五年（一六三八）には東海寺（東京都品川区）の開山となる。正保二年十二月十一日没。七十三歳。墓所は東海寺境内。天明七年（一七八七）の「寺院本末帳」には東海寺は朱印五百石、塔頭十七宇とある。著書に『不動智神妙録』一巻、『臨済録抄』三巻、『沢庵和尚法語』一冊、『沢庵和尚鎌倉紀行』一冊。（圭室文雄）

日光東照宮《にっこうとうしょうぐう》　栃木県日光市山内に鎮座。徳川家康*を主祭神とし、正式名称は「東照宮」。家康は元和二年（一六一六）四月十七日、駿府城（静岡市）で没し久能山に葬られたが、遺言により翌三年に日光の地に改葬、国家鎮護の神として奉斎された。鎮座にあたり、天海*大僧正が唱えた山王一実神道の教義に基づき東照大権現の神号が宣下された。当初は東照社と称したが、正保二年（一六四五）十一月に宮号を宣下され東照宮と称す。社殿は二代将軍秀忠*のもと、本多正純・藤堂高虎を奉行、中井大和守正清を棟梁に命じ完成したが、三代将軍家光*は家康への信奉篤く、伊勢神宮*の式年遷宮の例に倣い造替を命じ、秋元泰朝を奉行、甲良豊後守宗広を棟梁として寛永十三年（一六三六）四月におよそ現在みられる壮麗な社殿を完成させた。明治の制では別格官幣社。例大祭（五月十七・十八日）での渡御行列は、久能山より遺骸を遷した供奉行列を模したものといい、百物揃、千人武者行列とも呼び親しまれている。秋季祭（十月十六・十七日）にも武者行列を行う。（千田孝明）

日光東照宮陽明門

桂離宮《かつらりきゅう》　江戸時代初期の別荘建築。桂御所・桂山荘と称したが、明治十六年以降桂離宮と呼ぶ。元和六年（一六二〇）から寛文年間（一六六一―七二）の間に八条宮（桂宮）智仁《としひと》親王・智忠《としただ》親王父子が、京都西郊、桂川西岸の桂御園《かつらみその》に造営した別荘で、東西二三〇メートル、南北二一八メートル、約七万平方メートルの広さに、古書院《こしょいん》・中書院《ちゅうしょいん》・新御殿《しんごてん》の書院群、月波楼《げっぱろう》・松琴亭《しょうきんてい》・賞花亭《しょうかてい》・園林堂《おんりんどう》・笑意軒《しょういけん》などの茶室や堂と回遊式庭園を備える。敷地中央に大小五つの島をもつ池を配し、池の西側に書院群、周囲に茶亭が散在し、それらを結ぶ畳石《たたみいし》・飛石《とびいし》・延段《のべだん》による苑路をめぐらせ、これに沿って築山・庭橋・入江・洲浜《すはま》・岬などが点在し、苑路の勾配、植樹の種類、庭石の型など、建築と庭園を調和させ、季節の変化などに満ちた見事な構成をもつ。これらは智仁親王が好んだ『白氏文集』の住宅観や『源氏物語*』の風景観による。長押《なげし》の釘隠《くぎかくし》や襖《ふすま》の引手《ひきて》金具には水仙・四季花桶・月字形・松葉形の瀟洒な意匠をもつ。機能的な建築美、庭園表現の集成美、意匠美を兼ね備えた近世建築文化の傑作である。（菊竹淳一）

狩野探幽《かのうたんゆう》（一六〇二―七四）　江戸初期の狩野派*の絵師。慶長七年、狩野孝信の長男として京都に生まれる。祖父は永徳*。初名は采女《うねめ》、名は守信。探幽斎の号は、寛永十二年（一六三五）三十四歳の折に大徳寺*の和尚江月宗玩《こうげつそうがん》より授かる。元和三年（一六一七）十六歳で幕府最初の御用絵師に任命され、江戸城鍛冶橋門外に屋敷地を拝領し、鍛冶橋狩野の祖となった。三十七歳で剃髪して法眼に、六十一歳で画家として最高の位の法印に叙せられる。探幽が確立した瀟洒淡泊な江戸狩野様式は、豪壮華麗な桃山様式とは対照的であった。また縮図と呼ばれる古画の縮写を数多く行い古典学習に積極的である一方、植物や風景の写生にも熱心だった。二条城*（一六二六年）や名古屋城（一六三四年）など障壁画*の大画面作品はもとより、小品にも秀作が多い。延宝二年七十三歳で没。法名玄徳院守信日道、池上本門寺に葬る。（小林　忠）

土佐光起《とさみつおき》（一六一七―九一）江戸時代初期の画家。父は土佐光則。承応三年（一六五四）従五位下左近将監に任ぜられ、宮廷の絵所預となり、この年の内裏造営に加わって障壁画*を描く。天和元年（一六八一）法橋、貞享二年（一六八五）には法眼に任ぜられた。土佐派*のやまと絵*画法を尊重、継承するとともに、漢画や風俗画、また中国絵画など広く学んで土佐派中興の祖といわれる。代表作に「北野天神縁起絵巻」「厳島松島図屛風」などがある。著書『本朝画法大傳』（元禄三年、一六九〇）は土佐派の画法を後々まで継承するための絵画論。元禄四年（一六九一）没。法名青光院霊誉常昭居士。（小林　忠）

俵屋宗達《たわらやそうたつ》（生没年不詳）桃山―江戸初期の画家。琳派の創始者。京都の上層町衆出身と推定され、早くより「俵屋」の屋号で絵屋あるいは扇屋を主宰、その工房で制作された扇面画は元和年間（一六一五―二四）の京で流行していたことが文献（磯田道治『竹斎』）によって伝えられている。千少庵、烏丸光広、本阿弥光悦*ら当時一流の文化人と交流をもち、さらには禁裏とも関係を深めて、寛永七年（一六三〇）以前に法橋に叙せられている。代表作に「風神雷神図屛風」「松島図屛風」、障壁画*としては「松に岩図襖」「異獣図杉戸」（養源院）、さらに光悦和歌書の下絵としての各種の金銀泥絵がある。（小林　忠）

本阿弥光悦《ほんあみこうえつ》（一五五八―一六三七）桃山・江戸時代初期の芸術家。刀剣の鑑定、研磨を業とする本阿弥家に生れ、書・陶芸・漆芸などを能くし、特に優れた意匠によって知られる。元和元年（一六一五）大坂夏の陣*のあと徳川家康*から洛北鷹ケ峰を拝領し、尾形道柏や紙屋宗二ら法華同門の徒を引き連れ芸術家村ともいうべき光悦村をつくりあげた。書は近衛信尹・松花堂昭乗とともに寛永三筆とされ、上代様や唐様、特に張即之の書法などに学びながら、自由闊達で装飾性豊かな独自の書風を築いた。俵屋宗達*の金銀泥下絵の料紙を用いたものに最もその本領が発揮されている。陶芸は慶長末年ごろから手すさびに楽焼の陶法による独創的で作為の強い茶碗や香合などをつくった。蒔絵は題材を古典によりながらも斬新な意匠構成、素材の大胆な使用法など、従来の蒔絵をこえる独自の様式を生みだしたが、技術的な面は門人の職人にあたらせ、光悦自身は着想や指導など監督的立場にあったものと思われる。（尾崎直人）

有田焼《ありたやき》　肥前有田とその近傍諸山（有田内山・外山・大外山）の窯から焼成された磁器。その生成時期は、文禄・慶長の役*の際、鍋島直茂が招致・開窯させた朝鮮人陶工李参平による元和二年（一六一六）肥前有田郷泉山の白磁原料発見に始まるとされたが、近年では十数年前の慶長年中、日本人陶工が製作したとの説が有力である。これらを初期伊万里（慶長年中―寛永末年）と呼ぶが、李朝様式の白磁・青磁などに古唐津系の陶技を反映しながら、明末の染付様式も導入されて、商品性の高い本格的な焼成技術へと進展する。その間、日本人陶工の追放や朝鮮人陶工集団の保護・国内外市場の拡大の基礎の上に、初期伊万里の様式が洗練され、庶民性と装飾性の多い独特かつ華麗な古伊万里、意匠・地肌ともに純日本趣味の抒情性ある柿右衛門*、鍋島藩窯で焼かれた品格の高い典雅な色鍋島の三様式が分化・発展した。その生産方式は、窯業経営の体質改善、協業*—分業体制に基づく問屋制家内工業*、藩営マニュファクチュア形態を示した。（丸山雍成）

酒井田柿右衛門《さかいだかきえもん》　肥前有田の陶家。酒井田家の先祖は筑後の将士で、江戸時代初期から肥前有田郷で陶業を営む。初代柿右衛門は元和五年（一六一九）ごろから青磁・染付貫入磁器を製作、寛永二十年（一六四三）赤絵付技法を研究し始め、正保四年（一六四七）長崎*経由で中国・オランダへの商品売出しに成功、晩年には赤絵付に適合的な濁手素地を調製し、柿右衛門窯の基礎を築いた。二、三代は初代の柿右衛門窯の事業発展に尽力、四、五代は従来の陶技のうち明末彩絵風を脱して、日本的な柿右衛門様式を形成させた。その伝統技法は国の重要無形文化財に指定され、現十四代目の先代が代表者となる。（丸山雍成）

四　幕藩体制の展開

（一）文治政治の展開

文治政治への転換　慶安四年（一六五一）、家光*の死後、幕政は十一歳で四代将軍となった家綱*のもとで、家光時代の大老*酒井忠勝、老中*松平信綱*・阿部忠秋らを中心に、徳川一門の保科正之*や譜代棟梁の井伊直孝らによる集団指導の体制がとられた。ところが、幼将軍の就任を契機に、松平定政の所領返上事件と由井正雪らによる牢人騒動（由井正雪の乱*）が発生し、大名*の改易*・転封*を強行してきた幕政に批判が加えられた。

幕政首脳は、ただちに牢人問題を協議し、その結果、大名改易の主な原因であった末期養子*制を緩和した。そのため、家綱時代は初期三代将軍に比較して大名改易が緩和され、転封も著しく減少した。ついで寛文三年（一六六三）には、殉死を禁止し、同五年、諸大名の証人制を廃止した。武力よりも徳化を重んずる文治政治が幕政の基調となった。また、定政が主張した旗本*の救済については、寛文五、六年より役料が支給された。一方、文治主義の傾向は藩政のうえにも現れ、保科正之（会津藩）・徳川光圀*（水戸藩）・前田綱紀*（金沢藩）・池田光政*（岡山藩）らの大名は、文治主義思想に基づく藩政の実践者として名高い。

政治機構の整備　文治政治の展開に伴い、幕政機構もいっそう整備され、幕府は寛文二年（一六六二）、新たに老中*・若年寄*の職務分掌を定めて、行政系統を整序化した。こうして旗本役料制の創設とあいまって、幕吏の官僚化が促進された。諸藩の政治機構もいっそう整備され、この期に、多くの藩*で地方知行から俸禄制に切り替えられた。また、天領*・藩領とも大規模な検地が実施されて、小農民の自立がいっそう促進された。寛文四年（一六六四）、幕府が諸大名に一斉交付した朱印状は、幕藩体制*の確立を画する重要な意義をもっていた。

時代別にみた改易大名数と没収石高
(( )内は改易大名のうち2回改易されたもの)（藤野保『新訂幕藩体制史の研究』吉川弘文館より）

年代		大名類別	大名数	総没収高	改易後の給与高	純没収高
家康	慶長6〜元和元	外様大名	28	2,666,550	138,910	2,527,640
		徳川一門・譜代大名	13	1,108,000	41,000	1,067,000
		計	41	3,774,550	179,910	3,594,640
秀忠	元和2〜寛永8	外様大名	25(2)	2,631,600	360,000	2,271,600
		徳川一門・譜代大名	16(1)	1,758,000	424,180	1,333,820
		計	41(3)	4,389,600	784,180	3,605,420
家光	寛永9〜慶安3	外様大名	29(1)	2,766,300	256,000	2,510,300
		徳川一門・譜代大名	20(1)	1,218,500	148,700	1,069,800
		計	49(2)	3,984,800	404,700	3,580,100
家綱	慶安4〜延宝7	外様大名	16	638,500	219,000	419,500
		徳川一門・譜代大名	13	499,500	191,000	308,500
		計	29	1,138,000	410,000	728,000
綱吉	延宝8〜宝永2	外様大名	17	564,000	144,000	420,000
		徳川一門・譜代大名	29(1)	1,947,182	664,200	1,282,982
		計	46(1)	2,511,182	808,200	1,702,982
家宣・家継	宝永6〜享保元	外様大名	2	55,000	55,000	0
		譜代大名	3	180,000	50,000	130,000
		計	5	235,000	105,000	130,000

家綱時代の後期になり、家光時代の元老・遺老が幕閣を去ってしまうと、かつての集団指導体制に代わって門閥大老政治が成立した。大老の酒井忠清*に権力が集中したためであり、彼は〝下馬将軍〟といわれた。延宝八年（一六八〇）、家綱の病状が悪化すると、新将軍の擁立をめぐって、忠清と老中の堀田正俊*が対立し、その結果、正俊の推す家光四男の綱吉*（館林藩主）が五代将軍に就任した。

天和の治　綱吉は、まず忠清を退けて、正俊を大老とし、将軍権力を強化するために諸般の政策を断行した。これを「天和の治」という。綱吉は賞罰厳明・綱紀粛正を方針として、大名統制を強化する一方、将軍―勝手係―勘定奉行―代官という財政管理の体制を確立し、不正代官を一掃して、幕吏の官僚化を促進した。また、天和三年（一六八三）「武家諸法度*」を改訂し、これまでの「文武弓馬」という表現を「文武忠孝」に改め、「礼儀」の二字を挿入して、文治主義思想を前面に打ち出した。しかし、天和の新政は、貞享元年（一六八四）、正俊が若年寄の稲葉正休《まさやす》に刺殺されたあと一頓挫し、ここで幕政は大きく転換し

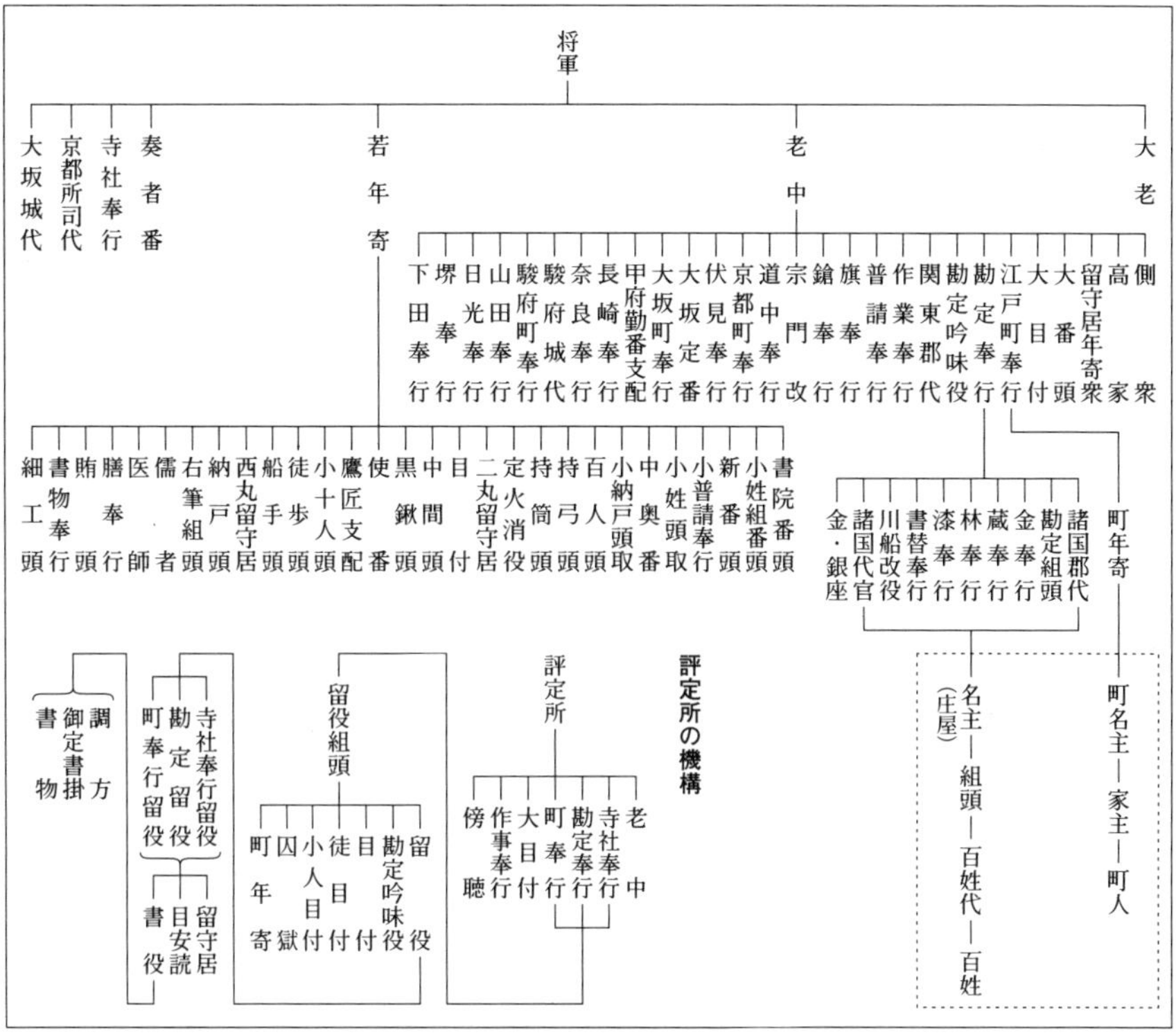

江戸幕府の職制（17世紀後半〜18世紀前半）

た。

側用人政治の展開　正俊の死後、譜代勢力に代わって幕政の中枢に進出したのは、綱吉の大名時代の家臣であった牧野成貞*・柳沢吉保*らの新参の譜代大名*である。彼らは側用人*として、綱吉の権力と信任を背景に勢力を発揮した。しかし側用人政治は、将軍専制の政治形態としては、なお未成熟であった。こうした弱点は、側用人の迎合的な無見識とあいまって、ついに「生類憐みの令」*のような暴政となって現れた。

そのうえ、世は元禄の泰平を迎え、商品経済の発展、都市消費生活の向上により、幕府は財政収支の均衡を失った。そこで幕府は、勘定吟味役の荻原重秀*の意見を入れて、貨幣を改鋳し悪貨を増発した（元禄金銀）。その結果、幕府は約五百万両の利益を得たが、かえって物価は高騰し、経済界は混乱して、人びとの生活を圧迫した。さらに宝永四年（一七〇七）には富士山が大噴火し、降灰による大被害をもたらした。こうして綱吉‐側用人による元禄政治は、民衆の怨嗟のなかで幕を閉じた。

正徳の治　綱吉の死後、宝永六年（一七〇九）、家光*の三男綱重の嫡子綱豊（家宣*）が甲府藩から迎えられて、六代将軍に就任した。家宣は元禄の悪政に対する反省から、儒者新井白石*を登用し、間部詮房《まなべあきふさ》を側用人として、幕政の運営にあたらせた。これを「正徳の治*」という。

　白石の政治理念は、儒学が理想とする礼楽の振興にあった。宝永七年「武家諸法度」の改訂にあたって、人倫・礼文を強調し、儀式・服制・叙位に公家風を取り入れた。また、公武関係の融和をはかって閑院宮家を創設し、朝鮮来聘使*の待遇を簡素化し、国書記載の将軍名を「大君」から「国王」に改めて、将軍権力の高揚につとめた。さらに財政問題については、荻原重秀を追放し、良貨の正徳金銀を発行して、品位の向上と物価調節をはかり、正徳五年（一七一五）には、金銀銅の海外流出を防ぐため、「海舶互市新例*」を制定して貿易額を制限した。

　しかし、白石の政治は理想主義的で、文飾に走り、形式的な面が多く、家宣の死後、正徳三年幼少の家継が七代将軍に就任すると、白石はしだいに孤立し、綱吉以来抑えられていた譜代勢力の批判が高まった。詮房－白石をコンビとする側用人政治は、絵島事件に代表される大奥の腐敗のなかで、重大な危機に直面したのである。　　（藤野　保）

〔文治政治〕

由井《ゆい》正雪《しょうせつ》の乱《らん》　慶安四年（一六五一）由井正雪・丸橋忠弥ら浪人の一団が江戸幕府*の転覆をはかった事件。慶安事件ともいう。関ケ原の戦い*以後、江戸幕府は多くの大名*を改易*・減封したため多数の浪人が発生し、江戸市中には仕官を求める浪人があふれ、大きな社会問題となっていた。慶安四年、三代将軍家光*が没し幼少の家綱*がその跡を継ぐと、三河刈谷藩主松平定政が旗本救済を求めて領地を返上、遁世する事件が起こるなど、政局に不安をもたらした。軍学者として名声を得ていた由井正雪は、好機到来と判断し、浪人救済を掲げて江戸*をはじめ各地で騒動を起こすことを計画し、自らは駿府に下って騒動を指揮しようとした。しかし、密告によって事前に幕府の知るところとなり、丸橋忠弥は江戸で捕らえられ、正雪も駿府で町奉行の配下に取り囲まれたため、自害して果てた。その後、一味・縁者に対する厳しい探索が行われ、多数の者が処刑されてこの事件は落着した。これを契機に末期養子《まつごようし》*の禁が緩和され、大名・旗本の改易・減封は激減することになった。　　（深井雅海）

徳川家綱《とくがわいえつな》　（一六四一―八〇）　江戸幕府*四代将軍。三代将軍家光*の長男。寛永十八年八月三日生まれ。生母は増山氏於楽の方。慶安四年（一六五一）四月二十日、父家光の死によりわずか十一歳で将軍となったため、前期は叔父の保科正之*や前代の遺老酒井忠勝・松平信綱*・阿部忠秋ら老臣の協議による政治運営が行われた。家綱は成長後も病弱のため政治を主導することができず、後期は譜代の名門である大老酒井忠清*が幕政の実権を握った。このように家綱自身は政治に関心を示さなかったが、寛永期に続き幕府の諸制度はいっそう整備された。延宝八年五月八日没。四十歳。墓は上野寛永寺。法号は厳有院。

（深井雅海）

末期養子《まつごようし》　江戸時代の武家で、当主が重病危篤のとき急に願い出る養子のこと。急養子ともいう。江戸幕府*は、当主が生前に届け出て公認されている養子には相続を許したが、それを怠り、当主危篤時に急に願い出た養子（末期養子）には相続を許さなかった。このため無嗣断絶する家が少なくなく、多数の浪人が出て、慶安四年（一六五一）には由井正雪ら浪人が幕府転覆をはかろうとした由井正雪の乱*（慶安事件）が発生するに及び、同年幕府は五十歳未満に限って末期養子を認めた。これ以後も規定のうえでは原則として五十歳以上の者の末期養子は認めず、また十七歳未満の者は養子を願い出ることはできなかったが、実質的にはほとんどが認められ、無嗣断絶は特別なものを除きなくなった。なお末期養子を願うときには、万石以上の場合は大目付*、万石以下の場合は支配・頭もしくは目付*が出願人の病床に赴き、本人の生存を確認し、養子願が本人の意志かどうかを聞きただす判元見届という手続きを必要としたが、これもしだいに形骸化し、中期になると廃止された。

（深井雅海）

保科正之《ほしなまさゆき》（一六一一—七二）　江戸時代前期の陸奥国会津藩主。二代将軍徳川秀忠*と神尾栄加の娘お静の方との間に生まれる。徳川家光*の異母弟。幼名幸松。元和三年（一六一七）信濃高遠藩主保科正光の養子に迎えられ、寛永八年（一六三一）養父正光の死去に伴い、遺領を相続。寛永十三年（一六三六）出羽山形に二十万石を給されたが、同二十年（一六四三）には二十三万石で会津に移封となった。のち左近衛権少将、従四位上、正四位下にそれぞれ叙任。慶安四年（一六五一）家光の死後、その遺言によって将軍家綱*を補佐し、幕政を主導した。家綱による殉死の禁止には、その意見が反映されていたといわれる。ほとんど江戸住まいであったが、社倉制の施行、蠟・漆の専売制*の実施など、領内支配にも力を入れ、また寛文八年（一六六八）には「家訓十五箇条」を制定して藩士に遵守すべき規範を示すなどした。寛文九年四月隠退、同十二年十二月江戸藩邸にて死去。六十二歳。

（上原兼善）

池田光政《いけだみつまさ》（一六〇九—八二）　江戸時代前期の岡山藩主。幼名幸隆《よしたか》、通称新太郎、諡《おくりな》は芳烈《ほうれつ》公。慶長十四年四月四日、池田利隆《としたか》の子として岡山城に生まれる。母は榊原康政の二女鶴子。元和二年（一六一六）に父利隆の死に伴って姫路の遺領四十二万石を継いだが、翌三年、因幡・伯耆両国へ三十二万石に減封、寛永九年（一六三二）岡山藩主池田忠雄《ただお》の死に伴って、その子光仲との間に国替えとなる。岡山においては、熊沢蕃山《ばんざん》*について儒学をおさめ、仁政理念に基づく藩政を行った。特に承応三年（一六五四）の洪水被災を契機に、地方知行制の変革による家臣団の統制、地方役人の横暴の抑制、津田永忠の起用による新田開発*の推進、また庶民教学のための花畠《はなばたけ》教場・閑谷《しずたに》学校や手習い所の設置、寺院の取りつぶし、キリシタン神道請制度に示される宗教政策など、思い切った政策を展開したことで知られる。現存する『池田光政日記』（二十一冊）に、ほぼ政策の全容を窺うことができる。天和二年五月二十二日、岡山城内で没。七十四歳。岡山県和気郡和意谷の墓地に葬る。

（上原兼善）

徳川光圀《とくがわみつくに》（一六二八—一七〇〇）　江戸前期の水戸藩主。寛永五年水戸藩主徳川頼房の三男として水戸に生まれる。母は頼房の側室谷久子。幼名は長丸、のち千代松。九歳の元服に際し、将軍家光*の一字を与えられて光国と名乗り、のち国を圀に改めた。字は徳亮《とくりょう》・観之《かんし》・子龍《しりゅう》、号は日新斎《にっしんさい》・常山・梅里・西山《せいざん》など。寛文元年（一六六一）父の死後藩主の位についた。元禄三年（一六九〇）退引と同時に中納言となる。官位昇進が遅れたのには将軍綱吉*との不和が原因だといわれる。若いころから学問を志すようになり、彰考館の開設による『大日本史』の編纂、文化財の整理保存など、文化事業を推進し、また政治的にも殉死の禁止、社寺の改革などの事績を残した。元禄十三年（一七〇〇）十二月六日没。七十三歳。瑞龍山に葬る。法名は義公。

（上原兼善）

前田綱紀《まえだつなのり》（一六四三―一七二四）五代金沢藩主。寛永二十年四代藩主光高の長男として江戸辰口の藩邸に生まれる。母は三代将軍家光*の養女大姫（清泰院）。幼名犬千代。正保二年（一六四五）三歳のとき父光高が死去。祖父利常の後見のもとに藩主の位についた。元服して綱利、のち綱紀と改める。妻が会津藩主保科正之*の娘摩須姫であった関係で、その補佐も受けた。寛文元年（一六六一）に初めて領国入りし、以後祖父利常が施行した改作仕法を推進、農政改革、俸禄制度の整備にあたったばかりでなく、しばしば藩職制・軍制を更改して藩体制の強化に努めた。また寛文十年（一六七〇）には領内の飢民のために「非人小屋」を創設するなど、民政にも意を用いたことや、多くの学者文人を藩*に招き、和漢古典の収集保存・編集事業にも力を入れ、『東寺百合文書』を補修するなど、文化政策の点からも「名君」の評価を得た。享保八年（一七二三）致仕、翌年江戸で死去。八十二歳。法号松雪院。

（上原兼善）

酒井忠清《さかいただきよ》（一六二四―八一）江戸前期の大名*。老中*・大老*を歴任。上野前橋藩主。譜代の名門雅楽頭《うたのかみ》酒井家の忠行の嫡男として寛永元年（一六二四）に生まれる。幼名は熊之助・与四郎。河内守に叙任され、のち雅楽頭に改めた。十四歳で父の遺領前橋十万石を相続、承応二年（一六五三）には三十歳の若さで老中上座となり、寛文六年（一六六六）大老に就任した。松平信綱*・阿部忠秋ら家光時代の遺老が幕閣を去ったあと、病弱の四代将軍家綱*のもとにあって権勢を振るい「下馬将軍」と称され、石高も十五万石に加増された。家綱の後嗣をめぐって老中堀田正俊*らと対立、正俊の推す綱吉*が五代将軍になると失脚した。天和元年五月十九日没。五十八歳。前橋龍海院に葬る。

（藤野　保）

堀田正俊《ほったまさとし》（一六三四―八四）江戸前期の大名*。若年寄*・老中*・大老*を歴任。下総古河藩主。堀田正盛*の三男として寛永十一年に生まれ、春日局の養子となり、家綱の小姓となった。幼名は久太郎、備中守に叙任され、のち筑前守に改めた。慶安四年（一六五一）一万三千石の大名となり、のち上野安中を経て、下総古河に転封*されて九万石（のち十三万石）を領した。四代将軍家綱の死後、五代将軍綱吉*の擁立に貢献した。天和元年（一六八一）酒井忠清*に代わって大老に就任、大名統制や農政の刷新に尽力したが、正俊の厳正・剛直な性格により敬遠され、貞享元年若年寄の稲葉正休《まさやす》に刺殺された。五十一歳。東叡山円覚寺に葬り、のち浅草の金蔵寺に改葬された。

（藤野　保）

〔天和の治〕

徳川綱吉《とくがわつなよし》（一六四六―一七〇九）江戸幕府*五代将軍。三代将軍家光*の四男。正保三年正月八日生まれ。生母は本庄氏於国の方（桂昌院）。慶安四年（一六五一）賄料十五万石を与えられ、寛文元年（一六六一）十万石加増、上野国館林城主となる。延宝八年（一六八〇）兄四代将軍家綱*の死後、将軍家を継ぐ。将軍になると、前代に権勢を振るっていた大老*酒井忠清*を罷免して幕政の実権を握り、堀田正俊*を大老に任命して政治改革に着手した。その政治は「天和《てんな》の治」と呼ばれたが、堀田の没後は牧野成貞・柳沢吉保*らによる側用人*政治が行われた。宝永六年正月十日没。六十四歳。墓は寛永寺。法号常憲院。

（深井雅海）

柳沢吉保《やなぎさわよしやす》（一六五八—一七一四） 江戸時代中期の側用人*。館林藩の勘定頭として徳川綱吉*に仕えた安忠の子。初名房安・保明、通称主税・弥太郎。延宝三年（一六七五）に家督（知行百六十石・廩米三百七十俵）を相続して小姓組をつとめ、同八年、主君綱吉の将軍就任に伴って幕臣に加えられ、小納戸となった。ついで元禄元年（一六八八）には、側用人に昇進して一万二千三十石の大名に取り立てられ、同七年には七万二千三十石を領して武蔵国川越城主となり、侍従に任じ老中格に昇進した。同十一年左近衛少将に任じられて老中*より上格となり、同十四年には松平の家号と綱吉の諱の一字を与えられて、柳沢出羽守保明から松平美濃守吉保に改めた。さらに宝永六年には、綱吉の継嗣となった徳川家宣*の旧領甲府十五万千二百石余を領することになった。このように吉保は、五百石余の陪臣から十五万石余の大名、そのうえ老中の上座にまで出世して綱吉時代後期の幕政を主導したが、宝永六年（一七〇九）綱吉の死後隠居し、正徳四年駒込の六義園で没した。五十七歳。

（深井雅海）

側用人《そばようにん》 江戸幕府*の職名で、将軍側近の最高職。天和元年（一六八一）に五代将軍徳川綱吉*が館林藩主時代の家老であった牧野成貞を側衆から登用したのがはじめである。将軍の官邸にあたる中奥の長官として、将軍の命を行政機構（表向の長官である老中*）に伝達し、老中よりの上申その他を将軍に伝えることを職務とし、場合によっては将軍に意見具申を行った。綱吉時代には万石未満の者が任命されたこともあるが、原則として万石以上の者を任じ、従四位下に叙し、あるいは侍従に任ずるのを例とし、老中に準ずる待遇を与えられた。しかし、必ずしも常置された役職ではなく、その権能は、時期や将軍の信任の度合いにより、就任者によって大きな相違があったものと思われる。在職期間中を通じて、常置またはほぼ常置していた将軍は、綱吉のほかに六代家宣*・七代家継・十代家治*であるが、これはそのまま側近政治が行われた時期を示しており、綱吉のもとで柳沢吉保*、家宣・家継のもとで間部詮房《まなべあきふさ》、家治のもとで田沼意次*などが権勢をふるった。

（深井雅海）

生類憐みの令（『御当家令条』）

一、生類あハれみ候《そうろう》 様にと思食《おぼしめ》させ候ところ、船ニて釣たれ、無益《むえき》之《の》殺生《せっしょう》不《ふ》届《とど》き二思《おぼ》し食《め》し候。唯《ただ》今《いま》御僉議《せんぎ》仰《おお》せ付《つ》けられるべく候え共《ども》、大勢《おおぜい》損じ申《もう》すべくの間、町御奉行中え仰せ渡され、釣船出し申さざる様御触《ふれ》候て、其《それ》以後違背《いはい》之《の》者之《これ》有《あ》らば、急度《きっと》召《め》し捕り候様、町同心蒙《まか》り出られ候条、何も其故心得《こころえ》有るべく候已上《いじょう》。

生類《しょうるい》**憐**《あわれ》**みの令**《れい》 江戸幕府*五代将軍徳川綱吉*時代に発せられた生類憐みに関する幕府法

令の総称。対象となった生類は牛・馬・犬などの動物や鳥類、魚介類などであるが、捨子・行旅病人・囚人などの人間に及んだ点も見過ごすことはできない。この法令に違反した者は死罪・遠島などの厳罰に処せられる場合も少なくなかったため、民衆の怨嗟の声はしだいに大きくなり、宝永六年（一七〇九）正月に綱吉が没すると、六代将軍家宣によってただちに廃止された。この法令は綱吉の将軍専制体制下の悪法として広く知られてきたが、近年、この政策の意図するところは、人を含む一切の生類を幕府の庇護・管理下に置こうとするものとの新見解が出されている。　（深井雅海）

荻原重秀《おぎわらしげひで》（一六五八―一七一三）　江戸前・中期の幕臣。通称は五左衛門・彦次郎。幕臣十助種重の二男。延宝二年（一六七四）勘定となり、翌年廩米《りんまい》百五十俵を給される。天和三年（一六八三）勘定組頭に進み、百俵加増。貞享四年（一六八七）総代官の会計検査を命じられ、その年、勘定吟味役に昇進し五百五十石の地方知行取となる。元禄二年（一六八九）二百石、同八年一千石加増。翌九年には勘定頭に進み、二百五十石加増、従五位下近江守に叙任。その後もたびたび加増されて三千七百石の知行取となる。五代将軍綱吉時代の後半から六代将軍家宣時代の幕府財政を主導したが、正徳二年（一七一二）新井白石の弾劾により失脚。正徳三年没。五十六歳。　（深井雅海）

〔正徳の治〕

徳川家宣《とくがわいえのぶ》（一六六二―一七一二）　江戸幕府六代将軍。三代将軍家光の三男甲府藩主徳川綱重の長子。寛文二年四月二十五日生まれ。生母は田中氏於保良《おほら》の方。綱重が正室を迎える前の子であったため家臣新見正信に養育されたが、寛文十年、綱重の嗣子となって延宝四年（一六七六）元服、綱豊と名乗り、同六年、綱重の死後甲府二十五万石を継ぐ。同八年、十万石加増。宝永元年（一七〇四）叔父綱吉の養子となり家宣と改名し、同六年、将軍家を相続した。甲府藩以来の側用人間部詮房・侍講新井白石の補佐を受けて「正徳の治」と称される政治を行ったが、正徳二年十月十四日没。五十一歳。墓は増上寺。法号文昭院。　（深井雅海）

新井白石《あらいはくせき》（一六五七―一七二五）　江戸時代中期の儒学者・政治家。明暦三年江戸に生まれる。名は君美《きんみ》。通称は与五郎・伝蔵・勘解由。字は在中・済美。号は白石・紫陽・錦屏山・天爵堂・勿斎。父正済、母千代の長男。父正済は上総国久留里領主土屋利直の臣。白石は幼少より利直にかわいがられたが、継嗣問題にかかわり、二十一歳のときに土屋家を追われて浪人する。天和二年（一六八二）に大老堀田正俊に抱えられた。木下順庵の門人となり、五先生・十哲の一人に数えられたが、正俊が殺されて後、元禄四年（一六九一）再び浪人。同六年、順庵の推挙により甲府藩主徳川綱豊（後の六代将軍家宣）の侍講となり、宝永六年（一七〇九）家宣が将軍になるに及び重用され、七代将軍家継の時代にかけて、「武家諸法度」の改定、外交・貿易の改革、貨幣改鋳などにかかわり、政治的手腕を振るった。八代将軍吉宗になって遠ざけられ、その後は、著述に励み、『折たく柴の記』『読史余論』ほか、多数の著作を残した。　（太田勝也）

正徳《しょうとく》**の治**《ち》　宝永六年（一七〇九）正月から享保元年（一七一六）四月までの七年間にわたる六代将軍家宣、七代将軍家継時代の通称。前代の綱吉時代同様、将軍と側近による政治が行われ、側用人*間部詮房《まなべあきふさ》と侍講新井白石*を中心に幕政が推進された。まず宝永七年（一七一〇）「武家諸法度」*を改訂して、儒教の仁政思想に基づく文治主義精神を強調し、さらに公武関係の融和を図り、朝鮮来聘使*の待遇を簡素化し、国書記載の将軍名を「大君」から「国王」に改めて、将軍権力を高揚した。ついで財政面については、前代以来の勘定奉行荻原重秀*が留任して通貨の悪鋳を繰り返していたが、正徳二年（一七一二）白石の献言により罷免され、同四年には慶長金銀と同質の正徳金銀の発行を実現した。また、正徳二年には勘定吟味役を再置して代官の不正を監督させるとともに、全国の幕領に巡見使を派遣してその実情を把握し、不正の温床である手代小検見や大庄屋などを廃止している。この結果、年貢米が四十三万俵も増加したといわれている。さらに対外関係では、貿易制限によって金・銀・銅の海外流出を防ぎ、密貿易や海賊行為を取り締まるため、正徳五年に「海舶互市新例」*を発布している。このように政治刷新の意図はある程度果たされたが、将軍家継の死去により詮房・白石とも幕政中枢から追放されて終息した。

（深井雅海）

朝鮮来聘使《ちょうせんらいへいし》　室町・江戸時代に、朝鮮国王が国書・進物を日本の将軍に届けるために派遣した外交使節団。通信使とも称される。来聘の理由は、室町時代には倭寇《わこう》*の取締り要請や将軍襲職祝賀などであり、江戸時代には、その初頭においては秀吉*の時代に悪化した日本との関係を回復することや後金《こうきん》の圧力に対抗するために、日本と平和を保つ必要があったためである。明暦通信使の以後は、日朝ともに「日本将軍襲職祝賀」と認識するようになる。使節の編成は、正使・副使・従事官・堂上訳官以下多数の役人よりなる。将軍への進物は、大繻子・大段子・黄照布・綿紬・人参・虎皮などで、御三家・老中*・所司代にも持参した。通路は釜山港より、対馬・壱岐・藍島・赤間関・上関を経由し、瀬戸内海を通って大坂*に着き、京都*を経て、東海道で江戸へと来た。吉日を選び、江戸城*大広間で諸大名列が臨席し、聘礼の儀式が行われ、幕府は大いに歓待した。幕府後期になると両国ともに財政が悪化し、対馬での聘礼交換で事を済ませたりし、幕府の崩壊とともに消滅した。

（太田勝也）

朝鮮来聘使（神戸市立博物館蔵）

海舶互市新例《かいはくごしんれい》　正徳五年（一七一五）に発令された長崎貿易*の管理・運営などに関する規定。正徳新例・長崎新例とも称される。江戸時代、長崎貿易で、その初期に多量の銀が輸出された結果、国内使用銀の不足が問題化した。幕府は銀輸出制限を中心とする対策を展開する一方、銀に代わる輸出品の開発を行い、銅を中心とする輸出に切り替えるが、元禄後半期になるとこの銅も不足し、貿易の維持が困難になった。六代将軍家宣*にも登用された新井白石*は、たびたび貿易改革を建議し、また、長崎奉行*大岡清相も改革案を提出するが、これらを経て正徳四年に長崎貿易改革の大綱が成立し、翌同五年正月十一日付で長崎奉行宛に発令された。これが海舶互市新例である。主な内容は、貿易歳額を銀高九千貫目・銅輸出歳額を四百五十万斤までとする貿易の運営を基本とするもので、従来行われてきた貿易統制を集大成したものであり、新法としては信牌《しんぱい》を用いた唐船の来航統制を始めたことや長崎目付を設置して奉行との連携支配を始めたことが注目される。　（太田勝也）

（二）　農村と都市

農民支配と統制　小農民を中核とする近世農村の形成に伴い、農村制度も整備された。近世農村は中世以来の伝統を受けついで、共同体としての慣行をもち、村掟をつくって、農民生活の万般にわたって細かい規定を設け、村の財産管理や訴訟・契約を行い、これに違背すると村八分*などの制裁を加えた。幕藩領主は、村のもつこれらの機能を巧みに利用して、これを行政村落として把握し、名主*（庄屋*）、組頭*、百姓代*などの村方三役*と五人組*制度をつくって、年貢・諸役の村請制を実現する一方、農民に対する統制を強化した。

本百姓*が負担する年貢*・諸役の中心は、田畑・屋敷に賦課される本途物成*で、租率は四公六民ないし五公五民を一般とし、米納を原則として、毎年坪刈の結果によって租率を定める検見法*が初期には多かった。ほかに付加税として

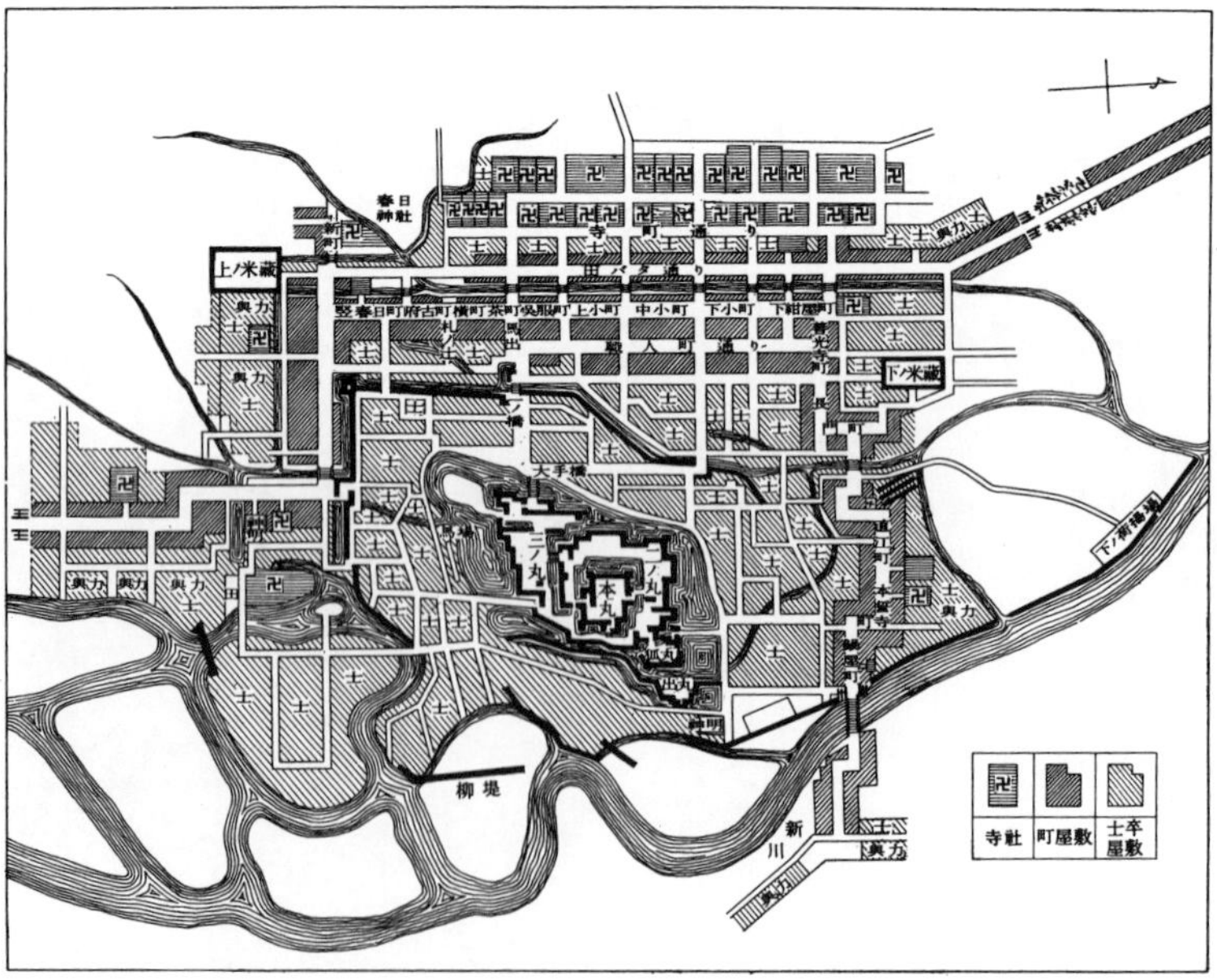

高田城下の図（豊田武『日本の封建都市』岩波書店より）

の高掛物*、山野・河川の収益に賦課される小物成*があり、また夫役労働としての国役*や、宿場*（宿駅*）付近の農民に賦課される助郷役*などがあって、農民生活を強く圧迫した。

幕府は本百姓の経営を維持し、年貢・諸役を確保するため、寛永二十年（一六四三）、「田畑永代売買の禁令*」を出し、また「田畑勝手作りの禁令」を出して、商品作物の栽培を禁止した。慶安二年（一六四九）幕府が公布した「触書」（慶安御触書*）には、農業技術をはじめ、農民生活に関する細かい規定が加えられている。さらに幕府は、寛文十三年（一六七三）、耕地の細分化を禁止する「分地制限令*」を出し、本百姓の没落を阻止する政策を打ち出した。

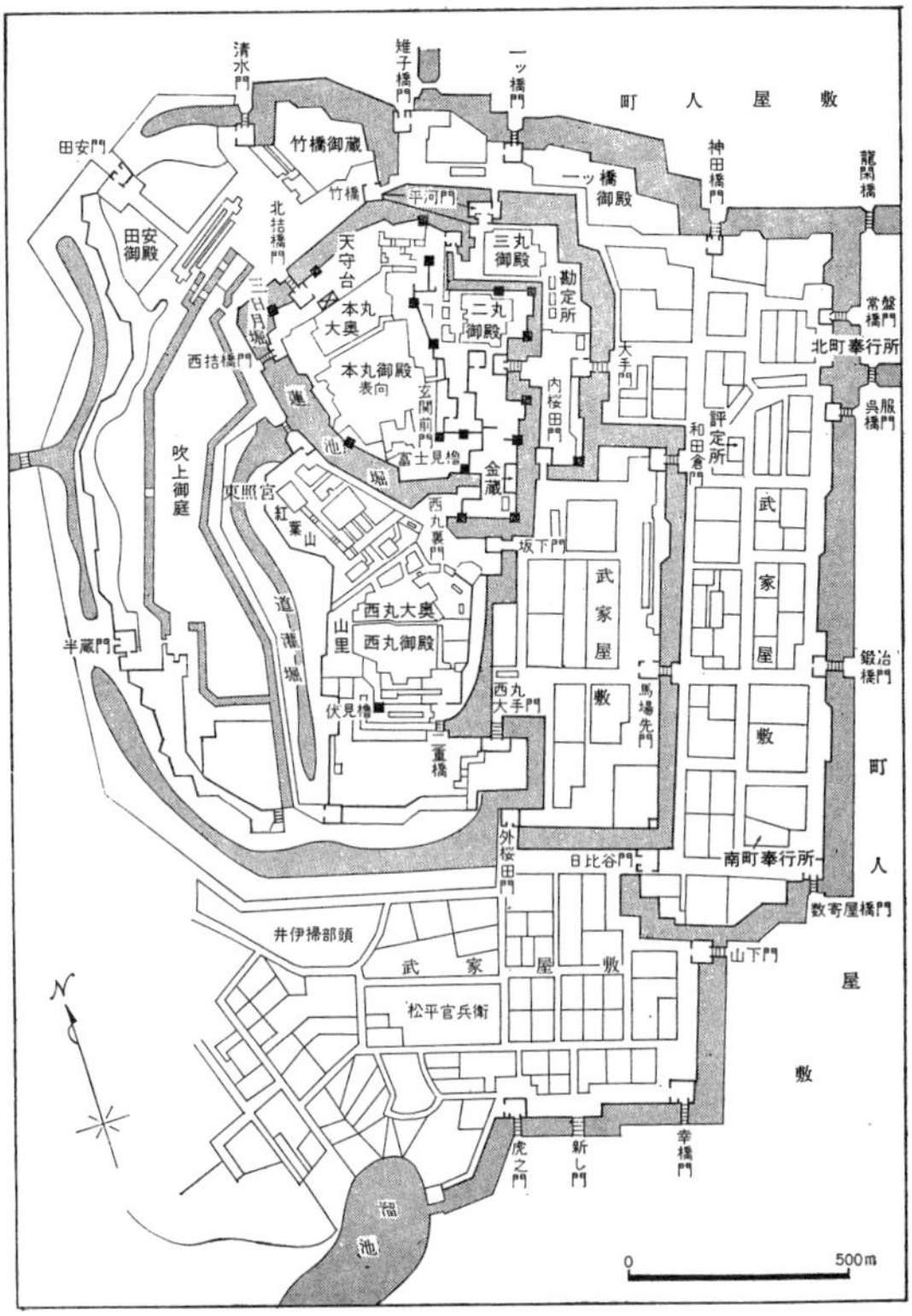

18世紀末ごろの江戸城とその付近
（児玉幸多・杉山博『東京都の歴史』山川出版社より）

城下町と町人　一方、近世都市の中核を形成したのは城下町*である。兵農分離*の促進、元和*の「一国一城令*」の発布、さらに徳川一門（親藩*）・譜代大名の積極的な創出によって、城下町は質量ともに拡大・整備された。城下町は大名領国の政治・経済の中心地として計画的に建設されたため、一定の都市計画に基づく町割が実施された。大名の居域をめぐって武家屋敷がつくられ、商人や職人が居住する町屋と厳重に区分された。町屋には同一職業のものが一定の町に集住する傾向がみられ、職種によって鉄砲町・鍛冶町・大工町・呉服町などの名称がつけられた。

城下町の初期の商人や職人は、領主経済に必要な商業や手工業に従事し、種々の特権があたえられた。これらの特権商人・御用商人のもとに、家屋敷・土地を保有し、地子、公役、町役を負担する本町人があり、農村の本百姓に相当した。近世都市は農村と同じく自治組織をもち、町名主・町

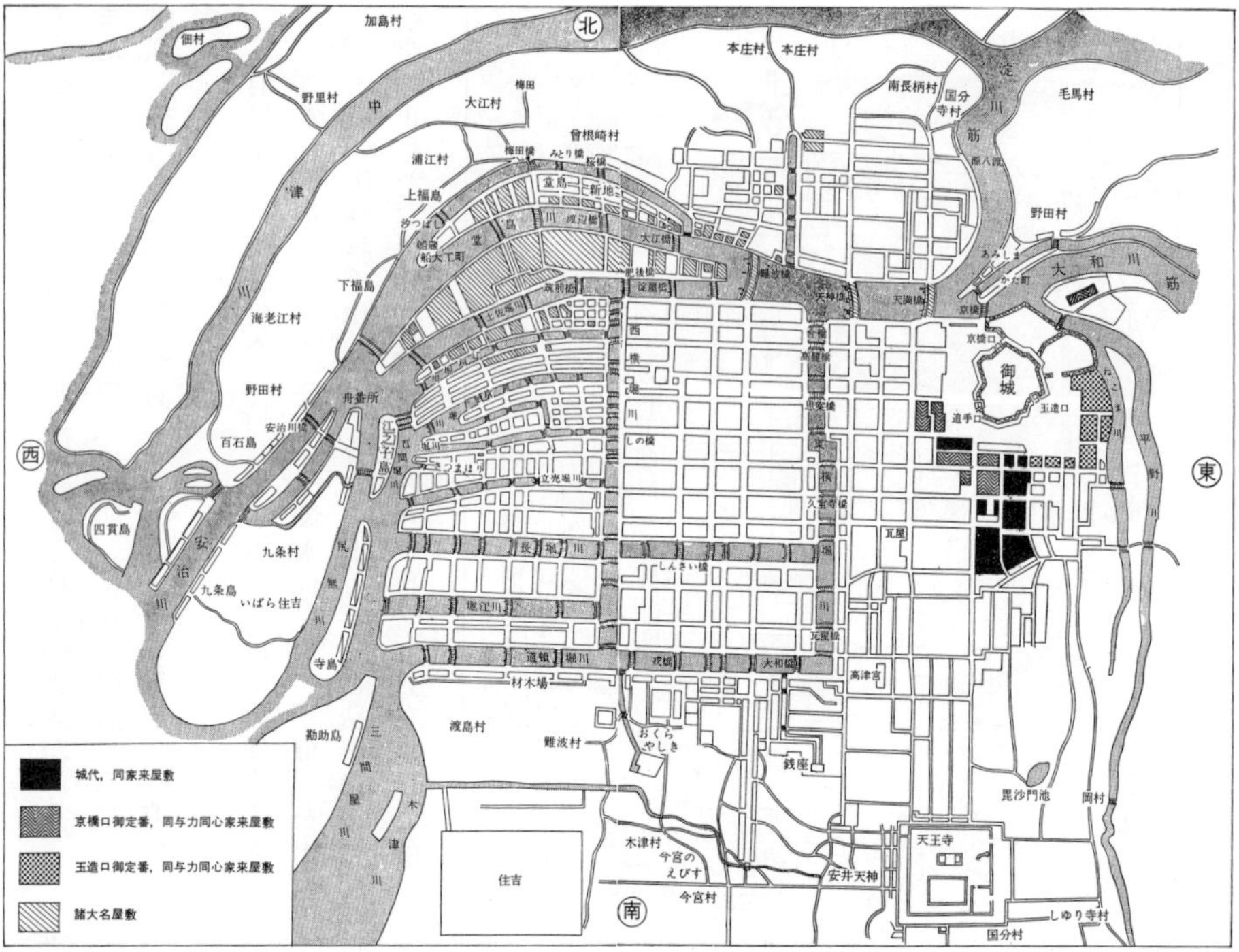

元禄年間の大坂
（藤本篤『大阪府の歴史』山川出版社より）

年寄*と呼ばれる町役人*が町政を担当したが、本町人の下には地借・店借・奉公人など多様な階層が居住した。また、近世都市には城下町のほか、港町*・門前町*・宿場町*・鉱山町があったが、いずれも都市社会の基礎には町が存在した。

江戸と大坂　当時、最大の規模を有する城下町は江戸*であり、参勤交代制*が実施されてから、参府滞在する諸大名とその家臣団が集居する大消費都市へ発展し、十八世紀初期の人口は百万に達したといわれる。江戸町人の中心は、直接武士と接触する御用商人・出入商人・職人、および消費人口を対象とする小売商人であり、ほかに旗本*・御家人*の扶持米を担保に高利貸を営んだ札差*が存在した。

大坂*は畿内の商品生産の発展に支えられて商業都市として発展し、特に参勤交代制が実施されてからは、諸大名の年貢米・特産品などの蔵物の回送が多くなり、全国中央市場として発展した。諸大名は蔵物の販売のため、大坂に蔵屋敷*を設け、富裕な商人を蔵元*・掛屋*として、その実務を担当させた。その後、農民的商品生産の発展に伴って、各種の問屋商人が発生し、大坂商人の中心勢力となった。彼らは初期の特権的な御用商人に代わって、新興の都市商人として台頭し、幕藩体制下における経済の主要な担い手となった。

大坂に集められた全国の物資は、主として江戸へ回送され、両都市の物資を輸送する菱垣廻船*が登場した。さらに十七世紀の後半、河村瑞賢*によって東廻り航路*と西廻り航路*が整備され、諸大名の蔵物回送が増加すると、新しく樽廻船*が現れ、菱垣廻船と競争した。こうして、城下町と大坂、大坂と江戸が経済的に結びつき、全国市場が形成されていったのである。（藤野　保）

〔農民支配と統制〕

本百姓《ほんびゃくしょう》　江戸時代、村の中心的構成員であった農民。検地帳に登録され、田畑・屋敷を所有するとともに、耕作に必要な用水権・入会権などの百姓株を有し、貢租・夫役*を負担した。初期においては、名子*・被官*などと呼ばれる従属農民を抱え、年貢*とともに夫役を負担する中世名主の系譜を引く有力農民をさした。これをのちの本百姓に対して初期本百姓と呼ぶ。その後、生産力が上昇し、幕藩領主の小農自立・維持政策が実施されるなかで従属農民の自立化が進み、夫役の米納化・貨幣納化が行われるようになると、年貢負担＝石高所持が重視されるようになり、高請地を所持する高持百姓をさすようになった。中期以降、商品経済の農村への浸透、地主制の展開とともに本百姓の分解が進み、高請地を手放す百姓が増加。後期にはこれがさらに激化し、百姓一揆*や村方騒動が続発して、本百姓体制は動揺を深めていった。（柴多一雄）

水呑百姓《みずのみびゃくしょう》　江戸時代の貧農。水を飲んで暮らさねばならないほど貧しかったことから呼ばれるようになったという。高請地を所有しないことから無高ともいった。隷属農民が自立するにあたって、高請地を所有しないまま主家から分立したものや、本百姓*が没落して高請地を手放し無高となったものなどからなるが、漠然と貧乏な農民をさす場合もあった。村内の最下層農民で、高請地を所持しないため年貢*を負担せず、小作や賃雇労働などによって生計を立てていた。独立の生計を立てている点で隷属農民や奉公人と区別される。（柴多一雄）

名子《なご》**・被官**《ひかん》　中世・近世における世襲的隷属農民。譜代・家抱・門屋・分付・作子などとも呼ばれる。近世においては主家から耕地・家屋敷を貸与され、耕作だけでなく家事その他、主家に対して日常的に労働力を提供した。自立した経営単位・担税単位とはみなされず、生活全般にわたって主家の監督を受け、村内での発言権はほとんどなかった。生産力が上昇し、領主による本百姓*取立て政策が実施されるなかで、名子・被官の自立化が進み、近世中期以降その数は減少した。また名子・被官として残ったものも、しだいに従属性は弱まっていったが、後進地や山間部では戦後の農地改革*まで残ったところもある。（柴多一雄）

村方三役《むらかたさんやく》　江戸時代の村役人、名主*（庄屋・肝煎）・組頭*（年寄・長百姓）・百姓代*の総称。地方三役ともいう。兵農分離を基本とする近世社会においては、農村支配の末端機関としての役割と村落運営の代表としての役割をになっていた。名主は村の長で、年貢*・諸役の納入を中心に、村民の保護・統制、他村との交渉、領主への請願など村政全般を担当した。村内の有力農民が任命され、世襲が一般的であったが、中期以降は一代限りのものや、入札で選ばれるものもみられた。村入用のなかから給米が支給され、年貢・諸役の一部を免除される場合もあった。組頭は名主を補佐して年貢・村入用の算用、文書の作成などにあたるもので、上・中層農民のなかから複数選ばれた。給米は不定で、無給の場合もあった。百姓代は村の百姓を代表して名主・組頭による村政運営を監視する役割をもち、中期以降、名主・組頭による年貢・村入用の割付をめぐる村方騒動*などを契機に成立した。中層農民のなかから入札によって選ばれ、無給が原則であった。（柴多一雄）

名主《なぬし》（庄屋《しょうや》） 江戸時代の村方三役*の一つ。一般に東日本では名主、西日本では庄屋という。地域によっては肝煎《きもいり》ともいった。村の長で、給人・代官*などの命を受け、年貢*・諸役の納入を中心に、村民の保護・統制、他村との交渉、領主への請願など村政全般をつかさどった。一村に一名が原則であったが、村が相給の場合は給人ごとに置かれることもあった。初期には中世以来の土豪や戦国大名*の家臣であった者も少なくなく、一般にその村で最も有力な上層農民が任命された。世襲が普通であったが、中期以降は一代限りのものや、入札で選ばれるものも見られるようになった。村政にかかわる事務は名主（庄屋）の家に組頭*以下の村役人が集まって行い、その書類は名主（庄屋）が保管した。給米はふつう村入用の一部として村民に割り付けられ、年貢・諸役の一部を免除される場合もあった。また住居や衣類に特例が認められ、苗字帯刀を許されることもあった。明治五年（一八七二）の大区・小区制の発足によって廃止された。（柴多一雄）

組頭《くみがしら》 江戸時代の村方三役*の一つ。地域によっては年寄・長百姓などとも呼んだ。名主*（庄屋）を補佐して年貢*・村入用の算用、文書の作成などにあたった。また村内がいくつかの集落や組に分かれている場合は、その集落や組の長としての役割も果たした。人数は村の規模により異なるが、一村に一名から数名置かれた。上・中層農民のなかから筆算のできるものが、名主（庄屋）の意向や村民の相談によって選ばれたが、入札によって選ばれる場合もあった。給米は不定で、無給の場合もあり、また年貢の一部を免除される場合もあった。（柴多一雄）

百姓代《ひゃくしょうだい》 江戸時代の村方三役*の一つ。村の百姓を代表して、名主*（庄屋）・組頭*による村政運営を監視する役割をもち、年貢*・村入用の割付などに立ち会った。江戸時代中期以降、名主（庄屋）・組頭による年貢・村入用の割付の不正をめぐる村方騒動などを契機として広く成立。人数は組頭より少なく、一村に一、二名程度が一般的であった。無給が原則で、多くは入札によって中層農民のなかから才幹ある者が選ばれた。村内の政治的な対立を背景に成立した役職で、領主の承認も必要なく、百姓代がいない村も少なくなかった。（柴多一雄）

五人組《ごにんぐみ》 江戸時代の庶民の隣保組織。祖型は律令制下の五保の制にあるが、豊臣秀吉*が京都の治安対策のために、武士を対象に定めた五人組・十人組が、農民・町人にまで及ぼされて成立。寛永期（一六二四―四四）には幕府領・譜代大名*領を中心に全国的規模で制度化された。村方は惣百姓、町方は地主・家主を対象に、原則として最寄りの五軒を一組に編成し、その長を組頭・判頭・筆頭などと呼んだ。キリシタン禁圧や浪人取締り、それに犯罪の防止などの治安維持機能を相互監察によってもたせるとともに、年貢*納入・耕作労働・法令伝達などを連帯責任によって行わせた。のちには、相互扶助的な機能を併せもつようになった。　(柴多一雄)

村請制《むらうけせい》　江戸時代、年貢*・諸役の納入などを村単位で請け負わせた制度。兵農分離*政策の結果、武士が農村を離れて在地性を失い、農民を個別に直接支配することができなくなったため、農民の再生産や生活の場であった村を支配の単位として編成し、農民支配の実現をはかったもの。領主は検地*によって個々の農民の所持高と村高を把握し、年貢や諸役は村に対して賦課した。村役人はそれらを個々の農民に割り付け、村としてまとめて上納した。戸籍も村ごとに作成され、治安・警察・訴訟などもすべて村単位で行われた。そのため、年貢減免などを要求する百姓一揆*は、村を単位として起こる場合が多かった。また領主が設定した村請制の村と農民の再生産・生活の場としての村落が一致していないところでは、村役人と一般農民の対立が生じ、年貢の割付などをめぐってしばしば村方騒動*が発生した。中後期になると商品生産・商品流通が発展するなかで、村内は村役人などの特権層とそれ以外の農民とに分裂し、村請制はしだいに弛緩していった。　(柴多一雄)

> **田畑永代売買の禁令**　(『御触書寛保集成』)
> 身上《しんしょう》能《よ》き百姓は田地を買取り、弥《いよいよ》宜《よろし》く成り、身体《しんだい》成らざる者は田畠を沽却《こきゃく》せしめ、猶々身上成るべからざるの間、向後田畠売買停止たるべき事。

村八分《むらはちぶ》　江戸時代、村落内で行われた制裁の一種。村はじき、村はずし、村はぶきともいう。村の掟に違反した人物や家との交際を断ち、水利権や入会権を制限するなどの苦痛を与えて回悛をせまるもの。「はちぶ」は、火事と葬式の二つを除く他の交際を拒否したことから起こったとも、はぶく、はずすということばから来たともいう。制裁は放火・殺人・強姦・強盗などの刑事犯にもなされたが、共同作業の怠慢をはじめ村落の秩序を著しく乱した場合に実施された。回悛すれば、一定の手続きを経て許された。明治以降も長く行われたが、脅迫などの犯罪とされ、第二次世界大戦*後は人権意識の高まりのなかでしばしば社会問題となった。　(柴多一雄)

田畑永代売買《でんぱたえいだいばいばい》**の禁令**《きんれい》　江戸時代、幕府が農民の田畑売買を禁止するために出した法令。農民が田畑を売却して年貢負担能力を失うのを防ぐ目的で、寛永飢饉による小農民経営の危機への対応策として出された。寛永二十年(一六四三)に代官*、農民宛に出された三つの法令のなかで、田畑の永代売買を禁止し、売主・買主に対する罰則を規定したものを合わせていう。ただし質入れは禁止されず、元禄八年(一六九五)に質入れ、質流れを媒介とする永代売りが公認され、延享元年(一七四四)に罰則が大幅に緩められたことで事実上撤回された形になる。形式的には、明治五年(一八七二)の太政官布告第五〇号によって廃止された。　(柴多一雄)

慶安御触書《けいあんのおふれがき》　慶安二年(一六四九)二月二十六日、幕府が全国の農民に向けて発布した農村法令。将軍徳川家光*治世下で制定。全三十二条。制定当時の題名は「百姓身持……」であったと思われる。農民の衣食住や農業生産など日常生活全般につ

慶安御触書（『徳川禁令考』）

一、朝おきをいたし、朝草を刈《かり》、昼は田畑耕作にかかり、晩には縄をなひ、たわらをあみ、何にてもそれぞれの仕事油断なく仕《つかまつ》るべき事。

一、百姓は分別もなく、末の考《かんがえ》もなきものに候故《ゆえ》、秋になり候えば、米、雑穀をむざと妻子にもくはせ候。いつも正月・二月・三月時分の心をもち、食物を大切に仕るべく候に付《つき》、……米を多く喰《くい》つぶし候はぬ様に仕るべく候。

一、男は作をかせぎ、女房はおはたをかせぎ、夕《よ》なべを仕り、夫婦ともにかせぎ申すべし、然《しから》ば、みめかたちよき女房成共《なりとも》、夫の事をおろかに存《ぞん》じ、大茶をのみ、物まいり遊山《ゆさん》ずきする女房を離別すべし。

一、百姓は、衣類の儀、布《ぬの》木綿より外は帯・衣裏《きものうら》にも仕るまじき事。右の如くに、物毎《ものごと》念を入れ、身持をかせぎ申すべく候。……年貢さへすまし候えば、百姓程心易《やす》きものはこれ無く、よくよく此《この》趣を心がけ、子々孫々迄《まで》申し伝へ、よくよく身持をかせぎ申すべきものなり。

いて、きわめて詳細かつ懇切に説いた教諭書。目的は農民が「身持」（生計）の維持をはかることで、これを繰り返し強調した。近世中期には、若干の藩*が自領で再公布したり、農民教諭書に部分的に利用したが、制定後年月を経て、幕府以下一般的にその存在が忘れさられた。文政十三年（一八三〇）三月、美濃国岩村藩（松平家）がこれを上梓、領内に頒布したのを契機に、領主層に広く知られ著名になった。慶安御触書という名称は、岩村藩版上梓の折に初めてついた。岩村藩版は農民への徹底をはかるため、全文を読み下しにして漢字に仮名をふり、読点にあたる印を付して読みやすいように工夫した。諸藩や幕府代官は、岩村藩版をもとに新たに上梓もしくは写本として自領に頒布し、近世後期の領民支配に利用した。　（神崎直美）

分地制限令《ぶんちせいげんれい》　江戸時代、幕府が農民の所持田畑の分割相続を制限するために出した法令。分割相続によって耕地が零細化し、再生産が困難となって、年貢*の徴収に支障が生じるのを防ぐことを目的としたもの。耕地の開発が限界に達したことが背景にある。寛文十三年（一六七三）に、名主は二十石、一般百姓は十石以上の保有者に限って分地を認め、それ以下は分地を禁止したのが最初といわれる。享保六年（一七二一）には、分地するほう、されるほうともに高十石、面積一町歩以上であることが規定された。諸藩でも幕府に準じて分地制限が行われたが、中期以降は幕府・諸藩とも必ずしも完全には守られなかった。　（柴多一雄）

本途物成《ほんとものなり》　江戸時代、検地*によって高に結ばれた本途地の田畑・屋敷地に課された貢租のことをいう。検地からはずされた山林原野、湖沼河海の生産物に課される小物成*、普請・助郷などの諸役、商工業者・漁師などに課される運上・冥加などに対し、本来的な年貢*という意味で本年貢・本免、あるいは物成・取箇・成箇などとも称され、領主財政の基盤をなすものであった。本途物成は米納を原則としたが、畑方物成については藩*によって大豆・麦・胡麻などの現物納、もしくは金銀銭での代納とされたところが多い。　（上原兼善）

小物成《こものなり》　近世の貢租のうち、検地*によって高に結ばれた田畑屋敷地以外に賦課される雑税の総称。田畑屋敷地などに課される貢租を本途物成*・本年貢などというのに対し、小年貢とも称される。律令制下の調、荘園制下の公事の系譜をひくとみられる近世の小物成は、狭義の小物成と浮役の二種からなっていた。狭義の小物成は山林・原野・川海に課されるものであるが、これには山年貢・野年貢・草年貢のように面積を測定して反別に課されるものと、山役・山手米・野手米・池役・海役などのように、反別を定めずに高外地《たかがいち》の用益権に課されるもの、茶年貢・漆年貢・麻年貢などのように三草四木の類に課されるものとがあった。また浮役は水車運上・市場運上・酒造冥加・質屋稼冥加などのような営業税・免許税ともいうべきもので、浮役の名は年々の納め高が一定でなかったところに由来する。（上原兼善）

高掛物《たかがかりもの》　江戸時代に村高に応じて賦課された付加税の一つ。幕府直轄領（天領*）においては、①五街道の宿場費用にあてられる伝馬宿入用、②幕府台所人夫の給米にあてられる六尺給米、③江戸浅草御米蔵の維持費にあてられる蔵前入用の三種があって、これを高掛三役といった。元禄から享保期にかけてその率が定まり、それぞれ百石あたり六升、米二斗、永二百五十文であった。これに対し、大名・旗本領においては人夫役の代替として夫米・夫金、馬の飼料として糠藁《ぬかわら》代などが高掛物として課されたが、その種類や数量については領主によって異なり、一様ではなかった。（上原兼善）

国役《くにやく》　「こくやく」ともいう。江戸時代に一国規模で賦課された課役のことで、中世の一国平均役《いっこくへいきんやく》の系譜をひくものとみられている。農民と職人とを対象に賦課されるものがある。農民に対しては治水の普請人足や、御用人馬通行の際の課役などが主なもので、職人に対しては武具調達、城郭・寺社整備のための諸役が負わされた。これらの諸役は、当初実労働の徴発が行われたが、しだいに貨幣納化していった。（上原兼善）

助郷役《すけごうやく》　江戸時代、街道宿駅では幕府や各領主が許可した旅行者や荷物を次の宿駅へ継ぎ送るために一定数の人足と馬を提供することが義務付けられていた。しかし、宿駅*で備えている人馬数では不足する場合、宿駅の近傍の村から人馬を提供し、これを補助した。この際の宿駅近傍の村を助郷といい、このように助郷に宿駅の補助が義務付けられ、課役として制度化したものを助郷役という。

はじめ助郷は、特定の宿駅に限って設定されたり、宿駅と助郷の間での私的な取決めによっていたりするなど、一定した制度ではなかったが、元禄七年（一六九四）以降、幕府によって全国的に各宿駅に対して決まった村が助郷に固定化されていった。その後、助郷は交通量の増加に伴いしだいに拡大され、宿駅からの距離が遠い村も指定されるようになり、負担頻度も増加した。その結果、実際に人足や馬を提供するという負担方法から、金銭納へとかたちを変え、請負いによる負担が主流となり、明治五年（一八七二）に廃止された。（池田真由美）

〔町人と都市〕

町人《ちょうにん》　都市に居住する商人および職人の総称。豊臣秀吉*によって太閤検地*と刀狩*が実施され、武士と農民の分離と同時に、商工業者である町人も身分的に分化され、江戸時代には士農工商*の身分秩序として確定された。江戸時代以前の町人は、特殊技能を提供することで、主に武士階級の軍事的・日常的な消費生活を支えるため、一定範囲に集住させられ、町を形成していったが、江戸時代以降は、幕府から家屋敷を与えられる代わりに、地代や営業税を支払って独自の経済活動を展開していった。そのため、厳密な意味での町人とは家持に限定される。身分制度上は低位に位置付けられていたものの、元禄期以降の消費活動と貨幣経済の進展に伴い、大名貸を営んだり、新田開発を請け負うなどの富裕な商人も増え、元禄文化や化政文化などを生み出し、それを支える母体となった。（池田真由美）

町役人《まちやくにん》　江戸時代、町人身分の者のうち、町奉行の支配下で、町の行政事務に従事した役人の総称。町年寄・町名主（史料上では単に名主と表記される）・町代・書役などをいうが、呼び名は場所によって異なる。町年寄は総町を支配し、町奉行の触の伝達や答申、商人統制や町政全般を担当した。町名主は総町を構成する個々の町を支配し、町間の紛争解決や町の自治的運営など、上意下達と下意上達の両側面をもって町年寄を補佐し、町政を実質的に担当した。町代・書役は町の事務を行う町会所・自身番屋に詰め、町政にかかわる各種の書類を作成する書記であった。町役人は町の自治的運営を担ったが、同時に幕吏化したり、一部の町人に加担し町内の紛争に発展する場合もあった。（池田真由美）

町年寄《まちどしより》　江戸時代の城下町や商業都市などの筆頭役人。町人身分にあり、町奉行の支配下で、町人との間に立って、刑事関係を除く町政全般の業務を担当した。場所によって呼び名が異なり、江戸・長崎などでは町年寄と呼ばれたが、大坂・堺などでは総（惣）年寄と呼ばれた。また、その選出方法にも差異があり、江戸町年寄は、樽屋・奈良屋・喜多村の三家が世襲し、交替で勤めたが、大坂では選挙によって複数人数が選ばれる合議制を採用していた。職務は、町触の伝達や、人別改、商人・職人の統制や、町奉行への答申、町人間の紛争調停のほか、都市での打毀しが行われるようになるとその防止や事後処理能力が問われるなど、多岐にわたっていた。（池田真由美）

大坂《おおさか》　大阪府中央部に位置する地名。古くは難波《なにわ》・浪速《なにわ》と呼ばれた。明治元年（一八六八）の五月に大阪府が設置され、正式表記は大阪となっている。よって、大坂として使われる場合は、近世の地名として考えることが多い。大坂は、石山本願寺の寺内町として繁栄したが、織田信長により寺内町は焼失した。その後、天正十一年（一五八三）に豊臣秀吉が領有し、大坂城を築城して以来再び繁栄した。江戸時代の大坂は、「天下の台所」といわれ、全国経済の中心として物資集散地となった。諸藩は蔵屋敷を大坂に置き、年貢米を蔵米として送って売りさばき、また年貢米に限らず、各地の特産物なども集荷され各地に販売された。江戸の巨大な消費も、大坂に一度集荷された物資が、菱垣廻船・樽廻船などを通じ、下り物として送られた。大名貸などを行う豪商も多く、淀屋・鴻池・泉屋などはその代表である。（落合　功）

江戸《えど》　現在の東京都の中心地域の旧地名。近世、徳川将軍の居城地として、江戸時代の政治の中心地であった。一時期の人口は百五十万ともいわれ、当時において世界有数の都市であった。長禄元年（一四五七）太田道灌が江戸城を築城して以来、江戸には城郭とわずかな集落があった。江戸が大都市として発展するのは、天正十八年（一五九〇）に徳川家康が関東入国して以来のことである。さらに慶長八年（一六〇三）家康が征夷大将軍に任じられると、将軍の膝元（武都）として江戸が位置付けられ、さらに寛永十二年（一六三五）参勤交代制が実施されてから、参府滞在する諸大名とその家臣団が集居する大消費都市へ発展した。江戸市中は、町地・町人*は町奉行、寺社門前・境内・僧侶・神官は寺社奉行、武家地については大目付*・目付*が支配し、統一性に欠けていた。町地には町奉行の指揮のもと、その下に町役人*として、樽屋・奈良屋（館屋）・喜多村の三家が町年寄*として世襲し町方支配を行った。町方の行政・自治は、基本的には町を単位とし、町名主が担っていた。また町は、地主・家守・地借・店借などによって構成された。

（落合　功）

(三)　経済発展と町人の台頭

農業生産の発展　幕藩体制*が確立する十七世紀の後期以降になると、幕藩領主の勧農策や土木技術の発展により、新田開発*が進行して耕地面積が飛躍的に拡大し、生産力が著しく上昇した。農具や農業技術にも改良が加えられて、備中鍬《びっちゅうぐわ》や千歯扱《せんばこき》*、千石簁《せんごくどおし》が出現する一方、稲作の品種改良も進み、牛馬の使用、水田裏作も進行し、干鰯・油粕などの金肥も使用されて、商品作物が培栽されるようになり、各地に特産物の生産地が誕生した。最上地方の紅花、駿河・宇治の茶、紀伊のみかん、備後の藺草《いぐさ》、阿波の藍、薩摩・琉球の黒砂糖などが有名である。

諸産業の発達　商業的農業の発展と並行して、手工業生産が発達し、十八世紀に入ると、作業工程の分化とともに地域的分業が進行した。それを代表するのが木綿・絹などの織物業である。木綿は河内・尾張地方を中心に盛んとなり、原料生産から複雑な工程が分化していった。絹は養蚕業の発展を背景として、桐生・足利・丹後など、各地に農村機業として発達し、西陣（西陣織*）をしのぐようになった。和紙は流漉《ながしすき》の普及によって全国に広がり、醸造業では伊丹・灘の酒*、野田・銚子の醤油*が特産品となった。

農業とともに漁業が著しく発達し、漁法の改良と漁場の開発によって、重要な産業としての地位を確立した。網漁

新田高の地域別増加率（正保6年/明治6年）
（菊地利夫『新田開発』至文堂より）

は上方漁民によって全国に広まり、九十九里浜の地曳網による鰯《いわし》漁、五島の鮪《まぐろ》漁、松前の鰊《にしん》漁が有名になった。特に鰯は金肥として干鰯に加工された。このほか南海・肥前の捕鯨、土佐の鰹《かつお》、蝦夷地の昆布などの生産がみられた。塩業では入浜式塩田が発達し、瀬戸内海沿岸を中心に各地で生産量が増大した。

交通の整備　こうした諸産業の発達、商品流通の進展とともに、交通・通信制度も整備された。幕府は五街道*を直轄して、道中奉行に管理させたが、参勤交代*制の実施により、五街道とともに脇街道*（脇往還*）が発達し、街道筋には宿場*（宿駅*）が設置され、渡船場、関所*などの施設が整備された。諸大名が通行する際、宿場と近隣の住民は人足として伝馬役*を負担し、さらに人馬が不足するときは、宿場周辺の村に助郷役*が賦課された。宿場には本陣*・脇本陣・旅籠屋が設けられ、宿場の問屋や年寄（宿役人）は、伝馬役の差配、飛脚*が郵送する公用の書状・荷物の継ぎ送りにあたった。

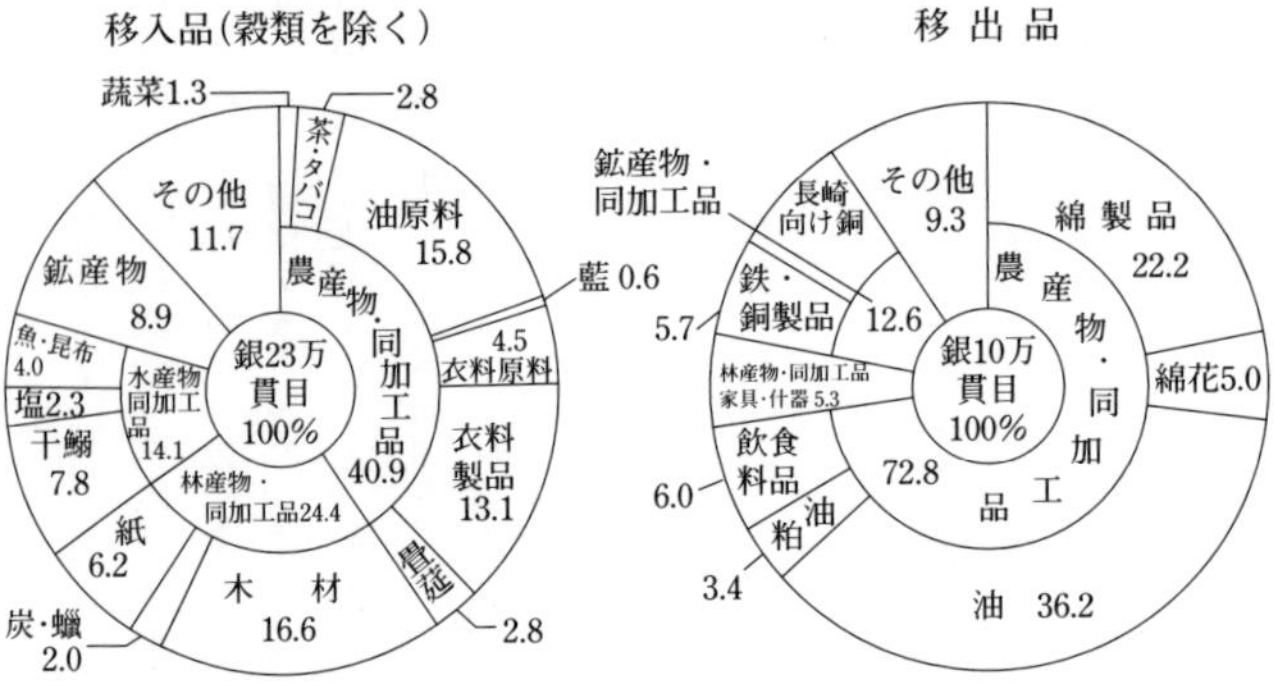

大坂移出入商品

（竹中靖一・作道洋太郎『図説経済学体系７』学文社より）

中央市場の成立　商品生産の発展、地域的分業の展開は、全国市場の形成を前提としたが、全国中央市場として発展した大坂*には、各種の商品が多量に集散して、めざましい発展を遂げた。正徳四年（一七一四）、諸国から大坂に移入された商品は、米・菜種・材木・干鰯・白木綿・紙など百十九種、逆に大坂から諸国に移出された商品は、菜種油・島木綿・長崎下《くだり》銅・白木綿・綿実油など九十五種に及んでいる。

　こうして大坂には各種の商人が発生し、正徳年間（一七一一—一五）の大坂商人は問屋五千六百五十五軒、仲買八千七百六十五軒、商業二千三百四十三軒、職人九千九百八十三軒を数え、商業都市大坂の繁栄を示している。その中心は問屋商人であり、彼らは集荷した商品の多くを菱垣廻船*を通じて主に江戸*に輸送したが、江戸の荷受問屋は十組問屋*を結成して、廻船業者を支配下においた。また、これに呼応して大坂でも、江戸積問屋仲間が二十四組問屋*を結成し、大坂—江戸間における商品流通の独占権を確立した。こうした営業の独占権を株仲間*という。

貨幣と金融　全国の主要都市・街道のほか、全国の主要鉱山を直轄して、貨幣の鋳造権を掌握した幕府は、金座*・銀座*・銭座*を設けて、金・銀・銭の三貨*を鋳造・発行した。ところが東日本は金で取引きされたのに対し、西日本は銀で取引きされ、しかも銀貨が秤量《しょうりょう》貨幣であったことから、都市には三貨間の両替や秤量を業務とする両替商*が繁栄した。なかには金融業や商品取引を兼業するものが多く、蔵物・俸禄米を担保にして大名*や旗本*に金融を行い、巨大な資本を蓄積するものが現れた。また、近世中期以降、藩財政の窮乏に応じて藩札*を発行する大名が多くなった。

地主‐小作関係の成立　こうした商業的農業の展開と商品生産の発展は、商業高利貸資本の農村侵入を促進し、その結果、農民の階級分化が進行した。零細農民の耕地質入れによって発生した質地地主は、質流れによって寄生地主*となり、ここに地主‐小作関係が成立した。一方、新田開発によって台頭した町人新田地主も、新田開発地を他村からの入作農民に小作地として貸与し、新たな地主‐小作関係が成立した。こうした地主‐小作関係の展開は、本百姓*の維持と貢租の確保を基本とする幕藩体制を根底から突き崩していくことになった。

（藤野　保）

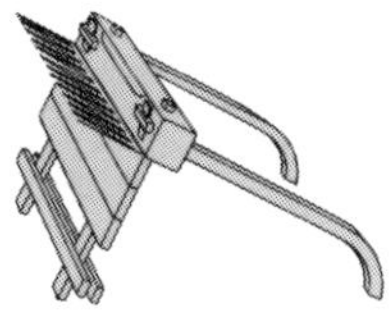
千歯扱

〔**農具の改良**〕

千歯扱《せんばこき》　千把ともいう。元禄年間（一六八八―一七〇四）に和泉国高石の大工によって発明された脱穀用農具。それまで使用されていた扱箸（こきはし）に比べて十倍の能率をもち、大正期に足踏み式回転脱穀機が考案されるまで、日本における主要な脱穀用具として使われてきた。当初、先の尖った偏平の竹材を四脚つきの床木に並べていたが、のちに鉄製の歯に変わり、その数も多くなった。稲・麦・豆などはすべて千歯扱で脱穀されたから、その出現は脱穀以下の農作業過程に大きな改革をもたらした。千歯扱は、それまで脱穀作業で生計を支えてきた寡婦の仕事を奪ったことから、「後家倒し」「やもめ倒し」とも呼ばれる。

（宮崎克則）

〔**交通の整備**〕

五街道《ごかいどう》　江戸時代の主要街道のうち、特に東海道・中山道・奥州道中・甲州道中・日光道中を総称したものをいう。厳密には右の五本の街道に、道中奉行の支配を受けることを基準として、東海道の付属街道である美濃路（名古屋―大垣）・佐屋路（岩塚―佐屋）、日光道中の付属街道である壬生道（板橋―岩淵）・水戸佐倉道（新宿―松戸）、さらに例幣使街道・本坂通り・日光御成道が加えられる。

これらの五街道は、関ケ原の戦い*直後に整備が開始されたことから、重要視されていたことがわかるが、東海道と中山道は

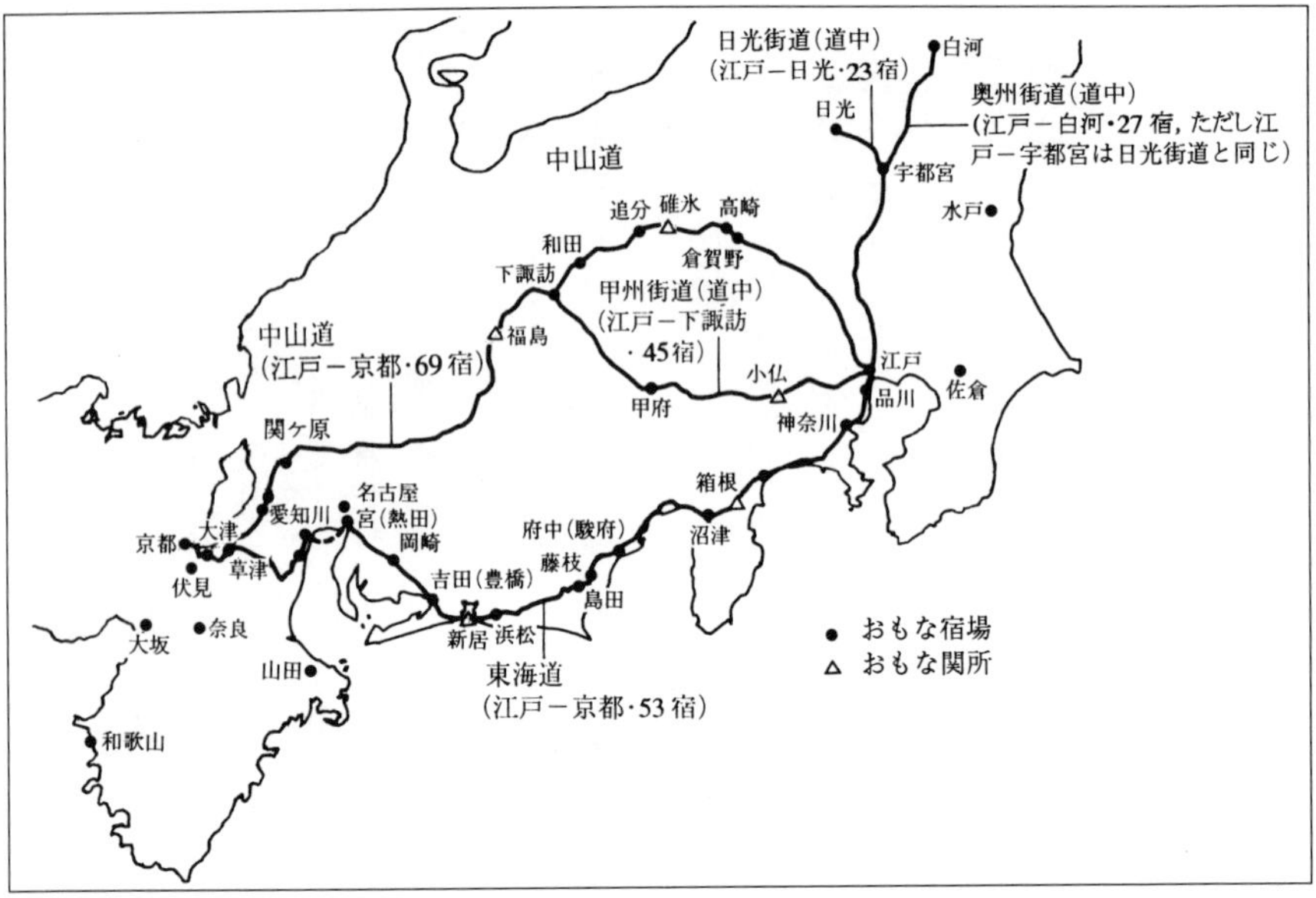

五街道

将軍が居住する江戸*と天皇の在所である京都を結ぶ道として、日光道中は江戸から江戸幕府*初代将軍の徳川家康*を祀る日光東照宮*へ至る道として、甲州道中は江戸と徳川家親藩領の甲斐とをつなぐ道として、奥州道中は幕初にはいまだ幕府が完全に掌握してはいなかった奥州への道として、その整備は幕府の権威を体現する役割も担っていた。

五本いずれの街道も江戸日本橋を起点としており、ここから東海道は品川―京都の計五十三宿、中山道は板橋―守山、そして東海道の草津に合流し京都までの計六十九宿、日光道中は千住―日光の計二十三宿、奥州道中は宇都宮までは日光道中と同じくし、白沢―白河へと分かれる計二十七宿で、そこから奥州路につながり、甲州道中ははじめは内藤新宿―甲府まで、後に上諏訪まで延ばして計四十四宿となり、そこから中山道の下諏訪に合流した。

五街道の呼称については、享保元年（一七一六）に幕府が改めて、①東海道は海端を通るので海道と呼ぶが、それ以外は、道中と呼ぶこと、②中山道は以後は中仙道と書かないこと、という触を出しているほか、中山道は木曽を通るため木曽路ともいわれた。〈豊田武・児玉幸多編「交通史」『体系日本史叢書24』山川出版社、一九七〇。児玉幸多校訂『近世交通史料集』吉川弘文館、一九六七―八〇〉

（池田真由美）

脇街道《わきかいどう》（**脇往還**《わきおうかん》）　江戸時代、道中奉行支配下の五街道*およびその付属街道以外で、勘定奉行支配下にあった街道をいう。道中奉行支配下の街道宿駅では、本陣*・旅籠や問屋*などの宿泊・人馬継立機能が完備されていたが、脇街道の宿駅では、これらの機能が不十分であったり小規模であったりする場合が多かった。人馬賃銭額の決定や道路付替などに関しては、五街道と同じ幕府の規定を受けるが、助郷の付属の仕方などに独自の方法が見受けられる。また、伊勢路・佐渡路・川越街道など、特殊な目的の通行や特定の大名*などの通行にのみ利用される街道も多く、宿駅経営などに藩の独自性が反映される場合もあった。（池田真由美）

宿場《しゅくば》（宿駅《しゅくえき》）　古代律令制下の駅制*に起源を有し、やがて旅行者の休泊や人馬の供給機能を備えた集落を宿と呼ぶようになり、これが江戸時代に至って幕藩体制*上重要な交通政策*を担う運輸機関としての宿場（宿駅）となった。関ケ原の戦い直後の慶長六年（一六〇一）には、徳川家康*は五街道*の整備に着手し、改めて宿駅を設定したが、中世以来の宿駅を利用した場合も少なくなく、また、東海道の川崎・箱根・袋井・石薬師・庄野、中山道の細久手、甲州道中の内藤新宿の各宿のように、慶長六年以降も交通量の増加などに伴って新たに宿駅が設定されていった。

宿場では、幕府や領主によって土地と屋敷が提供され、それに対して宿住人は地子という地代を支払い、伝馬役*を負担することなどが義務付けられていたが、宿泊営業権を独占的に保護され、宿場によっては地子が免除されたり、助成金や拝借金の給付や貸与を受けることができるなど、様々な保護政策が講じられていた。このほか、宿場には本陣*・脇本陣や問屋、宿によっては貫目改所などの、宿駅業務を分担する各種の施設があった。（池田真由美）

本陣《ほんじん》　江戸時代の街道宿駅において、参勤交代*の大名*をはじめ、勅使・宮・門跡・公家・幕吏などが利用した、特定の休泊施設をいう。もとは戦地における臨時的な武士の宿陣を意味した。参勤交代の制度化に伴い、街道における大名の休泊施設の必要性が増し、各宿場の起立以来の富裕な旧家を本陣職に任命して、その居宅に休泊するようになった。これがしだいに定宿となり、この宿泊所を提供する家が本陣と呼ばれ、家格を表すようにもなった。そのため、本陣とは、幕府によって設置された公的な施設の御殿・御茶屋とは異なる、一定身分の旅行者と宿住人との私的な関係によって成立した、民営の休泊所であるといえる。

構造的には、門構や広い玄関、書院造*の上段の間、庭園*などを有している点に特徴がある。しかし、休泊代は定められておらず、利用者の裁量によって支払われていたため、収入が安定せず、利用者にも一定身分の制限があったため、しだいに経営が窮乏し、明治三年（一八七〇）に廃止された。（池田真由美）

伝馬《てんま》・人足《にんそく》　古代の律令制下に起源を有し、近世では街道宿駅に対して、幕府や各領主が許可した旅行者や物資を次の宿駅へ継ぎ送るために提供することが義務付けられていた人馬をいう。馬役と人足役を合わせて伝馬役という場合や、宿駅が備えている人馬数では不足して、周辺農村がこれを補助した助郷*役のことも伝馬役という場合があった。伝馬役は、当初は屋敷地獲得の代償として家別割に賦課され、自身で人馬を提供することが原則であったが、負担者の階層分化が進み、間口割・小間割あるいは持高割へと移行し、金銭納*・雇人馬負担が一般化していった。また、五街道*と一部脇街道の各宿駅では、一日に負担する人馬数が決められており、「御定人馬」と呼んで、毎日常備しなくてはならなかった。一方、人馬の継立には、無賃、幕府が定めた安価な御定賃銭、利用者と駄賃稼ぎの者とが話合いで価格を決める相対賃銭で利用する場合の三種があったが、無賃は御朱印や老中などの御証文が必要で、参勤交代の大名は利用できず、御定賃銭の利用人馬数にも制限があった。

（池田真由美）

飛脚《ひきゃく》　手紙や小荷物などを運ぶ職業。幕府の飛脚としては宿駅制度による継飛脚があり、江戸と各地の城代・代官などとを連絡した。大名飛脚として夫役・中間・足軽などによる城下町と領内各地、江戸藩邸、大坂蔵屋敷とを連絡した。これら専用のほかに町飛脚による場合がある。町飛脚は三都が中心で、三都間の連絡、三都を中心とする各地方都市を結ぶものがあり、江戸と上方間では各相場・為替なども取り扱った。また東北・北関東と京都間のシルクロード的役割ももっていた。各地の飛脚屋は宿屋・人夫頭・人宿などが兼業している場合が多いようである。町飛脚の通称は三度飛脚であるが、これは定期的な意である。本来は京都大坂御城内御用の武家荷物書状取扱いが三度飛脚であり、これを請け負った江戸の定飛脚問屋の取扱い荷物全部を含めて称せられるに至った。三都間の相仕の大坂の飛脚問屋仲間を大坂三度飛脚と称する。このほかに都市内の運送業者としての飛脚があり、瓦版売り・文使などと似た性格をもつ。また通日雇い道中師も飛脚と同様の性格がある。

（藤村潤一郎）

北前船《きたまえぶね》　近世から近代中ごろにかけて、北国地方の廻船に対する上方での呼称。通称、千石船で、弁才船・どんぐり船などとも呼ばれる。船には一度に二百石から五百石程度が積み込まれたが、明治期以降になると二千石を運ぶ船もあった。菱垣廻船や樽廻船などは、産地から販売地へ運び運賃を収入とする形態（運賃積）であるが、北前船は、運賃積だけでなく、船主が産地で直接購入し、販売先に売り込むといった形態（買積み）もとられていたことに特徴がある。

（落合　功）

東廻《ひがしまわ》**り航路**《こうろ》　近世、日本海沿岸から津軽海峡を経て、太平洋に出て本州に沿って南下し、江戸に至る航路のこと。仙台藩などの奥羽地域の廻米を目的として整備された。近世のはじめは、海流が交差するため、鹿島灘や房総沖が難所であり、那珂湊で陸揚し、北浦・利根川を利用として江戸に運んだ。それが正保（一六四四—四八）には、銚子まで運ばれ、そこから川船に積み替えて利根川を遡航するようになった。河村瑞賢は寛文十年（一六七〇）に陸奥国信夫・伊達両郡の幕領米江戸廻送を命じられた。このときに、房総沖を迂回して直接江戸に運ぶことが献策された。東廻り航路が江戸直送として定着するようになるのは、このときからである。享保期（一七一六—三六）になると、奥羽のほか越前・越後などの北陸地方の幕領米も東廻り航路を利用するようになっている。廻船の調達などから、西廻り航路のほうが東廻り航路より有利であったが、廻米分のみならず、蝦夷からの海産物をはじめ木材などが送られるようになった。

（落合　功）

西廻《にしまわ》**り航路**《こうろ》　近世、日本海沿岸から下関海峡を経て、瀬戸内海を通過して、大坂に至り、さらに紀伊半島を迂回し江戸に達する航路のこと。年貢米輸送に伴い整備された。近世初期は、東北・北陸地方の船は越前敦賀や若狭小浜に運ばれ、そこから陸送された。西廻り航路を利用した嚆矢は、寛永十五年（一六三八）に鳥取藩が廻米の際、西廻り航路を利用し大坂まで運ぶ

航路と港町

ようになったときのことであった。西廻り航路が確立するのは、寛文十一年（一六七一）に河村瑞賢*が幕府から出羽国の年貢米を江戸に廻送することを命じられてからのことである。このときに海路の調査を行い、海上交通の安全を意図して諸施設を整備し寄港地を指定している。また、西廻り航路を利用し、特に日本海から大坂に諸物資を運んだ船を北前船*と呼んだ。

（落合　功）

角倉了以《すみのくらりょうい》（一五五四—一六一四）安土桃山時代の海外貿易商で、河川開発家。角倉は屋号で、了以は法号である。本姓は吉田、通称与七、諱《いみな》は光好という。文禄元年（一五九二）には、豊臣秀吉*から朱印状を得て、安南国に角倉船*を派遣した。さらに慶長八年（一六〇三）には、江戸幕府の命により海外貿易を行い、武器・硫黄などを輸出し、薬種などを輸入した。全国の河川通船のための開削事業にも積極的にかかわり、大堰川の開削を嚆矢とし、富士川の疎通にも取り組んでいる。近世を通じて、京都経済を支える大動脈となった高瀬川の舟運を開いた。慶長十九年没。六十一歳。嵯峨二尊院に葬る。

（落合　功）

河村瑞賢《かわむらずいけん》（一六一八—九九）近世初期の商人、諱は義道、はじめ七兵衛、のち十右衛門、晩年平大夫と称した。また晩年束髪して瑞賢（瑞軒・随軒）と号す。元和四年（一六一八）に伊勢国度会郡で生まれた。江戸*での明暦の大火に際し、木曽山林を買い占めて巨万の富を築いたといわれる。その後も土建業を営み、富を蓄積していった。瑞賢は、寛文十二年（一六七二）に出羽村山郡の幕領米の江戸廻送に従事し、そのときに、房総半島を迂回する東廻り航路*と、下関・大坂を経由する西廻り航路*を確立している。さらに、貞享元年（一六八四）には、畿内の治水にも従事し、新安治川を開いている。諸藩の築港事業や治水事業にも尽力した。元禄十二年江戸において八十二歳で死去。鎌倉の建長寺に葬る。（落合　功）

菱垣廻船《ひがきかいせん》　近世、樽廻船*とともに海運の中心として上方—江戸間で送られる荷物を運ぶ廻船。木綿・油・醬油などをはじめとし、江戸*の生活必需品を大坂*から輸送した菱垣廻船問屋によって仕立てられた廻船。寛永元年（一六二四）に大坂の泉屋平右衛門が江戸積問屋を開業し、同四年に富田屋をはじめとして五軒が江戸積船問屋を始めることで大坂の菱垣廻船問屋が成立し、菱垣廻船が仕立てられた。その後、元禄七年（一六九四）には、江戸で十組問屋*が結成され、組織が整備されたが、樽廻船との積荷競争に破れるなかで衰退する。さらに、天保の株仲間解散令*により菱垣・樽両廻船問屋は解散した。のち廻船仕立業務の混乱や海難に伴う業務を担う期間として弘化三年（一八四六）に九店仲間が結成され、菱垣廻船は九店仲間差配の廻船となった。（落合　功）

樽廻船《たるかいせん》　樽船ともいわれる。上方から江戸*へ積み送られていた酒が主な積荷であった。当初は五百石から一千石積が中心であったが、近世後期になるにつれ一千五百石積が中心となり、二千樽程度を積載した。酒荷は送り荷物といわれ、酒問屋への依託販売であった。さらに、酒荷以外の雑貨類（荒荷）も運ばれたことから、積載品をめぐって菱垣廻船*との競争が激化した。明和七年（一七七〇）には、米・糠・藍玉・灘目素麺・酢・醬油・阿波蠟燭などは樽廻船・菱垣廻船の両積み、それ以外の商品は菱垣廻船の一方積みとする積荷協定が結ばれた。しかし、この積荷協定は守られず、菱垣廻船は弱体化していくことになる。（落合　功）

関所《せきしょ》　古代律令制下の防衛や治安維持を目的とした関を起源とする。これが道路・橋梁の修復に必要な財源を利用者から徴収する徴収所としての関所に変化し、さらに財源確保のため通行者から通行料として関銭・津料を徴収する機関へと目的が拡大されたが、商品流通の発展が妨げられることから、織田信長*・豊臣秀吉*によって大半が撤廃された。近世に入ると、大名統制や江戸防衛、社会的治安警察機能をもつ関所が改めて設定された。一般に近世の関所は、全国五十カ所以上に及ぶといわれ、箱根のように山中に設けられる場合や関宿のように河川を利用したり、今切のように湊に設けられる場合などがある。関所では「入鉄砲・出女*」といい、特に江戸*から出る女性と江戸へ向かう鉄砲の通行に注意していたため、通過するには鉄砲手形や女手形などの関所手形を携行し、あらかじめ関所に提出していたもう一枚の関所手形や判鑑と照合しなくてはならなかった。関所手形をもたずに関所を通過したり、関所を避けた場合は、関所破りとして極刑に処された。（池田真由美）

番所《ばんしょ》　一般に警備や見張りの番人が詰める施設をいう。江戸時代の番所には、武家屋敷町の警衛のため江戸市中の辻に置かれた辻番所、各藩が領内物資の藩外への移出入を取り締まった口留番所、異国船渡来を監視した遠見番所などがあげられる。また、交通の要所に設置された関所*に関連する施設をいい表す場合も多く、関所の建物自体を番所と呼んだり、関所破りを発見するために関所の補助的機能を果たしていた箱根や碓氷の施設のほか、下田番所・浦賀番所・中川番所などのように海川の

交通を専門に取り締まった関所も番所と呼ばれた。（池田真由美）

入鉄砲《いりでっぽう》・出女《でおんな》　近世初期、幕府によって江戸*防衛を主要な目的として各地に関所*が設置されたが、ここを通過するもののうち、特に鉄砲の江戸への流入と、人質として江戸に居住させた大名*の妻・娘が国元へ逃亡することに注意した。そのため、この両者に対しては関所改が厳しかったことから、前者を入鉄砲、後者を出女と、並べ呼んだ。鉄砲が関所を通過する場合は、携行している鉄砲手形の判とあらかじめ関所へ届けている判鑑の照合、および鉄砲の挺数などの照合が必要であり、女性が関所を通過する場合も、携行の女手形と判鑑の照合、および容姿や髪型などの表記との照合と、大規模な関所では改女による身体改が行われた。（池田真由美）

〔経済の発展〕

株仲間《かぶなかま》　近世において幕府・藩*に認められた特権的な商工業者の組合仲間。幕府や諸藩が流通統制・役負担・運上金*・冥加金*などの徴収を目的として設定された。問屋仲間の組織は近世前期から見られるが、享保六―九年（一七二一―二四）にかけて、生活必需品を商い品目とする同業者に対し問屋仲間結成令が出されている。安永期から天明期にかけて、冥加金上納の引替えとして株仲間公認の動きが見られ、さらに文化十年（一八一三）には、十組をはじめとする菱垣廻船*積問屋が毎年冥加金を上納することで株仲間が公的に認められている。このとき、株数も一九九五株に限定され、特権的・独占的な株仲間となった。

株仲間は、①市場を掌握するといった独占機能、②権益の擁護を図るための機能、③価格を「正路・公正」にする調整機能、④価格品質保持と不正商行為を攻撃する信用保持機能の四つの機能を有していたといわれる。天保十二年（一八四一）に天保改革の一貫として株仲間解散令が出され、問屋・仲間・組合などを称することが禁止され、株仲間は解散された。（落合　功）

十組問屋《とくみどんや》　近世、江戸において難船処理や船頭の不正への対処など菱垣廻船*の支配・監督を目的として、元禄七年（一六九四）に結成された問屋仲間の集まり。大坂屋伊兵衛の呼びかけに応じて塗物店組・内店組など十組が参加し結成された。文化六年（一八〇九）には、菱垣廻船積問屋仲間の会所として三橋会所の設立が認められ、さらに文化十年以降は、各問屋仲間の株立の数が固定化された。問屋仲間は冥加金*を支払い、その代わりに株が下付された。この三橋会所は文政二年（一八一九）に廃止され、株仲間も天保十二年（一八四一）の株仲間解散令によって解散された。（落合　功）

二十四組問屋《にじゅうしくみどんや》　近世、大坂*において大坂から江戸*へ菱垣廻船*で積み送る商品の買次にあたった江戸積問屋仲間。江戸の十組問屋*に対応するもので、江戸十組問屋が注文主であるのに対して、大坂二十四組問屋は買次人にあたる。取扱い品目は多岐にわたり、油・綿・紙・釘・木綿・瀬戸物・蠟などの日常品の多くを対象とした。元禄七年（一六九四）に江戸の十組問屋の結成に応じて、江戸への買次諸問題が連合して発足したもので、当初は大坂も十組問屋であったが、取扱い品目の増加により二十四組問屋へと拡大されている。株仲間として公認されるのは天明四年（一六九四）のことで、天保十二年（一八四一）の株仲間解散令により解散している。

（落合　功）

近江商人《おうみしょうにん》　一般に近江国出身の商人たちのことを呼び、江州商人とも呼ばれる。近江国出身の商人が全国を行商しているときに、他国の人たちによって呼ばれたものである。近江国の中でも特に蒲生郡・神崎郡・愛知郡出身者が多い。中世以来、近江が京都をはじめ越前・若狭などの北陸や伊勢・美濃などを結ぶ結節点としての性格をもっていたことが、近江商人の成長の要素であったといえよう。近世以降、近江商人はその商圏を全国に広げている。その範囲は、鎖国*が敷かれる以前は安南やシャムなどにまで及んでいる。伊勢商人*の場合、江戸*・大坂*などの都市を拠点としたのに対し、近江商人の場合、全国的な流通網を掌握したことに特徴がある。

近江商人は金融業を兼営することが多いが、商業によって蓄積された富は、質屋や金貸などの金融業に廻している。大名貸を行う場合は、名目金や郷貸しを行うなどの方策を取り、踏倒しを防いでいる。近江商人の活動は、各地に見ることができるが、たとえば、蝦夷では、松前藩の場所請負人となって、アイヌ人を雇用した漁業経営を行ったり、漁場の開発にもつとめている。

（落合　功）

伊勢商人《いせしょうにん》　近江商人*とならんで江戸*・大坂*などを中心に活躍した伊勢出身の商人。徳川家康*が関東に入国し、江戸に拠点を据えるようになると、各地から伊勢商人が江戸へ移住し出店を置いた。「江戸に多きものは伊勢屋・稲荷に犬の糞」といわれるように、近世において、多くの伊勢商人が江戸に出店を開いていたことがわかる。商い品目としては、呉服屋や木綿問屋は著名であるが、他に紙問屋・茶問屋・荒物問屋などをはじめ多くの商いに参画していた。伊勢商人の中でも著名な人物としては、三井・小津・川喜田・長谷川・国分・田端屋（田中）などを知ることができる。特に三井・小津・長谷川などは、金銀御為替御用達をつとめ、御用商人を輩出している。伊勢商人は、個々人別々に商いをするのではなく、伊勢講や親戚関係を結ぶなどの人的関係を結びつつ、経営の拡大をはかっている。三井家が延宝期に江戸に進出した際も、すでに江戸の豪商と親類関係があったことが背景にあった。

（落合　功）

紀国屋文左衛門《きのくにやぶんざえもん》　（?―一七三四）　元禄時代の豪商、通称紀文といわれる。和歌山県有田郡湯浅町で生まれる。紀州の蜜柑を江戸*に運び、江戸から塩鮭を上方に運ぶことで巨万の富を得た。貞享年間（一六八四―八八）ごろ江戸へ進出して材木問屋を開業、その後も、幕府・藩*の材木調達を請け負い、さらには大名貸も行い富を蓄えた。日常生活では吉原で豪遊し、紀文大尽などといわれ、さらに絵師や俳諧師・書家などとも交際が深かった。しかし、山林の濫伐などによる荒廃によって林業の景気が悪くなったことから経営が衰退し、さらには深川の木場にあった材木を焼失し、材木問屋を廃業している。

（落合　功）

淀屋辰五郎《よどやたつごろう》　（?―一七一七）　元禄期における大坂*の豪商。淀屋の五代目に当たる三郎右衛門の俗称・幼名ともいわれるが、定かではない。宝永二年（一七〇五）五月、驕奢を極め、町人*の分限を超えたことが理由で闕所《けっしょ》処分となった。この闕所事件により、淀屋辰五郎*は放蕩児としての代表人物として表現され、多くの浮世草子などに取り上げられた。特に淀屋の盛衰を題材とした作品として、近松門左衛門*の「淀鯉出世滝徳」は有名。

（落合　功）

三貨《さんか》　近世における金・銀・銭の三種類の貨幣をいう。江戸幕府*はその初期より慶長金銀貨と寛永通宝を発行し、統一貨幣制度として三貨制度の確立を図った。三貨はそれぞれ独立した体系をもっていたが、西国・北国は銀貨、東国は金貨を中心とし、銭は日常の通貨として全国的に通用した。金貨は小判（一両）と一分判が基本で、のち二朱金が加わった。銀貨は不定形の丁銀《ちょうぎん》・小玉銀からなる秤量《しょうりょう》貨幣である。銭は銅貨で、のち鉄銭・真鍮《しんちゅう》銭も出た。一枚一文で千文が一貫文であるが、九十六文をもって百文とする九六銭勘定が一般化した。三貨間の公的な交換レートは当初、金一両が銀五十匁《もんめ》、銭四貫文であったが、元禄年間（一六八八―一七〇三）には実勢に従って銀六十匁を金一両と公定した。銭は変動に任せ四貫文から六貫文の間を上下した。また銀貨は明和二年（一七六五）に五匁銀、安永元年（一七七二）に南鐐二朱銀を出し、金貨の体系による定量・表記貨幣化の試みがなされた。幕末にはメキシコ銀が流入して幣制はさらに混乱したが、実際に統一されたのは明治二年（一八六九）の一円銀貨の発行と、同四年の金本位制の新貨条例*が制定されてからである。

（北原　進）

左より慶長小判，宝永四ツ宝丁銀，慶長豆板銀，寛永通宝一文銭（日本銀行金融研究所貨幣博物館蔵）

藩札《はんさつ》　諸藩や旗本領で発行した紙幣の総称。明治四年（一八七一）の調査では、二百四十四藩・九旗本領・十四県が発行し、その七〇パーセント近くは西日本の諸藩であった。越前福井藩が寛文元年（一六六一）に出した銀札が最初とされる。幕府は正貨の通用促進のため、宝永四年（一七〇七）諸藩の札遣いを一時禁止したが、享保十五年（一七三〇）二十万石以上の藩*は二十五年、それ以下は十五年と通用年限を決め、継続のときは幕府の許可を必要とするなど、藩札発行の条件を設けて解禁、以後多くの藩が発行するようになった。本来は通貨の不足を補うため領内のみに通用する代用貨幣であったが、藩の財政窮乏を糊塗するために乱発された場合、正貨と交換することが困難になり、藩札を所持した領民が被害を受けて一揆を起こすこともあった。しかし札元となった商人の信用で通用力を維持できたところが多い。

　種類は全国通貨である三貨*に対応して金札・銀札・銭札があり、銀札が最も多い。また米札・傘札・轆轤《ろくろ》札・綛糸《かせいと》札・紙札など商品・特産品を担保とした紙幣もあった。これは西日本が銀貨経済圏に属し、商品生産が活発に行われたためと思われ

藩札（日本銀行金融研究所貨幣博物館蔵）

る。形態は一般に短冊型で、良質な厚紙の表裏に額面・発行年・藩名・札元、正貨との交換条件や贋札防止のための絵や模様などが印刷され、透かし漉きの札もあった。発行に際し藩では札会所を設け、領内の富商・富農や大坂*の両替商*を札元とし、貢租や運上など上納銀に用いたが、しだいに商取引にも広く使われるようになり、ことに赤穂藩の塩、松江藩の漆、高松藩の砂糖、福岡藩の蠟、宇和島藩・久留米藩の和紙など、藩専売品の買上げ資金とした場合、通用が順調であった。

例外的に紙幣を発行しなかった幕府も、慶応三年（一八六七）横浜通用金札・江戸関八州通用金札・兵庫開港札を発行したが、間もなく幕府が倒壊したので、ほとんど流通しなかった。明治元年（一八六八）新政府は太政官札（金札）を発行し、その通用を促進するため銀遣いを廃止したので、銀札の多くは銭札に改造された。さらに同四年、藩札を通用禁止として政府が現地相場による回収の責任を取り、人心の動揺を起こさぬよう注意しながら、同十二年までかかって回収を完了した。

〈作道洋太郎『日本貨幣金融史の研究』未来社、一九六一。大山敷太郎『幕末財政金融史論』ミネルヴァ書房、一九六九〉 （北原 進）

蔵屋敷（「摂津名所図絵」）

蔵屋敷《くらやしき》 近世において、大名*・旗本*・公家などの諸領主が貢租米などを売りさばくために設置した屋敷のこと。大坂*・江戸*をはじめとして、大津・堺*・敦賀など交易が盛んな商業都市に設けられた。蔵屋敷では、領地から送られてきた諸物資を保管し、販売を行った。最も多くの蔵屋敷があったのは大坂である。天保の段階で百二十余もの蔵屋敷があった。特に水運の便利な中之島・土佐堀川・江戸堀川などに集中して蔵屋敷が立ち並んでいた。江戸中期以降、大坂に送られる米の四分の三は蔵米であった。蔵屋敷に廻送された蔵米は、堂島米仲買による入札が行われて売却された。落札者は、米切手の引換えとして蔵米が渡された。蔵屋敷の構成は、蔵役人（蔵屋敷の元締）・名代（蔵屋敷の名義人）・蔵元*（蔵物の管理・出納）・掛屋*（蔵物代金の管理・出納）・用聞・用達などによって構成された。いくつもの藩*の蔵元あるいは掛屋を兼務した豪商もおり、鴻池屋や升屋などが著名である。 （落合 功）

蔵元《くらもと》 諸藩の蔵屋敷*で蔵物の収納・保管・販売を担当した役人。年貢*や藩特産品を出納する蔵屋敷は江戸*・大津*・長崎*などをはじめ各地の港湾都市に置かれたが、大坂*には最も多く百二十余の藩*が設置した。蔵物販売には商才が必要なことから、十七世紀後半ごろから商人が扶持の支給を受けて蔵元に登用されるようになり、淀屋・鴻池屋・天王寺屋・升屋など有力商人が、これにあたった。一人で二十三もの蔵屋敷を受け持つものもおり、鴻池家は各藩から受ける扶持米だけでも一万石以上にのぼった。販売代金の保管・送金の都合から掛屋*と兼務することも多く、諸大名*の財政窮乏が進むにつれて大名貸や御用金を

強いられるものも多かった。　（北原　進）

掛屋《かけや》　大坂*その他に諸藩が設けた蔵屋敷*の蔵物代金を預かり、国元や江戸*への為替送金などを任された商人。銀掛屋の略。両替商*が多く、蔵元*を兼帯する者がほとんどであった。無利子で蔵物代銀の預託を受け、これを手持ち資金として他へ融資し利益を上げることもできた。送金は藩*の都合で随時行い、年末に差引勘定をして、掛屋側の貸越になっていれば、次の入銀で清算されるまで年一二〇パーセントの利子を付すことができた。藩財政にとって専売品の売却など大坂市場への依存度が高まると、掛屋と蔵元は必須なものとなったが、維新後藩債が返済されず、閉店した両替商の中には掛屋が少なくない。
（北原　進）

札差《ふださし》　旗本*・御家人*に支給される俸禄米を受領し、米問屋への売却を代行した江戸浅草蔵前の商人。大坂*の蔵元*と同様、蔵米を担保に金融し、支給日に決済した。享保九年（一七二四）百九人が株仲間を結び、年利一八パーセントの公定利率のほか、様々な手段を弄して富を蓄積し、急速に江戸の代表的な豪商となった。十八世紀中期には蔵前風と呼ばれる独特な風俗や、十八大通の豪奢な生活ぶりが評判となり、寛政改革では旗本らの財政窮乏の救済と江戸風俗の矯正を兼ねて棄捐《きえん》令*が出され、札差は百十八万両余の債権を棒に振り、利子も引き下げられた。しかし化政期に再び回復し、天保改革・文久改革においても債権の削減令が出された。明治維新後、蔵米支給制の廃止とともに札差業も消滅した。　（北原　進）

金座《きんざ》**・銀座**《ぎんざ》**・銭座**《ぜにざ》　江戸幕府*の設置した貨幣鋳造所。金座は文禄四年（一五九五）に彫金師後藤光次が駿河と江戸*で金貨を鋳造したのが最初。御金改役後藤庄三郎は、小判師が請負で鋳造した判金を検査して発行し、元禄年間（一六八八―一七〇三）以後は庄三郎役宅内で鋳造が行われた。文化七年（一八一〇）から銀座年寄後藤三右衛門と交代。銀座は慶長六年（一六〇一）徳川家康*の命で大黒常是《だいこくじょうぜ》が伏見で銀貨鋳造にあたり、諸国産の灰吹き銀の品位を一定にして極印を打ったのが始まり。のち江戸に移り大黒長左衛門家が引き継ぎ、駿府・大坂*・長崎*にも出張所が設けられた。諸国産銀の低下につれ大黒家は衰微し、寛政期に絶家、京都銀座の大黒家が継いだ。銭座は銭貨鋳造を請け負った特権業者の仲間。寛永十三年（一六三六）秋田宗古が江戸の芝・浅草と近江坂本で鋳造を請け負い、翌年寛永通宝の大量発行のため水戸・仙台など全国八カ所で銭座が公許された。公募に応じた有力商人や鉱山業者らが、二、三年から十年の年季で鋳貨を請け負ったが、安永元年（一七七二）以後は金座・銀座で鋳銭を行った。三座とも明治元年（一八六八）に廃止され、鋳貨業務は大蔵省に引き継がれた。
（北原　進）

両替商《りょうがえしょう》　貨幣交換などを業とする金融業者。三貨*や手形類の流通が盛んになった近世に、大都市を中心に最も発達した。中世にも両替を行った割符《さいふ》屋がいたが、近世の両替屋は異種貨幣の交換だけでなく、預金・貸付・為替取組・手形発行なども行い、幕府の公金為替を取り扱ったり、諸藩の掛屋*をつとめ、問屋商人に対しても資金貸付をするなど、各種の金融業に活躍した。金銀両替を中心とした資本力の大きなものを本両替、それより小規模で銭を扱うものを脇両替といい、各地で株仲間*を取り結んでいた。大坂*には十人両替・本両替以下脇両替として南両替・銭両替があり、嘉永年間（一八四八―五三）で合計一千三百四十人、三都が最も多かった。江戸*では本両替と三組両替・番組両替・上野《こうずけ》領両替・済松寺《さいしょうじ》領両替があり計六百六十六人（安政元年）、京都では本両替と小両替・銭両替の脇両替仲間約三十五人（幕末）があった。明治維新の経済混乱で両替屋のほとんどは没落したが、三井・中井・鴻池・逸見*ら有力者は為替会社の構成員となったり、国立銀行・個人銀行の設立者となった。

（北原　進）

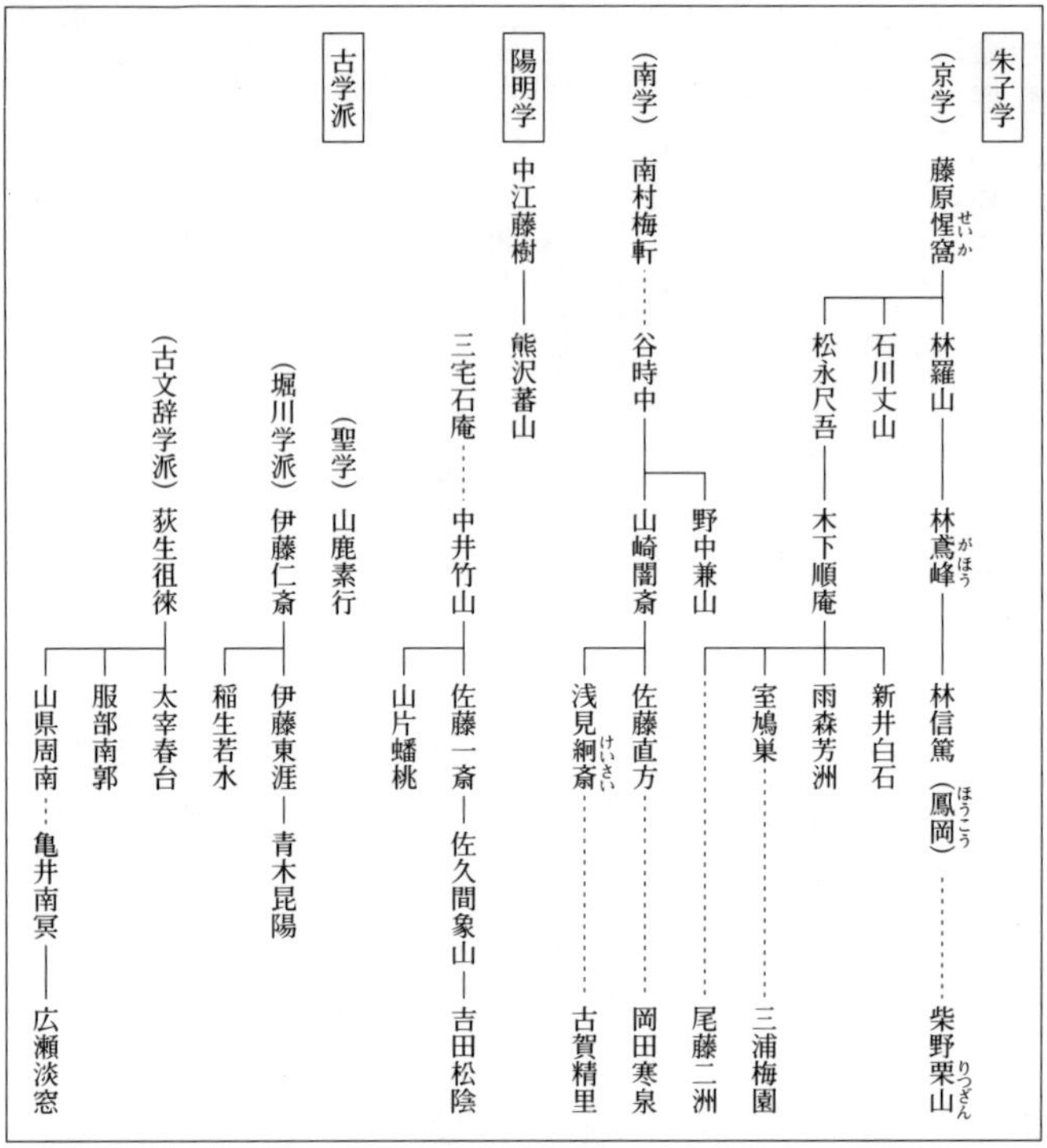

儒学者系統図

（四）元禄文化

元禄文化の特色　幕藩体制*が確立し安定した十七世紀の後半から十八世紀のはじめにかけて、大坂*・京都など上方の諸都市で、新興町人のなかから独自の文化が生み出された。これを元禄文化という。彼らは大坂の経済的発展を背景として台頭した新興町人であり、伝統文化を批判し、革新的な空気を漂わせ、人間性の解放を求めた。それは特に文芸の世界に著しい。

儒学の興隆　まず、儒学では朱子学*が主流の地位を確立した。五代将軍綱吉*は、林信篤を大学頭に任じ、林羅山*が上野忍ケ岡に建てた私塾を江戸湯島（湯島聖堂）に移して、学生の養成にあたらせ、以後林家が代々これを主宰した。このほか藤原惺窩《せいか》*の流れをくむ木下順庵*も幕府に登用され、その門人に新井白石*・室鳩巣*が出た。白石は六代将軍家宣*に仕えて文治政治を展開し、『西洋紀聞』『采覧異言』『読史余論』

などを著した。南学系の山崎闇斎*の崎門学派からは佐藤直方・浅見絅斎らが出た。

一方、朱子学、陽明学*は後世の学者の解釈とし、直接孔子・孟子の教えに立ち返って考えようとする古学派*が起こった。山鹿素行*は『聖教要節』を著して朱子学を批判し、近世武士道を理論づけた。京都の伊藤仁斎*・東涯父子は、私塾古義堂を中心に堀川学派を形成した。荻生徂徠*は古文辞学*の必要を説いて蘐園《けいえん》学派を開き、太宰春台*・服部南郭らを出した。また徂徠は八代将軍吉宗*に登用され、享保改革で政治顧問の役割を果たした。

諸学問の発達　儒学の発達は、合理的で現実的な思考を発達させ、他の学問にも影響をあたえた。歴史学では、幕府の『本朝通鑑*』に続いて、水戸藩は『大日本史*』の編纂を始め、新井白石は個人で『藩翰譜』を著した。国文学の研究も始まり、戸田茂睡*は中世歌学の伝統を厳しく批判し、契沖*は『万葉代匠記』を著して、古典に対する自由な立場で研究を進め、国学*の先駆をなした。荷田春満*は古典研究から古道を明らかにしようとする国学の新運動を起こし、この学問の理念は賀茂真淵*に継承された。

自然科学では、諸産業の発達に伴い、天文学をはじめ、農学・本草学などの実用に適する学問が発達した。天文学では、渋川春海*（安井算哲*）が従来の暦の誤差を訂正して貞享暦を完成し、貞享元年（一六八四）から実施された。商業の発達に伴って和算も発達し、吉田光由が著した『塵劫記』は、治水や検地に用いられ、関孝和*は代数・幾何・解析などの諸分野を発展させた。農学では、宮崎安貞の『農業全書*』をはじめ、各地で多くの農書が刊行された。本草学では、貝原益軒*が『大和本草』を著して、本草学の体系化を試み、稲生若水は『庶物類纂』の編纂に着手し、その門人によって完成された。

町人文芸の開花　しかし、元禄文化を特色づけるものは、上方の都市を中心に開花した町人文芸であり、それを代表するのが浮世草子*と俳諧*である。浮世草子は、初期に流行した仮名草子の流れをくみ、大坂の井原西鶴*が町人*の文学として大成させた。彼は元禄町人の生活や意識を『好色一代男』『好色一代女』などの好色物、『日本永代蔵』『世間胸算用』などの町人物にリアルに描き出した。同じころ、伊賀の出身である松尾芭蕉*は、幽玄閑寂をむねとする蕉風《しょうふう》（正風）俳諧を確立し、文芸としての地位を高めた。彼は地方を旅して、多くの武士・商人・地主と交わり、『奥の細道』などの優れた紀行文を残した。

都市の民衆芸術として発達したのが浄瑠璃と歌舞伎*である。人形浄瑠璃*は操人形と浄瑠璃が結合してできた新しい演芸のジャンルで、竹本座の竹本義太夫*と近松門左衛門*、豊竹座の豊竹若太夫と紀海音の提携によって全盛期を築いた。特に近松は武家物・世話物に名作を残し、封建社会の義理と人情の相剋に悩む人間の悲劇を描いて、人びとに感動をあたえた。歌舞伎は女歌舞伎・若衆歌舞伎と変化し、野郎歌舞伎となって大成した。江戸*・上方には常設の芝居小屋がおかれ、江戸では荒事の市川団十郎*、上方では和事の坂田藤十郎*、女形では芳沢あやめらの名優が出た。

元禄の美術　美術の世界でも、上方の豪商を主な担い手として、洗練された美術が生み出された。京都の尾形光琳*は、寛永期（一六二四―四三）に京都で開花した俵屋宗達*の画風を取り入れ、絵画や蒔絵に華麗な装飾画法を完成させた。しかし民衆に最も愛好されたのは、美人・役者・相撲などを画題とした浮世絵*である。安房の出身である菱川師宣*は、肉筆絵を版画として完成し、広く民衆に愛好され、江戸時代を代表する美術の一つとして成長させた。

また、茶道の普及によって陶器の需要が増したため、製陶の技術も進歩した。京都の野々村仁清*は、上絵付の法を応用して情緒ゆたかな色絵の技法を完成し、尾形乾山*は枯淡と渋味のある作風を打ち出した。染物では、宮崎友禅が友禅染*をはじめ、綸子や縮緬の生地にはなやかな模様を表して、町人のあいだに流行した。

（藤野　保）

〔儒　学〕

朱子学《しゅしがく》　中国南宋の朱熹《しゅき》（一一三〇―一二〇〇）によって集大成された新儒学（宋学）の体系。二程子（程明道・程伊川）の学説を継承しているので程朱学《ていしゅがく》ともいう。内容は哲学理論（理気二元論）に特色があり、それに基づく修養論や「修己治人」の実践論を学問の本質とした。日本には鎌倉時代初期には伝えられ五山の禅僧らに学ばれたが、本格的に受容されたのは近世に入ってからで、藤原惺窩《せいか》*とその門下の林羅山*らの活動により儒学の主流となり、世界のとらえ方や人間の生き方が学ばれた。近世の学問を志す者はたいてい朱子の註解に基づく四書から学び、山崎闇斎*のように熱烈に信奉した学者もいたが、むしろ孔子の原意を学ぼうとした伊藤仁斎*や荻生徂徠*のように、朱子学は後世の解釈として批判する古学派*が中心となった。ただ徂徠学派の末流の中には詩文を中心として修養を軽視する学者が多いという弊害が指摘され、社会秩序維持の立場から、十八世紀後期の幕藩制国家の動揺期には朱子学こそ正学だと主張する学者が登場し、幕府の寛政異学の禁*によって初めて正学とされた。

（頼　祺一）

木下順庵《きのしたじゅんあん》（一六二一―九八）近世前期の儒学者。名は貞《さだ》幹《まさ》、字は直夫、通称は平之丞。順庵、錦里《きんり》と号す。元和七年六月四日京都に生まれる。藤原惺窩《ふじわらせいか》*の高弟松永尺五《まつながせきご》に学んで奇才を認められ、家塾を開いた。のち金沢藩*に仕え、天和二年（一六八二）、幕府儒官、将軍徳川綱吉*の侍講となり、『武徳大成記』の編纂に従事した。朱子学*を信奉したが拘泥せず、詩文に優れ、特に包容力ある教育者として、室鳩巣*・雨森芳洲*・新井白石*・榊原篁洲《さかきばらこうしゅう》・祇園南海《ぎおんなんかい》（木門《もくもん》五先生）をはじめ多くの学者を育成した。元禄十一年十二月二十三日、七十八歳で江戸に没す。墓所は小石川の大塚先儒墓地（大正三年改葬）。遺稿に『錦里文集』がある。

（頼　祺一）

室鳩巣《むろきゅうそう》（一六五八―一七三四）　近世中期の儒学者。名は直《ただ》清《きよ》、字は師礼、通称は新助。号は鳩巣、滄浪《そうろう》。医者の子として万治元年二月二十六日江戸*に生まれる。十五歳のとき金沢藩に出仕し、藩命で京都の木下順庵*に学ぶ。正徳元年（一七一一）五十四歳のとき、同門の新井白石*の推挙により幕府の儒員に登用された。八代将軍吉宗*の侍講となり、吉宗が設けた学館高倉屋敷での講釈にあたった。朱子学*を信奉し、赤穂浪士事件のときは『義人録』を著して主従の義を重んずる立場をとった。著作は政治上の下問に応じた『献《けん》可《か》録』のほか随筆『駿台雑話』など多い。享保十九年八月十四日七十七歳で没す。墓所は大塚の室家墓地（大塚先儒墓地）。　（頼　祺一）

谷時中《たにじちゅう》（一五九九―一六四九）　近世初期の儒学者。名は素《そ》有《ゆう》、字は時中、通称は大学のち三郎左衛門、号は時中・鈍斎。慶長四年土佐国安芸郡甲浦《かんのうら》（高知県東洋町）に生まれる（同三年生まれとの説もある）。父は浄土真宗*の僧。仏門に入り、のち雪蹊寺の僧天室（質）について朱子学*を学ぶ。天室は海南学（南学）の祖といわれる南村梅軒の弟子と伝えられる。時中は博覧強記で権貴にもへつらわぬ剛毅な性格であった。上洛して『大学』を書写して帰り経文に代えて読誦し、僧から儒学者に転じた。門下に小倉三省・野中兼山・山崎闇斎*らを輩出し、南学興隆につくした。慶安二年十二月三十日没。瀬戸村（高知市）の墓所は、のち村人が祠を建て清川神社と称す。『素有文集』六巻、『素有語録』四巻がある。　（頼　祺一）

山崎闇斎《やまざきあんさい》（一六一八―八二）　近世初期の儒学者。闇斎学派の祖。名は嘉《か》、字は敬義《もりよし》、通称は嘉右衛門、闇斎と号し、神道の霊社号を垂加《しでます》という。元和四年十二月九日、京都に生まれる。父浄因は浪人で鍼医を業としていた。幼少のころ仏門に入り、のち京都妙心寺に移ったが、十九歳のとき土佐国の吸江寺《ぎゅうこうじ》に住した。そこで土佐南学の流れを引く谷時中*に師事し、同門の小倉三省・野中兼山らと交わり儒学を学び、二十五歳のころ仏学を批判して儒学に転じた。のち京都に帰り還俗し、もっぱら朱子学*を提唱し、明暦元年（一六五五）三十八歳で初めて講席を開き門人を教えた。四十一歳のとき江戸*へ出て諸大名に講じ、以後毎年江戸に出講、寛文五年（一六六五）には会津藩主保科正之*の賓師となり、ともに神道・儒学を研鑽した。五十四歳のころ吉川惟足《これたり》から神道の伝を受け、以後独自の神道説（垂加神道）を唱えた。浅見絅斎《けいさい》・佐藤直方《なおかた》・三宅尚斎の崎門《きもん》三傑のほか多彩な学者を輩出し、その学派は崎門学派と呼ばれ、後世に大きな影響を与えた。天和二年九月十六日京都に六十五歳で没す。墓所は黒谷（京都市左京区）の金戒光明寺。著述に『文会筆録』、詩文集に『垂加草』『垂加文集』があり、『山崎闇斎全集』が刊行されている。　（頼　祺一）

貝原益軒《かいばらえきけん》（一六三〇―一七一四）　福岡藩士。儒者。本草家。諱《いみな》は篤信。はじめ損軒、晩年に益軒と改めた。二代福岡藩主黒田忠之に仕えたが、その怒りにふれて一時浪人となり、二十七歳のとき、三代光之に召し出された。京都遊学を命じられ、山崎闇斎*・木下順庵*・向井元升らと交わり、帰国後、藩主・世子に侍講し、藩士に授講した。儒学は朱子学*を主としたが、晩年には『慎思録』『大疑録』を著し古学派的傾向を示した。本草学では『大和本草』『菜譜』などを著し、藩命により『黒田家譜』『筑前国続風土記』を編纂した。六十六歳で致仕した後も精力的に著述活動を続け、『和俗童子訓』『養生訓』など多くの

教訓書を著した。　(柴多一雄)

陽明学《ようめいがく》　中国の明代中期に王陽明の唱えた新儒学説。源流は南宋の陸象山《りくしょうざん》にさかのぼる。朱子学*が明代に思想としての活力を失ったことに反発して形成された。朱子学の、理は性として心に内在するとともに、心外の事物にも存在するという説を否定して、理は心以外には存しない（心即理）、人が心内の理（良知）を明らかにし、これを外部の事物に積極的に及ぼすとき、外部世界が本来の姿を顕わにする（致良知・知行合一）、と説いた。内なる心への全幅の信頼と実践・行動主義がみてとれる。日本では江戸初期に中江藤樹*が正保元年（一六四四）『陽明全書』を読んで陽明学を奉じたのに始まり、その門から熊沢蕃山*・淵岡山《ふちこうざん》が出、中期には三宅石庵・三輪執斎、後期には佐藤一斎・大塩中斎・山田方谷らが出た。その影響は幕末の志士たちにも及んだ。日本では、朱子学が為政者に厚遇されて発展したが、陽明学は主に在野で受容された。その学徒は点在し、朱子学のように学統を形成することはなかった。その学の内容も日本的変容を呈している。　(玉懸博之)

中江藤樹《なかえとうじゅ》（一六〇八―四八）　江戸時代初期の儒者。日本陽明学派の始祖。名は原、字は惟命《これなが》、通称は与右衛門、号は黙軒。近江高島郡小川村に生まれる。父は吉次。九歳のとき米子城主加藤貞泰の家臣だった祖父吉長の養子となり、加藤氏の転封*とともに伊予大洲《おおず》に移る。元和八年（一六二二）祖父が死んで家を継ぐ。寛永十一年（一六三四）二十七歳のとき脱藩して郷里に帰り、小川村とその周辺の子弟のために学を講じ教導に当たった。その庭に藤樹があったので、人は藤樹先生と呼んだ。のちに近江聖人と称される。大洲時代には朱子学*を信奉したが、二十七歳で脱藩・帰郷してのち全孝説・時処位論・大乙神信仰などからなる独自の思想を形成し、正保元年（一六四四）三十七歳からは『陽明全書』に依拠して陽明学*の見地に立った。しかし、中国陽明学の良知・知行合一・致良知などの説は、少なからず変形されており、その学は藤樹学と呼びうる独自の学である。主著に『翁問答』『鑑草』『大学解』『中庸解』などがある。　(玉懸博之)

熊沢蕃山《くまざわばんざん》（一六一九―九一）　江戸時代前期の儒者。名は伯継、字は了介、通称は次郎八、助右衛門。蕃山は号。野尻一利を父として京都に出生、母方を継いだ。寛永十一年（一六三四）岡山藩主池田光政*に仕えたが、四年後に致仕。寛永十八年に中江藤樹*の門人となる。正保二年（一六四五）再び光政に仕え、信任を得て三千石を給されて番頭《ばんがしら》となり、藩政に関与。明暦三年（一六五七）領地の蕃山に退隠した。寛文元年（一六六一）京都に出たが、所司代に忌まれて吉野山に移る。寛文九年、明石藩主松平信之に預けられ、のち信之の転封*に従って大和郡山、貞享四年（一六八七）下総古河《こが》に移り、禁錮の罰を受けて同地で没した。藤樹の学を継承したので、陽明学派に属すとされているが、実際には朱子学*と陽明学*の中間的立場であった。抽象的議論よりも実際に役立つ政策論に秀で、独自の時処位論に基づいた経世済民論は江戸時代前期で出色である。著書に『集義和書』『集義外書』『大学或問』『三輪物語』などがある。　(玉懸博之)

古学《こがく》　近世における儒学研究の一つの立場。儒教の古典に即して解釈を行い、孔子の古《いにしえ》に復《かえ》るという立場で、復古学ともいう。朱子の四書註解を中心とする朱子学*を、老荘思想や仏教

（禅学）をまじえたものとして批判し、六経を重視した。朱子学思想への批判は山鹿素行や貝原益軒らにも見られたが、伊藤仁斎の始めた古義学（堀川学派）と荻生徂徠の始めた古文辞学（蘐園《けんえん》学派）の二派を特に古学派という。仁斎の立場は古典の解釈に字義（古義）を重視しようとするもので、そこから「理」を世界の原理とする朱子学の根本を否定し、さらに道徳と人間性を区別し、道徳を人間が実現すべき理念・目標として重視した。徂徠は古文辞学の立場から、道は「安民」を目標とする聖人の制作にかかるものであるとして個人道徳から切り離し、聖人の制作した道を学ぶことの重要性を主張した。徂徠の方法論や思想は後世に大きな影響を及ぼし、十八世紀の中期以降は学界の主流となったが、道徳面を軽視しているとの批判も多く、朱子学・古学の長所を採りいれる折衷学が流行した。

（頼　祺一）

山鹿素行《やまがそこう》（一六二二―八五）近世前期の兵学者・儒学者。名は高祐《たかすけ》（また高興《たかおき》）、字は子敬、通称は甚五左衛門。素行は号。元和八年八月十八日、浪人の子として会津若松に生まれる。六歳で江戸に移り、幼少期から林羅山に儒学、小幡景憲・北条氏長に兵学を学び、二十一歳で景憲から兵学の印可を受けた。承応元年（一六五二）から万治三年（一六六〇）まで播磨国赤穂藩主浅野長直に仕え、三十五歳ごろには『武教要録』『武教全書』などを著し、独自の兵学（山鹿流）を完成。また寛文初年から朱子学に疑問を抱き、儒学の古典に直接依拠して新しい聖人の学問（聖学・聖教）をめざし、同五年（一六六五）『聖教要録』を刊行した。この書が朱子学を批判したとされ、幕命により翌六年から延宝三年（一六七五）まで赤穂藩へお預けの身となった。この間、『四書句読大全』『謫居童問《たっきょどうもん》』『中朝事実』『武家事紀』などを著した。素行は古学派の先駆者とされるが、泰平の世における教化階級としての武士の存在意義を主張する士道の確立につとめ、兵学の門弟が多かった。貞享二年九月二十六日江戸に没す。墓所は牛込弁天町（東京都新宿区内）の雲居山宗参寺。著述は上記のほかに『配所残筆』『治平要録』など数多く、『山鹿素行集』『山鹿素行全集』（未完）などが刊行されている。

（頼　祺一）

伊藤仁斎《いとうじんさい》（一六二七―一七〇五）近世前期の儒学者。古義学派（堀川学派）の祖。名は維楨《これえだ》、字は源佐《げんすけ》、通称は鶴屋七右衛門。号は仁斎・棠隠《とういん》。寛永四年七月二十日、京都堀河勘解由小路上ル北に上層町人伊藤七右衛門長勝の長男として生まれる。母は里村紹巴《じょうは》の孫。幼少期から独学で朱子学を学ぶ。二十九歳のとき家業を弟に譲り、仏老の書を読み、宋学が老荘や禅学的解釈に陥っていると批判し、儒学の古典の解釈に字義（古義）を重視するという独自の文献批判により孔子や孟子の本来の思想を説明した。三十六歳のとき自宅に帰り塾（古義堂）を開き、多くの門人を教えた。宝永二年三月十二日、七十九歳で没す。二尊院の累代の墓所に葬られた。著書は『論語古義』『孟子古義』『大学定本』『中庸発揮』『語孟字義』『童子問』など数多く、ほかに長男東涯《とうがい》が刊行した『古学先生文集』『古学先生詩集』がある。

（頼　祺一）

古文辞学《こぶんじがく》　中国明代の文学上の立場で、日本においては荻生徂徠によって哲学・文学の方法論として確立されたもの。明代に宋代の詩文を否定し、文は秦漢、詩は盛唐の古《いにしえ》に復《かえ》ることを主張する古文辞が流行した。徂徠は四十歳のころ、李攀龍《りはんりょう》・

王世貞《おうせいてい》ら古文辞派の詩文を入手してこれを研究し、文学だけでなく学問の全分野に適応した古文辞学を確立した。すなわち学問は辞（ことば）で書かれた事（事実）を当時の辞で追体験することであるとし、具体的には聖人（先生）の制作した礼楽刑政の制度などを叙述した六経を学び、『論語』に及んで初めて孔子の真意を得ることができるとした。それゆえに後世の辞で書かれた朱子学は否定されることになる。徂徠は道徳より政治が優位に立つとし、道は外在化され、人間の性情は道から解放された。徂徠の学問を継承した門人たちは経学・文学の分野で活躍するが、前者の代表は太宰春台であり、近世後期の経済学者の登場につながっていく。後者の代表は服部南郭で『唐詩選』を刊行して盛唐の詩を日本に流行させる下地をつくった。（頼　祺一）

荻生徂徠《おぎゅうそらい》（一六六六―一七二八）　近世中期の儒学者。古文辞学派（蘐園《けんえん》学派）の確立者。名は雙松《なべまつ》、字は茂卿《もけい》、通称は惣右衛門。徂徠（徂来）・蘐園と号す。先祖が物部氏なので姓を修めて物《ぶつ》とした。館林侯綱吉（のちの五代将軍）の侍医荻生方庵の二男として寛文六年二月十六日江戸に生まれた。十二歳で林鳳岡・鵞峯に学んだが、十四歳のとき父が罪を得て上総国本納村に移住、以後十二年間田舎生活を送った。この間苦学し『訳文筌蹄《やくぶんせんてい》』を著し文名を揚げた。元禄九年（一六九六）柳沢保明（のちの吉保）の儒者となり、将軍綱吉にも進講した。宝永六年（一七〇九）家塾を開くことを許され、服部南郭・安藤東野・山県周南・太宰春台らの俊秀が門下に集った。四十歳ごろから明の古文辞派の詩文を入手して古文辞を研究し、享保二年（一七一七）以降、主著『辨道』『辨名』『論語徴』を著して古文辞学を確立。言語は歴史的に変遷するという立場から伊藤仁斎の学や宋学を批判し、聖人の道を明らかにしようとした。その方法論は文学・考証学や、のちの国学・蘭学にも影響を与えた。独自の立場から政治・社会の全般的改革を述べた『政談』を将軍吉宗に献じたことも有名。享保十三年正月十九日、六十三歳で没す。墓所は芝三田の長松寺。著書は上述のほかに『蘐園随筆』『鈐録《けんろく》』『明律国字解』『徂徠先生答問書』『学則』『徂徠集』など多数あり、『荻生徂徠全集』（河出書房新社）のほか、みすず書房からも全集が刊行中である。（頼　祺一）

太宰春台《だざいしゅんだい》（一六八〇―一七四七）　近世中期の儒学者。名は純、字は徳夫、通称は弥右衛門。号は春台、紫芝園《ししえん》。延宝八年（一六八〇）九月十四日、信濃国飯田に生まれる。父は飯田藩士であったが、のち浪人。春台は十五歳で武蔵国岩槻藩主松平氏（のち但馬国出石に転封）に仕えたが数年で退仕。十七歳で江戸の朱子学者中野撝謙《きけん》に学び、三十二歳で荻生徂徠に入門し古文辞学を学んだ。一時下総国生実《おいみ》藩主森川氏に仕えたが致仕、その後は諸大名の尊信を得て扶持を受けた。徂徠の経学分野の継承者とみなされているが、独自の説も唱え、外面的な道徳による人間修養を強調、経済論でも藩営専売を主張するなど現実主義的であった。延享四年（一七四七）五月三十日、六十八歳で江戸に没す。墓所は谷中（東京都台東区）の天眼寺。著書は『論語古訓』『詩書古伝』『辨道書』『経済録』『聖学問答』など数多い。（頼　祺一）

〔歴史学・国学〕

大日本史《だいにほんし》　水戸藩主徳川家が編纂し、明治維新以後は同家が事業を継続して完成した漢文の歴史書。神武天皇から後小松天皇に至る時代を対象とし、中国の正史の体裁である紀伝体で叙述。本紀七十三巻、列伝百七十巻、志百二十六巻、表二十八巻の合計三百九十七巻（別に目録として五巻）。二代藩主光圀*は明暦三年（一六五七）史局を設け編纂に着手。光圀没後も事業は継続、享保五年（一七二〇）本紀と列伝を幕府に献上。志・表を合わせた全体が完成したのは明治三十九年（一九〇六）である。皇統の正閏と忠臣・叛臣などの名分を厳しく論じたので尊王思想の発達に強い影響を及ぼし、またこの事業の中から水戸学*が生まれた。（鈴木暎一）

戸田茂睡《とだもすい》（一六二九―一七〇六）江戸時代前期の歌学者、近世国学の先駆者。本姓渡辺、名は恭光。通称は茂右衛門、号は梨本・隠家。寛永六年五月十九日渡辺監物忠の六男として駿府城内にて生まれる。母は高家《こうけ》の大沢基宿の女。戸田家の養子となり、後に三河岡崎藩本多家に仕官したと伝えられる。晩年は出家して江戸*に在住、和歌を主とする風雅生活を送った。形骸化した伝統的歌学への最初の積極的批判者として位置づけられ、特に制詞説を否定し、人間の感情としての「情《こころ》」こそ和歌の本質であると主張した。宝永三年四月十四日没。七十八歳。浅草金龍寺に葬る。著書は『百人一首雑談』『梨本集』『御当代記』など。（岡田千昭）

下河辺長流《しもこうべちょうりゅう》（一六二七―八六）江戸時代前期の歌人、歌学者。近世国学の先駆者。名は共平《ともひら》、通称は彦六。寛永四年大和国立田に生まれる。生年に諸説がある。父は小崎《こざき》氏であるが、母方の姓を名のった。少年期を立田で送り、二十一歳のとき京都に木下長嘯子を訪ね、和歌を学んだ。国学*の先駆者として、堂上歌学に対抗して清新な歌風を主張した。『万葉集』の書写・研究にも功績があり、『万葉集管見』を著した。契沖*と深く交わり、その学問形成にも多大な影響を与えた。晩年、徳川光圀*に招かれたが断り、また光圀から『万葉集』注釈を委嘱されたが果さず没した。契沖がこの仕事を継承した。貞享三年六月三日没。六十歳。『万葉集名寄』『林葉累塵集』などを編纂。（岡田千昭）

契沖《けいちゅう》（一六四〇―一七〇一）江戸時代前期の和学者、近世国学*の始祖。真言宗*僧侶。寛永十七年尼崎城主青山大蔵少輔家中の下川善兵衛元全の第三子として、摂津国尼崎に生まれる。十三歳のころ高野山に上り、約十年間修行を積み、阿闍梨の位を得た。このころ下河辺長流*を親友として相結ぶ。下山して泉州を放浪し、旧家伏屋長左衛門宅にて古典の研究に専念した。天和三年（一六八三）ごろ水戸徳川家の嘱を受け、長流に代わって、『万葉代匠記』を著した。契沖の古典研究は『万葉集』を中心とし、儒仏思想による牽強附会的解釈を排し、実証的な文献学的手法を確立した点において、近世国学の先駆的存在である。大坂高津の円珠庵にて、元禄十四年正月二十五日没。六十二歳。著書は『古今余材抄』『百人一首改観抄』『勢語臆断』など。なお、『契沖全集』全十六巻がある。（岡田千昭）

荷田春満《かだのあずままろ》（一六六九―一七三六）江戸時代中期の国学者。名は信盛、通称は斎宮《いつき》、東満とも書く。寛文九年正月三日、京都伏見稲荷神社の神官羽倉信詮《のぶあき》の第二子として生まれる。母は貝子《かねこ》。幼少より家学（社家神道）に励み、元禄十三年（一七〇〇）に家名興隆を志し、江戸*へ出た。歌学・神典を講義して名声を得、和書鑑定などの幕府御用もつとめ、復古神道を唱導して国学*を古道として性格付けた。享保八年（一七二三）に帰郷し、同十三年には養子の在満を後継者として、幕府に登用させた。なお、「創学校啓」は春満の著したものではないとの説が有力である。元文元年七月二日没。六十八歳。稲荷山に葬る。著書は『神代巻劄記』『万葉僻案抄』『伊勢物語童子問』『春葉集』など。（岡田千昭）

賀茂真淵《かものまぶち》（一六九七―一七六九）江戸時代中期の国学者、歌人。通称は庄（荘）助・三四・衛士《えじ》、号は県主《あがたぬし》。元禄十年三月四日、遠江国敷智《ふち》郡伊場村の賀茂新宮の神職岡部政信の三男として生まれる。母は後妻で近郷の竹山孫左衛門茂家の女。まず、杉浦国頭《くにあきら》・渡辺蒙庵に師事し、最初の妻と死別後、浜松の脇本陣梅谷家の婿養子となったが、好学で詩人的な性格が家業にあわず、上洛して荷田春満*に国学*を学んだ。彼の死後、荷田在満を頼って、元文二年（一七三七）江戸*に出て学塾を開き、村田春海や加藤千蔭らを門人として学事に勤《いそ》しんだ。延享三年（一七四六）五十歳のとき、和学をもって田安宗武に仕え、研究も円熟し、名声が上がった。真淵の国学は儒仏の外来思想の影響を拭い去って、日本古代の精神に復帰することを理想とし、そのため「ますらをぶり」を純粋に表現する古典として、『万葉集』を研究し、優れた万葉調の歌を詠んだ。彼の復古主義を継承したのが本居宣長*である。晩年に住んだ江戸浜町の自邸を県居《あがたい》といい、門流を県居派という。明和六年十月三十日没。七十三歳。品川東海寺少林院に葬る。戒名は玄珠院真淵義龍居士。著書は『国意考』をはじめとする「五意考」『万葉考』『冠辞考』『祝詞考』など。（岡田千昭）

〔自然科学〕

渋川春海《しぶかわはるみ》**（安井算哲**《やすいさんてつ》**）**（一六三九―一七一五）江戸前期の暦学・天文学者。幕府の碁師安井算哲の長男として、寛永十六年京都に生まれる。幼名は六蔵、号は新蘆。父の没後家職を継いで安井を称し、晩年渋川と改姓。岡野井玄貞・松田順承より暦学を学び、中国・四国地方を遊歴して緯度を測定し、当時施行されていた宣明暦の誤差を幕府に建言した。その結果、貞享元年（一六八四）彼が作成した新暦（貞享暦）が採用され、初代の幕府天文方に任ぜられ、禄百俵（のち二百五十俵）を下賜された。『貞享暦』『日本長暦』『天文瓊統』などの著書がある。正徳五年十月六日没。七十七歳。品川東海寺に葬る。太虚院透雲紹徹居士。（藤野　保）

関孝和《せきたかかず》（一六四〇?―一七〇八）江戸時代前期の数学者。内山永明の二男として、寛永十七年上野藤岡で生まれる（推定）。通称新助、字子豹。甲府藩主徳川綱重・綱豊に仕え、綱豊（家宣*と改む）が将軍徳川綱吉*の世子となり西ノ丸に入るや、旗本*となり御納戸組頭をつとめ、二百五十俵・十人扶持を支給された。吉田光由の『塵劫記』で数学を独習し、その後数学書を次々に著し、筆算を創始して方程式論・行列式の研究に大きな業績を残した。暦術では渋川春海*と論争したが、改暦では春海に先んじられた。『発微算法』『括要算法』などの著書がある。宝永五年十月二十四日没。牛込浄輪寺に葬る。法行院殿宗達日心大居士。（藤野　保）

宮崎安貞《みやざきやすさだ》（一六二三―九七）近世前期の代表的農学者。元和九年安芸国（広島県）広島藩士宮崎儀右衛門の二男として広島に生まれる。二十五歳のとき筑前国（福岡県）福岡藩主黒田忠之に仕えるが致仕して、筑前国志摩郡女原村《みようばる》（福岡市西区）に退く。みずから農業をしながら技術の改良と農民指導などに出精。その間に中国の農書、本草学を学び、また山陽道から畿内・伊勢・志摩の諸国を巡って農事の調査・研究を行う。それらをもとに元禄九年（一六九六）体系的な全国農書の『農業全書』*を著す。翌年七月の公刊の月に病没。七十五歳。墓は福岡市西区女原にある。安貞が村民とともに開墾した土地は今も宮崎開きと呼ばれ残っている。　（宮崎克則）

農業全書《のうぎょうぜんしょ》　元禄十年（一六九七）宮崎安貞*によって著された近世前期の代表的農書。第一巻は農事総論、第二―十巻は各種作物（五穀、菜、山野菜、三草、四木、菓木、諸木、生類養法、薬種）について、特性や成育法を記す。第十一巻の付録は、貝原益軒*の兄楽軒が勧農について論じたものである。本書は、安貞自身による四十年余の農業経験と、近畿地方を中心に遊歴して見聞した先進技術の知識、および親交のあった貝原益軒の国内の本草学や中国の農書『農政全書』の研究成果に影響されて作成された。本書は百姓のための技術書として広く世間に流布し、長く農書の規範となった。背景には領主による年貢*増徴と商業的農業の発展があった。　（宮崎克則）

大蔵永常《おおくらながつね》（一七六八―？）　近世後期の農学者。通称は徳兵衛・亀太夫、字は孟純、別に亀翁、受和園主人、黄葉園主人とも称した。明和五年に豊後国（大分県）幕府領の日田郡隈町（日田市）に生まれる。寛政八年（一七九六）二十九歳のとき九州・四国を巡り大坂*へ行く。上坂後は長堀橋本町に住み、薩摩の製糖技術の普及や苗木の取次を営む。この間九州地方の特産である櫨の研究書『農家益』（享保二年、一八〇二）を著し、これによりその名を高める。この後、晩年の大作『広益国産考』に至るまで三十余巻の著作を著し、また三河国田原藩・遠江国浜松藩に物産方として召され、財政再建のための殖産興業を説く。没年や終焉の地は明らかでない。　（宮崎克則）

〔禅　宗〕

隠元《いんげん》（一五九二―一六七三）　明*の僧侶で、日本黄檗宗*の開祖。僧名は隆琦、隠元はその字。姓は林、諡《おくりな》は大光普照禅師・真空大師など。中国福建省の生まれ。承応三年（一六五四）六十三歳のときに来日、長崎*の興福寺や崇福寺に住し、明暦元年（一六五五）摂津国富田（大坂）の普門寺の住持となる。このとき幕府は毎年百人扶持（百八十石）を与えている。万治元年（一六五八）江戸*で将軍徳川家綱*に会見、翌二年には幕府から山城国宇治郡に寺地をもらう。寛文元年（一六六一）そこに黄檗山萬福寺を開創、翌年には法堂において祝聖開堂の儀式を行った。寛文五年（一六六五）七月、幕府は寺領四百石を与え、境内は九万坪、山林竹木諸役免除の朱印も与えた。建物は明朝風といわれている。後水尾天皇*の帰依を受ける。禅浄一致の宗風といわれ、日本の曹洞宗*や臨済宗*の妙心寺の僧侶もその教えを受けた。弟子の鉄眼は黄檗版大蔵経を開版したことで有名。隠元は隠元豆の移植や普茶料理（中国風の精進料理）などでも有名。延宝元年四月三日没。八十二歳。著書に『普照国師広録』三十巻、『黄檗清規』『黄檗語録』『隠元法語』がある。　（圭室文雄）

黄檗宗《おうばくしゅう》　江戸時代に成立した禅宗*の一派。宗祖は隠元隆琦*。本山は京都府宇治市の黄檗山萬福寺。開宗は寛文元年（一六六一）で、翌二年開堂。日本における当時の禅宗（臨済禅）は中国の宋朝禅であったが、隠元隆琦は、明末の禅と念仏の複合的な思想を日本に伝えた。その意味では新しい禅宗の流れであった。門下には『黄檗版大蔵経』を開版した鉄眼道光、『旧事本紀大成経』を記して排仏論を批判した潮音道海などがいる。延享二年（一七四五）には末寺八百九十七カ寺あって五十一カ国に分布している。黄檗宗は江戸時代の庶民の信仰や葬祭には手をそめず、将軍や幕閣、大名*やその家臣たちにより、明朝文化の窓口として保護されることが多かった。明治七年（一八七四）には臨済宗*に合併されたが、同九年に独立。現在では塔頭十八、末寺四百六十カ寺。（圭室文雄）

〔文　芸〕

浮世草子《うきよぞうし》　江戸文芸の一ジャンル。時代的には、慶長元年（一五九六）ごろから天和元年（一六八一）ごろまでの仮名草子に続き、その後約九十年間、安永元年（一七七二）ごろまでに著された散文俗文芸をさし、地理的には上方を中心に行われた。その嚆矢を天和二年刊の『好色一代男』（井原西鶴*作）とする。その内容は、仮名草子が多分に教訓啓蒙的であったのに対し、浮世草子はそれもやわらぎ、より現実的で娯楽的なものとなっている。その時期・内容で、天和二年（一六八二）から宝永八年（一七一一）までの西鶴とその亜流、都の錦・団水・一風・其磧らを中心とするものと、それ以降安永元年（一七七二）までの其磧・自笑・南嶺らによる、いわゆる八文字屋本を中心とするものとに大別されるが、やがて享保以降の知識人層の小説界への参入による教訓本や読本の台頭により、しだいにその座を交代して、やがて江戸*の新文芸にその道を譲ることになる。とはいえ、浮世草子が文芸を庶民のものとし、広く社会に普及させた意義はきわめて大きい。（中野三敏）

井原西鶴《いはらさいかく》（一六四二―九三）　江戸時代前期の俳諧師・浮世草子*作者。一書に本名平山藤五*という。号ははじめ鶴永、のち西鶴。一時西鵬。軒号は松風軒、松寿軒。寛永十九年、大坂町人の家に生まれる。早くから俳諧*を嗜み、二十一歳の寛文二年（一六六二）には点者として独立。西山宗因を奉じて談林俳諧の中心人物となり、寛文十年（一六七〇）『生玉万句』などを刊行した。矢数《やかず》俳諧を得意とし、貞享元年（一六八四）には一昼夜で二万三千五百句をよむ興行を行った。一方、私家版として刊行した『好色一代男』（天和二年刊）は、従来の仮名草子には見ない文章・意匠で、色道に生きる一代男世之介の生涯を描き、浮世草子の時代を招来する。これより人気作家として、好色物『好色五人女』『好色一代女』、雑話物『西鶴諸国ばなし』『本朝二十不孝』、武家物『武道伝来記』『武家義理物語』、町人物『日本永代蔵』『世間胸算用』などを刊行。後世に大きな影響を与えた。元禄六年八月十日没、五十二歳。大坂の八丁目寺町誓願寺に葬る。（中野三敏）

俳諧《はいかい》　短詩型文芸の一つ。誹諧とも書く。元来「俳諧」とは滑稽を意味する漢語で、『古今集』に見られる「誹諧歌」は言葉の洒落による滑稽を中心とする。また連歌の中で、その始源ともいえる機知滑稽を主とした言い捨てのものを「俳諧之連歌」と称し、やがてそれを略称して「俳諧」と呼び、連歌とは別個の独立した文芸形式の名称となった。江戸時代になると、その手軽さと滑稽性が新興町人階層に好まれ、印刷術の発達と相まって全国的に普及した。初期の貞門・談林俳諧時代には言語遊戯や古典のパロディ、卑俗な哄笑性が主であったが、芭蕉*に至って、形式・題材は俗の範疇にありながら、自然と人生の実相に深く観入した新たな雅の世界が求められるようになった。芭蕉没後、都市の技巧的・遊戯的俳諧と地方の平俗卑近な俳諧とが二大主流となり、折々に個性的な作家を輩出しながらも、しだいに連句から離れた発句の独詠化と大衆化が進み、明治になって俳諧は俳句にその座を譲ることになる。なお、俳諧は狭義には連句をさすが、広義には発句・俳文なども含む。（中野三敏）

松永貞徳《まつながていとく》（一五七一―一六五三）　江戸時代の歌人・俳諧師。名は勝熊、別号逍遊軒・長頭丸《ちょうずまる》・花咲の翁など。元亀二年連歌師松永永種の二男として京都に生まれる。和歌を九条稙通・細川幽斎、連歌を里村紹巴に学び、その他文化のあらゆる方面の「師の数五十余人」（『戴恩記』）という。一時豊臣秀吉*の右《ゆう》筆《ひつ》をつとめたが、徳川政権成立後は在野の地下《じげ》歌人・歌学者として立ち、多数の門人を擁した。一方、知識人の座興に過ぎなかった俳諧*を文芸の一形式として確立させ、貞門という強大な流派を形成した。また、狂歌*の作も多数ある。承応二年十一月十五日没。八十三歳。京都上鳥羽実相寺に葬る。著書多数。（中野三敏）

西山宗因《にしやまそういん》（一六〇五―八二）　江戸時代の連歌師・俳諧師。名豊一、別号一幽・西翁・梅翁など。加藤清正の家臣西山次郎左衛門の子として熊本に生まれる。八代城主加藤正方に仕え、連歌を里村昌琢に学ぶ。主家改易*により、正方を慕い上洛。正保四年（一六四七）大坂天満宮連歌所宗匠となり、寛文十年*（一六七〇）出家し息宗春に譲るまでその職にあった。俳諧にも手を染め、貞門俳諧と違う清新さ・軽快さが寛文ごろより名声を得るようになり、ついに今日談林俳諧と呼ばれる一派の祖となる。しかし晩年には連歌へ回帰したらしい。天和二年三月二十八日没。七十八歳。大坂天満西寺町西福寺に葬る。（中野三敏）

松尾芭蕉《まつおばしょう》（一六四四―九四）　江戸前期の俳諧師。初号は宗房、後に桃青。芭蕉は庵号。別号、風羅房、釣月軒など。伊賀国上野の郷士松尾与左衛門の二男。若年時、伊勢国藤堂藩侍大将伊賀付の藤堂新七郎家に台所用人として出仕、嫡子良忠（俳号蟬吟）の伽役として俳諧*に励む。その後江戸*に下って、しばらく西山宗因の談林俳諧に傾倒。延宝五年（一六七七）宗匠として独立し、副業として市中の水道工事などにも携わるが、同八年（一六八〇）深川の芭蕉庵に退居。天和三年（一六八三）『虚栗《みなしぐり》』で独自の俳風に開眼し、近畿・奥羽など諸国を遍歴する中で、さらにそれを錬磨、俗文芸としての俳諧の可能性を、杜甫・西行などの詩風・歌風につながるものとして追求した。上方旅行途上の元禄七年十月十二日、大坂*にて没。五十一歳。近江国義仲寺に葬る。元禄二年（一六八九）の『奥の細道』は、死去の年まで推敲を重ねた畢生の作。ほかに「俳諧七部集」としてまとめられた諸編『野ざらし紀行』『更科紀行』などがある。（中野三敏）

〔演　劇〕

人形浄瑠璃《にんぎょうじょうるり》　浄瑠璃の語りで演じる人形劇。室町時代に琵琶で演じられた浄瑠璃物語は、

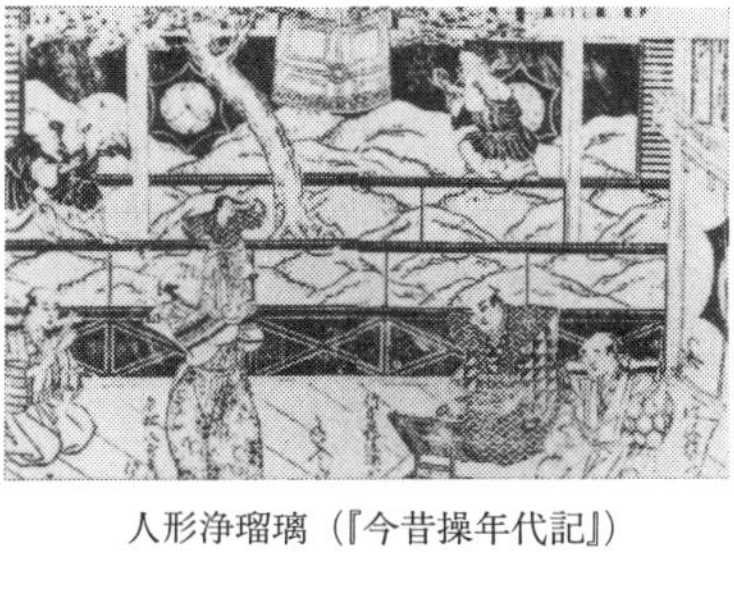

人形浄瑠璃（『今昔操年代記』）

近世に入ると琉球渡来の新楽器三味線と西宮夷神社の夷《えびす》舁《かき》の人形まわしを合わせて人形芝居となり常打の劇場で演じられた。このころから竹本座の『出世景清』*までの約八十年間を古浄瑠璃と呼ぶ。近松門左衛門の時代物『国姓爺合戦』、世話物『曽根崎心中』などは竹沢権右衛門の節付、竹本義太夫*の語りが一世を風靡し、延宝―享保の五十年間に竹本座に対抗する紀《きの》海音《かいおん》らの豊竹座との競演により人形浄瑠璃の形式が完成された。享保十九年（一七三四）吉田文三郎は従来の一人遣いを三人遣いに改良した。十八世紀半ばごろ『菅原伝授手習鑑』や『仮名手本忠臣蔵』などの傑作が上演され、歌舞伎*にも移された。宝暦ごろには、演出に様々な工夫がされて人形浄瑠璃は黄金時代を迎え、各地にも普及したが、徐々に衰え、文化ごろ大坂*の宮地芝居に正井（植村）文楽が文楽座をつくり、三世竹本長門太夫らの名人が出て、人形浄瑠璃は文楽と呼ばれるようになり現在に及んでいる。（比留間尚）

歌舞伎《かぶき》　江戸時代に始まり現代に至る日本演劇。慶長八年（一六〇三）京都で出雲阿国《いずものおくに》が始めた舞踊劇から起こったとされる。やがて遊女を主役とする女歌舞伎として発達したが、風俗を乱すものとして寛永六年（一六二九）禁止され、若衆歌舞伎となるが、これも男色により風俗を乱すものとして禁止され、承応元年（一六五二）以後は男が女役も演じる野郎歌舞伎となって今日に至っている。元禄前後より上方では近松門左衛門*、坂田藤十郎*らの世話物が上演され、江戸*では市川団十郎*の荒事が歓迎され、上方歌舞伎と江戸歌舞伎の二大潮流が成立した。十八世紀前半には『仮名手本忠臣蔵』『菅原伝授手習鑑』などの人形浄瑠璃*の傑作が生まれたが、直ちに歌舞伎でも上演され大好評を得た。十八世紀後半に入ると、江戸町人により『助六』『曽我狂言』など江戸荒事*は大成され、十九世紀には四世鶴屋南北*と五代目松本幸四郎、七代目市川団十郎らの生世話《きぜわ》物《もの》、瀬川如皐と八代目団十郎、四代目市川小団次らの白浪物《しらなみもの》などが、庶民の絶大な支持を得て上演された。（比留間尚）

歌舞伎（菱川師宣筆，東京国立博物館蔵）

近松門左衛門《ちかまつもんざえもん》（一六五三―一七二四）江戸中期の浄瑠璃・歌舞伎狂言作者。名は盛信、通称平馬、号平安堂・巣林子・不移山人。承応二年十一月十二日福井（萩とも）生まれ。父は杉森信義。少年期に京都に移住、一条昭良に仕え、のち近江近松寺の弟子となり、古典的・宗教的教養を探めた。浄瑠璃作品は『世継曽我』（天和三年）『出世景清』（貞享二年）など九十余編があり、『景清』より初代竹本義太夫*との三十年に及ぶ協力が始まった。歌舞伎*の作品は、元禄六年（一六九三）より坂田藤十郎*と提携して宝永二年（一七〇五）までに『傾城壬生大念《けいせいみぶだいねん》仏《ぶつ》』など二十六編を数える。元禄十六年（一七〇三）最初の世話浄瑠璃『曽根崎心中』で浄瑠璃作者に復帰し、宝永二年、竹本座の座付作者となり、正徳五年（一七一四）『国姓爺合戦』は十七カ月のロングラン興行を記録し、大いにその名を高めた。享保九年一月二十二日没。七十二歳。法名阿耨院穆矣日一具足居士。墓所は兵庫県川辺郡久々智村広済寺と大阪市中央区谷町法妙寺。（比留間尚）

竹田出雲《たけだいずも》　浄瑠璃・大坂竹本座座元。大坂*の人。初代（?—延享四）座元として、からくりなどをとり入れ竹本座の興行成績の向上に貢献した。作者として、近松門左衛門*に師事、『諸《しょ》葛孔明鼎軍談《かつこうめいかなえぐんだん》』『大内裏大友真鳥《だいだいりおおとものまとり》』『菅原伝授手習鑑』（並木千柳との合作）などがある。二代（元禄四—宝暦六）は初代の子、はじめ小出雲と名乗り、作品に『ひらがな盛衰記』『今川《いまがわ》本領猫魔館《ほんりようねこまたやしき》』『伊豆院宣源氏鑑』『軍法富士見西行』『夏祭浪花鑑』などがあり、延享四年（一七四七）二代出雲を襲名、『義経千本桜』（並木千柳らと合作）『仮名手本忠臣蔵*』（同上）など、ともに後世に残る名作を手がけ、人形浄瑠璃の最盛期を創出した。墓はともに大阪天王寺区の青蓮寺にある。（比留間尚）

竹本義太夫《たけもとぎだゆう》　人形浄瑠璃太夫*、初代（慶安四—正徳四）は大坂生まれ。井上播磨掾の高弟清水《きよみず》理兵衛に師事。はじめ天王寺五郎兵衛、ついで清水理太夫、延宝八年（一六八〇）ごろ竹本義太夫と改め、貞享元年（一六八四）近松門左衛門*の「世継曽我」の上演で大坂道頓堀に竹本座を開いた。以後近松の作品を上演し、特に「出世景清」は画期的なものとされ、従来の古浄瑠璃と分類を異にする作品とされた。以後義太夫節と呼ばれ、浄瑠璃を代表する主流の地位を占めた。二代（元禄四—延享元）は幼時義太夫の門に入り若竹政太夫と名乗り、義太夫没後、後継者に選ばれ竹本政太夫と称し、享保十九年（一七三四）二代義太夫を襲名した（三代目説もある）。（比留間尚）

忠臣蔵《ちゅうしんぐら》　「仮名手本忠臣蔵*」の通称、赤穂義士の仇討を脚色した浄瑠璃。作者は竹田出雲・並木千柳・三好松洛。大序（鶴が岡の段）、二段目（桃井館の段）、三段（鎌倉御所の段）、四段（扇ケ谷上屋敷の段）、五段（山崎街道の段）、六段目（勘平住家の段）、七段（一力の段）、八段（道行旅路の嫁入）、九段（山科閑居の段）、十段（天河屋の段）、十一段（勢揃より引上げの段）よりなり、元禄十四年（一七〇一）の殿中刃傷事件より四十七年目の寛延元年（一七四八）八月大坂竹本座で初演され、以後歌舞伎*・文楽に繰り返し上演され、この世界の独参湯《どくじんとう》と称され、不況を回復する妙薬にたとえられた。刃傷事件の翌年江戸村山座で「東山栄華舞台」が上演され、同十五年十二月、打入り、翌年二月、四十六浪士切腹、その翌年江戸中村座『曙曽我夜討』、宝永三年（一七〇六）大坂竹本座『兼好法師物見車』、以下『兼好法師跡追 碁盤太平記』『鬼鹿毛武蔵鐙《むさしあぶみ》』『大矢数四十七本』『忠臣金短冊』『扇矢数四十七本』などの赤穂義士を扱った先蹤を継承集大成した作品だった。（比留間尚）

坂田藤十郎《さかたとうじゅうろう》　江戸時代に三代続いた歌舞伎*俳優。屋号山城屋。定紋梅鉢。初代（正保四—元禄十四）父は坂田市右衛門。京都生まれ。俳名冬貞。鼓を骨屋庄右衛門に学び、花車方杉九兵に師事、延宝四年（一六七六）万太夫座の幹部となり、同六年大坂（?）で「夕霧名残の正月」に藤屋伊左衛門をつとめ、その年は四度、生涯に十八度も同役を演じて大好評を得た。上方和事《わごと》の大成に功があり、近松門左衛門*は藤十郎のために『けいせい阿波の鳴戸』など多くの名作を書いた。傾城物を演じ、立役《たちやく》として上方最上位の役者としての地位を確立した。六十二歳で没。二代（元禄十四―安永三年）は元文四年（一七三九）襲名、実事を得意とした。　（比留間尚）

市川団十郎《いちかわだんじゅうろう》　江戸時代―現代の歌舞伎俳優*。江戸歌舞伎の名門。現代まで十二代。姓は堀越、屋号成田屋。家紋三升《みます》。各代とも活躍したが、初代（万治三―元禄十七年）は市川流荒事《あらごと》を創立して家芸の基礎を固め、五代（寛保元―文化三年）は烏亭焉馬らと親交を結び、狂歌でも知られている。七代（寛政三―安政六年）は「市川家歌舞伎十八番」を制定し、「生世話物《きぜわもの》」を創演したが、天保改革の禁令に触れて、江戸十里四方追放に処せられた。九代（天保九―明治三十六年）は演劇改良運動の指導者として「活歴物《かつれきもの》」を提唱して歌舞伎界に新風を吹き込んだ。十二代（昭和二一年―）は市川家の家芸をよく継承し、海外にも進出し、意欲的に活動している。　（比留間尚）

〔美　術〕

浮世絵《うきよえ》　江戸時代に民衆を中心に発展した絵画の一様式。江戸*の町が幕府の所在地として独自の性格を有する都市へと発達した江戸時代前期、挿絵入りの木版本の普及に伴い、十七世紀後半に菱川師宣*により、版本の挿絵から絵画部分を独立させた木版画「一枚絵」の形式が創始された。これが浮世絵の実質的な始まりといえよう。浮世絵には木版画のほかに肉筆画があり、初期においては懐月堂安度、宮川長春など肉筆画に専心した絵師も多かったが、量産による廉価な木版画が一般に普及していった。明和二年（一七六五）に多色摺版画「錦絵*」が開発されたのをきっかけに浮世絵は黄金期を迎え、鈴木春信*、鳥居清長・喜多川歌麿*・役者絵に歌川豊国*・東洲斎写楽*、風景画に葛飾北斎*・安藤広重*など、個性的な絵師を多数輩出した。主題も初期は遊里や芝居町の風俗に限定されていたが、錦絵登場の前後から広く市井一般の生活面に取材するようになる。美人画、役者絵、相撲絵、風景画、花鳥画、武者絵、戯画など主題は多岐にわたり、時代の息吹を実感させる最新の風俗や関心事が積極的に盛り込まれている。　（小林　忠）

菱川師宣《ひしかわもろのぶ》（？―一六九四）江戸初期の画家。通称吉兵衛、晩年薙髪して友竹と号した。浮世絵*を確立した人物で菱川派の祖。安房国*（現千葉県）保田の繡箔《ぬいはく》師の子として生まれ、若くして江戸に出て、土佐派*・狩野派*など本格的画派の画法を学んだ。挿絵画家として活躍した後、初めて一枚絵による鑑賞版画という形式を確立させた。その独自の美人画様式は「菱川やう（様）の吾妻俤」と俳諧*に詠まれるほどに流行、「吉原の躰」「上野花見の躰」などはその版画の代表作といえる。また多くの門弟を育てて工房制作による肉筆画の大量生産を行い、屏風・掛幅・画巻の諸形式に歌舞伎*や遊里の悪所風俗画を多作した。肉筆画の代表作は「見返り美人図」。　（小林　忠）

英一蝶《はなぶさいっちょう》（一六五二―一七二四）江戸中期の画家。本姓藤原。多賀氏のち英氏。諱は安雄・信香《のぶか》、字は君受。別号朝湖*・北窓翁など。俳号暁雲。医師多賀白庵の子。京都生まれ。江戸*に出て狩野安信に画を学ぶ。かたわら岩佐又兵衛や菱川師宣*の都市風俗画や松尾芭蕉*の俳諧に親しみ、軽妙洒脱な画風で人気を博す。元禄十一年（一六九八）幕閣の怒りにふれて伊豆三宅島に流罪となるが、宝永六年（一七〇九）将軍代替わりの大赦により江戸に帰る。このとき多賀朝湖の画名を英一蝶に、号を北窓翁と改めた。配流中の作品は島《しま》一蝶と呼ばれて珍重される。晩年は英派を形成、穏健な画風となる。代表作「朝暾曳《ちょうとんえい》馬図《ばず》」「四季日待《ひまち》図巻」。　（小林　忠）

野々村仁清《ののむらにんせい》（生没年不詳）　江戸前期、正保から寛文・延宝ころに京都で活躍した陶工。色絵陶器の完成者あるいは京焼の大成者といわれる。金森宗和に認められ仁和寺門跡《にんなじもんぜき》の知遇を得て、正保四年（一六四七）ころに御室仁和寺の門前で開窯した。仁清の名は仁和寺宮から賜った「仁」と、俗名清右衛門の「清」の字を合わせたものと伝え、自窯の製品の底に印銘として用いている。作品には茶入・茶碗・水指・香合・香炉などのほか、大作としては色絵藤花図茶壺や色絵吉野山図茶壺など華麗な絵付の飾り茶壺が知られる。赤・青・緑・紫などに金銀を加えた蒔絵を思わせる色絵陶器は優雅典麗なる作風を特色とし、後の京焼にも大きな影響を与えた。　（尾崎直人）

尾形光琳《おがたこうりん》（一六五八―一七一六）　江戸時代中期の画家。名は惟富、通称は市之丞。三十五歳から用い始めた光琳のほか、道崇・方祝・青々などの別号がある。京の高級呉服商雁金屋尾形宗謙の二男として生まれ、弟に尾形乾山*がいる。家業の衰退と自身の放蕩による困窮から、三十九歳ごろ画家として立つ決意をする。画は最初父より手ほどきを受けたと推定されているが、のち山本素軒について狩野派*を学んだ。祖父と本阿弥光悦*との縁戚関係から俵屋宗達*の画風に親しみ、加えて斬新な意匠性と理知的構成による独自の様式形成へと向かった。代表作は、四十四歳で法橋叙任後まもなく描いたとされる「燕子花図屏風」と最晩年の「紅白梅図屏風」。　（小林　忠）

「燕子花図屏風」（尾形光琳筆，根津美術館蔵）

尾形乾山《おがたけんざん》（一六六三―一七四三）　江戸時代中期の陶工、画家。尾形光琳*の弟。はじめ権平、のち深省と改名。紫翠・習静堂・尚古斎・陶隠などと号した。乾山の号は京都の西北（乾）にあたる鳴滝に築いた窯の名に因む。生家は京都の富裕な呉服商で、生来学問詩歌を好み、書を得意とした。父の没後、仁清に作陶法を学び、琳派意匠に特色をもつ独自の陶風を確立する。初期の作品には、陶胎《とうたい》に白化粧掛けを施し銹絵《さびえ》で絵付けしたものが多く、兄の光琳が絵付した兄弟合作のものなどに優れた遺品が知られる。絵画の分野でも書と絵との雅味深い調和を特色とした創作を行っていて「花籠図《はなかごず》」「八橋図」などの琳派芸術の真髄を発揮した作品が伝わる。　（尾崎直人）

友禅染《ゆうぜんぞめ》　江戸時代に発達した文様染で、糊置防染法による色彩豊かで絵画的な絵文様を特色とする。友禅染の名は元禄年間（一六八八―一七〇四）ごろ、京都の扇絵師宮崎友禅斎の創案に因むと伝えるが、この染法自体はすでに万治二年（一六五九）には行われている。糯米《もちごめ》を主剤とする糊を口金付の布に入れ、押し出した細線で文様の輪郭を描き、文様内部を染料で染め上げたのち伏せ糊で覆い、全体に地染めを施すという工程で行われるのが友禅染の基本となる筒糊の技法で、手描きであることと塗染めであることに大きな特色がある。文様意匠から京友禅・加賀友禅などの区別があり、明治に入ると型紙を用いて文様を染める型友禅の技法が行われるようになった。

（尾崎直人）

五　幕藩体制の動揺

（一）幕政の展開と改革

享保の改革　家継幼死のあと、家光*の血統は断絶し、ここに新しく享保元年（一七一六）、御三家のひとつ紀伊徳川家から吉宗*が迎えられて、八代将軍に就任した。吉宗は、まず間部詮房・新井白石*を退けて、側用人*政治を取りやめ、代わって、はじめは譜代老中を優遇しながら、やがては将軍みずからの親政による独裁専制体制を確立すると、倹約令をはじめとする極端な緊縮方針のもと、広範な幕政の改革に乗り出した。これを享保の改革という。

吉宗は、まず勘定方役人や地方功者を中心に人材登用を行って改革政治の担い手とし、享保七年（一七二二）、諸大名に対して上げ米*を実施して、財政難をしのぐ一方、翌年、足高の制*を設けて、旗本役料制を定着させた。また、これに前後して、大岡忠相*を江戸の町奉行*に登用し、金銀貸借に関する訴訟を当事者間で解決させる相対済し令*を出し、「公事方御定書*」を制定して、裁判や刑罰の基準とした。さらに目安箱*を設けて庶民の意見を聞き、小石川養生所を設けて貧民の救済にあたった。

しかし、享保改革の最大のねらいは、窮乏した幕府財政の再建にあった。そのため勘定方機構を整備して、財政担当の勝手方老中*に水野忠之*を抜擢し、積極的な年貢増徴政策を打ち出した。まず、従来の検見法*を改めて定免法*を採用し、租率を引き上げるとともに、新田開発*を奨励して耕地を拡大し、青木昆陽*らを登用して殖産興業政策*を推進した。その結果、幕府財政は安定の兆候を示したが、逆に年貢増徴政策によって農業経営は破壊され、農民の階級分化が進行し、新田開発による大規模な町人新田地主の発生と相まって、地主‐小作関係がいっそう広範に進行した。

一方、都市において

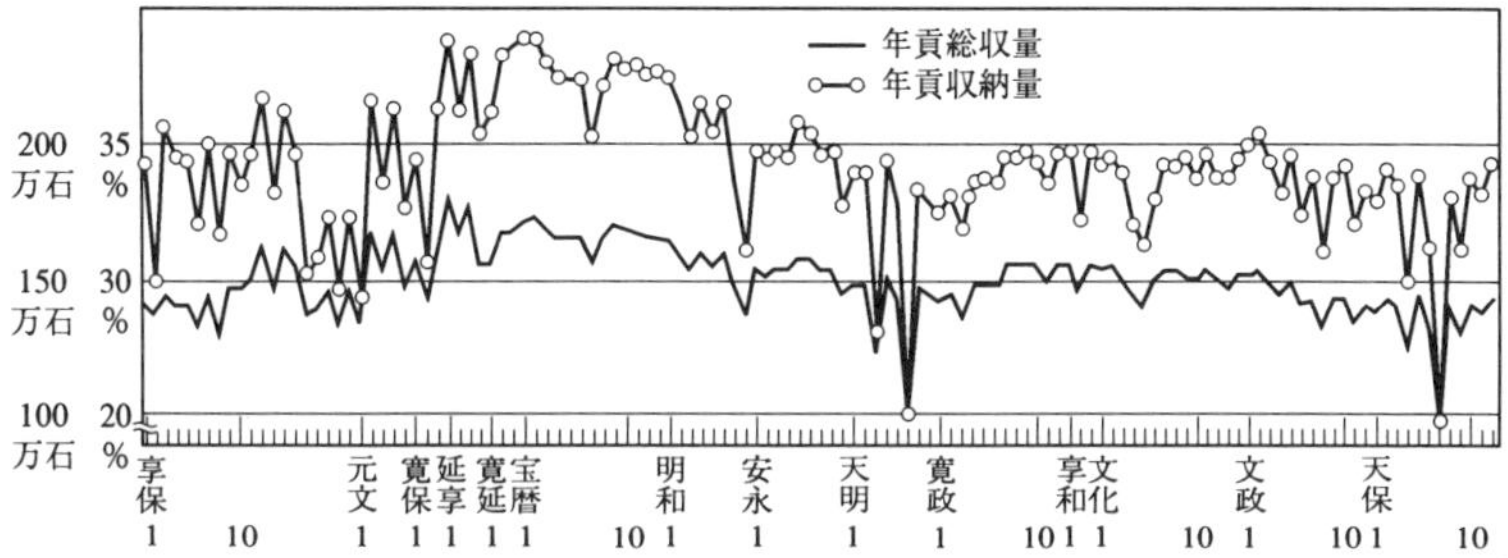

幕府直轄領の年貢収納総額と収納率の変動
（古島敏雄『岩波講座・日本歴史―近世４』岩波書店より）

は、幕府の通貨収縮策によって不況を巻き起こし、米価は著しく下落した。幕府は米価の安定・維持をめぐって、都市の商業資本との連携を深め、各種の株仲間*を結成させたが、享保十七年（一七三二）の飢饉*によって、逆に米価は著しく暴騰した。そのため幕府は、これまでの通貨政策を改め、品位を落とした文字金銀を大量に鋳造・発行した。その結果は、貨幣経済の農村侵入を促進し、封建農業の危機を深めた。こうしたなかで延享二年（一七四五）、吉宗は将軍職を嫡子家重*にゆずった。

田沼政治　九代将軍家重は病弱で言語に明晰を欠くありさまであったが、こうしたなかで、再び側用人政治が復活し、大岡忠光や田沼意次*が幕政の中枢部に進出した。特に意次は、宝暦十年（一七六〇）家重に代わって十代将軍となった家治*の信任を得て、側用人・老中となり、嫡子意知も若年寄*となって、父子ならんで権勢を振るうに至った。この時代を田沼時代という。

田沼政治の特色は、享保改革の後半に連携を深めた商業資本との結びつきを強化し、彼らに対する統制・利用を通じて、幕府財政を再建するところにあった。そのため殖産興業政策を推し進める一方、新しく台頭した商人を含めて、各種の株仲間*を広範に認め、彼らに特権を与える代わりに、運上金*・冥加金*を上納させた。また、各種の座・会所を設けて専売制をしき、特権商人を参加させて上納金を納めさせた。さらに貨幣政策にも意を用い、明和五匁《もんめ》銀・南鐐二朱銀を鋳造・発行して、幕府財政を補強しながら、新田開発を奨励し、印旛沼・手賀沼の干拓*を推し進めた。

そのほか田沼は、長崎貿易*を改正して銅や俵物*の輸出を奨励し、逆に金銀の輸入をはかる一方、工藤平助*の意見を取り入れ、最上徳内*らを派遣して、蝦夷地開拓*を計画するなど、これまでの幕政にはみられない積極政策を織り込んだ。しかし、そのため逆に危機を深める原因となった。賄賂の横行は権力を腐敗させ、商品経済の農村への浸透は本百姓*の経営を破壊した。しかも打ち続く天災・地変によって飢饉をまねき、各地で百姓一揆*や打毀し*が続発した。こうして田沼は民衆の怨嗟の的となり、天明四年（一七八四）意知は佐野政言《まさこと》に暗殺され、田沼政権は重大な危機を迎えた。

寛政の改革　天明六年（一七八六）家治が継嗣なく死去すると、御三卿のひとつ一橋家から家斉*が迎えられて、十一代将軍に就任した。田沼意次は老中を解任されたが、次期政権担当者の擁立をめぐって、田沼派の老中と徳川一門・譜代勢力との対立が続き、その結果、徳川一門の松平定信*（白河藩主）が老中首座となった。定信はただちに田沼派を幕閣から一掃し、広範な幕政改革に乗り出した。これを寛政の改革という。

定信は吉宗の享保の改革を理想とし、厳しい倹約令のもと、政策の重点を荒廃した農村の復興においた。そのため定信は、農村人口の確保に力を入れ、他国への出稼ぎを禁じ、江戸に流入した農村出身者に対して帰農を命じ（旧里帰農令）、本百姓経営数の確保につとめた。また、食糧・農具代を貸与して、課役負担を軽減する一方、各地に社倉*・義倉*・郷倉*を建てて米穀を貯蔵させ（囲米*）、江戸では七分金積立法*を実施して、天災・飢饉に備えさせた。さらに江戸の治安維持のため、石川島に人足寄場*を設けて、浮浪人や無宿者を収容し、職業技術を授けて正業につかせた。

さらに定信は、学問・思想および風俗・出版に対しても厳しい統制を加えた。まず儒学のなかで朱子学*を正学とし、林家の私塾であった湯島聖堂を官立の昌平坂学問所*と改め、朱子学の振興をはかった（寛政異学の禁*）。また、『海国兵談』を著して海防の必要を説いた林子平*を、幕政に対する批判として弾圧し、黄表紙や洒落本の出版を禁じて、その出版元を処罰した。

他方、定信は田沼が始めた各種の株仲間や専売制を廃止して、運上金・冥加金の徴収を多く中止するとともに、旗本*の財政窮乏を救うため札差*に対して棄捐令*を公布した。しかし、こうした反田沼の政策は間もなくうすれ、新しい商業資本との連携を深めるとともに、大坂市場に対する江戸市場の強化をはかった。

定信のこうした厳しい統制は、極度の緊縮政策と相まって、しだいに幕府内部に不満をつのらせ、定信退陣の世論が高まった。このとき起こった尊号事件*と大御所事件によって、寛政五年（一七九三）定信は突然老中を解任された。

大御所時代　定信の退陣後も、しばらくの間は、彼のブレーンであった松平信明を中心に、寛政改革の政治路線が継承された。特にロシア人の南下によって、対外関係では緊張が続いていた。ところが、文化十四年（一八一七）信明の病死を契機に幕閣の構成が一変し、水野忠成《ただあきら》・田沼意正など、田沼派の側用人*勢力が再び台頭した。この前後を大御所時代といい、生活はすべて派手となり賄賂が再び横行した。この間、権力は著しく腐敗し、幕府財政も大きく紊乱《びんらん》した。

幕府の支配力の弱化は、治安の悪化となり、無宿者・博徒が横行した。幕府は関東取締出役を設置して取締りを強化し、天領*・旗本領・寺社領などの支配領域を越えて組合村をつくらせ、農村秩序の維持につとめた。しかし、あまり効果はなく、逆に天保初年には全国的に天災・飢饉があいついで、物価は高騰し、百姓一揆・打毀しが激発して、幕府は封建的危機に直面したのである。

（藤野　保）

〔享保の改革〕

徳川吉宗《とくがわよしむね》（一六八四—一七五一）　江戸幕府*八代将軍。貞享元年十月二十一日、徳川御三家の一つ紀州藩の二代藩主徳川光貞《みつさだ》の四男（兄一人が早世したため三男とするものもある）として和歌山で生まれる。幼名は源六・新之助、諱ははじめ頼方、のち吉宗。生母の素性については不明な点が多い。元禄八年（一六九五）従五位下主税頭《ちからのかみ》に、翌九年従四位下左近衛権少《さこんえごんのしょう》将に任ぜられ、同十年に越前国丹生郡葛野《かずらの》において三万石の所領を与えられる。宝永二年（一七〇五）三代藩主の長兄綱教《つなのり》と四代の次兄頼職《よりもと》が相次いで亡くなったことから、五代藩主となる。このとき五代将軍綱吉*から吉の字をもらい吉宗と改める。翌三年には伏見宮貞致《ふしみのみやさだゆき》親王の女、真宮理子《さなのみやまさこ》と婚姻（理子は四年後に病死する）、同四年には権中納言に昇進した。享保元年（一七一六）に七代将軍の家継が八歳で亡くなり、宗家の血が絶えたため、尾張・水戸の両家を抑えて将軍職に就任。二十九年余にわたり享保の改革を主導し、幕府財政を再建し、法と官僚による国家支配のシステムを整備した。延享二年（一七四五）に将軍職を長男の家重《いえしげ》*に譲り、みずからは西の丸にあって大御所と呼ばれた。宝暦元年六月二十日没。六十八歳。院号は有徳院。上野寛永寺に葬る。〈辻達也『徳川吉宗』吉川弘文館、一九八五。大石学『吉宗と享保の改革』東京堂出版、一九九五〉

（大石　学）

大岡忠相《おおおかただすけ》（一六七七—一七五一）　江戸中期、享保改革期の幕臣・大名*。幼名は求馬、のち市十郎・忠右衛門。一族は三河国八名郡の出で、徳川氏三河以来の譜代。旗本大岡忠高《ただたか》の四男で、貞享三年（一六八六）同族大岡忠真《ただざね》の養子となる。元禄十三年（一七〇〇）養父の一千九百二十石を継ぎ、その後書院番、徒頭、使番、目付を歴任。正徳二年（一七一二）に伊勢国の山田奉行となり従五位下能登守に叙せらる。享保元年（一七一六）普請奉行。翌二年、将軍吉宗*により町奉行に登用され越前守と改める。町奉行として町火消*「いろは組」の結成、屋根の瓦葺《かわらぶき》化、火除地《ひよけち》の設定など江戸*の防火体制を整備、私娼取締りなどの風紀粛清、小石川養生所の設置など医療施設の整備、米価引き上げや物価引き下げなどの物価政策、金銀相場の安定化のための貨幣改鋳など、様々な政策を展開した。また、享保七年以後延享二年（一七四五）まで、地方御用《じかたごよう》をつとめ、関東各地の農政や治水を担当した。元文元年（一七三六）に寺社奉行、寛延元年（一七四八）たびたびの加増により計一万石の大名となり、奏者番を兼ね、三河国額田《ぬかた》郡西大平（岡崎市）を居所とした。有名な「大岡政談」は、多くが中国や日本の説話を取り入れたもの。宝暦元年十二月十九日没。法名は松運院興誉仁山崇義大居士。相模国高座郡堤村（神奈川県茅ケ崎市堤）の浄見寺に葬る。（大石　学）

青木昆陽《あおきこんよう》（一六九八—一七六九）江戸時代中期の幕臣、実学者。元禄十一年五月二十二日*江戸日本橋の魚問屋に生まれる。諱は敦書《あつのり》。字は厚甫、通称は文蔵、昆陽と号した。京都で古義学の伊藤東涯に師事、二十七歳で江戸八丁堀（東京都中央区）に塾を開き古学*を講じた。享保の飢饉*の際に甘藷《かんしょ》を植えることを主張し『蕃藷考』を著した。のち町奉行大岡忠相*のもとで活動する。元文四年（一七三九）幕臣となって書物御用達《しょもつごようたし》となり、甲斐・信濃・武蔵・東海の各地で古書旧籍を採訪した。延享四年（一七四七）には評定所の儒者となり、明和四年（一七六七）には書物奉行となった。元文五年以後、将軍吉宗*の命を受け、医官の野呂元丈《のろげんじょう》とともにオランダ語を学習する。明和六年十月十二日没。七十二歳。法名は一誠。滝泉寺裏（東京都目黒区）に葬る。『経済纂要』『昆陽漫録』『和蘭貨幣考』『和蘭話訳』など多くの著書がある。（大石　学）

上げ米《あげまい》　江戸時代、財政窮乏を理由に、幕府が諸藩に、また藩主が家臣に対して課した献上米。享保の改革の政策として、享保七年（一七二二）に八代将軍吉宗*が諸大名に課した例が有名。これは一万石につき毎年百石ずつの上げ米を命じ、その代償として参勤交代*の江戸在府期間を一年から半年に短縮するというものであった。この制度に基づいて諸大名から上納された米は、年間十八万七千石にのぼったが、これは幕府の年貢収入の一三パーセント、旗本*・御家人*の給米の五〇パーセント強にあたった。しかし、吉宗は上げ米の制をあくまでも一時的な政策として考えており、年貢増徴・新田開発*など、享保の改革の財政政策が一定の効率をあげ、幕府財政が安定してきた享保十六年（一七三一）にはこの制度は廃止され、参勤交代も元に戻った。（大石　学）

足高の制《たしだかのせい》　享保八年（一七二三）江戸幕府*の享保の改革の政策として実施された俸禄制度。幕府の各役職ごとに基準高（役高）を定め、ある役職に就任した者の家禄がその基準高に達しない場合、在職期間中に限って不足分を支給する制度。たとえば八百石の旗本が基準高三千石の町奉行に就任した場合、在職期間中二千二百石が幕府より足高として支給された。この制度により、小禄の者も役職相応の俸禄を受けることになり、職務に伴う諸経費に悩むことなく任務を遂行することができるようになった。他方、幕府財政からみても、一代のみ在職期間中に限っての足高支給であったため、世襲の家禄を増加する方法とは異なり、支出の抑制ともなった。この制度により、有能な人材が要職に就任することが可能となった。（大石　学）

相対済し令《あいたいすましれい》　江戸幕府*が、享保の改革の政策として、享保四年（一七一九）に発布した金銭関係訴訟の不受理令。武士・町人間に激増する貸借訴訟に対し、評定所ではいっさいこれを受理せず、すべて当事者だけの話し合いで解決することを定めたもの。評定所が金銭関係訴訟に忙殺され、本来の仕事である政治問題や一般訴訟問題の取扱いがおろそかになっていたために出された。この法令は、負債に苦しむ旗本*・御家人*の救済となったが、債権者は法的な保護を失い、踏み倒しが増え、社会的混乱を招いた。このため幕府は、翌五年に、不当な借方に対する訴訟に限り受理することにした。（大石　学）

公事方御定書《くじかたおさだめがき》　江戸幕府*の法典。寛保二年（一七四二）成立。上下二巻。八代将軍吉宗*が、享保五年（一七二〇）に寺社・町・勘定の三奉行*に対し、犯罪者の刑罰の基準をあらかじめ定めて書き記すように指示したことが発端。寛保二年（一七四二）に、老中松平乗邑を主任として作業が本格化し完成した。その後、法令の追加・改正作業が延享二年（一七四五）まで続けられた。享保の改革における法制整備の中核をなす事業。公事方御定書の上巻は、評定所の書付・触書・高札の文言などの法令八十一通を収録。下巻は「御定書百箇条」と呼ばれ、主として刑法・訴訟法などに関する規定百三条をおさめる。内容的には、従来より刑罰が緩和される一方、儒教的道徳観が強調され、主殺しや親殺しが重罪とされ、女性の親・夫への従属をうたうなどの特徴がみられる。公事方御定書は、公布されたわけではなかったが、一般に広く流布し、こののち幕府の基本法典となり、また諸藩の刑法の基準となった。（大石　学）

目安箱《めやすばこ》　江戸幕府*八代将軍の徳川吉宗*が、享保の改革の政策として、一般庶民から意見を聞くために、享保六年（一七二一）江戸城龍ノ口《たつのくち》の評定所に設置した箱。側近の役人が鍵をかけたまま吉宗のところへ持っていき、小姓が鍵をあけ、封のまま吉宗に渡し、吉宗自身が封を切って読むというしくみになっていた。吉宗は訴えの内容を見て、それぞれ担当の奉行に指示を与え、これに対応させた。箱の大きさは約七五立方センチ、上は銅板を貼り、約六センチ四方の口が開けてあり、鍵は前部にかけてあったという。目安箱は、こののち京都・大坂*・駿府・甲府にも設置されている。江戸*の目安箱の投書のうち、吉宗の改革政治に採用されたものとして、小石川養生所の設立、家屋の瓦葺き化、上総・下総の新田開発*などがあり、不採用となったものとして、吉宗の政治を批判した山下幸内の上書などがある。（大石　学）

町火消《まちびけし》　江戸*の町人*による消防組織。享保三年（一七一八）享保の改革における江戸防災強化政策の一環として、町奉行の大岡忠相*が実施した。町人地を対象に、町ごとに三十人一組の火消組合を結成した。町火消には、独自の判断で消火に必要な家屋などを破壊する権限を与えた。享保五年には、この町火消組織を「いろは四十七組」に再編成し、各組ごとに約二十町の担当とした。組ごとに頭取・頭・纏《まとい》・纏持ち・梯子《はしご》持ち・平人・人足の七階級で構成されていた。享保十五年（一七三〇）

には、数組ずつを組み合わせて、十の番組に編成しなおした。これら町火消は、はじめ商家の店員などで組織されていたが、やがて鳶《とび》職《しょく》を雇うようになり、専業化していった。（大石　学）

検見法《けみほう》　定免法＊とならび江戸時代を代表する徴租法の一つ。耕地の等級や石盛＊（生産力）を基礎に毎年作柄の見分を行い、坪刈を実施し年貢高を決定する方法。この徴租法は、農民の手元に剰余を残すことなく、年貢＊を最大限に取ることが可能であったが、見分の際に農民の負担が大きいうえ、見分が終了するまで刈り入れができないため、収穫時期を失する場合があった。また、検見役人の不正が行われやすかったため、享保の改革（一七一六―四五）において、不正が行われにくい定免法への転換が図られた。この際、実際の収穫量から年貢量を決定し、剰余部分をすべて徴収する有毛検見法も新たに実施された。（大石　学）

定免法《じょうめんほう》　検見法＊とならび江戸時代を代表する徴租法の一つ。一村ごとに過去五カ年、十カ年、二十カ年などの年貢の平均高を算出し、その高を三カ年、五カ年、十カ年などの一定期間、作物の豊凶にかかわりなく年貢＊として徴収する方法。ただし、大凶作の年には願いにより、特に検見を行い減免されることもあった。定免法は江戸時代の前期からすでに見られたが、享保の改革＊の際、年貢増徴政策として採用され、享保七年（一七二二）以降、しだいに全国各地で施行された。この徴租法は、代官や手代の恣意・不正を防止し、年季切れの際に免率（年貢率）を引き上げることによって増収をねらうものであったが、同時に幕府収入の増加・安定化に大きな役割を果たした。

（大石　学）

新田開発《しんでんかいはつ》　用水・堤防・干拓・埋立などによる耕地開発。日本史上の耕地面積の変化については諸説あるが、一説によると、九三〇年ごろが八六二（単位は千町歩）、一四五〇年ごろが九四六、一六〇〇年ごろが一六三五、一七二〇年ころが二九七〇、一八七四年ごろが三〇五〇となっている。戦国時代から江戸時代前期にかけて、大規模な新田開発が行われたことがうかがえる。これは、当時の土木技術の発達と、戦国大名＊による広域的な支配の成立、さらにこれを受け継いだ江戸時代の大名＊による大河川流域の新田開発の活発化などによる。しかし、急激な開発は国土の荒廃を招いたため、その後十七世紀後半から享保の前段階に至るまで、開発は一時抑制された。ところが享保改革期になると、幕府の増収政策の一環として新田開発政策が展開され、下総国の飯沼新田、越後国の紫雲寺潟新田、武蔵国の武蔵野新田、見沼《みぬま》新田をはじめ、河川敷や原地に至るまで各地で新田が開発された。享保十一年（一七二六）には「新田検地条目」が発令され、新田からの年貢＊の取り方が定められた。享保改革期以後、大規模な新田開発はあまり見られなくなった。なお、新田の多くは、開発後三年間ぐらいを鍬下年季として、租税を免除するのが一般的であった。（大石　学）

町人請負新田《ちょうにんうけおいしんでん》　江戸時代に、町人が、幕府＊や藩＊に対して新田開発＊を請け負い、みずからの資金をもって開発した新田。町人は新田地主となり、耕作人から小作料をとり、領主に年貢＊を納入した。町人請負新田は、町人が投下資本に見合う利潤を小作料という形で徴収することを認められたものであり、幕府が地主制を公認したものとして評価する説もある。町人請負新田として有名なものに、正保年間（一六四四―四七）の京都角倉家による若狭国大藪新田、元禄期の摂津国川口新田、宝永期の尾張国神戸《かんど》新田、享保期の越後国紫雲寺潟新田などがある。
（大石　学）

飢饉《ききん》　天候不順や災害などにより農作物が実らず食物が欠乏すること。『日本書紀』の欽明二十八年（五六七）の条が記録上の初見とされ、明治二年（一八六九）までに二百二十五回の飢饉が知られている。江戸時代では、三十五回の飢饉が確認されている。江戸時代の飢饉は、諸藩が穀留《こくどめ》などの政策により農作物の自領での囲い込みを行ったり、商人が値上げを見越して買い占めを行ったりしたため、被害はより深刻になった。享保・天明・天保期の飢饉は被害の大きさから江戸時代の三大飢饉と呼ばれる。

享保の飢饉は、享保十七年（一七三二）に虫害により起こった。伊勢・近江以西の西日本一帯で作物が打撃を受け、一説によると、被害は餓死者一万二千人、斃《へい》牛馬一万四千頭にのぼった。幕府や諸藩は備蓄米の放出や東日本からの廻米、さらには米の買占め、酒造制限などにより対応した。しかし、江戸への廻米が減少し、米価が高騰したため、享保十八年には江戸で初めての打毀しが起こった。

天明の飢饉は、天明年間（一七八一―八八）に、浅間山の噴火や天候不順などにより起こった。全国で約九十二万人の人口が減少したといわれる。特に奥羽地域の被害は深刻で、津軽藩の餓死者は十三万人を数えた。草根をはじめ牛馬や犬猫、さらには死人の肉まで食うという惨状を呈した。米価の高騰により、江戸をはじめ諸都市で打毀しが起こり、田沼意次の失脚が早まり、松平定信による寛政の改革が開始されることになった。また、この飢饉の経験から幕府や諸藩では、囲米・郷倉などの備荒蓄穀政策が促進された。

天保の飢饉は、天保四年（一八三三）から七年にかけて、天候不順により起こった。同七年には全国平均の作柄が四分という不作となっている。幕府は、囲米売却・廻米・酒造制限・救小屋設置などの諸政策を展開したが、諸藩が穀留などの政策を行ったため、江戸・大坂への廻米は減少した。この結果、米価・諸物価が高騰し、大塩平八郎の乱をはじめ、各地で一揆や打毀しが激発し、幕藩制の危機が深刻化したため、老中の水野忠邦による天保の改革が開始された。〈菊地勇夫『近世の飢饉』吉川弘文館、一九九七〉
（大石　学）

〔田沼政治〕

徳川家治《とくがわいえはる》（一七三七―八六）　江戸幕府十代将軍。九代将軍家重の長男。元文二年五月二十二日生まれ。生母は梅渓《うめたに》通条の娘於幸《おこう》の方。寛保元年（一七四一）八月十二日元服し、従二位権大納言に任ぜらる。宝暦十年（一七六〇）五月、父家重の隠居のあとをうけて将軍家を相続し、九月に将軍宣下、正二位内大臣に叙任された。家治の将軍在職中はいわゆる「田沼時代」にあたり、側用人・老中田沼意次を重用して、旧来の鎖国主義、農本主義の徹底という伝統的幕政と異なり、外国貿易の拡大策や商業資本との結託策といった、重商主義的政策を施行させた。天明六年九月八日没（八月二十五日ともいわれる）。五十歳。墓は寛永寺。法号浚明院《しゅんめいいん》。
（深井雅海）

田沼意次《たぬまおきつぐ》（一七一九―八八）　江戸時代中期の側用人、老中。父意行は徳川吉宗の将軍家相続に随従した新参幕臣。通称龍助。享保十九年（一七三四）十六歳のとき世子家重付きの西丸小姓となり、同二十年、父の死後家督（六百石）を継ぎ、元文二年（一七三七）主殿頭に任官。家重の将軍就任に伴って本丸小姓から小姓組番頭奥勤を経て宝暦元年（一七五一）御側御用取次に昇進。同八年、美濃郡上藩宝暦騒動の吟味に際して評定所*に出座し、万石に列した。その後も家重・家治*二代の信頼が厚く、明和四年（一七六七）側用人、同六年侍従、老中格に進み、安永元年（一七七二）には老中となり、たびたびの加増で五万七千石を領し、権勢をふるった。しかし、天明六年（一七八六）に家治が没すると老中を辞任し失脚、さらに二度の処罰で一万石に減封され、同八年、失意のうちに死去した。意次が活躍した年代は「田沼時代」と称され、それまでの伝統的幕政とはおもむきを異にし、外国貿易の奨励拡大策や商業資本との結託策といった重商主義的な政策が施行された。（深井雅海）

専売制《せんばいせい》　江戸時代、幕府や諸藩が特定商品の仕入れ、あるいは販売を独占して利益をはかる制度。すでに江戸時代の初期から実施されており、その例としては、金沢・仙台藩の塩専売制、盛岡藩の紫根専売制、米沢・会津藩の漆蠟専売制、高知藩の茶・紙・漆専売制、松江藩の鉄専売制などがある。江戸時代中期になると、幕府や諸藩は米納年貢*の増徴も行き詰まり、財政も窮乏したため、米以外の特定商品の独占販売を試みるようになった。まず幕府は、長崎貿易*における金銀に代わる輸出品としての銅や俵物*の統制に乗り出し、元禄十四年（一七〇一）には銀座*に銅座を兼ねさせ、元文三年（一七三八）には大坂*、明和三年（一七六六）には長崎*に銅座を設けて銅の独占を図り、また俵物については、天明五年（一七八五）長崎会所の下に俵物役所を設置して俵物の独占を図った。安永九年（一七八〇）には、江戸*・大坂に鉄座・真鍮座を設けて鉄および真鍮の専売を実施した。

各藩でも新しい財源の確保、藩経済の自立・安定化をめざして特産品の育成と独占を行った。ことに、専売の対象となった商品のなかでは紙が最も多く、萩・岩国・津和野・松江・広島・水戸藩などが専売を実施している。この他、櫨蠟・漆・繰綿・木綿・人参・塩・砂糖・青莚・石炭・茶・生糸・絹紬・煙草・杏仁・甘草など様々な商品がその対象となった。ところが、専売仕法の実施にあたっては、生産者や商人は商品の自由取引が一切禁止され、しかも生産者は低い価格で買い占められるため、専売制に対する抵抗も大きく、専売反対の一揆や打毀し*に発展することもあった。したがって、後期になると専売仕法の実施例は少なくなるが、西南雄藩などでは、財政再建や富国強兵をめざして専売仕法を強力に推進するところもあった。その典型が鹿児島藩の砂糖専売制である。同藩では、大島・徳之島などの島民に強制的に甘蔗の栽培を義務づけ、生産された砂糖は生活必需品との交換で独占し、これを大坂に送って売却した。その利益は莫大で、同藩はこの利益で財政再建に成功し、雄藩としての基礎を固めることができた。〈堀江保蔵『我国近世の専売制度』日本評論社、一九三三。堀江保蔵『国産奨励と国産専売』塙書房、一九六三。吉永昭『近世の専売制度』吉川弘文館、一九七三〉（深井雅海）

俵物《たわらもの》　江戸時代長崎貿易*の輸出品で、煎海鼠《いりこ》・干鮑《ほしあわび》・鱶鰭《ふかひれ》などの海産物のこと。俵に詰めて輸送したために起こった呼称。幕府は、はじめ長崎*の中国貿易を金銀で決済していたが、その流出が著しく増加し、また金銀の産出額も減少したため、貞享二年（一六八五）から金銀に代えて銅を輸出することにした。しかし、その銅の産出額も減少するようになったため、中国の高級食品として需要が多い俵物を輸出しはじめた。元禄十二年（一六九九）には俵物と諸色（昆布・するめ・天草など）の輸出増加を図る目的で、幕府は長崎町年寄を俵物諸色支配に任じ、その下に問屋を置き、海産物の集荷機構を整えた。さらに延享元年（一七四四）には、長崎町人八名に俵物一手請方を命じ、俵物独占集荷体制を成立させた。ところが、俵物一手請方問屋の資金的行詰まりにより俵物の生産と集荷が減少するようになったため、天明五年（一七八五）幕府は長崎会所の下に俵物役所を設置して、同役所による直仕入れを断行し、統制の強化を図った。（深井雅海）

印旛沼《いんばぬま》・手賀沼《てがぬま》の干拓《かんたく》　印旛沼・手賀沼とも利根川下流域にある沼で、江戸時代、たびたび新田開発*の対象となった。印旛沼の干拓は開墾・治水・水運の利益を得るため沼の水を江戸湾に落とそうとするもので、三回行われた。一回目は、享保九年（一七二四）に平戸村の染谷源右衛門が幕府に出願し工事に着手したが、資金不足のため中断された。二回目は、天明五年（一七八五）田沼意次*の手で着手され、計画の三分の二が竣工したが、翌年の利根川の洪水により破壊され、加えて田沼も失脚したため中絶された。三回目は、天保改革の一環として天保十四年（一八四三）に着工され工程の九割方完成したが、老中水野忠邦*の失脚により中止された。また手賀沼も、明暦元年（一六五五）、寛文十一年（一六七一）、享保十五年（一七三〇）とたびたび干拓工事が行われて、かなり耕地を得たが、頻繁な洪水により安定せず、天明五年には田沼意次の下で大規模な工事が実施され、翌年一応完成をみた。しかし、同年利根川大洪水のため堤防などが破壊され、失敗に終わった。（深井雅海）

運上金《うんじょうきん》・冥加金《みょうがきん》　江戸時代に商業・工業・漁業などに従事する者に対して課せられた雑税の一種。一定の税率を定めて納付させるものを運上、これに対し、免許を得て営業する者がその利益の一部を上納するものを冥加と称した。したがって運上は租税、冥加は献金に属するものといえるが、実際には冥加も営業期間中は毎年一定額が上納されたため、両者が同一の意味に混同して使われている場合が多い。運上には水車を対象に課す水車運上、馬市・肴市・絹市などの定期市場に課す市場運上、港・河岸・町場などの各種問屋に課す問屋運上、油絞り業者に課す油船運上などがあり、冥加も酒・酢・醤油醸造、油絞り、質屋、旅籠など様々の個人営業・株仲間へ賦課された。ことに江戸時代中期に領主財政の窮乏が慢性化すると財源の一つとして注目されるようになり、田沼期には幕府が株仲間*を積極的に公認し、特定商品の仕入、販売の独占権を保障する代わりに、運上金や冥加金を上納させた。明治維新後、主要なものは免許税・許可税と名称を変えて国税に編入された。（深井雅海）

工藤平助《くどうへいすけ》（一七三四―一八〇〇）　江戸時代中期の経世家・医者。諱は球卿《きゅうけい》。はじめ周庵と称し、のち還俗して平助と改称。和歌山藩医長井常安の三男で、江戸常詰の仙台藩医工藤丈庵の養子となり家督を継ぐ。前野良沢*・桂川甫周・大槻玄沢*らの蘭学者と親交があり、彼らを通じて海外事情を学び、『赤蝦夷風説考』を著した。同書はロシア南下の実情とその対策を論じたもので、天明三年（一七八三）老中の田沼意次*に献上された。その結果、蝦夷地調査隊が派遣され、その報告に基づいて蝦夷地開発計画が立案されたが、田沼の失脚により中止された。このほか、密貿易対策を論じた『報国以言』や仙台藩の財政改革を論じた『管見録』などの著述がある。　(深井雅海)

蝦夷地開拓《えぞちかいたく》　蝦夷地とはアイヌ民族の居住区域、すなわち松前を除く北海道本島と樺太および千島のことで、その本格的な調査・開拓は田沼意次*に献上された工藤平助*の著書により始まった。すなわち、仙台藩の医師工藤平助は、赤蝦夷と称されるロシアがわが国と交易を望んでいるから、これに応じて国を富ますべきことを論じた『赤蝦夷風説考』を著し、天明三年（一七八三）老中*の田沼に提出した。これに興味をもった田沼は、同五年、調査のため普請役五人を蝦夷地に派遣し、この踏査によりはじめて蝦夷地の実情が明らかになった。そして幕府は石狩平野の富源なることを知り、その開拓策をたてたが、同六年、田沼意次の失脚により実現しなかった。しかし、この調査によって、松前藩*の蝦夷地経営に欠陥があることがわかり、その後ロシア使節ラクスマン*が根室に来航して交易を願ったりしたため、幕府は寛政十一年（一七九九）東蝦夷地およびその属島を松前藩より上知し、ついで享和二年（一八〇二）永久上知、さらに文化四年（一八〇七）には蝦夷全地を直轄とし、松前奉行を置いて統治にあたらせた。　(深井雅海)

〔寛政の改革〕

徳川家斉《とくがわいえなり》（一七七三―一八四一）　江戸幕府十一代将軍。江戸城一橋屋敷で生まれる。御三卿のひとつ一橋治済の長男、母はおとみの方。はじめ徳川豊千代と称したが、十代将軍家治*の世子となり、のち家斉と名のる。天明六年（一七八六）家治が死去したため、十四歳で家を継ぐ。翌七年、征夷大将軍*の宣下。文政五年（一八二二）五十歳で左大臣となり、同十年に太政大臣となる。将軍在職五十年に達し、天保八年（一八三七）将軍職を家慶にゆずり隠居したが、大御所としてなお政治の実権をにぎった。天保十二年正月三十日没、六十九歳。法名は文恭院。東叡山寛永寺に葬る。

家斉は、田沼意次*を排除して側用人*政治を否定し、白河藩主松平定信*を老中*首座として、いわゆる寛政改革を断行させたが、改革に対する幕府内の不満と尊号事件*・大御所事件を契機に、定信は退陣。代わって田沼派の側用人が台頭し、大御所時代が出現したが、深刻化する内外の危機に有効な対応ができず、家斉の死後、側用人は排除され、天保改革を迎える。　(土肥鑑高)

松平定信《まつだいらさだのぶ》（一七五八―一八二九）　江戸後期の大名*。老中*。白河藩主。御三卿のひとつ。田安宗武の第七子。宝暦八年江戸*田安邸に生まれる。幼名は賢丸、号は楽翁・花月翁。安永三年（一七七四）白河藩主松平定邦の養子となる。藩政は重農主義をつらぬいて、善政をしき、凶作にもかかわらず餓死者を出さず、名君と称された。天明七年（一七八七）御三家・御三卿の推挙により老中首座となって、幕政改革（寛政改革）を断行し、田沼政治の重商主義を否定して重農主義の立場を貫いた。その政策は倹約を基調とし、享保政治への復古をめざすものであったが、その内容は、旧里帰農令、出稼奉公人制限令、七分金積立法、人足寄場*設置、備荒貯蓄の整備など、天災・飢饉*に対処するための都市・農村の復興・再建策をはじめ、物価引下令、棄捐令*の公布による価格・旗本救済策、風俗匡正令、出版統制令、異学の禁の実施による風俗・出版・思想統制策、および海防体制の構築など、広範にわたった。寛政五年（一七九三）老中を辞職し、再び藩政に専念した。文化九年（一八一二）隠居、文政十二年没。七十二歳。深川霊巌寺に葬り、のち照源寺に改葬された。一生のうち、二百部近い著作をのこしたが、『宇下人言《うげのひとこと》』『国本論』『物価論』『花月草紙』などが代表作。（土肥鑑高）

社倉《しゃそう》・義倉《ぎそう》・郷倉《ごうぐら》　ともに江戸時代の備荒貯蓄制度の一つ。社倉は、飢饉に備え穀物を貯蔵した倉のこと。中国でもみられたが、日本では明暦元年（一六五五）会津藩主の保科正之*が始めたという。のち寛政改革で整備された。義倉は、古代と近世にみられ、ともに備荒貯蓄のための倉をいう。江戸時代には社倉・義倉と常平倉を合わせて三倉といった。常平倉は、米価の低いときに買い入れ、高いときに販売して価格を抑える機能をもたせるために設けた倉で、幕府だけではなく、水戸・会津・鹿児島藩などでも実施された。郷倉（郷蔵）は、米穀を貯蔵するため郷村に設置された倉をいう。はじめは、年貢米の一時保管を目的としたが、江戸時代の中期以降は、凶作に備えるため備荒貯蓄用の貯穀倉となった。郷倉の多くは村役人宅に付置され、その敷地は除高として年貢*を免除された。（土肥鑑高）

囲米《かこいまい》　江戸時代に、幕府や諸藩が備荒貯蓄・米価調整を目的として貯蔵した米のことをいう。享保年間（一七一六―三六）までは置米《おきごめ》といったが、寛政ごろからは囲米といわれた。江戸時代は凶作・飢饉*が多く、幕府・諸藩は備荒貯蓄につとめた。江戸時代の貯穀は、①備荒と軍事用を目的とするものと、②備荒を目的とするものがあったが、これとは別に米価調整を目的とするものがあった。江戸時代は全期間を通じて米価変動が激しく百姓一揆*の原因にもなったため、米を貯蓄し、流通量を加減して、米価調整の機能を果たさせた。（土肥鑑高）

七分金積立《しちぶきんつみたて》　七分積立の法ともいう。寛政改革の重要な政策の一つ。寛政三年（一七九一）松平定信*は窮民救済と物価引下げのため、町入用《まちにゅうよう》の倹約を命じ、倹約分の七分を積み立てさせ、幕府も一万両を補助した。積金は町会所を通じて下層窮民の災害時の助成に用いられた。また、この積立は貯蓄だけでなく、貸付金としても流用され、町名主に貸し付けられた積金は、町の行政に当てられた。明治元年（一八六八）六月、新政府は積金の廃止を布達した。同年十二月に一時再開されたが、同五年五月、町会所廃止に伴って廃止された。（土肥鑑高）

人足寄場《にんそくよせば》　江戸時代、無宿や引取人のない刑余者を人足として働かせるために収容した施設。はじめは加役方人足寄場といった。寛政二年（一七九〇）松平定信*が火付盗賊改長谷川平蔵の提言をもとに設置したものである。当初は無宿人に対する授産などがあり評判もよかったが、のちには治安対策としての性格を強めた。用地は石川島と佃島の中間にあった。文政三年（一八二〇）以後は江戸払以上の追放刑の受刑者も収容した。収容人数は、化政期ごろは百四十―百五十人位であったが、天保期には激増し四百―五百人に達した。寄場は江戸のほか、のちには大坂*・京都・長崎*・箱館・横須賀にも設立された。（土肥鑑高）

昌平坂学問所《しょうへいざかがくもんじょ》　江戸幕府*直轄の教育施設。昌平黌《こう》ともいう。元禄三年（一六九〇）五代将軍徳川綱吉*はそれまで上野忍岡《しのぶがおか》にあった孔子廟を中心とする林家の私塾を神田湯島へ移し、翌年竣工（湯島聖堂）。やがて寛政（一七八九―一八〇一）の幕政改革のとき、文教振興の一環として林家経営の湯島聖堂を官立に改め、学舎も拡張造築した。これが昌平坂学問所である。旗本の子弟教育を目的とし、通学・寄宿の学生を入れ、教官には柴野栗山《しばのりつざん》・岡田寒泉《おかだかんせん》・古賀精里《こがせいり》らを登用、林述斎《はやしじゅつさい》を大学頭《だいがくのかみ》に任じた。幕末期には諸藩の俊才もここに集い、有為な人材に成長した。明治新政権下で昌平校、ついで大学校と改称、明治四年（一八七一）に廃校。（鈴木暎一）

寛政異学の禁《かんせいいがくのきん》　寛政改革の一環として幕府が実施したもので、朱子学の振興をめざした一種の思想統制である。江戸中期になると、幕府の期待に反して朱子学が振るわず、古学派・折衷学派が盛んとなった。そこで松平定信らの幕府首脳は、学制改革を行い、柴野栗山・岡田寒泉・尾藤二州らを登用し、林家の私塾であった湯島聖堂を官立の昌平坂学問所に改め、朱子学の振興を図った。この禁令は学問所を対象とするものであったが、当時の社会に与えた影響は大きく、徂徠学派や折衷学派から反対された。しかし、異学の禁によって、朱子学が復興し、以後幕末に至るまで幕府教育の中心となり、多くの藩校にも朱子学が取り入れられた。（土肥鑑高）

林子平《はやししへい》　（一七三八―九三）　江戸中期の経世家。寛政三奇人の一人。名は友直。号は六無斎。江戸に生まれる。幕臣の二男であったが、実父が罪を犯して浪人し、子平ら兄弟は叔父の町医者林従吾に養われた。兄嘉膳が仙台藩士となったのをきっかけとして仙台に移った。この自由な生活のなかで長崎・江戸の地で研修を積み重ね、多くの学者や新知識にふれ、なかでも大槻玄沢・宇田川玄随・桂川甫周などの蘭学者と交友を強めた。海外事情に通じ、ロシアの南下に備えるため蝦夷地の開拓を説き、『三国通覧図説』や『海国兵談』などを著した。しかし、これが幕府の忌むところとなり、出版物取締令によって板木・製本ともに没収され、寛政五年六月二十一日、不遇のうちに病死した。五十六歳。仙台龍雲院に葬る。（土肥鑑高）

棄捐令《きえんれい》　江戸時代に幕府や諸藩が家臣の財政難を救済するために実施した法令。松平定信は、寛政改革の一環として、寛政元年（一七八九）財政窮乏した旗本・御家人を救済するため、六年以前（天明四年以前）の札差からの借金の返済を免除し、五年以内のものは利を下げ、高百俵に付き一カ年元金十二両ずつを返済させた。商人・高利貸資本の犠牲において武士層を救済しようとしたものであるが、その結果、旗本・御家人への金融が滞ることになった。なお、幕府は天保十四年（一八四三）天保改革においても、棄捐令を発布した。（土肥鑑高）

尊号事件《そんごうじけん》　光格天皇の実父閑院宮典仁《かんいんのみやすけひと》親王に対する太上天皇の尊号宣下をめぐる朝幕の対立。寛政元年（一七八九）天皇はその意志を幕府に伝えたところ、老中首座松平定信は、皇位につかない者を太上天皇にすると、名分を乱すものとして反対した。朝廷側も容易に屈せず、幕府との対立が激化した。幕府は寛政五年（一七九二）公家二名を処罰したため、朝廷側は尊号宣下を断念し、事件は終結したが、朝幕関係に禍根を残すとともに、その後の尊王運動にも大きな影響を与えた。一方、徳川家においても、将軍家斉の実父一橋治済を大御所として遇しようとする動きがあったが、定信はこれにもまた反対した。なお、典仁親王は明治十七年（一八八四）太上天皇の尊号と慶光天皇の諡号を追贈された。（土肥鑑高）

(二)　藩政の動向と改革

藩政改革の展開　諸藩が直面した封建的危機の様相は、藩*の大小や藩権力の在り方および商品経済の発展度合いによって、ニュアンスの相違はあったが、本質的には幕府と同様であった。特に諸藩の場合は、幕府から課せられた各種の経済的負担が、商品貨幣経済の発展に伴う生活費の向上・支出増大と、天災・地変による損害に拍車をかけ、財政窮乏をいっそう促進した。

諸藩はこうした財政難を克服するため、倹約*政策を財政方針の第一とし、家臣団の俸禄を削減（半知*・借上*・献米・上げ米*）する一方、さらにすすんで年貢の増徴*、新田開発*、運上金*・冥加金*の賦課、藩札*の発行とともに、国産品を奨励し、専売制*を実施して、藩財政の再建・強化につとめた。そのためには、藩政の総合的な改革が必要となり、こうして中期から後期にかけて、藩政改革が広範に展開されたが、そこには共通する施策があった。

藩政改革の特色　第一は、名君と賢相による改革で、名君がよき賢相を得て、藩権力を集中・掌握し、みずから厳しい倹約令を守って支出を節約し、藩内の綱紀を粛正しながら改革を行った藩は、概して改革に成功している。熊本藩の細川重賢*（銀台）と堀勝名（平太左衛門）、米沢藩の上杉治憲*（鷹山）と竹俣当綱《たけのまたまさつな》・莅戸善政《のぞきよしまさ》、松江藩の松平治郷と朝日茂保がその例で、コンビとなっている。

第二は、藩校*を開設して文教を振興し、改革に一貫した儒教思想に基づく仁政思想を注ぎ込んだ。藩校の教授には、幕府と異なり、徂徠学や折衷学派の学者が招聘され、藩校で教育を受けた藩士のなかには、藩政改革の担い手として、藩主に登用された者が多い。また、藩士や民衆を教育する郷学（郷校）をつくって、広く一般の教化につとめ、忠孝の鼓吹、善行の表彰を行った。

第三は、藩財政収入の基本をなす年貢の増徴を意図しながら、改革の中心に殖産興業政策*をすえ、各種の産業を興し、国産会所を設置して専売制*を実施し、あるいは藩札・手形を発行して収益をあげ、藩財政の再建・強化につとめた。こうして江戸時代に専売制を実施した藩は六十余藩の多数におよび、地域的には瀬戸内海をめぐる西国一帯が最も多く、そのほか南九州から北陸・奥羽にまでおよんでいる。

第四は、全国諸藩のうち、天明の飢饉*によって、農村が著しく荒廃し、多数の餓死者を出した東北地方では、主として寛政期を中心に藩政改革が実施され、幕府の寛政改革と同じく農村の復興・再建に重点がおかれた。会津藩においては、松平容頌《かたのぶ》と田中玄宰《はるなか》のコンビによって、農村支配の強化と復興につとめ、郷頭制を廃止して郡奉行・代官を農村に出役させ、五人組*制度を強化した。また、農村の荒廃によって生じた手余地《てあまりち》に対し、土地分給策を実施して土地所有の均等化をはかり、本百姓*経営を再編・強化する一方、産子養育にも力を注いだ。殖産興業政策としては、養蚕・紅花を奨励し、薬用人参の栽培、漆器・酒造技術を改良して、財政収入の確保につとめた。米沢藩においては、漆・桑・楮《こうぞ》の百万本植立を実施し、養蚕・織物・製紙などの殖産興業政策を推し進める一方、堕胎や間引*を禁じ、育児を奨励し、移民を招致して、農村人口の確保につとめ、また、拝借米金の取立を猶予し、営農資金を貸与して、本百姓経営の安定をはかった。

しかし、こうした藩政改革によって、多くの藩は一時的に藩財政の危機を救い、藩政の立て直しに成功したが、根本的に危機を解消するに至らなかった。名君と賢相の個人的な統制がゆるむと、再び藩政は退廃し、士風の堕落や武備の弛緩が現れた。また、農村における新興商人（在郷商人）の台頭によって、農民的商品生産の成果を吸収することが困難となり、藩財政はいっそう窮乏した。さらに商品経済の農村浸透により、本百姓経営は破壊され、年貢の増徴や専売制に反対する百姓一揆*が続発して、藩体制の危機を迎えたのである。（藤野　保）

半知《はんち》　江戸時代、藩*の財政窮乏補塡策として家臣の知行封禄の一部が借り上げられたことをいう。借上・借高・借知などとも称された。その率はいろいろであるが、半分（五〇パーセント）の場合が半知といい、おおむねこの率が多かった。この政策は藩財政の窮乏が著しくなる近世中期以降に一般的となり、旗本*の場合にもみられた。ただこれは御恩と奉公を基軸とする封建的主従制の根幹にかかわることであり、知行の召上ではなく借上げという形式がとられ、期限付きの時限立法的・臨時的なものであった。また勤役も一定度免除された。しかし、その期間知行地は藩の直接支配となり、更新制とはいえ漸次恒常的となった。蔵米取にも適用された。（高野信治）

藩校《はんこう》　江戸時代、諸藩が設立し、藩士およびその子弟の教育を行った学校。藩学・藩黌《こう》ともいう。広義には、医学校・洋学校・皇（国）学校・郷学校・武学校・女子校など藩営の学校をすべて含めていう場合もあるが、ふつうは狭義に解し、藩士とその子弟を入学させ、漢学を中心とする教育によって教養を与え、それぞれの立場で藩政の一翼を担いうる武士を育成するための学校*を意味している。寛永十八年（一六四一）岡山藩主池田光政の開設した花畠教場（のち岡山藩学校と改称）を最古とし、明治四年（一八七一）の廃藩置県*までに二百五十五校ほど存在したことが知られている。

藩校がその形態を整えていく過程には、①佐賀藩の鬼丸聖堂のように孔子を祭る聖堂から発展したもの、②明石藩の敬義館のように私塾*・家塾を改組、移管したもの、③伊勢崎藩の学習堂のように講釈のための講堂を基礎としたもの、の三種に大別され、②が数量的には最も多いという。設立時期についてみると、宝暦―明和期（一七五一―八八）から急増し、次の寛政―文政期（一七八九―一八二九）に至ってピークを迎える。この時期、諸藩では財政難に見まわれて藩体制の動揺がみられたので、これを打開するため藩政改革を実施しなければならなかったが、そのための有為な藩吏を養成することが急務となり、これが藩校開設を促したのである。米沢藩の興譲館、熊本藩の時習館、薩摩藩の造士館などが、この時期に創立されている。

天保期（一八三〇—四四）以降になると、その設立は広く小藩にまで及ぶ。この時期にはいわゆる「内憂外患」の時勢となり、藩体制の危機はいっそう深刻化したので、これを克服するには富国強兵と殖産興業が不可欠であった。天保十二年（一八四一）開設の水戸藩の弘道館は、この時期の代表的藩校で、五万七千坪の広大な敷地に、文館・武館をはじめ医学館・天文数学所・調練場・馬場などを備えていた。水戸藩がそうであったように、この時期になる実学主義の立場から、医学・天文学・兵学などの分野で西洋の知識・技術を積極的に取り入れようとする藩が多くなる。〈笠井助治『近世藩校の綜合的研究』吉川弘文館、一九六〇〉（鈴木暎一）

私塾《しじゅく》　主として江戸時代、学者・文人・武芸者・芸能人などがみずからの学問・武術・技芸などを教授するために設けた教育施設。私塾は、藩校*（藩学）や郷校《ごうこう》とは異なり、師匠の自宅が教場となっているのが一般的で、この点は寺子屋*と同様である。同じ私塾でも、幕府*や藩に出仕していた儒学者などがその要請を受けて開設していたものを「家塾」と称するから、狭義に解すれば、民間の有識者が自発的に開塾して学問・武術・技芸を教授する塾ということになろう。寺子屋と私塾とは厳密には区別しがたいが、寺子屋が読み・書き・算盤《そろばん》という、日常生活に必須の知識・技能を授けるのに比べ、より高度の学問・技能を授けるところといえる。

江戸時代の前半期に成立した代表的な私塾には、中江藤樹*《ちじゅく》の藤樹書院、山崎闇斎*の塾、伊藤仁斎*の古義堂、木下順庵*の雉塾、荻生徂徠*の蘐園《けんえん》塾などがある。中期以降では細井平洲《ほそいへいしゅう》の嚶鳴《おうめい》館、菅茶山《かんちゃざん》の黄葉夕陽村舎《こうようせきようそんしゃ》（のち廉塾《れんじゅく》と改称）、広瀬淡窓《ひろせたんそう》の咸《かん》宜園《ぎえん》などが著名である。なかでも咸宜園は淡窓時代だけでも全国から三千人近くの門弟を数え、最盛期には常時二百人前後の塾生がおり、私塾としては最大規模を誇る（明治三十年まで継続）。中期以降は、本居宣長*の鈴屋《すずのや》を代表とする国学者の私塾が増加する。鈴屋入門者は総数四百九十人ほどで、門人となるには、姓名を申し越し、入門の希望を告げて許可を得、「入門誓詞」を提出することになっていた。

いっぽうシーボルト*の鳴滝塾《なるたきじゅく》、大槻玄沢*の芝蘭堂《しらんどう》、緒方洪庵*の適々斎塾《てきてきさいじゅく》（適塾《てきじゅく》）など幕末に近づくにつれて蘭学塾・洋学塾も開かれ、門人は医学・兵学などを学びながら広く世界情勢へ目を向けるようになっていく。幕末期、私塾の数は、広汎な士民の向学意欲に支えられて急増し、多くの人材を輩出するが、なかでも長州藩の尊攘・倒幕運動*の指導者を育てた吉田松陰*の松下村塾《しょうかそんじゅく》は有名である。総じて私塾は、士庶の別なく入学を許したので学芸の普及という点で、また師匠と門弟との人間的な結びつきによる精神的感化という点で、むしろ藩校にまさる教育的成果をあげたところが多いとみられる。〈海原徹『近世私塾の研究』思文閣出版、一九九二〉（鈴木暎一）

殖産興業政策《しょくさんこうぎょうせいさく》　藩*の財政収入の中心は米納年貢*であったが、これだけでは参勤交代*や江戸藩邸の費用を確保することは困難であり、諸藩は近世初期以来慢性的な財政難の状態にあった。

このため財政難を克服しようとして藩政改革を実施する藩が現れるが、十八世紀中ごろ以降は元禄年間（一六八八―一七〇三）から盛んとなってきた領内の商品生産に注目して積極的な殖産政策をとる藩が多くなり、西国では櫨・蠟・紙・藍玉・木綿・塩、東国では養蚕・製紙・織物などがその対象となった。たとえば長州藩では宝暦年間（一七五一―六四）からの改革で櫨・蠟の生産奨励とその買い占め、藍の生産奨励、塩田の藩直営などを実施した。また米沢藩では安永年間（一七七二―八一）に漆木などの百万本植立計画による藩営の製蠟所での蠟の生産、縮製造工場設置による越後小千谷縮の技術導入、寛政年間（一七八九―一八〇〇）には国産会所を設置して養蚕を奨励し織物など国産品の江戸*での売払いなどを行った。

こうして多くの藩では国産方・産物会所・木綿会所・櫨方会所などの役所を置いて領内の国産の奨励、統制を実施したが、これに関係して藩札*が発行された場合がある。藩による強い国産の統制は生産者たる農民の反発を招くことが多く、近世後期になると会所設置反対の一揆が各地で起こるようになるが、特に著名なのは天保二年（一八三一）の長州藩の産物会所反対一揆で、文政十二年（一八二九）に設置された産物会所による領内外の特産物の独占的取扱いに反対し、参加人員は十数万に達したという。この結果、長州藩は産物会所を廃止せざるをえなかった。

殖産興業政策は十九世紀に入ってもいっそう多くの藩で実施されたが、有利な売払いを求めて諸藩は徳川幕府の掌握下にある江戸・大坂*を核とする流通機構とは別の流通ルートをとるようになり、幕府の流通政策と対立する傾向を生んだ。このため幕府は天保十三年（一八四二）にこうした藩の国産統制を禁止しようとしたが、諸藩はこれを無視した。このように藩の殖産興業政策の行き着くところは幕府との間に流通政策をめぐって経済的対立を起こすようになる。〈堀江保蔵『我国近世の専売制度』日本評論社、一九三三。堀江保蔵『近世日本の経済政策』有斐閣、一九四二〉

（木原溥幸）

細川《ほそかわ》重賢《しげかた》（一七二〇―八五）　江戸時代中期の熊本藩主。享保五年十二月二十六日、第六代藩主宣紀の五男として誕生。母は岩瀬氏。幼名六之助。享保十七年、兄宗孝が七代藩主になると、民部ついで主馬と改め宗孝の仮養子となった。延享四年（一七四七）宗孝の不慮の死により第八代藩主となり、将軍徳川家重*の一字を与えられ重賢と称した。重賢就封時の藩財政は窮乏を極めており、藩財政再建のため堀平太左衛門を登用して藩政改革に着手した。まず、役人の綱紀粛正、徹底した質素倹約、法制の整備などを行い、農村には検地*を実施し隠田畑を摘発しつつ年貢増徴*を断行した。殖産興業政策*にも力を注ぎ、養蚕振興をはかったり、櫨を藩の櫨方役所で買い上げたりなどし一定の成果を収めた。人材の育成もはかり宝暦五年（一七五五）には藩校時習館*を、翌年には医学校再春館を設立した。天明五年十月二十六日没。六十六歳。法名霊感院徹巌宗印大居士。墓は東京都品川区東海寺内妙解院と熊本市横手北岡公園にある。

（長野ひろ子）

上杉《うえすぎ》治憲《はるのり》（一七五一―一八二二）　江戸時代後期の米沢藩主。宝暦元年七月二十日、高鍋藩主秋月種美の二男として生まれる。母は秋月藩主黒田長治の娘。幼名は松三郎または直松。宝暦十年、米沢藩主上杉重定の養嗣となり名を直丸のち勝興と称す。明和三年（一七六六）元服のとき将軍徳川家治*の諱を与えられ治憲と改める。翌年家督を相続し、第十代米沢藩主となる。正室は重定の娘幸姫。就封後まもなく藩政改革に着手し、竹俣当綱《たけのまたまさつな》や莅戸善政《のぞきよしまさ》を登用し藩の財政再建をめざした。倹約令を実行し、農村支配機構の整備をはかるとともに、積極的な殖産興業政策*を実施した。領内に漆木など百万本植立を計画したり、小千谷縮の技術を導入して家中に米沢織を奨励したり、国産会所を設けて養蚕を奨励するとともに織物など国産品の江戸販売に努力した。また、藩校興譲館*を創設し教学振興に努めたりなど名君の誉れが高かった。享和二年（一八〇二）鷹山を称した。文政五年三月十二日没。七十二歳。法号元徳院殿聖翁文心。廟は法音寺にある。（長野ひろ子）

間引《まびき》　近世中期以降、全国各地で行われた堕胎と生児圧殺の風習。もどす・返す・うみ流す・塩くみにやるなどともいう。その方法は圧殺・絞殺・土中生埋めなど。対象は二児・三児以下の者と男子よりは女子であった。享保期（一七一六―三六）以降、日本の人口は停滞するが、これは飢餓や疫病の頻発とともに、間引が大きな原因と考えられている。幕府・諸藩においては、間引を矯正し貧民を救済しようとする「赤子養育仕法」が実施され、養育料の給付など行われるが、その意図は道徳的問題よりも、人口の停滞による耕作労働力の減少、年貢*負担能力の低下をいかに防止するかにあった。しかし、間引は農村を困窮に導く原因が除去されないがきりなくならなかった。（宮崎克則）

（三）列強の進出と社会の変化

列強の東アジア進出　江戸幕府*が鎖国体制のもと、オランダ・中国との二国間貿易を維持している間に、世界の情勢は大きく変化した。イギリスは、すでに十七世紀半ばに市民革命*を成功させ、十八世紀末には、アメリカの独立、続いてフランス革命が起こった。これらの諸国は産業革命*を成し遂げて、資本主義国家として発展し、東アジアに進出してきた。また、ロシアは十七世紀末のピョートル大帝の時代から市場と海港を求めて、シベリヤ方面に進出し、十八世紀のはじめには千島・樺太におよび、田沼時代には蝦夷地に迫った。こうしたなかで、幕府は外交体制の変更を迫られる重要な時期を迎えた。

寛政四年（一七九二）ロシア使節のラクスマン*は根室に来航して通商を求め、文化元年（一八〇四）には、ロシア使節のレザノフ*が長崎に来航して、再び通商を要求した。幕府はいずれも鎖国*を理由にこれを拒否したが、近藤重蔵*・間宮林蔵*を派遣して、千島・樺太方面を探査させる一方、海防の強化を諸藩に命じ、蝦夷地を直轄領にして、蝦夷地奉行（箱館奉行*）の支配下においた。さらに文化五年（一八〇八）には、イギリス軍艦フェートン号が長崎*に乱入する事件が起こった。こうして日本は、世界資本主義の東アジア進出という新たなウエスタン・インパクトに遭遇することになった。しかし、幕府は鎖国方針を堅持し、文政八年（一八二五）無二念打払令（外国船打払令）を出して、外国船を撃退する強硬方針をとった。

政治・社会思想の発達　幕藩体制の動揺が社会の各方面に現れると、政治思想や社会思想に新たな展開がみられた。儒学者による体制維持の思想に対し、十八世紀半ばからは、儒教・仏教・神道に対する一般通念を排除し、封建社会を否定する思想が生まれた。富永仲基は仏典を批判して「誠の道」を説き、山片蟠桃は合理主義的精神によって無神論を唱え、三浦梅園は唯物論的な自然哲学を生み出し、安藤昌益は『自然真営道』を著して、万人平等を理想社会とし、武士が農民から収奪する封建制を否定した。

一方、儒学のなかにある尊王思想は、水戸学によって主張されたが、竹内式部は京都の公家たちに尊王論を説いて追放刑となり（宝暦事件）、山県大弐は江戸で尊王論を説き、幕府の腐敗を攻撃して死刑に処せられた（明和事件）。また、幕藩領主の政治改革と並行して、新たな経済論が台頭した。海保青陵は重商主義的な経済論を展開し、本多利明は西洋諸国との交易による富国策を説き、佐藤信淵は産業の国営化と貿易の振興を主張した。さらに大蔵永常や二宮尊徳は、農政に関する知識と経験で農民を指導し、大原幽学も関東農村を回って、農民に農業経営の合理化を説き、農村の再建に尽力した。

産業構造の変化　幕藩領主が改革政治を行い、殖産興業政策を推し進めるなかで、産業構造も変化し、農村に発達した手工業生産は問屋制家内工業へと発展した。都市の問屋商人や新しく台頭した豪農は、原料や資金を前貸して製品を買い占め、生産者を市場から切断して、事実上の賃労働者の地位に追い込んだ。こうした生産形態は、河内木綿・丹後縮緬・久留米絣・伊予絣など、衣料の生産分野に多くみられた。

ついで十八世紀後期から十九世紀に入ると、問屋商人や豪農は、作業場を設け、脱農民や子女などを集めて賃労働者とし、分業と協業による手工業生産を行った。これをマニュファクチュア（工場制手工業）という。尾張・桐生・足利の織物業、伊丹・灘の酒造業、野田・銚子の醤油業に、この種の生産形態がみられた。

さらに幕末になると、藩の直営による藩営マニュファクチュアが登場した。幕末、洋式工業を盛んに導入した鹿児島・佐賀・萩藩における鋳砲・造船・製錬の軍事工場が、それを代表し、軍事力強化の要因となった。さらに鹿児島藩は紡績機械をイギリスから購入して工場を建設し、多数の労働者を雇傭して、日本で最初の洋式紡績業を行った。また、佐賀藩は高島炭坑の開発に際して、イギリス商社と提携し、はじめて洋式採炭法を採用した。

百姓一揆と打毀し　幕藩体制が成立する十七世紀のはじ

めは、幕藩領主に対し、土豪をまじえた武力蜂起（初期一揆）や、年貢の増徴*に反対する逃散*が広範にみられたが、村方制度が整備する十七世紀後半から、村役人を代表とする越訴*（代表越訴型一揆）が多くなった。さらに小農民の自立が促進される十七世紀末以降になると、広範な農民が参加する惣百姓一揆へと発展し、それが藩領全域に及ぶ場合は全藩一揆と称した。こうした百姓一揆*に対し、幕藩領主は禁令を強化し、代表者を厳罰に処して一揆の発生を未然に防ごうとしたが、農民は処刑された指導者を義民*として祭った。下総の佐倉惣五郎*や上野の磔《はりつけ》茂左衛門が、それを代表する。

一揆の要求項目は、年貢の減免や課役の軽減、検地*・苛政への反対、給人・代官の非違、専売制*への反対など多様であった。しかし中期以降、商品貨幣経済の農村浸透によって、農民の階級分化が進行し、地主‐小作関係が成立してくると、村役人と小百姓の対立や地主と小作人など貧農との対立が深まり、小百姓は村役人の不正を追及し、村政の民主化を求める村方騒動*や小作料の軽減を求める小作騒動が各地で頻発した。さらに宝暦・天明期の田沼時代になると、全藩一揆を越える広域闘争が加わり、百姓一揆にも質的転換がみられた。

さらに享保の飢饉*によって米価が高騰すると、江戸では米の安売りを要求する打毀し*が勃発したが、天明期（一七八一―八八）以降、天災・凶作が続き、米価をはじめ諸物価が暴騰するに従って、荒廃した農村では百姓一揆が多発し、江戸・大坂*などの都市では打毀しが発生した。なかでも江戸における天明の打毀しは激しく、市中の米屋が多数おそわれて、幕府に強い衝撃をあたえた。一方、綿作地帯においては国訴*という新たな闘争形態が生まれた。文政六年（一八二三）大坂綿問屋に対する摂津・河内千七カ村の国訴事件が、それを代表する。幕府権力と連携する大都市の特権商人も、生産者や新興商人の激しい抵抗を受けたのである。

天保初年以降、天災・飢饉が続くなかで、百姓一揆・打毀しはさらに激発し、闘争形態にも尖鋭さと永続性が加わった。彼らは無産市民と同盟して封建権力と戦う「世直し」の形態をとるに至った。幕藩体制の危機は深まった。こうしたなかで、天保七年（一八三六）幕府の直轄領である甲斐において、一国一円に及ぶ騒動（郡内騒動）が起こり、三河では直轄領・藩領などの領域を越えた大一揆（加茂一揆）が発生した。こうして翌八年には、幕府を震駭させた大塩平八郎*の乱が大坂で発生したのである。

（藤野　保）

〔列強の進出〕

ラクスマン　Adam Kirilovich Laksman（一七六六―?）

帝政ロシアが日本に最初に派遣した使節。ロシアの陸軍士官。伊勢国出身の漂流民大黒屋光太夫らの日本帰国に尽力した、フィンランド生まれの学者キリール・ラクスマンの二男。父の推薦で遣日使節となり、寛政四年（一七九二）エカテリナ号に乗船しオホーツクより根室に来航。翌年箱館に入港したのち陸路松前まで行き、松前藩浜屋敷で幕府より派遣された宣諭使石川忠房・村上義礼と会見。通商の要求は拒絶されたが、長崎入港の信牌（許可証）を与えられ、漂流民を返還した。帰国後ペテルブルグへ行き政府に復命。日本遠征中、動植物の標本を収集し、博物学に貢献した。（菊池勇夫）

レザノフ Nikolai Petrovich Rezanov（一七六四—一八〇七）帝政ロシアの第二次遣日使節。元老院第一局長兼侍従長。毛皮商人シェリホフの娘婿であった縁で、北太平洋における毛皮獣の捕獲、貿易、植民の特権をもつ露米会社の総支配人となる。日本との通商交渉のため、クルーゼンシュテルン指揮の世界周航隊に加わり、ナデジタ号に乗り組み、文化元年（一八〇四）仙台藩の漂流民津太夫らを伴い長崎に来航。ラクスマンに交付された入港許可証を持参したが、翌年幕府に通商を拒絶され帰帆を命じられた。その後、部下のフヴォストフらは樺太南部・エトロフ島などを襲ったが、レザノフは帰還の途中クラスノヤルスクで死亡した。（菊池勇夫）

最上徳内《もがみとくない》（一七五五—一八三六）江戸後期の北方探検家。出羽国村山郡楯岡村（山形県村山市）の農家に生まれる。江戸に出て本多利明に学ぶ。天明五年（一七八五）幕府普請役青島俊蔵の従者として蝦夷地見分隊に参加し、クナシリ島に渡航。翌六年、幕吏として初めてエトロフ島・ウルップ島に単身上陸。ロシア人イジュヨらに会い、南千島に滞留するロシア人の存在を確認。寛政元年（一七八九）クナシリ・ナメシの戦い勃発により青島俊蔵とともに東蝦夷地に赴く。翌年青島の処罰に連座したが、疑いがはれ普請役に登用される。以後しばしば蝦夷地・南千島・唐太（樺太）南部を巡見。著書に『蝦夷草紙』『渡島筆記』などがある。（菊池勇夫）

近藤重蔵《こんどうじゅうぞう》（一七七一—一八二九）江戸後期の幕吏で北方探検家。諱は守重。正斎と号す。江戸駒込に生まれる。寛政二年（一七九〇）家督を継ぎ御先手与力となり、のち聖堂の学問吟味に及第。寛政十年、蝦夷地巡察を命じられ、最上徳内とともにエトロフ島に渡り、「大日本恵登呂府」の標柱を立てる。翌年、蝦夷地の幕府直轄によりエトロフ掛となり、寛政十二年に同島に渡った。エトロフ場所の開設に従事し、アイヌの同化政策を遂行した。のち、文化四年（一八〇七）利尻島を巡回し、帰途石狩川筋を調査。翌年書物奉行、文政二年（一八一九）大坂弓奉行となる。同九年、子の富蔵の殺傷事件により改易。『辺要分界図考』などを著す。（菊池勇夫）

間宮林蔵《まみやりんぞう》（一七七五—一八四四）江戸後期の北方探検家。常陸国筑波郡の農家に生まれる。寛政十一年（一七九九）村上島之允の従者として蝦夷地に渡海、翌年蝦夷地御用雇となる。同年箱館で伊能忠敬に会い、測量術を学ぶ。文化三年（一八〇六）エトロフ島に渡り、沿岸実測などを行い、翌年ロシア船のシャナ会所襲撃事件に遭遇。文化五年、松田伝十郎とともに唐太（樺太）を探検。翌年、樺太から大陸に渡り、アムール川（黒龍江）下流の満州仮府のあったデレンに至る。北方諸民族の清国への朝貢貿易の実態を観察し、『東韃地方紀行』を著す。

また、樺太の地図を作成。その後、シーボルト事件の密告者といわれ、幕府の隠密活動に従事。　（菊池勇夫）

松前藩《まつまえはん》　北海道渡島半島南部の松前地方を本拠地とする藩*。藩庁は松前にあり、福山藩ともいう。藩主は松前氏。無高大名であるが、近世初期以来一万石格の扱い、また交代寄合格とされることもあった。幕末になり、安政二年（一八五五）三万石格。慶長九年（一六〇四）徳川家康*より対アイヌ交易独占権を保証された黒印状を与えられる。この黒印状は他大名の領知朱印状に相当するもので、松前藩はこれを媒介に上級家臣に蝦夷地の特定場所でのアイヌ交易権を与えた（商場知行制）。しかし、松前藩側の不等価交換の押しつけなどにより寛文九年（一六六九）シャクシャインの戦いが起こる。江戸中期以降、商人がアイヌ交易や漁場経営を請け負う場所請負制が展開し、アイヌの雇労働者化が進行。寛政十一年（一七九九）幕府の蝦夷地直轄により東蝦夷地上知、また文化四年（一八〇七）全領地上知となり陸奥梁川に転封*。文政四年（一八二一）復領。さらに安政元年（一八五四）箱館開港に伴い箱館地方上知、翌年松前地方を残し全蝦夷地上知となる。　（菊池勇夫）

箱館奉行《はこだてぶぎょう》　江戸幕府*の遠国奉行*の職名。蝦夷地の幕府直轄に伴い設置。老中*の職制下にあり、定員二名から四名。役高二千石、役料千五百俵。当初長崎奉行*次席、幕末には下田奉行次席。幕府は寛政十一年（一七九九）東蝦夷地および箱館地方を仮上知したが、享和二年（一八〇二）永久上知とする。これにより、それまでの蝦夷地御取締御用掛を廃止し、同年二月、新たに蝦夷地奉行を置き、戸川安論・羽太正養を任命。同年五月、箱館奉行と改称。箱館奉行に出された黒印状によれば、蝦夷地の沙汰、異国境の取締り、キリシタン禁制*が主要な任務。文化四年（一八〇七）松前氏の陸奥梁川転封*により、奉行所を松前に移し、松前奉行と改称。松前藩復領*により、文政五年（一八二二）廃止。その後、神奈川条約に伴う箱館開港により、安政元年（一八五四）六月、箱館奉行を再置。箱館における欧米諸国との外交および蝦夷地警備を主任務とする。蝦夷地警備には奥羽大名が動員された。明治元年（一八六八）四月、箱館裁判所の設置により廃止。　（菊池勇夫）

〔社会思想の変化〕

水戸学《みとがく》　『大日本史』*編纂事業を遂行する過程で水戸藩に成立した学問。二代藩主徳川光圀《みつくに》*が江戸*の藩邸に史局を開いたことに始まる。内容上、修史事業を中心とした前期と、尊王攘《そんのうじょう》夷論《いろん》を説いた後期とに分けられる。前期は儒学、特に朱子学*の歴史思想に基づいて日本歴史を理解しようとする傾向が強く、代表的学者には安積澹泊《あさかたんぱく》・佐々十竹《さっさじっちく》・栗山潜鋒《くりやませんぽう》らがいる。後期には、九代藩主徳川斉昭*を中心に藤田幽谷《ふじたゆうこく》とその子東湖《とうこ》*、会沢《あいざわ》正志斎《せいしさい》*・豊田天功《とよだてんこう》らが出て、熱烈な尊王攘夷論を展開した。この尊王攘夷論は、内政・外交の両面から迫りくる体制的危機を深刻に受けとめ、その打開策を示したもので幕末尊攘運動の指導理念となった。　（鈴木暎一）

会沢正志斎《あいざわせいしさい》　（一七八二―一八六三）江戸時代後期の水戸藩士。儒学者・水戸学*者。名は安《やすし》、字は伯民《はくみん》、通称は恒蔵《つねぞう》、正志斎はその号。藤田幽谷《ふじたゆうこく》門下で、寛政十一年（一七九九）彰考館に入って『大日本史』*の編纂に従事。幼少期の徳川斉昭*（九代藩主）の侍読もつとめた。幕末の尊王攘夷思想に大きな影響を与えた『新論』を文政八年（一八二五）に脱稿。斉昭の天保改革には藤田東湖*らとともに改革派の主力として活動、郡奉行・御用調役・彰考館総裁を経て藩校弘道館の初代教授頭取（総教）に就任。安政年間（一八五四―六〇）の藩内尊攘派分裂のとき、鎮派の重鎮として激派の鎮圧を主張。文久三年七月十四日没。八十二歳。墓は水戸市の本法寺にある。　（鈴木暎一）

藤田東湖《ふじたとうこ》（一八〇六―五五）　江戸時代後期から幕末期にかけての水戸藩士。水戸学者*。名は彪《たけき》、字は斌卿《ひんけい》、通称は虎之介《とらのすけ》のち誠之進、東湖はその号。藤田幽谷《ゆうこく》の二男。九代藩主徳川斉《なり》昭《あき》*の信任を得て、天保期藩政改革に尽力、郡奉行・御用調役・側用人*などの要職を歴任。弘化三年（一八四四）斉昭が幕命で致仕謹慎を命ぜられるや連座して蟄居。幽囚中に『回天詩史《かいてんしし》』『常陸帯《ひたちおび》』『弘道館記述義《こうどうかんきじゅつぎ》』などを著す。嘉永五年（一八五二）蟄居を解除。斉昭が幕政に参与すると海岸防御係・側用人再勤。晩年で本高役料合わせ六百石。安政大地震で圧死。東湖の尊攘思想は、幕末思想界に大きな影響を与えた。安政二年十月二日没。五十歳。墓は水戸市の常磐共有墓地にある。　（鈴木暎一）

宝暦事件《ほうれきじけん》　宝暦年間、尊王主義者が初めて処罰された事件。徳大寺家家司・皇学所教授で崎門学の竹内式部*の門下で桃園天皇近習の徳大寺公城らの働きにより、崎門学派の所説を天皇に進講し、公城・西洞院時名・白川資顕ら近習少壮公家は武術を稽古した。関白一条道香は、宝暦六年（一七五六）四月、武芸稽古を禁じ、同十二月には神祇権大副吉田兼雄の内訴などを受け京都所司代*に内報、京都町奉行は同月、式部を召喚、公家への武芸軍学教授を糺したが無罪。翌七年六月、公城らが小番の折、桃園天皇に式部の説により『日本書紀』を講ずるに及び、摂家・武家伝奏・吉田家らの反発が強まり進講を中止させた。以後も、天皇が強く垂加神道の進講の再開を希望したため、進講の是非に止まらず、朝廷内主導権をめぐる天皇の恣意性を主張する天皇および近習少壮公家と摂関家との対立に発展。摂家側は幕府に働きかけて式部を処罰させ、それを突破口に近習排除を図ろうとした。六月、幕府が式部の取調べを開始、七月には摂家側は幕府に無断で近習を処分した。式部は同九年五月、重追放となった。　（吉田昌彦）

明和事件《めいわじけん》　明和四年（一七六七）に起きた尊王論者弾圧事件。上野国小幡藩用人松原郡太夫は、宝暦九年（一七五九）『柳子新論』を著し尊王斥覇論・幕政批判を展開した山県大弐*の門下で同藩家老の吉田玄蕃を、講筵の後に軍談をするなど過激な言説を行う大弐の弟子であるとして訴え、同藩は玄蕃を監禁するに至った。この動きを知った門人浪人桃井久馬・佐藤源太夫・医師宮沢準曹・禅僧霊宗は累が及ぶのを恐れ、大弐一味に謀反の企てがあるとして、明和三年十二月、幕府に訴えでた。幕府は、ただちに大弐以下門人などの逮捕・取調べに着手したが、謀反の事実は判明せず、講義が不敬に当たるとして翌四年八月、大弐を不敬の罪で死罪、江戸城焼打ちを談じたとして門人藤井右門を獄門、大弐の兄は追放となった。また、出訴人は、誇大な訴えをしたとして遠島、吉田を含めそのほかの大弐関係者は無罪。また、松原郡太夫らは根拠のない訴えをしたなどとして重追放、藩主織田信邦も隠居蟄居・国替え・家格引下げに処された。　（吉田昌彦）

竹内式部《たけのうちしきぶ》（一七一二―六七）　江戸時代中期の尊王論者、宝暦事件の中心人物。医号は正庵、のち士分となり式部、字は持敬、号は羞斎・秋斎。越後国で出生、正徳二年同地で医業を営む。享保十二年（一七二七）ごろ上京、徳大寺家に奉公、崎門学派の玉木葦斎・松岡仲良に学び士分となる。家塾を開き少壮公家をはじめとする門人七、八百名に経学・神学・軍学を講じる。朝廷内部の門閥公家と桃園天皇側近少壮公家との抗争において、摂関家らが門人徳大寺公城が桃園天皇に崎門学を講じたことを指弾したことに関連して、宝暦六年（一七五六）公家への軍学武術講義のかどで取調べを受け、同八年、朝廷が所司代に告訴、翌年六月、重追放。明和四年（一七六七）明和事件*における京都立入りの罪で八丈島流罪、護送の途中、三宅島で病死した。（吉田昌彦）

山県大弐《やまがただいに》（一七二五—六七）　明和事件*で刑死した近世中期の尊王論者。幼名三之介、諱は昌貞、通称は大弐、号は柳荘、医号は洞斎。享保十年甲斐国巨摩郡篠原村（山梨県中巨摩郡龍王町）に生まれる。甲府与力村瀬氏を継いだが、宝暦元年（一七五一）改易*、山県氏に復し江戸*で医師と寺子屋*を開いた。崎門学派の加賀美桜塢、園学派五味釜川に学ぶ。同四年、若年寄大岡忠光に仕え、同十年、忠光の死去により致仕、家塾で兵学・医学を講じた。同九年『柳子新論』を著し尊王斥覇論・幕政批判を展開。門人の関係で上野小幡藩の内紛に巻き込まれ謀反の疑いがあると密告され、明和四年八月、不敬の罪で死罪。法名俊昌院卓英良雄居士、墓は東京都新宿区舟町全勝寺と龍王町金剛寺にある。（吉田昌彦）

藤井右門《ふじいうもん》（一七二〇—六七）　江戸時代中期の尊王論者。幼名吉太郎、右門は変名。父は元赤穂藩浅野家家老で越中国射水郡小杉村（富山県氷見市小杉）に帰農した藤井又左衛門。母は同郡大手崎村赤井屋九郎平の娘。享保五年越中国に生まれる。同二十年（一七三五）京都に出、富山藩庶子前田利寛の保護を受け竹内式部*に入門。また、伊藤紹述の弟子となり、剣を染谷正勝に習う。元文三年（一七三八）地下諸大夫藤井大和守忠義の養嗣子となり、直明と名乗る。従六位下大舎人。宝暦六年（一七五六）家督を相続。従五位下、大和守、八十宮内親王家司、皇学所教授。式部に従って公家に兵書を講じた。宝暦事件*が起こるや出京、各地を巡って江戸*の山県大弐*宅に身を寄せ尊王を唱えていたが、明和四年（一七六七）謀反の疑いがありとして大弐が訴えられると、大弐とともに捕らえられた。謀反の罪はないとしつつも不敬として獄門の判決を受けたが、獄中で死亡したため、同年八月、その遺骸が獄門にかけられた。（吉田昌彦）

高山彦九郎《たかやまひこくろう》（一七四七—九三）　十八世紀後半の勤王家。寛政の三奇人の一人。諱は正之、字は仲縄、通称彦九郎。延享四年上野国新田郡細谷村で生まれる。父は郷士高山正教。十三歳で『太平記』*を読み、自分が新田氏の流れを汲むことを知る。十八歳で遺書を認めて出京、皇居に伏拝、「草莽の臣高山正之」と連呼し、足利氏累代の墓碑を鞭打った。京都では河野恕斎に師事、特に山崎闇斎*系の尊王思想に感銘し帰郷。天明二年（一七八二）諸国巡歴に出発、京都では公家のもとに出入りし、吉田家より祖父の神号などを得た。また、後期水戸学*の藤田幽谷、立原翠軒、兵学者の林子平*ら各地の学者と交流、幕府の追及を受け、寛政五年六月二十七日、筑後国久留米で自刃。墓は久留米市寺町遍照院。贈正四位。（吉田昌彦）

蒲生君平《がもうくんぺい》（一七六八—一八一三）　江戸後期の尊王論者。諱は秀実、夷吾、通称伊三郎、字は君蔵、君平・修静庵と号す。父は下野宇都宮で油屋で農業をも営む福田又右衛門正栄。明和五年（一七六八）に生まれる。十四歳で鹿沼の儒者鈴木石橋に入門。黒羽藩士鈴木為蝶軒、後期水戸学者藤田幽谷から尊王論を感化される。天明六年（一七八六）ごろ、蒲生氏郷の流れを引くとして蒲生に改姓。寛政二年（一七九〇）高山彦九郎*を追って陸奥を旅行、仙台で林子平*と面会。同七年、ロシアの南下を憂慮し陸奥を回った。また、『大日本史』*の志類の欠落を補うために九志編纂を企図、『山陵志』『職官志』を著し、『不恤緯』で海防を説いた。文化十年（一八一三）七月五日、移住先の江戸*で病死。墓は東京谷中臨江寺。法名修静院殿文山義章大居士。（吉田昌彦）

富永仲基《とみながなかもと》（一七一五―四六）　江戸中期の思想家。通称は三郎兵衛、字は子仲、南関のち謙斎と号す。正徳五年懐徳堂《かいとくどう》*創設者の一人富永芳春（道明寺屋吉左衛門）の三男として大坂尼崎町に出生。幼少から懐徳堂で三宅石庵に学び、十五、六歳で儒教の経典を歴史的に批判した『説蔽《せつへい》』（散佚）を著し、破門されたという。その後、思想発展の普遍的原理としての「加上《かじょう》」説を唱えて儒・仏・神など従来のあらゆる思想（価値体系）を歴史的に相対化した自由な学的立場で『出定後語《しゅつじょうごご》』『翁《おきな》の文』を出版したが、延享三年正月二十八日わずか三十二歳で早逝。だが徂徠学による知の特権化に挑戦し、あくまで万人に自明な人間認識に基づく学を追究していった彼の独創的な学風は、懐徳堂学派のうちに発展的に継承されていった。（逆井孝仁）

三浦梅園《みうらばいえん》（一七二三―八九）　江戸中期の思想家。名は晋《すすむ》、字は安貞、梅園は号。享保八年八月二日、豊後《ぶんご》（大分県）国東《くにさき》半島富永村の医家三浦義一・ふさ夫妻の長男に生まれる。医業を継ぐも、ほぼ独学で、儒教的自然法ではすでにとらえきれなくなっていた客観的世界（天地）の探究に専念。ついに独自の弁証法的な合法則性（条理）において天地（自然と社会）を体系的にとらえ直し、そのための「反観合一」なる動的な客観的認識法ともども、それを「条理の学」として畢生の書『玄語《げんご》』に提示した。現象の背後にひそむ本質をとらえるその学にみる認識論的前進によって、彼は経済書『価原《かげん》』で金銀（貨幣）を富とする俗見をこえて、民の生活必需品こそ富という視点で民衆本位の経済のあり方をも考察しえた。寛政元年三月十四日没。主著は、ほかに『贅語《ぜいご》』『敢語《かんご》』。（逆井孝仁）

山片蟠桃《やまがたばんとう》（一七四八―一八二一）　江戸中後期の町人学者。名は長谷川有躬《ありみ》、通称升屋小右衛門。後に升屋の親類並となり山片芳秀と改名、蟠桃と号す。寛延元年播州（兵庫県）の百姓長谷川小兵衛の二男に生まれる。早くから大坂*の豪商（米仲買・大名貸）升屋の番頭として卓抜な経営実績を重ねて天下に高名。かたわら懐徳堂《かいとく》*で中井竹山・履軒に儒学を学び、「地動説」など洋学知識をも摂取して、自己の儒学的理性を普遍化・絶対化し「無鬼論」（無神論）をさえ主張。その普遍的理性で自然と社会のすべてを統一的に再構成した百科全書的大著『夢《ゆめ》の代《しろ》』を著す。特に農民自立のための秩序としての「封建」と合理的な自由市場の結合による「田舎盛《さかん》ナ」経済に、「王道」実現を展望した独自の経世論は注目に値する。文政四年二月二十八日病没。（逆井孝仁）

安藤昌益《あんどうしょうえき》（一七〇三―六二）　江戸中期の独創的な思想家・医師。名は正信、字は昌益、さらに良中、確龍堂と号す。秩序

自然真営道

……各《おのおの》耕シテ子ヲ育テ、子壮《さかん》ニナリ、能《よ》ク耕シテ親ヲ養ヒ子ヲ育テ、一人之ヲ為《す》レバ万万人之《これ》ヲ為《シ》シ、貪《むさぼ》リ取ル者無レバ貪ラルル者モ無ク、転定《てんち》モ人倫《じんりん》モ別《わか》ツコト無ク、転定生ズレバ、人倫耕シ、此《こ》ノ外《ほか》一点《てん》ノ私《わたくしごと》事無シ。是レ自然ノ世ノ有様ナリ。

のあまりにも過激な異端者のため、その生涯はまだ不明の部分が多い。ただ生没年が元禄十六年—宝暦十二年生没地が秋田県大館市二井田、また延享元年（一七四四）から十五年間岩手県八戸市に町医者としての居住が判明している。

彼は世界の本源を自然（天地）の自らなる永遠のいとなみに求める独自の活動的世界観（自然真営道《しぜんしんえいどう》）に立ち、人間の正しいあり方を「直耕」にあるとして、本来働くことにおいてこそ、人は自由であり平等であるととらえた。かくて「直耕ノ真人」（「勤労農民」）による無階級の共同社会（「自然世」）を理想とし、そこから現存秩序（「法世」）のすべてを根本的に否定して、当時の農民たちの内なる願望を見事に思想化しえたのである。主著は『自然真営道』『統道真伝』。（逆井孝仁）

海保青陵《かいほせいりょう》（一七五五—一八一七）　江戸中後期の経世思想家。名は皐鶴《こうかく》、通称は儀平、青陵は号。宝暦五年九月に丹後（京都府）宮津藩家老角田市左衛門の長男として江戸*に生まれる。早くから自由な学問生活を望み、家督を弟に譲り、自らは曽祖父の姓海保に復し諸国を遊歴、徂徠学統の経世的実学者として独特の認識論にたつ「一家ノ学」を形成した。彼は体制の基本を一元的に商品経済ととらえたので、「ウリカイノ理」を天理とし、それを正しく理解し現実に活用する能力と制度が必要と説く。こうして君臣関係を含む全社会関係を「ウリカイ」関係とする現実認識から、「通利ヲ争フ世」では、富国とは「他国ノ金ヲ吸取ルコト」として藩*単位の「重商主義*」を唱えた。晩年は京都で著述に専念、文化十四年五月二十八日没。主な著作は『稽古談』『前識談』『升小談』など。（逆井孝仁）

本多利明《ほんだとしあき》（一七四三—一八二〇）　江戸中後期の経世思想家。通称は三郎右衛門、北夷また魯鈍斎《ろどんさい》と号す。寛保三年越後（新潟県）蒲原に生まれ、十八歳で江戸*に出て関流算学および天文学を学ぶ。蘭学への傾斜とともに西洋流の天文・地理・測量や航海術をも修得、やがてその学塾を開く。天明の飢饉や北方問題への危機意識から、独自のマルサス的人口論をふまえて、富国実現の基礎を「万民増殖の理」、つまり生産人口の増大とそれを可能とする万民の生活安定に求める「自然治道」の経世策を提起する。それは明らかに西洋諸国を理想とした日本全体の商業社会化を伴う、北方開発論や通商・交易を重視する国家的重商主義*の主張だった。文政三年十二月二十二日没。著書は『経世秘策《けいせいひさく》』『西域物語《さいいき》』『経済放言』など。（逆井孝仁）

佐藤信淵《さとうのぶひろ》（一七六九—一八五〇）　江戸後期の農政家・経世思想家。字は元海、通称を百祐《ももすけ》、椿園《ちんえん》・万松斎などと号す。明和六年出羽国（秋田県）雄勝《おがち》郡西馬音内《にしもない》村の医師・農政家たる信季《のぶすえ》の子として生まれる。早くから父と諸国を遊歴、十六歳で父と死別後は、江戸*で儒学・蘭学・本草学また天文地理・暦数などの諸学を修得。のちに国学者平田篤胤《あつたね》*に師事。信淵は農村・農民経営の復興・安定を願う在地農政家として出発しつつ、体制危機の深化のなかで、富国の実現を平田国学による

「産霊《むすび》の神意」に貫《つらぬ》かれた「開物」（物産の開発と生産力増強）を推進する国家的重商主義*の展開に求めた。そこには明治国家の原像を先取りしたとされる専制的・侵略的な統一国家（垂統国家）構想が明示されていた。嘉永三年正月六日江戸で没。主著は『経済要録』『農政本論』『混同秘策』『垂統秘録』など。（逆井孝仁）

帆足万里《ほあしばんり》（一七七八—一八五二）　江戸後期の経世家・儒学者・理学者。字は鵬卿《ほうけい》、通称は里吉、万里は諱《いみな》。安永七年正月十五日に豊後《ぶんご》（大分県）日出《ひじ》藩士帆足通文の三男に生まれる。はじめ脇愚山（三浦梅園*の弟子）に師事、のち大坂*に出て中井竹山らに学ぶ。彼は儒教こそ人間理性に立脚した人類にとっての普遍的な教えで、合理的・実証的な西洋自然科学の成果の吸収により、日用の実学として充実・発展させねばならぬとし、自著『窮理通』において天文学・物理学・化学・生物学など西洋自然諸科学の知識を、自らの儒学的な学的体系のうちに体系的に整理・統合した。また家老としての執政経験もふまえ、「外圧」に対応する朝幕（文武）一体のあらたな体制づくりによる国家富強策を『東潜夫論《とうせんぷろん》』で提起した。嘉永五年六月十四日没。主著はほかに『入学新論』。（逆井孝仁）

頼山陽《らいさんよう》（一七八〇—一八三二）　江戸後期の儒学者・歴史家。名は襄《のぼる》、字は子成、通称は久太郎、山陽は号。安永九年十二月、広島藩儒春水《しゅんすい》の嫡男に生まれる。幼少期より詩文の才に恵まれ江戸の昌平校*に一年留学、だが持病の神経症の高進により二十一歳で脱藩、その罪で幽居・廃嫡。その後は京都に出て著作に専念し自由な文人としての生活を送った。天保三年九月二十三日没。彼は経学から歴史が一つの学問分野として独立してきた時代を生きた。人間が歴史をつくるという基本認識に立って、時勢の変転・治乱興亡における人間の判断と行動のもつ決定的役割に注目した。同時代に至る武家興亡史たる山陽の『日本外史』が、幕末の志士たちに大きな影響を与えたのはそのためである。主著はほかに『日本政記』『通義』など。（逆井孝仁）

二宮尊徳《にのみやそんとく》（一七八七—一八五六）　江戸時代後期の農村復興運動の指導者。相模国《さがみのくに》の人。名は尊徳《たかのり》、通称は金次郎。若くして両親を失い、兄弟離散したが、その苦難を克服して二十歳のとき生家を再興。文政五年（一八二二）小田原藩主から、その分家旗本宇津家の知行所、下野国《しもつけのくに》桜町領の復興を命ぜられ成果をあげた。農村復興のための方策は尊徳仕法《そんとくしほう》といわれ、その実施地は小田原・谷田部・下館・相馬・掛川などの諸藩領、下野国真岡《もおか》代官所管轄下の幕府領、日光領など各地に及ぶ。天保十三年（一八四二）幕臣に登用された。名声が高まるとその仕法を学ぶ人々が増え、各地で報徳社《ほうとくしゃ》が結成され、明治以後は全国に普及していく。安政三年十月二十日没。七十歳。墓は今市の報徳神社の背後にある。（鈴木暎一）

大原幽学《おおはらゆうがく》（一七九七—一八五八）　江戸時代後期の農民指導者。一説に名古屋（尾張《おわり》）藩の重臣大道寺玄蕃《だいどうじげんば》の子というが、自らは氏素姓を一切語らず、ただ尾州藩牢人と称していたという。十八歳のとき家を出て諸国を流浪。のち下総国《しもうさのくに》香取郡《かとりぐん》長部《ながべ》村に落着く。この地で神・儒・仏三教を融合、これに自己の体験を加味した「性理学」を説き、教導所改心楼で教化活動に当たるとともに、先祖株組合を結成して共有財産をつくり、そこからの収益を積みたてて農家の永続をはかった。また農業生産の改良を指導。一介の牢人が農民を組織し人望を得たことで関東取締出役の嫌疑を受け、改心楼は取り毀され、先祖株組合も解散させられ、安政五年三月七日、割腹自殺した。六十二歳。墓は千葉県香取郡干潟町長部にある。　（鈴木暎一）

〔産業構造の変化〕

問屋制家内工業《とんやせいかないこうぎょう》　商業資本によって家内工業が支配される生産形態をいう。商業資本家である問屋が、小商品生産者（小生産者ともいう）、多くは家族的労働による手工業生産者である彼らを傘下に編成している生産構造をさしている。農村における商品生産の広汎な展開がみられる江戸時代中ごろ以後に広くみられ、問屋から原料や生産に要する道具、また賃金などの前貸をうけて支配され、生産者利潤は問屋に吸収され、生産者が上昇する可能性は乏しい。さらに、農村工業の展開に対応し、問屋は在郷の仲買商人を介在させて集荷体制を強化し流通過程の独占を強化することになる。さしあたり問屋制家内工業の形態は生産様式を変革するものではなく、近代化の指標ともなる産業資本家への方向を示すものでもなく、幕府権力に依存する特権的問屋商人の強化を示すものに過ぎない。

しかし、小商品生産者は事実上の賃金労働者となるという説にたてば、機械制工業段階に出現する近代的賃金労者の萌芽的現れととらえることもできる。小商品生産者（小営業者）段階を経て、小商品生産者や仲買商人たちが、幕末段階で作業場を拡大し、奉公人を雇用して小資本家的経営となるような経営者も先進的地域の織物業などにみられる。この場合でも特権問屋の商品流通網に規制されることが多く順調ではなかった。問屋制家内工業は江戸時代で最高の発展を示し、近代に入って機械制大工業の成長のなかでしだい衰微するが、消滅することはなく現在も存続している。多くは機械制工業の浸透しない製品部門に、その外業の補完部分として残っている。〈地方史研究協議会編『日本産業史大系』全八巻、東京大学出版会、一九五九―六一〉　（林　英夫）

マニュファクチュア　小商品生産段階から機械制大工業へと発展する、その中間に位置する生産形態＝段階をさし、工場制手工業と呼ばれる。イギリスでは約二百年間マニュファクチュアの時代が続いた後に、産業革命*を経て機械制大工業が出現したように、封建制社会から近代社会への移行期にみられる社会経済の発展段階の形態である。資本家的な単純協業の成長、規模拡大に伴って分業が工程に取りこまれ、「分業に基づく協業」が形成されてマニュファクチュアが成立する。

一九三三年、服部之総は幕末の日本はマニュファクチュア時代*に達していたと主張し、労農派の土屋喬雄は問屋制家内工業の段階をとなえマニュファクチュアの時代を否定し、日本資本主義論争の論点の一つとなっていたが、戦後にも論争は継承され、堀江英一の幕末「小営業段階」説、藤田五郎の「豪農＝問屋のマニュファクチュア」説などから、「分散マニュファクチュア」論などが展開された。一九五五年代に入ってから村方文書の採訪調査の盛行を背景として実証性の高い細密な研究が出現して、研究段階を高めた。桐生・足利の織物業における市川孝正・工藤恭吉・正田健一郎、尾西《びさい》（尾張国西部地方）地方の織物業における塩沢君夫・川浦康次・中村哲・林英夫、丹後縮《ちり》緬《めん》機業の池田敬正、津田秀夫の和泉地方の研究、手島正毅の備後織物における研究など、それぞれ織物業におけるマニュファクチュアの展開を、それぞれのマニュファクチュアの規程を前提として論点としているが、論点は寄生地主制*との共存関係、賃金労働者の存在状況、さらには織物業経営内部における内機《うちばた》と出機《でばた》の割合と出機制の性格が、問屋制前貸形態であったことから、マニュファクチュアの存在を否定せざるをえないという市川孝正らの指摘は重要である。日本近代化の前提となるマニュファクチュアが、明確に検出されるに至っていないのが現在の研究状況である。〈塩沢君夫・川浦康次『寄生地主制論』御茶の水書房、一九五七。林英夫『近世農村工業の基礎過程』青木書店、一九六〇。市川孝正『日本農村工業史研究』文眞堂、一九九六〉（林　英夫）

マニュファクチュア（「尾張名所図会」）

藩営《はんえい》マニュファクチュア　藩*が営む製造所で商品を生産することを藩営マニュファクチュアという。近世初期以来の藩営の加工業としては佐賀藩の陶磁器業における藩窯が著名で、寛永五年（一六二八）に御用窯が開設され幕末にまで及んだ。一般的には十八世紀中ごろ以後の藩の財政改革の一環としての国産奨励政策のなかで行われる藩営加工業や、幕末の洋式工業をいう。たとえば、熊本藩では宝暦十三年（一七六三）に櫨方《はぜかた》による蠟締所の運営が始まり、以後藩営の製蠟業は明治四年（一八七一）まで行われた。米沢藩では安永五年（一七七六）に縮役場をおいて藩営の縮製造工場を設け、中下級家臣の妻女に縮の生産に従事させた。上田藩では嘉永期（一八四八―五三）のはじめに桐生から職工を雇って絹織物の藩営作業場を設け、秋田藩では文久期（一八六一―六三）のはじめに城下の久保田ほか十二、三か所に縞木綿の藩営機場を置き、機数は五千台に及んだという。福井藩でも文久二年に物産総会所を設け、染職工数十人を雇って織物作業場を設置している。また長崎*での貿易品として緑茶に注目した佐賀藩は、元治元年（一八六四）に嬉野と諫早に緑茶製造所を置いている。

このように藩の国産奨励政策の推進を目的とした藩営マニュファクチュアは、製紙・製蠟・陶磁器・製鉄・製糸・織物などの分野に及んだ。そして藩営加工場では協業・分業による集合的作業がみられたが、多くは賃労働による運営ではなかった。こうした藩営加工業を資本制工場工業の前段階である資本制マニュファクチュア経営であるということはできないが、領内商品生産の発展をある程度推し進めていることは注目しなければならない。幕末になると西洋の近代的技術を導入して機械制工場が建設された。これは鋳砲・造船など洋式軍事工業に重点を置いていたが、硝子製造・紡績・製薬なども行われた。主に佐賀藩・薩摩藩・長州藩・土佐藩などの西南雄藩を中心としていた。こうした幕末期の藩営洋式工業は同時期の幕営洋式工業とともに、明治政府に受け継がれていくものもあり、わが国近代工業発展の基礎となったといえよう。〈地方史研究協議会編『日

本産業史大系』全八巻、東京大学出版会、一九五九—六一〉

（木原溥幸）

西陣織《にしじんおり》　京都は平安以来織物の中心的産地で律令制による織部司がおかれ官人たちの用に供した。のちに民業としても栄えたが、応仁・文明の乱*によって廃絶、その後京西陣に明から繻《しゅ》子《す》・緞子《どんす》・縮緬《ちりめん》・天鵞絨《びろうど》・金襴《きんらん》・銀襴《ぎんらん》・金紗などの製織技術が伝えられて成長、高級織物産地として活況を呈した。織機は高機《たかばた》を使用し、江戸時代初期には西陣高機仲間を結成していたが、ほかに朝廷の内蔵寮の織物を管掌した御寮織物司六人衆と呼ぶ仲間があり、西陣織物の頂点にあった。享保十五年（一七三〇）六月の西陣の大火で三千台を焼失したとあり、天保十年（一八三九）ごろには二千百十八軒の織屋に三千百六十四台の織機とあるから、享保ごろより衰退したようにみえる。これは享保期以降、各地で西陣の技術を伝承して絹織物産地が拡大し西陣織を圧迫するほどに成長したためであろう。さらに明治維新とともに儀式・典礼や風俗の変化に応じ伝統的な織物の需要が減り打撃を受けたが、明治（一八六九）西陣物産会社、同十一年には西陣織物会所を設立し、フランスへ職工を派遣しジャカードなどの技術を導入し、製品検査を強化するなど積極的に対応していった。

（林　英夫）

桐生《きりゅう》**・足利**《あしかが》**の織物**《おりもの》　桐生・足利ともに奈良時代ごろより「調」*として織物を納めていた。十四世紀、伊勢御厨の供祭物に桐生の布の記載があり、ともに古くから織物の産地であった。しかし全国的に市場網を確立し特産地として知られたのは江戸中期以降である。桐生に元文三年（一七三八）西陣から高機が導入され、後背地の生糸を原料として高級織物を生産し、江戸*・京都など都市に販売し西陣機業をおびやかすに至った。天明六年（一七八六）には西陣の染織技術を修得し、関東の西陣とも呼ばれた。買次商による生産農家への前貸支配が強く問屋制家内工業*の域を出なかった。足利織物は桐生織物市場に属して発展し、桐生から脱して独自性をもつようになったのは文政末年（一八二九）ごろとされる。足利織物は主に庶民向きの木綿織物であったため、幕末段階には高級奢侈品であった桐生の絹織物をしのぐほどの発展をみたが、足利商人たちは桐生の買次商人の勢力下から脱しえなかった。明治以降、桐生織物の国外市場への積極的な開拓や日本織物株式会社が設立され力織機の導入などによって一貫作業方式の洋式工場が出現し、機械制工業の進展に大きな影響を与えた。

（林　英夫）

丹後縮緬《たんごちりめん》　享保年間（一七一六—三五）に西陣から技術を導入して京都丹後・加悦谷地方を主産地として生産された織物。当初から京都の糸問屋から生糸を仕入れ製品もすべて京都問屋に出荷していた。京問屋の前貸支配が強く仲買商人は存在しなかった。織機台数は明和年間（一七六四—七一）加悦谷地方六カ村で二百六台、文政十二年（一八二九）には四百九十六台とあり、さらに享保三年（一八〇三）宮津藩領内で九百五十六台を数えている。さらに中心的地方の農家は縮緬生産に従事していたという。開港前にはさらに部分的にはマニュファクチュア生産もあったであろうが、出機支配による商業が市場を支配したように思われる。

（林　英夫）

河内木綿《かわちもめん》　河内地方で生産される木綿の総称。十六世紀ごろから綿作・綿織が始まり、中心地は生駒山系南よりの山麓から平地にかける一帯である。白木綿を主とし暖簾《のれん》・ゆかた・幟旗・半天《はんてん》などのほか、しだいに縞柄も織り出し用途を広めた。享保十九年（一七三四）中心地の一つ八尾には問屋・仲買七十六人の仲間があったという。また盛況をみた天保年間（一八三〇―四三）の生産高は百万疋とも伝えている。幕末ごろ八尾組（若江郡）二十四人・恩知組（高安郡）十六人・高安組六人・三宅組（丹北郡）七十人・四条組（河内郡）十四人・六郷組（若江と河内郡）五十四人合せて百八十四人の木綿商人がいたという。近代に入って「河内型」の商人は寄生地主化の方向をとる者が多かった。（林　英夫）

伊丹《いたみ》・灘《なだ》の酒《さけ》　兵庫県の伊丹・芦屋・西宮・神戸にまたがって摂津国に広がる地域は日本最大の酒造地帯である。安土桃山時代から存在したが、最大産地として知られたのは江戸期からで、伊丹の寛文五年（一六六五）の造酒高七万九千余石、享保九年（一七二四）*江戸に極上酒を送る酒屋三十三人中、伊丹が十五人を占めている。宝暦期（一七五一―六三）ごろから灘の酒造業が発展、摂泉十二郷の江戸積酒造仲間のうち*上灘・下灘・今津の三郷が新興の勢力としてマニュファクチュアとみられる経営も出現。原料の多くは播州米、雇用労働の多くは丹羽の杜氏たちによっていた。近代においても灘は最大の日本酒の産地として知られた。（林　英夫）

野田《のだ》・銚子《ちょうし》の醤油《しょうゆ》　関東における代表的な醤油の産地。江戸時代前半における関東の醤油の消費は、*大坂を経由して送られる下り醤油に依存していた。それが関東（地廻り）醤油によって消費されるようになるのは、江戸時代中後期のことである。文政八年（一八二五）ごろには関東における*醤油醸造業の仲間である造醤油家仲間が結成されており、江戸の醤油問屋と対抗するまでに至っている。近世後期には、関東各地で醤油醸造が行われるが、それは各地に畑作地帯が広がっていたことから、醤油の原料である小麦や大豆を供給しやすかったことや、河川交通の発達・大消費地江戸の存在などが大きな理由としてあげられる。関東での醤油醸造業の創始は銚子が早く、ヤマサの前身に当たる広屋儀兵衛家では、遅くとも元禄期（一六八八―一七〇三）に創業している。また、原料の供給や河川水運などの立地条件に恵まれた野田でも醤油醸造業が盛んであった。関東の代表的醤油醸造業である、三印とも呼ばれるキッコーマンは野田、ヤマサとヒゲタは銚子を拠点としている。（落合　功）

有田《ありた》の焼物《やきもの》　肥前佐賀藩領有田皿山では一六一〇年代にわが国初の磁器の生産を開始した。一六四七年には早くも東南アジアへ輸出され、以後三十年間に総計四百万個の肥前陶磁器がアジア・欧州へ輸出されている。十七世紀末には販路は海外から国内へ転換した。製品は主に都市生活者向けの碗、皿などの食器類であった。十九世紀に入ると瀬戸・美濃でも磁器が量産されるようになり、中央市場ではいわゆる瀬戸物（瀬戸焼・美濃焼）と唐津物（有田焼）とは競合し、地方荷主は都市問屋に対抗するためにも焼物を蔵物扱いとすることを願い出、佐賀藩陶器専売仕組が成立した（瀬戸焼・美濃焼についても尾張藩陶器専売仕組がしかれた）。佐賀藩陶器仕組は嘉永期（一八四八―五四）に再編成されたが、この経済政策は同時に、陶器取引で富裕化し土地集積した有田・伊万里の商人地主の土地を「均田制度」によって没収する農村復興・農商分離政策とも連動しており、佐賀藩は肥前陶磁器というきわめて商品価値の高い国産

の中央市場販売を独占することができた。（山形万里子）

川口《かわぐち》の鋳物《いもの》　文政十三年（一八三〇）の記録によると現埼玉県の各地に鋳物師《いもじ》がいたが、ことに金屋村（現児玉町）と川口に多く、川口の鋳物師たちは江戸*との取引を通して盛大で、文久元年（一八六一）には二十二人を数え、彼らは鍋職・並職・綱引・使走りを雇用し、さらに小細工職（買湯屋）という半独立の職人を支配していた。幕末期諸藩の大砲などの発注を受けていた増田安次郎家では、日雇のタタラ踏み十二人・鍋職七人・並職一人・綱引四人・使走り四人が常雇されていた。幕末期になると都市の需要に応じ、釘・鍋・釜・農具など生産地を拡大、対応していった。その後、機械を導入、日清・日露の戦争によって軍需品生産で発展した。（林　英夫）

〔地主制の展開〕

豪農《ごうのう》　近世中期—明治前期の上層農民をさす。地主・商品生産者・在郷商人・金融業者などの多様な側面をもち、村役人を兼ねる場合が多い。研究史上では、藤田五郎・木戸田四郎・佐々木潤之介などの見解が注目される。藤田の見解は、豪農に一定のブルジョア的性格を認め、日本社会の近代化の下からの担い手として評価するものである。木戸田の見解は、豪農に小商品生産の担い手としての役割を認めつつ、村役人として領主権力の農民支配の末端に組み込まれた階級性を重視するものである。佐々木の見解は、質地地主が商品経済の浸透に対応した姿が豪農経営であり、その本質は農村における前期資本とみるものである。佐々木は豪農概念に、畿内の富農や北陸・東北の米単作地帯の大地主を含めるとともに、幕末・維新期に豪農が半プロレタリア・小生産者農民を主体とする世直し層と決定的に対立したことを強調し、近世史研究の側から、明治維新の特質や日本社会の近代化の特質の解明に多大な影響をもたらした。（長谷川伸三）

寄生地主制《きせいじぬしせい》　農業における寄生地主制の展開が明治以降の日本の資本主義の発達といかにかかわっているのか、その上にたつ国家権力および明治維新はどう評価されるのかという課題認識のもと、地主制論争が繰り広げられてきたが、定説は今日まだ確定されていない。一般に寄生地主は自耕せず、土地を小作農民に貸し付けて小作料を取ることを主とした地主経営の総称である。こうした寄生地主は近世中期ごろから発生してきたが、田畑の永代売買を禁止する近世社会における地主の集積地は質流地であった。今日の意味での所有地となったのは明治六年（一八七三）の地租改正*後のことであり、土地の売買・譲渡が法的に認められたことにより土地の地主的集中がいっそう進み、一九〇〇年代には寄生地主制が完成した。この寄生地主制が、昭和二十一年（一九四六）の農地改革*実施まで日本農業の基本的な生産関係をなしていた。

近世後期の天保期（一八三〇—四三）以後、農民の土地の集散は急速に進行し、土地を集積する庄屋や酒屋・高利貸商の富裕層が存在する一方、対局に多くの零細な小作人が存在した。貧農・小作人たちが主体となった世直し一揆*では、地主宅を打ちこわし流質地返還などの要求が出されたが、地租改正以降は小作料減額や永小作権をめぐる争議に変わっていく。寄生地主は単に地主経営のみならず、諸営業にも着手し、地方における資本主義的営業の展開をリード*していた。経済力を有する彼らは、政治的には帝国議会や地方議会に進出し、地方における名望家支配を展開する。一方の小作農は、高額小作料の重圧のため低賃金労働者として家族員を放出し、資本の利潤を保証することになった。

一九二〇年代になると、地主経営の停滞・減少がみられる。背景には小作争議*の展開と政府による関与がある。政府は農業の慢性的不況と社会不安への対策として自作農を創設し、米穀法による食糧管理を始めた。さらに一九三〇年代の農業恐慌、戦時体制下での食管制度、二重米価制、適正小作料の実施により、地主の経済的力は弱められていき、敗戦後いちはやく農地改革の構想が提起されることになった。〈福島大学経済学会編『寄生地主制の研究』御茶の水書房、一九五五。古島敏雄編『日本地主制史研究』岩波書店、一九五八〉（宮崎克則）

〔百姓一揆と打毀し〕

百姓一揆《ひゃくしょういっき》　主として百姓身分の農民が村を基盤に結集し、幕藩領主の年貢*・夫役*増徴や流通統制に反対して強訴することをいう。中世に展開した武士・百姓の一揆が解体され、兵農分離*の貫徹する近世社会では百姓のみによる一揆結集が展開するが、近世初期から百姓一揆が登場したのではない。いまだ近世農村が確立していない近世前期には、個別的な小農民らによる「走り」（欠落）と、敗北した遺臣や家父長的な有力農民たちを主体とした武力反乱が展開していた。百姓経営の安定化が進み、村が共同体として機能してくる十七世紀後半から十八世紀はじめになると、村を基礎に惣百姓が結集する一揆が展開してくる。佐倉惣五郎*の伝説に代表される越訴*や、惣百姓が集団の圧力で領主に要求をつきつける強訴が登場してくる。貞享三年（一六八六）信濃国松本藩で起こった加助騒動や、享保十三年（一七二八）筑後国久留米藩一揆はその典型であり、全領的規模で百姓が参加する大規模なものであった。原因の多くは領主による新たな年貢増徴策にあり、これを撤回させるため、村々が話し合い、村旗のもとに村単位で行動し、または村代表によって「一味神水」が行われ、起請文や連判状がつくられた。

対領主の一揆が展開している一方で、新たな矛盾を原因とする運動も起こってきた。十八世紀中ごろから展開してくる打毀し*である。農村内部での商品経済の展開を背景に金融・地主小作関係がひろがり、貧農が主体となって、流質地の返還や小作料減額などの要求を掲げ豪農・庄屋*宅をつぎつぎに打ちこわしていく。人身殺傷の禁止や盗みの禁止など、一定の自己規律を有する打毀しは、天保飢饉*や開港、内乱という社会変動のなかでますます頻発し、広域化していく。幕末期、貧農たちは幕藩領主の政治能力に期待をもたず、自らの力で地域社会の富を独占する豪農層に対して制裁を加える世直しの闘いを実行した。明治維新以後も一揆は続発し、徴兵令や地租改正*に反対して県庁を襲撃したり、竹槍・鉄砲を携帯し官員を殺害するなどの激しい抵抗運動が、打毀しを伴いつつ展開した。〈深谷克己『百姓一揆の歴史的構造』校倉書房、一九八六〉（宮崎克則）

逃散《ちょうさん》　中世から近世における農民闘争の一形態。一荘・一村の百姓たちが集団で耕作を放棄し、周辺の野山や他藩領へ逃亡する。前提には領主への訴願があり、年貢*諸役などに関する訴えが認められないとき、集団で逃亡した。逃散後も領主との交渉は続けられ、認められれば還住してくる。逃散は、耕作放棄を伴うものであるから、農民にとっては生産の基盤を失いかねないものであり、共同による集団行動であることにおいて、はじめて領主へ要求を貫徹させる力となった。その団結を守るため、神前で盟約を結ぶ起請文を書き、全員が署名した後これを焼き、その灰を混ぜた神水を廻し飲む「一味神水」を行う。

（宮崎克則）

越訴《おっそ》　古代の律令では、所轄裁判所の判決を経ずに訴を上級官司に提起することを越訴といったが、中世では訴訟で敗訴した者が再審理を請求する制度を越訴といった。その期限は三カ年以内であったが、特別の場合は期限経過後でも認められた。近世の越訴は、古代と同じく、管轄の役所・役人を越えて上級の役所・役人に訴えることを意味した。訴状提出の行為形態から直訴・駕籠訴・駆込訴などと呼ばれ、越訴の願書は原則として受理されなかったが、受理されることもあり、近世を通じて将軍や老中*・寺社奉行などへの越訴が続いた。下級役所の不正を牽制し、下情を察するためにはある程度これを認めざるをえなかった。刑罰は叱などの軽刑であった。

（宮崎克則）

村方騒動《むらかたそうどう》　小前《こまえ》騒動・村方出入《でいり》ともいう。近世の村で、村役*人層に対する一般農民（小前百姓）の不正追及運動。幕藩体制下の村では、領主は村役人に年貢*・諸役の徴収と納入の責任を負わせた。村役人は村の住民の利害のまとめ役であるとともに、領主の農民支配の末端としての性格をもった。このため村役人は一般農民と対立する関係にたつ場合もあった。村方騒動は村役人による年貢の割付・徴収の過程での不正や、村政運営上の独善をめぐって発生した。村方騒動の発生を防止するために、近世中期に、名主*・庄屋*、年寄・組頭*の村政執行部のほかに、百姓代*を置き、一般農民の代表として年貢の割付・徴収や帳簿の作成に立会わさせるようになった。近世後期には村方騒動に、地主小作関係や商品流通・金銭貸借の関係などもからんで、複雑な様相がみられた。村方騒動の多くは、隣接の村役人や大庄屋・組合村惣代などの仲介で解決したが、問題によっては幕府や藩*への訴訟になる場合もあり、騒動後に一般農民の利害を代弁する農民が新たに村役人に就任する場合もあった。

（長谷川伸三）

国訴《こくそ》　「くにそ」ともいう。近世後期、摂津・河内・和泉三国で、大坂*の特権的な問屋商人らによる商品流通の独占に反対して、数百カ村の農民が商品の自由な売買を要求して起こした合法的な訴願闘争。対象となった商品として、菜種・綿・肥料などがある。大坂周辺の三国では、少なくとも八十八件の国訴が発生した。なかでも文政六年（一八二三）摂津・河内両国一千七カ村が大坂三所綿問屋の市場独占に反対した訴願闘争が知られている。領主の支配領域を越えて多数の村々が連合することが、要求を合法的に達成できた要因である。また村々の連合を可能にしたのは、在郷商人の村々を越えた活動に基づく指導によるとみられるが、最近の研究では、郡中議定を取り結ぶ村々の日常の動きが国訴の基盤となったとみる見解もある。国訴が成功した場合、商品価格の決定権が大坂の特権的な問屋商人の手から在郷商人の手にうつり、生産地に在郷商人と生産者農民の間に新たな対立を引き起こすこともあった。関東でも江戸周辺の村々が、肥料購入をめぐって合法的な広域訴願闘争を行っている。

（長谷川伸三）

義民《ぎみん》　近世の農民一揆の指導者として、農民のために一身をささげ、処刑された人物をさす。義民としてのちに顕彰された者の多くは、近世前期の代表越訴*型百姓一揆*の指導者で、その事績も伝承として語り伝えられたものが多い。代表的な義民として、下総国佐倉藩領の佐倉惣五郎*、上野国沼田藩領の杉本(磔《はりつけ》)茂左衛門、若狭国小浜藩領の松木長操《ちょうそう》(庄左衛門)、信濃国松本藩領の多田加助などが知られている。義民として顕彰が盛んに行われたのは、近世では宝暦・明和期(一七五一—七二)と幕末期、近代では自由民権運動*高揚期と大正デモクラシー*展開期である。　(長谷川伸三)

佐倉惣五郎《さくらそうごろう》　(生没年不詳)惣吾・宗吾とも呼ばれる。近世の代表的義民とされるが、確実な史実は不明。しかし承応元年(一六五二)の名寄帳に惣五郎分の記載があり、その実在は否定しえない。惣五郎は下総国(千葉県)佐倉藩上岩橋村の農民、本名は木内惣五郎、佐倉惣五郎はその通称。彼は領主堀田氏の苛政に反対して、一人で将軍に直訴し、要求は容れられたが、惣五郎夫妻と男子四人は死刑に処せられたという。直訴の経過や彼の行動についての文献は、すべて近世後期のものであり、確かなことは明らかでない。ただし惣五郎は義民*の代表者として物語や口説きとして全国各地に流布し、百姓一揆*や自由民権運動*を鼓舞するために利用されるなど、その社会的影響はきわめて大きい。　(宮崎克則)

打毀し《うちこわし》　都市・農村を問わず、近世後期には全国各地で展開した民衆運動。飢饉*などによる米価高騰を契機とする都市部の打毀しでは、米穀商人らが攻撃対象となり、農村部では豪農*や庄屋*たちが対象となった。対象とする家宅に集団で押し掛け、戸障子・簞笥・衣服などを破壊し、土蔵を破って中にある米を庭先にまき散らした。打毀しは対象とする家の私欲を公にする行為であるから、打毀し勢自身による盗みなどの私欲は禁止されており、また人身殺傷も行われない。こうした自己規律を有する打毀しは、直接に領主に向けられたものでなく、被支配階級*の農民・町人内部における共同体的な制裁であった。近世において、商行為や個人的な利益追求は決して「自由」であったのでなく、共同的性格をもつことによって認められていたのであり、飢饉時などの非常時には、富裕な階層は下層に対して施行せねばならなかった。この規範が打毀しの正当性であり、その強制力で人々への施行・救済を強要したのである。米金の施行をすれば打毀しを免れることができ、これを拒否すれば打ちこわされた。　(宮崎克則)

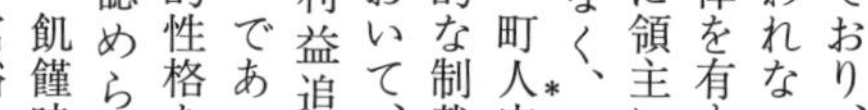

打毀し(「幕末江戸市中騒動図」東京国立博物館蔵)

大塩平八郎《おおしおへいはちろう》　(一七九三—一八三七)近世後期の儒学者(陽明学派)。名は後素、字は子起、通称は平八郎、号は連斎・中軒・中斎。寛政五年大坂町奉行所の与力大塩家に生まれた。平八郎は父没後に与力となり、三十八歳で退職するまで吏務に精励し名与力と謳われた。槍術に優れ、学問は朱子学*を修め、のちに陽明学*に転じる。知己の頼山陽*から「小陽明」と称せられるほど学者としても広く知られていた。天保元年(一八三〇)

の辞職後、平八郎は家塾で同僚の子弟や近在の富農に学を講じていたが、天保七年の飢饉*に直面し、時の大坂東町奉行跡部山城守に救済策を申し出たが容れられず、かえって身分を弁えぬ不届者と叱責された。そこで彼は、これら姦吏や米価をつり上げる貪商たちを処罰し窮民を救うべく、門下生とともに天保八年二月十九日、「救民」の旗印をかかげて天満の居邸に兵を挙げた。しかし内部からの密告があったため、ことは奉行所に漏れておりわずか一日で潰滅した。三月二十七日、潜伏先を突き止められた平八郎は自刃して果てた。四十五歳。（宮崎克則）

生田《いくた》万《よろず》（一八〇一―三七）　近世後期の国学者。名は国秀、字は救卿、号は華山・大中道人。上野国館林藩士の長男として生まれ、少年時代は朱子学*を学ぶが、青年時代に国学*を志し、文政七年（一八二四）に平田篤胤*に入門する。同十一年、土着農耕論ともいうべき『岩にむす苔』を藩主に呈し、藩政の改革を求めたが容れられず追放となる。各地を流浪し、天保七年（一八三六）には越後国柏崎に招かれ、ここで桜園塾を開き国学を教える。この時期越後では天災がつづいたが、柏崎代官は救済策を施さなかった。同八年二月の大塩平八郎*の騒動が伝わると、同志を募って柏崎陣屋を襲撃したが、多くの農民は参加せず、万は自殺した。三十七歳。（宮崎克則）

（四）　化政文化

化政文化の特色　元禄時代、上方を中心に発達した元禄文化は、江戸時代後期になると、江戸*の繁栄を背景に、多数の江戸市民を対象とする町人文化が最盛期を迎えた。これを化政文化という。しかも、都市の繁栄による生活の向上、参勤交代*の実施による交通の整備、寺社参詣の流行、教育・出版の普及、商品流通の発達などにより、中央と地方との文化交流が進み、中央文化が地方に普及して、文化の内容も多種多様となった。

儒学と教育　まず、儒学では徂徠学や折衷学派が盛んとなり、十八世紀中期以降、各藩に藩校*が設立されると、これら諸学派の学者は多く藩校に招聘された。こうしたなかで幕府は、寛政の改革で朱子学*を正学とし、官立の昌平坂学問所*を設けて、朱子学の振興をはかった。また、藩士や民衆教育を目指した郷学（郷校）も普及したが、さらに民間でも、武士・学者・町人*によって私塾*が開設され、大坂*の懐徳堂*、豊後日田の咸宜園《かんぎえん》は、多くの学者を出した。また、実用的な読み・書き・そろばんの教育を中心とした寺子屋*があまねく普及し、庶民の教育機関として重要な役割を果たした。さらに京都の石田梅岩*は心学を起こし、儒教道徳に仏教や神道の教説を加味した生活倫理を説いた。その後、心学は町人の道徳として手島堵庵・中沢道二らによって全国に広まった（石門心学*）。

国学と洋学　元禄時代に始まった古典研究は、荷田春満*の門人賀茂真淵*によって継承され、さらに本居宣長*によって国学*として大成した。彼は『古事記伝』*を著し、「漢《から》意《ごころ》」（儒学）を捨て、古代日本の精神に帰ることを主張し

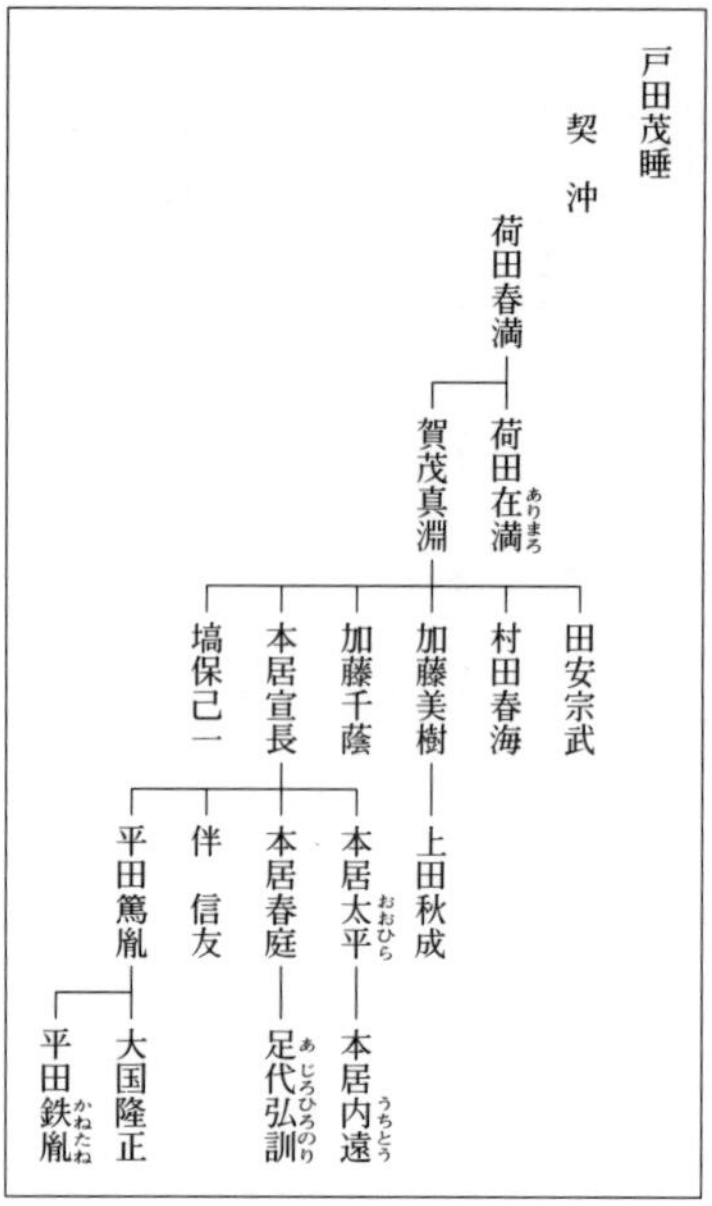

国学者系統図

た。また盲目の学者塙保己一は、古典を収集して『群書類従』を編纂し、史学・国文研究に大きく貢献した。その後国学は、平田篤胤によって復古神道へと発展し、幕末の尊皇攘夷思想に影響をあたえた。

八代将軍吉宗が漢訳洋書の輸入制限を緩和し、青木昆陽・野呂元丈らにオランダ語を学習させたことから、近世洋学興隆の糸口となり、蘭学として発達した。安永三年（一七七四）前野良沢《りょうたく》・杉田玄白らは、西洋医学の解剖書を記述した『解体新書』を著して、西洋医学摂取の第一歩を切り開いた。ついで大槻玄沢《げんたく》は蘭学入門書の『蘭学階梯』を著し、その門人稲村三伯は蘭和辞典の『ハルマ和解』を出版した。

蘭学の研究はほかの科学にもおよび、天文学では、志筑忠雄が『暦象新書』を著して、ニュートンの万有引力説やコペルニクスの地動説を紹介した。また、幕府天文方の高橋至時《よしとき》は、新しい天文学の知識を利用して寛政暦をつくった。その門人伊能忠敬は、精密な日本地図『大日本沿海輿地全図』を完成し、平賀源内は蘭学で学んだ科学の知識で物理・化学の研究を進めた。

こうした蘭学研究は、オランダ商館のドイツ人医師シーボルトの来日によって、いっそう高まった。彼は長崎郊外に診療所と鳴滝塾をひらき、そこに伊東玄朴・高野長英らの俊秀が集まって、蘭学の全盛時代をつくった。一方、大坂の緒方洪庵は適塾をひらき、西洋文化摂取の基礎をつくった。幕府もまた蛮書和解御用（蕃書調所）を設け、蘭学者を登用して翻訳や改暦にあたらせた。しかし、その後蘭学研究は、シーボルト事件や蛮社の獄で渡辺崋山・高野長英らが処罰されてから規制を受け、その後は、医学・兵学などの実学としての性格を強め、高島秋帆・江川太郎左衛門（英龍）・佐久間象山らの砲術研究家が出て、反射炉の築造・大砲の鋳造を促進した。

町人文芸の発展　江戸の繁栄を背景に最盛期を迎えた化政文化は、江戸町人の生活観を反映して、洒落・滑稽・愛欲を題材としたものが多い。また、幕府の風俗・出版に対する統制に対し、為政者を風刺したり、世相を皮肉る作品もあり、元禄文化に比べて健康さを喪失した。

小説では、浮世草子*が衰えたあと、挿絵をまじえた草双紙*や遊里を舞台とした洒落本*が流行し、柳亭種彦*の『偽《にせ》紫《むらさき》田舎《いなか》源氏《げんじ》』や山東京伝*の『仕懸文庫』が、それを代表した。また滑稽さや笑いをもとに、庶民の軽妙な生活を描いた滑稽本*も盛んとなり、式亭三馬*や十返舎一九*が現れた。恋愛を主題とした人情本*も庶民に愛好され、為永春水*の『春色梅児誉美《しゅんしょくうめごよみ》』が、その代表作である。一方、歴史や伝説を主題とし、勧善懲悪を説く読本*も生まれ、上田秋成*が『雨月物語』を著したあと、滝沢馬琴*は『南総里見八犬伝』を書きあげ、評判を博した。

俳諧*では、与謝蕪村*が画俳一致の俳風を確立し、小林一茶*は農民の生活感情をよんだ。また柄井川柳らを選者とする川柳*や、狂歌*が盛んにつくられた。大田南畝*（蜀山人）を代表的作家とする狂歌が盛んにつくられた。演劇では、竹田出雲が出て優れた浄瑠璃の作品を残したが、やがて浄瑠璃より歌舞伎*が盛んとなり、鶴屋南北*・河竹黙阿弥*らの作品が多く上演された。また寄席《よせ》*も江戸神田に常設の寄せ場が設けられてから盛んとなった。

化政の美術　絵画では浮世絵が発展し、鈴木春信*が多色刷の錦絵*を創作してより最盛期を迎え、ついで喜多川歌麿*・東洲斎写楽*が出て、官能的な美人画や役者絵を完成させた。また葛飾北斎*や安藤広重*は、自然や民衆の生活を描いた風景版画に新生面をひらいた。また円山応挙*は、伝統的な狩野派*に対抗し、遠近法を取り入れて新生面をひらき、円山派から分かれた松村呉春*（四条派）は、温雅な筆致で風景を描き、上方の豪商らに歓迎され

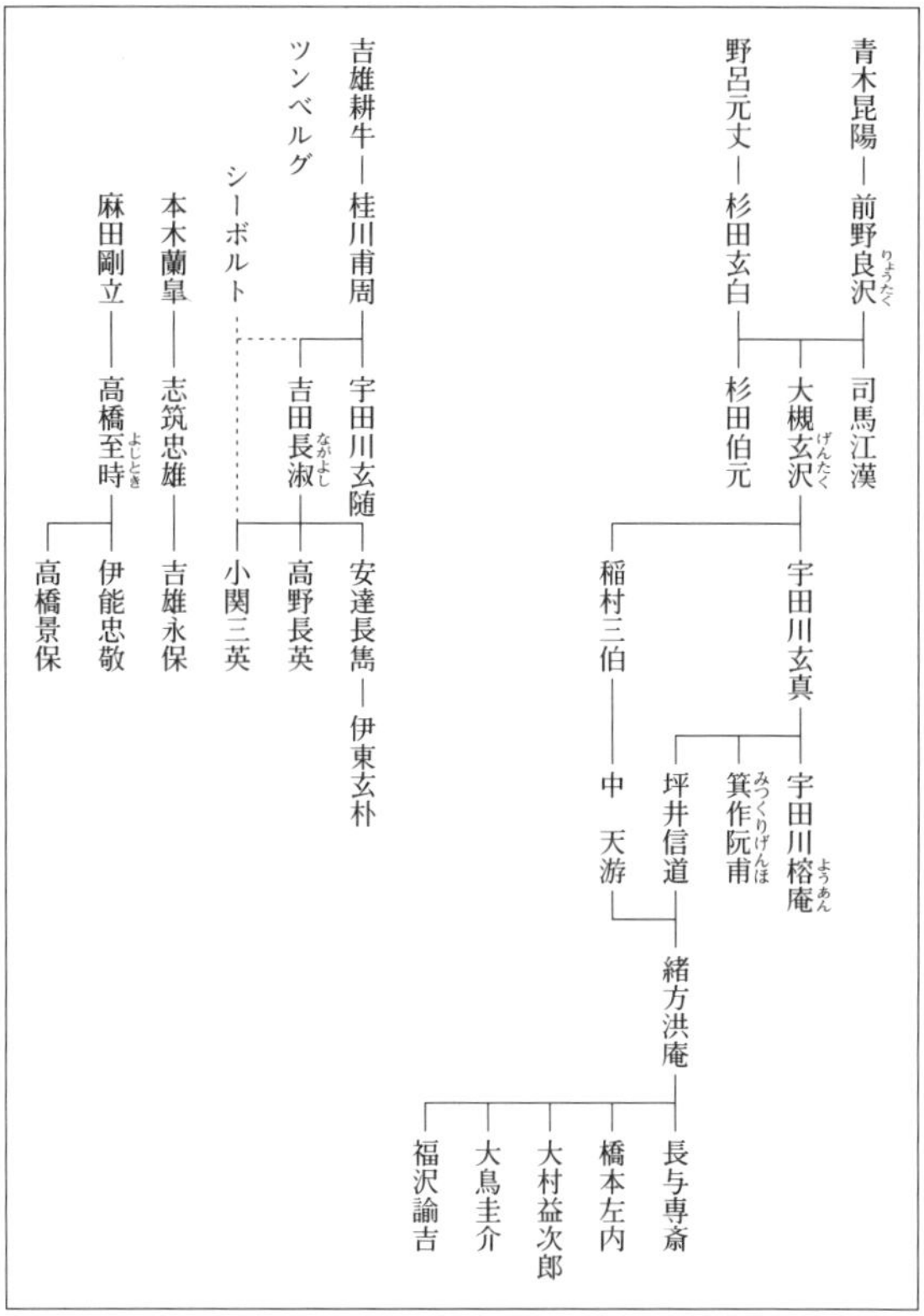

洋学者系統図

た。学者や文人が余技で描く文人画*は、池大雅*や与謝蕪村が現れて画風を大成し、化政期以降、豊後の田能村竹田*、江戸の谷文晁*とその門人渡辺崋山らが現れて全盛期を迎えた。西洋画（洋風画*）も蘭学の隆盛によって取り入れられ、遠近法を導入した司馬江漢*は、銅版画を創始して大きな影響をあたえた。

民衆宗教と地方文化　仏教や神道は、幕府の厳しい統制のもとにあって、思想的発展はみられなかったが、古くからの伝統をもつ寺社は民衆の信仰を集め、祭事が盛大に行われた。そのため伊勢神宮*・善光寺・金毘羅宮などへの寺社参詣も盛んで、特に伊勢神宮へ参詣する御蔭参りは、多数の民衆が爆発的に参詣した。また、農村の階級分化が進行し、天災・地変が相つぐ生活不安のなかで、黒住教*・金光教*・天理教*などの教派神道*が起こり、日常生活の改善や現世利益を説いた。

さらに新しい経済的発展は、地方への関心を高め、諸国の特産物を紹介した『名所図絵』が各地で出版された。また、地方の都市や農村でも、富裕な町人*や農民の間に、茶道や生花が流行し、和歌・俳諧・狂歌などの文化活動が活発となった。越後の禅僧良寛*や越前の橘曙覧*は、優れた和歌・俳句を残し、越後の縮商人鈴木牧之は、『北越雪譜』を著し、北国の風俗や生活を題材に、自然や働く民衆の姿を鋭く描写した。

（藤野　保）

〔教育と学問〕

寺子屋《てらこや》　江戸時代、自然発生的に生まれた庶民の教育施設。特に江戸時代後半の天明年間（一七一八―八八）ごろから増加し、天保年間（一八三〇―四三）以降幕末期にかけて急速に普及していく。その理由は、流通経済の進展、農村への貨幣経済の浸透、生活水準の向上などにより、庶民の間にも知識・技術習得への欲求が高まったためである。師匠は、武士・僧侶・神官・医者・村役人など様々で、規模は二十人から三十人くらいが普通であった。寺子の男女別では、全国的にみれば男子が圧倒的に多いが、江戸*のような大都会では、時代が下るにつれて女子の就学率が高くなる傾向がみられる。教育内容は、読み・書き・算盤《そろばん》を主とし、教材には『庭訓往来』『実語教』『御成敗式目』などが用いられ、女子には和歌・琴・茶・活花・裁縫なども教授された。明治初期の文部省の調査によれば、その数一万五千五百三十校というが、実数はこれをはるかに上回るであろう。それらは明治以降の学校教育の基盤となった点で大きな歴史的意義をもつものである。

（鈴木暎一）

懐徳堂《かいとくどう》　大坂*の五人の有力商人によって、子弟教育のため、享保九年（一七二四）三宅石庵を学主として尼崎町に設立され、二年後には幕府の官許による町人学問所となる。十八世紀後半には中井竹山《ちくざん》・履軒《りけん》兄弟の教導で全盛期を迎え、全国的な学術交流の中心的拠点ともなったが、維新直後の明治二年（一八六九）に閉鎖された。その学風*は、大坂商人の体験的な実学志向をふまえつつも、主に朱子学的主知主義を反徂徠の立場で展開し、そこから脱形而上学化（自然と道徳の分離）を伴う経験的・合理的認識の発展を期するものだった。かくて富永仲基《とみながなかもと》*の普遍性をもつ思想史方法論、山片蟠桃《やまがたばんとう》*の「無鬼論」にみられる徹底した客観的・合理的な世界理解、さらに蟠桃と草間直方《くさまなおかた》による合理的な市場認識など、各分野で町人学者らによる江戸期の知的進歩を代表する学門的成果がそこにみられた。　（逆井孝仁）

石田梅岩《いしだばいがん》（一六八五―一七四四）　江戸中期の思想家。名は興長《おきなが》、通称は勘平、梅岩は号。貞享二年九月十五日丹波国（現京都府亀岡市）の農家石田権右衛門・たね夫妻の二男に生まれ、早くから京都へ商家奉公。商売のかたわら「人の人たる道」を求め、享保十四年（一七二九）石門心学《せきもんしんがく》*を創唱した。彼はそこで、人びとの「職分」（家業）の日常実践に新たな道徳的覚醒力を与えることによって、商品経済化の生みだす「私欲」の噴出になやむ江戸中後期民衆の人間形成に、自覚的な前進を期待した。だが延享元年九月二十四日京都の自宅で急逝。その遺志は弟子らによって心学教化運動として全国的に展開された。著書は『都鄙問答《とひもんどう》』『倹約斉家論』など。　（逆井孝仁）

石門心学《せきもんしんがく》　石田梅岩*が京都で創唱した民衆教化の教学。儒学を中心に神・仏・老荘の教えをも摂取した独特な「天人合一」思想を原理とした実践道徳体系で、江戸中後期民衆に「職分」実践の積極的・自覚的とらえ直しを促した。かくて商業と商人存立の社会的・道徳的正当性と合理性が強調され、正直や倹約などの通俗的徳目実践にも新たな活力が生まれ、そこに自己の絶対的価値に目覚めた能動的・禁欲的な実践主体の確立が期待された。

梅岩の死後、難解な教理の平易化・簡略化や教化組織の整備によって「心学」の大衆化・普及化を推進したのは手島堵庵《てしまとあん》（一七一八―八六）であった。また江戸*へ進出した中沢道二《なかざわどうに》（一七二五―一八〇三）は、平易で巧妙な語り口による「道話」の採用と寛政改革の教化体制などへの協力で、心学の武士層への浸透と都市・農村を問わぬ全国的普及を実現した。柴田鳩翁《しばたきゅうおう》（一七八三―一八三九）ら優れた道話講師の活躍もあって心学活動は全盛期を迎えるが、大衆化による低俗化のためしだいに道徳的迫真力を失い、天保期（一八三〇―四四）以降はその勢力が衰退していった。　（逆井孝仁）

〔国　学〕

本居宣長《もとおりのりなが》（一七三〇―一八〇一）　江戸時代中後期の国学者、近世国学*の大成者。通称を富之助、のちに栄貞《よしさだ》・弥四郎・健蔵・宣長・中衛《ちゅうえ》と改めた。号は春（舜）庵。享保十五年五月七日、伊勢国飯高《いいたか》郡松坂に生まれる。父は小津定利《おづさだとし》、母は勝。父の死後、家業が衰えたので、宝暦二年（一七五二）医学修業のため上京し、堀景山に学んだ。京都遊学中に祖先の姓である本居に改め、名を宣長と改めた。景山を通じて徂徠学と契沖学に接したことは宣長学の形成に重要な意味をもつ。同七年、松坂に帰郷し、内科医を開業する一方で国学研究と門人の教育に専念した。同十三年には賀茂真淵*と対面を遂げ、翌年、入門した。宣長は『源氏物語』*研究によって、「みやび」説や「もののあはれ」説を提唱。さらに『古事記伝』*の執筆を明和年間から始め、ほぼ三十五年を費して、寛政十年（一七九八）に完成した。また、同四年には紀州藩に召し抱えられ、士分となった。宣長は精力的な著述活動を続けつつ、儒仏の教えを排し、復古思想を説いて、近世国学の思想的基礎を確立した。私塾*である鈴屋《すずのや》の門人数は多く四百九十名を数えている。享和元年九月二十九日没。七十二歳。戒名は高岳院石上道啓居士、諡号は秋津彦美豆桜根大人《あきづひこみづさくらねのうし》。松坂郊外の山室山に葬る。著書は『古事記伝』『拝蘆小船』『石上私淑言』『源氏物語玉の小櫛』『玉《たま》匣《くしげ》』『宇比山踏』など多数。なお、『本居宣長全集』全二十巻、別巻三がある。（岡田千昭）

古事記伝《こじきでん》　『古事記*』に関する最初の完備した注釈書。本居宣長*著。全四十四巻。付録に目録三巻と『三大考』一巻がある。起稿は明和元年（一七六四）と同四年の二説があり、完稿は寛政十年（一七九八）である。出版は天明五年（一七八五）に着手し、寛政二年（一七九〇）に第一帙（五冊）刊行、宣長生前には第三帙まで十七冊を刊行、没後の文政五年（一八二二）に全部完了した。師賀茂真淵*の教示を受けて、古代人の心のありのままを体認するために注釈したもので、宣長の国学*思想の中核をなす主著である。本文校訂の厳密さ・訓読の正確さ・安定した語釈など、全巻が実証的態度で貫かれている。本書の完成は近世国学の確立のために画期的意義をもち、現代においても『古事記』研究の基本書の一つである。（岡田千昭）

平田篤胤《ひらたあつたね》　（一七七六―一八四三）江戸時代後期の国学者、幕末国学*の創始者。通称は大角・大壑《だいがく》。その書斎名は気吹乃屋《いぶきのや》。安永五年八月二十四日、秋田藩士大和田祚胤《としたね》の第四子として、秋田郡久保田で生まれる。継母との折り合いが悪く、二十歳で出府、その後、備中松山藩士平田篤穏《あつやす》の養子となったが、文政六年（一八二三）には藩*を致仕し、国学者として独立した。享和元年（一八〇一）本居宣長*に入門の礼をとったが、宣長病死で間にあわず、没後の門人となった。篤胤には権力に接近しようとする傾向があり、吉田家や相反する神祇伯白川家に近付き、朝廷に著書を献納したり、尾張藩・水戸藩にも仕官を求めたが、果たせなかった。天保十二年（一八四一）幕府によって著述差し止め、国許帰還を命じられた。篤胤の思想体系は非合理的側面があり、宣長学の正統派からは嫌われたが、関東・中部・東北地方の豪農*・神官層には信奉され、一大学派を形成し、幕末国学運動に大きな影響を及ぼした。天保十四年閏九月十一日没。六十八歳。秋田市手形山に葬る。著書は『霊能真柱』『古史伝』『古史徴』、『古史成文』『出定笑語』『本数外篇』など多数。なお、『新修平田篤胤全集』全二十一巻（本篇十五、補遺五、別巻一）がある。（岡田千昭）

塙保己一《はなわほきいち》　（一七四六―一八二一）江戸時代後期の国学者。通称は寅（辰）之助・千弥。号は多聞房《たもんぼう》・水母子《すいぼし》。延享三年五月五日、武蔵国保木野《ほきの》にて百姓荻野宇兵衛の長男として生まれる。母はきよ。七歳で失明し、十五歳で出府して、検校《けんぎょう》雨富須賀一《すがいち》に弟子入りした。一方で明晰な頭脳と強靱な記憶力を認められ、古典を萩原宗固《むねかた》・賀茂真淵*に学び、私塾温故堂を開いた。安永八年（一七七九）『群書類従*』の刊行を企図し、寛政五年（一七九三）幕府の庇護の下に和学講談所を創立、のちに幕府直轄になってからも、これを主宰して、『群書類従』の編纂刊行を行い、文政二年（一八一九）に完了した。同四年九月十二日没。七十六歳。四谷の医王山安楽寺（のち、愛染院）に葬る。法名は和学院殿心眼智光大居士。著書は『水母文集』『松山集』（家集）など。（岡田千昭）

群書類従《ぐんしょるいじゅう》　日本の国史・国文の史料を集録・合刻した大叢

書。塙保己一*編纂。正編は五百三十巻六百六十六冊、続編は千百五十巻千百八十五冊。安永八年（一七七九）に編纂開始、文政二年（一八一九）に正編の刊行が完了した。同五年には続編の編纂が完成したが、文政四年（一八二一）に保己一が没したので、続編の刊行は目録以下七冊のみであった。明治末年に至って全編の刊行が果たされた。正編は温故学会出版の木版本をはじめ、各種の活版本がある。本書は江戸時代後期に発達した近世国学*の研究成果、特に古書・古文の考証、古代の制度、文芸などから編み出されたもので、国史・国文に関する貴重な史料集である。（岡田千昭）

〔洋　学〕

山脇東洋《やまわきとうよう》（一七〇五―六二）　江戸時代中期の医師。名は尚徳、通称は道作、号は移山のち東作。実父は清水立安。宝永二年（一七〇五）十二月十八日京都に生まれる。山脇家の養子となり、享保十三年（一七二八）家督を継ぎ、翌年法眼となり養寿院の号を襲う。古医方の後藤艮山に学ぶ。宝暦四年（一七五四）閏二月七日、官許を得て刑死体の解剖観察を京都六角獄舎で行う。観察所見を、門人の浅沼佐盈に描かせた解剖観臓図と合わせて、宝暦九年、『蔵志』二著を出版。ドイツ人ウェスリングの解剖書の蘭訳本を参照。実物を見る必要を力説した。わが国解剖図誌の嚆矢。宝暦十二年八月八日没。五十八歳。『養寿院医則並附録』がある。（片桐一男）

前野良沢《まえのりょうたく》（一七二三―一八〇三）　江戸時代中期の蘭方医・蘭学者。名は熹《よみす》、字は子悦、号は楽山、また蘭化と号した。良沢は通称。享保八年筑前藩士谷口新介の子として江戸*に生まれる。のち中津藩医前野家を継ぐ。幼にして孤となり、伯父の淀藩医宮田全沢に養育される。青木昆陽*にオランダ語を学ぶ。明和六年（一七六九）長崎*に遊学、阿蘭陀通詞にオランダ語を学び、蘭書若干を入手して翌年江戸に帰る。明和八年、杉田玄白*らと腑分けを観臓、オランダの解剖書『ターヘル・アナトミア』会読に従事、指導的役割を果たす。『和蘭訳筌』『和蘭訳文略』の訳著がある。享和三年十月十七日没。八十一歳。（片桐一男）

杉田玄白《すぎたげんぱく》（一七三三―一八一七）　江戸時代中後期の蘭方医。名は翼《たすく》、字は子鳳《しほう》、号は鷧斎《いさい》、晩年に九幸翁《きゅうこうおう》の別号。家塾名は天真楼《てんしんろう》。玄白は通称。享保十八年九月十三日、若狭小浜藩医杉田甫仙の子として江戸*に生まれる。幕府の医官西玄哲に医を学び、宮瀬龍門に漢学を学ぶ。明和六年（一七六九）三十七歳で小浜藩酒井家の侍医を継ぐ。明和八年三月四日、小塚原で腑分けを観臓《かんぞう》、前野良沢*・中川淳庵・桂川甫周らと『ターヘル・アナトミア』を会読《かいどく》、安永三年（一七七四）訳書『解体新書*』を公刊。苦心談は文化十二年（一八一五）八十三歳で著した『蘭学事始』に活写されている。文化十四年四月十七日没。八十五歳。（片桐一男）

解体新書《かいたいしんしょ》　日本最初の西洋医学の翻訳書。本文四巻四冊、解体図一巻一冊。安永三年（一七七四）江戸*の須原屋市兵衛刊。杉田玄白*訳、中川淳庵校、石川玄常参、桂川甫周閲。本書はヨハン・アダム・クルムス著『アナトミッシェ・タベレン（解剖学表）』（一七三二年刊）のゲラルドス・ディクテンによる蘭訳『オントレードクンディヘ・ターフェレン』（いわゆる『ターヘル・アナトミア』一七三四年刊）の重訳（漢文）。図は小田野直武が模写。吉雄永章の序を付す。明和八年（一七七一）三月四日、小塚原における腑分け観臓《かんぞう》の翌日から会読《かいどく》開始、前野良沢*による訳出・指導によるところが大きい。蘭書訳読・公刊の端緒となり、その影響は多大。
（片桐一男）

大槻玄沢《おおつきげんたく》（一七五七―一八二七）江戸時代後期の蘭学者。名は茂質《しげかた》、字は子煥《しかん》、号は磐水《ばんすい》。通称は初め元節、のち玄沢。宝暦七年九月二十八日、奥州西磐井郡中里村の開業医大槻玄梁の子として生まれる。のち父は一関藩医。一関藩医建部清庵の門に学ぶ。安永七年（一七七八）杉田玄白*に入門、ついで前野良沢*に学ぶ。天明四年（一七八四）家督相続。翌年、長崎遊学、通詞本木良永・吉雄耕牛らに学ぶ。同六年、仙台藩医となり江戸定詰、芝蘭堂塾を開く。『蘭学階梯』『重訂解体新書』『瘍医新書』ほか訳書多数。家塾で新元会を開催。文化八年（一八一一）天文方に出仕。文政十年三月三十日没。七十一歳。
（片桐一男）

稲村三伯《いなむらさんぱく》（一七五八―一八一一）江戸時代中期の蘭学者。名は箭、号は白羽、三伯は通称。別名海上随鷗。町医師松井如水の子として因州鳥取に生まれる。鳥取藩医稲村三杏に医を学び、稲村家の養子となり、天明元年（一七八一）家督を継ぐ。筑前福岡の亀井南溟にも学ぶ。寛政四年（一七九二）江戸*に出て大槻玄沢*の芝蘭堂に入門。師玄沢の紹介で元通詞石井恒右衛門からハルマの蘭仏辞典を訳出してもらい、宇田川玄随*・宇田川玄真・岡田甫説らの助力を得て、わが国最初の蘭日辞典『ハルマ和解《わげ》』*を同八年に編纂、順次三十部を刊行。実弟の罪から総州稲毛に隠棲。文化二年（一八〇五）京都に移り蘭学を教授。文化八年一月十六日没。五十二歳。
（片桐一男）

ハルマ和解《わげ》　波留麻和解、江戸ハルマともいう。日本最初の蘭日辞書。元通詞石井恒右衛門の翻訳、稲村三伯*が宇田川玄随*・宇田川玄真・岡田甫説らの協力を得て編纂。寛政八年（一七九六）成稿、順次三十部を刊行。二十七冊本と十三冊本がある。約六万語を収録。原書はフランソア・ハルマの『蘭仏辞典』（一七二九年、第二版）。見出し語に対し、まずオランダ語の説明、ついでフランス語の説明という雙解式の原書の、見出し語に対するオランダ語の説明部分を訳したもの。各頁一段組十五行。見出し語を木活字で印刷。訳語は毛筆で右から左へと縦書きに記してある。「稿本」*といわれる早大所蔵写本には、成立の次第を記した大槻玄沢の「識語」と宇田川玄真の「凡例」がある。三伯らの江戸版と中井厚沢の関西版がある。
（片桐一男）

宇田川玄随《うだがわげんずい》（一七五五―九七）江戸時代中期の蘭方医。名は晋、字は明卿、号は槐園、玄随は通称。宝暦五年十二月二十七日、津山藩医宇田川玄倫の子として江戸*に生まれる。桂川甫周、大槻玄沢*の説により漢方から蘭方に転じ、杉田玄白*・前野良沢*らに蘭学を学ぶ。天明元年（一七八一）侍医となる。ゴルテルの内科書の翻訳に努め、わが国最初の西洋内科書『西説内科撰要』全十八巻のうち三巻までを寛政五年（一七九三）に出版。全巻の出版終了は没後の文化七年（一八一〇）。『遠西医方名物考』『蘭訳弁髦』などの訳著がある。茅場町に開業、『内科撰要』の改訂途中の寛政九年十二月十八日没。四十三歳。
（片桐一男）

志筑忠雄《しつきただお》（一七六〇―一八〇六）江戸時代中期の蘭学者。名は盈長、忠次郎のち忠雄と称し、柳圃と号した。宝暦十年長崎*の中野家に生まれ、のち阿蘭陀通詞の志筑家の養子となり、安永五年（一七七六）稽古通詞となったが、翌年辞職本姓中野にもどる。通詞の本木良永にオランダ語・蘭学を学ぶ。オランダ語文法の研究に優れ、『助字考』『和蘭詞品考』『蘭語九品集』『蘭学生前父』など蘭学界に影響が大きい。『暦象新書』でニュートン力学を紹介、また太陽中心説を紹介した。*ケンペルの著書『日本誌』の一章を訳した『鎖国論』は「*鎖国」の用語使用のはじめである。文化三年七月八日没。四十七歳。

（片桐一男）

伊能忠敬《いのうただたか》（一七四五―一八一八）江戸時代後期の測量家。幼名は三次郎、通称は三郎右衛門、勘解由、字は子斎、号は東河。延享二年正月十一日、上総国山辺郡小関村に神保利左衛門の子として生まれる。十八歳、下総佐原の伊能家の婿養子となり、造酒・米穀取引・薪問屋で家運を盛り上げ*名主として地域に尽くす。寛政六年（一七九四）隠居。翌年、幕府天文方高橋至時《よしとき》に師事。天文観測を行う。同十二年閏四月、*江戸を出発、蝦夷東南海岸および奥州街道を測量、その図を幕府に献上。以来、幕府御用となり日本全国を測量、地図を完成。没後『大日本沿海輿地全図』が完成。文政元年四月十八日没。七十四歳。

（片桐一男）

平賀源内《ひらがげんない》（一七二八―七九）江戸時代中期の博物学者・戯作者。名は国倫《くにとも》。号は鳩渓、源内は通称。戯作者として風来山人・天竺浪人、浄瑠璃作者として福内鬼外の筆名。享保十三年（一七二八）讃岐国志度浦の蔵番白石茂左衛門良房の子として生まれる。寛延二年（一七四九）父の跡目を継ぐ。宝暦四年（一七五四）退役、同十一年退職、浪人となる。戸田旭山・田村藍水や林家に学ぶ。*長崎に遊学、*江戸の湯島で薬品会を開催、秩父で金鉱採掘、秋田で銅山開発に協力、秋田蘭画の創始を指導。『物類品隲』『火浣布略説』のほかに『神霊矢口渡』『放屁論』などがある。安永八年十二月八日、小伝馬町の牢内で病死。五十一歳。

（片桐一男）

シーボルト Philipp Franz von Siebold（一七九六―一八六六）ドイツ人医師・博物学者・日本研究家。一七九六年二月十七日、ヴュルツブルグの生まれ。家系はドイツ医学界の名門。ヴュルツブルグ大学で医学を学び学位を得た。一八二二年オランダ領東インドの陸軍病院外科少佐に任命され、翌年（文政六）長崎*出島のオランダ商館付医官として赴任。翌年長崎郊外に鳴滝塾を設け、実地診療のかたわら美馬順三・*高野長英・小関三英・伊藤圭介ら数十名の門人に医学・博物学などを講義、蘭学の発展に貢献した。一方、日本の博物学的・民族学的研究調査と日蘭貿易の検討に従事。文政九年（一八二六）商館長の江戸参府に随行、日本人多数と学術交流を行い、資料を収集。文政十二年（一八二九）帰国に際し、日本地図など禁制品持ち出しが発覚、翌年国外追放。帰国後、収集資料を整理、大著『日本』『日本植物誌』『日本動物誌』などを著作。安政六年（一八五九）オランダ貿易会社顧問として再渡来、幕府の外交顧問となったが程なく解嘱、文久二年（一八六二）帰国、一八六六年十月十八日ミュンヘンで没した。七十歳。

（片桐一男）

高野長英《たかのちょうえい》（一八〇四―五〇）幕末の洋学者。名は譲のち長英・卿斎。号は驚夢山人。瑞皐瞳夢棲主人。陸奥水沢後藤電助三男、藩医高野玄斎の養子。十七歳で*江戸へ出て、杉田伯元・吉田長淑門に学ぶ。文政八年（一八二五）*長崎遊学、*シーボルトに師事。天保元年（一八三〇）三十七歳で江戸へ帰る。幕医松本良甫の援助で麹町に開塾、翻訳開始。渡辺崋山*・小関三英と交遊。尚歯会設立。天保九年（一八三八）モリソン号事件に触発されて『夢物語』を書き開国論を提唱。翌十年、蛮社の獄*に連坐。弘化元年（一八四四）獄舎脱出、変名し地下潜伏（宇和島・鹿児島）。嘉永三年沢三伯として青山百人町に居住、逮捕直前自殺。四十七歳。著書に『医原枢要』『人身開蒙』『療病論』『救荒二物考』がある。（芳賀　登）

緒方洪庵《おがたこうあん》（一八一〇―六三）　幕末の洋学者。諱は章、字は公裁、号は洪庵また適々斎・華陰。備中国足守藩士佐伯瀬左衛門の三男。名は三平のち利平。文政九年（一八二六）大坂*の人中天游《なかてんゆう》、天保二年（一八三一）江戸*の坪井信道《つぼいしんどう》の日習堂塾、宇田川玄真に学ぶ。天保七年（一八三六）長崎遊学のころ緒方洪庵と名のる。天保九年（一八三八）大坂に適々斎塾を開く。医師としてジェンナーの牛痘接種法の普及、コレラの予防に意を用い実績をあげる。文久二年（一八六二）江戸へ出て幕府奥医師兼西洋医学所頭取となる。文久三年六月十日没。五十四歳。江戸駒込高林寺に葬る。著訳書に『扶氏経験遺訓』三十巻（安政五―文久元年）、『病学通論』三巻、『虎狼痢《ころり》治準』（安政五年）がある。（芳賀　登）

蕃書調所《ばんしょちょうしょ》　江戸幕府*の洋学研究・教育機関。企画当初の段階では「洋学所」と称す。安政三年（一八五六）十一月創設。阿部正弘*政権下で古賀謹一郎を頭取として十数名の教授方を擁し、業務を開始した。江戸九段下の元竹本図書頭屋敷を構舎とした。調所は洋書・洋文の翻訳と、洋学教育を主要目的とし、あわせて洋書・翻訳書の印刷・刊行・洋書検閲を行った。当所は西洋兵学書・外国新聞・外交文書の翻訳業務が比重を占め、しだいに教育や諸科学の研究へと移行している。安政四年（一八五七）正月、調所は幕臣およびその子弟を入学させ、句読会読などの正式な形式で教育を始め、しだいに陪臣も入学せしめた。安政末の井伊政権下のとき一時衰微したが、万延元年（一八六〇）以降再び発展に転じ、英語・独語・仏語の教育をはじめ、化学・器械・物理・画学・数学の諸科が開始され、文久二年（一八六二）には学問所奉行および林大学頭の管轄下に入り、幕府立学校化している。構舎も一ツ橋外の護持院原に移り、同年、洋学調所、翌三年、開成所と改称し、維新後は東京大学の源流にまでなっている。その意味で日本の官学の一源流を形成した。（芳賀　登）

蛮社《ばんしゃ》の獄《ごく》　天保十年（一八三九）に起こった洋学者弾圧事件。己亥《きがい》の獄ともいう。田原藩士渡辺崋山*とその同志たちが対象。天保三年（一八三二）以来、崋山は高野長英*・小関三英らをまねいて、蘭学研究と海防問題、そのための西洋事情の研究をして、尚歯会という研究会をつくった。天保九年（一八三八）モリソン号事件*を契機に崋山は『慎機論』、長英は『夢物語』を書き、無二念打払令に反対した。このような政治批判活動を、幕府の目付鳥居耀蔵《とりいようぞう》（林家出身）は敵視した。天保十年（一八三九）一月、幕府は江戸湾周辺防備のため、鳥居と江川太郎左衛門*（英龍）を海岸巡見させた。その復命書に江川は崋山に助言を求め、『外国事情書』を書かせた。こうした事実を探索させ、他のことどもを密告させたうえで、鳥居は部下をつかって崋山とその同志たちを告訴させた。その結果、崋山と長英は逮捕、三英は自殺した。崋山は在所蟄居ののち自殺、長英は脱獄ののち自殺し、『外国事情書』の提出は未発に終わる。

この事件は、鳥居配下の客僧花井虎一・小笠原貢蔵の昇進、水戸徳川斉昭*の蘭学者弾圧と対応し、幕府権力による蘭学統制強化に機能し、蘭学は権力奉仕の学となる。（芳賀　登）

渡辺《わたなべ》崋山《かざん》（一七九三—一八四一）幕末江戸*の画家・蘭学者。名は定静《さだやす》・字は子安・伯登、通称登、号崋山、田原藩士・家老。絵画を谷文晁*に学び、儒学を佐藤一斎・松崎慊堂に学び、三十歳ごろより洋画の技法を学んだ。天保三年（一八三二）藩海防掛となり蘭学に関心をよせ、高野長英*・小関三英ら蘭学者と蘭学を学び西洋事情を研究し、蘭学の大施主となり、尚歯会・蛮社グループを形成した。のち林家出身の目付鳥居《とりい》耀蔵《ようぞう》らの忌むところとなり、天保十年（一八三九）蛮社の獄*に連坐。その結果幽閉蟄居。その中で門人らの救援で不謹慎の噂も出て自殺。天保十二年十月十一日、四十九歳、田原の城宝寺に葬る。崋山の著書には『慎機論』『退役願書稿』『西洋事情書』『外国事情書』などがあり、絵画に「鷹見泉石像」ほか多数の名品がある。（芳賀　登）

高島《たかしま》秋帆《しゅうはん》（一七九八—一八六六）西洋兵学の先覚者。洋式兵学研究・高島流砲術指南。諱は茂敦《しげあつ》、字は舜臣《きみおみ》、号は秋帆、通称新之丞のち四郎太夫。長崎*に生まれる。父茂紀（荻野流砲術師範）の指導を受け、西洋兵学や隊伍編成を学ぶ。天保三年（一八三二）より高島流砲術を開発、同六年（一八三五）成立させる。アヘン戦争*後、「洋式兵利用意見書」を長崎奉行*へ提出。そのために江戸*へ赴き、天保十二年（一八四一）徳丸ケ原にて西洋銃陣を訓練する。大目付鳥居《とりい》耀蔵《ようぞう》忌避禁錮で処分、同十三年、江戸獄に入牢。嘉永六年（一八四九）赦免され、安政二年（一八五五）御普請役。同三年、講武所師範役。慶応二年正月十四日現職のまま死去する。六十九歳。江戸本郷片町大円寺に葬る。同寺の墓碑に「火攻御輿璋兵備の人」と記される。（芳賀　登）

江川《えがわ》太郎左衛門《たろうざえもん》（一八〇一—五五）幕府の韮山代官・砲術家・兵学家。幼名芳次郎、のち邦次郎、天保六年（一八六五）に家をつぎ太郎左衛門と称す。諱は英龍《ひでたつ》、字は九淵、号は担《たん》庵《あん》、鎌倉時代よりの伊豆名家。天保九年（一八三八）幕府の命により、江戸湾防備計画を立案し、海防の充実に尽力する。高《たか》島秋帆《しましゅうはん》*に砲術を学び、佐久間象山*・橋本左内*へ伝播する。天保十二年（一八四一）高島秋帆より洋式砲術皆伝。同十二年（一八四一）西洋砲術師範となる。嘉永二年（一八四九）五月、小反射炉をつくる。嘉永六年（一八五三）ペリー*来航時は勘定吟味役、品川の砲台築造を指揮し、農兵設置の具体化に努力する。しかし勘定奉行就任寸前病没する。五十五歳。墓は韮山本立寺と東京台東寿町本法寺にある。（芳賀　登）

佐久間《さくま》象山《しょうざん》（一八一一—六四）「ぞうざん」ともいう。幕末の経世家・兵学家。松代藩主佐久間一学の子。通称啓之助のち修理、名は国忠のち啓《ひらき》・大星、字は子迪《しとき》・子明、号は象山・養性斎滄浪。天保四年（一八三三）佐藤一斎に朱子学*を学ぶ。同十年（一八三九）江戸神田阿玉《おたま》ケ池で開塾。のち松代藩江戸藩邸学問所頭取、藩主真田幸貫の海防掛となり、海外調査の命令を受ける。江川太郎左衛門*の洋式砲術を学習する。弘化元年（一八四四）金沢の黒川良安と同居し蘭学を学習する。嘉永四年（一八五一）砲術教授、安政元年（一八五四）吉田松陰*の亡命を援助したことで蟄居を命じられた。元治元年公武合体運動参加中、三条木屋町で暗殺される。五十四歳。洛西花園妙心寺

大法院に葬る。法名清光院仁啓守心居士。松代蓮華寺に分骨する。共書の『象山令集』全五巻。（芳賀　登）

〔文　芸〕

草双紙《くさぞうし》　江戸中期から後期にかけての赤本・黒本・青本・黄表紙・合巻《ごうかん》など、きわめて通俗的な絵本文芸の卑称。これらは主に表紙によって分類され、赤本は延宝（一六七三—八一）ごろに発生した子供向絵本で、丹色の表紙を付す。内容は昔話のほか、祝儀物・怪異物など。形式はしだいに中本五丁に統一され、のちに継承される。延享年間（一七四四—四七）ごろから、黒表紙を付したもの、萌黄色の表紙を付したものが現れ、これらは同類と見なして黒本・青本とまとめて称す。内容は浄瑠璃・歌舞伎*との関連が強い。安永四年（一七七五）恋川春町作『金々先生栄花夢』以来、洒落や諷刺の効いた大人向けの戯作に発展したものを黄表紙と呼ぶが、表紙の色は青本の萌黄色が退色したものであるともいう。黄表紙は寛政改革以後、伝奇性・教訓性が強まり、敵討物の流行で長編化し、文化初年（一八〇四）ごろから合巻に変わる。合巻は五丁単位で合冊したもので、表紙は錦絵の摺付《すりつけ》表紙となった。内容は敵討から歌舞伎、中国小説や古典に材をとるものなどが流行し、読本*や歌舞伎のダイジェストを経て明治初期まで続いた。（中野三敏）

洒落本《しゃれぼん》　近世中期から後期にかけての戯作の一様式。遊里を中心として世相一般に材を採り、もっぱら当世風俗を穿つことを主眼とする。その源は儒学書生が中国遊里小説に刺激され、吉原細見と漢戯文とを一編に綴った『両巴巵言』（享保十三年刊）に遡る。以後宝暦・明和期（一七五一—七一）ごろまで主として上方で種々の追随作が行われたが、明和七年（一七七〇）に『遊子方言』が江戸*で刊行され、自惚の半可通が息子を吉原遊びに誘い、最後には半可通はふられ、息子が大もてとなる顛末を全編会話体で滑稽に叙述する形式が以後の洒落本の典型となった。安永・天明期（一七七二—八八）にはその延長線上に様々な滑稽味が開拓され、ついに山東京伝*の登場を見るに至る。京伝はそれまでの滑稽の試みを集大成し、新たに客と遊女の真情の精緻な描写を生み出したが、寛政の改革によって凡俗的な面で処罰され、洒落本の筆を絶つことを余儀なくされ、洒落本はいったん逼塞状態に陥る。改革後、再度台頭した洒落本の流れはしだいに滑稽性・真情描写をおのおの滑稽本*・人情本*へと譲りつつも天保・弘化期（一八三〇—四七）ごろまで命脈を保っていった。（中野三敏）

滑稽本《こっけいぼん》　近世小説の一様式。狭義には享和二年（一八〇二）刊の十返舎一九*『東海道中膝栗毛』から始まる、滑稽を主題とした中本型の小説類をさす。広義にはこれを後期滑稽本とし、前期滑稽本は宝暦期（一七五一—六三）の静観房好阿・平賀源内*などの談義本をその範疇に入れる。なお近年、洒落本*というジャンルがそのまま滑稽本を意味するととる見方もある。洒落本・黄表紙は、知識階級が支えた高度な知識を有するサロン的滑稽文芸であった。それに対して、出版機構・商業主義の発達によって、その享受層が市民全体に拡大したため、滑稽本は不特定多数が理解できる水準の高くない笑いの文芸となり、一九や式亭三馬*を中心に道中記物・方言物・芝居物・四十八癖物などの様々な趣向を生み出した。また、洒落本の文体・描写表現、黄表紙、狂歌*、演劇、浮世草子*、さらには浮世物真似・落語など当時の様々な要素を包みこみ、俗文学の極北に位置した。狭義のそれの代表的作品として、一九の『東海道中膝栗毛』、式亭三馬『浮世風呂』『浮世床』、滝亭鯉丈『花暦八笑人』のほか、明治期の仮名垣魯文『西洋道中膝栗毛』『安愚楽鍋』などもこの系譜上にある。（中野三敏）

人情本《にんじょうぼん》　近世後期の小説の一様式。洒落本*・滑稽本*の後を承けて、文政年間（一八一八―三〇）から天保年間（一八三〇―四四）ごろを最盛期とし、明治初年（一八六八）ごろまで流行した写実的な恋愛小説の総称。人情本の名称は為永春水*の『春色梅児誉美』の中で自派の作品を「人情本」と読んで以来、のちに一般化したが、当時の本屋仲間の公的な名称としては中型絵入読本、ふつうは美濃紙四分の一の大きさから滑稽本と同じく中本、またその内容から、初期には泣本とも呼ばれていた。人情本の成立は文政二年（一八一九）刊の『清談峰初花』前編（十返舎一九*作）、『明烏後正夢』初編（滝亭鯉丈作）がはじめとされる。ともに書肆の商業主義が先行し、新しい読者層（婦女子）を開拓しようとした作品であった。未熟な伝奇小説から、しだいに現実主義的要素が濃厚になり、俗語を駆使した写実的な表現や風俗描写で町人社会の恋愛や人情の葛藤を描いたものになった。中心的作者の春水は天保改革に際し処罰されて勢いを失ったが、人情本は明治初期の小新聞の続き物の花柳小説にまでその影響を残し、近代の通俗小説の母胎となった。（中野三敏）

読本《よみほん》　江戸時代中期以降の散文文芸のジャンルの一つ。寛延二年（一七四九）に刊行された都賀庭鐘《つがていしょう》の『英草紙』がその始まりとされ、幕末に至るまで百余年にわたって刊行された怪異譚あるいは伝奇的な小説の一群をいう。書型は通常、半紙本五巻五冊を単位とする。「絵本」に対して読む本の意で「よみほん」と称される。寛政十一年（一七九九）刊の山東京伝*『忠臣水滸伝』前編を境にして前期読本と後期読本とに二分される。前期読本は主として関西で刊行され、作者は和漢の典籍に通じた文人、読者も知識人が多かった。代表的作品に上田秋成*の『雨月物語』がある。後期読本の舞台は江戸*に移り、読者の大衆化につれて、作者は職業的となり、山東京伝と滝沢（曲亭）馬琴*が活躍した。馬琴の作品に『南総里見八犬伝』がある。読本はその素材を『水滸伝』などの中国白話小説や、敵討・お家騒動をあつかった実録物、因果譚・霊験譚などの仏教説話などに取り、長編化し、主人公の性格が明確で、教訓的・思想的な主題をこめるという方法がとられていることが多い。（中野三敏）

柳亭種彦《りゅうていたねひこ》（一七八三―一八四二）　江戸後期の戯作者。高屋氏。諱は知久、字は啓之。別号は修紫楼・足薪翁・愛雀軒など。天明三年五月十二日、旗本*高屋甚三郎の長男として江戸*に生まれる。寛政八年（一七九六）に家督を相続。はじめ狂歌*を嗜むが、のちに戯作、特に合巻に才能を発揮し、その演劇趣味が合巻界に大きな影響を与えた。代表作『修紫田舎源氏』は、当世風『源氏物語』*に凝った趣向を加えた作品で、長編物流行の波にも乗って大好評となり、文政十二年（一八二九）から天保十三年（一八四二）まで三十八編が出版されるが、同年天保改革により絶版処分を受け中絶。同年七月十九日没。六十歳。赤坂一ツ木浄土寺に葬る。（中野三敏）

山東京伝《さんとうきょうでん》（一七六一―一八一六）　江戸時代中後期の戯作者。本名岩瀬醒。別号醒斎・醒世など。宝暦十一年深川の質屋伊勢屋伝左衛門の長男として生まれる。浮世絵*を北尾重政に学び、画工政演《まさのぶ》として戯作界に名を出し、のち作者に進出。黄表紙『江戸生艶気樺焼』（天明五年刊）で大評判をとり、一流作者となる。洒落本*にも新境地を拓き第一人者となるが、寛政三年（一七九一）の三部作『娼妓絹籭』『錦之裏』『仕懸文庫』が風俗統制を意図する当局の取締りの対象となり筆禍を招いた。以降、洒落本を離れて合巻・読本*、さらには江戸初期風俗の研究考証へと活動分野を拓き晩年に至る。文化十三年九月七日没。五十六歳。本所回向院に葬る。法名弁誉智海京伝信士。（中野三敏）

式亭三馬《しきていさんば》（一七七六―一八二二）江戸後期の戯作者。主に黄表紙*・洒落本・合巻・滑稽本*を百八十点以上著作した。戯号は四季山人・山東住息子など。本名は菊地太助。父茂兵衛は浅草田原町の板木師。幼時より書肆に奉公し、書肆万屋太治右衛門の養子となる。また本町で売薬店をも経営した。風来山人・山東京伝*などを文芸上の師とした。当時流行の浮世物真似・落語を文芸化し、文化六年（一八〇九）刊『浮世風呂』では当時の銭湯を、さらに文化十年刊『浮世床』では床屋の情景を活写し、これは三馬の滑稽本中、最も世評の高い文芸となった。文政五年閏正月六日、四十七歳で没。法号は歓誉喜楽奏天信士。墓所は目黒正泉寺。（中野三敏）

十返舎一九《じっぺんしゃいっく》（一七六五―一八三一）江戸後期の戯作者。十偏舎・十偏斎・重田一九とも称す。明和二年、駿府に生まれるという。若年時大坂*で武家奉公するというが、一時浄瑠璃作者近松余七となる。のち江戸*に出、地本《じほん》問屋蔦屋重三郎の食客となる。享和二年（一八〇二）『東海道中膝栗毛』初編刊。弥次郎兵衛と喜多八が引き起こす滑稽譚が好評を博して以後二十年間続刊した。これによって戯作者としての世評を確立し、最初の職業作家となった。天保二年八月七日没（『近世物之本江戸作者部類』では七月二十九日）。六十七歳。法名心月院一九日光居士。著書は『心学時計草』『恵比良之梅』のほかきわめて多い。（中野三敏）

為永春水《ためながしゅんすい》（一七九〇―一八四三）近世後期の戯作者。本名鷦鷯（佐々木）貞高。通称越前屋長次郎。別号二代目振鷺亭主人・三鷺・二世南仙樵楚満人など。講釈師として為永正輔・為永金龍とも。寛政二年江戸町家の生まれといわれるが、前半生は不明。貸本屋青林堂を営む傍ら、式亭三馬*の門人、講釈師などを経て人情本*の代表的作者となる。代表作は『春色梅児誉美』（初編・天保三年刊）シリーズ。恋愛の情感を写し出す的確な会話と江戸市井風俗の写実的な描写は、読者である婦女子の好尚に応えた。天保十三年（一八四二）天保改革に際し、手鎖五十日の刑を受け、翌十四年十二月二十二日没。五十四歳。世田谷妙善寺に葬る。法名釈龍音信士。（中野三敏）

上田秋成《うえだあきなり》（一七三四―一八〇九）江戸時代中期の国学者・歌人・読本作者。通称東作、号漁焉・無腸・余斎・鶉居・休西など。戯名和訳太郎・剪枝畸人など。秋成は雅名。享保十九年六月二十五日大坂*に生まれる。実母は松尾久兵衛富喜の娘ヲサキというが、実父は不詳。堂島紙油商嶋屋の養子となる。青年時代は俳諧*・浮世草子*で活躍。安永五年（一七七六）初期読本の名作『雨月物語』を刊行。この間国学*への関心を高め、本居宣長*との論争に異彩を放った。最晩年には『春雨物語』を脱稿する。歌文に秀で、歌文集『藤簍冊子《つづらぶみ》』を刊行。文化六年六月

二十七日、京都の羽倉信美邸で没。七十六歳。香具波志神社と南禅寺畔西福寺とに墓がある。　（中野三敏）

滝沢馬琴《たきざわばきん》（一七六七—一八四八）近世後期の戯作者。名は興邦、のちに解。剃髪後に篁民。号は著作堂主人・*蓑笠漁隠・玄同など。明和四年六月九日、*江戸に生まれる。旗本松平信成の用人興義と細川利昌の臣吉尾門右衛門の二女もんの五男。寛政二年（一七九〇）*山東京伝に入門。文化元年（一八〇四）*読本の初作『月氷奇縁』を刊行。文化十一年（一八一四）『南総里見八犬伝』を刊行し始めるが、天保期に両眼失明。一子宗伯の妻路《みち》に口述筆記させ、天保十三年（一八四二）に全九十八巻の大作となった。通俗性と思想性を両立させた内容を、独特の文体に載せ、江戸期散文小説を完成させた功績は大きい。嘉永元年十一月六日没、八十二歳。墓は江戸小石川茗荷谷の深光寺。法名著作堂隠誉蓑笠居士。　（中野三敏）

与謝蕪村《よさぶそん》（一七一六—八三）江戸中後期の俳人・画家。本姓谷口《たにぐち》、のち与謝。名は寅、号は宰町・夜半亭（二世）、画号は四明・長滄・春星など多数。*摂津国東成郡毛馬村（大阪市都島区毛馬町）生まれ。享保末に江戸へ出て俳・画を志し、天文二年（一七三二）ごろ夜半亭宋阿に入門、俳・画ともに素質を認められた。寛保二年（一七四二）下総結城砂《いさ》岡雁宕の許に移り、以後十年俳・画の研鑽を積んだ。延享元年（一七四四）蕪村と改め、宝暦元年（一七五一）上京、同四年丹後宮津の見性寺に寓居、画業に専念し、同七年帰京後もその姿勢を変えなかった。作品に「寒山拾得図」などがある。明和七年（一七七〇）夜半亭を継ぎ京都俳壇にその位置を確立した。安永期（一七七二—八〇）には中期俳壇の中心的存在となり『津守船《つもりぶね》』など多くの作品を残した。「菜の花や月は東に日は西に」（『続明烏』）、「みじか夜の闇より出《いで》し大井川」（『幣《ぬさ》ぶくろ』）、「さみだれや大河を前に家二軒」（安永六年句稿）はこの期の句。天明三年十二月二十五日没。六十八歳。京都市金福寺に葬る。　（比留間尚）

小林一茶《こばやしいっさ》（一七六三—一八二七）江戸後期の俳人。名は弥太郎。俳号は俳諧寺など。宝暦十三年五月五日、信濃国上水内郡柏原村（長野県信濃町）生まれ。父五兵衛の長男。家庭に恵まれず十五歳で*江戸へ出、二十五歳で圯橋《いきょう》と号し二六庵竹阿に入門、二十八歳のとき二六庵を継ぐ。寛政三年（一七九一）帰郷し、翌年より同十年にかけて師竹阿の跡をたどり西日本を行脚、『寛政紀行』『寛政句帖』などの手記を残し、『旅拾遺』『さらば笠』を刊行した。享和元年（一八〇一）帰省の折、老父の発病に遇い、その看病に当たり『父の終焉日記』を記した。父の遺言は財産の折半だったが、弟仙六はこれを嫌い、以後十三年にわたる争いとなった。文化九年（一八一二）菩提所の扱いで骨肉争議は解決。五十二歳で妻を迎え、宗匠としての収入もあり、生活は安定した。晩年は妻に先立たれ、孤独のうちに文政十年十一月十九日没。六十五歳。法号釈一茶。信濃町明恵寺に葬る。代表作に「瘦蛙まけるな一茶是《これ》に有り」（『七番日記』）、「やれ打つな蝿が手を摺り足をする」（『八番日記』）などがある。　（比留間尚）

川柳《せんりゅう》　雑俳の一つ。発句の形式で人情・世態を機知・滑稽をもって表現した文芸。江戸時代には前句附《まえくづけ》と呼ばれ、俳諧の附合《つけあい》修練の方便として室町時代から行われ、やがて独立した文芸として万治—延宝（一六五八—八一）ごろに形を整え、元禄のはじめごろ上方を中心に大いに栄えた。江戸*では元禄末ごろ流行し、宝暦―天明ごろ（一七五一―八九）最盛期を迎えた。そのころ江戸には蝶々子ら多くの前句附の点者がいたが、川柳（浅草龍宝寺門前名主柄井《からい》八右衛門）は、その中で抜群の存在で、やがてこの文芸の名称を独占した。八月から十二月まで月三回、前句を出題し、附句を募集し、所定の入花科を取り、入選句（勝句《かちく》）は一枚刷として板行され、これを万句合《まんくあわせ》と呼んだ。明和二年（一七六五）呉陵軒可有は川柳評万句合勝句刷の中から優れた句を選び『誹風柳多留《はいふうやなぎだる》』初篇を刊行し、川柳の評判をいっそう高めた。この句集はその後約八十年にわたって百六十七篇まで刊行された。四世川柳のころより、狂句と呼ばれたが、明治以後、川柳と呼ばれ、現代もなお庶民の創作文芸として命脈を保っている。　（比留間尚）

狂歌《きょうか》　短歌の形式で俗語を用い、機知・洒落をよむ文芸。平安時代よりすでにその名称はあったが、鎌倉時代に暁月房、室町時代に細川幽斎らの狂歌グループ、江戸時代初期に安楽庵策伝らが知られ、松永貞徳の一門によって新時代を迎えるに至った。いわゆる「貞門」より石田未得・半井《なからい》卜養らが出て『吾《ご》吟我集《ぎんわがしゅう》』『卜養教歌集』などを残した。一休*や曽呂利の頓知咄も出て、狂歌の普及に貢献した。貞徳の孫弟子の永田貞柳によって大坂*の町人*の間だけでなく、広く全国の民衆にまで普及した。しかし、この傾向は江戸*では受け入れらず、江戸では明和期（一九六四―七二）ごろ内山賀邸の門人グループの唐衣橘州・四方赤良・平秩東作ら幕臣・江戸町人の手により始められ、従来の型を破って鋭い機知と即妙の笑いを基調とする「天明狂歌」の成立をみた。その粋は『万載狂歌集』（天明三年刊）に結実している。寛政の改革後は鹿津部真顔《しかつべまがお》・宿屋飯盛《やどやのめしもり》らが活躍したが、天明の最盛期には遠く及ばなかった。それは狂歌のもつ知的教養性がもたらした結果にほかならないものだった。　（比留間尚）

大田南畝《おおたなんぽ》（一七四九―一八二三）　江戸後期の文人。諱は覃、字は子耜、通称直次郎・晩年七左衛門、号南畝・杏花園、狂号四方赤良・蜀山人。筆名多数。寛延二年三月三日、江戸牛込仲御徒町に大田正智の長男として生まれる。母は杉田氏養女利世。十七歳で御徒《おかち》として幕府に出仕、十八歳で『明詩擢材』を刊行、詠詩生活に入り、安永年間（一七七二―八〇）は詩文が主、狂歌*・戯作は従であったが、天明年間（一七八一―八八）は狂歌が主となり、黄表紙などにも手を染めた。天明七年（一七八七）三十九歳のとき、狂歌・戯作の筆を折り、寛政六年（一七九四）学問吟味に首席及第、以後能吏として活躍。日記・随筆など厖大な著作を残し、江戸市民文化創造の中心的存在だった。文政六年四月六日没、墓所は白山本念寺。　（比留間尚）

良寛《りょうかん》（一七五八―一八三一）　江戸後期の僧・歌人。幼名栄蔵、字曲《まがり》、号大愚。越後国出雲崎生まれ。同所名主・神官の山本泰雄の長男。十八歳のとき隣村光照寺玄来の弟子となる。二十二歳で国仙和尚に従い備中玉島に赴き、その後二十余年諸国を行脚、四十七歳のとき帰国、西蒲原郡国上山《くがみやま》五合庵に隠棲。五十九歳のとき山麓の乙子神社境内に庵を結ぶ。このころより近隣の農民たちと親しくなり、子どもの守りをするようになった。六十九歳で島崎村の能登屋木村元右衛門の物置を改造して入居。七十歳のとき二十九歳の貞信尼との恋愛が生じ、

「蓮の露」が貞信尼の手で残されている。万葉調の和歌と、その書風は天衣無縫で高い評価を得た。

（比留間尚）

橘曙覧《たちばなあけみ》（一八一二―六八）　江戸末期の歌人。姓正玄・井手、名茂時・茂尚、号藁屋・志濃夫廼舎《しのぶのや》・花奴など多数。越前福井の祇商正玄五郎右衛門の長男。文化九年五月生まれ。仏学を妙泰寺明導に、上京して漢学を児玉士敬に、国学*を本居宣長*門下の田中大秀に学ぶ。弘化三年（一八四六）家産を弟に譲り、足羽山の草庵で門人を指導した。嘉永元年（一八四八）三橋町に移り曙覧に改めた。藩主松平慶永の知遇を得て、安政の大獄*に際し『万葉集』中の慷慨歌三十六首を奉った。国学の国粋思想をもち、万葉調の歌を詠み、『志濃夫廼舎家集』などの著がある。明治元年八月二十八日没。五十七歳。福井市大安寺に葬る。法名白雲嶺上埋剣居士。

（比留間尚）

〔演　劇〕

鶴屋南北《つるやなんぼく》　歌舞伎*俳優・同作者。初代より三代までは道化方俳優、四、五代は作者。四代（一七五五―一八二九）は江戸日本橋生まれ。通称伊之助、大南北。父は紺屋職人の海老屋伊三郎。桜田兵蔵・勝兵蔵・勝俵蔵を経て、文化八年（一八一一）四代目鶴屋南北襲名。寛政十年（一七九八）に二枚目作者、享和三年（一八〇三）立作者。文化元年（一八〇四）『天竺徳兵衛《てんじくとくべ》韓噺《いこくばなし》』で大当りをとり、以来七代市川団十郎*らその当時の名優たちに百二十編余の作品を書いた。主な作品は『阿国御前《おくにごぜん》化粧鏡《けしようかがみ》』『東海道四谷怪談《とうかいどうよつやかいだん》』『盟三五大切《かみかけてさんごたいせつ》』『独道中五十三駅《ひとりたびごじゆうさんつぎ》』『金幣猿嶋都《きんのざいさるしまだいり》』『隅田川花御所染《すみだがわはなのごしよぞめ》』など。文政十二年十一月没。押上春慶寺に葬る。

（比留間尚）

河竹黙阿弥《かわたけもくあみ》（一八一六―九三）　幕末―明治前期の歌舞伎*作者。本名吉村芳三郎、筆名勝諺蔵・柴晋輔・二代河竹新七・古河黙阿弥、俳名其水。文化十三年正月二十二日生まれ。父越前屋勘兵衛。天保六年（一八三五）五代鶴屋南北に入門、勝諺蔵の名で市村座に出勤、同十四年に二代河竹新七を継ぎ、明治十四年（一八八一）古河黙阿弥と改名。河竹黙阿弥は後世の慣用名。主な作品は『蔦紅葉宇都谷峠《つたもみじうつのやとうげ》』（文弥殺し）、『小袖曽我《こそでそが》薊色縫《あざみのいろぬい》』（十六夜道心）、『三人吉三廓初買《さんにんきちさくるわのはつがい》』『曽我綉侠御所染《そがもようたてしのごしよぞめ》』（御所五郎蔵）などの生世話物《きぜわもの》。明治以後は『地震加藤《じしんかとう》』など活歴物で総数は三百六十余種。明治二十六年正月二十二日没。七十七歳。中野源通寺に葬る。

（比留間尚）

寄席《よせ》　落話《おとしばなし》・手技《てずま》・影絵《かげえ》・演史《こうしやく》・浄瑠璃*・百眼《ひやくまなこ》・八人芸《はちにんげい》などを上演して木戸銭をとる小演芸場。江戸の町に寄席ができたのは延宝期（一七四四―四八）ごろとされているが、天保改革のときの調査では市中に二百十一カ所あった。随筆類の記録では文化十二年（一八一五）に七十五軒、文政の末ごろ百二十五軒だった。天保改革の寄席制限令では市中十五カ所、寺社境内九カ所計二十四カ所が営業を許され、上演種目も神道・心学・軍書講釈・昔咄の四種に制限された。弘化四年（一八四四）に解禁されると、たちまち数百軒に激増したのは、寄席の演芸がいかに民衆の人気を集めていたかを物語るものといえよう。木戸銭は一定しないが、四十―五十文だった。

（比留間尚）

〔美　術〕

錦絵《にしきえ》　明和二年（一七六五）に開発された多色摺の浮世絵*木版画。太陰暦では大の月と小の月の順序が毎年入れ替わるため、月の大小を表示した略暦が愛用された。明和二年から翌年にかけて、江戸*の好事家（趣味人）を中心に私的に制作した絵暦の交換が流行したのを機に、木版画の技術が飛躍的に発展した。木版の角に見当と呼ばれる目印を二カ所彫り、そこに摺る紙の位置を合わせる「見当法」の開発と、用紙も奉書紙など厚手のものを用いることで何色も重ね摺ることが可能になった。やがて私的な摺物から暦や好事家の名前を削り取ったものが商品として登場し、京都西陣名産の錦織物にも似た鮮やかな版画作品は「吾妻錦絵」と命名され販売された。絵暦交換会*の中心絵師として錦絵の創始にも深くかかわった鈴木春信の作品には、版木に絵具を付けずに馬連で摺り、紙に凹凸を付けて降り積もる雪や着物の柄を表現した空摺、きめ出しなどの新技法がふんだんに盛り込まれている。　（小林　忠）

鈴木春信《すずきはるのぶ》（一七二五?—七〇）　江戸中期の浮世絵師*。明和二年（一七六五）ごろに江戸*で流行した絵暦交換会の中心絵師として活躍、錦絵*の創製に大きく貢献した。本姓穂積、鈴木氏、通称次郎兵衛または次兵衛。号は思古人。江戸神田白壁町に住す。作画期は宝暦十年（一七六〇）ごろから没年まで。西村重長門人と伝えるが明らかでなく、西川祐信や奥村政信・石川豊信らの影響も見られる。小振りな中判の判式を愛用して、古典的な主題の見立絵や、江戸市民の日常生活の一場面などを抒情的に写した。夢幻的な春信美人は明和年間（一七六四—七一）の浮世絵界を風靡、二代春信を名乗った鈴木春重（司馬江漢*）や駒井美信、春広こと磯田湖龍斎など多くの追随者を輩出した。明和七年六月十五日（一説に十四日）江戸で没す。法名は法性真覚居士。　（小林　忠）

喜多川歌麿《きたがわうたまろ》（一七五三ごろ—一八〇六）　寛政期（一七八九—一八〇一）の浮世絵*の黄金期を代表する美人画家。本姓北川氏、俗称市太郎または勇助。画名ははじめ北川豊章、天明元年（一七八一）に歌麿と改名。狂歌名*は筆綾丸《ふでのあやまる》。鳥山石燕の門人。明和七年（一七七〇）にデビューし、はじめは役者絵や黄表紙の挿絵などを描くが、寛政三年（一七九一）ごろより版元蔦屋から発表された美人大首絵が高い評価を得、美人画の第一人者となる。遊女や水茶屋の娘など当時の評判の美人を好んで描いた。雲母摺や黄潰しの背景、無線摺や朱線で肌を表現するなど、多様な木版技法を駆使し、身分や性格・心理などの内面性に迫る女性表現を追求した。狂歌絵本などの版本や春画・肉筆画にも優品が多い。文化元年（一八〇四）刊『絵本太閤記』が発禁処分となり入牢、手鎖の刑を受け、翌々年失意のうちに没した。　（小林　忠）

「婦人相学十躰」浮気之相
（東京国立博物館蔵）

歌川豊国《うたがわとよくに》*（一七六九—一八二五）　江戸中後期の浮世絵師。江戸の生まれ。号は一陽斎。歌川派の創始者歌川豊春の門人で、歌川派隆盛の端緒を開いた。美人画ではじめ師風にならったが、のちに鳥居清長・喜多川歌麿*の画風を慕い、また役者絵では勝川春英の作風を取り入れた画風を展開した。一枚絵のみならず、合巻・読本*・黄表紙の挿絵などにも健筆を揮い、その平明な画風はおおいに世俗に受け入れられた。代表作は寛政六年（一七九四）以降の「役者舞台之姿絵」。弟子に国貞（三世豊国）、国芳、国政、国虎ら、幕末の浮世絵界を代表する画家たちを輩出した。なお、豊国の画名は代々襲名され六世豊国までが存在する。

（小林 忠）

大谷鬼次の奴江戸兵衛
（東京国立博物館蔵）

写楽《しゃらく》（生没年不詳） 江戸時代後期の浮世絵師。東洲斎と号す。本姓、画系ともに未詳だが、阿波藩の能役者斎藤十郎兵衛とする説が有力。作画期は寛政六年（一七九四）五月から翌七年正月までの十カ月と短い。錦絵百四十二（あるいは百四十五）点が伝わり、そのすべてが蔦屋《つたや》重三郎から出版されている。役者絵が大部分で、ほかに相撲絵や武者絵が数点ある。『浮世絵類考』に「是また歌舞伎役者の似㒵（顔）を写せしが、あまりに真をかかんとてあらぬさまに書なせしかば、長く世に行はれず、一両年にて止む」とあるように、役者の相貌と役柄の性格を強調した作風は、役者似顔絵の流れの中でも異彩を放つ。画歴は四期に区分されるが、第一期の大首絵二十八点は、黒雲母の背地に役者の上半身を配した大胆な構成が秀逸である。

（小林 忠）

葛飾北斎《かつしかほくさい》（一七六〇―一八四九） 江戸後期の浮世絵師。江戸*の生まれ。「北斎」は一時の画号で、生涯に約三十回の改号を行った。安永七年（一七七八）勝川春章の門に入り、春朗と号して役者絵や黄表紙の挿絵などを描く。師の没後、勝川派を破門されたのち諸派を学び、一時俵屋宗理と名乗る。寛政九年（一七九七）北斎と改号、このころ自己の画風を確立し絵入狂歌本に優れた挿絵を残す。のち滝沢馬琴*と組んだ読本挿絵や、「富嶽三十六景」に代表される風景版画で盛名を博した。版画以外でも肉筆画による美人画や花鳥画に秀作を残し、浮世絵師中最も広い画域を誇った。全十五巻の『北斎漫画』は、フランス印象派の画家たちにも影響を与えた。

（小林 忠）

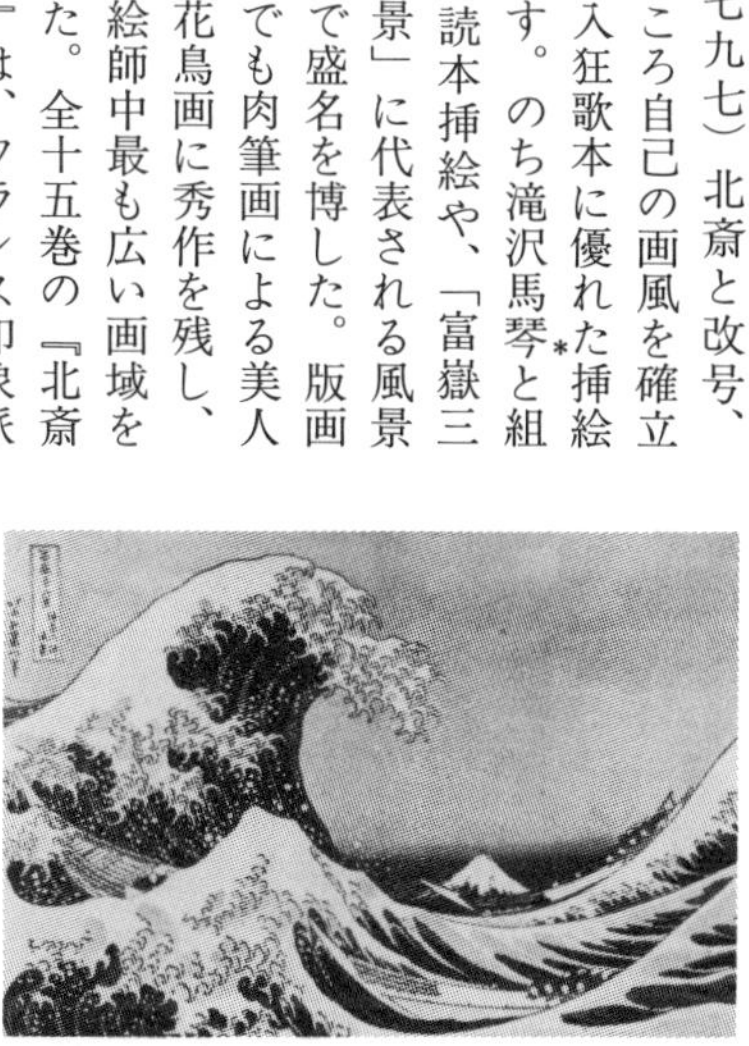

「富嶽三十六景」神奈川沖浪裏（東京国立博物館蔵）

安藤広重《あんどうひろしげ》（一七九七―一八五八） 江戸後期の浮世絵師。安藤は武家としての姓、浮世絵師としての正しい画名は歌川広重。定火消同心の子として江戸*で生まれ、御家人*としての家職を継いだが、のちに隠居して絵師として立つ。文化八年（一八一一）歌川豊広に入門して、文政元年（一八一八）ごろより広重と号して画壇に登場。天保二年（一八三一）ごろ一幽斎の号で「東都名所」シリーズを発表、これが出世作となった。のち一立斎と改号して「東海道五十三次」「近江八景」「木曽海道六十九次」など多くの風景画の佳作を世に送り、浮世絵風景画の大成者となった。また、花鳥画にも優れた。モネやゴッホなどヨーロッパの画家たちにも多大の影響を与えた。

（小林 忠）

円山応挙《まるやまおうきょ》（一七三三―九五） 江戸中期の画家。円山派の祖。

諱氏《てい》のち応挙。通称主水。字は仲選。号は一嘯・夏雲・仙嶺・僊斎など。姓は藤原のち源。丹波国穴太《あのう》生まれ。十五歳のころ京都に出て玩具商で働き、のち狩野派の一派鶴沢派の石田幽汀《ゆうてい》に師事して本格的に画を学ぶ。西洋画や沈南蘋《しんなんぴん》の写実的な画法に触発されるなどして平明な写生画法を確立、一家を成した。円満院門主祐常法親王、妙法院真仁法親王ら貴族の愛顧を受け、寛政二年（一七九〇）の寛政度内裏造営には一門を率いて障壁画制作に参加した。長沢蘆雪《ろせつ》、源琦《げんき》ら多くの門弟を育て、呉春ほか京・大坂の画家たちに広く甚大な影響を及ぼした。三井家のために描いた「雪松図屏風」（三井文庫蔵、国宝）は代表作。（小林　忠）

呉春《ごしゅん》（一七五二―一八一一）　江戸中後期の画家。四条派の開祖。本名松村豊昌。号は月溪のほか可転・允白・孫石・百昌堂など。京都金座年寄役の子に生まれる。はじめ家業を継いで金座平役となり、趣味として絵と俳諧を与謝蕪村に学ぶ。金座を失職後、天明元年（一七八一）摂津池田に移住、呉服里《くれはのさと》の古い地名にちなんで姓を呉、名を春と中国風に改める。天明三年（一七八三）に蕪村が没して以後は円山応挙に接近、抒情性豊かな写実的画風に一風をひらき、異母弟の松村景文、門人の岡村豊彦らとともに四条派を興隆させた。代表作「柳鷺群禽図《りゅうろぐんきんず》屏風」（文化庁蔵、重文）「白梅図屏風」（逸翁美術館蔵、重文）。（小林　忠）

文人画《ぶんじんが》　中国明・清代の文人画を学んだ絵画傾向の総称で、江戸時代中期におこり、明治以降近代まで流行した。本来は文人（官僚を中心とした知識人）が余暇に素人の余技として制作した絵画ということだが、日本では専門の職業画家も多く制作した。中国で発達した文人画の様式は、南宗画《なんしゅうが》と呼ばれたが、日本では略して南画といい、文人画の同義語として用いられた。享保期（一七一六―三六）ごろから祇園《ぎおん》南海・柳沢淇園《きえん》ら漢詩人で教養深い武士が先鞭を付け、明和・安永期（一七六四―八一）のころ、池大雅・与謝蕪村ら庶民出身の職業画家によって日本独自の文人画が大成される。文化期（一八〇四―一八）以降の江戸後期には全国的に広まり、浦上玉堂・田能村竹田・谷文晁・渡辺崋山らの名家を各地に輩出する。幕末以降、普及とともに作品の類型化が進んで「つくね芋山水」の蔑称を受けるまでになり、アメリカ人アーネスト・フェノロサの無理解も影響して、しだいに衰微していった。近代の文人画家としては富岡鉄斎・小川芋銭《うせん》が特筆される。（小林　忠）

池大雅《いけのたいが》（一七二三―七六）　江戸中期の画家、書家。本姓池野。名は勤のち無名。通称秋平。号は大雅堂・九霞山樵《きゅうかさんしょう》・霞樵など。京都の人。舶載の中国画や「八種画譜」などの版本により文人画の様式南宗画《なんしゅうが》を学習、やまと絵《え》や琳派の画法をも取り入れて、おおらかな描線と明るく澄んだ色彩や墨調を特色とする独自の画風を開花させる。各地に旅した成果の真景図や、外光の印象表現に優れ、障壁画など大作も多い。与謝蕪村とともに日本文人画の大成者と目される。篆刻《てんこく》や唐様の書にも優れた。代表作「楼閣山水図屏風」（東京国立博物館蔵）。妻玉瀾《ぎょくらん》（一七二七―八四）も文人画家。（小林　忠）

谷文晁《たにぶんちょう》（一七六三―一八四〇）　江戸後期の画家。通称文五郎。別号画学斎・写山楼。江戸に生まれる。田安家家臣の漢詩人谷麓谷《ろっこく》の子。はじめ狩野派の加藤文麗、のちに漢画派渡辺玄対に師事、和漢の古典絵画のほか文人画や南蘋《なんぴん》派など中国画の新風、西洋画など諸派の画風を折衷・統合して、独自の様式を確立する。渡辺崋山*・立原杏所《きょうしょ》・高久靄厓《たかくあいがい》など多くの門人を育成、文化—天保期（一八〇四—四三）の江戸画壇の重鎮として君臨した。主君松平定信*の命により各地を巡歴し、古文化財を調査して『集古十種』『古画類聚《るいじゅ》』に挿図を提供した。代表作「公余探勝図巻」（東京国立博物館蔵、重文）、著書『日本名山図会』『本朝画纂』『文晁画談』。（小林　忠）

田能村竹田《たのむらちくでん》（一七七七—一八三五）江戸後期の画家。諱は孝憲、通称行蔵、字は君彝《くんい》。豊後竹田の岡藩藩医の子。儒学と漢詩文のほか文人画*に親しみ、江戸*の谷文晁《たにぶんちょう》*に通信教育を受けるなどして独学。文化十年（一八一三）致仕後は長崎*や京坂に出遊して、京都で青木木米や頼山陽*、大坂*で篠崎小竹ら各地の文人と交友、詩書画三絶の清雅な作風を確立して一家を成す。文人画論にも優れ、『山中人饒舌』『竹田荘師友画録』などの著書がある。親友の頼山陽に贈った画帖「亦復一楽帖」（重文）は代表作。門下に、高橋草坪《そうへい》、帆足《ほあし》杏雨、田能村直入《ちょくにゅう》らの俊秀を出す。（小林　忠）

洋風画《ようふうが》　洋風の技法によって描かれた絵画。第一期、十六世紀末から十七世紀前半の宗教的なポルトガル・スペイン関係のものと、第二期、十八世紀後半から幕末にかけてオランダとの交流を契機にした自然科学的な背景をもつものとがある。第一期の洋風画は聖画と風俗画に分けられる。西洋画法の理解に至らず単なる様式とした。第二期の洋風画は西洋画法の合理的表現により透視的遠近法を理論的にとり入れ、写実的表現を目指した。蘭書の挿画銅版画と一枚刷り銅版画が影響を及ぼしている。漢画に洋風表現を加えた秋田蘭画に佐竹曙山・小田野直武*がいる。ついで洋画の模写や日本風景の洋風描写をした司馬江漢*は腐蝕銅版画も創製した。（片桐一男）

司馬江漢《しばこうかん》（一七三八—一八一八）江戸時代後期の画家・蘭学者。名は峻《しゅん》、字は君嶽《くんがく》、江漢は号。春波楼・桃言・不言・無言道人とも称した。江戸*の生まれ。狩野派*の絵を学び、鈴木春信*風の浮世絵*を描き春重と名のった。宋紫石*にもつき、平賀源内*を知り、洋風画*や窮理学を学ぶ。大槻玄沢*に蘭学を学び、ショメールの百科事典を訳してもらい、天明三年（一七八三）腐蝕銅版画の創製に成功。油絵も描く。地球図・天球図・科学解説図をつくる。『地球全図略説』『和蘭天説』『春波楼筆記』『天地理譚』、長崎紀行の『西遊日記』のほか『西洋画談』など西洋文化の紹介が多い。文政元年十月二十一日江戸に没す。七十二歳。（片桐一男）

〔宗　教〕

教派神道《きょうはしんとう》　江戸時代後半から明治時代にかけて成立した神道系新興宗教十三派の総称。皇室神道と神社神道を結合した国家神道と区別して教派神道と称する。十三派あるその教団の性格から三つに大別できる。第一は幕末の創唱宗教（黒住教*・天理教*・金光教*）、第二は江戸時代の山岳宗教の系統（実行教・扶桑教・御岳教）、第三はその他（禊教・神理教・神道修成派・神道大成教・神習教・出雲大社教・神道大教）。成立順に記すと、黒住教・天理教・金光教・神道修成派・出雲大社教・神習教・神道大成教・御岳教・扶桑教・実行教・神道大教（神道本局）・禊教・神理教の十三派である。

文化庁編『宗教年鑑（平成十一年版）』によると神道修成派は明治九年（一八七六）開宗。教祖新田邦光（竹沢寛三郎）、東京都杉並区、信者数は約三万五千名。出雲大社教は明治九年（一八七六）開宗。第一代管長千家尊福、島根県簸川郡大社町、信者数約百二十五万名。神習教は明治十三年（一八八〇）開宗。教祖は芳村正秉、東京都世田谷区、信者数は約二十三万名。神道大成教は明治十五年（一八八二）開宗。第一代管長平山省斎、東京都渋谷区、信者数約二万二千名。御岳教は明治十五年（一八八二）開宗。創始者下山応助、奈良市、信者数約十四万名、扶桑教は明治十五年（一八八二）開宗。一代目管長宍野半、東京都世田谷区、信者数約四万五千名。実行教は明治十五年（一八八二）開宗。初代管長柴田花守、埼玉県大宮市、信者数約七万四千名。神道大教（神道本局）は明治十九年（一八八六）開宗。初代管長は稲葉正邦、東京都港区、信者数約三万七千名。禊教は明治二十七年（一八九四）開宗。教祖は井上正鉄、東京都世田谷区、信者数約十万名、神理教は明治二十七年（一八九四）開宗。教祖は佐野経彦、福岡県北九州市、信者数約二十七万名などである。それぞれの教団は、マスメディアや政治権力から淫祠邪教の批判を受け、しばしば弾圧されたが、民衆の現世利益的信仰に支えられている。（圭室文雄）

黒住教《くろずみきょう》　江戸時代後期に成立した新興宗教。岡山市。創始者黒住宗忠（一七八〇―一八五〇）。開創は文化十一年（一八一四）。神主であった彼は、重病に苦しんだとき、「天照大神への絶対随順により神人合一の境地に至る」との霊感を得た。以後、黒住宗忠は祈念禁厭《きんえん》による病気直しを手段に教えを広めた。習合神道的な天照大神信仰を説いていた宗忠は、没後京都吉田家より宗忠大明神の神号を付与された。教線は岡山や関西方面に展開していった。文化庁編『宗教年鑑（平成十一年版）』によると、信者数約三十万名、教師数約千九百名、法人数約三百四十である。（圭室文雄）

金光教《こんこうきょう》　幕末に始まった新興宗教。岡山県浅口郡金光町。開創は安政六年（一八五九）、創始者は農民赤沢文治（一八一四―一八八三）、川手文治郎ともいう。彼は厄年の四十二歳に金神のたたりにより「のどけ」の大病にかかった。神に祈念して全快した彼は、たたりをもたらす金神を神殿に祭り、天地金之神として福神にかえ、自らはその取次者となった。こうして彼は悪神である金神を天地金之神という福神にかえ、日常の家業に専念し、倫理的な生活をすれば神恩を得ることができると強調した。教線はまず地元の岡山県や広島県から展開し、明治五年（一八七二）に山口県、明治八年には大阪に広まっていった。明治十二―十三年にかけて、大阪地方にコレラが流行したので入信者が増加したとされている。その後、教線は全国に拡大していった。文化庁編『宗教年鑑（平成十一年版）』によると、信者数約四十三万名、教師数約四千二百名、法人数約千五百である。（圭室文雄）

天理教《てんりきょう》　幕末に成立した新興宗教。奈良県天理市。開創は天保九年（一八三八）、創始者は中山みき（一七九八―一八八七）。きっかけはみきの息子秀司の足の病気を祈禱したことである。そのときみきは神がかりして、自らを天の将軍と名のり、三千世界を助けるために天降りした元の神、実の神が、みきの体を神のやしろとして貰い受けたのである、と宣言した。安政元年（一八五四）みきは初めて帯屋許し（安産の呪術）をほどこし、以降安産と病気直しを強調し、信仰は拡大していった。みきの思想は、家族の基本は夫婦の和合であり、人間は皆兄弟であり平等である、人間の肉体は神からの借り物で、病気は神からのおさとしである、というものであった。楽天的な陽気ぐらしをすすめ、親神天理王命による救済信仰を強調した。信者組織の講は明治初年からつくられ、まず近畿・四国に展開し、さらに全国に拡大していった。著作は慶応二年（一八六六）の『みかぐらうた』（つとめの内容）、明治二―十五年の『おふでさき』。文化庁編『宗教年鑑（平成十一年版）』によると信者数約百九十万名、教師数約二十万名、法人数約一万五千である。（圭室文雄）

（五）天保の改革と雄藩の台頭

天保の改革　幕藩体制*をゆるがす内外の危機のなかで、老中*水野忠邦*を中心に幕府権力の強化を目指す天保の改革が始まった。忠邦は閣老への野心を抱き、肥前唐津から遠江浜松への転封*に成功すると、大坂城代*・京都所司代*を経て、天保五年（一八三四）水野忠成《ただあきら》に代わって老中となった。天保八年、将軍職を家慶にゆずったあとも、大御所として実権をにぎっていた家斉*が天保十二年に死去すると、忠邦は老中首座となって幕政の主導権をにぎり、広範な幕政改革に乗り出した。

忠邦は享保・寛政の改革を目標とし、厳しい倹約令のもと、風俗・出版に対する統制を強化する一方、人返し令*を発して農民の出稼ぎを禁じ、江戸*への流入者を帰村させ、天保の飢饉*で荒廃した農村の復興をはかった。また、物価を引き下げ、旗本*救済のため棄捐令*を公布したが、これらの改革は寛政の改革を継承したものである。

しかし、寛政期に比べて、内外の危機はいっそう深まり進行していた。こうした事態に対して、忠邦は物価高騰の原因を株仲間*の物資輸送と販売の独占にあると考えて解散を命じた（株仲間解散令*）。そのねらいは、これまでの特権商人による流通機構を排除し、生産者や新興商人に支えられた、より広範な流通機構を、幕府みずから掌握するところにあった。しかし、かえって流通機構は混乱し物価は暴騰した。また、忠邦は諸藩の専売制*を禁止し、中央市場としての大坂*の地位を回復しようとしたが、これもまた不十分に終わった。

対外的には、アヘン戦争*による外圧の危機に対し、天保十三年（一八四二）無二念打払令*を緩和し、薪水給与令を出して、漂着した外国船に薪水・食糧を与えることとした。また、江戸湾の防備体制を強化するため、浦賀奉行*を中心とする警備体制から関東譜代藩の警備体制へと切り替えた。

忠邦が最後に打ち出した政策は、天保十四年（一八四三）に発した上知令*である。それは江戸・大坂周辺を幕府の直轄領に編入することによって、幕府権力の絶対権を諸大名*・旗本に示すとともに、幕府財政を強化し、外圧に対処しようとする政治的・経済的・軍事的意義をもつものであった。しかし、関係大名・旗本の猛烈な反対によって、上知令は撤回され、忠邦は免職となった。上知令の失敗は、幕府が中央集権的な絶対権を喪失したことを示している。

雄藩の台頭　幕府の天保の改革と前後して、諸藩においても天保の改革を実施したところが多い。特に寛政の改革に成功した藩*が東北地方に多かったのに対し、天保の改革に成功した藩は西南地方に多く、これが西南雄藩台頭の原因となった。商品経済の発展に伴う産業構造の相違に加えて、唯一の貿易港長崎*に近く、外圧をいち早く経験する環境にあったからであり、内外の危機に対応する藩権力のあり方に違いがあったからである。

肥前の佐賀藩は、長崎警固の特役として、早くから海外と接触したが、文化五年（一八〇八）のフェートン号事件*を契機に、長崎防備の充実、軍備の増強を痛感し、天保元年（一八三〇）より、藩主鍋島直正*の主導のもとに藩政改革を実施した。まず、藩経費の節減によって藩財政を立て直す一方、貧農の没落を防ぐため、未納小作料の支払いを停止し（「加地子猶予令」）、くずれゆく農村秩序の再編・強化をはかったが、これはのちに均田政策へと発展する。さらに洋式工業を導入し、天保より幕末にかけて、反射炉を築いて大砲・小銃の鋳造を始め、造船・蒸気機関を製造し、陶磁器の専売を強化し、兵制改革を行って、強力な富国強兵の体制を築きあげた。

薩摩の鹿児島藩も、琉球貿易*を通じて海外と接触したが、窮乏した藩財政を立て直すため、文政十一年（一八二八）調所広郷《ずしょひろさと》*を中心に藩政改革を実施し、三都商人からの莫大な借金を事実上たなあげにした。ついで天保元年（一八三〇）から、奄美三島の砂糖に対して惣買入制を実施し、琉球貿易を拡大して藩財政の再建に成功した。さらに幕末には藩主島津斉彬《なりあきら》*の主導のもとに、洋式工業を導入し、集成館を中心に各種産業の総合的開発を行い、大砲・小銃を製造し、軍隊の近代装備化、外国艦船の購入、紡績機械の輸入など、一連の富国開化策によって、藩の軍事力を著しく強化した。

長門の萩藩は、天保大一揆の危機に対し、村田清風*を中心に藩政改革に着手した。まず、多額の借財を整理して、紙・蠟の専売制を改革し、下関に越荷方を設置して、諸国の廻船を相手に、積荷を担保として収益をあげ、藩財政の再建に成功した。さらに幕末にかけて、洋式工業を導入して、大砲・小銃を製造し、撫育局において製蠟・製紙・製油・製鉄などの工場設立を計画して、その一部に着手し、軍事費を強化する一方、奇兵隊*を組織し、兵制改革を行って、西洋陣法による軍事力の近代装備化に成功した。

土佐の高知藩は、天保の改革のあと、吉田東洋を中心に安政の改革を実施し、広く国産品や輸入商品に対して口銭を課し、また樟脳・鰹節・紙などの輸出によって収益をあげ、藩の経済力を強化した。幕末には専売機関として開成館を建設し、国産品の統制・販売を行い、国産品との引換えに武器・艦船を購入して、藩の軍事力を強化した。

こうして、藩政改革に成功した薩長土肥の西南大藩は、富国強兵の体制を築きあげ、雄藩として幕末の政局に強い発言力をもって登場する。

幕府の産業統制と挫折　幕府は水野忠邦の退陣のあと、幕閣の中心に阿部正弘*がすわったが、幕府内部には、産業統制のあり方をめぐって、番方層を中心とする産業統制派と役方層を中心とする株仲間再興派が対立し、その結果、後者が勝利して、嘉永四年（一八五一）「株仲間再興令」が出された。その後幕府は五回にわたって国産統制計画をたて、諸藩の専売制に対抗しながら、全国的規模で実現しようとしたが、絶えず産業統制派と株仲間再興の対立が続き、挙幕一致をもって産業統制にあたることができず、失敗に終わり、開港後の貿易利益の独占も果たせなかった。

また、産業統制計画には富国強兵策が意図されていたが、幕府の軍制改革と産業統制計画は一致せず、富国強兵策も所期の成果をあげることができなかった。そこから、専売制の再編・強化を通じて産業統制に成功し、挙藩一致をもって富国強兵の体制を築きあげた西南雄藩による倒幕運動が展開されてゆく。

（藤野　保）

〔内外の危機〕

フェートン号事件《ごうじけん》　文化五年（一八〇八）イギリス船フェートン号が長崎港へ不法に侵入した事件をいう。当時オランダはフランスの支配下にあり、その東南アジアの植民地はフランスの敵国イギリスに占領されていた。このようななかフェートン号は八月十五日（陽暦十月四日）にオランダ船捕獲を目的に、オランダ国旗を掲げて長崎港へ侵入した。そして入港手続きのため赴いた長崎奉行所の検使・通詞（通訳）とともにオランダ商館員二名を拉致して人質とし、オランダ国旗を下ろしてイギリス国旗を掲げた。同艦はオランダ船の不在を知ったが、食料と水を要求した。当時の長崎奉行松平康英*は商館長ドゥーフの説得によりこれを供給、人質を取り戻した。しかし同艦抑留の計画準備が整わないなか、同艦は長崎港を去った。康英は事件の責任をとり自刃し、長崎警備の当番にあたっていた佐賀藩主鍋島斉直も逼塞処分を受けた。この事件は幕府に大きな衝撃を与え、無二念打払令*のきっかけとなり、佐賀藩にとっても幕末期の西洋軍事力導入の契機となった。

（高野信治）

無二念打払令《むにねんうちはらいれい》　文政八年（一八二五）、日本沿岸に現れた異国船を無条件にただちに砲撃駆逐することを命じた幕府令。文政の打払令、外国船打払令、異国船打払令ともいう。十八世紀後半、欧米艦船が日本沿海に頻繁に出没するようになり、寛政三年（一七九一）幕府は、接近する異国船の臨検、船体・船員を抑留して後命を待つことを令したが、ロシア使節レザノフ*の来航により方針を改め、文化三年（一八〇七）に「薪水給与令」を出し、渡来異国船を穏便に帰国させること、漂流船への薪水給与を命じた。しかし文政七年、イギリス捕鯨船の暴行事件が起こると、幕府は翌八年、日本沿岸に接近する清・オランダ以外の外国船を「有無に及ばず一図ニ打払」うことを命じる「無二念打払令」を出した。しかし、天保八年（一八三七）漂流民を送還してきたアメリカ船を砲撃したモリソン号事件を契機として、無二念打払令の再検討が幕府内部で開始され、アヘン戦争*での中国の敗報、さらにはイギリス艦隊来航の情報がもたらされたことにより、天保十三年七月に「薪水給与令」が復帰した。しかし、その後も水戸藩主徳川斉昭*らによって「無二念打払令」の復古運動が起こされた。

（吉田昌彦）

無二念打払令（『御触書天保集成』）

……一体いきりすニ限らず、南蛮・西洋の儀は、御制禁邪教《じゃきょう》の国ニ候間、以来何《いず》れの浦方《うらかた》ニおゐても、異国船乗《のり》寄《よ》せ候を見受け候ハバ其処ニ有合せ候人夫《にんぷ》を以《もっ》て、有無に及ばず、一図《いちず》ニ打払ひ、逃延び候ハバ、追船等差出すに及ばず、其分ニ差置き、若《も》し押して上陸致し候ハバ、搦捕《からめと》り、又は打留《うちとど》め候ても苦しからず候。……御察度《ごさっと》はこれ有る間敷《まじく》候間、二念無《にねんな》く打払ひを心掛け、図《ず》を失わざる様取計ひ候処、専要《せんよう》の事に候条、油断無く申し付けらるべく候。

浦賀奉行《うらがぶぎょう》　江戸幕府*遠国奉行*の一つ、浦賀番所の長。元和二年（一六一六）江戸湾警備と武家船・廻船取締りのために設置された下田番所が、享保五年（一七二〇）風浪が高いため廃止、翌年正月に浦賀番所が置かれ、その長として浦賀奉行が置かれ、その業務を継承した。老中支配、千石高、役料五百俵、芙蓉間詰、与力十二騎、同心五十人が付属、文政二年（一八一九）二人勤め、役料一千俵、天保十三年（一八四二）一人勤めと変遷したが、異国船来航に備え弘化元年（一八四四）には二人勤めとなり、開国後は幕府外交セクションの主要な一角を占め長崎奉行*の上席となった。しかし、神奈川開港により比重が低下、文久元年（一八六二）一人勤め（浦賀在勤）となった。

（吉田昌彦）

アヘン戦争《せんそう》　一八四〇―四二年にかけての中国（清）とイギリスとの戦争。十八世紀末、イギリスは東インド会社*を通じ中国から茶・生糸などを輸入、インド産の綿花・アヘンを中国に輸出するという貿易関係が成立、それまでの対中国貿易での膨大な銀流出を解消し、逆に中国より大量の銀が流入するようになり、中国国内経済を混乱させた。これに加え、中国国内のアヘン中毒の禍害は深刻となり、清朝政府は一七九六年、アヘンの輸入・吸飲を禁止したが、効果がなかった。このため、清朝政府は湖広総督林則徐を欽差大臣に任命、広東に派遣し、徹底したアヘン密輸取締りに当たらせた。林則徐は英米のアヘン商人からアヘン二万余箱を没収焼却したが、これに対し、イギリスは軍隊を派遣、一八四二年には南京に迫るに至ったため、清朝政府は、イギリスの要求を呑んで南京条約を締結、香港割譲・上海など五港の開港、賠償金支払いを、追加協定で領事裁判権・最恵国待遇などを定め、欧米列強の中国侵略の端緒を開くとともに、日本国内にも大きな衝撃を与えた。

（吉田昌彦）

〔天保の改革〕

水野忠邦《みずのただくに》（一七九四―一八五一）　天保の改革を主導した幕

府老中*、唐津藩主、のち浜松藩主。諱は忠邦、通称は於菟五郎、号は松軒・菊園。寛政六年六月二十三日江戸*で生まれる。父は唐津藩主水野忠光の二男、母は側室恂。兄の死により世子となり、文化四年（一八〇七）に元服し従五位下式部少輔、同九年八月、父の隠居により襲封、和泉守となる。藩政改革の断行を宣言する一方、藩*が長崎警備の任を負っているにもかかわらず、幕閣への累進を目指し、同十二年十一月には奏者番となり、同十四年九月寺社奉行加役となり、幕閣への昇進が可能な浜松へ転封*となった。以後、大坂城代・京都所司代*と累進し、文政十一年（一八二八）、西ノ丸老中、天保五年（一八三四）に本丸老中となり、同八年三月勝手掛、同十年十二月には老中首坐となったが、実権は、大御所徳川家斉*が掌握していた。しかし、家斉死後、将軍家慶の信任を背景に同十二年五月、天保改革に着手、内憂外患の克服・幕権回復を目指して大規模な改革に乗り出したが、上知令*により反対派が結集し、同十四年閏九月失脚した。翌弘化元年（一八四四）六月老中首坐に再任されたが、翌二年二月には辞職。同年九月には在職中の責任を問われ隠居謹慎・二万石減封などの処分を受け、嘉永四年二月十日、渋谷下屋敷で死去。五十八歳。法名英烈院忠亮孝文大居士。結城市山川新宿万松寺に葬る。　（吉田昌彦）

人返《ひとかえ》し令《れい》　幕府の天保改革の一環として天保十四年（一八四三）三月に令された江戸人口抑制策・農村人口確保策。江戸*への農村人口流入による農村荒廃と江戸の下層町人*増加による「お救い」の負担や、都市騒擾の危険性の増大を回避するために、幕府は当初、江戸在住者の強制的な帰村帰農を検討したが、江戸町奉行の審議などにおいて実効性が疑われた。このため、幕府は人返し令において、人別改めの強化、人別送りの対象拡大と励行、出稼ぎ抑制、さらには江戸に住み着いて日が浅い単身者の帰村を図ることにより、これ以上の農村からの流入を阻止し、農村人口の回復を目指そうとした。しかし、その効果は、ほとんどなかったものと考えられる。　（吉田昌彦）

株仲《かぶなか》間《ま》解散令《かいさんれい》　幕府の天保改革において、株仲間*の停止、取放ちを命じた幕令。天保十二年（一八四一）、「向後右仲間株札ハ勿論、此外共都て問屋仲間并組合などと唱候儀ハ相成らず候」と幕府は令して、菱垣廻船*積問屋仲間、江戸十組問屋*仲間の停止を命じ、翌十三年、大坂*・京都でも同様の停止令が公布された。本令は株仲間商人の買占め、価格操作を打破し、物価騰貴防止や流通商品欠乏打開を図ろうとしたという説と、幕府が流通過程を直接把握して産業統制政策を実現しようとしたという理解とがある。江戸*・京都・大坂ではかなり徹底して解散令が施行されたと考えられるが、他の地域ではあまり効果がなかったようである。また、一般に株仲間や問屋といった名称を廃止するのみで、仮御主法などと称して実質的には存続させているなど、効果のわりには混乱のみを生

株仲間解散令（『天保法制』）

……向後《きょうこう》右仲間株札《かぶふだ》ハ勿論《もちろん》、此外《このほか》共都《すべ》て問屋仲間 并《ならび》組合抔《など》と唱《となえ》候儀は、相成らず候間其段申し渡さるべく候。

一、……何品にても、素人直《しろうとじき》売買勝《かっ》手《て》次第たるべく候。且《かつ》又諸家国産類、其外《そのほか》惣《すべ》て江戸 表《おもて》江相廻《まわ》し候品にも、問屋ニ限らず、銘々《めいめい》出入《でいり》のもの共引き受け、売捌《うりさばき》候義も是又《これまた》勝手次第ニ候間、其段申し渡さるべく候。

起するにとどまったようである。このため、幕府も嘉永四年（一八五一）に株仲間復興を許したが、往時の市場への影響力をもつことはできなかった。（吉田昌彦）

上知令《じょうちれい》「あげちれい」ともいう。幕府の天保改革時に発せられた江戸*・大坂*周辺の私領収公令。天保十四年（一八四三）六月一日、江戸周辺、同十五日に大坂周辺の上知が令された。上知は、江戸・大坂十里四方の私領を対象としたと考えられるが、その目的は、生産力が高く、かつ商工業が発展した地域を直轄領とすることにより、幕府の財政収入増加や商品流通ルート掌握を強化するとともに、欧米列強の日本来航に備えた江戸・大坂一帯の海防体制を整備しようとしたものである。また、上知断行により、将軍の統一的な封建的土地所有権の存在を諸大名らに誇示・再確認させることをも狙っていた。上知は、六月一日の老中*首坐水野忠邦*の領地下総国印旛郡内百二十石を皮切りに個別分散的に令されていったが、代替地の実高減少による減収などを理由とした領主の反対や、領主への貸し付けが返済されなくなること、年貢*増徴を憂慮した対象地の商人や農民の反対運動が起き、御三家和歌山藩や大奥、老中土井利位も反対し、閏九月七日、上知令は撤回され、同十三日、水野忠邦は失脚した。なお、上知令発布と併せて六月十一日、長岡藩領の新潟も上知されている。（吉田昌彦）

〔幕末の藩政改革〕

調所広郷《ずしょひろさと》（一七七六—一八四八）江戸時代後期の薩摩藩家老。安永五年二月五日、薩摩藩士川崎主右衛門の二男として生まれ、茶道調所清悦の養子となる。幼名清八、のち友治・笑悦と改名。寛政十年（一七九八）前藩主島津重豪《しげひで》に茶坊主として仕え、文化八年（一八一一）茶道頭、同十年御小納戸となり、還俗して笑左衛門広郷を名乗る。文政五年（一八二二）には町奉行、同八年には側用人*・側役を兼任した。文政十年には藩政改革の担当者に任ぜられ、天保四年（一八三三）には家老に就任した。国産品の増産と販売の合理化に努め、特に奄美大島*・徳之島・喜界島三島で生産される砂糖に徹底した専売制をとり利益をあげた。藩債五百万両については、大坂商人出雲屋孫兵衛らの協力を得て二百五十年賦償還の実現をはかった。また、洋式銃砲隊を編成するなど軍備の充実にも力を注いだ。嘉永六年十二月十八日、江戸藩邸で服毒自殺を遂げた。七十三歳。原因は藩*の密貿易の露見にあるともいわれるが真相は不明。墓は東京都杉並区の大円寺。（長野ひろ子）

村田清風《むらたせいふう》（一七八三—一八五五）江戸時代後期の長州藩士。天明三年四月二十六日、長門国大津郡三隅村沢江で長州藩士村田四郎右衛門光賢の長男として生まれる。母は兼常氏。名は順《より》次《ゆき》、のち将之・清風。通称亀之助、のち新左衛門・四郎左衛門、さらに織部と改む。字は子則・穆夫、号は松斎・東陽・静翁・炎々翁など。藩校明倫館*に学ぶ。文化五年（一八〇八）小姓役に任ぜられ、文政二年（一八一九）家督を相続。以後、御用所右筆、当職手元役、撫育方頭人、当役用談役などの要職を歴任した。天保九年（一八三八）表番頭として地江戸両仕組掛に任ぜられ、同十一年には江戸当役用談役を兼任し藩政改革を主導した。藩費の節倹と藩借財の整理、農村掌握の強化、専売制の改編、下関越荷方の拡大、対外防備の強化などを断行したが、弘化元年（一八四四）辞任し、藩政は反対派の坪井九右衛門が掌握した。安政二年（一八五五）再び藩政に復帰し、江戸

方内用参与となったが、同年五月二十六日死去。七十三歳。墓は山口県大津郡三隅町にある。（長野ひろ子）

鍋島直正《なべしまなおまさ》（一八一四―七一）　幕末の佐賀藩主。侯爵。幼名は貞丸。名は斉正のち直正。号は閑叟《かんそう》。文化十一年十二月七日、第十代佐賀藩主斉直《なりなお》の子として江戸藩邸で生まれる。天保元年（一八三〇）佐賀藩三十五万七千三十六石の藩主となる。襲封とともに自ら主導して質素倹約を行ったが、天保六年の佐賀城二ノ丸焼失を契機として直正を中心とする藩政改革派が藩権力を掌握し天保改革が開始された。天保八年に行政機構を請役所を中心に集中化、郷村に存在する代官*の権限を拡大して農村支配を強化。天保十年には江戸*・大坂*・長崎*・国元の負債の整理を実施した。さらに天保十三年には貧窮農民を救済し農村を抜本的に再建するために、加地子米（小作米）の十年間猶予を行った。これらの改革に併行して長崎警備の増強に取り組むとともに、軍用金の蓄えを始めた。こうして佐賀藩は天保改革によって藩体制の再編・強化に成功した。以後も直正の主導のもとに佐賀藩は富国強兵の方針を貫き西南雄藩として名を残した。維新政府では議定の要職を務めた。明治四年正月十八日死去。五十八歳。墓は東京都港区の賢崇寺隣りの麻布墓所にある。（木原溥幸）

近代

〔政治・経済〕

1853　ペリー来航
1854　日米和親条約締結・開国
1858　日米修好通商条約締結，安政の大獄
1860　桜田門外の変
1867　大政奉還，王政復古
1868　戊辰戦争，明治と改元
1869　版籍奉還
1871　廃藩置県，岩倉使節団
1873　徴兵令，地租改正条例，征韓論政変
1874　民撰議院設立建白
1876　廃刀令，秩禄処分
1877　西南戦争
1879　府県会開設，琉球処分
1880　国会開設運動高まる
1881　明治14年の政変・国会開設の詔
1885　内閣制度確立
1889　大日本帝国憲法発布
1890　第１回帝国議会開会
1894　日英通商航海条約調印，日清開戦
1895　日清講和条約・三国干渉
1897　金本位制確立
1898　最初の政党内閣成立
1900　北清事変，立憲政友会
1902　日英同盟成立
1904　日露戦争勃発
1905　日露講和条約
1910　日韓併合，大逆事件
1911　条約改正完成
1914　対独参戦
1915　対華21カ条要求
1918　シベリア出兵，原内閣成立
1919　パリ講和会議
1921　ワシントン会議
1925　男子普選実現，治安維持法制定
1927　金融恐慌，山東出兵
1930　金輸出解禁，統帥権問題
1931　満州事変勃発，金輸出再禁止
1932　満州国建国宣言，５・15事件
1933　国際連盟脱退通告
1936　２・26事件
1937　日中戦争勃発
1938　国家総動員法公布，東亜新秩序声明
1940　新体制運動・大政翼賛会 日独伊三国同盟
1941　日ソ中立条約締結，石油対日禁輸，対米英開戦
1945　米軍沖縄占領,原爆投下,ソ連対日参戦，敗戦

〔社会・文化〕

1856　洋学所(蕃書調所)を設置
1858　福沢諭吉蘭学塾開設
1862　幕府，留学生欧州派遣
1868　神仏分離令・廃仏毀釈
1869　東京・横浜間に電信開通
1870　横浜毎日新聞創刊
1871　郵便制度，女子留学生
1872　学制公布，鉄道開業
1873　太陽暦，キリスト教解禁
1874　明六社発足・明六雑誌
1875　同志社設立
1876　札幌農学校設立
1877　東京大学設立
1879　教育令，コレラ大流行
1882　東京専門学校設立
1883　鹿鳴館開館（欧化政策）
1884　秩父事件
1886　学校令，コレラ大流行
1889　東海道線全通
1890　教育勅語発布
1891　足尾銅山鉱毒事件問題化
1897　労働組合期成会結成
1901　社会民主党結成（禁止）
1906　鉄道国有化
1907　義務教育６年となる
1911　工場法制定,「青鞜」創刊
1912　友愛会結成
1916　吉野作造，民本主義主唱
1918　米騒動，スペイン風邪
1920　新婦人協会結成
1922　全国水平社結成
1923　関東大震災
1925　ラジオ放送開始
1933　滝川事件
1935　天皇機関説事件
1937　国民精神総動員運動
1940　贅沢品禁止(７・７禁令),砂糖などに切符制実施,大日本産業報国会結成
1941　小学校，国民学校となる
1942　大日本言論報国会結成
1943　学徒出陣，勤労動員
1944　学童疎開

〔世界の動き〕

1840　アヘン戦争（—42）
1848　米，カリフォルニア領有
1851　太平天国（—64）
1857　インド大反乱（—58）
1860　露，沿海州領有
1861　米，南北戦争（—65）
1863　米，奴隷解放宣言
1869　スエズ運河開通
1870　普仏戦争
1871　ドイツ帝国成立，パリ・コミューン
1877　英領インド帝国成立
1882　独墺伊三国同盟成立
1884　清仏戦争（—85）
1886　英，ビルマ併合
1887　仏領インドシナ連邦
1891　露，シベリア鉄道着工
1898　米，ハワイ併合，米西戦争,フィリピン領有 列国，清国に権益獲得 清国で戊戌政変
1900　列国，北京出兵
1905　露，第一次革命
1907　英仏露三国協商成立
1908　青年トルコ革命
1911　中国で辛亥革命
1912　中華民国成立，清滅亡
1914　第１次世界大戦勃発
1917　米，対独参戦，ロシア革命・ソビエト政権
1918　ロシア，独と講和，独・墺降伏・大戦終了
1919　パリ講和会議・ヴェルサイユ条約調印，独ワイマール共和政発足
1920　国際連盟発足
1922　ソ連邦成立
1926　中国で北伐開始
1929　世界恐慌はじまる
1933　独，ヒトラー政権成立，米，ニューディール
1935　独，再軍備宣言
1936　スペイン内乱
1938　独，オーストリア併合，ミュンヘン会談
1939　独ソ不可侵条約，第２次世界大戦勃発
1940　仏，対独降伏
1941　独ソ開戦
1944　連合国総反攻
1945　ヤルタ会談,ドイツ降伏,ポツダム宣言

一　ヨーロッパ勢力の東漸と東アジア

ヨーロッパ世界の変動　十七世紀中葉から十九世紀中葉、幕藩体制*下の日本が、島原の乱*以降、国内の内乱も外国との戦争もなく、いわゆる「鎖国」*体制のもとで、国際社会とのごく限定された接触しかもたなかった間に、ヨーロッパ世界では、大きな変動が起こりつつあった。すなわち、三十年戦争・スペイン継承戦争・オーストリア継承戦争・北方戦争・七年戦争・ナポレオン戦争、ピューリタン革命・名誉革命・アメリカ独立革命・フランス革命・七月革命・二月革命などなど、列国間の戦争や市民革命*・革命的騒乱が相次ぎ、こうした変革と動乱の過程を通じて、ヨーロッパの多くの国々では絶対王政が崩壊し、立憲政治・議会制度が発展をみて、近代国民国家が形成された。また経済面では、十八世紀後半のイギリスに始まり、十九世紀に入ると西ヨーロッパ諸国を中心に、いわゆる産業革命*が進行して、生産力が大きく伸長し、資本主義が成長・発展した。

ヨーロッパ列強の東方への勢力拡大　すでに十六世紀ごろから進められたきたヨーロッパ勢力の東方への進出は、このような政治的・経済的変動を背景として、十九世紀に入るころから、いちだんと活発化した。スペイン、オランダに代わって征海権を握り世界貿易によって富をたくわえつつあったイギリスは、十八世紀中葉、フランスとの戦いに勝利して、インドの植民地化を進め、十九世紀初めには、マレー半島・シンガポールを獲得して、東南アジア・東アジア進出の拠点を礎いた。そして、一八四〇—四二年、清国（中国）とのアヘン戦争*に勝利をおさめ、南京条約を結んで香港の割譲、上海など五港の開港を認めさせるなど、列強と清国との不平等な関係の緒を開いた。フランスは、安南（ベトナム）などインドシナを中心に東方経路を展開した。また、ロシアは毛皮を求めてシベリアを横断して東方に領土を拡大し、清国との対立を深めながら、沿海州・オホーツク・カムチャツカ方面に勢力を広めた。

　このようなヨーロッパ勢力の東方への進出は、中国を中心とする東アジアの国際秩序を大きく動揺させることになった。

欧米船の日本来航と幕府の対策　右のような国際情勢のなかで、十八世紀後半になると、欧米諸国の船がしばしば日本近海に姿を現すようになった。毛皮の交易のため、北太平洋地域に露米会社をつくったロシアは、北方から樺太・千島列島・蝦夷地（現在の北海道）に現れ、日本との通商を意図した。寛政四年（一七九二）漂流民大黒屋光太夫送還を機に使節ラクスマン*が根室に来航し、ついで文化元年（一八〇四）レザノフ*が長崎に来航して、ともに通商を要求した。文化五年（一八〇八）には、イギリス船フェートン号が長崎*に侵入し、敵対関係にあったオランダの商館員を一時拉致するという事件（フェートン号事件*）も起こった。

幕府は通商要求を拒絶するとともに海防に力を注ぎ、文政八年（一八二五）無二念打払令*（外国船打払令）を発して、海岸に接近した外国船の打払いを命じた。しかし、天保八年（一八三七）通商の交渉と漂流民送還のため江戸湾近くに来航したアメリカ船モリソン号を打ち払った措置に対し、日本国内では高野長英*・渡辺崋山*ら蘭学者の間から、幕府の対外政策を批判する声があがった。

アヘン戦争で強大な清国がイギリスに敗北したことは、幕府に大きな衝撃を与えた。天保十三年（一八四二）幕府は無二念打払令を緩和して薪水給与令を発し、外国船への燃料・食料の補給を認めた。同時に海岸の防備をかため、一時、高島秋帆の洋式兵術採用の意見書を取りあげるなど防衛体制を強化し、また従来の「オランダ風説書*」に加えて、「別段風説書」をオランダ商館長に毎年提出させ、海外情報の蒐集につとめた。

一方で、幕府はオランダ国王の開国勧告（弘化元年）は受け入れず、アメリカ使節ビッドルの国交・通商要求（弘化三年）も拒絶するなど、なおも「鎖国」体制を維持しようとはかった。しかし、激変する東アジア情勢のなかで、日本が欧米列強の開国要求を拒み続けることは、もはやきわめて困難となりつつあったのである。（鳥海　靖）

市民革命《しみんかくめい》　封建的諸特権が廃止され、私有財産制が成立する社会的変革を市民革命という。世界で最も早く市民革命が起こったのはイギリスである。封建社会で商業がしだいに発展し、十五世紀になると都市では商人の、農村では地主の力が強くなる。最大の領主である国王は、商人と地主を基盤として、国内すべての領主を中央集権的に支配する（絶対主義*）。国王は商人に独占を特許し、商人はその見返りに国王に特許料を支払う。一方、国王は、地主の地位を領主に対して守り、また地主が小作人から小作料を収取する権利を保証する。地主はその見返りとして、国王のために農村の治安を維持する。

国王の財政は商業の発展、新大陸からの銀の大量の導入によるインフレ（価格革命）、対外戦争の莫大な戦費などによりしだいに窮迫し、従来の封建的収奪を集中・統一した国王特権をいっそう強化する。その結果、地主は封建的付帯義務の強化に反対して、しだいに国王から離れ、商人もまた、特許料の強化のため、支配下の毛織物業者に圧迫を加え、その結果、毛織物業者は職場を都市から農村に移し、農村において国王の特許から離れた自由な業者として成長していく。こうして非特権的な業者は、国王から離れた地主と結び、国王特権に結ぶ領主・商人と対抗して、ついに市民革命を起こし、いっさいの領主特権を完全に廃棄する。その際、地主的利益は貫徹されるが、農民的要求はまったく無視された。

フランス市民革命では、地主的利益は貫徹されたが、強大な外国勢力との対抗上、農民的要求にも譲歩し、またドイツ市民革命では、強大な領主勢力に譲歩して、その存続を許した。

（飯沼二郎）

南北戦争《なんぼくせんそう》　十八世紀の初め、アメリカ合衆国の工業は、イギリス製品の競争と労働者不足によって、ほとんど未発達状態にとどまり、イギリスを中心とする国際分業関係のなかに、綿花を輸出して工業製品を輸入するという形で組み込まれていた。わずかにニューイングランドに成立した紡績・織布一貫工場のみが順調な発展をみせていたが、工業の発展に必要な保護関税は、南部の綿花生産者によって強く阻まれていた。

一八四〇年ごろから北部に、鉄工業、特に家庭用品・農具・車両部品・銃器類の加工鉄工業がめざましく発展し始める。こうして北部と南部との利害の衝突はしだいに尖鋭化し、ついに南北戦争がひき起こされた（一八六一―六五）。そして北部の勝利は、南部の支配を打破し、従来その反対により実現しえなかった産業資本のために有利な諸政策の実現を可能にした。すなわち、高率の保護関税、発券制度を統一し、通貨を安定にし、商品流通を円滑にする国法銀行法、大陸横断鉄道や自営農に対する公有地の贈与、移民局の創設などである。これらはすべて、以後の合衆国の経済が急速に発展するための契機となった。また、南部の奴隷制度の廃止により、主として北部に発達していた民主主義が全国的に普及することになった。

（飯沼二郎）

普仏戦争《ふふつせんそう》　ドイツ帝国の成立を可能にしたプロイセン王国およびその同盟諸邦と、ナポレオン三世を皇帝とするフランスとの戦い。きっかけは、スペイン王国の王家断絶にあたり、南ドイツのホーエンツォレルン・ジグマリンゲン家のレオポルトが候補にあがったことにある。フランス政府はこれを知ると、一八七〇年の夏、自国の安全保障の立場から激しく反対、フランスの世論は沸騰した。駐独フランス大使ベネデッティは、保養地エムス温泉で休養中のプロイセン王ヴィルヘルム一世にこの立候補断念を強く迫った。彼の要求をプロイセン王は受け入れたが、首相ビスマルクは、事実を改変する反フランス的な電報をベルリン政府に打ち、これをコミュニケの形で新聞にも報道させた。当然パリの空気は硬化し、七〇年七月十九日プロイセンに宣戦を布告、プロイセンのほうでも北ドイツ連邦諸国はもとより、これまで同盟外にあったバイエルンほかの南ドイツ三国までが、六六年に結ばれた攻守同盟に基づき、プロイセン側について参戦したので、戦いは「独仏戦争」の性格を帯びた。参謀長官モルトケの作戦指導のもとで、ドイツ連合軍はアルザス・ロレーヌからフランスに侵入、九月初めにはプロイセンの勝利が明らかとなり、ナポレオン三世は捕虜となった。九月四日、パリで共和制が布告されたのちも、国防政府は全国から召集した人民軍で抗戦を続けたが、ビスマルクの意見を容れたプロイセン王は、七一年二月二十六日、ドイツ軍大本営のあるヴェルサイユで仮講和。パリの民衆はこれを不服としてパリ・コミューンの人民政府を擁立、国防政府と争ったが、五月十日には、アルザス・ロレーヌの割譲、賠償金五〇億フランという屈辱的なフランクフルト講和条約が結ばれた。

（成瀬　治）

ドイツ帝国《ていこく》　普仏戦争*の講和条約が結ばれるよりさき、一八七一年一月十八日、ヴェルサイユ宮殿の「鏡の間」で、プロイセン王ヴィルヘルム一世は、諸侯により、ドイツ皇帝に推戴され、ここにドイツ帝国が始まった。バイエルン王をも含む南ドイツ三国の君主が、進んでこの皇帝選出に賛成したのは、もっぱら巧妙で粘り強いビスマルクの外交手腕による。この帝国の成立を、ふつう「ドイツ統一」と称するが、実態は二十二の君主国とハンブルクをはじめとする三つの自由都市からなる連邦国家であった。しかし、ドイツ帝国憲法は北ドイツ連邦憲法を修正・補充したものであり、しかもその実際上の運用に当たっては、帝国全領域の三分の二を占め、総人口の五分の三を擁するプロイセン王国が決定的な重みをもっていた。ルール地方やシュレージェン州など、帝国で最も重要な工業地域もプロイセンの支配下にあったから、ドイツ帝国（オーストリアは一八六六年の普墺戦争に失敗して、ドイツ統一には加わらず、独自にオーストリア＝ハンガリー二重帝国を形成していた）は、プロイセン＝ドイツともいうべきものであった。帝国に関する立法は帝国議会《ライヒスターク》（下院）と連邦参議院《ブンデスラート》（上院）によって行われるが、行政については合議制の中央政府が設けられず、皇帝の任命する帝国宰相とそれに直属する宰相府がこれを担うこととなった。

宰相ビスマルクは、最初のうち国民自由党と手をにぎり、バイエルンに大きな地盤をもつ中央党のカトリック政策に対抗して「文化闘争」を戦ったが、やがて社会民主党が労組を地盤として台頭すると、これを「帝国の敵」と称して「社会主義者鎮圧法」を制定し、他方で労働者に有利な種々の社会保障制度を定めて、いわゆる「飴と鞭」の統治を行った。一八九〇年、ヴィルヘルム二世（カイゼル）が皇帝となってからは、対労働者政策の違いがきっかけでビスマルクは罷免され、カイゼルの独裁となった。ティルピッツのもとで対イギリス建艦競争が展開され、その結果、仏・露の軍事同盟をも誘発して、一九一四年、第一次世界大戦*に突入。一九一八年、敗戦とともにドイツ全国に起こった革命により、ドイツ帝国は消滅、ヴァイマール共和国がこれに代わった。

（成瀬　治）

産業革命《さんぎょうかくめい》　産業資本がマニュファクチュア*から機械制工場制に移行する過程を産業革命という。マニュファクチュアは、農家の副業に基づく前貸問屋制と、機械でなく道具による集中作業場からなる。

世界で最も早く産業革命を行ったのは、イギリス北部の織物業で、低賃金労働力の豊富な西部・中部・東部ではしだいに集中作業場が廃止されて、前貸問屋制のみとなるが、一方、低賃金労働力の乏しい北部では、いつまでも集中作業場が残存し、十八世紀後半、機械の発明とともに、それらが工場制に移行する。西部・中部・東部では、前貸問屋制を強化して北部に対抗するが、やがて工場制へ移行するか、工業そのものを廃止するか、いずれかの途をとらざるをえないことになる。

綿織物業は紡績と織布の二工程に分かれるが、まず工場制に移行したのは紡績工程である。そのため紡糸の供給が過剰となり、織布工程は人手不足を来すほどに繁栄をきわめる。十八世紀末に力織機が発明されると、織布工の激しい抵抗を排して急速に普及し、一八三〇年ごろまでに織布工程も工場化され、産業革命は終了する。政治の主導権も、一八三二年の議会改革、一八四六年の穀物法撤廃を経て、従来の地主、商業資本家から工場制産業資本家の手に移り、重商主義を廃して自由貿易主義を確立する。以後半世紀、イギリスは工場製品を輸出して農産物を輸入するという世界資本主義の中心国として繁栄をきわめる。イギリスの経済的圧迫に抗して、ドイツ・フランス・アメリカ・日本が産業革命を起こすが、それらは、すべて政府の政治的・経済的努力によるものであった。（飯沼二郎）

太平天国《たいへいてんごく》　反清革命軍の建てた政権。清朝のシンボルである辮髪《べんぱつ》を廃止したので、支配者側からは、長髪賊・髪匪《はつひ》・粤匪《えつひ》と称された。一八五〇年、洪秀全《こうしゅうぜん》を指導者とした貧農・手工業者が広西に蜂起し、翌年、太平天国と定め、湖南をへて揚子江流域に進出した。一八五三年に南京を占領して首都（天京）とし、洪秀全は天王と称した。以後中国内地の大部分に兵を進めた。上帝会のキリスト教的思想に基づき、土地の共有と均分を説く天朝田畝制度を発布し、纏足《てんそく》・賭博・アヘンを禁じるなど、その改革は社会・経済・宗教・思想に及び、組織・規律に優れた民族解放運動の性格をもっていたが、幹部の対立から、各地の幹部は洪秀全の統制を離れて自立の傾向を示し、李秀成の軍隊がもっぱら首都防衛に当たった。しかし、最初中立を宣言した列強も、条約利権を守るために清朝擁護にまわり、太平軍は曾国藩や李鴻章の郷勇とゴードンの常勝軍などの攻撃を受け、江浙などの地盤を失い、一八六四年の洪秀全の自殺によって、南京も陥落し滅亡した。（川越泰博）

アロー戦争《せんそう》　一八五六年、清代広東の官憲がイギリス船籍のアロー号を臨検し、中国人水夫十二名を海賊容疑で逮捕、イギリス国旗を引き下ろしたことを契機に、中国とイギリス・フランス間の戦争に発展した事件。広東の反英気分に悩み、また南京条約改定を望んでいたイギリスは、中国全域の貿易への開放と公使の北京駐在を求めて、広西省西林県における宣教師殺害事件で清国と交渉中であったフランスと連合して強硬手段をとり、一八五七年に広東を占領、五八年には天津に迫って、アメリカ・ロシアとともに、清国と「天津条約*」を締結した。さらに翌年、同条約批准交換のため白河口から北京に入ろうとしたイギリス・フランス使節が清兵に砲撃されたので、一八六〇年イギリス・フランス連合軍は北京を占領して、円明園離宮を焼き払い、ロシアの調停で北京条約を結んだ。この結果、アヘン貿易は公認され、開港場は揚子江流域から華北・満州に及び、アヘン戦争*後の中国の半植民地化をさらに推し進めたので、第二次アヘン戦争とも呼ばれている。（川越泰博）

セポイの反乱《はんらん》　インド最初の反英独立戦争。セポイとは、ペルシア語で兵士を表すシパーヒー（Sipāhī）の訛ったもので、イスラム教徒および上位カースト出身のヒンドゥー教徒よりなる東インド会社*軍のインド人傭兵をさす。一八五七年五月、インドの習慣を無視して弾薬筒に牛と豚の油を使用させようとしたことから、デリー北方メーラトのセポイが武装反乱を起こしてデリーを占領、ムーガル帝国*の復活を叫んだ。反乱は各地に拡大し、農民や手工業者、一部には特権を奪われた王侯も合流した。九月、イギリスはデリーを回復、翌一八五八年、ムーガル皇帝を廃してムーガル帝国を滅ぼし、東アジア会社を解散、インドの直接支配を開始した。反乱軍は、政治的中心がなく、組織も不十分で、一八五八年にはイギリス軍にほぼ鎮圧されたが、ゲリラ的闘争は一八五九年まで続いた。この反乱は、インドの半ばを占める地域の住民が一致して初めて反英抗争に立ち上がったという点で、インド民族運動史上の重要な出来事であ

り、第一次独立戦争とも呼ばれる。　（川越泰博）

清仏戦争《しんふつせんそう》　ベトナム（越南）をめぐり、宗主権を主張する清と、ベトナム領有をはかるフランスとの間に、一八八四年七月から翌年六月にかけて行われた戦争。フランスのインドシナ進出は、阮福映《げんふくえい》がフランス宣教師らの援助をえて阮朝を開いたとき（一八〇二年）に始まる。フランスは一八六二年のサイゴン条約においてコーチシナを併合、カンボジアを保護国とした。さらに七四年、ベトナムを圧迫してトンキン地方をフランス人のために開放させたが、ベトナム人とフランス人の間にしばしば衝突が起こり、出兵したフランスはユエ条約（一八八三年）においてベトナムを保護国とした。しかし、清はこれを認めず、トンキン地方に出兵し、黒旗軍と結んでフランス軍に対抗したため、八四年、両国軍が衝突、清軍は敗北した。八五年六月の天津条約*で、ベトナムは名実ともにフランスの保護国となり、八七年、コーチシナ・カンボジア・ベトナム・トンキンをもってフランス領インドシナとし、一八九三年、ラオスもこのなかに加えられるに至った。　（川越泰博）

シベリア鉄道《てつどう》　ロシアが建設したウラル山脈東麓のチェリヤビンスクから沿海州のウラジオストクに至る全長七四一六キロメートルの南シベリア横断鉄道。一八九一年に着工されたが、日露間の情勢の緊迫化のため、一九〇四年東清鉄道によって、ウラジオストクとの連絡線がひとまず完成し、一九〇五年シルカ川沿岸のストレチェンスクまで通じ、ここからハバロスクまでの路線は一六年にようやく完成した。総工費は、当時の価格で十億ルーブルといわれている。蔵相ウィッチの努力とフランス資本とを背景にしたこの鉄道の完成によって、ロシアの極東進出を有利にするとともに、シベリアおよび極東の農産物を世界経済のなかに引き入れ、シベリア開発は飛躍的に進んだ。ヨーロッパ、ロシアからの移民も急増し、一八八八—九〇年の間には一一万六一六四人であったのが、一八九七—九九年の間には五一万六二〇一人になっている。最初単線であったが、革命後トゥルクシブ鉄道・バム鉄道などの主要支線が建設され、さらに全線の複線化が行われた。　（川越泰博）

立憲政治《りっけんせいじ》　国家の基本法としての憲法に基づいて国民の権利と自由を定め、国会を開いて国民を国政に参与させる政治システム。封建的な身分制議会と王権との対立を歴史的背景に、イギリスをはじめとするヨーロッパ・北米を中心に発達し、十九世紀後半までにはヨーロッパ・北米諸国の大半で立憲政治が実現した。多くの場合、それは革命や革命的騒乱を通じて強大な王権が打倒あるいは制限されることによって形成された。アジア最初の立憲政治は、一八七六年トルコで実現したが、一年足らずで廃止された。日本に立憲政治の知識が伝えられたのは、一八二〇年代と思われるが、幕末の対外危機と政局の激動に対応して、一八六〇年代、公議政体論*として立憲政治採用論が芽ばえた。明治維新を経て、対外危機感の深まるなかで、明治政府は国際社会において欧米列強と並立する強国を建設するために、立憲政治の実現を必要不可欠と認識した。明治五年（一八七二）ごろから左院*を中心に公選の議会設立案の検討を開始し、同八年には「漸次立憲政体樹立」の方針を明らかにした。その間、民撰議院*設立建白をきっかけに、在野の自由民権派による国会開設運動も起こった。こうして立憲政治の実現という共通の国家目標をめざす政府と民権派の政治的競合が展開されたが、明治十四年の政変*以降、政府の主導権のもとで、準備が進められた。同二十二年（一八八九）二月十一日大日本帝国憲法*が発布され、翌二十三年十一月二十九日帝国議会*が開設されて、当時としてアジア唯一の立憲政治が実現した。それはプロイセンはじめヨーロッパ諸国から多くを学んだもので、君権主義的性格が濃厚であったが、政府と民党（旧民権派）の協力により、議会開設から十年以内に衆議院*の多数党による政権が発足し、立憲政治が定着した。第二次世界大戦*中、軍部の台頭で立憲政治は危機に瀕したが、戦後、日本国憲法*のもとで、議会制民主主義が確立し、立憲政治は再出発した。（鳥海　靖）

二　近代国家の形成

（一）　開国と幕府の倒壊

開国　嘉永六年六月三日（一八五三年七月八日）、アメリカ東インド艦隊司令長官ペリー*の率いる四隻の軍艦が、江戸湾入口に姿を現した。彼はこれまでの諸外国の使節とは異なって、日本に対し高圧的な態度を取ることこそが日本を開国*させるという使命を達成できると確信していた。幕府はペリー来航についての情報を事前にオランダを通じて得ていたし、旗艦サスケハナ号に乗り込んで予備交渉にあたった浦賀奉行所の与力たちは世界地理や蒸気機関の原理に関して高度な知識をもっていて、ペリー側を驚かせた。しかし、アメリカ大統領の開国・通商を求める国書を提出して強硬な姿勢で交渉に当たるペリーに対し、幕府として「祖法」を守るための有効な対策は取りえなかった。そして多くの日本人にとって、江戸湾の奥深く進入した巨大な鋼鉄の外輪蒸気船「黒船*」は、驚異と脅威の的となった。

　ペリーはいったん退去したが、翌年再度来航し、強く回答を迫った。「ぶらかし戦法」（言を左右にして回答を引きのばす方策）が通用しないことを悟った幕府は、「避戦」

を基本方針として、アメリカの開国要求を受け入れ、安政元年（一八五四）三月、日米和親条約*を締結し、下田・箱館の開港、燃料・食料・水などの供与、領事の駐在、最恵国待遇などを認めた。ペリーに続いて、ロシア使節プチャーチン*が長崎に来航し、日露和親条約が調印され、またオランダ・イギリスなどとも和親条約が結ばれた。

ついで、安政五年（一八五八）六月、アメリカ総領事ハリス*と幕府側との間に日米修好通商条約*が調印された。この結果、神奈川・長崎・兵庫・新潟の四港の開港（下田は閉鎖）、江戸*・大坂*の開市、両国民の自由な通商、協定関税制度、アヘン輸入の禁止、領事裁判制度などが取り決められた。引き続いて、オランダ・ロシア・イギリス・フランスとも同様の修好通商条約が結ばれた（安政五カ国条約*）。これらの条約は協定関税の制度・領事裁判制度を片務的に認めていたため、不平等条約として、のちに明治政府のもとで条約改正問題が重要な課題になった。

万延元年（一八六〇）、日米修好通商条約批准書交換のため、幕府の遣米使節たちがアメリカ船で渡米し、随行した日本船咸臨丸には木村喜毅・勝海舟*・福沢諭吉*らが乗り組んで太平洋を横断した。こうして、二百余年にわたる「鎖国*」体制に終止符を打った日本は、十九世紀後半の国際社会に乗り出して行くことになった。

国内政局の激動　ペリー来航と武力的圧力のもとでの開国は、「癸丑《きちゅう》（嘉永六年）以来未曾有之国難」という言葉に象徴されるように、国内に大きな対外危機意識を呼び起こし、それに触発されたナショナリズムの高まりが、国内の変革と新しい日本の建設の原動力となった。

開国をきっかけに、幕府や諸藩では洋式技術の採用による軍事改革、人材の登用、洋学研究機関の設置など改革の動きが進んだ。しかし、武力的威圧に屈服する形で開国したことに対し、幕府を非難する声が高まり、薩摩・長州・土佐・水戸・越前など雄藩の間からは、危機を乗り切るため、次の将軍に英明という評判の高い一橋（徳川）慶喜《よしのぶ》*（水戸藩主徳川斉昭*の子）を推し、雄藩の力によって幕政改革を実行しようとする動きが起こった。これに対し、大老*に就任した井伊直弼《なおすけ》*（彦根藩主）は、勅許のないまま日米修好通商条約を結ぶとともに、紀州藩主徳川慶福《よしとみ》（家茂《いえもち》*）を将軍継嗣と定め、安政五—六年（一八五八—五九）一橋派を厳しく処分した。このとき、長州藩士吉田松陰*・越前藩士橋本左内*らが死刑に処せられた。いわゆる安政の大獄*である。

しかし、このような強圧策は急進的な尊王攘夷運動*をかえって刺激する結果となった。万延元年（一八六〇）三月、井伊直弼は登城の途中、尊攘派の水戸浪士らに襲撃され暗殺された（桜田門外の変*）。この事件により幕府の威信はいちじるしく失墜した。幕府はその後、老中安藤信正*

が中心となって、公武合体論*の立場から和宮*（孝明天皇の妹）の将軍徳川家茂への降嫁をはかるなど朝幕の融和に努めたが、文久二年（一八六二）安藤信正も水戸藩士らによって襲撃された（坂下門外の変*）。

そのころから、生麦事件*、長州藩の外国船砲撃など尊攘派による攘夷の行動が相次ぎ、幕府の国内統治能力の欠如が露呈され、幕府の立場はいっそう困難になった。

幕末の政争の激化の過程を通じて注目すべきことは、数百年来、政治的にはほとんど無力であった天皇（朝廷）の政治的役割が、にわかに高まったことである。幕藩体制*下における権威（天皇・朝廷）と権力（将軍・幕府）の分立が、天皇をシンボルとする反幕府・ナショナリズムの運動を容易にしたといえよう。

倒幕運動の高まり　幕末に幕政改革論・尊攘運動・倒幕運動*の大きな拠点となったのは、薩摩藩と長州藩であった。両藩は七十二万石、三十六万石という屈指の有力外様藩で、歴史的にも徳川氏と対抗する立場にあり、幕末の藩政改革にも成功して、藩*としての実力を蓄えていた。

長州藩が尊王攘夷運動の中心となったのに対し、はじめ島津斉彬《なりあきら》*のもとで雄藩連合の盟主格だった薩摩藩は、斉彬の死後、藩主後見役島津久光*によって公武合体・幕政改革の政策を進め、長州藩と対立した。長州藩は文久三年（一八六三）八月十八日の政変*で朝廷における勢力を失い、翌年、勢力回復を目指して京都に攻め上ったが、薩摩藩は会津藩と協力して蛤御門《はまぐりごもん》の戦い（禁門の変*）で、これを撃退した。しかし、このころから西郷隆盛*・大久保利通*ら下級武士が藩の実権を握り、藩政改革を推進するとともに藩論をしだいに倒幕に向けていった。

一方、四国連合艦隊の下関砲撃*や幕府の追討（征長の役）を受けて窮地に立った長州藩は、いったん幕府に恭順の姿勢を示したが、その後、高杉晋作*・桂小五郎（木戸孝《たか》允《よし》*）らが中心となり、農民・町人をも加えた奇兵隊*など諸隊を動員して藩政を掌握し、倒幕運動を推進した。

対外政策の面でも、薩摩藩は薩英戦争*（文久三年）、長州藩は四国連合艦隊との戦い（元治元年）を契機に、列強の実力を知り、無謀な攘夷の行動を止めてイギリスに接近し、軍事力強化をはかった。そして、土佐藩坂本龍馬*らの仲介により、慶応二年（一八六六）両藩はいわゆる薩長同盟*を結び、幕府に対抗した。その結果、幕府の長州再征は失敗に終わった。

また、長州再征のさなか、世直しを叫ぶ農民一揆*が各地で起こり、江戸・大坂では貧民の打毀しがしばしば発生した。幕府の国内統治はもはや末期的症状を呈しはじめていたのである。

大政奉還から王政復古へ　慶応二年（一八六六）家茂の死後、十五代将軍となった徳川慶喜は、つぎつぎと幕政改革を実行した。しかし、薩長両藩を中心とする倒幕運動の高まるなかで、幕府の弱体ぶりは明白であった。薩長に対抗して土佐藩は、西洋の議会制度のアイディアを取り入れ、いわゆる公議政体、すなわち、天皇のもとで藩を基礎にした議事機関を設けて時局の収拾をはかろうとした。後藤象二郎*・坂本龍馬らの合作といわれる「船中八策」における「上下議政局」の設置案は、その一例である。後藤の意見をもとに、土佐前藩主山内豊信《とよしげ》*（容堂）は、徳川慶喜に対して大政奉還*を進言し、慶喜は慶応三年（一八六七）十月十四日、朝廷に大政奉還を上表した。その直前、慶喜は洋学者西周《あまね》*（開成所教授）を招いて西洋の議会制度について講義を聞き、西に大政奉還後の政体について諮問した。西の案の骨子は徳川宗家の大君が政府の長として行政権をもち、二院制の議政院を開設して上院には諸大名を集めて自ら上院議長をつとめ、下院は諸藩士の代表をもって構成し、議政院の評議決定した法律について、政府から天皇に裁可を仰ぐ、というものであった。おそらく慶喜は、こうした公議政体のもとで、なお政権を維持する意図があったものと思われる。

しかし、大政奉還上表の前日、薩長倒幕派とこれに同調する岩倉具視*ら公家たちの工作によって、薩長両藩主にあてた討幕の密勅*が発せられていた。この二つの政治路線が複雑にからみ合いつつ政局は混迷を深めたが、慶応三年十二月九日（一八六八年一月三日）、薩摩藩兵らが宮門を固めるなかで、いわゆる王政復古の大号令*が発せられた。これにより、幕府は廃止され、十六歳の明治天皇*のもとに新政府が発足した。王政復古の詔では、「諸事神武創業ノ始」に基づき、身分の別なく「至当ノ公議ヲ竭《ツク》」すべき方針がうたわれ、「旧弊御一洗」「百事御一新」が強調されている。諸外国の歴史にもしばしばみられるように、「復古」のシンボルがきわめてラディカルな変革を推進するスローガンとして掲げられていることに注目すべきであろう。

新政府は成立直後の小御所会議*において、岩倉具視・大久保利通らの強硬論が山内豊信らの反対論をおさえ、徳川慶喜への辞官納地要求と新政府からの排除とを決定した。こうして、徳川氏中心の公議政体による時局収拾構想は挫折したのである。

戊辰戦争　新政府の徳川慶喜排除の措置は、旧幕府側を憤激させ、明治元年（一八六八）正月、旧幕臣・会津・桑名藩兵を中心とする旧幕府軍と薩長両藩兵を中心とする新政府軍との軍事衝突が起こった（鳥羽・伏見戦争*）。これに勝利をおさめた新政府軍は、慶喜を「朝敵」として追討するため、江戸に進軍した。勝海舟・西郷隆盛の会談などにより、同年四月、江戸城は無血開城したが、内戦はその後、東北・北陸地方に及び、特に会津では一カ月にわたる激しい戦闘が展開された。

明治二年（一八六九）五月、蝦夷地（北海道）の箱館で新政府に抵抗していた榎本武揚《えのもとたけあき》*らが降伏し、一連の戊辰戦争*は新政府の勝利によって終結した。戊辰戦争における死者は、新政府側・旧幕府側あわせて約八千二百人（脱走兵を除く）、とりわけ会津藩の死者は女子約二百人を含めて二千六百人に達したとされる。

二百数十年に及ぶ江戸幕府*の支配に終止符を打たせた戊辰戦争が、泥沼の全面的内戦に拡大することなく、比較的短期間で収拾されたのは、幕藩体制下の日本が、人種的ないし民族的対立、宗教的対立、言語的対立などの国民的統合の阻害要因がほとんどなく、かなり高度な社会的同質性を保っていた点が前提条件であろう。そして、そうした条件のなかで、ペリー来航以来の強い対外危機意識に触発されたナショナルな一体感が、植民地化の危機を回避し国家的独立を保持しようとする最低のコンセンサスを旧幕府側・新政府側に共有させていたといえよう。勝海舟が「印度・支那の覆轍《ふくてつ》顧みざらむ哉」とインド・清国の前例を引き合いに出して、江戸城攻撃中止を強く求め、西郷隆盛がこれを受け入れたという歴史的事実は、そうした事情をよく表している。（鳥海　靖）

〔開　国〕

黒船《くろふね》　安土桃山時代から江戸時代初期にかけて来航した南蛮船および幕末期に来航した西洋船の総称。鎖国*以前に来航したポルトガル船やスペイン船などいわゆる南蛮船は、カラック、ガレオン、ガレウタと呼ばれる航洋型帆船であったが、その多くが船体を防腐用の黒いタールで塗ってあったため黒船と称された。江戸初期に編纂された『日葡辞典』にもCurofuneの語が載っている。幕末期に西欧諸国から来航する船が多くなるに従い、「西洋の船」（異国船）の意味で黒船を使うようになった。嘉永六年（一八五三）六月、アメリカ東インド艦隊司令長官ペリー*率いる蒸気船サスケハナ（フリゲート、二四五〇トン）、同ミシシッピー（フリゲート、一六九二トン）、スループ型帆船プリマス（九八九トン）、同サラトガ（八八二トン）の四隻の艦船が江戸湾頭に姿を現すと、幕閣をはじめ江戸庶民に至るまで、その威容に驚き、こぞって黒船と呼んで恐れおののいた。多くの錦絵*が黒船の「異様」を競って描いたところから、ペリーの艦船が以後黒船の代名詞となり、現代では日本を開国に導いた船の同義語として使用されている。（犬塚孝明）

ペリー　Matthew Calbraith Perry（一七九四—一八五八）　アメリカの海軍軍人、日本を開国*させた立役者。一七九四年四月十日、父クリストファーと母セーラの三男としてロードアイランドに生まれる。海軍一家に育ち、十三歳で士官候補生としてフリゲート艦に乗り組んで以来、生涯をアメリカ海軍の発展に捧げる。ニューヨークの海軍工廠監督官時代に蒸気船の導入に努めたところから、「蒸気海軍の父」と呼ばれた。メキシコ艦隊司令長官を経て、一八五二年十一月、東インド艦隊司令長官に任じられると同時に、遣日特使として広範な外交任務を与えられた。翌五三年六月、四隻の艦船を率いて来航、巧みな砲艦外交により日本を開国させることに成功、翌五四年三月には日米和親条約*を締結した。帰国後『日本遠征記』を編集出版、一八五八年三月四日ニューヨークで死去。六十三歳。

（犬塚孝明）

開国《かいこく》　鎖国*の対概念として用いられた言葉で、具体的には嘉永六年（一八五三）のペリー来航*から安政五年（一八五八）の安政五カ国条約*の締結完了に至る日本社会の変動過程をさす。アヘン戦争*による中国敗北の報は、幕府に大きな衝撃を与えた一方で、幕府自身弘化元年（一八四四）にオランダ国王ヴィレム二世から将軍宛て親書の形で届けられた開国勧告を、「祖法」の遵守を理由に拒否した。だが、東アジアをとりまく国際環境はすでにこれを許さない状況にあった。産業革命*の進展とともに積極的な中国市場への進出を企てていたアメリカは、日本の開国を世界的必然として認識し、東インド艦隊司令長官ペリーを日本へ派遣した。嘉永六年六月、蒸気船二隻を含む四隻の軍艦を率いて浦賀沖にやってきたペリーは、幕府に対し大統領国書を手渡すと、開国を強く要望した。「祖法」を超えた国家の「一大事」と認識した幕府では、これを朝廷へ報告する一方、諸大名以下町人*に至るまで意見を徴し、開幕以来の国難に対処しようとした。このことが逆に幕府の弱体をさらけ出す結果となった。翌安政元年（一八五四）三月、再渡来したペリーは砲艦外交により、幕府との間に日米和親条約*を締結、鎖国という「祖法」を幕府自らの手で破棄させることに成功した。その後、通商条約締結の使命を帯びて来日した総領事ハリス*は、幕府と数回の交渉を経て、同五年六月、日米修好通商条約*を調印、続けてオランダ・ロシア・イギリス・フランスの各国も幕府と修好通商条約を締結したが、条約そのものが無勅許調印であったことは、好むと好まざるとにかかわらず、天皇を政争の場へと引き出すこととなった。領事裁判権や関税自主権の欠如、片務的最恵国条項など列国との間に不平等な関係を強いられながらも、日本は名実ともに世界資本主義体制の一環に組み込まれることになる。ここに、開国の一連の過程が完結すると同時に、翌年から各開港場で始まった自由貿易は、日本経済を極度の混乱に陥れ、経済変動は政治変動と相まって、中・下級武士や豪農商層に体制変革への自覚を促し、尊攘倒幕運動*へと連動していく。こうした維新変革へのエネルギーをひき起こした点に、開国の重要な史的意義があるといえよう。〈石井孝『日本開国史』吉川弘文館、一九七二。加藤祐三『黒船前後の世界』岩波書店、一九八五。田中彰編「開国」『日本近代思想大系1』岩波書店、一九九一〉

（犬塚孝明）

日米和親条約《にちべいわしんじょうやく》**（神奈川条約**《かながわじょうやく》**）**　江戸幕府*がアメリカの使節ペリー*と結んだわが国最初の開国条約。安政元年（一八五四）一月、アメリカ東インド艦隊司令長官ペリーは、七隻の艦船を率いて再び江戸湾内小柴沖に来航すると、前年幕府へ渡した国書の回答を迫った。幕府は横浜に応接所を設け、応接掛林韑と井戸覚弘の両名が二月十日からペリーと交渉を始めた。アメリカ側の威圧的態度に幕府側もついに妥協を余儀なくされ、三月三日、両者の間で日米和親条約が調印された。条約は通商規定を欠いた形で全文十二カ条よりなり、第二条で下田・箱館両港を開き、薪水・食料・石炭その他欠乏品を供給することを規定し、第三・四・五条では漂流民*の待遇について、第六・七・八条では欠乏品の取引方法などについてそれぞれ規定、そして第

日米修好通商条約（『大日本古文書』）

第三条　下田、箱館港の外、次にいふ所の場所を左の期限より開くべし。

神奈川（中略）西洋紀元千八百五十九年七月四日

長崎（中略）同断

新潟（中略）千八百六十年一月一日

兵庫（中略）千八百六十三年一月一日

神奈川港を開く後六ケ月にして下田港は閉鎖すべし。

……此箇条の内に載《のせ》たる各地は亜《あ》墨《め》利《り》加《か》人に居留をゆるすべし。

……双方の国人、品物を売買する事総《すべ》て障《さわ》りなく、其払方等に付ては日本役人これに立会はず。

第四条　総て国地に輸入輸出の品々、別冊の通、日本役所へ運上を納むべし。

第六条　日本人に対し、法を犯せる亜墨利加人は、亜墨利加コンシュル裁判所にて吟味の上、亜墨利加の法度《はっと》を以て罰すべし。亜墨利加人に対し法を犯したる日本人は、日本役人糺《ただし》の上、日本の法度を以て罰すべし。

九条において、日本政府がアメリカに与えていない権益を他国に与えた場合、ただちに均《きん》霑《てん》する旨を明示した片務的最恵国条項が取り入れられたため、これが不平等条約の一項として明治以後問題となった。その後、五月に下田で条約付録十三カ条が調印されたが、この一連の条約締結により日本は初めて国際的条約システムの一環に組み込まれることになった。（犬塚孝明）

日米修好通商条約《にちべいしゅうこうつうしょうじょうやく》　アメリカとの間に結ばれたわが国最初の通商条約。安政三年（一八五六）七月、日本との通商条約締結の使命を帯びて下田に来航したアメリカの総領事ハリス*は、着任後ただちに下田奉行に対して江戸出府を要請したが容れられず、翌年五月に和親条約の追加条約（下田条約）を調印後、再度出府を要望、八月に至り幕府側もついに「万国普通常例之趣」との理由でこれを認めた。十月、将軍徳川家定に謁見後、ハリスは大統領国書を奉呈して、近時の国際情勢から通商条約締結は世界的必然との意見を述べた。これを受けて幕府側では下田奉行井上清直と目付岩瀬忠震を全権委員に任命しハリスとの交渉にあたらせた結果、安政五年（一八五八）六月十九日、両者の間で日米修好通商条約十四カ条ならびに貿易章程七則が調印された。条約は、第三条で神奈川・長崎*・箱館を翌年から開港するほか、公使の江戸駐在、アヘン禁輸、宗教の自由などが規定されたが、第六条の片務的領事裁判権の規定条項は、関税自主権の欠如とともに日本にとってきわめて不利な内容となっていた。ここに、日本は世界資本主義の自由貿易体制のなかに包摂されることになった。（犬塚孝明）

安政五カ国条約《あんせいごかこくじょうやく》　安政五年（一八五八）にわが国とアメリカ・オランダ・ロシア・イギリス・フランス五カ国との間に結ばれた通商条約。総領事ハリス*の強い要請に応える形で安政五年六月十九日、アメリカとの間に最初の修好通商条約を結んだ幕府は、引き続いて七月十日にオランダと日蘭修好通商条約を、翌十一日にはロシアと日露修好通商条約をそれぞれ締結した。いずれも日米修好通商条約*に準拠したものであり、自由貿易の原則のもとで、関税率は輸出品についてはすべて従価五パーセント、輸入品については一部を除きほぼ二〇パーセントと定められた。さらに一週間後の十八日、イギリス使節エルギン卿との間で日英修好通商条約が調印されたが、同じく日米条約にならってはいたものの、領事裁判権の規定がさらに整備され明確なものとなっていた。したがって九月三日に結ばれた日仏修好通商条約はこの日英条約が基礎となった。以上五カ国と通商関係を結ぶことによって世界資本主義体制の一環に組み込まれた日本ではあったが、条約そのものが領事裁判権の容認、関税自主権の欠如、片務的最恵国待遇などはなはだしく不平等な内容を含んでいたため、これらの条約は日本が国際場裡で活躍する際の大きな足かせとなったのみならず、条約改正*がその後の日本の最大の外交課題となったのである。（犬塚孝明）

条約勅許問題《じょうやくちょっきょもんだい》　日米修好通商条約*調印の勅許をめぐって起こった朝幕間の紛議。安政四年（一八五七）十月、アメリカ総領事ハリス*の通商条約締結の要求を受け入れた幕府は、条約草案の逐条審議を開始する一方で、諸大名に対して条約締結の是非を諮問した。このとき、朝廷に奏上し勅許を受けることを上策とする諸大名の意見が多いことに注目した幕府では、談判終了後の安政五年正月、ハリスに調印延期を求めたうえで、老中*首座堀田正睦*自ら上京して天皇に拝謁、勅許を奏請した。この結果、二月二十三日、堀田に対しもう一度三家以下諸大名の意見を聞き改めて奏聞するようにとの勅諚が下されたが、まもなく幕府側の宮廷工作が奏効し、外交問題は幕府に委任する旨の勅答案が堀田に手交される手筈が整った。しかし、ここに勅答案批判の立場をとる廷臣たちの反対運動が起こり、堀田の企図はもろくも崩れて勅許の獲得は不成功に終わった。堀田失脚後の四月大老*に就任した井伊直弼*は、アロー号事件の詳報をもたらしたハリスの警告に従い、無勅許のままやむをえず六月十九日、日米修好通商条約*に調印した。この後、朝幕関係は極度に悪化、尊王攘夷運動*に拍車がかけられていくことになる。

（犬塚孝明）

開港開市延期問題《かいこうかいしえんきもんだい》　通商条約で規定された兵庫・新潟の開港ならびに江戸*・大坂*の開市を攘夷対策のため一時的に延期しようとした幕府の外交政策。万延元年（一八六〇）から翌年にかけて頻発した攘夷事件は幕府を窮地に陥れたが、その対策*として老中*安藤信正*が企てたのが、公武融和としての皇妹和宮*の将軍家降嫁と、両港両都の開港開市の延期であった。兵庫は一八六三年、新潟は一八六〇年、江戸は一八六二年、大坂は一八六三年に、それぞれ一月一日から開港開市の予定であったが、幕府はこれを一時中止のうえ延期するという窮余の策をとり、英*仏両公使に相談した。これに対しイギリス公使オールコック*は、幕府強化の一時的措置としてやむをえないこととして認め、遣欧使節派遣による現地交渉を提案した。これを受けて幕府は文久元年（一八六一）十二月、外国奉行竹内保徳を正使とする使節団をヨーロッパに派遣、翌二年五月九日、イギリスとの間に開港開市五カ年間延期に関する協定（ロンドン覚書）の調印に成功、続けてフランス・オランダ・プロイセン・ロシア・ポルトガルの各国とも同内容の協定に調印し十二月帰国した。しかし日本は列国に開港開市延期を認めさせたことで、かえって条約の完全履行など大きな代償を払うことになった。

（犬塚孝明）

万延元年の遣米使節《まんえんがんねんのけんべいしせつ》　万延元年（一八六〇）開国後初めてアメリカへ派遣*された幕府の使節団。アメリカへの使節派遣は日米修好通商条約の草案審議の過程で、幕府側からアメリカ総領事ハリス*へ直接提案する形で実現された。派遣の目的はワシントンでの条約批准書交換と海外情勢の視察である。正使には外国奉行新見正興、副使に村垣範正、監察に小栗忠順がそれぞれ任命され、随員・従者など合わせて七十七名の陣容であった。一行は一月十八日にアメリカ軍艦ポーハタン号で品川を出帆、ハワイ、サンフランシスコに寄港後、パナマを経由し閏三月二十五日にワシントンに到着した。同地で大統領との謁見、批准書交換などの任務を果たしたあと、彼らはフィラデルフィア、ニューヨークなど各地を巡り、議事堂や学校・病院など近代的諸施設を見学、その文明度の高さに驚嘆した。五月十三日にニューヨークを発ち、喜望峰回りで九月二十八日に帰国した。このとき使節とは別に、海軍・航海術の実地訓練を兼ねて、使節警護の目的で提督木村喜毅・艦長勝麟太郎指揮のもと、幕府軍艦咸臨丸*が派遣され、日本人操艦による初の太平洋往復航海が成し遂げられた。（犬塚孝明）

咸臨丸《かんりんまる》　安政四年（一八五七）に幕府がオランダから購入した蒸気コルベット艦。万延元年（一八六〇）遣米使節の随行艦。海軍近代化を企図した幕府がオランダに発注したスクリュー式蒸気コルベット艦「ヤーパン号」（六二五トン・一〇〇馬力）は安政四年三月竣工し、同八月カッテンディーケ大尉率いる第二次海軍教官団とともに長崎*に回航された。同艦は「咸臨丸」と命名され、長崎海軍伝習所*の練習艦として使用されることになった。万延元年正月十九日、遣米使節団の護衛実地訓練を目的に、軍艦奉行木村喜毅、艦長勝麟太郎以下九十六名の日本人とブルック大尉以下十一名のアメリカ人を乗せてアメリカへ渡航、同地に約一カ月半滞在し、五月六日品川に帰着した。これは日本人操艦による初の太平洋往復航海であった。同艦はその後、北海道開拓使の運送船として活躍したあと、民間に払い下げられ、明治三年（一八七〇）難破し廃艦となった。（犬塚孝明）

阿部正弘《あべまさひろ》　（一八一九—五七）　江戸時代末期の老中*。備後福山藩主。文政二年十月十六日、備後福山藩主阿部正精の六男として江戸藩邸に生まれる。母は高野氏。通称は正一、主計また裕軒と号す。天保七年（一八三六）福山十万石を襲封し、伊勢守に叙任、寺社奉行を経て天保十四年（一八四三）に若干二十五歳で老中となる。弘化二年（一八四五）水野忠邦*の後を襲って老中首座の地位に就き幕政の全権を掌握する。同年七月海防掛の新設にあたっては、国防の観点から尽力、さらに嘉永六年（一八五三）六月、アメリカ東インド艦隊司令長官ペリー*が浦賀に来航し開国*を要求すると、これまでの慣例を破ってアメリカの国書を諸大名や幕臣に示して広く意見を求める諮問政策を開始した。難局を打開すべく水戸の徳川斉昭*、越前の松平慶永*、薩摩の島津斉彬《なりあきら》*らの諸大名と親しく交わり意見を聞く一方、岩瀬忠震《ただなり》や川路聖謨《としあきら》らの俊秀を抜擢登用し幕政改革にあたらせた。また開国後の安政二年（一八五五）から翌年にかけて江戸の講武場*・洋学所*、長崎の海軍伝習所*などの研究機関を設け、西洋の軍事技術や文化の導入に努めた。業半ばの安政四年六月十七日、三十九歳の若さで病没、墓は上野の谷中墓地にある。（犬塚孝明）

ハリス　Townsend Harris　（一八〇四—七八）　アメリカの商人・教育者。初代の駐日総領事。一八〇四年十月四日、ニューヨーク州サンディ・ヒルに帽子商の父ジョナサンと母エリノアの五男として生まれる。一時兄と陶器輸入商を営むが、教育に関心を抱き、一八四六年ニューヨーク市教育委員会の委員長に就任、授業料無料のフリー・アカデミーの創設に尽力する。事業失敗後の四九年、東洋貿易への航海に旅立ち、アジア各地を遍歴、中国滞在中にペリー*の日本遠征の報を聞き外交官を志願する。一九五四年寧波《ニンポー》駐在領事に任命されるが、日本赴任を希望して現地に赴かず、大統領に直接要望、一九五五年八月には大統領命令で初代の駐日総領事に任命され、翌年八月通訳官ヒュースケンとともに下田に来着した。外交官として初めて江戸入城、*将軍謁見を果たしたあと、一九五八年七月、日米修好通商条約の調印に成功した。一九六二年に離日、帰国後の一八七八年二月二十五日ニューヨークで死去した。七十三歳。

（犬塚孝明）

〔国内の動揺〕

安政《あんせい》の改革《かいかく》　老中*阿部正弘*によって行われた安政期の幕政改革。阿部はペリー*来航後の危機的状況を朝廷・諸藩をも含めた挙国一致体制を樹立することで乗り切ろうとしたが、そのためには、柱となる幕府の改革が求められた。そこでまず手初めとして、改革の推進者となる有能な人材の抜擢が急がれ、永井尚《なお》志《むね》・岩瀬忠震《ただなり》・大久保忠寛《ただひろ》らが対外問題を担当する海防掛目付に登用された。以後、改革は徳川斉昭*・松平慶永*・島津斉彬《なりあきら》*らの支援を得て、軍制改革を中心に着手された。安政元年（一八五四）末、講武場（のち講武所と改称）が設置され、やがて旧来の剣槍のほか、洋式調練や砲術などの演習がここで行われるようになった。また安政二年十月には、長崎海軍伝習所*が設立され、幕臣や諸藩士に航海術や造船術が伝授された。一方、外交上や軍事上、西洋各国の事情を詳しく知る必要が生まれ、安政二年八月、洋学所（同三年二月蕃所調所*と改称）の設置をみる。このように安政の改革では、欧米諸列強に対抗して独立を維持するために、西洋の文物や軍事科学技術の摂取が急がれたが、安政二年十月、安政の大地震が発生すると風向きがあやしくなった。すなわち、復旧工事に多くの費用を割かれ、経費の節減が叫ばれだすと、改革に対する譜代門閥層の反発もあって、改革のピッチがしだいに衰え、安政四年六月に改革の主導者であった阿部が死去すると、改革は十分な成果を上げえないまま終わりを迎えた。

（家近良樹）

長崎《ながさき》海軍《かいぐん》伝習所《でんしゅうじょ》　江戸時代末期、長崎*に設置された幕府の海軍教育機関。オランダ国王の特派艦スンビン号の艦長ファビウス中佐の意見に基づき、安政元年（一八五四）長崎に洋式海軍教育機関を創設することを決めた幕府は、翌年六月再びスンビン号（のち観光丸）が長崎へ来航し、同艦が将軍へ献呈されたのを機会に、ペルス・ライケン大尉以下の乗組員を教官として雇い入れ十月から伝習を開始した。校舎には長崎西奉行所があてられ、幕臣を中心に諸藩からも多くの伝習生が派遣された。安政四年八月、オランダに発注していた蒸気軍艦ヤーパン号（のち咸臨丸*）が、新任教官のカッテンディーケ大尉らとともに到着すると、九月から第二次教育班による訓練も始まったが、諸般の事情により、同六年二月には伝習中止の予告がなされ、四月には閉鎖のやむなきに至った。同所からは勝義邦（海舟*）、榎本武揚*、中牟田倉之助など黎明期日本海軍を担った逸材が多く輩出している。

（犬塚孝明）

将軍《しょうぐん》継嗣《けいし》問題《もんだい》　ペリー*来航以来の国家的危機が深まるなか、時の将軍であった徳川家定は生来体質が虚弱であとを継ぐ子供の誕生も望めなかった。そのため、早くから後継ぎが取り沙汰された。有力な候補として浮上したのは紀州藩主の徳川慶福《よしとみ》（のちの家茂*）と一橋家当主の慶喜《よしのぶ》*であった。前者は家定の従兄弟にあたり、徳川宗家と血脈が近いこともあって、血統を重視する大奥や彦根藩主の井伊直弼*らによって支持された。後者は水戸藩主徳川斉昭*の七男で英明との噂が高く、危機の時代における将軍には、政治的力量が必要と考える越前藩主松平慶永*や薩摩藩主島津斉彬《なりあきら》*ら有力諸侯および改革派の幕臣の支持が集まった。両派の将軍継嗣をめぐる対立は、保守派と改革派の対立という側面をもったが、安政五年（一八五八）四月に井伊が大老*に就任し、続いて同年六月慶福の将軍継嗣が公表されたことでひとまず決着をみる。その後、一橋派の諸侯や幕臣に対する処分がくだり、それが井伊への反発および井伊による大弾圧（安政の大獄*）を招き、さらに桜田門外の変*へとつながっていった。　（家近良樹）

安政《あんせい》の大獄《たいごく》　安政五年（一八五八）井伊直弼*の主導のもとに始まった敵対グループ（中心は尊攘派）に対する弾圧。江戸幕府*十三代将軍であった徳川家定*は病弱で子供がなく、そのうえ能力的にもペリー来航後の危機的状況を乗り切るだけの政治的力量が望めなかった。そこで、越前・薩摩などの諸藩は家定の後継者に当時英明であるとの評判が高かった一橋慶喜《よしのぶ》*の擁立を図った。これに対し、彦根藩主の井伊直弼らは血統を重視する立場から大奥と結び、紀州藩の徳川慶福《よしとみ》（のちの徳川家茂*）を推して対抗し、ここに将軍継嗣問題*が発生した。家定の後継者をめぐる両派の対立は、安政五年四月に大老*となった井伊が慶福の継嗣決定を公表することで、ひとまず決着をみた。しかし、井伊がこのとき、ほぼ同時に日米修好通商条約*に勅許を待たずに調印したことで、さらに対立を深めることになった。すなわち、条約の無断調印に抗議するため、定例の登城日でもないのに登城を強行した水戸藩主の徳川斉昭*や越前藩主の松平慶永*らがあいついで隠居謹慎などの処分を受けると、諸藩の間に井伊を斥け幕閣の改造を図る策謀が展開される。こうした諸藩の動きは、井伊の懐刀であった長野主膳らによって把握されていたが、当初は弾圧を受けるまでには至らなかった。しかし、安政五年八月、孝明天皇*が幕政への不満を記した密勅（戊午《ぼご》の密勅）を水戸藩に下すと、これを幕府政治への許しがたい挑戦と受けとめた井伊らによって激しい弾圧が開始された。弾圧は、同年九月、もと小浜藩士の梅田雲浜が逮捕されたことから始まり、翌万延元年（一八六〇）三月、井伊が桜田門外で襲われ死亡するまで続いた。事件に連座した公卿*・諸大夫*・志士はのべ百余名といわれ、そのなかには橋本左内*や吉田松陰*ら多くの有為な人材が含まれていた。もし大獄がなければ明治維新がもっと早く達成されたといわれるゆえんである。　（家近良樹）

桜田《さくらだ》門外《もんがい》の変《へん》　万延元年（一八六〇）三月三日、大雪の降りしきるなか、江戸城桜田門外で大老*の井伊直弼*が水戸脱藩士ら十数名に襲われ殺害された事件。多くの反対を押し切って日米修好通商条約*に調印し、そのあと反対派に大弾圧（安政の大獄*）を加えた井伊に対して、諸藩士による様々な排撃運動*が計画された。なかでも、水戸藩士は自藩に下った孝明天皇の密勅（戊午《ぼご》の密勅）を朝廷へ返上することを幕府によって迫られたこともあって、井伊に反感をもつ者が多かった。大老職にある人物が、いとも簡単に白昼公然と殺害されたこの事件は、幕府の統治力と権威の著しい失墜をもたらし、幕閣独裁体制の維持をもはや不可能とさせた。この事件のあと、それまで幕府政治を主として伝統面で補完する機能を果たすにすぎなかった朝廷が政治面でも大きな威信をもち始める。またそれまで逼塞を余儀なくされていた尊攘志士の活動が再び活発となり、幕府*に天皇を敬うことと攘夷の早期実施を要請する尊王攘夷運動*が以後全国を席捲していくことになる。（家近良樹）

五品江戸廻送令《ごひんえどかいそうれい》　日米修好通商条約*に基づいて安政六年（一八五九）六月に横浜が開港されると、生糸をはじめとする輸出品は、その多くが産地から横浜に直送され、そのため品不足と価格の高騰が生じた。なかでも最大の輸出品であった生糸の受けた打撃は大きく、安政六年の生糸の入荷が例年の半分近くにまで落ちこんだ京都西陣では、失業した織物職人の暴動が起こった。また、桐生や江戸*では、輸出に伴う生糸や水油の不足に苦しんだ村総代や、江戸油問屋・仲買から輸出の禁止や統制を求める声があいついであがった。そこで幕府は万延元年（一八六〇）閏三月、江戸への送荷高が減少したため苦境に追いやられた江戸問屋の協力を得て、重要な生活必需品であった雑穀・水油・蠟・呉服・生糸の五品に限り産地から直接横浜へ送ることを禁じ、江戸にいったん廻送したうえで、余分なものを横浜へ出荷することを公布した。五品江戸廻送令が出された結果、生糸以外の四品については輸出高が著しく減少し、すぐに一定の効果をおさめた。一方、生糸に関しては、文久二―三年に輸出高がかえって倍増するなど十分な効果をあげえない時期を経たあと、文久三年の後半に入って、横浜鎖港問題の高まりとともに横浜への入荷が激減し、威力を発揮するに至った。（家近良樹）

徳川家茂《とくがわいえもち》（一八四六―六六）　江戸幕府*十四代将軍。弘化三年閏五月二十四日、和歌山藩主徳川斉順《よりなり》の長男として江戸*の藩邸に誕生。初名慶福《よしとみ》。安政五年（一八五八）十月、大老*井伊直弼*の強い押しのもと一橋慶喜*を抑えて将軍に就任。井伊暗殺後に成立した安藤信正《あんどうのぶまさ》*・久世広周《くぜひろちか》政権が推進した公武合体策を受けて皇妹和宮《かずのみや》*と文久二年（一八六二）二月に結婚。その後、朝廷の要請に応え、慶喜を将軍後見職に、松平慶永*を政事総裁職に任命し、ついで攘夷の実行を確約した。続いて将軍としては、二百数十年ぶりの上洛を果たし、朝廷尊崇の意を示した。慶応元年（一八六五）五月、第二次征長のため江戸を出発し大坂城*に入ったが、同所で翌年没した。二十一歳。増上寺に葬る。法名は昭徳院。（家近良樹）

井伊直弼《いいなおすけ》（一八一五―六〇）　幕末の彦根藩主で大老*。文化十二年十月二十九日、藩主直中《なおなか》の十四男として彦根城内に生まれる。長らく部屋住として、埋木舎《うもれぎのや》と自ら名づけた城外の屋敷で禅・居合術・茶道などの修業に励んでいたが、兄たちの死後、嘉永三年（一八五〇）十一月、十六歳で藩主となる。藩主に就任後、溜間《たまりのま》詰大名中の実力者としてしだいに頭角を現し、ペリー*来航後は、積極的な海外雄飛論を唱えて、攘夷説の水戸藩主徳川斉昭《とくがわなりあき》*らと激しく対立した。また時の将軍家定が病弱で子供がなかったため、将軍継嗣問題*が表面化した際には、血統を重視する立場から紀州藩の慶福《よしとみ》（家茂*）を強く推し、慶喜《よしのぶ》*を担ぐ一橋派の家門・有志大名と対立した。安政五年（一八五八）四月大老となるや、まもなく日米修好通商条約*の調印を断行し、ついで慶福を将軍継嗣とすることを公表した。その後、敵対グループを処罰し、それが最終的には安政の大獄*と呼ばれる大弾圧につながった。万延元年三月、桜田門外で水戸浪士らに襲われ殺害された。四十六歳。東京都世田谷の豪徳寺に葬る。（家近良樹）

徳川斉昭《とくがわなりあき》（一八〇〇—六〇）　水戸藩第九代藩主。第七代藩主徳川治紀《はるとし》の第三子で、徳川十五代将軍慶喜《よしのぶ》*の父。寛政十二年三月十一日、江戸小石川の藩邸で誕生。幼名は虎三郎。幼くして会沢正志斎*の訓育を受け、藩主となってからは、門閥保守派を排除して藤田東湖らの人材を登用し、藩の天保改革*を推進した。その改革の方向は、西洋式軍備の導入・均田制の実施・弘道館の建設・寺社の改正といった藩内を対象としたものにとどまらず、蝦夷地開拓*の必要を幕府に建議するなど多方面にわたった。その後、過激な言動がたたって隠居謹慎の処罰を受けたが、処分が解かれると、再び積極的な活動を展開した。特にペリー*来航後は、阿部正弘*に請われ海防参与に就任するなど中央政局に大きな影響力をもつに至った。しかし、朝廷との関係を深め、開国策への批判を強めたその言動は、幕閣と抜き差しならない対立を生んだ。安政五年（一八五八）七月、井伊直弼*が朝廷の同意を得ないで日米修好通商条約*に調印したとの情報に接し、登城して井伊を諌めたが、逆に謹慎処分を受け、水戸に引き込んだ。万延元年八月、水戸城中で死去。六十一歳。墓は常陸太田市の瑞龍寺にある。諡号は烈公。（家近良樹）

島津斉彬《しまづなりあきら》（一八〇九—五八）　幕末の薩摩藩主。藩主斉興《なりおき》の長男。母は鳥取藩主池田治道の娘周子《かねこ》。文化六年九月二十八日、江戸*の藩邸で誕生。曾祖父重豪《しげひで》の訓育のもと、早くからヨーロッパ文明に開眼し、高野長英*らの洋学者を招くなど西洋科学技術の摂取に熱心であった。弘化三年（一八四六）琉球にフランス艦が来航し開国*を要求すると、自ら問題の解決にあたるため帰藩した。以後、藩地にあって異母弟の島津久光*を藩主に担ごうとするいわゆるお由羅（久光の生母）一派との対立に苦しめられたが、嘉永四年（一八五一）四十三歳にして第十一代藩主となった。藩主就任後は島津一門の娘篤姫を養女にして徳川家定夫人に送りこみ、幕政に対する発言権を確保する一方で、一橋慶喜《よしのぶ》*を将軍に擁立する運動にも積極的に加わった。また藩政改革にも熱心に取り組み、鹿児島城下の磯邸内に反射炉・高炉を築き、銃砲からガラス・農具に至るまで様々なものを築造させた。また洋式艦船の建造なども行わせ、薩摩藩の富国強兵に大いに貢献した。安政五年七月、銃砲隊の調練を検閲後、病を得て急死した。五十歳。順聖院と諡《おくりな》された。（家近良樹）

堀田正睦《ほったまさよし》（一八一〇—六四）　幕末の佐倉藩主、老中*。文化七年八月一日、堀田正時の二男として江戸*の藩邸で誕生。文政八年（一八二五）三月藩主となり、奏者番・寺社奉行・大坂城代を経て、天保十二年（一八四一）老中となった。以後、水野忠邦*と組んで天保の改革を推進したが失敗し老中を辞した。ペリー*来航後の安政二年（一八五五）再度老中となり、阿部正弘*の没後、幕閣の中心としてハリス*と通商条約に関する商議を重ねた。その過程で条約の締結が不可避と悟り、勅許を得て条約を結ぶために安政五年（一八五八）正月上洛したが失敗に終わった。また十四代将軍に一橋慶喜《よしのぶ》*を推し、井伊直弼*の大老*就任後老中を罷免された。元治元年三月、佐倉城内で死去。五十五歳。（家近良樹）

吉田松陰《よしだしょういん》（一八三〇—五九）　幕末の長州藩士。天保元年八月四日、藩士杉百合之助の二男として萩に生まれる。諱《いみな》は矩《のり》方《かた》、通称寅次郎。数え年六歳で山鹿流兵学師範の吉田家（親戚）を継ぐ。嘉永三年（一八五〇）九州を巡遊したのち、翌年藩主に従って江戸*に出て、安積艮斎《あさかごんさい》・山鹿素水・佐久間象山*らに師事した。同年十二月、藩*の許可を得ないで江戸から東北を遊歴し、藩邸逃亡の罪を得て士籍を削られた。その後、佐久間象山の勧めもあって外国行を決心し、安政元年（一八五四）三月、再度来航したペリー*艦隊に自己の希望を伝えたが果たせず、この罪によって江戸伝馬町の獄、ついで萩の野山獄に投じられた。出獄後、安政四年（一八五七）十一月から松下村塾を主宰し、高杉晋作*・久坂玄瑞*・伊藤博文*・山県有朋*といった多くの人材を育てた。幕府が朝廷に無断で日米修好通商条約*に調印したとの情報を得るや、老中*間部詮勝の暗殺を計画し実行に移そうとした。この過程で既存の政治勢力に頼らないとする有名な「草莽崛起《そうもうくっき》」論が産まれた。安政六年（一八五九）安政の大獄*に巻きこまれて刑死。三十歳。墓は東京都世田谷区の松陰神社と山口県萩市椿東《ちんとう》にある。

（家近良樹）

橋本左内《はしもとさない》（一八三四—五九）　幕末の福井藩士。天保五年三月十一日、藩奥医橋本長綱の長男として福井城下に誕生。諱は綱紀《つなのり》。字は伯綱・弘道。嘉永二年（一八四九）冬上坂し、蘭方医の緒方洪庵*の適塾に入門。同五年父の病気で帰藩し、十一月家督を相続。安政元年（一八五四）江戸*に行き、杉田成卿らに蘭学を学ぶ一方で、藤田東湖*や西郷隆盛*ら諸藩士と交流をもった。翌二年、御書院番となってからは、藩内にあって藩校明道館の学風を改革し、洋書習学所を設置するなど学術教育面で大きな成果を上げた。続いて安政四年（一八五七）八月、藩主松平慶永*から一橋慶喜《よしのぶ》*を将軍継嗣とする運動での尽力を命じられると、雄藩諸侯が協力して英明な将軍のもと強力な統一国家を樹立する必要や積極的な海外進出（交易を通じて富国強兵を図る）の推進を唱え、各方面に働きかけた。しかし、その過程で紀州藩の慶福《よしとみ》を担ぐ井伊直弼*ら南紀派との対立を深め、慶福の将軍継嗣が決定した後は、ひそかに井伊の失脚を図ったが失敗。安政六年十月、安政の大獄*の嵐が吹き荒れるなか、江戸伝馬町の獄舎で処刑された。二十六歳。

（家近良樹）

〔公武合体運動〕

公武合体論《こうぶがったいろん》　江戸時代末期、政治的危機が深化するなか、顕著となる朝廷と幕府の乖離を、公（朝廷）と武（幕府）の協力関係をきずき強化することで乗り切ろうとした考え。公武合体とはいっても、あくまで中心は幕府であり、その点で将軍独裁制の修正を目指すにとどまった。このような考えに基づく行動は、ペリー*来航後の老中*阿部正弘*の決断にその嚆矢《こうし》がみられるが、幕府が本格的に運動方針として採用するのは安藤信正*・久世広周政権時であった。すなわち、幕府独裁政治の復活が井伊直弼*の暗殺によってもはや不可能となると、同政権は皇妹和宮*の将軍家茂*への降嫁を朝廷に要請し、それを実現した。しかし、幕府側の公武合体の意図も文久二年（一八六二）正月に安藤が江戸城*坂下門外で襲われるなど、必ずしも十分な成功をおさめなかった。むしろ、この前後、幕府に代わって、公武合体運動の中核を担ったのは薩長両藩であった。まず、その口火を切ったのは長州藩で、同藩は文久元年、直目付の長井雅楽《うた》の「航海遠略策」（幕府の主導のもと艦船を造り遠く海外への雄飛をめざすという事実上の開国論）を藩論として採用し、朝廷と幕府の双方を結びつけようとした。一方、薩摩藩は、島津久光*が翌文久二年四月、一千名の兵士を連れて上洛し、その圧力のもと朝廷と幕府の双方に働きかけて、公武合体の前提条件となる幕政改革（一橋慶喜《よしのぶ》*の将軍後見職と松平慶永*の政事総裁職就任）を同年七月に実現させた。しかし、長薩両藩の公然たる政治活動の開始と幕政・朝政双方への介入は、結果的に公武合体・幕政改革に寄与したとはいいがたく、逆に幕府本体の弱体化をもたらすことになった。その後、京都にあって公武合体の実現を目指した一会桑勢力（一橋家当主＝一橋慶喜、会津藩主＝松平容保《かたもり》、桑名藩主＝松平定敬《さだあき》の三者によって構成）も、一時的にはかなりの成果をおさめたが、幅広い諸大名の支持を得られず、結局、幕府の倒壊を防ぎえなかった。（家近良樹）

坂下《さかした》門外《もんがい》の変《へん》　文久二年（一八六二）正月十五日、老中の安藤信正*が江戸城*の坂下門外で水戸藩士らに襲われ負傷した事件。これより先、安藤は和宮*の降嫁問題や廃帝問題（安藤が和学者の塙次郎に廃帝の前例を調査させているとの噂）で尊攘派志士の怨みをかっており、これが事件の発生につながった。襲撃者の背後に、尊攘派の志士で儒者の大橋訥庵《とつあん》のほか、外国商人に対する強い反感を抱いていた商人・農民・医師が支援者として控えていたことを考えれば、事件は排外主義の所産でもあった。事件ののち、安藤は同年四月老中を退き、安藤信正・久世広周政権が進めてきた公武合体運動に急ブレーキがかかり、代わって尊王攘夷運動*が隆盛となった。（家近良樹）

文久《ぶんきゅう》の改革《かいかく》　安政の改革*に引き続き、混迷する状況に対応するため、幕府が文久年間に実施した改革。万延元年（一八六〇）三月、井伊直弼*が桜田門外で暗殺されたあと、幕政を担当した安藤信正*・久世広周政権によって実施された。改革は、井伊の独裁政治のもと関係が極度に悪化した朝廷・諸藩との融和を図ることと、弱体化した幕府の体質を強化することを二本の柱とした。前者は、安政の大獄*で処罰された関係者の赦免、武家伝奏の血判誓詞の廃止、参勤交代制*の緩和となって具体化した。また後者は、同年四月の国益主法掛の新設から始められた。これは、大目付*・町奉行・勘定奉行などから構成されるメンバーが、外国貿易開始後の物価騰貴を、国産の拡充と全国の商品流通の江戸集中による物価引き下げで乗り切ろうと企図したものであった。しかし、この試みはうまくいかず、結局同掛は文久二年（一八六二）に廃止となる。以後、改革の中心は軍政改革に移行し、新しい軍事力の創出が図られた。すなわち海軍総裁・陸軍総裁・海軍奉行・陸軍奉行があいついで設けられ、適宜人材が配置された。また同年十二月には、兵賦令が出され、五百石以上の旗本*からは身体壮健な人員を、その他の御家人*などからは貨幣をそれぞれ出させ、これによって歩兵組が編成された。一方、海外の事情や文化の調査にも力が注がれ、文久二年には、榎本武揚*・赤松則良・津田真道*・西周《あまね》*ら十五名の青年が、はじめての留学生としてオランダに派遣された。（家近良樹）

孝明天皇《こうめいてんのう》（一八三一―六六）　幕末の天皇。天保二年六月十四日、仁孝天皇の第四皇子として、母の実家である京都御所清和院門外の正親町邸で誕生。諱は統仁《おさひと》、幼称は熙宮《ひろのみや》。天保六年九月親王宣下、同十一年三月立太子。弘化四年（一八四七）九月即位。以後、その在位期間が、幕末の激動期にあたったため、天皇の意思が政局に重大な影響を及ぼした。安政五年（一八五八）二月、日米修好通商条約*の勅許を求めて上洛中の堀田《ほった》正睦《まさよし》*に対し、これを許さず、六月幕府が独断で条約に調印すると譲位を表明した。ついで同年八月、水戸藩に幕政への不満を記したいわゆる戊午《ぼご》の密勅を下し、安政の大獄*を引き起こす直接のきっかけをつくった。井伊暗殺後、久世広周・安藤信正*政権が成立すると、その要請で皇妹和宮*と十四代将軍家茂*の婚姻を承認した。しかし、その際、幕府に攘夷期限（十年以内に攘夷を実施）を確約させ、結果的に幕府を崩壊に追いこむ一因をつくった。一方、公武一和を強く望んでいた天皇は、尊攘派の堂上や志士の過激な行動を嫌い、そうした天皇の思いが文久三年（一八六三）の八月十八日の政変*を生んだ。続いて、翌元治元年七月、禁門の変*が起こると京都守護職の松平容保《かたもり》*を支持する立場を明らかにし、変後、長州藩の征討を命じた。その後、慶応元年（一八六五）の九月から十月にかけ容保らの要請を受けて、長州再征と条約勅許（ただし兵庫開港は不可）を認めた。慶応二年十二月疱瘡で急死。三十六歳。陵は京都後月輪《のちのつきのわ》東山陵。

（家近良樹）

和宮《かずのみや》（一八四六―七七）　江戸幕府*十四代将軍徳川家茂*夫人。弘化三年閏五月十日、仁孝天皇の第八皇女として、生母経《つね》子《こ》の実家である橋本実久邸で誕生。和宮は幼称。諱《いみな》は親子《ちかこ》。嘉永四年（一八五一）七月、有栖川宮熾仁《たるひと》親王と婚約したが、万延元年（一八六〇）、朝幕関係の悪化を和宮と家茂の結婚で乗り切ろうとした幕府から、兄孝明天皇*に降嫁を強く奏請されてから運命が激変した。文久二年（一八六二）二月結婚。慶応二年（一八六六）七月家茂が長州再征のため滞在していた大坂城内で死去したため、両人の結婚生活はわずか四年余で終わった。夫の死後、剃髪《ていはつ》して静寛院宮と号した。戊辰戦争*中徳川慶《よし》喜《のぶ》*の要請を入れて徳川家の救解のため尽力した後、明治二年京都に帰住。その後再び東京へ移住し、明治十年九月二日、脚気のため療養先の箱根で死去。三十二歳。芝増上寺に葬る。

（家近良樹）

安藤信正《あんどうのぶまさ》（一八一九―七一）　幕末の老中*。文政二年十一月二十五日、磐城平《いわきたいら》藩主安藤信由《のぶより》の長男として江戸*の藩邸で誕生。弘化四年（一八四七）八月襲封。奏者番・寺社奉行・若年寄*を経て、万延元年（一八六〇）正月老中に就任。同年三月井伊直弼*が暗殺されると、同役の久世広周とともに幕政を指導する立場となり、アメリカの通訳官ヒュースケン殺害事件、露艦対馬占領事件、東禅寺事件など幕府が直面した難事件の処理に当たるとともに、遣欧使節を派遣して、江戸・大坂*の開市、兵庫・新潟の開港期限の延期などを交渉させた。その一方で、公武合体政策を推進し、安政の大獄*で処罰された関係者の慎を解き、その後、皇妹和宮*の将軍家茂*への降嫁を奏請し実現させた。しかし、そのため尊攘派の怨みを買い、文久二年（一八六二）正月、坂下門外で水戸浪士に襲われ負傷した。同年四月老中を退き、さらに勤役中の不正を責められ二万石を削られたうえ隠居・永蟄居に処せられた。のち明治元年（一八六八）奥羽越列藩同盟*に加わり、維新政府から永蟄居を命じられたが、翌二年許された。明治四年十月八日死去。五十三歳。

（家近良樹）

島津久光《しまづひさみつ》（一八一七―八七）　幕末の薩摩藩主島津忠義の父。文化十四年十月二十四日、薩摩藩主島津斉興《なりおき》の五男として鹿児島城本丸で誕生。母は側室の由羅《ゆら》。はじめ一門の島津忠公の養子となり、大隅国重富領一万四千石を相続した。さらに異母兄の藩主島津斉彬《なりあきら》*が安政五年（一八五八）七月に没し、斉彬の遺命で実子の忠義が藩主となると、実父として藩*の実権を握った。文久二年（一八六二）四月、率兵上洛し、ついで勅使大原重徳を擁して江戸*に行き、一橋慶喜《よしのぶ》*の将軍後見職就任と松平慶永*の政事総裁職就任を実現させるなど露骨な幕政への介入を行った。またその帰途、生麦事件*を起こし、翌年の薩英戦争*の原因をつくった。文久三年、八月十八日の政変*後、再び上洛し雄藩主導による公武合体を目指したが、参予会議の解体により失敗。以後、激動する政局にあって主導権を発揮できなかった。王政復古*後は、保守的傾向を強め、維新政府の進める開化政策に全面的に反対し、左大臣などの要職に一時担がれたものの結局不満から辞任した。明治二十年十二月六日死去。七十一歳。墓は鹿児島市池之上町の福昌寺跡墓地にある。（家近良樹）

松平慶永《まつだいらよしなが》（一八二八—一八九〇）　幕末の福井藩主。文政十一年九月二日、田安斉匡《なりまさ》の八男として江戸城内の田安邸で誕生。越前守・大蔵大輔、号は春嶽と称した。天保九年（一八三八）九月福井藩主斉善の養子となり、まもなく藩主に就任した。その後、中根雪江らの英才を登用して藩政改革に取り組み、藩財政の建て直しや藩校明道館の創設、種痘館の設立、西洋砲術の採用など新しい時代に即応した改革を行った。その一方で、ペリー*来航後の危機的状況のなか、徳川斉昭*ら有志大名との交流を深め、一橋慶喜《よしのぶ》*を十四代将軍に擁立する運動の先頭に立った。しかし、大老*井伊直弼*と衝突し、安政五年（一八五八）日米修好通商条約*の無断調印を不時登城によって責めた罪を問われ、幕府から隠居謹慎の処分を受け、政界に復帰し、松平茂昭に家督を譲って政界を離れた。井伊暗殺後政界に復帰し、文久二年（一八六二）七月には、薩摩藩の軍事力と勅旨を後楯に政事総裁職となり、参勤交代*制の緩和など大胆な幕政改革を実施した。以後、旧来の譜代大名*を中心とする幕政のあり方を、朝廷・親藩*・外様諸侯を包摂する方向に改編し、危機を乗り切ろうとしたが、結局挫折し維新を迎えた。王政復古*後、議定や民部卿などの要職を歴任した後、明治三年一切の公職を退き文筆生活に入った。明治二十三年六月二日死去。六十三歳。墓は東京都品川区南品川の海晏寺にある。（家近良樹）

松平容保《まつだいらかたもり》（一八三五—九三）　幕末維新期の会津藩主。高須藩主松平義建《よしたつ》の第六子。天保六年十二月二十九日、江戸四谷の藩邸に生まれる。幼名は銈之允《けいのすけ》。弘化三年（一八四六）会津藩主松平容敬《かたたか》の養子となり、嘉永五年（一八五二）家督を継ぐ。万延元年（一八六〇）桜田門外の変*が発生すると、水戸藩と幕府との間に立って周旋し、一躍その名を知られた。文久二年（一八六二）京都守護職に任命され、同年末入洛。以後、京都にあって、禁裏御守衛総督の一橋慶喜《よしのぶ》*・京都所司代*の松平定敬《さだあき》とともに、いわゆる一会桑勢力（政権）なるものを形成し、尊攘派の前に立ちはだかった。その一方で、中川宮朝彦親王をはじめとする朝廷内の実力者に接近し、慶応元年（一八六五）には長年の懸案であった条約勅許を勝ち取るなど朝廷内にも勢力を伸ばした。慶応三年（一八六七）十二月の王政復古*クーデタで守護職を追われ、戊辰戦争*では最大の朝敵とされ、会津落城後は鳥取藩に幽囚された。しかし、晩年は日光東照宮宮司をつとめた。明治二十六年十二月五日没。五十九歳。墓は会津若

松市東山院内の松平家廟所にある。（家近良樹）

〔尊王攘夷運動と列国との衝突〕

尊王攘夷《そんのうじょうい》運動《うんどう》　幕末に広く流布した尊王攘夷思想に基づいた政治運動。嘉永六年（一八五三）のペリー来航による西洋列強の開国要求は、後期水戸学などに影響を受けた武士階級を中心とする「国家」防衛意識を鋭く惹起した。さらに安政期の日米修好通商条約締結をめぐる問題は、幕府から条約勅許を求められた朝廷に対する志士らの入説の効果もあり、実際政治のうえで朝廷勢力を攘夷のよりどころする道を開いた。大老井伊直弼が暗殺されて以降、幕府は皇妹和宮降嫁によって国内体制における正統性を自らの側へ動員しようとしたが、逆に朝廷が幕政に介入する道を開き、近い将来の攘夷を約束するはめに陥った。しかし、現実には規定の条約の破棄は空論にすぎず、ここに朝廷との約束にもかかわらず、外国へ譲歩を繰り返す幕府に対する尊王攘夷派の攻撃の根拠が生まれた。

　ことに文久期の雄藩の大規模な国政介入前後より、京都を中心に諸国の志士の横断現象が顕著になり、一方で「天誅」や外国人殺傷事件が多発した。彼らは公家へ攘夷を入説するとともに、長州・土佐など外様大藩の力を背景に幕府へ攘夷を迫り、さらに将軍上洛実現のための運動を展開した。文久三年（一八六三）には将軍家茂の上洛、攘夷期限の決定、さらに攘夷親征が密かに謀られその運動は絶頂に達した。しかし、同年八月十八日の政変以後の長州藩の中央政局からの転落はこの運動に一大打撃を与えた。この運動は在地の豪農や豪商などの諸階層をも含めて行われたことで、既存の政治秩序に大きな変化をもたらした。それには「尊王攘夷」という、当時の政治社会における普遍的かつ単純なスローガンが、対外的危機意識の高揚を背景に、貿易開始に伴う経済的混乱による国内の不満などを吸収しやすかったという理由があげられよう。（久住真也）

生麦《なまむぎ》事件《じけん》　鹿児島藩士による幕末外国人殺傷事件。文久二年（一八六二）八月二十一日、神奈川近くの生麦村でイギリス人四名が帰国中の鹿児島藩主実父島津久光の行列の前を横切ろうとして供頭奈良原喜左衛門らの無礼打ちに逢い、リチャードソンが死亡、二名は負傷、一名は髪を剃られた。イギリス政府は、幕府に警備強化と殺害者検挙、さらに賠償と幕府の謝罪を要求した。当時、尊攘運動・雄藩公武合体運動の高まりのなかで幕府は将軍上洛を行い賠償金支払いを明言できなかったが、関白鷹司輔熙の内諾を得た将軍後見職徳川慶喜《よしのぶ》の指示を受けて京都より江戸に戻った老中格小笠原長行《ながみち》は、翌年五月、独断のかたちで謝罪し四十四万ドルを支払った。ついで、イギリスは艦隊を鹿児島に派遣し、鹿児島藩に殺害者の処罰と賠償を要求したが、鹿児島藩は応ぜず薩英戦争に突入した。同年九月以降、薩英交渉が始まり、賠償金二万五〇〇〇ポンドを支払い殺害者処刑を誓約し決着した。賠償金は幕府よりの借り入れで支払われたが、殺害者処刑は履行されなかった。この交渉を通じて薩英間の緊密化の素地が形成された。（吉田昌彦）

薩英戦争《さつえいせんそう》　幕末に起こった鹿児島藩とイギリスとの軍事衝突。イギリス政府は、文久二年（一八六二）八月二十一日の生麦事件で殺傷されたイギリス人への賠償として二万五〇〇〇ポンドの支払いと、殺害者の処刑を鹿児島藩に要求していたが、同藩は、条約で大名行列について規定しなかった幕府に責任があるとして交渉を回避した。翌年五月、幕府との交渉が決着するに及んで、イギリスは鹿児島藩との直接交渉のため、駐日イギリス代理公使ニール以下外交団を乗せたイギリス東インドシナ艦隊軍艦七隻を派遣、同艦隊は司令長官キューパー指揮のもと、六月二十二日、横浜出港、同二十七日に鹿児島湾に到着した。イギリス側は、翌日に上記の要求を伝え二十四時間以内の回答を求め、鹿児島藩もその翌夕回答したが、その内容は、幕府と鹿児島藩とイギリスの代表が会して「理非曲直」を明らかにした後に賠償金支払いを決すること、殺害者は現在、捜索中で逮捕したならば処刑することという内容であった。ニールは交渉を断念、七月二日、イギリス艦隊は鹿児島藩汽船三隻を捕獲した。これに対し、台風のなか、同日正午、鹿児島藩は砲台よりの砲撃を開始、イギリス艦隊も反撃、湾岸砲台や集成館を破壊し、鹿児島城下上町の大半を焼失させたが、イギリス側も、全艦損傷し六十五名が死傷し要求貫徹を断念、翌四日、応急修理の後、横浜へ去った。同年九月以降、幕府を交えた薩英交渉が始まり、賠償金を支払い殺害者処刑を誓約し決着したが、これを機に軍艦購入など薩英間の緊密化の素地が形成された。（吉田昌彦）

八月十八日《はちがつじゅうはちにち》の政変《せいへん》　文久政変ともいう。尊王攘夷運動*が荒れ狂う文久三年（一八六三）三月、将軍家茂*の上洛に際し、朝廷内外において攘夷のための天皇親征の構想が練られ、同月には、将軍を従えて攘夷祈願のための加茂社行幸、四月には、男山石清水社への行幸が行われた。ついで攘夷期限の五月十日に、長州藩が馬関海峡において外国船を砲撃し攘夷派の意気があがると、八月十三日突如攘夷親征軍議のための大和行幸計画が発表された。そのため、ついに宮廷内において攘夷派志士と結託する三条実美*などの急進派堂上の排除を密かに願っていた孝明天皇*と、その内意を受けた中川宮朝彦親王、京都守護職松平容保《かたもり》*、長州藩と対立する薩摩藩らが中心となり、八月十八日未明、宮門を固めクーデターを敢行した。これにより、長州藩は堺町御門の警備を解かれ、三条以下の急進派堂上らの参朝が停止され、三条を含む七卿が長州藩兵に守られ都落ちした。さらに朝廷内において廷臣の大量処分が行われ、当時の政局に甚大な影響を与えた。（久住真也）

天誅組《てんちゅうぐみ》の変《へん》　文久三年（一八六三）八月に尊王攘夷急進派の公家と志士らによって起こされた武力蜂起事件。文久三年八月十三日、朝廷より攘夷のための大和行幸の詔が下された。これに対し、前侍従中山忠光以下、吉村虎太郎（土佐）・藤本鉄石（備前）・松本圭堂（三河）らは、攘夷を実行しない（期限は同年五月十日）幕府を「誅伐」するという意図を秘め、まず京都において幕府側「奸徒」を討ち、「義民」を募り天皇の親征に呼応して挙兵することを計画した。こうして八月十七日、大和五条の幕府代官所を襲撃し、代官の首をあげ意気があがったが、翌日の京都における政変（八月十八日の政変）*によって彼らを取り巻く環境は一変し、二十日に朝廷より彦根・津・紀州などの諸藩に鎮撫の命が下り、幕府も諸藩へ出兵を命じた。蜂起勢力は、大和十津川郷において郷士ら一千余人を募集し、同月二十六日に高取藩（二万五千石）の居城を攻めたが失敗した。その後、西国への渡海を謀ったが、途中吉野郡において鎮圧軍と遭遇して壊滅状態となり、中山忠光は長州へ奔った。（久住真也）

生野《いくの》の変《へん》　文久三年（一八六三）八月十七日の天誅組の挙兵

を契機として、尊攘急進派が但馬で挙兵した事件。天誅組*挙兵を知った平野国臣（筑前）・美玉三平（薩摩）、但馬の豪農北垣晋太郎らの有志は、天誅組応援のため以前より農兵を組織化しつつあった但馬において、十月十日を期して挙兵することに決し、平野らは長州に滞在する都落ちした七卿の一人沢宣嘉《さわのぶよし》を将領にかついだ。しかし、天誅組壊滅の報が届いたため、平野らは即時挙兵に反対したが、長州より加わった河上弥市らは予定どおりの挙兵を主張したため、一行は十二日に但馬の生野代官所に明け渡しを迫り、近傍へ檄を飛ばして農民二千余名を動員した。しかし、内部の結束は乱れがちであり、急報を受けた出石・姫路・豊岡の各藩が出兵したため、ついに沢宣嘉は密かに脱出し、他にも脱出者が続出した。河上らは農民から「偽浪士」と呼ばれて逆に襲撃を受け自刃に追いつめられ、美玉らも脱走途上農民に討ち取られ、平野は豊岡藩に捕縛された。そして農民は近辺の庄屋や酒造などの打毀し*を行った。

（久住真也）

池田屋《いけだや》事件《じけん》　京都守護職配下の近藤勇率いる新選組が、京都三条通河原町東入の旅宿池田屋に尊攘派志士を襲撃した事件。文久三年（一八六三）八月十八日の政変*以降、長州藩は政局における挽回の機会を狙っていたが、翌元治元年（一八六四）四月以降、京都では再び長州藩邸を後楯とした尊攘派の動きが活発になり、京都守護職などは警戒を強めた。六月四日、尊攘派の志士古高俊太郎が新選組に捕らえられ、詮議の結果、北風の晩に洛中に火を放ち、混乱に乗じて天皇を長州へ移し、中川宮朝彦親王および松平容保《かたもり》*を襲撃するという計画が発覚したとされた。そのため、翌日、古高俊太郎捕縛に対する善後策を練るために池田屋において会合中であった宮部鼎蔵（肥後）・吉田稔麿（長州）・北添佶摩（土佐）ら約二十名を新選組が急襲した。宮部・吉田ら名だたる者が討たれ、その他多くの者が捕縛された。この結果、守護職の名声は大いに高まったが、長州藩の武力上洛を早める結果となった。

（久住真也）

禁門《きんもん》の変《へん》　蛤御門《はまぐりごもん》の変ともいう。元治元年（一八六四）七月、長州藩が文久三年（一八六三）八月十八日の政変*以後の自藩の立場を挽回し、さらに攘夷国是を復活させるため武力上洛を行い敗北した事件。長州藩は政変以後、京都における主導権の回復を企図していたが、元治元年（一八六四）六月五日に京都で池田屋事件*が発生したため、「狼藉者」詮索を名分として、世子・三家老による率兵東上を決定し、これ以後長州藩諸隊が続々東上を開始した。伏見に到着した家老や、山崎近辺に屯集した諸隊らは、朝廷に藩主父子の「冤罪《えんざい》」と入京の許可、攘夷実行を訴える嘆願活動を展開し、一部の在京諸藩や朝廷内でも親長州派の動きが活発になった。朝廷は退去を命じ続けたが、同藩側は山崎・嵯峨の天龍寺・石清水社などに陣を張り、京都守護職松平容保《かたもり》*を討つ態度を鮮明にしたため、幕府も諸藩兵を各所へ配備し、緊張は頂点に達した。こうして七月十八日夜より翌日にかけ、禁門へ突入を謀る長州藩兵と、討伐の勅命を受けた守護職や諸藩兵との間に戦争が行われ、その結果、長州藩側が敗北、久坂玄瑞*や久留米の真木和泉などが自刃した。

（久住真也）

四国《しこく》連合《れんごう》艦隊《かんたい》の下関《しものせき》砲撃《ほうげき》（馬関《ばかん》戦争《せんそう》）　幕末に起こった欧米列強と長州藩との軍事衝突。尊攘派が朝政を掌握し、文久三年（一八六三）四月二十一日、朝廷は攘夷期限を翌五月十日とする旨を幕府に達し、幕府も同月二十三日に同勅諚を布告した。長州藩では、すでに四月二日に攘夷準備を令していたが、五月十日の攘夷期日、久坂玄瑞*ら尊攘派がアメリカ商船ペムブローク号を砲撃、五月二十三日フランス軍艦キンシャン号、五月二十六日オランダ軍艦メデューサ号を砲撃した。これに対し、六月上旬、アメリカとフランスは別個に軍艦を派遣、砲台破壊、長州藩軍艦撃沈など報復した。六月十日、駐日フランス公使、アメリカ公使、イギリス代理公使、オランダ総領事と在極東の列強海軍当局は、幕府による長州藩懲罰と関門海峡通過の安全確保を待つという線で当面対処することで合意した。しかし、幕府の横浜鎖港使節がフランス政府と結んだ長州藩砲撃に対する賠償問題や安全確保についてのパリ協定が幕府により破棄されるに及んで、本国政府の軍事力不行使方針にもかかわらず、イギリス公使オールコック*はフランス・オランダ・アメリカと協議して四カ国艦隊十七隻を派遣、元治元年（一八六四）八月五日から八日まで攻撃、砲台を占拠・破壊した。長州藩は関門海峡の自由航行の保証、償金・戦費の支払いなどを列強と約した。ついで、四カ国は償金三百万ドルの支払いの肩代わりを幕府に求め、支払いは維新後、明治政府に引き継がれ明治七年（一八七四）に完済した。　（吉田昌彦）

長州征討《ちょうしゅうせいとう》　元治元年（一八六四）七月の禁門の変*に対する処罰として長州藩追討のため、朝廷の命を受けた幕府が諸藩を動員した出兵をいう。同年七月、西国諸藩を中心として三十余藩が動員され、征長総督に就任した前尾張藩主徳川慶勝《よしかつ》が広島に赴き征長軍の指揮をとった。長州藩は藩内の保守派が政権を掌握し、幕府への恭順の態度をとり、征長総督府からの長州藩主父子の謝罪状の提出以下の条件を受託したため、その年の十二月に総督府は解兵令を発した。これが第一次出兵である。

次の課題は、服罪した長州藩に対する具体的処分を決定することであったが、そのころ同藩では高杉晋作*らの決起により内戦が起こり、藩内情勢が一変していた。幕府はこれらを口実に慶応元年（一八六五）四月、突如再征のための将軍進発を布告した（第二次出兵）。将軍家茂*はこの年の閏五月に大坂*に入ったが、当初より諸藩の出兵に対する疑念や反発の声は強く、長州藩の態度も第一次とは異なっていた。翌年の正月に領地削減・藩主交替などの長州処分方針を朝廷から認められた幕府は、受諾を拒否する長州藩との交渉が決裂すると、諸藩を動員して六月に戦争を開始した。戦争は、薩摩藩の後援を受け士気あがる長州藩に比べ、士気の劣る征長軍は各地で敗退し、七月の将軍家茂の病死、翌月の小倉の陥落によりその帰趨は決し、同月朝廷より停戦の命が下り、九月に幕長間で停戦の合意がなった。　（久住真也）

久坂玄瑞《くさかげんずい》　（一八四〇—一八六四）　幕末の長州藩士。天保十一年長州藩寺社組医師久坂良廸の第二子として萩に生まれる。名は通武・義助、字は玄瑞・実甫、号は江月斉・秋湖。成長して吉田松陰*の門下となり、その才を認められ、のちに洋学修行のため江戸*に出る。文久期に入ると尊王攘夷思想に基づいた行動に出て、幕府の政策を批判し、条約破棄による攘夷を主張した。そして京都において土佐・薩摩藩士らとともに朝廷へ運動することで時勢を攘夷*へと導いた。しかし、文久三年（一八六三）八月十八日の政変*により、政情は一変して不利となり、長州藩の挽回を図って運動するが、翌年の禁門の変*において敗れ

自刃する。二十五歳。（久住真也）

オールコック　Sir Rutherford Alcock（一八〇九―九七）　幕末の駐日イギリス公使。一八〇九年五月、イーリングで生まれる。はじめ軍医、一八四四年に厦門《アモイ》駐在領事、福州・上海駐在領事を経て一八五八年十二月（安政五年十一月）駐日総領事、翌年六月（五月）に江戸*に着任、十一月に特派全権公使。自由貿易を核とした対日政策を展開、在日外交団で重きをなした。文久二年（一八六二）二月、休暇で帰国、帰国中、竹内好徳ら幕府遣欧使節と本国政府との間を仲介、開市・開港を慶応三年十二月まで延期するロンドン覚書締結に尽力、帰任後の元治元年、本国政府の軍事力不行使方針に反して四国連合艦隊の下関砲撃*を主導、その後、薩摩藩よりの外交政策を展開したが、同年十一月、本国に召喚された後、清国駐在公使に転じた。（吉田昌彦）

〔倒幕運動の高まりと幕府の倒壊〕

倒幕運動《とうばくうんどう》　江戸幕府*を頂点とする支配体制である幕藩体制*を否定しようとする運動。武力によって幕府を打倒しようとする武力倒幕運動も、平和的手段による幕府制の廃止を目指した大政奉還*運動も、ともに倒幕運動に含まれる。天保期以降はっきりとする幕藩体制を内部から動揺させる社会経済的矛盾を考えれば、ペリー*来航以前の段階で、すでに幕府が滅亡への途をたどりつつあったことは明らかである。しかし、いかに衰弱し滅亡に向かっていたとはいえ、いまだ封建社会の内部に生じた諸矛盾が幕府を崩壊させるまでに熟し切っていない段階では、幕府を倒すための政治運動が不可欠であった。

その政治運動はペリー来航を契機とする危機的状況（外圧）の到来によって一気に呼び起こされた。ペリー来航時の老中*阿部正弘*が、外様を含む諸侯へ対応策を諮問し、朝廷にペリー来航時の事情を説明すると、それまで幕府の政策決定機構から排除されてきた朝廷・諸藩（なかでも外様諸藩）の幕政関与の動きが始まる。以後、政局は朝・幕・藩三者の関係のあり方に規定されて推移し、やがて幕権の失墜、それと裏表の関係にある朝権の伸張・雄藩の台頭といった状況が明らかとなる。なかでも文久期（一八六一―六三）に入ると、長薩両藩の公然たる政治活動の開始と幕政・朝政双方への介入（長州藩の破約攘夷論の採用と朝廷への接近、薩摩藩の島津久光*の率兵上洛と幕府最高人事への露骨な介入）の結果、朝廷の占める政治的比重が著しく重くなり、政局の中心が京都に移る。こうしたなか、次々と起こる難問題に適切に対応できない幕府への不満が鬱積《うっせき》し、それはやがて京都にあって幕府勢力を代表する一会桑勢力（一橋家当主＝一橋慶喜《よしのぶ》*、会津藩主＝松平容保《かたもり》*、桑名藩主＝松平定《さだ》敬《あき》の三者によって構成）に集中して向けられていく。

従来の維新史研究では、①長州藩元治の内戦（元治元年後半から翌慶応元年前半にかけ、長州藩内で展開された藩庁と諸隊との間の抗争）で長州藩における倒幕の方向が決定し、そのあと、②慶応二年（一八六六）正月に武力倒幕を目指す軍事同盟である薩長同盟*が結ばれ、引き続き、③同年七月の将軍家茂*の没後、幕府権力の回復・拡大（徳川統一政権の実現）を目指す一橋慶喜および側近グループと、王政復古・共和政治の実現（天皇制国家の成立）を目指す反幕勢力との対立抗争が展開され、以後、④倒幕の動きが急速に具体化し、それが慶応三年十二月の王政復古*クーデターに結実する、といったとらえ方が主流であった。しかし近年ではこうした見解に対して、幕府本体ではなく一会桑勢力を主たる分析対象に据えて倒幕運動の過程を検討するといったこともなされている。〈家近良樹『幕末政治と倒幕運動』吉川弘文館、一九九五〉　（家近良樹）

奇兵隊《きへいたい》　幕末、長州藩で結成された武士以外の隊員をももつ軍隊。文久三年（一八六四）六月、米仏軍艦下関来襲に際し、馬関防御を委任された高杉晋作*は、武士以外の身分の者をも隊員とする部隊を組織し奇兵隊と称した。隊員の出身階層は、武士・農民がほとんどで、ほかに町人*・神官・僧侶などもいたが、出身階層が判明しているもののうち、武士出身のものが五割弱を占め、陪臣や家中の厄介が多かった。武士出身者以外の隊員は入隊すると士分格が与えられたものの出身身分により差別された。また、その出身地の多くは、瀬戸内や赤間関、萩など商工業が発展した地域が多かった。元治元年（一八六四）における組織としては定員四百名、総管、軍監、書記、斥候、隊長、押伍などの役職が置かれ、歴代総管には高杉晋作・赤根武人・山県有朋*らがついた。元治元年、第一次長州戦争後、他の諸隊とともに解散を藩政府から命じられたが、他の諸隊とともに高杉晋作ら倒幕派の決起を支え、第二次長州戦争では長州藩の小倉口での主力として活躍し、慶応三年大隊に改編後、戊辰戦争*に動員された。常備軍四大隊を編成しようとする明治二年（一八六九）の軍制改革で奇兵隊は解散したが、排除された兵士は、他の諸隊士とともに脱退騒動を起こし鎮圧された。　（吉田昌彦）

薩長同盟《さっちょうどうめい》　慶応二年（一八六六）正月、薩摩藩の西郷隆盛*・大久保利通*らと長州藩の桂小五郎（のちの木戸孝允*）との間に交わされた約束。土佐藩の坂本龍馬*が仲介したとされる。従来の維新史研究では、同盟の成立によって、長州藩が薩摩藩名義で武器・艦船類を調達できるようになったこと、その結果、長州藩が第二次長州戦争で勝利をおさめ、幕府に決定的なダメージを与えたことを重視し、倒幕政治過程における一画期とみる見解が有力である。また武力倒幕をめざす軍事同盟であったとか、同盟の成立によって薩摩藩武力倒幕派が成立したといった見方も根強くある。しかし、近年の研究では、同盟そのものは幕府を討つことを目的としたものではなく、薩摩側が長州藩の政治的復権を助けるために朝廷に対する周旋を行うこと、もし幕長開戦になれば、京坂地域に軍事力を動員して幕府に圧力をかけ、征長に全力投球させないことを長州側に片務的に約束したものとする見方もある。つまり、同盟の成立に倒幕派の主体勢力である薩長両藩が手を握ることになった端緒としての画期的意義を、それほど認めないのである。　（家近良樹）

薩土盟約《さつどめいやく》　大政奉還*を将軍に働きかけ、それが実現をみたあと、公議政体（議事院）の設立を図るべきだとする土佐藩仕置役後藤象二郎*の提案を受けて、慶応三年（一八六七）六月二十二日、在京薩土両藩首脳の間で締結された盟約。この盟約には、まもなく長州藩も加わった。西郷隆盛*や大久保利通*ら在京薩摩藩指導者が土佐側の提案に積極的に同意した最大の理由は、それが武力倒幕の実行に向けて事態を大きく前進させる契機になると判断した結果であった。すなわち、土佐側は将軍に大政奉還を建白しても採用されないことは確実だから、その際、建白書の不受理を理由に挙兵することを薩摩側に提言し同意を得る。盟約の成立後、後藤は帰藩し藩内を大政奉還建白書提出の方向でまとめ、同年九月初め再び上洛した。しかし、後藤を待っていたのは、長州藩士等の突き上げ、浪士層における急進論の台頭、藩内反対派の尖鋭化という非常事態のなか、建白書の提出後、幕府側の回答が出されるまでの時間的余裕を、すでにもちえなくなっていた在京薩摩藩指導者の方針転換であった。このあと、土佐側が単独で提出した建白書を徳川慶喜*が受理し、同年十月大政奉還がなされた。　（家近良樹）

公議《こうぎ》政体論《せいたいろん》　幕末期*に入って登場してくる新たな政体構想。それまでの譜代大名*と旗本*が国政を担当し、朝廷と外様大名*を幕政の政策決定機構から排除するやり方に代わって、外様をも含む諸藩ならびに朝廷をも包摂して、全国的な政治統合を達成しようとする意見。幕末最終段階においては、幕府への大政委任は必ずしも諸侯の無条件での同意を得られなくなっていた。幕府が「公儀」権力としての実質を備えてこそ、初めて幕藩体制の頂点に立ちうるとの認識が、諸大名一般のなかに形成されてくる。

こうした現実が明白となるのがペリー*来航時であった。嘉永六年（一八五三）ペリー一行が来航し幕府に開国*を迫ると、首席老中*阿部正弘*は、これを単に幕府のみでは解決を図れない日本民族全体にかかわる危機ととらえた。そこで、対応策を外様諸侯や幕臣に諮問し、かつペリー来航時の事情を朝廷に説明するという行動に出るが、これは明らかに公議政体論的な考えに基づく決断であった。以後、英明な将軍のもと、諸藩が幕府に協力して対外危機を乗り切ることを目指す一橋派の運動が全国的に展開されるが、これも公議政体論に基づく運動であった。公議政体の確立を目標に掲げる運動は、大老井伊直弼*の登場によって一時後退を余儀なくされるが、井伊が暗殺されると再び活発となる。桜田門外の変*の後、幕府に対して公議（諸侯・諸藩士・志士などの意見。公論）を尊重せよとの要求が強まり、参予会議が成立する。すなわち、文久三年（一八六三）末から翌元治元年正月にかけて有力諸侯があいついで参予に任命され、ここに幕府と有力諸侯の合議による国事決定が行われ、公議政体が初めて現実政治のうえで機能する可能性が生まれた。しかし、参予会議は構成員間の対立によって崩壊し、公議政体の確立は夢と終わる。公議政体論が結局全国的政治統合を達成できなかったのは、それが封建的個別領有権にあくまで基礎をおこうとしたこと、ならびに藩権力自身の弱体化による。このような弱点の克服は、個別領有権を否定する天皇権力の登場まで待たなければならなかった。　（家近良樹）

討幕《とうばく》の密勅《みっちょく》　倒幕が武力の行使を伴う現実の課題として浮上してくるのは慶応三年（一八六七）五月である。口火を切ったのは大久保利通*ら在京薩摩藩指導者であった。五月二十四日、将軍徳川慶喜《よしのぶ》*の朝廷工作の結果、兵庫開港が勅許をみると、大久保らは武力倒幕の方向に大きく傾き、長州藩との協力関係の樹立を目指した。また、その一方で、ただちに挙兵せず、大義名分を得て討幕に立ち上がる（将軍に大政奉還*を建白し、将軍が拒否すれば、それをもって討幕の名目とする）方策を土佐藩*の後藤象二郎*から提示されると、それに同意して薩土盟約を六月二十二日に締結する。しかし、その後、討幕即行論者の突き上げなどもあって、在京薩摩藩指導者は盟約を破棄し、そのため建白書の提出に改めて同意を迫る後藤象二郎らの攻勢と、薩摩藩内の挙兵即行路線に反対するグループの攻撃にさらされることになる。

そうしたなか、改めて幕府を倒すための大義名分を必要とするに至った大久保らは、「密勅」によって挙兵を正当化するという行動に出る。すなわち、十月に入ってから、同志の公卿へ働きかけ、その結果、十月十三、十四の両日、薩摩藩と長州藩に、それぞれ討幕を命じる密勅*（ただし実際は綸旨というべきもの）が下る。だが、大久保らの画策は、慶喜の大政奉還と朝廷の受諾によって画餅に帰し、彼らの打倒対象は以後大政奉還に最後まで難色を示した会津・桑名両藩に事実上絞りこまれていった。（家近良樹）

大政奉還《たいせいほうかん》　幕末、特に井伊直弼*の暗殺後、幕府の統治力と権威が著しく失墜すると、旧来の幕閣独裁体勢の維持がもはや不可能となってきた。これを受けて、平和的手段による幕府制の廃止を目指す大政奉還の考えが台頭してくる。幕臣の大久保忠寛（一翁）は文久二年（一八六二）ごろ、朝廷に開国*の必然性を説き、それが聞きいれられなければ大政を奉還することを主張して、幕府有司の反発をかった。もっとも、こうした意見は散発的なものであったが、特筆すべきは慶応三年（一八六七）に行われた土佐藩の大政奉還建白運動である。

同藩の後藤象二郎*が中心となって推進したこの運動は、大政奉還を将軍に働きかけ、それが実現をみたあと、公議政体（議事院）の設立を図るというもので、そのアイデアは坂本龍馬*によって提示されたといわれる。後藤は慶応三年六月、このプランを薩摩側に提示して同意を得、その結果、六月二十二日、薩土盟約*が締結された。しかし、盟約は九月、薩摩側の事情によって破約となり、そのあと土佐側の大政奉還路線と薩摩側の武力倒幕（中心は対会津戦）路線との対立が生じた。こうして紆余曲折を経たあと、十月三日、後藤と土佐藩士福岡藤次（孝弟）の両名が老中*の板倉勝静《かつきよ》に大政奉還建白書を提出し、これを将軍徳川慶喜《よしのぶ》*が受理したため新局面を迎えた。幕府は十月十四日に大政奉還の上表文を朝廷に提出し、朝廷がこれを翌日許可したことをもって、二百七十年近くに及んだ幕府による支配が終わりを告げた。大政奉還によって、徳川慶喜と倒幕派の対立関係が基本的に解消されると、武力倒幕派の打倒対象は、旧体制の存続に固執し王政復古に難色を示す会津・桑名勢力に事実上絞りこまれていく。（家近良樹）

世直《よなお》し一揆《いっき》　近世後期・幕末維新期に見られる農民闘争の一形態。商品経済や農村工業の発展により本百姓*間の階層分解や、領主・特権商人・高利貸・質地地主による農民への収奪が進行し、本百姓のなかには土地を失い賃稼ぎや小作に頼る貧窮層が生じた。彼ら半プロレタリアートや小作人などの貧窮層は小作地・質地の返還、借金帳消し、米価引下げ、窮民救済、豪農*・商人・高利貸や村役人の特権排除・不正糾弾、村役人の選挙などを唱えて一揆を起こした。闘争形態は、前述特権層への打毀し*を主とし、領主に対する御用金や兵賦の賦課反対要求も見られたが、「世直神」「世直し大明神」など自己の主張の根拠に宗教的正当性を設定している場合が多い。また、広域性もあり前期プロレタリアートを媒介として都市打毀しと連動しているものもある。このような一揆は、十八世紀末に出現し、天保七年（一八三六）の三河加茂一揆や甲州騒動などに拡大し、本格的開港による物価騰貴や長州戦争などによる収奪強化などを背景として、慶応二年（一八六六）全国で起こり、特に、その翌年にかけて江戸*とその周辺をアナーキー状況にして幕府に打撃を与えた。戊辰戦争*時では戦場になった地域で多く起こり、明治四年（一八七一）まで勃発した。（吉田昌彦）

ええじゃないか　江戸幕府*崩壊前後に起こった社会事象。慶応三年（一八六七）七月、三河で発生し、遠江・尾張など東海道沿いに拡大、大政奉還*や討幕戦争直前などの権力の混乱状況のなか、十月から十二月にかけて西は伊勢・京都・大坂*・兵庫・広島、さらには土佐室戸、東は江戸*・横浜・甲斐・信濃にまで波及したが、明治元年（一八六八）四月には、新政府の弾圧によりほぼ終息した。その内容は、伊勢神宮*や諸社のお札が降ったのをきっかけとして、民衆は、そのお札を祀るとともに「ええじゃないか」と囃したてながら乱舞し練り歩いたり、男装・女装など性的放縦が散見されるというもので、宗教的な集団ヒステリーの様相を示していた。従前、存在していた御蔭参りや御鍬形祭などの宗教的系譜を引くとともに、貧者による富豪への饗応要求や秩序無視、「世直し」の語句を織り込んだ囃し唄など、幕末の世直し状況を基底とする性格を有していた。また、薩長両藩による討幕に向けた行動の本格化の時期と「ええじゃないか」の発生・展開の時期が一致し、幕府崩壊・新政府樹立が決定的になった明治元年春には終息に向かっていること、幕府や公議政体派に打撃を与える場所に比較的集中していることなど、討幕派薩摩藩の工作・扇動により引き起こされたとする説も一概に否定できない。（吉田昌彦）

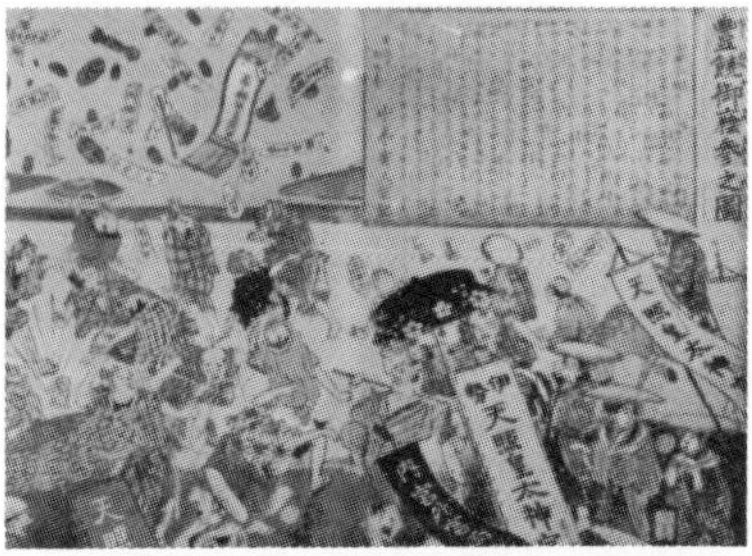
ええじゃないか（「豊饒御蔭参之図」）

高杉《たかすぎ》晋作《しんさく》（一八三九―六七）　幕末の長州藩士、長州藩尊攘派・倒幕派指導者の一人。天保十年四月十四日、萩城下で生まれる。諱は春風《はるかぜ》、字は暢夫《ちょうふ》。晋作、当一、和助と称す。変名は谷梅之助、谷潜三、号は東行、西海一狂生など。父は長州藩奥番頭役・直目付高杉春樹、母は長州藩士大西将曹二女道子。安政四年（一八五七）藩校明倫館の入舎生。また、吉田松陰*の松下村塾に学ぶ。翌年、昌平黌《こう》に入学、翌々年帰国、万延元年（一八六〇）東北などを遊歴、佐久間象山*らを訪れ、帰国後、明倫館都講、世子小姓役。文久元年（一八六一）上海に渡航し、十二月、品川御殿山イギリス公使館を久坂玄瑞*らとともに襲撃。文久三年六月、米仏軍艦下関来襲に際し、馬関防御を委任され奇兵隊*を組織。下関総奉行手元役、政務座役、奇兵隊総督、奥番頭役。元治元年（一八六四）京都出兵に反対し脱藩、許されて四カ国連合艦隊との交渉に当たり、第一次長州戦争では俗論派と対立し筑前に亡命、同年末から翌年正月にかけて功山寺決起を主導し倒幕派の藩政掌握に成功。第二次長州戦争では海軍総督・馬関海陸軍参謀として、主として小倉口で活躍。慶応三年四月十四日、病死。二十九歳。（吉田昌彦）

坂本《さかもと》龍馬《りょうま》（一八三六―六七）　幕末の志士。天保六年十一月十五日、土佐藩郷士坂本直足と幸の二男として高知城下で生まれる。諱は直柔、龍馬は通称。若き日は剣術を好み、江戸*の千葉道場で修業した。帰藩後の文久元年（一八六一）武市瑞山《たけちずいざん》の土佐勤王党に参加したが、翌年三月脱藩。諸国を放浪したのち、江戸に出て勝海舟*と出会い、その門下となった。文久三年、海舟が神戸に海軍塾を開くと、神戸に活動の拠点を移し、航海術の修得に励む一方で、京坂の間を奔走し朝廷との接近を図った。元治元年（一八六四）海舟が江戸の幕閣の猜疑にふれ、江戸に召還されて軍艦奉行の職を解かれると、薩摩藩との結びつきを強め、慶応元年（一八六五）長崎*で土佐の同志と亀山社中（のちの海援隊）を結成した。以後、海運業を営むとともに、薩長両藩の融和にも意を用い薩長同盟*を成立させた。慶応三年、自らの公議政体構想である「船中八策」を後藤象二郎*に示し、それが土佐藩の大政奉還建白書の提出につながったとされる。大政奉還後の慶応三年十一月十五日、京都定宿の近江屋で、見廻組に襲われ、中岡慎太郎とともに落命。三十三歳。

（家近良樹）

徳川慶喜《とくがわよしのぶ》（一八三七―一九一三）　江戸幕府*最後の十五代将軍。天保八年九月二十九日、水戸藩主徳川斉昭*の七男として江戸*の藩邸で生まれる。名は昭致《あきむね》・慶喜、字は子邦、幼名は七郎麿。弘化四年（一八四七）九月、一橋家を相続。ペリー*来航後、将軍継嗣問題*が起こると親藩や外様の有力諸侯から次期将軍に推され、図らずも幕末の政争に巻きこまれた。安政五年（一八五八）井伊直弼*が大老*に就任し、慶福《よしとみ》（家茂*）の継嗣が決まると登城禁止、ついで翌年八月隠居・謹慎の処分を受けた。桜田門外の変*後処分を解かれ、文久二年（一八六二）七月、将軍後見職に就任し、政事総裁職の松平慶永*とともに幕政を主導する立場にたった。

文久三年、八月十八日の政変*が起こり尊攘派の勢力が一掃されると上洛し、有志大名とともに参予として朝議に参画した。しかし、まもなく島津久光*ら有志大名と齟齬をきたし、参予会議を解散に追いこんだ。その後、元治元年（一八六四）三月将軍後見職を辞め、新設の禁裏御守衛総督・摂海防禦指揮に就任し、京都にあって京都守護職の松平容保《かたもり》*らとともに重要な位置を占め、朝廷を長州征討*の方向に導いた。またその一方で、朝廷に働きかけて長年の懸案であった条約の勅許をかちとった。

慶応二年（一八六六）十二月、十五代将軍に就任後、幕政改革を推進したが、支えきれず、土佐藩の建白を受け入れて、慶応三年十月、大政奉還*を行った。鳥羽伏見戦争*が勃発し、幕府方の敗北が濃厚となるや、海路江戸に帰り、恭順の意を表明して上野寛永寺に引き込んだ。のち水戸を経て静岡に移住し、大正二年十一月二十二日死去。七十七歳。墓は東京都台東区谷中の徳川家墓地にある。

（家近良樹）

山内豊信《やまうちとよしげ》（一八二七―七二）　幕末の土佐藩主。文政十年十月九日、山内氏分家山内豊著《とよあき》の長男として高知城下に生まれる。幼名は輝衙、のち兵庫助、容堂と号した。弘化三年（一八四六）三月分家の家督を相続。ついで嘉永元年（一八四八）十三代、十四代の藩主であった山内豊熙《とよてる》と豊惇《とよあつ》が相ついで病没したため、同年十二月本家を相続して十五代藩主となった。ペリー*来航後、吉田東洋を抜擢して藩政改革を推進する一方、当時の大問題であった将軍継嗣問題*では一橋慶喜《よしのぶ》*の擁立運動に積極的に加わった。そのため井伊直弼*主導下の幕府によって謹慎処分を受け、江戸品川鮫州《さめず》の別邸に閉居した。

文久二年（一八六二）謹慎を解除されると、一橋慶喜や松平慶永*に協力的な姿勢を示し、公武間の融和に努めた。その後、朝議参予に任じられ、元治元年（一八六四）春上洛して国事周旋につくしたが、参予会議における慶喜と島津久光*ら有志大名との対立に絶望し帰藩。慶応三年、幕政の衰運を受けて、政権奉還の不可避であることを将軍徳川慶喜に進言、これが大政奉還*に直結した。つづいて、同年十二月九日王政復古クーデター*が挙行されると、同夜開かれた小御所会議*の席でクーデターを非難し、大久保利通*・岩倉具視*と猛烈な舌戦を展開した。王政復古後は、議定・内国事務局総督などの要職を歴任して隠居。明治五年六月二十一日、ひたすら詩酒を愛した人生を終える。四十六歳。墓は東京都品川区東大井の下総山墓地にある。

（家近良樹）

パークス　Harry Smith Parkes（一八二八—八五）　イギリスの外交官。二代目の駐日公使。一八二八年二月二十四日、イギリスのスタッフォード州バーチルズホールに鉄工場を営む父ハリーの長男として生まれる。中学卒業後十三歳で姉を頼って中国のマカオへ渡り中国語を学ぶ。領事館通訳官から一八五四年厦門《アモイ》領事となり、アロー戦争*では中国側捕虜となるも屈せず、条約交渉を有利に導く。上海領事を経て一八六五年駐日公使に任じられ、七月横浜に着任。幕末維新期には薩長両藩の倒幕運動*を援助、幕府を支持するフランスの駐日公使ロッシュ*と対立したため、対日外交政策をめぐって英仏間の確執が生じた。維新後は列国に先がけて新政府を承認するも、不平等条約の改正に反対するなど、その高圧的態度に反発する政府首脳も多かった。一八八三年駐清兼駐韓公使に転じて離日、一八八五年三月二十二日北京で客死。五十七歳。

（犬塚孝明）

ロッシュ　Léon Roches（一八〇九—一九〇一）　フランスの外交官。二代目の駐日公使。一八〇九年九月二十七日、フランスのグルノーブルに生まれる。グルノーブル大学中退後の一八三二年アルジェに渡り、軍隊生活を経験したあと、一八四九年に外交官へ転身しタンジール領事となる。チュニス総領事を経て一八六四年駐日公使に任じられ、四月横浜に着任。幕末維新期には本国政府の対幕府援助政策の方針に沿って活動する。このため薩長両藩の援助政策を採る駐日イギリス公使パークス*と対立することも多かった。特に将軍徳川慶喜《よしのぶ》*の推進する軍制改革には積極的に協力し、製鉄所建設や軍事顧問団招聘などの事業に深くかかわった。新政府成立後の一八六八年三月、天皇に謁見するも、本国からの召喚命令に接して五月帰国した。帰国後は公職に就くこともなく、一九〇一年六月二十六日、九十一歳の高齢で世を去った。

（犬塚孝明）

サトウ　Ernest Mason Satow（一八四三—一九二九）　イギリスの外交官。一八四三年六月三十日、ロンドンのクラップトンに父ハンスと母マーガレットの四男として生まれる。ユニヴァーシティ・カレッジを卒業後の一八六一年通訳生として外務省に入り、翌年九月横浜に着任。幕末維新期には巧みな日本語を駆使して数多くの志士たちと親交を結び、駐日公使パークス*の手足となって活躍した。日本の政治変革を説いた論説『英国策論』は各藩の志士たちにも大きな影響を与えた。この間日本語書記官に昇進、一八六九年に一時帰国したが翌年再来日し、ひき続き書記官として一八八三年まで日本公使館に勤務。その後、シャム、ウルグアイ、モロッコの公使を歴任、一八九五年七月、駐日公使となり日清戦争*直後の日本に赴任、日英関係の強化に努めた。一九〇〇年駐清公使に転じ、一九〇六年帰国して外交官生活を引退した。一九二九年八月二十六日、隠棲先の小村オタリー・セント・メリーにて没。八十六歳。

（犬塚孝明）

（二）明治維新

新政府の基本理念と方針　対外危機の深まるなかで大きな変革を進める日本にとって、最も重要な国家目標は、「万国対峙」という言葉に現れていたように、国家的独立を維持・強化し、国際社会で欧米列強と対抗できる強国を建設することにあった。そのための新政府の当面の課題は、封建体制を解体し、天皇を中心とした中央集権的国家体制の基礎を固めることであった。しかし、現実にはいわば公家・雄藩連合政権にすぎなかった新政府は、まず何よりも、自らの政権の正統性と政治の基本理念・方針を天下に明らかにする必要に迫られていた。そこで戊辰戦争*のさなかの慶応四年（一八六八）三月、京都の御所において、天皇が公卿・諸侯以下百官を従えて、天神地祇に五カ条の国是（五箇条の御誓文*）を誓約する儀式が行われた。ここでは、公論の尊重や智識を世界に学ぶことなどが掲げられている。とりわけ、天皇の権威と公論（公議輿論）とが表裏一体とされている点は、その後の国づくりを考えるうえで、注目すべきであろう。

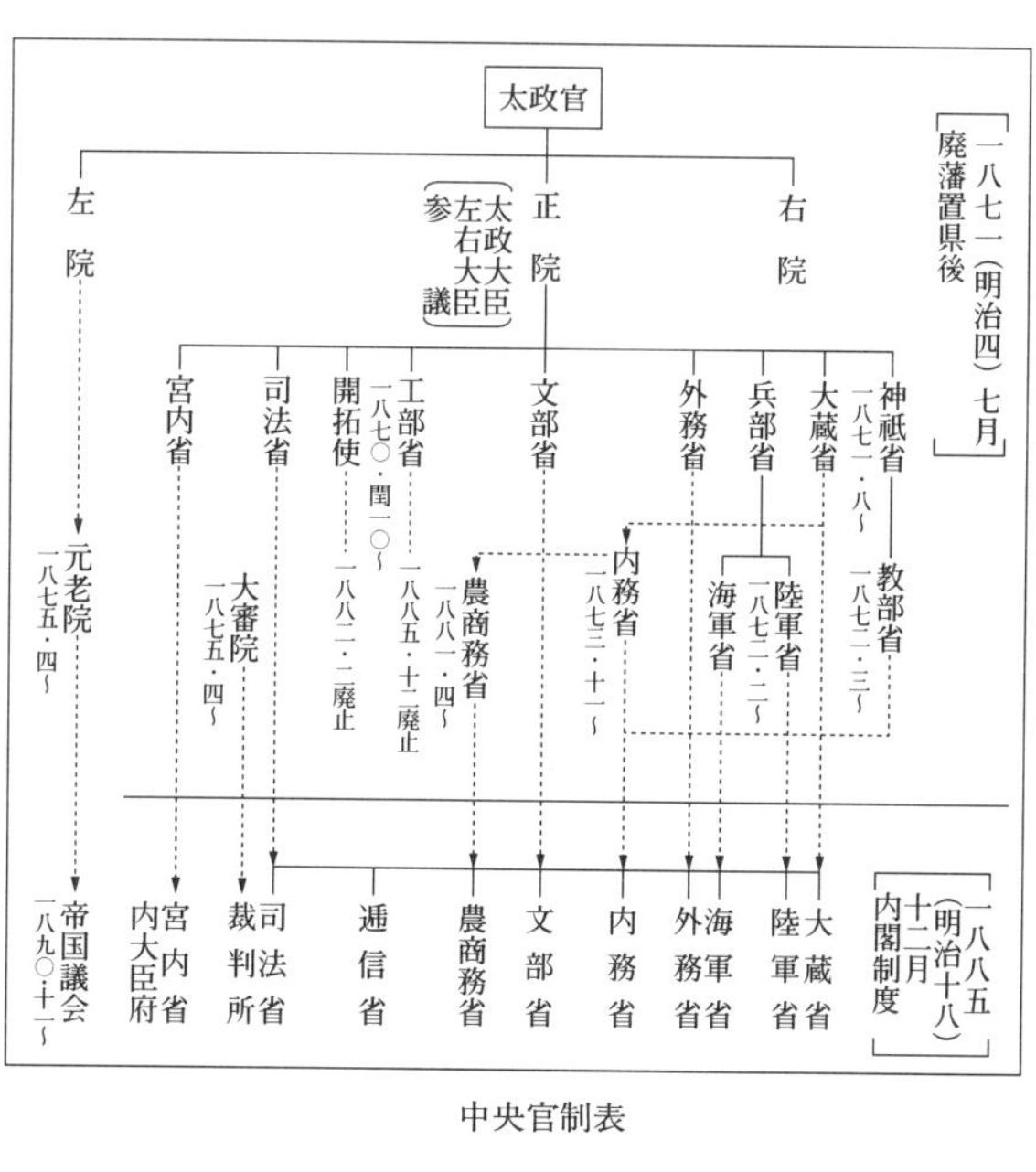

中央官制表

同年、政府は政体書*を発布して太政官制を整え、人心一新の目的で元号を明治と改元し、一世一元の制*を定め、また、江戸*を東京と改称して、同年から翌明治二年（一八六九）にかけて、天皇および政府機関が京都から東京に移った（東京遷都*）。

版籍奉還から廃藩置県へ　封建体制解体を目指した政府は、明治二年一月薩長土肥四藩から版籍奉還*（領地・領民の天皇への返上）を上表させ、ついで六月には全国諸藩に版籍奉還を命じた。しかし、藩主はそのまま知藩事*に任命され、藩政に当たったため、中央集権化の実効はあがらなかった。そこで政府は、明治四年（一八七一）薩長土三藩から兵力を集めて政府直属の御親兵を編成して中央の軍事力を強化するとともに、同年七月十四日、廃藩置県*を断行し、すべての知藩事を解任して東京に住むことを命じ、新たに府知事・県令（のち知事）を任命して、全国の府県の行政に当たらせた。

廃藩置県は、大久保利通*・西郷隆盛*・木戸孝允*ら薩長出身の少数の明治政府の実力者たちによって密かに計画され、一方的に諸藩に通告された。木戸孝允が当日の日記の中に「始めてやや世界万国と対峙の基《もとい》定まると言ふべし」と記しているのは、廃藩置県の目的をよく物語っている。封建体制を一挙に解体するこのような大変革が、さしたる抵抗もなく実現したことは、ほとんど奇跡的ともみえるであろう。

その理由としては、戊辰戦争*などを通じて多くの藩が財政的に窮乏化し、もはや正面から政府と対抗する力を失っていたこと、中央政府のみならず藩*の側でも、欧米先進諸国に対抗する国づくりを進めるためには、藩割拠体制を解体するのが必要不可欠であるという理解がかなり広まっていたこと、などをあげることができよう。また、元来、江戸時代の幕藩体制においては、転封の例からみても藩主は必ずしも藩を完全な私的領国・領民として支配していたわけではなく、むしろ半ば行政官的存在となっており、藩士の多くも知行取りではなく禄米取りにすぎなかった。こうした点が廃藩置県を比較的容易に受け入れられる条件を形成していたともいえるであろう。

身分制度の改革　封建体制の解体と並行して、封建的身分制度の改革も進められた。政府は武士を士族、農工商を平民とし、四民平等*を合い言葉に、異なった身分間の婚姻や居住・職業選択の自由を認め、庶民の苗字を公認した。また、いわゆる解放令を発して、えた・ひにんの称を廃止し平民とした。しかし、これらの人々に対する結婚・就職・居住などの面での社会的差別はその後もなお続いた。

徴兵制・秩禄処分と士族反乱　国家を支える軍事力の創設のため、明治六年（一八七三）政府は山県有朋*らを中心に徴兵令*を制定し、身分に関係なく満二十歳以上の男子を対象とする義務兵役制を取り入れ、武士の軍隊に代わる国民に基礎をおく軍隊を建設した。

士族に対する俸禄は廃藩置県後も支払われていたが、それは国家財政のほぼ三〇パーセントを占め、政府にとって大きな負担であった。しかも、徴兵制の採用は士族に対する俸禄支給の意味を失わせることになった。そこで政府は、明治九年三月、廃刀令*を発して士族と身分的特権と名誉の象徴であった帯刀を禁止し、ついで同年八月、禄高に応じて金禄公債*を一時金として支給（年賦償還）するのと引きかえに、すべての俸禄を停止した（秩禄処分*）。その後のインフレーションの進行と相まって、士族は大きな経済的打撃を受け、政府の士族授産*事業にもかかわらず、その多くは窮乏化し没落して、社会的階層としての士族は解体していった。

政府のそうした士族の特権剥奪の措置は、とりわけ、明治維新に貢献した旧西南雄藩の士族たちを憤激させ、明治七年の佐賀の乱*、同九年の萩の乱*・熊本神風連の乱*・秋月の乱*など士族反乱*の続発を招いた。そして明治十年（一八七七）には、維新の最大の功労者西郷隆盛*を擁立した鹿児島士族の大規模な反乱が起こった（西南戦争*）。政府は徴兵制のもとで新しく編成した政府軍を動員して士族反乱を鎮圧し、その全国支配は安定したものとなった。

地租改正の実施　多方面での改革を進めるために、政府は財政の基礎を確立し、恒常的財源を確保する必要があった。そこで政府は、土地制度・租税制度の改革に着手し、土地の地価を定めて土地所有者に地券*を交付することとした。そして、明治六年（一八七三）地租改正条例を公布し、地価の三パーセントを地租と定め、土地所有者に現金で納入させた。地租改正*は数年間かけて全国に実施したが、その過程で三重県などで改正反対の農民一揆が起こったため、士族反乱と農民一揆の連携を警戒した政府は、同十年地租率を二・五パーセントに引き下げた。その結果、江戸時代の旧年貢に比べて約二〇パーセントの減租となり、明治十年代前半の農産物価格の大幅な上昇と相まって、農民の負担はかなり軽減された。

地租改正により政府はひとまず安定した財源を確保した。土地制度の面では、旧領主ではなく農民（地主・小作関係のある場合は地主）の土地所有権が認められ、近代的土地所有が成立し、近代資本主義経済発展の基礎が礎かれたといえるであろう。

教育改革と文明開化　近代化を有効に進めるためには教育制度を充実し、国民の知識の水準を高めることが必要不可欠であった。政府は明治五年（一八七二）、「邑ニ不学ノ戸ナク、家ニ不学ノ人ナカラシメン事」を期し、学制*を公布し、西洋式の学校教育制度を取り入れた。二万以上の小学校が全国につくられ、江戸時代以来の寺子屋*による庶民教育の伝統の上に、学校教育は急速に広まった。

このころ民間にあっては、慶応義塾*を主宰して新しい時代にふさわしい人材の育成にあたっていた福沢諭吉*が、『学問のすすめ』*を著し、人間の平等と学問による身分意識の打破を唱え、個人の独立による一国の独立を説いて、とりわけ若い世代のひとびとに大きな感銘を与えた。

明治初期には、散髪・洋装*・人力車*・馬車・鉄道*・ガス灯・ランプ・肉食・太陽暦・煉瓦造の建物など、国民生活の多くの面で、新しい風俗や習慣が取り入れられ、いわゆる文明開化の風潮が広まった。 （鳥海 靖）

〔明治政府の発足〕

明治維新論《めいじいしんろん》 幕藩体制から近代天皇制へ移行する転換点となった政治的、経済的、社会的な一大変革である明治維新に関する学説。明治維新の時期区分については、開始期を天保期（一八三〇—四〇）とする説と開国期（一八五三—五八）とする説がある。前者は、明治維新の基本的要因を商品経済の発展を背景とした幕藩体制内の矛盾とみなし、後者は、それを嘉永六年（一八五三）のペリー来航以後の世界資本主義を背景とした外圧に求めた。そこから尊王攘夷運動や公武合体運動が起こり、また下層農民や都市貧民の世直し一揆・打毀しが高揚し、倒幕運動が発生したことを論じた。一方、明治維新の終期については、①廃藩置県後に急速に没落した士族の反乱が西南戦争で終結したことを重視する明治十年説、②大日本帝国憲法の制定に伴う明治憲法体制の成立を重視した明治二十二年説、および③廃藩置県による統一国家形成を重視する明治四年説が一般的である。また、④学制・徴兵令・地租改正令の発布を重視する明治六年説、⑤琉球処分による廃藩置県の完成を重視した明治十二年説、⑥明治十四年の政変と近代産業ブルジョアジーの生成を重視した明治十四年説、⑦秩父事件に象徴される階級対立を重視した明治十七年説、⑧日清戦争と日本帝国主義形成の関係を重視した明治二十七年説などもある。

明治維新の性格に関する議論としては、『大政紀要』『復古記』が編纂・刊行され、維新政府の正統性を強調した「王政復古論」が形成された。これに対して、民間の側が変革を引き起こしたという「草莽《そうもう》復古論」、江戸時代の再評価を主張した「佐幕派維新論」なども生まれた。また昭和初年にはマルクス主義（史的唯物論）の発展に伴って、日本資本主義論争が行われ、明治維新の性格と位置づけをめぐる議論が盛んになった。維新を絶対主義の成立と規定するか（講座派）、ブルジョア革命とみるか（労農派）の論争で、その議論は今日まで続いている。さらに自由民権運動や日清戦争を第二の維新の実現とみなす考え、あるいは軍国主義の台頭に際しては、右翼や軍部を中心に皇国史観が強まって「昭和維新論」が生まれた。第二次世界大戦後は昭和四十三年（一九六八）の明治百年記念式典を契機として、「明治百年論争」が大きな議論となった。アメリカを中心とした「日本近代化」論を背景に明治維新再評価論が説かれ、それに対しては、維新後の天皇制国家が国内矛盾を内在させ、同時に大陸への侵略を強行した問題点を指摘する議論がなされ、維新変革を東アジアあるいは世界史のなかにどのように位置づけるかが課題となった。また「自由民権百年」を契機とした民権掘り起こしなどの市民運動が盛んになり、自由民権運動と明治維新を結びつけた議論も盛んになっている。〈石井孝『学説批判明治維新論』吉川弘文館、一九六一。原口清『日本近代国家の形成』岩波書店、一九六八。大久保利謙『佐幕派論議』吉川弘文館、一九八六。田中彰『明治維新観の研究』北海道大学図書刊行会、一九八七。松尾正人『維新政権』吉川弘文館、一九九五〉

（松尾正人）

王政復古《おうせいふっこ》　江戸幕府*を廃し、天皇を中心とした新政府を樹立した政変。江戸時代の朝廷は政治権力をもたない儀礼の府とされ、政治の実権は幕府に握られていたが、天皇については、もともと万世一系の子孫が日本の統治者という尊王論があり、将軍は政務を委任されたものという考えが存在した。ペリー*来航後の対外危機に伴い、幕府の対外政策を批判した攘夷論が高揚。幕府の公武合体政策に対しては、尊王論と攘夷論がともに批判を強め、幕府に批判的な尊王攘夷論者や公家からは王政復古論が唱えられた。そして幕府打倒を企図した討幕派は、幕府に代わる政治体制を模索し、岩倉具視*らの王政復古派の公家との提携を強めた。一方、十五代将軍徳川慶喜《よしのぶ》*が慶応三年（一八六七）十月十四日に大政奉還*を実施し、土佐藩などの推進する公議政体路線が現実化した。これに対して、岩倉や大久保利通*・西郷隆盛*らの討幕派は、十二月九日にクーデターを敢行。京都御所から佐幕派を排除した後、天皇が御学問所において、王政復古の大号令を発した。大号令では、天皇親裁と神武創業に復することを理想とした施政方針が掲げられ、幕府や摂政*・関白*が廃され、代わって総裁・議定・参与の三職が設置された。九日の夜には新政府の三職によって小御所会議*が開かれ、討幕派は公議政体派を圧倒し、徳川慶喜に辞官・納地を命じた。公議政体派は失地挽回を進めたが、クーデターに反発した旧幕府側が京都に進撃し、明治元年（一八六八）正月三日に鳥羽・伏見戦争*となった。戦争に勝利した新政府は、正月七日に慶喜征討令を発し、十五日に外国側に王政復古を通告した。王政復古は、幕府に代わる新政府の理念として標榜され、太政官の再興や一世一元の制定などが推進されたが、しだいに文明開化*と富国強兵の側面が強く打ち出されるようになり、「維新」を前提とした王政復古の性格をもたされるようになった。〈維新史料編纂事務局『維新史』第五巻、明治書院、一九四一。井上勲『王政復古』中公新書、一九九一。家近良樹『幕末政治と倒幕運動』吉川弘文館、一九九五。〉

（松尾正人）

王政復古の大号令（『復古記』）

徳川内府、従前御委任ノ大政返上、将軍職辞退ノ両条、今般断然聞《きこ》シメサレ候、抑《そもそも》癸丑《きちゅう》以来未曾有《みぞう》ノ国難、先帝頻年《ひんねん》宸襟《しんきん》ヲ悩マセラレ候御次第、衆庶ノ知ル所ニ候、之《これ》ニ依リ、叡慮《えいりょ》ヲ決セラレ、王政復古、国威《こくい》挽回《ばんかい》ノ御基立テサセラレ候間、自今摂関、幕府等廃絶、即今先ズ仮ニ総裁、議定《ぎじょう》、参与《さんよ》ノ三職ヲ置カレ、万機行ハセラルベク、諸事神武《じんむ》創業ノ始メニ原《もと》ツキ、縉紳《しんしん》、武弁、堂上《とうしょう》、地下《じげ》ノ別無ク、至当ノ公議ヲ竭《つく》シ、天下ト休戚《きゅうせき》ヲ同ジク遊バサルベキ叡念ニ付キ、各《おのおの》勉励、旧来驕惰《きょうだ》ノ汚習ヲ洗ヒ、尽忠報国ノ誠ヲ以テ、奉公致スベク候事、……

小御所会議《こごしょかいぎ》　前将軍徳川慶喜《よしのぶ》*に辞官・納地を奏請させることを決議した新政府の会議。慶応三年（一八六七）十二月九日の王政復古*クーデターで発足した新政府は、同夜に京都御所内の小御所において、天皇臨席のもとで総裁・議定・参与の会議を開催した。議長は議定の中山忠能。会議では、公議政体派の議定山内豊信《とよしげ》*らが慶喜を会議に出席させるように主張し、天皇を擁した少数の公家の専断を批判した。武力討幕派の参与岩倉具視*は、豊信の非礼を批判して慶喜の辞官・納地を要求。公議政体派の参与後藤象二郎*と武力討幕派の参与大久保利通*との激論が深夜におよんだが、最後は武力行使も辞さない決意を示した武力討幕派に対して豊信らが譲歩し、慶喜に辞官・納地を奏請

させることが議決された。（松尾正人）

五《ご》榜《ぼう》の掲示《けいじ》　明治元年（一八六八）三月十五日に明治新政府が公にした民衆政策。新政府は五箇条の御誓文*の翌日、旧幕府の高札を撤去させ、五枚の太政官札の掲示を命じた。第一札は五倫の道の遵守、第二札は徒党・強訴・逃散*の禁止、第三札は切支丹邪宗門の制禁で、第一・二・三札は永年掲示の定三札とされた。第四札は外国人への危害禁止、第五札は脱籍・浮浪の禁令で、この両札は覚書で臨機の事項もしくは布令とされた。旧幕府の民衆政策とほとんど変わらない内容で、第三札の「切支丹邪宗門ノ儀ハ堅ク御制禁タリ」は、掲示直後に外国の強い抗議をうけ、切支丹宗門と邪宗門を切り離した二カ条の禁制に改定。さらに六年二月には、五榜の掲示全体も熟知のこととして除却が命じられた。（松尾正人）

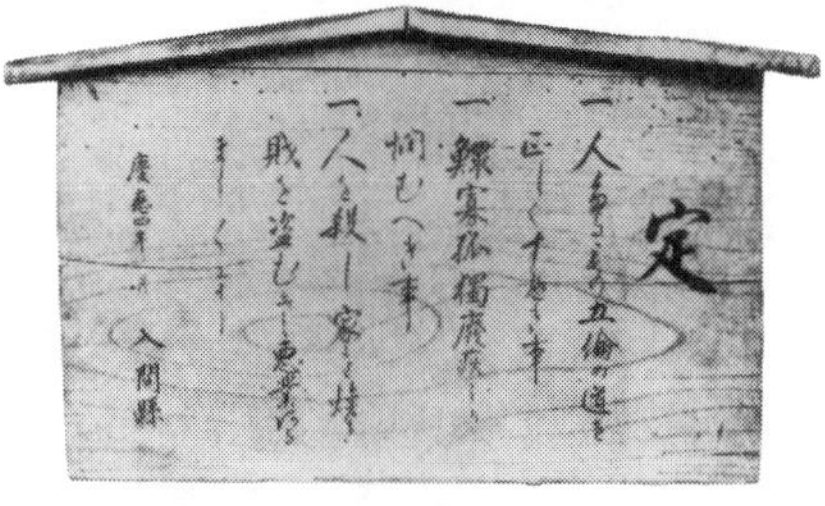

五榜の掲示

五《ご》箇条《かじょう》の御《ご》誓文《せいもん》　明治元年（一八六八）三月十四日に明治新政府が公にした新政の基本方針。最初は参与三岡八郎（由利公正*）が、諸侯の会盟と国是の確定を目的として「議事之体大意」五カ条を起草。参与福岡孝弟が「列侯会議」を強調した「会盟」と改定したが、参与木戸孝允*が国是の宣明を急務と建議し、天皇が神々に誓約する形式に改められた。さらに第一の「列侯会議」を「広ク会議」とし、諸侯会盟的性格を払拭。誓文は「広ク会議ヲ興シ万機公論ニ決スベシ」、「上下心ヲ一ニシテ盛ニ経綸ヲ行フベシ」、「官武一途庶民ニ至ル迄各其志ヲ遂ケ人心ヲシテ倦ザラシメン事ヲ要ス」、「旧来ノ陋習ヲ破リ天地ノ公道ニ基クベシ」、「智識ヲ世界ニ求メ大ニ皇基ヲ振起スベシ」の五カ条で、「永世ノ基礎」とされた。天皇が京都御所の紫宸殿で天神地祇を祭り、誓文を神々に誓い、親王・公卿・諸侯などが奉答書に署名。同日には、天皇が人民の先頭に立って旧習打破する決意を親諭した宸翰《しんかん》も公布された。誓文は天皇主権の確立と維新官僚の政治的強化につながった。その基本方針は、新政府の諸改革の推進力となり、会議と万機公論の理想は自由民権運動*に大きな影響を与えた。（松尾正人）

政体書《せいたいしょ》　明治新政府の政治綱領、官制、官等を定めた規則書。明治元年（一八六八）閏四月二十一日に公布、二十七日に頒布された。それまでの総裁・議定・参与の三職制度は新政府発足当初の仮の制度であり、参与の福岡孝弟と福島種臣*が中心となって「令義解」「聯邦志略*」「西洋事情」などを参考に政体を起草。最初に五箇条の御誓文をかかげ、次に十カ条の政治綱領を記した。綱領は権力を集中した太政官*のもとで三権を分立すること、人材の登用と議事の制を立てること、官吏を公選として四年交替とすることなどを定めた。官制としては、立法の議政官、行法の行政・神祇・会計・軍務・外国の五官、司法の刑法官の合計七官を設置。行政官に輔相・弁事を置いて権限を集中し、輔相には三条実美*と岩倉具視*が任官。議政官には議定・参与で構成する上局、および貢士による下局を置いた。諸官に官等を設けたが、律令以来の名目的な旧官名は残された。

地方は府藩県の三治。公議を標榜したが、明治元年九月に議政官が廃され、同二年四月の復活後も、五月に再度廃止されて上局会議となり、政体書の三権の分立は形式的であった。明治二年七月の職員令により廃止。（松尾正人）

公議所《こうぎしょ》　明治新政府の議事機関。政体書*で定められた議政官下局およびその内部機関の貢士対策所の後を受けて、明治元年（一八六八）十二月に旧姫路藩邸に設置され、翌年三月七日に開所。公議人を各藩の執政・参政から一名ずつ出させ、任期四年の議員とした。諸藩の公議人は貢士の後身で、貢士をもってあてた公務人を改称した藩選出の議員。議長には議政官下局議長であった秋月種樹が就任。五箇条の御誓文*の趣旨を受けて「公議所法則案」が作成され、開局以降六月七日までに二十二回の会議が開かれた。森有礼《ありのり》*・神田孝平らが議事取調兼務となり、切腹の禁止や廃刀の議などの革新的な議題を提案。三月の「御国体の議に付問題四条」は、封建制*と郡県制のいずれを採用すべきかとする議案で、両論が相半ばする結果となった。しかし公議人の多くは保守的で、新政府の主な法令は公議所の議を経ないで出された。公議所が可決した十四議案中で、留保付でも裁可されたものは三件にすぎない。公議所は立法機関とはいえず、建議・諮問機関的な性格が強かった。会議の記録として「公議所日誌」を逐次刊行。明治二年七月八日の官制改革で集議院と改められた。（松尾正人）

一世一元《いっせいいちげん》**の制**《せい》　明治の改元にあわせて元号（年号）を天皇一代に一つと定めた制度。年号は孝徳天皇の大化を最初とし、桓武天皇*から淳和天皇に至る間は一世一元であったが、それ以降に祥瑞・災異などでしばしば改められ、幕末は特に頻繁であった。王政復古*を掲げて発足した新政府は、旧慣を打破して元号（年号）を天皇一代に一つと定めた。天皇の登祚による改元が即位の翌年に行われる慣例を改め、明治元年（一八六八）八月二十七日の即位大礼の後、九月八日に改元を断行。王政復古を重視した岩倉具視*の建議を受けて、徳川幕府が年号採択の実権をもっていた旧慣を改め、天皇が撰進された数種の勘文の中から籤を引き、明治の年号を制定した。（松尾正人）

東京遷都《とうきょうせんと》　明治政府が天皇の東京行幸を実施し、政府機関などの国政の中心を東京に移したこと。新政府の成立直後の明治元年（一八六八）正月、参与大久保利通*が天皇の元首化と宮廷の刷新などを目的として大坂遷都を建議し、天皇の大坂行幸が実行された。東京遷都は前島密*や新政府参与の大木喬任《たかとう》・江藤新平*らが主張し、大久保と木戸孝允*は、改めて天皇の東幸を推進することで、東国の安定と維新官僚による天皇権力の掌握を企図した。東幸は断行され、天皇は十月十三日に東京に到着。年末に京都に還幸したが、天皇は翌二年三月に東京に再幸した。再幸に際して江戸城を東京城と改めて皇城とし、東京に太政官*を移して政治の中心とした。京都の反発を考慮して当初は東西に都を置く奠都としたが、京都に置いた留守官を四年八月に廃止し、実質的な遷都を達成した。（松尾正人）

明治天皇《めいじてんのう》（一八五二―一九一二）　幼称は祐宮《さちのみや》。孝明天皇*の第二皇子として、嘉永五年九月二十二日に権大納言中山忠能の娘の典侍慶子との間に生まれる。万延元年（一八六〇）九月に親王宣下、睦仁《むつひと》となる。慶応二年（一八六六）十二月二十五日に孝明天皇が急死し、翌三年正月九日に践祚*して天皇となった。十月十四日に薩摩・長州両藩に討幕の密勅が出され、同日に十五代将軍徳川慶喜《よしのぶ》*から大政奉還*が上表され、翌日勅許。十二月九日には王政復古*の大号令*が発せられ、天皇親裁が明記されて将軍・摂政*・関白*が廃され、総裁・議定・参与などからなる新政権が発足した。天皇は明治元年（一八六八）三月十四日に宮中の紫宸殿で五箇条の御誓文*を宣言。八月二十七日には即位の礼が紫宸殿で行われ、九月八日に元号を明治と改め、一世一元の制*を定めた。そして江戸*を改名した東京に行幸し、十月十三日に江戸城を東京城と改めて皇居とした。天皇は翌二年三月に再び東幸し、太政官*などの政府機関を東京に移した。四年七月には廃藩置県*の詔を発して中央集権体制を樹立し、八年四月には立憲政体樹立の詔、十四年十月には明治二十三年を期して国会を開設するという勅諭を発布した。天皇は十一年の参謀本部*の創設、十五年の軍人勅諭*の発布で軍隊の最高統率者としての理念を強めた。二十二年二月には大日本帝国憲法*が欽定憲法として発布され、天皇は統治権の総攬者と位置づけられた。天皇の大権は国務大臣の輔弼のもとに行使されたが、天皇は「神聖不可侵」なカリスマ的存在とされた。明治四十五年七月二十九日に死去（宮内庁発表は三十日）。六十一歳。大正元年（一九一二）八月二十七日に明治天皇と諡《おくりな》された。墓所は京都市の伏見桃山陵。

（松尾正人）

〔内乱とその終結〕

戊辰戦争《ぼしんせんそう》　明治新政府とそれに敵対する旧幕府・諸藩との戦争。戊辰は戦争の発生した明治元年（一八六八）の干支。前年の王政復古*クーデターによる新政権の樹立後、前将軍徳川慶喜《よしのぶ》*は大坂*に退去したが、江戸*で発生した薩摩藩邸焼打ち事件を契機に旧幕府軍が京都へ進撃し、正月三日に薩摩・長州両藩を主力とする新政府軍との間に鳥羽・伏見戦争*が発生した。旧幕府軍は初戦に敗れ、四日には仁和寺宮嘉彰親王が新政府側の征討大将軍*に任じられて錦旗を渡され、慶喜は江戸へ逃げ帰った。ついで新政府は慶喜征討令を発し、有栖川宮熾仁《たるひと》親王を東征大総督に任じ、東海・東山・北陸三道から東征軍を江戸へ進撃させた。

徳川方は、旧幕府陸軍総裁の勝義邦（海舟*）が東征大総督参謀西郷隆盛*と降伏交渉を重ね、四月十一日に開城。開城後も旧幕臣などの彰義隊が上野に立てこもり、関東各地で旧幕府軍と新政府軍との戦いが続いたが、新政府は田安亀之助の徳川家相続を許すとともに、五月十五日に上野戦争で彰義隊を壊滅させ、亀之助（家達《いえさと》）に七十万石を与えて駿河に移した。新政府は、藩主松平容保《かたもり》*が京都守護職であった会津藩に対して、奥羽鎮撫総督を仙台へ派遣して追討を命じた。だが仙台・米沢両藩などは、会津藩の救解を求めて奥羽列藩同盟、さらに北陸諸藩を加えた奥羽越列藩同盟*を結んで新政府に敵対。新政府側は五月一日に白河を確保し、六月に平潟、七月に越後松ケ崎に攻撃軍を上陸させた。東北の平・二本松・新庄・大館や北陸の長岡・新潟などで激戦が交わされたが、九月に入って米沢・仙台両藩が降伏し、会津藩も会津若松城を包囲されて九月二十二日に降伏した。庄内・南部両藩も相ついで新政府の軍門に降った。この戊辰東北戦争後、箱館を占領した旧幕府海軍副総裁榎本武揚*らと新政府軍との間に箱館戦争*が発生したが、榎本軍も明治二年（一八六九）五月十八日に降伏した。

この箱館戦争の平定で、鳥羽・伏見戦争に始まった戊辰戦争が完全に終結し、新政府の全国支配が完成した。戊辰戦争や奥羽越列藩同盟の性格についての議論は多様であるが、総じて戦争は封建支配体制全体を弱体化させ、その後の版籍奉還・廃藩置県の基礎的要因となった。新政府は東北諸藩の戦後処分で八十四万石余を没収し、直轄地支配の強化を進めた。〈原口清『戊辰戦争』塙書房、一九六三。石井孝『維新の内乱』至誠堂、一九七四。佐々木克『戊辰戦争』中公新書、一九七七〉　（松尾正人）

鳥羽《とば》・伏見戦争《ふしみせんそう》　明治元年（一八六八）正月三日に鳥羽・伏見で発生した新政府軍と旧幕府軍との戦闘。前年十二月九日の王政復古クーデター後、前将軍徳川慶喜《よしのぶ》は大坂に退去したが、江戸で発生した薩摩藩邸焼打ち事件の報を契機に旧幕府軍が京都へ進撃し、鳥羽・伏見を守る新政府軍との戦いになった。四日に仁和寺宮嘉彰親王が征討大将軍に任じられ、天皇から錦旗と節刀を渡されて、旧幕府軍が賊軍とされた。薩摩・長州両藩を主力とする新政府軍は三日の初戦で勝利し、旧幕府軍は淀藩や津藩の寝返りにあって総崩れとなり、大坂に潰走した。慶喜は六日の夜に大坂城を脱出し、軍艦で江戸へ逃げ帰った。この旧幕府軍の敗北は、七日に慶喜征討令が出され、西日本の諸藩が戦わずして新政府の軍門に降り、大坂の豪商らが新政府支持にまわる結果となった。　（松尾正人）

大村益次郎《おおむらますじろう》（一八二五―六九）幕末の兵学者、明治初年の政治家。幼名は宗太郎、のちに村田良庵、蔵六。慶応元年に大村益次郎と改称。諱は永敏。文政八年三月十日に周防国吉敷郡鋳銭司村の医師藤村孝益・村田梅の長男に生まれ、村田家を継ぐ。梅田幽斎に蘭学を学び、ついで広瀬淡窓の咸宜園《かんぎえん》で漢学、緒方洪庵の適塾で医学・蘭学を修める。洋学の知識を認められて嘉永六年（一八五三）に宇和島藩に招かれ、安政三年（一八五六）に幕府の蕃書調所《ばんしょしらべしょ》教授方手伝、講武所教授に出仕。さらに万延元年（一八六〇）に長州藩に戻って軍制改革を指導し、近代装備の徹底、農商兵の組織化を進めた。長州藩討幕派のもとで軍事部門の中枢に参画し、第二次征長戦争では石州口の軍事参謀として活躍。新政府成立後、軍防事務局判事や軍務官副知事を歴任した。上野戦争を指揮し、軍功賞典永世録千五百石を賜わる。明治二年（一八六九）七月の兵部省設置に伴い兵部大輔に就任。国民皆兵主義に基づく近代兵制の創設に尽力したが、九月に京都で守旧的な攘夷派に襲われて負傷。十一月五日に死去。国民皆兵の企図は山県有朋らに継承され、明治六年に徴兵令制定となった。四十五歳。墓所は山口市鋳銭司。　（松尾正人）

江戸《えど》開城《かいじょう》　明治元年（一八六八）四月に新政府軍が徳川家から江戸城を接収したこと。鳥羽・伏見戦争後、新政府軍は東征大総督の有栖川宮熾仁《たるひと》親王の指揮のもとに、東海・東山・北陸の三道から江戸へ進撃した。これに対して、前将軍徳川慶喜は江戸城を退去し、旧幕府陸軍総裁の勝義邦（海舟）が、東征大総督参謀西郷隆盛と降伏条件を交渉。四月四日に田安慶頼に伝えられた勅旨は、慶喜の水戸藩御預、江戸城明渡し、軍艦兵器の引渡しなどであった。開城は四月十一日。新政府が交渉で譲歩した背景には、関東地方での世直し一揆の激化や江戸攻撃に反対するイギリス公使パークスの意見が存在した。江戸開城の際には旧幕臣の脱走が続出し、江戸周辺の混乱は五月十五日の上野戦争後まで続いた。　（松尾正人）

勝海舟《かつかいしゅう》（一八二三―九九）江戸時代末期の幕臣、明治時代の政治家。伯爵。通称は麟太郎。諱は義邦で字は安芳。号は海舟。文政六年正月晦日に江戸の本所亀沢町で、旗本小普請組の勝小吉の長男に生まれる。蘭学・兵学を学び、赤坂田町に蘭学塾を開く。ペリー来航の危機に際しては、嘉永七年（一八五四）に幕府に海防意見書を提出し、安政二年（一八五五）に下田取締掛手付として蕃書翻訳係に登用される。さらに長崎海軍伝習所に入り、軍艦操練所教授方頭取となる。万延元年（一八六〇）に遣米使節の随行艦咸臨丸の艦長として太平洋を横断。帰国後、軍艦奉行並を経て元治元年（一八六四）に軍艦奉行・安房守になる。神戸に海軍操練所を開き、幕臣だけでなく、坂本龍馬などの諸藩の人材を育成。雄藩連合による国内統一論を主張。反幕府的な人材を庇護したことで軍艦奉行を罷免されたが、幕府が第二次長州征討に難航したために復任して長州藩との間の調停に尽力した。鳥羽・伏見戦争後の新政府軍の東征に対しても、旧幕府側を恭順に導き、陸軍総裁となって東征大総督参謀の西郷隆盛と直談判し、江戸開城と徳川家の存続を実現させた。徳川家に従って静岡に移住したが、新政府に請われて明治五年（一八七二）に海軍大輔、翌六年に参議兼海軍卿に任官。伯爵・枢密顧問官となる。「吹塵録」「開国起源」「海軍歴史」などを編集・刊行した。明治三十二年一月十九日に死去。七十七歳。墓所は東京都大田区馬込の洗足池畔。（松尾正人）

上野戦争《うえのせんそう》　明治元年（一八六八）五月に江戸の上野で発生した彰義隊と新政府軍との戦争。同年二月に結成された旧幕臣の彰義隊は、寛永寺に謹慎中の慶喜の護衛を名目として上野に屯集。輪王寺宮公現《こうげん》親王を擁し、諸藩の脱走兵を加え、さらに各地の反政府軍と提携して新政府軍に敵対した。新政府は田安亀之助（徳川家達《いえさと》）の徳川家相続を許すとともに、軍防事務局判事の大村益次郎を江戸に派遣し、彰義隊の掃討を決定。抗戦の姿勢を放棄しない彰義隊に対して、五月十五日に総攻撃を行った。彰義隊は一日で壊滅し、輪王寺宮は江戸湾にいた榎本武揚の軍艦に逃れ、脱走者の一部は渋沢喜作らの振武軍に合流。新政府軍は上野戦争に勝利することで、関東・東北での戦争の主導権を握り、七月に江戸を東京と改め、統一国家形成の基礎を確実にした。（松尾正人）

奥羽越列藩同盟《おううえつれっぱんどうめい》　戊辰戦争で東北・越後諸藩が新政府に対抗した同盟。明治元年（一八六八）の戊辰戦争では、鳥羽・伏見戦争に勝利した新政府が、奥羽鎮撫総督を仙台に派遣して会津・庄内両藩の追討を命じたが、仙台・米沢両藩などの東北諸藩は、会津寛典嘆願書を作成。五月に奥羽列藩同盟を組織し、さらに越後諸藩を加えた奥羽越列藩同盟を結成した。列藩同盟は輪王寺宮公現《こうげん》親王を盟主に仰ぎ、白石に公議府を置き、八カ条の盟約を結んで新政府に敵対した。だが列藩同盟は、秋田・弘前両藩が離脱し、新政府軍との戦いにも敗れ、九月四日に米沢藩、十五日に仙台藩が降伏して瓦解。列藩同盟の性格については、公議政体的政権を目指したという説、あるいは「おくれた封建領主のルーズな連合体」とみなす説などがある。（松尾正人）

会津戦争《あいづせんそう》　明治元年（一八六八）に会津藩領で行われた戊辰東北戦争の最終段階の戦い。鳥羽・伏見戦争後、新政府は会津藩を朝敵とし、奥羽鎮撫総督を仙台に派遣した。会津藩は新政府に抗戦する姿勢を放棄せず、庄内藩と同盟を締結。また奥羽鎮撫総督から出兵を命じられた仙台・米沢両藩は、会津藩の寛典処分を策し、それが拒否されると五月三日に奥羽二十五藩による同盟を結び、さらに奥羽越列藩同盟*を結成して会津・庄内両藩とともに新政府に敵対した。会津藩は明治元年三月の軍制改革で藩兵を年齢層別に組織して玄武・青龍・朱雀・白虎隊を編成。新政府軍と北越や北関東で激戦を交えた。しかし白河・二本松などで敗れ、母成峠を突破した新政府軍に若松城を包囲された。会津藩では白虎隊のような少年兵も出動したが、飯盛山で集団自決。その後、会津藩は若松城を中心に抗戦を続けたが、奥羽越列藩同盟諸藩が相ついで新政府の軍門に降り、孤立した同藩は九月二十二日に降伏。会津藩は領地を没収されたが、明治二年に松平容保《かたもり》*の嗣子容大《かたはる》が三万石を与えられ、三年五月に斗南《となみ》藩知事に任じられた。（松尾正人）

箱館戦争《はこだてせんそう》*　旧幕府軍が箱館（函館）で新政府軍と戦った戊辰戦争最後の戦争。旧幕府海軍副総裁の榎本武揚《たけあき》*は、明治元年（一八六八）四月の江戸開城後も旧幕府の海軍力を保持し、八月にフランス人軍事顧問らとともに江戸湾を脱走した。仙台で前老中板倉勝静《かつきよ》*・前歩兵奉行大鳥圭介らと合流したが、奥羽越列藩同盟の盟主仙台藩は九月十五日に新政府軍に降伏。榎本は反政府軍を収容して蝦夷地へ向かい、十月に箱館を占領し、榎本政権を組織して新政府に旧徳川家臣団の扶助を求めた。だが新政府は、諸外国の局外中立を解除させて強力な軍艦を入手し、翌年春に攻勢に転じた。榎本軍は新政府軍の集結した宮古を奇襲。さらに乙部に上陸した新政府軍と戦い、最後は五稜郭に籠城したが、明治二年五月に降伏。箱館の平定で新政府の全国支配が完成した。（松尾正人）

榎本武揚《えのもとたけあき》（一八三六―一九〇八）　幕末の海軍副総裁で、明治期の軍人・政治家。子爵。通称は釜次郎、諱は武揚。号は梁川。天保七年八月二十五日に江戸下谷に生まれる。昌平黌に入り、長崎海軍伝習所*で学ぶ。江戸築地の海軍操練所の御軍艦操練教授となり、文久二年（一八六二）にオランダへ留学し、航海術・国際法などを修得。幕府が購入した軍艦開陽丸を廻送して帰国。海軍副総裁に任じられた榎本は、江戸開城後の明治元年（一八六八）八月に旧幕府海軍を率いて江戸湾を脱走し、箱館周辺を占領して蝦夷島政府を樹立した。政府軍の攻撃に対して江差や五稜郭などで抗戦し、翌年五月に降伏した。明治五年（一八七二）三月に北海道開拓出仕となり、北海道各地を踏査。七年に海軍中将となり、特命全権公使としてロシアに駐在。八年五月にロシア外務大臣ゴルチャロフとの間に千島樺太交換条約*を締結。その後は海軍卿や逓信・文部・外務・農商務の各大臣などを歴任。旧幕臣ながら技術者・外交官として評価され、明治期の薩長藩閥政権のなかでは異色の存在であった。明治四十一年十月二十六日に死去。七十三歳。墓所は東京都文京区本駒込の吉祥寺。（松尾正人）

〔中央集権体制の形成〕

版籍奉還《はんせきほうかん》　明治二年（一八六九）に藩主から封土（版）と領民（籍）を新政府に返上させた施策。新政府の発足後、長州藩の木戸孝允*は、封建的領有制の解体を目的として版籍奉還を推進した。木戸は明治元年（一八六八）二月に版籍奉還の必要を三条実美*と岩倉具視*に密かに建言。ついで閏四月に藩主毛利敬親、九月に薩摩藩の大久保利通*を説得した。長州藩は正月に豊前・石見両国返還願、薩摩藩は二月に十万石奉還願を提出していた。また十一月には藩内対立に苦しんだ姫路藩が版籍奉還を願い出て、兵庫県知事伊藤博文*が同藩の版籍奉還の許可を建白した。木戸は版籍奉還を土佐藩にも呼びかけ、二年正月には京都で薩摩・長州・土佐藩士の会合が開かれた。そして王土王民思想を掲げた上表を薩長土肥四藩主の連名で正月二十日に提出した。

上表中には、諸藩の土地と人民を朝廷に集め、朝廷がすべての中心となって海外各国と並立することの必要が強調された。政府は四藩の上表に対し、後日に公論を集めて決定することを達した。そして公議所*での審議や上局会議への諮問を経て、六月十七日に版籍奉還を断行。旧藩主はそのまま知藩事*に任じられたが、公卿・諸侯の称は廃されて華族となった。また政府は六月二十五日に十一項目の諸務変革を達し、諸藩に現米総高・諸税・職制などの調査・提出を命じ、一門から平士までを士族とすることや給禄の改革などを指令した。さらに政府は版籍奉還で郡県制度に移ったという立場をとり、旧幕臣の所領や寺社領の上地を進め、藩政に対する管理・統制を強化した。（松尾正人）

知藩事《ちはんじ》　明治二年（一八六九）六月の版籍奉還*断行に伴って旧藩主が任じられた職名。藩名を冠する際には、藩知事と呼ぶのが通例であった。新政府は知藩事を版籍奉還後の郡県制下の地方官とし、その職掌を藩内の社祠・戸口・名籍を知り、士民を字養し、教化を布き、風俗を敦くし、租税を収め、賦役を督し、賞刑を判ち、僧尼の名籍を知り、藩兵を管することとした。藩兵の管掌が府県知事と相違している。政府は六月二十五日に諸務変革を発令し、知藩事の家禄を藩*の現石の十分の一と定め、支配地総高や職制・職員など地方官としての報告を義務づけた。三年九月には「藩制」を公布し、諸制度の統一を推進した。知藩事は四年七月十四日の廃藩置県*で廃官となった。（松尾正人）

御親兵《ごしんぺい》　明治初年に設置された天皇直属の軍隊。新政府は明治元年（一八六八）二月、軍防事務局のもとに御親兵掛を置き、長州藩の亀山隊・致人隊などを親兵とした。翌二年には十津川郷士・山科郷士などを加えたが、その編成や素質は直属軍隊として不十分であった。そのため政府強化の一環として、兵士の給養に苦しむ長州藩あるいは薩摩・土佐藩から明治三年秋に兵力の徴集が計画され、四年春に三藩の合計八千余人が親兵とされた。政府はこの軍事的基盤の強化を背景として、四年四月に東山道（石巻）と西海道（小倉）に鎮台を設け、廃藩置県*を平和裏に断行することができた。この親兵は五年三月に近衛兵と改められ、明治二十四年に近衛師団が設置された。（松尾正人）

廃藩置県《はいはんちけん》　明治四年（一八七一）七月に藩*を廃して府県とした改革。明治新政府は、明治元年閏四月の政体書*で地方を府藩県の三治としたが、江戸時代からの諸藩の封建的な割拠体制を克服することが課題であった。長州藩出身の木戸孝允*らは版籍奉還*を推進し、明治二年正月には薩摩・長州・土佐・肥前四藩主が上表を提出。六月の版籍奉還断行後、政府は府藩県の統一と郡県制度の推進を目的として、諸藩に諸務変革を命じた。政府は、大蔵省*を中心に急進的な集権政策を推進し、三年九月に「藩制」を布達して集権化と郡県制度の徹底を図った。戊辰戦争*後の財政悪化のなかで、廃藩を願い出る中小藩も出現したが、薩摩藩などの封建的な割拠の動向が政府の課題となった。また政府の集権化に対しては、農民一揆が激化し、攘夷派などの士族の反政府的な運動も顕著になった。

政府強化が課題となったことから、政府は岩倉具視*を勅使に任じて薩摩・長州両藩に派遣。結果は、四年春に西郷隆盛*を上京させ、薩長土三藩兵を東京に集めて親兵とすることに成功した。政府は六月に西郷と木戸を参議に擁立して政府改革に着手。同時期には郡県制の強化あるいは廃藩を求める有力藩の建白や改革論議が活発化した。このような事態に対し、長州藩出身の中堅官僚から廃藩論が出され、木戸・西郷両参議や大久保利通*らが秘密裏に協議を重ね、七月十四日に廃藩置県を断行した。その結果、二百六十一藩が廃され、それまでの府県とあわせて三府三百二県一使となった。知藩事*は罷免されて上京が命じられ、新たな県では旧藩大参事が当分の間の施政を継続。政府が藩札*と金札の交換を達し、旧藩の債務や家禄支給を継承したことから、廃藩置県の断行に伴う直接の軍事的騒乱は発生しなかった。ついで政府は十一月に三府三百二県一使を三府七十二県一使に統合。中央集権的体制が強化され、以後、近代国家としての諸改革が内外で強力に推進されるようになった。〈浅井清『明治維新と郡縣思想』巌南堂書店、一九三九。松尾正人『廃藩置県の研究』吉川弘文館、二〇〇〇〉　（松尾正人）

左院《さいん》　明治四年（一八七一）廃藩置県*後の太政官制度改正に伴い、正院・右院とともに設置された議法機関。章程上は、行政長官の合議体である右院が行政案件を、議長・副議長・議官で構成される左院が法案を審議し、大臣・参議からなる正院が決定権をもつ。左院の議官は官選で立法諮問機関に近いが、法案審議の実体が不明であり、議法機関と呼ばれる。ただし左院は、集議院（公議所*の後身）の附属、後藤象二郎*の議長就任、議官出身藩の多様性など、公議機関としての継続性もあり、憲法作成・国会開設・内務省*設置などの立案に積極的であった。六年の太政官制潤飾、七年の改正を経て官僚機構中の立法審査機関としての性格を強めた。明治八年、立憲政体漸次樹立の詔により廃止。　（西川　誠）

徴兵令《ちょうへいれい》　国民の兵役に関する規則を定めた法令。政府は明治五年（一八七二）十一月に徴兵の詔、徴兵告諭を発し、徴兵令を翌年一月に制定した。沖縄・北海道を除く満十七歳から四十歳までの男子を国民軍兵籍に登録し、満二十歳の徴兵検査に合格したものから抽選で常備軍に編入。常備兵は三年間現役兵として徴集され、その後は四年間を後備軍とされ、戦時召集が義務づけられた。常備軍は、身体条件が不適格とされた者のほか、一家の主人、嗣子、独子独孫、さらには官庁勤務者・陸海軍学校生徒、官公立学校生徒、代人料二百七十円を納めた者など、免役条項が数多くあり、それを利用した徴兵逃れが横行。兵役は貧家の二男以下に集中したことから、明治十二年・十六年の改正で免役条項が改められ、国民皆兵の原則が強化された。二十二年には全面改正が行われ、兵役は、常備兵役・後備兵役・国民兵役の三種とされ、常備兵役には現役・予備役が設けられた。三十一年には沖縄・北海道全域にも徴兵令が適用された。その後も数次の改正が行われ、昭和二年（一九二七）十二月に徴兵令そのものが廃止され、兵役法が制定された。　（松尾正人）

明治六年の政変《めいじろくねんのせいへん》　征韓論政変とも呼ばれる。明治六年（一八七三）十月、明治政府の有力者が一斉に下野し、政府首脳が二派に分裂した近代日本政治史上の大事件。そもそもは朝鮮問題に起因した。明治元年（一八六八）成立したばかりの明治政府は、対馬藩主を通して朝鮮政府に王政復古*を通知し、あわせて正常な国交関係の樹立を求めたが、同国政府はこれを拒否した。そのため、日本国内に対朝鮮強硬論が生まれ、以後、両国関係の刷新を期す日本側と、旧来の関係の継続を望む朝鮮側の対立が表面化して明治六年を迎えた。この間、明治四年十一月に岩倉使節団*が欧米に派遣されたが、朝鮮問題は、あとに残された留守政府のもと、明治六年に重大な政治問題となった。

すなわち、この年釜山の草梁倭館の門前に日本を無法の国と批判する文章が掲示されると、これを契機として派兵論が浮上した。このとき、西郷隆盛*は即時派兵論を抑えて、まず使節を派遣して朝鮮政府と交渉する必要を唱え、かつ自らその任にあたることを主張した。ついで同年八月十七日に開かれた閣議の席で、西郷の派遣が内決されたが、ことは重大なので岩倉大使一行の帰国をまって発令することとなった。しかし、岩倉具視*の帰国後開かれた十月中旬の閣議では、自身の即時派遣を主張する西郷と内政改革を急務とする岩倉具視・大久保利通*との間で激論が闘わされ、ようやく西郷の派遣が正式に決定された。その後、事態の収拾に苦慮した太政大臣の三条実美*が錯乱状態に陥り、岩倉が太政大臣の代理に就任すると、岩倉は明治天皇*に西郷の派遣反対を進言し許可された。そのため西郷・板垣退助*・副島種臣*・江藤新平*ら各参議が一斉に下野し、政府はここに完全に分裂した。使節団参加メンバーによる留守政府首脳の追放というかたちで終わったこの事件は、その後の政局に大きな影響を与え、自由民権運動*や士族反乱*を生み落とした。なお、西郷は征韓論者ではなく朝鮮との平和的交渉論者であったとする説があるが、学界では少数意見にとどまる。

（家近良樹）

内《ない》務《む》省《しょう》 明治六年（一八七三）十一月に設立され、警察・地方行政などの内政を所管した中央官庁。岩倉使節団*帰国後、副使であった大久保利通*が参議となり、その主導のもとで設置された。当初は上局と勧業・警保・戸籍・駅逓・土木・地理の六寮および測量司によって構成。初代内務卿は大久保で、勧業と警保の二寮が中心となり、内治安定と殖産興業の推進機関となった。十四年には殖産興業関係を独立させて農商務省*を設置。十八年の内閣官制後、初代内務大臣には山県有朋*が就任し、同省機構は十九年に大臣官房と総務・警保・県治・衛生・地理・社寺・土木・会計の八局とされて、対民衆行政のすべてを統轄した。その後、鉄道庁（のち鉄道省）、北海道局・台湾事務局などを管轄。社会問題と社会運動の高揚を反映して大正九年（一九二〇）には社会局を、関東大震災*後の十三年には復興局を新設した。十三年に厚生省が設置され、衛生・社会両局が独立。昭和十二年（一九三七）には計画局を設置し、戦時体制期の十六年に国土局・防空局、十八年に防空総本部を新設した。また昭和三年には、警保局に保安課を設置し、全国的な特別高等警察網を完成して、国民生活の全般を統制した。戦後の昭和二十二年十二月に廃止された。

（松尾正人）

木《き》戸《ど》孝允《たかよし》（一八三三―七七）幕末・明治期の指導的政治家。通称は小五郎、貫治と改めさらに準一郎と称す。諱は孝允。号は松菊。天保四年六月二十六日に長州藩医和田昌景の二男に生まれ、家禄百五十石の桂九郎兵衛孝古の養子となる。吉田松陰*の松下村塾に入門し、嘉永五年（一八五二）に江戸遊学。長井雅楽《うた》の公武合体策に反対し、尊王攘夷派の中心となった。元治元年（一八六四）に京都留守居に任じられ、禁門の変*では慎重論を説いた。帰藩後には藩内の保守派を排除して藩政の中枢を掌握。藩命で木戸と改名。慶応二年（一八六六）には京都に潜入して薩長同盟*を結び、翌年に討幕出兵を進めた。新政権の発足後は参与、総裁局顧問を歴任。五箇条御誓文*の作成に関係し、版籍奉還*を三条実美*・岩倉具視*に建議してその実現を推進するなど、封建体制打倒の中心となった。明治二年（一八六九）七月に参議となり、大隈重信*らの改革派官僚を庇護し、四年七月には廃藩置県*断行を実現した。同年十一月に岩倉使節団*の副使となる。帰国後は内治優先の漸進論を主張し、西郷隆盛*・板垣退助*らと対立。七年の台湾出兵に反対して参議を辞したが、大阪会議後の八年三月に復職し、第一回地方官会議の議長を務めた。憲法制定の重要性に着目し、立憲制の漸進的導入に尽力。卓越した識見をもち、大久保利通*や西郷とともに維新の三傑と称されたが、大久保らの薩摩系とは対立することが多かった。明治十年五月二十六日に京都で胃癌により死去。四十五歳。墓所は京都東山の霊山。　（松尾正人）

大久保利通《おおくぼとしみち》（一八三〇—七八）　幕末・明治期の政治家。幼名は正袈裟。通称は一蔵。諱は利通。号は甲東。天保元年に薩摩藩士大久保次右衛門利世の長男に生まれる。下級の城下士の御小姓組に属したが、同郷の西郷隆盛*とともに島津斉彬《なりあきら》*に登用された。斉彬の死後、尊王攘夷派の精忠組の中心となる。藩主島津忠義の実父久光*のもとで小納戸役に抜擢され、公武合体運動に尽力。慶応二年（一八六六）の第二次征長戦争に反対し、倒幕運動に転じて長州藩との連合を推進して、公家の岩倉具視*らと王政復古*を画策した。新政府の発足後は参与に任じられ、賞典禄一千八百石を賜わる。大坂遷都*を主張し、天皇の東幸や版籍奉還*を推進。薩摩藩出身の実力者として明治二年（一八六九）七月には参議、四年六月に大蔵卿となった。その間、御親兵*を創設し、廃藩置県*を実現した。明治四年十一月には岩倉使節団*の副使となり、帰国後は参議となって西郷隆盛らの征韓論に反対。征韓派諸参議の下野後は、内務省*設置と参議の省卿兼務を推進し、自ら六年十一月に初代の内務卿を兼務し、大隈重信*・伊藤博文*らと地租改正*・殖産興業*を推進した。明治七年（一八七四）に佐賀の乱*を鎮圧し、台湾出兵問題では弁理大臣として北京に赴き、出兵を「義挙」と認めさせることに成功。また自由民権運動*に対しては、明治八年の大阪会議で板垣退助*らとの妥協を策した。さらに地租改正に対する農民の反発を地租軽減でかわし、西南戦争*の鎮圧にも成功して、明治政府の官僚政治家として重きをなしたが、十一年五月十四日に清水谷で石川県士族の島田一郎らに暗殺された。木戸孝允*・西郷隆盛とともに維新の三傑と称され、幕府打倒後は薩摩藩出身者として維新政府の中枢に位置し、特に明治六年の政変*後は参議兼内務卿として辣腕をふるい、大久保政権とも称された。四十九歳。墓所は東京港区の青山墓地。　（松尾正人）

岩倉具視《いわくらともみ》（一八二五—八三）　幕末・明治前期の政治家。公爵。幼名は周丸《かねまる》、号は対岳。文政八年九月十五日に前権中納言堀河康親の第二子に生まれ、岩倉具慶《ともやす》の嗣となり、具視と称した。岩倉家は村上源氏で、久我家の庶流。関白鷹司政通*の門に入り、朝廷改革意見が注目されて孝明天皇*の侍従、近習に登用された。日米修好通商条約*の勅許に反対し、八十八人の公家による「列参」を画策。公武合体による朝廷の勢力回復を企図し、和宮降嫁、幕政改革を推進した。しかし尊王攘夷派の糾弾を受け、文久二年（一八六二）八月に辞官落飾し、十月に岩倉村に幽居。慶応三年（一八六七）には薩摩藩と結んで倒幕運動を進め、十二月九日の政変を画策して、王政復古を実現した。十二月九日の新政権の発足で参与となり、小御所会議で前将軍徳川慶喜の辞官・納地を推進。その後は副総裁、議定兼輔相、大納言を歴任、復古永世禄五千石を賜った。

新政権では大久保利通らと提携し、朝廷改革・政府強化の中心となる。明治四年（一八七一）七月には外務卿、ついで右大臣・特命全権大使となり、米欧諸国に赴く。帰国後の明治六年の政変では、征韓派の西郷隆盛・板垣退助を排除し、非征韓派の大久保を支持し、七年に赤坂喰違で反政府士族に襲われた。その後は、皇室の藩屏としての華族の結集を重視し、華族会館や第十五銀行の創設など、華族と皇室財産の確立に尽力。晩年は保守的で憲法制定問題では穏健派となり、明治十四年の政変では大隈重信を追放し、府県会についても中止を建議した。明治十六年七月二十日に死去。五十九歳。墓所は東京都南品川の海晏寺。

（松尾正人）

三条実美《さんじょうさねとみ》（一八三七—九一）　幕末・明治前期の政治家。公爵。幼名は福麿、諱は実美、号は梨堂。天保八年二月八日に権大納言三条実万の第四子に生まれ、安政元年（一八五四）に三条家を継ぐ。侍従、右近衛権少将などを歴任。尊王攘夷論を主張して尊攘派の中心となる。文久二年（一八六二）には勅使に任じられて江戸に下り、幕府に攘夷実行を督促。議奏・国事御用掛となったが、翌年の八月十八日の政変で失脚し、尊攘派公家七名で長州へ逃れ、「七卿落」となった。慶応三年（一八六七）十二月の王政復古で新政権が発足すると、帰京して議定に就任。明治元年（一八六八）正月に副総裁、閏四月に議定兼輔相、二年七月に右大臣に任官。新政権では復古永世禄五千石を賜わる。廃藩置県後の四年七月に太政大臣に就任。明治六年の征韓論政争で急病となって岩倉具視が代理に任じられることもあったが、十八年の太政官制廃止まで太政大臣をつとめた。内閣制の発足で内大臣となり、二十二年には一時首相を兼任。倒幕運動の功績と高い家柄によって明治政府の最高位にあったが、政治力は岩倉にかなわなかった。明治二十四年二月十八日に死去、五十五歳、墓所は東京都文京区の護国寺。

（松尾正人）

〔封建的諸制約の撤廃〕

四民平等《しみんびょうどう》　明治初年に行われた身分制撤廃政策。従来の身分秩序に拘束されない機能的な人材登用や国家への国民的凝縮性を高める意図をもつ。段階的にみると、まず明治二年（一八六九）六月の版籍奉還後に華士族および卒と平民に身分が単純化され、さらに明治四年（一八七一）四月制定の戸籍法は身分を問わず居住地別に編成する方針をとっている。そして廃藩置県後の同年八月に賤民解放令が布告される一方、華士族に就業の自由化や平民との婚姻が認められるなど平準化が推進され、明治六年（一八七三）一月の徴兵令により軍事は武士の常識から国民皆兵の方針に改められた。華士族の身分的特権は明治九年（一八七六）三月の廃刀令と八月の金禄公債証書発行条例による家禄廃止、明治十三年（一八八二）の刑法による閏刑廃止で消滅したが、華士族平民の族称は存続する。華族は「皇室の藩屏《はんぺい》」として一定の保護と爵位が与えられ、また士族の多くは没落したが、平民に対する社会的優位は明治期を通じて続いた。一方、部落差別の問題は現代にもなお及んでいる。（落合弘樹）

廃刀令《はいとうれい》　一般の帯刀を禁じた明治政府の法令。「自今、大礼服着用幷《ならび》ニ軍人及ビ警察、官吏等、制規アル服着用ノ節ヲ除クノ外、帯刀被禁候《きんじられそうろう》」とする明治九年（一八七六）三月二十八日の太政官布告第三十八号。刀剣類の所持を禁じたものではないが、武士の名誉意識の支柱であった帯刀の権限を官吏・軍人・*警官などに限定することで官職に権威を付与する一方、四民平等政策が進んだ後も残されていた武士の特権を解消した。なお、文明開化*を名目に庶民の帯刀禁止は明治三年（一八七〇）に実施され、翌年には士族の脱刀が自由化されたが、不平士族の結集要因となりうる朝鮮問題が日朝修好条規*締結で解消したことが布告の契機となった。（落合弘樹）

秩禄処分《ちつろくしょぶん》　明治政府が実施した家禄・賞典禄の解消措置。華士族の家禄支給は財政の三割以上を占めており、その解消は近代化推進のうえで避けられない課題となっていたが、権力基盤と軍事力が脆弱な明治初期の段階では、政府が維新前の統治身分だった華士族に依拠する部分もあったため処分は漸進的になされた。公家や新政府に帰属した旧幕臣の家禄は政府が管轄したが、藩主と藩士の家禄は藩*に掌握されていたので、政府は明治二年（一八六九）六月に各藩へ「給禄適宜改革」を指令し、翌年九月の「藩制」では藩財政の使途を規制して家禄支出の縮小を求めた。しかし、改革に挫折して自発的な廃藩を政府に願い出た例もある。

明治四年（一八七一）七月の廃藩置県*で、政府は家禄を全面的に把握し、大蔵大輔井上馨*の主導で急進的な廃止案が打ち出されたが、政府内に慎重論が強く存在したうえ、明治六年（一八七三）五月に井上が辞職したため頓挫する。その後、征韓論政変後の同年十二月に大久保政権によって家禄奉還と禄税の実施が決定された。家禄奉還は任意で、還禄者には四—六カ年分が現金と秩禄公債で支給され、開墾地払い下げなど就業の便宜も図られたが、帰農商の成績不良などにより八年十月に中止される。なお、下級士族の勢力が強い西南雄藩の士族は還禄率が低く、結果的には士族層の弱小部分を切り捨てる過渡的措置となった。禄税とあわせて支出額は二割近く削減できたが、米価高騰下での地租金納化で政府の歳入が目減りしたため、財政への負担は軽減しなかった。そこで、明治九年（一八七六）三月に征韓論の根拠となっていた対朝鮮外交が日朝修好条規で解決すると、大蔵卿大隈重信*は公債発行による最終的な処分案を打ち出し、同年八月の金禄公債*証書発行条例公布で禄制は廃止された。（落合弘樹）

金禄公債《きんろくこうさい》　明治九年（一八七六）八月に実施された家禄廃止措置。家禄は公債証書発行によって廃止されたが、家禄に私有財産権を与えて処分可能な資本に改める方法は、禄券法として廃藩前に一部の藩*で実施されており、大蔵省*もこの方策による家禄廃止を図った。金禄公債は禄高が低いほど利子と年限が有利に定められたが、受取人員の八割が受給した七分利付公債の利子は生計を維持できる水準ではなく、下級士族の大部分は公債を転売して当面の生活費や起業資金にあてた。一方、禄制改革後も高禄を得ていた旧藩主や上士層の多くは高額の利子を得

て安定した財産収入を確保し、平民や下級士族に対する社会的優位を持続することができた。　　　（落合弘樹）

士族授産《しぞくじゅさん》　明治維新後に家禄と常職を失った士族に対する就産援護政策。廃藩前の段階から各種の方策が試みられ、北海道の屯田兵*や国立銀行*設立も一環をなすが、金禄公債*証書発行後に内務省*・農商務省*が実施した授産金貸与政策が中心となる。当初は内務卿大久保利通*の主導で福島県安積《あさか》原野に政府直営の大規模な開墾地を設定する案が立てられたが、彼の没後に府県を通じて各地の士族の事業に授産金を貸与するという間接的手段に改められ、明治十二年度から二十二年度まで起業基金・勧業委託金・勧業資本金から四百五十六万円余りが支出された。士族授産は殖産興業政策*に位置づけられるが、国会開設運動*の全国的展開を背景に政府の支持基盤として士族を収攬する意図も含まれていた。対象となった事業は開墾をはじめ紡績・養蚕製糸・牧畜など多岐にわたり、地方産業の発展や技術改良に先駆的役割を果たした例も少なくないが、経営的にはほとんど成功せず、明治二十三年（一八九〇）に行われた各種貸付金整理の際に大部分が棄捐された。　　　（落合弘樹）

地租改正《ちそかいせい》　明治政府による近代化政策のなかでも中核的な意味をもち、幕藩体制*下の貢租制度を一変して、地券*制度に基づく近代土地・租税制度を構築した政策。そのため、地租改正についての評価は、明治維新や日本近代史全体の評価にも深くかかわることになり、一九三〇年代の日本資本主義論争に端を発して、各府県における改租の実施過程についてはもちろん、地租改正をめぐる農民闘争、自由民権運動*や地主制との関連など、幅広い視点から研究が積み重ねられて今日にいたっている。明治政府は、発足後まもなく、旧来の貢租制度の乱れを明治初年の農民一揆*などを通して実感し、租税改革の必要を認識していた。神田孝平*により地券税法の構想が提起されたことによって、大蔵省*内部では、廃藩置県*の実現によって一気に具体化が進み、東京府下市街地への地券発行と地租賦課を端緒として、明治五年（一八七二）二月には、地所永代売買の解禁とともに郡村地へも地券発行が始まって、同年七月には、全国一般に拡大発行されていった。こうした準備段階を経て、地租改正の本格化へ歩みをすすめたのが、明治六年（一八七三）七月二十八日の地租改正法の公布である。

地租改正法の内容は、①旧貢租制度はいっさい廃止して、地券に記載された地価の三パーセントを地租とする。②作柄の豊凶に関係なく貨幣にて納入する。③土地に賦課した村入費は、地租の三分の一以内に制限するなどである。地租改正を推進した地租改正事務局は、旧来の歳入総額の維持を至上命令としたため、明治八年（一八七五）七月の地租改正条例細目で地位等級制度を採用して、全国各地で予定地租額の実現を基本方針として改租が推進されていった。その過程では、地域間の地租負担の偏りが是正されていった一方で、改租当局の意向が絶対的なものとして貫かれたことから、各地で農民の反発を生み、三重・茨城両県の地租改正反対一揆と呼ばれる大規模な農民の抵抗を契機として、明治十年（一八七七）一月に地租税率が二・五パーセントに引き下げられた。明治十四年六月末の地租改正事務局の閉鎖により、全国における地租改正事業はほぼ終了した。〈福島正夫『地租改正の研究』有斐閣、一九六二〉　（滝島　功）

地券《ちけん》　地租改正*に際して政府が発行した土地所有の証書で、

創案者は神田孝平*である。機能上、壬申地券（発行年の明治五年に因む）と改正地券の二種類に分かれ、前者はさらに、対象の違いから、市街地券と郡村地券に分かれる。

壬申地券は、地租改正の準備を目的としていたが、改正地券には、所在地・地主・面積・地価・地租という地租改正の結果を記載した。これによって、地券の名義人が土地所有者兼納税義務者となって、その移転は、地券の裏書によって表示した。また、改正地券は、大蔵省印刷局が作成した全国統一の用紙を用いた。地券は、明治二十二年（一八八九）三月に廃止されて、代わって土地台帳制度が発足した。（滝島　功）

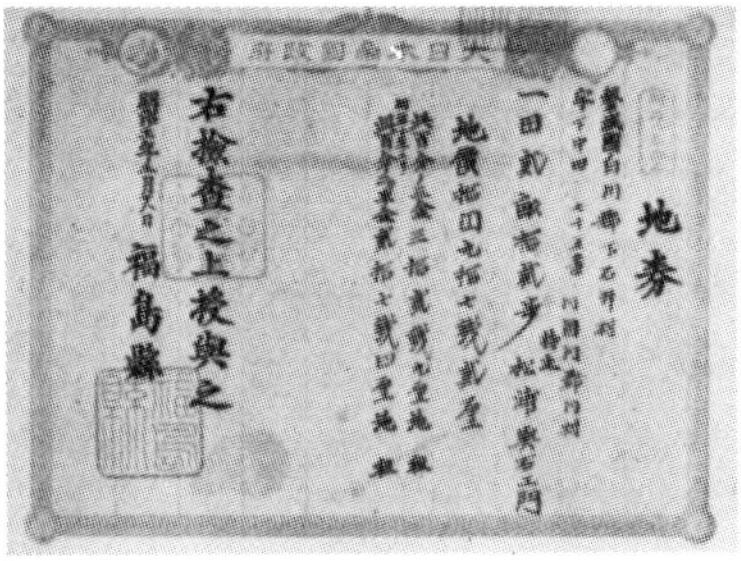

改正地券

明治初年《めいじしょねん》の農民一揆《のうみんいっき》　幕末開港後の経済変動は、百姓一揆*の運動形態にも変化を生み、階級内の対立関係を基本として、都市・農村を問わず、打毀し*を伴う一揆が続出するようになり、それらが様々な意味での世直しを標榜するようになって、幕藩体制*の崩壊を促進した。戊辰戦争*による国内混乱がそうした情勢をいっそう高揚させ、「御一新」に期待して、年貢減免や村役人交替などを要求した世直し騒動が、明治二―三年（一八六九―七〇）をピークとして、廃藩置県*前後まで頻発した。明治新政府の施策に対しては、直轄府県政への不満をめぐる各地の農民一揆があったが、廃藩置県直後より、続々と打ち出されていった諸政策への反対一揆は、特に新政反対一揆と総称されて、政府支配の末端の戸長や鎮圧の巡査に対して、過激な行動をとったところに特徴がある。血税一揆と呼ばれた徴兵令*反対一揆は、北条県（現岡山県の一部）の一揆をはじめ、明治六年（一八七三）には、西日本を中心に五十件以上にものぼった。また、明治九年（一八七六）には、地租改正の進捗に伴って、地租改正反対一揆と呼ばれた蜂起がみられた。特に、三重県のものは伊勢暴動とも呼ばれ、県域を越えて激しい行動を展開したことで知られている。こうした一揆的な闘争形態は、西南戦争*前後の時期を最後に、自由民権運動*へと移行していった。（滝島　功）

〔明治初年の対外関係〕

日清修好条規《にっしんしゅうこうじょうき》　日本と清国が国交を結んだ最初の通商条約。大日本国大清国修好条規。清国側原案により交渉し、明治四年（一八七一）七月二十九日天津で伊達宗城《だてむねなり》全権と李鴻章*が条規十八カ条、通商章程、各海関税則に調印。第二条は西洋諸国から攻守同盟とも見られた。相互に外交使節の駐在と領事裁判権を認めた対等条約。日本は内地通商権と最恵国待遇を得られず不満で、柳原前光《やなぎはらさきみつ》少弁務使が改訂交渉したが不調。明治六年（一八七三）四月副島種臣*外務卿が天津で批准交換し発効。以後も改訂を希望し琉球問題では分島改約案となったが不成立。結局、日清戦争*後、明治二十九年（一八九六）不平等条約である日清通商航海条約が代わる。（安岡昭男）

琉球帰属問題《りゅうきゅうきぞくもんだい》　明治政府の琉球処分に伴う日清両国の領土

紛議。薩摩藩治下の琉球王国は明治四年（一八七一）鹿児島県管轄に入り、翌五年使節が上京、尚泰《しょうたい》王は琉球藩王、華族とされた。日清関係は七年日本の台湾出兵*で悪化。琉球人遭難問罪の征台を清国に義挙と認めさせた大久保利通*内務卿は、八年内務大丞松田道之を派琉、首里城で清国への隔年進貢停止を令達。琉球当局者は対清通交継続の嘆願を重ね、清国への藩王密使は日本の阻貢を泣訴した。清国初代駐日公使何如璋《かじょしょう》は十一年、寺島宗則*外務卿に強く抗議し、文言陳謝には応ぜず交渉は停頓。十二年四月、琉球藩を廃し沖縄県を置き尚泰は出京。清国で恭親王らに斡旋を頼まれた前アメリカ大統領グラントは同年来日、明治天皇*にも日清互譲を勧め、北京会商へと打開。総理衙門《がもん》の王・大臣らと全権宍戸璣《ししどたまき》駐清公使は十三年十月分島改約案（宮古・八重山二島を割譲、最恵国待遇を得る）を成議。清国側は調印を避け、宍戸公使は北京退去、以後も李鴻章*は尚家復封を望み、天津領事竹添進一郎を通じて打診するが、井上馨*外務卿は琉球案件結了の態度を持した。十七年、尚泰は展墓を許され琉球人士の脱清行動を戒めたが、清国福州などを拠点に士族層の琉球救国運動は続いた。日清戦争*で清国が敗北し琉球問題は消滅の形になる。（安岡昭男）

岩倉使節団《いわくらしせつだん》　明治初年西洋諸国を歴訪視察した岩倉大使以下の大使節団。派遣目的は、①条約を結んだ国々の元首に国書を捧呈、②条約改正の予備協議、改正希望表明、③先進諸国の制度文物の実見調査などである。一行は特命全権大使岩倉具視*、副使木戸孝允*・大久保利通*・伊藤博文*・山口尚芳、理事官山田顕義・佐佐木高行・東久世通禧・田中光顕・肥田為良・田中不二麿ほか、書記官らと随行員計四十余名。欧米留学の華士族子弟（開拓使女子留学生津田梅子*ら五名含む）五十九名を加え総勢百名以上。明治四年（一八七一）十一月アメリカ船で横浜出帆、アメリカ、イギリス、フランス、ベルギー、オランダ、ドイツ、ロシア、デンマーク、スウェーデン、イタリア、オーストリア＝ハンガリー、スイス各国を巡訪し、明治六年（一八七三）九月帰国、十カ月半の予定が大幅に延びた。アメリカで改正交渉に入ってしまい、大久保・伊藤が全権委任状を受けに本国と往復したが、交渉は打ち切り、ヨーロッパ各国では表敬と見学を主とした。どの国でもキリスト教迫害を難詰され、内地旅行の自由化を要望された。顧問フルベッキ*の献策により、使節団は官庁・学校・工場などの諸施設を分担視察調査した。見聞記録に久米邦武編『米欧回覧実記』がある。大久保は帰国後、初代内務卿として殖産興業政策*を推進する。なおスペイン騒乱のためスペインとポルトガル両国には行かず、明治九年、上野景範駐英公使が訪問の使命を果たした。（安岡昭男）

岩倉使節団（左から木戸孝允，山口尚芳，岩倉具視，伊藤博文，大久保利通）

日朝修好条規《にっちょうしゅうこうじょうき》　日本が朝鮮を開国させた条約。江華条約。明治九年（一八七六）二月二十七日、朝鮮の江華府で黒田清隆*・井上馨正副全権弁理大臣と朝鮮側の申櫶《しんけん》・尹《いん》滋承が調印。

前年九月、江華島事件の報を得ると艦船六隻で使節を朝鮮に送り、一方、出兵準備を整え和戦両様に構え、修交を雲揚艦事件の代償とする談判方針で、日本側の条約案を受諾させた。条規は全十二款。第一款に「朝鮮国ハ自主ノ邦ニシテ日本国ト平等ノ権ヲ保有セリ」と掲げ、清国との宗属関係を否認。以下、相互に外交使節の首都駐在、釜山ほか二港の開港、日本の一方的な領事裁判権などを規定した不平等条約であった。三月二十二日批准、同日布告。条規附録と諸港日本国人民貿易規則（通商章程）は、八月二十四日理事官宮本小一が趙寅熙と調印し、無関税など有利な条件を得た。日本の要請で九月修信使金綺秀が来日。開港交渉は花房義質代理公使が進め、明治十三年（一八八〇）五月元山、十六年一月仁川の開港が実現した。続いて一八八二―八三年には、アメリカ、イギリス、ドイツ各国が朝鮮と修交を結んだ。　（安岡昭男）

台湾出兵《たいわんしゅっぺい》　明治七年（一八七四）に行われた明治国家最初の海外派兵。明治四年、台湾南部漂着琉球人五十四名殺害の報に、翌五年、鹿児島県参事大山綱良らは問罪出兵を唱える。六年、小田県（岡山）人も同地で掠奪に遭う。副島種臣*外務卿は北京で総理衙門《がもん》大臣から台湾蕃地は化外《かがい》との言質を得た。副島は下野。七年二月、大久保利通*・大隈重信*作成「台湾蕃地処分要略」を閣議決定。四月西郷従道*を台湾蕃地事務都督、大隈を同局長官、献策者アメリカ人ルジャンドルを同出仕とした。征台反対の木戸孝允*は辞表を提出。日清間に英米両国は中立政策で船舶など参加を拒み、政府は出兵中止とするが、五月に西郷は長崎*から強行進発、六月に蕃地平定。三菱商会が輸送、兵員三千六百五十八人、戦死十二人、病死五百六十一人。清国の抗議に大久保の北京談判は難航したが、イギリス駐清公使の仲介で十月妥結、十二月台湾撤兵。清国は征台を保民の義挙と認め、銀五十万両《テール》の償金を諾し、宣戦発令順序まで準備した日清開戦の危機は回避された。翌八年から大久保内務卿の琉球施策が推進される。　（安岡昭男）

千島樺太交換条約《ちしまからふとこうかんじょうやく》　日本とロシアが懸案の樺太国境問題を解決した条約。明治八年（一八七五）五月七日露都ペテルブルクで榎本武揚《たけあき》*公使とゴルチャコフ外相が調印。仏文八款。①日露仮規約（一八六七）でも日露雑居の樺太（サハリン）を全島ロシア領に（宗谷海峡が国境）、②得撫《ウルップ》から占守《シュムシュ》まで十八島（クリル諸島）を日本領に、③樺太コルサコフ入港日本船は十年間無税、④オホーツク、カムチャツカ海港での最恵国待遇（北洋漁業権）などを定めた。八月二十二日東京で批准、付録調印。九月に樺太、十月に千島の各譲渡式を挙行。十一月十日国内布告。各住民の去留は自由に選べたが（三年以内）、南樺太のアイヌ人は北海道に移住させた。　（安岡昭男）

副島種臣《そえじまたねおみ》　（一八二八―一九〇五）　明治時代の政治家。伯爵。文政十一年九月九日生まれ。佐賀藩校教諭枝吉南濠二男。二郎（次郎）、号は蒼海、一々学人。兄枝吉神陽の義祭同盟に参加、京都で尊攘派と交わる。藩校教諭のち、長崎*の佐賀藩立致遠館で大隈重信*らとフルベッキ*を師に英学を受く。慶応三年（一八六七）大隈らと脱藩上京、幕臣に大政奉還*を説き藩命で召還謹慎。新政府の徴士参与、制度事務局判事。福岡孝弟と政体書を起草。参議のち留守政府の外務卿として対露樺太国境交渉、マリア・ルス号事件などを処理。明治六年（一八七三）渡清し修好条規批准、列国公使に優先して謁帝。琉球島民遭害にはルジヤンドル顧問が征台を献策。征韓論敗れて下野、翌年民撰議院設立建白書*に署名。清国遊歴後、宮内省御用掛一等侍講、宮中顧問官、枢密顧問官、枢密院副議長。松方内閣の内相三カ月で枢府再任。この間、東邦協会設立時、会頭に推された。和漢の学に通じ能書家。明治三十八年一月三十一日病没。七十八歳。墓は佐賀市高伝寺、東京青山霊園。（安岡昭男）

〔士族反乱〕

士族《しぞく》反乱《はんらん》　明治初年の士族による反政府武装反乱。広義には反乱未遂事件、政府高官暗殺事件を含む。維新以後の欧化政策への反発、士族の特権剝奪への不満、国威発揚政策の不貫徹への批判が反乱の原因である。明治維新は尊王攘夷がスローガンであったが、維新政権は開国欧化政策を推進、また中央集権政策を断行した。そのために各藩士族・草莽層が反発、欧化推進論者の暗殺（横井《よこい》小楠《しょうなん》暗殺事件・明治二年、大村益次郎*暗殺事件・明治二年）や旧体制維持・征韓のための蜂起計画（雲井龍雄事件・明治三年、愛宕通旭《おたぎみちてる》事件・明治四年）が企てられた。明治二年（一八六九）の兵力削減に反対する長州藩脱隊騒動は、欧化政策反対を唱え、三年の日田県の蠢動、四年の久留米藩の蠢動と連動している。

明治四年の廃藩置県*は大多数の士族を失職させ、六年の徴兵令*は士族の役《やく》の剝奪を意味し、士族の経済的不満・欧化政策への不満を高めた。西郷隆盛*ら留守政府は、対韓強硬政策で士族の取り込みを図ったが、征韓論争に敗れ下野した。その結果、士族の不満は対外強硬論と下野した高官*という結集点をもつこととなった。七年には岩倉具視襲撃事件（喰違《くいちがい》事件）と佐賀の乱*（復古的な憂国党と征韓党による反乱）が起こった。政府は清・朝鮮・ロシアとの対外問題を解決したうえで、九年に入り廃刀令*・秩禄処分*を断行した。そのために神風連の乱*・秋月の乱*・萩の乱*・思案橋《しあんばし》事件*（千葉県庁襲撃未遂事件）が連動して続発、十年に西南戦争*が勃発した。西南戦争平定後、その余波というべき大久保利通暗殺事件（紀尾井坂の変）を最後に武力蜂起は終了した。こののち士族*の不満は、明治六年以後、同時に展開していた自由民権運動*を通じて政府に向けられることとなる。また政府も士族授産事業を本格的に展開し、士族の経済的不満を解消するように努めた。（西川　誠）

佐賀《さが》の乱《らん》　明治七年（一八七四）佐賀で起こった士族反乱*で、最初の大規模な武装反乱。明治六年（一八七三）十二月、佐賀士族に征韓論政変で下野した江藤新平*を中心とする征韓党が結成された。征韓党は仕官経験者や帰朝者を中心とし、征韓出兵を主張した。佐賀には他に封建復帰を願う島義勇《しまよしたけ》を首領とした憂国党があった。征韓党は一月十六日県の議事所を一時占拠、憂国党は二月一日小野組佐賀出張所を襲撃した。二月上旬島・江藤が相ついで鎮撫に帰郷したが擁立され、またこれを機に両党は合流した。十六日両党は県庁を攻撃し、前日熊本鎮台兵一大隊を率いて佐賀に入った権令岩村高俊は筑後に逃れた。政府より全権を委ねられた内務卿大久保利通*は、十九日福岡に本営を置き、政府軍を進撃させた。政府軍は江藤軍を破り、三月一日佐賀城に入城した。江藤は九州の士族の呼応を期待したがかなわず、勝敗があきらかになってのちは、西郷隆盛*を頼って鹿児島に、さらに板垣退助*を頼って逃亡したが応ぜられず、高知県で逮捕された。江藤・島は梟首、十一名が斬首、他有罪三百九十七名。反乱士族一万一千人余、死者百七十三名、政府軍五千三百五十六名、死傷者三百五十八名とされている（『西南記伝』）。各地士族の呼応がなく、政府軍より装備が劣っていたことが江藤軍の敗因であった。（西川　誠）

江藤新平《えとうしんぺい》（一八三四―七四）幕末・維新期の政治家。幼名恒太郎、名は胤雄、号は南白。天保五年二月九日、佐賀藩の下級武士江藤胤光の子に生まれる。藩校弘道館に学び、尊王論に影響を受け、義祭同盟に参加、文久二年（一八六二）脱藩して皇権復帰の上奏を図るが、帰藩を命じられ永蟄居となった。慶応三年（一八六七）許されて郡目付、明治元年（一八六八）新政府の徴士となった。翌二年、中弁*となり中央集権化のための官制改革案を起草した。四年、左院副議長となり、左院の機構整備を果たし、五年、司法卿に転じ、司法権の独立・裁判所設立・民法の起草などの法典整備に当たる。この間、予算問題などで長州藩出身者と対立を深めた。六年、参議。同年征韓論争*に敗れ下野、翌七年一月、板垣退助*らと民撰議院設立建白書を提出した。帰郷後の二月、推されて佐賀の乱*を起こして敗退した。四月斬首。四十一歳。（西川　誠）

神風連の乱《しんぷうれんのらん》　明治九年（一八七六）熊本県で起こった士族反乱*。敬神党の乱ともいう。敬神党（神風連）は、太田黒伴雄《おおたぐろともお》・加屋霽堅《かやはるかた》らが組織し、復古的排外主義を唱え、髻《まげ》を結い烏帽子をかぶり、長剣を帯びていた。九年三月に出された廃刀令*に反発、十月二十三日に至り、百七十名余で蜂起、兵営・県庁を襲撃、鎮台司令官種田政明陸軍少将・県令安岡良亮を殺害した。しかし県内他党派の同調もなく、翌日鎮台兵に平定され、太田黒・加屋は戦死した。戦死者二十八名、自刃八十六名、獄死など四名、斬罪三名、有罪四十五名（『西南記伝』）。太田黒らは、秋月・萩の士族と連絡を取っており、神風連の乱は秋月の乱*・萩の乱*を誘発した。（西川　誠）

秋月の乱《あきづきのらん》　明治九年（一八七六）福岡県秋月（現甘木市）で起こった士族反乱*。秋月藩士族は磯淳・宮崎車之助を中心に秋月党を結成し、政府の開化政策に反対し、征韓を主張していた。佐賀の乱*の際、呼応の動きもあったが、時期尚早として蜂起しなかった。九年十月二十七日、神風連の呼びかけに応じて二百二十名余で挙兵、豊津に進み小倉藩士族の決起を促した。しかし小倉鎮台分営兵に急襲され退却、磯・宮崎は自刃した。十一月一日残党が秋月を襲うも、三日政府軍に鎮定された。戦死者のほか斬罪二名、有罪百四十四名。（西川　誠）

萩の乱《はぎのらん》　明治九年（一八七六）山口県で起こった士族反乱*。前原一誠*は参議を務めたが、政府首脳と意見が合わず、明治三年以来帰郷していた。前原は「王土王民」を主張して政府の開化政策に批判的であり、士族解体政策にも反対し、征韓論断行を主張していた。神風連の乱*の報が伝わると、十月二十八日、前原を首領に百五十名余が蜂起した。山口県庁に向かって進発しようとしたが、政府軍のいち早い出動のため萩周辺で戦い、敗退した。前原らは石見へ脱出を試みたが果たせず、十一月六日捕らえられ反乱は終息した。前原ら斬首八名、有罪六十四名、政府軍の死傷者七十七名。（西川　誠）

前原一誠《まえばらいっせい》（一八三四―七六）幕末・維新期の政治家。佐世八十郎、のち姓を先祖の前原に復し彦太郎と称す。天保五年三月二十日、萩（長州）藩士佐世彦七・末子の長男に生まれる。安政四年（一八五七）松下村塾に入る。第一次長州征討*後、高杉晋作*とともに挙兵、新藩政府樹立に努める。戊辰戦争*では会津征討越後口参謀となる。明治元年（一八六八）七月越後府判事となり、信濃川工事計画などで中央政府と対立した。翌二年七月参議に、十二月兵部大輔になるが、政府首脳、特に木戸孝允*と意見が合わず、三年九月辞職帰郷。以後山口県不平士族の中心と見なされた。九年十月萩の乱*を起こし、十二月三日斬首となった。四十三歳。　（西川　誠）

西南戦争《せいなんせんそう》* 明治十年（一八七七）に勃発した最大の士族反乱。西郷隆盛*を擁した鹿児島士族が起こした。征韓論政変の結果、西郷が下野帰郷すると、桐野利秋・篠原国幹ら鹿児島出身の官僚・軍人の多数が西郷に従った。西郷は士族の不満を対外強硬論によって抑制しようとしたのであり、従った人々も士族の特権維持、対外強硬を志向していた。西郷らは私学校を組織し、士族の教育・訓練・授産に努め、鹿児島県令大山綱良も支援した。そのため鹿児島は中央政府の改革が実行されない様相を呈した。十年一月、政府は鹿児島の陸軍火薬庫の弾薬の搬出を試み発覚、また密偵も発見されたために私学校は激発、西郷を擁して開戦を決した。二月十四日一万三千人余の西郷軍は鹿児島を進発、のち熊本・宮崎・福岡の士族の一部も参戦し、総数三万といわれる。西郷軍は二十二日熊本城を包囲したが、司令長官谷干城*の籠城戦術に城を落とせず、包囲したまま北上。一方、政府側は二月十九日に征討軍を組織した。三月四―二十日熊本北方の田原坂で激戦が行われ、物量に劣る西郷軍は退却した。さらに十九日には、八代に政府軍別働旅団が上陸。西郷軍の背後を衝き、大勢が決した。その後西郷軍は人吉、宮崎、延岡へと転進、八月十七日全軍を解散し、数百名で九州山地を踏破して九月一日鹿児島に帰還、三百余人で城山に籠城した。二十四日政府軍は総攻撃をかけ、西郷・桐野ら百六十人が死亡した。西郷軍は戦死・病死約七千二百、斬罪二十二、他有罪約二千七百。政府軍は戦死約六千八百（『西南記伝』）。西南戦争により武装蜂起する反政府勢力は壊滅し、以後政府への不満は自由民権運動*を通じて表出されることとなる。政府にとっては権力基盤が強化され、また徴兵制度の有効性も確認された。政府側戦費は四千二百万円余であり、戦後インフレーションを引き起こした。　（西川　誠）

西郷隆盛《さいごうたかもり》（一八二七―七七）幕末・維新期の政治家。幼名小吉。吉之助などと称す。諱は隆永、維新後隆盛。号は止水、のち南洲。文政十年十二月七日、鹿児島城下加治屋町に、薩摩藩士西郷吉兵衛隆盛・マサの長男として生まれる。家格は城下士下級の御小姓組。安政元年（一八五四）藩主島津斉彬《なりあきら》*に登用され江戸に出府、庭方役として将軍継嗣問題*で一橋慶喜《よしのぶ》*擁立に活躍した。同五年安政大獄*の開始により帰藩し、同志月照と錦江湾に投身、西郷のみ助かる。藩*は西郷を大島に隠匿した。文久二年（一八六二）召還、徒目付・庭方兼務に復されたが、新藩主の父久光*に激派煽動とみなされ、徳之島・沖永良部島に流謫された。元治元年（一八六四）召還され、軍賦役として上洛、禁門の変*では長州藩兵と闘う。第一次長州征伐*では長州処分を委ねられた。以後反幕の姿勢を強め、慶応二年（一八六六）正月、長州藩木戸孝允*と倒幕の薩長同盟*を結び、翌三年十二月王政復古*クーデターを成功させた。明治元年（一八六八）東征大総督府下参謀として東征軍を指揮し、勝海舟*との会談で江戸城無血開城にもち込んだ。戊辰戦争*後は藩に還り藩政改革を実施。四年政府の求めに応じ上京、御親兵*を設置し、参議に就任、廃藩置県を断行した。岩倉使節団出発後は、筆頭参議として新政策導入の責任者となったが、徴兵制などに不満をもつ士族出身の軍人の慰撫に苦心する。六年朝鮮問題解決のため自ら使節となる使節派遣論を主張するが、帰朝した大久保利通らの内治論と対立、下野した。鹿児島帰県後は私学校を組織して士族の授産・教育・軍事訓練を行い、全国の不平士族の期待を集める。十年一月西南戦争を引き起こすが失敗、九月二十四日鹿児島城山で自刃した。五十一歳。鹿児島市浄光明寺跡（上龍尾町南洲墓地）に葬る。　（西川　誠）

谷干城《たにたてき》（一八三七—一九一一）　明治時代の軍人・政治家。幼名は中太郎。守部と称す。号は隈山。天保八年土佐国高岡郡窪川村に、土佐藩儒官谷万七・伊久の子として生まれる。江戸に学び、帰藩して藩校助教、のち尊王攘夷運動に参画した。明治元年（一八六八）戊辰戦争に従軍、帰藩して小参事。四年陸軍に入り、西南戦争では熊本鎮台司令長官として西郷軍の猛攻を凌いだ。十一年陸軍中将。このころから鳥尾小弥太などと四将軍派と呼ばれる陸軍反主流派を形成した。第一次伊藤博文内閣で農商務相に就任、二十年井上馨外相の欧化主義による条約改正に反対し辞職。のち新聞「日本」を核に国権派の結集に当たった。議会開設後は貴族院議員となり、藩閥政府批判を続けた。四十四年病没。七十五歳。　（西川　誠）

竹橋騒動《たけばしそうどう》　明治初期の徴兵制下最初の兵士反乱事件。明治十一年（一八七八）八月十四日夜勃発。竹橋事件とも呼ばれる。東京竹橋に営舎のあった近衛歩兵大隊の兵卒数百人が、西南戦争への論功行賞や給料減額への不満、服役終了後への生活不安を理由として蜂起、兵営を出発し赤坂仮皇居に迫ったが鎮圧された。近衛歩兵第一第二連隊にも関係者がいた。首謀者近衛歩兵第二連隊兵卒三添卯之助以下五十五名の死刑を含む三百六十名余が処罰された。蜂起の背景に、フランス式軍制下における比較的自由な規律からドイツ式への移行、自由民権運動の影響が存在したとも指摘されている。徴兵による反乱という点で徴兵制の根幹を揺るがすものとして軍首脳に与えた衝撃は大きく、同年十月陸軍卿山県有朋は、軍人の徳目を忠実・勇敢・服従とし、軍人の政治関与を否定する「軍人訓誡」を頒布し、軍への道徳的統制を強めた。この姿勢は明治十五年（一八八二）の「軍人勅諭」に継続されていく。また軍の非政治化のためにも参謀本部設置が急がれることとなった。　（西川　誠）

〔殖産興業〕

工部省《こうぶしょう》　明治前期において近代産業の移植・発展を図った中央官庁。明治三年（一八七〇）閏十月設置。翌年八月の官制改革で整備・拡充され、工学・勧工・鉱山・鉄道・土木・灯台・造船・電信・製鉄・製作の十寮と測量司を管轄。初代工部卿は伊藤博文。旧幕府・諸藩の鉱山や工場を引き継ぎ、また工業・通信・鉄道・鉱山など諸部門にわたって新たな洋式事業を興し、経営にあたり、内務省とともに明治初期の政府の殖産興業政策の中心となった。同十一年工部大学校を設立、技術者育成をめざす。その後、政府の官業払下げ方針とともに管下の事業を縮小。十八年十二月廃省となり、その事業は逓信省・農商務省などに移管された。　（鳥海　靖）

農商務省《のうしょうむしょう》　明治・大正時代の農林・商工行政を担当した中央官庁。内務・大蔵両省に分かれていた農商事務を統一するため、明治十四年（一八八一）四月設置。初代農商務卿は河野敏《と》鎌《がま》。農務・商務・工務・山林・駅逓などを管轄。十八年十二月内閣制度*の樹立とともに内閣の一省となり、廃省となった工部省*の鉱山・工作事務を引き継ぎ、駅逓は逓信省に移管し、大臣官房と総務・農務・商務・工務・水産・山林・地質・鉱山・専売特許・会計の十局から編成。初代農商務大臣谷干城*。同二十九年製鉄所を省内に設置。また、明治末―大正期には生産調査会・小作制度調査会を置いた。大正十四年（一九二五）三月、農林省・商工省に分割された。（鳥海　靖）

長崎造船所《ながさきぞうせんじょ》　日本最初で最大級の近代的造船所。江戸幕府*が長崎*の浦上村淵字飽ノ浦に建設した製鉄所を前身とする。明治元年（一八六八）新政府が接収し、小菅船渠《せんきょ》と立神造船場をあわせ施設を整備。明治十七年七月、郵便汽船三菱会社*に貸与され、同二十年六月に全施設が払い下げられて三菱長崎造船所となる。日清戦争*後には大型船の国内建造を目的とした造船奨励法の補助を集中的に受けて発展し、同三十一年には日本最初の大型航洋船常陸丸（六一七二総トン）を建造した。同三十五年以降建造能力を向上させ、日露戦争*後には日本初の一万トン級外洋船天洋丸を竣工させ、その技術は世界的水準に達した。また海軍艦艇の受注も開始され、第一次世界大戦*期に戦艦霧島・日向などを建造。昭和四年（一八二九）には日本郵船の代表的豪華客船で太平洋の女王とうたわれた浅間丸を竣工。戦時中は戦艦武蔵をはじめとする艦艇建造、特殊兵器製作に忙殺された。戦後は民需に転換、タンカーブームに乗って建造量を増加させ、昭和三十一年（一九五六）から三年間、一造船所としては世界一を記録。その後も世界屈指の造船所として活動。（小風秀雅）

富岡製糸場《とみおかせいしじょう》　輸出開始後に問題化した生糸の粗製濫造対策の一環として、洋式器械製糸法の導入を図った政府が上州富岡に設立した模範工場。横浜居留地和蘭《オランダ》八番館主の設立勧告を受け、明治三年（一八七〇）二月に官営計画認可。首長としてフランス人ポール・ブリュナが雇われ、用地選定からフランスの蒸気機関を動力とする鉄製式器械や技師・工女の手配、労務管理の指導までを行った。工場設計者はフランス人バスチャン。全国から伝習工女を募集し、五年十月に三百人繰りの規模で操業開始。当時すでに藩営前橋製糸場、小野組築地製糸場があったが、いずれも富岡に比べ小規模で、国産木製器械を人力や水力で動かしていた。また洋式そのままの大枠直繰式を行っていたが、ブリュナは在来製糸法を参考に小枠再繰式を採用し、以後これが国内器械製糸法の主流となった。同製糸場の製品は優良だったが経費がかさみ、経営上は問題があった。二十六年十月に三井呉服店に払い下げられ、官営模範工場としての役割を終えた。（差波亜紀子）

三池炭鉱《みいけたんこう》　福岡県大牟田市を中心に、二県（熊本県含む）・三市・二町、およびその地先である有明海底に広大な鉱区をもつ国内最大の炭鉱。その炭質には問題もあるが、わが国の最も優良な炭鉱。三池地域の石炭採掘は十七世紀初期からといわれ、幕末には多くの小炭鉱があった。明治六年（一八七三）三池地域の炭鉱は官営三池炭鉱となった。同九年イギリス人技師を雇い入れ、本格的に外国技術が導入された。蒸気エンジンやポンプなどは官営工場で製作された。同じく九年三池炭の一手販売権を与えられた三井物産は、輸出市場開拓に乗り出した。やがて日本炭は一時は上海・香港市場から英国炭・濠州炭を駆逐した。明治期を通して三池炭の五、六割は輸出された。明治二十一年三池炭鉱は三井に払い下げられ、以後三井財閥の大きな財源となった。国内炭は日本の産業発展に必要なエネルギーとして、また生糸とともに輸出品として重要視されてきた。しかし、現在わが国の石炭需要の九割以上は海外炭に占められ、国内石炭業界はきびしい合理化をせまられている。三池炭鉱はその合理化の過程で昭和三十五年（一九六〇）大争議を経験したが、唯一稼動してきた三池鉱も平成九年（一九九七）三月をもって閉山した。（川地博行）

高島炭鉱《たかしまたんこう》　長崎県高島町にあった炭鉱。蒸気捲上機《まきあげき》・蒸気ポンプなどを備えたわが国最初の近代的大炭鉱。佐賀藩領高島は、江戸時代から石炭を産出していたが、明治元年（一八六八）佐賀藩はグラバー商会との合弁事業によって、高島炭鉱の本格的開発に乗り出し、グラバー商会の破産のあとは、上海のジャーディン・マジソン商会の資金援助を受け*て近代的大炭鉱になった。明治七年（一八七四）高島は工部省の管轄となり、同年後藤象二郎*らに払い下げられた。ついで同十四年三菱に譲渡され、以後三菱財閥の大きな財源となった。最盛時（昭和四十一年）の産炭量は一五三万余トン。高島炭鉱は三池炭鉱*につぐ優良炭鉱の一つであったが、昭和六十一年（一九八六）経営上の理由で閉山となった。（川地博行）

東京砲兵工廠《とうきょうほうへいこうしょう》　小銃・弾薬の製造が主事業の旧陸軍兵器製造施設。明治政府は旧幕府の大砲製造所を接収して兵器司とし東京関口製造所と命名。その後、兵器司は武庫司、造兵司となった。明治四年（一八七一）小石川の旧水戸藩邸に移転、砲兵本廠を経て、十二年東京砲兵工廠となり、大正十二年（一九二三）造兵廠東京廠となった。昭和八年（一九三三）小倉に移転。はじめベルギー、フランス人の技術指導を受けて、各藩からの返還銃を改造、やがて国産銃を製造した。その主なものは、十三年式および十八年式村田銃、日露戦争*に使われた三十年式銃、太平洋戦争*にもまだ使われた三八式歩兵銃などである。また自動車や飛行機のエンジンおよび本体の試作も行った。（川地博行）

大阪砲兵工廠《おおさかほうへいこうしょう》　火砲の製造が主事業の旧陸軍兵器製造施設。明治三年（一八七〇）旧幕営《ばくえい》長崎製鉄所の機械類を大阪城内に移して造兵司とし兵器修理などを始めた。五年大砲の製造を開始。砲兵支廠を経て、十二年大阪砲兵工廠となった。十八年イタリア式各種青銅砲・鋳鉄砲の模倣製造を始めた。明治二十三年（一八九〇）小型酸性平炉による製鋼を開始、釜石産銑鉄の優秀性を認め、それを用いて製鋼した。また四十二年（一九〇九）トラック用エンジンの鋳造・製作に成功。四十四年国産第一号トラックの試運転が行われた。また民間の蒸気機械・工作機械などを製造し大きな影響を及ぼした。ほかに大阪市上水道鋳鉄管の製造をしている。（川地博行）

横須賀造船所《よこすかぞうせんじょ》　わが国の工業化にも大きく貢献した旧海軍*造船所。明治三年（一八七〇）旧幕営《ばくえい》横須賀製鉄所は工部省に移管され、翌四年横須賀造船所と改名。明治五年海軍省に移管。八年技術指導を受けたフランスの海軍技師ウェルニーらを解雇し、初めて日本人のみによる経営体制に切り替えた。その後も内外船舶の修理・建造は三十二年（一八九九）まで続けられた。その間、海軍造船所、鎮守府《ちんじゅふ》造船部、海軍造船廠《ぞうせんしょう》といくたびか名称を変更したのち、三十六年以後横須賀海軍工廠《こうしょう》となった。ウェルニーは灯台《とうだい》建設、各種建造物などの指導を行い、蒸気機関なども製造したが、工廠時代も軍事以外に民間の工作機械・原動機などを製造した。また二十三年、わが国最初の平炉製鋼法による製鋼に成功している。現在その設備の大部分は米軍に使用されている。（川地博行）

開拓使《かいたくし》　発足まもない明治政府は、北方の対ロシア関係の緊迫化によって蝦夷地開拓*を急務と認識し、明治二年（一八六九）七月八日、北海道・樺太の開拓と経営を担当する開拓使を設置した。本庁ははじめ東京に置かれたが、明治四年に札幌へ移って、各地に支庁を置き、明治九年（一八七六）以降は、函館・根室に支庁を置いた。開拓政策を中心となって推進した黒田清隆は、アメリカを開拓のモデルと考えて、開拓使顧問としてホーレス・ケプロンを招聘し、顧問団の直接の指導により、札幌農学校*による開拓技術者の養成や、ビール・製糖などの食品加工工場の設立といった官営事業、屯田兵*や士族移住による地域開発などの開拓事業を展開した。しかし、内務省*・工部省*の官営事業による殖産興業政策*と同じく、開拓使の官営事業も赤字経営が多く、十年間の予定期間が迫った明治十四年（一八八一）には、開拓使官有物払下げ事件も起こって、翌十五年二月に廃止され、代わって北海道には、札幌・函館・根室の三県が設置された。（滝島　功）

屯田兵《とんでんへい》　明治初年の北海道に、対ロシアの防衛と開拓の推進という二つの目的を兼ねて設けられた常駐・土着の兵士をいう。廃藩と家禄処分によって困窮した士族の救済策としても有益と説いた開拓次官黒田清隆の建白により、明治六年（一八七三）十二月に設置が決定し、八年八月、東北各県出身の応募者を中心に、約二百戸の士族が琴似（現札幌市）に入植して、最初の屯田兵村が誕生した。入植地は、当初は札幌周辺や道東地域など防衛上の要所であったが、開拓使の廃止後、明治十九年（一八八六）に北海道庁の所管となったころからは、石狩・上川などの内陸部や、オホーツク海沿岸の各地へも入植が進み、それに伴って、二十三年には、応募資格を平民にも拡大した。屯田兵は、三十三年（一九〇〇）に募集を停止、三十七年九月の屯田兵条例の廃止により制度としての幕を閉じた。明治八年より廃止までの約二十五年間に成立した屯田兵村は三十七カ村、兵士総数七千三百三十七戸、開墾の実績は二万三百八十二町歩である。（滝島　功）

札幌農学校《さっぽろのうがっこう》　開拓使*顧問ケプロンの提案によって東京に設立された開拓使仮学校と、同校の札幌移転後の札幌学校を母体として、明治九年（一八七一）八月に開校した最初の官立農学校。開拓使長官黒田清隆は、マサチューセッツ農科大学長W・S・クラーク*を教頭として招聘し、同大学をモデルとして、農学校には農業試験場を併設して、北海道開拓の技術者養成をめざした。また、創始期の教育の特徴として、クラークの影響によるキリスト教の精神教育が挙げられ、内村鑑三*などを輩出したことで知られる。大正七年（一九一八）創立の北海道帝国大学の母体となり、戦後の大学改革により、新制北海道大学となって現在に至っている。（滝島　功）

内国勧業博覧会《ないこくかんぎょうはくらんかい》　明治政府が殖産興業政策*の一環として開催した国内物産の博覧会。五回開催された。第一回は明治十年（一八七七）内務卿大久保利通*の建議により東京上野で開催、約四十五万人が入場。その結果は政府が期待したほどではなかった。第二回も同十四年、東京上野で開催、このとき初めて英文出品目録を発行した。第三回もまた二十三年東京上野で開催、招待された外国人二百余人が来場した。第四回は平安遷都千百年を記念して二十八年京都岡崎で開催。第五回は三十六年（一九〇三）大阪天王子で開催、最も大規模で自動車などの外国品も出品された。その後政府は日本大博覧会と改名し、海外諸国の参加を請い開催を計画したが、財政上の理由で実現しなかった。しかし、五回にわたる内国勧業博覧会の開催は、わが国の産業・文化の近代化に大きく貢献した。（川地博行）

電信《でんしん》　郵便とならび近代社会の発展を促進した通信技術。蒸気船とともに一八六〇―七〇年代に世界的ネットワークを形成し、欧米列強のアジア進出を支えた。明治政府は自力敷設を図り、明治二年（一八六九）九月横浜―東京間で着工、十二月二十五日に公衆電信の取扱いを開始。翌三年には大阪―神戸間、六年には東京―長崎間が全通。これにより明治四年にデンマークの大北電信会社が敷設した上海―長崎間および長崎―ウラジオストク間の海底電線と連絡して、ヨーロッパとの電信網が形成された。明治八年（一八七五）には九州から函館まで本州を縦断する国内電信網が形成された。電信の普及には軍事的要請も強く、西南戦争*では政府側の軍事通信用に電信が活用された。十八年ごろには全国幹線網が完成。また管轄が工部省*から逓信省に移り、郵便局と電信局との合併が進む。明治三十九年（一九〇六）にアメリカとの間に海底電信が開通。第一次世界大戦*以降は船舶や対外通信の分野で無線電信が普及し、有線をしのぐ発達を示した。第二次世界大戦*後は、昭和二十七年（一九五二）に日本電信電話公社（電電公社）が発足し、経営にあたった。（小風秀雅）

郵便《ゆうびん》汽船《きせん》三菱《みつびし》会社《がいしゃ》*　岩崎弥太郎*が興した明治前期の代表的な政商資本。廃藩置県を機に岩崎は土佐藩から九十九商会を譲り受け、明治五年（一八七二）一月に三川商会を設立、六年三月三菱商会と改称。七年四月本社を大阪から東京に移して三菱蒸気船会社とした。七年七月、台湾出兵*を機に大蔵卿大隈重信*の庇護を受け、八年二月には上海航路を開設。八年九月十五日内務省*は、官有船十三隻の無償下付、年額二十五万円の助成金など、本格的な三菱保護を開始した。郵便汽船三菱会社と改称した同社は八年九月、旧郵便蒸気船所有汽船十五隻の無償下げ渡し、西南戦争*時の政府借用金による汽船八隻の購入により、所有船は国内汽船トン数の過半を占め、特に大型汽船を独占。明治十年代前半期には航路網は全国に拡大した。しかし、高率運賃に対する批判が高まり、明治十四年の政変*後、政府は三菱への経営規制を強化する一方、共同運輸会社*を設立。激しい海運競争の結果、両者とも赤字に陥った。十八年二月弥太郎の死により弟弥之助が社長に就任、九月共同との合併にこぎつけ、日本郵船会社が誕生した。（小風秀雅）

岩崎《いわさき》弥太郎《やたろう》*（一八三四―八五）　明治前期の代表的な政商。廃藩置県を機に、旧土佐藩有汽船を基に海運業に進出。明治七年（一八七四）七月、台湾出兵*における軍事輸送の受命を機に大蔵卿大隈重信*の庇護を受け、軍事輸送用の官有気船を委託され、八年二月には横浜―上海航路を開設。手厚い政府保護により、同航路での米パシフィック・メイル汽船、英P&O社との国際海運競争に打ち勝ち、同航路からの外国汽船の締め出しに成功した。十三年四月には三菱為換店を設立、倉庫事業も並営して、流通部門全般にわたる独占的地位を築いた。さらに、貿易商会、東京海上保険、明治生命保険、日本鉄道会社に出資したほか、十四年三月には後藤象二郎から高島炭鉱を買収、吉岡銅山などとともに本格的な鉱業経営を展開し、十七年には官営長崎造船所の貸下げを受けるなど、多角的な経営を展開した。しかし、明治十三年（一八八〇）ごろから三菱の高率運賃に対する批判が高まり、明治十四年の政変による大隈下野後、政府は、十五年二月に三菱に対する経営規制を強化する一方、七月に対抗企業の共同運輸会社を設立した。両社の競争は十七年に本格化し、激しい海運競争の結果、両社とも赤字に陥ったため、十八年二月弥太郎の死を機に収束の方向に向かい、九月両社の合併にこぎつけ、日本郵船会社が誕生した。以後三菱は陸上部門中心の事業拡大を図り、明治二十六年（一八九三）十二月に鉱山、造船、銀行を軸とする三菱合資会社を設立した。（小風秀雅）

郵便制度《ゆうびんせいど》　運輸とならんで近代社会の発展を支えた、重要な公共事業部門。明治四年（一八七一）三月より官営事業として開始。当初は東京―大阪間であったが、年末には長崎まで延長された。六年五月からは政府の独占事業となり、従来の飛脚業は禁止された。同年には料金制が遠近制から量目制に改められ、十二月には葉書が発行され、近代的郵便制度がほぼ確立した。明治十年（一八七七）の万国郵便連合加入により国際郵便網にリンクした。十一年ごろには、日本全国に郵便線路ネットワークが形成。所管官庁は、当初は民部省駅逓司であったが、その後大蔵省を経て、七年一月に内務省に移り駅逓局と改称。十四年に農商務省所属となり、十五年逓信省設立とともにこれに所属。二十九年の台湾をはじめ植民地にも郵便制度が施行された。その後、自動車や航空機輸送が導入され輸送速度も向上していった。昭和十八年（一九四三）の逓信省・鉄道省の廃止、運輸通信省の設置により、郵便事業は外局の通信院に引き継がれた。昭和二十四年六月に郵政省が設立され、郵便事業を所管し現在に至っている。（小風秀雅）

前島密《まえじまひそか》　（一八三五―一九一九）近代的郵便制度の創始者。越後国頸城郡の豪農上野家に生まれる。慶応二年（一八六六）幕臣前島家を継ぐ。明治二年（一八六九）民部省に出仕。三年に駅逓権頭兼租税権頭。同年五月に郵便制度導入を建議。六月に郵便制度調査などのために渡英。四年に帰国して、飛脚に代わる近代的な郵便制度の整備に着手した。八月に駅逓頭。維新政府の通信・運輸行政の中心的存在として郵便、通信、海運の振興に活躍。特に国際郵便制度の導入に努め、六年にはアメリカとの間に郵便交換条約を締結し、国際的郵便網に日本が参入する足がかりを築き、ついで十年には万国郵便連合に加入し、国際的地位の向上を図った。九年に内務少輔。十三年内務大輔。政治的には大隈重信に近く、明治十四年の政変では、大隈とともに下野し、立憲改進党の結成に参加。学殖を評価されて二十年に東京専門学校校長に就任。同年関西鉄道社長。晩年は実業界で活躍した。明治三十五年（一九〇二）男爵。（小風秀雅）

鉄道《てつどう》　鉄製の軌条からなる軌道や、架線によって決められた路線を走行する交通機関の総称。幕末期から利権獲得を目的とする外国人による江戸―横浜間、大坂―神戸間の鉄道敷設計画があり、幕府は慶応三年（一八六七）のアメリカ公使館書記官

A・L・C・ポートマンによる江戸―横浜間の計画を特許した。明治維新後、政府はこれを取り消し、明治二年（一八六九）のイギリス公使H・S・パークスの勧めに従って、政府自らが鉄道建設にあたることを決定し、まず新橋―横浜間の鉄道を建設することにした。しかし、政府に建設資金を賄う余裕がなく、イギリスで外債一〇〇万ポンド（利率九パーセント）を募集し、三〇万ポンドを鉄道建設にあてた。また、設計、測量、建築などすべてイギリス人の指導を仰ぎ、明治五年（一八七二）九月に新橋―横浜間の鉄道が開業した。

その後も明治政府は大阪―神戸間、大阪―京都間、京都―大津間など官設鉄道の建設を進めていった。しかし明治政府は、京都府の商人の出資によって計画された関西鉄道会社の認可にみられるように、民間資本による鉄道建設にも期待をよせていた。明治三年（一八七〇）閏十月に設置された工部省は殖産興業政策の推進を目的としていたが、その中心のひとつは鉄道事業で、明治三年から十八年までの工部省興業費の四七・九パーセントは鉄道事業に向けられた。しかし、設立当初の工部省は、官設官営方式による鉄道建設は、あくまでも民間の鉄道投資に刺激を与えるためであるとしていた。明治十年（一八七七）の西南戦争はインフレと政府財政の悪化を招き、官業の縮小が検討されるようになった。こうしたなかで、明治十四年（一八八一）における日本鉄道会社の設立を契機に、明治政府の鉄道政策は民営保護に転換していった。（老川慶喜）

太政官札《だじょうかんさつ》　明治政府が最初に発行した紙幣。金札。由利公正の建議に基づき、明治元―二年（一八六八―六九）に発行。由利の構想では、通用期限十三年で三千万両を発行し、殖産興業資金として貸し付ける計画であり、実施機関として会計官に商法司、主要都市に商法会所を設置した。しかし発行額の多くは財政資金に利用したうえ、流通難に陥り価値が下落した。そこで二年に発行額を制限する一方、通用期限を五年に短縮し、その間に兌換を実施すると公約した。ところが制限額を上回る四千八百万両を発行したうえ、兌換が実現しないまま、四年（一八七一）に政府不換紙幣の新紙幣との交換を決定した。（神山恒雄）

由利公正《ゆりきみまさ》（一八二九―一九〇九）　幕末・明治期の政治家。子爵。幼名は石五郎義由。維新までは三岡八郎、号は雲軒など。文政十二年十一月十一日に越前国足羽郡に生まれる。父は福井藩士三岡義知。幕末に福井藩で藩札発行と専売制を軸に財政再建に成功。王政復古直後に新政府の参与となり、会計基立金募集・太政官札発行・商法司設置など由利財政を展開し、五箇条御誓文の起草にも関与した。しかし太政官札の流通難など批判が高まり、明治二年（一八六九）に辞職した。以後、東京府知事・元老院議官・貴族院議員などを務め、明治四十二年四月二十八日に東京で死去。八十一歳。墓は東京都南品川の海晏寺。（神山恒雄）

新貨条例《しんかじょうれい》　近代的貨幣制度に関する日本最初の法律。明治四年（一八七一）制定。当時のアジア貿易は銀貨で決済していたため、原案は銀本位制だったが、伊藤博文の意見で金本位制を採用し、両に代わる通貨単位の円を金一・五グラムと定めた。ただ貿易決済用の銀貨として円銀を発行し、国内取引でも双方の合意で使用できたため、実際には金銀複本位的な性格が強かった。しかも国際的な銀価下落のなかで金貨が海外に流出して、貿易決済は銀貨、国内取引は不換紙幣が利用されるようになり、金本位制は定着しなかった。明治八年（一八七五）に貨幣条例と改称、十一年（一八七八）に円銀の無制限通用を認め、法制上は金銀複本位制に移行した。

（神山恒雄）

国立銀行《こくりつぎんこう》　日本最初の近代的銀行。アメリカの国法銀行制度に基づき、明治五年（一八七二）に国立銀行条例を制定した。その目的は、金本位制*確立のため、各地に民間資本で設立した国立銀行に金兌換券を発行させて政府不換紙幣を回収することにあった。しかし実際に設立されたのは第一国立銀行など四行に過ぎず、金兌換券も流通しなかった。そのため九年に、国立銀行条例を改正し、国立銀行紙幣を不換紙幣に変更した。また同年、秩禄処分*のために二億円近く発行した金禄公債*の価格下落を防ぐため、公債による出資を認めた。そのため十二年までに百五十三行に増加した。しかし、松方財政*による紙幣整理*に加え、明治十五年（一八八二）に唯一の発券銀行として日本銀行*を設立したため、国立銀行紙幣の整理が必要になった。そこで、十六年に国立銀行条例を改正し、国立銀行の営業期限を開業後二十年に限定し（以後は普通銀行へ転換）、その間に国立銀行紙幣は日銀を中心とする合同消却で回収することになった。

（神山恒雄）

渋沢栄一《しぶさわえいいち》　（一八四〇―一九三一）　明治―昭和初期の実業家。子爵。号は青淵。天保十一年二月十三日、武蔵国榛沢《はんざわ》郡血洗《ちあらい》島《じま》村（埼玉県深谷市）の豪農*の家に生まれる。江戸*に出て学問・武芸を学び尊王攘夷運動*にも関与したが、のち一橋家に仕え財務の才を認められ、勘定組頭に抜擢。慶応三年（一八六七）パリ万国博覧会に出席する徳川昭武（慶喜の弟）に随行して渡欧し、フランスなど欧州諸国を歴訪。明治二年（一八六九）新政府に出仕し民部省*・大蔵省*で租税事務処理や幣制改革に当たり第一国立銀行の設立に尽力。財政健全策が容れられず、同六年大蔵大輔井上馨*とともに辞任。第一国立銀行頭取をつとめ民間にあって多くの銀行の設立・経営を指導。また抄紙会社（王子製紙）・大阪紡績*・東京海上保険・日本鉄道（最初の民営鉄道）・共同運輸*・日本郵船*（共同運輸と郵便汽船三菱*との合併）・明治製糖・浅野セメント・石川島造船・東京瓦《ガ》斯《ス》・東京電燈・東京株式取引所・帝国ホテルなど諸産業部門にわたって、多くの会社の創立や経営の発展に尽力した。この間、明治十一―三十八年東京商法会議所（同商工会・商業会議所）会頭。実業教育にも熱心で東京高等商業学校の創設に協力。大正時代以降会社経営の役職からは手を引き、社会事業・公共事業・国際親善事業に力を注ぎ、住宅環境改善をめざす田園都市計画を推進した。昭和六年十一月十一日没。

（鳥海　靖）

〔文明開化〕

文明開化《ぶんめいかいか》　明治初年から二十年代初頭にかけて、政府の欧化政策に伴って、社会生活、風俗上に流行した西欧化の風潮をいう。幕末のころ英語の civilization の訳語として用いられ、一般化したのは福沢諭吉*の『西洋事情*』の外篇によってであろう。この文明開化の思潮をすすめる役割を担ったのは福沢などの明六社*の啓蒙思想家たちであったが、通俗的な啓蒙書で小川為治の『開化問答』の役割りも大きかった。文明開化に反対するものは因循姑息と呼ばれ、また旧弊として排斥された。肉食の奨励から牛鍋*屋が繁昌し、洋服・靴の着使用、西洋風建築や窓ガラスの普及、ザンギリ頭や女性の束髪、東京では人力車*・馬車・鉄道馬車が走り、新聞や雑誌も数多く刊行され、野球・テニスなどのスポーツも導入された。このような文明開化の風潮は、わが国の近代化を促進するうえで重要な働きをした。

しかし、行き過ぎた欧化主義が日本の伝統文化や芸能に与えた衝撃は大きなものがあった。たとえば、廃仏毀釈《きしゃく》*の影響も手伝って、興福寺*五重塔が売りに出されたり、国宝級の文書類が奈良古道具屋の店頭において二束三文で売られたりした。また写楽*の浮世絵*が一枚一銭五厘でも売れなかったり、東京赤坂溜池の渡しの船頭に、失業した能楽師がなったりもした。この価値観の倒錯は取りかえしのつかない動揺を招いたことも忘れてはならない。（小木新造）

散髪脱刀令《さんぱつだつとうれい》　明治初年、散髪・脱刀の自由化をうたった古令。その先駆は、明治二年（一八六九）五月、森有礼《ありのり》*が公議所*で行った提案であった。それは、「武士の魂」とまでいわれてきた刀を、官吏・兵隊以外は帯刀廃止してもよいという消極的なものであった。しかし、これが全面的な反論にあい、森は制度寮撰修の官職を去る破目となった。その後政府は明治四年（一八七一）礼式以外は脱刀してよく、丁髷《ちょんまげ》は本人の自由意志にまかせると令した。散髪に関してはしだいに広がっていったものの、廃刀自由化に対する賛否が、新聞・雑誌で論議され、不平士族の新政府への反発となって、ついには西南戦争*の一因ともなった。（小木新造）

ランプ　ランプの輸入は安政開港以後、十九世紀の半ばになってからである。その後越後で日本臭水といわれるものが、西洋の石油と同じであることや、福沢諭吉*の家塾でランプを使用したことが、当時の新聞記事となっている。明治になってランプの使用者がぼつぼつ出はじめたが、明治五年（一八七二）正月、神田旅籠町の火事がランプの火から起こったことから、東京府は取扱布令を出した。文中「萬一燃上る節は、風呂敷又はケット（毛布）の類を以て押消すべし、水を注ぐべからざる事」とある。一方、蠟の原料である櫨《はぜ》の減産を余儀なくされた九州・中国・四国地方の実状を訴えた佐田介石は、ランプ亡国論を唱えた。（小木新造）

ガス灯《とう》　わが国のガス灯は、明治五年（一八七二）高島嘉右衛門の依頼を受けたフランス人技師ヘレゲレンの指導で、横浜市街にともされたのが最初である。その後明治七年十二月、東京銀座の京橋―新橋間表通りに、翌年三月には京橋から万世橋、そして常盤橋から浅草広小路に及んだ。当時ガス灯を点火して歩いたのは点灯夫で、脚立《きゃたつ》を担いで点火して歩く姿が東京風俗となった。道路に設置されたガス灯は、〝花瓦斯〟といって広告灯の役割りをもち、明治十年銀座日報社では社名の文字を点灯した。またガス灯が一般家庭の灯火として使用されるようになるのは明治三十年（一八九七）ごろからである。（小木新造）

人力車《じんりきしゃ》　汽車・鉄道馬車・電車・自転車などはすべて欧米から伝来した乗物だが、人力車は日本人の発明である。その発明には諸説あるが、和泉要助が二、三の協力者を得て、明治三

人力車

年（一八七〇）に製造許可を取得したのが最初であろう。この人力車は急速に普及し、明治六年には四千台を数えたという。明治十年に来日したE・S・モース*が東京見物のためホテルを出たところ、客待ちしていた車夫がいっせいに「人力車」と叫び、モースは乗らない意志表示をしたが、車夫がついてくるので、ついに十セントを払って人力車に乗ってしまったと、競争激甚な車夫の実状を述べている。　（小木新造）

牛鍋《ぎゅうなべ》　五分に切った長ネギと焼豆腐を一緒に、薄切りの牛肉を浅鍋で煮る牛鍋は、日本的洋食として明治初年に流行した。慶応二年（一八六六）横浜に牛肉屋ができて、翌年には東京芝露月町の中川屋が牛鍋を始めた。店頭ののぼりに「御養生牛肉」としたため、「気力を増し身体を壮健にす」とうたった。明治四年（一八七一）仮名垣魯文の『安愚楽鍋』では「牛鍋食はねば開化不進奴《ひらけぬやつ》」といったが、それから五、六年たつと、東京の牛鍋屋の数は五百六十軒にもなった。万事欧化主義の時代、その食べ物も西洋風といいたいところだが、この牛鍋は牡丹鍋（猪鍋）の系統で、大正以後は「すき焼」となって日本食の代表の一つとなっている。　（小木新造）

洋装《ようそう》　洋装とは西洋風によそおうこと。洋装紳士もいれば、洋装麗人もいる。明治政府は燕尾服とシルクハットを公式礼装に制定した。お雇い外国人*医師ベルツ*は、その日記に「気の毒な日本人よ、君たちは言語道断にぶざまな燕尾服とぞんざいなズボンの中へ無理やり押しこめられているのだ。」と記している。この無様な姿は、モース*もスケッチまでしてその日記に書いている。ベルツは「自国の式服姿であれば実によく似合い、それどころか時としては、威厳があって気高くすら見える」のに、どうしたことかと嘆いている。明治二十年（一八八七）皇后の思召が洋装の奨励に寄与して、鹿鳴館*での舞踏会にバッスルドレスが貴婦人の流行となった。しかし、着物に執着したベルツは明治二十二年日本赤十字三周年に列席して、「婦人たちの中に、日本服を着たものが多数いたことはうれしかった」といっている。また、ベルツはそのころ明治政府の高官が、日本の「歴史はいまからやっと始まるのです」といった言葉に危惧の念を抱いている。　（小木新造）

銀座煉瓦街《ぎんざれんががい》　明治五年（一八七二）二月、銀座築地の大半を焼きつくす大火が起こったが、それが銀座煉瓦街建設の契機となった。日本の首都東京から、江戸時代以来続く火災都市の汚名を返上し、不燃都市に改変する絶好期と判断した政府首脳は、井上馨*を中心に、東京中心街不燃化政策を、火災の四日後に打ち出した。そしてイギリス人ウォートルスを設計者に選んで、計画は進められた。二年後、一部完成した煉瓦街を、当時の新聞雑誌は〝清楚〟〝美麗〟〝別世界〟など最高級の賛辞を呈し、東京土産の銀座煉瓦の錦絵*は、空前の売上げをあげたが、啓蒙思想家西周《あまね》*・津田真道*らは、ずさんな工事や高額な買収価格を例示して、論陣を張って反対した。　（小木新造）

電灯《でんとう》　電気を照明に利用しようとする試みは、明治十一年（一八七八）東京工部大学校でアーク灯が点灯されたときに始まる。翌年東京銀座の大倉組前に二千燭光のアーク灯が点灯され、「大に衆目を驚かし、毎夜見物人諸方より集り来りて、其の奇巧を賞せり」（『明治事物起原』）とある。その後、鹿鳴館*そして京都祇園・大阪道頓堀の劇場、横須賀造船所*などでアーク灯が用いられた。白熱電灯の一般化は明治十九年（一八八六）以後で、東京に続いて京都・大阪・神戸・名古屋などの都市を中心に徐々に普及した。しかし、電球一個が一円以上ではその歩みは遅々として進まなかった。（小木新造）

鹿鳴館《ろくめいかん》　現帝国ホテルに隣接する旧薩摩藩装束屋敷跡に総工費十八万円余の巨費を投じて建設された外国人接待所が、のちの鹿鳴館である。明治十六年（一八八三）十一月二十八日に落成式が挙行された。設計を担当したジョサイア・コンドルは当初オリエンタル趣味の濃い建造物を考えていたが、外務卿井上馨《かおる》*の命令で西洋館に改められた。それは日本が未開の野蛮国ではなく、欧米諸国にも劣らない文明国であることを内外に示すためであった。また、直接的には幕末に締結した不平等条約改正*に一役買わせる役割を果たすため、内外貴賓の社交場裡とするところに主目的をおいたからである。夜会・舞踏会・バザー・演奏会が華やかに催された鹿鳴館も、欧化主義に対する非難が高まるなか、井上の失脚とともに衰微し、明治二十三年（一八九〇）以降、華族会館となった。（小木新造）

明六社《めいろくしゃ》　明治初期に洋学の知識をもつ開明的な知識人によって結成された言論結社。明治六年（一八七三）七月にアメリカから帰国した森有礼《ありのり》*が中心になって設立した。社長には森が就任し、西村茂樹・津田真道《まみち》*・西周《あまね》*・中村正直*・加藤弘之*・箕《み》作《つくり》秋坪《しゅうへい》・福沢諭吉*・杉亨二・箕作麟祥《りんしょう》らが社員として参加した。明六社は毎月二回の集会と機関誌『明六雑誌』を発行した。同誌は明治七年三月に創刊、民間人の福沢以外は明治新政府に出仕する者がほとんどであったことから、進歩的立場から人民の開化を導く政府の役割を評価しつつ啓蒙活動を行っていった。しかし明治八年六月に新聞紙条例*・讒謗律《ざんぼうりつ》*が公布され、政府の言論取締りに抵触する危険を憂慮した福沢らの意見により、同年十一月に廃刊した。そして人民の自由と民権を在野の立場から主張する自由民権運動*が登場してくるに及んで、明六社メンバーの多くは漸進主義者となり、民選議院の即時開設は時期尚早であると説き、政府の指導と教育の普及により人民の成長を待つべしと主張するようになる。（内藤正中）

西周《にしあまね》　（一八二九―九七）幕末・明治前期の学者。石見国津和野藩医の家に生まれ、藩校では儒学を学んだ。嘉永六年（一八五三）藩*に命じられて江戸で洋学にふれたのを機に、翌年脱藩して洋学修業に専念する。安政四年（一八五七）蕃書調所*に出仕して教授手伝並となる。文久二年（一八六二）津田真道*とともにオランダに留学してフィセリングに師事し、社会科学と哲学を学び、慶応元年（一八六五）に帰国、将軍徳川慶喜《よしのぶ》*の側近になって献策するところが多く、訳書『万国公法』を提出、明治元年（一八六八）に刊行した。明治維新後は新政府に出仕し沼津兵学校頭取を務めていたが、明治三年山県有朋*らに招かれて兵部省*に入り兵制改革に尽力した。明治六年には森有礼*らとともに明六社*を結成し、啓蒙思想家として言論界でも活躍した。明治七年『百一新論』『致知啓蒙』を刊行し、近代哲学を日本に移植して第一人者になった。明治十一年（一八七八）からは参謀本部*に出仕し、軍人勅諭*稿を起草するなど軍人精神確立に参画した。東京学士院会長、元老院議官、貴族院議員などを歴任。（内藤正中）

津田真道《つだまみち》　（一八二九―一九〇三）幕末、明治前期の啓蒙思想家*。美作国《みまさか》に生まれる。少年時代から国学・軍学を修め、江戸*に行き同郷の箕作《みづくり》阮甫や伊藤玄朴に就いて洋学を学ぶ。幕府の蕃書調所*に出仕して、文久二年（一八六二）からは、幕府留学生として西周《あまね》*や榎本武揚《たけあき》*らとオランダに派遣されて法学について学んだ。帰国してからは開成所教授に就任し、明治元年（一八六八）には、日本最初の法学書とされる『泰西国法論』を翻訳して刊行する。明治六年（一八七三）には森有礼《ありのり》*や西周とともに明六社*に参加し、啓蒙思想家として活躍する。『明六雑誌』では、「天狗説」「怪説」などを発表し、天狗・鬼火・狐・幽霊などという怪異なものをはないと、自然科学の新知識に基づいて民衆の迷信からの解放を呼びかけるなどしている。明治九年からは元老院*議官となり、同二十三年の帝国議会*開設後は衆議院*議員に当選、のち貴族院*議員となる。
（内藤正中）

神田孝平《かんだこうへい》（一八三〇—九八）　幕末・明治前期の啓蒙思想家。美濃国に生まれ、はじめ儒学を、ついで蘭学を学び、文久二年（一八六二）に幕府の蕃書調所*教授、明治元年（一八六八）には開成所頭取になり、近代憲法の全文紹介では最初とされる『和蘭政典』を翻訳する。明治三年（一八七一）六月、衆議院*副議長のとき「田租改革建議」を提出して、明治新政府が最大の課題にしていた土地租税改革のための理論的基礎を与える。そこでは幕藩体制下の旧貢租で不可欠であった検地*・石盛《こくもり》*・検見・米納などを廃止し、代わって田地売買を許し、地価は需給に任せて自由としたうえで、田地ごとに沽券（地券*）を発行し、沽券高によって貨幣で地租を収納する方法を提案した。沽券による税額は、過去二十年間の貢米平均高と定め、旧貢租水準を継承するものとした。こうした神田の建議を受けて、明治新政府は土地永代売買を許し、地券を発行して地価を算定、それに課税をしていく沽券税法の実施を具体化する。兵庫県令・元老院*議官・貴族院*議員を歴任。
（内藤正中）

中村正直《なかむらまさなお》（一八三二—九一）　幕末・明治前期の啓蒙思想家・教育者。幕臣の子として江戸*に生まれる。昌平黌《しょうへいこう》に学んだのち、幕府の儒員となる。その後は蘭学、さらに英学へと進み、幕府が派遣した英国留学生の監督としてイギリスで学ぶ。明治維新後は徳川慶喜《よしのぶ》*に従って静岡に移り、明治四年（一八七一）には、スマイル著『西国立志編』を翻訳して静岡で出版する。続いて翌五年には、J・S・ミルの『自由之理』*を翻訳刊行して啓蒙思想家として有名となる。同年大蔵省に出仕するが、匿名で『擬泰西人上書』を発表し、キリスト教を採用することを説く。明治六年には明六社*設立に参加し、別に同人社を設立する。同七年にはカナダメソジスト宣教師カツクランより受洗する。同十一年にはスマイル著『西洋品行論』*を翻訳して刊行。この間女子教育・盲唖教育に尽力、元老院*議官、東京大学教授、東京学士院会員となる。同二十三年文部省原案として教育勅語*案を作成するが、井上毅《こわし》*らに批判され、井上や元田永孚《ながざね》を中心にした教育勅語案が起草される。
（内藤正中）

福沢諭吉《ふくざわゆきち》（一八三四—一九〇一）　幕末—明治前期の啓蒙思想家・教育者。豊前《ぶぜん》国中津藩大坂蔵屋敷で生まれ、幼時に中津*に帰る。はじめ漢学を学び、長崎*に遊学して蘭学を、ついで大坂*で緒方洪庵*の適塾*に入門して、その塾頭となる。安政五年（一八五八）藩の招きで江戸*に行き、築地鉄砲洲の中津藩中屋敷内に蘭学塾を開いて教授する一方で英語を学ぶ。万延元年（一八六〇）幕府の遣米使節派遣にあたっては、願い出て随行艦咸臨丸*で渡米する。翌年には幕府のヨーロッパ使節の翻訳方として参加し、ヨーロッパ各国を歴訪して一年後に帰国、元治元年（一八六四）外国奉行翻訳方となる。さらに慶応三年（一八六七）にも軍艦購入使節として再渡米する。

慶応二年（一八六六）『西洋事情』*を刊行、同四年芝新銭座に新しい塾舎を完成して慶応義塾*と名づけ、明治四年（一八七一）に塾舎を三田に移した。明治新政府は官途に登用しようとしたが、福沢はこれを固辞して、もっぱら教育と著述に専念した。同六年創立の明六社*に参加したが、福沢ただ一人が民間人で、同人のすべては政府の官員であった。同七年から三田演説会を開いて都市の民権運動を主導する。前年に刊行した『学問のすすめ』*で主張した自主自由の精神をもつ国民の育成を急務とする考えが、この時期での福沢の民権論の基調であった。

しかし自由民権運動*が高揚する明治十一年（一八七八）に刊行した『通俗民権論』では、民権に対する国権の優位が述べられ、同十四年の『時事小言』では、陸海の軍備を充実して国権を拡張すべきであるとして、国権に従属する民権論に転換していく。さらに朝鮮問題をめぐる情勢の悪化のなかでは、陸海軍の即時出兵準備を主張し、富国強兵による西欧列強への参加を目指す。同十五年創刊の『時事新報』、同十八年の『脱亜論』につながる主張である。（内藤正中）

西洋《せいよう》事情《じじょう》　福沢諭吉*の著書。慶応二年（一八六六）初編三冊、明治元年（一八六八）外編三冊、同三年二編四冊として刊行した。幕末に幕府の外国派遣使節に三回随行して見聞した西洋諸国についての情報を、原書の翻訳も加えて紹介した幕末・維新期のベストセラーで、偽版も含めると二十五万部売れたといわれる。その「小引」で、たとえ学芸を学んでも経国の根本に役立てなければ実用の益にならないといって、初編ではアメリカ・オランダ・イギリスの正史・政治・海陸軍・財政について、外編ではブラックストーン社の経済書で社会関係を、二編ではイギリス法による人間の通義、ウェーランドの経済書で収税論を紹介した。（内藤正中）

文明論《ぶんめいろん》之《の》概略《がいりゃく》　福沢諭吉*の著書。明治七年（一八七四）から執筆をはじめ、翌年全六冊として刊行した。福沢は社会の発展段階を未開・半開・文明に三分類し、当面して日本の現状を「半開」として、文明化についての具体的な方法を論述した。「日本には政府ありて国民（ネーション）なし」という立場から、政治の干渉や儒教・仏教の徳治主義が日本の文明発展を停滞させたと批判し、政治・経済・文化の改革に積極的に参加する担い手を、自由独立の人として育成することが急務であると主張、そのためには日本の文明を西洋の程度にまで発展させ、文明を手段にして西洋諸国と競合できる国の独立を達成すべしと述べた。（内藤正中）

学問《がくもん》のすすめ　福沢諭吉*の著書。明治五年（一八七二）二月に初編、同九年に第十七編を刊行、同十四年に合本として刊行した明治前期のベストセラー。初編は「天は人の上に人を造らず、人の下に人を造らず」ではじまり、人は学問に励み実学を心得ることによって、自らも独立し、それが一家の独立、ひいては天下国家の独立に通じると主張した。国内で自由独立の地位を得られていない国民は、外にあって外国人に対して独立の権利を主張することができないと強調して、民権と国権の結合が説かれたところに、本書における福沢の民権論をみることができる。学校教育や自由民権思想の普及に大きな影響を与えた。
（内藤正中）

加藤弘之《かとうひろゆき》（一八三六―一九一六）　明治期の政治学者。但馬国に生まれ、出石《いずし》藩校弘道館で学んだのち、*江戸に出て*佐久間象山に師事する。万延元年（一八六〇）*蕃書調所の教授手伝として出仕してドイツ語を学び、ドイツ学を開拓する。明治維新後は新政府に登用され、侍読《じとう》・*左院議官を歴任する。明治元年（一八六八）には『立憲政体略』を著し、同三年には『真政大意』、同七年には『国体新論』などを出版して、天賦人権論を紹介し普及させる。同六年に設立された*明六社に参加して人智の啓蒙に努めた。しかし同七年に*板垣退助らによる「*民撰議院設立建白書」が提出されたことを機に起こった*民撰議院論争では、即時開設に反対する尚早論の立場から論陣を張り、その中心的役割を果たす。こうした立場は、*自由民権運動が発展していく明治十二年（一八七九）になると、天賦人権論を社会進化論に軌道修正することになり、同十四年には『国体新論』を今日の自説には合わないと、新聞紙上で絶版声明を広告させた。この間、明治十年に東京大学初代総理に、同二十三年には東京帝国大学総長、同三十九年帝国学士院長・枢密顧問官に就任。
（内藤正中）

天賦人権思想《てんぷじんけんしそう》　明治前期の自由民権論の基礎となる基本的人権の理論。人がもっている自由の権利は国家から与えられるものではなく、天から付与された人間固有の権利であるとする。*福沢諭吉の『*西洋事情』や*加藤弘之の『国体新論』などで紹介された天賦人権論は、旧来の国学的儒教的秩序観や伝統的非合理精神をきびしく批判し、自らが留学で学びとった欧米文化の優秀性を説くことを通じて、近代国家の新しい担い手となるべき人民の自由と権利を尊重すべきことを主張した。しかしながら*自由民権運動が発展していくなかでは、民権派の思想的基礎理論として質的な転換を結果する。なかでも*植木枝盛に代表される徹底した民主主義思想である抵抗権や革命権の考え方を生みだして、自由民権思想の深化発展をもたらした。その反面で、かつて天賦人権論の啓蒙的役割を果たした*明六社のメンバーからは、加藤弘之のように天賦人権論を妄想主義と批判し、自由民権の思想に真っ向から反対する者も現れた。
（内藤正中）

田口卯吉《たぐちうきち》（一八五五―一九〇五）　明治期の経済学者。名は鉉《みつ》、号は鼎軒《ていけん》、卯吉は通称。幕府の徒士《かち》の子に生まれ、五歳で父を失い、十四歳のとき横浜の骨董商の店員となる。沼津の兵学校で医学を学んだのち、上京して*大学予備門に入り、ついで尺《せき》振八の共立学舎に入学する。*大蔵省が尺を招いて翻訳局を設け、官費学生を募集するや応募して三年間経済学を学ぶ。明治七年（一八七四）大蔵省に出仕し、同十年二十三歳のとき『日本開化小史』を出版する。平民の生計の度を開化の標準にした文明開化史はユニークな文明批評として注目された。同十一年には大蔵省を辞任して、*渋沢栄一らの後援を得て、同十二年から『東京経済雑誌』の発行を始め、同三十八年に死没するまで主宰した。田口は自由主義経済の立場から自由貿易を主張し、保護貿易主義を批判したが、資本主義の生成過程にあっては一定の役割を果たした。しかも理論と実際の一致を実証するため両毛鉄道や南洋開発にも*従事、東京株式取引所理事、東京市会、府会議員を経て衆議院議員にもなった。なお同二十四年歴史雑誌『史海』を発行、『国史大系』などを刊行して歴史学に

も貢献した。　（内藤正中）

大教宣布《たいきょうせんぷ》　明治初年、明治政府が行った国民教化運動。明治三年（一八七〇）正月三日に発布された「大教宣布詔」によってその名称がある。神主や僧侶を宣教師に任命し、祭政一致の思想を徹底しようとするものであった。明治五年（一八七二）三月教部省を設置し、三条の教則による大教宣布運動が行われた。「第一条、敬神愛国の旨を体すべき事。第二条、天理人道を明にすべき事。第三条、皇上を奉戴し朝旨を遵守せしむべき事」とある。同年十一月には、大教院を仏教寺院の本山格寺院におくとともに、中教院を各県に配置、その下に神社・寺院・説教所をおいて小教院とした。このような明治政府の動きに対して信教の自由をもとめる大内青巒《せいらん》や島地黙雷《もくらい》らの反対論や、仏教諸宗派の抵抗により、明治十七年（一八八四）十九号布達をもって大教宣布運動は廃止された。　（圭室文雄）

神仏分離《しんぶつぶんり》・廃仏毀釈《はいぶつきしゃく》　明治初年に明治政府の手により行われた仏教排斥政策とその運動。明治政府は明治元年（一八六八）三月十三日、神祇官*を再興し、祭政一致の制度を制定。この段階で江戸時代国教的地位をもっていた仏教を排除し、神道を国教とする政策転換が行われた。その思想的裏付けとし、政策立案の中心となったのは、平田国学の流れをくむ玉松操・平田鉄胤・矢野玄道らであった。藩*でいえば津和野藩・松本藩・苗木藩・富山藩・薩摩藩などでは特に徹底して廃仏政策を展開し、多くの寺院が破却され、僧侶は還俗を命ぜられた。一方社寺では、伊勢神宮*・鶴岡八幡宮・談山神社などをはじめとする有力神社、高野山金剛峯寺*・延暦寺*・興福寺*・輪王寺などの大寺、また江戸時代霊場として有名であった寺や、山岳宗教の拠点になった寺などが大打撃を受けている。さらに祈禱を中心としていた寺院は葬祭檀家がないという理由で破却された。この運動により、神仏分離令以前に存在した寺院の三分の二が破却されたといわれている。このような動きに対して仏教各宗の本山は徹底的に反対したが、明治政府は「神仏分離は廃仏毀釈にあらず」という布達を出すにとどまり、廃仏毀釈運動は拡大していった。この運動の背景の第一には明治政府の中心に多くの神道家が入り、排仏思想を表面に打ち出したこと、これにより江戸時代僧侶の風下にいた神主たちが権利を拡大し、寺院を破却・焼却したこと、第二に寺請証文を軸に寺院がこれまで檀家から際限なき収奪を図ってきたため、檀家の側でも神主たちとともに寺院破却に積極的になったことがあげられる。　（圭室文雄）

キリシタンの解禁《かいきん》　江戸時代から禁止されていたキリスト教の布教が明治政府によって解禁されたのは、明治六年（一八七三）三月、キリシタン禁制*の高札が撤去されてからである。その契機となったのは慶応三年（一八六七）六月十四日の「浦上四番崩（事件）」といわれている。このときの発端は、浦上（長崎市）村民数人がそれぞれの檀那寺の葬儀を拒否したことに始まり、中心人物の六十八名が投獄され、さらに同調者も含めて八十六名が投獄された。翌四年閏四月―明治二年（一八六九）十月にかけて、加賀・尾張をはじめとする西日本の大名*に総数三千四百三十二名の浦上村民が分散して預けられ、廃藩置県*後は各県が引き続き彼らを管理した。明治時代になり、こうした信仰弾圧だけは許せないとする、欧米公使の抗議により、外交問題として論じられ、ついに対応に困った明治政府は明治六年キリシタン禁制の高札を撤去し、三月、各県に預けられていたキリスト教徒の国元への帰還を許し、キリスト教の公的な布教が可能となった。このときの受難でキリスト教徒の死者は六百十三名に及んだ。しかし二百六十年間危険な宗教として禁止されていたキリスト教に対応する民衆が心をひらき、教線が展開するには、まだかなりの時間が必要であった。

（圭室文雄）

新島襄《にいじまじょう》（一八四三―九〇）　明治時代のキリスト教牧師。天保十四年江戸神田一ツ橋の安中藩邸で祐筆新島民治の長男として生まれる。幼名七五三太。諱は経幹。安政三年（一八五六）蘭学を田島順輔・手塚律蔵に学び、同四年祐筆補助役となる。元治元年（一八六四）六月、函館からアメリカに脱出、上海・香港・マニラを経て、翌年七月ボストンに到着。慶応二年（一八六六）洗礼を受け、翌年九月アーモスト大学入学、明治三年七月卒業。その後アンドーバー神学校へ進み、明治七年卒業、牧師の資格を得た。この間明治五―六年岩倉使節団*に随行し、通訳を務めるとともに、諸国の学校教育制度の調査に専念した。明治七年十一月帰国し、アメリカン・ボードの関西伝道にたずさわった。翌八年十一月京都に同志社英学校を設立した。この年九月、熊本洋学校*が廃止されたので、同志社英学校のメンバーには徳富猪一郎（蘇峰）・海老名喜三郎（弾正）などがいる。同九年京都にキリスト公会を設立。明治二十一年（一八八八）十一月にはキリスト教主義による「同志社大学設立の旨意」を発表。同二十三年十一月神奈川県大磯町で没す。四十八歳。

（圭室文雄）

森有礼《もりありのり》（一八四七―八九）　明治時代前期の外交官・政治家。通称は金之丞。弘化四年七月十三日、薩摩藩士森有恕の五男として鹿児島城下に生まれる。母は隈崎氏阿里。十二歳で藩校造士館に入るも、洋学の必要性を痛感して、元治元年（一八六四）藩洋学校開成所に入学し英学を学ぶ。慶応元年（一八六五）三月、藩派遣の留学生に選ばれイギリスに渡る。着英後ロンドン大学で自然科学を学ぶ。同三年七月、アメリカへ渡り宗教家T・L・ハリスのコロニーに参加、社会改良主義的なキリスト教の影響を受ける。明治元年（一八六八）六月帰国し、徴士外国官権判事に任じられる。公議所*議長心得、制度寮副総裁心得など要職を歴任、黎明期日本の国制改革に努めたが、公議所に上呈した廃刀案が世の非難をあびて翌年辞職、帰郷する。明治三年アメリカ在勤少弁務使に任じられ政府に復帰、同六年明六社*を設立して国民啓蒙活動に従事する。駐清公使、外務大輔を経て同十二年駐英公使に転じ、条約改正*問題に取り組む。十七年四月帰国、伊藤博文*の推挽で文部省*へ移り、十八年十二月第一次伊藤内閣*発足と同時に初代文部大臣に就任、近代教育制度の改革にあたる。明治二十二年二月十一日、憲法発布の当日国粋主義者西野文太郎に刺され翌日没した。四十三歳。墓は東京都青山墓地にある。

（大塚孝明）

文部省《もんぶしょう》　明治四年（一八七一）七月に設置された、教育学術文化行政を統轄する中央官庁。初期は学校教育を主に所掌していたが、大正二年（一九一三）から宗教行政、昭和四年（一九二九）から社会教育が加わるなど、所掌範囲は時代の要請に応じて変化した。昭和二十四年（一九四九）に文部省設置法が制定され、それまでと違って権力的行政が地方に移されたが、その後現在に至るまでの間に一部は文部省に戻ったといわれている。科学技術行政は昭和三十一年に科学技術庁が設置されて以来その所轄下にあるが、平成十年（一九九八）に中央省庁改革基本法が制定されたことにより、文部省に統合される計画である。なお、明治初年には工部省*、司法省、農商務省*などの所管の学校があったほか、昭和二十二年までの学習院、敗戦後昭和二十年（一九四五）に廃止になった陸海軍の学校は文部省所轄ではなかった。今日でも防衛大学校は大学と同等レベルでありながら文部省管轄ではない。また旧外地では、学事関係の行政は博士学位の認可を除いて文部省の権限が及ばず、現地中央政府機関の管轄下に置かれていた。（所澤　潤）

学制《がくせい》　日本の学校教育の全体的枠組みを定めた最初の基本的法令で、欧米諸国の制度を取捨選択して構想され、明治五年（一八七二）八月頒布された。学校設置と教育行政の単位として全国を八大学区（のちに七大学区）、各大学区を三十二中学区、各中学区を二百十小学区に分けることとされたが、実施にあたって小学区、中学区の区画とその数は行政区画に基づくものとなった。学区制により小学校は全国的に普及したが、中学の設置はあまり進まず、大学は明治十年（一八七七）に東京大学が第一大学区に設置されるに止まった。七大学区に一校ずつ設けられた官立師範学校も教員供給には不十分だった。また文部省*以外の管轄する工部大学校などにも規定が及ばなかった。学制の実施と改革の中心人物は文部省の田中不二麿で、明治六年（一八七三）着任の学監モルレーも協力した。住民に過重の経済的負担を強いる小学校の設立や、日常と乖離した教育内容などの問題から、学制に対する批判が強まり、明治十二年（一八七九）に地方分権的な教育令*が布告され、学制は廃止となった。（所澤　潤）

教育令《きょういくれい》　明治十二年（一八七九）九月から学制*に代わって学校教育の全体的枠組みを規定した基本的法令。二度改正される。明治十二年九月布告の第一次「教育令」は、田中不二麿文部大輔の手になり、アメリカの法にならって小学校設置や就学義務を著しく緩和するものであったが、その結果急速に学事が後退した。第二次「教育令」は、内容を全面的に改正して同十三年十二月に布告された。河野敏鎌文部卿の手になり、規制緩和の反省から、国家の干渉主義に立って学校設置や就学義務の監督を厳しくした。第三次「教育令」は、再び内容を改正して同十八年八月に布告された。深刻なデフレに対応して教育費を節減するものであった。同十九年には廃止され、学校令*に代えられた。（所澤　潤）

学校令《がっこうれい》　明治十九年（一八八六）以来、昭和二十二年（一九四七）に至るまで、学校の種類別に順次設けられた勅令で、種類ごとの基本的制度を定めている。諸学校令ともいう。森有礼《ありのり》*文部大臣のもとで明治十九年に「小学校令」「中学校令」「帝国大学令」「師範学校令」が勅令として公布されたことに始まる。それまで施行されてきた学制*、教育令*、および昭和二十二年に代わって施行される学校教育法*は、各種類の学校全体を包括的に規定するものであり、学校令はそれらと法形態が異質であった。明治二十三年（一八九〇）の小学校令改正の際に、原則として教育法令を法律によらず勅令以下の行政命令で設ける方式が慣例として成立した。以後、次のような学校令が設けられた。明治二十七年（一八九四）の高等学校令、三十年の師範教育令（師範学校令を廃止）、三十二年の実業学校令、高等女学校令、私立学校令、三十六年の専門学校令、大正七年（一九一八）の大学令*（帝国大学令は下位法令に改正されて学校令ではなくなる）、十二年の盲学校及聾唖学校令、十五年の幼稚園令、昭和十年（一九三五）の青年学校令、十六年の国民学校令（小学校令を改正）、および十八年の中等学校令（中学校令、実業学校令、高等女学校令を廃止）である。昭和二十二年の学校教育法施行ですべて廃止された。（所澤　潤）

帝国大学《ていこくだいがく》　学校の名称としては今日の東京大学の前身。明治十九年（一八九六）に、帝国大学令によって旧・東京大学と工部大学校を合併して設けられた。同二十三年東京農林学校を吸収。同三十年の京都帝国大学の創設によって、東京帝国大学に名称変更され、帝国大学は複数化した。大学類型としては、大正七年（一九一八）公布の大学令*によって定められた官立の総合大学をさす。官立大学（一学部のみ）、公立大学、私立大学と区別された。「帝国」の意味は今日の「国立」に相当する。大学自治、研究の自由、学部、附置研究所、評議会、教授会、教官人事、総長・学部長の選考、講座制、事務局など、大学の制度および慣行の多くは帝国大学の発展の過程で生み出された。東京、京都、九州、東北、北海道、京城、台北、大阪、名古屋の九帝大が設けられ、日本の最高学府とみなされた。旅順工科大学などの官立大学の帝大昇格が準備されたが、戦況悪化で実現しなかった。昭和二十二年（一九四七）十月から帝国の文字が取り除かれ、東京大学などの名称になった。（所澤　潤）

慶応義塾《けいおうぎじゅく》　安政五年（一八五八）に福沢諭吉*が江戸築地鉄砲洲に家塾として開いた蘭学塾の発展した私立学校。万延元年（一八六〇）の福沢渡米後から英学塾への転換が進行した。慶応四年（一八六八）に芝新銭座へ移転したのを機に、元号にちなんで慶応義塾と命名された。明治五年（一八七二）の学制頒布による全国的な師範学校設置に際しては、多くの出身者がその創設に携わっているが、明治十七年の中学校通則制定によって教職から排斥された。明治十四年の政変*では出身者のかなりが官界を追われている。大学段階の教育は明治二十三年に始められ、明治三十一年には塾組織が大学科中心に改組され、あわせて初等教育から大学教育まで一貫する課程が整備された。法令上での大学という位置づけは大学令*制定を待って大正九年（一九二〇）に実現した。大正六年設置の医学科は、伝染病研究所が東京帝国大学に移管隷属する際に、その中心的人物であった北里柴三郎*を門下とともに招いて組織したものである。（所澤　潤）

東京専門学校《とうきょうせんもんがっこう》　今日の早稲田大学の前身。大隈重信*によって明治十五年（一八八二）十月に政治経済学科などの四学科で創設。大学レベルの教育は明治二十一年（一八八八）に開始され、坪内逍遙*を中心とした文学科は明治二十三年（一八九〇）に新設された。小野梓が創立時に開校式で唱えた「学問の独立」は学術の諸外国への依存を廃することを意味していたが、やがてその理念は不偏不党という意味合いも帯び、また官・政権に対抗する「在野精神」にも発展する。政府のドイツ主義に対立する英国的学風が形成されたが、明治二十四年から政治学科で学生を議員にして英国議会下院を範とした模擬国会が始められ、政治的問題を議題にして衆目を集めたのは、その一例といえよう。明治二十六年から毎年地方で開催された巡回学術講話会も、イギリスの大学に倣ったものであった。明治三十五年（一九〇二）に早稲田大学という名で私学で初めて大学を名のることを認可されたが、法令上での大学という位置づけは大学*令制定を待って大正九年（一九二〇）に実現した。

（所澤　潤）

女子師範学校《じょししはんがっこう》　日本近代教育における女性の初等中等教員養成機関。日本最初の女子師範学校は、明治七年（一八七四）に女子教育の振興のために創立された官立の東京女子師範学校である。明治十三年以降は、府県ごとに師範学校が設置され始めるが、明治十九年の「師範学校令」により、師範学校は官立の高等師範学校と府県立の尋常師範学校の二種に分けられた。官立の東京女子師範学校は、一時高等師範学校女子部となるが、明治二十三年には女子高等師範学校（のちに東京女子高等師範学校）として独立する。明治四十一年（一九〇八）には、奈良女子高等師範学校が設立され、この二校の女高師は、女子中等教員養成とともに学問世界に進む女性を輩出した。一方、府県立の女子師範学校は、明治三十年以降増設が進み、女性教員はより広範な地域に赴任し、女子生徒の就学率向上に貢献した。昭和十八年（一九四三）師範学校はすべて官立となり、女子師範学校は、男子の師範学校に統合される。昭和二十二年には、師範学校は廃止となり、新制大学の教育学部の母体となった。

（舘かおる・堀千鶴子）

津田梅子《つだうめこ》（一八四六—一九二九）　教育者、女子英学塾創立者。元治元年十二月三日、東京に生まれる。*父は西洋農学の先駆者津田仙。明治四年（一八七一）岩倉使節団とともに、数え年八歳で日本最初の女子留学生五人のうちの一人として渡米。十八歳までの十一年間を、アメリカの自由な文化的雰囲気のなかで過ごす。帰国後は、華族女学校に勤めるが、再渡米。明治二十二年からブリンマー大学で生物学を学ぶ。在学中に後進の日本女性のために「日本婦人米国奨学金」を設立したり、海外への日本女性の紹介などにつとめた。日本の女子高等教育振興の必要性を感じ、明治三十三年（一九〇〇）華族女学校を退職し、女子英学塾（現津田塾大学）を設立。同校は、国際語としての英語教育を重視し、かつ全人的な職業人の育成を目的とした。塾は大正八年（一九一九）専門学校として認可された。昭和四年八月十六日逝去。

（舘かおる・堀千鶴子）

新聞《しんぶん》　起源は十七世紀の欧州。幕末・明治期にはニュース、すなわち新しく聞き知った物事を「新聞」、そうした新しい見聞を記した印刷物であるニュースペーパーを「新聞紙」と訳し分けていたが、のちに時事的な話題を伝える無綴じの定期刊行物の呼称として「新聞」が定着。日本ではオランダ語新聞の翻訳抜粋である『官板バタビヤ新聞』（一八六五）、アメリカ国籍の日本人ジョセフ・ヒコこと浜田彦蔵による『海外新聞』を先駆として、戊辰戦争*の際に柳河春三の『中外新聞』をはじめとする日本人による独自の日本語紙が主に幕府系新聞として十紙ほど出現した。

これらは明治新政府樹立後一掃されたが、新聞は文明開化*推進に必要であるとして政府は保護奨励策に転じ、明治三年（一八七一）初の日刊紙『横浜毎日新聞』*が誕生、近代新聞の始祖となった。明治前期には政論を主とする知識人向けの大新聞と、雑報娯楽中心の総ふりがなを付した小新聞の二種類に分かれていたが、言論統制の苛烈さもあって大新聞は政党紙から不偏不党へ方針を転換、小新聞も報道の重視と広告の伸びにより産業基盤を拡大、明治二十―三十年代に大小は接近し中新聞化した。大正期は大阪系の朝日・毎日両紙が全国紙へ至る熾烈な競争を展開、大正末に正力社長指揮下の読売がこれに加わる。満州事変*以後は統制が強化され用紙割当てが始まり、昭和十六年（一九四一）から一県一紙原則による新聞統合で五十五紙に減少。敗戦後は占領軍下で検閲による統制、レッドパージが行われた。同二十六年（一九五一）用紙統制撤廃後、戦前に続く三紙の競争が復活。戸別配達を基盤に地方紙と全国紙が共存、高い普及率に達した日本の新聞はラジオ・テレビ放送と提携しマスコミの基幹として新たな変容を模索している。（土屋礼子）

横浜毎日新聞《よこはままいにちしんぶん》　明治三年（一八七〇）十二月八日、横浜で創刊された日本初の日刊紙。神奈川県令井関盛良の後援により横浜の富豪が出資、子安峻らが編集にあたった。初めて洋紙を用いた本格的な活版印刷による新聞だったが、当初の発行部数は一日一千部足らずであった。同十二年十一月沼間守一が買収、東京へ本拠を移し『東京横浜毎日新聞』と改題、嚶鳴社の機関紙となり紙数を伸ばす。同十九年（一八八六）五月『毎日新聞』と改題。沼間の没後は島田三郎らが後を継ぎ、足尾鉱毒事件などで社会改良主義の論陣を張ったが、同四十一年（一九〇八）島田の退社後は不振が続き、昭和十五年（一九四〇）十一月末に廃刊。（土屋礼子）

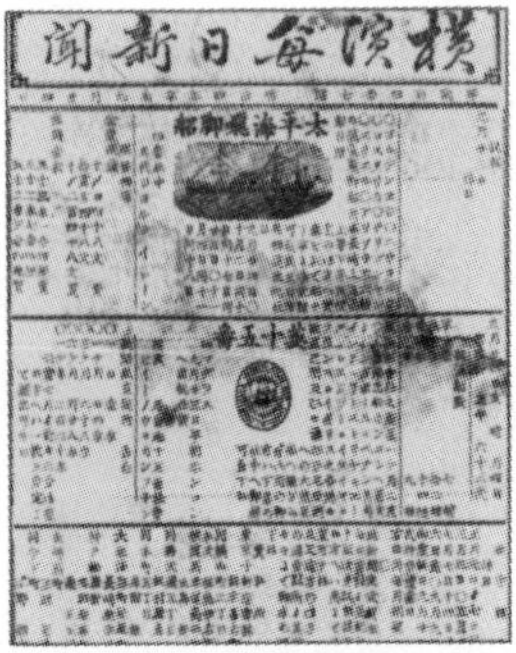

日本初の日刊紙『横浜毎日新聞』

東京日日新聞《とうきょうにちにちしんぶん》　明治五年（一八七二）二月二十一日創刊された東京で最初の日刊紙。戯作者条野伝平、貸本屋番頭西田伝助、浮世絵師落合芳幾の三名が日報社から発行。翌六年岸田吟香*が入社し、口語を文章に取り入れ、また台湾出兵*に際して日本初の従軍記者として通信を送るなど新機軸を打ち出し、発行部数も一万部を突破した。同七年福地源一郎*（桜痴）が主筆になり、太政官記事印行御用の称を得ると、新設の社説欄が紙価を高めた。御用新聞と揶揄《やゆ》されながら新聞界を主導したが、同十五年福地が組織した立憲帝政党*の機関紙と化し、翌年『官報*』が創刊されると低迷。以後、関直彦・伊東巳代治*・加藤高明*・岩崎久弥と経営者が交替したが不振に喘ぎ、同四十四年（一九一一）本山彦一経営の『大阪毎日新聞』と合併。旧紙名を残し、東日本では「東日」、西日本では「大毎」で発行され続け、報道紙として『東京朝日新聞』と覇を争う。全国紙体制を確立するに至り、昭和十八年（一九四三）『毎日新聞』に題号を統一、現在に至る。（土屋礼子）

福地源一郎《ふくちげんいちろう》　（一八四一―一九〇六）　明治前期を代表するジャーナリスト。幼名は八十吉、号は桜痴。儒医福地苟庵の長子として長崎*に生まれる。漢学*・蘭学を学び、神童といわれた。安政五年（一八五八）江戸*に出て英学を修め幕府外国奉行に通訳として出仕。万延元年（一八六〇）遣米使節、また文久元年（一八六一）と慶応元年（一八六五）の二度の遣欧使節に随行、法律や経済、仏語など欧米の新知識を吸収。明治元年（一八六八）『江湖新聞』を発行、新政府批判により逮捕されたが、木戸孝允*の尽力で放免される。同三年大蔵省*に出仕、財政などの調査で二度洋行。同七年（一八八四）退官ののち『東京日日新聞』*に入社、主筆で活躍し同十二年初代社長に就任。同十五年三月水野寅次郎・丸山作楽らと立憲帝政党*を組織し漸進主義を唱えたが、翌年解散。同二十一年七月同紙を退いたのちは、新聞などに寄稿する傍ら歌舞伎*脚本や歴史書を著す。明治三十七年（一九〇四）衆議院*議員に当選するも同三十九年一月病死。

（土屋礼子）

読売新聞《よみうりしんぶん》　明治七年（一八七四）十一月二日創刊された最初の総ふりがな付小新聞。東京芝琴平町で『英和辞彙』を出版していた日就社から発行。談話に近い文体による雑報中心の紙面や題名の由来である街頭呼売りなど大衆化路線により発行部数を二万部ほどに伸ばす。同十年銀座に社屋を移転。同二十二年初代社長子安峻の後を本野盛亨が継ぎ、坪内逍遙*・尾崎紅葉・幸田露伴が入社すると、硯友社が活躍する文学新聞として声価を高めたが、報道中心時代に乗り遅れ大正時代は低迷。大正十三年（一九二四）三月、警視庁出身の正力松太郎が社長に就任。千葉亀雄編集局長の下、ラジオ版の創設や婦人欄の充実、夕刊発行など大胆な新企画と販売網の整備で約五万部だった部数が百万部を超えるまで増加。戦時統制により昭和十七年（一九四二）『報知新聞』と合併し『読売報知』となるが、戦後旧名に復帰。正力の戦犯容疑や二度の労働争議を経て同二十五年株式会社に改組。激しい販売戦を展開し日本最大の部数を誇る全国紙に成長した。

（土屋礼子）

朝日新聞《あさひしんぶん》　醬油醸造業の木村平八・騰親子が雑貨商の村山龍平*を誘い、明治十二年（一八七九）一月二十五日大阪で創刊した小新聞。翌年一万部を超えるも、主筆津田貞が退社し『魁新聞』で対抗。村山と上野理一による共同経営に移し危機を乗り切ると、同十五年不偏不党の方針を宣言、最多発行部数を誇る大衆紙に成長した。同十九年東京に進出し『めさまし新聞』を買収、翌々年『東京朝日新聞』を創刊。大阪発行紙も『大阪朝日新聞』と改題、マリノニ輪転機をいち早く購入し迅速な報道で他紙を圧倒、全国紙化を目指す。大正期には民本主義*の思潮を担うが、大正七年（一九一八）白虹事件と称する筆禍で、鳥居素川以下編集局幹部が辞職するなど打撃を被る。昭和八年（一九三三）村山社長死去後は村山長挙・上野精一の次世代が後を継ぎ、同十五年題号を『朝日新聞』に統一。敗戦後の公職追放*を経て、同三十九年（一九六四）美土路昌一社長が就任、社会の公器たる新聞を主張し、社主の村山・上野両家と経営陣との分離を進めた。

（土屋礼子）

村山龍平《むらやまりょうへい》　（一八五〇―一九三三）　明治・大正期の新聞経営者。田丸藩（現三重県）藩士の長男に生まれる。明治初めに大阪へ移り雑貨商を営む傍ら、明治十二年（一八七九）木村氏が創刊した『朝日新聞』*に社主の名で協力。同十四年不振に陥った同紙を譲り受け社長に就任、上野理一と共同で経営に専念。小新聞から不偏不党の報道紙に脱皮を進め、同二十一年東京に進出、言論界をリードする全国紙へと発展させた。同二十四年から三期衆議院*議員に当選。大正七年（一九一八）白虹事件で暴漢に襲われ辞任するが、翌年復帰。昭和五年（一九三〇）貴族院*議員に勅選される。その三年後、八十四歳で死去。

（土屋礼子）

末広重恭《すえひろしげやす》（一八四九—一八九六）　明治期のジャーナリスト・政治家。鉄腸の号で知られる。愛媛県宇和島生まれ。藩校明倫館に学び教授となったのち、上京して一時大蔵省*に勤務するが、官界に不満を抱き明治八年（一八七五）『東京曙新聞』編集長に転身。同年八月公布の新聞紙条例*により禁獄二カ月を課され、最初の受罰者となる。刑期満了後『朝野新聞』編集長に迎えられ、成島柳北とともに同紙の両輪として活躍。一方で自由民権運動*に奔走するが、病を患い『雪中梅』などの政治小説を執筆。その印税で外遊後、同紙を離れ、同二十三年（一八九〇）第一回総選挙で大同倶楽部幹部として当選。立憲自由党*を組織するが、翌年脱党。病のため四十八歳で死去。

（土屋礼子）

お雇《やと》**い外国人**《がいこくじん》　幕末から明治にかけて、イギリス・アメリカ・フランス・ドイツなどの先進諸国から雇用した外国人のこと。日本社会の多くの面で急速な近代化に寄与した。元来「御雇」は政府雇いのことだが、今日では民間の雇い入れも含めて言及される。起源は幕末期の長崎*の海軍伝習のオランダ人とされる。政府雇いの人数は、八百名を越えたとみられる明治七—八年（一八七四—七五）が最高で、明治二十七年（一八九四）には百名以下となった。工部省*が特に多く、明治三年（一八七〇）から明治十八年（一八八五）までの年度別の累計でその五〇パーセント以上を占めた。明治年間の政府雇いの実総人数は四千人にも達したのではないかと見積もられている。仕事の分野によって出身国に偏りがあり、海軍建設はイギリスの、陸軍建設はフランス（のちにドイツ）の、外交はアメリカの、近代法典起草はフランスの、公共事業はイギリスの、医学はドイツの、北海道開拓はアメリカの出身者が中心であった。古墳調査、古美術収集、天皇崇拝研究、民俗文化研究など、本務以外で事蹟を遺した人も多い。民間雇いは明治十年（一八七七）から明治三十年（一八九七）の間の政府統計によれば五百名前後の年が多い。明治政府は彼らを重用し、俸給は一般に日本人よりはるかに高額で、大臣なみの例もみられるが、一方で、彼らに官権を行使させない仕組みが早くから確立され、彼らによって欧米なみの水準につくりあげられた東京大学や工部大学校でも学校・学部の長に就くのは日本人であった。

（所澤　潤）

フルベッキ　Guido Herman Fridolin Verbeck（一八三〇—九八）　オランダに生まれ、ユトレヒトの理工科学校で学んだのち、アメリカへ移民、オーバン神学校卒業後、改革派協会宣教師として安政六年（一八五九）に来日したお雇い外国人*。長崎洋学所、致遠館の教師を経て、明治二年（一八六九）四月開成所教師となる。多くの若者の米国留学を斡旋。同三年十月から六年九月まで大学南校、開成学校の教頭を務め、高等教育の近代化と外国人教師の質の向上に尽力。またドイツ医学の導入を建言。一方で、明治二年以来政府の顧問も務めて政府の諮問に応え、その後、同十年九月まで正院、左院*、元老院*で法典翻訳に従事して近代法制確立に貢献した。岩倉使節団*欧米派遣の素案も作成。旧約聖書イザヤ書・詩篇の日本語訳は名訳として知られる。明治十九年（一八八六）の明治学院設立にも尽力。日本で死去。

（所澤　潤）

ベルツ　Erwin von Baelz（一八四九—一九一三）「日本の近代医学の父」と呼ばれるお雇い外国人*。ビーティヒハイム生まれ。一八七二年ライプツィヒ大学で学士試験に合格。同大学講師在職中に日本政府から招聘を受けて明治九年（一八七六）来日、東京医学校、東京大学医学部、（東京）帝国大学*で、内科、産婦人科などを教えた。同二十一年荒井花《はな》と結婚。同二十二年に勅任官待遇となり、同二十五年辞任帰国。その際名誉教師となるが翌年再度雇用、同三十五年（一九〇二）まで勤続。退職は医学の自立した日本で自分の存在が不要となったことを感じたため。同三十八年帰国。皇太子の治療にもあたった。教育では臨床医の立場を強調、研究は「生理医学」学説に則り、寄生虫、伝染病、婦人病、脚気など多岐にわたる。温泉療法に適した草津温泉を世界的にしようと努力した。ベルツ水*は彼が考案した。また大部の教科書を著す。日本文化、人類学の研究成果も多い。ドイツのリンデン博物館に、持ち帰った美術品・工芸品およそ五千点以上が所蔵されている。（所澤　潤）

フェノロサ　Ernest Francisco Fenollosa（一八五三―一九〇八）アメリカ人、ハーヴァード大学出身。明治維新後崩壊しつつあった日本の伝統美術を再興させる中心的役割を担ったお雇い外国人*。最初東京大学に招かれて明治十一年（一八七八）から政治学、理財学などを教え、かたわら古画蒐集に着手、のちに多くの古画をアメリカに持ち出すが、文化財の保護にも力を入れる。同十五年の龍池会演説「美術真説」を機に日本の伝統美術振興の指導者とされ、その後、鑑画会*の中心となって画家教育に力を注いだ。文部省図画調査会委員として、初等教育美術教育法、官設美術学校のあり方、博物館の整備拡充の方向を定めた。同十九年文部省に転属、岡倉天心*と協力して東京美術学校*を誕生させ、宮内省に兼任して文化財保護、帝国博物館設立などに尽力した。同二十三年（一八九〇）帰国してボストン美術館日本美術部勤務。同二十九年再度来日、日本の能楽*の研究を進め、四年後に帰国。ロンドンで客死。法隆寺夢殿*を開扉させたこと、狩野芳崖*の才能を見出したことなどでも知られる。狩野永探理信《まさのぶ》の名号をもつ。（所澤　潤）

クラーク　William Smith Clark（一八二六―八六）マサチューセッツ農科大学学長在任中に開拓使*によって招かれ、札幌農学校*の初代教頭となって、明治九年（一八七六）五月から一年間在勤し、同大学をモデルに同校の基礎を築いたお雇い外国人*。アメリカ人。ドイツのゲッティンゲン大学で博士号を取得、一八五二年に帰国して母校アマースト大学の教授。札幌農学校では、道徳教育としてキリスト教伝道にも力を入れ、クラークの帰国後入学した二回生の内村鑑三*・宮部金吾・新渡部稲三*らにも大きな影響を残した。帰国の際に在校生たちに残した“Boys, be ambitious !”という言葉は有名。帰国後、鉱山投機事業にのり出して失敗し、不遇な晩年を送った。（所澤　潤）

（三）立憲政治の実現

明治初期の立憲政治構想　政治の分野で明治政府が推進*したもろもろの近代化政策の根幹となったのは、立憲政治の実現であった。それはもともと西ヨーロッパを中心に発達したが、欧米先進国の富強の重要な原因を立憲政治に見出した明治政府の首脳たちは、日本における近代国家建設の不可欠な装置として、その実現に力を注いだ。

明治初年、公議所*の設立など藩*を基礎にした公議輿論の制度化の試みは実効性に乏しく失敗に終わったが、廃藩置県*を経た明治五年（一八七二）ごろから、政府部内では、左院*を中心に民選の議会制度設立構想が立案された。しかし、それは政府内部の対立・紛争から実施されるには至らなかった。

明治六年、大久保利通*・木戸孝允*ら政府の派遣した岩倉使節団*一行が相ついで帰国した。欧米先進国の実情をつぶさに視察した彼らは、日本の立ち遅れを痛感し、内治優先論の立場から、西郷隆盛*・板垣退助*らの主張するいわゆる「征韓論」を斥けたが、それは明治六年の政変*（征韓論政変）を引き起こした。政府の中心人物となった大久保は、政変直後の同年十一月、「立憲政体ニ関スル意見書」を執筆し、日本が「定律国法」（憲法）のもとでの「君民共治」（立憲君主制）を目指すべきであると説いた。

一方、「征韓論」が容れられずに下野した板垣退助らは、翌七年一月、民撰議院設立建白書*を左院に提出し、政府の「有司専制」を攻撃し、民撰議院（国会）のすみやかな設立を唱えた。政府関係者や知識人たちの間に、建白をめぐって活発な民撰議院論争*が新聞*・雑誌上などで展開されたが、国会開設の必要性を原則的に否定する主張がほとんどなかったことは注目に値しよう。

政府は大阪会議*を経て、八年四月、漸進的な立憲政体の樹立という基本方針を天皇の詔により明らかにした。こうして、立憲政治の実現は、政府と自由民権派双方の共通の国家目標とされたのである。

国会開設運動と明治十四年の政変　大久保利通の建議により、政府は明治十一年（一八七八）、府県会規則など三新法を制定し、翌十二年春、全国いっせいに府県会*を開設した。そこでは地主・豪農*など地方有力者が多く議員に選挙されたこともあって、自由民権運動*の支持基盤は士族のみならず、豪農を中心とする農民層にまで広がった。十三年には、民権派による全国的な国会開設運動*が展開され、国会期成同盟が結成され、政府のそれと競合しつつ国会開設の準備に着手した。一方、十四年十月、政府部内では早期国会開設とイギリス流政党政治の実現を主張していた大隈重信*を辞任させるとともに、明治二十三年を期して国会を開設することを約束した詔を発して、民権派に対する政治的主導権を確立した（明治十四年の政変*）。

民権派の側では、国会期成同盟を中心として板垣退助を総理に自由党*が結成され、翌十五年には大隈重信を総理として、下野した官吏・言論人など都市民権派を中心に立憲改進党*が発足した。両党は演説会や機関紙を発行して、都市の知識人や地方の豪農・地主・商工業者などの間に勢力を広め、政党政治の実現を目指した。志士的気風を強く残した自由党は行動力に富み、イギリス風の議会政治を理想とした改進党は知力にすぐれていたといわれる。明治十四、十五年ごろには、民権派のあいだで私擬憲法＊を起草・研究したりする動きも盛んになった。

しかし、政府の切り崩しと農村の不況による政治資金の欠乏などにより、明治十五、十六年ごろから民権派の分裂傾向が進み、同十七年には加波山事件＊・秩父事件＊など激化事件が相つぐなかで、自由党は解党し、立憲改進党もほとんど活動を停止してしまった。

憲法の制定とその特色　勅命により伊藤博文＊らは、明治十五―十六年（一八八二―八三）ヨーロッパにおいて、プロイセン憲法はじめ欧州諸国の立憲制度とその実際の運用を実地に調査した。帰国後、伊藤を中心に宮中改革・華族制度の制定などの改革が進められ、さらに行政府の能率化・簡素化をめざして、明治十八年十二月、太政官制に代わる近代的内閣制度が確立された。初代内閣総理大臣となった伊藤博文は、ドイツ人顧問の助言を得つつ井上毅＊らと憲法起草を進めた。憲法は枢密院＊（初代の議長は伊藤博文）での草案審議を経て、明治二十二年（一八八九）二月十一日、大日本帝国憲法＊（明治憲法）として発布された。

この憲法は欽定憲法の形式を取り、君権主義の原理に基づき、天皇は統治権の総攬者として、軍事・外交・行政など広範な大権を保持したが、同時にそれが憲法の条規に従い、国務大臣の輔弼や議会の協賛により行使されなければならないとする立憲君主制の基本原則をも定めていた。二院制の帝国議会＊は、立法や予算議定の権限をもったが、国務大臣の議会あるいは国民への責任は明文化されていなかった。また国民（「臣民」）は兵役・納税の義務を負うとともに、制約つきながら、言論・出版・集会・結社・信教の自由、公務への就任、請願の権利、所有権や信書の不可侵などを保障された。

憲法の発布により、天皇中心の国家体制が確立されると同時に、国民の政治参与が実現し、日本は、当時、アジアで唯一の近代立憲国家となったのである。

帝国議会の開設　議会開設に備え、明治十九年（一八八六）ごろから、大同団結運動＊により政党再建を進めていた民権派は、翌年三大事件建白運動＊により政府に迫ったが、保安条例＊により東京から退去させられた。しかし、明治二十一―二十二年には後藤象二郎＊を擁立した大同団結運動が全国に広がり、民権派の再結集が進んだ。一方、政府は憲法発布とともに超然主義＊を唱え、不偏不党の立場から政治運営に当たる方針を表明した。

明治二十三年七月第一回衆議院＊議員総選挙が実施された。このときの衆議院議員選挙法では、有権者は直接国税（地租と所得税）十五円以上を納める満二十五歳以上の男子とされ、総数約四十五万人、内地人口の約一・一四パーセントで、その大部分は二―三ヘクタール以上の農地を所有する豪農・地主であった。

総選挙の結果、民権派の流れを汲む民党（立憲自由党*・立憲改進党）が衆議院の過半数を制した。「経費節減・民力休養」を唱えた民党は、予算議定権を武器に第一議会*で、政府提出の予算案の大幅削減を図るなど、第一次山県内閣と対立したが、山県内閣は民党に妥協して予算案削減をかなり認めるとともに、自由党土佐派の協力により、衆議院の解散を避けて、予算案を成立させた。第二議会では第一次松方内閣と民党は正面衝突し、議会は解散となったが、松方内閣の選挙干渉にもかかわらず、吏党（政府支持の党派）が多数を占めることはできなかった。

こうした実際の経験を通じて、政府側にとって、議会に予算議定権を認めている以上、超然主義の実行は現実には困難であることが明白となった。また、民党の間からも、単に政府予算案を削減するだけでは「民力休養」は実現できず、むしろ、鉄道*建設や河川改修など新事業に国家予算を投入させることによって「民力涵養」を図ろうとする動きが起こってきた。第四議会で第二次伊藤内閣*と民党側との軍艦建造費をめぐる予算紛争が、明治二十六年二月の「和衷協同の詔書」をきっかけとする「三方一両損」的な相互譲歩によって解決したことは、藩閥政府（第二次伊藤内閣）と衆議院第一党（自由党）との提携による立憲政治の運営という新しい局面への端緒を開いたものといえよう。

（鳥海　靖）

〔明治初期の立憲政治構想〕

左院《さいん》の議会設立案《ぎかいせつりつあん》　明治初年政府の立法諮問機関である左院*で立案された議会制度の構想。廃藩置県*でそれまでの藩を基礎とした議事制度の構想が意味を失ったのち、明治五年（一八七二）五月、左院少議官兼議制課長宮島誠一郎が左院に提出した「立国憲議」が認められ、同月左院議長・副議長連名で「下議院ヲ設クルノ議」が政府（正院）に提出された。正院はこれを受け入れ、左院に国会設立の規則取調べを命じ、これに応じて同年八月左院から「国会議院手続取調」が答申された。それは明治六年春に三府七十二県の代表各一名を選挙して国会議院を開くというもので、別冊の「国会議院規則」によれば、選挙権は二十一歳以上、被選挙権は二十五歳以上の相当の財産ある者に与えるものとされ、農民は年に租米十石以上を納める者、町人は千円（三府居住者は千五百円）以上の家屋、土地などの身代ある者、士族は家禄五石以上の者という基準が示されていた。この案は留守政府内部の紛争などにより実現しなかったが、政府機関がつくった日本最初の公選の国会設立の具体案として意義がある。（鳥海　靖）

立憲政体《りっけんせいたい》に関《かん》する意見書《いけんしょ》　明治初年、大久保利通*が執筆した立憲政治*論の意見書。明治六年（一八七三）十月の政変*で征韓派が下野した後、参議として政府の実力第一人者となった大久保は、同年十一月、薩摩出身でイギリス留学を経験した若手官僚吉田清成・吉原重俊と協議してこの意見書を起草し、政体取調掛に任命された伊藤博文*に手交した。この中で大久保は、民主政治（共和政治）が「天理ノ本然ヲ完具スル」ものとしてその原理のすぐれた点を認めながら、フランス革命の例を引き、現実にはそれが君主専制以上の凶暴残虐な圧政に陥る弊害を指摘する。一方、君主政治（君主専制）は民が無智蒙昧なときに人民の自由・権利を抑圧して支配するもので「一時適用ノ至治」にすぎず、長くは固守できないとし、日本は将来「定律国法」（憲法）のもとで「君民共治」（立憲君主制）を実現すべきであると主張している。またイギリスの隆盛の原因を、権利の確立をめざす人民の自主の精神と、人民の才力の伸長を図る君主の良政に求め、日本がこれに遠く及ばない理由を、君主専制による人民の自由と権利の抑圧にあるとしている。明治初年の政府首脳の立憲政治への積極的姿勢をうかがえる好個の史料といえよう。　（鳥海　靖）

大阪会議《おおさかかいぎ》　明治八年（一八七五）一―二月、大久保利通*・木戸孝允*・板垣退助*が大阪で政治的合意を形成した会合。明治政府は、征韓論政変で西郷隆盛*・板垣らが下野し、台湾出兵*に反対して木戸孝允が参議を辞任、山口に帰郷し、政権基盤が弱体化した。清との対立関係を修復した大久保は木戸の政府復帰を望み、木戸に大阪での会談を要請した。木戸は会談に板垣の出席を望み、三者の来阪が実現した。木戸は板垣の政権同時復帰を希望し、国会開設を主張する板垣を立憲政治の漸次導入で説得、大久保の同意を取り付けた。大阪会議の結果、三月木戸・板垣は参議に就任、四月十四日立憲政体漸次樹立の詔が出された。詔により、左院*・右院の廃止など太政官制が改正され、三権分立のために立法府として元老院*・司法府として大審院*が設置され、民情に通ずるために地方官会議*が開催され、立憲政治の導入の画期をなした。しかし板垣の早期立憲体制実現論によって対立が生じ、十月に江華島事件を契機として板垣が参議を辞任し、政治的安定は長期化しなかった。　（西川　誠）

元老院《げんろういん》　明治前期の立法諮問機関。明治八年（一八七五）四月、立憲政体漸次樹立の詔により、「立法ノ源ヲ広メ」るために、上院の原型として設置された。章程では、法律議定権・建白受理権が認められ、議長・議官は勅選、議案は天皇より下付と規定された。副議長後藤象二郎*は板垣退助*と議決権の確立を求め、漸進的な立憲政治導入を求める木戸孝允*らと対立した。十月板垣は参議を辞任、十一月には元老院章程が改正され、下付議案が、議定しうる議案と、趣旨の可否を論じえない検視を経る議案とに分類され、さらに急速な施行を要する場合は布告後検視に付されることとなり、元老院の議決権は大きく制限され、諮問機関的性格を強めた。以後検視制度の廃止を元老院はしばしば政府に求めるが、実現しなかった。九年九月初代議長有栖川宮熾仁《たるひと》親王に国憲起草の勅語が下り、十三年に国憲按（第三次）が第二代議長大木喬任《たかとう》により上奏されたが、内閣側に急進的として不採択とされた。明治憲法も下付されなかった。明治二十三年十月二十日憲法施行を前に廃院。　（西川　誠）

大審院《だいしんいん》　明治から昭和戦中期までの司法権の最高機関。明治八年（一八七五）四月十四日の漸次立憲政体樹立の詔に基づき設置された。章程では、民事・刑事の上告審として法憲を統一する機関であること、五人以上の判事による合議制などが規定された。大審院設置により、司法省は裁判権を失い、司法権が一応は独立した。二十三年二月、大日本帝国憲法*発布とともに裁判所構成法が制定され、「最高裁判所」として上告・再抗告の裁判権の保持、大逆罪・内乱罪などは特に第一審かつ終審、原則として七名（のち五名）の合議制などが規定された。昭和二十二年（一九四七）五月三日、日本国憲法*施行に伴う最高裁判所設置により廃止された。（西川　誠）

地方官会議《ちほうかんかいぎ》　明治初年に地方経営問題の討議のために開催された地方長官の会議。都合三回開催。明治七年（一八七四）地方の実情に基づく改革実施のための地方官による会議開催が企画されたが、台湾出兵*後の対外危機のため延期された。八年立憲政体漸次樹立の詔により、下院の先行機関としての新たな位置づけをもって、民情に通じるために設置された。第一回会議では地方警察・河川道路・地方民会が討議された。地方民会問題では議員の官選が決定され、民権派の批判を招く。十一年の第二回会議では府県会*規則・地方税規則・郡区町村編制法の三新法の審議が、十三年の第三回会議では三新法改正・区町村会法などの審議が行われた。（西川　誠）

府県会《ふけんかい》　明治十一年（一八七八）の府県会規則に基づき設置された府県議会。府県を単位とする議会は、明治初年より各地に設けられていたが、八年の地方官会議で「民会」議案として討議され、区戸長を議員とすることが決定された。十一年の府県会規則は、地方税規則・郡区町村編制法とともに地方三新法と呼ばれ、地方名望家（上層農商）を地方政治に参画させることで地方行政の安定を目指し立案された。被選挙権は地租十円以上納付の二十五歳以上の男子、選挙権は地租五円以上納付の二十歳以上の男子に与えられた。府県会の審議権は地方税支弁経費の予算とその徴収方法に限られ、地方長官の認可を必要とした。自由民権運動*の進展とともに議決権確立と負担軽減を求める府県会闘争が盛んになり、政府は府県会規則の改正を行い統制を強めた。二十三年府県制が制定され、議決権の拡大と複選制が導入された。三十二年改正で直接国税三円以上納付者の直接選挙に、大正十五年（一九二六）に普通選挙に改正された。戦後地方自治法により地方議会が導入された。（西川　誠）

出版条例《しゅっぱんじょうれい》　明治初期の書籍出版取締法規。明治二年（一八六九）五月十三日行政官達で定められ、全十四条。出版許可・版権保護・納本義務を定める。八年九月三日改正され、全二十八条、同罰則八条となり、内務省*への届出と納本・版権保護・讒謗律《ざんぼうりつ》*と新聞紙条例*罰則規定の適用などの条項があり、自由民権運動*抑圧のための整備が図られた。十六年（一八八三）の改正では、十日前の届出義務を規定し事前検閲の可能性を開き、二十年改正では、版権条例を独立させ、内務大臣に発売頒布禁止権を与えるなど整備、取締りを強化した。二十六年出版法公布により廃止となった。（西川　誠）

新聞紙条例《しんぶんしじょうれい》　明治期の新聞取締法規。明治八年（一八七五）六月二十八日布告。全十六条。内務省*による発行許可制・記事内容の禁止規定・刑罰規定がある。先行する六年十月十九日の新聞発行条目に比べ、刑罰規定が強化された。同日布告の讒謗律*と、九月改正の出版条例*とともに、反政府派への言論取締法規として機能した。また九年七月五日、国安妨害記事掲載新聞の発行禁止・停止処分権を内務卿に与える布告が出された。十六年四月、自由民権運動*に対抗するため取締強化が図られ、全四十二条に改定、身代わり新聞禁止・発行保証金制度・府知事県令の発行停止権が追加された。三十八年の新聞紙法で廃止。（西川　誠）

讒謗律《ざんぼうりつ》　明治初期の名誉保護に関する法律。明治八年（一八七五）六月二十八日布告。全八条。名誉保護の必要性を唱えた共存同衆（英法研究グループ）の建議により制定されたとされる。有無にかかわらず栄誉を害する事実を指摘する「讒毀《ざんき》」と事実を指摘せず侮辱する「誹謗《ひぼう》」とをまとめた語を讒謗と説明し、刑罰が規定されている。天皇・皇族・官吏への名誉毀損に対する刑罰が一般私人より重いという特徴がある。新聞紙条例*とともに新聞の官吏批判への取締りに多用され、反政府派への取締法案として機能した。十三年七月十七日布告の刑法誹毀罪に吸収され、廃止された。（西川　誠）

軍人勅諭《ぐんじんちょくゆ》　明治十五年（一八八二）一月、明治天皇*によって軍隊に下賜された勅諭。当時高揚しつつあった自由民権運動*の影響が軍隊に及ぶことを憂えた山県有朋*がその発布を企図したもので、太政大臣の副署なくして軍隊に直接親授された。その内容は、軍人の守るべき徳目として忠節・礼儀・武勇・信義・質素の五つを明示した点にあるが、前文において天皇が大元帥として軍隊を親率することが宣明され、また「世論に惑はす政治に拘らす」の一節に象徴されるように軍人の政治不干与が強調されている点に特色がある。当初は、上官が捧読するのみであったが、のちには兵士にも暗誦させるまでになり、陸海軍の根幹をなす規範として神聖視された。（大久保文彦）

〔自由民権運動の展開〕

自由民権運動《じゆうみんけんうんどう》　国会開設、立憲政体樹立を要求し藩閥政府打倒をめざした明治前期の政治運動。明治七年（一八七四）一月板垣退助*・後藤象二郎*・江藤新平*・副島種臣*ら征韓派下野参議が愛国公党を設立、民撰議院設立建白書*を左院に提出したのをきっかけに全国に広がり、反藩閥政府の立場に立つ民権政社が各地に設立された。八年二月には高知立志社*の呼びかけで全国の民権政社の連合団体として愛国社*が誕生したが、立憲政体の樹立をめざすことを条件に板垣退助が明治政府に復帰したこともあって、同社はまもなく自然消滅した。しかし同年十月再び参議を辞任した板垣を中心とする土佐立志社は、十一年四月愛国社の再興を決議し、同年九月大阪で愛国社再興大会を開き民権派の再結集に成功、十三年には国会期成同盟を組織し、二府二十二県総代百十四名、請願者十万人の代表として片岡健吉らが「国会を開設するの允可を上願する書」を太政官に提出することを決議するなど、運動は活発化した。しかも十四年北海道開拓使*官有物払下げ事件が露見し、大隈重信*が事件露見の責任で参議を罷免されると、かねてより政党結成を準備していた民権派は、十四年十月板垣を党首とする自由党*、十五年四月大隈重信を党首とする立憲改進党*を相ついで結成し、明治政府に激しく対抗した。

しかし自らの主導権のもとに立憲政治を確立しようとしていた明治政府は、この運動を徹底的に弾圧したため、一部自由党員のなかには言論による政府批判をあきらめ、実力による政府転覆を計画する急進派が生まれ、やがて福島事件*・加波山事件*などの内乱陰謀事件を引き起こした。十七年十月には折からの財政難から自由党*が解党を決定したが、その後も飯田事件*・名古屋事件・大阪事件・静岡事件などの諸事件に対する摘発が続き、自由民権運動は急速に閉塞状態に陥ることになった。二十年以降、星亨*、後藤象二郎を中心に旧民権派の再結集をめざす大同団結運動*が活発化したが、体制変革の精神に乏しく、内容的には、もの足りないものとなった。〈板垣退助監修『自由党史』上中下、岩波文庫、一九五七。寺崎修『明治自由党の研究』上下、慶應義塾大学出版会、一九八七〉

民撰議院設立建白（『自由党史』）

臣等伏《ふ》して方今《ほうこん》政権の帰《き》する所を察するに、上《かみ》帝室に在《あ》らず、下《しも》人民に在らず、而《しか》も独《ひと》り有司に帰す。夫《そ》れ有司上帝室を尊ぶと曰《い》はざるには非《あら》ず〈而《しかも》帝室漸《ようや》く其《その》尊栄を失ふ〉、下人民を保つと云《い》はざるにはあらず、而も政令百端、朝出暮改《ちょうしゅつぼかい》、政刑情実に成《な》り、賞罰愛憎に出《い》づ、言路壅蔽《ようへい》、困苦告るなし。夫如是《それかくのごとく》にして天下の治安ならん事を欲《ほっ》す、三尺の童子も猶《なお》其不可なるを知る。因《いん》仍《じょう》改めず、恐《おそら》くは国家土崩の勢を致《いた》さん。臣等愛国の情自ら止《や》む能《あた》はず。即《すなわ》ち之《これ》を振救するの道を講求するに、唯《ただ》天下の公議を張るに在る而《の》已《み》。天下の公議を張るは、民撰議院を立つるに在る而《の》已《み》。則《すなわち》有司の権《けん》限《かぎ》る所あって、而《しか》して上下其安全幸福を受る者あらん。……

（寺崎　修）

民撰《みんせん》議《ぎ》院《いん》設立《せつりつ》建白書《けんぱくしょ》　明治七年（一八七四）一月十七日、板垣退助*・後藤象二郎*・江藤新平*・副島種臣*・由利公正*・古沢迂郎（滋）・岡本健三郎・小室信夫の八名が連署して左院*に提出した建白書。明治政府を有司専制政府と決めつけ、このまま専制政治が続けば、わが国は崩壊すると説き、わが国が崩壊から免れるためには、一刻も早く民撰議院を設立する必要があると主張したもので、自由民権運動*の原点となった文書である。起草者はイギリス留学から帰ったばかりの古沢で、納税者の政治参加の権利や議会を通じて公論の統一をはかる必要性を説くなど当時としては斬新な内容を含んでいた。この建白書は、当時の有力新聞『日新真事誌』紙上に全文が公表されたこともあって大きな反響を集め、やがて多くの雑誌や新聞紙上で民撰議院の即時設立の是非をめぐって、民撰議院論争*と呼ばれる激しい論争が起こった。

（寺崎　修）

民撰《みんせん》議《ぎ》院《いん》論争《ろんそう》　明治七年（一八七四）一月十七日に左院*に提出された民撰議院設立建白書*の全文が、翌十八日に当時の有力新聞『日新真事誌』紙上に掲載されたのを契機に起こった論争。板垣退助*らが建白書のなかで、明治政府を一部の有司（役人）によって独占されている専制政府と決めつけ、国家崩壊を防ぐには一刻も早く民撰議院を設け、公議輿論に基づき有司の権限に制限を加える必要があると主張したのに対し、明治政府は加藤弘之*に反論の筆を執らせ、『東京日日新聞』*紙上で、文明国の制度はそのまま未開国に適応するものではなく、わが国に民撰議院を設立することは、時期尚早であると応戦、議論は活発化することになった。明六社*の西村茂樹・森有礼*・西周*・神田孝平*らは、加藤の時期尚早論に同調したが、大井憲太郎・小室信夫など自由民権派は、何よりもまず民撰議院を設立することが人民を開明化させる最も有効な方法であり、民撰議院こそが有司による行政権の濫用を抑止する機関であることを繰り返し主張、白熱した議論が続いた。民撰議院設立の是非を正面から論じたものは少なく、もっぱら即時設立か時期尚早か、設立時期をめぐる議論が中心であったが、自由民権運動*が全国的な展開を始める端緒となったことの意義は大きい。

立志社《りっししゃ》　土佐に設立された自由民権運動*の中心的結社。明治七年（一八七四）、民撰議院設立建白書*を左院*に提出後、地方政社育成のため帰郷した板垣退助*を中心に片岡健吉・林有造・谷重喜らが集まり創立された。当初は、立志学舎・商局・法律研究所などを併設して社員の子弟教育・士族授産・相互扶助などを重視していたが、八年二月自由民権政社の全国的組織である愛国社*の結成に指導的役割を果たし、以後自由民権運動の盟主的存在となった。十年六月国会開設建白書を提出、十一年に愛国社再興運動、十三年に国会開設運動*、十四年に自由党*の結成で指導的役割を果たした。自由党結党後の十五年六月の集会条例改正により非政社となり、翌十六年三月その名称を後楽館と改称した。　（寺崎　修）

愛国社《あいこくしゃ》　立志社*の主唱で結成された全国の民権政社の連合団体。明治八年（一八七五）二月大阪に、高知立志社、阿波自助社を中心に石川・鳥取・広島・大分などの各社代表が集まり、愛国社合議書を定め、東京に本部を置くことなどが決まったが、創立後まもなく板垣退助*が参議として明治政府に復帰したため自然消滅した。しかし西南戦争*後の明治十一年四月、立志社は自由民権派の再結集をはかるため愛国社再興の方針を決定し、同年九月には愛知・和歌山・岡山・高知・福岡・熊本など、十二県十三社の代表が大阪に集まり再興大会を開催した。十三年三月には再興愛国社第四回大会が開催される一方、同社主唱のもとに国会期成同盟が別に結成され、以後国会開設運動*は国会期成同盟を中心に大きな盛り上がりを見せることになった。しかし愛国社本体の方は、十三年九月九日大阪府に提出した結社届が不認可となり、解散に追い込まれた。　（寺崎　修）

国会開設運動《こっかいかいせつうんどう》　明治政府の藩閥・有司専制を批判して国会開設を要求し、全国的規模で展開された明治前期の政治運動。明治七年（一八七四）一月十七日、板垣退助*・副島種臣*・後藤象二郎*・江藤新平*らが民撰議院設立建白書*を提出したことに端を発する。この建白書が新聞に掲載されたため、民撰議院論争*を生み*、翌年立憲政体樹立の詔が出された。十年六月九日には立志社建白書が京都行在所《あんざい》に提出され、国会開設が自由民権運動の中心的要求となった。十一年九月に愛国社*が再興され、十二年十一月第三回大会で国会開設を要求することと、第四回大会に全国各地から願望書をもち寄ることが決定された。このころから各地の地方結社代表が大会に参加し、大きな役割を果たすようになった。十三年三月に開かれた第四回大会では、二府二十二県から八万七千人の賛成を得て、愛国社は国会期成同盟と改称され、片岡健吉・河野広中*が代表となり国会開設上願書を提出した。また全国各地からも多数の国会開設を要求する建白書が提出され、国会開設運動はまさに全国的運動となった。

　このような運動のたかまりに対して、明治政府は四月に集会条例を制定し弾圧を加えようとした。しかし十一月には国会期成同盟第二回大会が開かれ、運動の拡大、憲法案の作成・研究を決議、また政党結成への動きも始まった。十四年十月には第三回大会が開かれ、本格的に全国的政党として自由党*結成の協議がなされた。そのさなかの十月十二日国会開設の勅諭が発布され、国会開設運動の目的は達成された。それにより、自由党は国会開設要求を目的とした政党ではなく、国会開設の準備政党として発足することになり、自由民権運動*には新しい運動の

目標を設定するという課題が生まれた。（松崎　稔）

集会条例《しゅうかいじょうれい》　政治結社や政治集会の取締りを目的として、明治十三年（一八八〇）四月五日に公布された。全九条。国会開設運動*が全国的に盛り上がるなかで、その対策として制定された。政治集会・結社の届出制、制服警官の集会臨席と中止・解散権、軍人・警官・教員・学生・生徒の政治結社や集会への参加禁止、政治結社間の連絡や屋外集会の禁止を定めた。同十五年六月三日に改正・追加され、政治結社の拡大解釈や地方部設置禁止が定められた。これにより自由民権運動*、特に地方に基盤のあった自由党*が打撃を受けた。二十三年七月二十五日に集会及政社法が公布され廃止となったが、基本方針は集会及政社法に受け継がれた。（松崎　稔）

私擬憲法《しぎけんぽう》　私に憲法に擬《なぞら》えるの意味で、大日本帝国憲法*発布以前の憲法私案をいう。憲法の必要性は幕末から認識され、慶応三年（一八六七）坂本龍馬*らの「船中八策」と「檄文」は選挙による上院下院構想を提起した。維新後明治政府内にも公私にわたる憲法作成の試みがあったが、明治十三年（一八八〇）国会期成同盟第二回大会での憲法案の翌年持参決議を契機に、多数の案は自由民権運動*のなかで作成された。私擬憲法は成文憲法案だけでなく構想に止まったものを含めれば六十七編以上になる。諸案は立憲主義の多数案と君権主義の少数案からなる。立憲主義の案には、二院制で制限選挙制をとる元老院*「日本国憲按」、嚶鳴社「嚶鳴社憲法草案」、沢辺正修（推定）「大日本国憲法」、交詢社*「私擬憲法案」など多数と、一院制で人権保障を重んじた植木枝盛*「日本国国憲案」、立志社*「日本憲法見込案」などがある。君権主義の案には元田永孚「国憲大綱」、井上毅*執筆「岩倉具視憲法綱領」などがある。民主主義を追求した案に、基本的人権の無条件保障・抵抗権革命権を規定した植木枝盛の「日本国国憲案」、皇帝の施政権は国民が委嘱したものであるという契約論的規定をもつ内藤魯一の「日本憲法見込案」、詳細な人権保障を条文に規定した千葉卓三郎らの「五日市憲法草案」、皇帝廃立だけでなく共和制移行も国民投票に委ねた古沢滋（推定）の「憲法草稿評林」（下段評論）がある。（江村栄一）

日本国国憲案（植木枝盛による）

第一編　国家ノ大則及権利

第一章　国家ノ大則

第一条　日本国ハ日本国憲法ニ循《したがい》テ之ヲ立テ之ヲ持ス。

第二条　日本国ニ、一、立法院　一、行政府　一、司法庁ヲ置ク。憲法其規則ヲ設ク。

第二章　国家ノ権限

第三条　日本ノ国家ハ国家政府ヲ達行センガ為メニ必要ナル事物ヲ備フルヲ得。

第四条　日本〔ノ〕国家ハ外国ニ対シテ交際ヲ為シ条約ヲ結ブヲ得。

第五条　日本ノ国家ハ日本各人ノ自由権利ヲ殺減スル規則ヲ作リテ之ヲ行フヲ得ズ。

第六条　日本ノ国家ハ日本国民各自ノ私事ニ干渉スルコトヲ施スヲ得ズ。

板垣外遊問題《いたがきがいゆうもんだい》　明治十五年（一八八二）九月、党首板垣退助*の外遊をめぐり自由党*内に発生した党内紛争。板垣のヨーロッパ外遊計画が明らかになると、馬場辰猪・末広重恭*・大石正巳らは、外遊費の一部が政府筋から出ていると批判し外遊に反対したが、事情を知らなかった板垣は、資金は支持者の土倉庄三郎からの借入金であると反論し激しく対立した。板垣は、馬場らの発言を根拠のない中傷発言とみなし、馬場らを常議員（役員）から更迭、同年十一月約半年間の欧州外遊に出発したが、紛争の後遺症は大きく、自由党指導部の弱体化は免れなかった。（寺崎　修）

板垣退助《いたがきたいすけ》（一八三七—一九一九）幕末・明治時代の政治家。天保八年四月十四日土佐藩士乾《いぬい》正成の子として高知城下に生まれる。幼名猪之助。家は馬廻格で家禄三百石。藩大監察などを経て江戸*で兵学を学び、戊辰戦争*に藩兵を率いて従軍、総督府参謀として新政府軍の会津攻略に貢献。この間、板垣と改姓。明治四年（一八七一）廃藩置県*に際し土佐派の第一人者として参議となったが、征韓論が容れられず同六年辞任。翌年後藤象二郎*らと「民撰議院設立建白書*」を提出し、帰郷して立志社*の設立に当たり、自由民権運動*を展開した。八年参議に復帰したが再び下野。国会開設運動*を推進し、十四年自由党*結成に際して総理（党首）に就任し、各地を遊説、翌年岐阜で暴漢に襲われ負傷。同年伊藤博文*・井上馨*らの勧誘で欧州を視察。帰国後、十七年激化事件頻発の中で自由党を解党した。二十年伯爵授与、辞退したが許されなかった。二十四年再び自由党総理となり、日清戦争*後、自由党と第二次伊藤内閣*の提携の結果、二十九年内務大臣として入閣。三十一年進歩党*（旧立憲改進党*）との合同により憲政党*を結成し、大隈重信*と協力して日本最初の政党内閣（第一次大隈内閣）を実現し内務大臣を務めた。しかし、同年自由派と進歩派の対立などにより内閣は崩壊。晩年は政界を引退し社会事業に力をつくした。大正八年七月十六日病没。八十三歳。（鳥海　靖）

後藤象二郎《ごとうしょうじろう》（一八三八—九七）幕末・明治時代の政治家。伯爵。幼名は保弥太、号は暘谷《ようこく》。天保九年三月十九日、土佐藩士後藤助右衛門の長男として高知城下に生まれる。家は御馬廻役。江戸*の開成所に学び開国進取論を唱え、帰藩して要職に就くと急進的尊攘派の取締りに当たった。薩長両藩により倒幕運動*が高まると坂本龍馬*らとともに公議政体論*を主張し、前藩主山内豊信《とよしげ》*を説いて慶応三年（一八六七）十月徳川慶喜*に大政奉還*を建白した。明治政府に入り、土佐派の有力者として左院*議長・参議などを歴任したが、明治六年（一八七三）征韓派にくみして辞任し、翌年一月、板垣退助*らとともに民撰議院設立建白*に名を連ねた。一時、実業界に投じたが成功せず、政界に復帰し明治十四年（一八八一）自由党*結成に参画して自由民権運動*を推進。翌年政府に意を通じ板垣と訪欧。同十九年ごろから星亨*・末広重恭*・大石正巳らに擁立されて大同団結運動*に乗り出し、二十一—二十二年には全国を遊説して藩閥政府打破を唱え、議会設立に備えて一大政党の結成をはかった。二十二年三月突然、黒田内閣の逓信大臣として入閣、第一次山県・第一次松方の両内閣に留任、ついで第二次伊藤内閣*では農商務大臣を務めた。政府と自由党との話合いのパイプ役となったが、二十六年農商務省*の汚職事件に関して反対派（対外硬派*）の攻撃を受け、翌年一月辞任した。明治三十年八月四日死去。長女早苗は岩崎弥之助夫人。（鳥海　靖）

自由党《じゆうとう》　日本最初の全国的自由主義政党。明治十四年（一八八一）十月二十九日創立大会を開き、盟約三章、規則十五章を定め、党役員として総理板垣退助*、副総理中島信行、常議員馬場辰猪・末広重恭*・後藤象二郎*・竹内綱を選出した。盟約には自由を拡充し社会の改良を図ること、善良なる立憲政体の確立に尽力すること、一致協同して党の目的を達することなどが掲げられ、また規則には東京に中央本部を設け地方に地方部を置くこと、入党・脱党の手続きは本人住所もしくは寄留地の地方部で行うことなどが定められた。結党後の活動はきわめて活発で、約半年で全国に三十余りの地方部を設置することに成功した。しかし同年六月突然の集会条例改正により、それまで合法であった地方部組織はいずれも解体され、九月には板垣外遊の是非をめぐる党内抗争が発生、反対論を唱えた馬場らが党役員を辞任するなど、党内の混乱は深刻な状況となった。十六年六月欧州から帰国した板垣は党を解党するか、それとも党再建のために多額の資金募集をするかを問題提起、十万円の資金募集が実行されたが、結局失敗に終わり、十七年十月二十九日解党した。　（寺崎　修）

植木枝盛《うえきえもり》（一八五七―九二）　明治時代の民権家。安政四年一月二十日、土佐国土佐郡井口村に藩士植木直枝の長男として生まれた。明治六年（一八七三）上京、海南私学に入り、福沢諭吉の著書や翻訳書を読みあさり、退学して帰郷後、立志社の演説会や地方民会に参加して政治の実態に触れた。八年再上京し板垣退助の下に寄宿、明六社の演説会などを聴講、新聞投書の政府批判で入獄した。明治十一年高知へ帰って立志社に入り、愛国社再興運動に参加、十二年『民権自由論』を出版して注目された。十四年起草した「日本国国憲案」は、一院制・連邦制・抵抗権・革命権などの条項を含んだ画期的な内容であった。十月自由党の創立に参加、翌十五年には酒造税引下げをめざした酒屋会議を主催、以後『自由新聞』の編集や遊説で活躍した。十七年自由党解党後高知に帰り、『土陽新聞』に貧民論や女性解放論などの論説を書いた。二十一年（一八八八）大同団結運動に参加、二十三年第一回衆議院議員選挙に高知から当選、第一議会ではいわゆる土佐派の裏切りに参加した。続く第二議会解散後の総選挙に立候補の予定であったが、明治二十五年一月二十三日急逝。　（宇野俊一）

中江兆民《なかえちょうみん》（一八四七―一九〇一）　明治時代の思想家。本名は篤介、兆民は号。弘化四年十一月一日、土佐藩士中江元助の長男として高知城下に生まれる。藩の留学生として長崎で仏学を学ぶ。さらに江戸に出て仏学を修め、駐日フランス公使ロッシュの通訳を務めた。明治四年（一八七一）司法省に出仕、フランスに留学、七年に帰国して仏学塾を開く。翌年東京外国語学校長、元老院権少書記官となるが翌年辞任。仏学塾の経営に専念した。十四年西園寺公望を社長に創刊した『東洋自由新聞』の主筆を担当、翌十五年『政理叢談』を刊行するとともに、自由党の機関紙『自由新聞』の社説掛となった。この年、ルソーの民約論の翻訳『民約訳解巻之一』を仏学塾より出版、「東洋のルソー」と称せられた。十九年星亨らと大同団結運動を起こし、翌年保安条例で東京を退去して大阪に移り、『東雲新聞』の主筆となった。この間に出版した『三酔人経綸問答』は兆民の思想を具体的に展開した著作である。

明治二十二年（一八八九）大同倶楽部の機関紙『政論』の主筆となり、自由党の再興に関与、翌二十三年大阪四区から代議士に当選するが、第一議会でのいわゆる土佐派の裏切りに憤慨して辞任した。以後、北海道で紙問屋・山林業に、また鉄道会社創設計画などにたずさわるが失敗、三十三年（一九〇〇）貴族院議長近衛篤麿の国民同盟会に参加した。三十四年喉頭がんで余命一年半と告げられ、政治・経済批判、人物批評ほか多様なテーマをとりあげた随筆集『一年有半』『続一年有半』を出版、同年十二月十三日死去。（宇野俊一）

大井《おおい》憲《けん》太《た》郎《ろう》（一八四三―一九二二）　明治時代の政治家。号は馬城。天保十四年八月十日、豊前国（大分県）宇佐郡高並村の庄屋高並彦郎の三男として生まれる。幕末に長崎で蘭学などを学び、大井卜新と義兄弟となり、以後大井姓を名乗る。江戸に出て開成所でフランス語を学び、明治二年（一八六九）大阪舎密局、兵部省を経て六年陸軍省に出仕。このころから『日新真事誌』などに投稿、民撰議院開設をめぐり尚早論の加藤弘之と論争した。九年『東京曙新聞』記者となり、十三年国会開設期成同盟会に参加、十五年自由党常議員となり、自由党左派のリーダーとして党勢拡大のため関東地方を中心に活動、十七年秩父事件の暴発阻止を図るが成功しなかった。翌十八年同志と朝鮮の改革を企図、大阪から出発しようとして逮捕された（大阪事件）。出獄後、大同団結運動に参加、非政社派大同協和会を結成、二十三年（一八九〇）立憲自由党に参加、政務調査委員になったが、二十五年脱党して東洋自由党を組織した。二十六年政府の条約改正交渉に反対し対外硬派の中心として活躍、二十七年第三回総選挙で大阪から当選した。明治三十二年大阪に大日本労働協会を結成したが翌年解散、日露戦争後、満州（中国東北）に渡り労働者斡旋事業を経営、大正十一年十月十五日東京で死去。（宇野俊一）

岸《きし》田《だ》俊《とし》子《こ》（一八六三―一九〇一）　明治時代の女流民権運動家、評論家、小説家。本名は俊。号は湘烟（煙）。文久三年十二月五日京都に生まれる。女子師範学校中退。明治十二年（一八七九）宮中に出仕し皇后に進講したが、まもなく辞任。自由民権運動に加わり各地を遊説し女権拡張を説いた。同十七年自由党副総理の中島信行と結婚。『女学雑誌』を中心として評論・随筆・詩歌・小説『善悪の岐《ちまた》』『山間の名花』などを次々に発表し、女性の地位向上に尽力した。この間、フェリス和英女学校の教師を務めた。二十三年帝国議会開会に当たって、夫信行は初代衆議院議長に選ばれ、俊子は衆議院の議事傍聴に姿を現し、世の注目を集めた。明治二十五年駐イタリア公使として赴任した夫とともにイタリアに渡ったが、病気（結核）のためまもなく帰国。三十四年五月二十五日死去。遺稿集として『湘烟日記』が刊行された　（鳥海　靖）

景《かげ》山《やま》英《ひで》子《こ》（一八六五―一九二七）　明治・大正時代の女性解放運動家。慶応元年十月五日、岡山藩士景山確・楳子の二女として岡山城下に生まれる。小学校助教を経て、岡山を訪れた岸田俊子の演説に感銘を受け、自由民権運動に加わり、女子親睦会に入って演説会を開いた。郷里に蒸紅学舎を設立するなど女子教育に尽力。明治一七年（一八八四）上京し、翌年大井憲太郎・小林樟雄らの朝鮮改革計画に参画し、武器弾薬の運搬などに協力して検挙投獄された（大阪事件）。二十二年憲法発布により出獄。同年大井憲太郎と結婚し、一児をもうけたが、まもなく離別。その後、中村正直門下の福田友作と結婚、福田姓となった。三子を生んだが、三十三年友作は死去。苦難の中でキリスト教に入信した。また、堺利彦らと知り合い、社会主義思想に関心を抱き、社会主義者たちの活動に協力。四十年『世界婦人』を創刊。その後、田中正造に協力して谷中村の救済活動

に当たった。昭和二年五月二日死去。著書に自伝『妾の半生涯』などがある。（鳥海　靖）

立憲改進党《りっけんかいしんとう》　明治時代の政党。明治十五年（一八八二）三月十四日趣意書を発表、四月十六日東京で結党式をあげた。総理は大隈重信、掌事に小野梓・牟田口元学・青木義彰で発足。主要な参加グループには元政府高官の河野敏鎌・前島密をはじめ、沼間守一らを中心とする嚶鳴社、矢野文雄・尾崎行雄ら慶応義塾関係の東洋議政会、小野・市島謙吉ら東京大学出身者の鷗渡会が参加した。趣意書は王室の尊栄と人民の幸福、国権拡張、地方自治の確立、通商の拡大などを掲げ、漸進的な政治改革と順調な経済発展を指向した。

当初、東京を中心に新聞記者、代言人、学校教員などを支持基盤としたが、しだいに地方にも党勢を拡張、府県会議員に影響力を拡大、横断的な懇談会も組織しはじめた。これに対して政府は弾圧を加え、他方自由党と対立関係を深めたことなどもあって、党運営をめぐり意見が対立、十七年大隈ら首脳が脱党し党活動も停滞した。国会開設を目前に大同団結運動に参加するが、二十一年大隈が外相として入閣したため、条約改正断行を主張して与党的立場をとった。二十四年の第一回総選挙で四十名が当選、初期議会では自由党と提携して民党連合を形成、藩閥政府に対抗した。二十六年自由党が政府に接近して提携が断絶すると、政府の条約改正案に反対して対外硬運動を推進、政府は相ついで衆議院を解散した。日清戦争後、自由党が正式に政府与党になったのを契機に、明治二十九年三月一日立憲革新党・大手倶楽部などと合同して進歩党を結成し解党した。（宇野俊一）

尾崎行雄《おざきゆきお》（一八五八―一九五四）明治・大正・昭和時代の政治家。号は咢堂。安政五年十一月二十日、相模国（神奈川県）津久井郡又野村で尾崎行正の長男として生まれる。慶応義塾工学寮を中退、明治十年（一八七七）新聞投書の「討薩論」で文才を認められ、福沢諭吉の推薦で『新潟新聞』の主筆となる。十四年政府に入ったが、大隈重信とともに下野、翌年の立憲改進党の創立に参加した。二十年保安条例で東京からの追放を機に欧米に遊学、二十三年の第一回総選挙で三重県から当選、以後昭和二十七年（一九五二）まで二十五回連続当選した。三十一年隈板内閣に文相として入閣、「共和演説事件」で辞任、三十三年（一九〇〇）立憲政友会の総務委員となったが、三十六年脱党した。

以後、政交倶楽部・猶興会などの小政党に所属、四十二年政友会に再入党、この間、三十六年から大正元年（一九一二）まで東京市長を務め、市区改正や下水道改良などを推進した。第一次護憲運動の先頭に立ち、二年衆議院で首相桂太郎の政治責任を追求、総辞職に追いこんだが、政友会の政治姿勢を批判して脱党、同年成立した第二次大隈内閣の法相として入閣した。五年憲政会の創立で筆頭総務となり、寺内正毅内閣を批判した。八年欧米視察後、普通選挙即行論を唱え、憲政会の普選案に反対したため除名された。従来、外交政策では強硬論を唱えてきたが、シベリア出兵に反対し軍備縮少論を主張するに至った。十一年革新倶楽部に参加し、十三年の第二次護憲運動では全国を遊説した。十四年革新倶楽部の解散とともに無所属となり、日独伊三国同盟の締結や大政翼賛会の結成には批判的立場を表明、昭和十七年（一九四二）選挙遊説中の言説を不敬罪として起訴されたが無罪。戦後は戦争否定、世界連邦制を提唱、二十八年の総選挙で初めて落選、翌二十九年名誉議員に推され、十月六日死去。九十五歳。　（宇野俊一）

立憲帝政党《りっけんていせいとう》　明治十五年（一八八二）年三月十八日、民権派政党に対抗し政府党を目指して組織した。発起人には『東京日日新聞』社長福地源一郎、*『明治日報』創刊者丸山作楽、『東洋新報』社長水野寅次郎らが中心で政府首脳の後援を受け、綱領には欽定憲法主義、天皇主権を明記した。支持層は保守的な士族、神官、僧侶、退職官吏、市町村吏員、御用商人などで、地方にも支部や同系列の地方政党が組織されたが、政府が政党に関与しない超然主義*の方針をとったため党勢は振わず、十六年九月二十四日解党を公告した。　（宇野俊一）

福島事件《ふくしまじけん》　明治十五年（一八八二）福島県で起こった自由民権運動*の激化事件。福島・喜多方事件ともいう。同年一月三島通庸は福島県令に着任すると、県会を軽視しまったく出席しなかった。そのため民権派県議が議長河野広中*を中心に三島県令への対決姿勢を強め、五月県令提出の議案をすべて否決するという宇田成一議員案を二三対二二で可決した（議案毎号否決事件）。三島は着任早々会津三方道路開鑿《かいさく》に着手、六郡連合会を設立させ、夫役や代夫賃、国庫下付金の要求とその許可後からの工事着手などを決定。三島はこの決定を受けて路線調査を行い、国庫下付金許可前の八月から工事を着手させた。そのため地元農民には路線の専断、六郡連合会決議に反した工事着手、夫役・代夫賃負担大に対する不満が生まれ、会津自由党員の指導で権利恢復《かいふく》同盟を結成して裁判闘争を行った。しかし公売処分や帝政党を使っての弾圧が激しくなると、一部地域では暴動も計画された。やがて指導者が逮捕されると、十一月二十八日農民が弾正ケ原に集結し喜多方警察署に押しかけ釈放を要求したが警官に駆逐された（喜多方事件）。これをきっかけに県内民権家が一斉に逮捕され、その中で政府転覆の血盟書が発見され、河野ら六人は国事犯の容疑がかけられた（無名館血盟書事件）。河野は軽禁獄七年、他五人は同六年に処せられた。この事件により福島県の自由党*は大打撃を受けた。　（松崎　稔）

河野広中《こうのひろなか》　（一八四九―一九二三）　明治・大正時代の政治家。幼名は大吉、号は磐州。嘉永二年七月七日、磐城国三春藩郷士河野広可の三男として生まれる。戊辰戦争*に際し、新政府軍参謀板垣退助*に会見するなど新政府への帰順に尽力。板垣との親交はこのときに始まる。明治八年（一八七五）に石陽社、十年に三師社を結成、福島県民会規則の起草に当たり、十一年の福島県会開会に尽力するなど、福島県自由民権運動*の中心人物として活躍した。愛国社再興*、国会期成同盟、自由党*結成に積極的に参加。十五年福島事件*で検挙、内乱陰謀の罪で軽禁獄七年を宣告された。二十二年憲法発布に際して大赦出獄、大同倶楽部結成に参加した。二十三年の第一回から大正九年（一九二〇）まで十四回の総選挙で衆議院議員*に連続当選。当初自由党に属し東北派の指導者として勢力をもったが、明治三十年脱党。その後自由党派から離れ反立憲政友会*の立場をとった。三十六年には衆議院議長、大正四―五年に農商務大臣をつとめた。十二年十二月二十九日死去。　（松崎　稔）

群馬事件《ぐんまじけん》　明治十七年（一八八四）五月に起きた自由民権運動*の激化事件。群馬県自由党急進派の清水永三郎・湯浅理兵・

日比遜らは、松方デフレ政策下で苦しむ甘楽周辺の農民・博徒・猟師を組織し政府転覆を企図した。その後湯浅・日比・三浦桃之助・小林安兵衛らは、高崎線開通式に参列する政府高官の暗殺を計画したが、式の延期により中止された。しかし彼らは農民を率いて五月十五日に妙義山陣馬ケ原に蜂起し、高利貸や警察署を襲撃した。さらに高崎鎮台分営に迫まろうとしたが、農民の士気が衰え離散。首謀者は逮捕され、湯浅・小林・三浦他十二名は有期徒刑、二十人が罰金刑に処せられた。

（松崎　稔）

加波山事件《かばさんじけん》　明治十七年（一八八四）自由党*急進派が茨城県加波山に挙兵した自由民権運動*の激化事件。福島事件*により弾圧を加えられた河野広躰・琴田岩松・五十川元吉・三浦文治ら県令三島通庸の暗殺を計画していた福島県自由党員九名と、政府転覆を計画していた鯉沼九八郎ら栃木自由党急進派が連携し、爆弾を製造して政府高官の暗殺や政府の転覆を計画した。このころには、小針重雄・横山信六・原利八・山口守太郎ら福島県自由党員、大橋源三郎・平尾八十吉・佐伯正門ら上毛自由党員、富松正安ら茨城自由党員の参加もあった。彼らは計画実行のために機会をうかがったが果たせず、その間に官憲の探索が厳しくなった。追いつめられた十六名が九月二十三日茨城県真壁郡加波山に立て籠り、檄文をまき、警察や高利貸を襲撃した。二十四日夜加波山中で警官隊の攻撃を受けた蜂起軍は、東京での再開を誓って解散したが、直後に全員が各地で逮捕された。富松ら七名が死刑、七名が無期懲役、四名が九年から十五年の有期懲役に処せられた。

（松崎　稔）

秩父事件《ちちぶじけん》　明治十七年（一八八四）十一月に埼玉県秩父地方に起きた中農自由党員と貧窮農民による大規模かつ組織的な武装蜂起事件。明治十四年（一八八一）に大蔵卿に着任した松方正義*は、デフレ政策を行い、養蚕・生糸生産地帯だった秩父地方は、その影響を受け、農民たちは負債を抱え困窮した。明治十七年に入ると困民党と呼ばれた彼ら負債農民たちの負債返済方法緩和を求める運動が増加し、当初合法的に進められていた債権者や郡役所への要求が拒否されると、田代栄助らを中心にして十月ころから蜂起に向けての準備が進められた。十一月一日に蜂起を計画したが、一部農民が十月三十一日に蜂起し高利貸会社を襲撃した。彼らは警官隊と衝突して戦闘状態に入った。農民たちは総理田代栄助、参謀長菊池貫平、会計長井上伝蔵をはじめ、正副大隊長、町村別の小隊長という組織をつくり、農民を自己規制するためのきびしい軍律によって行動した。困民党は一時秩父地方を支配下に置くほどの勢力となったが、明治政府は、軍隊・憲兵を出動させ事態の収拾を図った。困民党内にも幹部の動揺と混乱があり、群馬県・長野県へ逃走、十日ほどで解体した。この事件の理解をめぐっては、自由民権運動*の一環ととらえ、民権運動の激化事件と評価する立場と、民衆の自律的運動として、伝統的な負債騒擾としての性格を重視する立場とに分かれている。

（松崎　稔）

飯田事件《いいだじけん》　村松愛蔵を中心とする愛知県自由党*の有志が、長野県飯田地方の党員有志と結び、明治政府転覆を企て未然に発覚した自由民権関係事件。明治十七年（一八八四）春、相つぐ言論弾圧に耐えかねた村松愛蔵・八木重治・川澄徳次ら愛知県田原の民権家たちは、長野県飯田の愛国正理社社長桜井平吉と結び、明治政府弾劾の檄文五万部を秘密出版、全国に配布する計画を立てたが、同年九月の加波山事件*、十月の秩父事件*の相つぐ勃発で、従前の秘密出版計画を取りやめ、急遽明治政府打倒をめざす大規模な挙兵計画を断行することに合意した。しかし計画は、同年十二月元愛国正理社員米山吉松の飯田警察署への密告により未然に発覚、事件関係者は全員、長野・愛知両県下で逮捕された。裁判は長野重罪裁判所で行われ、村松以下六名が内乱罪で有罪となったが、最も重い村松でも軽禁獄七年にとどまった。（寺崎　修）

大阪事件《おおさかじけん》　自由民権運動*史上の激化事件の一つ。明治十八年（一八八五）五月、大井憲太郎*・小林樟雄・新井章吾・磯山清兵衛など旧自由党*左派の有志は、清国の支援の下にある朝鮮の事大党政権を倒し、親日派の独立党政権を樹立、民主的改革を断行し、それを日本の政治改革にも波及させる計画を立てた。大井らは資金を準備するとともに爆弾の材料、武器を調達、同年十一月には、一部先遣隊が海路渡航のため長崎*に集結した。しかし計画は、大阪警察本署の内偵により未然に発覚し、事件関係者は、大阪・神奈川・長崎などで全員が逮捕された。裁判の結果、大井・小林・新井は、重懲役九年となったが、二十二年二月憲法発布の大赦令で出獄した。（寺崎　修）

保安条例《ほあんじょうれい》　明治時代中・後期における反政府活動取締りの法令。明治二十年（一八八七）八月ごろから、三大事件建白運動*が展開され、自由民権派などの地方有志がつぎつぎに上京して政府に迫った。政府（第一次伊藤内閣*）はこれに対処するため、内務大臣山県有朋*を中心に対策を練り、取締りのため立法措置を立案し、同年十二月二十五日勅令第六十七条として保安条例を公布し、即日施行した。七カ条からなり、秘密の結社、集会の禁止、警察官による屋外の集会の禁止権、内乱陰謀、治安妨害の恐れある人物の皇居・行在所三里以内からの退去などを定めている。施行と同時に東京では三島通庸警視総監のもとで発動され、片岡健吉・星亨*・中島信行・中江兆民*・尾崎行雄*・林有造ら五百七十余名の有志が、皇居三里以内から退去させられた。その後、初期議会においても、予算紛争などをめぐって民党・吏党双方の壮士がしばしば退去命令を受けた。立憲政治の時代にふさわしくないものとして、民党側から再三廃止が提案され、同三十一年六月第三次伊藤内閣のときに廃止された。（鳥海　靖）

> **保安条例**（『官報』）
> 第一条　凡《およ》ソ秘密ノ結社又ハ集会ハ之《これ》ヲ禁ズ。……
> 第四条　皇居又ハ行在所《あんざいしょ》ヲ距《へだた》ル三里以内ノ地ニ住居又ハ寄宿《きしゅく》スル者ニシテ、内乱ヲ陰謀シ又ハ教唆《きょうさ》シ又ハ治安ヲ防害スルノ虞《おそれ》アリト認ムルトキハ、警視総監又ハ地方長官ハ内務大臣ノ許可ヲ経、期日又ハ時間ヲ限リ退去ヲ命ジ、三年以内同一ノ距離内ニ出入寄宿又ハ住居ヲ禁ズルコトヲ得。

三大事件建白運動《さんだいじけんけんぱくうんどう》　明治二十年（一八八七）自由民権派を中心に展開された反政府建白運動。第一次伊藤内閣*は井上馨*外相の手で条約改正*交渉を進め、二十年四月には改正案が完成した。しかし、領事裁判制度（治外法権）の撤廃と引きかえに、西洋式法典の制定、外国人司法官の任用、外国人への内地開放（内地雑居）などを認めることになっていたため、政府内部から反対の声があがり、同年七月条約改正交渉は中止となり、九月、井上は辞任した。かねてから反藩閥勢力の結集をめざして大同団結運動を進めていた自由民権派諸勢力は、この機会をとらえて八月ごろから地租軽減、言論・集会の自由、外交失策の挽回の三項目の要求をかかげて政府攻撃を展開した。高知県など諸地方からは民権派有志がつぎつぎに上京し、建白書を提出して政府に迫った。東京各地で有志による運動会（デモンストレーション）・懇親会が開かれ、後藤象二郎が丁亥《ていがい》倶楽部を組織して勢力結集を図るなど、同年十—十二月、運動は最高潮に達したが、政府は同年十二月二十五日保安条例を公布して有志を帝都外に追放し、運動を鎮静化した。　（鳥海　靖）

大同《だいどう》団結《だんけつ》運動《うんどう》　帝国議会開設を前に、民間の反政府勢力を結集し、議会の多数党の結成をめざした政治運動。明治十九年（一八八六）十月旧自由党の星亨・末広重恭らが、民権派の再結集を立憲改進党関係者にも呼びかけて、東京で全国有志大懇親会を開いたことにはじまる。二十年五月板垣退助を迎えて大阪でも懇親会が開かれ、星は「小異を捨てて大同に就く」ことを唱えた。同年後半、三大事件建白運動が高まる中で、十月後藤象二郎が民権派・国権派の有志を糾合して、大同団結運動の先頭に立つことを表明した。十二月保安条例の発布で多くの有志者が東京から追放されたが、追放を免れた後藤は、二十一年大石正巳・末広らと雑誌『政論』を発行して運動を展開し、七—八月東北・北陸地方に大遊説を行い、地方有力者に議会開設に備えて団体の結成を呼びかけるなど、その組織化を進めた。二十二年二月憲法発布に伴う国事犯の釈放、その政界復帰と、三月の後藤の黒田内閣への入閣により、運動内部の党派的対立が深まり、二十二—二十三年には、大同倶楽部（東北派、河野広中ら）、大同協和会（のち自由党、関東派、大井憲太郎ら）、愛国公党（土佐派、板垣退助ら）の三派てい立状態となった。しかし三派合同の動きも進み、二十三年七月の第一回衆議院議員総選挙を経て、九州同志会なども合流し、同年九月立憲自由党が結成されて衆議院の第一党となることで、大同団結運動は決着をみた。　（鳥海　靖）

〔憲法の制定〕

大隈《おおくま》重信《しげのぶ》国会《こっかい》開設《かいせつ》奏議《そうぎ》　明治十四年（一八八一）、大隈重信参議により提出された早期国会開設の建議。立憲政治実現の方針を進めるため政府は、明治十三年諸参議に国会開設に関する意見を求めた。同年多くの参議から意見が提出されたが、その多くは漸進的な国会開設論であった。やや遅れて十四年三月大隈の奏議書が左大臣有栖川《ありすがわ》宮熾仁《たるひと》親王のもとに提出された。それは七カ条にわたっていたが、主な内容は、①イギリスをモデルに議院内閣制を採用し議会（下院）の多数党の指導者が政権を担当して政党政治を実現すること、②政党内閣の更迭に関係なく行政事務の連続性・安定を保持するため、官吏を政党官と永久官（中立官）に分けること、③欽定憲法主義に立ち、明治十四年末または十五年初めに憲法を公布し、十五年末に総選挙を行い、十六年初めに国会を開設すること、の三点であった。原案執筆者は大隈の側近にあった矢野文雄あるいは小野梓といわれるが、内容は福沢諭吉門下の三田派を中心とした交詢社の立憲政治構想に類似していた。右大臣岩倉具視はこれに対抗してプロイセン流憲法の制定を説く意見（井上毅起草）を提出し、伊藤博文も「意外の急進論」として大隈案に反対して、この奏議は政府に受け入れられず明治十四年の政変の一原因となった。　（鳥海　靖）

大隈重信《おおくましげのぶ》（一八三八―一九二二）　明治・大正時代の政治家。侯爵。天保九年二月十六日、佐賀藩上級藩士大隈信保・三井子の長男に生まれる。幼名八太郎。家は代々砲術・築城をもって*藩に仕えた。*長崎で*フルベッキに英学を学び自ら英学塾を設立。かたわら国事に奔走。明治元年（一八六八）新政府に出仕。外国官副知事・会計官副知事・大蔵大輔などを経て、参議兼大蔵卿。この間鉄道敷設・電信建設などに尽力するなど、特に留守政府にあって諸改革を推進。明治六年の*政変では征韓論に反対。政府の財政を担当し、*大久保利通の片腕として海運業（三菱汽船）の保護・振興など*殖産興業政策を進めた。大久保の死後、*伊藤博文・*井上馨とともに開明改革派の中心となり、三田派若手官僚を傘下に集めて大きな勢力を維持した。しかし同十三年外債募集案が頓坐し、翌年早期国会開設とイギリス流*政党政治の実現を建議したが、*岩倉具視、伊藤らと対立、*開拓使官有物払下げ事件の紛糾もあって、*明治十四年の政変で参議辞任に追い込まれた。翌年*立憲改進党を結成して党首（総理）、また*東京専門学校（のち早稲田大学）を創立。二十一年*第一次伊藤内閣、*ついで黒田内閣の外相となり*条約改正に当たったが、外国人判事任用が国権派などの強い反対を受け、二十二年爆弾テロにあって負傷、外相辞任、改正は中止となった。初期議会では改進党（のち*進歩党）を率いて政府と対抗。二十九年進歩党が*松方正義と提携したので、第二次松方内閣の外相として入閣。三十一年には進歩党と*自由党が合同して*憲政党を結成し、第三次伊藤内閣退陣の後を受けて日本最初の政党内閣を組織した（いわゆる隈板内閣）。四十年政界を引退して早稲田大学総長となり、文化活動に貢献。大正三年（一九一四）政界に復帰し、第二次内閣を組織し、*加藤高明を外相として*第一次世界大戦に参戦した。陽気で楽天的な人柄と言論界との深いつながりなどから国民的人気があった。大正十一年一月十日病没。八十五歳。　（鳥海　靖）

岩倉具視憲法意見《いわくらともみけんぽういけん》　明治十四年（一八八一）、右大臣*岩倉具視により提出された君権主義的な憲法制定の意見。大隈重信*国会開設奏議が、他の参議のそれに比べて一段と急進的意見であることに驚いた岩倉が、これに対抗するため十四年六月太政官大書記官*井上毅に指示して起草させた意見書を自らの名で十四年七月に上奏したもの。三項目の意見と大綱領・綱領からなる。その主な内容は、憲法制定の機が熟しつつあることを指摘するとともに、イギリス流の議会中心の政治とプロイセン流の君主中心の政治とを比較検討し、立憲政治の草創期である日本としては、漸進主義の立場からプロイセン流の君権主義の憲法を制定すべきことを説いたものである。そして憲法制定の基本方針として、陸海軍の統帥、文武官の任免、宣戦・講和・条約の締結など強大な天皇大権、二院制議会制度と制限選挙、議院内閣制・内閣の連帯責任制の否定、政府の前年度予算執行権などを列挙している。この多くはのちに*大日本帝国憲法（明治憲法）に取り入れられており、政府の立憲制構想の基本的方向を示すものとして重要である。　（鳥海　靖）

明治十四年の政変《めいじじゅうよねんのせいへん》　明治十四年（一八八一）に政府の参議*大隈重信が免官となり、明治二十三年の国会開設を約束する勅諭が発せられた政治上の変動をいう。明治十一年政府の実力者*大久保利通が暗殺された後、政府の改革路線は大隈重信（肥前）・*井上馨（長州）・*伊藤博文（長州）ら開明派が中心となって進められた。しかし十三年ごろから財政政策をめぐって大隈の外債募集による紙幣整理案に政府内部から異論が唱えられ、三者の連携にも亀裂が生じた。また立憲政治実現をめぐって、十四年三月大隈が左大臣有栖川宮熾仁《たるひと》親王に提出した奏議書は、明治十五年中に憲法を制定し、十六年春に国会を開設してイギリス流政党政治を実現するという急進論であった。これに驚いた右大臣岩倉具視*は、井上毅*に憲法制定に関する意見書を起草させたが、それは大隈の構想を否定し、プロイセン憲法に範を取った君権主義の憲法を制定すべきことを説いていた。伊藤や井上馨も井上毅の意見に同調し、立憲政治実現の構想をめぐって、政府部内の対立が深まった。

また十四年七月ごろから、北海道の開拓使*官有物払下げ問題をめぐって、関西貿易商会（五代友厚ら）への払下げが、民権派から強い非難を浴び、新聞*などにも盛んに取りあげられるようになった。政府内では黒田清隆（薩摩）が払下げ推進を唱えたが、大隈はこれに反対した。こうした状況のなかで、大隈はイギリス流政党政治論と払下げ反対論をもって民権派、特に三田系言論人たちの支持を集めたため、政府打倒を図ろうとしているとの疑惑をかけられ、政府内でしだいに孤立化した。こうして明治十四年十月、天皇の東北・北海道巡幸からの帰京を待って御前会議が開かれ、十月十二日明治二十三年に国会を開設することを約束する勅諭が発せられ、大隈は諭旨免官、開拓使官有物の払下げは中止となった。この政変を通じて政府のプロイセン風憲法制定の方向が定まった。　（鳥海　靖）

伊《い》藤《とう》博《ひろ》文《ぶみ》の憲《けん》法《ぽう》調《ちょう》査《さ》　明治十五―十六年（一八八二―八三）伊藤博文*を中心に進められたヨーロッパ諸国での立憲政治*についての調査をいう。明治政府は明治十四年十月、明治二十三年を期して国会を開設することを明らかにしたが、その準備のため、憲法はじめ皇室・内閣・議会など諸制度の調査を指示された参議伊藤博文が、十五年三月十四日、日本を出発してヨーロッパに赴いた。随行者は河島醇・西園寺公望*・伊東巳代治*・吉田正春ら九人の若手官僚たちであった。伊藤らは滞欧一年二カ月に及んだが、ドイツで六カ月、オーストリアで二カ月半、イギリスで二カ月を費し、ほかにフランス、ベルギーなどでも調査活動に当たり、皇帝即位式出席のためロシアにも渡った。この間、ドイツでは公法学者でベルリン大学教授グナイスト*とその高弟モッセ*、オーストリアではウィーン大学教授シュタイン*、イギリスでは公法学者グリグスビーの講義を聞き、ドイツ皇帝ヴィルヘルム一世、ドイツ宰相ビスマルク、イギリス外相グランビル、イギリスの社会学者スペンサー*などとも会った。また、遅れて渡欧した自由民権運動*の最高指導者板垣退助*・後藤象二郎*とも現地で再三会談した。ヨーロッパの政治家・学者たちの多くは日本政府のあまりに性急な改革を戒め、立憲政治*の採用にも懐疑的意見を述べたといわれる。伊藤はそうした「頗《すこぶ》る専制論」にいささか困惑したが、彼らの講義を通じて、プロイセンなどドイツ諸邦の憲法における君権主義的原理や、ヨーロッパ諸国の立憲政治の現実につき多くのものを学んだ。もっとも伊藤らは彼らの助言・忠告を鵜呑みにしたわけではなく、議会の予算議定権を否定するような意見には同調しなかった。伊藤一行は、明治十六年八月四日帰国し、それぞれ立憲制樹立のための改革に当たった。　（鳥海　靖）

華《か》族《ぞく》令《れい》　明治十七年（一八八四）七月七日に公布された明治

以後の貴族制度である華族制度を定めた法令。華族は明治二年公家諸侯の称として導入され、四年の戸籍法で士族平民とともに属籍の称となった。その後、華族の積極的役割を期待する動きが政府・華族に現れ、七年には華族会館が設置されたが、憲法導入が検討されると、華族を上院の選出母胎として皇室の藩《はん》屏《ぺい》たるに相応しく監督・教育することが喫緊の課題となった。そこで、十五年宮内省に華族局（のち爵位局・宗秩寮《そうちつりょう》）が新設され、華族の監督を行うこととなった。一方華族を強化するにはその範囲の拡大が考慮されるようにもなった。宮内卿伊藤博文*は、後者の立場から勲功者を華族に加える叙爵内規とともに華族令を制定した。全十条からなり、公侯伯子男の五爵を規定し、相続を男系とし、宮内卿（のち宮内大臣）の管掌下に置いた。四十年（一九〇七）憲法との整合性を図って改正され、日本国憲法*の施行により廃止された。なお華族には十九年の華族世襲財産法で財政的にも保護が加えられた。（西川　誠）

内閣制度《ないかくせいど》　内閣は近代日本における行政の中枢機関をさす。はじめ太政官制のもとで行政各省の長官（卿）の上位に位置する参議の合議体が内閣と呼称された。しかし、その機構ははなはだ煩瑣で非能率的だったため、憲法制定を前にして、伊藤博文*らが中心となって行政改革が進められ、明治十八年（一八八五）十二月二十二日、太政官制は廃止され、西洋流の近代的内閣制度が創設された。外務・内務・大蔵・陸軍・海軍・司法・文部・農商務・逓信の各省の長官が大臣とされ、それを統括する内閣総理大臣（首相）が新設され、これら大臣をもって内閣が構成された。このとき制定された内閣職権では、総理大臣の内閣の首班としての各省大臣（閣僚）に対する統制力と大政の方向を指示する指導力はかなり強いものとされたが、二十二年（一八八九）二月「大日本帝国憲法*」の発布により国務大臣の天皇に対する単独輔弼責任が定められると、新たに制定された内閣官制によって、総理大臣の地位は同輩の中の首座となり、その統制力も弱められた。憲法では国務大臣の議会への責任は明文化されなかったから、明治憲法下の内閣は必ずしも議会の支持のもとに成立したものではなく、枢密院*・軍部・元老など内閣外勢力の存在と相まって、そうした点が内閣の不安定要因となった。明治時代には当初、初代伊藤博文内閣はじめ旧薩摩・長州両藩出身の藩閥政治家を中心とするいわゆる藩閥内閣が続いたが、その後、第一次大隈重信内閣*（明治三十一年）、第四次伊藤博文内閣（同三十三年）など衆議院*の多数党を基礎にした政党内閣も出現し、大正末—昭和初期には、政党内閣が「憲法の常道」となった。第二次世界大戦*後、昭和二十二年（一九四七）五月、「日本国憲法*」および「内閣法」の施行とともに、議院内閣制*が明文化され、内閣総理大臣の権限強化、閣僚の連帯責任制が定められ、内閣制度も大幅に改革された。（鳥海　靖）

第一次伊藤内閣《だいいちじいとうないかく》　伊藤博文*を総理大臣とする近代的内閣制度*のもとでの最初の内閣。明治十八年（一八八五）十二月二十二日、太政官制が廃止され、近代的内閣制度が成立するとともに、その改革の中心となった伊藤博文が、内閣総理大臣に任命され、第一次伊藤内閣*が発足した。閣僚の顔ぶれは、首相伊藤のほか、外務大臣井上馨*・内務大臣山県有朋*・司法大臣山田顕義（以上長州出身）、大蔵大臣松方正義*・陸軍大臣大山巌*・海軍大臣西郷従道*・文部大臣森有礼*（以上薩摩出身）、農商務大臣谷干城*（土佐）、逓信大臣榎本武揚*（旧幕臣）で、閣僚の平均年令は四十六歳。薩長出身の実力者を中心とするいわゆる「藩閥内閣」であった。内政面では、立憲政治の実現をめざして伊藤首相のもとで憲法起草を進めると同時に、その準備として諸官制・法制の制定に当たり、松方蔵相のもとで官業払下げ*など殖産興業政策*を推進し、森文相のもとで一連の学校令*を制定して教育制度を整備するなど近代化政策を進めた。外交面では井上外相により条約改正*交渉を推進したが、改正案に盛り込まれた外国人裁判官任用や内地開放（内地雑居）とその欧化政策に反対して谷農商務相が辞任し、改正交渉は中止され、井上も辞任した。明治二十年後半には外交の刷新などを求める民権派の三大事件建白運動*に直面し、同年十二月保安条例*を発布。二十一年四月三十日伊藤が枢密院*議長に転じて黒田清隆が首相となり黒田内閣に代わった。（鳥海　靖）

内大臣《ないだいじん》　明治中期から昭和戦前期まで、宮中にあって天皇の側近に仕え、常侍輔弼《ほひつ》の任に当たる官職。内府ともいう。明治十八年（一八八五）十二月、太政官制の廃止と近代内閣制度*の確立に際して宮中に設置された。三条実美*が太政大臣の廃官により初代内大臣に任命。国務に関して輔弼の任に当たる国務大臣とは異なり、常侍輔弼に当たるとともに、御璽《ぎょじ》・国璽《こくじ》の尚蔵や宮中顧問官の統括（のちこの任は宮内大臣の管轄となる）などを職務とした。明治四十一年（一九〇八）内大臣府官制施行とともに、詔書・勅書・内廷の文書などに関する事務がつけ加えられた。設置当時は名誉職的な官職とみられていたが、昭和初期に入ると、その政治的比重は高まり、特に元老の死去ないし老齢化により、政権交代に際して重臣会議が開かれるようになると、これを主宰するなど、木戸幸一（最後の内大臣）の例にみられるように、天皇の側近にあって後継首相の推薦そのほかに政治的影響力をもった。第二次世界大戦*後の昭和二十年（一九四五）十一月廃官となった。（鳥海　靖）

文官任用令《ぶんかんにんようれい》　明治憲法下の行政官吏の任用資格を定めた勅令。明治二十六年（一八九三）従来の文官試験試補見習規則に代えて制定。一般文官の試験任用制度を強化・整備し、帝国大学*法科・文科卒業者の無試験での奏任官への任用制度を廃止し、文官高等試験合格者に限るという原則を定めた。同時に外交官・司法官の試験任用制度も確立された。しかし判任官については官公立中学校卒業者の試験免除制度を存続させた。また勅任官は従来どおり自由任用制であった。同三十二年第二次山県内閣は政党員の猟官を抑えるため、文官任用令を全面的に改正し、勅任官の自由任用（特別任用）制を大幅に縮小したが、これは憲政党*と山県内閣の断絶の原因となった。その後、文官任用令改正問題はしばしば藩閥勢力と政党勢力の政治的対立の争点となった。大正二年（一九一三）第一次山本内閣、同九年原内閣*のときの改正では、ともに特別任用枠の拡大が図られた。昭和十一年（一九三六）と十六年の改正では新設官庁の人材確保のため奏任官の特別任用制が拡張された。同二十一年廃止。（鳥海　靖）

市制《しせい》**・町村制**《ちょうそんせい》　大日本帝国憲法*下の地方自治制度の基本を定めた法律。第一次伊藤内閣*の山県有朋*内務大臣のもとに地方制度編纂委員会が設置され、ドイツ人法律顧問モッセ*の指導・助言を得て、日本の伝統的組織のうえにプロイセンの地方自治制度を取り入れつつ起草が進められた。元老院*の審議を経て、これまでの郡区町村編成法に代え、明治二十一年（一八八八）四月公布、地方の実情に応じて、同二十二年以降、逐次施行された。市制は全七章百三十三条。従来の区のうち人口二万五千人以上を市とし、市会議員は地租納入または直接国税二円以上を納入する二十五歳以上の男子を有権者とする等級（三級）選挙で選ばれ、市長（任期六年）は市会の推薦に基づき内務大臣が選任した。町村制は全八章百三十九条。町村長（任期四年）は、満三十歳以上の町村公民男子（納税資格は市会議員の場合と同じ）の選挙により、町村会議員は同じく満二十五歳以上の町村公民の等級（二級）選挙により選出された。東京・大阪・京都は特別地域として、市制実施は大幅に遅れ、明治三十一年となった。市町村に対する内務大臣・府県知事の監督権が強かったが、明治末—大正期に自治権・公民権が漸次拡大され、大正十年（一九二一）町村で、同十五年市で等級選挙制度は廃止された。市会議員選挙では十五年に男子普通選挙を採用。昭和二十二年（一九四七）地方自治法の公布・施行により廃止された。（鳥海　靖）

枢密院《すうみついん》　大日本帝国憲法のもとでの天皇の最高諮問機関。略称は枢府。重要国務の諮問を目的として、明治二十一年（一八八八）四月三十日設置。議長・副議長および枢密顧問官十二名（のち増員）以上を置くものとした。同年五月—二十二年二月、伊藤博文議長の主宰により、明治天皇親臨のもとで、皇室典範・憲法・同付属法令の草案の審議に当たった。二十三年改正の枢密院官制により、皇室典範に関する事項、憲法および付属法令の改正や疑義、戒厳の宣言、緊急勅令の発布、条約の締結（のち重要な官制や文官任用に関する勅令などを追加）などの諮問事項が定められた。議長には元勲級の大物政治家、顧問官にも官僚出身の有力政治家が多く任命された。施政には関与しないこととされていたが、政党政治の成立につれて、官僚派の拠点として政府の対抗勢力となり、昭和二年（一九二七）金融恐慌に際し、緊急勅令案を否決して第一次若槻内閣を退陣に追い込んだ例のように、政治的行動に出ることもあった。第一次世界大戦のころから反民衆的存在として批判され、敗戦後の二十二年五月二日、日本国憲法施行を前に廃止。（鳥海　靖）

帝国憲法制定会議《ていこくけんぽうせいていかいぎ》　大日本帝国憲法（明治憲法）の草案を審議した枢密院の会議。伊藤博文首相を中心に起草された憲法草案は、明治二十一年（一八八八）四月完成、明治天皇に奉呈された。同月枢密院が設置され、伊藤が首相から枢密院議長に転じた。五—六月の皇室典範の審議に続いて、同年六月十八日から憲法草案の審議を開始。会議は非公開で天皇親臨のもと伊藤が議長として主宰し、井上毅書記官長とともに趣旨説明に当たった。議長・副議長・枢密顧問官のほか皇族・内大臣・閣僚らも出席。二十二年一月三十一日会議は終結、付属法令とともに浄写本の対校を経て、同年二月十一日憲法発布の運びとなった。会議での主な修正点は、「日本帝国憲法」が「大日本帝国憲法」となったこと、天皇大権に関する帝国議会の「承認」が「協賛」と改められたこと、統帥大権と編制大権が別個の条文に分けられたこと、議会の法案提出権（起案権）が認められたこと、予算審議における衆議院の優越権が弱められたことなどである。会議の冒頭で君権主義の原理を強調した伊藤が、逐条審議ではむしろ、立憲政治の意義が君権の制限と民権の保護にあり、大臣が天皇に対してと同様に議会に責任を負うべきこと

などを力説している点が注目される。　（鳥海　靖）

大日本帝国憲法《だいにほんていこくけんぽう》　明治時代中期から昭和時代前期まで国家の基本を定めた日本最初の近代憲法。通称は明治憲法。憲法制定と公選の議会開設の構想は、明治五年（一八七二）ごろから明治政府内で検討されていたが、自由民権派の国会開設運動*と競合しつつ、明治十年代以降具体化された。ヨーロッパでの憲法調査から帰国した伊藤博文*が中心となり、井上毅*・伊東巳代*治・金子堅太郎*らとともに、ドイツ人法律顧問の助言をあおぎつつ、十九年末ごろから、主にプロイセンなどドイツ諸邦の憲法を範として憲法起草を進めた。そして、枢密院*での草案審議で若干の修正の後、欽定憲法の形をとって明治二十二年（一八八九）二月十一日「大日本帝国憲法」として発布され、二十三年十一月二十九日帝国議会*の開会とともに発効した。全七十六条。

　この憲法では、天皇は国家の統治者であり、国の元首として統治権を総攬し（第一、四条）、法律の裁可・公布、帝国議会の召集・衆議院*の解散、陸海軍の統帥・編制・常備兵額の決定、宣戦・講和・条約の締結、文武官の任免、緊急勅令の発布、栄典の授与など広範な大権を保持した（第五―十六条）が、同時にそれは無制限ではなく、憲法の条規により行使することが定められた（第四条）。国務大臣は天皇を輔弼《ほひつ》し、国政上の責任を負うものとされたが、国民・議会に対する責任は明文化されなかった。帝国議会は衆議院・貴族院*の二院制で、立法・予算の議定・上奏の権限を有し、衆議院は国民の中から公選で、貴族院は皇族・華族や多額納税者・国家の功労者などの中から勅選で議員が選ばれた。国民（臣民）は兵役・納税の義務を負うとともに、公務への就任や請願の権利、法律によらない逮捕の否認、言論・出版・集会・結社・信教・居住の自由、所有権・信書の不可侵などが制約つきながら保障された。このように憲法には君権主義の原理と立憲主義の原理が併存していたが、憲法発布により日本は、当時、アジアで唯一の立憲国家となった。明治末期以降、憲法の立憲主義的理解が深まったが、昭和十年（一九三五）代に入って、天皇機関説の否定、国家総動員法*の制定、大政翼賛会*・翼賛政治会*の結成などにより明治憲法下の立憲主義は形骸化した。二十二年（一九四七）五月三日「日本

大日本帝国憲法（『官報』）

第一条　大日本帝国ハ万世一系ノ天皇之ヲ統治ス

第三条　天皇ハ神聖ニシテ侵《おか》スヘカラス

第四条　天皇ハ国ノ元首ニシテ統治権ヲ総攬《そうらん》シ此ノ憲法ノ条規ニ依リ之ヲ行フ

第八条　天皇ハ公共ノ安全ヲ保持シ又ハ其ノ災厄ヲ避クル為緊急ノ必要ニ由リ帝国議会閉会ノ場合ニ於テ法律ニ代ルヘキ勅令ヲ発ス……

第十一条　天皇ハ陸海軍ヲ統帥《とうすい》ス

第十二条　天皇ハ陸海軍ノ編制及常備兵額ヲ定ム

第二十九条　日本臣民ハ法律ノ範囲内ニ於テ言論著作印行《いんこう》集会及結社ノ自由ヲ有ス

第三十三条　帝国議会ハ貴族院衆議院ノ両院ヲ以テ成立ス

第三十七条　凡テ法律ハ帝国議会ノ協賛ヲ経ルヲ要ス

第五十五条　国務各大臣ハ天皇ヲ輔弼《ほひつ》シ其ノ責ニ任ス……

第六十四条　国家ノ歳出歳入ハ毎年予算ヲ以テ帝国議会ノ協賛ヲ経ヘシ……

国憲法」*に代わった。〈稲田正次『明治憲法成立史（上・下）』有斐閣、一九六一。鳥海靖『日本近代史講義――明治立憲制の形成とその理念』東京大学出版会、一九八八〉　（鳥海　靖）

超然主義《ちょうぜんしゅぎ》　特定の政党に関係をもつことなく不偏不党の立場から国政に当たるという政治運営の方式。明治二十二年（一八八九）二月、憲法発布の翌日の府県知事に対する黒田清隆首相の演説の一節に「政府は常に一定の方向を取り超然として政党の外に立ち」とあったことから、明治政府の政治運営の基本的姿勢を示すものとして、この名称が生まれた。厳密に解釈すれば、政党内閣はもちろん、政党との提携、与党の育成、議会での多数派工作などすべてが否定されることになるが、実際には憲法で議会に予算の議定や法律の制定などの権限が認められている以上、衆議院*の多数党の意向を無視した国政の運営は困難であり、政府首脳は政党の存在自体を否定したわけではなかった。政府は、すでに黒田内閣に実質的な政党指導者の大隈重信*、後藤象二郎*を入閣させたが、初期議会の予算紛争などを通じて超然主義の困難なことが明白となり、日清戦争*後の明治二十八年十一月、第二次伊藤内閣*と衆議院の第一党の公然たる提携が実現した。山県有朋*系官僚派の中には反政党内閣の立場から超然主義を維持しようとする動きもあったが、それはしだいに弱まった。　（鳥海　靖）

皇室典範《こうしつてんぱん》　天皇を家長とする皇室・皇族の基本法。明治二十二年（一八八九）二月十一日制定。天皇に関する法を憲法とは別に制定する構想は、明治十年代に岩倉具視*が提唱、伊藤博文*が継承し、柳原前光・井上毅*が原案作成に当たった。こうした制定契機から、官報に掲載せず非公式の発表となり、法と異なり大臣の副署もなく、皇室の家法としての性格を有した。皇位継承以下十二章六十二条からなり、男子男系の継承、皇統維持のための庶系の容認、永世皇族主義の採用、譲位の否定、皇族・華族が婚姻範囲という特徴があった。明治四十年（一九〇七）に増補が行われ、国法として臣民を拘束することを明確化し、公式令に則り官報で公布され、憲法と並ぶ最高法規としての性格も明瞭となった。また王の臣籍降下が認められ永世皇族主義が放棄された。大正七年（一九一八）の増補では皇族女子の王公族（朝鮮王族）への降嫁が認められた。戦後、日本国憲法*と同時に新たな皇室典範が施行された。法という形態、庶系庶出の否定、神器の継承と一世一元の条項の削除、皇族の身分離脱の拡大などの規定が戦前と大きく異なる。皇室財産も国に属することとなり関連規定が削除され、皇室経済法が制定されている。　（西川　誠）

民法《みんぽう》　財産や家族など近代における国民の私的な生活に関する事項を取り決めた法典。明治初年、西洋風の法律制度を取り入れるなかで、その制定の動きが起こり、明治十三年（一八八〇）元老院*に民法編纂局が設置され、フランス人法律顧問ボアソナード*の指導のもとに、主としてフランス民法に学んで民法典制定の作業が進められた。同二十三年にはそのうち財産編・相続編・人事編などが完成・公布され、二十六年に施行されることとなったが、フランス民法に偏しているとする反対が起こり、いわゆる民法典論争*が展開されて、商法*とともに施行は延期された。そして、二十六年第二次伊藤内閣のもとに法典調査会が設置され、ドイツ民法の要素を取り入れるなどの修正を経て、二十九年四月に第一編総則、第二編物権、第三編債権が、

> **民　法**（『官報』）
> 第七百四十九条　家族ハ戸主ノ意ニ反シテ其居所ヲ定ムルコトヲ得ス……
> 第七百五十条　家族カ婚姻又ハ養子縁組ヲ為スニハ戸主ノ同意ヲ得ルコトヲ要ス……
> 第九百七十条　被相続人ノ家族タル直系卑属《ひぞく》ハ左ノ規定ニ従ヒ家督相続人ト為ル
> 一　親等《しんとう》ノ異ナリタル者ノ間ニ在リテハ其近キ者ヲ先ニス
> 二　親等ノ同シキ者ノ間ニ在リテハ男ヲ先ニス……

三十一年六月には第四編親族、第五編相続が公布され、ともに三十一年七月施行された（いわゆる明治民法）。この民法は前記のように五編からなり、私的所有と契約を保障し、家族編では、一夫一妻制が定められたが、「家」制度が重視され、戸主の家族統制権を認め、女性の地位はあまり高くなかった。第二次世界大戦*後の諸改革の中で、大幅に改正された新民法が、昭和二十二年（一九四七）十二月に公布、二十三年一月から施行された（現行の民法）。これにより戸主・家督相続の制度が廃止され、均分相続が制度化され、婚姻・相続などでの女性の権利・地位の向上が図られた。　（鳥海　靖）

民法典論争《みんぽうてんろんそう》　明治中期の民法制定*過程において、その施行の是非をめぐって展開された論争。明治政府は、西洋流の法律*・制度を整備する一環として、明治十三年（一八八〇）元老院*に民法編纂局を置き、フランス人法律顧問ボアソナード*を中心に、主としてフランス民法をモデルに民法の起草を進め、同二十三年には、そのうち財産編・相続編・人事編などを公布し、二十六年から施行することとした。ところが、民法の起草過程で二十二年、穂積陳重《のぶしげ》ら帝国大学法科大学のイギリス法学系の学者たちを中心とする法学士会が「法典編纂ニ関スル意見書」を発表し、民法がフランス流に偏している点を指摘し、それを修正するなど時間をかけ慎重に民法を制定することを説いた。これを契機として民法施行の是非をめぐる論争が展開された。二十四年にはドイツ法学派の中心人物であった帝国大学法科大学教授穂積八束《やつか》が、「民法出デテ忠孝亡ブ」を執筆し、この民法が日本の伝統的な家族道徳を破壊するとして、その施行延期を主張した。一方、フランス法学派の帝国大学法科大学教授梅謙次郎らは、民法施行を唱え、二十五年、六名の連名で「法典実施意見」を発表し、民法が人倫を破壊するという意見は誤りで、条約改正*の必要からも、民法典のすみやかな施行を説いた。和仏法律学校（のちの法政大学）、明治法律学校（のちの明治大学）らの学者たちは、施行断行論を支持した。こうして国論は二分されたが、二十五年第三議会では激しい論戦の末、村田保・谷干城*らの熱心な主張により、民法施行延期案が可決された。その結果、翌二十六年第二次伊藤内閣*のもとで法典調査会が設置され、穂積陳重、梅、富井政章《まさあきら》など延期派・断行派双方から委員を選んで、民法を修正し、ドイツ民法を取り入れた民法（明治民法）が二十九―三十一年に公布、三十一年（一八九八）施行された。　（鳥海　靖）

刑法《けいほう》　近代の刑罰の体系を定めた法典。明治初年に制定された新律綱領・改定律例は、明律・清律の影響が強かったが、政府は西洋流の近代法体系の確立をめざして、司法省を中心にフランス人顧問ボアソナード*の指導のもとに、明治八年（一八七五）から刑法制定に取りかかった。完成された草案は、元老院の審査を経て、同十三年治罪法（のちの刑事訴訟法）とともに刑法として公布され、明治十五年（一八八二）一月より施行された（いわゆる旧刑法）。フランス刑法から多くを学び、罪刑法定主義、刑罰の不遡及の原則などが取り入れられた。犯罪の重さに応じて重罪・軽罪・違警罪（ごく軽い犯罪、今日の軽犯罪に当たる）に分かち、治罪法の定めにより別々の裁判所で裁くものとした。刑罰は、死刑と懲役刑を中心に整備され、一般に寛容となった。その後、刑法改正の動きが進み、ドイツ刑法の要素を取り入れて、明治四十年（一九〇七）法律第四十五号として総則と罪の二編からなる改正刑法が公布され、翌四十一年から施行された（いわゆる新刑法）。さらに、第二次世界大戦後、日本国憲法に則して改正され、皇室に対する罪や姦通罪などが廃止された。現在も、大幅に改正の動きがある。

（鳥海　靖）

伊藤博文《いとうひろぶみ》（一八四一—一九〇九）　明治時代の政治家、初代内閣総理大臣。公爵。幼名は利助、のち俊輔。号は春畝《しゅんぽ》。天保十二年九月二日、周防国熊毛郡束荷村（山口県大和町）の農民の家に生まれる。父林十蔵が長州藩の中間伊藤家の養子となって軽格の武士身分を得た。松下村塾で吉田松陰に学び、尊王攘夷運動に加わる。文久三年（一八六三）井上聞多（馨）らとイギリス留学、翌年帰国し列国と長州藩との和平に尽力。倒幕運動に活躍ののち新政府の外国事務掛・大蔵少輔・工部大輔などを歴任。明治四—六年（一八七一—七三）岩倉使節団の副使として欧米諸国を視察。帰国後、大久保利通を補佐して内治優先論を説く。明治六年の改変後、参議兼工部卿となり、大久保のもとで殖産興業政策など諸改革を推進。十一年大久保の死後、参議兼内務卿に就任、開明・改革派の中心となったが、十四年参議大隈重信の急進的な早期国会開設論・英国流政党政治論には漸進論の立場から反対。十五—十六年ヨーロッパで憲法調査に当たり、帰国後宮中改革・内閣制度確立を主導。十八年初代内閣総理大臣。憲法・同付属法の起草を進め、二十一年（一八八八）枢密院議長に転じて草案審議を主宰。大日本帝国憲法発布（二十二年二月）、帝国議会開設（二十三年十一月）により、ドイツ風の君権主義と立憲主義の原理の混在する明治立憲政治の確立に貢献した。初代貴族院議長・枢密院議長を経て二十五—二十九年第二次内閣。在任中、日清戦争の遂行・条約改正の実行、自由党との提携などを実現。三十一年（一八九八）第三次内閣。三十三年立憲政友会結成に際し総裁に推され、同年第四次内閣を組織。晩年は元老として国政の重鎮。三十八年枢密院議長在任のまま韓国統監に就任。四十二年（一九〇九）辞任。同年十月二十六日ハルビン視察中、韓国の民族運動家安《あん》重根《じゅんぐん》に狙撃され死去。〈春畝公追頌会『伊藤博文伝』全三巻、原書房、一九四〇。『伊藤博文関係文書』全九巻、塙書房、一九七三—八一〉

（鳥海　靖）

山県有朋《やまがたありとも》（一八三八—一九二二）　明治・大正時代の軍人・政治家。陸軍大将・元帥。公爵。幼名小輔のち狂介、号は含《がん》雪《せつ》。天保九年閏四月二十二日、長州藩下級武士の子として萩城下に生まれる。松下村塾で吉田松陰に学ぶ。尊王攘夷運動に加わり、元治元年（一八六四）下関で四国連合艦隊と戦う。奇兵隊軍監となり幕府軍と交戦。戊辰戦争に参謀として従軍。明治二—三年（一八六九—七〇）欧米諸国を視察し西洋文明・技術の導入の必要性を痛感。帰国後、兵部少輔・兵部大輔・陸軍大輔などを歴任し、徴兵制による新しい軍隊の創設を主導。また廃藩置県の実現に貢献。明治六年陸軍卿、七―十八年参議。十年に起こった西南戦争には征討参軍を務め反乱士族の鎮圧に全力を注いだ。翌年参謀本部設置とともに参議兼任のまま参謀本部長、十五年軍人勅諭の発布に参画するなど「統帥権の独立」を図る。十八年第一次伊藤内閣に内務大臣として入閣。官治主義的な地方制度の確立を進める。二十二年（一八八九）条約改正交渉に失敗して退陣した黒田内閣に代わり第一次山県内閣を組織し、翌年第一議会では首相として施政方針演説で「主権線」「利益線」の防衛を主張、自由党との妥協により予算案を成立させた。二十七年日清戦争に第一軍司令官として出征。三十一年第二次内閣を組織、憲政党と提携し地租増徴・選挙法改正を実現したが、文官任用令改正で対立を生じ、三十三年（一九〇〇）提携は破綻し内閣は退陣。このころから官僚派を結集、いわゆる山県閥を形成して伊藤博文の政党結成に対抗。三十七―三十八年の日露戦争では参謀総長として作戦指導に当たる。戦後は枢密院議長。晩年は陸軍や官界にまたがる巨大な派閥網を背景に政党勢力と対峙し、元老として政界の黒幕的存在となった。大正十一年二月一日没。〈徳富猪一郎編『公爵山県有朋伝』全三巻、民友社、一九三三。岡義武『山県有朋』岩波新書、一九六八〉　（鳥海　靖）

井上毅《いのうえこわし》（一八四三―九五）明治時代の官僚・政治家。子爵。号は梧陰。天保十四年十二月、熊本藩の家老米田家の家臣飯田権五兵衛の子として熊本城下に生まれ、長じて井上家の養子となる。藩校時習館に学んだのち、藩命により江戸に出てフランス学を学ぶ。ついで南校に学び司法省に入る。明治五―六年（一八七二―七三）ヨーロッパを視察。七年大久保利通に随行して渡清し対清文書作成に貢献。帰朝後、内務省・太政官の大書記官を兼務し、政府首脳の命により各種の意見書を起案。十四年には岩倉具視の意を受けて、プロイセン流の君権主義的憲法制定を説く意見書（「岩倉具視憲法意見」）を執筆したが、これが政府の基本方針となった。十七―十八年井上馨・伊藤博文に随行して朝鮮・清国に渡る。十九年から伊藤のもとで伊東巳代治・金子堅太郎らとともに、憲法・同付属法令起草を進め、二十年（一八八七）井上が脱稿した甲案・乙案が憲法草案の基礎となった。翌年枢密院開設とともに書記官長となり草案審議に尽力。二十三年教育勅語の起草に参画。二十六―二十七年第二次伊藤内閣の文部大臣を務めたが、病気により辞任。明治二十八年三月十七日没。　（鳥海　靖）

伊東巳代治《いとうみよじ》（一八五七―一九三四）明治―昭和初期の官僚・政治家。伯爵。安政四年五月七日、長崎の町人の家に生まれる。英語を学び上京して工部省出仕。伊藤博文に重用され、明治十五年（一八八二）太政官書記官のとき、憲法調査のため渡欧した伊藤に随行し、その側近にあってドイツ・オーストリア・イギリスなどで調査活動に当たる。翌年帰国し、伊藤を補佐して井上毅・金子堅太郎らとともに憲法・同付属法令の起草に従事。枢密院書記官長を経て二十五年第二次伊藤内閣の書記官長となり、政党工作に意を用い、日清戦争後の二十八年自由党との提携を実現させた。この間、同二十八年日清講和条約批准書交換のため渡清。三十一年（一八九八）第三次伊藤内閣の農商務相となったが、まもなく辞任。三十三年（一九〇〇）立憲政友会創立に参画したが、入党はしなかった。このころから山県有朋に接近。一方、二十四―三十七年東京日日新聞社長として世論操縦に力を注いだ。大正六年（一九一七）臨時外交調査委員会委員として外交政策に参画。また明治三十二年以来枢密顧問官をつとめ、枢密院の長老として、昭和初期には幣原外交攻撃の急先鋒となった。昭和九年二月十九日没。

（鳥海　靖）

金子堅太郎《かねこけんたろう》（一八五三―一九四二）　明治―昭和前期の官僚・政治家。伯爵。嘉永六年二月四日、筑前国福岡藩士の家に生まれる。藩校修猷館に学んだ後、明治四年（一八七一）岩倉使節団に同行してアメリカに留学、ハーヴァード大学に学ぶ。帰国後、嚶鳴社に加わり私擬憲法作成に参画。伊藤博文の知遇を得て、元老院・太政官の書記官などを経て、伊藤首相の秘書官、枢密院書記官を歴任。法制官僚として伊藤を助け、憲法・同付属法令の起草・審議に尽力した。その後、貴族院書記官長・農商務次官を経て、第三次伊藤内閣（明治三十一年）の農商務相、第四次伊藤内閣（明治三十三―三十四年）の司法相。この間、同三十一年、三十三年の伊藤の政党結成・立憲政友会創立に参画したが、政党政治家には転身しなかった。同三十七年（一八〇四）日露戦争開戦直後に日本政府の指示により渡米、大学時代の同窓セオドア・ローズヴェルト米大統領に会って親日世論の喚起と和平仲介を打診。三十九年以来枢密顧問官。晩年は臨時帝室編修局・維新史料編纂会総裁をつとめ『明治天皇紀』『維新史』などの編纂に当たった。昭和十七年五月十六日没。

（鳥海　靖）

グナイスト　Heinrich Rudolf Hermann Friedrich Von Gneist（一八一六―九五）　ドイツの公法学者。ベルリン控訴院判事の子。ベルリン大学に学び、憲法学・憲法史の研究に当たり、一八五八年以来ベルリン大学教授。また国民自由党に所属しプロイセン下院議員。同最高行政裁判所裁判官をつとめた。ドイツ皇帝（プロイセン国王）の信任厚く、皇子に憲法学を講じた。八二年憲法調査に渡欧した伊藤博文らに対して、君権主義に基づく憲法論を説き、明治憲法の起草にも影響を与えた。伏見宮貞愛親王・土方久元への講話（一八八五―八六年）は『グナイスト氏談話』としてまとめられている。

（鳥海　靖）

シュタイン　Lorenz Von Stein（一八一五―九〇）　ドイツの公法・行政・経済学者。父はデンマークの陸軍将校。シュレスウィッヒ生まれ。キール大学で学びパリに留学。ジャーナリストとして活動した後、オーストリアに赴き一八五五年以来ウィーン大学教授。行政学・国家学・社会学・財政学などに広く業績を残し、明治十五年（一八八二）憲法調査のため来欧した伊藤博文らに憲法・行政法・政党論などにつき講義し（「大博士斯丁氏講義筆記」）、君権主義的な憲法起草に影響を与えた。伊藤から日本政府顧問として招請されたが、健康上の理由で辞退。その後、渡墺した山県有朋・黒田清隆・陸奥宗光はじめ多くの日本人渡航者・留学生に講義した。

（鳥海　靖）

ロエスレル　Karl Friedrich Hermann Roesler（一八三四―九四）　ドイツの公法学者。控訴院検事の子としてバイエルンに生まれる。ミュンヘン大学・チュービンゲン大学などで国家学・経済学などを学び、若くして業績をあげ、ロストック大学の国家学教授となったが、プロテスタントからカトリックに改宗したため失職。明治十一年（一八七八）招かれて来日し、外務省顧問、ついで太政官・内閣顧問。十四年井上毅による君権主義憲法制定の意見書（「岩倉具視憲法意見」）執筆を助言。十八年伊藤博文に随行して渡清、天津条約締結に尽力。のち伊藤らの憲法・同付属法令起草に際し、数々の助言を与え、自らも一案を作成した。明治二十六年帰欧しスイスに在住した。（鳥海　靖）

モッセ Albert Mosse（一八四六―一九二五）ドイツの法律家。プロイセン生まれ。父は医師。ベルリン大学に学び、ベルリン市裁判所裁判官などを歴任。明治十二年（一八七九）日本公使館顧問。グナイストの高弟として、一八八二―八三年憲法調査のため滞欧中の伊藤博文らに君権主義的立場に基づく立憲制度、地方自治制度などについて講義した。日本政府の招きを受け、明治十九年（一八八六）来日。内閣、内務省顧問として憲法起草や地方自治制度（市制・町村制、府県制・郡制）の制定に多くの助言を与えた。明治二十三年（一八九〇）帰国。控訴院判事・ベルリン市参事などをつとめた。（鳥海　靖）

ボアソナード Gustave Emile Boissonade（一八二五―一九一〇）フランスの法律家・法学者。パリ郊外ヴァンセンヌの生まれ。パリ大学で法律学・古典学を学ぶ。グルノーブル大学・パリ大学で教鞭を執る。明治六年（一八七三）来日し、司法省法学校で法学教育に従事。翌年大久保利通に随行、渡清して対清交渉を助ける。刑法・治罪法（十五年施行）、ついで民法案の起草に尽力。民法は二十三年に公布されたが、反対論が強く施行延期（民法典論争）。この間、二十年井上馨外相の条約改正案に反対の意見書を提出し改正延期のきっかけとなる。また和仏法律学校（法政大学）・明治法律学校（明治大学）で教育に当たる。明治二十八年（一八九五）帰国。（鳥海　靖）

西郷従道《さいごうつぐみち》（一八四三―一九〇二）明治時代の政治家、軍人。侯爵、元帥。幼名は龍助・信吾（慎吾）。西郷隆盛は長兄。天保十四年五月十四日、薩摩藩下級藩士西郷吉兵衛の三男として鹿児島城下に生まれる。若くして尊王攘夷運動に加わり寺田屋事件に連坐。薩英戦争・戊辰戦争に従軍。新政府に出仕し明治二―三年（一八六九―七〇）山県有朋らと欧州を視察し、帰国後警察制度確立に尽力。兵部少輔・陸軍大輔などを歴任。兄隆盛下野後も政府に留まり、七年台湾出兵を強行。十年西南戦争に際しては陸軍卿代理を務めた。翌年参議となり文部卿・陸軍卿・農商務卿を兼任するなど政府の要職を歴任。十八年第一次伊藤内閣に陸軍中将のまま海軍大臣として入閣、二十三年内相に転じたが、翌年大津事件で辞任。一時、国民協会の会頭となったが、二十六年第二次伊藤内閣の海相に復帰し、以来三十一年まで四代の内閣で海相を務めた。海相在任中は山本権兵衛を登用し海軍の改革に貢献した。晩年は元老に列し薩派の長老として政界に重きをなした。明治三十五年七月十八日没。（鳥海　靖）

元老《げんろう》　明治立憲制のもとで天皇の相談相手として国政上に大きな発言力を有した長老政治家の集団。元勲という呼称もある。明治十八年（一八八五）の内閣制度確立の後、政権交代に際して薩長出身の実力派政治家たちが、合意のうえで、後継の首相を天皇に推薦する慣行が形成されたが、こうした実力派集団が元老と呼ばれた。首相の推薦のほか、天皇の諮問に応じて和戦の決定など重要国務について協議し、国家の最高政策決定に参画した。はじめ伊藤博文*・黒田清隆・山県有朋*・松方正義*・井上馨*・大山巌*・西郷従道*の七人で、明治末期以降、桂太郎*・西園寺公望*が加わった。ほかに大隈重信*を元老の一員とする見方もある。天皇に代わって、多元的国家機構・諸政治勢力を調和的に統合し、国家意志を一元化する役割を果たしたが、その地位は憲法そのほか法制上には何の規定もなく、しかも彼らの大半は薩長出身の藩閥政治家だったので、非立憲的存在として非難を浴び、昭和十五年（一九四〇）最後の元老西園寺の死去とともに消滅した。（鳥海　靖）

〔立憲政治の定着〕

帝国議会《ていこくぎかい》　大日本帝国憲法*（明治憲法）に基づいて設立された日本で最初の近代的立法府。明治二十三年（一八九〇）十一月二十九日開設され、第一回から第九十二回まで立憲政治*の中心的舞台となった。貴族院*・衆議院*の二院制で、貴族院議員は貴族院令により皇族、華族、多額納税者、国家の功労者・学識者から任命され、衆議院議員は衆議院議員選挙法*によって国民から公選された。その運営の詳細は議院法に規定。衆議院が予算先議権をもつほかは両院はほぼ対等。帝国議会の主な権限は、法律の制定（立法）、予算の審議・議定、政府への建議、天皇への上奏、請願の受理などで、軍事・外交の権限や首相指名権はなく、国務大臣の議会・国民への責任も憲法には明文化されていないなど、議会の権限は制約されていた。とはいえ、毎年必ず召集され、法律の制定・改廃、増税や国債の発行、その年度の予算の議定・施行などについては、帝国議会の同意がなければ実行できないことが憲法で定められていたので、衆議院に拠点をおく政党は、そうした権限、特に予算議定権を武器に政府と対抗した。はじめ不偏不党を唱えていた政府も初期議会の予算紛争を通じて衆議院の多数党との協力の必要性を痛感し、帝国議会開設後十年足らずで、衆議院の多数党の政権が実現した。明治三十一年（一八九八）の第一次大隈憲政党内閣、同三十三年（一九〇〇）の第四次伊藤立憲政友会内閣がこれである。こうして議会の政治的比重はしだいに高まり、第一次世界大戦*後の十数年間、特に大正十三―昭和七年（一九二四―三二）には政党内閣*が続き、議会政治が「憲政の常道」としてひとまず定着し、衆議院の貴族院*に対する政治的優位が実現した。しかし、満州事変*や五・一五事件*以降、軍部の政治的発言力が強まって議会勢力は後退し、昭和十三年（一九三八）の国家総動員法*の制定の結果、議会の立法機能は大きな制約を受けた。さらに、同十五―十七年（一九四〇―四二）戦時下における政党の解散・翼賛政治体制の成立により複数政党制が解消され、議会制度はほとんど形骸化された。第二次世界大戦*の敗戦後、婦人参政権*の実現など帝国議会は大きく改革され、昭和二十二年（一九四七）五月三日、日本国憲法*の施行とともに帝国議会は廃止され、国会*に変わった。〈衆議院・参議院編『議会制度百年史』全十二巻、衆議院・参議院、一九九〇。内田健三ほか編『日本議会史録』第一―四巻、第一法規出版、一九九一〉（鳥海　靖）

貴族院《きぞくいん》　大日本帝国憲法*のもとで、衆議院*と並んで帝国議会*の一院を構成した立法機関。明治二十三年（一八九〇）十一月二十九日帝国議会の開設とともに開会。議員は衆議院が国民の中から公選されたのとは異なり、①皇族（成年男子、終身）、②公・侯爵（終身）、③伯・子・男爵の互選（任期七年）、④国家の勲功者・学識者からの勅任（終身、いわゆる勅選議員）、⑤各府県の多額納税者の互選者を勅任（任期七年、のち帝国学士院会員の互選者を加える）から構成された。衆議院が予算先議権をもったが、それ以外ではほとんど貴族院と衆議院の権限は対等であった。藩閥官僚派など特権勢力の拠点として政党勢力と対抗し、政党内閣ができるようになると、政府への対抗的姿勢を深めたが、大正時代には、貴族院の最大会派の研究会が衆議院の多数党の立憲政友会*に接近して大きな勢力となった。加藤友三郎内閣・清浦内閣では貴族院勢力が内閣を支えたが、世論の非難を浴び、大正十四年（一九二五）加藤高明内閣*のとき貴族院改革が行われ、その勢力は後退した。昭和二十二年（一九四七）五月三日、日本国憲法*の施行により廃止された。

（鳥海　靖）

衆議院《しゅうぎいん》　近代日本における立法府の一院、国民代表機関。明治二十二年（一八八九）二月十一日に発布された大日本帝国憲法*により、貴族院*とともに帝国議会*の一院と定められ、同二十三年七月の総選挙で三百名の議員（代議士）が選出され、十一月二十九日に開会した。初代議長は中島信行。初期議会では民党勢力の拠点として、予算議定権を武器に政府と対抗、その後、政府と民党の提携と競合が進み、憲政党*（第一次大隈*）内閣を経て、明治三十三年（一九〇〇）には立憲政友会の結成と第四次伊藤内閣の成立など、衆議院の多数党の内閣が実現し、その政治的比重が高まった。大正時代にはデモクラシーの風潮を背景に、大正七年（一九一八）原敬内閣*の成立に至って、初めて衆議院議員の総理大臣が登場した。衆議院議員の選挙権者は、当初は直接国税十五円以上を納める二十五歳以上の男子という制限選挙であったが、しだいに拡大、大正十四年には納税資格が撤廃され、男子の普通選挙が定められた。同十三―昭和七年（一九二四―三二）政党内閣が続き、衆議院の重要性が一段と深まったが、その後は軍部の台頭・国家総動員法*の制定などにより、その機能は弱体化していった。第二次世界大戦*の敗戦後、女子の参政権が実現。昭和二十二年（一九四七）五月三日、日本国憲法*の施行により、参議院とともに「国権の最高機関」である国会*の一院を構成し、総理大臣の指名、予算の審議・議決、条約の承認などについては、衆議院の優位が定められた。

（鳥海　靖）

地方自治制《ちほうじちせい》　国家の領域内において、国家が機関として独立した法人格をもつと認めた地域団体に、その地域の行政権を一定の範囲内で委任する制度。明治十一年（一八七八）七月、三新法（郡区町村編成法・府県会規則・地方税規則）が公布され、大区小区制の廃止、府県会*の設置、地方税の財源および使途などが決まった。その後、山県有朋*内務卿（のち内相）率いる内務官僚と政府の法律顧問モッセ*らによって、中央集権的・官治的なプロイセン流の地方自治制度の導入が図られた。明治二十二年（一八八九）の憲法発布と前後して、二十一年四月、市制*・町村制*が、二十三年五月、府県制・郡制が公布された。各議員や市町村長は無給で職務を行う名誉職とされ、名望家が地方自治の担い手となっていった。明治三十二年（一八九九）府県制・郡制の改正で、府県会・郡会議員の選出方式が、市郡会・町村会議員による間接選挙から有権者による直接選挙となり（複選制の廃止）、大地主の互選による郡会議員選出も廃止となった。明治四十四年（一九一一）には、市制・町村制が改正され、市の執行機関が合議体の市参事会から独任制の市長へと変更されるなど議会に対する市町村長の権限が強化された。大正十年（一九二一）には、町村議員選出の二等級選挙が廃止され、市会議員選出の三等級選挙も二等級に改正された。十二年（一九二三）には、郡制が廃止された。大正十五年（一九二六）より、普通選挙制度が地方選挙でも採用された。日中戦争の勃発後、しだいに戦時体制が強化され、自治権は縮小していった。昭和二十二年（一九四七）五月、地方自治の規定をもつ日本国憲法および地方自治法が施行され、旧来の地方制度は廃止された。新たに首長の公選制やリコール制が採用され、民主的な地方自治が行われることになった。（小宮一夫）

第一回総選挙《だいいっかいそうせんきょ》　大日本帝国憲法下で施行された最初の衆議院総選挙。明治二十二年（一八八九）二月十一日に憲法とともに公布された衆議院議員選挙法に基づき、二十三年七月一日に実施された。選挙権は直接国税（地租および所得税）十五円以上を納める満二十五歳以上の男子に、被選挙権は右の条件を満たす満三十歳以上の男子に与えられた。当時の有権者総数は、約四十五万人で、全人口の一・一四パーセント、成人男子の四パーセントに相当した。国際的に見て、一八三〇年の七月革命によって選挙権が拡張されたフランスでも全人口の〇・六パーセント弱であり、日本の制限選挙が特に厳しいわけではなかった。選挙制度は、小選挙区制が採用され、定数三百の区割りは一人区二百十四、二人区四十三であった。投票方式は、一人区は単記、二人区は二名連記の記名捺印式投票が採用された。候補者の所属党派が明白でないため、選挙結果ははっきりしないが、大同倶楽部系が五十数議席で最多数を得たようである。有権者の大半が地主であったため、当選者の多数も地主などの名望家であった。（小宮一夫）

第一議会《だいいちぎかい》　日本およびアジアで最初の議会。第一回帝国議会は、明治二十三年（一八九〇）十一月二十五日に召集され、二十九日に貴族院で開院式が挙行された。衆議院では、立憲自由党（百三十一議席）と立憲改進党（四十一議席）の民党連合が過半数（定数は三百）を占め、政府は苦しい議会運営が予想された。第一次山県内閣は、約八千六十四万円の明治二十四年度予算案を提出したが、「民力休養・経費節減」を旗印とする民党連合は、衆議院予算委員会で、約八百八万円を削減する査定案を修正可決した。窮地に陥った山県有朋首相は、後藤象二郎逓相らを通じて自由党と妥協の可能性を探った。結局、約六百五十一万円の削減で妥協が成立し、二十四年三月二日の衆議院本会議で、修正予算案は、一五七対一二三で可決された。その際、政府に呼応して片岡健吉らを中心とする約三十名の自由党議員が賛成にまわった（「土佐派の裏切り」）。三月六日には、貴族院でも修正案が通過し、予算案が成立した。翌七日、予算問題を最大の争点とする第一議会が閉会した。（小宮一夫）

大成会《たいせいかい》　明治時代中期の衆議院の一党派。明治二十三年（一八九〇）八月、末松謙澄・元田肇らを中心に結成され、官僚出身者や非民党系分子、国権論者など雑多な勢力が参加した。第一議会時は、七十九名の議員を擁し、立憲自由党についで、衆議院第二の勢力であった。藩閥政府を支持したため「吏党」と呼ばれたが、政府からの組織的な援助はなく、予算案などに対し全面的な支持を与えたわけではなかった。強力な指導者が不在のため、団結力に欠けた。改組問題で内紛が起こり、明治二十四年の第二議会時には五十二名に減少した。十二月二十五日の衆議院解散後、消滅した。二十五年四月、再選者が中心となって、新たに中央交渉部が結成された。（小宮一夫）

立憲自由党《りっけんじゆうとう》（自由党《じゆうとう》）　明治時代中期の政党。明治二十三年（一八九〇）九月十五日、結党大会が開かれ、主な参加勢力は、大井憲太郎らの旧（再興）自由党、河野広中らの旧大同倶楽部、板垣退助らの愛国公党に、松田正久らの旧九州同志会であった。政綱には、政党内閣の樹立や対等条約の締結などが掲げられていた。明治二十四年三月末の党大会で、板垣を総理に選任するなど、党組織を改組し、代議士中心政党への転換を図った。また、党名を自由党と改称した。明治二十五年八月に成立した第二次伊藤内閣と、第四議会で妥協して以降は、政府への接近姿勢が強まった。続く第五・第六議会では、伊藤内閣との提携をめざしたため、対外問題で政府を攻撃した対外硬派連合に同調しなかった。日清戦後の明治二十八年（一八九五）十一月二十二日、伊藤内閣との提携を宣言し、第九議会では、伊藤内閣の戦後経営策を支持した。議会終了後の二十九年四月、提携の見返りとして板垣が内相に就任した。その後は、政権に参入することなく、明治三十一年六月、進歩党と合同して憲政党を結成した。（小宮一夫）

選挙干渉《せんきょかんしょう》　公権力が対立勢力の候補者の選挙活動を合法的または非合法的に妨害し、落選させようとすること。明治二十五年（一八九二）の第二回総選挙の際に、第一次松方内閣が行った選挙干渉が有名。第二議会において、明治二十五年度予算案が、自由党や立憲改進党を中心とする民党連合によって大幅に削減されると、松方内閣は、事態の打開を図り、明治二十四年十二月二十五日、衆議院を解散した。品川弥二郎内相や白根専一内務次官らは、民党勢力を過半数割れに追い込むため、全国の地方官に選挙干渉を指示した。そのため、選挙期間中、各地で警察力が動員され、民党系候補者には半ば公然と圧力がかけられた。一方、吏党系候補者には、選挙資金の補助や投票誘導などの支援が行われた。選挙期間中、全国では死者二十五名、負傷者三百八十八名が出た。しかし、二十五年二月十五日に実施された総選挙では、自由党の片岡健吉や松田正久らを落選させたものの、民党と吏党の勢力逆転には至らず、松方内閣は所期の目的を達成できずに終わった。（小宮一夫）

国民協会《こくみんきょうかい》　明治時代中期の政党。明治二十五年（一八九二）六月二十二日、中央交渉部を中心に、佐々友房らの熊本国権党などが合流して結成された。会頭に西郷従道、副会頭には品川弥二郎が就任し、佐々や大岡育造らが幹部であった。七十議席を有し、政綱に国権拡張などを掲げた。八月に第二次伊藤内閣が成立し、しだいに自由党と接近すると、政府支持党としての立場が困難となった。そのため、対外硬運動に参加し、伊藤内閣および自由党と日清戦争を挟んで全面対決した。しかし、明治二十七年三月の第三回総選挙で大敗し、三十二議席に減少した。その後、党勢は振るわず、三十二年（一八九九）七月には、帝国党に改組し、山県系色を強めた。（小宮一夫）

第二次伊藤内閣《だいにじいとうないかく》　明治二十五年（一八九二）八月八日に成立した伊藤博文を首班とする内閣。第一次松方内閣が閣内不統一などで瓦解すると、後継首班には、藩閥第一の実力者である伊藤が推された。井上馨や山県有朋・黒田清隆が入閣し、「元勲総出」内閣として出発した。伊藤内閣は、十一月二十九日から始まった第四議会において、自由党*などの民党勢力と「明治政府末路の一戦」に臨んだが、民党側の激しい抵抗を受けた。結局、議会の紛糾は、和衷協同の詔勅による自由党との妥協で切り抜けた。条約改正*の実現にも熱意を燃やし、二十六年夏より陸奥宗光*外相による条約改正交渉に着手し、二十七年七月、日英通商航海条約の締結に成功した。第五・第六議会では、陸奥外相の条約改正交渉に反対する対外硬派連合と全面対決した。これは、対外硬派*が、政府と自由党が提携をめざし、条約改正問題で結託していると見なしたからである。窮地に陥った伊藤は、議会を続けて解散するなどの強硬措置をとった。日清戦争*が勃発すると、対外硬派との対立は、一時凍結したかに見えた。しかし、明治二十八年（一八九五）五月、三国干渉*を受諾し、日清講和条約で得た遼東半島を清国に返還すると、対外硬派から再び攻撃を受けることになった。経済発展と軍備拡張を二大柱とする「戦後経営」策の実現の必要性は、自由党との提携を推進させる原動力となった。自由党の協力で、第九議会を乗り切ると、明治二十九年四月、板垣退助*を内相として入閣させた。さらに、伊藤は、進歩党*の大隈重信*と、薩摩閥の松方正義*の入閣による挙国一致内閣を実現を試みたが、板垣の抵抗で失敗に終わった。八月三十一日、伊藤内閣は総辞職を行い、四年にわたる長期政権の幕を閉じた。九月十八日には、第二次松方内閣が発足した。　（小宮一夫）

和衷協同《わちゅうきょうどう》の詔勅《しょうちょく》　明治二十六年（一八九三）二月十日に出された政府と議会が互いに譲歩して協力し合うことを呼びかけた詔勅。明治二十六年度予算案に対し、衆議院*予算委員会は、軍艦建造費など八百八十五万円を削減した。また、明治二十六年二月七日には、内閣不信任上奏案が大差で可決されたため、第二次伊藤内閣*は窮地に陥った。伊藤は、天皇の詔勅による局面の打開を図り、詔勅には、宮廷費から毎年三十万円を六年間下付し、かつ文武官の俸給を一割削減したものを製艦費に充てるとあった。これにより、自由党*は、態度を軟化させ、二月二十六日、予算案が修正可決された。政府と自由党の妥協により、自由党や改進党による民党連合は崩壊した。　（小宮一夫）

対外硬派《たいがいこうは》　政府の現実外交を軟弱だと攻撃し、強硬な対外政策を行うことを主張する政治勢力。対外硬派が「硬六派」などという表現でメディアに取り上げられ始めたのは、明治二十六年（一八九三）末の第五議会*のころからである。国民協会*や改進党などが、第二次伊藤内閣の条約改正*交渉を阻止するため、現行条約励行をスローガンに共闘したことにより、本格的な政治勢力としての対外硬派が出現した。翌年になると、対外硬派は、自主外交の確立とともに責任内閣の樹立をスローガンとし、対外政策とともに国内変革も求めるようになった。日清戦後も、三国干渉*に反対し、「支那保全」を掲げる国民同盟会や対露開戦を唱える対露同志会を結成した。中心勢力は、非自由党―非政友会系が担った。日露戦後の明治三十八年（一九〇五）九月には、日比谷焼討事件*の引き金となるポーツマス講和条約締結に反対する国民大会を開いた。これ以後から大正中期にかけては、国内には立憲主義、対外的には帝国主義の確立を唱える国民主義的対外硬派が中心勢力となった。　（小宮一夫）

大日本協会《だいにほんきょうかい》　明治二十六年（一八九三）十月一日、内地雑居尚早論の貫徹を目指して結成された対外硬派*の政治団体。前身は、前年六月設立の内地雑居講究会。国民協会*や東洋自由党などを主勢力とし、運営は、佐々友房や大井憲太郎*ら五名の常務員による集団指導体制で行われた。第五議会では、会員の代議士を媒介に大日本協会派を結成し、内地雑居を容認する条約改正*方針で一致し、提携を模索する第二次伊藤内閣*および自由党*と全面対決した。具体的には、自由党の星亨*を議員除名に追い込んだり、現行条約励行建議案を提出して、政府の条約改正交渉を阻害しようとした。それゆえ、十二月二十九日、窮地に陥った伊藤内閣によって、解散に追い込まれた。（小宮一夫）

進歩党《しんぽとう》　明治時代後期の政党。明治二十九年（一八九六）三月一日、前年十一月末以降、第二次伊藤内閣*と自由党*が公然と提携したことに刺激された対外硬派のうち、国民協会*を除く各派が合同して結成された。参加勢力は、立憲改進党*を中心に、長谷場純孝らの立憲革新党、犬養毅*らの中国進歩党、大手倶楽部などであった。発足時には九十九名の代議士を擁し、百数議席の自由党と対抗する勢力となった。政綱には、責任内閣の実現や外交刷新、財政整理を掲げた。党首は置かれず、党運営は、尾崎行雄*や犬養・長谷場ら五名の総務委員による集団指導体制で行われた。同年九月に成立した第二次松方内閣に、大隈重信*が外相として入閣し、同内閣と提携した。第十議会では、新聞紙条例*の改正などの言論緩和策を実現させた。しかし、明治三十年十月、松方内閣が地租増徴を決意すると提携を断絶した。第十一議会では、自由党と提携して内閣不信任上奏案を提出し、松方内閣を退陣に追い込んだ*。翌年六月、地租増徴反対で共闘した自由党と合同して憲政党*を結成した。（小宮一夫）

地租増徴問題《ちそぞうちょうもんだい》　明治時代中・後期の主要な政治争点。日清戦争後*、藩閥政府は、軍拡と国内産業の育成を目指す戦後経営を推進するための財源の確保に悩まされた。そこで政府は、安定した財源を議会の激しい抵抗が予想される地租増徴に求めた。第二次松方内閣は、明治三十年（一八九七）の第十一議会に地租増徴案を提出しようとしたが、与党進歩党*の反対にあい、議会を解散後、総辞職した。続く第三次伊藤内閣は、明治三十一年六月の第十二議会で、地価を二・五パーセントから四パーセントに引き上げる地租増徴案を提出したが、自由党*・進歩党の反対により大差で否決された。議会解散後、伊藤内閣も事態を打開できず総辞職した。結局、地租増徴案は、第二次山県内閣が憲政党*と妥協を図り、同年末の第十三議会下で成立した。憲政党の基本政策を山県内閣が採用する代わりに、地租増徴は地価の三・三パーセントに抑制され、増税期間も五年間に限定された。また、長年の懸案であった地価修正も行われることとなり、全国で地価の一三パーセント分が引き下げが実現した。その後、海軍拡張をめざす第一次桂内閣*は、地租増徴の期限が切れる明治三十七年（一九〇四）度からも増税を継続しようとしたため、明治三十五年末から翌年前半にかけての第十七、第十八議会で、政府と議会が衝突し、地租増徴の継続は実現しなかった。しかし、日露戦争*勃発に伴い、非常特別税法案が成立し、地租は五・五パーセントに引き上げられた。（小宮一夫）

憲政本党《けんせいほんとう》　明治時代後期の政党。明治三十一年（一八九八）十月二十九日、憲政党*内の旧自由党系が自派のみで新たに憲政党を結成すると、旧進歩党系も対抗し、十一月三日、憲政本党を発足させた。綱領には、政党内閣樹立や財政の均衡を保つことなどが掲げられた。当初、党首は置かず、最高幹部である総務委員には、鈴木重遠・平岡浩太郎・河野広中*などが選ばれた。同年の第十三議会では、地租増徴案に反対した。しかし、地租増徴反対は党勢拡大に結びつかず、翌三十二年九月の府県会*選挙で敗北した。明治三十三年（一九〇〇）十二月には、大隈重信*が党首に就任したが、党勢は拡大せず、明治四十年（一九〇七）一月に引退した。日露戦後になると、立憲政友会*ではなく、藩閥勢力との提携を主張する改革派の動きが強まって党内対立が激化した。さらに、非政友派との合同問題でも、大合同をめざす大石正巳ら改革派と、犬養毅*ら非改革派との間で抗争が繰り広げられた。明治四十三年（一九一〇）三月には、又新会などと合同して、立憲国民党*を結成した。（小宮一夫）

憲政党《けんせいとう》　明治時代後期の政党。第三次伊藤内閣が第十二議会を解散した明治三十一年（一八九八）六月十日前後から、地租増徴案に反対する自由党*と進歩党*との間に合同の機運が高まった。山下倶楽部の平岡浩太郎の尽力もあって、六月二十二日、両党が合同して結成された。議会初の単独過半数政党となった同党の綱領には、政党内閣の樹立や産業の振興などが掲げられた。党首は置かれず、最高幹部である総務委員には、旧自由党の松田正久・林有造と旧進歩党の尾崎行雄*・大東義徹が選ばれた。六月三十日に第一次大隈内閣が成立すると与党となり、八月十日の総選挙でも圧勝した。しかし、激しい内部対立は克服されず、十月二十九日、旧自由党系は、憲政党をいったん解党して、自派だけで新たに憲政党を結成した。綱領は、旧憲政党のままで、総務委員には、星亨*・片岡健吉・江原素六が選ばれた。積極主義を唱えて第二次山県内閣と提携し、地租増徴案を通過させた。明治三十三年（一九〇〇）九月十三日、伊藤博文*が結成する立憲政友会*に合流するため解党した。（小宮一夫）

第一次大隈内閣《だいいちじおおくまないかく》（隈板内閣《わいはんないかく》）　日本で最初の政党内閣。明治三十一年（一八九八）六月二十二日、地租増徴案に反対する自由党*と進歩党*が合同して憲政党*が結成されると、伊藤博文*首相は実業家などを基盤とする新党結成で対抗しようとした。しかし、山県有朋*らの反対で失敗に帰すと、伊藤は、事態打開の展望を失い、辞意を表明した。伊藤は、後継首班に憲政党の大隈重信*と板垣退助*の両名を推薦し、六月三十日に、大隈を首相として成立した。なお、明治天皇*から、大隈・板垣の両名に組閣の命が下ったため、一般には隈板内閣とも呼ばれている。大隈が外相を兼任し、内相に板垣、蔵相に松田正久が就任するなど、勅命で留任した桂太郎*陸相と西郷従道*海相以外の閣僚は、すべて憲政党員であった。地租増徴を避けて、日清戦後経営を行おうとしたため、間接税の増税を計画するなど政策矛盾を抱えていた。激しい猟官運動が内紛の火種となり、そのうえ共和演説事件を引き起こした尾崎行雄*文相の後任をめぐって旧両党系の対立がさらに激化し、憲政党分裂後の十月三十一日総辞職した。（小宮一夫）

政党内閣《せいとうないかく》　衆議院*で多数派を占める単一政党もしくは複数の政党を勢力基盤に組織され、首相以下、閣僚の多数を政党員が占める内閣のことをいう。日本で最初の政党内閣は、明治三十一年（一八九八）六月に、憲政党*の大隈重信*と板垣退助*を首班に組織された第一次大隈内閣*（隈板内閣*）である。その後、大正七年（一九一八）九月に、立憲政友会*総裁・原敬*が、衆議院第一党の政友会を基盤に、陸海相および外相を除く閣僚ポストを政友会会員が独占する本格的な政党内閣を出現させた。また原は、衆議院に議席をもつ最初の首相であった。大正十三年（一九二四年）五月に、総選挙で第一党となった憲政会*総裁加藤高明*が政友会および革新倶楽部と護憲三派内閣を組織すると、以後八年間政党内閣が続いた。この時期は、憲政会—立憲民政党*と政友会の二大政党が交互に政権を担当し、「憲政の常道」が定着したかに見えた。しかし、昭和六年（一九三一）九月に勃発した満州事変*を期に軍部が政治進出したことや、翌年の五・一五事件*によって、戦前の政党内閣は終焉した。

（小宮一夫）

立憲政友会《りっけんせいゆうかい》　明治時代後期から昭和戦前期にかけて存在した政党。明治三十三年（一九〇〇）九月十五日、元老*伊藤博文*を総裁とし、正式に発足した。主な参加勢力は、星亨*率いる憲政党*と、西園寺公望*ら伊藤系官僚であった。国家政党を目指し、綱領には、教育や産業振興が掲げられた。十月には、第四次伊藤内閣が発足した。明治三十六年（一九〇三）七月、西園寺が伊藤の後継総裁となり、明治三十九年（一九〇六）一月と四十四年八月に、二度内閣を組織した。西園寺総裁下、原敬*が松田正久と協力して党運営や組織整備を行い、党勢を拡大していった。そして、国内産業の育成を目指す積極政策が党の方針として根付いた。大正三年（一九一四）六月に総裁に就任した原は、同七年（一九一八）十月、政友会に基盤を置く本格的な政党内閣を成立させた。原は、小選挙区制を導入し、総選挙で政友会を圧勝させた。大正十年（一九二一）十一月に原が暗殺されると、後継総裁となった高橋是清*支持の横田千之助らと床次竹二郎らがしだいに激しく対立した。十三年（一九二四）一月には、清浦超然内閣を支持する床次らが脱党し、政友本党を結成した。一方、横田らは憲政会*の加藤高明*を首班とする護憲三派内閣を成立させ、政党内閣への道を切り開いた。翌十四年四月、陸軍大将の田中義一*を総裁に迎え、昭和二年（一九二七）四月には、田中内閣を組織した。そして、原が敷いた中国大陸進出に抑制的な外交路線から積極進出路線への転換が図られた。昭和七年（一九三二）の五・一五事件*での犬養毅*首相の暗殺後は、政権から遠ざかった。昭和十四（一九三九）年には、総裁の座をめぐって中島（知久平）派と久原（房之助）派に分裂した。翌十五年七月、両派とも解党し、近衛新体制運動に合流していった。

（小宮一夫）

星亨《ほしとおる》（一八五〇—一九〇一）　明治時代の政党政治家。嘉永三年四月八日、左官屋の徳兵衛・マツの長男として江戸八官町で生まれる。安政二年（一八五五）、母の再婚相手である巫医・星泰順の養子となった。横浜で英語を学び、明治五年（一八七二）大蔵省雇、同七年横浜税関長を経て、イギリスへ留学する。明治十一年（一八七八）司法省付属代言人となる。明治十五年（一八八二）夏、自由党*に入党し、以後自由民権運動*に従事する。明治十九年（一八八六）十月ごろより大同団結運動*を試み、翌年末には保安条例*施行で東京を退去した。明治二十五年（一八九二）三月の第二回総選挙で初当選し、五月の第三議会で衆議院*議長に選ばれた。内地雑居を支持し、政府と自由党の提携を試みたため、対外硬派*から嫌悪され、翌二十六年末の第五議会で議員を除名された。朝鮮政府法律顧問、駐米公使を経て、明治三十一年（一八九八）憲政党*を分裂させ、第一次大隈内閣*を崩壊に導いた。第二次山県内閣と提携し、翌三十二年秋の府県会*選挙では、鉄道敷設や港湾改築などを掲げて憲政党を大勝させた。外交面では、中国分割論*を唱えた。明治三十三年（一九〇〇）九月、元老*の伊藤博文と立憲政友会*を結成し、院内総務となった。自ら議長を務め、配下の議員らが関与した東京市会の疑獄事件が原因で、同年十二月、第四次伊藤内閣の逓相を辞任し、翌三十四年六月二十一日、東京市庁内で刺殺された。
（小宮一夫）

三　近代国家の発展と国際政局

（一）　資本主義の成立

殖産興業政策の展開　政府は明治初年以来、欧米列強と国際社会において並び立つ富強な国家の建設を目指して、殖産興業政策*を推進し、国力の充実につとめた。明治十年代後半、参議兼大蔵卿松方正義*を中心に、インフレ収拾と財政立て直しのため、緊縮財政・紙幣整理*を実施し、日本銀行*を設立して兌換《だかん》紙幣の発行に当たらせた。また、近代技術導入の上で大きな役割を果たしながら、経営的には必ずしも採算が取れていなかった官営事業を民間に払い下げ、民間産業の育成を図った。こうして、一時的な不況を乗り越えて、財政の健全化と貨幣・金融制度の整備が進み、産業化の基盤が整えられた。

近代産業の発達　民間の近代産業は、明治十年代末ごろから急速に発達したが、その中心となったのは、生糸を生産する製糸業*、綿糸を生産する紡績業*であった。製糸業の部門では、明治初年にフランスの技術を導入して官営の富岡製糸場*（のち三井へ払下げ）が設立され、蒸気力を用いた大規模な機械生産に当たった。民間でも徐々に江戸時代以来の伝統的な手工業的技術を基礎に技術移転が進めら

近代産業の発展（朝日新聞社編『明治大正期 日本経済統計総観』並木書房より）

主要輸出品の内訳

年　次	輸出総額	生糸	米	製茶	銅	石炭	綿糸	絹織物	綿織物	昆布	木蠟
	円	千円	千円	千円	千円	千円	千円	千円	千円	千円	千円
1868（明治元）	15,553,473	6,425	—	3,582	9	80	—	1	6	214	308
1872（〃　5）	17,026,647	5,237	—	4,226	424	180	—	9	2	414	274
1877（〃　10）	23,348,522	9,630	2,269	4,375	520	289	—	2	18	416	162
1882（〃　15）	37,721,751	16,255	1,652	7,030	827	436	—	27	38	530	326
1887（〃　20）	52,407,681	19,392	2,255	7,603	2,032	496	—	149	171	595	326
1892（〃　25）	91,102,754	36,321	4,162	7,525	4,864	2,854	8	4,460	544	995	286
1897（〃　30）	163,135,077	55,630	6,141	7,860	5,775	8,317	13,490	9,853	2,512	831	731
1902（〃　35）	258,303,065	76,859	6,680	10,484	10,262	17,270	19,902	27,987	5,998	809	790
1907（〃　40）	432,412,873	116,988	3,664	12,618	29,263	19,053	30,343	31,640	16,344	1,709	1,071
1912（〃　45）	526,981,842	151,693	4,368	13,464	24,921	20,285	53,681	30,101	25,761	1,886	1,143

主要輸入品の内訳

年　次	輸入総額	綿糸	器具及び機械	砂糖	鉄類	金属製品	毛織物	綿織物	石油	綿花	米
	円	千円	千円	千円	千円	千円	千円	千円	千円	千円	千円
1868（明治元）	10,693,072	1,240	1,168	919	102	17	1,948	2,543	7	422	436
1872（〃　5）	26,174,815	5,335	341	1,765	431	63	7,217	4,888	161	86	—
1877（〃　10）	27,420,903	4,085	2,291	2,876	973	267	4,846	4,195	606	418	0
1882（〃　15）	29,446,594	6,542	989	4,538	1,102	475	2,632	4,219	2,321	467	20
1887（〃　20）	44,304,252	8,235	2,724	5,793	1,567	2,073	4,538	3,380	1,871	914	129
1892（〃　25）	71,326,080	7,132	4,018	9,621	2,226	1,578	5,663	4,668	3,328	12,325	2,053
1897（〃　30）	219,300,772	9,625	31,210	20,028	9,063	9,199	9,583	9,612	8,001	43,620	21,528
1902（〃　35）	271,731,259	4	14,702	14,628	14,571	6,421	9,979	14,868	15,271	79,785	17,751
1907（〃　40）	494,467,346	139	40,940	20,023	39,806	17,185	12,221	17,548	15,070	115,641	30,931
1912（〃　45）	618,992,277	108	44,996	16,184	58,465	20,623	8,746	9,546	14,202	200,824	30,193

綿糸紡績業の発達

年　次	工場数	紡錘数	原綿消費高	綿糸生産高	使用職工数		
					男子	女子	計
		錘	俵	梱	人	人	人
1886（明治19）	20	71,604	16,757	15,568	706	1,171	1,877
1887（〃　20）	19	76,604	25,164	23,159	930	1,400	2,330
1888（〃　21）	24	116,276	34,096	31,862	1,204	2,199	3,403
1889（〃　22）	28	215,000	72,820	67,046	2,539	5,391	7,930
1890（〃　23）	30	277,895	112,500	104,839	4,089	10,330	14,419
1891（〃　24）	36	353,980	169,723	144,980	5,051	14,216	19,267
1892（〃　25）	29	385,314	230,958	204,950	6,354	18,878	25,232
1893（〃　26）	40	381,781	217,572	214,758	6,164	19,284	25,448
1894（〃　27）	45	530,074	322,250	292,400	8,229	26,922	35,151
1895（〃　28）	47	580,945	410,780	366,689	9.650	31,140	40,790
1896（〃　29）	63	757,196	467,993	401,614	11,394	36,087	47,481
1897（〃　30）	74	970,567	605,061	511,236	9,934	35,059	44,993
1898（〃　31）	72	1,146,749	802,729	644,504	16,183	50,620	66,803
1899（〃　32）	75	1,189,929	810,611	757,315	16,445	57,540	73,985
1900（〃　33）	79	1,135,111	723,090	645,432	12,262	43,760	56,022

れ、比較的小規模な工場があいついで建設され、国産の繭《まゆ》を原料に生産を拡大した。生糸はアメリカやヨーロッパ諸国に輸出され、日本の最重要輸出品として、外貨の稼ぎ頭となった。

紡績業の部門では、明治十年代後半から二十年代前半に、大阪紡績会社*など民間の大規模な紡績会社がつぎつぎに設立され、輸入の綿花を原料に生産に当たった。日清戦争*後には、綿糸は国内需要を満たしただけでなく、韓国や清国などアジア各地にさかんに輸出されるようになった。

政府は戦後経営の一環としていっそう産業の振興を図り、日本勧業銀行など特殊銀行を設立して産業資金の供給につとめるとともに、貿易の発展と国際経済圏への参入を目指して、それまでの銀本位制から、明治三十年（一八九七）、欧米先進国にならって金本位体制*を採用した。

立ち遅れていた重工業部門でも、軍備拡張や鉄道建設などによる鉄の需要の急増に対応して、製鉄業の育成が重要課題となり、官営の八幡製鉄所*が設立され、明治三十四年に東洋一の溶鉱炉に火が入れられ、日露戦争*後には生産体制が軌道に乗った。また造船業*の部門でも明治末期には、一万トン級の大型鉄鋼船の建造が国内で可能になった。

近代産業の発展に必要不可欠な交通・通信手段の発達もめざましいものがあった。政府は明治初年から官営による鉄道敷設を進めたが、明治十年代後半以降、民営の鉄道*も認め、二十年代には官営を上まわる民鉄ブームとなったが、日露戦争後、政府は経営の統一と軍事輸送の便から、全国の主要幹線は国有化された。郵便・電信制度も政府の手により明治十年代後半までにほぼ全国のネットワークが完成し、国際的なネットワークとの連結もできあがった。

産業革命の達成　欧米先進国のうち、イギリスでは十八世紀末から、フランス・ドイツ・アメリカなどでは十九世紀前半ないし中葉から、蒸気機関と機械の使用により、生産力の持続的でかなり大幅な増大と社会的変化が進んだ。いわゆる産業革命*である。日本の場合、前述のように、先進国に五十年から百年ほど遅れて、十九世紀末から二十世紀初めにかけて、軽工業、特に製糸業・紡績業を中心に産業革命が達成された。明治十八年（一八八五）から大正三年（一九一四）の間に、日本の国民総生産（ＧＮＰ）は、実質ほぼ二倍に達したといわれている。これは産業革命期の欧米先進国と比較してかなりの高成長といえよう。その理由について、国民教育の普及による「民度」の高さ、日本社会の均質性と流動性の高さ、日本人の勤勉性と集団主義、宗教的束縛の欠如など江戸時代以来の歴史的条件を重視する見方も有力である。しかし、一方ではこのような急速な産業化が、同時に諸外国においてしばしばその過程で見られたような「副作用」、すなわち公害問題*・社会問題・労働問題などをいっそう切実に生み出した点も否定で

きない。　　　　　　　　　　（鳥海　靖）

〔近代産業の育成〕

松方財政《まつかたざいせい》　明治十四年—二十五年（一八八一—九二）に松方正義*が大蔵卿・蔵相として主導した財政・金融政策。ただ兌換制度成立を境に、前期と後期では政策方針が大きく転換した。大隈財政期の積極的な財政・金融政策は、西南戦争*を契機とする不換紙幣の増発が銀紙格差・物価上昇・貿易入超・正貨流出・財政難など経済危機を招いた。そのため大隈財政*末期に兌換制度移行のために緊縮財政に転換したが、大隈重信は外債発行などにより通貨流通量を維持することに固執していた。それに対し、松方は経済危機の原因が不換紙幣の増発にあると考えており、明治十四年の政変*で大蔵卿に就任すると本格的に紙幣整理*を実施した。財政整理・増税で確保した財政剰余金などを利用して、正貨蓄積だけでなく不換紙幣回収による通貨収縮を断行した。増税による軍拡や公債による鉄道建設*も、通貨収縮を促進する方法を採用した。つまり、前期松方財政は紙幣整理による通貨収縮を重視し、それと両立する範囲内で財政運営を行うという意味で緊縮財政を維持していた。その結果松方デフレと呼ばれる不況を招いたが、明治十八—十九年（一八八五—八六）に銀本位制確立に成功した。

後期も財政政策では緊縮財政を維持しており、租税収入の停滞を前提に健全財政の範囲内で公債政策を行っていた。しかし金融政策では通貨収縮方針を放棄し、日本銀行*が積極的に兌換券を増発して公債抵当金融を中心に国内民間金融を拡大した。そのため兌換制度成立による通貨価値安定を契機に始まった企業勃興への資金供給と民間金融市場における公債消化の両立が可能になった。こうして松方財政は、貿易収支が安定するなかで、公債を基軸に国内資金を効率的に使用することで、外資に依存せずに日本の資本主義化の基盤を形成した。（神山恒雄）

紙幣整理《しへいせいり》　明治前期に兌換制度確立を目指して不換紙幣を整理した政策。大隈財政期には貿易決済には銀貨、国内取引では政府・国立銀行*が発行した不換紙幣が利用されていたが、西南戦争*と殖産興業政策*のため不換紙幣を増発したため、銀貨に対する紙幣価格が下落する銀紙格差が発生し、物価高騰・貿易入超による正貨流出など経済危機を招いた。そこで大隈財政末期から、通貨価値安定のため兌換制度移行が問題となったが、とくに明治十四年の政変*で不換紙幣増発を経済危機の原因と考える松方正義*が大蔵卿に就任して紙幣整理が本格化した。具体的には財政整理・増税により財政剰余金として政府紙幣を確保し、その一部を支出せずに焼却して通貨収縮を図る一方、残りは準備金に繰り入れたうえで、横浜正金銀行経由で輸出為替資金として貸し付け正貨で返済させることで、兌換制度に必要な正貨を蓄積した。また国立銀行紙幣については、国立銀行から日本銀行*に預け入れた資金で公債を購入しその利子で回収する合同消却を十六年（一八八三）に開始した。このような不換紙幣の回収により銀紙格差が解消し物価が下落した。その結果、松方デフレと呼ばれる不況を招いたものの、国際的な銀価下落もあって貿易収支が好転し正貨蓄積も順調に進行した。こうして十八年（一八八五）には日銀の銀兌換券発行、翌年には政府紙幣の銀兌換が始まり銀本位制が成立した。（神山恒雄）

大阪紡績会社《おおさかぼうせきがいしゃ》　日本で最初に成功した工場制（機械）綿紡績

会社。十九世紀中葉の開国*・開港を機として、イギリスの綿紡績会社の製品が流入してきた。これを何とか防遏《ぼうあつ》しなければならないと、政府・民間ともに様々に努力したが、成功の目途をつけることがなかなかできなかった。しかし、そうした試行錯誤の間に、成功を期するためには、大規模性（規模の経済性、スケール・メリットの実現）、安定した動力源（蒸気機関の設置）の確保が不可欠であることが認識された。そこで、渋沢栄一*を中心とする人びとが、これらの条件を満たす紡績会社を設立すべく、明治十三年（一八八〇）から準備にとりかかった。資本金は株式募集によって得、設備はイギリス・プラット社製のミュール精紡機を輸入した。工場運営の技術はロンドン大学で経済学を勉強中の山辺丈夫を説いて紡績工場の現場に送り込み、習得させた。明治十五年（一八八二）こうした諸条件を整える目安がつき、大阪紡績会社として会社設立の認可を得（資本金二十五万円）、明治十六年七月に操業開始。規模の経済性を重視した山辺は操業の翌月から昼夜二交替制を採用し、資本金の増加によって精紡機の増設をすすめた。明治二十三年（一八九〇）には大阪織布を買収して、兼営織布を開始。明治三十年、山辺は社長となり、紡績業を拡大するとともに、綿織業をも拡張していった。大正三年（一九一四）には、三重紡績会社と合併し、東洋紡績株式会社となり現在に至る。（正田健一郎）

日本銀行《にほんぎんこう》　日本の中央銀行。明治十五年（一八八二）に日本銀行条例に基づき設立。銀本位制確立のため、十八年（一八八五）に前年制定の兌換銀行券条例により銀兌換券発行を開始した。国内民間金融については、設立時には商業手形再割引など商業金融の中核とする構想だった。しかし長期金融機関の設立が遅れるなかで、日銀は公債抵当金融に加え、明治二十三年（一八九〇）の担保品付手形割引により株式抵当金融を本格化して、積極的に産業金融を行う民間銀行の活動を支えていた。三十年に金本位制*に移行したが、慢性的入超だった日清・日露戦後期には、その維持は困難であり、外債による正貨補充が必要だった。第一次世界大戦*のため大正六年（一九一七）に金輸出禁止を行い、一九二〇年代は金本位制停止のまま恐慌時に救済融資を繰り返した。昭和四年（一九二九）に金解禁を実施したが、六年（一九三一）の金輸出再禁止で実質的に管理通貨制に移行し、赤字公債引受などを行った。そして、昭和十七年（一九四二）制定の日本銀行法で管理通貨制を恒久化した。

（神山恒雄）

日本銀行

日本鉄道会社《にほんてつどうがいしゃ》　明治十四年（一八八一）十一月、東京・青森間（七三〇・五キロメートル）の鉄道建設を目的に、岩倉具視*を中心とする華士族資本によって設立された、日本で最初の私設鉄道会社（資本金二千万円）。岩倉は、華士族層の金禄公債*などの財産を鉄道*に投資し、その経済的地位の安定を図るとともに、沿線の開発や北海道開発・北方警備に資することを目的とした。政府は、国有地の無償貸下げ、開業後の配当保証（八パーセント）、用地の国税免除、工部省*鉄道局による工事の施行や要員の訓練・補充など、手厚い保護・助成を与える一方で、政府の命令や監督に従うほか、定款・条約の政府解釈の優先、政府の郵便・電信事業や軍および警察への協力を義務づけた。明治二十四年（一八九一）九月の上野・青森間の全通後、現在のＪＲ東日本山手線・赤羽線・日光線・水戸線・常磐線・両毛線などを建設ないし合併し、明治三十八年（一九〇五）末には約一三八三・七キロメートルの営業路線を擁する、日本最大の私鉄（資本金六千六百万円）となり、明治三十九年十一月に国有化された。（老川慶喜）

東海道線《とうかいどうせん》　東京・神戸間の幹線鉄道で、明治二十二年（一八八九）七月に全通。明治政府は、明治二年十二月、東京―京都間の東西両京間鉄道および東京―横浜間、琵琶湖近傍―敦賀間、京都―神戸間の各支線の建設を決定したが、東西両京間鉄道のルートを中山道とするか東海道とするかは未定であった。明治十六年（一八八三）に「中山道鉄道公債証書条令」が公布され、二千万円の公債募集による中山道鉄道の建設が決定したが、鉄道局長官井上勝は山岳地帯の多い中山道から東海道ルートへの変更を伊藤博文*・山県有朋*らに働きかけ、東海道線の建設が十九年七月に決定した。東海道線が開通すると、太平洋沿岸の海運は著しい打撃を受けた。（老川慶喜）

日本郵船会社《にほんゆうせんかいしゃ》　日本最大の海運企業。戦前期の海運は唯一の国際運輸手段であったため、政策を通じて政府との関係が強かった。大阪商船・東洋汽船とともに社船と称せられる。明治一八年（一八八五）十月、郵便汽船三菱会社*と共同運輸が合併して成立したが、旧三菱系が経営陣をほぼ独占。二十六年（一八九三）商法施行とともに、株式会社に改組。同年に日本初の遠洋定期航路ボンベイ航路を開設。日本紡績連合会の支援を受けてＰ＆Ｏほか二社の組織する海運同盟と競争を展開した末、航路参入と運賃引下げに成功。日清戦後、海運保護政策をバックに海外航路の拡大に積極的に取り組み、二十九年（一八九六）に欧州、北米シアトル、豪州航路を開設。日清戦争*後は、海外航路の比重をいっそう高めた。大正十五年（一九二六）には東洋汽船の太平洋航路を継承し、浅間丸などの豪華客船をつぎつぎに建造、「客船の郵船」のイメージを確立した。敗戦後は昭和二十五年（一九五〇）に用船に依存しつつ航権の回復に着手、二十七年には欧米航路を復活。三十六年には船客業務から撤退、貨物船経営に特化した。三十九年の海運再編成で三菱海運と合併した。（小風秀雅）

共同運輸会社《きょうどううんゆがいしゃ》　明治十五年（一八八二）七月、当時独占的海運企業であった郵便汽船三菱会社*への対抗を目的に、農商務卿品川弥二郎を中心に渋沢栄一*・益田孝らを発起人として設立された海運企業。資本金六百万円のうち政府が四三パーセントを出資した。北海道運輸、越中風帆船、東京風帆船を合併し、翌年一月に開業。中古船主体の三菱に対抗して新造汽船を投入し、明治十七年ごろより各航路で激しい海運競争を展開した。そのため運賃は急激に低下、汽船の市場は拡大したが、両社とも赤字となり、共倒れの危険が生じたため、政府は明治十八年四月に農商務少輔森岡昌純を同社の社長とし、三菱との合併を推進した。交渉は難航したが九月に実現し、新たに日本郵船会社*が設立された。（小風秀雅）

〔産業革命の達成〕

紡績業《ぼうせきぎょう》　紡績とは綿花・真綿・麻・羊毛などから撚《よ》りをかけて糸として引き出す作業をいう。商品生産として行われるとき、紡績は初めて紡績業となる。日本において紡績業というとき、一般的には綿紡績業（綿糸生産）を意味するので、以下、綿紡績業について述べる。

日本綿紡績業の成立時期を示すことはむずかしいが、明治十―二十年代（一八八〇―九〇）とするのが適当と考えられる。江戸時代中期（一七五〇年代）以降、日本は世界の名だたる綿作国となり、したがって綿糸も綿織物も全国的に生産された。なかでも大阪周辺、瀬戸内海沿岸、名古屋・岡崎周辺、関東地方の各地が有名で、生産量も膨大であった。しかし、江戸時代中・後期をもって綿紡績業の成立期とすることには疑問が残る。全国無数の農家が綿作を行い、収穫された綿花から綿糸をつくり、それを綿糸問屋に引き渡すか、それをもって綿織物にまで仕立てて売り出すかしていたのであるが、業の名で呼ぶに価するものは綿織物であって、綿紡績は中間的、曖昧な形であったのである。こうしたあり方は幕末の開国*・開港によって劇的な変化をせまられた。工場制機械綿業を大々的に展開していたイギリスを先頭とする欧米の良質・安価な綿糸は、自由貿易体制のもと日本に流入し、手作業に依存する在来綿紡績では到底これに対抗しえなかった。在来綿業の壊滅は日本の在来産業の壊滅であるとし、政府、民間の識者はともに事態を憂慮し、工場制（機械）綿紡績業の育成に奮闘努力した。維新直後から明治十年代はじめにかけて鹿児島紡績所、堺紡績所、鹿島紡績所（東京滝野川）、広島・愛知の官営紡績所、十基紡（政府が二千錘のミュール紡績機十台を輸入し、それを全国各地の民間有志に払い下げた）等々が設立されるが、あまりに小規模であること、動力源が不適当であったことなどが原因して、輸入綿糸に対抗することは到底できなかった。輸入綿糸に対抗する展望をひらいたのは、明治十六年（一八八三）七月から操業を開始した大阪紡績会社*であった。それ以降、蒸気機関を設備した大規模紡績会社が続々と設立されていった。これをもって日本綿紡績業の確立ということができる。

（正田健一郎）

綿織物業《めんおりものぎょう》　日本における綿織物業の成立は、十八世紀中葉である。十五世紀末に渡来した綿作は十七世紀に入ると急速に普及し、十八世紀には全国各地に綿織物業地域が成立していった。古代・中世にも綿織物はあったが、綿作・綿紡績（綿糸生産）を欠いていたので、そのすべては中国・韓国からの輸入品であり、いわば奢侈品であった。古代・中世の庶民は麻織物を衣料としていたのである。麻に比べて格段に優れていた綿織物は、特に庶民の衣料として生活必需品となった。綿花・綿糸を産しない地方、特に都市の民衆は争ってこれをもとめた。はじめ綿作農家の自家消費に供されていた綿織物は、またたく間に販売のための生産となっていった。すなわち、綿織物業が成立したのである。

綿織物を品質の点から見ると、縞《しま》木綿、絣《かすり》木綿など織柄《がら》のあるものと、晒《さらし》木綿といわれる白木綿とに分けられる。白木綿はそのまま衣料として用いられることはまれで、紺屋と呼ばれる染色業者によって染付が施されて商品となった。次に生産形態の点から見ると、独立小生産者と賃織業者に分けられる。縞木綿・絣木綿生産地域においては、相対的に小営業者が多く、白木綿生産地域では問屋から綿糸、時には機台をも貸与されて生産する者が多かった。これは綿替制などともいうが、一般的には問屋制度、賃機制度という。

綿織物業は十九世紀中葉の開国・開港によって大きな転機を迎えた。力織機《パワールーム》と呼ばれる織物機械で生産された工場製品としての綿織物が、自由貿易制下流入してきたので、品質や価格の点で、在来綿織物業は、これに対抗できず衰退に向かう生産地域も少なくなかったが、全体的には輸入綿布に対抗して、生産を活発化させるところが多かった。輸入綿織物に対抗しえた主な理由は、まず第一に国産綿布と輸入綿布の品質の相違である。国産綿布は太糸で織ったゴワゴワした厚地綿布であったが、輸入綿布は細糸で織った絹布を思わせる薄地綿布であったこと、したがって両者の間には直接的な代替関係がなかったこと。理由の第二は綿織物業者が積極的に輸入綿糸を用いるとともに、織機を高機とし、これにバッタンと呼ばれた飛杼機構（フライイングシャトル）を装備し、生産力を高めたこと、第三の理由として、織工の大半は低賃金女工であったこと。これらを組み合わせて、よく輸入綿織物に対抗し、それに勝利したのである。

明治三十年代に入ると、日本は綿織物輸出国となるが、これに関連して指摘されるべきは綿紡績会社の兼営織布である。すなわち、綿紡績各社は自社製の綿糸の有効利用のため、イギリスから広幅力織機を輸入し、機械制綿織物を活発に生産し、その製品の多くを中国・韓国・東南アジアへ輸出した。

（正田健一郎）

製糸業《せいしぎょう》　蚕《かいこ》の繭を煮て引き出した繊維を集め（集緒）撚《よ》って（抱合）生糸を製造する産業。国内製糸業は十七世紀後半の中国生糸輸入の減少を背景に発展、国内自給を達成するに至り、安政六年（一八五九）の開港後は、当時蚕病流行で生糸生産が激減していたフランスなどヨーロッパ市場への輸出を開始、以後第二次世界大戦*前期を通じて外需に大きく依存しつつ飛躍的拡大をとげた。その輸出額は昭和五年（一九三〇）まで輸出総額の四分の一以上を占め、しかも原料などは国内自給を原則とする、最大の外貨獲得産業であった。

日本の生糸はフランスやイタリアの生糸に比較して安いうえ、海外市場の、特に明治十七年（一八八四）以降その最大の輸出先となったアメリカ市場の需要に即した品質改良が進められたので、明治四十二年には中国生糸をしのぐ世界最大の輸出量を達成した。品質改良は、明治初年からの洋式器械製糸技術の導入を通じて行われた。従来は繰糸者（多くは女性）が煮繭から生糸の巻取りまで行ったのに対し、器械製糸は煮繭用熱源と巻取り動力を集中管理し、抱合装置を利用することで、繰糸者を集緒作業に集中させ、均一な品質の生糸の量産を容易にした。通年操業を可能にする原料繭処理法や、客観的基準による検査法の導入も含めた洋式製糸法は、富岡製糸場*などの模範工場から伝習工女や見学者を通じて各地に普及した。その成果として、群馬県など旧来の有力産地では、養蚕製糸農民が結社組織で、あるいは生糸商人が集中揚げ返しや出荷を行う改良座繰が普及したのに対し、器械製糸は新興産地の長野県諏訪を中心に器械の簡便化を伴って普及した。購繭や設備に多額の資金を要する器械製糸経営は、売込商を通じて供与される政策的金融を背景に急増、輸出用生糸生産の主流になり、明治二十七年には生産量で座繰製糸を凌駕した。

（差波亜紀子）

絹織物業《きぬおりものぎょう》　生糸を経糸《たて》・緯糸《よこ》に使用して織物を製造する産業。明治七年（一八七四）ヨーロッパから京都西陣の織工場に導入されたジャガード（紋織装置）、バッタン（飛杼装置）は、在来の高機に装着すると作業能率の大幅な向上を可能にした。機大工が安価に模造することで各地に普及し、以後の織物業の拡大を支えた。在来織物は小幅であったが、バッタン導入後はヨーロッパ同様の幅の広い織物の製造も容易になった。絹および絹綿交織物の輸出は、その約八割を占める羽二重の製造法が明治二十年前後に群馬桐生から福井・石川などに伝えられると本格化し、仕向地をヨーロッパからアメリカへと移しつつ、大正三年（一九一四）に綿織物に抜かれるまで織物輸出の首位を占めた。これを反映し、明治二十八年時点の生産上位府県には従来どおりの京都府・群馬県とともに、輸出織物地帯の福井・石川両県が進出した。しかし、総生産高に占める輸出高の割合は昭和六年（一九三一）の五割弱が最高で、一貫して国内向け生産が中心であった。

生産形態は、輸出織物生産でマニュファクチュア*の展開が見られたものの、中心は零細な家内工業と賃機であり、そのなかには問屋から織物原価の七、八割を占める原料生糸の前貸しを受けるものも多かった。動力の利用は、まず規格化された大量の製品が求められる輸出織物生産で進んだ。そこで採用されたのは、明治三十一年に山形鶴岡で完成した斎外式絹力織機をはじめ、各輸出織物産地で開発された安価な国産力織機であった。第一次世界大戦*時の増産、その後の不況下での合理化で普及が進み、昭和六年には力織機台数の割合は六割を越えた。大正中期ごろから人絹織物が絹織物市場を侵食するようになり、世界恐慌*後には旧来の絹織物産地は人絹織物産地へと転換をとげた。

（差波亜紀子）

鉄道敷設法《てつどうふせつほう》　明治二十五年（一八九二）六月に公布された、明治政府の鉄道建設*の基本方針を定めた法律。明治二十四年（一八九一）七月、井上勝*鉄道庁長官は「鉄道政略ニ関スル議」を著し、経済と軍事の両面から鉄道建設の意義を把握し公債発行による鉄道建設と私設鉄道の買収を主張、全国的な鉄道網の建設を構想した。これを受けて品川弥二郎内務大臣が「鉄道公債法案」および「私設鉄道買収法案」を第二回帝国議会に提出したが、不成立に終わった。そこで、政府は「鉄道敷設法案」を取りまとめて議会に提出し、法律第四号として成立をみた。私設鉄道の買収（国有化）については規定できなかったが、鉄道線路の建設を法定手続きとした点、明治政府の鉄道建設構想を示したという点で鉄道政策史上画期的な意義をもつ。鉄道敷設法が公布されると、中央線や山陰・山陽連絡船線の沿線などで活発な鉄道誘致運動が展開された。なお、北海道については鉄道敷設法の適用から除外され、明治二十九年（一八九六）五月に北海道鉄道敷設法が公布された。

（老川慶喜）

金本位制《きんほんいせい》　一定量の金を含む貨幣を通貨単位の基準としている通貨制度。近代日本では明治四年（一八七一）に新貨条例*を制定し、金本位制を採用した（一円＝金一・五グラム）。しかし当時のアジア貿易は銀貨で決済していたので、貿易決済用の銀貨として円銀を発行し国内取引でも使用できたため、実際は金銀複本位的な性格が強かった。しかも国際的に金に対する銀の価値が下落する銀価下落のなかで金貨が海外に流出したうえ、国立銀行*の金兌換券発行も失敗したため、貿易決済は銀貨、国内取引は不換紙幣が利用され金本位制は定着しなかった。結局松方財政*の紙幣整理*により、十八―十九年（一八八五―八六）に銀本位制が成立した。しかし銀価下落が続くなかで、銀本位制は金本位制の欧米主要国に対し円安となり貿易には利点があったが、外貨導入の妨げになるなど問題も多かった。そこで三十年（一八九七）に、日清戦争*の賠償金を利用して一円＝金〇・七五グラムで金本位制に移行した。日清・日露戦後期は慢性的な貿易入超のため、外債による正貨補充で金本位制を維持した。第一次世界大戦*下の国際的経済混乱のため、大正六年（一九一七）に金輸出を禁止して金本位制を停止した。大戦後は金解禁＝金本位制復帰を目指し、慢性的入超のためようやく昭和四年（一九二九）に実現したが、世界恐慌*の中で六年（一九三一）に金輸出を再禁止し管理通貨制に移行した。（神山恒雄）

〔重工業の発展〕

八幡製鉄所《やはたせいてつじょ》　その歴史がそのまま日本近代鉄鋼史となるわが国の代表的製鉄所。明治十四年（一八八一）以後、政府はそれまでの企業官営政策を改めて企業を民間に払い下げた。しかし製鋼事業は技術的・経営的に困難であるとして民間企業は乗り出さなかった。二十四年（一八九一）政府は海軍省所管の製鋼所計画を第二議会に提出したが否決。ようやく日清戦争*開始後の二十八年、第九議会で製鉄所予算案が可決された。この間に所管が海軍省から農商務省*へ、また製鋼所計画は鉄鋼一貫製鉄所へと変わった。三十二年大冶《だいや》鉄鉱石の長期購入契約が成立。ドイツの技術導入による建設が進められ、三十四年（一九〇一）二月東田第一高炉に火入れ、十一月作業開所式を催した。しかし高炉操業は不調で、三十五年七月高炉を止め、改造後再点火したのは三十七年四月であった。その後操業は順調で日露戦争*による需要増大は製鉄所の諸設備を急速に充実させた。四十三年初めて黒字計上。その後昭和九年（一九三四）日本製鉄、二十五年（一九五〇）八幡製鉄、四十五年（一九七〇）新日本製鉄と社名は変わった。（川地博行）

八幡製鉄所

鉄道国有化《てつどうこくゆうか》　明治三十九年（一九〇六）三月に公布された鉄道国有法に基づいて、同年十月から翌年十月にかけて行われた、北海道炭砿、日本、山陽、九州、関西の五大私鉄を含む十七私鉄の政府買収。買収額は、十七社の払込資本金額のほぼ二倍に相当する四億六千七百万円で、営業距離で九〇パーセントの比重をもつ国有鉄道が誕生した。交付された公債は、重工業投資や海外投資に向けられた。鉄道国有化については、すでに明治二十年代から鉄道官僚、ブルジョアジー、軍部などによって議論されていたが、日露戦後になると、①鉄道*の輸送力の向上、②輸送費の低減化、③国家財政の再建などを目的に、第一次西園寺内閣が鉄道国有法案を第二十二議会に上程、貴族院*で修正のうえ鉄道国有法が成立し、幹線国有原則が確立した。満州・朝鮮などの大陸と国内の鉄道輸送の統一も重視され、京釜鉄道買収法、南満州鉄道株式会社設立令もほぼ同時に公布された。なお、鉄道国有法は昭和六十二年（一九八七）の国鉄の分割・民営化で廃止され、幹線国有原則も消滅した。

（老川慶喜）

貿易《ぼうえき》　安政五年（一八五八）アメリカをはじめヨーロッパ諸国との修好通商条約が締結され、開港場が定められて貿易が開始された。主要貿易港は横浜と長崎*、外国商館を通じての居留地貿易で、この形態は貿易商社の力が強まる明治中期まで存続した。輸出品は生糸をはじめ、茶・蚕卵紙など、輸入品は綿織物・毛織物・綿糸・艦船・金属・兵器類などが主であったが、開港当初は日本の金銀比価が金安であったため、金の流出、銀の流入が目立った。

明治に入ってのち、輸出入ともに順調に増加を続けたが、一般に輸入超過の傾向があり、輸出超過が続いたのは、一八八〇年代と第一次世界大戦*期のみであった。輸出・輸入の対GNP比は、一八八〇年代にはともに六パーセントであったが、一九〇〇年前後には一〇パーセント台に達し、二十年代には二〇パーセントに近づいたことからも知られるように、貿易の発展は、全経済の成長よりも速やかであったことは、特に輸出が経済成長を主導したことを物語る。輸出品は生糸が第一であったが、これにつぐものは、茶から石炭・銅へ、さらに綿製品へと変遷し、一九三〇年代には綿製品が首位を奪う。輸入品は初期には繊維製品が第一位にあったが、工業化の進展とともに綿花・羊毛などの原料と鉄鋼・機械類の比重が高まる。戦前の日本の主力産業は繊維工業であったが、原料輸入、製品輸出という加工貿易が定着したのである。貿易の相手国としては、生糸はアメリカ向け、綿製品は中国をはじめとするアジア向けが多く、綿花の輸入先は当初はインドが主であったが、やがてアメリカが最大となった。輸出の増加は、第一次世界大戦期を別とすれば、一八八〇年代と一九三〇年代に目覚ましかったが、前者は日本が銀本位制*をとっていて、銀価の低下が激しく、後者は金本位制離脱後の円為替低下の影響が大きかった。

（中村隆英）

鉄鋼業《てっこうぎょう》　日本の鉄鋼業は、わが国の重工業の発展にきわめて重要な役割を果たしてきた。明治政府ははじめ製鉄や製鋼を民間企業にまかせていたが、経営的に成り立たず、釜石鉱山・中小坂《なかおさか》鉄山・広島鉄山を官営とした。しかし官営でも財政的に行き詰まり、明治十四年（一八八一）以後これらの企業を民間に払い下げた。そのなかで釜石鉱山だけが成功し高炉操業をするが、製鋼以降の操業には三十六年まで乗り出さなかった。製鋼事業は民間企業には技術的・経営的に困難とみられていた。

わが国の近代的鉄鋼業の成立は八幡製鉄所*の登場をまつしかなかった。日露戦争*後わが国の鉄鋼需要は急増し、四十三年（一九一〇）八幡は、はじめて黒字を計上。八幡の技術の確立と鉄鋼市場の拡大は、それまで慎重だった大資本を鉄鋼事業の経営に乗り出させた。その主なものは住友鋳鋼所、鈴木商店の神戸製鋼所、川崎造船所製鋼工場、三井の輪西《わにし》製鉄所（室蘭）、三井と外資による日本製鋼所および浅野の日本鋼管などである。大陸植民地でも鉄鋼企業経営が始まった。これらは輪西などを除くと平炉メーカーで、当時平炉メーカーは鉄鋼一貫の製鉄所より採算的に有利であった。昭和九年（一九三四）日本製鉄創立。十二年鉄鋼一貫操業による生産力拡充を求められて、日本鋼管などが高炉を築き鉄鋼一貫企業となった。戦後二十五年（一九五〇）日本製鉄解体。朝鮮戦争*勃発後、一時に鉄鋼需要激増。二十六年以後、アメリカなどから技術導入し本格的近代化が進められた。川崎製鉄、住友金属、神戸製鋼所が鉄鋼一貫メーカーに発展し、八幡、富士、日本鋼管と大手六社を形成。三十二年LD転炉導入。やがて六社は年産一〇〇〇万トン規模の製鉄所を完成。昭和四十五年（一九七〇）新日本製鉄が発足。鉄鋼は構造材・機能材として今後も世界の需要は伸びるであろうが、わが国鉄鋼業の前途は楽観を許されない。（川地博行）

造船業《ぞうせんぎょう》　日本の工業化をリードしてきた重工業部門の一つ。開国後、幕府が浦賀に造船所を建設したのをはじめ、石川島・長崎・横須賀に幕藩営の造船所が設立された。維新後これらは官営となり、海軍は官営化された横須賀造船所*を海軍工廠とした*ほか、呉・佐世保・舞鶴に工廠を開設した。二十世紀に入るとイギリスからの艦艇の輸入はほぼ跡を絶ち、大正初期の戦艦金剛を最後に国内建造となった。一方、長崎・兵庫の両造船所は明治二十年（一八八七）にそれぞれ三菱、川崎正蔵に払い下げられ、民間造船所の主力に成長していった。日清戦争*後、政府の海運育成政策と並行して、造船奨励法により造船業にも政府保護が実施された。日露戦後、民間造船所も海軍艦艇建造に進出、国内の機械工業が未発達であったため、造船所は関連部門を自力で運営することとなり総合的機械工業として成長していった。第一次世界大戦期*は船舶飢饉と呼ばれる船舶不足を背景に造船量が激増したが、国内製鉄業の未発達のため原料鉄が不足し、造船能力の不足に悩むアメリカとの間で船鉄交換が行われた。大戦後は、船舶過剰による長期的海運不況、軍縮による海軍艦艇受注の減少により、造船業は不況に推移し、昭和二年（一九二七）の金融恐慌*では川崎造船所が破綻。しかし、昭和恐慌後海運業の船質改善を図って昭和七年（一九三二）にはじめて実施された船舶改善助成施設により受注が増加した。日中戦争*開始後は造船事業法などにより統制が強化され、第二次世界大戦期*は国家管理下に計画造船が遂行された。敗戦後、厳しい建造統制が行われたが、昭和二十四年（一九四九）ころより再建整備に着手され、旧海軍工廠の民営転換も進んだ。昭和二十五年（一九五〇）海運業の民営還元とともに大型船発注により造船業も活況を呈し、輸出船ブームにのって昭和三十年（一九五五）に船舶輸出量はイギリスを抜いて世界最大となった。（小風秀雅）

南満州鉄道《みなみまんしゅうてつどう》　日本の「満州」経営の中心となった半官半民の国策会社。明治三十八年（一九〇五）のポーツマス条約で、日本はロシアから東清鉄道（長春―旅順間）とその支線およびそれに付属する権益・特権・財産、撫順など重要炭鉱の経営権を獲得した。この権利を運用するために明治三十九年（一九〇六）六月に南満州鉄道株式会社設立委員会（委員長・児玉源太郎）が設置され、十一月に資本金二億円（半額は日本政府の現物出資）で設立された。その事業は交通、鉱工業、調査、拓殖、関係会社経営の五部門にわたり、「満鉄コンツェルン」を形成した。鉄道では、明治四十四年に大連―長春間および安奉鉄道など一一五〇・八キロの営業を開始、その後も路線を延ばしたが、東支鉄道との競争や張学良*による満鉄包囲網にさらされた。「満州国」成立に伴い鉄道は「満州国有」となり、満鉄が委託経営を行った。昭和九年（一九三四）十一月に運転を開始した特急「あじあ号」は、大連―新京間を八時間三〇分で走り、第二次世界大戦*末期の営業キロは一万キロを越えた。

（老川慶喜）

松方正義《まつかたまさよし》（一八三五―一九二四）明治・大正期の政治家。公爵。名は金次郎・助左衛門、号は海東。天保六年二月二十五日に鹿児島城下で生まれる。薩摩藩士松方正恭の四男、母は袈裟子。幕末に藩主島津忠義とその父久光*に登用された。明治維新後は日田県知事・大蔵大輔・内務卿などを歴任したあと、明治十四年の政変*で参議兼大蔵卿に就任してから二十五年（一八九二）まで、大蔵卿・蔵相として松方財政*を展開した。二十四―二十五年（一八九一―九二）には政権を担当し（第一次松方内閣）、第二回総選挙では激しい選挙干渉*を行ったが、民党の優位を打破できなかった。二十八年（一八九五）には第二次伊藤内閣*の蔵相に就任したが、戦後経営計画審議のための臨時議会開会要求が認められず半年で辞職した。二十九年に第二次松方内閣を組織し蔵相を兼任する一方、進歩党*と提携し大隈重信*を外相として入閣させた（松隈内閣）。翌年金本位制*移行を実現したが、地租増徴問題*をめぐり進歩党が離反したため総辞職した。三十一―三十三年（一八九八―一九〇〇）に憲政党*と提携した第二次山県内閣の蔵相となり、地租増徴を実現した。その後も日露戦時財政への協力、大正六―十一年（一九一七―二二）の内大臣就任をはじめ、元老*として影響力をもっていた。大正十三年七月二日に東京で死去、九十歳。墓は東京都青山墓地。

（神山恒雄）

五代友厚《ごだいともあつ》（一八三五―八五）幕末の薩摩藩士。明治前期の実業家。幼名才助。天保六年十二月二十六日、薩摩藩の儒官の家に生まれる。藩命により長崎*に赴きオランダ士官より航海術を学ぶ。安政六年（一八五九）上海に渡航し汽船の購入に当たる。慶応元―二年（一八六五―六六）藩*の留学生を率いてイギリスに渡り、さらにフランス・ドイツなど各国をまわって汽船・小銃・紡績機械などの買付けに奔走。明治維新とともに新政府に出仕して外国事務局判事・会計官権判事などを歴任し、外国貿易の発展に尽力。明治二年（一八六九）下野し、大阪を中心に実業活動に当たり、特に鉱山経営に才能を発揮。また大阪堂島米商会所の設立、大阪株式取引所の開設にも貢献。十一年中野梧一・藤田伝三郎らと大阪商法会議所（のち大阪商工会議所）の設立に当たり会頭に推された。十四年対清貿易・北海道開発をめざし関西貿易商会を設立し、開拓使*官有物の払下げを策したが失敗。その後、交通業にも事業を拡大するなど関西経済界の発展に貢献した。明治十八年九月二十五日没。

（鳥海　靖）

古河市兵衛《ふるかわいちべえ》（一八三二―一九〇三）古河財閥の創設者。幼名は木村巳之助。天保三年三月十六日、京都岡崎の醸造業者大和屋長右衛門の二男として生まれる。生家の事業衰退により丁稚・行商に従事、安政五年（一八五八）京都小野組に職を得、まもなく同店の古河太郎左衛門の養子となる。生糸買付けや院内・阿仁銅山経営で頭角を現し、明治七年（一八七四）の小野組瓦解後は独立して各地の鉱山経営に乗り出す。同十年に取得した足尾銅山は全国産銅量の三分の一を占め、「銅山王」と呼ばれるに至ったが、一方で鉱毒問題を発生させ世の指弾を浴びた。明治三十六年四月五日死去。後継者の養嗣子潤吉は陸奥宗光*の二男。

（大関俊哉）

安田善次郎《やすだぜんじろう》（一八三八―一九二一）　安田財閥の創設者。幼名は岩次郎。天保九年十月九日、越中富山藩下級藩士安田善悦の長男として同城下郊外で生まれる。幼少期から豪商を目指し、安政元年（一八五四）以降三度江戸*へ出て、元治元年（一八六四）には日本橋人形町に食料品兼両替店安田屋を開店した。明治九年（一八七六）創設の第三銀行と同十三年創設の安田銀行を中心に金融事業を拡大し、十五年の日銀設立の際には理事に就任した。十九年安田保善社を創設、自ら総長に就任して財閥の基礎を築く。大正十年九月二十八日右翼青年の朝日平吾に刺殺された。東大安田講堂は生前の寄与申し出が死後実現したもの。　（大関俊哉）

大倉喜八郎《おおくらきはちろう》（一八三七―一九二八）　大倉財閥の創設者。天保八年九月二十四日、越後国新発田の名主大倉千之助の三男として生まれる。父母の死を契機に安政年間江戸*に出、丁稚奉公を経て乾物店を経営したが、慶応元年（一八六五）神田に開業した大倉銃砲店が戊辰戦争*に際して官軍御用達となり巨利を博した。明治六年（一八七三）大倉組商会を設立し、台湾出兵*、西南戦争*、日清・日露戦争*では軍需品・糧秣輸送で活躍、陸軍・長州閥と結んだ政商として成長した。明治後半には帝国ホテル、大倉商業学校（現東京経済大）、本溪湖煤鉄公司の設立など、多角的経営と大陸進出を目指した。昭和三年四月二十二日死去。　（大関俊哉）

財閥《ざいばつ》　戦前日本経済における代表的金融資本。財閥は大別して三井・三菱・住友・安田の四大財閥、川崎・古河・大倉・浅野などのいわゆる二流財閥、満州事変*後に急成長をとげる日産・日窒・森・日曹・理研などの新興コンツェルンに分けられる。四大財閥は明治前期以来の政商活動により成長し、日露戦争*後から第一次世界大戦*期にかけて持株会社を頂点とするコンツェルン形態を完成させた。いずれも財閥家族の封鎖的支配が強く、金融的にも財閥内に早期から創設されていた銀行に依存することが多かった。また、流通部門の比重が比較的高く、商社活動などを通じて企業買収や合併を行い、安定した多角的経営を行った。一方、二流財閥と新興コンツェルンは傘下企業に対する家族支配が弱く、銀行部門の脆弱さとあいまって外部資金に対する依存度が高かった。さらに、後発財閥という性格から重化学工業部門や植民地開発に比重を置かざるをえず、経営が景気変動や国家政策に大きく左右されるという弱点があり、財閥支配は不十分なものに終わった。　（大関俊哉）

井上勝《いのうえまさる》（一八四三―一九一〇）　創業期の鉄道*の建設・運営に活躍した鉄道官僚。長州藩士。六歳のときに野村家の養子となり、野村弥吉と称す。文久三年（一八六三）五月、伊藤博文*・井上馨*らとイギリスに密航、ロンドン大学で土木・鉱山学を学び、慶応二年（一八六六）に卒業。明治元年（一八六八）十月に帰国、井上家に復籍し井上勝と名乗った。明治三年（一八七〇）閏十月の工部省*設置とともに工部権大丞権鉱山正、四年八月に工部省鉱山寮鉱山頭兼同省鉄道寮鉄道頭、五年七月に鉄道頭専任となり、京浜間鉄道の開業式は責任者として迎えた。明治十年（一八七七）一月、工部省の機構改革に伴って鉄道局長となり、鉄道の建設資金の調達や鉄道技術の自立に尽力した。明治二十三年（一八九〇）九月、鉄道庁長官に就任すると「鉄道政略ニ関スル議」を内務大臣に提出し、鉄道建設の促進と私設鉄道の買収を主張した。明治二十六年（一八九三）三

月に鉄道庁長官を退任したのちは、汽車製造合資会社社長、帝国鉄道協会会長などとして活躍した。（老川慶喜）

〔社会問題と社会運動〕

職工義友会《しょくこうぎゆうかい》　労働組合期成会の前身。明治三十年（一八九七）四月に組織し、労働組合結成を呼びかけることを目的とした。アメリカのサンフランシスコで職工義友会を組織していた高野房太郎・城常太郎・沢田半之助が相ついで帰国し設立した。日本の労働者階級に労働組合の必要性を訴えた「職工諸君に寄す」の檄文を発して組織した。六月には日本では最初の労働問題演説会が開催され、七月に労働組合期成会*が結成され、十二月には鉄工組合が結成され、近代的労働組合の先駆となり、その成立の基礎がつくられた。その性格は経済主義的、共済組合主義的なものであった。（新藤東洋男）

労働組合期成会《ろうどうくみあいきせいかい》　職工義友会*を母体にして明治三十年（一八九七）七月に組織された労働組合の結成と労働運動についての宣伝・啓蒙の団体。幹事に片山潜*・沢田半之助・高野房太郎らが就任し、評議員には佐久間貞一・鈴木純一郎らが就任し、後に安部磯雄*と島田三郎らが加えられた。その宣伝・啓蒙のために演説会や地方遊説をさかんに試み、工場法成立要求・治安警察法*反対・消費組合運動について訴えた。片山潜編集の『労働世界』は、この期成会の事実上の機関紙であった。この期成会の指導のもとで、同年十二月には会員一千百八十名の鉄工組合が結成され、明治三十二年（一八九九）十一月には活版工組合が結成された。この期成会の最盛時の明治三十二年には会員数は五千七百人余りを数えた。明治三十三年（一九〇〇）に治安警察法が公布され、この法による弾圧のもとで、翌三十四年に、この期成会は消滅した。（新藤東洋男）

工場法《こうじょうほう》　最初の労働者保護法。明治四十四年（一九一一）三月に制定され、大正五年（一九一六）に施行された。産業革命*後に長時間労働問題、女子や年少者の労働問題が社会問題化されるなかで、多くの曲折を経て制定された。その内容は、十二歳未満の就労禁止、女子と年少者深夜業禁止、十二時間労働制などであったが、紡績・製糸業*の資本家の反対があって、規制緩和の処置がとられた。この深夜業禁止も法施行後十五年猶予とするものであり、この法の適用対象も、職工十五人以上の工場とした。またその監督制度も不十分なものであった。政府がこの法を制定したのは、日露戦争*後の労働不安を抑え、ことに大逆事件*以降の社会主義運動への抑圧に対するアメの政策としての役割を果たさせるためのものであった。この法は大正十五年に改定され、第二次世界大戦*の労働者保護基本法としての労働基準法が、昭和二十二年（一九四七）四月七日制定され、九月一日に施行されて、この法は廃止された。（新藤東洋男）

足尾銅山鉱毒事件《あしおどうざんこうどくじけん》　明治中期・後期の社会問題で公害問題*の原点とされている。栃木県の足尾銅山から廃棄された鉱毒、主に硫酸銅が渡良瀬川を汚染し、魚が死に、その流域の耕地を荒廃させた。被害農民はこれに抗議し、損害賠償と鉱業権停止の運動が起こされた。この足尾銅山は江戸時代から開発された銅山で、明治十年（一八七七）に古河市兵衛*の経営に移された。その被害は渡良瀬川流域だけでなく、利根川流域にまで及んだ。栃木県出身の代議士・田中正造*は明治二十四年（一八九一）十二月の第二議会に「足尾銅山鉱毒加害之儀ニ付質問書」を提出して政府の責任と対策を追求した。被害農民は再三上京して政府と交渉しようとして警官と衝突した。社会主義者・弁護士・キリスト者・学生が被害農民の救済・支援の運動を展開した。田中正造は明治三十四年（一九〇一）に議員を辞職し、その年の十二月に足尾銅山鉱毒問題を解決するために天皇に直訴するという非常手段に出た。この直訴文は社会主義者の幸徳秋水*の起草したものであった。この動きの中で、政府は明治三十年（一八九七）に足尾銅山鉱毒調査会を設置し、鉱主に対して鉱害除去の工事を命じたが効果がなく、明治三十五年には改めて鉱毒調査会を設置して鉱毒予防工事の実施を命令した。しかし、この足尾銅山鉱毒問題は基本的解決をみることはできなかった。（新藤東洋男）

社会民主党《しゃかいみんしゅとう》　日本最初の社会主義政党。明治三十四年（一九〇一）五月十八日に結成。社会主義協会の安部磯雄*・片山潜*・西川光二郎・木下尚江・幸徳秋水*・河上清らによって結成された。結社届を十九日に提出したが、二十日にはその結社が禁止されていた。公表した「社会民主党宣言」では、「理想綱領」八カ条を掲げ、そこでは人類平等主義・軍備全廃・階級制度廃止・土地と資本の公有・財富分配の公平・参政権の平等・教育の機会均等をあげており、この実現のための「行動綱領」二十八カ条では、全国鉄道の公有・貴族院*の廃止・治安警察法*の廃止・軍備縮小・普通選挙の実施・労働組合法の制定と団結権の保障・小作人保護法の制定・少年婦女子の夜業禁止などを取り上げた。この結社禁止処分は「治安警察法」第八条第二項によるもので、その理由としては軍備縮小・貴族院の廃止・普通選挙の実施があげられた。この「社会民主党宣言」を掲載した「万朝報」や「大阪毎日新聞」などは販売禁止処分を受けた。（新藤東洋男）

平民新聞《へいみんしんぶん》　週刊「平民新聞」は幸徳秋水*・堺利彦*によって、明治三十六年（一九〇三）十一月十五日に創刊された平民社の機関紙としての社会主義の新聞。片山潜*・安部磯雄*・木下尚江ら社会主義者が執筆した。平民社の主張である社会主義・平民主義・平和主義のもとで編集発行された。第一号は八千部、平均四千部を発行した。編集発行人は、はじめは堺利彦、第二十四号からは西川光二郎で、第五十三号で「共産党宣言」を翻訳掲載して発行禁止となり、明治三十八年一月二十九日発行の第六十四号で廃刊となった。日露戦争*に反対しつつ「与露国社会党書」を論説に掲載していた。日刊「平民新聞」は再建した平民社の発行で、明治四十年（一九〇七）一月十五日に創刊、同年四月十四日の第七十五号で廃刊した。発行兼編集人は石川三四郎。創刊号は一万三千部。創立人は幸徳秋水・堺利彦・石川三四郎・西川光二郎と出資者の竹内兼七で、平民社の発行ではあったが、実質的には日本社会党*の機関紙としての性格をもっていた。（新藤東洋男）

日本社会党《にほんしゃかいとう》　最初の合法社会主義政党。明治三十九年（一九〇六）一月二十八日に堺利彦*らによって結成。二月二十四日に日本平民党と合同して第一回大会を開催した。堺利彦・西川光二郎・森近運平が幹事に就任、片山潜*・田添鉄二・山口義三・幸徳秋水*・石川三四郎らも加わり、その党員は二百名を数えた。明治四十年（一九〇七）一月には日刊「平民新聞」*を創刊して機関紙的役割をもたせた。普通選挙運動*・東京市電値上げ反対運動・足尾銅山争議を支援した。党内ではゼネストによる直接行動論の幸徳秋水と議会政策論の田添鉄二の対立があり、

明治四十年二月十七日の第二回大会で激論した。二月二十二日に結社禁止となった。（新藤東洋男）

治安警察法《ちあんけいさつほう》　集会・結社・言論の自由を抑圧し、社会運動を取り締まった治安立法。明治三十三年（一九〇〇）二月二十三日の第十四議会で成立させ、三月十日に公布、三月三十日に施行した。この立法は従来の集会条例・保安条例・集会及政社法に付加し、集大成したもの。この法は全三十三条からなり、軍人・警察官・神官・僧侶・教員・学生・女子・未成年者の政治結社加入を禁止、女子・未成年者の政治集会への参加禁止、集会に対する警察官の禁止・解散権が認められ、結社に対する内務大臣の禁止権が認められた。またその第十七条では、労働者・小作人の団結と争議行為に対する禁止が規定され、処罰が規定された。この第十七条については、労働運動・農民運動の中で強い反対運動があり、大正十五年（一九二六）に削除され、その処罰規定である第三十条も削除された。治安維持法*成立後も同法とあいまって社会運動を抑圧・規制した。昭和二十年（一九四五）に占領軍の命令で廃止された。（新藤東洋男）

大逆事件《たいぎゃくじけん》　明治天皇*暗殺計画というつくりあげられた理由で、旧刑法第七十三条の「大逆罪」を適用して、多くの社会主義者を逮捕・処刑した事件。この「大逆事件」には、ほかにも「虎の門事件」や「朴烈事件」があるが、一般には明治四十三年（一九一〇）十二月から翌年一月にかけて幸徳秋水*らを逮捕し、処刑した「幸徳事件」をさしている。大審院*特別法廷で、明治四十四年一月十八日に秘密裁判によって二十四名を死刑、二名には有期懲役の判決を下した。そして翌十九日には死刑者のうち、十二名には無期懲役に減刑した。二十四日には幸徳秋水・森近運平・宮下太吉・新村忠雄・古河力作・奥宮健之・大石誠之助・成石平四郎・松尾卯一太・新美卯一郎・内山愚童の死刑が執行され、翌二十五日には管野スガの死刑が執行された。この事件については、イギリス・アメリカ・フランスなどの諸外国から日本政府（第二次桂太郎*内閣）に対して抗議がよせられ、国内の知識人や文学者もその作品のなかで批判した。たとえば石川啄木*や徳富蘆花がそれである。この事件は日本から社会主義者を一掃しようとして引き起こされた事件であった。戦後の昭和三十六年（一九六一）一月、この事件に連座（無期懲役）した唯一の生存者であった坂本清馬は、森近運平の実妹・栄子とともに東京高等裁判所に「大逆事件再審請求の申立書」を提出した。ところが昭和四十年十二月に本件「再審請求」を棄却すると判決された。（新藤東洋男）

戊申詔書《ぼしんしょうしょ》　明治四十一年（一九〇八）十月十三日、国民思想・風紀の作興を目的として出された詔書。同年七月に成立した第二次桂太郎*内閣は、満州・朝鮮の経営、軍備拡張などの戦後経営とともに国家財政の行き詰まり、農村の疲弊、都市の貧民問題、労働争議*、社会主義運動など、日露戦争*後新たに浮上してきた諸問題を抱えていた。こうした事態に対処するために、内相平田東助を中心に詔書発布が決定された。その内容は、今後日本が列強と並んで発展していくために国民が一致協力してその職分を全うすべきである、という国民の心構えを示したものである。詔書発布以後、全国各地で詔書捧読式が行われ、内務省*を中心に地方改良運動*が展開されることとなった。（松本洋幸）

地方改良運動《ちほうかいりょううんどう》　日露戦争*後、内務官僚を中心に展開された町村制改良の試み。明治二十二年（一八八九）に施行された市制*・町村制*は、町村財政の逼迫、名望家の寄生地主化の進行、さらには日露戦後の風紀紊乱などにより、その機能を十分に果たしえなかった。これに危機感を抱いた井上友一・中川望らの内務官僚によって、地方改良運動が進められた。三十九年（一九〇六）地方長官会議で府県知事が行う課題が示され、四十一年の戊申詔書*が発布されてのち運動は本格化した。部落有財産の統合による町村基本財産の造成、神社合併と旧来の農休日の縮減、農事改良、風紀・道徳の改良、町村是の作製などがその主な内容で、各地で町村吏員を中心に「地方改良事業講習会」が開催されたほか、模範町村の選定と治績表彰も行われ、大量の宣伝用印刷物が配布された。運動の推進力として、従来の名望家に加えて青年会と産業組合が注目され、風紀改良・地主小作協調・町村税完納などの役割が期待された。運動は大正時代に入るころまで続けられた。（松本洋幸）

田中正造《たなかしょうぞう》（一八四一―一九一三）　政治家・社会運動家。栃木県に生まれる。安政四年（一八五七）の十七歳のときに安蘇郡小中村の名主となる。自由民権運動*に参加し、明治十二年（一八七九）には「栃木新聞」を創刊し、編集長として民権思想の鼓吹に努める。翌十三年には栃木県会議員に当選し、以後二十三年間に及ぶ。この十三年には安蘇郡有志とともに民権政社である中節社*を結成し、その会長となり、同社の国会開設建白書を元老院*に提出した。第一回総選挙*には栃木県第三区の改進党*より出馬し、当選し、以降連続六回当選した。明治二十四年（一八九一）の第二議会では足尾銅山鉱毒事件*についての質問書を提出し、人権問題として政府を追及した。明治三十四年（一九〇一）には議員を辞職し、鉱毒問題解決を天皇に直訴した。その後は谷中村に移住して被害農民とともに闘い続けた。晩年はキリスト教に傾聴し、鉱毒問題の闘いの中で、「人権と自治」の思想を深めた。大正二年九月四日に渡良瀬川沿の足利郡吾妻村で死去。七十三歳。（新藤東洋男）

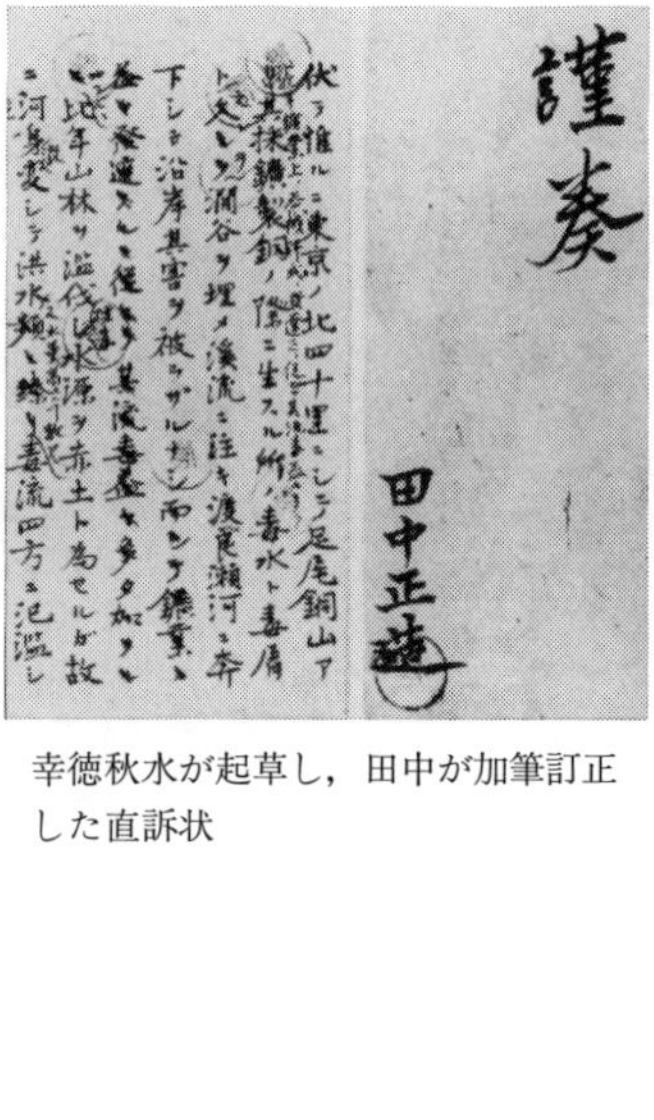

幸徳秋水が起草し，田中が加筆訂正した直訴状

片山潜《かたやません》（一八五九―一九三三）　労働運動家・社会主義者。岡山県の出身。はじめは藪木菅太郎といい、片山幾太郎の養子となる。明治十七年（一八八四）渡米、エール大学などに学び、文学修士・神学士の資格を得て、明治二十九年（一八九六）帰国。熱心なキリスト教徒となり、三十年にキングスレー館*を起こし、社会事業をはじめ、高野房太郎らと労働組合期成会*を結成し、その機関紙『労働世界』を発行。*社会改良主義から社会主義へと歩む。明治三十四年には幸徳秋水*らと社会民主党*を結成。その後は社会主義協会を組織して社会主義の普及の

ため全国を遊説。日露戦争*中の明治三十七年（一九〇四）八月に第二インターナショナル・アムステルダム大会に日本代表として参加、ロシア代表プレハーノフと握手して日露戦争反対を訴えた。大逆事件*後は普通選挙の実現、工場法・労働組合法・小作法・社会保障の実現に努力、東京市電争議を指導し勝利させたが投獄された。出獄後の大正三年（一九一四）に渡米し、共産主義者となり、やがてモスクワ入りし、そこで日本共産党*の創立に尽力した。昭和八年モスクワで死去。（新藤東洋男）

安部磯雄《あべいそお》（一八六五―一九四九）明治から昭和にかけての社会運動家。慶応元年二月四日、福岡藩士岡本権之丞の二男として生まれる。同志社に学び、新島襄*から受洗、卒業後にアメリカに留学、ついでベルリン大学に学んだ。同志社に勤務後、東京専門学校*の教授に就任。キリスト教社会主義の立場から明治三十一年（一八九八）に幸徳秋水*・木下尚江らと社会主義研究会を組織、三十三年に社会主義協会と改称してその会長に就任。三十四年（一九〇一）には片山潜*・幸徳秋水らと社会民主党*を結成。日露戦争*では非戦論を主張。大正十三年（一九二四）日本フェビアン協会を創立、会長。社会民衆党委員長、社会大衆党*委員長。（新藤東洋男）

幸徳秋水《こうとくしゅうすい》（一八七一―一九一一）社会主義者。高知県出身。本名は伝次郎、号を秋水といい、中江兆民*の命名。明治二十年（一八八七）八月上京し、林有造の書生となり、林包明の英学館に通学していたが、同年十二月に保安条例*により東京を追放され、郷里中村に帰る。二十年九月追放解除となり、大阪で中江兆民の学僕となり、その指導を受け、二十二年に兆民の家族とともに上京。「自由新聞」に入社、その後「中央新聞」「万朝報」の記者として活躍。日露戦争*に反対して、明治三十六年（一九〇三）十月に堺利彦*・内村鑑三*らと万朝報社を退社し、十一月週刊「平民新聞」*を創刊し、戦争反対と社会主義を主張した。一方、明治三十四年には片山潜*・安部磯雄*・木下尚江らと社会民主党*を結成した。明治三十八年十一月に横浜から渡米、その翌年六月に帰国。帰国後はアナーキズムに傾斜し、直接行動論を主張し、議会政策論の田添鉄二と論争した。明治四十年（一九〇七）一月には日刊「平民新聞」を創刊した。明治四十四年一月に大逆事件*で処刑された。（新藤東洋男）

堺利彦《さかいとしひこ》（一八七〇―一九三三）明治期から昭和初期の社会主義運動家。号は枯川。明治三年十一月二十五日に、香春《かわら》藩士（旧小倉藩）堺得司の三男として豊前国仲津郡豊津に生まれる。豊津中学校から第一高等中学校に入学。遊興と文学にこり除籍処分となる。明治二十九年（一八九六）に福岡日日新聞社に入ったが、一年で退社。上京し末松謙澄の「防長回天史」の編集事業に加わる。明治三十二年（一八九九）に「万朝報」の記者となり、幸徳秋水*・内村鑑三*と親交を結ぶ。明治三十六年（一九〇三）には幸徳秋水と「平民新聞」*を創刊し、日露戦争*に反対し、非戦論を主張。平民主義・社会主義・平和主義を鼓吹した。（新藤東洋男）

（二）日清・日露戦争と国際政局

対外危機意識の深まり　東アジアの片隅で、日本が近代国家形成を目指していた十九世紀末、世界は「帝国主義」*時代にさしかかりつつあった。イギリスによるインドやビルマの植民地化、フランスの清仏戦争における勝利とフランス領インドシナ連邦の形成、ロシアによるシベリア鉄道*建設と露仏軍事同盟の成立、ドイツのオセアニアの島々の獲得と世界政策の開始、アメリカのハワイ進出（のち併合）など、一八七〇—九〇年代、欧米列強の東方への進出は一段と激化し、東アジア情勢はまさに「肉ノ群虎ノ間ニ在ルガ如シ」（一八九〇年山県有朋*首相の言葉）だったのである。

このような激しい国際環境のなかで、日本の朝野の指導者たちは、日本の周辺諸地域が列強の手に陥ると、自国の独立にも大きな脅威になると強い危機感を抱いた。

明治の外交はこうした危機感を背景として進められたが、とりわけ、欧米諸国との不平等条約改正により国際社会で列強と対等な地位を確保すること、および列強に対抗して自国の勢力圏を近隣地域に形成することが大きな目標となった。

条約改正の達成　関税自主権*の確立と領事裁判制度（治外法権*）の撤廃を主な内容とする条約改正*の努力は、明治初年から岩倉使節団*による交渉をはじめとして続けられた。しかし、キリスト教国のみが文明国であると自任する欧米諸国の間では、非キリスト教国である発展途上国に在留する自国民に対する法権行使を許容しないのが常識となっていたので、欧米諸国は日本との対等条約締結には応じなかった。一八八〇年代には、井上馨*外務卿（のち外相）のもとで、欧化政策が進められ、明治二十年（一八八七）領事裁判制度の撤廃と引きかえに、外国人司法官の一定期間の任用、外国人への内地開放（内地雑居）を認める改正案がつくられたが、国権派・民権派などの反対で失敗に終わった。

しかし、一八九〇年代になると、日本が立憲政治を実現し西洋的な近代法制度を確立したことから、対露警戒心を抱いていたイギリスが日本との条約改正に積極的対応を示し、明治二十七年（一八九四）陸奥宗光*外相のとき、日英通商航海条約*が調印（実施は五年後）され、領事裁判制度は撤廃された。関税自主権も一部認められたが、その完全な確立は、日露戦後の明治四十四年（一九一一）のことである。

朝鮮問題と日清戦争　江華島事件を契機に、日本は翌明治九年（一八七六）日朝修好条規*を結んで、朝鮮との国交を開いた。この条約では朝鮮を「自主ノ邦」と定めたが、朝鮮を属国とみなした清国は、これを認めなかった。ロシアの東進・南下政策に大きな危機感を抱いた日本は、朝鮮を自国の安全にとって必要不可欠な地域（いわゆる「利益線」）とみなし、欧米列強に先んじて、ここを勢力圏におさめようとした。それは、朝鮮に宗主権を主張する清国と対立を生み、朝鮮国内の改革をめぐる政争と結びついて、日清関係は緊迫した。明治十八年（一八八五）天津条約*により日清両国は武力衝突を避けたが、明治二十七年（一八九四）甲午農民戦争*（東学党の乱）が起こり、清国がその鎮圧のため朝鮮に出兵すると、日本もこれに対抗して出兵し、同年七月日清戦争*が始まった（宣戦布告は八月）。

明治維新以来、国内の近代化を進め国力の充実を図っていた日本に対し、清国は専制政治の下で国内改革にも立ち遅れ、十分な戦力を発揮できず、戦争は日本の勝利となり、明治二十八年（一八九五）四月、日清講和条約*（下関条約）が締結された。この条約で清国は日本に、①朝鮮の独立、②遼東半島・台湾・澎湖諸島の割譲、③賠償金二億両（約三億一千万円）の支払いなどを認めた。しかし、その直後、日本の大陸進出を警戒したロシアが、フランス、ドイツとともに、遼東半島の清国への返還を日本に要求し、三国に対抗する力のなかった日本はやむなくこれを受け入れた（三国干渉*）。

政党政治の基礎　日清戦争は国内政局にも新しい局面をもたらした。すなわち、第二次伊藤内閣*は清国から獲得した賠償金を主たる財源にして、軍備増強、鉄道拡張、官営製鉄所設立、治水事業の推進、教育の振興などいわゆる戦後経営に着手したが、衆議院*の第一党である自由党*はこれを支持して、両者は明治二十八年（一八九五）公然と提携した。

翌年、次の第二次松方内閣は衆議院の第二党である進歩党*と提携し、こうして藩閥・政党の連立政権が相ついで生まれた。その後、第三次伊藤内閣が地租増徴問題で政党勢力と対立すると、明治三十一年（一八九八）六月、自由党と進歩党は合同して憲政党*を組織し、大隈重信*首相・板垣

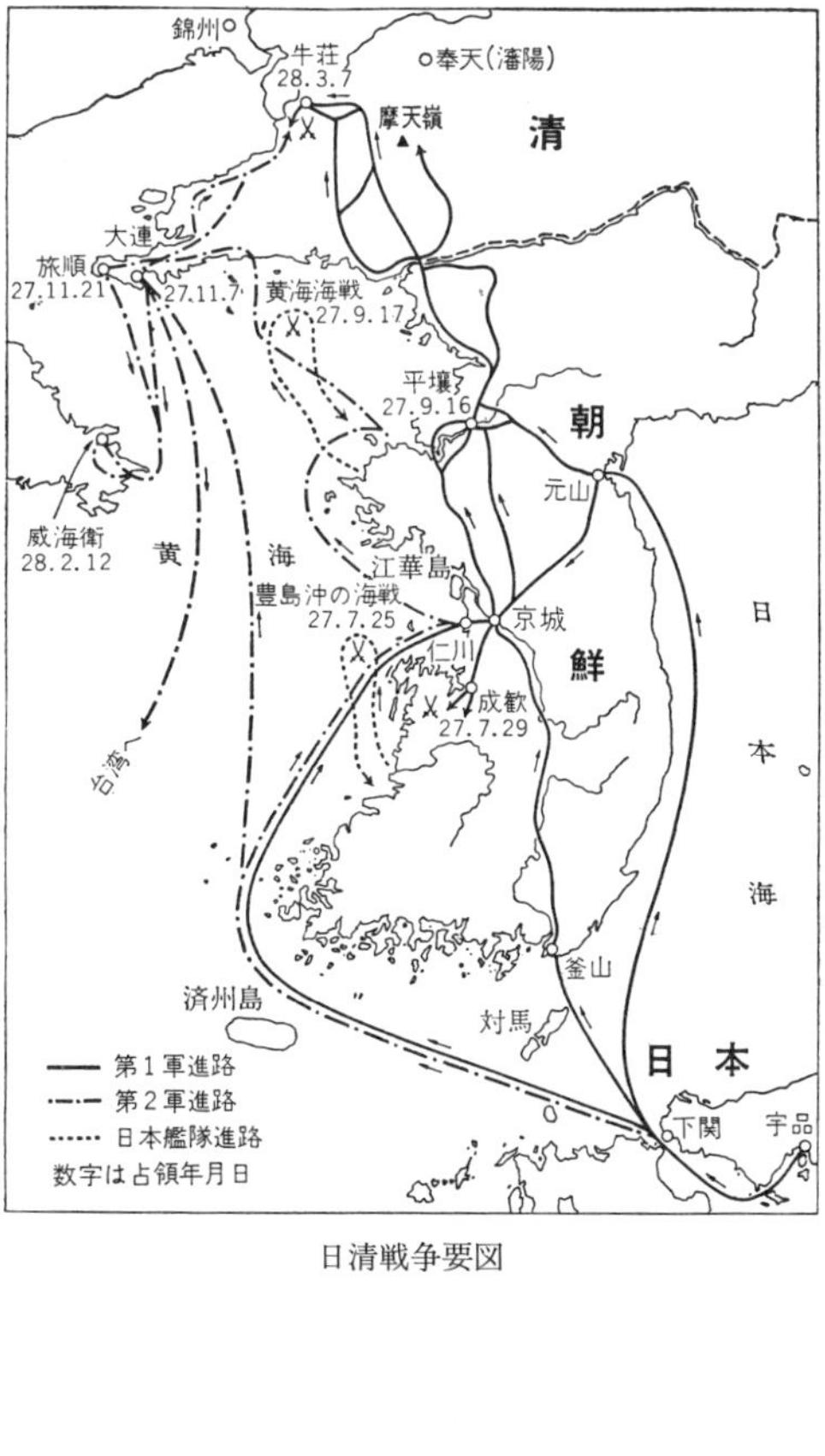

日清戦争要図

退助*内相のもとに日本で最初の政党内閣（第一次大隈内閣*、隈板《わいはん》内閣*）を実現させた。さらに明治三十三年には、伊藤博文*を総裁に旧憲政党（旧自由党系）勢力などを結集して立憲政友会*が結成され、衆議院の第一党となり、これを基礎に第四次伊藤内閣が発足した。それは、その後の政党政治への道を開いたもので、こうして帝国議会*開設から十年足らずのうちに、政党は明治立憲制のもとで、政権担当勢力として、ひとまず安定した地位を築きあげた。

明治国家がモデルとしたといわれるプロイセン王国あるいはドイツ帝国では、下院の多数党が政権を掌握することはなかったから、そこには立憲政治運用の大きな差異がうかがえる。日本の場合、諸外国にしばしばみられたような弾圧と抵抗による流血の革命・騒乱に至ることなく、藩閥政府と政党勢力の提携・協力により立憲政治が形成され、定着したことが、一つの大きな特色といえよう。

日露戦争への道　日清戦争は東アジアの国際情勢に大きな変化を及ぼした。朝鮮（一八九七年国号を大韓帝国と改める）における清国の勢力は排除されたが、ロシアの影響力は増大し、ここを自国の勢力圏にしようとした日本の戦争目的は達成されたとはいえなかった。

また、清国が日本に敗北して弱体を暴露したため、列強の清国進出はいちだんと活発化した。一八九八年には列強は相ついで清国内に租借地を設け、鉄道敷設・鉱山開発などの権益を獲得した。一九〇〇年清国に義和団の乱が起こり、清国政府もこれに同調して列国に宣戦布告し外国人排撃の動きが高まると、北京で包囲され孤立化した居留民・外交官らを救出するために列強は連合国軍を組織し、日本もこれに参加した。同年八月、連合国軍は北京を占領し、翌年、清国は巨額の賠償金を支払い列国の駐兵を認めた（義和団事変*、北清事変）。

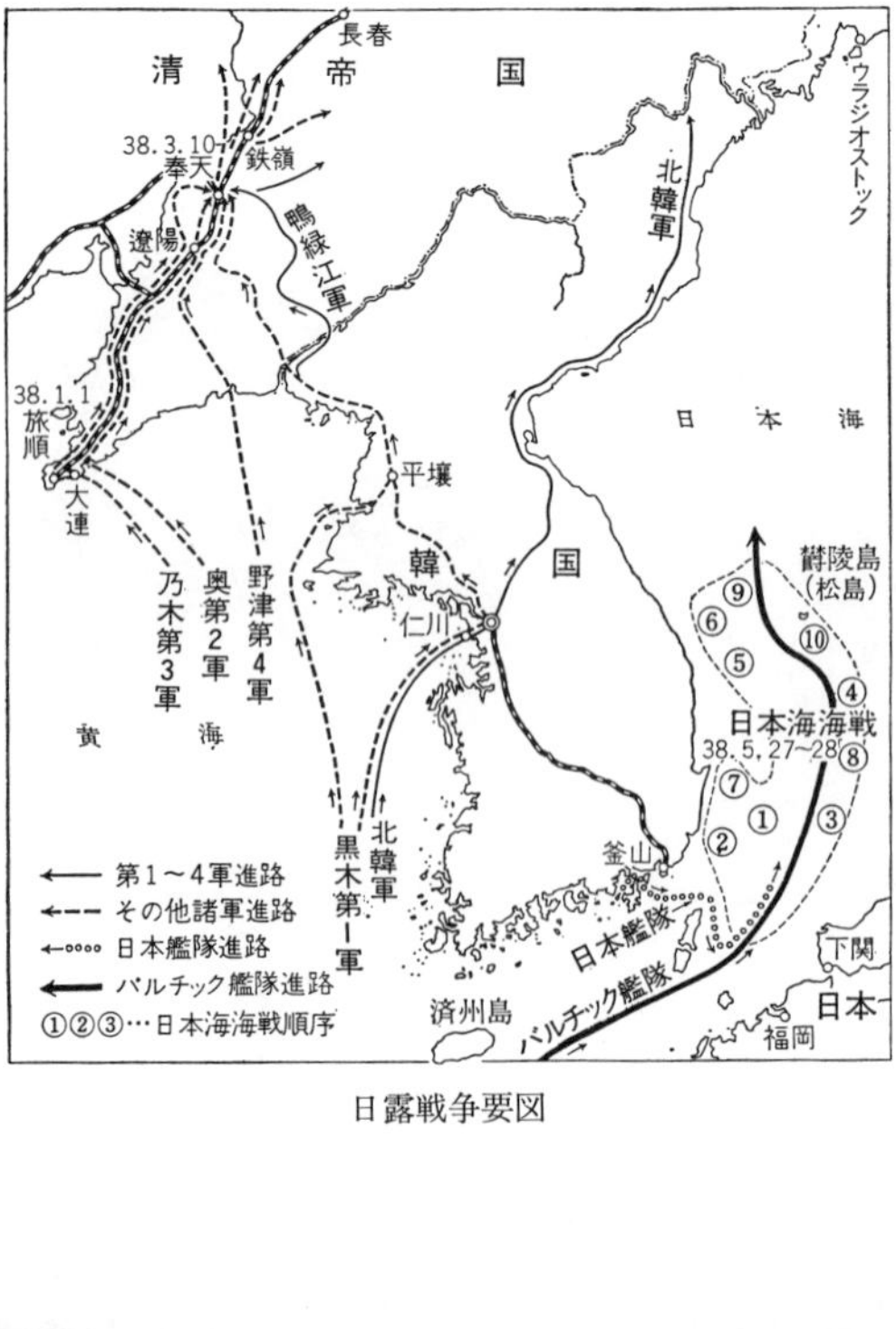

日露戦争要図

この事変をきっかけにロシアは満州を軍事占領し、また日本が三国干渉で清国に返還した遼東半島の旅順に強大な軍事基地を建設した。ロシアの東アジアにおける勢力拡張に大きな脅威を抱いた日本は、同じくロシアの動きを警戒していたイギリスに接近し、明治三十五年（一九〇二）日英同盟*が成立した。日本政府は、日英同盟をうしろ立てに、満州を日本の利益範囲外とすることを認める代わりに、韓国に対する支配権を認めさせようとロシアと交渉した。日本国内では、三国干渉以来の対露反感の高まりを背景に、政府系新聞を除く多くの新聞が、日本政府（第一次桂内閣*）の弱腰を攻撃して対露主戦論をキャンペーンするなど、対露強硬論が大きな盛りあがりを見せた。

結局、日露交渉は妥結に至らず、明治三十七年（一九〇四）二月、日露戦争*が開始された。日本は戦費約十七億円余りのうち、ほぼ半分をアメリカ・イギリスなどで募集した外債で、残りを国内債の発行や増税で充当した。戦局は日本に有利に進み、陸軍は苦戦のすえ旅順・奉天を占領し、海軍は日本海海戦でロシア艦隊を全滅させた。

しかし、莫大な兵員・砲弾の消耗や巨額な財政負担など、日本の戦争遂行能力は、経済的・軍事的にほとんど限界に達していた。開戦直後からアメリカを仲介とした和平工作に期待をかけた日本は、日本海海戦の勝利をきっかけに、和平のあっせんを正式にアメリカ大統領セオドア・ローズヴェルト*に依頼した。明治三十八年（一九〇五）八月、アメリカのポーツマスで講和会議が開かれ、同年九月日露講和条約*（ポーツマス条約*）が調印された。これにより、日本は、韓国の支配権、旅順・大連の租借権、長春・旅順間の鉄道権益、南樺太の領有権などを獲得した。

日露戦争の国際的影響　白人大国ロシアに対する東アジアの小国日本の勝利は、まったく予想外の出来事だっただけに、国際社会に大きな衝撃を与えた。白人不敗の神話の打破は、アジアのナショナリズムの高まりに強い影響を及ぼしたが、その後、日本が韓国を併合し、南満州の旧ロシア権益を引き継ぎ、いっそうそれを拡大したことにより、韓国や中国の民族運動の矛先は日本に向けられるようになった。

また、日本の東アジアでの急速な勢力拡大、とりわけ中国への進出は、欧米列強からは、新しい危険なライバルの出現として強い警戒心を浴びることとなった。なかでも、これまで日本が密接に協調関係を保ってきたアメリカとの間に、満州の鉄道問題やアメリカへの日本人移民排斥問題*などをめぐって、新しい国際摩擦も起こってきた。このように日本の国際的立場は、日露戦争後、しだいに困難なものとなっていったのである。

（鳥海　靖）

〔条約改正〕

条約改正《じょうやくかいせい》　西洋諸国との不平等条約を対等条約に改める明治政府の外交交渉。明治政府は明治元年（一八六八）改正の意向を内外に表明。幕末の安政条約は各国に領事裁判権*を認め、片務的最恵国待遇を与え、関税自主権*を欠き、改税約書（慶応二）で一律五パーセントの低関税とされていた。明治政府は岩倉使節団*を予備交渉と改正年限（一八七二年七月一日）協議に派遣。アメリカで本交渉に入るが不調に帰し、欧州では改正希望の表明にとどめる。巡訪先で一様に本国でのキリスト教迫害を責められ、外国人の内地旅行自由を要望された。一行中の福地源一郎*はトルコ、エジプトの外国人判事を含む混合裁判制度を調査復命。留守政府の外務卿は副島種臣*。以後、歴代外相在任期の交渉は次の通りである。寺島宗則*（明治六—十二年）は、税収増と産業保護上、税権交渉を進め、アメリカと約書（吉田エヴァーツ条約）を結ぶが発効に至らず、アヘン密輸事件、ドイツ船検疫拒否で法権回復が叫ばれ退陣。井上馨*（明治十二—二十年）は、列国会議方式をとり、予備会議で日本の法権に従う外国人への内地開放を提案、内地雑居問題*の論議が起きる。欧化政策は識者の反発を招き、改正案は顧問ボアソナード*も現行条約より不利とし、ノルマントン号事件で国民が憤激、反対が高まり交渉延期、辞職。大隈重信*（明治二十一—二十二年）は、メキシコと対等条約を結んだ。国別談判で米・独・露各国と調印、外国人判事を大審院*に限るが、内容が民間に漏れると、玄洋社員に襲われ失脚、中止。青木周蔵*（明治二十二—二十四年）は、外国人法官をやめ法権を主に交渉。大津事件*で辞職。榎本武揚*（明治二十四—二十五年）は、ポルトガルの治外法権*を撤廃。陸奥宗光*（明治二十五—二十九年）は、領事裁判権を廃止した日英新条約を日清戦争*開戦直前に結び、五年後（明治三十二年）に実施。外国人居留地は消滅し永代借地権が残る（昭和十七年まで）。対等条約達成の背後に法典整備、英露対抗の極東情勢もあった。小村寿太郎*（明治四十一—四十四年）は、明治四十四年、日米新条約により関税自主権を確立した。〈山本茂『条約改正史』高山書院、一九四三年。井上清『条約改正』岩波新書、一九五五年。稲生典太郎『条約改正論の歴史的展開』小峰書店、一九七六年〉　（安岡昭男）

治外法権《ちがいほうけん》（領事裁判権）　外国内でその国の統治、特に裁判権から除外される特権。extraterritoriality（領域外にある性質の意）。キリスト教国民が非キリスト教国で得た国際法上の地位であった。十九世紀西洋列国はアジア・アフリカ諸国で片務的に、この特権を有し、元首・外交使節から軍隊・軍艦に及んだ。外国に駐在する領事が自国民を本国法に従い裁判する領事裁判制度 consular jurisdiction は、トルコ・タイ・中国のほか、日本も一八五〇年代に各国との和親条約で認め、安政条約は民事・刑事両件に規定。開港場の居留地で日本の法権が及ばない外国人自治を実施。領事裁判判決の不公正には幕府老中*が抗議し、明治政府も条約改正交渉を進め、法典・裁判制度を整え、まずイギリスとの新条約（明治二十七年）で領事裁判権を撤廃、五年後に実施、居留地も廃止。日清修好条規*（明治四年）は相互に領事裁判を認めたが、日朝修好条規*（明治九年）、日清通商航海条約（明治二十九年）は一方的に定めた不平等条約であった。昭和十八年（一九四三）中国、昭和二十四年（一九四九）エジプトで廃止。　（安岡昭男）

関税自主権《かんぜいじしゅけん》　輸出入品に対し税関（旧運上所）で課する関税の率を、相手国との協定によらず自国で決定する権（国定関税制）。安政五カ国条約*は自主権を欠く協定関税制で、相手国の輸出入には規定がなく、日本は貿易章程で輸出品は従価五パーセント、輸入品は大部分二〇パーセント、一部に五パーセント、三〇パーセントの税率を定めたが、慶応二年（一八六六）列国との改税約書により輸出入品とも一律五パーセントという清国天津条約（一八五八）並みの低関税に抑えられた。明治十一年（一八七八）明治政府の条約改正交渉*で税権を認める日米約書を結ぶが、英独仏各国の同意なく発効に至らず、陸奥宗光*外相の改正条約実施（明治三十二年）により関税定率法を定め税率を引き上げたが、重要輸入品には片務的協定関税を残した、この陸奥条約有効期限十二年目の明治四十四年（一九一一）、小村寿太郎*外相は日米新条約を結び、関税定率法を改正、関税自主権を確立した。日英間では交渉の末、大正十四年（一九二五）協定税率を廃棄。日本は昭和五年（一九三〇）中国の関税自主権を承認し、翌年（一九三一）中国は国定関税を実施した。（安岡昭男）

内地雑居問題《ないちざつきょもんだい》　外国人に国内を開放し、居住の自由などを与えることの是非をめぐる問題で、明治二十年（一八八七）代には、主要な政治争点のひとつとなった。幕末に欧米諸国との間で締結した不平等条約の改正は、明治政府にとって大きな課題であった。一方、領事裁判権*を獲得した欧米人も、開港場および開市場に設けられた外国人居留地に居住を強いられた。また、移動の自由も、開港場から十里四方を遊歩することしか許されず、日本国内の市場拡大をめざすうえで障害となった。そこで、条約改正*をめざす政府は、井上条約改正交渉以降、欧米諸国が要求する内地開放と引き替えに領事裁判権の廃止を獲得しようとした。明治二十年代になると、民間でも、内地雑居問題の是非が、盛んに論じられるようになった。反対派の主な論点は、内地雑居に伴い、欧米から資本が、中国からは労働者が大量に流入し、国内産業や労働者が競争に太刀打ちできない可能性が大というものであった。結局、内地雑居は、明治三十二年（一八九九）七月の改正条約施行に伴って実施された。（小宮一夫）

大津事件《おおつじけん》　明治二十四年（一八九一）滋賀県大津町（大津市）でのロシア皇太子遭難事件。湖南事件ともいう。シベリア鉄道起工式に臨む途次に来日、五月十一日琵琶湖遊覧帰りで人力車上のニコライ皇太子に、恐露的風説を信じた警備の巡査津田三蔵が抜剣し斬りつけ頭部二カ所を負傷させた。官民の衝撃は大きく、明治天皇*は京都の旅宿に急行、神戸を去る露艦上まで見送る。全国から見舞いが集中し、畠山勇子は京都府庁前で自決。御前会議決定の謝罪使特派はロシアが辞退。報復を恐れた政府（松方内閣）は犯人に対し刑法百十六条皇室未遂罪での死刑を望むが、司法部内はイタリア人顧問を含め反対が強く、大津地裁で開廷した大審院*特別法廷は、普通謀殺未遂罪で無期徒刑を判決（津田は九月釧路分監で病死）。事前にロシア公使に皇室罪準用を約した青木周蔵*外相らは辞職。担当判事を説得した大審院長児島惟謙《これかた》は司法権の独立を守ったとされる。（安岡昭男）

日英通商航海条約《にちえいつうしょうこうかいじょうやく》　条約改正*交渉（陸奥宗光*外相期）で最初に対等の法権を得た条約。陸奥条約。明治二十七年（一八九四）七月十六日、ロンドンで青木周蔵*公使とキンバレー英国外相が条約二十一カ条、附属議定書、附属税目に調印。期限十二年。八月二十五日、東京で批准書交換、二日後公布。西洋各国は同様の条約を結ぶ。キンバレーは青木に「本条約の効果は清国の大兵を撃退するより遥かに大」と言った。①内地開放の代わりにイギリスは領事裁判権*を撤廃、②日本は税権の一部を獲得。五年後に実施され居留地を廃止、イギリス人には永代借地権を認めた。明治四十四年（一九一一）小村寿太郎*外相が本条約に代わる新条約を結び関税自主権*を獲得した。（安岡昭男）

日米《にちべい》通商《つうしょう》航海《こうかい》条約《じょうやく》　（一）明治二十七年（一八九四）十一月二十二日、ワシントンで栗野慎一郎公使とグレシャム国務長官が調印。日米修好通商条約*（安政条約）に代わって日本内地開放、領事裁判権*撤廃、協定関税の廃止を定めた。日英条約にはない条項として、日本移民に対する差別的規定（第二条）があった。（二）明治四十四年（一九一一）二月二十一日、ワシントンで内田康哉大使とノックス国務長官が調印。小村寿太郎*外相による条約改正*最初の条約。前条約の日本移民差別規定の撤廃を実現したが、日米紳士協約（明治四十年）の履行を宣言し、ハワイからアメリカ本土への転航禁止令を確認。昭和十四年（一九三九）アメリカは本条約廃棄を通告、翌年一月失効した。（安岡昭男）

寺島宗則《てらしまむねのり》　（一八三二—九三）江戸時代末期の蘭学者。明治時代前期の外交官、政治家。幼名を藤太郎、長じて陶蔵と称す。天保三年五月二十三日、薩摩出水の郷士長野祐照の二男として生まれる。母は八田氏秋野。五歳で藩医の伯父松木宗保の養子となり松木弘安と改める。弘化三年（一八四六）江戸*に遊学し蘭学を学び、安政三年（一八五六）その才を認められ幕府の蕃書《ばんしょ》調所*教授手伝に挙げられる。翌年帰藩し藩主島津斉彬《なりあきら》*の主導する近代化事業にかかわるが、斉彬の死去に伴い蕃書調所に復職し、文久元年（一八六一）から翌年にかけて幕府*遣欧使節団の一員として欧州を視察する。帰国後再び藩の船奉行となり、文久三年七月薩英戦争*に参加、慶応元年（一八六五）三月には、藩遣英使節団の随員として再び渡欧する。翌年帰国後は寺島陶蔵と改め、政治外交活動に従事、雄藩連合政権構想を説き、版籍奉還*を建議した。明治元年（一八六八）新政府の参与兼外国事務掛に任じ、神奈川知県事、外務大輔、駐英公使を経て、明治六年十月参議兼外務卿に就任。黎明期日本の外交を主導、税権回復を主眼とする条約改正*にも尽力した。明治十二年（一八七九）文部卿に転じ、以後元老院*議長、駐米公使、枢密院*副議長などの要職を歴任、多くの国制改革に取り組む。明治二十六年六月六日死去。六十二歳。墓は東京都品川区の海晏寺にある。（犬塚孝明）

井上馨《いのうえかおる》　（一八三五—一九一五）明治・大正初期の政治家。侯爵。元老*。号は世外。天保六年十一月二十八日生まれ。周防《すおう》国吉敷《よしき》郡湯田村の地侍井上光亨の二男。萩*で藩校、江戸で江川塾に学ぶ。一時養家の志道《しじ》姓、藩主の命名聞多《もんた》を称す。毛利敬親の小姓役、のち尊攘派高杉晋作*らと江戸でイギリス公使館*を焼き打ち。文久三年（一八六三）伊藤博文*・山尾庸三・井上勝*・遠藤謹助と藩留学生五人で渡英、ロンドン滞在中に長州藩の攘夷実行、列国の報復を憂え急ぎ伊藤と帰国。避戦工作はならず、下関戦争*講和に従事。幕府への武備恭順を唱え、元治元年（一八六四）刺客に襲われ重傷。快癒後、薩長連合に尽力。

四境戦争では幕府征長軍を破る。維新後、新政府参与。長崎府判事となり浦上耶蘇教徒対策を講ず。大隈・伊藤らと開明政策を進めるが、留守政府部内対立で明治六年（一八七三）大蔵大輔を辞職、先収会社（三井物産）を起こす。同八年大阪会議を斡旋、元老院議官に復し、翌年特命全権弁理副大臣として江華条規を結ぶ。渡欧後、参議兼工部卿、十二年外務卿に転じ条約改正会議を主宰。欧化政策を進めたが、改正条約案に反対が高まり、二十年（一八八七）外相を辞任。日清戦争中、朝鮮公使となる。農商務・内務・大蔵各相を歴任、三十四年（一九〇一）組閣を辞す。財界でも元老で「三井の番頭」とも呼ばれた。大正四年九月一日興津別荘で病没。八十一歳。墓は東京都港区西麻布の長谷寺、山口市の洞春寺。　（安岡昭男）

陸奥宗光《むつむねみつ》（一八四四―九七）　明治時代の政治家。伯爵。号は福堂など。天保十五年七月七日誕生。父は紀州藩勘定奉行伊達宗広（自得）、母は渥美氏政子。幼名牛麿、小次郎のち陸奥源二郎、陽之助。九歳で父が失脚、大和五条の老吏に寄食し民政書を学ぶ。江戸に出て苦学。文久二年（一八六二）上京、勤皇運動に参加。坂本龍馬を知り土佐藩士を称し神戸の勝海舟塾に入門。慶応三年（一八六七）龍馬の海援隊に入る。維新後、徴士、外国事務局に任官。摂津・兵庫各県知事を歴任。明治三年（一八七〇）和歌山藩執事で渡欧。翌年神奈川県知事。田租改正を建議して租税頭に転じ地租改正を手がける。同七年薩長専制を論ずる「日本人」を草し木戸孝允に呈し辞職。八年元老院幹事に復すが、西南戦争中の土佐立志社陰謀事件に連坐免官。山形・宮城獄中でベンサムの『利学正宗』を訳出。十六年出獄、翌年渡欧。帰国し外務省に入り、駐米公使でメキシコとの対等条約を結ぶ。山県・松方両内閣の農商務大臣。二十五年（一八九二）第二次伊藤内閣外務大臣に就任。二十七年日英新条約で条約改正に成功。朝鮮問題に強行策をとり日清開戦に導く。下関講和会議全権。三国干渉に対処したが、肺患が悪化し二十九年五月外相辞任。『蹇蹇録《けんけんろく》』を書きあげ明治三十年八月二十四日東京西ケ原の自邸で死去。機略縦横で剃刀大臣と評された。大阪夕陽丘墓所から鎌倉寿福寺に移葬。　（安岡昭男）

青木周蔵《あおきしゅうぞう》（一八四四―一九一四）　明治時代の外交官。子爵。蘭医三浦玄仲の長男。弘化元年一月十五日、長門国厚狭郡に生まれる。萩藩医青木研蔵の養子となり玄明を周蔵に改名。藩校に学び、医学修業の藩命で明治二年（一八六九）プロイセンに入る。翌三年官費留学生。ベルリン大学で政治学を修める。同六年木戸孝允の推挙で在独公使館勤務、翌年駐独公使任命。同十年（一八七七）ドイツ貴族の娘エリザベットと結婚。十八年外務大輔、翌年外務次官となり、井上・大隈両外相の条約改正交渉を助ける。のち山県・松方両内閣の外相。二十四年（一八九一）大津事件のため辞職。三度目の駐独公使で二十六年の駐英公使を兼ね（陸奥外相）、翌年日英通商航海条約を結び領事裁判権撤廃に成功。北清事変時に第二次山県内閣外相。日露戦争後の三十九年（一九〇六）駐米大使となるが、移民問題で召還。貴族院子爵議員。枢密顧問官三度、大正三年（一九一四）第一次世界大戦の対独開戦半年前の二月十六日東京で病没。七十一歳。墓は栃木県那須別荘内。在独通算二十三年、ドイツ翁と呼ばれた。　（安岡昭男）

帝国主義《ていこくしゅぎ》　アフリカ分割に伴い激化した列強の政治的経済的対立を背景にした膨脹主義・植民地主義をさす語。今世紀初頭の日英と露仏両帝国主義ブロック間の日露戦争*は、従来の戦争が当事国の戦力を構成する軍費、軍需品、国民の戦意中、どれか一つが尽きたときに終わったのと異なり、前二者を同盟国が補給したため両国民の戦意が尽き、広範に反戦意識が広がるまで続き、敗戦により政府が権威を喪失したロシアでは第一革命が勃発、戦勝した日本でも日比谷暴動が起き首都が戒厳令下におかれた。その後の欧州大戦はいっそう長期悲惨なものとなり民衆は平和を切実に願った。これを観察したレーニンは「帝国主義戦争を内乱へ」と唱え、ホブソン「帝国主義論」とヒルファディング「金融資本論」を下敷きに一九一六年（大正五）「資本主義の最高の発展段階としての帝国主義」を書き、独占資本が成立すれば、資本輸出のために植民地が必須となるが、今世紀初頭に世界分割が完了したため、新興国が他国領土を奪い世界を再分割する帝国主義戦争が必然化すると主張、恒久平和を望むならば体制変革が必要と説き、翌一七年、ロシア革命に成功した。以後、敗戦国は占領で革命を抑止された日本を例外にすべて革命に見舞われた。そうであるとすれば、戦争を将来に予定する権力は、まさかの敗戦が生む革命防遏《ぼうあつ》のため言論・集会・結社の自由を禁圧し、活動家を予防拘禁、反対派を粛清した。現代の帝国主義は勢力範囲の拡大を欲するナチズムやスターリン主義を含む専制権力の膨脹主義で、侵略と予防反革命が表裏した。レーニンの理論は平和を欲する民衆に革命を煽動したもので、学理解明が目的でない。シュンペーターは資本の高度の発展はむしろ侵略を抑制するという。レーニンの理論は今次大戦下のソ連の行動を説明できないので、再検討を要する。　（藤村道生）

軍部大臣現役武官制《ぐんぶだいじんげんえきぶかんせい》　陸海軍大臣の任用資格を現役の大・中将に限定する制度。明治三十三年（一九〇〇）五月の第二次山県内閣による陸海軍省官制改正によって、附表備考中に「大臣及総務長官ニ任セラルルモノハ現役将官ヲ以テス」なる一節が加えられることで明文化された。明治四年（一八七一）に兵部卿の任用資格を少将以上と規定して以来、時に規定を欠くことこそあれ、初代海軍卿勝安芳*（海舟）を唯一の例外として、武官以外で両大臣（卿）に就任したものは存在しないが、任用資格に「現役」というさらなる限定を加えた点にこの改正の特色があり、伸張著しい政党勢力に対する防御的意味合いが強い。なお、陸海軍大臣自体は官制上、文官である。しかし、第二次西園寺政友会内閣の上原勇作陸相が軍拡を巡って他の閣僚と対立。帷幄《いあく》上奏により単独辞職し内閣を瓦解させたところから政党および世論の反発を買い、大正二年（一九一三）政友会を与党として第一次山本権兵衛*内閣が成立するや、官制改正によって前述の備考はすべて削除され、ここに現役武官制は消滅した。　（大久保文彦）

〔朝鮮問題と日清戦争〕

壬午軍乱《じんごぐんらん》　明治十五年（一八八二）七月二十三日、朝鮮ソウルで起きた朝鮮軍兵士の反乱に民衆が合流、日本公使館を襲撃した事件。日本では、二年後の甲申事変*とともに京城（漢城）事変と称した。開国と近代化を目指す高宗王妃閔妃《びんひ》の一族と大院君*との抗争が顕在化した事変で、国王親政とともに閔派は日本人将校を顧問に、日本より兵器を導入、新式軍隊の訓練に着手した。新軍隊は厚遇されたが、旧軍隊は現物給与の米穀が遅配、不安が募ったときに配給穀物が粗悪だったのを直接の原因として反乱が起こった。大院君の煽動で乱拡大し、乱軍は閔派重臣と日本人軍事顧問を殺害、日本公使館を焼き打ちした。清国は軍を送り乱を鎮定、大院君を逮捕した。このとき、日本は軍を動員、その圧力下に済物浦条約を結んだ。（藤村道生）

甲申事変《こうしんじへん》　一八八四年（明治十七）十二月四日、日本公使竹添進一郎が参画し、金玉均《きんぎょくきん》*ら開化派が守旧派政府を打倒し、朝鮮の自主独立と国政改革を企図した政変。第二次京城事変ともいう。壬午軍乱*後、日本は済物浦条約でソウルに駐兵権を獲得、通商貿易権を拡大した。清国はこれに対し、大軍を派遣、宗主権を強化した。

李朝政府内では保守的な事大派が、清国に依存して、政治を専断していた。これに対抗して金玉均ら開化派は日本と結び、政変を企図した。清仏戦争により朝鮮駐留の清国軍三千の半数が引き揚げたのを機に、開化派は日本軍の後援を頼みに、郵政局の開設祝宴に参列した事大派要人を殺害、開化派政府を樹立した。しかし、優勢な清軍が介入すると、王宮護衛の日本軍は竹添公使の命令で撤退、孤立した開化派青年士官は多く倒れ、金ら九名のみが国外に亡命した。このクーデターは開化派が内政改革と事大派除去を担当、日本軍を用いて王宮を防衛すると約した竹添公使は仁川より帰国、日本公使館はソウル市民に焼き打ちされ、磯林慎三大尉ほか居留民が殺害された。この事後処理に、日本は外務卿井上馨*を派遣、漢城条約に調印した。（藤村道生）

天津条約《てんしんじょうやく》　中国でこう称する条約は数多いが、ここでは甲申事変*の事後処理のための日清間条約。明治十八年（一八八五）四月十八日、日本全権参議兼宮内卿伊藤博文*と清国全権北洋通商大臣直隷総督李鴻章《りこうしょう》*が結んだ朝鮮から日清両国軍の撤兵に関する条約をさす。日本は共同撤兵、在韓清国将官の懲戒、日本遭難者への損害賠償を要求した。清国は清韓宗属関係を条約に明示することを求め交渉は決裂に瀕したが、清国の譲歩で次の三条の条約が成立した。①条約調印後四カ月以内に朝鮮国駐屯日清両国軍隊を撤退すること。②以後、日清両国は軍事教官を朝鮮国に派遣しないこと。③将来朝鮮国に重大変が発生し、日清両国もしくは一国が出兵を要するときはまず、相互に通知すること。行文知照と称したこの相互通知規定は単に出兵手続を定めたに過ぎないが、甲午農民戦争*に際し、朝鮮国王の要請で清国が出兵したとき、日本がこの条約により出兵権を持つと拡張解釈し大軍を送り、イギリスがこの条約の存在によって日本の出兵に根拠があると認めた点が重要で、この出兵が日清戦争*の動因となったことに、この条約の歴史的意味がある。（藤村道生）

金玉均《きんぎょくきん》　Kim Ok-kyun（一八五一—一八九四）朝鮮開化派の指導者。一八七二年科挙文科及第、弘文館校理となり、朴泳孝・徐光範らを糾合して清国との宗属関係を清算し、明治維新をモデルに国政改革を企図、一八八二年（明治十五）来日し井上馨*・後藤象二郎*・福沢諭吉*らと接触、朝鮮開化への協力を求め、一八八四年四月、留日士官学生と帰国、開化派政府樹立を目的に十二月四日クーデターを断行、守旧派を処断、新政綱を発表した（甲申事変*）。しかし、清国軍の介入で失敗し日本に亡命。戚族が刺客を執拗に送り、日本政府は金を小笠原島などに軟禁保護。日本からの活動に限界を感じた金は、李鴻章*の勧誘に渡清、一八九四年三月二十八日、上海で暗殺された。（藤村道生）

甲午《こうご》農民《のうみん》戦争《せんそう》　一八九四年（明治二十七）、李朝末期の朝鮮で起きた農民戦争。宗教団体の反乱に矮小化して、東学党の乱ともいう。キリスト教（西学）に対抗して東学と称した民衆教団は、反政府運動の拠点となり、教団の地方幹部全琫準《ぜんほうじゅん》らは反封建・反侵略の立場から「逐滅倭夷」をかかげ、一八九四年春に全羅道で蜂起した。これは急速に拡大、五月三十一日には道の主邑全州を占領した。朝鮮政府が清国に援軍を要請すると、日本は対抗して大軍を出兵したため、農民軍は政府と全州和約を結び、日清両軍の撤退を謀った。しかし日本軍は退去せず清国と開戦、朝鮮の保護国化を進めたため、十月中旬再蜂起して日本軍兵站線をゲリラ的に攪乱、大打撃を与えたが、十一月下旬公州で、日本・朝鮮政府連合軍と正面から決戦し敗北。捕えられた全は翌年四月、処刑された。日本の侵略に対する本格的抵抗運動の最初である。日清戦争*はこの鎮圧と台湾民主国の平定を一つの局面とした。　（藤村道生）

日清《にっしん》戦争《せんそう》　明治二十七―二十八年（一八九四―九五）に日本が清国と戦い、琉球の帰属を決めて国境を画定、台湾を領有した戦争。一八九四年、朝鮮では甲午農民戦争*が起き、五月末全羅道の主邑全州が陥落。国王は宗主国清に農民軍鎮圧のため援軍を求めた。天津条約*で同時出兵権をもつと理解していた日本は即座に大本営を設置し、混成旅団を出兵させた。清国の朝鮮駐在外交代表袁世凱《えんせいがい》*は日本の強硬姿勢に驚き、同時撤兵を提案したが、日本は増兵を続けた。イギリスが日本をアジア政策のパートナーに選んだ意思表示として、同年七月十五日、交渉中の条約改正*に同意すると、日本政府は日清共同の朝鮮内政改革を清国政府に、朝鮮政府には、自ら要請した清軍の国外退去要求を提出するよう求め、それぞれ同月二十三日の期限付最後通牒を送付した。そして、期限到来とともに日本軍が朝鮮王宮を攻撃、親日派内閣を組織させ、領内清軍撃攘依頼の国王親書を奪い、牙山の清軍撃破に南下した。

　同地の清軍に対する増援兵を載せたイギリス船高陞号は、七月二十五日豊島沖海戦に日本が勝利したときにさしかかり、浪速艦長東郷平八郎*が撃沈した。宣戦布告前の公海上でのイギリス船撃沈は国際問題となったが、増援を失った清軍は二十九日成歓で、翌日、牙山で敗北した。日本政府は、その勝報と、三十日イギリスが不干渉を決定したのを受け、八月一日宣戦布告（清国も同日）。朝鮮と二十日暫定合同条款を、二十六日攻守同盟を結び保護下に置き、九月十五日大本営を広島に進め、同日平壌総攻撃、翌朝攻略。十七日、連合艦隊は定遠ら巨艦を擁する北洋艦隊と戦い（黄海海戦*）勝利した。その報が伝わった翌十八日広島で第七回帝国議会を開会、一億五千万円の臨時軍事費と公債募集関係法などを無修正で可決した。これに呼応して、第一軍は鴨緑江を渡河、十月二十四日、中国領内に進入したが、抵抗が本格化し苦戦した（海城難戦）。第二軍も同日遼東半島に無血上陸、十一月十七日旅順要塞を占領した。このとき虐殺事件が起きたが、事件の責任は問われず、以後に悪例を残した。陸軍は直隷平野の決戦を求めたが、伊藤首相は列強の干渉を避け、講和を有利にするために軍の主張を斥け、威海衛を攻略し台湾と膨湖島の占領を進言、それを貫いた。明治二十八年（一八九五）四月十七日、日清講和条約*で平和を回復したが、領有した台湾は島民の抵抗で領有に困難し、翌年三月末まで大本営を解散できず、戦争状態を集結できなかった。〈信夫

清三郎『日清戦争』南窓社、一九七〇（復刊）。藤村道生『日清戦争』岩波書店、一九七三〉　（藤村道生）

日清《にっしん》講和《こうわ》条約《じょうやく》　明治二十八年（一八九五）四月調印の日清戦争*の講和条約、調印地にちなみ下関条約ともいう。明治二十七年十月、平壌陥落と黄海海戦で戦いの大勢が決すると、まずイギリスが十月に講和斡旋に動き、翌年一月には清国の講和使節張蔭桓が来日したが、講和は時期尚早とみた日本政府は、委任状不備を理由に交渉に取り合わなかった。しかし、威海衛が攻撃され北洋艦隊が全滅に直面したため、清国は李鴻章《りこうしょう》*を全権として送り、三月十九日下関春帆楼で講和会議が始まった。会議はまず、休戦をめぐり紛糾したが、李が暴漢に狙撃される突発事件が起きたため、三十日台湾を除く地域で休戦に応じ、四月一日、講和条約案を提示し、十七日日本全権伊藤博文*・陸奥宗光*、清国全権李鴻章・李經方により調印された。二十日批准、五月八日芝罘《チーフー》で批准書交換、十三日公布。条約は朝鮮の完全無欠な独立国であることを承認（第一条）、遼東半島・台湾・澎湖列島の割譲（第二条）、庫平銀二億両《テール》（邦貨約三億円）の戦費賠償支払（第四条）、欧州国家と結んでいるのと同等の通商航海条約を新たに日本と締結。その締結まで最恵国待遇を与えるほか、沙市・重慶・蘇州・杭州の開市・開港場における日本人の製造業従事承認（第六条）などのほか、条約施行の担保として威海衛の保障占領を約す（第八条）など十一カ条からなる。日本は戦費賠償金により金本位制*に移行、国際経済社会に加入し、電信などの産業基盤整備とロシアを標的の大軍備拡張の原資とした。三国干渉*で遼東半島は還付した。
（藤村道生）

三国《さんごく》干渉《かんしょう》　明治二十八年（一八九五）日清講和条約*に露・独・仏が干渉して遼東半島の還付を勧告した事件。日本が中国領土を要求するとわかったとき、列強はただちに中国の分割に参加するかどうかを迫られたが、未準備のロシアはそれを将来に延期、イギリス、フランスとともに「朝鮮の独立と領土保全」を要求すると決定した。ドイツは東亜で英露協調が進むことを恐れ、ロシアに共同行動を提議した。それを受けてロシアは、四月八日列強に共同干渉を提議。日本から通商条項を示されたイギリスは、日本を清に代わりロシア南下の防壁とすることにし参加を拒否、ドイツはロシアが極東に矛先を向ければ、東方国境が安全となり、共同干渉に加われば、露仏同盟に楔を打ち込めると同調、フランスもロシアの東方進出は独露の緊張緩和につながると同意。四月二十三日、露・独・仏三国公使は、日本に遼東半島領有は朝鮮独立を有名無実とし東洋平和の障害となると放棄を勧告。ロシア艦隊を神戸に回航、干渉を擁護した。三国に敵しえない日本は、いったんは、列国会議を招請し問題処理に当たると決めたが、会議病欠の陸奥外相は新干渉を招く愚策と力説、五月四日、遼東半島全部の返還を決定、臥薪嘗胆論が燃え上がった。　（藤村道生）

台湾《たいわん》総督《そうとく》府《ふ》　台湾と付属諸島の統治機構。台北に所在した。明治二十八年（一八九五）六月始政式を挙げたが、住民の抵抗により軍政に移行。翌年三月の総督府条例で総督は陸・海軍の大・中将に限られ、管轄区域内の陸海軍統率と、同時発布の法律六十三号で、法律と同等の効力ある命令を出す権限を与えられ、四月に民政に復帰。当初は行政から軍事・司法にわたる強大な権限で住民に君臨した。大正八年（一九一九）八月の官制改革により総督任用資格を陸海軍武官に限る規定が除かれ、武官総督制が終息。総督の軍権委任が解かれ、別に任命の台湾軍司令官に対する兵力使用請求権が与えられた。終戦に伴い昭和二十年（一九四五）中華民国政府に接収、消滅した。（藤村道生）

閔妃殺害事件《びんひさつがいじけん》　朝鮮国王（皇帝と改称）高宗皇后閔妃が、明治二十八年（一八九五）十月八日に日本公使三浦梧楼の指揮下の日本人壮士らに殺害された事件。韓国では乙未の変と称する。日清戦争*中からの朝鮮官野の反日機運は三国干渉*により増大した。朝鮮が自立を貫く道はロシアを操縦して、強大な日本の圧力に抗するほかなく、それが中心となり、実行した閔妃に翻弄された予備役陸軍中将の三浦は、閔妃を親露反日の中心とみて、大院君*を日本の傀儡とする目的で邪魔な閔妃の暗殺を謀り、日本軍とその指揮下の朝鮮訓練隊および日本警官・浪人が侍衛隊を撃破、景福宮に侵入、閔妃を惨殺した。これは外国人も目撃しており、ソウル市内は騒然となるが、日本は実行者を罰しえなかった。（藤村道生）

大院君《たいいんくん》　Taewŏn-gun（一八二〇—九八）朝鮮李朝末期の政治家。姓名は李是応《りかおう》、英祖の玄孫。第二子が王位（高宗）についたため、十四歳の王を援ける摂政相当の権限を握り大胆な攘夷政策をとる。一八六六年に仏船の、一八七一年には米艦隊の来寇を軍民動員により撃退。内政では党派的登用を打破したが、特権を奪われた閔《びん》派の反対で国王の成人とともに退隠し、壬午軍乱*で返り咲くが、乱の元凶として保定に抑留された。日清戦争*には日本が担ぎだすが、十一月に斥けられた。閔妃殺害事件*にも引き出されたが、実権はなかった。守旧的排外主義者でなく無批判な外国追随に反対した人物と評価されている。（藤村道生）

李鴻章《りこうしょう》　Li Hongzhang（一八二三—一九〇一）清末の政治家。洋務派*の首領。諱は文忠、字は少荃、号は儀叟。安徽《あんき》合肥の人。一八五八年から曾国藩《そうこくはん》の幕下に入り、淮軍を編成、訓練。太平天国運動と捻軍蜂起を鎮圧。一八六七年に湖広総督、七〇年に直隷総督兼北洋大臣を歴任、清朝の外交・軍事・経済を管轄、のちに内閣の大学士を授与された。政治主張は外交における和睦と内政における改革。改革とは主として西洋的な軍事装備・機械生産・科学技術の導入。六〇年代からつぎつぎと多くの軍事工業と民需用の工業を設立、また北洋水師学堂、北洋海軍を創建。朝鮮問題、中仏戦争、日清戦争*、義和団事変*などの外交で「天津条約*」「中仏新約」「下関条約」「辛丑《しんちゅう》条約」などの締結に当たった。『李文忠公全集』がある。（區　建英）

洋務派《ようむは》　一八六〇年代から九〇年代、清朝支配者のなかで「自強求富」を主張し、西洋の近代的な技術を取り入れ、軍事工業と民需用の工業を建設しようとした官僚集団。アヘン戦争*を契機に西洋軍事力の優勢を知り、太平天国との戦いで洋式軍備導入の必要を感じ、「求強」を目的とする近代的軍事工業の建設を始め、のちに「求富」を目指す民需用の工業の建設をも同時に推進した。奕訢《えきこん》・崇厚《すうこう》を代表とする満州族の集団、曾国藩を代表とする湘系集団、左宗棠《さそうとう》を代表とする左系湘軍集団、李鴻章*を代表とする淮系集団など、いくつかの勢力集団があり、また日清戦争*前後に張之洞を代表とする集団が形成された。そのなかで、李鴻章系と張之洞系が最も有力であった。特に李鴻章は近代的工業を中国の南北に広く建設し、全国の中心的な役割を果たしていた。しかし日清戦争によって北洋海軍が壊滅したのち、李鴻章集団の勢力はしだいに弱まり、張之洞集団が中心的な勢力となった。義和団事変*の後、清朝の「新政」に伴い、一種の政治勢力としての洋務派は解体していった。

(區　建英)

変法派《へんぽうは》　一八九八（戊戌《ぼじゅつ》）年、康有為・梁啓超らをはじめとして戊戌変法という改良主義の維新運動を推進した知識人集団。その指導者・康有為は早くから日本の明治維新に着目し、同様な制度改革によって富国強兵を図ることを主張。日清戦争*後、民族危機深化の下で、北京にいる千三百余人の挙人は「下関条約」反対と変法を求める上書を清帝に呈し、その後、康有為は北京と上海で強学会を組織し、『中外紀聞』『強学報』を発行し、梁啓超・譚嗣同・唐才常・厳復は相ついで上海・湖南・天津で『時務報』『湘報』『国聞報』を発刊して変法維新を呼びかけ、一八九八年、康有為はさらに保国会を組織した。維新運動は光緒帝を擁護する帝党官僚に支持され、上からの政治的・経済的改革を通じて国力を強め、「救亡」の目的を達成しようとした。光緒帝は憲法制定・国会開設・経済改革・学制改革を含めた変法派の改革案を受け入れ、同年六月に「明定国是」の詔を発布し、九月までの百三日内で一連の維新法令を公布した。これは「百日維新」と呼ばれる。維新は慈禧《じき》太后（西太后）を頭とする后党のクーデターによって弾圧され、康有為・梁啓超は日本公使館などの援助で海外に亡命し、譚嗣同・楊鋭・劉光第・林旭・楊深秀・康広仁の「六君子」が処刑された。

(區　建英)

戊戌政変《ぼじゅつせいへん》　一八九八年九月、慈禧《じき》太后（西太后）によって発動された宮廷のクーデター。慈禧太后を頭とする后党は、亡国しても変法しないという保守的な主張を堅持し、九八年六月光緒《こうちょ》帝が「明定国是」の詔を発布して以降、様々な手段で維新運動を破壊しようとした。その間、慈禧太后は変法支持の帝党の翁同龢《おうどうわ》を辞任させ、腹心・栄禄に直隷総督を代理させ、董福《そうふく》祥《しょう》の甘軍、聶士成《じょうしせい》の武毅軍、袁世凱《えんせいがい》*の新陸軍という三軍を統帥させた。后党はまた十月天津で閲兵するとき、光緒帝を罷免し、クーデターを行うことを企てていた。変法派*はこれを知って、袁世凱に閲兵のとき、兵を挙げて光緒帝を救出し、栄禄を殺害するよう頼んだ。しかし袁世凱に裏切られた。九月二十一日朝、慈禧太后は急いで頤和園から紫禁城に戻り、光緒帝を瀛《えい》台《だい》に幽閉し、帝の名義で太后親政を求める詔書を発布し、ただちに譚嗣同などの「六君子」を逮捕して処刑し、康有為《こうゆうい》*・梁啓超*を指名手配して、変法派の官僚数十人を罷免した。京師大学堂を除いて、新政はすべて廃止され、変法維新は弾圧された。

(區　建英)

康有為《こうゆうい》　Kang Youwei（一八五八―一九二七）　清末・中国の思想家・政治家。戊戌変法の指導者。原名は祖詒、字は広厦、号は長素、また更生。広東南海の人。公羊《くよう》学者。一八七九年香港で西洋文化に接触し感銘を受け、八二年上海で各種の洋書訳本や新聞を読み西洋の進歩の原因を研究。九〇―九三年広州の万木草堂で学問を講義、維新の人材を養成。変法の理論を著述。変法運動の開始に至るまで七回も清帝に上書、明治維新をモデルとする改革を繰り返し主張。九五年「下関条約」締結時科挙の「会試」参加で北京に集まった千三百余名の挙人に呼びかけ、連名で第二回の上書を提出、抗戦と変法を要求した。

同年強学会を設立し、『中外紀聞』などを発行、変法維新を鼓吹。九八年保国会を設立、「保国、保種、保教」を主張、戊戌新政を推進。維新に失敗して海外に亡命後、保皇会を組織、革命運動と対立。著書に『新学偽経学』『孔子改制考』『日本明治変政考』『大同書』などがある。（區　建英）

梁啓超《りょうけいちょう》　Liang Qichao（一八七三—一九二九）清末・中国の学者・政治家。字は卓如、号は任公、別号は滄江、また飲氷室主人。広東新会の人。一八九〇年*康有為に師事。九五年北京会試参加のとき、康発起の清帝への上書に加わり、強学会で書記を担当。『中外紀聞』で執筆、また『時務報』の編集長となり、維新変法の理論を宣伝。*戊戌政変後、日本に亡命。横浜で『清議報』を発行、改良と君主制の維持を主張。後に『新民叢報』を創刊、西洋の政治学説や自然科学知識を紹介、革命派と論戦。一九一三年帰国し進歩党を結成。中華民国の司法総長、財政総長を歴任。文体の改良を唱道、白話文の始を開いた。著述は政治・経済・哲学・歴史・芸術・言語・教育・宗教にわたり、『飲氷室合集』に収録。（區　建英）

〔日露戦争と国際関係〕

義和団事変《ぎわだんじへん》**（北清事変**《ほくしんじへん》**）**　一九〇〇年（明治三十三）六月—一九〇一年九月、義和団の乱に列強が出兵、義和団および清国官兵と戦い、鎮圧した事変。義和団は本来義和拳といい、中国伝統武術の拳棒練術と念呪による護身を唱える白蓮教系の秘密結社であった。十九世紀末華北一帯の天災と列強の中国進出激化による外国経済の浸透で、貧窮化した農民・労働者・流民など広範な層を吸収して勢力を増大、義和団と称し、一八九八年以降、華北から満州の一部にかけて激しい排外行動を展開した。キリスト教会攻撃、宣教師・教徒の殺害を重ね、「扶清滅洋」を掲げて一九〇〇年六月、北京の列国公使館区域の攻撃を開始するに至った。この間ドイツ公使と日本外交官が殺害され、同二十一日には清朝も列国に対して宣戦を布告し、義和団に同調するという状況となった。ここに日・露・英・米・仏・独・墺・伊八カ国は連合軍を編成して出兵。北京を攻撃し、八月十四日公使館区域を占領、救援作戦を成功させた。清朝では皇帝らの逃亡、不在のまま、列国と和議に入り、翌一九〇一年（明治三十四）九月七日、義和団事変最終議定書（辛丑和約《しんちゅうわやく》）に調印した。清国側責任者処罰、四億五千万両《テール》の賠償支払い、首都北京付近主要地点への列国の駐兵権承認などが主内容である。同事変に日本はイギリスの強い要望で連合軍主力として出兵して成果をあげ、列強間での地位を高め、事変後*日英同盟成立の基盤をつくった。（村島　滋）

第一次桂内閣《だいいちじかつらないかく》　明治三十四年（一九〇一）六月—三十九年（一九〇六）一月、政権を担当した陸軍大将*桂太郎を首班とする内閣。第四次伊藤内閣総辞職のあと、組閣を委嘱された*井上馨が政友会などの反対で辞退した結果、長州閥の先輩*山県有朋の推挙で実現した。外相*小村寿太郎。陸相*寺内正毅、海相*山本権兵衛などを擁したが、*元老が背後に控える「緞帳《どんちょう》内閣」「二流内閣」と評された。内閣制度発足以来、元老の次の第二世代が政権を担当した最初の内閣となる。主要政党の支持がなく、行財政改革などで難航しつつも議会では*超然主義をとり、元老の調整、斡旋で破綻を見せなかった。対外政策では、*義和団事変後、満韓問題での日露関係の緊迫化のなかで、伊藤・井上の日露協商策に対して桂は山県・小村とともに日英協調優先の立場をとり、前者の策動を抑えて、明治三十五年（一九〇二）一月日英同盟*を成立させた。翌年対露交渉に入ったが決裂し、三十七年二月開戦に踏み切った。日露戦争*中は挙国一致の国内体制を維持する一方、政・戦略の統合、英米との協調に努めて日本を勝利に導いた。戦争の最大目的であった日本の韓国保護権掌握を、講和条約によりロシアから、また桂・タフト覚書および第二次日英同盟協約を通じて米英から、それぞれ承認を得たうえ、三十八年十一月、日韓新協約締結で韓国に認めさせた。また十二月には日清条約を結び、日本がロシアから継承した満州に関する諸権益を清国に認めさせ、戦後の大陸政策拡大への道を開いた。なお新時代の到来を示す講和をめぐる政治的困難に際しては、政友会の西園寺公望*への政権委譲の言質を与えてこれを切り抜けた。元老の支援と首相の妥協性、政策の融通性により内閣は難局の四年七カ月政権を担い、いわゆる「桂園体制」の基盤をつくり、明治三十九年一月退陣した。

（村島　滋）

日英同盟《にちえいどうめい》　二十世紀初頭、東アジア国際関係を左右し、また日本外交の「骨髄」といわれた三次にわたる日英間の同盟協約。第一次協約は、義和団事変*後、ロシアの満州占領継続に不安を深めた日英両国が、清韓両国に有する権益防衛のために明治三十五年（一九〇二）一月締結した。期限五年。締約国の一方が前記権益防衛のために第三国と交戦の場合、他の一方は中立を守り、交戦相手が二国以上となったとき、参戦の義務を伴う防守同盟で、平時の海軍の協力も約束された。同盟の存在は日露戦争*での日本の外交的・戦略的立場を有利にした。明治三十八年八月、日本の韓国保護権を認め、適用範囲のインドへの拡大、また一国との戦争の場合にも、同盟国は参戦の義務を負う攻守同盟に改訂、期限十年の第二次同盟協約が成立。戦後日米対立の発生をはじめ国際関係が大きく変化するなかで同盟は再改訂され、明治四十四年（一九一一）七月第三次協約が成立。日米交戦の場合、イギリスの対日本援助義務免除を実質的に規定する一項が加えられた。期限十年。第一次世界大戦*に日本は日英同盟規約に依拠して参戦したが、その勢力拡大を危惧するアメリカの主導で大戦後の大正十一年（一九二二）開催されたワシントン会議*で、同十二月、太平洋の現状維持に関する英・米・日・仏四カ国条約*締結を機に、日英同盟の廃棄が決定、翌十二年八月、ワシントン条約発効で、その二十一年の歴史を閉じた。

（村島　滋）

主戦論《しゅせんろん》**と非戦論**《ひせんろん》　日露戦争*期の主戦・反戦をめぐる日本国内の言論活動。三国干渉*以来「臥薪嘗胆」を合言葉に日本国民の対露ナショナリズムが高まっていたが、義和団事変*後のロシアの満州占領を機に、対露強硬外交を説く国民同盟会など民間団体が結成され、勢いを増した。明治三十六年（一九〇三）四月、ロシアの満州撤兵不履行*が明らかになると、急速に主戦論が台頭した。対露同志会の結成、東大戸水寛人、学習院中村進午教授ら七博士の桂首相への即時開戦建白、一方陸・海軍、外務省中堅派が結束（湖月会）しての強硬な開戦論の主張があり、これらに呼応して言論界・世論の主戦論の高まりのなかで開戦を迎えた。

このような大勢に抗して少数ながら後世まで根強い影響力を残した反戦論者の活動があった。社会主義的立場から義和団事変*にいち早く非戦論を唱えた幸徳秋水*は、キリスト教徒内村鑑

*三ら非戦論者とともに、人道主義的反戦の立場をとる黒岩涙香経営の『万朝報』によって非戦の論陣を張った。ほかに島田三郎の『東京毎日新聞』と『*東京日日新聞』が同調したが、明治三十六年十月大勢に抗し切れず、三紙が主戦論に転換すると、幸徳や*堺利彦らは退社、十一月『*平民新聞』を創刊し、非戦論を展開。この間レーニンらロシア社会主義者と交流した。*片山潜は三十七年八月、第二インターナショナル大会でロシアのプレハーノフと反戦を誓い握手した。内村らも非戦論を唱え続けた。 （村島　滋）

対露同志会《たいろどうしかい》 *日露戦争前、対露強硬外交を主張し活動した民間団体。*義和団事変後のロシアの満州占領に際して、明治三十三年（一九〇〇）九月、近衛篤磨・神鞭知常《こうむちともつね》・頭山満らが国民同盟会を結成したのが最初。その後いったん解散したが、三十六年春、ロシアの満州撤兵不履行が明白となった時点で再結集、七月対外硬同志会を名のり、八月対露同志会と改称した。近衛が会長に就任、神鞭委員長のもとに大会開催。地方遊説、政府への警告、上奏文提出などを通じて対露主戦論を精力的に展開し、国民の好戦熱を煽った。日露開戦で解散したが、三十八年七月、他団体も含めて講和問題同志連合会を組織し、対露譲歩反対運動を展開、十月解散した。 （村島　滋）

日露戦争《にちろせんそう》 明治三十七年（一九〇四）二月―三十八年九月、清国領満州を主戦場に、朝鮮・満州の支配権をめぐって戦われた二十世紀初の大規模な近代戦争。双方とも動員兵力百万人余、死傷者日本約二十万、ロシア十四万（外に捕虜八万）。*義和団事変後のロシアの満州占領に対して、日本はロシアの極東進出を警戒するイギリスと*日英同盟を結び、外交的・戦略的立場を固め、英・米・清と協力し、満州撤兵実現を期したが、ロシア国内強硬派の台頭のために結局成功せず、引き続き満鮮問題での利害調整を目指して、ロシアとの間に開始した日露交渉も決裂。三十七年二月八日、日本海軍の旅順先制攻撃を機に同十日両軍は宣戦布告して戦争状態に入った。

当初の戦力はロシアが優勢であったが、日本国民の戦意はきわめて高く、戦争遂行に全力が傾注された。戦況は日本海軍がいち早く黄海の制海権を掌握し、陸軍は南満州に全兵力を投入、遼陽・沙河の会戦で勝ち、三十八年一月*遼東半島の要衝旅順を攻略、三月両軍主力対決の奉天会戦での勝利で戦勢をほぼ決した。ロシアでは反戦気運が高まり、一月「血の日曜日事件」が起こった。五月*日本海海戦で連合艦隊はバルチック艦隊に完勝して日本の勝利を確実にした。日本の戦時外交・戦略はよく統合され、国民も増税、公債の負担に耐えた（政府は第一次*桂内閣）。臨時軍事費十七億二千万円中、内外公債十三億五千万円、うち八億二千万円の外債の大部分が英米で調達された事実が物語るように、英・米両国との協調が日本の立場を有利にした。なお独・仏はロシアを支持し、日露戦争は国際戦争の様相を呈した。*ローズヴェルト米大統領の斡旋で講和がなり、九月五日*ポーツマス条約締結、日本の勝利で戦争は終結した。韓国保護権と満州での権益獲得による戦後日本の大陸政策積極化と軍の発言力増大、あるいは日米対立、アジアの民族主義高揚、ヨーロッパ国際関係の変動など、日露戦争は以後の内外の動向に大きな影響を与えた。〈古屋哲夫『日露戦争』中公新書、一九六六。信夫清三郎・中山治一編『日露戦争史の研究』河出書房新社、一九七二〉 （村島　滋）

奉天会戦《ほうてんかいせん》　明治三十八年（一九〇五）三月、日露戦争*中最大の陸戦。旅順陥落後、講和問題が米大統領から提起されるなど、戦争は新段階に入った。しかし不穏な国内情勢沈静化のためロシアは一大反撃を企図し、日本側も主力決戦で大勢を一気に決しようとした。総司令官大山巌*元帥麾下二十五万の日本軍は、総司令官クロパトキン（A. Kuropatkin）大将麾下三十二万のロシア軍の機先を制し、三月一—十日奉天方面で大規模な攻勢作戦を展開、これを敗走させた。しかし日本軍戦力も限界に達しており、完全撃滅はできなかった。これを機に日本では政・戦略一致の必要が確認され、講和への気運が急速に強まった。死傷者は日本軍七万、ロシア軍九万。（村島　滋）

大山巌《おおやまいわお》（一八四二—一九一六）明治時代の代表的陸軍軍人。天保十三年十月十日、薩摩藩士大山彦八の二男として鹿児島に生まれる。西郷隆盛*の従弟。幼名岩次郎、のち弥介、巌。西郷のもとで倒幕運動*に従事、薩英戦争*・戊辰戦争*に参加。明治新政府に出仕。明治三年（一八七〇）渡欧、普仏戦争観戦、同四—七年フランス留学、西南戦争*では征討軍旅団司令官、十一年（一八七八）陸軍中将、十三年陸軍卿。十七—十八年川上操六・桂太郎*・野津道貫ら陸軍の俊才を率いて渡欧、各国の兵制を視察。十八年陸相、兵制改革に努力、山県有朋*とともに近代日本陸軍の基盤をつくる。二十四年大将、日清戦争*に第二軍司令官として出征、三十一年元帥、三十二年参謀総長。日露戦争*では満州軍総司令官として児玉源太郎総参謀長の適切な補佐を得て戦争を勝利に導いた。四十年戦功により公爵、大正三年（一九一四）内大臣、この間元老*として重きをなしたが、軍人としての本分を守り、政治的行動に深入りしなかった。同五年十二月十日死去、国葬。（村島　滋）

日本海海戦《にほんかいかいせん》　対馬沖海戦とも呼ばれる。日露戦争*中、両国主力艦隊の一大決戦。日本海軍の圧倒的勝利で戦争の大勢を決した。ロシアが日本軍を満州に孤立、全滅させる目的で、明治三十七年（一九〇四）十月派遣したロジェストウェンスキー（Z. P. Rozhdestvenskii）中将麾下の太平洋第二艦隊（バルチック艦隊）は、一万八〇〇〇海里の航海を経て、明治三十八年（一九〇五）五月二十七日朝、対馬海峡東入口に到達した。日本海軍は司令長官東郷平八郎*大将率いる連合艦隊が、これを沖ノ島付近で迎撃、激烈な大海戦が展開された。日本側の士気、練度はロシア側をはるかに圧し、東郷長官の丁字戦法による敵前大回頭の果断な作戦、砲撃力、速力など戦闘力の優勢により、同日午後から翌二十八日の戦闘でロシア艦隊は三十八隻中撃沈十九、捕獲五、抑留二、他は逃走、司令官以下六千名捕虜という壊滅的敗北を喫した。日本側は五十二隻中水雷艇三隻沈没、死傷七百名。トラファルガー海戦をしのぐこの戦果は、日本への世界の評価を高めたが、他方、以後日本国民の大艦巨砲過信の根元ともなった。（村島　滋）

東郷平八郎《とうごうへいはちろう》（一八四七—一九三四）明治—昭和初期の代表的海軍軍人。弘化四年十二月二十二日、薩摩藩士東郷吉左衛門の四男として鹿児島に生まれる。薩英戦争*・戊辰戦争*に参加。明治新政府出仕、海軍に入り、明治四—十一年（一八七一—七八）イギリス留学。帰国後、第二丁卯ほか各艦長を経て日清戦争*時、浪速艦長として英国籍清国傭船高陞号撃沈事件で内外の注目を集めたが、その行為は国際法上正当とみなされた。二十八年少将、常備艦隊司令官、海大校長、佐世保・舞鶴各鎮守府長官を歴任。三十六年（一九〇三）第一艦隊兼連合艦隊司令長官、三十七年大将。日露戦争*では黄海海戦での勝利後、翌三十八年五月日本海海戦*でバルチック艦隊を壊滅させて日本の勝利を不動のものとし、以後国民的英雄として敬愛された。同年軍令部長、大正二年（一九一三）元帥、三―十年東宮御学問所総裁。海軍の重鎮として昭和初期ロンドン海軍軍縮条約に反対する発言でなお影響を与えた。昭和九年（一九三四）五月三十日死去、国葬。のち東郷神社祭神として祀られた。（村島　滋）

日露講和条約《にちろこうわじょうやく》（ポーツマス条約）　明治三十八年（一九〇五）九月五日、アメリカのポーツマスで日露両国全権の間で調印された日露戦争*の講和条約。講話会議はセオドア・ローズヴェルト*米大統領の斡旋で、八月十日から日本側小村寿太郎*外相、ロシア側ウィッテ（S. Vitte）前蔵相を各首席全権として開催。交渉では日本側は対韓国保護権設定を認めさせることを最重点とし、国民が期待した賠償金と領土獲得は、国内強硬派の台頭を背景とするロシア側の頑強な反対で撤回、調印せざるをえなかった。日本国民はこれに反発、日比谷焼打事件*を頂点とする激しい講和反対運動を起こした。講和条約は本文十五条、追加約款二条からなる。主な内容は、①日本の韓国における政治・軍事・経済上の優越権、同国に対する指導・保護・監理の措置を執る権利の承認、②日露両軍の満州同時撤兵、同地方の清国への還付、③ロシアの遼東半島租借権、長春・旅順間鉄道権益の清国の承認を得たうえでの対日譲渡、④北緯五〇度以南樺太の対日割譲、⑤極東露領沿岸漁業権の対日譲渡などである。十月十五日、双方の批准通告で条約は発効した。以上に基づき日本は十一月十七日韓国との間に第二次日韓協約（韓国保護条約）、十二月二十二日清国と満州に関する日清条約をそれぞれ締結して、ポーツマス条約の関係諸内容を両国に承認させた。日露戦争の結果、日本の大陸政策積極化の基盤がこうして確立された。（村島　滋）

日比谷焼打事件《ひびややきうちじけん》*　日露戦争*後の講和条約の内容に反対した民衆による騒乱事件。講和会議で賠償金と領土獲得不可能が明らかとなり、講和反対の新聞論調が高まるなかで、調印当日の明治三十八年（一九〇五）九月五日、講和問題同志連合会・黒龍会など対外硬派九団体主催の講和条約反対国民大会が、治安警察法*による政府の集会禁止命令を押し切って日比谷公園で開催された。数万の民衆が公園に入り、講和反対決議後暴動化し、警官隊と衝突しつつ、国民新聞社・内相官邸を襲撃、さらに同日夜より七日にかけて警察署・交番・教会を焼打ちし、官庁その他にも押し寄せた。政府は六日東京市と府下五郡に戒厳令を施行、新聞などへの言論統制も行い、しだいに沈静化させた。事件では死者十七、負傷五百余（鎮圧側もほぼ同数）、検挙二千、起訴三百余、有罪八十七名。暴動の主力は職人・職工・人足・車夫・馬方など低所得層で、彼らの貧困への不満と排外主義運動が結びついた都市型民衆運動の最初とされる。この事件は全国に影響、各地で反講和、非立憲政府非難運動が展開された。（村島　滋）

小村寿太郎《こむらじゅたろう》（一八五五―一九一一）　明治時代の代表的外交官。安政二年九月二十六日、飫肥《おび》（宮崎県）藩士小村寛平の長男として同城下に生まれる。貢進生*となり大学南校で法律を学び、明治八年（一八七五）文部省第一回留学生として渡米、ハーヴァード大学法科卒業、十三年帰国。司法省、ついで外務省出仕、二十一年翻訳局長、この間井上・大隈両外相の条約改正*案に反対、陸奥*外相の知遇を得て二十六年駐清臨時代理公使。日清戦争*後政務局長、駐韓公使、外務次官。その後、米・露・清各駐在公使を歴任、三十四年（一九〇一）全権として義和団事変*最終議定書に調印ののち、第一次桂内閣*外相として日英同盟*協約を締結。英米との協調外交を軸に積極的大陸政策を推進、日本外交の基本路線をつくる。日露戦争*を積極的に推進、講和全権。三十九年駐英大使。四十一―四十四年第二次桂内閣外相として日米協定、日露協約締結、韓国併合、条約改正による関税自主権*完全回復、日英同盟再改訂などを実現。四十四年（一九一一）侯爵、同年十一月二十六日死去。（村島　滋）

ローズヴェルト　Theodore Roosevelt（一八五八―一九一九）アメリカ第二十六代大統領（一九〇一―〇九）。共和党。マッキンレー（W. McKinley）大統領の下で米西戦争を積極的に推進。副大統領、マッキンレーの暗殺後大統領昇格。内政では大企業解体、大規模労働争議への政府の介入などいわゆる革新主義的諸政策を展開した。対外的には世界強国を目指し海軍力増強を重視、軍事力を背景とする積極的外交を進めた。カリブ海諸国、特にパナマを勢力下に入れる一方、太平洋国家としてアジアの勢力均衡を図り、日露戦争*の講和を斡旋、またモロッコ事件の調停を行うなど、二十世紀国際政治でのアメリカの指導的立場の基盤をつくった。（村島　滋）

〔日露戦後の日本と東アジア〕

桂園時代《けいえんじだい》　山県閥の寵児桂太郎*と立憲政友会*総裁西園寺公望*とが交互に政権を担当した時代をいう。桂園時代は、日露戦争*末期、桂と政友会領袖原敬*との間で政権授受についての交渉が成立し、明治三十八年（一九〇五）講和条約反対運動を受けて桂が西園寺に政権を譲ったことに始まる。翌三十九年に成立した第一次西園寺内閣は日露戦後経営に着手したが、不況による財政難や社会主義取締りなどについて元老*の批判が強まり、四十一年総辞職。代わって桂が第二次桂内閣を組織した。桂は当初「一視同仁策《いっしどうじんさく》」により政友会と対決する姿勢を見せるが、内政の行き詰まり、立憲国民党*の与党化に失敗し、政友会に「情意投合《じょういとうごう》」を申し入れ、四十四年再び西園寺が首相となった。大正元年（一九一二）二個師団増資問題で第二次西園寺内閣が総辞職すると、桂が第三次桂内閣を組閣した。以上の経過をもつ桂園時代は、政権が山県有朋*ら維新の元勲の手を離れ、桂、西園寺、さらには海軍の山本権兵衛*らのより若い世代に移ることとなり、従来の元老による政治体制の再編成期として位置づけることができよう。（松本洋幸）

桂太郎《かつらたろう》（一八四七―一九一三）弘化四年十一月二十八日、萩藩士桂与一右衛門信繁の長男として生まれる。幼名は寿熊、号は海城。戊辰戦争*で奥州を転戦したのち、ドイツで軍事・軍政を学ぶ。帰国後山県有朋*と軍制改革を推進、明治十九年（一八八六）陸軍次官となる。日清戦争*に従事し、二十八年台湾総督に就任。その後第三次伊藤、第一次大隈、第二次山県、第四次伊藤と四内閣、三年にわたり陸相をつとめた。この間、日清戦後経営の一環として軍拡を推進し、山県閥を代表する政治家へと成長した。三十四年首相に推薦され、山県系官僚を中心とする内閣を組織した。第一次桂内閣*は日英同盟*を締結し、三十七年から日露戦争*を遂行した。翌年講和条約反対運動*の衝撃により、立憲政友会*の原敬*との前約もあって、西園寺公望*に政権を譲渡した。四十一年再び首相となり、四十三年日韓併合*を行ったが、翌年再び西園寺と交代した。彼はしだいに山県閥のなかでも独自の勢力を形成し始め、四十五年政党構想を抱いて欧米に出発したが、明治天皇*の病の報を聞いて帰国。天皇の死後内大臣兼侍従長となるが、同年（大正元年、一九一二）第二次西園寺内閣*が倒れると、三度首相の座についた。しかし第一次護憲運動*が起こり、彼が構想した新党も十分な勢力を得られず、翌二年第三次桂内閣は総辞職した。同年十月十日東京の自宅で死去。六十七歳。墓所は東京の大夫山。（松本洋幸）

西園寺公望《さいおんじきんもち》（一八四九―一九四〇）　明治から昭和時代前期の政治家、最後の元老*。嘉永二年十月二十三日、右大臣徳大寺公純の二男として生まれ、五年西園寺師季の養子となる。幼名は美丸・望一郎、号は陶庵・不読・竹軒など。王政復古*後参与となり、戊辰戦争*にも従軍。明治四年（一八七一）から十三年までフランスに留学し、帰国後『東洋自由新聞』を創刊、社長となる。その後オーストリア・ドイツ・ベルギーの日本公使をつとめ、二十三年からは貴族院*議員となって政界入りする。伊藤博文*の知遇を得、枢密顧問官*を経て、第二次・第三次伊藤内閣には文相として入閣。立憲政友会*創立にも参画、総務委員となった。三十三―三十六年まで枢密院*議長を務めた後、第二代政友会総裁に就任した。総裁就任後は、党内領袖の原敬*・松田正久らとともに、桂太郎*との間で政権を授受する桂園時代*を築き、二度にわたり政権を担当した。しかし第一次護憲運動*の際には党内を抑えきれず、大正三年（一九一四）原敬に総裁の座を譲った。その後彼はパリ講和会議*の全権委員を務め公爵を授けられた。また政界に対しては元老として影響力をもち続け、大正後期からは政党内閣の慣例化に努めた。しかし満州事変*以後軍部や革新派から排撃され、その発言力は後退した。昭和十五年十一月二十四日、静岡県の別邸で死去。九十二歳。墓所は東京の西園寺家墓地。（松本洋幸）

日韓協約《にっかんきょうやく》　大韓帝国を併合するに至る過程で、日本の影響力を高めることを定めた三次にわたる協約。第一次協約は、日露戦争*開戦直後の日韓議定書調印後、明治三十七年（一九〇四）八月二十二日に結ばれ、日本人財務顧問および日本政府推薦の外国人外交顧問の傭聘、重要外交案件はあらかじめ日本政府と協議すべきことなどを規定した。第二次協約は明治三十八年十一月十七日に結ばれた。保護条約とも呼ばれているように、韓国の外交権を日本が接収したものである。日露戦争での日本の勝利が決定的となった明治三十八年四月、政府は「韓国保護権確立の件」を決定し、七月の桂・タフト協定によりアメリカの、八月の第二次日英同盟によりイギリスの、ポーツマス条約*によりロシアの承認を取り付けたうえで交渉が行われた。この交渉が日本軍の制圧化で行われたため、条約自体を無効とする見解がある。この条約により韓国外部（外務省に相当する）は廃止され、韓国統監府*が置かれた。第三次協約はハーグ密使事件の発覚後、明治四十年七月二十四日に結ばれ、韓国内政に対する統監の役割を定めたものである。統監に施政改善への指導権や法令制定および重要な行政上の処分・高等官吏任免の承認権を与え、また付属の覚書により統監府裁判所の新設と軍隊の解散が定められ、義兵運動*活発化の一因となった。この規定によって多くの日本人が中央・地方行政機関に雇われた。（櫻井良樹）

義兵運動《ぎへいうんどう》　義兵とは民兵によって自発的に起こされる救国運動をさすが、特に義兵運動という場合は、韓国の植民地化に抵抗して起こされた反日武装闘争をいう。初期義兵は閔妃《びんひ》殺害事件*や断髪令をきっかけとして一八九六年に盛り上がりを見せた。後期義兵は日露戦争*中から再び起こり、第二次日韓協約*による保護国化に対して拡大した。特に明治四十年（一九〇七）八月の第三次日韓協約により韓国軍隊が解散させられると、軍人も加わり全国に広まった。その勢力は明治四十一年ごろ最も大きくなり、日本政府は鎮圧のために軍隊・憲兵を投入した。明治四十年から四十三年に至る間に十四万人の義兵が参加したという記録もある。（櫻井良樹）

韓国統監府《かんこくとうかんふ》　大韓帝国を日本の保護国と定めた明治三十八年（一九〇五）十一月の第二次日韓協約*第三条の規定により、日本政府の代表として統監が、機関として韓国統監府が置かれた。統監は天皇に直隷し、外交に関する事項を管理することと韓国皇帝に内謁する権利を有した。その後、明治四十年七月の第三次日韓協約により統監の権限は強化され、韓国施政改善に関する指導権、法令制定および重要な行政上の処分の承認、高等官吏任免の承認、統監推薦日本人官吏の任命などを行いうるようになった。初代統監伊藤博文*（三十八年十二月から）、第二代曾禰荒助（四十二年六月から）、第三代寺内正毅*（四十三年五月から）のときに日韓併合*が行われ朝鮮総督府*となった。（櫻井良樹）

日韓併合《にっかんへいごう》　韓国併合ともいう。日露戦争*後、日本政府は第二次日韓協約（明治三十八年）で大韓帝国を保護国とし外交権を奪い、明治四十年（一九〇七）の第三次日韓協約によって内政にも大幅に関与するようになり、四十二年十一月には司法事務も日本に委託され、韓国の植民地化は進行していった。同年七月六日に政府は、適当な時機に併合を断行することを閣議決定した。併合にあたっては、まず列強の同意を得ることが目指され（二月二十八日に在外使臣に伝え各国の反応を打診）、明治四十三年四月にロシア、五月にはイギリスから承認が得られた。そこで政府は併合の実行に着手し、五月三十日曾禰荒助に代えて寺内正毅*を第三代統監として任命し、六月三日閣議は朝鮮植民地統治の基本方針である「併合後の韓国に対する施政方針」を決定した。併合事務は併合準備委員会によって立案され、七月八日の閣議は併合条約案・詔勅案・宣言案を承認した。七月二十三日の寺内着任後、八月十六日から李完用首相との間で交渉が開始された。八月二十二日「韓国併合に関する条約」が調印され、これが二十九日に公布・即日施行され、大韓帝国は消滅した。この条約は韓国統治権を韓国皇帝が譲渡し天皇が受諾するという形式を取り、譲渡された日本は韓国の施政を担当し、韓国人の身体および財産に十分な保護と、その福利の増進を図ること、韓国人を事情の許す限り官吏として登用することなどを約束していた。併合後の韓国をさす言葉としては朝鮮が使用され、韓国統監府*に代えて朝鮮総督府*が置かれた。朝鮮には憲法は適用されず、天皇に直隷する総督によって本国からは独立して統治される植民地となった。また列強が韓国と結んでいた条約は廃止されたが、関税については十年間の据え置きが宣言された。（櫻井良樹）

朝鮮総督府《ちょうせんそうとくふ》　日本の朝鮮統治機関。明治四十三年（一九一〇）の日韓併合*後、韓国統監府*に代えて十月一日に設けられた。総督は朝鮮における行政事務・陸海軍統率権を委任され、日本本国の法律に代わって制令および命令を発することができ、行政・立法・司法の三権を握った。天皇に直隷し、陸海軍大将から親任された。総督武官制は大正八年（一九一九）に廃止され、それに伴って陸海軍の統率権も失ったが、総督は昭和二十年（一九四五）九月九日の支配終焉まで陸海軍大将から選任された。総督・政務総監の下に中央・地方機関が統轄され、主要ポストは日本人が占めた。その統治は大正八年の三・一運動までは「武断」政治であり、その後「文化」政治に転換したといわれる。　　（櫻井良樹）

日露協約《にちろきょうやく》　日露戦争*後、第一次世界大戦*期まで日露両国間に四回にわたり締結された東アジアでの権益分割とその共同防衛に関する協約。日露戦後の国際関係の変動を背景に、また双方再戦を不可とする国内事情もあり、両国は急速に接近、明治四十年（一九〇七）七月、第一回協約が成立し、相互の領土保全、清国の安全保障のほか、密約で満州の南北を日露の勢力範囲に分割することが約束された。一方、アメリカの対アジア「ドル外交」が活発化し、四十二年ノックス（P. C. Knox）国務長官の満州諸鉄道中立化提案に危機感を深めた日露両国は、協力してそれを撤回させたが、これを機に四十三年七月、第二回協約を結び、満州の両国特殊権益防護のための積極的協力を約した。さらに四十五年七月、第三回協約が成立、内蒙古東部を日本の、西部をロシアのそれぞれ特殊権益地域とするなど、アメリカの満州進出に備えての日露の提携は強化された。第一次世界大戦には両国は連合国側に立って参戦したが、相互の戦時協力強化のため、大正五年（一九一六）七月、第四回協約を締結した。それは、中国が日露両国に敵意を抱く第三国の支配下に入るのを防ぐための事実上の攻守同盟であった。日露協約は日英同盟*とともに日本のこの時期の政治外交の中枢であったが、翌大正六年の革命勃発によるロシア帝国の崩壊で消滅し、日本は外交政策の建て直しを迫られた。　　（村島　滋）

日本人移民排斥問題《にほんじんいみんはいせきもんだい》　第二次世界大戦*前、日本人の移民が相手国内で排斥された問題。ここでは特にアメリカの場合について記述する。アメリカへの組織的な日本人移民は、明治二年（一八六九）の旧会津藩士たちのカリフォルニア州入植に始まる。十九世紀末には日本人移民が多数居住していたハワイのアメリカへの併合などもあって、西部諸州を中心に日本人移民の数は増加し、二十世紀はじめには、日本人移民は全米でほぼ十万人に達し、毎年約一万人が入国したという。毎年七十—百万人に及んだヨーロッパ系移民に比べれば少数ではあったが、勤勉で低賃金・長時間労働に耐える日本人移民は、しばしば白人労働者の職場を奪い、その労働条件を引き下げる結果を招き、そのうえ、宗教・生活慣習・文化的伝統の違いや言語の壁などから、なかなかアメリカ社会に溶け込めず、日米摩擦の原因となった。日本人移民排斥運動は、中国人移民排斥に続いて一八九二年ごろから、カリフォルニア労働者党の主導により進められた。二十世紀に入ると、日露戦争*における日本の勝利が白人の黄禍論的感情を刺激したこともあって、一九〇五年の労働組合連合組織によるアメリカ政府への日本人移民排斥措置の立法化要求、翌年のサンフランシスコ市の日本人学童の公立学校への通学禁止命令など、それはいっそう活発化し、日米間の外交問題に発展した。日本は「日米紳士協約」（一九〇七—〇八年）

により移民を規制したが、アメリカでは、カリフォルニア州で日本人移民を標的に、「アメリカ市民となることができない」外国人の土地所有を禁止するいわゆる「排日土地法」が制定される（一九一二、二〇年）など事態は悪化し、さらに大正十三年（一九二四）には、日本政府の抗議にもかかわらず、「新移民法」（いわゆる排日移民法）*の施行により、日本人移民のアメリカ入国はほぼ全面的に不可能となった。（鳥海　靖）

排日移民法《はいにちいみんほう》　一九二四年（大正十三）アメリカで制定された新移民法をさす。外国からの移民について、一八九〇年（明治二十三）の外国人の定住者の国別人数の二パーセント以内に制限するというもので、当時の日本人定住者はごく少数であったうえ、とりわけ「帰化不能外国人」の入国禁止の付帯条項があったため、帰化を認められていなかった日本人移民の入国は全面的に不可能となった。これにより一九〇七―〇八年の「日米紳士協約」は廃止された。同法は一九五二年（昭和二十七）マッカラン・ウォルター法の制定により付帯条項が廃止されるまで効力を有した。（鳥海　靖）

(三)　明治時代の思想と文化

国民文化の形成　明治時代を通じて、日本は成熟した江戸文化の伝統を基盤に、西洋文化を広く摂取・受容し、新しい文化を形成した。西洋文化の摂取は、明治政府の熱心な指導のもとに推進されたが、教育の普及、交通・通信機関の発達、ジャーナリズムの活動などを通じて、国民も積極的に西洋文化を受容した。そしてそれは、しだいに幅広い国民文化に発展していった。

思想と宗教　思想の分野では、明治十年代には中江兆民*らによって自由民権思想が広まったが、それは国民の権利や自由を国家の独立・発展と表裏一体とみなすもので、民権論は国権論と深く結びついていた。明治二十年代にはナショナリズムの立場から政府の欧化政策を攻撃する三宅雪嶺*の国粋保存主義、欧化政策が一部の上流階級のものにすぎないことを批判した徳富蘇峰*の平民主義*が影響をもった。

また進化論の思想が日本に伝えられ、明治十年代後半以降、社会進化論が優勝劣敗・弱肉強食といった国家間の競争を支える論理として受け入れられていった。

宗教の面では明治初年キリスト教が解禁され、明治憲法で信教の自由の原則が認められ、キリスト教は教育・医療・社会福祉などの活動を伴って布教された。しかし一方では、国家主義の風潮の高まりとともに、その排撃の動きも起こった。西洋文化の広範な受容にもかかわらず、その精神的中核ともいうべきキリスト教は、多重信仰という日本人の特性もあって、その厳格な一神教の教義が庶民にはあまり受け入れられなかった。

教育と学問　政府は森有礼《ありのり》*文相を中心に、中央集権的な指導と統制のもとに学校教育制度の確立を図り、明治十九年（一八八六）小学校令など一連の学校令*を公布した。義務教育は四年と定められ、四十年に六年に延長された。明治三十年代以降就学率は急速に伸び、日露戦後には九八パーセントを越え、男女の格差もほとんどなくなった。

高等教育の面では、西洋式総合大学として設立された東京大学が明治十九年（一八八六）に帝国大学*（のち東京帝国大学）となり、さらには京都・東北（仙台）・九州（福岡）にも帝国大学がつくられ、国家の指導的人材を育成する役割を果たした。慶応義塾*・東京法学校（のち和仏法律学校・法政大学）・明治法律学校（のち明治大学）・東京専門学校*（のち早稲田大学）・英吉利法律学校（のち中央大学）など私学が発展し、女子英学塾（のち津田塾大学）・日本女子大学校の創設など女子教育の面でも新しい時代が到来した。大学での教育や研究は、明治前期は西洋人教師により外国語で進められることが多かったが、その後しだいに日本人により日本語で行われるようになった。高等教育が自国語で行われたことは、日本の近代化への大きな寄与となった。

小学校就業率の変遷
（文部省編『学制百年史』資料編，帝国地方行政学会より）

年　次	男子(%)	女子(%)	合計(%)
1873（明治 6）	39.9	15.1	28.1
1875（〃 8）	50.6	18.7	35.4
1880（〃 13）	58.2	22.6	41.2
1885（〃 18）	65.8	32.1	49.6
1890（〃 23）	65.1	31.1	48.9
1895（〃 28）	76.7	43.9	61.2
1900（〃 33）	90.4	71.7	81.5
1905（〃 38）	97.7	93.3	95.6
1910（〃 43）	98.8	97.4	98.1
1915（大正 4）	98.9	98.0	98.5
1920（〃 9）	99.2	98.8	99.0
1925（〃 14）	99.5	99.4	99.4
1930（昭和 5）	99.5	99.5	99.5

文学と芸術　文学の分野では、イギリス・ドイツ・フランス・ロシアなどの影響が大きく、ロマン主義、自然主義など諸流派の活動がみられた。美術の分野では一時、日本の伝統的美術が衰退したが、岡倉天心*・フェノロサ*らにより、その復興が図られ、浮世絵*の手法がヨーロッパのジャポニズムの発展に影響を与えるなど国際的にも評価されるようになった。

国民の生活圏の拡大　西洋化の進行は、いろいろな分野で国民生活に変化をもたらした。公共施設や会社・工場を中心にはじまった電灯*の使用は、明治末期には大都市の大半の一般家庭にまで広まった。都市の中心部には赤煉瓦造の洋風建築物が立ち並び、男子の洋服着用も普及した。

明治前期に多くの新聞*が創刊され、政論新聞や小新聞として発達したが、明治後期にはニュース報道を中心に両者の性格を兼ね備えた全国的商業紙が発達し、日露戦争*のころには、一日の発行部数十数万の有力紙も現れた。鉄道*・電信*などの新しい交通・通信機関の発達に加えて、こうした新聞や雑誌などジャーナリズムの活動により、政治・経済・国際関係・文化・社会などさまざまな分野での最新の情報が、短時間で全国に伝えられるようになり、人びとの生活圏は一挙に拡大され、狭い地域社会を越えて、国民としての一体感が形成されていった。　（鳥海　靖）

〔思想と宗教〕

国粋主義《こくすいしゅぎ》　ナショナリズムに立脚した思想運動の一つ。明治二十一年（一八八八）、志賀重昂《しげたか》・三宅雪嶺*らは政教社*を結成し、雑誌『日本人』を発行した。志賀はそのなかで、自らの立場を「国粋保存旨義」と宣言したことより、政教社同人の思想は国粋主義と呼ばれた。また陸羯南《くがかつなん》の国民主義も近い立場とされる。当時の欧化主義的風潮を批判する思想として、欧化主義の旗手であった徳富蘇峰*の「平民主義*」と対比される。実際には、西洋文明の摂取に際して、日本の伝統や風土の固有性に立脚することの必要性を訴えたもので、ナショナリズムに立脚した開化主義であった。しかし大正末から昭和前期にかけて、「国粋主義」の語は排外的なナショナリズム的思想をさすものとして用いられるようになった。　（梶田明宏）

政教社《せいきょうしゃ》　明治中期の言論思想団体。明治二十一年（一八八八）、雑誌『日本人』の発行機関として組織されたが、当初は志賀重昂《しげたか》、三宅雪嶺*ら草創期の近代高等教育を受けたばかりの二十歳代の青年を中心に組織された政治思想集団としての性格を有し、「国粋保存主義」の立場から当時の欧化主義的風潮を批判し、日本の固有性に立脚した開化の必要を訴えるなど、政府に批判的な政論を展開し、しばしば発行停止となった。日清戦争*後には志賀が退社し、三宅を中心とする言論機関の性格を強め、新聞『日本』の主筆であった陸羯南《くがかつなん》の死後には、同新聞の社員を吸収して『日本及日本人』と改題した。関東大震災*後に三宅は退社するが、その後も『日本人及日本人』発行機関としての政教社は存続した。　（梶田明宏）

日本主義《にほんしゅぎ》　日清・日露戦間期に、高山樗牛《ちょぎゅう》らによって唱えられた国家主義的思潮。「日本主義」の名は明治三十年（一八九七）高山樗牛が雑誌『太陽』に発表した論文「日本主義を賛す」、および同年に井上哲次郎・元良《もとら》勇次郎・高山らによって創設された大日本協会の機関紙『日本主義』に由来する。日清戦争*の勝利によって高揚した国家意識を背景として、国家至上主義的立場から、日本の建国精神の意義を強調し、帝国主義*的対外進出を主張した。しかし、代表的な論客であった高山が間もなく個人主義、ニーチェ主義へと転じたことなどもあり、日本主義は持続した精神運動とはならず、日清・日露戦間期の時代相を表す一思潮にとどまった。　（梶田明宏）

教育勅語《きょういくちょくご》　「教育ニ関スル勅語」ともいわれる。明治二十三年（一八九〇）十月に示された国家の徳育・教育の方針で、天皇が直接国民に倫理規範を語るという形式がとられた。明治二十三年二月の地方長官会議の建議を直接的契機に、山県有朋*首相、吉川顕正文相らが明治天皇*の下命を導いたもので、井上毅*法制局長官が起草の中心となり、元田永孚宮中顧問官が成文化に協力した。明治十二年（一八七九）の「教学聖旨」、その後の「小学教育心得」制定、勅撰修身書『幼学綱要』頒布などの流れのなかにあり、立憲新体制下で国民の精神的統合を確実なものとする手段として考案された。日本固有の倫理が主張されつつも、儒教的色彩を帯びている。謄本が全国の学校に配られ、儀式の際に校長らが奉読するという方式で全国民に周知され、配られた謄本はしだいに神聖視されるに至った。教育勅語は、日露戦争*突入後に規範力、権威の向上が図られ、国家の聖典のような位置を得たと見られるが、それは明治四十一年（一九〇八）の「戊申勅書」*、大正十二年（一九二三）の「国民精神作興ニ関スル詔書」などによる理念の補完によって達成されたといわれる。戦後、倫理規範が天皇から示されるという形式が新しい政体にそぐわないと理解されて、昭和二十三年（一九四八）六月衆参両院本会議の議決により排除・失効とされ、各学校に保管されている謄本は回収された。今日謄本その物が学校に保存されている例はまれである。（所澤　潤）

平民主義《へいみんしゅぎ》　明治中期に徳富蘇峰*によって唱えられた政治思想。蘇峰は明治十九年（一八八六）『将来之日本』を出版、その中で世界史的趨勢として社会の構成原理が貴族的社会から平民的社会へ、武備的機関から生産的機関へ移行しつつあること、国際社会は平和社会に収斂するとの認識を示し、日本を平民的な社会を基礎とした生産機関の国にすべきことを説いた。蘇峰はその後『国民之友』*『国民新聞』*を創刊して成功をおさめ、平民主義は当時の青年層を中心に大きな影響を与えた。当時の日本にあっては、西欧的な近代化、議会主義を推進するとともに、経済発展を阻害する軍備拡張を批判する政治思想であったが、蘇峰が日清戦争*以後、平和主義的認識を否定したことによって、平民主義の内容も変容した。（梶田明宏）

国民之友《こくみんのとも》　明治中期の総合雑誌。明治二十年（一八八七）二月、徳富蘇峰*の主宰する民友社より発行された。誌名はアメリカの雑誌"*The Nation*"にちなんで名づけられた。日本における最初の本格的な総合雑誌として、当時を代表する知識人・文学者の寄稿を掲載して発行部数を伸ばし、当時の論壇に対して大きな影響力をもった。一方で、冒頭の社説欄は「平民主義」*を標榜する蘇峰自身、あるいは蘇峰の意向にそった社員が執筆し、「民友社」としての政治的立場を表明するもので、政論雑誌としての色彩も強くもった。日清戦争*後蘇峰の人気凋落とともに発行部数が激減し、三十一年（一八九八）八月『国民新聞』に吸収されるかたちで廃刊となった。（梶田明宏）

内村鑑三《うちむらかんぞう》（一八六一―一九三〇）　明治大正期のキリスト教指導者。文久元年二月十三日高崎藩士内村宜之《よしゆき》・ヤソの長男として江戸*に生まれる。明治十年（一八七七）札幌農学校*に入学。クラーク*の感化を受けた上級生に強制され「イエスを信ずる者の契約」に署名、翌年メソディスト派のアメリカ人宣教師ハリスにより洗礼を受けた。十七年（一八八四）渡米、ペンシルベニア州立児童白痴院に勤めた後、アマースト大学、ハーフォード神学校に学んだ。二十三年（一八九〇）第一高等学校嘱託となったが、翌年「不敬事件」により各方面の非難を受け依頼退職となる。のち大阪・熊本を経て京都で著述活動に専念し、三十年（一八九七）『万朝報』に迎えられ東京に戻ったが、日露戦争*に非戦論を唱え退社した。特定の教会によらない無教会主義を唱え、『東京独立雑誌』『聖書研究』『無教会』などの雑誌を主宰し、また聖書研究の会合を熱心に行うなどの活動を行った。昭和五年三月二十八日没。七十歳。多磨墓地に葬る。著書には『余は如何にして基督教徒となりし乎』など多数ある。

新渡戸稲造《にとべいなぞう》（一八六二―一九三三）　明治―昭和初期の教育者、農学・法学博士。文久二年八月八日南部藩士新渡戸十次郎・せきの三男として盛岡に生まれる。明治十年（一八七七）札幌農学校に入学。在学中クラークの感化を受け、内村鑑三らと受洗。十六年東京大学に入学するが、翌年退学、渡米してジョンズ＝ホプキンス大学に学ぶ。二十六年（一八九三）帰国し札幌農学校教授、台湾総督府技師、京都帝国大学教授、第一高等学校校長、東京帝国大学教授、東京女子大学学長などを歴任し、大正八年（一九一九）国際連盟事務次長となる。昭和八年（一九三三）カナダにて死去。七十二歳。墓は多磨墓地にある。著書に『武士道』など。（梶田明宏）

三宅雪嶺《みやけせつれい》（一八六〇―一九四五）　明治―昭和のジャーナリスト・哲学者。本名雄二郎。万延元年五月十九日加賀藩儒医三宅恒・滝井の第四子として金沢に生まれる。東京大学文学部哲学科を卒業した最初の一人。明治二十一年（一八八八）志賀重《しげ》昂《たか》らとともに政教社を設立し、国粋主義を標榜する雑誌『日本人』を創刊、同誌および新聞『日本』などにおいて評論活動を展開し「真善美日本人」などを発表、明治四十年には『日本人』を『日本及日本人』と改題して主筆をつとめた。一方で東西哲学を総合した独自の哲学体系の構築を目指し、『哲学涓滴』（明治二十二）、『我観小景』（明治二十五）、『宇宙』（明治四十二）などの著作や諸論文を発表した。大正十二年（一九二三）雑誌『我観』の主筆となり、晩年には編年体の近代史を連載し、死後『同時代史』として刊行された。大学卒業後の一時期を除き終生在野の言論人として活躍したが、昭和十八年（一九四三）には文化勲章を授けられている。昭和二十年死去。妻は女流作家三宅花圃、女婿に政治家中野正剛がいる。（梶田明宏）

徳富蘇峰《とくとみそほう》（一八六三―一九五七）　明治―昭和の言論人。本名猪一郎。文久三年一月二十五日横井小楠の高弟である徳富一敬・久子の長男として肥後国に生まれる。熊本洋学校時代に熊本バンドに参加、のち同志社に学ぶ。熊本にて大江義塾を経営ののち、明治十九年（一八八六）『将来之日本』を発表。翌二十年雑誌『国民之友』、二十三年『国民新聞』を創刊、「平民主義」を唱えて言論人としての地位を確立した。日清戦争後は国家主義的論調の時局論を展開、政治的には桂太郎と密接な関係をもった。昭和四年（一九二九）国民新聞社を退社するが、言論活動は生涯継続した。また修史事業をライフワークとし、『近世日本国民史』百巻を完成、収集したコレクションは「成《せい》簣《き》堂《どう》文庫」として有名である。ほかに『吉田松陰』『大日本膨張論』『時務一家言』『大正の生年と帝国の前途』など二百冊近い著作がある。戦時中には大日本文学報国会・大日本言論報国会の会長に就任、戦後はA級戦犯容疑となった。弟に小説家徳冨蘆花がいる。（梶田明宏）

岡倉天心《おかくらてんしん》（一八六二―一九一三）　明治時代の美術思想家・指導者。本名覚三。文久二年元福井藩士石川屋勘右衛門・このの二男として横浜に生まれる。明治十三年（一八八〇）東京大学文学部を卒業し文部省入省。古社寺の宝物調査などに従事する一方、大学時代の旧師アーネスト・フェノロサの日本美術研究を助けた。明治十九年（一八八六）美術取調委員としてフェノロサらとともに欧米視察。帰国後帝国博物館理事・美術部長、東京美術学校校長などを歴任。一方で日本画革新運動を主導し、美術誌『国華』創刊、日本絵画協会結成などの活動も行った。同三十一年（一八九八）東京美術学校の紛争により野に下り、日本美術院を設立して美術運動を進めるとともに、三十七年（一九〇四）よりはボストン美術館に勤務した。インド滞在中に執筆した『東洋の理想』をはじめ、『日本の覚醒』『茶の本』などの英文の著作によって東洋文化の優秀さ、日本文化の優越性を海外に紹介した。大正二年越後赤倉山荘で死去した。
（梶田明宏）

〔学問と教育〕

久米邦武《くめくにたけ》（一八三九―一九三一）　明治―昭和初期の歴史学者。天保十年七月十一日、佐賀藩士久米邦郷の三男として佐賀城下に生まれる。江戸に出て昌平坂学問所に学ぶ。新政府に出仕し、明治四―六年（一八七一―七三）太政官権少外史として岩倉使節団に加わる。紀行編輯掛を命ぜられ、米・英・仏・蘭・独・露・伊など十二カ国視察の旅を克明に記録し、同十一年『特命全権大使米欧回覧実記』五冊を公刊した。十二年修史館（のち修史局）三等編輯官となって考証史学の立場から『大日本編年史』の編集、全国の史料採訪にあたった。二十一年（一八八八）帝国大学文科大学教授兼編年史編纂掛委員。実証主義、史料主義に立つと同時に歴史の構成に想像力を働かす必要性を説き、儒教的勧善懲悪史観を厳しく批判。重野安繹・星野恒と『国史眼』を刊行。『史学会雑誌』にも多くの論文を発表したが、二十四年発表の「神道は祭天の古俗」が、翌年『史海』に転載されると神道家の激しい非難が起こり、久米は大学を休職となった。のち東京専門学校（早稲田大学）教授となり古文書学・古代史を講じた。昭和六年二月二十四日没。
（鳥海　靖）

北里柴三郎《きたざとしばさぶろう》（一八五二―一九三一）　明治―昭和初期の細菌学者、医学博士。男爵。嘉永五年十二月二十日、肥後国阿蘇郡北里村に生まれる。医学所病院（のち熊本医学校）を経て上京し、明治十六年（一八八三）東京大学医学部卒。十八―二十五年ドイツ留学、コッホに師事し破傷風病原菌の培養、血清療法の発見に業績をあげ学位取得。二十五年帰国して伝染病研究所所長に就任。大正三年（一九一四）研究所の内務省から文部省への移管に反対して所長を辞任し、翌年私立北里研究所（のち北里大学）を設立し所長となった。同六年慶応義塾大学医学部の設置に尽力し、昭和三年（一九二八）まで初代学部長。細菌学に関する論文多数。昭和六年六月十三日没。
（鳥海　靖）

長岡半太郎《ながおかはんたろう》（一八六五―一九五〇）　明治―昭和時代の物理学者。慶応元年八月十五日、大村藩士の家に生まれる。帝国大学理科大学物理学科卒業。明治二十三年（一八九〇）帝国大学助教授となり、二十六―二十九年ドイツに留学、ボルツマンに師事。帰国後教授となり、大正十五年（一九二六）退官まで、その職にあって物理学研究と後身の育成に当たる。その間原子・分子物理学などの分野で、数々の業績を発表したが、特に明治三十六年（一九〇三）に発表した原子模型の理論は世界的に有名である。晩年は大阪帝国大学総長、日本学術振興会理事長、帝国学士院長、貴族院勅撰議員をつとめ学術行政に貢献。昭和十二年（一九三七）第一回文化勲章受賞。昭和二十五年十二月十一日没。

大森房吉《おおもりふさきち》（一八六八―一九二三）　明治・大正時代の地震学

者。理学博士。明治元年九月十五日、福井に生まれる。帝国大学理科大学物理学科卒、同二十四年の濃尾地震をきっかけに地震研究に取り組む。助手、講師を経て三十年東京帝大教授。震災予防調査会委員・幹事。国内・国外にわたって地震や火山の観測・調査に当たり、震災予防に努力。余震や地震頻度の分析について研究を進め、三十四年大森式水平振子地震計を開発。また歴史上の地震の記録の蒐集に努め、三十七年『本邦地震資料』二巻を刊行。大正十二年（一九二三）九月、オーストラリア出張中、関東大震災*の報を聞き、急ぎ帰国したが、同年十一月八日病没。（鳥海　靖）

〔文　学〕

政治小説《せいじしょうせつ》　明治十年代の自由民権運動*に呼応した小説。近代国家における人間の自由や民権確立の願いを小説に託し、人々の啓蒙・扇動の役割を担った。その熱情と主張は青少年を魅了し、民権運動の推進に寄与した。運動家たちの手により、政治的な内容をもつ寓意小説や翻訳・翻案小説がつぎつぎに執筆され、やがて作者の政治理念や政治批判を盛り込んだものが注目された。矢野龍渓『経国《けいこく》美談』（明治十六―十七年）や東海散士『佳人《かじん》之奇遇』（同十八年）は漢文読み下し文体と雄大な構想とをあわせもち、平易な文体の末広鉄腸『雪中梅《せっちゅうばい》』（同十九年）なども書かれた。その後は民権運動も急速に衰え、政治小説も徐々に衰退していった。（宇佐美毅）

写実主義《しゃじつしゅぎ》　現実をありのままに描写しようとする文学上の主張。十九世紀を代表する西欧の写実主義作家の影響を受け、明治二十年代から文壇の主流となった。明治十八年（一八八五）坪内逍遙*は『小説神髄』で従来の類型的な勧善懲悪小説を批判し、明治の文明社会に見合った現実と人間性の真実を描くことを提唱して、わが国にリアリズムの自覚を求めた。逍遥に影響を受けた二葉亭四迷は、翌年『小説総論』で写実の本質を具体的に説き、続いて『浮雲』（明治二十―二十二年）で言文一致体を採用し、本格的な写実主義小説の試みを行った。以後、写実主義は近代文学観のひとつの支柱となり、やがて自然主義*へと展開していった。（宇佐美毅）

浪漫主義《ろうまんしゅぎ》　十八世紀末の西欧で起こった芸術思想をもとに、明治二十年代から四十年代にかけて展開した文芸思潮。封建的な体制や道徳からの解放、思想・感情の自由、個人の尊重、永遠への憧憬などを基調とする。明治二十年代の浪漫主義は主として『文学界*』同人と国木田独歩の作品に代表される。キリスト教の影響を受け、北村透谷は個の自覚と形而上的な世界への憧憬を文学に託した。島崎藤村*は青春の感傷と悲哀を詩にうたい、独歩は自然と人間との調和を目指した。明治三十年代の浪漫主義は雑誌『明星《みょうじょう》』*の詩歌が推進力となった。その叙情の中心は青春と情熱とに対する讃歌であり、与謝野晶子*は奔放で官能的な恋愛感情を詩と短歌にうたいあげて反響を呼んだ。明治四十年代の新しい浪漫主義は、当時の文壇の主流となった自然主義*に対立する形で起こった。『スバル』『三田《みた》文学』を本拠に、永井荷風*や谷崎潤一郎*が耽美享楽や退廃美を描き、官能的な世界を構築し、それ以後も浪漫主義は日本文学の中に大きな位置を占めていった。（宇佐美毅）

文学界《ぶんがくかい》　文芸雑誌。明治二十六―三十一年（一八九三―一九八）発行所は四号まで女学雑誌社、五号から文学界雑誌社。通巻五十八号。同人は北村透谷・島崎藤村*・馬場孤蝶《こちょう》・戸川秋《しゅう》骨《こつ》・上田敏《びん》ら。女子啓蒙と社会改良を目的とした雑誌として創刊され、浪漫主義*を基調とする文学・芸術作品を掲載した。北村透谷は詩や評論において自我の解放や恋愛の神聖さを説き、文学界同人らと交流のあった樋口一葉*は『たけくらべ』(明治二十八年)などの代表作をこの雑誌に発表した。また、島崎藤村は青春の苦悩や情熱を新体詩にうたい、明治三十年(一八九七)にまとめた『若菜集』は、前期浪漫主義文学を代表する近代詩集として位置付けられた。(宇佐美毅)

明星《みょうじょう》 文芸雑誌。第一次は明治三十三―四十一年(一九〇〇―〇八)。全百冊。東京新詩社発行。与謝野鉄幹《てっかん》主宰。詩歌を中心に、創作・評論・翻訳、さらに洋名画の口絵を付して紹介を加えた。明治三十年代を代表する詩歌雑誌で、後期浪漫主義*文学運動の中心となった。与謝野晶子*は浪漫的な心情を情熱的にうたい、その歌風は一派の中核をなした。晶子の第一歌集『みだれ髪』(明治三十四年)に収めた歌の多くは『明星』が初出。上田敏も『明星』掲載詩をもとに『海潮音』(明治三十八年)を刊行するなど、近代詩・近代短歌を築いていく拠点となった。その後、第二次(大正期)、第三次(昭和期)と刊行されたが、文学史的意義は小さい。(宇佐美毅)

自然主義《しぜんしゅぎ》 主にフランス自然主義の影響のもとに、明治三十年代末から四十年代にかけて展開したわが国の文芸思潮。明治三十年代、フランスの作家ゾラの理論を応用した創作が小杉天外・永井荷風*らによって試みられたが、浅薄な解釈と皮相な模倣に終わった(前期自然主義)。明治三十九年(一九〇六)に島崎藤村*が『破戒』を発表し、社会性と自己告白的要素をからめて従来の自然主義を大きく発展させた。それを契機に自然主義の拠点となる雑誌『早稲田文学』や『文章世界』の創刊が相つぎ、本格的な文学運動となった。封建的な因習や道徳を破壊し、現実と自己内面の直視から個人の解放を目指し、その精神は近代文学を発展させる原動力となった。しかし、日本の自然主義はヨーロッパの自然主義とは大きく異なり、田山花袋《かたい》*『蒲団』(明治四十年)や藤村のその後の自伝的小説『家』(明治四十―四十一年)『新生』(大正七―八年)などのように、作者の個人的な体験や人間の欲望・醜悪さを率直に告白しようとする方向へと展開していった。(宇佐美毅)

坪内逍遥《つぼうちしょうよう》 (一八五九―一九三五) 小説家・劇作家・翻訳家。本名雄蔵。別号春の屋主人など。安政六年五月二十二日、美濃国に生まれる。少年時代から戯作を耽読し、江戸文学に心酔した。十八歳で上京して現在の東京大学に入学し、当時大学を支配していた社会進化論の強い影響を受け、文学の改良を志した。明治十八年(一八八五)に『小説神髄』を発表し、従来の小説の勧善懲悪主義を批判して、文学固有の価値と模写(写実)主義を提唱した。これはわが国で最初に書かれた体系的な文学理論書であり、同時代や後代に大きな影響を与えた。また、その実践として『当世書生気質《かたぎ》』『妹《いも》と背《せ》かがみ』などの小説を発表した。明治二十四―二十五年(一八九一―九二)には森鷗外*との間で写実と理想をめぐる没理想論争を展開し、その後は小説よりも評論や演劇改良の分野や教育者として活躍した。特に演劇においては、シェークスピアの全作品を翻訳し、新劇革新運動の源流を生み出す功績を残した。昭和十年二月二十八日死去。(宇佐美毅)

森鷗外《もりおうがい》 (一八六二―一九二二) 小説家・評論家・陸軍軍医。

本名林太郎。文久二年年一月十九日、津和野藩主の典医森静泰の長男として生まれた。幼いころから儒学・オランダ語・ドイツ語を学び、十三歳で現在の東京大学医学部に入学した。卒業後は陸軍軍医となり、明治十七年（一八八四）から五年間ドイツで衛生学を学んだ。その一方で西欧の文学・哲学・美学の影響を受け、帰国後はめざましい執筆活動を展開。『舞姫』（明治二十三年）『即興詩人』（同二十五年）などを発表し、坪内逍遥*とは没理想論争を交した。また、文芸雑誌『しがらみ草紙』『めさまし草』を発刊し、これらを中心に旺盛な評論活動を展開した。明治四十年軍医としての最高位である軍医総監となるが、その後も『青年』（同四十三年）『雁《がん》』（同四十四年）など、反自然主義といわれる立場からの作品を発表した。明治の終焉とともに歴史小説や史伝に作風を転換するが、その生涯は軍人と文学者という二つの姿勢を貫いたものだった。大正十一年七月九日死去。（宇佐美毅）

樋口《ひぐち》一葉《いちよう》（一八七二―九六）　小説家。本名奈津。明治五年三月二十五日、東京に生まれる。十四歳のときに歌塾「萩《はぎ》の舎《や》」に入門し、王朝女流文学を中心に和歌や和文の習熟に努めた。作家になった同門の三宅花圃《かほ》に刺激されて小説家を志し、小説家半井《なからい》桃水《とうすい》の指導を受けた。初期の創作には見るべきものが乏しく、経済的にも苦労するが、没する前年あたりから『にごりえ』『たけくらべ』『十三夜』（明治二十八年）などの名作をつぎつぎに発表し、明治の封建社会に生きる女性の苦悩と悲劇を描き出した。短期間に優れた作品を発表し続けたが、明治二十九年十一月二十三日、肺結核のために二十四歳の若さで没した。（宇佐美毅）

与謝野《よさの》晶子《あきこ》（一八七八―一九四二）　歌人・詩人。本名しょう。明治十一年十二月七日、大阪府の菓子商に生まれる。父鳳宗七、母つねの三女。与謝野鉄幹との恋愛から家出をして上京、明治三十四年（一九〇一）に結婚。この年に『みだれ髪』を刊行し、激しい情熱や奔放な官能をうたいあげ、大きな反響を呼んだ。以後『明星』*の中心歌人として、浪漫主義*詩歌の全盛期を担う存在となった。源氏物語*全巻の現代語訳にも取り組み、大正期には婦人問題や教育問題に関する評論活動も活発に行った。歌壇の時流に超然として独自の短歌をうたい続け、生涯に多数の著書を残した。昭和十七年五月二十九日死去。（宇佐美毅）

島崎《しまざき》藤村《とうそん》（一八七二―一九四三）　詩人、小説家。本名春樹。明治五年二月十七日、長野県馬籠の旧家に生まれる。父正樹は文明開化*の時流に抗して発狂。木曽の風土と悲劇的な父の生涯は藤村の文学に影響を与えた。上京後、明治二十六年（一八九三）に創刊された『文学界』*に参加し、浪漫主義*運動の渦中に身を置いた。三十年（一八九七）『若菜集』を発表。現実の苦闘を静かな叙情詩にこめた独自の詩法が高く評価され、近代詩の出発と評価された。のちに『千曲川のスケッチ』として発表される散文の習作を経て、三十九年（一九〇六）『破戒』を発表。差別に苦しむ青年の内面を描いて高い評価を受け、自然主義*文学を代表する作家としての地位を確立した。その後は自伝性の強い『春』（明治四十一年）『家』（同四十三―四十四年）や、姪との関係を告白した『新生』（大正七―八年）などの長編小説を執筆し、晩年になってからは父の生涯を題材にした『夜明け前』（昭和四―十年）を書いた。昭和十八年八月二十二

日死去。（宇佐美毅）

田山花袋《たやまかたい》（一八七二—一九三〇） 小説家。本名録弥。明治四年十二月十三日（新暦では明治五年一月二十二日）、秋元藩士の父鋿十郎の二男として群馬県邑楽《おうら》郡に生まれる。叙情的な小説や紀行文を執筆したが、やがて写実主義*やゾライズムの影響を受けて小説『重右衛門の最後』（明治三十五年）、描写論『露骨なる描写』（同三十七年）などを発表した。明治四十年（一九〇七）発表の『蒲団』が赤裸々な自己告白と見なされて文壇の話題となり、日本自然主義の私小説的な性格を方向付けることにもなった。その後、『生』（同四十一年）『田舎教師』（同四十二年）などの作品がある。昭和五年五月十三日死去。（宇佐美毅）

夏目漱石《なつめそうせき》（一八六七—一九一六） 小説家。本名金之助。慶応三年一月五日、江戸*に生まれるが、すぐに里子に出された。父直哉、母千枝。漢学と英文学を学び、松山や熊本で英語教師をしたあと、明治三十三年（一九〇〇）から二年間、文部省*の留学生としてイギリスに留学した。帰国後は東京帝国大学で英文学を教えたが、『吾輩は猫である』（明治三十八年）が評判となり、翌年『坊ちゃん』『草枕』で文名をあげた。四十年（一九〇七）に大学を辞職して朝日新聞社に入社し、専属作家として本格的に執筆活動に入った。前期三部作といわれる『三四郎』（同四十一年）『それから』（同四十二年）『門』（同四十三年）においては近代日本への鋭い文明批評と自我意識の問題の追究が見られる。また、『彼岸過迄』（大正元年）『行人《こうじん》』（同元—二年）『こころ』（同三年）では、先の問題意識がさらに深められただけでなく、作中で話者を転換するといった小説の方法上の試みも見られた。大正五年十二月九日、『明暗』未完のまま死去。（宇佐美毅）

石川啄木《いしかわたくぼく》（一八八六—一九一二） 歌人、詩人。本名一。明治十九年二月二十日、僧侶石川一禎の長男として岩手県に生まれる。中学時代に『明星』*を愛読し、十六歳のときに文学を志して上京するが、失敗して翌年帰郷した。再起を図って発表した詩が注目されて明星派の新進詩人として活躍した。母校の代用教員や北海道の流浪生活を経て、明治四十一年（一九〇八）に上京し念願の文学生活に入った。依然として貧困にあえぎながらも、実生活に根差した三行書きの短歌を創作したが、肺結核のために四十五年四月十三日、二十六歳で死去。没後刊行の『悲しき玩具』（明治四十五年）は大正期に高く評価された。（宇佐美毅）

正岡子規《まさおかしき》（一八六七—一九〇二） 歌人、俳人。本名常規《つねのり》。慶応三年九月十七日、父準太の長男として伊予松山に生まれる。政治家を志して上京するが文学に傾倒した。その後は句作に熱中し、明治三十年（一八九七）には松山で創刊された俳句雑誌『ホトトギス』を東京に移し、自らの活動の拠点とした。翌年には歌論『歌よみに与ふる書』を発表。脊椎カリエスに苦しみながらも病床で創作に専念し、近代俳句・近代短歌の革新に大きな功績を残した。随筆に『墨汁一滴』（明治三十四年）『病臥漫録』（同三十五年）『病床六尺』（同三十四—三十五年）などがある。明治三十五年九月十九日、絶筆三句を残して死去。（宇佐美毅）

〔演劇・音楽・美術〕

演劇改良運動《えんげきかいりょううんどう》 明治初期・中期に行われた歌舞伎*の改良運

動。明治新政府は旧弊打破の一環として、たとえば前代の劇場取締令を廃止し、芝居小屋の自由な進出を保障したが、同時に、歌舞伎が上流貴紳の鑑賞に堪えるものに改良されなければならないことを要望した。すなわち、あまりにも荒唐無稽な時代物や社会道徳上不適切な世話物を排斥し、史実に即し勧善懲悪を謳《うた》う作品の上演を奨励した。これに積極的に応じたのは九代目市川団十郎*で、彼はできるだけ歴史に忠実ないわゆる「活歴物」を格調高く演じた。また新富座座主十二世守田勘弥もこの動きに呼応し、全館ガス灯*化するなど洋式導入に力を尽くした。それまでなかったところの、劇界外の学者、依田《よだ》学海や福地桜痴《おうち》の芝居制作への介入ということも生じている。明治十九年（一八八六）伊藤博文*首相の女婿末松謙澄《けんちょう》が中心となり、官・財・学界の有力者を網羅して「演劇改良会」が設立されたが、その伝統無視の急進策は世論の支持を失い、伊藤内閣崩壊とともに消滅した。　（塚本康彦）

歌舞伎座《かぶきざ》*　歌舞伎専用の劇場。東京都中央区銀座四丁目にある。明治二十二年（一八八九）当時は京橋区木挽《こびき》町三丁目にあった同所に、福地桜痴《おうち》が演劇改良の理想を実現すべく、千葉勝五郎を出資者にして建てた。大正十年（一九二一）の失火と昭和二十年（一九四五）の空襲とで二度焼けたが、同二十六年、鉄筋コンクリート構造ながら、古典的な外観の現在の建物の復興を見た。経営は桜痴から十二世守田勘弥、田村成義を経て松竹の大谷竹次郎に移り、現在も同社の系列下に属する。九代目市川団十郎*、五代目尾上菊五郎、初代市川左団次に始まる近代歌舞伎役者たちの名演技はすべて、この歌舞伎座の檜《ひのき》舞台上で展開された。　（塚本康彦）

壮士芝居《そうししばい》　明治中期、壮士または書生と呼ばれた連中の素人芝居。壮士とは、政治運動にたずさわる血気壮《さか》んな青年のことで、壮士芝居はその名のとおり、自由党*の壮士角藤定憲《すどうさだのり》が、明治二十一年（一八八八）「大日本壮士改良演劇会」と銘打って大阪で旗揚げしたことに始まる。しかし、立志伝や政治的スローガンを蛮声で叫ぶだけで、新演劇の創造などとはおよそ無縁な代物であった。もっとも、このような素朴・粗野な演技というより暴れかたは、既成の芝居にのみ馴れた観客の目には新鮮・痛快に映り評判となった。角藤一座は全国を巡演し、東京にも進出したがあまり振るわず、明治四十年（一九〇七）角藤の病没とともに消滅した。　（塚本康彦）

新派劇《しんぱげき》　旧派劇歌舞伎*に対する呼称。ひと口に新派劇といっても、そこには実に様々な形態が含まれ、役者たちの離合集散もはなはだしかったが、歌舞伎から脱却して写実的演劇の確立を目指す点では、いずれも同じであった。しかしその演技は結局のところ、外面的技巧にとらわれてパターン化し、真の現代演劇を創造するには至らず、歌舞伎と新劇*との中間的存在となるに終わった。終戦後、新派は大同団結し、喜多村緑郎を長老格とし、花柳章太郎・水谷八重子・大矢市次郎・伊志井寛らの活躍を見た。主に川口松太郎・北条秀司・中野実の作品が舞台にかけられたが、泉鏡花原作の『婦系図《おんなけいず》』や『滝の白糸』なども新派の当り狂言になっている。　（塚本康彦）

新劇《しんげき》　歌舞伎劇*、新派劇*に対する呼称。明治三十九年（一九〇六）坪内逍遥*・島村抱月*の文芸協会*、同四十二年小山内薫《おさないかおる》*・二代目市川左団次の自由劇場*を経て、大正十三年（一九二四）土方与志《ひじかたよし》が設立した築地小劇場*によって、わが国の新劇は本格的に始動する。大正末年ごろからプロレタリア演劇運動の波は高まり、昭和五年（一九三〇）前後、新劇は左翼運動一色に塗りつぶされた観を呈した。当局の新劇に対する弾圧も強化され、同十五年には村山知義・滝沢修らの新協劇団、土方与志・千田是也の新築地劇団の幹部は検挙、劇団は強制解散の憂目にあうに至った。反左翼系のグループは別に芸術至上主義の各劇団を結成したが、戦局がきびしくなるにつれて、彼らも戦意高揚のための慰問公演に従わなければならなかった。終戦後は滝沢や宇野重吉の民芸、千田や東山千栄子の俳優座、杉村春子や中村伸郎の文学座が中心となり、充実した舞台を見せたが、近時はアングラと呼ばれる前衛的・実験的小劇団が都下に何百も続出、自由奔放な手法で活動している。（塚本康彦）

文芸協会《ぶんげいきょうかい》　諸芸術の近代的革新を図るため組織された研究団体。明治三十九年（一九〇六）英・独留学から帰国した島村抱月が立案、大隈重信を会頭に据え、坪内逍遥らが発起人になった。同年、同協会の発会式では逍遥の『沓手鳥《ほととぎす》孤城落月《こじょうのらくげつ》』が余興として上演されている。同四十二年、逍遥が全責任者となり、同四十四年、帝国劇場における第二回公演で、イプセンの『人形の家』のノラを演じた松井須磨子は新時代の代表的女優の名声を得た。しかし歌舞伎との縁が切れない逍遥と、一方の指導者で海外の新戯曲の移入に熱心な抱月とは対立し、また抱月と須磨子は恋愛事件を起こして退会、大正二年（一九一三）逍遥は同協会を解散した。（塚本康彦）

自由劇場《じゆうげきじょう》　わが国最初の新劇の劇団名。明治四十二年（一九〇九）小山内薫《おさないかおる》と二代目市川左団次によって結成された。同年十一月二十七、二十八日夕、有楽座における創立公演、イプセン作、森鷗外訳の『ジョン・ガブリエル・ボルクマン』は一大センセーションを引き起こした。このほかチェーホフの『犬』、ゴーリキーの『旅の宿』（『どん底』）、ハウプトマンの『寂しき人々』などが上演された。またこの自由劇場の活動に刺激されて書かれた創作劇も同劇場の舞台にかけられた。大正元年（一九一二）左団次が松竹の専属になったため、その活動はしだいに衰え、同八年に解消したが、わが国近代新劇運動上果たして先駆的役割は非常に大きい。（塚本康彦）

島村抱月《しまむらほうげつ》（一八七一―一九一八）明治・大正時代の文芸評論家、劇作家、演出家。明治四年一月十日、島根県に生まれる。同二十七年、東京専門学校（のちの早稲田大学）を卒業、同三十年創刊の『新著月刊』で活躍、三十一年、母校の講師となり、三年半英・独に留学、三十八年帰国するや早大教授として美学・欧州近世文芸史などを講じた。また『早稲田大学』を再興し、文芸評論に健筆を揮《ふる》う。同四十二年、文芸協会の指導者となって海外戯曲の翻訳・演出に努めた。大正二年（一九一三）女優松井須磨子との恋愛事件から協会を退き、教授職も辞し、新たに須磨子と芸術座を組織、新劇運動に専念した。同七年十一月五日死去。（塚本康彦）

東京音楽学校《とうきょうおんがくがっこう》　明治十二年（一八七九）十月文部省学務課に設置された音楽取調掛を前身とする。同十八年（一八八五）本省所属の音楽取調所、同年、再び大臣官房附属の音楽取調掛となる。明治二十年（一八八七）東京音楽学校として一時独立したが、同二十六年（一八九三）から高等師範学校附属音楽学校となり、結局、東京音楽学校が再独立するのは明治三十二年（一八九九）四月である。昭和二十四年（一九四九）以後は東京芸術大学音楽学部の名称で現在に至る。名称および文部省における地位の変遷はともあれ、わが国唯一の官立音楽専門教育機関として、教育・演奏・作曲・その他音楽の諸分野において長く日本音楽界の中核をなした。　（中村洪介）

滝廉太郎《たきれんたろう》　（一八七九―一九〇三）　明治時代のピアニスト・作曲家。明治十二年八月二十四日、東京芝南佐久間町に滝吉弘・正子の長男として生まれる。大分県で高等小学校を卒業後、明治二十七年（一八九四）東京音楽学校*（当時は高等師範学校附属音楽学校）予科入学、同三十一年（一八九八）本科専修部卒業、研究科へ進学、翌年ピアノ授業補助を命じられる。明治三十四年（一九〇一）ピアノおよび作曲研究のため満三カ年の留学予定でドイツへ出発、ライプツィヒ音楽学校に合格したが、病を得て翌年帰国。大分市の両親の許で療養を続けながら作曲の筆を執るも、肺疾患の病状好転せず、明治三十六年、二十四年弱の生涯を閉じた。法名直心正廉居士《じきしんしょうれんこじ》、墓傍に東京音楽学校教授田村虎蔵による「嗚呼天才之音楽家滝廉太郎君之碑」建立。代表作「荒城の月」「花」「箱根八里」、絶筆ピアノ曲「憾《うらみ》」など。　（中村洪介）

東京美術学校《とうきょうびじゅつがっこう》　日本で二番目の官立美術学校。明治二十年（一八八七）創立、同二十二年東京上野公園内に開校した。絵画（日本画）、彫刻（木彫）、美術工芸（金工・漆工）の三科で始まり、明治二十九年（一八九六）西洋画科、三十二年（一八九九）塑造科などが新設された。明治三十一年（一八九八）内紛が起こり、校長の岡倉天心*と教官多数が辞職する美術学校騒動が起こった。以後正木直彦・和田英作らが校長を務め、多くの美術家を育成。昭和八年（一九三三）本科が日本画・油画・彫刻・工芸・建築の五科となる。昭和二十四年（一九四九）国立学校設置法の公布により、東京芸術大学美術学部として新たに発足した。　（石井亜矢子）

日本美術院《にほんびじゅついん》　通称「院展」を開催する美術団体。東京美術学校*を辞職した岡倉天心*を中心に、連袂退職した日本画家の橋本雅邦*・横山大観*・菱田春草《ひしだしゅんそう》・下村観山《しもむらかんざん》らによって明治三十一年（一八九八）東京谷中で結成された。設立当初は絵画部のほか、彫刻部と漆芸・図案・金工に正員（会員）を擁した。絵画共進会との連合展開催、機関誌『日本美術』発行などを通じ、革新系団体として活動したが、経営悪化のため三十九年（一九〇六）に絵画部を茨城県五浦に移転した。文展での旧派との対立などを経て、大正二年（一九一三）の天心死去をきっかけに、翌三年大観と観山が中心となって再興。他に木村武山《ぶざん》・安田靫彦《ゆきひこ》・今村紫紅《しこう》、洋画家の小杉未醒《みせい》らが同人として参加し、同年日本画・洋画・彫刻を公募し再興第一回院展を開催した。大正九年（一九二〇）洋画部、昭和三十六年（一九六一）彫刻部が解散。以降日本画のみで今日に至り、現代日本画壇を支える有力団体の一つとして活動している。現在、『日本美術院百年史』全十五巻が刊行中。　（石井亜矢子）

白馬会《はくばかい》　明治時代の洋風美術団体。明治二十九年（一八九六）黒田清輝*や久米桂一郎ら外光派（折衷的印象主義）の洋画家が明治美術会を退会し、自由な美術家の集まりとして結成。藤島武二・岡田三郎助ら洋画家のほか、彫刻家や版画家が会員として参加した。結成年の第一回展以後、明治四十四年（一九一一）に解散するまで十三回の公募展を開催。浪漫主義*思潮を受けた青木繁の絵画など時代精神を反映した作品が出て、洋画壇の主流を占めるに至った。明治三十一年（一八八八）白馬会絵画研究所を設置、三十八年（一九〇五）機関誌『光風』発行。解散後の四十五年（一九一二）旧白馬会の洋画家により光風会が結成されて今日に至っている。（石井亜矢子）

狩野芳崖《かのうほうがい》（一八二八—一八八八）江戸末期—明治初期の日本画家。本姓は諸葛、幼名は幸太郎。松隣、勝海と号す。文政十一年一月十三日、長府藩御用絵師の子として長門長府（山口県下関市）に生まれる。弘化三年（一八四六）江戸に出て、木挽町狩野勝川院雅信《しょうせんいんただのぶ》に入門。明治十七年（一八八四）第二回内国絵画共進会でフェノロサに認められ、以後鑑画会などに西洋画の表現や彩色法と狩野派の筆法を融合した斬新な作品を発表した。フェノロサ・岡倉天心とともに東京美術学校創立に尽力したが、開校前の明治二十一年十一月五日死去。「悲母観音図」など、近代の日本画を代表する作品を遺した狩野派最後の大家。（石井亜矢子）

橋本雅邦《はしもとがほう》（一八三五—一九〇八）江戸末—明治時代初期の日本画家。幼名は千太郎。号は勝園。天保六年七月二十七日、川越藩御用絵師を父として、江戸の木挽町狩野勝川院雅信《しょうせんいんただのぶ》邸内に生まれ、十三歳より雅信に学ぶ。明治十五年（一八八二）第一回内国絵画共進会での受賞を機に、フェノロサ、岡倉天心に認められ、鑑画会で活躍。明治二十三年（一八九〇）東京美術学校教授、帝室技芸員となる。三十一年（一八九八）天心とともに東京美術学校を辞し、日本美術院結成に参加。狩野派に洋風表現を取り入れた新日本画を確立し、日本画壇の中心をなした。明治四十一年（一九〇八）一月十三日死去。代表作に「月夜山水図」「龍虎」。（石井亜矢子）

横山大観《よこやまたいかん》（一八六八—一九五八）明治—昭和時代の日本画家。旧姓は酒井、本名は秀麿。明治元年九月十八日、水戸藩士の子として水戸に生まれる。二十二年（一八八九）東京美術学校に入学。卒業後同校教授となるが、三十一年（一八九八）岡倉天心とともに辞し、日本美術院結成に参加した。「屈原」などの存在感のある作品や、朦朧体《もうろうたい》と非難された実験的描写を用いた斬新な作品を発表。天心の遺志を継ぎ、大正三年（一九一四）に再興した日本美術院を率いて活躍、「生々流転」などの雄大な作品で大衆の人気を得て、画壇の最高峰に君臨した。昭和十二年（一九三七）文化勲章を受章。三十三年（一九五八）二月二十六日死去。（石井亜矢子）

高橋由一《たかはしゆいち》（一八二八—九四）幕末—明治時代の洋画家。幼名は猪之助。号は藍川、華陰逸人。文政十一年二月五日、下野国佐野藩士の子として江戸に生まれる。初め日本画を学ぶが、西洋石版画の迫真的写実にふれ西洋画習得を志す。文久二年（一八六二）洋書調所（蕃書調所）画学局に入り川上冬崖《とうがい》に、後にワーグマンやフォンタネージに学ぶ。明治六年（一八七三）画塾・天絵楼《てんかいろう》を設け、指導や展覧会の開催などを行い油絵普及に務めた。一貫して写実を追究し、内国勧業博覧会やパリ万国博覧会などで活躍。幕末の混乱期に洋画の種を蒔いた日本近代絵画の先駆者。代表作に「花魁《おいらん》」「鮭」。明治二十七年七月六日死去。（石井亜矢子）

黒田清輝《くろだせいき》（一八六六—一九二四）明治中期—大正時代の洋画家。幼名は新太郎。号は水光。慶応二年六月二十九日、島津藩士の子として鹿児島に生まれる。明治四年（一八七一）伯父黒田清綱の養嗣子となり、翌年上京。十七年（一八八四）法律を学ぶために渡仏するが、ラファエル・コランを知り洋画家に転じた。二十六年（一八九三）帰国。二十八年の第四回内国勧業博覧会に出品した滞欧作「朝妝《ちょうしょう》」（焼失）は、裸体画論争を引き起こした。画塾天真道場の設立、白馬会の創立、東京美術学校西洋画科の指導、文展創設などを通じて外光派風の西洋画を移植、日本近代洋画史に多大な足跡を残した。四十三年（一九一〇）洋画家として初の帝室技芸員に就任。その後国民美術協会会頭、貴族院議員、帝国美術院院長を歴任。晩年まで後進の指導にあたり、日本洋画のアカデミズム形成に力を注いだ。代表作に「智・感・情」「湖畔」。上野の東京国立文化財研究所内に、黒田清輝記念堂がある。大正十三年七月十五日死去。

（石井亜矢子）

青木繁《あおきしげる》（一八八二―一九一一）　明治時代の洋画家。明治十五年七月十三日、旧有馬藩士の子として久留米に生まれる。中学校を中退し上京、不同舎を経て東京美術学校に学ぶ。白馬会展に「黄泉比良《よもつひら》坂《さか》」「海の幸」などを発表し、新鮮な衝撃を与えた。宗教や哲学、神話や伝説から発想を得た主題を、ラファエル前派や印象派に影響を受けた作風と魅惑的な色彩で描き、浪漫主義絵画を代表する。

「海の幸」（石橋財団石橋美術館蔵）

明治四十年（一九〇七）東京府勧業博覧会出品作「わだつみいろこの宮」は、夏目漱石ら一部に高く評価されたが、画壇では不評だった。その後故郷に戻り、明治四十四年三月二十五日、放浪のうちに二十九歳で夭折した。

（石井亜矢子）

〔国民生活〕

電車《でんしゃ》　電気動力によって走行する軌道交通手段。明治二十三年（一八九〇）上野で開催された第三回内国勧業博覧会で初めてスプレーグ式電車が運転され、二十八年二月京都電気鉄道（京都市電の前身）、三十一年（一八九八）五月に名古屋電気鉄道が開業した。東京では、明治十五年に開業した東京馬車鉄道が四十一年（一九〇八）八月に電化され、東京市街鉄道、東京電気鉄道との三社鼎立の時代となったが、四十四年八月に市営化された。大阪では明治三十六年九月に大阪市電が開業した。電車は、都心と郊外を結び通勤・通学輸送を担う都市近郊電鉄としても発展し、明治三十年代に京浜電気鉄道、阪神電気鉄道、四十年代には箕面有馬電気軌道、京阪電気鉄道、愛知電気鉄道、京成電気軌道、京王電気軌道、大阪電気軌道などが開業し、大正期から昭和初期にかけて著しい発展をとげた。とりわけ、東京西南部では池上電気鉄道、目黒蒲田電鉄、東京横浜電鉄などが開業して沿線の宅地化を促進し、遊園地・デパートの経営、学校の誘致など多角経営を展開した。

（老川慶喜）

伝染病《でんせんびょう》　病原体の他からの感染により発生する病気。疫病、はやり病などとも呼ばれる。伝染病予防法では法定伝染病十一のほか、指定伝染病二、届出伝染病十三などがある。死亡率の高い伝染病の流行は、社会の混乱を引き起こすなど、深刻な影響があった。特に近代世界では、インドの風土病であったコレラがしばしば世界的に大流行したが、その原因はイギリスをはじめとする列強のアジア進出と、インド・中国人商人たちの活発な交易活動にあったとされている。日本でも文政五年（一八二二）の最初の流行後、安政五年（一八五八）、明治十二年（一八七九）と大流行し、「ころり」と呼ばれて恐れられた。明治時代の衛生行政の最大の課題は伝染病対策であり、天然痘予防規則、虎列刺病予防規則を経て、明治十三年（一八八〇）に伝染病予防規則が公布された。これはコレラ・腸チフス・赤痢・発疹チフス・ジフテリア・痘瘡の六種を対象としていたが、明治三十年（一八九七）伝染病予防法となり猩紅熱・ペストが加えられた。明治二十五年（一八九二）には伝染病研究所が設立され（北里柴三郎*所長）、伝染病研究に目ざましい貢献をした。

（小風秀雅）

コレラ騒動《そうどう》 コレラはコレラ菌によって引き起こされる伝染力の強い重症下痢疾患で、死亡率が高く、法定伝染病に指定されている。インドのガンジス川流域の風土病であったが、十九世紀の交通の発達による人的交流の活発化を背景として、沿海地域、貿易ルートに沿ってしばしば世界的に大流行した。イギリスのインド支配を軸とする欧米のアジア進出を流行の要因とする説もあるが、東アジアにおける大流行を考えると、東南アジア・東アジアにおけるインド人・中国人の交易活動と欧米の活動とが交錯することによって流行したと考えられる。カルカッタに始まった第一次流行（一八一七―二三）は東南アジアを経て文政五年（一八二二）には日本にも及び最初の流行となった。第三次（一八四〇―六〇）では長崎*に入港した米軍艦から持ち込まれて全国に流行し、安政コレラといわれる大流行となり、人びとは「ころり」と称して恐れた。文久二年（一八六二）の流行を経て明治維新後にも明治十年（一八七七）、同十二年に流行、同十六年（一八八三）コレラ菌の発見で細菌学説が確立した後も、十五年・十九年・二十三年・二十四年・二十八年と流行を繰り返し、明治年間の総死亡者数は三十七万を数える。政府は明治十二年（一八七九）虎列刺病予防規則を定めたが、治療よりも消毒・隔離・食料販売禁止の伝染防止策を強行したため民衆の反発を買い、同十年の岡山県日生村をはじめとし、同十二年の大流行では新潟県*をはじめ、各地でコレラ一揆が続発した。その後、条約改正による海港検疫権の確立などにより流行は終息した。

（小風秀雅）

四　二つの世界大戦と日本

（一）第一次世界大戦と日本

大戦の勃発と日本の参戦　日露戦争*後、東アジアでは大きな変動が相ついだ。日本の韓国併合に続いて、一九一一年（明治四十四）中国では武昌における軍隊の反乱から、革命が広がり翌年一月南京で孫文*を臨時大総統に中華民国が成立した（辛亥革命*）。北京では軍閥の実力者袁世凱《えんせいがい》*が、清朝を滅亡させるとともに、孫文を退け自ら大総統となって、実権を掌握した。その後も、中国は混乱が続いた。

一方、ヨーロッパでは、バルカン半島で民族紛争が激化し、これを利用したロシアの汎スラブ主義と、ドイツ・オーストリアの汎ゲルマン主義が覇を競っていたが、ボスニアの首都サラエボで一九一四年六月に起こったセルビア人によるオーストリア皇太子夫妻暗殺事件が「ヨーロッパの火薬庫」に火をつけた。同年七月のオーストリアの対セルビア宣戦をきっかけに、八月にはドイツとロシア・イギリス・フランスがそれぞれ参戦し、第一次世界大戦*が始まった。

日本政府（第二次大隈内閣）は大正三年（一九一四）八月、日英同盟*を理由に対独参戦して連合国側に加わり、ドイツの中国における拠点青島や赤道以北のドイツ領南洋諸島を占領した。

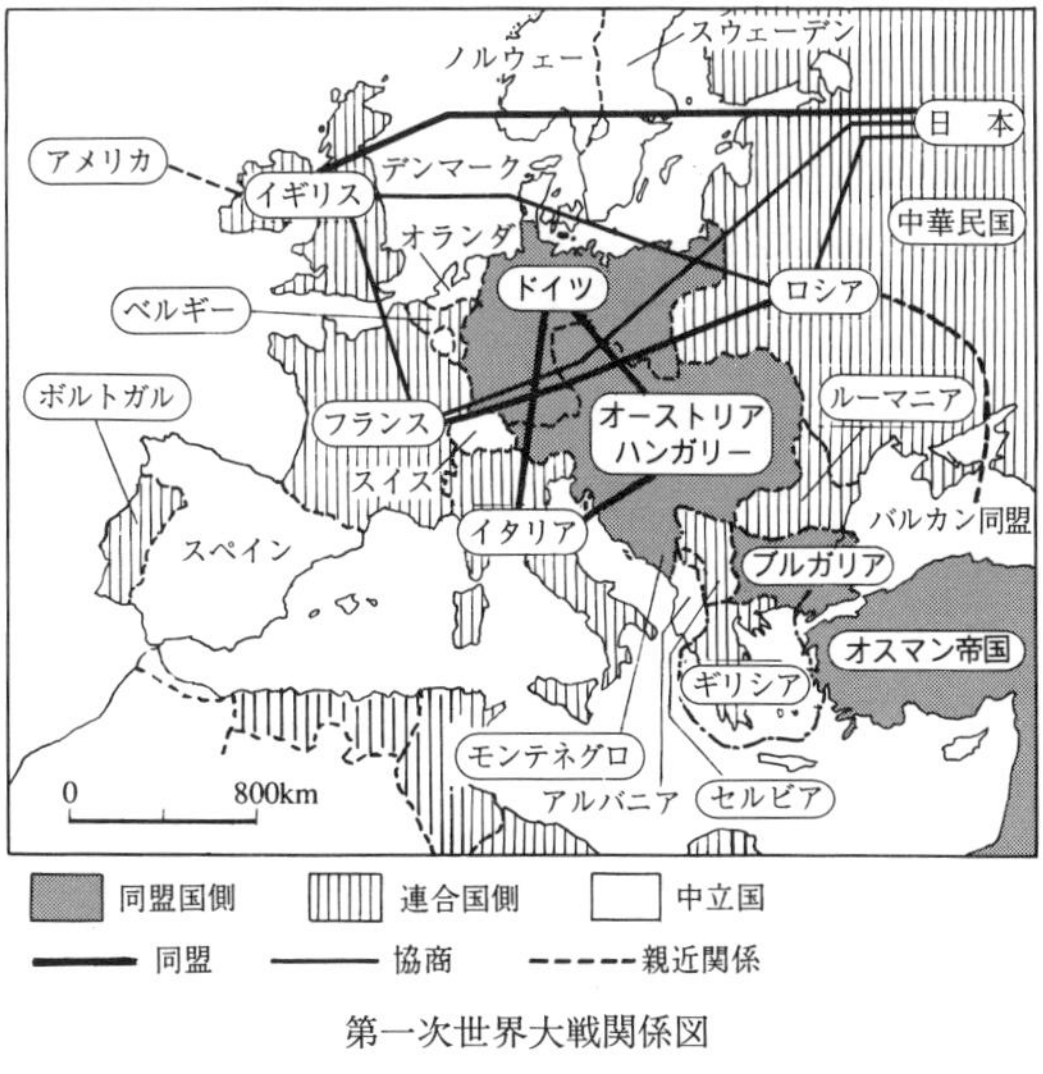

第一次世界大戦関係図

対華二十一カ条要求　日本政府は大正四年（一九一五）一月中国における諸権益の安定・強化を目指し、旅順・大連の租借期限と南満州の鉄道権益の九十九カ年延長など五号二十一項目の要求を中国政府（袁世凱政権）に提示した。交渉は難航したが、日本は要求内容を若干緩和したうえ、最後通告を発して、同年五月その大部分を受諾させた。しかし、中国側は強くこれに反発して反日気運を高め、欧米諸国も対日警戒・不信感を深めるなど、対華二十一カ条要求*は、その後の日本外交に大きな後遺症を残した。

大戦景気の到来　第一次世界大戦が長期化すると、ヨーロッパ諸国からの東アジア市場への輸出が後退し、これに代わって、日本製の綿糸・綿織物などが東アジア・東南アジアに大量に輸出された。またアメリカの好況を反映して、生糸の対米輸出額も大きく伸長し、国際収支は大幅な黒字となった。薬品・染料・肥料など化学工業の部門でも国産化が進んだ。

　大戦による世界的な船の需要の増大のなかで、とりわけめざましい発展をとげたのは、海運業・造船業*であった。日本の造船量はアメリカ・イギリスについで世界第三位となり、技術的にも世界の最高水準に肩を並べた。海運業者などのなかにいわゆる船成金*が現れたのも、大戦中の出来事であった。

　このように大戦を通じて未曾有の好景気に湧き、日本経済は飛躍的に発展し、工業生産額は農業生産額を上まわった。大正三年（一九一四）から同八年までの五年間で、日本の鉱工業生産（実質）は一・六八倍、GNP（実質）は一・四二倍に達したと推定されている。

ロシア革命とシベリア出兵　大戦は長期化したが、一九一七年（大正六）四月、ドイツの無制限潜水艦作戦に対してアメリカが対独参戦して連合国側に加わり、戦局は連合国側の優位のうちに進展した。しかしその間、同年三月、ロシアで革命（二月革命）が起こって帝制は崩壊し、自由主義者を中心とする臨時政府が成立した。ついで一九一七年十一月、レーニンの指導するボリシェヴィキ（のちのソ連共産党）を中心に武装蜂起が起こり、臨時政府は打倒され、ソヴィエト政府が樹立された（十月革命）。ソヴィエト政府は連合国側から離脱し、一九一八年三月、ドイツ側と単独講和（ブレストリトヴスク講和条約）を結んだ。

　ロシアにおける社会主義政権の成立とその連合国側からの脱落は、ドイツ側と戦っていた連合国の間に大きな衝撃を与えた。革命後、ロシア国内では革命派と反対派の内戦が続いたが、連合国側に加わっていたチェコスロヴァキア軍がロシア国内で窮地に立たされたため、連合国はその救出を理由に共同でシベリア出兵*を行い、内戦に介入した。日本もこれに協力して大正七年（一九一八）八月、寺内正毅*内閣が出兵を宣言した。その後、内戦の鎮静化とともに列国は撤兵したが、極東シベリア・沿海州への勢力拡大を狙った日本軍はその後も駐兵を続け、国際社会の非難を浴び、一九二二年十月に至って、ようやく全面的撤兵が実現した。

パリ講和会議と日本　シベリア出兵が宣言されたころ、

日本国内では米価の急激な値上りから不満が高まり、米の安売りを要求する運動が、北陸の漁村に始まって全国的に広まった。それは各地で暴動化し、米穀商・精米会社などが襲撃されるなどいわゆる米騒動*に発展した。大正七年（一九一八）九月、騒動を鎮静化して寺内内閣が退陣した後に立憲政友会*の原内閣*が成立し、それから一月あまりの後、一九一八年十一月第一次世界大戦は連合国側の勝利のうちに終結した。

一九一九年（大正八）一月、連合国とドイツとの講和会議がパリで開かれ、日本は、西園寺公望《きんもち》*元首相・牧野伸顕《のぶあき》*元外相らを全権として派遣し、五大国の一つとしてこれに参加した。同年六月ヴェルサイユ条約*が調印され、敗戦国ドイツは領土の一部と海外植民地のすべてを失い、厳しい軍備制限と巨額な賠償金を課せられた。

日本の領土

パリ講和会議*で日本は、山東省の旧ドイツ権益の継承、旧ドイツ領南洋諸島*（赤道以北）の領有、人種差別撤廃の三大要求を提出した。山東問題*は中国の強い反対を押し切って要求を認めさせたが、中国国内では、これに抗議して大規模な反日民族運動（五・四運動*）が全国的に展開された。南洋諸島については国際連盟*からの委任統治という形で日本の要求が認められたが、人種差別撤廃案は、アメリカ・イギリスなど大国の反対で不採択となった。

このように日本は、明治維新以来ほぼ半世紀のうちに、国際社会において欧米列強に肩を並べる強国を建設するという国家目標を達成した。しかし、欧米諸国からは必ずしも信頼できる対等なパートナーとはみなされず、一方、東アジアの近隣諸国からは、欧米流の帝国主義国として反発を浴びることとなり、日本は東と西の狭間に立って、国際的に孤立化の危機にさしかかったのである。（鳥海　靖）

〔第一次世界大戦と日本外交〕

辛亥革命《しんがいかくめい》　一九一一―一二年（明治四十四―四十五）清朝を

倒し、中国史上初の共和政体の中華民国を樹立した革命。十九世紀末以降、列強の中国進出激化と清朝の反動的支配のなかで、中国では民族資本の成長を背景に、また日清・日露両戦争での日本の勝利の刺激もあり、民族的自覚が高まって知識人層を中心に革命への動きが活発化した。孫文*の中国革命同盟会が中心となったが、清朝が危機回避のため図った立憲体制樹立の過程で台頭した漢人官僚や地主も反清的であった。一九一一年（辛亥の年）、政府の外資導入による鉄道国有化令に反発した四川省の暴動を機に、武昌の新軍が反乱を起こすと（武昌起義）、華中・華南の各省が応じ、一九一二年一月南京に中華民国を建て、孫文を臨時大総統とした。これに対抗するために清朝が起用した袁世凱《えんせいがい》*は、革命派と取り引きし、列強との外交的操作の上で、二月清朝を滅ぼし、孫に代わって大総統となり、北京を首都とした。袁の支配は反動的で革命派と対立し、彼の帝政企図は失敗した。そして間もなく袁が死亡すると軍閥・革命派混戦期に入った。　（村島　滋）

孫文《そんぶん》　Sun Wen（一八六六―一九二五）　近代中国の革命指導者。中華民国創始者。字は逸仙、号は中山、広東省香山県（現中山県）出身。ハワイ・広州・香港で学び医師となるも、反満革命思想に接し、革命家に転向、興中会を組織、広州武装蜂起など行う。日本に亡命、訪欧を経て一九〇五年（明治三十八）日露戦争*期に革命諸団体を統合、中国革命同盟会を結成、機関誌『民報』で三民主義を発表、革命運動を推進、一九一一年辛亥革命*の起動力となる。一九一二年一月成立した中華民国臨時大総統に就任、しかし革命派勢力弱体で二月袁世凱*に代わられた。袁の独裁に反対、一九一三年（大正二）第二革命を起こし失敗、日本に亡命。中華革命党を組織、一九一九年中国国民党と改称、この間袁の帝制企図失敗後も、広東を中心に軍閥打倒、中国統一の運動を続けた。ロシア革命、五・四運動*で刺激を受け、ソ連に接近。一九二四年（大正十三）連ソ・容共・扶助工農の三政策を決定（第一次国共合作）、中国共産党と連携、北方軍閥政権統合を目指し北上の途中、一九二五年死去した。　（村島　滋）

袁世凱《えんせいがい》　Yuan Shikai（一八五九―一九一六）　清末―中華民国初期の軍閥・政治家・河南省項城県出身。軍人となり、朝鮮の壬午・甲申両事件解決で頭角を現わす。日清戦争*後新建陸軍（新軍）編成、北洋軍閥の祖となる。山東巡撫として義和団を鎮圧、一九〇一年（明治三十四）李鴻章《りこうしょう》*死後、直隷総督兼北洋大臣を継ぎ、成果をあげた。一時政界を引き、辛亥革命*で復帰、総理大臣として革命側と交渉、清帝を退位させた後、孫文*に代わり一九一二年中華民国臨時大総統就任。北洋軍を背景に独裁、第二革命を鎮圧、初代大総統となるも、日本の対華二十一カ条要求*に屈し、帝政実施企図も第三革命など内外の反対で挫折、一九一六年（大正五）五月心労で死去。　（村島　滋）

第一次世界大戦《だいいちじせかいたいせん》　一九一四―一八年（大正三―七）　交戦国数三十六、動員兵力六千五百万、戦死者八百五十万余、ほかに民間人死者、推定千三百万という史上初の大規模世界戦争。十九世紀後半以降、列強間の帝国主義的対立が、日露戦争*後明確化した三国同盟・三国協商の対峙と、バルカンでの汎スラブ・汎ゲルマン両民族主義の対立抗争で激化し、一九一四年六月、サラエボ事件の発生を機にオーストリアとセルビア間の開戦を経て、八月大戦を誘発した。同盟側のドイツ・オーストリアと協商（連合国）側のイギリス・フランス・ロシア両軍はヨーロッパの東西両戦線で対決したが、やがて日本・トルコ・イタリアなどの参戦とイギリス・ドイツ海軍の海上作戦で、戦域はバルカン・中近東から極東・三大洋へと拡大した。

主戦場西部戦線では、マルヌ会戦を経て、両軍対峙の持久戦の後、一九一六年ヴェルダンおよびソンムの大攻防戦が展開され、死傷者百三十万余に達した。同年ジュトランド沖でイギリスとドイツの大海戦があった。この時期、航空機・戦車・毒ガス・潜水艦などが登場、兵器の高度発達で兵士・非戦闘員の区別なく戦火にまきこまれることになり、大量殺戮戦、長期持久の消耗戦を戦い抜くために国家のあらゆる部門、国民の総力の動員を強いられる総力戦の様相を呈するに至った。一九一七年に入り、東部戦線で緒戦以来敗色の濃いロシアで革命が勃発、帝国滅亡で戦線は崩壊、またドイツの無制限潜水艦戦宣言を機に四月アメリカが参戦、二百万の大軍を送り戦勢を決した。総力戦による甚大な被害と戦争の長期化のなかで、革命ロシアの掲げる「無賠償・無併合の平和」アピール、また米大統領ウィルソンの発表した「十四カ条」の平和原則は交戦諸国民に平和回復への気運を促し、敗色濃厚となるなかで革命の勃発したドイツはアメリカを通じ休戦を申し入れ、一九一八年十一月十一日、それは実現した。（村島　滋）

日本《にほん》の対独参戦《たいどくさんせん》　第一次世界大戦*での日本の対ドイツ参戦。大正三年（一九一四）八月イギリスは大戦参戦に際しあらかじめ戦火の極東への波及の場合、日本の援助を求めることがありうる旨を表明、さらに参戦後、在極東の独艦船の捜索・撃破に日本海軍の協力を要請した。これを受けて日本政府（第二次大隈内閣）は、いまこそ日本の大陸政策拡大の好機として利用すべしとする加藤高明*外相の強い主張を容れ、元老*の危惧を排し、日英同盟*の情誼により全面的に参戦することを八月八日決定した。日本の積極的反応に疑念を抱いたイギリスは参戦依頼を撤回したが、日本はこれを拒否、次にイギリスの戦域限定の提議にも難色を示した。両者協議のつかないまま、日本は十五日極東水域からの艦船の退去と膠州湾租借地の中国への返還を要求する対独最後通告を発し、回答がないまま二十三日宣戦布告した。参戦後日本は十―十一月、赤道以北独領諸島および膠州湾独租借地を占領した。その後イギリスの要求で日本海軍は海上戦で協力、連合国の主要な一員として国際的発言力強化の足場を固めた。（村島　滋）

対華二十一カ条要求《たいかにじゅういっかじょうようきゅう》*　第一次世界大戦中の大正四年（一九一五）、日本が袁世凱《えんせいがい》*政権下の中華民

二十一カ条の要求（『日本外交年表竝主要文書』）

第一号……第一条　支那国政府ハ独逸《ドイツ》国カ山東省ニ関シ条約其他ニ依リ支那国ニ対シテ有スル一切ノ権利利益譲与等ノ処分ニ付日本国政府カ独逸国政府ト協定スヘキ一切ノ事項ヲ承認スヘキコトヲ約ス……

第二号　日本国政府及支那国政府ハ支那国政府カ南満州及東部内蒙古ニ於ケル日本国ノ優越ナル地位ヲ承認スルニヨリ茲《ここ》ニ左ノ条《じょう》款《かん》ヲ締約セリ

第一条　両締約国ハ旅順大連租借期限竝南満州及安奉《あんぽう》両鉄道各期限ヲ何レモ更ニ九十九ケ年ツツ延長スヘキコトヲ約ス……

第五号　一、中央政府ニ政治財政及軍事顧問トシテ有力ナル日本人ヲ傭聘《ようへい》セシムルコト

国に提出した中国における日本権益増大に関する諸要求。大戦勃発を好機として参戦した日本政府は、加藤高明*外相を中心に国内各方面の中国に対する要求事項を集約、大正四年一月中国と交渉に入った。要求内容は五号二十一カ条で、第一号山東省の独権益処分に関する四カ条、第二号南満州・東部内蒙古での日本の優越的地位、特に遼東半島租借期限および南満州・安奉両鉄道還付期限を九十九カ年に延長する件等七カ条、第三号漢冶萍公司の日華合弁事業化の二カ条、第四号中国沿岸不割譲の一カ条のほか、第五号希望条項、中国政府への日本人顧問採用、在華日本人の病院・寺院・学校などの土地所有権、満州における警察の日中合同制、日本の対中国兵器供給上の特典、華中での日本の鉄道敷設権、福建省での日本の経済的特権、中国での日本人の布教権など七カ条であった。日本は列国に第五号を除外した要求内容を通告したが、中国側が全部暴露したため、米英の対日疑念が深まり、結局イギリスの勧告もあり、第五号を除外して、他の諸要求を中国側の抵抗を排し、最後通告を発して五月九日受諾させた。中国はこの日を国恥記念日とし、以後全国的に抗日意識高揚の契機となった。五月二十五日要求関係条約調印。のちワシントン会議*で日本は山東関係諸権益を中国に返還した。（村島　滋）

西原借款《にしはらしゃっかん》　日本の対中国勢力拡大政策の一環として、大正五—七年（一九一六—一八）寺内内閣が中国に提供した借款。対華二十一カ条要求*問題で悪化した日中関係改善策として同内閣は、袁世凱《えんせいがい》*死後、北京政権を指導し、南方革命勢力と対峙していた軍閥の段祺瑞《だんきずい》を支持するため、大戦下未曾有の好景気で蓄積された外貨を中国に投資し、併せて日本の中国での立場強化を意図した。寺内の意を受けた腹心西原亀三が勝田主計蔵相と結び段政権側と交渉、八口総額一億四千五百万円の借款契約を成立させ、実施した。しかしその大部分は無担保で、しかも経済開発ではなく段政権の軍事費に充当され、大部分は返還されず、目的は達せられなかった。（村島　滋）

石井《いしい》**・ランシング協定**《きょうてい》　第一次世界大戦*中の大正六年（一九一七）十一月二日、ワシントンで日本の特派大使石井菊次郎と米国務長官ランシング（R. Lansing）の間で交わされた公文による共同宣言。内容は、①アメリカは地理的近接性から日本の中国での特殊利益保持を承認する、②中国の領土保全尊重、③中国の門戸開放・機会均等主義支持である。日本はこれでアメリカが中国での日本の政治的特殊権益を認めたと解し、対華二十一カ条要求*も容認したとみなしたが、アメリカは経済的関係のみと主張し、要は日本抑制のための協定であると見た。ワシントン会議*での九カ国条約*成立に伴い、大正十二年（一九二三）四月四日、交換公文で廃棄された。（村島　滋）

シベリア出兵《しゅっぺい》*　革命後のロシアに対する連合国側の武力干渉。第一次世界大戦中の連合国陣営の戦略上の必要と反共的動機、および大陸への勢力拡大の好機と見る日本国内の一部の意向などから、一九一八年（大正七）シベリアのチェコスロバキア軍捕虜救出のためのアメリカの出兵提議を機に、日本政府（寺内内閣）も踏み切り、八月日米両軍主体の出兵が実現した。ほかに英・仏・伊・加・中各国小部隊が参加、日本は年内に七万三千に増兵し、シベリアの反革命諸勢力を支援し革命側と戦ったが成果が上らず、この間、内外に干渉批判の声が高まり、一九二〇年米・英・仏などの諸国は撤兵した。日本は居留民の保護と満州・朝鮮への革命波及防止のためと出兵目的を変更、駐兵を続け、たまたま尼港事件*の勃発があり、さらに北樺太をも占領した。しかし内外の反対論台頭、財政圧迫もあって、政府（加藤友三郎内閣）は大正十一年（一九二二）撤兵を決定、十月完了した。北樺太撤兵は一九二五年。戦費一〇億円、戦死三千五百名、日本の意図への反感・疑惑を深めたのみの高価な戦争であった。（村島　滋）

尼港事件《にこうじけん》　大正九年（一九二〇）五月、シベリア出兵中の極東ロシアのニコラエフスクで発生したロシア・パルチザン（ゲリラ隊）による日本人大量虐殺事件。同市はアムール河口の漁業都市で日本領事館もあり、シベリア出兵*で日本軍の占領下におかれ、陸海軍計約三百五十名、日本人居留民三百八十名が駐在していた。大正九年一月約四千名のパルチザンが来襲、戦闘の末日本軍は敗れ降伏したが、三月十一日武器引渡しを機に反撃に出て再び敗れ大半戦死、残存日本人百四十名余は投獄された。石田副領事一家は自害をとげた。日本側の救援隊の同地到着直前の五月二十五日、パルチザンは獄中の全日本人と反革命派のロシア人を虐殺、市街を焼き払った。「尼港事件の惨劇」は国辱として日本国民に深刻な衝撃を与え、シベリア駐兵継続是認の気運を強めた。日本政府は同事件解決のための保障として北樺太占領を断行した（大正十四年まで）。なお、パルチザン首謀者はソ連側で逮捕、裁判の後処刑された。事件はその後の日ソ国交回復を遅らせる原因となった。（村島　滋）

〔パリ講和会議〕

パリ講和会議《こうわかいぎ》　大正八年（一九一九）一月十八日から六月二十八日にかけてパリで開催されたドイツとの講和条約に関する連合国側の国際会議。ドイツは会議に参加できなかった。会議の主要な陣容は、日・英・米・仏・伊の首席全権にそれぞれ西園寺公望*、ロイド＝ジョージ、ウィルソン*、クレマンソー、オルランド。他の日本側全権は牧野伸顕・珍田捨己・松井慶四郎・伊集院彦吉であった。

四年余にわたる第一次世界大戦*も大正七年十一月十一日、ドイツ政府が休戦条約に調印して終わった。大戦中、日本は日独戦役講和準備委員会を中心に東アジアのドイツ権益の継承（赤道以北南洋諸島の割譲、山東省のドイツ権益譲渡）を目指して英・仏・露・伊の諸国と秘密外交を展開していた。講和会議を前にして原内閣*でも、この方針が踏襲され、国際連盟*に対しても人種的偏見から日本の不利益を除去するのに必要な保障を求めたにすぎなかった。会議は、国際連盟の創設を目指すアメリカ、対独安全保障を求めるフランスと、そのフランスの大陸覇権抑制を目指すイギリス、権益獲得を目指すイタリアと日本の五大国で実質的に運営された。中心は英・米・仏の三国であり、日本は「サイレント・パートナー」と揶揄されたように消極的な態度に終始した結果、国際連盟規約に人種平等条項を盛り込むことに失敗したものの、南洋諸島*を委任統治とし、山東問題*でもドイツ経済権益継承に成功した。このため中国で五・四運動*が起こり、中国全権は講和条約の調印式に欠席。アメリカでも上院が講和条約の批准を拒否する理由となった。そして、ライン左岸問題、軍備制限、賠償問題などを通じてドイツに苛酷な内容となった講和条約案は、六月二十八日、「同盟連合国とドイツ国との平和条約」との講和条約として成立した。

（小池聖一）

山東問題《さんとうもんだい》　中国の山東省における旧ドイツ権益の継承をめぐる外交問題。一九一四年（大正三）第一次世界大戦*が勃発すると、日本は連合国側に立って対独参戦し、ドイツの東アジアの拠点となっていた青島《チンタオ》など中国の山東省のドイツ租借地や山東鉄道を占領した。翌年、日本は中国に対し対華二十一カ条の要求*を提示したが、そのなかには山東省の旧ドイツ権益の処分についての日独協定を中国が承認するという要求があり、最後通牒によりこれを認めさせた。戦後、一九一九年（大正八）のパリ講和会議*において日本は、山東省の旧ドイツ権益を無償・無条件で日本が引き継ぎ、その後に膠州湾租借地を商港として開港することなどを条件に中国に返還するという要求を提出した。中国は日本の提案に強く反対し、旧ドイツ権益の中国への直接返還を主張した。アメリカは妥協案として、旧ドイツ権益の処分は五大国（英・米・日・仏・伊）の協議に委ねるという案を示したが、日本は妥協を拒否して強硬な態度を保持し、要求を講和会議で認めさせた。中国側はこれに強く反発して、同年五月以降中国各地で反日民族運動（五・四運動*）が高まり、中国代表は日本の要求を認めたヴェルサイユ講和条約*への調印を拒否した。その後、一九二一—二二年のワシントン会議*において、山東問題をめぐる日中二国間協議が行われ、日本は山東鉄道の運転主任に日本人を任用するなど若干の条件をつけて、山東権益の中国への返還を認めた。　（鳥海　靖）

南洋諸島《なんようしょとう》　南洋委任地域。赤道以北に散在するドイツ領のマリアナ（グアムを除く）、パラオ、カロリン、マーシャルの諸群島の総称。大正三年（一九一四）日本は、第一次世界大戦*でドイツに宣戦布告後、同地を占領し、直接軍政を行い、戦後の領有化を目指した。第一次大戦後ドイツは同地をヴェルサイユ条約*で放棄。大正九年の国際連盟理事会*で、C式委任統治条項が適用され、日本が統治することとなり、大正十一年に南洋庁を設置して民政に移行させた。産業は、製糖業・水産業であった。同地は、太平洋戦争*下、戦場となり、多くの民間人が犠牲となった。敗戦後は、長くミクロネシアの名でアメリカの委任統治下にあった。　（小池聖一）

人種差別撤廃問題《じんしゅさべつてっぱいもんだい》　パリ講和会議*で日本の提案した人種差別撤廃案が不採択となった出来事をいう。第一次世界大戦*終結後の一九一九年（大正八）パリで開かれた連合国側の対独講和会議に五大国の一つとして参加した日本は、山東省の旧ドイツ権益の継承、旧ドイツ領南洋諸島*の領有と並ぶ三大要求の一つとして、国際連盟*規約に人種差別撤廃の条項を盛り込むことを提案した。それは日本にとって、アメリカにおける日本人移民排斥運動に対処する目的もさることながら、いわば欧米列強と肩を並べる地位に到達したとの証《あかし》しを意味していた。当初、一九一九年二月の国際連盟委員会で、日本全権の牧野伸顕*らは、連盟規約のなかに人種差別禁止の条項を設けるよう提案したが、多数の賛成は得られず、否決された。その後、牧野らは各国全権の説得に当たり、同年四月、提案の文言を緩和して「各国民ノ平等」と「公正待遇ノ主義ヲ是認」することを連盟規約の前文に挿入するよう再度提案した。しかし、アメリカ国内では、人種問題は国内問題であって外部からの内政干渉は許されないとする強い反発があり、イギリスは自治領内、特に白豪主義を国是とするオーストラリアの強硬な反対を理由に日本案に同意しなかった。その結果、日本の新提案は十六カ国中十一カ国の代表の賛成を得ながら、英米両国の反対にあい、重要事項は満場一致を必要とする原則によって不採択に終わった。

（鳥海　靖）

ヴェルサイユ条約《じようやく》　一九一九年（大正八）六月二十八日、パリ郊外のヴェルサイユ宮殿で調印された連合国とドイツ間の講和条約（「同盟連合国とドイツ国との平和条約」）。条約は、十五編四百四十条および多くの付属書からなる。第一編には、国際連盟規約（一―二十六条）が盛り込まれた。条約は、一九二〇年一月十日、日・英・仏・伊など十三カ国とドイツ代表間で批准書寄託式が挙行され発効となった。しかし、アメリカは上院が条約の批准を否定したため、同条約に参加しなかった。この結果、ヨーロッパでは、英・仏両国による敗戦国ドイツの抑止を中心とする「ヴェルサイユ体制」が成立した。ヴェルサイユ体制は、ウィルソン米大統領の提唱した「無併合無賠償」や「秘密外交廃止」の原則を無視したものであった。大正十年には一三二〇億マルクという巨額の賠償金がドイツに課せられることが決まった。このためドイツ国内に不満が残り、一九二九年（昭和四）の世界恐慌*以降、ナチスの台頭を招いた。ヒトラー政権の成立（一九三三年）、ドイツの再軍備宣言（一九三五年）、ラインライト進駐、ドイツ・オーストリア合邦とミュンヘン協定の成立、チェコスロバキア解体（一九三九年）などによりヴェルサイユ体制は完全に崩壊した。この間、英仏両国による対独宥和政策も機能せず、一九三九年九月一日のドイツ軍のポーランド進撃により再び世界大戦となった。

（小池聖一）

五《ご》・四《し》運動《うんどう》　一九一九年（大正八）中国で起こった反日民族運動。第一次世界大戦*中の一九一五年、日本は対華二十一*カ条要求を提示し、強い姿勢でその大部分を中国政府（袁世凱《えんせいがい》*政権）に認めさせた。中国ではこれをきっかけに反日気運が高まりつつあったが、戦後のパリ講和会議*で中国は、二十一カ条要求の全面的撤回と山東省の旧ドイツ権益の中国への直接返還を強く要求した。しかし日本は、強い態度で山東省の旧ドイツ権益の日本による継承を主張し、結局認められて、講和条約にも盛り込まれることとなった。中国では、同年五月四日北京でこれに強く抗議し講和条約に反対する学生ら三千人余りのデモが挙行されたのをはじめ、全国各地で講和条約反対の大規模な抗議集会やデモが展開され、学生・知識人・労働者らの日本商品ボイコット運動やストライキに発展した。中国政府は、そうした動きにおされて、親日派の曹外交部長らを解任し、ヴェルサイユ条約*への調印を拒否した。五・四運動は中国の民族運動が国内の軍閥と列国の帝国主義に反対する民衆運動に発展する契機となった。

（鳥海　靖）

三《さん》・一《いち》独立《どくりつ》運動《うんどう》　一九一九年（大正八）日本の植民地支配下の朝鮮で起こった民族独立運動。万歳事件ともいう。日本の支配下におかれていた朝鮮では、第一次世界大戦*のさなか、ウィルソン米大統領の十四カ条の提案（一九一八年）に民族自決の原則が盛り込まれていたことなどが刺激となって民族独立の気運が高まった。一九一九年一月パリ講和会議*が始まったが、同年二月には東京で在日朝鮮人留学生が独立宣言書を発表。この年の一月に亡くなった韓国元皇帝李大王高宗の葬儀が三月三日に予定されていたが、その直前の同年三月一日京城（現在のソウル）のパゴダ公園に知識人たちが集まって、朝鮮の独立と朝鮮人民の自由の宣言を読みあげ、学生らが独立万歳を叫んで市内をデモ行進した。運動はたちまち朝鮮全土に広がり、日本側は軍隊と警察を動員して鎮圧に乗り出したが、各地で衝突事件が発生し、朝鮮民衆の間に多くの死者が出た。死者数は朝鮮側推計で約七千九百名といわれている。運動は五月に入ってやや鎮静化したが、半年ほど続いた。原内閣は同年八月朝鮮総督長谷川好道を更迭して斎藤実を任命するとともに、その文官任用を認め憲兵制度を廃止するなど、「武断政治」から「文化政治」への転換を図った。（鳥海　靖）

国際連盟《こくさいれんめい》　二つの大戦間、世界平和の維持のため設置された国際平和機関。ウィルソン米国大統領の主導のもと、パリ講和会議で国際連盟委員会が設けられ、ヴェルサイユ条約の第一編に連盟規約を盛り込まれたことが発端。一九二〇年（大正九）に第一回連盟理事会（パリ）と、第一回連盟総会（ジュネーブ）が開かれ活動を開始（四十二カ国参加）。連盟は、紛争解決と軍縮事業を中心に活動した。日本は連盟事務局次長に新渡戸稲造・杉村陽太郎を送り、欧州問題については公正な立場を、東アジアでは昭和三年（一九二八）の済南事件に関する中国側提訴を排除したように自国権益の保持に腐心した。しかし、連盟は対中国技術援助問題から独自色を打ち出し、日本と対立。結局、満州事変後、日本は連盟内部で孤立。「満州国」に関するリットン調査団報告に反対し、昭和八年（一九三三）に脱退した。続いてドイツ・イタリア両国も脱退。軍縮問題でも行き詰まったため連盟は弱体の一途をたどり、第二次世界大戦にたち至った。なお、戦後は国際連合にその立場を譲っている。（小池聖一）

牧野伸顕《まきののぶあき》（一八六一—一九四九）明治—昭和時代の政治家・外交家。伯爵。文久元年十月二十二日、薩摩藩士大久保利通・満寿子の二男として鹿児島城下に生まれ、縁戚の牧野家を継ぐ。幼名伸熊《のぶくま》。明治四年（一八七一）岩倉使節団に同行してアメリカに留学、帰国後、東京大学文学部和漢文学科に学ぶ。中退して外交官となりロンドン公使館在勤中、憲法調査で来欧した伊藤博文の知遇を得る。法制局参事官、総理大臣秘書官、福井県知事、文部次官、駐伊公使、駐墺公使などを歴任。第一次西園寺内閣の文部大臣、同第二次内閣の農商務大臣、第二次山本内閣の外務大臣を務めた。大正八年（一九一九）パリ講和会議の全権委員として西園寺を補佐。同十—十四年宮内大臣、同十四—昭和十年（一九二五—三五）内大臣となり天皇の側近として仕えた。国際協調派・親英米派の自由主義者で、重臣グループの一員として宮中を拠点に勢力を保ったが、急進派青年将校らからは「君側の奸」とみなされ、二・二六事件で襲撃された。吉田茂は女婿。昭和二十四年一月二十五日病没。八十九歳。（鳥海　靖）

〔第一次世界大戦と日本経済〕

第一次《だいいちじ》**世界**《せかい》**大戦**《たいせん》**と日本**《にほん》**経済**《けいざい》　第一次世界大戦に参戦した日本は、直接戦闘に加わることはほとんどなく、経済的繁栄に恵まれた。大戦勃発の大正三年（一九一四）には、景気後退に入っていたこと、欧米からの輸入途絶などが心配されて物価は下落ぎみであったが、やがて輸入減と輸出増に伴って物価は上昇に転じ、景気は回復に向かった。産業についてみれば、戦争のために運賃、船価が高騰した海運業、輸出の好調に支えられた製糸業・紡績業・織物業などがまず好況となった。また、輸入の途絶した鉄鋼・染料・船舶・機械類などについては、いずれも国産化が計画され、新企業の設立と、設備の増設が活発化し、大正三—八年までに、金属工業・機械工業の払込資本金は七—八倍に達した。好況産業の利益は急増して、船成金*（内田信也・山下亀三郎ら）、鉱山成金（久原房之助ら）、株成金（野村徳七ら）が出現し、五割、七割という空前の株式配当も行われた。

しかし一般の労働者の賃金の上昇は大正七年（一九一八）ごろまではわずかで、この年に米価が騰貴したことから、米騒動*が発生したことに象徴されるように、所得分配は不平等化し、大正八年以後の社会運動と労働争議*の激化の原因となった。貿易収支の好転によって、対外債権は急増し、債権債務の差額を求めると、大正三年には十一億円の債務超過であった日本は、同八年には二十八億円の債権超過となった。西原借款*をはじめ海外投資が盛んに行われたのはこのためである。好況によって政府の税収入も一般会計歳出も増大し、大正八年の歳出は、五年間で十億円余も膨張して十八億円に達し、原内閣*の軍備拡張、鉄道建設、高等教育機関増設など、いわゆる積極政策の財源を提供した。大正七年十一月、大戦の終結とともに、戦後への懸念から、ブームはいったん去ったかにみえたが、大正八年春から盛り返し、やがて一九二〇年の恐慌*に至るのである。大戦によって日本経済は空前の好況とインフレーションを経験し、また所得分配の不平等による社会問題を発生せしめた。同時に、この時期に鉄鋼・造船・機械など重工業化が開始されたことも忘れてはならない。（中村隆英）

船成金《ふねなりきん》　第一次世界大戦*時の好況と船舶不足により未曾有の好況を迎えた海運業のなかで、高利潤をあげた船主をさす。なかでも山下亀三郎（山下汽船）、勝田銀治郎（勝田汽船）、内田信也（内田汽船）が三大「船成金」と喧伝された。特に内田汽船は大正五年（一九一六）に六〇割の配当を実現、大戦景気の過熱ぶりを象徴する存在。戦後不況下に多くの船主は事業を縮小したが、山下は大戦景気下での海外航路運航の経験を生かし、傭船料の低下した船腹を積極的に傭船して航路経営を展開する不定期船オペレーターとして急成長し、三井物産船舶部、川崎汽船、国際汽船、大同海運とともに社外船大手五社の一つに数えられるに至った。（小風秀雅）

一九二〇年《せんきゅうひゃくにじゅうねん》**の恐慌**《きょうこう》　第一次世界大戦*の終結後、日本経済は沈滞に向かったが、大正八年（一九一九）四—五月ごろから同年末にかけて、商品相場・株価は奔騰して、熱狂的なブームが再来した。企業の新設・増資が相つぎ、他方、欧米からの輸入も再開されて、経常収支は赤字となり、金融は著しく逼迫した。大正九年（一九二〇）に入っても、この傾向は衰えなかったが、三月に入って株式市場に大量の売物が出現したのを契機に、売注文が殺到して、株価・商品相場は、同年夏をすぎるまでに、半値ないし三分の一に落ち込んだ。そのため、株式取引所はシンジケートを組織し、日銀融資を得て先物取引を整理し、綿糸業界では、輸出綿糸組合を結成して総解合《そうとけあい》を行い、業者が損失を分担して先物取引を整理した。生糸については、預金部資金の出資を得て、帝国蚕糸株式会社を創立して市価の維持が図られた。倒産企業としては横浜の生糸輸出商茂木合名と、その関連会社七十四銀行が代表的事例であるが、古河合名・久原合名などの二流財閥も、貿易・商事の損失のために、倒産こそ免れたが、大打撃を受けた。一般企業や銀行も、取引先の損失や、在庫品の値下がりなどのために不良資産が増加し、経営内容が悪化するものが多かった。四大財閥や大紡績会社などだけが、投機に走らず慎重な経営に終始して恐慌を切り抜けた。この恐慌の結果、大戦以来の異常な好況は崩壊したのである。

（中村隆英）

（二）政党政治・社会運動と協調外交

大正デモクラシー　明治末期以降、都市の民衆の動きが活発となりはじめていたが、政局の上では、藩閥勢力をうしろだてとした桂太郎*と衆議院*の第一党立憲政友会*総裁の西園寺公望*とが、いわゆる「情意投合」により交互に政権を担当した。しかし、大正元年（一九一二）二個師団増設問題で陸軍と対立した第二次西園寺内閣が、陸軍の圧力で総辞職して、三たび桂内閣が成立すると、政党政治家・言論人などの間から、「憲政擁護・閥族打破」をスローガンに第一次護憲運動*が展開され、民衆の支持を受けて、桂内閣を退陣に追い込んだ。この際、桂が護憲運動に対抗して結成した立憲同志会*が、その後、政友会とともに政党政治を支える二大政党の一つに成長したことは注目に値する。

第一次世界大戦*が始まると、連合国側はこれをデモクラシー（民主主義）とオートクラシー（専制主義）の戦いと意義づけ、世界的にデモクラシーの気運が高まった。日本国内では吉野作造《さくぞう》*が民本主義*（デモクラシーの訳語）を唱え、民衆の利福を目的とした民意に基づく政治を説いて、藩閥・軍部・官僚などによる「民意無視の政治運営」を批判した。

政党政治の定着　このような政治状況の変化を背景に政党はいっそう勢力を拡大し、米騒動*を経て、大正七年（一九一八）九月、衆議院の第一党立憲政友会総裁の原敬《たかし》*が首相に任命された。原敬を強く推したのは元老*西園寺公望であったが、政党嫌いで知られる元老中の実力者で長州閥の総帥山県有朋*も、時代の大勢のなかで、政党内閣でなければ人心を収拾できないことを理解していた。

原内閣*は、陸軍・海軍・外務以外の全閣僚が立憲政友会の党員からなる本格的な政党内閣であり、衆議院議員で首相となったのは原が初めてであった。また、原が薩長など西南雄藩や公家の出身ではなく、戊辰戦争*で新政府に敵対した東北の南部（盛岡）藩出身だったことも、前例がなかった。彼が「平民宰相」として世に歓迎されたゆえんである。

政友会はかねてから積極政策を標榜し、教育の改善整備、産業および通商貿易の振興、交通通信機関の整備拡充、国防の充実など四大政綱をかかげてきたが、原は強力な指導力をもってその政策を推進し、大戦後の困難な課題が山積するなか、三年一カ月余にわたって政権を担当した。その間、衆議院議員の選挙資格を直接国税十円以上から三円以上に引き下げ、同時に小選挙区制を採用する選挙法改正を行い、大正九年（一九二〇）の総選挙では政友会が衆議院の約六〇パーセントの議席（定員四六四）を占めるという大勝を博した。また高級官職の配分により貴族院*の最大会派研究会の与党化工作を進めるなど、少しずつ山県系官僚派勢力を切り崩して「官僚の政党化」を図った。一方で注意深く山県を通じて議会勢力との協力関係を保つなど、現実的な政治運営を進めた。

しかし、普通選挙*（男子のみ）の実現を要求する運動が高まり、野党の憲政会*（立憲同志会の後身）と立憲国民党*から普選案が提出されたのに対して、原内閣が時期尚早としてこれを認めず、大正九年衆議院解散をもって対抗したことは、原の「平民宰相」イメージを損なうことになった。

護憲三派内閣と普選の実現　大正十年（一九二一）十一月原首相の暗殺という不測の事件が突発し、大蔵大臣高橋是清《これきよ》*が全閣僚留任のまま後継内閣を組織したが、閣内・与党内の不統一で翌年六月退陣した。その後、三代にわたって非政党内閣が続いた。

大正十三年一月、官僚政治家清浦奎吾《きようらけいご》*が、貴族院の勢力を基礎に組閣すると、憲政会・政友会・革新倶楽部*の護憲三派は、これを「憲政の常道」に反した特権階級内閣とし

衆議院議員選挙制度の変遷

公布年	内　閣	実施年	選挙方式			納税額	満年齢・性	総　数	内　地 人口比
			選挙区	投票					
1889 (明治22)	黒田	1890	小	記名	選　挙　人	15円以上	25歳以上男	45万人	1.1%
					被選挙人	15円以上	30歳以上男	300名	
1900 (明治33)	山県	1902	大	無記名	選　挙　人	10円以上	25歳以上男	95万人	2.2%
					被選挙人	制限なし	30歳以上男	369名	
1919 (大正 8)	原	1920	小	無記名	選　挙　人	3円以上	25歳以上男	307万人	5.5%
					被選挙人	制限なし	30歳以上男	464名	
1925 (大正14)	加藤(高)	1928	中	無記名	選　挙　人	制限なし	25歳以上男	1241万人	19.4%
					被選挙人	制限なし	30歳以上男	466名	
1945 (昭和20)	幣原	1946	中	無記名	選　挙　人	制限なし	20歳以上男女	3688万人	50.4%
					被選挙人	制限なし	25歳以上男女	466名	

て、倒閣と政党内閣樹立を目指して、第二次護憲運動を進めた。そして同年五月の総選挙で護憲三派*が大勝し、大正十三年六月第一党の憲政会総裁加藤高明が首相に任命され、護憲三派の連立内閣を組織した。

この内閣のもとで、第一次世界大戦後の政界における大きな争点だった男子の普通選挙が実現の運びとなり、翌十四年（一九二五）三月、憲政会・政友会・革新倶楽部の支持により、二十五歳以上の男子に納税資格にかかわりなく選挙権を認める衆議院議員選挙法改正案が議会で成立した。イギリスに遅れること七年であった。また、同じ議会で「国体ヲ変革シ私有財産制度ヲ否認スルコト」を目的とした活動を取り締まる治安維持法*が成立した。これにより社会主義政党の活動は大きな制約を受け、普通選挙の実施により大幅に増大した新有権者の票は、おおむね既成政党（保守政党）が吸収することになった。

大正十三年（一九二四）六月の加藤高明内閣の成立から、昭和七年（一九三二）五月の五・一五事件*による犬養《いぬかい》内閣の崩壊まで、八年間六代にわたって政党内閣が「憲政の常道」として継続した。政党は国政の主役となり、議会中心の政治運営が展開されたが、軍部・枢密院*・官僚など議会外勢力の影響力も決して小さいものではなかった。政党内閣時代の政権交代が、こうした議会外勢力の動きに左右されたことは否定できない。また、政党相互の政争の激化や政治資金調達をめぐる疑獄事件の頻発が、政党政治に対する「金権政治」イメージを深めることとなった。

ワシントン体制の成立　日本にとって、パリ講和会議*後の外交上の重要な課題は、大戦後の国際協調気運の高まりのなかで、対日不信感や対日警戒感を緩和し、国際的孤立化を回避することであった。一九二一年（大正十）アメリカが軍備制限と太平洋および極東問題を討議する国際会議の開催を提唱したことは、一つの好機であった。日本国内には対中国政策へのアメリカの介入を警戒する動きもあったが、日本政府は加藤友三郎*海相・幣原《しではら》喜重郎《きじゅうろう》*駐米大使らを全権として派遣し、ワシントン会議*（一九二一年十一月―二十二年二月）に積極的協力の姿勢を示した。

会議では、日本は対米協調と財政上の必要からアメリカの海軍軍縮提案を受け入れ、英・米・日・仏・伊間の主力艦の保有量制限（保有量比率は五、五、三、一・六七、一・六七）などを取り決めた海軍軍縮条約に調印した。中国問題については、前記五カ国にオランダ・ベルギー・ポルトガルおよび中国を加えて、中国の主権・独立・行政的保全の尊重と、列国の中国に対する機会均等・門戸開放の原則を定めた九カ国条約*が結ばれた。

日中の二国間協議で日本は山東省の権益の中国への返還を認め、対華二十一カ条要求*の保留条項を正式に撤回した。しかし、満蒙の既得権益についてはあくまでこれを保持した。また、会議では英・米・日・仏の間に太平洋の安全保障を取り決めた四カ国条約*が結ばれ、日英同盟*は廃棄されることとなった。

このように、ワシントン会議の結果、中国に対する新しい排他的勢力圏の設定は否定され、東アジアにおいて、英・米・日三国の協力関係を基軸とする大戦後の新しい国際秩序、いわゆるワシントン体制が形成された。

協調外交の展開　ワシントン会議での取決めに基づき、日本は大正十一年（一九二二）より海軍軍縮を進め、ついで、自発的に陸軍の軍縮も実施した。その結果、軍事費は大幅に削減され、その財政負担は軽減された。

軍事費の推移
（『日本近代史辞典』付表，東洋経済新報社より）

年　度	一般会計歳出総額(百万円)	軍事費(百万円)	比　率(%)
1919（大正 8）	1172	537	45.8
1920（〃 9）	1360	650	47.8
1921（〃 10）	1490	731	49.1
1922（〃 11）	1430	605	42.3
1923（〃 12）	1521	499	32.8
1924（〃 13）	1625	455	28.0
1925（〃 14）	1525	443	29.0
1926（〃 15）	1579	434	27.5

外交面では、ワシントン体制のもとで協調外交が展開された。とりわけ幣原喜重郎が大正十三年（一九二四）六月以来、昭和六年（一九三一）十二月まで、田中外交*の時期（一九二七年四月―二九年七月）を除いて、四代の内閣で外相をつとめ、いわゆる幣原外交*を推進した。それは国際協力に向かう世界の大勢に即応して、日本が自国の安全・利益のみならず、世界の平和・人類の幸福に大きな責任を分担しなければならないとする理念に基づき、とりわけ、対米協調、対中国内政不干渉、外交的手段による中国における権益の擁護などを特色とするものであった。

しかし中国で「国共合作」が実現し、そのもとで蒋介石*を総司令とする国民革命軍の北伐が進められ、その勢力は一九二七年（昭和二）はじめには揚子江（長江）流域にまで達した。漢口でイギリス租界が接収されるとイギリスは日本に共同出兵を提案したが、日本政府（第一次若槻内閣）は幣原外交の対中国不干渉政策により出兵に応じなかった。このころから日本国内では、対中国強硬派の間から、幣原外交を軟弱外交とする非難が高まった。

金融恐慌*に際して、枢密院で台湾銀行救済の緊急勅令案が否決され、同年四月若槻内閣が退陣し、立憲政友会の田中義一*内閣が成立して田中が外相を兼任した。田中外交は、対米協調方針では幣原外交を引き継いだが、対中国政策では、現地保護主義を取り、北伐の勢力が山東省に入ると、日本人居留民の生命・財産を保護するとの理由で、一九二七―二八年三たび山東出兵を行った。その間、関東軍（満州の鉄道守備のために駐屯する日本軍）急進派将校による張作霖《ちょうさくりん》爆殺事件*が起こり、後継の張学良*は、一九二八年十二月易幟《えきし》を実行して国民政府の傘下に入った。中国では田中外交に反発して、日貨排斥の運動が高まるなど、日本の対満蒙政策はしだいに行き詰まった。

結局、田中内閣は張作霖爆殺事件の事後処理に失敗して退陣し、昭和四年（一九二九）七月、立憲民政党*の浜口雄《お》幸《さち》*内閣が成立し、幣原外交が復活したが、田中外交の負の遺産を背負って、それはきわめて困難なものとなった。

都市化と社会運動　大正時代、とりわけ第一次世界大戦後は、産業化の進展を背景に、都市化・民衆化が、いろいろな分野で進んだ。都市人口は急増し、大正十二年（一九二三）九月の関東大震災*で壊滅的打撃を受けた首都圏の諸都市も急速に復興し、東京は昭和七年（一九三二）近郊の町村を合併して、人口五百万を越えるマンモス都市に発展した。大都市では近郊にまで住宅地域が拡大し、通勤用の電車や、乗合自動車（バス）・タクシーが新しい交通手段として発達した。教育の面では義務教育普及率が九九パーセントを越え、中等・高等教育機関も増設され、進学率も高まった。

ジャーナリズムの発展もめざましく、大正末・昭和初期には、一日の発行部数が百万部を越える有力新聞も現れ、また、大正十四年（一九二五）からラジオ放送*が始まり、新しいメディアとしてニュースの速報や文化の普及に貢献した。

都市化と民衆化の進展するなかで、労働運動・女性解放運動・部落解放運動・農民運動など各種の社会運動が活発化し、社会主義や国家主義の立場から国内の変革・革新を目指す運動もさかんになった。（鳥海　靖）

〔政党政治の確立〕

立憲国民党《りっけんこくみんとう》　明治・大正時代の政党。明治四十三年（一九一〇）憲政本党*を中心に九十二名の代議士で結成された。桂園時代*にはほぼ一貫して野党の姿勢をとったが、党内には民党連合の伝統を守り立憲政友会*との提携を主張する犬養毅*ら非改革派と、非政友合同のために桂太郎*やその配下の官僚と結ぶべきだとする大石正巳ら改革派との対立が存在していた。大正元年（一九一二）第三次桂内閣が成立すると、非改革派は尾崎行雄*らとともに第一次護憲運動*の一翼を担ったが、改革派約四十名は翌二年脱党、桂の新党に参加したため、党は二分されることとなった。第一次山本内閣・第二次大隈内閣には批判的な態度をとったが、寺内内閣期には犬養が臨時外交調査会委員となるなど、与党的立場をとることもあった。七年には犬養が総理に就任、原内閣*下では普選即行論を展開するなど活発な活動を続けたが、議員数はしだいに減少、第十四回総選挙（一九二〇）では二十九名のみであった。大正十一年（一九二二）に解党、その後、憲政会*の一部や無所属倶楽部の議員とともに革新倶楽部*が結成された。（松本洋幸）

大正政変《たいしょうせいへん》　大正二年（一九一三）二月、第三次桂内閣を総辞職させた政変。大正元年十二月五日、二個師団増師問題で第二次西園寺内閣が倒れると、元老は桂太郎を後継首班に指名、海相留任および西園寺公望立憲政友会総裁への政府協力を求める旨の詔勅が出され、同月二十一日第三次桂内閣が成立した。世論は以上の経緯を桂らの詔勅乱用・非立憲的行動として非難し、政友会・立憲国民党の有志、実業団体、新聞記者などを中心に、十二月中旬から翌二月にかけて第一次護憲運動が起こった。桂は傘下の官僚や国民党からの脱党議員による新党の組織を構想し、三度にわたり議会を停会させるなどして対抗したが、護憲運動の高揚、薩派・海軍の頭目山本権兵衛の勧告などもあり、翌二年二月十一日内閣は総辞職した。同月二十日桂内閣を倒した政友会・薩派の連合による第一次山本内閣が成立した。（松本洋幸）

第一次護憲運動《だいいちじごけんうんどう》　大正元年（一九一二）末から翌二年にかけて起こった第三次桂内閣の倒閣を目指した運動。大正元年十二月五日、第二次西園寺内閣が二個師団増師問題で総辞職すると、桂太郎が三度首相に指名され、二十一日第三次桂内閣が成立した。これに不満を抱いた立憲政友会および交詢《こうじゅん》社《しゃ》の有志が憲政擁護会を結成、十九日憲政擁護大会を開催し、「閥族打破・憲政擁護」をスローガンに第一次護憲運動が開始された。政友会・立憲国民党の有志党員、反増師論を唱える東京商業会議所をはじめとする実業団体、新聞・雑誌の有志記者などが運動の中核を担い、翌年二月にかけて全国的な民衆運動が展開された。運動の高揚に危機感を覚えた桂は、二年一月二十日議会を停会し、自ら新党を組織しようとしたが、参加したのは自己の配下の官僚と大石正巳ら国民党脱党者のみであった。二月五日に再開された議会で内閣不信任案が提出され、尾崎行雄が内閣弾劾の演説を行ったが、再び停会となった。桂は、総裁西園寺公望を通じて政友会を慰撫しようとしたが、党員はこれに応じず、二月十日の衆議院は数万の民衆が包囲する事態となった。この日山本権兵衛、衆議院議長大岡育造が辞職勧告を行い、翌日内閣は総辞職した。桂の後を襲ったのが薩派の山本であったことから、運動は内部的に継続されたが、政友会の離脱などにより、しだいに終息していった。（松本洋幸）

大阪でデモ行進する尾崎行雄

立憲同志会《りっけんどうしかい》　大正時代前期の政党。大正二年（一九一三）一月第一次護憲運動に対抗する意味から、桂太郎首相は新党計画を発表した。立憲国民党から脱党した大石正巳・河野広中らの桂系旧改革派、大浦兼武《かねたけ》の操縦する中央倶楽部、後藤新平らの桂系官僚などがこれに参加した。しかし桂内閣は二月に倒れ、十月桂も死去した。その後加藤高明が中心となって結党準備に当たり、十二月立憲同志会が正式に発足した。総理は加藤で、総務は大石・大浦・河野がつとめ、所属代議士九十三名を誇った。大正三年第一次山本内閣を倒閣し、第二次大隈内閣で与党となり、四名の入閣を果たした。さらに翌四年の第十二回総選挙では一躍議席数を百五十三に伸ばし、立憲政友会を抑えて第一党となった。大隈内閣は同年の大浦事件で動揺し、内閣改造が行われるが、同志会は一貫して与党の立場をとった。翌五年夏ごろから反政友派合同問題が起こり、寺内内閣成立の翌日の十月十日、同志会は中正会・公友倶楽部と合同し、憲政会が結成された。（松本洋幸）

大正《たいしょう》デモクラシー　日露戦後から昭和前期にかけて、政治・経済・文化・社会など各方面に現れた、民主主義的・自由主義的傾向。「大正デモクラシー」は、同時代の用語ではなく、第二次世界大戦後に概念化された用語である。「大正デモクラシー」は政治の舞台を中心に語られることが多いが、その始点は明治三十八年（一九〇五）の日露戦争講和反対運動におくことができる。以後市民的自由を求める声が高まり、普選運動・社会主義運動・悪税反対運動などが開始された。こうした潮流は、大正元年（一九一二）に起こった第一次護憲運動でいっそうの高揚を見せた。このころから『朝日新聞』などの新聞・雑誌や、民本主義を唱える吉野作造ら知識人がデモクラシーの風潮を鼓吹し、その影響は都市の新中間層や労働者階級にも及び始めた。大正七年の米騒動、第一次世界大戦後のデモクラシー思潮は、労働争議・小作争議の増加をもたらしたほか、しばらく停滞していた普選運動を復活させた。社会主義者も公然と活動を再開し、婦人参政権運動や水平社運動も開始された。

こうしたデモクラティックな社会状況を背景に、大正七年に原内閣が成立した。その後再び非政党内閣が続いたが、同十三年第二次護憲運動を経て護憲三派内閣が成立し、この内閣下で普選案が成立した。以来八年間にわたり政党内閣が慣例化したが、民衆はしだいに政党から離れていき、昭和七年（一九三二）五・一五事件で犬養内閣が倒れ、「大正デモクラシー」は終焉する。以上の経過をたどる「大正デモクラシー」は広範に使用されている概念であるが、あいまいさを多分に含んでおり、対象とする時期など、研究者の間でなお見解の対立点が多い。また価値観をも含んだ用語であるため、これを歴史的概念として使用すべきではないという意見もある。（松本洋幸）

シーメンス事件《じけん》　大正三年（一九一四）第一次山本権兵衛内閣を辞職に追い込んだ、海軍の外国艦船購入をめぐる汚職事件。ドイツで恐喝未遂の罪に問われていた、シーメンス会社のリヒテルの公判中、会社側が発注者の日本海軍将校にリベートを送っていたことが判明したことに始まる。衆議院（第三十一議会）では政府批判の声があがり、二月十日立憲同志会・立憲国民党・中正会が内閣弾劾決議案を提出した（否決）。内閣が海軍拡張のために増税案を議会に提出していたこともあり、世論は内閣・海軍に対する反発を強め、二月十日には国民大会が開かれた。海軍は関係者を軍法会議に付したが、取調べが進むにつれ汚職事件は拡大、イギリスのビッカース商会がらみの汚職で三井物産関係者も起訴された。貴族院では海軍予算七千万円を削減、予算案は不成立に終わり、三月二十四日内閣は総辞職した。三井物産全重役および三名の海軍将校には有罪の判決が下ったが、第一次世界大戦の開始などもあって、山本・斎藤実ら海軍幹部への追及はなされなかった。（松本洋幸）

民本主義《みんぽんしゅぎ》　明治後期から大正時代にかけて、黒岩涙香《くろいわるいこう》・茅原《かやはら》華山《かざん》・吉野作造・大山郁夫らが主唱した、デモクラシーの訳語。論者によってその用法には若干の差異が見られるが、この用語を精確に定義し、大正デモクラシー運動に大きな影響を与えた吉野によれば、次のとおりである。まず彼はデモクラシーの訳語として民主主義と民本主義を区別し、前者を主権在民の精神、後者を「国家主権の活動の基本的の目標は政治上人民に在る」とする精神だとして、君主国の日本には後者が適当だとする。民本主義の内容は、①政権運用の最終目的を一般民衆のためにおく、②政権運用の最終決定を一般民衆の意向におくことであり、その実現のためには代議政治の改良（責任内閣制・選挙権拡張）が必要だと主張する（「憲政の本義を説いて其有終の美を済すの途を論ず」『中央公論』大正五年一月号）。吉野の民本主義論に対しては、茅原・上杉慎吉・植原悦二郎・山川均らが批判を加え、民本主義論争が展開された。吉野はさらに、「民本主義の意義を説いて再び憲政有終の美を済すの途を論ず」（同大正七年一月号）で、②の内容を強調して参政権の拡張と議会権限の強化を要求し、民本主義の鼓吹に努めた。やがて民本主義は『中央公論』以外の雑誌・新聞にも広がり一世を風靡したが、一九二〇年代に入り、改造思想、マルキシズムの浸透などにより、しだいに影を潜めていった。（松本洋幸）

米騒動《こめそうどう》　大正七年（一九一八）米価騰貴を契機に起こった全国的な民衆暴動。第一次世界大戦*により日本は輸出を激増させたが、国内ではインフレが生じ、また非農業人口の増加に伴い米の増産が追いつかず、米穀商の売り惜しみも加わり、大正七年六月の米価は大戦開始時の一・五—二倍となった。寺内正毅*内閣は有効な対応策を講じず、また七月に入りシベリア出兵*を決定したため、米穀商の買い占めにより米価はさらに急騰した。こうした事態に対し、まず七月末から八月初旬にかけて、富山県魚津町で漁民の婦人たちによる米の県外移出禁止と安売りを求める運動が起こった。この報は新聞により全国にもたらされ、八月十日の京都・名古屋をはじめとして全国の主要都市に騒動が拡大し、同月中旬ごろからは地方の小都市・農村・北九州の炭鉱地帯にも波及した。参加者の主力は、都市の労働者・職人・被差別部落民、農村の貧農層などで、米穀商や富豪、さらには警察署までが襲撃された。またこれに呼応して労働争議*も頻発した。騒動・争議は七月二十二日から九月十二日までの五十三日間にわたり、四十九市、二百十七町、二百三十一村に及んだ。

大正７年の米騒動

政府は警官、さらには軍隊を出動してこれを鎮圧する一方、恩賜金を各府県に配し、富豪の寄付による米の廉売を行わせて米価の上昇を止めた。しかし報道の自由を奪われた新聞社の政府批判の高まりや、寺内が元老*の信頼を失ったことから、九月二十一日内閣は総辞職、原敬*がこの後を継いだ。（松本洋幸）

原内閣《はらないかく》　大正七年（一九一八）九月二十九日、米騒動*で倒れた寺内内閣の後を受けて、立憲政友会*総裁原敬*が組織した政党内閣。本来無党派のポストとされる外相・陸相・海相以外は政友会員が占めていた。原内閣は、教育機関の改善・産業の振興・交通通信機関の拡充・国防の充実からなる四大政綱*を掲げ、蔵相高橋是清*は積極財政策を展開した。大学令*・高等学校令の公布（大正七年）、高等教育機関の充実、河川・港湾・

道路の拡張・改修、鉄道省の設置（大正九年）、鉄道敷設法*改正案（第四十四議会）、陸海軍の大幅な軍備拡張計画（第四十三議会）などが、その内容であった。

　また衆議院議員選挙法*を改正して有権者の納税資格を十円から三円に引き下げ（第四十一議会*）、社会局を設置する（大正九年）など、第一次世界大戦*後のデモクラシーの高揚にも対応したが、普選即行論には一貫して反対した。外交政策については、パリ講和会議*・国際連盟*設立を経て五大国入りを果たしたほか、寺内内閣の対中国政策を修正して新四国借款団に加わる一方、ワシントン会議*招聘に応じるなど対米協調に努めた。原内閣は大正九年五月第十四回総選挙を実施、政友会は四百六十四名中二百七十八名の絶対多数を獲得した。この衆議院における絶対多数と、貴族院*の最大会派研究会との連携をもとにした、いわゆる両院縦断方式によって三年間に及ぶ長期政権を築いた。しかし大正九年ごろから、財政膨張に伴う物価高騰、一九二〇年の恐慌*以後の戦後不況、一貫した普選論否認、さらには閣僚の汚職事件の続発などにより、しだいに政府批判が強まり、四大政綱も財政的行き詰まりを見せ始めた。大正十年十一月四日、原が中岡艮一に暗殺されると、内閣は総辞職し、高橋が首相・政友会総裁を継ぐこととなった。（松本洋幸）

普通選挙《ふつうせんきょ》（普選《ふせん》）運動《うんどう》　明治中期から大正時代にかけて行われた普通選挙制度*確立を求める運動。明治二十二年（一八八九）に公布された衆議院議員選挙法*では、有権者は直接国税十五円以上の男子納税者とされ、納税額を十円に下げた三十三年の改正でも、有権者は全人口の二パーセントに過ぎなかった。この間松本と東京で普通選挙期成同盟会が結成され、第十五議会で初めて衆議院に普選法案が上程された（否決）。以後急進的な政治学会・社会主義者を中心に普選運動が展開され、第二十七議会で普選法案は衆議院を通過した（貴族院で否決）。しかし第二次桂内閣下の大逆事件*、普選運動圧迫、さらには各政党が普選法案の議会提出を禁止したため、運動はしばらく停止する。

　しかし、明治末から大正はじめに登場した普選論を唱える新聞・雑誌や吉野作造*ら知識人の活動により、さらには第一次世界大戦*後の世界的なデモクラシーの潮流のなかで、大正七年（一九一八）夏ごろから再び運動が活発化、労働組合や各地の市民政社を先頭に全国的大衆運動が展開された。原内閣*は納税額を三円に引き下げたが、普選即行には一貫して反対したため、普選案は衆議院を通過しなかった。普選運動は大正九年の第十四回総選挙前後から一時沈滞するが、十一年夏ごろより再興、第四十五議会では野党の統一普選案が提出された（否決）。加藤友三郎*内閣になると、閣内に調査会が設置され、臨時法制審議会が開会、第二次山本内閣に引き継がれた。十三年第二次護憲運動*で清浦内閣を倒した護憲三派が内閣を組織し、二十五歳以上の男子を有権者とする普選法案が治安維持法*と抱き合わせの形で翌年の第五十議会に提出され、難航の末、両院を通過した。これにより有権者は本土人口の約二割を占めることとなった。（松本洋幸）

憲政会《けんせいかい》　大正時代から昭和前期の政党。寺内内閣成立の翌日、大正五年（一九一六）十月十日、立憲同志会*、公友倶楽部、中正会*を合同して結成された。総裁には加藤高明*、総務には尾崎行雄・武富時敏《ときとし》・高田早苗・若槻礼次郎*・片岡直温《なおはる》・安達謙蔵・浜口雄幸*が就任した。党報『憲政』、準機関誌『憲政公論』（のち『憲政』を合併）があった。「苦節十年」の言葉どおり、結成後しばらく政権から遠ざかり、議席数も当初の百九十八名から、百二十一名（第十三回選挙）、百十名（同第十四回）、と漸減の傾向を示していた。この間寺内内閣期の臨時外交調査会・シベリア出兵*問題、原・高橋内閣期の普選問題などで、野党第一党として政府批判の立場に立つことが多かった。しかし大正十三年（一九二四）第二次護憲運動*に参加し、第十五回総選挙では百五十二議席を獲得、第一党に返り咲き、同年六月大命を受けた加藤は護憲三派*内閣を組織、四名が入閣した。翌十四年七月立憲政友会*との提携が崩れていったん総辞職したのち、加藤は憲政会単独で第二次加藤内閣を組閣した。十五年一月加藤が病死すると、若槻が総裁・首相に就任した。第一次若槻内閣は昭和二年（一九二七）の金融恐慌*の収拾に失敗し、田中義一*の政友会に政権を譲ったが、憲政会は第二次護憲運動の際に政友会から脱党して結成された床次竹二郎らの政友本党との提携を進め、同年六月に両党が合同して立憲民政党*が発足した。　（松本洋幸）

革新《かくしん》倶楽部《くらぶ》　大正時代後期の政党。原内閣*崩壊後、政界革新の気運のなかで、大正十一年（一九二二）十一月八日、解党した立憲国民党*を中心に、憲政会*からの脱党議員、無所属倶楽部など四十五名の代議士で結成された。党首をおかず、実質的には犬養毅*、尾崎行雄*・田川大吉郎・植原悦二郎・中野正剛らが指導的役割を担い、普選即行、軍部大臣武官制*廃止、師団半減・海軍軍縮、地租・営業税の地方財政への委譲、義務教育年限延長、ソヴィエト承認などの政策を掲げた。第十五回総選挙では議席数を三十名に減らしたが、護憲三派内閣*に犬養が逓相として入閣、政権の一角を担った。十四年犬養らは立憲政友会*と合同、倶楽部は消失した。　（松本洋幸）

第二次護憲運動《だいにじごけんうんどう》*　大正十三年（一九二四）に起こった、立憲政友会*・憲政会*・革新倶楽部*の護憲三派による清浦内閣倒閣運動。原敬*・高橋是清*両政友会内閣の後、加藤友三郎*・第二次山本権兵衛*と非政党内閣が続き、さらに大正十三年一月七日、枢密院*議長であった清浦奎吾*が貴族院*議員を中心とする内閣を組織したため、これに不満を抱いた政友会・憲政会・革新倶楽部は、特権内閣打破・政党内閣樹立をスローガンに護憲三派を結成し、倒閣運動を展開した。一月十八日には三浦梧楼の斡旋で三党首会談が開かれた。政友会では清浦内閣に対する態度をめぐって党内対立が激化し、床次竹二郎らの非総裁派は内閣支持の立場をとって脱党、一月二十九日政友本党を結成した。護憲三派の間には十分な政策協定は成立しなかったため、清浦内閣の組閣の経緯やその形態を批判して政府攻撃を行った。政府は部分的普選案の検討・帝国経済会派の開催など、三派の政策を先取りする一方、第四十八回通常議会を解散してこれに対抗した。以後同年五月の第十五回総選挙まで、護憲三派*の主導で第二次護憲運動が繰り広げられるが、第一次護憲運動ほどのもりあがりにはかけていた。総選挙の結果、護憲三派が大勝し、百五十二議席を獲得した憲政会が第一党となったため、六月七日清浦内閣は辞職し、同月十一日加藤高明*が護憲三派による連立内閣を組織した。これ以後昭和七年（一九三二）の五・一五事件*で犬養毅*が倒れるまで政党内閣が慣例化することとなった。　（松本洋幸）

護憲三派内閣《ごけんさんぱないかく》　大正十三年（一九二四）六月十一日、第十五回総選挙で大勝した護憲三派によって組織された、憲政会総裁加藤高明を首班とする内閣。第一次加藤高明内閣ともいう。憲政会・立憲政友会・革新倶楽部の連立内閣であったが、総選挙で第一党を獲得した憲政会が首相・内相・蔵相などの主要ポストを占めていた。野党政友本党からの攻撃を受けながらも、護憲三派は連立を維持し、普通選挙法および治安維持法制定をはじめとして、貴族院改革、陸軍四個師団削減などの行財政整理、日ソ基本条約調印による日ソ国交回復など、不十分ながらも、内外の多岐にわたる懸案を解決することに成功した。翌十四年五月政友会と革新倶楽部の一部が合同、高橋是清・犬養毅が引退して田中義一が政友会総裁に就任すると、政友会と憲政会の対立が深刻化した。同年七月税制整理問題をめぐって浜口雄幸蔵相の方針と政友会の地租委譲論とが衝突したため、内閣は総辞職し、護憲三派内閣は約一年で瓦解した。　（松本洋幸）

普通選挙制度《ふつうせんきょせいど》　制限選挙制度の対義語で、選挙権取得について財産・教育・信仰などによる差別を撤廃した選挙制度をいう。普通選挙は普選と略称することもある。明治二十二年（一八八九）に制定された衆議院議員選挙法は、有権者を直接国税十五円以上の男子としていたが、その後納税額は十円（同三十三年）、三円（大正八年、一九一九）と低下し、第一次世界大戦後、ヨーロッパ各国の普通選挙制度採用、国内における普通選挙運動の高揚などの影響を受け、護憲三派内閣下の大正十四年、三度目の選挙法改正により、男子のみの普通選挙制度が採用された。その一方で被選挙権者への管理・取締りは強化され、治安維持法も同時に制定された。この選挙法改正によって、本土人口の約二割に当たる満二十五歳以上の男子一千二百万人が選挙権を取得したが、華族・現役軍人、貧困により公私の救助・扶助を受ける者、一定の住居を有しない者は除外された。この改正された選挙法により、昭和三年（一九二八）の第十六回総選挙から普通選挙が実施された。地方議会議員選挙については、大正十五年の町村制改正により普通選挙制が実現、昭和二年の府県会議員総選挙から施行された。第二次世界大戦後の昭和二十年（一九四五）女子にも普通選挙権が認められ、選挙権年齢は満二十歳に下げられ、その後欠格条項の削除、日本国憲法による普通選挙制の保障などを経て、現在に至っている。　（松本洋幸）

山本権兵衛《やまもとごんべえ》（一八五二―一九三三）　海軍軍人、政治家。鹿児島県出身。名は「ごんのひょうえ」ともいう。海軍大将。伯爵。日本海軍建設最大の功労者で、「海軍の父」と称せられ、また、薩派（鹿児島県出身者による派閥）の重鎮でもあった。戊辰戦争に従軍し、明治七年（一八七四）海軍兵学寮を卒業。高千穂艦長、海軍省主事・海軍省副官・軍務局長兼将官会議議員・大本営参謀官を歴任。古参将官の整理を主導し、海軍軍制上の諸制度確立に活躍した。同三十一年第二次山県有朋内閣から日露戦争を経て第一次桂太郎内閣まで海相の地位にあり、海軍拡張を進め、戦時大本営条例の改正を通じて二元統帥権を確立、海軍の地位向上につくした。また、海相として日露戦争を勝利に導いている。日露戦後は海軍および薩派の重鎮として桂園時代を側面から支えた。大正二年（一九一三）の大正政変後、立憲政友会と結び内閣を組織。行財政整理法案は成立しなかったものの、元老・陸軍・官僚の圧力を排除して軍部大臣武官制・文官任用令*の改正を行った。だが、翌年発覚した海軍最大の汚職事件であるシーメンス事件*により辞職した。その後、関東大震災*直後の大正十二年九月、再び薩派を母体として後藤新平*・犬養毅*らと組んで組閣したものの、東京復興がならないうちに虎ノ門事件*により翌年一月辞職した。昭和期には実質的に政治から引退している。　（小池聖一）

寺内正毅《てらうちまさたけ》（一八五二―一九一九）　明治・大正時代の陸軍軍人、政治家。嘉永五年二月五日、長州藩士宇多田庄兵衛の二男として生まれ、のち寺内家の嗣子となる。戊辰戦争*に参加、陸軍に入り下士官より累進、日清戦争*時、大本営運輸通信長官で、その手腕を認められる。明治三十一年（一八九八）中将、教育総監・参謀本部*次長歴任。山県有朋*の庇護を受け桂太郎*の後継者と目されるに至る。明治三十五年陸相、以後日露戦争*を経て四十四年まで在職、軍政の中枢にあり、三十九年（一九〇六）大将、この間教育総監・韓国統監等兼任、韓国併合を推進、四十四年初代朝鮮総督となり朝鮮の武断的経営を行う。大正五年（一九一六）元帥、同年十月山県の推挙で内閣を組織、官僚出身閣僚中心で非立憲内閣と評されたが、第一次世界大戦*後期、西原借款*など対中国親交による大陸政策を推進、軍事力強化に努めた。シベリア出兵*を行う。長州閥の巨頭として威を振るったが、大戦の影響による物価騰貴から米騒動*が発生、大正七年九月内閣は総辞職した。同年十一月三日死去。　（村島　滋）

原敬《はらたかし》（一八五六―一九二一）　明治から大正時代にかけての政治家。安政三年二月九日、南部藩士原直治の二男として盛岡城外本宮村に生まれる。幼名は健次郎、号は鷲山・一山・逸山など。苦学の後、明治九年（一八七六）司法省法学校に入学、のち中退して『郵便報知新聞』に入社。十五年外務省に入省、農商務省*参事官・外務次官などを歴任、井上馨*・陸奥宗光*の知遇を得た。三十年外務省を退官、翌年『大阪毎日新聞』社長となる。三十三年立憲政友会*創立に参加して総務委員兼幹事長となり、第四次伊藤内閣では星亨*の後任として逓相に就任した。三十五年の第七回総選挙以来八回連続で当選し、総裁西園寺公望*を補佐して党内で地歩を築きつつ、桂太郎*と「情意投合《じょういとうごう》」の関係を保ちながら、第一次・第二次西園寺内閣、第一次山本内閣では内相を務めた。大正三年（一九一四）政友会第三代総裁となるが、第二次大隈内閣下の第十二回総選挙で政友会は惨敗した。これ以後原は山県有朋*と接近し、政権到来の機会をうかがった。七年米騒動*で寺内内閣が総辞職すると、原は後継首相に推され、閣僚のほとんどを政友会員が占める原内閣を組織した。原内閣は衆議院*における絶対多数と貴族院*中最大会派研究会との提携を背景として、四大政綱の実現に向けた積極政策を展開した。成立当初の原内閣は、原が爵位をもたず衆議院議員であったことなどから世論の支持を得ていたが、物価高騰、戦後不況、政府による普選論の否認、閣僚の汚職問題など、九年ごろから政府批判がしだいに強まっていった。こうしたなか、十年十一月四日東京駅において中岡艮一の凶刃に倒れた。六十六歳。墓所は盛岡市大慈寺。『原敬全集』『原敬関係文書』などが刊行されている。　（松本洋幸）

原敬日記《はらけいにっき》　明治・大正時代の政治家原敬《はらたかし》*の日記。人名は「はらたかし」であるが、「はらけいにっき」の呼称が定着している。明治八年（一八七五）四月の「帰省日記」に始まり、首相在任中の大正十年（一九二一）十月、メモ書きは同年十一月四日の死の当日まで残されている。明治二十年代まで断片的だが、三十年代以降は詳しく、とりわけ首相時代（一九一八―二一）が最も詳細である。原自身の言動と考え、公私の面談者との談話、閣議はじめ各種の会議の模様など政界の最高機密事項が克明に記されており、明治・大正時代の第一級の政治資料である。昭和二十五―二十六年（一九五〇―五一）年公刊。最初は全十巻、のち関係史料を収録して全六巻。原本は和綴八十二冊、盛岡市の原敬記念館に所蔵。（鳥海　靖）

高橋是清《たかはしこれきよ》（一八五四―一九三六）　明治から昭和時代前期にかけての財政家、政治家。安政元年閏七月二十七日、幕府御用絵師川村庄右衛門の子として生まれ、仙台藩士高橋覚治是忠の養子となる。幼少期の苦学を経て、明治二十五年（一八九二）日本銀行に入社、横浜正金銀行副頭取を経て三十二年日銀副総裁、四十四年に総裁となる。日露戦争中には欧米での外債募集に成功、三十八年貴族院勅選議員となった。大正二年（一九一三）第一次山本内閣に蔵相として入閣、立憲政友会に入党した。原内閣では再び蔵相を務め、積極財政を展開した。原敬の死後、十年高橋内閣を組閣し、政友会総裁に就任したが、翌年閣内対立のため総辞職した。高橋総裁下の政友会では党内対立が絶えず、十三年第二次護憲運動の際には、非総裁派の脱党により党は二分された。護憲三派内閣には農商務大臣として入閣したが、十四年総裁を田中義一に譲ると、大臣を辞職し政界を引退した。しかし金融恐慌後に成立した田中内閣に蔵相として復帰、恐慌の沈静化に成功した。さらに世界恐慌のあおりを受けた犬養内閣でも蔵相に引き出され、景気回復に成功した。続く斎藤・岡田内閣でも蔵相を務めたが、軍事費増額を要求する軍部と対立、昭和十一年二月二十六日赤坂の自宅で暗殺された（二・二六事件）。八十三歳。墓所は多磨墓地。著書は『随想録』『経済論』など。（松本洋幸）

加藤友三郎《かとうともさぶろう》（一八六一―一九二三）　明治・大正期の海軍軍人。政治家。死後、海軍元帥、子爵。広島県出身。明治十三年（一八八〇）海軍兵学校、同二十二年海軍大学校卒業。日清戦争では軍艦吉野砲術長として豊島沖海戦などで功績を残す。日露戦争では連合艦隊参謀長として日本海海戦の陣頭指揮にあたった。軍政家としても有能で日露戦争後の海軍拡張計画を推進。このため大正二年（一九一三）の大正政変で清浦奎吾内閣を流産させている。第一艦隊長官を経て、八代六郎の後任として第二次大隈内閣海相となり、歴代内閣で連続して海相を務めた。この間、海軍が待望していた八・八艦隊計画の予算化に成功している。一転、大正十年（一九二一）から翌年にかけてのワシントン会議では、首席全権として軍縮条約などを締結して英米両国との建艦競争休止に努めている。同十一年、高橋内閣に代わって首相（海相兼任）に就任。軍縮やシベリア撤兵を実行してワシントン会議の実をあげるとともに、内政面では行財政整理を遂行した。現職中に胃癌で死去。（小池聖一）

清浦奎吾《きようらけいご》（一八五〇―一九四二）　明治から昭和時代前期の官僚、政治家。嘉永三年二月十四日、僧大久保了思の五男として肥後国山鹿郡来民村に生まれ、のち清浦家の姓を名乗る。幼名は普寂、号は奎堂。明治九年（一八七六）司法省に入り、検事・内務省警保局長などを歴任、司法・警察制度の改革に着手した。第二次松方、第二次山県両内閣で法相を務め、第一次桂内閣*で法相、のち農相に転じた。平田東助、大浦兼武《かねたけ》らとともに山県閥のなかでも枢要な位置を占め、二十四年から三十九年まで貴族院*勅選議員となり、研究会*を率いた。大正三年（一九一四）大命を受けるが、組閣難航のため拝辞。その後枢密院*の正副議長を歴任、十三年再び大命を拝し、貴族院*議員からなる清浦内閣を成立させた。しかし第二次護憲運動の高揚、第十五回総選挙における護憲三派の勝利により、清浦内閣は約半年で崩壊し、彼は政治の表舞台から退いた。その後は重臣として重要国務の諮問に応えていた。昭和十七年十一月五日熱海で死去。九十三歳。　（松本洋幸）

加藤高明《かとうたかあき》（一八六〇—一九二六）　明治・大正時代の外交官、政治家。万延元年一月三日、名古屋藩士服部重文の二男として生まれる。幼名は総吉。明治十四年（一八八一）三菱本社*に入社、十八年日本郵船会社*に入り、翌年岩崎弥太郎*の長女と結婚。二十七年から駐英公使を務め、三十三年第三次伊藤内閣の外相に就任。その後衆議院*議員（第七・八回選挙）、第一次西園寺内閣の外相（中途辞任）、駐英大使、第三次桂内閣の外相を歴任、大正二年（一九一三）立憲同志会*総裁となった。第二次大隈内閣では外相を務め、第一次世界大戦*勃発後は対独開戦論を展開、さらに対華二十一カ条要求*を袁世凱*政権に受託させた。こうした彼の態度は元老*の反発を招き、同志会の後身である憲政会*はしばらく政権から遠ざることとなった。しかし十三年第十五回総選挙で憲政会が第一党を獲得、彼は首相となり護憲三派内閣*を組織した。翌十四年閣内不統一で総辞職した後、第二次加藤内閣を組織したが、翌年一月二十八日病死。六十七歳。墓所は青山墓地。　（松本洋幸）

若槻礼次郎《わかつきれいじろう》（一八六六—一九四九）　明治から昭和時代前期の官僚、政治家。慶応二年二月五日、松江藩士奥村仙三郎の二男として松江城下雑貨町に生まれ、叔父若槻敬の養子となる。号は克堂。明治二十五年（一八九二）大蔵省*に入り主税局長を経て、第一次西園寺内閣・第二次桂内閣の大蔵次官、大正元年（一九一二）第三次桂内閣の蔵相を歴任した。翌年立憲同志会*の結成に参加して総務となり、第二次大隈内閣*では再び蔵相に就いた。同十三年成立の護憲三派内閣*には内相として入閣*、第二次加藤内閣でも留任し、十五年加藤の病死後、憲政会*総裁となり、第一次若槻内閣を組織した。その後立憲民政党*総裁浜口雄幸*首相の後を受け、昭和六年（一九三一）第二次若槻内閣を組閣したが、党内の安達謙蔵らと対立、閣内不一致により約半年で総辞職した。以後重臣となり、民政党総裁は町田忠治に譲った。日米開戦に反対し、開戦後は和平に尽力した。二十四年十一月二十日死去。八十四歳。墓所は染井墓地。回想録『古風庵回顧録』がある。　（松本洋幸）

後藤新平《ごとうしんぺい》（一八五七—一九二九）　明治から昭和時代前期の官僚、政治家。安政四年六月四日、水沢藩士後藤実崇の長男として胆沢郡塩釜村に生まれる。幼少より医学を学んだが、明治十六年（一八八三）内務省*衛生局に入り、ドイツ留学後、衛生局長となった。児玉源太郎の知遇を受け、三十一年台湾民政局長となり、植民地経営に着手した。三十六年貴族院*議員に勅選。三十九年満鉄*総裁に就任、以後桂太郎*に接近し、第二次・*三次桂内閣で逓相・鉄道院総裁を歴任。桂の死後は寺内正毅*・犬養毅*に近づき、寺内内閣では内相、のち外相に転じシベリア出兵を遂行。大戦後欧米を視察したのち、大調査機関構想、東京市長、ヨッフェ招聘など精力的な活動を続けたが、大正十二年（一九二三）第二次山本内閣が成立すると、内相として入閣、帝都復興・普選実現に向けて尽力した。同内閣崩壊後は政界の第一線から退いたが、政治の倫理化運動・少年団育成・日ソ交渉などを行った。昭和四年四月四日死去。七十三歳。墓所は青山墓地。（松本洋幸）

〔社会運動の展開〕

友愛会《ゆうあいかい》　大正期の全国的労働組合。日本労働総同盟*の前身。大正元年（一九一二）八月に鈴木文治を中心に十五名の労働者で結成。綱領では相互扶助・修養・地位改善をうたい、名士の講演、法律相談部と貯金部などを開設した共済・修養機関としての性格をもっていた。鈴木文治が所属していたユニテリアン教会や社会政策学会の支援を受け、同年十二月には機関誌『友愛新報』を発行し、大正三年（一九一四）には『労働及産業』と改称した。はじめは東京市内の大企業労働者の間に会員を獲得し、創立一年で一千三百二十六名の会員となった。東京市外でも川崎に支部が結成されたのをはしりに、全国主要な工業都市に支部が設立され、大正七年の創立六周年大会のときには、百二十支部、会員三万名を数えたという。やがて野坂鉄（参三）や久留《ひさとめ》弘三らも加わり、平沢計七、福田龍雄・松岡駒吉らも本部員として加わり、労働組合としての性格を強めていった。会員の所属する工場での争議も闘った。大正八年八月には大日本労働総同盟友愛会と改称した。（新藤東洋男）

日本労働総同盟《にほんろうどうそうどうめい》　第二次世界大戦*前の全国的労働組合。友愛会*の後身。大正八年（一九一九）八月の友愛会創立七周年大会のときに、大日本労働総同盟友愛会と改称し、大正九年十月の創立八周年大会の時に、日本労働総同盟友愛会とし、大正十年十月に日本労働総同盟とした。略称は総同盟。機関誌『労働』を発行。大正十一年（一九二二）には、友愛会創立以来の労資強調的な綱領を改定し、労働者階級の完全なる解放と自由平等の新社会の実現を目指した。友愛会当時から八時間労働制・普通選挙・治安警察法*改正を闘い、団体交渉権獲得闘争も闘った。大正十三年ごろから左右の対立が深刻化し、大正十四年には、左派は日本労働組合評議会を結成した。運動路線・無産政党組織方針などをめぐる対立であった。この総同盟は松岡駒吉・西尾末広らの指導する右派の労働組合となった。この分裂当時は、総同盟が約二万人・評議会が約一万一千人であった。世界恐慌*下の総同盟は多くの争議を指導し、労働組合法の制定を要求していたが、日中戦争*後は戦争協力に傾斜していった。（新藤東洋男）

メーデー　May Day　労働者が団結を高め権利獲得をねらって、毎年五月一日に行う集会と示威運動。このメーデーの起こりは、一八八六年アメリカの労働者が「八時間労働制」を要求してストライキを実施したことが契機となり、八九年のパリで開催された第二インターナショナルを創立した国際労働者大会で、翌九〇年五月一日を「法定八時間労働」を要求する国際的デモンストレーションの日と決定して実施したことに始まる。世界の主要都市での第一回メーデーはこのときに始まる。日本での第一回メーデーは大正九年（一九二〇）五月二日の日曜日に友愛会など九団体が上野公園で開催したのに始まる。このメーデーでは治安警察法*第十七条撤廃・最低賃金法制定・八時間労働制要求・失業防止・シベリア撤兵などを決議した。戦前の最盛期のメーデーは昭和六年（一九三一）で、「内務省*警保局調」では全国百三十二会場でその参加者は四万六千八百六十八人としている。戦後昭和二十一年（一九四六）には「第十七回メーデー」として復活した。（新藤東洋男）

日本社会主義同盟《にほんしゃかいしゅぎどうめい》　社会主義者とその団体の統一組織。略称は社会主義同盟。大正九年（一九二〇）十二月に結成。ロシア革命・米騒動*後に社会運動がさかんになり、社会主義者と社会主義団体の大同団結を目的にした。新人会・建設者同盟・労働団体・思想団体の著明な社会主義者三十名を発起人とした。結成時の名簿登録者は一千名。発起人のなかには、堺利彦*・山川均・荒畑寒村・大杉栄*など含まれていた。その機関誌は、堺利彦が発行していた『新社会評論』を『社会主義』と改題して発行した。同盟結成準備段階の大正十年にあっても、全国的遊説活動を行い地方宣伝活動を活発に行っていた。しかし広く社会主義者を網羅し、思想的にも多様であったことと、弾圧による検挙者を出したこともあり、その運動は困難を極めた。大正十年五月九日の第二回大会には警察から解散命令が出された。この大会直後の五月二十八日には結社禁止処分を受けて解体した。（新藤東洋男）

日本共産党《にほんきょうさんとう》　科学的社会主義を基本理論とする政党。大正十一年（一九二二）七月十五日に創立大会。党規約を採択し、コミンテルンの加盟を決議、中央執行委員長に堺利彦*を選出。同年十一月のコミンテルン第四回大会に日本共産党代表として川内唯彦・高瀬清を派遣し、コミンテルン日本支部として承認される。この大会で片山潜*はコミンテルン執行委員会幹部会員に選出される。翌十二年三月臨時党大会で綱領草案を討議し、「君主制の廃止」など二十二項目の当面の要求は確認されたが、綱領全体は審議未了。第三回大会は大正十五年十二月、山形県の五色温泉で開催、党の再建および政治方針と党規約を採択。昭和三年（一九二八）二月一日に党中央機関紙『赤旗』（せっき）を創刊。同年二月の第一回普選には党は非合法であったので、労農党から山本懸蔵らの党員十一名を立候補させて闘う。治安維持法*によって「三・一五事件*」「四・一六事件」の弾圧を受ける。侵略戦争に反対した唯一の政党。戦後は「五〇年問題」を克服し、昭和三十三年（一九五八）第七回大会、昭和三十六年の第八回大会で自主独立の党としての綱領を確定し、党の発展を約束した。（新藤東洋男）

労働争議《ろうどうそうぎ》　資本家と労働者の利害対立から起こされた争議・紛争。労働運動の高まりのなかで労働争議は展開した。一般的にはストライキ（同盟罷業）の形態がとられた。日本での労働争議の初期の例は、明治十九年（一八八六）の甲府の雨宮製糸工場での女子労働者の労働条件改悪に反対してのストライキをあげることができる。本格的労働争議が展開するのは、日清戦争*後のことであった。明治三十年（一八九七）に片山潜*・高野房太郎らにより労働組合期成会が結成され、鉄工・印刷工・鉄道員らを組織した。明治三十一年には解雇反対・待遇改善を求めての「日鉄ストライキ」（日本鉄道会社）が起こされた。日露戦争*後には大工場や鉱山に労働争議が頻発した。明治四十年（一九〇七）には軍隊も出動して鎮圧した足尾銅山争議があり、明治四十四年には東京市電争議があり、大正七年（一九一八）の米騒動*後には労働争議も高まった。大正九年の「溶鉱炉の火は消えたり」とする八幡製鉄所*争議、大正十年には川崎・三菱造船所争議、大正十三年の三池争議、大正十五年には共同印刷争議と浜松日本楽器争議があった。政府は治安警察法*（明治三十三年）で労働運動・労働争議を抑圧した。したがって、この労働争議の要求のなかには、労働条件改善要求とともに、「治安警察法第十七条の撤廃」もかかげられた。（新藤東洋男）

小作争議《こさくそうぎ》　一般に、第一次世界大戦*以降の社会運動全般の高揚を背景として、農民組合の指導を受けて本格化した、地主に対する小作人の組織的形態をもった争議をいう。大正末から昭和の初年（一九二〇年代）にかけて、西日本を中心として、主に小作料減免を要求した争議が頻発した。著名な争議として、岡山県藤田農場・新潟県木崎村などが知られており、日本農民組合*（日農）の指導を受け、小作組合を組織して大規模な闘争を展開した結果、多くの争議が小作料の減額を実現した。こうしたことから各地に農民組合の設立が相ついで、これを指導した日農の勢力は急速に拡大していった。

一九三〇年代に入って、昭和恐慌の農村不況によって打撃を受けた地主側の強硬姿勢と、思想対立による日農の組織分裂を背景として、件数としては増加しつつも、各争議の規模は小さくなって、小作側の要求も、東日本を中心に、小作料の減額から、地主の小作地取上げの動きに対抗する耕作権の保証が中心となった。しかも、組織的な指導を失っていたため、要求が達成されない場合が多くなっていた。昭和十年代には、小作争議はかつての勢いを完全に失い、日中戦争*の本格化と戦時体制の強化に伴って、ほぼ農民運動としての命脈が絶たれて、戦後の農地改革*という新たな展開を待つことになる。（滝島　功）

日本農民組合《にほんのうみんくみあい》　日農と呼ばれた最初の全国組織の農民組合で、大正十一年（一九二二）四月九日に第一回大会を開催した。社会運動が高揚した大正後期、各地の小作争議*が全国的に組織化されていなかったことを受け、組合長の杉山元治郎をはじめ、賀川豊彦など労働運動の指導者や、全国の農民運動の有力活動家が参加して、農民運動の指導を行ったため、急速に組織を拡大した。創立当初は、友愛主義の穏健な路線を歩んだが、やがて全国最大の無産組織に成長したことから、普通選挙法の成立を機に、大正十四年（一九二五）十二月一日に農民労働党を結党した。同党が即日結社禁止となって以後も、翌十五年三月に労働農民党を結党した。こうした無産政党の結成の過程で、無産勢力内部の左右の思想対立が表面化してゆき、無産政党が分立するたびに、日農も組織分裂を繰り返した。昭和三年（一九二八）の三・一五事件*によって組織が弱体化したことから、同年五月、全日本農民組合と合同して全国農民組合（全農）を結成した。（滝島　功）

水平社運動《すいへいしゃうんどう》　水平運動ともいう。自力により取り組まれた部落解放運動である。大正十一年（一九二二）三月三日に京都の岡崎公会堂で全国水平社の創立大会が開催され、本格的な部落解放運動が展開されることになった。この大会では、人間の尊重と自由・平等の原理にそっての人間開放の闘いを決意した「水平社宣言」を採択した。この運動は、はじめは差別糾弾闘争を主要な戦術としていたが、大正十五年（一九二六）の第五回大会で階級意識の上にたった運動をその方針として決定し、その後は政治経済闘争の取組みのなかで、農民労働運動と提携し、水平社のメンバーがその主体勢力となって闘いが展開した。また、反軍・反帝闘争も展開した。その契機は軍隊内での差別問題との闘いであった福岡連隊事件をあげることができる。昭和四年（一九二九）の第八回大会では身分闘争と階級闘争の統一が運動方針として決定され、階級闘争への偏重が進行するなかで、昭和六年の第十回大会には「水平社解消」の意見も提出された。昭和八年の第十一回大会では、この解消論を克服して、生活改善と差別撤廃闘争を通じて農民労働運動と提携して運動を進めていくという部落委員会活動の方針が採択された。この方針のもとで同年には高松地方裁判所差別裁判闘争が展開した。この運動も戦争の過程で衰退し、昭和十五年（一九四〇）第十六回大会を最後にその運動は不可能となった。

（新藤東洋男）

女性解放運動《じょせいかいほううんどう》　女性の抑圧や差別を指摘し解放を目指した社会運動。フェミニズム運動とも称する。明治中期までの廃娼運動、婦人労働運動、婦人参政権運動*などは、無権利状態におかれた女性の労働権、人格権、自己決定権、参政権をめぐっての人権闘争であった。明治後期には良妻賢母で従順な嫁という家制度下の女性規範意識と制度上の劣位からの解放を求めて日本で初めての女性雑誌『青鞜《せいとう》』の創刊など、女性の思想表現運動も生まれた。大正期は、米騒動*や農村小作争議*、労働組合運動のような生活権、生存権の要求運動が生じ、また産児制限運動や消費組合運動、女子高等教育要求運動として具現化した。昭和期には母性保護運動や参政権運動が昂揚したが、第二次大戦下には、戦地に行った男性たちに代わり、国家・国民の生活向上のための役員に登用され、銃後を守った女性運動家もいた。

第二次世界大戦後*は反戦平和と民主主義を目指し、働く女性の労働権の確立を目指す運動とともに、日本母親大会や主婦連合会などに運動の広がりを見せた。昭和四十五年（一九七〇）ごろからのウーマンリブ運動は、「ぐるーぷ闘うおんな」などを中心に様々な小グループによって担われ、内なる女性意識の変革や、男性の性差別意識を告発した。昭和五十年の国際婦人年と、国連婦人の十年により、全世界的規模で女性行動計画が推進された。日本では、男女雇用機会均等法や育児休業法の施行、国籍法の改正、家庭科の男女共修の実施、などが行われた。その後の展開としては、総理府に男女共同参画室が設置され、国内女性行動計画も策定された。女性のNGO団体の要求を受け、政策のなかに性と生殖の権利、セクシャル・ハラスメント、性暴力、女性の性の商品化などの問題が取り上げられている。

（舘かおる・堀千鶴子）

婦人参政権運動《ふじんさんせいけんうんどう》　女性の政治的権利の獲得および参画に関する運動。主に女性の選挙権・被選挙権獲得運動を意味し、その場合、婦選運動と略称される。明治前期の自由民権運動*において、植木枝盛*は、男子と同様に女子にも参政権付与を主張し、岸田俊子*や福田英子は女権運動を展開した。しかし、「市制町村制」（明治二十一年）や「衆議院議員選挙法」（同二十二年）によって地方および国政の選挙から女性は除外された。さらに明治二十三年（一八九〇）に「集会及び政社法」、および同三十三年（一九〇〇）の「治安警察法」*により、女性の政治集会の加入、および政治集会への参加と発起が禁じられた。こうした女性の政治活動を全面的に禁じた「治安警察法」に対し、平民社の今井歌子らは、明治三十八年（一九〇五）から「治安警察法」改正運動*に着手した。ついで、大正八年（一九一九）に平塚らいてう*・市川房枝*らが「新婦人協会」を結成し、対議会運動を展開した。同十一年（一九二二）「治安警察法」第五条二項が改正され、結社権を除く女性の政治活動の自由を獲得した。これを契機に、婦選運動が活発化するとともに、同十三年には久布白落実・市川房枝らにより「婦人参政権獲得期成同盟」（翌年、婦選獲得同盟と改称）が結成され、婦選運動の中核として、参政権・公民権・結社権獲得を目指して運動を推進した。昭和五年（一九三〇）「婦人公民権法案」が*衆議院を通過したが、*貴族院で否決。以後、戦時体制下で運動は退潮していく。*第二次世界大戦直後に市川房枝は、婦選運動を再開。同二十年（一九四五）十月*マッカーサーの五大改革指令により、婦人参政権付与と「治安警察法」撤廃が指示された。翌年四月の総選挙で婦人参政権が初めて行使され、三十九人の女性議員が選出された。また、同年九月には地方議会への参政権も獲得した。　（舘かおる・堀千鶴子）

関東大震災《かんとうだいしんさい》　大正十二年（一九二三）九月一日に、関東全域と静岡・山梨にわたる地震と、その直後の火災により起こった大災害。その規模はマグニチュード七・九、その震源地は相模湾西北部。その被害が大きかったところは、東京市・横浜市を中心とする神奈川県・千葉県南部。その被害は、今村明恒「関東大地震調査報告」などによると、死者九万九三三一名・負傷者一〇万三七三三名・行方不明四万三四七六名・全壊家屋一二万八二六六戸・半壊家屋一二万六二三三戸・焼失家屋四四万七一二八戸・流失家屋八六八戸であり、その罹災者数は三四〇万人を数えていた。

この翌二日に成立した第二次*山本権兵衛内閣は、戒厳令を施行し、暴利取締令・支払延期令を出し、手形割引損失補償金の支払を勅令で公布した。この震災手形の処理は長引き、*昭和恐慌の一因となった。内務省警保局長は朝鮮人の放火襲撃を取り締まることを各地方長官に打電し、朝鮮人や社会主義者が騒擾を起こすというデマが警察によって流された。ここに民衆による自警団が組織され、軍隊・警察・自警団の手で数千人の朝鮮人が殺害され、中国人も殺された。社会主義者も逮捕投獄され殺された。*大杉栄・伊藤野枝が憲兵隊によって殺害された甘粕事件、革命的労働運動をリードしていた南葛飾労働会の川合義虎が虐殺された亀戸事件は、このようななかで起こされたものであった。この震災下での混乱と不安のなかで、秩序と治安を口実にしての権力者の思想統制が強化され、反動化がおしすすめられることとなった。この関東大震災は、*大正デモクラシーの転機となり、国家主義的傾向を助長していくことになった。　（新藤東洋男）

治安維持法《ちあんいじほう》　政治活動を取り締まった基本法。大正十四年（一九二五）法律四十六号として制定された。普通選挙法と同時に提出され成立した。その第一条第一項には、「国体ヲ変革

震災により燃える帝国劇場（左）と警視庁

シ又ハ私有財産制度ヲ否認スルコトヲ目的トシテ結社ヲ組織シ又ハ情ヲ知リテ之ニ加入シタル者ハ十年以下ノ懲役又ハ禁錮ニ処ス」とある。天皇制と資本主義を維持するための治安立法であり、民主主義運動、反体制運動の抑圧をねらった法律であった。この法律は、昭和三年（一九二八）の「三・一五事件*」後に田中義一*内閣により改悪され、処罰範囲の拡張と処罰に死刑が加えられた。この法律の施行は、大正十四年五月十二日であったが、最初の適用は、その翌年の「学連事件」であり、本格的適用は、「日本共産党弾圧事件*」としての「三・一五事件」と昭和四年の「四・一六事件」であった。この法による弾圧は、共産党とはまったく関係のない社会主義者・宗教家・知識人や学生の研究会・読書会の集会にも及び、思想・結社・運動の自由を奪った。昭和十六年の改定では「予防拘禁制」が導入された。これは治安維持法違反の刑期が満了しても、再犯のおそれありとして、拘禁を可能としたものであった。この法律は、昭和二十年（一九四五）十月の「政治的市民的及宗教的自由に対する制限並に人種国籍信仰又は政見を理由とする差別待遇を撤廃」とする占領軍の命令で廃止された。（新藤東洋男）

無産政党《むさんせいとう》　無産階級（労働者・農民などの被支配階級、プロレタリア）は大正九年（一九二〇）ごろから使われた言葉であり、その利益を代表する政党。普通選挙運動*が高まり、普選実現の可能性が出てきた過程で、無産政党結成の動きが起こってきた。大正十二年十二月の政治問題研究会や、翌十三年六月の政治研究会、そして十四年八月の無産政党組織準備委員会など、無産政党結成への準備過程での動きであった。この十四年十二月に農民労働党が結成されたが、これは即座に解散命令にあい姿を消した。そこで翌十五年三月に労働農民党として再組織された。この党の委員長には日本農民組合長・杉山元治郎が就任した。はじめは日本農民組合と右派の労働組合である日本労働総同盟*などが支えていたが、やがて左派が主導権を握る政党となった。非合法であった日本共産党員も、この政党の党員として活動した。この年の十二月には、右派は社会民衆党を、中間派は日本農民党を結成した。左派となった農民党は「三・一五事件*」の直後の昭和三年四月十日に、日本労働組合評議会などとともに解散させられた。この労働農民党系のものたちは、同年十二月に労働者農民党を結成したが、即日解散させられ、昭和四年十一月に労農党を結成したが内部対立があり、中間派に吸収されて、昭和六年七月に全国労農大衆党となった。中間派の日本労農党は日本大衆党・全国大衆党を経て、全国労農大衆党となった。この政党は昭和七年七月に右派の社会民衆党と合併して社会大衆党*となった。（新藤東洋男）

社会大衆党《しゃかいたいしゅうとう》　合法無産政党*の合同政党。昭和七年（一九三二）七月に全国労農大衆党と社会民衆党とが合同して結成。委員長・安部磯雄*、書記長・麻生久*、会計・三輪寿壮で、中央執行委員には浅沼稲次郎・河野密・平野学・宮崎龍介・亀井貫一郎・片山哲・田所輝明らが就任した。その方針では反資本・反共産・反ファシズムの「三反主義*」を主張した。この党は、「満州国」を承認したが、国際連盟脱退反対と日ソ不可侵条約締結運動を展開していた。国内問題では農村窮乏打破と軍需インフレ反対運動を進め、この時期の最大の無産政党となった。人民戦線運動に反対し、日中戦争*が始まると、この戦争を「聖戦」として協力を表明し、昭和十二年（一九三七）十一月には、その「綱領」を軍国主義的に改定した。昭和十五年（一九四〇）には、代議士・斎藤隆夫が衆議院で対中国政策を批判し、反軍演説をしたことで「議員除名」処分になり、これを契機に斎藤およびこれに同調した八人の代議士を党から除名した。同年七月に解党。（新藤東洋男）

鈴木文治《すずきぶんじ》（一八八五―一九四六）　大正・昭和期の労働運動指導者。鈴木益治・りゃうの長男として明治十八年九月四日に、宮城県栗原郡金成村に生まれる。古川中学・山口高校を経て東京帝国大学法科大学を卒業。吉野作造に師事し、本郷教会で海老名弾正に師事。社会政策学会の桑田熊蔵の影響を受け、社会問題に関心を抱く。東京朝日新聞社社会部に勤務。明治四十四年（一九一一）にはユニテリアン教会幹事となり、社会改良事業を始める。その翌年に友愛会を結成して会長となる。友愛会から日本労働総同盟になってからも、その会長の職にあった。反共産主義の立場で労働運動を指導し、労働運動右派の大御所として君臨した。社会民衆党の結成に加わり、代議士にもなった。大正八年（一九一九）のパリ平和会議には国際労働法制委員会代表顧問として出席、ＩＬＯ（国際労働機構）の創設にも参画した。大正十一年（一九二二）の日本農民組合結成以来、その運動にも関係し、日農分裂後の昭和三年（一九二八）には、日本農民組合総同盟の会長となった。（新藤東洋男）

大杉栄《おおすぎさかえ》（一八八五―一九二三）　明治・大正期の無政府主義の社会運動家・思想家。父・東が陸軍少尉として丸亀連隊勤務中に、この香川県丸亀で、その長男として明治十八年一月十七日に生まれる。父の転勤で明治二十二年には新潟県新発田へ移住、新発田中学へ入学、その二年のときに名古屋陸軍幼年学校へ入学するも、事故あって中退。その後、東京外国語学校仏語科を卒業。四十年二月には幸徳秋水の「直接行動論」を支持して、日刊『平民新聞』に「欧州社会運動の大勢」を発表。大正元年（一九一二）には荒畑寒村と『近代思想』を創刊。大正七年には伊藤野枝と月刊『文明批評』を、秋田久太郎と『労働新聞』を創刊。ロシア革命と第一次世界大戦後の労働運動をめぐってボル派と対立するアナーキスト派の旗頭となった。大正十一年にはフランス無政府党の招きで密出国し、翌年のパリのメーデーに参加し、その演説が発覚し逮捕され強制送還された。この年の関東大震災のとき、憲兵大尉・甘粕正彦に殺害された。（新藤東洋男）

平塚らいてう《ひらつか》（一八八六―一九七一）　名は雷鳥とも記す。女性解放思想家、運動家。明治十九年二月十日、東京生まれ。本名奥村明《はる》。日本女子大学卒業。在学中より哲学書を読み参禅。明治四十年（一九〇七）作家の森田草平と心中未遂事件（煤煙事件）を起こし世間の注目、非難を浴びる。明治四十四年女性による最初の文芸誌『青鞜《せいとう》』を発刊。らいてうの創刊の辞「元始、女性は太陽であった」は、日本最初の女権宣言として大きな反響を呼んだ。『青鞜』は、文芸誌から女性解放を主張する雑誌に変化し、伝統的な結婚への反抗、新しい性道徳などが主張された。らいてうは、エレン・ケイの影響を受け、婦人問題における母性の尊重を主張。大正七年（一九一八）には、与謝野晶子・山川菊栄らと母性保護論争を行った。大正八年には、市川房枝らと新婦人協会を結成。女性の政治的権利のために運動を開始した。戦後は、平和と民主主義を求める運動を続け、昭和二十八年（一九五三）日本婦人団体連合会結成とともに初代会長に就任。昭和四十六年五月二十四日逝去。

（舘かおる・堀千鶴子）

市川房枝《いちかわふさえ》（一八九三—一九八一）　政治家、女性運動家。明治二十六年五月十五日愛知県生まれ。大正二年（一九一三）愛知県立女子師範学校卒業後、小学校教師・新聞記者を経て、大正七年上京。翌年友愛会婦人部書記となり、平塚らいてう*と知り合い、大正九年にはらいてうと初の女性運動団体である新婦人協会を設立。女性の政治参加要求運動に着手。同十年渡米。女性運動家アリス・ポールとの親交から、婦人参政権運動*（婦選運動）を決意。帰国後、大正十三年には婦人参政権獲得期成同盟会（翌年、婦選獲得同盟と改称）結成。「婦選は鍵なり」と、女性の政治的権利獲得を目指し、運動の中心を担う。昭和八年（一九三三）には、東京婦人市政浄化連盟を結成、腐敗政治粛正を目指す。昭和二十年には、新日本婦人同盟（のちに日本婦人有権者同盟）を組織、女性参政権要求を開始。昭和二十八年参議院議員当選。以来五期にわたり在職。理想選挙を掲げて二院クラブを結成。国際婦人年の際は、新旧の女性団体のシンボル的存在として活動した。昭和五十六年二月十一日八十七歳で没したが、生涯を描いた映画『八七歳の青春』（桜映画社、昭和五十六年）が作成されている。

（舘かおる・堀千鶴子）

〔協調外交と軍縮〕

ワシントン会議《かいぎ》　大正十年（一九二一）十一月十二日から翌年二月六日まで、ハーディング米大統領の提唱により、ワシントンで開催された国際会議。第一次世界大戦*後の日米関係の緊張緩和と、東アジアにおける列国間の秩序形成が主たる目的であった。日本側全権団は首席全権加藤友三郎*海相、全権に徳川家達（貴族院*議長）、幣原喜重郎*（駐米大使）、埴原正直（外務次官）。英米両国首席全権は、ヒューズ（国務長官）とバルフォアで前者が議長となった。日本は対米関係の改善と中国における特殊権益の維持を目的とした。成果として主力艦（戦艦）比率を英米日主要三カ国で五・五・三とする海軍軍縮条約*と太平洋・中国における現状維持を目的とする四カ国条約*および九カ国条約*が締結された。

これにより東アジアでは、権益の現状維持と協調による中国抑止政策を中心とする「ワシントン体制」が形成された。だがソ連を除外、中国の主張を抑圧したため、当初より同体制は不安定であった。北京特別関税会議の決裂、北伐による南京国民政府の成立により中国抑止政策は、完全に機能不全となり、列国は争うように対中国宥和政策に転換した。一方、補助艦制限という課題を残した海軍軍縮会議では、ロンドン海軍軍縮会議*まで、海軍部内で海軍省・軍政系優位のもと条約は安定的に維持された。結局、日本にとって「ワシントン体制」は、日米間の緊張緩和に有効であったが、対中国政策では機能せず、対中国宥和政策への転換を余儀なくされている。昭和五年（一九三〇）にロンドン海軍軍縮会議後の統帥権干犯問題*が、また翌年満州事変*が起こり、日本は対米関係の維持に留意したものの、対中国宥和政策を遂行する基盤は大きく揺らぐこととなった。

（小池聖一）

ワシントン海軍軍縮条約《かいぐんぐんしゅくじょうやく》　第一次世界大戦後の建艦競争のなか開催されたワシントン会議*で、大正十一年（一九二二）二月六日に、日・英・米・仏・伊の五カ国間で締結された海軍軍縮に関する条約。同条約により、英・米・日・仏・伊間で主力艦（戦艦）の現有勢力比率が五、五、一・六七、一・六七とされた。会議は米首席全権ヒューズの軍縮提案（建艦休止、建造中の主力艦全部と一部の老齢艦の廃棄、現有勢力比設定）に始まる。これに日本では海軍側（加藤寛治海軍首席随員）が対米七割比率を強硬に主張、反対した。結局、会議での孤立を恐れて加藤友三郎*首席全権は、太平洋諸島の軍事施設、戦艦陸奥の復活および防備制限を行うことで対米六割で受諾。以後、建艦競争は、同会議で艦型が決められた一万トン級巡洋艦を中心とする補助艦に移行した。なお、同条約は、ロンドン海軍軍縮会議*まで補助艦補充に成功したため海軍部内でも軍政系優位（海軍省）のもと安定的に維持された。（小池聖二）

九カ国条約《きゅうかこくじょうやく》　大正十一年（一九二二）二月六日に、ワシントン会議*参加九カ国間（米・英・日・仏・伊・蘭・ベルギー・ポルトガル・中国）で締結された中国の独立と領土保全の尊重、列国の中国に対する門戸開放と機会均等をうたった条約。これにより石井・ランシング協定*は放棄された。しかし、山東問題*で当事者たる中国（北京政府）の意見は抑えられたため不満を残した。このため当初より効力が疑問視されていた。この時点でアメリカは、ワシントン会議で日米関係を優先して中国を抑止したのである。一方、同条約は日本の中国進出抑制の側面を有していたが、日本の満蒙特殊権益を事実上除外、制裁条項を欠いていた。このため満州事変*以後の日本による対中国侵略は同条約違反として批難されたが、効果をもたなかった。日中戦争*開始後、日本は昭和十二年（一九三七）ブリュッセルで開催された九カ国会議に参加せず、同条約を実質的に破棄している。（小池聖二）

四カ国条約《しかこくじょうやく》　ワシントン会議*参加の四カ国間（英・米・日・仏）で締結された太平洋の現状維持を規定した条約。諸島・領土に関する四国間の権利尊重、会議による紛争解決、侵略に対する措置を規定した。イギリスは、日英同盟*にアメリカを加える三国協定案の成立を図ったが失敗。アメリカは日英同盟の解消に成功し、フィリピンの安全保障を手に入れた。一方、日本は幣原喜重郎*全権の主導のもと軍縮の成功と対米関係の改善による国際的孤立の回避を優先して受け入れることとした。その結果、日本外交の骨髄とまで称された日英同盟は廃棄され、フランスを加えた同条約は、同盟的かつ軍事的な色彩をもたないものとなった。（小池聖二）

幣原外交《しではらがいこう》　幣原喜重郎*が大正末から昭和初期にかけ、二度の外相時に展開した外交政策をさす。一般的に田中義一*による「田中外交」*と対比され、その武力を背景としない外交姿勢が高く評価されている。幣原外交の原型は、全権として参加したワシントン会議*（大正十一年、一九二二）で形成された。特徴は、列国間の軍縮による緊張緩和と協調による中国管理であり、経済政策に重点をおく点にあった。第一次外相期（大正十三年六月―昭和二年四月）では、中国の内政に対し不干渉政策を維持しつつ、中国市場の維持・拡大を意図して、大正十四年の北京関税特別会議で中国側の関税自主権*を原則的に承認、柔軟な姿勢を示した。しかし、中国国民党の北伐の過程で漢口・南京事件*が起こり、排日ボイコット運動が盛んになるなか、国内で「軟弱外交」との批判が高まっていた。結果、昭和二年（一九二七）四月、若槻内閣の総辞職により退陣を余儀なくされた。

第二次外相期（昭和四年七月—六年十二月）でも第一次外相期と同様の外交政策を推進し、昭和五年にロンドン海軍軍縮条約と、中国の関税自主権を承認する日中関税協定を締結した。しかし、英米両国が対中国宥和政策を採用し、すでに列国協調による中国阻止というワシントン会議時の政策が有効性を失っているにもかかわらず、幣原は、外交方針を転換しえなかった。幣原は、中国を市場としてのみ理解して統一をなした南京国民政府との関係強化に消極的で、日中提携を策す重光葵中国公使を支援しきれずにいた。このため万宝山事件、治外法権問題など山積する日中間の懸案を解決できず、中国東北地方（満州）で緊張が高まるなか、昭和六年（一九三一）九月十八日、満州事変*の勃発を見た。満州事変に対して幣原は、国際連盟*とアメリカに不拡大方針を説明、中国との直接交渉による解決を目指したものの、関東軍の錦州爆撃などによって不拡大方針が突破され、直接交渉も国民政府に拒否されるなか完全に外交政策としての適応性を喪失して第二次若槻内閣の崩壊とともに退陣することとなった。　（小池聖一）

幣原喜重郎《しではらきじゅうろう》（一八七二—一九五一）　大正・昭和期の外交官、政治家。大阪府出身。長兄坦《ひろし》は台北帝国大学総長、枢密院*顧問官。明治二十八年（一八九五）帝国大学法科大学卒業。翌二十九年外務省入省。以後累進し、大正四年（一九一五）第二次大隈内閣で外務次官となる。そこでシベリア出兵*、パリ講和会議*など第一次大戦時の諸問題に従事した。同八年アメリカ大使、同十年末のワシントン会議*では、全権として海軍軍縮および中国・太平洋における現状維持をめぐって列強との協調を図った。大正十三年六月から昭和二年（一九二七）四月までの第一次外相期（護憲三派内閣*—若槻内閣）および、昭和四年七月から同六年十二月までの第二次外相期（浜口内閣—第二次若槻内閣）に、中国市場の確保を前提に英米両国から協調を調達するいわゆる「幣原外交」*を展開、ロンドン海軍軍縮条約、日中関税協定などを締結した。しかし幣原は、経済政策を中心とする対中国直接交渉を受け入れることができず、関東軍によって満州事変*が起こされるなか、若槻内閣の総辞職とともに退陣した。敗戦後は、昭和二十年十月に首相となる。天皇制の維持に腐心しつつ、マッカーサー*連合国最高司令官の指示のもと公職追放*など、一連の民主的改革を行った。しかし、政局の安定を見ぬまま、翌年四月に総辞職。その後、同二十四年には衆議院*議長に就任している。　（小池聖一）

日ソ基本条約《にっそきほんじょうやく》　第一次世界大戦*後において日本とソ連の国交について取り決めた条約。第一次大戦中の一九一七年ロシア革命により成立したソヴィエト政府は、日本に対し旧条約などの破棄を宣言したが、日本政府はこれを不当として国交関係は断絶したままになっていた。一九二一年（大正十）ごろから、国交正常化の動きが始まり、日ソの交渉は難航したが、英・伊のソ連邦承認など国際的な動きが進むなかで、北京でカラハン・芳沢日ソ代表の会談が続き、一九二五年*（大正十四）一月二十日、加藤高明*護憲三派内閣*（幣原喜重郎外相）のとき、日ソ基本条約が調印された。七カ条および甲乙の議定書・声明とからなり、本文では外交関係の確立、ポーツマス条約*の効力存続と他の旧条約の審査、通商航海条約の締結、漁業協定の改訂、日ソ平和友好関係の維持と内政不干渉など、議定書甲では尼港事件*に対する北樺太保障占領の日本軍の撤退などを取り決めている。第二次世界大戦*末期の一九四五年（昭和二十）八月八日ソ連の一方的な対日参戦により事実上、消滅した。

（鳥海　靖）

陸軍軍縮問題《りくぐんぐんしゅくもんだい》（山梨《やまなし》・宇垣軍縮《うがきぐんしゅく》）　大正時代後期に三回にわたって行われた陸軍軍縮。第一次世界大戦*後の世界的規模の平和ムードの昂揚と、大正十一年（一九二二）のワシントン会議*による海軍軍縮の実現は、日本国内に陸軍軍縮を求める世論を呼び起こした。他方、陸軍においても総力戦時代の到来を踏まえて、軍備改良と近代装備充実の必要性を認識しつつあり、そこで人員馬匹を整理することで費用を捻出しようとしたのである。第一次の軍縮は十一年七月加藤有三郎*内閣の山梨半造陸相によって発表された（山梨軍縮）。その内容は将校二千二百人余を含む約六万人と馬匹約一万三千頭を整理するものであったが、装備の改善は機関銃隊・飛行大隊・銃砲兵部隊などの新設にとどまり、翌十二年四月の第二次整理もきわめて小規模であったに過ぎない。他方、大正十四年五月（一九二五）加藤高明*内閣の宇垣一成陸相によって行われた第三次の陸軍軍縮（宇垣軍縮）は、四個師団の全廃と諸隊学校の整理縮小を中心に約三万四千人の人員と馬匹約六千頭を整理する一方、戦車・飛行機・高射砲部隊などの新設を盛り込むなど、装備の画期的近代化を意図した本格的なものであったが、単なる軍備の整理・改良にとどまらず、戦時動員兵力を増大させるために、現役将校の学校配属制度と青年訓練制度が併せて実施された点に、陸軍の総力戦体制構築への意欲を見てとることができ、その政治的社会的意義は大きい。

（大久保文彦）

震災手形《しんさいてがた》　関東大震災*の後、政府は三十日間の「支払延期令」を公布して罹災企業を救済したが、ついで九月二十七日「震災手形割引損失補償令」を即日実施した。震災地を支払地とする手形、震災地に営業所をもつ企業の発行した手形等のうち、支払日が九月三十日以前になっているものを、日本銀行*が再割引して損失を受けたとき、一億円を限度として政府が損失を補償することを定めたものである。割引期間は当初二年間と定められたが、その後二度にわたり、一年ずつ延長された。震災手形の金額は、当初四億三〇〇〇万円であったが、昭和元年（一九二六）末にも二億円余が決済未了であった。震災手形処理問題が契機となって金融恐慌*が勃発したのである。

（中村隆英）

金融恐慌《きんゆうきょうこう》　昭和二年（一九二七）三―四月に発生した銀行恐慌。台湾銀行の内地支店をはじめ、十五銀行、近江銀行など当時の大銀行を含む三十二行が休業し、休業銀行の預金額は、全国銀行預金額の七パーセントに近い七億七六〇〇万円余にのぼり、史上空前の恐慌となった。当時の民政党若槻（第一次）*内閣の片岡直温《なおはる》蔵相は、二億円余の固定貸となった震災手形整理の法案を第五十二通常議会に提出した。法案の内容は、一億円を回収不能とみて、日本銀行*に政府から公債で補償し、残る一億円余は、関係銀行に政府が公債を貸し付けて補填したうえ、債務者に十年年賦で弁済させるというものであった。野党政友会は、同法案は政商を利するものと攻撃し、政府は三月十一日、その金額とともに、朝鮮・台湾両銀行が主な融通先であり、特に神戸の貿易商鈴木商店関係の手形は、昭和元年末に二億八〇〇〇万円にのぼり、もし法案が成立しなければ、多数の銀行は致命傷を受けることを内示した。情報が漏れると、京浜地方の二流、三流銀行への取付がはじまり、三月十四日、蔵相が東京渡辺銀行は明日から休業する旨を言明したあと、取付が激化して、村井・中沢・左右田銀行など十三銀行が三月中に休業した。台湾銀行は三月末、鈴木商店関係には新規貸出を停止し、鈴木商店は破綻した。同時に台湾銀行に対してもコールマネーの回収が殺到して、同行は窮地に陥った。政府は日本銀行に台湾銀行救済を求め、二億円を限度として損失補償を行う趣旨の緊急勅令案を作成して枢密院*に提案したが否決され、内閣は総辞職した。取付は全国に波及し、台湾銀行の内地支店は休業するなかで、後継の政友会田中内閣は、高橋是清*蔵相のもとで次の善後処置をとった。四月二十三、二十四日の両日、全国の銀行は臨時休業し、その間に緊急勅令により四月二十五日から二十日間、五〇〇円以上の支払を延期することにし、五月四日からの臨時議会において日銀に対する損失補償法を成立させた。五月十三日の支払延期満了日以後も取付は再発せず、恐慌はここに終息した。一九二〇年の恐慌*以来経営不安であった銀行の多くは、このときに整理され、同時に五大銀行の優位が確立した。（中村隆英）

山東出兵《さんとうしゅっぺい》　昭和二―三年（一九二七―二八）田中義一*内閣のもとで実行された中国山東省への日本軍派兵。昭和二年（一九二七）五月中国の国民政府による全国統一の動きが進められ、国民政府のいわゆる北伐軍が山東省に迫った。田中内閣は日本人居留民の現地保護方針を取り、同年六月、日本軍（第十師団歩兵第三十三旅団）を青島《チンタオ》に上陸させ、済南まで進出させた。同年九月、日本軍はいったん撤退したが、翌三年（一九二八）蒋介石*による北伐が再開され、国民政府軍が山東省に入ると、四月、田中内閣は再び山東出兵を行った（第六師団第十一旅団）。そして五月には済南で日本軍と中国軍が武力衝突し、日本軍は済南を占領した。その後、満州から増援部隊が送り込まれるなど、日本軍の兵力が増強された。昭和四年（一九二九）五月、日本軍は撤退したが、この一連の山東出兵に対して、中国国民政府は強く日本に抗議し、中国国内では日本商品の組織的排斥運動が高まるなど、日中関係は悪化した。（鳥海　靖）

張作霖《ちょうさくりん》　*Zhang Zuolin*（一八七六―一九二八）中華民国初期の軍閥政治家。満州（中国の東北部）遼寧省出身。兵士として日清戦争*に従軍。奉天国民保安会軍事部副部長のとき辛亥革命*が起こり、袁世凱《えんせいがい》*大総統のもとで奉天第二十七師長、袁の死後、奉天督軍兼省長、東三省巡閲使となり、奉天軍閥の実力者として満州（東三省）の支配者となった。日本と接近を図り、第一次奉直戦争には敗れたが、一九二四年第二次奉直戦争に勝利し、北京方面にも進出。翌年郭松齢の反乱を鎮圧。日本は張を通じて満州の特殊権益確保を図ったが、その中央進出には反対。一九二八年六月四日、北伐を進める国民政府軍に追われて、奉天に帰る途中、日本の関東軍に爆殺された。（鳥海　靖）

蔣介石《しょうかいせき》　Chiang Chieh-shih（一八八七―一九七五）中華民国の軍人・政治家。名は中正、原名は瑞元、字が介石。一八八七年十月三十一日、浙江省の商人の家に生まれる。青年時代、日本に留学し日露戦後の日本の空気に触れ、軍人を志望。日本にある振武学校を卒業し士官候補生として日本の第十九連隊に一時入隊。この間、中国同盟会に入り孫文*と知り合い中国革命運動に加わった。辛亥革命後、孫文のもとで大本営参謀長・黄埔軍官学校校長などを務めた。広東を中心に勢力を拡大し、孫文の死後、その後継者となり国民革命軍総司令として一九二六年北伐を開始。翌二十七年揚子江（長江）流域を掌握するとともに、反共クーデターを強行して同年南京に国民政府を樹立した。翌二十八年北京を占領し国民政府主席・軍事委員会委員長（のち国民党総裁も）となった。対日宥和政策と同時に国内では共産党討伐戦を進めたが、一九三六年張学良の「兵諫」にあい、「一致抗日」に踏み切った（西安事件）。翌三十七年以降「国共合作」により抗日戦を指導。一九四五年抗日戦に勝利し、四八年中華民国総統となったが、共産党との内戦に敗れて四九年台湾に逃れた。その後、二十数年間総統の地位にあったが、日本の中華人民共和国承認、アメリカの中共接近のなかで、一九七五年四月五日病没。八十九歳。夫人宋美齢は孫文夫人宋慶齢の妹。　（鳥海　靖）

南京事件《なんきんじけん》　一九二七年（昭和二）三月、中国の国民革命軍が南京入城に際して起こした外国人外交官・居留民に対する掠奪・暴行事件。蔣介石を総司令とする国民革命軍は全国統一を目指して北方軍閥に対する北伐を進め、一九二七年三月二十四日南京に入城した。その際、日本領事館には約百名の日本人居留民が避難していたが、革命軍兵士が乱入し、森岡正平領事らが暴行を受け、掠奪にあった。領事館を警固していた日本兵約十名は、多数の革命軍兵士を刺激しないよう無抵抗の方針を取った。同日、イギリス、アメリカ領事館も襲撃され、米英居留民の間には死者も出た。そのため英米両国は揚子江上の砲艦から革命軍の拠点に対して報復砲撃を加えたが、日本軍は武力報復行動には参加しなかった。日本政府（第一次若槻内閣）の幣原喜重郎外相は穏健な対応措置を取り、総司令の陳謝・犯人の処罰・賠償などを求めて中国国民政府と交渉し、翌年五月、田中義一内閣のとき、交渉は妥結した。しかしこのような対応に対し、日本国内の対中国強硬派は幣原外交を「軟弱」外交と避難し、若槻内閣退陣の原因をつくった。　（鳥海　靖）

東方会議《とうほうかいぎ》　昭和二年（一九二七）田中義一内閣のもとで開催された対中国政策についての会議。同年六月二十七日—七月七日、田中首相兼外相・諸閣僚・武藤信義関東軍司令官・児玉秀雄関東長官など中国関係の外交官や政府陸海軍関係者を集めて東京で開催。会議に先だち森恪《つとむ》外務政務次官らは満州の中国中央からの分離と日本の勢力圏への編入を主張し、「対満蒙政策に関する意見」を作成して満州（東三省）の自治・張作霖排斥・武力行使の準備を唱えたが、田中首相は張作霖を擁立して満蒙における日本の特殊権益を擁護することを主張した。最終日には「対支政策綱領」が作成されたが、これは前述の二つの意見を折衷したもので、満蒙における日本の権益の防護と治安確立を表明するとともに、居留民の生命・財産の現地保護方針を明らかにしていた。これは、田中内閣が東方会議を通じてこれまでの第一次若槻内閣の幣原喜重郎外相による対中国武力不干渉方針から強硬方針に転じたとするイメージを内外に与えることになった。なお、大正十年（一九二一）五月原内閣のもとで開かれた山東問題・シベリア撤兵問題に関する会議も、東方会議と呼ばれている。　（鳥海　靖）

張作霖爆殺事件《ちょうさくりんばくさつじけん》　一九二八年満州の支配者張作霖が関東軍参謀の謀略により爆殺された事件。一九二八年（昭和三）五月北伐の国民政府軍が北京に迫り、張揮下の奉天軍の敗色が明らかとなった。日本の関東軍は武力により張を下野させ、新政権をつくり満州を日本の特殊権益地帯として国民政府から分離しようと意図した。しかし田中義一*首相は、なお張を通じて満州における日本の権益の擁護を図ろうと、張に北京から奉天(現、瀋陽)へ引き揚げるよう勧告した。同年六月四日張の乗った列車が奉天に近づいたとき、関東軍高級参謀河本大作らは武力行使のきっかけをつくるため、密かに計画して列車を爆破し、張を死亡させた。これは上層部の了解なしに実行されたので、関東軍は出動しなかった。事件は「南方の便衣隊」(国民政府のゲリラ)の仕業と発表されたが、河本らの謀略であることを知った田中首相は、元老西園寺公望*の意向もあり、犯人を軍法会議にかけて真相究明に当たる決意を固め、天皇にもその旨を上奏した。しかし、陸軍や閣僚の多くに反対されて軍法会議は実行できず、関係者は警備上の不手際を理由に処分されただけであった。野党側からは満州某重大事件として政府の責任を追及され、天皇からは上奏での食言を叱責され、田中は昭和四年(一九二九)七月退陣に追い込まれた。　(鳥海　靖)

田中外交《たなかがいこう》　昭和初期の田中義一*内閣時代の外交をいう。昭和二年(一九二七)四月、第一次若槻内閣退陣のあとを受けて立憲政友会*総裁の田中義一が内閣を組織し外相を兼任した。与党の政友会は野党時代、若槻内閣(幣原喜重郎*外相)の対中国外交を弱腰として批判していたが、田中内閣成立とともに外務政務次官には対中国強硬外交を唱えていた森恪《つとむ》が就任し、陸軍と提携して強硬方針を主張した。田中は対欧米外交では昭和三年八月不戦条約に調印するなど、前内閣の幣原外交を受け継いで協調外交路線を進めた。しかし、対中国外交では、森ら強硬派の突きあげもあって、現地保護主義(日本人居留民の生命・財産を現地において保護するという方針)を取り、中国で国民政府軍による北伐の勢いが山東省に迫ると、昭和二―三年にかけて日本軍を山東省に派遣した(山東出兵*)。この間、二年六―七月には中国に関係する外交官・軍人らを集めて東方会議*を開き、「対支政策綱領」を作成し、現地保護主義を明確にした。これは必ずしも、森ら強硬派の意見を全面的に受け入れたものではなかったが、内外には、田中内閣が対中国強硬方針に転じたものとするイメージを与えることとなった。三年六月には関東軍強硬派による張作霖爆殺事件*が起こり、田中は軍法会議を開いて真相を究明し、犯人を処罰しようと意図したが、陸軍当局の強い反対を受け、閣内でも反対論が大勢を占め、軍法会議は開けず犯人の軍人を行政処分に付するにとどめた。こうした一連の出来事に対して中国国内では日貨排斥(日本商品の組織的ボイコット)運動が高まり、反日気運が激化した。一方日本国内では、野党勢力が張作霖爆殺事件を「満州某重大事件」として反政府攻撃を強めた。田中首相は事件処理案について上奏の食言を天皇に咎められ、三年七月、内閣総辞職となり、田中外交は日中関係の悪化を招いたまま終わりを告げた。　(鳥海　靖)

田中義一《たなかぎいち》　(一八六四―一九二九)　明治―昭和初期の軍人・政治家。陸軍大将・男爵。元治元年六月二十二日長州藩士*の家に生まれる。陸軍士官学校*・陸軍大学校卒業。日清戦争*に従軍。ロシア留学後参謀本部ロシア課に勤務。日露戦争では満州軍参謀として作戦指導に当たった。陸軍省軍事課長・第二旅団長・軍務局長などを歴任、二個師団増設計画を進め大正元年（一九一二）大正政変の原因をつくった。元老山県有朋の信任厚く、参謀次長を経て、大正七—十年原内閣、同十二年第二次山本内閣の陸軍大臣を務め陸軍の実力者と目された。原内閣時代から立憲政友会と良好な関係を保ち、退役後の大正十四年高橋是清のあとを受けて政友会総裁に就任。昭和二年（一九二七）四月第二次若槻内閣退陣後、政友会を率いて組閣し、高橋を蔵相として金融恐慌の処理に当たり、外交面では外相を兼任し現地保護方針により山東出兵を行ったが、張作霖爆殺事件に際し軍法会議による犯人処罰案が陸軍や閣内の反対で実行できず、昭和天皇からは上奏の食言を叱責され、同四年七月総辞職した。同年九月二十九日死去。（鳥海　靖）

三《さん》・一《いち》五《ご》事件《じけん》　昭和三年（一九二八）三月十五日共産党に対して行われた、治安維持法違反容疑の弾圧事件。大正十一年（一九二二）に結成された日本共産党は、関東大震災の際の弾圧、山川均・福本和夫の理論的対立などにより混乱していた。しかし昭和二年コミンテルンからの「二七年テーゼ」を受け、大衆闘争路線を展開すべく、翌三年の第一回普選で十一名の共産党員を立候補させるなど、公然と活動を開始した。危機感を抱いた政府（田中義一内閣）は、選挙違反検挙時を選び、野坂参三ら幹部をはじめ千六百名以上を検挙、四百八十三名を起訴した。これにより労働農民党、日本労働組合評議会、全日本無産青年同盟は解散に追い込まれた。さらに政府は高等教育にも手をのばし、河上肇らを辞職させる一方、緊急勅令で治安維持法を「改悪」、特別高等課を全県に設置した。翌四年四月十六日には、未検挙の幹部など約七百名を検挙した（四・一六事件）。大衆基盤を失い、組織的にも大打撃を受けた共産党の活動は、以後地下にもぐることとなった。（松本洋幸）

立憲民政党《りっけんみんせいとう》　昭和前期の政党。昭和二年（一九二七）田中義一内閣成立後、憲政会と政友本党とが合同して結成された（結成時の議員数二百十九名）。政綱には議会中心主義などを掲げ、総裁に浜口雄幸、顧問に若槻礼次郎・床次竹二郎・山本達雄・武富時敏《たけとみときとし》、総務に安達謙蔵・町田忠治ほか八名を配した。機関誌『民政』は『憲政公論』を引き継いだものである。第十六回総選挙では二百十六議席を獲得、田中内閣に対する攻撃を強めたが、その後床次派議員の脱党により議席数を減らした。しかし四年浜口内閣が成立し、翌年の第十七回総選挙では二百七十三議席と圧勝した。浜口内閣は金輸出解禁・緊縮財政を推進し、ロンドン海軍軍縮条約を締結させたが、浜口が狙撃され、世界恐慌の影響が深刻化したため、六年四月総辞職、若槻が首相兼第二代総裁となった。第二次若槻内閣は満州事変への対応などをめぐって、若槻と安達ら協力内閣を唱える閣僚との間で対立を生じ、同年十二月総辞職した。民政党は安達派の離党、井上準之助の暗殺により、犬養内閣下の第十八回総選挙では議席数を百四十六名に減らした。続く斎藤・岡田両内閣には準与党的立場をとった。十年若槻に代わり町田が総裁に就任、第十九回総選挙（十一年）では二百五名、第二十回総選挙（十二年）では百七十九名を獲得して第一党となった。十五年（一九四〇）近衛新体制運動の中で、永井柳太郎らの脱党を機に八月十五日解党した。（松本洋幸）

浜口雄幸《はまぐちおさち》（一八七〇—一九三一）　明治から昭和時代前期の官僚・政治家。号は空谷。明治三年四月一日高知に生まれる。

父は土佐藩御山方水口胤平、のち郷士浜口家の養子となる。二十八年大蔵省に入省、地方勤務を経た後、四十年専売局長となり、大正元年（一九一二）第三次桂内閣の逓信次官、第二次大隈内閣の大蔵次官を務めた。二年立憲同志会に参加、同会及び憲政会では幾度も総務となって総裁加藤高明を助ける一方、第十二回総選挙以来、六回連続当選を果たした。大正十三年護憲三派内閣に蔵相として入閣、第二次加藤内閣、第一次若槻内閣（途中内相へ）で留任した。昭和二年（一九二七）憲政会と政友本党の合同で成立した立憲民政党の総裁となり、四年浜口内閣を組織した。浜口内閣は金輸出解禁による産業構造の改革、ロンドン海軍軍縮条約などの難題と向き合っていたが、五年十一月東京駅で狙撃され、重傷を負った。その後病状が悪化、翌六年八月二十六日死去。六十二歳。墓所は青山墓地。著書に『随感録』がある。（松本洋幸）

金輸出解禁《きんゆしゅつかいきん》　金解禁ともいう。昭和五年（一九三〇）一月一一日、民政党浜口内閣の井上準之助蔵相が、大正六年（一九一七）九月以来禁止されてきた金輸出を、一円＝金二分（〇・七五グラム）の旧平価で解禁し、金本位制に復帰した政策。世界恐慌と国際競争力の低さのため失敗に終わり、翌六年十二月十三日、政友会の犬養内閣の成立とともに、金輸出は再禁止され、日本は以後金本位制を離脱した。大戦中、日本が金輸出を禁止したのは、第一次世界大戦下で各国が金輸出を禁止し、為替相場が高騰したことや、金流出の危険が生じたからであった。大戦後は、経常収支の赤字化に伴う在外正貨の枯渇、関東大震災、金融恐慌などのために、金・外貨保有高は減少し、金本位復帰の国際的潮流にもかかわらず、金輸出は禁止されたままであった。昭和四年（一九二九）、民政党は十大政綱に金解禁を掲げ、浜口の組閣に当たっては党外の井上を蔵相に迎え、その実現を期したのである。井上は、旧平価解禁の結果、為替相場が騰貴して円高になっても、経常収支を均衡させるためには国内物価を引き下げておく必要があるとして、厳しい緊縮（引締め）政策を実施した。折からの世界恐慌と国内の緊縮政策があいまって、昭和五、六年の昭和恐慌が発生したのである。旧平価解禁政策に対しては、円の金価値を実勢に合うように切り下げて解禁すべきだとする、石橋湛山・高橋亀吉らの新平価解禁論が展開されたが、井上はきかなかった。しかし、旧平価解禁政策は、国の経済力からみても無理であったというべきであろう。（中村隆英）

井上財政《いのうえざいせい》　昭和四年（一九二九）七月、金輸出解禁を政綱として成立した浜口内閣の蔵相となった井上準之助の財政金融政策。円の為替相場の切上げを伴う旧平価で金輸出を解禁するためには、国内物価の切り下げが不可欠と考えた井上は厳しい緊縮政策をとった。すでに成立していた一般会計予算を九〇〇〇万円切り詰めて実行予算を編成し、全国を遊説して消費節約・国産品愛用を訴える一方、横浜正金銀行に命じて外貨手形を購入して在外正貨を補充し、また英米において一億円のクレジットを設定した。昭和四年後半には一般物価は下落に向かい、同年十月ニューヨークの株式暴落を発端として世界恐慌の幕が開く。そのなかで昭和五年一月、金解禁が実施された。解禁とともに正貨の流出がはじまり、内外の不況は深化したが、井上は緊縮政策を堅持し国際環境の改善を待つ。昭和六年九月十八日満州事変が起こり、二十一日イギリスが金輸出を禁止した。日本でも再禁止は必至と見て、円売りドル買いの投機が発生し、井上は日本銀行に金利の引き上げを求め、投機筋の資金源を絶とうとしたが、党内にも安達謙蔵内相らの政友会との連立内閣運動が発生し、十二月十一日内閣は倒れ、同十三日後継の政友会内閣の手で金輸出は再禁止され、井上の意図は挫折に終わった。金本位制を復活させるために、国内外の環境がよくないのを知りつつとられた緊縮政策には無理があったといえよう。

（中村隆英）

井上準之助《いのうえじゅんのすけ》（一八六九―一九三二）　大正―昭和初期の金融・財政家。大分県日田郡大鶴村に井上清の五男として生まれ、十歳のとき、分家井上簡一の養嗣子となる。二高、東大法学部に学び、明治二十九年（一八九六）日本銀行に入り、翌年イギリス、ベルギーに留学、三十八年（一九〇五）大阪支店長、三十九年営業局長、四十一年ニューヨーク駐在代理店監督役、四十四年横浜正金銀行副頭取、大正二年（一九一三）、同行頭取となる。大正八年、高橋是清蔵相の推薦で日本銀行総裁。一九二〇年の恐慌前に警告を発し、恐慌後は事後処理と財界救済に尽力した。大正十二年関東大震災直後、第二次山本権兵衛内閣の蔵相となり復興予算を編成。退職後も財界の相談役的地位にあり、金融恐慌の昭和二年（一九二七）高橋蔵相に推されて一年間日本銀行総裁となり、恐慌後の処理に当たる。昭和四年七月、民政党浜口内閣の蔵相となり、金輸出解禁政策を実施、その緊縮政策は井上財政と呼ばれた。昭和六年十二月総辞職後、民政党総務として選挙運動中の七年二月九日、血盟団員小沼正に狙撃されて没。『井上準之助論叢』全四巻がある。

（中村隆英）

世界恐慌《せかいきょうこう》　一九二九年（昭和四）十月のニューヨークの株式暴落に端を発し、全世界に波及した大恐慌。商品取引、資本取引の両面で世界経済の中枢にあったアメリカ経済が恐慌に陥ったことは、直ちにヨーロッパからの資金回収をもたらし、ヨーロッパも不況に見舞われた。日本においてもニューヨークの生糸相場の暴落が、即刻生糸と繭の暴落をもたらし、養蚕農家の所得は激減した。これらの例からわかるように、アメリカの恐慌は直ちに世界を不況に巻き込んだのである。例外は銀本位制をとっていた中国と孤立していたソ連だけであった。この恐慌は、価格の低落と生産の減少の両面を通じて表面化し、失業者の増加、企業の倒産、個人の破産が相ついで生じた。深刻な社会不安も発生し、ドイツのナチス、日本の軍部などの右派や、フランス・スペインの社会民主党、共産党勢力が台頭した。この時期には、財政支出の増加によって有効需要の不足を補うという不況対策は一般に承認されていなかったから、不況の深化とともに財政支出は削減されていった。この常識を打破したのが、一九三二年以後の高橋是清の財政支出拡大政策であり、フランクリン・ローズヴェルト大統領のニューディール政策だったのである。金本位制を早く離脱したイギリスや日本は恐慌からの脱出は速やかであったが、アメリカ・フランスなどの回復は、一九三〇年代半ばまでかかった。

（中村隆英）

ロンドン海軍軍縮会議《かいぐんぐんしゅくかいぎ》　昭和二年（一九二七）のジュネーブ海軍軍備制限会議が失敗に終わったあと、不戦条約の調印やイギリスのマクドナルド労働党内閣の成立などにより軍縮気運が醸成されていった。そして、イギリスの招請により昭和五年（一九三〇）一月二十四日、日・英・米・仏・伊五カ国が参加してロンドンで補助艦制限をめぐる第一次ロンドン海軍軍縮会議が開かれた。英・米・日の首席全権は、首相マクドナルド、国務長官スティムソンおよび若槻礼次郎*であった。ほかの日本側全権は、財部《たからべ》彪《たけし》海相、松平恒雄駐英大使、永井松三駐ベルギー大使であった。会議は、全権間の非公式会談を中心に行われ、日米、英仏間で交渉が難航した（英米間では仮協定が成立していた）。また日本内部でも日米妥協案（松平・ルート案）をめぐり政府と海軍軍令部が対立した。結局、浜口首相が海軍軍令部の反対を押し切り、四月二十二日英米両国とともに条約を調印した。

同軍縮条約により有効期限を昭和十一年末までとする主力艦建造休止の延長と補助艦保有量などが規定された（昭和八年一月一日公布）。同条約で補助艦総括対米六割九分七厘五毛、大型巡洋艦では昭和十一年末段階で対米六割七分八厘、潜水艦五万二七〇〇トンで日英米同量とされた。しかし、日本が会議前に掲げた三大原則（補助艦総括および大型巡洋艦の対米七割、潜水艦の現有勢力保持）にわずかに足りず、海軍軍令部の反対に起因する統帥権干犯問題*を引き起こしている。第二次ロンドン海軍軍縮会議は、ロンドン海軍条約に基づき昭和十年（一九三五）開催された。しかし、日本は昭和九年の予備交渉でワシントン海軍軍縮条約*の廃棄を通知しており、翌十一年の同会議途中で脱退。安全保障上、無条約時代に突入することとなった。（小池聖二）

統帥権干犯問題《とうすいけんかんぱんもんだい》　昭和五年（一九三〇）ロンドン海軍軍縮条約の締結をめぐって展開された政治問題。発端は、ロンドン海軍軍縮条約を浜口雄幸*首相が海相事務代理として対米七割を強硬に主張する海軍軍令部を抑えて政治的に締結したことにある。このため、不満をもつ加藤寛治軍令部長は天皇への上奏を試みた。だが、政府の意図をくむ岡田啓介軍事参議官や鈴木貫太郎侍従長の説得もあり、実行されたのは対米妥協案の回訓を閣議決定した翌日の四月二日のことであった。この経過を条約調印の翌日、四月二十三日開会の第五十八回議会で野党政友会が、軍令部の意向を無視した政府の回訓は憲法第十一条（統帥大権）に違反する行為である、としたため政治問題化した。政友会は、枢密院*、右翼など政府の方針に反対する議会外の勢力とも連携をとって倒閣を目指した。これに連動して海軍軍令部政策も権限上の劣勢を挽回すべく、統帥権*の範疇に第十二条（編成大権）を含めようとして策動を始めた。しかし、海軍軍令部の動きは五月下旬段階で岡田らによって封じられた。幣原外交*に不信感をもっていた枢密院および帝国議会*でも浜口内閣は、世論および元老西園寺公望*らの支持を背景に強硬姿勢で乗り切り、同条約は十月二日に諮詢（締結）された。なお、同問題の影響は大きく、政党政治の機能不全を露呈し、統帥権を口実とする軍部の権限拡大への道を開くこととなった。（小池聖二）

〔大正・昭和初期の文化〕

西田幾多郎《にしだきたろう》（一八七〇—一九四五）　明治—昭和前期の哲学者。号は寸心。明治三年五月十九日西田得登《やすのり》・寅三《ときじ》の長男として加賀国河北郡宇ノ気村*に生まれる。第四高等学校退学後二十四年（一八九一）帝国大学文科大学哲学科選科に入学、ブッセ、ケーベルらに学ぶ。卒業後郷里の能登尋常中学校七尾分校教諭となり、在職中「グリーン氏倫理哲学の大意」を発表。山口高等学校教授などを経て、三十二年第四高等学校教授、四十二年学習院教授、四十三年京都帝国大学文科大学助教授となった。西洋哲学を研究する一方で禅に打ち込み、四十四年刊行の『善の研究』では「純粋経験」として独自の哲学的見解を提示して注目され、その後も東洋的な思考を根底とした独創的な哲学体系の構築につとめ、その学説は「西田哲学」と呼ばれた。大正二年（一九一三）京都帝国大学大学教授・文学博士となり、昭和三年（一九二八）定年退官。十五年文化勲章受章。二十年六月七日鎌倉にて死去。七十六歳。　（梶田明宏）

美濃部《みのべ》達吉《たつきち》（一八七三—一九四八）　明治から昭和前期にかけての法学者。明治六年五月七日医師美濃部秀芳の二男として兵庫県に生まれる。三十年（一八九七）*帝国大学法科卒業後、*内務省に入ったが、三十二年退職し欧州に留学した。三十三年（一九〇〇）帝国大学法科大学助教授、三十五年同教授となり、四十一年より行政法第一講座を担当、大正九年（一九二〇）よりは憲法第二講座を兼担。十三年東京帝国大学法学部長、昭和七年（一九三二）には*貴族院議員に勅選される。憲法学説としてはイェリネックの国家法人説を受けて天皇機関説を唱え、天皇主権説の上杉慎吉との間に論争となったが、官界には広く支持された。しかし昭和期になると右翼・軍部などから攻撃され、ついには議会においても問題にされ、十一年貴族院議員を辞職、『憲法撮要』などの主著が発禁処分となった。二十一年（一九四六）には枢密顧問官となったが、憲法の改正は不要として日本国憲法制定に反対した。二十三年五月二十三日没。七十六歳。墓は多磨墓地にある。　（梶田明宏）

柳田《やなぎた》国男《くにお》（一八七五—一九六二）　明治から昭和にかけての官僚・民俗学者。医師・漢学者松岡操（賢次）の六男として兵庫県に生まれる。兄弟に井上通泰、松岡静雄・映丘などがいる。第一高等中学校を経て東京帝国大学法科に学ぶ。学生時代は新体詩人として*田山花袋・*島崎藤村らと交際。明治三十三年（一九〇〇）*農商務省入省、翌年*大審院判事柳田直平の養子となる。明治四十三年（一九一〇）内閣書記官、大正三年（一九一四）*貴族院書記官長などを務めたが、大正八年に官を辞し、東京朝日新聞社客員、国際連盟委任統治委員、朝日新聞社編集局顧問論説担当などを歴任。昭和二十一年（一九四六）枢密顧問官、二十五年国学院大学教授。青年時代より農村社会、民間伝承に関心をもち、明治四十二年の『*後狩詞記』をはじめとして数多くの民俗学に関する研究を発表、民俗学研究所の設立、日本民俗学会の結成など日本における民俗学の創設と発展につくした。昭和二十六年（一九五一）文化勲章受賞。三十七年八月八日没。八十七歳。その主な著作は『定本柳田国男全集』（全三十六巻）としてまとめられている。　（梶田明宏）

吉野《よしの》作造《さくぞう》（一八七八—一九三三）　*民本主義を提唱した大正時代の政治学者。明治十一年一月二十九日、宮城県志田郡古川町の綿屋に生まれる。同三十七年東京帝国大学法科大学政治学科を卒業、大学院に進学後、いったん中国に渡り、四十二年東大助教授に就任し政治史を担当した。東大在学中は本郷教会に属し、海老名《えびな》弾正《だんじょう》に傾倒、*安部磯雄ら社会主義者とも交流があった。四十三年からヨーロッパに留学、各国のデモクラシー状況を目の当たりにした。大正二年（一九一三）帰国、翌三年教授に昇進した後は、『*中央公論』に多くの論考を掲載し、大正デモクラシーを理論面から支える役割を果たした。また彼は自ら学者思想家集団黎明会を結成し、彼の指導下の学生は新人会を組織するなど、デモクラシー運動にも積極的に参加した。一方、中国・朝鮮のナショナリズムにも理解を示し、武断統治・同化政策を批判した。十三年東大教授を辞職、朝日新聞論説委員となったが、ほどなく不敬罪の告発を受けて退社することとなった。マルキシズムの浸透により彼の影響力が衰え始めたこのころから、安部らと無産政党*の組織化に尽力し、社会民衆党の提唱者、さらには社会大衆党*の顧問となった。昭和八年三月十八日逗子で病死。五十六歳。墓所は多磨墓地。著書二十六冊のほか、多数の論文がある。弟の信次は第一次近衛内閣*の商工相、第三次鳩山内閣の運輸相。

（松本洋幸）

津田左右吉《つだそうきち》（一八七三―一九六一）　明治後期―昭和期の歴史学者。明治六年十月三日、岐阜県栃井村（美濃加茂市）に生まれる。東京専門学校*を卒業し中学校教員などを経て四十一年満鉄東京支社満鮮地理調査室に入る。白鳥庫吉《くらきち》に師事、同僚池内宏らの影響により研究に当たる。大正七―昭和十五年（一九一八―四〇）早稲田大学教授。その間、日本思想史・日本古代史・中国古代思想史・史学方法論など広い分野にわたって厳しい文献批判と独創的見解に富んだ研究業績をつぎつぎと発表した。とりわけ、個性的な日本思想史である『文学に現はれたる我が国民思想の研究』（全四冊）や、記紀の神代説話や皇室系譜の記述を文献批判によってほぼ全面的に否定し、大和朝廷の政治思想を現すものとした『神代史の研究』『古事記及び日本書紀の研究』『日本上代史研究』などが名高い。昭和十五年これらの著作が右翼勢力から激しい非難を受けて発禁処分*となり、津田も起訴され、大学を退職した。第二次世界大戦後、学士院会員、文化勲章受賞。三十六年十二月四日没。

（鳥海　靖）

本多光太郎《ほんだこうたろう》（一八七〇―一九五四）　明治―昭和時代の物理学者・金属学者。理学博士。明治三年二月二十三日、三河国新堀村（岡崎市）の農家に生まれる。帝国大学*理科大学物理学科卒業。三十四年同講師。強磁性体金属の磁歪《じわい》の研究に当たる。四十―四十四年欧州留学、ドイツで物理冶金学を学ぶ。帰国とともに東北帝大理科大学教授となり、磁気分析法など鉄鋼の性質について研究し、大正五年（一九一六）学士院賞受賞、翌六年強力磁鉄鋼（ＫＳ鋼）を発明。その後、鉄鋼研究所（金属材料研究所）所長・東北帝大総長・帝国学士院会員・日本金属学会会長・東京理科大学学長などを務めた。昭和十二年（一九三七）第一回文化勲章受賞。二十九年二月十二日没。

（鳥海　靖）

野口英世《のぐちひでよ》（一八七六―一九二八）　明治―昭和初期の医学者。幼名清作。明治九年十一月九日、福島県耶麻郡三ツ和村（猪苗代町）の農家に生まれる。上京して医学を学び順天堂医院・北里研究所に勤務。三十三年（一九〇〇）渡米。翌年ペンシルヴァニア大学病理学助手。ついでデンマーク国立血清研究所でヘビ毒の研究に業績をあげる。三十七年ロックフェラー医学研究所に勤務し、梅毒スピロヘータの純粋培養に成功、研究成果をあげた。京都帝大より医学博士、東京帝大より理学博士を授与。大正四年（一九一五）学士院恩賜賞受賞、帝国学士院会員。そののち中南米・アフリカで黄熱病の調査・研究に従事したが、感染して昭和三年五月二十一日ガーナのアクラで死去*。

（鳥海　靖）

大学令《だいがくれい》　日本の大学を制度的に確立した大正七年（一八一八）十二月公布の勅令。学校令*の一つ。昭和二十二年（一九四七）四月の学校教育法*の施行で廃止。明治十九年（一八八六）以来帝国大学令により発展してきた帝国大学*に加えて、専門学校令下で大学と称することを認可されていた大阪府立医科大学、早稲田大学などの公私立学校を同一勅令下に包摂した。高等教育に対する進学要求の高まりを背景に制定されたもので、従来、大学制度を規定していた帝国大学令は大学令の下位法令に改正されている。複数の学部からなる総合制大学のほかに、単一学部の大学の存在を許容し、官立の総合大学を帝国大学、官立の単一学部の大学を官立大学として区別したほか、道府県が公立大学を、財団法人が私立大学を設立することを認めたことが、大学増加の基盤となった。（所澤　潤）

自由主義教育運動《じゆうしゅぎきょういくうんどう》　主として大正期に、学習形態・内容・訓育・生活指導など教育の全面にわたる改造を目指して全国各地で独自に試行的・実験的に進められたいわゆる「大正自由教育」の新教育運動をさす。発想の根底に児童から出発するという共通の観点があり、欧米新教育の影響も受けている。背景には大正デモクラシー*ばかりでなく社会矛盾・不況などもあった。「自由教育」の語は千葉師範附属小主事手塚岸衛が用いたことに始まるが、当時の「自由」の意味には、新カント派理想主義思想の流れに立つ「哲学的・論理的自由」と、ルソー、デューイ、キルパトリックらの流れに立つ「経験的・心理的自由」があった。全国の各師範附属で教育政策の枠組みの改革に及ぶ契機を内包して進められた一方で、明治末から新設された帝国、成蹊、成城、児童の村、明星学園などの各私立小学校で、創立者の強い個性と情熱で高い理想が追及された。パーカストのドルトン・プラン、学級自治会を中心とする自治訓練、自由画教育や生活綴方などは代表的な実践例である。成果は全国の公立小学校に浸透し、今日なお小学校現場で語り継がれている。（所澤　潤）

映画《えいが》　明治中期から高度成長期にかけての大衆娯楽のひとつ。日本では明治二十九年（一八九六）に神戸でキネトスコープが公開されたのが最初である。映画製作の最初は同三十二年の東京歌舞伎座の興行がはじめで、日露戦争*実写フィルムは人気を呼んだ。最初の撮影所は同四十一年（一九〇八）に東京目黒につくられ、大正元年（一九一二）には、それまでの四社が合同して日本活動写真株式会社（日活）が設立された。同社の尾上松之助は時代劇スターとして人気を集めた。大正九年には松竹が設立。トーキーは同十四年に輸入され昭和六年（一九三一）には松竹の「マダムと女房」が製作された。同十二年に東宝が設立されると映画会社間の競争が激化したが、日中戦争*勃発後政府は国民の戦争動員の媒体としての映画の役割に着目

昭和９年の浅草六区活動街
（毎日新聞社提供）

し、映画法を制定して事業統制を開始した。同十七年（一九四二）に映画製作は松竹・東宝・日活その他を合併した大映の三社に統合され、映画臨戦体制の名のもとで国策遂行の宣伝手段として利用された。敗戦後、映画製作はすべてＧＨＱの管理下におかれ、民主主義の啓蒙に寄与する内容が奨励された。昭和二十五年（一九五〇）に黒沢明の「羅生門」がベニス映画祭でグランプリを獲得すると、日本映画は世界的脚光を浴びるようになり、新東宝、東映の設立、日活の製作再開によって映画界はピークを迎え、同三十四年（一九五九）には年間延べ十二億人が入場した。その後、テレビの普及とともにしだいに観客数が減少したが、ビデオの普及で視聴の機会は増加している。（小風秀雅）

ラジオ　大正十四年（一九二五）三月に東京放送局が試験放送開始。六月大阪、七月名古屋で開局。通信国営の原則のため、逓信省の監督下に、公益社団法人が主体となって経営されることとなり、同十五年八月、政府の斡旋によって三局が合併して社団法人日本放送協会が設立された。初代会長岩原謙三。昭和二年（一九二七）には全国中等野球大会、同三年一月には相撲が実況中継され、普及に貢献した。同十二年末には、普及率は全国世帯数の八三・二％に達した。同十年には北米・ハワイ向け海外放送も開始された。日中戦争*期には中国の占領地に放送局が設置され、同十四年（一九三九）には東亜放送協議会が設立。太平洋戦争*期にはタイ・仏領インドシナ・蘭印・フィリピン向け放送が実施された。戦後はアメリカの放送システムが導入され同二十年（一九四五）十一月より全日放送が実施されるとともに、需要の拡大に応じて第二放送の普及に力が注がれた。同二十五年には、電波三法（電波法・放送法・電波監理委員会設置法）が施行されて、日本放送協会の事業独占が崩れ、民放との並立時代を迎えた。同二十六年に十六の一般放送事業者が誕生、九月一日には新日本放送（大阪）、中部日本放送（名古屋）が最初の民間放送を開始した。昭和三十年代には新聞と併称されるマスコミに成長したが、急速に普及するテレビにその座を追われた。以後、同三十年（一九五五）に発売されたトランジスタ・ラジオの普及とともに個人聴取にしだいに移行していった。（小風秀雅）

白樺派《しらかばは》　同人雑誌『白樺』（一九〇一—一九二三）に拠《よ》った人びとをさす。武者小路実篤・志賀直哉・有島武郎ら『白樺』創刊時の同人は、学習院に学んだ有産者の子弟であり、その階級からは初めての文学志向者たちであった。恵まれた環境や条件を活かし、自己に忠実に生きて個性を伸ばすことを重視しており、自己の尊重がそのまま世界の発展につながるという楽天的な思想を中心にもっていた。各人はそれぞれの領域で活動し、多彩なジャンルに影響を及ぼした。自然主義*文学停滞のあとを受けて、耽美派*とともに反自然主義的な立場をとり、「理想主義」「人道主義」思潮の中心としても注目された。白樺派の文学は大正中期を頂点に、第一次世界大戦*に始まる日本経済の好況、デモクラシーの高揚、社会意識の変化にも呼応した。『白樺』の衛星的な同人誌『エゴ』などに集まった岸田劉生*・千家元麿・倉田百三ら、漱石門下を中心とした安部能成・和辻哲郎・小宮豊隆・野上弥生子・宮本百合子など、『白樺』の影響下にあった人々を含めることもある。（宇佐美毅）

耽美派《たんびは》　美の追究を最高の価値とする耽美主義の作家たちを

さす。明治末から大正初期、西欧から移入された思潮を根拠に、耽美主義文学は自然主義文学に代わって文壇の主流を形成した。写実よりも空想的な世界の構築に力を注ぎ、形式や技巧を重視して芸術を唯一至上の目的とし、美の創造を追究した。明治四十一年（一九〇八）から始まった「パンの会」の北原白秋・木下杢太郎・吉井勇ら、明治四十三年（一九一〇）創刊の『スバル』における森鷗外*・上田敏らの活動が契機となり、翌年五月に『三田文学』、九月に第二次『新思潮』が相ついで創刊され、文壇の主流たる自然主義*に対抗する反自然主義という図式が成立した。その後、近代性を否定して江戸*の世界への志向を見せた永井荷風*が登場し、耽美享楽の世界を描いた。ついで、その荷風に支えられて谷崎潤一郎*が文壇に登場した。谷崎はその独特の官能的世界と快楽主義・唯美主義によって耽美派の台頭に大きな役割を果たし、新しい芸術の一方面を開拓してこの派の強力な支柱となった。（宇佐美毅）

新思潮派《しんしちょうは》　文芸雑誌『新思潮』（第四次）に拠った作家らをさす。第三次の同人は、第四次を創刊するにあたり、その出発から継承した西欧の新思潮を紹介するという主旨を切り捨て、これまで受けていた森鷗外*や上田敏の寄稿も排除した。自己表現の場を求めて紙面は創作で埋められ、一高同級だった芥川龍之介*・久米正雄・菊池寛*らの同人は、夏目漱石*の存在を精神的な支柱として評価を仰いだ。大正五年（一九一六）芥川の『鼻』が漱石に賞賛されて文壇に登場。機知に富んだ着想によって古典を近代的に解釈し、傑作をつぎつぎに発表して一躍高い評価を受けた。これに続いて、久米と菊池も『新思潮』に発表した小説や戯曲がしだいに認められていった。同人全体に一定した主義や主張はないが、技巧を凝らした構想や独自の文体などに共通の特徴が見られる。また、近代的な人間の深層心理を知性的・分析的に解釈するところから、「新技巧派」「新理知派」といった呼び名もあった。文芸雑誌『新思潮』はその後何度も復刊されるが、直接の関係は薄い。（宇佐美毅）

新感覚派《しんかんかくは》　同人雑誌『文芸時代』を母胎とした新進作家たちをさす。『文芸時代』は大正十三年（一九二四）十月に創刊してから、昭和二年（一九二七）に廃刊するまでの間、小説文体の革新運動を推進した。同人は横光利一*・川端康成*らで、斬新な表現と現実を感覚的に把握する小説手法に特色がある。旧来の自然主義文学*の系統と鋭く対立し、客観的な描写による現実の再現を批判。対象を主観的に認識して言語による新しい現実の構築を試みた。その中核だった横光は、創刊号に『頭ならびに腹』を発表し、既成文体の打破を目指した表現技法を示して新感覚派と呼ばれた。第一次世界大戦*と関東大震災*後の混沌とした時代に歓迎され、横光は日本の近代小説になかった構造、奇抜な主題をもつ作品を活発に発表した。この新時代の到来を感じさせる感覚は、既成文壇からは受け入れられなかったが、新感覚派の積極的な革新意欲には時代変革への敏感さがあり、文学運動としての高まりを示した。後進への影響も大きく、現代小説への影響も指摘されている。（宇佐美毅）

プロレタリア文学《ぶんがく》　大正末から昭和初期に、労働者（プロレタリア）階級の立場から書かれた文学および運動。社会主義的ないし共産主義的革命を目指している点で、それ以前の労働者文学と区別される。この文学運動は、ロシア革命を公然と支持して大正十年（一九二一）十月創刊した小牧近江らの同人誌

『種蒔く人』に始まる。ついでこの同人を中心に十三年六月『文芸戦線』が創刊され、平林初之輔・青野季吉・葉山嘉樹・黒島伝治らが登場する。様々な内部対立を繰り返すが、昭和三年（一九二八）三月十五日の共産党弾圧を機に、全日本無産者芸術連盟（ナップ）が結成され、機関誌『戦旗』を五月創刊。ただし、労農党支持者側は『文芸戦線』に拠る。この二派によって昭和のプロレタリア文学は形成されるが、主流は戦旗派にあった。小林多喜二*の虐殺に象徴される相つぐ弾圧によって、組織と運動は昭和九年三月解体した。この文字どおり命懸けの文学運動の中から、葉山嘉樹・平林たい子（文戦派）、徳永直*・佐多稲子・中野重治（戦旗派）らが育った。（田中單之）

大衆文学《たいしゅうぶんがく》　広く大衆読者に読まれる文学をさすが、ジャンルとして成立したのは関東大震災*（大正十二年）後のことと考えられる。印刷技術の革新や流通機構の近代化など、マスメディアの成立に伴って発達した。はじめは物語性に富んだ時代小説が主で、大仏《おさらぎ》次郎・吉川英治《えいじ》らが活躍した。また、大正十五年（一九二六）には江戸川乱歩や直木三十五らによって『大衆文芸』が創刊され、しだいにジャンルとして成立していった。昭和初期には、時代の風俗を素材とした小説をも含む概念となっていき、乱歩の探偵小説、菊池寛*や久米正雄の通俗小説が新聞や雑誌をにぎわした。戦後は『オール読物』『日本小説』『小説新潮』などが大衆文学の発表舞台となり、野村胡堂《こどう》・長谷川伸《しん》・川口松太郎らが作品を発表した。また、昭和三十年代になって多くの週刊誌が創刊され、五味康祐《ごみやすすけ》・柴田錬三郎らも活躍した。その後は、芥川賞を受賞した作家が大衆小説によって多くの読者を獲得するなど、大衆文学と純文学という区分そのものがさらに曖昧なものになってきている。（宇佐美毅）

築地小劇場《つきじしょうげきじょう》　大正十三年（一九二四）六月、土方与志《ひじかたよし》が私財を投じ小山内薫《おさないかおる》*とともに東京築地に建築した日本最初の新劇の劇場名。また、同時に結成された劇団名。劇団は毎月の公演のほか、俳優養成、戯曲・演出研究も並行、ここから千田是也・丸山定夫・滝沢修・山本安英・田村秋子らが育った。当初は主として翻訳劇を上演。昭和四年（一九二九）三月、劇団は新築地劇団と劇団築地小劇場に分裂したが、ともに進歩的劇団として進む。劇場は小劇場ながら海外諸劇場の新機構を取り入れ、昭和三年および九年改築改良。つねに進歩的演劇の拠点として機能したが、十五年（一九四〇）十一月政府の指示により国民新劇場と改称。二十年（一九四五）三月戦災により焼失した。（田中單之）

円本《えんぽん》　昭和初期に廉価販売された文学全集の俗称。第一次恐慌に伴う出版界の低調の打開策として、一冊一円の廉価版全集が大量に出版された。昭和元年（一九二六）改造社が『現代日本文学全集』全六十三巻を発行、二十数万部の予約受注、翌二年文芸出版社の伝統をもつ新潮社が『世界文芸全集』全三十八巻を発行、五十万部を越える大成功をおさめた。これ以後あらゆる出版社がその販売を競い、円本合戦は出版業界に革命をもたらした。『漱石全集』（岩波書店）『蘆花全集』（新潮社）などの個人全集、さらには古典全集にも広がり、異色のものとしてはプロレタリア文学や児童文学などの円本も出回った。この異常なブームは出版事業の近代化を促進し、読者層を飛躍的に拡大して学芸の大衆化にも貢献した。（宇佐美毅）

武者小路実篤《むしゃのこうじさねあつ》（一八八五―一九七六）　小説家、随筆家、画家。明治十八年五月十二日、公卿華族武者小路実世の八子として東京に生まれる。学習院時代にトルストイを思想の母体としていた。明治四十三年（一九一〇）志賀直哉*・有島武郎*らと同人雑誌『白樺』を創刊。独創的で率直な表現による雑感が支持されて白樺派*を代表する論客となった。翌年に『お目出たき人』を刊行。エゴイズムを大胆に肯定した思想により、個人主義文学を確立した。その後は人道主義思想に移行し、大正七年（一九一八）に『新しき村』を創刊した。調和的な共同体の実現を目指して、宮崎県日向への移住運動を推進。この運動は多くの青年の心をとらえたが、同時に『白樺』同人たちからの批判もあびた。日向に九年在住する間に、『幸福者』（大正九年）『友情』（同十年）などの代表作をつぎつぎに発表した。生涯にわたって執筆活動が止むことなく、老年期は画業もこなした。多数の画筆と八百冊を越える著述を残し、昭和五十一年四月九日死去。（宇佐美毅）

志賀直哉《しがなおや》（一八八三―一九七一）　小説家。明治十六年二月二十日、父直温、母銀の二男として宮城県に生まれる。その後、一家は上京して祖父の家に同居。祖父母の強い愛情と内村鑑三*のキリスト教思想から受けた感化は、直哉に大きな影響を与えた。学習院の同級生、武者小路実篤*らと文学研究会をつくり、回覧雑誌『望野《ぼうや》』に『或る朝』を発表。明治四十三年（一九一〇）有島武郎*らを加えて同人雑誌『白樺』を創刊し『網走まで』を発表するなど、以後作家として精力的に活動した。絶対的に自我を肯定するところに独自の個人主義があり、やがて生の肯定、調和の世界へと発展した。鋭利な観点から身辺の問題を描く心境小説作家として地位を確立し、代表作『城の崎にて』（大正六年）を発表した。他に『小僧の神様』（大正九年）など簡潔な文体の短編に傑作が多く、「小説の神様」とも称された。後年の代表作には、主人公の人生の模索を描いた長編『暗夜行路』（大正十―昭和十二年）がある。昭和四十六年十月二十一日死去。（宇佐美毅）

有島武郎《ありしまたけお》（一八七八―一九二三）　小説家、評論家。明治十一年三月四日、父武、母幸子の長男として東京に生まれる。洋画家の有島生馬、小説家の里見弴《とん》*は弟。学習院を卒業後、農業革新の理想を抱いて札幌農学校へ入学。キリスト教を基盤とした校風により、近代個人主義や人道主義を身につけ、社会意識を養った。アメリカへ留学し社会主義思想や西欧文学に親しみ、帰国後の明治四十三年（一九一〇）志賀直哉*らが創刊した『白樺』に加わった。父と妻の死を転機に作家生活に専念し、『カインの末裔』（大正六年）『小さき者へ』『生まれ出づる悩み』（同七年）『或る女』（同八年）などをつぎつぎに発表し、白樺派*としてはやや異質な作風によって、近代リアリズムの代表作家とされた。霊と肉、理想と現実など、自己内部の矛盾を二元のままに肯定する見解を『惜しみなく愛は奪ふ』（大正九年）に著し、独自の生命哲学を吐露した。その後は内外の苦悩に再起できず、大正十二年六月九日、軽井沢で心中死した。（宇佐美毅）

谷崎潤一郎《たにざきじゅんいちろう》（一八八六―一九六五）　小説家。明治十九年七月二十四日、父倉五郎、母セキの長男として東京に生まれる。幼いころから和漢の古典に親しみ、小説の創作に取り組んだ。明治四十三年（一九一〇）友人らと第二次『新思潮』を発刊し、『刺青』『麒麟』などを発表した。永井荷風*に激賞されて新進作家として文壇に登場し、耽美派を代表する作家となった。通常の論理から逸脱するような官能美の世界、女性崇拝とその魔性にひざまづく男女の関係をモチーフとした独自の世界を構築した。代表作に、美しい少女とその魅力の虜になっていく男性を描いた『痴人の愛』（大正十三）がある。その後も、絶対的な服従愛を描いた小説『春琴抄《しゅんきんしょう》』（昭和八）や随想『陰翳《いんえい》礼讃《らいさん》』（同八―九）などを発表。また、『源氏物語』*の口語訳（同十―十六）や長編『細雪《ささめゆき》』（同十八―二十三）執筆などの大業をこなした。晩年にも老人の性を描いた作品『鍵』を口述筆記し、旺盛な創作活動を示した。昭和四十年七月三十日死去。（宇佐美毅）

永井荷風《ながいかふう》（一八七九―一九五九）小説家。随筆家。本名壮吉。明治十二年十二月三日、父久一郎、母恒の長男として東京に生まれる。別号断腸亭主人。習作時代はゾラに傾倒した。父親は彼を実業家にしようと米仏へ四年間留学させたが、帰国後に『あめりか物語』（明治四十一年）『ふらんす物語』（同四十二年）を発表して文名をあげた。明治四十二年（一九一一）『すみだ川』『冷笑』などを意欲的に発表。翌年、慶応大学教授に就任して『三田文学』創刊にかかわり、自然主義文学が文壇の主流だった時代に、耽美派の中心的存在となった。その後は、近代化社会を嫌って江戸戯作の世界に傾倒し、『腕くらべ』（大正五年）など花柳趣味の作品を書いた。ほかに『つゆのあとさき』（昭和六年）『濹東綺譚』（同十二年）など多くの作品があり、快楽を追究した耽美な世界を描き続けた。大正六年（一九一七）から四十二年間にわたって書き続けた日記『断腸亭日乗』は、同時代の風俗資料としても重要。昭和三十四年四月三十日死去。（宇佐美毅）

芥川龍之介《あくたがわりゅうのすけ》（一八九二―一九二七）小説家。明治二十五年三月一日、新原敏三の長男として東京に生まれる。生後まもなく母ふくが発狂したため、その実家の芥川家の養子となる。早くから読書を好み、古今の文芸書を濫読した。大正二年（一九一三）に久米正雄や菊池寛*らと第三次『新思潮』を創刊し、五年（一九一六）には『鼻』が夏目漱石*に激賞されて、新進作家としての地位を確立した。文体や作品の形式に知的で鋭い美的感覚を凝らすところが特徴で、思いがけない視点を切り口にした短編小説をつぎつぎに発表した。今昔物語集*から取材した『羅生門』（大正五年）、芸術にかける絵師の姿を描いた『地獄変』、少年の心理を描いた『トロッコ』（同十一年）、シニカルな文明批評を含む寓意小説『河童』（昭和二年）など、題材や形式は多岐にわたった。しかし、しだいに不安定な精神状態と自己の文学への懐疑に苦しみ、昭和二年七月二十四日、自宅で服毒自殺した。（宇佐美毅）

横光利一《よこみつりいち》（一八九八―一九四七）小説家。明治三十一年三月十七日、父梅二郎、母こぎくの長男として福島県に生まれる。大正十二年（一九二三）、菊池寛*が創刊した『文芸春秋』の編集同人となり、『日輪《にちりん》』『蝿』などを発表して文壇に登場した。翌年川端康成*らと『文芸時代』*を創刊し、自然主義文学の改革を意識した斬新な作風が注目され、新感覚派*の中心的存在として地位を固めた。このころの代表作に『春は馬車に乗って』（大正十五年）『上海《しゃんはい》』（昭和三年）がある。昭和五年（一九三〇）には『機械』を発表して、心理描写を重視する独特の作風に傾いた。文芸復興が叫ばれていた昭和十年（一九三五）

には、純文学と大衆文学の融和をはかる立場から『純粋小説論』を主張し、『家族会議』を発表した。その後、ヨーロッパ旅行によって民族意識が目覚め、日本の心と伝統美の発見を目指して『旅愁』（昭和十二―二十一年）の執筆を開始。その後も断続的に書き続けたが、未完に終わった。昭和二十二年十二月三十日死去。

（宇佐美毅）

川端康成《かわばたやすなり》（一八九九―一九七二）　小説家。明治三十二年六月十四日、父栄吉、母ゲンの長男として大阪の旧家に生まれる。十歳までに肉親を四人失って孤児となり、この生い立ちは彼の文学に影響を与えた。東京大学文学部に入学し、大正十年（一九二一）同級生と第六次『新思潮』を発刊。『招魂祭一景』が注目され、十二年に菊池寛*が創刊した『文芸春秋』の同人に加えられた。翌年、横光利一*ら当時の新進作家と結集して『文芸時代』を創刊し、『伊豆の踊り子』（大正十五年）が出世作となった。新感覚派*の担い手として昭和文学の先駆をなし、批評家としても活躍した。昭和十二年（一九三七）『雪国』を発表。川端文学の特質である日本の伝統美と叙情を結集し、文壇の絶賛を浴びて作家としての地位を不動のものとした。海外でも評価され、昭和四十三年（一九六八）日本人初のノーベル文学賞を受けたが、四十七年四月十六日に逗子の仕事部屋で自殺した。

（宇佐美毅）

小林多喜二《こばやしたきじ》（一九〇三―三三）　昭和期の小説家。明治三十六年十月十三日、没落農家小林末松、セキの二男として秋田県に生まれる。伯父の援助で小樽高商卒。北海道拓殖銀行小樽支店に勤める傍ら習作を同人誌に発表。大正十五年（一九二六）ごろから社会主義思想、労働運動に接近。小樽の三・一五事件*を「一九二八年三月十五日」に書き『戦旗』に発表。ついで『蟹工船』を書き、作家的地位を確立。昭和五年（一九三〇）銀行を追われて上京。六年、プロレタリア作家同盟書記長、共産党入党。地下活動に入り『党生活者』を書く。八年二月二十日、特高警察に捕われ築地署で拷問・虐殺された。

（田中單之）

徳永直《とくながすなお》（一八九九―一九五八）　昭和期の小説家。明治三十二年一月二十日、貧農徳永磯吉、ソメの長男として熊本県に生まれる。小学六年生より転々各種の労働に従う。社会主義思想にふれ、大正十一年（一九二二）上京、博文館印刷所に入る。十五年、争議に敗れ解雇。その経過を小説『太陽のない街』に書き、プロレタリア作家として認められ、ナップに加盟。昭和九年（一九三四）転向。十二年『太陽のない街』絶版宣言。だが『はたらく一家』『光をかかぐる人々』など戦争へのじみな抵抗姿勢もあり、戦後、日本共産党*入党。新日本文学会に所属、『妻よ、ねむれ』『静かなる山々』などを発表。昭和三十三年二月十五日死去。

（田中單之）

中里介山《なかざとかいざん》（一八八五―一九四四）　小説家。本名弥之助。明治十八年四月四日、神奈川県西多摩郡に父弥十郎の二男として生まれる。家庭の貧困から社会的な矛盾に目覚め、村内ではキリスト教の伝道につとめた。『平民新聞』*の寄稿家となったのを契機に執筆活動を始め、反戦主義者としての思想を貫いた。大正二年（一九一三）『大菩薩峠』を起稿。これは一人の剣豪を主人公とした時代小説であると同時に、人間の業や恩讐を越えようとする作者の思想的世界の実現の試みでもあった。何度か中断しながら、昭和十六年（一九四一）まで書き続けたが、十九年四月二十八日に作者が死去し、未完のまま終わった。

(宇佐美毅)

菊池寛《きくちかん》(一八八八―一九四八)　小説家、劇作家。本名寛《ひろし》。明治二十一年十二月二十六日、香川県高松市に生まれる。父武脩、母カツの三男。大正三年(一九一四)第三次『新思潮』に参加し、『恩讐の彼方に』(大正八年)などで文壇の地位を確立した。戯曲・新劇運動にかかわり、通俗小説も執筆した。鋭い心理分析と明快な主題に支えられた巧みな筋立てが特徴。大正十二年(一九二三)『文芸春秋』を創刊し、斬新な編集と内容はジャーナリズムを革新した。日本文学振興会の創立など社会的な活動にもつとめ、芥川賞・直木賞を設立し、新人の発掘にも大きな功績を残した。昭和二十三年三月六日死去。

(宇佐美毅)

小山内薫《おさないかおる》(一八八一―一九二八)　明治―大正期の演出家・劇作家・小説家。号鸚鵡公、なでしこ。明治十四年七月二十六日、陸軍軍医小山内健の長男として広島市に生まれる。母は江戸の旗本*小栗信の長女錞《しゅん》。東京大学在学中より、新派の伊井蓉峰らと交わる一方、明治四十年(一九〇七)『新思潮』を創刊し、海外の近代劇、新文芸を紹介。四十二年市川左団次と演劇革新のために自由劇場*を興し、大正八年(一九一九)解散までに、イプセン、チェーホフらの翻訳劇を上演。大正十三年土方与志らと築地小劇場*を結成し、本格的近代劇運動を展開、今日の新劇*の基礎を築く。昭和三年十二月二十五日死去。

(田中單之)

梅原龍三郎《うめはらりゅうざぶろう》(一八八八―一九八六)　大正―昭和時代の洋画家。明治二十一年三月九日、京都の染呉服業を営む家に生まれる。本名は良三郎。関西美術院などで、浅井忠に学ぶ。明治四十一年(一九〇八)に渡仏し、ルノワールに師事。帰国した大正二年(一九一三)滞欧作による個展を開催し注目を集めた。二科会、春陽会、国画創作協会洋画部の創立に参加。裸婦や風景を主題に、琳派や南画など日本美術の伝統的表現を摂取した個性的な画風を確立。豊麗な色彩をもつ作品で、洋画壇に一時代を築いた。昭和二十七年(一九五二)文化勲章を受章。代表作に「首飾り」「桜島」。昭和六十一年一月十六日、東京で死去。

(石井亜矢子)

安井曾太郎《やすいそうたろう》(一八八八―一九五五)　大正―昭和時代の洋画家。明治二十一年五月十七日、木綿商の子として京都に生まれる。関西美術院などで浅井忠に師事し、明治四十年(一九〇七)渡仏、アカデミーで研鑽を積み、大正三年(一九一四)帰国。翌年の二科展に滞欧作を特別展示し、高い評価を得る。二科会会員を経て、昭和十一年(一九三六)一水会を創立。二十七年(一九五二)文化勲章を受章した。日本の風土に根ざした独自の写実的作風を確立し、近代洋画壇に一時代を築く。「金蓉」などの肖像画に秀作が多い。昭和三十年十二月十四日死去。遺作展の収益金で、具象洋画家の登竜門である安井賞が制定された。

(石井亜矢子)

岸田劉生《きしだりゅうせい》(一八九一―一九二九)　大正時代に活躍した洋画家。明治二十四年六月二十三日、実業家岸田吟香の子として東京に生まれる。白馬会*の葵橋洋画研究所で外光派を学んだのち、白樺派*同人との交友を通じ後期印象派の影響を受ける。大正元年(一九一二)フュウザン会を興すが翌年解散。四年(一九一五)草土社を結成し、同社展に「麗子肖像(麗子五歳之像)」「道路と土手と塀(切通しの写生)」など北欧ルネサンス風の緻密な写実表現による重厚な作品を発表、多くの青年画家たちに影響を与えた。その後、画風に東洋的性格を強めた。著書に『劉生画集及芸術観』ほか。昭和四年十二月二十日死去。

(石井亜矢子)

(三)　満州事変と軍部の台頭

内外の危機　一九二〇年代末から三〇年代はじめにかけて、日本の内外の情勢は急変し、協調外交と政党政治は大きな脅威にさらされるようになった。その第一は中国における反日民族運動の高まりと国内統一の実現、それを背景とした国権回収の動きが、日本の「満蒙の権益」の危機を招いたこと、第二は世界恐慌*の影響による輸出の不振、国内の不況が、特に農村の窮乏化を深刻化したこと、第三は政党内閣主導の軍縮政策に対する軍部の反発が高まったことなどである。

昭和四年(一九二九)七月に成立した立憲民政党*の浜口内閣は、蔵相に井上準之助*、外相に幣原喜重郎*を起用し、緊縮財政と協調外交を進めた。しかし、世界恐慌が激化するさなかの昭和五年一月に実施された金輸出解禁*が、「嵐の中で雨戸を開く」結果となり、生糸価格の暴落による輸出不振などと相まって、多額の金の海外流出を招き、経済の混乱をもたらした。

外交の面では、昭和五年(一九三〇)四月、日本は、アメリカ・イギリスとロンドン海軍軍縮条約を結んだが、これに強く反発した海軍の強硬派(艦隊派)や国家主義団体は、海軍軍令部の反対を押し切って、政府が軍縮条約に調印したのは「統帥権干犯」であるとして、激しく政府を非難した。浜口内閣は、宮中勢力の支持と与党の衆議院*での絶対多数をたのんで、強気の姿勢で条約批准にもち込んだが、危機感を抱いた軍部の急進派などのなかに、直接行動による政党政治・協調外交の打破を目指す動きが起こった。

満州事変の勃発と「満州国」の建国　一方、治外法権*撤廃、租借地の返還、鉄道権益の回収などを目指す中国の国民政府の革命外交と組織的な日貨排斥運動に直面して、「満蒙の危機」が深まると、外交交渉による解決を方針とする幣原外交*を「軟弱外交」として、関東軍(満州に駐屯する日本軍)など陸軍の強硬派のなかには、武力行動による危機の解決を目指す気運が高まった。関東軍の板垣征四郎*・石原莞爾《かんじ》*ら一部の参謀は、ひそかに計画して、一九三一年(昭和六)九月十八日夜半、奉天北郊の柳条湖《りゅうじょうこ》*において満鉄線路を爆破し、これを中国軍(張学良*軍)の行為として軍事行動を開始した。

満州事変*が勃発するや、日本政府(第二次若槻内閣、幣原外相)はただちに事変不拡大を閣議で決定し、これを内

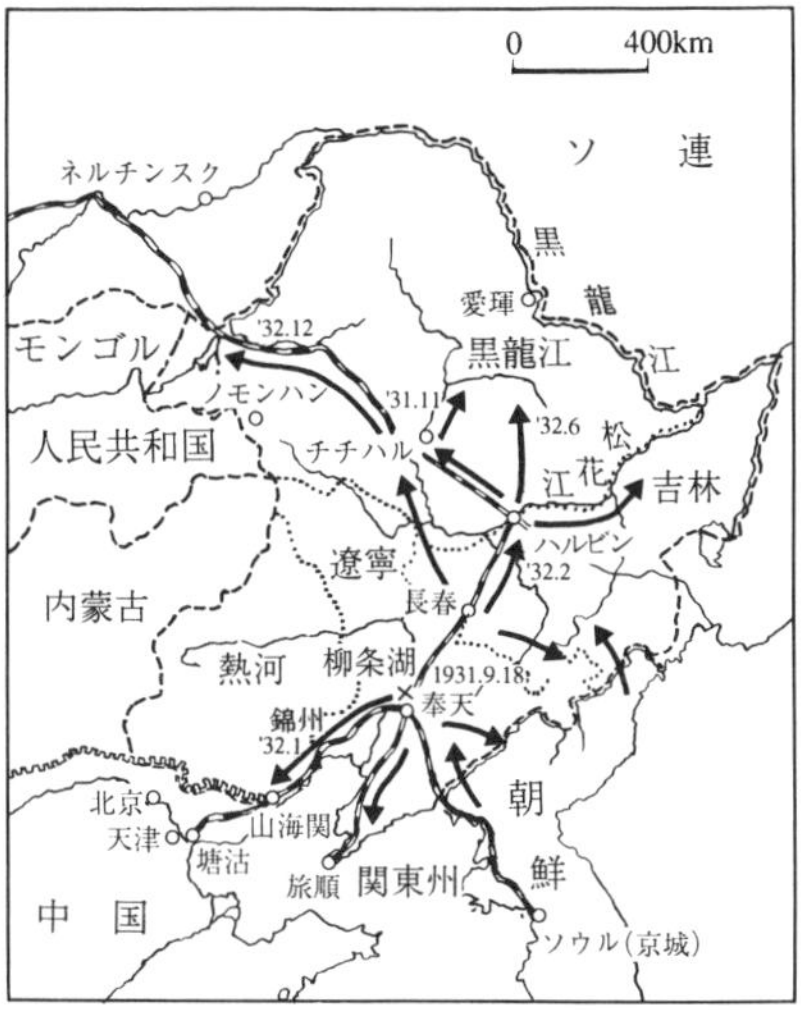

← 日本軍の進路

満州事変要図

外に声明した。しかし、関東軍は同年十月以降、政府の不拡大方針を無視して軍事行動を拡大し、翌一九三二年（昭和七）二月までに、チチハル・錦州・ハルビンなど満州の重要拠点をつぎつぎに占拠した。事変直後から関東軍は、国際社会の非難を恐れる日本政府の強い反対を押し切って、清朝の廃帝溥儀《ふぎ》*（旧宣統帝《せんとうてい》）を擁立して傀儡《かいらい》国家を建設し、この地を中国の主権から分離する工作を進めた。こうして一九三二年三月、「満州国」*の建国が宣言され、溥儀が執政（のち皇帝）となった。しかし、その実権は関東軍が掌握していた。

国際連盟脱退へ　満州事変勃発直後、中国政府（国民政府）はこれを日本の侵略として国際連盟*に提訴した。はじめ日中両国の自主的解決に期待していた国際連盟や欧米諸国は、日本政府の不拡大方針が実行されないことに、しだいに対日不信感を強め、日本の行動が不戦条約および九カ国条約*に違反すると非難した。

連盟理事会の決議に基づき、イギリス人リットンを団長とする調査団が現地に派遣され、事情の調査にあたり、昭和七年（一九三二）十月リットン報告書が公表された。報告書は、満州における日本の権益を認めていたが、「満州国」を住民の自発的な民族独立運動により成立したものとは認めず、中国の主権のもとに、この地に自治政府を設け、少数の憲兵隊により治安維持に当たり、日本軍は撤兵することを提案していた。

しかし日本国内では、満州国承認に消極的だった犬養内閣の後を継いだ斎藤挙国一致内閣のもとで、満州国承認を求める声が各界に高まり、同年九月、リットン報告書の公表を前に、斎藤内閣は日満議定書*を結んで満州国を承認していた。そして、昭和八年（一九三三）二月国際連盟総会が、リットン報告書に基づく対日勧告案を、賛成四二、反対一（日本のみ）で可決すると、同年三月日本政府は国際連盟脱退を通告した。こうして日本は、明治以来の伝統的な欧米協調外交路線から、アジア・モンロー主義的な「自主外交」路線に方向転換する第一歩を踏み出したのである。

満州事変と国内世論　満州事変の勃発をきっかけに、日本国内では日本軍（関東軍）の行動を支持する熱狂的な世論が高まった。それまで「満蒙の危機」を国民に訴えていた多くの有力新聞が、一斉に日本軍の軍事行動を賛美する記事や写真で紙面を埋めた。新聞社によるニュース映画上映は、国民の戦争熱をいっそうかき立てた。

国際連盟やアメリカの事変への介入に対しては、ジャーナリズムは強い拒絶反応を示し、リットン報告書反対のキャンペーンが展開され、昭和七年（一九三二）十二月には、東京朝日新聞社など百三十二の新聞社・通信社が満州国を認めない解決案を拒否する共同声明を発表し、連盟脱退気運を盛りあげた。このように、一九三〇年代はじめまで進められてきた政府・外交当局の協調外交路線は、軍部の強硬な行動とそれを支持する国民の世論に挾撃されて挫折したといえよう。

政党内閣の終焉　満州事変後、「内外の現状打破」を目指す国家主義革新運動がにわかに活発化し、革新の主役として軍部に対する国民の期待感が高まった。そうした空気のなかで、十月事件*のような政党政治打倒を目指すクーデター計画（未遂）、血盟団事件*のような政党政治家・財界人に対するテロ事件が頻発した。

昭和七年（一九三二）五月十五日、海軍青年将校らの一団が、首相官邸・内大臣邸*・政友会本部などを襲撃し、犬《いぬ》養毅《かいつよし》*首相を殺害する事件が発生した（五・一五事件*）。「君側の奸」を倒して国家改造の端緒を開く目的の行動だったという。陸軍部内には事件に共鳴する動きもあり、陸軍が政党内閣*の継続に強く反対したため、元老*西園寺公望*も「憲政の常道」を断念し、穏健派の海軍大将斎藤実《まこと》*を首班とする挙国一致内閣が成立した。こうして八年間継続した政党内閣時代は終焉を迎えた。

軍部の台頭と二・二六事件　軍部、とりわけ陸軍は国政全般に発言力を強め、共産主義・社会主義など左翼勢力（無産勢力）の国家主義への「転向」や軍部への接近も顕著になった。荒木貞夫*陸相の時代（昭和六年十二月―九年一月）には、その人事や活発化した青年将校運動への対応をめぐって陸軍部内の派閥的対立も激化した。荒木や真崎甚三郎*参謀次長（のち教育総監*）を中心に青年将校の人気を集めたいわゆる皇道派の勢力拡張に対して、次の陸相林銑十郎《せんじゅうろう》のもとで、永田鉄山*軍務局長を中心とする幕僚グループ（いわゆる統制派）が、部内の統制を強化しつつ陸軍の組織的な発言力強化を図った。

昭和十年（一九三五）、それまで三十年余にわたって最も正統的な憲法学説として、政界・官界・学界などで広く認められてきた美濃部《みのべ》達吉《たつきち》*の天皇機関説が、国体に反するものとして非難を浴びた。陸軍皇道派系勢力が天皇機関説排撃の急先鋒となったが、彼らは「国体論」をイデオロギー的武器として、岡田内閣を打倒し、元老・重臣など自由主義的な「現状維持」勢力の排除を意図したといわれる。こうした圧力におされて、政府は天皇機関説を否定する「団体明徴《めいちょう》声明」を発したが、それは、天皇の絶対性を強調することにより、明治憲法における立憲主義的理念とその議会主義的運営の途を否認することを意味した。

昭和十年後半には、真崎教育総監罷免、その報復としての永田軍務局長暗殺など、陸軍部内の対立はピークに達したが、翌十一年二月二十六日、皇道派系の急進的な陸軍青年将校らが、千四百以上の兵を率いて反乱を起こし、首相官邸などを襲撃して高橋蔵相・斎藤内大臣など政府首脳や重臣らを殺傷し、東京の中心部を占拠した（二・二六事件*）。反乱は四日間で鎮圧されたが、以後、軍部は組閣人事に介入するなど、その政治的影響力は、いっそう強まった。（鳥海　靖）

〔満州事変から国際連盟脱退へ〕

桜会《さくらかい》　昭和初年に結成された陸軍革新派将校の横断的団体。昭和五年（一九三〇）春、トルコ駐在武官から帰国した参謀本部*の橋本欣五郎中佐が中心となり、同年八月末、東京九段の偕行社において結成されたとされ、陸軍首脳部の暗黙の支持があったといわれる。当時の日本は大恐慌の影響の下、塗炭の苦しみに喘ぎ、とりわけ兵士の供給源たる農村の窮状は目を覆うものがあったが、疑獄事件の続発によって政党政治は国民の信頼を失いつつあった。こうした国内情況を背景として、桜会はその綱領に「国家改造を以て終局の目的」を掲げ、軍政権樹立による国内改革と対外進出（満洲占領）とによって、国家の危機的情況を打破しようと企てたのである。結成後参謀本部のエリート幕僚を中心に会員は急増するも、急進派と漸進派とが漸次対立するに至り、橋本を中心とする急進派は、翌昭和六年（一九三一）三月事件*、十月事件*と相ついでクーデターを企てるがいずれも事前に発覚し失敗、橋本以下の首脳陣が外地、地方へ転任させられた結果、自然消滅した。（大久保文彦）

三月事件《さんがつじけん》　昭和六年（一九三一）三月に、陸軍首脳部と桜会*急進派によって企てられたクーデター未遂事件。小磯国昭軍務局長、建川美次参謀本部第二部長ら陸軍首脳部によって企図された宇垣内閣樹立による国家改造断行のために、桜会急進派の橋本欣五郎・長勇らを*実行部隊として計画されたクーデターで、民間右翼の大川周明らも参加し、麻生久・亀井貫一郎ら無産三派の合流も予定されていた。当初の計画では、大川および無産三派らが動員する一万人規模の大衆に内閣糾弾デモを実施させる一方、軍隊をもって議会を包囲し、軍首脳が内閣に総辞職と宇垣陸相への大命降下を強要する手筈となっていたが、機密漏洩と陸軍部内における反対論などにより、宇垣より中止命令が出されて結局未遂に終わった。事件は闇から闇へと葬り去られたため、関係者の処罰はなく、その結果、十月事件*以降の諸事件を誘発する結果となった。なお、宇垣自身の関与の実態は定かではないが、この後、陸軍部内では宇垣の「変心」「裏切り」説が広く信じられるようになった。（大久保文彦）

十月事件《じゅうがつじけん》　昭和六年（一九三一）満洲事変*の進展を目指し、橋本欣五郎ら桜会*急進派が率先して画策したクーデター未遂事件。錦旗革命事件ともいう。満州事変勃発後、政府が不拡大方針を決定するや、橋本を中心とする桜会急進派は、事変拡大のために最終手段としてクーデターを企図、大川周明*・西田税ら民間右翼とも提携し、十月二十一日を目途に歩兵・機関銃中隊などを動員し、首相官邸を急襲して首相・閣僚らを殺害、警視庁・各新聞社・中央放送局などを占拠するとともに、荒木貞夫を首相兼陸相とする新内閣を実現する予定であった。しかし、内部対立と情報の漏洩によって、十月十七日、橋本ら関係将校十二名は憲兵隊に保護検束されて、事件は未遂に終わった。しかし、事件の発覚は軍首脳や政界上層部に動揺を与え、政府の不拡大方針は急速に転換し始めていく。関係者の処分は軽く、橋本ら参謀本部*将校三名を二十日以内の重謹慎にし、地方へ転出させたのみである。軍部が政治推進力を増大していく重要な一契機を成したといえる。　（大久保文彦）

満州事変《まんしゅうじへん》　昭和六年（一九三一）九月十八日勃発した柳条湖事件*を発端とした日本の中国東北部、東部内蒙古への侵略戦争であり、同八年（一九三三）の塘沽《タンクー》停戦協定*により一応の終結をみた。いわゆる「満蒙問題」の一括解決は満州領有以外にないと考えた関東軍幕僚の板垣征四郎*・石原完爾*らの計画によって柳条湖事件が引き起こされると、若槻礼次郎*内閣は事態の不拡大方針を閣議決定し、軍中央も一応これに従ったが、九月二十日の閣議において満州での事態を「事変」とみなす決定を行うと、同日林銑十郎朝鮮軍司令官は独断で部隊を越境させ関東軍と呼応した。中国側は九月二十日事件を国際連盟*に提訴したが、日本政府は日本軍の行動を自衛のためとし、事態不拡大をうたった声明を発表、国際連盟理事会は日本軍に十一月十六日までに撤退を求める決議を行った。さらに張学良*の根拠地錦州を空爆した事件は、国際連盟の対日空気を急激に悪化させた。関東軍はさらに嫩江《ネンチャン》・チチハル作戦を遂行し、十一月十九日チチハルを占領した。また、奉天特務機関長土肥原賢二の謀略により、天津で十一月八日暴動を起こし、溥儀《ふぎ》*を脱出させると、関東軍はさらに遼西作戦を開始した。

　政府の不拡大方針は実現せず、十二月十一日第二次若槻内閣総辞職、犬養毅*政友会内閣が成立したが、その後も戦況が拡大され、同七年一月三日錦州を占領すると、アメリカのスチムソン国務長官は、日本の軍事行動は九カ国条約*および不戦条約に違反すると厳しく非難した。さらに関東軍は二月五日ハルビンを占領し、東三省の主要な都市および鉄道沿線を軍事占領下においた。そして一月二十八日に発生した上海事変*を利用して、三月一日「満州国*」を樹立させた。五・一五事件*により犬養内閣が崩壊したのち成立した斎藤実*内閣は、九月十五日日満議定書*に調印し「満州国」を承認、またリットン報告書に反論、同八年三月二十七日国際連盟に脱退を通告した。関東軍は東部内蒙古への熱河作戦を遂行し、四月には関内の河北省へ侵攻、そして五月三十一日河北省東北部に非武装地帯を設定させる塘沽停戦協定を調印させ、関東軍は長城線へ撤収して柳条湖事件以来の軍事的膨張を一応終結させた。〈小林龍夫・島田俊彦編「満州事変」『現代史資料7』みすず書房、一九六四。臼井勝美『満州事変』中央公論社、一九七一〉　（佐藤元英）

柳条湖事件《りゅうじょうこじけん》　昭和六年（一九三一）九月十八日、奉天（瀋陽）駅北方八キロの北大営付近で起こった満鉄路線爆破事件。満州事変*の発端となった。参謀本部*は同日午後十時過ぎに発生した同事件を中国正規兵による暴挙と発表したが、爆破工作は同地付近で夜間演習中の独立守備歩兵第二大隊第三中隊（川島正中隊長）に所属する河本末守中尉と、張学良*軍事顧問の今田新太郎大尉の連携により実施されたものであり、工作の準備計画は板垣征四郎*大佐・石原莞爾*中佐ら関東軍幕僚によって進められた。関東軍は事件発生と同時に奉天における張学良軍本拠の北大営、奉天城を攻撃、さらに翌日にかけて安東・鳳凰城・営口など満鉄沿線の主要都市を一斉に占拠開始した。二十日には吉林に出兵を強行し、同時に朝鮮軍の増援を求め、これに応えて第三九旅団が奉勅命令を待たずに独断越境するに至った。若槻礼次郎*内閣は事態の不拡大方針を決定するが、十月八日には錦州爆撃が行われ、政府および軍中央は戦火拡大に同調、追認を余儀なくされた。（佐藤元英）

上海事変《しゃんはいじへん》　昭和七年（一九三二）一月二十八日から三月三日まで上海とその周辺で展開した日本軍と中国軍の戦闘行為。同七年一月十八日、日蓮宗*の僧侶・信徒の一行五人が共同租界東部を巡行中、中国人に襲撃され、三人が重傷を負い、うち一人が死亡するという事件が発生したが、同事件は公使館付武官補佐官田中隆吉少佐による、満州事変*への列国の関心をそらすための陰謀であった。二十日、日本人居留民の一部青年同志会員は事件の報復を実行、居留民も強硬措置をとるよう総領事館や陸戦隊本部にデモを行った。村井倉松総領事は呉鉄城上海市長に陳謝、加害者の処罰のほか、抗日団体の解散を要求、二十八日中国側は日本の要求を全面的に承認した。しかし共同租界は厳戒令が布かれたため、閘北を含む分担地域の警備を実施していた日本海軍陸戦隊は挑発行為に出、十九路軍と交戦状態となった。二月一日犬養毅*内閣は急遽陸軍の派兵を実施したが、十九路軍および第五軍の執拗な抵抗にあい、二月二十三日新たに白川義則陸軍大将を司令官とする上海派遣軍を送り、三月一日総攻撃を実施、ようやく三日中国軍を撤退させ、五月五日上海停戦協定を締結した。（佐藤元英）

満州国《まんしゅうこく》　満州事変*の結果、昭和七年（一九三二）三月、中国東北部のいわゆる満州に建国され、同二十年八月、日本の敗戦とともに瓦解した日本の傀儡《かいらい》国家。本庄繁関東軍司令官は昭和七年（一九三二）三月一日張景恵《ちょうけいけい》・円熙洽《えんきこう》らの東北行政委員会に黒龍江省・吉林省・遼寧省を領域とする満州国の独立を宣言させ、清朝最後の皇帝である宣統帝溥儀《ふぎ》*を元首とし、元号を大同、首都を新京（長春を改称）と定めた。日本は同七年九月十五日調印の日満議定書*によって満州国を承認したが、翌年三月国際連盟*総会が満州国否認のリットン報告書を採択したことに反対して連盟から脱退することとなった。同九年三月一日溥儀の皇帝即位式が行われ、国号を満州帝国、元号を康徳と改めた。

満州国の政府組織法は四権分立制を採用、施政の下に立法院・国務院・最高法院・最高検察庁・観察院を置き、さらに施政の諮詢機関として参議府を加えていたが、中央行政を管掌する国務院の実権は日本人の総務長官と各部の次長が日本人官吏に握られた。そして、日本人官吏はすべて関東軍司令官によって任免され、その指揮を受け、関東軍司令官は駐満全権大使と関東長官を兼ね、満州国の国政の内面的指導を行った。一方、昭和七年七月に結成した満州国協和会をつうじて王道政治、五族協和という建国のイデオロギーによる民衆の思想動員にも力を注ぎ、満州国施政の民衆への浸透を図った。皇帝は同十年（一九三五）、十五年（一九四〇）の二回訪日し、天皇と会見、のちに建国神廟を建立して、皇帝が天照大神を奉祀すると定めるなど、天皇制との一体化が図られた。満州建国の目的は日本軍部にとって総力戦準備に必要な国防国家建設の手段であり、満州国は日本の戦争拡大政策に引きずられ、ともに崩壊の道をたどった。（佐藤元英）

＊**リットン調査団**《ちょうさだん》　昭和六年（一九三一）十二月十日、国際連盟理事会決議に基づき設置された満州事変＊に関する現地調査委員会。柳条湖事件＊の勃発後中国は、日本の不法な軍事行動を国際連盟規約第十一条に基づき連盟に提訴した。十二月十日理事会は調査団の現地派遣を決定し、同七年一月の理事会においてリットン伯爵（イギリス）を委員長とする、アルドロヴァンディ伯爵（イタリア）、クローデル中将（フランス）、マッコイ少将（アメリカ）、シュネー博士（ドイツ）の五委員が承認された。調査団は二月三日フランスを出発、アメリカを経由して二月二十九日来日し、天皇に謁見、犬養毅＊首相、芳沢謙吉外相、荒木貞夫＊陸将、大角岑生らと会見した後中国に渡り、三月中旬から主として上海、南京、揚子江沿岸、北平、満州各地を訪れ、汪兆銘＊行政院長、蒋介石軍事委員長、羅文幹外交部長ら中国各界の要人、あるいは本庄繁関東軍司令官、関東軍幕僚、日本領事官憲、溥儀《ふぎ》＊満州国執政をはじめ政府要人などに会見した。また調査団は五・一五事件＊後に設立した斎藤実＊内閣に接触するため、再び来日七月中旬内田康哉外相らと会談した。十月二日公表されたいわゆる「リットン報告書」は九・一八事件（柳条湖事件）以後の日本軍の行動は自衛と認めがたく、満州国＊は在住民の自発的意志によって成立したものではないと、日本側の基本的主張を完全に否定しながらも、日中紛争の根本的原因をなす満州における日中両国の権益を記述して歴史的背景を明らかにし、九月十八日の事件勃発直前における個々の案件につき検討を加え、さらに事件発生以後の状況について詳細に記述している。報告書の結論は、紛争の満足なる解決の条件として、日中双方の利益と両立すること、ソ連邦の利益に対する考慮、現存の多辺的条約との一致、満州における日本の利益の承認、日中両国間における新条約関係の成立、将来における紛争解決に対する有効なる規定、満州の自治、内部的秩序・外部的侵略に対する保障、日中両国間における経済的提携の促進、中国の改造に関する国際的協力などをあげている。（佐藤元英）

日満議定書《にちまんぎていしょ》　昭和七年九月十五日、日本が

日満議定書（『日本外交年表竝主要文書』）

一　満州国ハ将来日満両国間ニ別段ノ約定ヲ締結セザル限リ満州国領域内ニ於テ日本国又ハ日本国臣民ガ従来ノ日支間ノ条約協定其ノ他ノ取極《とりきめ》及公私ノ契約ニ依リ有スル一切《いっさい》ノ権利利益ヲ確認尊重スベシ。

二　日本国及満州国ハ締結国ノ一方ノ領土及治安ニ対スル一切ノ脅威《きょうい》ハ同時ニ締約国ノ他方ノ安寧《あんねい》及存立ニ対スル脅威タルノ事実ヲ確認シ両国共同シテ国家ノ防衛ニ当《あた》ルベキコトヲ約ス之ガ為所要ノ日本国軍ハ満州国内ニ駐屯《ちゅうとん》スルモノトス。

満州国*を独立国として承認した条約。武藤信義関東軍司令官・関東長官・駐満臨時特命大使と鄭孝胥《ティコウシ》満州国国務総理との間に新京において調印。基本条約は、日中間の諸取決めおよび公私の契約によって従来から有する一切の権利利益を満州国が承認し尊重すること、両国が共同防衛を約し日本軍が満州国内に駐屯することを定めた二カ条よりなる。さらに付属の秘密往復文書によって、満州国が国防と治安維持を日本に委託すること、国防上必要な既設の鉄道*・港湾などの運輸施設の管理と新路の敷設権を譲渡すること、日本人を満州国の官吏に任用し、その任免は関東軍司令官の同意を経ることなど、これまで秘密に約定されていた取決めのすべてを確認した。　（佐藤元英）

国際連盟脱退《こくさいれんめいだったい》　昭和六年（一九三一）九月十八日勃発した満州事変*について中国から国際連盟*に提訴された日本は、国際世論の非難を浴びて連盟より脱退した。若槻礼次郎*内閣はその解決を中国との直接交渉によるべきと主張したが、中国は連盟規約第十一条（国際平和維持のための必要な措置をとるための理事会開催）をもって九月二十日連盟に提訴した。理事会は十二月十日のリットン調査団*の派遣を決定、同八年二月二十四日のリットン報告書の趣旨を受けた十九人委員会の報告案の採択は、投票国四四、賛成四二、反対一（日本）、棄権一（タイ）という結果となって、松岡洋右*ら日本代表団は総会から退場した。しかし、総会を引き揚げても、日本の脱退意思の表明はなされず、その去就は注目されたが、正式の脱退通告は三月二十七日になされた。日本は結局脱退に踏み切ったが、実質的には、日本は政治的性質をおびた機関には参加協力しないが、平和的専門機関との協力は脱退とは関係なく継続するというものであり、その方針は同十三年十一月まで続いた。日本の連盟脱退は、世界政治に大きな波紋を投じ、ドイツ、イタリアは日本に倣って脱退した。　（佐藤元英）

***塘沽停戦協定**《タンクーていせんきょうてい》　昭和八年（一九三三）五月三十一日、満州事変の事実上終結をみた日中両国間に締結された停戦協定。岡村寧次関東軍参謀副長（陸軍少将）と熊斌《ユウヒン》軍事委員会北平分会代表（陸軍中将）との間で調印。中国軍は延慶・昌平・順義・通州・香河・宝・林亭口・寧河・芦台を通じる線以西及び以北に撤退し、以後同線を越えて前進しないこと、日本軍は中国軍の撤退を確認したのち、長城の線に撤収する、両軍の撤退した中間地帯の治安維持は反日的でない中国の警察*があたるなどが主要な内容である。この協定によって満州国の国境が確立され、満州事変は事実上終結したが、中国側は河北省北東部の主権に重大な制約を受けることとなった。　（佐藤元英）

板垣征四郎《いたがきせいしろう》　（一八八五―一九四八）　大正―昭和時代の軍人。明治十八年一月二十一日岩手県盛岡に生まれる。陸大（二十八期）卒業後は中国情報専門家としての道を歩む。昭和四年（一九二九）五月、関東軍高級参謀として満洲に赴任するや、石原莞爾*とともに満洲事変*計画に専念し、同六年九月十八日の柳条湖事件*を契機に全満洲を占領し、新国家「満洲国*」を誕生させた。その後も満州に残留し、満洲国執政顧問・関東軍参謀長などを歴任。十三年六月には近衛首相の熱望により陸相に就任するも、軍政経験に乏しいことから何らなすところなく一年余で退陣する。終戦後、A級戦犯として死刑を宣告され、二十三年十二月二十三日刑死した。　（大久保文彦）

石原莞爾《いしはらかんじ》　（一八八九―一九四九）　大正―昭和時代前期の陸

軍軍人。明治二十二年一月十八日山形県鶴岡町に生まれる。陸大（三十期）を二番で卒業。日蓮信仰に入り、その後のドイツ留学における戦争史研究を踏まえて、独自の終末論に立った世界最終戦論を構想するに至る。昭和三年（一九二八）十月、関東軍作戦主任参謀となるや、世界最終戦の先駆たる「東亜大持久戦」の口火を切るものとしての満洲事変*を構想、昭和六年から七年にかけて、満洲事変を軍事的かつ政治的に主導し「満洲国*」建国に邁進する。十年八月には参謀本部*作戦課長に就任、翌年の二・二六事件*においては戒厳参謀として事態収拾に動いた。その後は自ら抱懐する「昭和維新」の具体的実現を目指すも、十二年七月日中戦争*が勃発するや不拡大を唱えたが果せず、関東軍参謀副長に転出した。その後東条英機*と対立し、十六年には予備役に編入される。この前後から東亜連盟を組織し、戦中・戦後の右翼運動に大きな影響を与える。二十四年八月十五日郷里山形にて死去。（大久保文彦）

張学良《ちょうがくりょう》 Zhang Xue-liang（一九〇一—） 中国の軍人・政治家。字は漢卿。遼寧省海城県の人。奉天系軍閥張作霖*の長男。東三省陸軍講武堂卒業。一九二七年陸軍大学監督、翌二八年第三方面軍団総司令に就任した。張作霖爆殺事件*を契機に、二八年十二月に「易幟《えきし》」を宣言し、東北地方を国民政府の下に統一した。以後、陸海空軍総司令部副総司令などの要職に就いた。一九三六年四月周恩来*との会談で内戦停止に合意した。同年十二月十二日共産党討伐作戦の継続を要求する蒋介石*を監禁し、西安事変を発動した。戦後台湾で軟禁状態におかれたが、戒厳令解除後、アメリカに渡り、教会に通う毎日を過ごしている。著書に『張学良自伝』がある。（劉　傑）

溥儀《ふぎ》 Pu yi（一九〇六—六七） 中国清朝最後の皇帝。退位後、満洲国*皇帝。姓は愛新覚羅、字は浩然。植蓮のペンネームをもつ。一九〇六年二月七日北京で生まれる。醇親王載灃*の長子。一九〇八年三歳で宣統帝として即位したが、辛亥革命*後退位した。満洲事変*が勃発すると、関東軍の画策で一九三二年三月九日満洲国執政に就任した。二年後日本の承認を得て皇帝と称し、元号を康徳としたが、日本降伏直後に退位した。日本亡命を計画したが、ソ連軍によってハバロフスクに監禁され、東京裁判には検査側の証人として出廷した。一九五〇年中国に引き渡され、五九年特赦された。六四年政治協商会議委員、中央文史館舘員に就任したが、六七年十月十七日北京で死去した。著書に『我的前半生』がある。（劉　傑）

〔国家主義革新運動と軍部の台頭〕

国家主義革新運動《こっかしゅぎかくしんうんどう》 大正中期以降の日本では、ロシア革命などの世界的な変革志向にも影響され、「革命」「革新」「改造」「解放」などが盛んに提唱されるようになった。当時の国家主義革新運動には、主に二つの系統が存在していた。その一つは、大正八年（一九一九）満川亀太郎・大川周明*らが国家改造を目指して結成した猶存社の系譜で、北一輝*もこれに参加していた。猶存社の性格は、具体的政綱の面で国家社会主義、精神面において日本主義的傾向が強かった。猶存社解散後、大川や北らは、陸海軍青年将校らによる革新運動との提携を強化していく。もう一つは、高畠素之を中心とする国家社会主義の系譜であり、その主張の主眼は資本主義の否定と国家主義を指導原理とする社会主義にあった。

昭和六年（一九三一）の満洲事変*の勃発は、国内の革新運動にいっそうの拍車をかけることになった。そして、浜口雄幸*首相狙撃事件（昭和五年）、血盟団事件*（昭和七年）などのテロ活動や、陸軍革新運動によるクーデター未遂事件である三月事件*（昭和六年）・十月事件*（同年）を誘発した。この満州事変前後における国家革新気運の昂揚により、無産政党*は国家社会主義化し、社会民衆党の赤松克麿らは昭和七年に日本国家社会党を結成した。また昭和六年、伝統的な国家主義右翼団体も、大同団結を目指して大日本生産党を結成した。日中戦争*期から太平洋戦争*期にかけて新体制運動が起こると、国家主義革新運動の陣営は、新体制運動を積極的に推進する勢力と、それに反対する勢力とに分かれていく。昭和十五年（一九四〇）の近衛新体制運動の結果成立した大政翼賛会*には、国家主義革新運動に参加してきた者も吸収されたが、その主導権を確立することはできなかった。（矢野信幸）

血盟団事件《けつめいだんじけん》　昭和七年（一九三二）二月九日、小沼正が前蔵相井上準之助*を、同年三月五日に菱沼五郎が三井合名会社理事長団琢磨《だんたくま》*を、井上日召の命を受けて暗殺した事件。血盟団という名称は、事件後に新聞や担当主任検事が用いたもの。血盟団には、井上日召が茨城県の立正護国堂で修行していたときに弟子となった付近の農村青年、東京帝国大学の七生社に入り井上日召の薫陶を受けた学生、京都帝国大学の学生で猶興学会の会員などが参加していた。小沼と菱沼は、井上日召の立正護国堂修行時代の弟子。小沼と菱沼以外に血盟団事件で井上の暗殺命令を受け事件に連座した者には、東京帝国大学法学部学生の四元義隆と田中邦雄、同大学文学部学生の池袋正釟郎と久木田祐弘、京都帝国大学法学部学生の星子毅と森憲二、同大学文学部学生の田倉利之ら、七生社や猶興学会のメンバーが含まれていた。裁判で井上・小沼・菱沼の三人は、死刑を求刑されたが判決で無期懲役となり、昭和十五年にいずれも仮釈放となった。また、井上と通じていた藤井斉・古賀清志・三上卓ら海軍青年将校は、上海事変*のため暗殺に参加せず、のちの五・一五事件*の遠因となる。血盟団事件が発生した背景には、昭和初期における農村の窮乏とその解決策としての国家革新の昂揚があった。血盟団の考えは、一般に「一人一殺」主義といわれるが、これは彼らの法廷での証言からきたもの。（矢野信幸）

五・一五事件《ごいちごじけん》　海軍青年将校・陸軍士官候補生・右翼団体愛郷塾関係者らが、昭和七年（一九三二）五月十五日に引き起こしたクーデター未遂のテロ事件。同年発生した血盟団事件*に参加できなかった海軍青年将校の古賀清志海軍中尉らが中心となり計画を進めたが、陸軍側は時期尚早として士官候補生が参加したのみであった。右翼団体からは、橘孝三郎が塾頭をつとめる愛郷塾関係者が参加した。五月十五日の未明、三上卓海軍中尉に率いられたグループは首相官邸を襲撃、犬養毅*首相を「問答無用」と射殺した。内大臣*官邸・立憲政友会*本部・三菱銀行も襲撃されたが、さしたる損害は受けず、関係者は憲兵隊に自首した。また愛郷塾関係者による変電所襲撃も、技術上の知識不足から効果をあげられず失敗に終わった。決起の趣旨は、腐敗した政党・財閥などを一掃し、犬養首相による満州国*不承認方針・上海停戦方針の軟弱外交を批判することにあった。事件後の軍法会議では、首謀者の古賀・三上ら三名の海軍青年将校が反乱罪を問われ死刑を求刑されたが、一般世論の同情による減刑嘆願が起こり、結局判決では三名とも禁固刑に処せられたのみであった。一方、民間の事件関係者に対しては、橘孝三郎が殺人・殺人未遂罪などを問われ無期懲役の判決を受けるなど軍人に比べ重いものであった。五・一五事件によって犬養内閣は倒れ、後継として斎藤実*「挙国一致」内閣が成立し、戦前期の政党内閣*時代は終焉した。（矢野信幸）

農《のう》山《さん》漁《ぎょ》村《そん》経《けい》済《ざい》更《こう》生《せい》運《うん》動《どう》　昭和七年（一九三二）から、政府によって実施された農村救済のための時局匡救対策。政府は、昭和恐慌による農村疲弊に対応するため、同年九月に至り石黒忠篤農林次官のもと農林省に小平権一を部長とする経済更生部を新設、経済更生運動に乗り出した。経済更生運動では、農村の経済基盤を強化するため、産業組合の整備と農事実行組合の組織化を目指して、昭和八年から産業組合拡充五カ年計画が開始された。運動の精神として隣保共助が重視され、青年団・在郷軍人会・学校など村に存在する各種団体の協力のもと、自力更生・勤倹が奨励された。村レベルで経済更生運動の担い手となったのは、村長・学校長・農会役員などであり、昭和七年以降、全国の町村を経済更生指定村とする計画がたてられ、彼らを中心に官民一体の農村再建が進められた。結果的に農山漁村経済更生運動は、日中戦争*以降における農村の戦時体制化を進めるにあたり、その基盤整備の役割をはたした。（矢野信幸）

陸《りく》軍《ぐん》パンフレット　昭和九年（一九三四）十月に陸軍省新聞班から印刷頒布された小冊子。正式名称を『国防の本義と其強化の提唱』という。陸軍省新聞班が当時の林銑十郎陸相・永田鉄山軍務局長の承認のもとに発行、各界に頒布したもので、当時台頭しつつあった統制派*系幕僚の抱懐する国防観・革新政策を余すところなく公にしたもの。「国防は国家の生成発展の基本的活力」と位置づけ、近代戦においては戦時のみならず、平時を含めた国家の全活力を総合統制する必要があるとして、総力戦・国家総動員体制の急務なることを説き、「国防国策強化」のために、従来の利己的、個人主義的経済観念から脱却した全体的経済観念に基づく国家改造の必要性を訴えている。その内容から、軍人の政治干与として既成勢力の反発を招くが、陸軍部内においても皇道派*から国家社会主義的との批判を招いた。しかし他方で、社会大衆党*の麻生久書記長はこの文書の社会主義的傾向を評価する立場を示している。統制派の現状変革への意志が象徴的に示されたものといえる。（大久保文彦）

天《てん》皇《のう》機《き》関《かん》説《せつ》事《じ》件《けん》　昭和十年（一九三五）、憲法学者美濃部達吉*の天皇機関説が排撃されたことに始まる一連の政治問題。美濃部が唱導した、いわゆる天皇機関説は、国家は法人であり天皇はその最高機関であるとするもの。この天皇機関説は、明治末期から昭和初期にかけて学界で広く認知されるとともに、政界においては議会中心主義による政治運営のよりどころとなった。このため、天皇機関説および美濃部は、軍部や国家主義者の強い反発を受け、蓑田胸喜ら原理日本社*による非難を浴びていた。昭和九年二月、貴族院議員菊地武夫（男爵・予備役陸軍中将）が議会で美濃部の機関説が国体に反すると弾劾した。翌年二月、貴族院議員であった美濃部は、議会で自らの学説について弁明を行ったが、民間の国家主義団体からの強い反発をまねいた。大日本生産党などの国家主義団体や在郷軍人会は、一斉に機関説排撃キャンペーンを展開した。彼らの要求は、機関説に反対する政府声明、美濃部の議員辞職、機関説支持の官公吏の罷免、機関説を主張する著書の発禁、などであった。軍部は、同年四月六日、陸軍皇道派*の主導のもと真崎甚三郎*教育総監が部内に訓示を出し、そのなかで機関説が国体に反するものとの立場を鮮明にした。事態は「革新」派による「現状維持」勢力打倒の運動へと発展、結局、岡田内閣は、同年十月十五日に機関説は国体に反する旨の声明（国体明徴声明）を発し、事態の終息を図った。美濃部は議員を辞任、彼の著書は発禁処分となった。　（矢野信幸）

皇道派《こうどうは》　昭和初期の日本陸軍の派閥。荒木貞夫*・真崎甚三郎*らが中心。その淵源は、長州閥に対抗するかたちで形成されていた上原勇作元帥らの佐賀・薩摩閥に求められるが、直接的には昭和六年（一九三一）十二月に犬養内閣に荒木貞夫が陸相として入閣し、陸軍部内の要職から宇垣系軍人を一掃することにより形成された。名の由来は、首領格の荒木が好んで「皇道」を唱えたためとされる。観念的な精神主義や反共主義・農本主義的傾向にその特徴があり、荒木個人の人情主義も与って隊付青年将校に支持者が多く、下剋上の風潮を招いた。荒木の陸相就任から約二年全盛を誇るも、荒木の失墜後、中心は漸次真崎に移り、他方従来皇道派を支持してきた省部の中堅幕僚層は永田鉄山を筆頭に統制派*を形成、両派の暗闘が激化する。守勢側に追いやられた皇道派青年将校はついに昭和十一年（一九三六）二・二六事件*として知られる反乱を引き起こすも、四日後、無血のうちに鎮圧され、首謀者は処刑。真崎以下皇道派幹部は粛軍人事によって予備役に編入され、皇道派は潰滅した。　（大久保文彦）

統制派《とうせいは》　昭和初期の日本陸軍の派閥。昭和六年（一九三一）十二月、荒木貞夫*の陸相就任に伴い皇道派*が成立すると、省部の中堅幕僚は当初、荒木の革新性に期待して支持していたが、荒木らの派閥的人事や革新的国策遂行の度重なる失敗に失望し、永田鉄山らを筆頭に独自の漸進的かつ合法的な国家改造を模索し始める。彼らがいわゆる統制派と称される一群であり、昭和九年一月に林銑十郎が陸相に就任し、永田が軍務局長に起用されたことで確立したとされる。その思想は『国防の本義と其強化の提唱』（陸軍パンフレット*）に明らかであるが、皇道派は彼らを国家社会主義と批判、政策および人事をめぐる両派の抗争は激化の一途をたどり、昭和十年（一九三五）七月の真崎教育総監罷免事件や翌八月の相沢事件（永田軍務局長斬殺）などを経て、二・二六事件*で頂点に達した。事件後の粛軍人事により、皇道派と宇垣系の有力将軍の多くが予備役に編入されると、統制派は軍内部の主導権を握り、のちには東条英機*を中心に圧倒的優位を獲得するに至った。　（大久保文彦）

二《に》**・二**《に》**六**《ろく》**事件**《じけん》　昭和十一年（一九三六）二月二十六日、帝都東京に起こった皇道派青年将校による陸軍最大の反乱事件。皇道派*と統制派*との抗争が激化しつつあるなか、第一師団の満州移駐が決定すると、第一師団の尉官級皇道派青年将校は安藤輝三大尉を中心に、統制派に軍を追われた村中孝次・磯部浅一らとともに決起を決意、歩兵第一・第三連隊などから約千四百余名の部隊を出動させ、昭和十一年二月二十六日払暁、総理大臣岡田啓介・内大臣*斎藤実*・侍従長鈴木貫太郎・教育総監渡辺錠太郎らを襲撃、斎藤・渡辺を殺害、鈴木に重傷を負わせ、陸軍省・参謀本部*・首相官邸などのある永田町一帯を占拠し、陸軍上層部に国家改造・昭和維新の断行を要求した。当初当局は決起部隊に同調的な皇道派将官の存在もあり明確な収拾策を打ち出せず、決起部隊の行動を認めるかのような「陸軍大臣告示」を出すなどの混乱を呈したが、昭和天皇の断固討伐の決意が明らかになると、二十七日戒厳令が敷かれ、杉山参謀次長・石原莞爾*作戦課長を中心とする統帥部は断固鎮圧の方針を決定、地方部隊の上京を待って二十九日、決起部隊を反乱部隊として包囲、攻撃を断行せんとしたが、午後、反乱部隊はついに投降し、将校は逮捕され陸軍衛戍刑務所に収監された。三月四日には緊急勅令によって一審制・非公開・上告および弁護人なしの特設陸軍軍法会議が設置され、首謀者の村中・磯部・安藤をはじめとする多くが銃殺刑に処せられた。民間人の北一輝*・西田税も反乱の首謀者として銃殺されている。他方、事件を鎮圧した統制派は、粛軍としていわゆる皇道派系軍人の多くを予備役に編入または左遷し軍内部の主導権を確立する一方、二・二六事件および粛軍人事を尊い犠牲と称して、自らの国策を実現すべく政治干与を強めていった。（大久保文彦）

2・26事件（毎日新聞社提供）

軍部《ぐんぶ》大臣《だいじん》現役《げんえき》*武官制《ぶかんせい》の復活《ふっかつ》　昭和十一年（一九三六）五月十八日の広田弘毅内閣による軍部大臣現役武官制の復活をさす。現役武官制復活の直接の原因は、二・二六事件*後の粛軍において軍内の統制強化のために企図されたものであるが、結果的には軍部の政治的発言力を強大なものにし、軍部の意向に反しては、いかなる内閣も成立・維持できなくなる結果を招いた。端的な例が、陸軍大臣の推薦拒否によって組閣を断念せざるをえなかった昭和十二年（一九三七）の宇垣一成内閣の流産であり、これ以外にも阿部信行内閣・米内《よない》光政内閣など終戦までの内閣は多かれ少なかれ、この制度の圧力を受けている。（大久保文彦）

団琢磨《だんたくま》（一八五八―一九三二）　実業家。福岡藩士神尾宅之丞の四男、幼名駒吉。明治三年（一八七〇）福岡県権大参事団尚静の養子となり、翌四年岩倉使節団*に伴われてアメリカに留学、マサチューセッツ工科大学で鉱山学を修め、十三年帰国。東大などの教職を経て工部省*に入り、三池鉱山勝立坑の開発に当たり、欧米視察に赴く。留学中の明治二十年三池は三井に払下げとなり、益田孝の懇望によって三井に移籍した。帰国後、デービィポンプ二基を導入して湧水を処理し、勝立坑の開発に成功、同二十六年三井鉱山合名の専務理事となり鉱山事業を統括し、大正三年（一九一四）益田引退後、三井合名理事長を引き継ぎ、三井全事業の中枢に坐る。一貫して慎重堅実に経営を指導し、第一次世界大戦*期にも投機を戒しめ、戦後恐慌時の損失を未然に防いで、三井を日本最大のコンツェルンに育成した。日本財界を代表者として、大正五年工業倶楽部理事長、昭和三年（一九二八）日本経済連盟会理事長、同年男爵。昭和七年三月五日、血盟団員菱沼五郎の凶弾に倒れる。『男爵団琢磨伝』二巻がある。（中村隆英）

犬養毅《いぬかいつよし》（一八五五—一九三二）　明治—昭和時代前期の政治家。安政二年四月二十日、岡山藩士犬養源左衛門の二男として生まれる。号は木堂。明治八年（一八七五）に上京、慶応義塾*に学ぶ。その後新聞・雑誌の発刊・編集に携わり、十四年統計院書記官となるが、同年辞職、翌十五年尾崎行雄*らと立憲改進党*を結成した。第一回総選挙*に当選、以来十七回連続当選を果たした。以後進歩党*・憲政党*に所属し、隈板内閣*では尾崎の後継の文相となった。憲政党分裂後は憲政本党*に属し、四十三年（一九一〇）立憲国民党*を組織したが、大正二年（一九一三）大石正巳らの脱党により党は少数となった。寺内内閣期には臨時外交調査会委員に就任。十一年革新倶楽部*を組織し、十三年には護憲三派内閣*の逓相として入閣。翌十四年の政革合同後、逓相・衆議院*議員を辞職し、政界から身を引いた。昭和四年（一九二九）田中義一*の後を受け立憲政友会*総裁に推戴され、六年犬養内閣を組織したが、翌七年の五・一五事件*により殺害された。七十八歳。墓所は青山墓地。（松本洋幸）

斎藤実《さいとうまこと》（一八五八—一九三六）　明治—昭和初期の海軍軍人・政治家。安政五年十月二十七日陸奥（岩手県）に生まれる。明治十二年（一八七九）に海軍兵学校を卒業。同十七年アメリカに留学、初代アメリカ公使館付武官となる。同二十一年の帰国後、海軍参謀本部*へ出仕、日清戦争*中は侍従武官。同三十年十一月に海軍次官となり、山本権兵衛*海軍大臣を補佐して海軍拡張にあたる。同三十九年一月に海軍大臣就任、以後大正三年（一九一四）四月まで五代の内閣にわたって海相に在職したが、同年のシーメンス事件*で辞任、予備役に編入される。同八年に原内閣*で朝鮮総督に起用され、朝鮮の同化政策を実施した。その後、昭和二年（一九二七）のジュネーブ海軍軍縮会議*全権委員、枢密顧問官などを経て、同七年の五・一五事件*後、元老*西園寺公望*の意向により挙国一致内閣を組織、政党内閣*崩壊後の首相として政権を担当した。同十一年、内大臣*在職中に二・二六事件*に遭遇、「現状維持」派の中心とみなされ殺害された。（矢野信幸）

荒木貞夫《あらきさだお》（一八七七—一九六六）　大正—昭和時代の軍人、政治家。男爵。明治十年五月二十六日東京に生まれる。陸士（九期）卒、陸軍大学校在学中日露戦争*に従軍し、のち首席で卒業（十九期）。主として参謀本部*に勤務し、ロシア駐在武官補佐官・憲兵司令官・参謀本部第一部長・第六師団長・教育総監部本部長などを歴任。国家改造を企図する青年将校らの期待を担い、昭和六年（一九三一）十二月から九年一月まで犬養・斎藤内閣の陸相として皇道派*時代を築くも、度重なる革新的国策要求の失敗や党派的人事によって省部幕僚の信望を失った。その後、軍事参議官を経て、二・二六事件*後の粛軍人事により十一年（一九三六）三月予備役に編入される。十三年（一九三八）五月から十四年八月にかけて近衛・平沼内閣の文部大臣となった。戦後、極東国際軍事裁判*でＡ級戦犯として終身刑を言い渡されるも、同三十年（一九五五）仮釈放。同四十一年十一月二日、奈良県十津川で講演旅行中急逝した。（大久保文彦）

真崎甚三郎《まさきじんざぶろう》（一八七六—一九五六）　大正—昭和時代の陸軍軍人。明治九年十一月二十七日佐賀県に生まれる。陸軍士官学校卒（九期）。日露戦争*出征後、陸軍大学校卒（十九期）。軍務局軍事課長・第一師団長・台湾軍司令官などを歴任。昭和七年（一九三二）一月、盟友荒木陸相の推輓で参謀次長に就任、実質的に参謀本部*を主宰することとなり、荒木・真崎・林銑十郎らを中心としたいわゆる皇道派*が陸軍の支配的勢力となる。昭和九年（一九三四）一月には教育総監に就任するも、同時に陸相に就任した林は、このころから永田鉄山を中心とする統制派*と行動をともにし始め、翌十年七月には林によって真崎は罷免されるに至る。この罷免劇が二・二六事件*の一因であることは否めない。二・二六事件後の翌十一年三月予備役に編入され、七月には反乱幇助容疑で拘禁されるも、翌年無罪判決を得て出獄した。終戦後戦犯として収監されるが、のちに釈放された。昭和三十一年八月三十一日。心臓麻痺のため死去。

（大久保文彦）

広《ひろ》田《た》弘《こう》毅《き》（一八七八―一九四八）外交官・政治家。明治十一年福岡生まれ。同三十八年（一九〇五）東京帝国大学法科大学卒業、翌年外交官試験に合格、吉田茂*らが同期である。以後、清国・イギリス・アメリカに駐在、大正十二年（一九二三）欧米局長となり、日ソ国交回復に尽力、昭和元年（一九二六）オランダ公使、同四年ソ連大使となり、同七年（一九三二）罷免。同八年より十一年まで斎藤実*内閣および岡田啓介内閣の外務大臣に就任。この間十年十月「広田三原則」を主張、翌年三月東支鉄道買収問題を処理した。同十一年三月内閣を組織し、「国策の基準」「帝国外交方針」などを決定、十一月には日独防共協定*を締結、内政面では陸海軍大臣の現役制を復活し、以後の軍の内閣への影響力を増大させた。同十二年一月総辞職。同年六月より十三年五月まで近衛文麿*内閣の外相に就任、トラウトマン工作に失敗。同十五年重臣としての待遇を受け、同二十年六月マリク駐日ソ連大使と会談しソ連仲介による終戦を試みたが失敗に終わる。同二十三年十二月二十三日戦争犯罪人として絞首刑となった。

（佐藤元英）

井上日召《いのうえにっしょう》（一八八六―一九六七）明治十九年四月十二日群馬県生まれの国家主義者。本名は昭。前橋中学卒、早稲田大学英文科中退。明治四十三年満州へ渡り、満鉄社員、参謀本部*嘱託として諜報活動に従事する。大正十一年帰国、郷里で日蓮宗*の修行を行い、名前を日召と改めた。同十五年、建国会の創立に参加する。昭和初期には身延山、茨城県の立正護国堂などで修行を積む。昭和四年（一九二九）に上京後、十月事件*に参加、また同七年に門下生の菱沼五郎・小沼正が井上準之助*・団《だん》琢磨《たくま》*を暗殺する血盟団事件*を起こした。このため井上は検挙され、裁判で死刑を求刑されたが、無期懲役となる（同十五年仮出所）。

（矢野信幸）

大川周明《おおかわしゅうめい》（一八八六―一九五七）明治十九年十二月六日山形県生まれの国家主義者。明治三十七年（一九〇四）庄内中学卒業、五高を経て明治四十四年東京帝国大学哲学科を卒業。印度哲学や植民政策の研究が認められ、大正八年（一九一九）満鉄東亜経済調査局調査課長となる。また同年、満川亀太郎・北一輝*らとともに猶存社を結成した。猶存社が解散したのち、大正十四年に行地社を創立、「有色民族ノ解放」などを綱領に掲げた。昭和に入って国家主義革新運動*がさらに昂揚するなかで、昭和六年（一九三一）の三月事件*・十月事件*への参加、翌七年の五・一五事件*での資金提供など運動へ深く関与した。このため、五・一五事件がもとで検挙され禁固五年の判決を受ける。第二次世界大戦後の東京裁判*では、精神病*を発し法廷での奇行がめだち免除となる。戦後は、井上日召・橘孝三郎らと右

翼運動に参加した。（矢野信幸）

北一輝《きたいっき》（一八八三―一九三七）　明治十六年四月三日新潟県生まれの国家主義者。本名は北輝次郎。佐渡中学中退後、『佐渡新聞』への寄稿を行うなどの活動を展開した。日露戦争*中に上京、明治三十九年（一九〇六）五月には『国体論および純正社会主義』を著し自費出版するも発禁処分となる。社会主義者や大陸浪人との交流を経て、明治末期から大正初期にかけて活動の場を大陸に求め、黒龍会のメンバーとして辛亥革命*に関与した。大正四年（一九一五）十一月から『支那革命党及革命之支那』（のち『支那革命外史』と改題）を執筆、中国革命への支援と日本の発展を説いたが、大陸と国内情勢の変化により国内改造の優先を主張するようになり、大正八年より『国家改造案原理大綱*』（のち『日本改造法案大綱』と改題）を執筆、大川周明らと猶存社を組織した。北の主張と思想は、大正末期から昭和初期にかけての国家主義革新運動*に大きな影響を与え、特に西田税《みつぎ》らとの交流を通して青年将校の思想的背景と目されるようになった。このため昭和十一年（一九三六）の二・二六事件*で逮捕され、軍法会議で死刑判決を受け銃殺された。（矢野信幸）

参謀本部《さんぼうほんぶ》　日本陸軍の軍令機関。一時期、陸海軍の統合軍令機関であったことがある。明治十一年（一八七八）十二月五日、ドイツにおける軍政・軍令の二元主義に倣って、従来の陸軍省参謀局を廃止したうえで、新たに設置された。軍令とは国防・作戦計画の立案、平戦両時における兵力使用など、主として軍隊の運用にかかわる統帥的な側面をさし、参謀本部が天皇直隷の機関としてこれらを専掌した。また、参謀将校の統括および教育に任し、陸軍大学校・陸地測量部を管轄した。機関の長は参謀本部長・参軍と改称されたが、明治二十二年（一八八九）以降、参謀総長の名称が定着した。参謀本部は大本営の動員担任機関であるところから、しばしば大本営のような統帥機関と混同されるが、あくまでも計画部であって本来的には指揮命令権は有していない。しかし、昭和十二年（一九三七）十一月、日中戦争*に対処するため大本営が設置されて以降、参謀本部と大本営陸軍部とを区別することは事実上不可能である。終戦後の昭和二十年（一九四五）十月十五日に廃止された。（大久保文彦）

統帥権《とうすいけん》　軍隊に対する最高指揮命令権。大日本帝国憲法*第十一条「天皇ハ陸海軍ヲ統帥ス」によって天皇の大権と規定された。同憲法第十二条「天皇ハ陸海軍ノ編制及常備兵額ヲ定ム」にいう編制大権と対比して統帥大権とも呼ばれる。憲法施行以前の明治十一年（一八七八）に参謀本部*が設置されて以降、軍令・軍政の二元主義が採用されていたため、統帥大権は軍令を意味するものとして、慣習法的に参謀本部や海軍軍令部（のちに軍令部と改称）が排他的に「輔翼」する事項として、軍政を意味する編制大権とは異なり、国務大臣の輔弼を否定する解釈が戦前においては一般的であった。しかし、昭和五年（一九三〇）四月のロンドン海軍軍縮条約の締結に際しては、常備兵額の決定が編制大権に属するか統帥大権に属するかの解釈をめぐって、いわゆる統帥権干犯問題*を呼び起こし、結果として編制大権への軍令機関の発言権が認められるに至った。狭義には軍隊の指揮命令権のみを意味するが、統帥・編制両大権を一括して広義の統帥権と見なす場合もあり、解釈は一定していない。

（大久保文彦）

（四）第二次世界大戦と日本

日中戦争の勃発と「東亜新秩序」 昭和八年（一九三三）五月、関東軍は中国側と塘沽《タンクー》停戦協定*を結び、満州事変*はひとまず終結し、日中関係は一時改善されたかにみえた。しかし、一九三〇年代後半、陸軍による「華北自治」工作が進むとともに、日中関係は悪化し、華北における中国共産党の指導する抗日運動も活発化した。昭和十一年（一九三六）十二月、西安事件が起こり、蔣介石*の国民政府が共産党との内戦停止と挙国一致の抗日に向かうきっかけとなった。

昭和十二年（一九三七）七月七日、北京近郊の盧溝橋《ろこうきょう》付近で夜間演習中の日本軍に何者かが発砲したことから、日中両軍の衝突が起こった（盧溝橋事件*）。現地ではいったん停戦協定が成立したが、近衛内閣は強硬声明を発し日本国内では「暴支膺懲《ぼうしようちょう》」の気運が高まり、同年七月末、陸軍の華北での軍事行動が展開された。八月は上海で日本の海軍軍人が殺害される事件が起こると、海軍は強硬方針をとり、海軍航空部隊が中国の首都南京を空爆するなど、日中戦争*は全面的に拡大した。

昭和十二年十二月、日本軍は南京を占領し、混乱の中で捕虜・非戦闘員殺害事件を起こし、南京虐殺事件*として国際的非難を浴びた。ドイツを仲介とした和平工作も行われたが、近衛内閣は参謀本部*の反対を押し切って、翌十三年一月「爾後《じご》、国民政府を対手《あいて》とせず」との声明を発して、和平工作を打ち切った。国民政府は重慶を首都とし共産党

日中戦争要図

と提携して抗日戦を進めた。

同年十一月、近衛内閣は戦争の目的が、日・満・中三国の協力による「東亜新秩序」の建設にあることを声明し、国民党の有力者汪兆銘《おうちょうめい》を重慶から脱出させて、戦局を収拾しようとした。これは日本が東アジアの盟主として自らのイニシアティブで東アジアに新しい国際秩序をつくり出そうとするアジア・モンロー主義の政策を具体化したもので、アメリカの東アジア政策に対する全面的挑戦であった。アメリカは中国への援助を本格化すると同時に、翌年日米通商航海条約*の廃棄を通告するなど対日経済制裁の姿勢を強めた。中国は米・英・ソなどの軍事的援助を得て戦い続け、日中戦争は収拾困難の長期戦となった。

国家総動員体制　日中戦争の長期化に伴い、総力戦に備えて人的・物的資源を集中的に動員できる体制の確立が緊急の課題となった。軍部の強い要求のもとで、そのための総合基本法として企画院*により国家総動員法案が起草され、近衛内閣によって議会に提出された。私企業に対する政府の広範な統制を認めたこの案に対して、財界や既成政党の間からは、資本主義の否定、憲法違反*とする反対論が高かったが、無産政党*である社会大衆党は、社会主義への道を開くものとして賛成した。審議は難航したが、軍部の圧力のもとで、昭和十三年（一九三八）三月、国家総動員法*は議会を通過・成立した。

これにより、「戦時ニ際シ総動員上必要アル時」には、物資の生産・配給、労働力の徴用、企業の管理、利益の処分など国民生活全般にかかわる広い分野について、政府が法律ではなく勅令で命令できるようになった。その結果、憲法上認められた議会の立法機能は大きな制約を受けるに至った。こうして、軍需優先の物資動員計画が実施され、民需はいちじるしく圧迫され、昭和十五年（一九四〇）以降、砂糖・マッチ・米など生活必需品がつぎつぎに配給制度となった。

第二次世界大戦の勃発　日本が東アジアで日中戦争の収拾に苦しんでいるころ、ヨーロッパではヒトラーを指導者としてナチスの独裁体制を確立したドイツが、日本に続いて国際連盟*を脱退し、ヴェルサイユ体制を打破して再軍備を進め、急速に勢力を拡張しつつあった。そして、ファシスタ党政権（ムッソリーニ）下のイタリアと提携（ベルリン・ローマ枢軸）するとともに、一九三八年（昭和十三年）にはオーストリアを併合し、さらにミュンヘン会談における英・仏の宥和政策に乗じてチェコスロバキアの一部を獲得した。

さらに一九三九年八月、ソ連と不可侵条約を結んで、独ソ両国による東ヨーロッパの勢力分割を取り決めたドイツは、一九三九年九月一日、ポーランドに侵攻を開始し、ポーランド*を援助する英・仏は対独宣戦して、ここに第二次世界大戦*が始まった。

独ソ不可侵条約*の締結に対独不信感を抱いていた日本政府（阿部内閣）は大戦不介入を声明した。昭和十五年（一九四〇）一月には、親英米派と目される海軍大将米内光政《よないみつまさ》が内閣を組織し、対米関係の改善を目指したが、それはきわめて困難であった。同年四月ごろから、ヨーロッパ西部戦線でドイツのめざましい電撃作戦が開始され、六月にはドイツ軍がパリを占領しフランスは降伏した。その間、イタリアもドイツ側に立って参戦した。

日独伊三国同盟の成立　ヨーロッパにおけるドイツ軍の大勝利は、日本国内にドイツ熱をわき立たせた。イギリスもまもなくドイツに屈服するだろうとする観測が広まり、日本はドイツとの提携を強化し、東南アジアの英・仏・蘭の植民地を勢力圏におさめるために（「大東亜新秩序」または「大東亜共栄圏*」の形成）、南進すべきだとする声が陸軍はじめ各界ににわかに高まった。

米内内閣が陸軍の圧力で退陣した後、昭和十五年七月、第二次近衛内閣*（外相松岡洋右《ようすけ》*、陸相東条英機《ひでき》*）が成立し、同年九月には、フランスとの協定により日本軍の北部仏印（フランス領インドシナ）進駐が開始され、続いて日独伊三国同盟*が調印された。

これは日本の「大東亜」、独・伊のヨーロッパにおける指導的地位を相互に承認し、欧州大戦・日中間の紛争に参加していない国から攻撃された場合の相互援助を取り決めたもので、アメリカの大戦参戦を阻止することが主な目的であった。しかし、アメリカがイギリスへの武器援助など大戦への介入の姿勢を強めつつあるときに、ドイツとこうした軍事同盟を結んだことは、日本にとって対米戦争へ向けてほとんど引き返すことのできない第一歩を踏み出したことを意味していた。

新体制運動の展開　ドイツの勝利は国内政治の面にも大きな影響を及ぼした。昭和十五年（一九四〇）六月ごろから全体主義的政治原理を取り入れた国民再組織をめざす新体制運動*が、近衛文麿*を擁立する形で進められた。高度国防国家を目指す陸軍は、ナチス流の一国一党的親軍組織づくりを狙って新体制運動をあと押しし、近衛側近の昭和研究会や社会大衆党も熱心にこれに参加した。はじめ消極的だった既成政党も、同年七―八月にはつぎつぎ解党してこれに加わり、同年十月、近衛総裁のもとにこれら諸党派を結集した大政翼賛会*が発足した。

こうして複数政党制は解消し、明治立憲制下の議会制度・立憲政治は、いちじるしく形骸化された。しかし、結局、大政翼賛会は強力な政治指導力をもつ一国一党的国民組織とは異質な、単に各界のもろもろの勢力を寄せ集めた団体になってしまった。

このような日本の政治支配体制を「ファシズム」とみな

すかどうかについては、第二次世界大戦後、長らく学界で論議されてきたが、今日ではそれが、強力な独裁体制を欠き、反対派の大量粛清もみられず、ヒトラーのような独裁者も出現せず、むしろ権力の割拠性に悩まされた点などから、ナチス・ドイツ（あるいは共産党独裁下のソ連の全体主義体制）との異質性を重視する見方が有力で、「ファシズム」とはみなさないのがふつうである。

日米開戦　昭和十六年（一九四一）四月、渡欧した松岡外相はモスクワで日ソ中立条約*に調印した。これは独・伊との提携を強化し、ソ連との国交調整をはかり、独・伊・ソとの結びつきを背景に対米交渉を有利に導こうとする松岡構想の一環であった。ほぼ時を同じくしてワシントンでは、アメリカとの関係改善をめざす日米交渉が開始された。

　しかし、同年六月、独ソ戦の開始によって松岡構想は破綻した。日本は北方の安全を確保して南進政策を強め（「北守南進」）、七月には第三次近衛内閣のもとで、日本軍が南部仏印に進駐した。これに対しアメリカは、在米日本資産の凍結・石油の対日輸出全面禁止という厳しい対日経済制裁措置を発動し、英・蘭もこれにならった。石油をはじめ多くの重要物資をアメリカからの輸入に頼っていた日本にとって、これは大きな打撃であった。以後、陸軍ばかりか、対米穏健派と目された海軍部内にも、「ジリ貧」を避けるために、軍事力により連合国側の経済封鎖を打破しようとする強硬論が盛んになった。

　昭和十六年（一九四一）九月六日の政府・軍部の最高首脳による御前会議で、十月上旬までに交渉妥結の見通しが立たなければ戦争を決意する、という「帝国国策遂行要領*」が決定されたが、アメリカが日本軍の中国からの撤兵をもとめたのに対し、陸軍は強く反対して日米交渉は行き詰まり、近衛首相は和戦の決断を下せぬままに退陣した。

　同年十月、後継の首相となった東条英機（陸相を兼任）は、昭和天皇の意を体し「要領」を再検討して日米交渉を続けたが、日本の武力南進に強い不信感を抱いていたアメリカは、中国・仏印からの日本軍の全面的撤退、三国同盟の空文化などこれまでにない強硬な内容を盛り込んだハル・ノート*を提出した。これを最後通告とみなした日本は、十二月一日最終的に開戦を決定した。

　昭和十六年（一九四一）十二月八日早朝、日本陸軍は英領マレー半島（一部はタイ領）に上陸し、ついで日本海軍の航空部隊がハワイ真珠湾のアメリカ艦隊を攻撃した。日本はこの日、米英両国に対し宣戦を布告した。対米交渉打ち切り通告はハワイ攻撃三〇分前を予定していたが、手違いから攻撃後となったため、それまで大戦への介入をためらっていたアメリカは日本の「卑劣な奇襲攻撃」として、挙国一致で対日戦に突入した。三日後、ドイツとイタリア

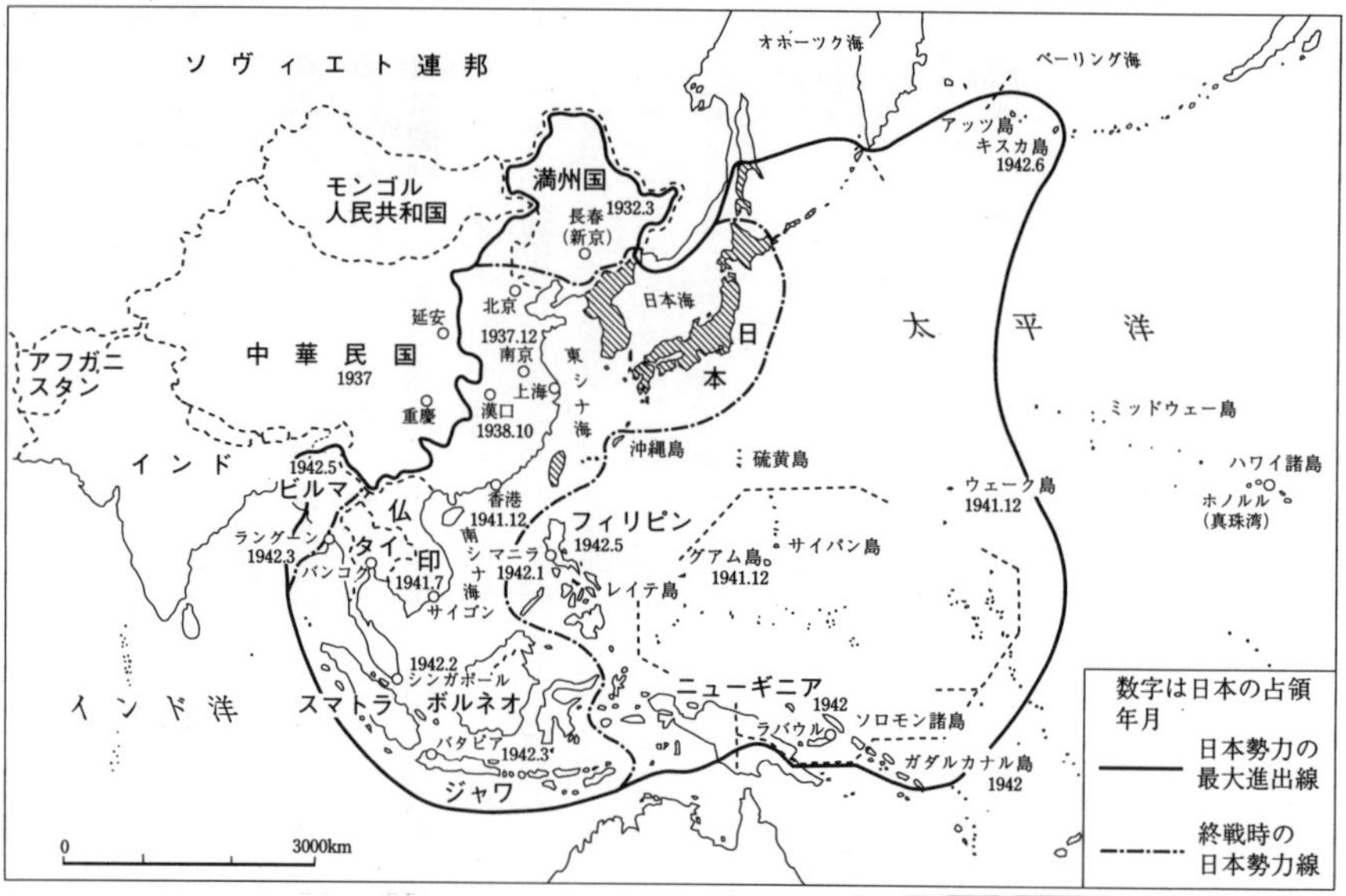

太平洋戦争要図（鳥海靖『日本の近代』放送大学教育振興会より）

も対米宣戦し、ここに大戦は全世界に広がった。

「大東亜共栄圏」　開戦後、ほぼ半年間で日本軍は、香港・マレー半島・シンガポール・蘭領インドシナ・ビルマ・フィリピンなど東南アジア諸地域の米・英・蘭の植民地を占領した。日本は戦争目的として、欧米の植民地支配からのアジア諸民族の解放による「大東亜共栄圏」の建設をうたい、旧宗主国に対する現地住民の民族運動を支援したので、戦争初期には占領地域で日本軍を歓迎したところも多かった。昭和十八年（一九四三）日本はビルマ、フィリピンの独立を認め、自由インド仮政府を承認した。同年十一月、日本の勢力下の政治指導者たちを東京に集めて大東亜会議*が開かれ、戦争の貫遂、「大東亜」の解放、人種差別撤廃などをうたった共同宣言が発表された。

しかし、こうした大義名分にもかかわらず、現実には日本軍の軍事的要求が優先し、独立を認めた地域でも日本軍が実権を握り、石油・ゴムなど重要軍需物資の略奪的調達、土木工事への現地住民の強制就労、反日分子の処刑などにより、戦局の悪化とともに住民の反日気運が高まった。

敗戦への道　昭和十七年（一九四二）四月、東条内閣*はいわゆる翼賛選挙*によって国内体制を固め、思想・言論統制を強化し、言論人を動員して戦争完遂のため世論形成を図った。しかし、同年六月、ミッドウェー海戦*で日本海軍が航空母艦四隻を失うという惨敗をきっして以後、太平洋の制海権・制空権を喪失して、戦局は悪化した。アメリカ軍を主力とする連合国軍の全面的反攻により、日本軍は西南太平洋地域からつぎつぎに後退し、昭和十九年（一九四四）七月には、絶対国防圏の一角としたサイパン島がアメリカ軍により占領され、東条内閣は退陣し、小磯国昭が後継の首相となった。

海上輸送もままならず、軍需資源の欠乏から軍需生産は頭打ちとなり、民需や食料の不足は深刻化した。兵士の大量動員により女子生徒を含む学徒勤労動員や植民地の人々の強制徴用・連行にもかかわらず、労働力不足も顕著となった。

昭和十九年末ごろから米軍機の日本本土空襲*が本格化し、昭和二十年（一九四五）三月の東京大空襲により約十万人の一般住民が死亡したのをはじめ、日本国内の主要都市は、ほとんど焦土と化した。同年三月沖縄に米軍が上陸し、激しい戦闘のすえ、六月には沖縄は米軍に占領された。日本側の死者は民間人約十万を含む二十万といわれる。ヨーロッパ戦線では、一九四三年九月にイタリア、一九四五年五月にドイツが連合国側に降伏し、日本はまったく孤立無援となった。

昭和二十年四月に成立した鈴木貫太郎《かんたろう》内閣*は、東郷茂徳《しげのり》外相を中心に、六月ごろから当時日本と中立関係にあったソ連を仲介して和平工作に着手した。それに先立つ同年（一九四五）二月、ローズヴェルト、チャーチル、スターリンの米・英・ソ首脳がヤルタ会談*において極秘のうちに、ドイツ降伏後、二―三カ月以内にソ連が対日参戦をすることを取り決めていたが、日本はそれに気づかなかったのである。

同年七月二十六日、米・英・中三首脳（のちソ連も参加）は、日本に対し降伏を呼びかけるポツダム宣言*を発した。しかしソ連を仲介とする和平に望みを託していた日本政府は、これを「黙殺」する首相声明を発表した。これに対しアメリカは、八月六日広島に、八月九日に長崎*に原子爆弾を投下し、合わせて二十数万人の死者を出した。そのほとんどが女性と子供を含む非戦闘員であった。この間、八月八日ソ連が日ソ中立条約を侵犯して対日参戦し、満州や南樺太・千島に侵攻した。

こうしたなかで、日本政府は降伏を決意し、陸軍などの戦争継続論に対して、八月九―十日、同十四日の二度の御前会議で昭和天皇自身の裁断という異例の形をとって、ポツダム宣言（四国共同宣言）受諾を決定し、昭和二十年八月十四日、中立国を通じて連合国側に正式にこれを通告した。そして翌八月十五日、天皇自身がラジオ放送を通じて日本国民に発表した。同年九月二日、東京湾上の米戦艦ミズーリ号上で日本と連合国側との間で降伏文書の調印が行われ、六年にわたって全世界に空前の惨害をもたらした第二次世界大戦はようやく終わりを告げたのである。

　その人的被害についてはあまりに膨大で正確なデータはないが、戦後、戦史の編纂に当たった服部卓四郎によれば、世界で兵員・一般市民あわせて死者約二千二百万、日本では日中戦争を含めて、死者・行方不明者約二百五十二万（軍人軍属百八十六万、官民六十六万）と推計している。

（鳥海　靖）

〔日中戦争と国家総動員体制〕

第一次《だいいちじ》近衛《このえ》内閣《ないかく》　昭和十二年（一九三七）六月四日に成立し、十四年一月四日に総辞職した内閣。近衛文麿*を首相とし、諸政治勢力の代表が入閣した。首相近衛の高い家格と若さ、「相克摩擦の緩和」「国際正義」「社会正義」の実現をスローガンとしたことなどから世論の大きな期待を受けて発足した。発足直後の七月に日中戦争*が勃発し、国民精神総動員運動*や戦時経済統制の形成、実施に携わった。外交面では、十三年一月の第一次近衛声明で中国（蔣介石*政権）に対して強硬姿勢をとった結果、戦争の長期化を招いた。そこで五月に内閣改造を行って、蔣政権との和解を模索する一方、十月の第二次近衛声明などによって親日政権樹立工作も行い、内政面では、同年後半に戦時体制強化のため全体主義的な国民組織の結成を計画した。しかし、国民組織結成に失敗したうえ、日独伊防共協定*強化問題をめぐる閣内対立も起こったため、親日政権工作が一段落した十四年初頭に総辞職した。

（古川隆久）

日中戦争《にっちゅうせんそう》　昭和十二年（一九三七）より八年間にわたり、中国大陸を主戦場として展開された日本と中国の全面戦争で、同十六年からは第二次世界大戦*の一部戦線となり、同二十年八月十五日日本の敗北に終わった。日本は当初「北支事変」と呼称し、ついで「支那事変」（十二年九月）、さらに「大東亜戦争」（十六年十二月）と改称した。昭和六年（一九三一）に勃発した満州事変*は同八年塘沽《タンクー》停戦協定*によって一応の終結をみたが、さらに日本軍は華北分離工作*の促進を図り、これに対して中国側は失地東北の回収、満州国*の解消をも企画する傾向を強めた。こうした状況下において昭和十二年七月七日、北京郊外盧溝橋で夜間演習を実施していた日本軍に対して発砲する事件が勃発した。近衛文麿*内閣は華北への大規模な出兵を決定し、関東軍は長城を越えて南下を開始、一方、蔣介石*も徹底抗戦の姿勢を示した。戦局は一挙に拡大、日本軍は平津地区を制圧、八月九日上海で海軍陸戦隊の大山勇夫中尉が中国保安隊に殺害される事件が勃発するや、上海で戦闘が開始されるに至り、日中両国は全面戦争に突入した。

　日本軍は十二月十三日首都南京を占領し、非戦闘員・捕虜の大量虐殺を行った。国民政府は首都を漢口に移転し抗戦を継続、近衛内閣はトラウトマン和平工作を試みたが、中国側は和平条件を拒否、同十三年一月交渉を打ち切り「爾後国民政府ヲ対手トセス」との声明を発表し、自ら和平の道を閉ざした。同年八月中支那派遣軍に対し漢口への進撃命令が下り、十月武漢三鎮を占領、国民政府は重慶に移転し抗戦を継続した。近衛首相は十一月三日、日本の戦争目的は「東亜新秩序の建設」にあるとの声明を発表、同十五年三月汪兆銘を首班とする政府を南京に成立させた。そして、同年九月日本軍は北部仏印への進駐を実施し、泥沼化した日中戦争の解決を南方進出に求めた。しかし、日米交渉の決裂によって、日本は同十六年十二月八日英米に宣戦を布告、太平洋戦争*の勃発となった。同十七年九月日本は重慶進撃作戦の準備を開始したが、南方へ軍需品を転用するため中止せざるをえなくなり、以後日本軍の戦力は急速に衰え、中国軍はしだいに攻撃に転じ、蒋介石は同十八年十一月カイロ会談に出席、満州・台湾・膨湖諸島の中国への返還、朝鮮の独立について米英中三国の意見一致をみた。東条内閣*はサイパン島の失陥を機に退陣し、小磯内閣は対重慶和平工作(繆斌《ミョウヒン》工作)を画策したが挫折、同二十年二月米英ソのヤルタ会談*でソ連は対日参戦を約した。アメリカによる原爆投下*とソ連の参戦に衝撃を受けた日本は、八月十四日ポツダム宣言*を受諾して降伏し、日中戦争を含めて太平洋戦争の終結をみたのである。岡村寧次総司令官は九月九日南京で降伏文書に調印した。八年間の日中戦争における日本軍の戦死者四十一万、戦傷病者九十二万であるが、中国側の戦死傷者は三百万、罹災・死者は二千万に達した。〈古屋哲夫編『日中戦争史研究』吉川弘文館、一九八四。臼井勝美『新版日中戦争』中公新書、二〇〇〇〉

(佐藤元英)

盧溝橋事件《ろこうきょうじけん》　昭和十二年(一九三七)七月七日、北京西南郊外約一〇キロの盧溝橋(マルコポーロ橋)付近で夜間演習中の日本軍部隊と、ここを警備していた中国第二九軍の一部隊が衝突した事件で、日中戦争*の発端になった。同日午後十時四十分ごろ、支那駐屯軍第一連隊第三大隊第八中隊(豊台駐屯)が盧溝橋を流れる永定河東岸一帯で対ソ戦闘の夜間接敵攻撃訓練の演習中、日本軍仮想敵が軽機関銃の空砲を発射したところ、これに対して中国第二九軍第三七師の兵士によって数発の実弾が撃たれた。このとき日本軍の伝令兵一名が行方不明になったことから事態が重大化、翌日未明日本軍は第三大隊主力によって盧溝橋城を砲撃したあと、現地では十一日中国代表の遺憾の意の表明と責任者の処分、事件の再発防止を骨子とする協定がまとまりかけた。近衛文麿内閣*は当初事件不拡大、現地解決を表明したが、陸軍中央の強硬派の主張によって、十一日華北への派兵と内地三個師団の動員の方針を決定した。これに対応して蒋介石*の国民政府は華北への増兵を実施、二十八日より日本軍の総攻撃が開始され、日中全面戦争へと発展した。

(佐藤元英)

南京虐殺事件《なんきんぎゃくさつじけん》　日中戦争*初期の昭和十二年(一九三七)国民政府の首都南京を占領し、中支那方面軍司令官松井石根大将らが入城した際、日本軍が行った大規模な虐殺、略奪事件。同十二年八月華北での戦火が上海に波及するに及び、近衛内閣は内地より二個師団を上海に派遣したが、中国軍の頑強な抵抗により戦線は膠着し、十一月五日柳川平助中将第十軍を杭州湾に上陸させ中国軍を背後から攻撃し、七日には松井大将を司令官とする中支那方面軍を編成、十二月十三日首都南京を占領した。日本軍の占領後、約一週間南京は無政府状態となり、城内だけでも数万人以上の非戦闘員が殺され、捕虜の集団殺害、さらに婦女子を含む一般民衆に対して行った掠奪、放火、暴行などの残虐行為は、日本国内には報じられなかったが、南京アトロシティーとして国際的に大きな非難をあび、戦後の極東国際軍事裁判*では大きな問題としてとり上げられ、松井司令官（当時）は日本軍を統制し、南京市民を保護する義務を怠った責任を問われ、死刑に処せられた。事件の被害者数は、同裁判では二十万以上、最近の中国側の公表では三十万以上とされている。（佐藤元英）

日中和平工作《にっちゅうわへいこうさく》　日中戦争*続行中に行われた日本と中国の和平交渉。一連の交渉は中国に対日政策の転換を迫る性格が強い。昭和十二年（一九三七）八月の「船津工作」は、外務省の主導で在華日本紡績同業会総務理事船津辰一郎を上海に派遣し、外交部亜洲司長高宗武との会談に成功したが、「日支国交全般的調整要綱」と「日華停戦条件」が中国側に正確に伝えられないまま、工作は中止に追い込まれた。まもなく同年十月から参謀本部*が「トラウトマン工作」を推進した。日本は比較的寛大な条件を駐華独大使トラウトマンらを通じて中国側に伝えたが、蒋介石*は折から開催中の九カ国条約*会議を最大限に活用する意図から、いったん拒否した。

その後、日本側は軍事作戦の勝利を背景に条件を加重し、「国民政府を対手とせず」声明を発表して交渉を打ち切った。宇垣一成外相時代の「宇垣・孔祥熙工作」は前述声明を修正し、国民政府行政院長孔祥熙に照準を合わせた。しかし、蒋介石の下野問題をめぐる対立は解消されず、宇垣の辞任とともに工作も消滅した。一方、日本は占領地域に樹立した傀儡政権と両国関係の再構築を試みた。その最大のものは「汪兆銘工作*」である。軍務課長影佐禎昭と高宗武らの内面工作により、昭和十三年十二月、汪兆銘が重慶を脱出し、十五年三月南京に政権を樹立した。日本が同政権を承認したことで、蒋介石政権に対する和平工作が大きく制約されることになった。十五年以降、日本は多数のチャンネルを通じて重慶工作を展開したが、「銭永銘工作」や「桐工作」は国民政府による攪乱工作と断定されたため、小磯内閣下の「繆斌《みょうひん》工作」も重慶側の謀略と信じ込まれ、各方面の強い反対で中止となった。失敗を繰り返した和平工作は「事変」と呼ばれた日中戦争の複雑な様相を物語っている。（劉　傑）

東亜新秩序声明《とうあしんちつじょせいめい》　第二次近衛声明ともいい、日中戦争*に対する日本の戦争目的を声明したものである。近衛文麿*首相は昭和十三年（一九三八）十一月三日、この声明を発し、「今次征戦究極の目的」が東亜新秩序の建設にあることを宣言し、「日満支」三国相携え、政治・経済・文化など各般にわたり互助連環の関係を樹立するをもって根幹とし、東亜における国際正義の確立、共同防共の達成、新文化の創造、経済結合の実現を期すにあると述べた。この理念は同年十一月三十日の御前会議決定「日支新関係調整方針」よってさらに具体化され、汪兆銘工作*が行われると、十二月二十二日近衛首相は「善隣友好、共同防共、経済提携」の三原則を声明した。後の大東亜共栄圏*構想につながる。（佐藤元英）

汪兆銘工作《おうちょうめいこうさく》　日本政府が蒋介石国民政府*以外の新政権を相手に日中戦争*の解決を謀った対華工作。満鉄の西義顕らの働きかけで、昭和十三年（一九三八）二月、外交部日本科長董道寧が来日し、軍務課長影佐禎昭らと会談したことが工作の発端である。やがて七月高宗武亜洲司長の訪日に発展し、十一月に「日華協議記録」が調印され、日本は中国が満州国*の承認と経済提携における日本の優先権を承諾する見返りに、治外法権*の放棄や租界の返還、条件付き撤兵を約束した。この線で戦争解決に乗り出した汪兆銘は十二月十八日に重慶を脱出し河内入りした。しかし直後に発表された近衛声明は、協議記録を再確認したものの、撤兵については言及しなかった。翌年五月活動の拠点を上海に移した汪は、訪日を通じて新政権樹立の工作を軌道に乗せた。昭和十四年十二月に結ばれた「日支新関係調整に関する協議書類」は主権を犠牲にした汪の対日妥協の産物であった。その内容が高宗武らに暴露されたが、新政権樹立の既定方針は変更されず、十五年三月の「還都」で傀儡政権が幕を開けた。（劉　傑）

企画院《きかくいん》　日中戦争*・太平洋戦争*期における内閣の政策担当部局。日中戦争勃発に伴う戦時体制形成の一環として、様々な内政改革案を立案していた企画庁と、有事体制の研究を行っていた資源局を合併して昭和十二年（一九三七）十月二十五日、内閣に設置。国家総動員の中枢機関とされた。準閣僚級の総裁以下、六つの部が置かれ、各種の国家総動員計画や関連する政策の調査立案や、国家総動員法*の立案と運用などを担当した。内政改革に関心の深いエリート軍人や官僚*（革新官僚）が幹部職員に多数在籍し、十五年の新体制運動の際には経済新体制要綱をはじめとする多数の改革案を立案した。また、調査立案に高度な計画経済の知識が必要だったため、マルクス経済学の知識をもつ人々が多数奉職したが、そのなかに共産主義運動関係者がいたため、昭和十三年から十六年にかけて、治安維持法*違反容疑で多数の逮捕者を出した企画院事件が起こった。十八年十一月一日、軍需生産増強のため、商工省や陸海軍の軍需生産部門を合わせた軍需省に改組された。（古川隆久）

国家総動員法《こっかそうどういんほう》　日中戦争*・太平洋戦争*期の戦時統制のための法律。第一次世界大戦*における総力戦の実態にかんがみ、大正七年（一九一八）に軍需工業動員法が制定されていたが、日中戦争勃発に際し、同法に代わるより包括的な戦時法規制定のため企画院*で立案され、昭和十三年（一九三八）の第七十三帝国議会に提出された。戦時・事変の場合に国家総動員のため、物資、労働力の動員、物価、金融、為替、言論の統制、生産設備、科学研究の管理、治安維持など、政府に広範な権限を与える内容となっていたが、詳細は勅令（議会審議不要の法令）に委任する内容となっていたため、議会の権限を侵害するとして議会審議は紛糾した。しかし、運用に関する諮問機関として国家総動員審議会を設置するなどの妥協によって可決

国家総動員法（『官報』）

第一条　本法ニ於テ国家総動員トハ戦時ニ際シ国防目的達成ノ為、国ノ全力ヲ最モ有効ニ発揮セシムル様、人的及物的資源ヲ統制運用スルヲ謂《い》フ

第四条　政府ハ戦時ニ際シ国家総動員上必要アルトキハ、勅令ノ定ムル所ニ依リ、帝国臣民ヲ徴用シテ総動員業務ニ従事セシムルコトヲ得

第八条　政府ハ戦時ニ際シ、国家総動員上必要アルトキハ、勅令ノ定ムル所ニ依リ、総動員物資ノ生産、修理、配給、譲渡其ノ他ノ処分、使用、消費、所持及移動ニ関シ必要ナル命令ヲ為スコトヲ得

第二十条　政府ハ戦時ニ際シ国家総動員上必要アルトキハ、勅令ノ定ムル所ニ依リ、新聞紙其ノ他ノ出版物ノ掲載ニ付、制限又ハ禁止ヲ為スコトヲ得……

され、四月一日公布、五月一日施行された。

当初は、日中戦争勃発直後に制定された臨時資金調整法や輸出入品等臨時措置法の範囲外となる、生産設備や科学研究の管理、労働力動員、物価統制などに適用されていたが、十六年三月の大改正で適用範囲が拡大されたのを機に前記二法は本法に一本化され、本法は戦時統制法の代名詞的存在となった。本法を根拠とする主な勅令には（カッコ内は公布年月）、工場事業場管理令（軍需工業動員法より継承、十三年五月）、賃金統制令（十四年三月）、国民徴用令*（同年七月）、価格等統制令（同年十月）、小作料統制令（同年十二月）、会社経理統制令（十五年十月）、重要産業団体令（十六年八月）、配電統制令（同上）、金属類回収令（同上）、新聞事業令（十六年十二月）、企業整備令（十七年五月）、学徒勤労令（十九年八月）、女子挺身勤労令（同上）などがある。太平洋戦争敗戦後の昭和二十一年四月一日に廃止された。（古川隆久）

近衛《このえ》文麿《ふみまろ》 （一八九一—一九四五）大正—昭和前期の政治家。公爵。明治二十四年十月十二日、公爵近衛篤麿の長男として東京に生まれる。大正五年（一九一六）襲爵により貴族院*議員となる。六年京都帝国大学法科大学卒業。元老西園寺公望*から将来の首相候補として嘱望され、七年に全権となった西園寺の配慮でヴェルサイユ講和会議全権団に参加する。昭和八年（一九三三）十二月貴族院議長に就任。十一年の二・二六事件*の際、西園寺の推薦により天皇から組閣の大命を受けたが、健康問題を理由に辞退。十二年六月再び組閣の大命を受けて第一次近衛内閣の首相に就任したが、七月に勃発した日中戦争*を収拾できず、十四年一月総辞職。次の平沼内閣の無任所相に就任する一方、枢密院*議長にも就任。しかし、指導者としての声望は衰えず、十五年六月、枢密院議長を辞職して新体制運動*を開始。七月に第二次近衛内閣*を組織、十月に大政翼賛会*を創立し、十一月に日独伊三国同盟*を成立させるが、日米交渉をめぐって外相松岡洋右*と対立、松岡更迭のため、十六年七月第三次内閣を組織。しかし、今度は日米交渉をめぐって陸軍と対立し、十月総辞職。昭和二十年八月の太平洋戦争*終結後、東久邇内閣の無任所相を経て、十月宮内省御用掛となり憲法改正に従事するが、十二月六日戦犯に指定され、十六日早朝東京荻窪の自宅で服毒自殺した。五十五歳。元首相細川護熙は孫にあたる。（古川隆久）

〔第二次世界大戦の勃発と日本〕

日独伊《にちどくい》防共協定《ぼうきょうきょうてい》 昭和十一年（一九三六）十一月二十五日ベルリンで日独防共協定が締結され、イタリアは翌年十一月六日原署名国として協定本文に参加。協定はコミンテルンの目的を規定し共産主義的破壊に対する防衛協力をうたった前文と、その活動の相互通報と防衛措置の協議・協力、第三国に対する防衛措置または本協定への参加の勧誘などを約した本文からなり、期限は五年。日独間の秘密協定では、締約国の一方がソ連から攻撃または脅威を受けた場合、他方の締約国はソ連の負担を軽くするような一切の措置をとらないこと、同協定の精神に反する政治的条約のソ連との締結禁止などが定められた。交渉は十年末から駐独武官大島浩とナチ党外交部長リッベントロップ間で開始され、広田弘毅*内閣成立後の十一年四月以降、北鉄買収や漁業問題交渉でのソ連の強硬姿勢に苦慮してきた外務省も正式化を決定、駐独大使武者小路公共《きんとも》と独外相ノイラート間でも交渉が行われた。協定本文は後者、秘密協定は前者の案によるとされる。日独協定締結後、交渉経過を傍受していたソ連は、締結直前の日ソ漁業条約案を破棄した。　（黒沢文貴）

防共《ぼうきょう》協定《きょうてい》強化《きょうか》問題《もんだい》　昭和十二年（一九三七）十一月の日独伊防共協定*成立後、陸軍は日独間の秘密付属協定を強化して日独伊三国の軍事同盟への発展を企図、昭和十三年一月大島浩駐独武官とリッベントロップが接触を開始。同月近衛文麿*首相が「国民政府を対手とせず」*声明を行うと、ドイツは中国からの軍事顧問引上げや満州国承認で、これに同調。外務省の親軍親独的官僚も同盟構想の検討を開始。七月リッベントロップ外相は対象国を限定しない軍事同盟案を提示。八月二十六日の五相会議は同盟の対象国と自動参戦義務をめぐる修正を施し、正式交渉を開始。しかし対英米戦を危惧する海軍と英仏関係への影響を懸念する宮中および外務省首脳が同盟に反対、近衛内閣は閣内不統一により昭和十四年一月総辞職した。交渉は平沼騏一郎内閣の下で継続されたが、ドイツは小田原評定の続く日本との交渉長期化に見切りをつけ、八月二十三日独ソ不可侵条約*を締結。日本はこれを防共協定秘密付属協定違反として非難。二十八日平沼内閣は「複雑怪奇」声明とともに総辞職、交渉も中断した。　（黒沢文貴）

ノモンハン事件《じけん》　昭和十四年（一九三九）五月から九月に生起したノモンハン付近の国境をめぐる日本とソ連・モンゴル間の軍事衝突。ソ連・モンゴルと満州国間に明確な国境が確定していないために、張鼓峰事件など国境紛争が続発し、モンゴル側は国境警備を強化。関東軍も十四年四月「満ソ国境紛争処理要綱」で強硬策を指示。五月日満側が国境とするハルハ川東岸に進出したモンゴル軍と満州国軍が衝突すると、第二三師団は部隊を派遣したが、その捜索隊は全滅。六月ソ連は戦車・飛行機・重砲を伴う大兵力の投入を決定。関東軍も第二三師団に戦車と飛行隊を加え、空爆と地上攻撃を行う。大本営は日中戦争*への影響と日ソ戦への拡大を懸念し交渉による解決を命じたが、関東軍は無視。その結果ポーランド侵攻の日程上短期決戦を企図した八月中旬のソ連軍の反攻によって、日本は多くの部隊が全滅。戦死・行方不明者八千七百余名、戦傷病一万余名を出す。九月大本営は独ソ不可侵条約*の締結に伴う国際情勢の急変に応ずるため停戦を関東軍に厳命。十六日ソ連との間に停戦が成立した。　（黒沢文貴）

独《どく》ソ《そ》不可侵《ふかしん》条約《じょうやく》　一九三九年（昭和十四）八月二十三日モスクワで締結。ソ連外相モロトフと独外相リッベントロップが署名した。条約は、①相互の不侵略、②一方が第三国の攻撃を受けた場合の第三国不援助、③情報交換のための相互連絡、④相手国を対象とする同盟への不参加、⑤紛争・衝突の平和的解決からなり、期間は十年と定められた。このほかドイツ侵攻後の東欧分割を定めた秘密協定が存在するとされる。三月のチェコ解体後、ポーランド侵攻を企図していたドイツは、英仏牽制のための防共協定強化交渉の停滞とノモンハン事件*での日本の対ソ抑止力への不安からソ連接近を強め、日独の二正面作戦を避けたいソ連も、ドイツによる対日関係調整と戦線の局限を希望したことで条約が成立した。平沼騏一郎内閣は、突如発表された欧州の新局面に対応できず総辞職。中立政策をとる阿部信行内閣の成立により、日本側の防共協定強化交渉も打ち切られた。ドイツは九月一日のポーランド侵攻後、一九四一年六月二

十二日条約を破棄してソ連に侵攻、条約は同日自動的に失効した。　(黒沢文貴)

第二次世界大戦《だいにじせかいたいせん》　一九三九年（昭和十四）九月一日のドイツのポーランド侵攻から、一九四五年九月二日の日本の降伏文書調印で終わる戦争。英仏は一九三九年九月三日ドイツに宣戦布告。二十八日ドイツとソ連は境界・友好条約を結び、ポーランドを分割占領。ソ連のフィンランド侵攻などはあったが、本格的戦闘のない「奇妙な戦争」と呼ばれる状態が続く。一九四〇年四月以降ドイツは突如デンマーク・ノルウェー・オランダ・ベルギー・ルクセンブルクに侵入し、マジノ要塞線を突破、ダンケルクに後退した英仏軍は五月二十七日英本土に退却。六月十四日パリ陥落、二十二日独仏休戦協定成立。イタリアは六月十日、英仏に宣戦布告。日本の第二次近衛内閣*もドイツに接近、九月二十七日日独伊三国同盟*を締結。ソ連のルーマニア圧迫などにより独ソ関係が徐々に悪化、ソ連は日ソ中立条約*締結により背後を固める。

一九四一年六月二十二日独ソ戦が勃発。七月単独不講和条項を含む英ソ相互援助条約の締結、八月十四日ナチ打倒を目的とする英米首脳による大西洋憲章の発表、十月米による武器援助法のソ連への適用があり、戦争はファシズム対反ファシズムの様相を呈する。七月日本の南部仏印進駐*の結果、日米対立が決定的に深まり、十二月八日日本の対米英開戦、十一日独伊の対米開戦により、戦争は一挙に世界化。一九四二年一月一日二十六の連合国が共同宣言を発表、大西洋憲章を基礎に戦争目的を明確化。

スターリングラード攻防戦でドイツが劣勢に転じるなか、米英は一九四三年一月カサブランカ会談で枢軸国に対する無条件降伏要求を決定。七月連合軍のシチリア上陸に伴いムッソリーニが失脚、バドリオ政府は九月三日無条件降伏。連合国は十一、十二月のカイロ（米英中）、テヘラン（米英ソ）両会談で対日処理方針と第二戦線の開設を討議。一九四四年六月六日連合軍がノルマンディーに上陸、パリ解放。一九四五年二月米英ソ首脳はヤルタ会談*でドイツの戦後処理とソ連の対日参戦を決定。四月連合軍の東西からの進撃で、三十日ヒトラーが自殺、五月八日無条件降伏。七月二十六日連合国がポツダム宣言*を発表、日本の受諾で戦争は終結した。〈荒井信一『第二次世界大戦』東京大学出版会、一九七三〉　(黒沢文貴)

日本の南進《にほんのなんしん》**（仏印進駐**《ふついんしんちゅう》**）**　南進政策は、昭和十一年（一九三六）広田弘毅*内閣の「国策の基準」以降正式国策となり、第二次大戦勃発で積極化。対独降伏後のフランスのビシー政権を圧迫して、仏領インドシナへの進駐が行われた。（一）北部仏印進駐。日本は援蔣ルートの遮断を名目に、昭和十五年八月三十日松岡洋右*外相とアンリ駐日大使との間で協定を締結。現地での軍事細目協定の交渉は日本軍の越境事件があり難行したが、九月二十二日日本軍の通過、飛行場の使用、駐兵を認める協定が成立、翌日進駐を開始。（二）南部仏印進駐。米英蘭の対日禁輸措置と独ソ開戦の影響で、六月二十五日の連絡会議は南部仏印進駐を、七月二日の御前会議は仏印施策に関しては対英米戦を辞せずとする強硬政策を決定。親ドゴール派のアンリ大使を経由せず、七月十四日に加藤外松駐仏大使がビシー政権のダルラン副総理に覚書を手交、二十一日の受諾回答を受け、二十八日平穏裡に進駐した。米英蘭印は同日までに日本資産凍結令

を公布、八月一日アメリカが対日石油輸出全面禁止を宣言、日米関係は決定的に悪化した。（黒沢文貴）

日独伊三国同盟《にちどくいさんごくどうめい》　昭和十五年（一九四〇）九月二十七日、ベルリンで駐独大使来栖三郎、独外相リッベントロップ、伊外相チアノの署名により締結された条約。独ソ不可侵条約*の成立以降、日本は独伊との同盟構想を中断していたが、ドイツが蘭・仏を含む欧州侵攻を再開すると、発足間もない第二次近衛内閣*のもと、軍と外務省は独伊ソとの関係強化と宗主国の力の空白に乗じた南方資源の獲得を目的とする「世界情勢ノ推移ニ伴フ時局処理要綱」を作成、松岡洋右*外相は駐日ドイツ大使オットーに同盟交渉の意思を伝える。基地提供計画など米英の接近を知ったドイツは当初の消極方針を転換し、スターマー特使を派遣。同盟に反対していた吉田善吾海相が病気辞任後、及川古志郎を後任として九月六日に開かれた四相会議は、外務省作成の「軍事同盟交渉ニ関スル方針案」を承認。九日から十二日の松岡、スターマー、オットーの会談を経て、条約は調印された。

会談においてスターマーはリッベントロップの言として、同盟の目的は西半球におけるアメリカの牽制にあること、対英戦争については日本の軍事的援助を求めないこと、ドイツが「正直な仲買人」として日ソ関係改善の周旋にあたる用意のあることなどを述べ、四国同盟構想をもつ松岡も了承した。条約は前文のほか、①独伊の欧州における、日本の「大東亜」における「新秩序建設」の指導的地位の相互承認、②締約国が欧州戦争または日中戦争*に未参入の第三国（アメリカをさす）から攻撃を受けた場合の政治・経済・軍事的相互援助、③条約実施のための混合専門委員会の開催など六条からなり、期間は十年。第二次大戦末期の戦況の悪化と政変により、昭和二十年一月十九日イタリアが同盟を破棄、日本は五月八日のドイツの無条件降伏に伴い、十五日同盟の失効を宣言した。（黒沢文貴）

新体制運動《しんたいせいうんどう》　昭和十五年（一九四〇）を中心に、新党結成をはじめ、政治・経済・文化のあらゆる分野にわたって展開された一大変革運動。近衛文麿*が運動の中心的指導者とみなされたことから、近衛新体制運動とも称される。運動の担い手は、昭和十年代に戦時体制化が進行するなかで、自由主義的な資本主義経済を統制計画経済により変革し、それを実現するために強力な一国一党を樹立することが必要と考える政治勢力であった。このような考えをもった勢力は「革新」派と呼ばれ、陸軍・官僚・既成政党・右翼・社会主義者のなかに台頭していった。昭和十五年の新体制運動は、「革新」派の諸勢力が団結して一大変革の実現を目指したものであった。そもそも新体制運動の起点は、昭和十三年の第一次近衛内閣*期における近衛新党の結成計画にあった。結局、この計画は失敗に終わったが、昭和十五年に至りドイツが電撃作戦を成功させヨーロッパで新秩序建設を着々と進めるにおよび、この世界新秩序建設に対応する日本の変革運動が急速に盛り上がった。こうした情勢のなかで、近衛文麿も変革の推進力となる新党の結成に乗り出す決意を固め、六月十四日に枢密院*議長を辞職した。これが合図となり、立憲政友会*・立憲民政党*・社会大衆党*などが新党への参加をもくろんで解党した。しかし、新体制運動の過程で一国一党は否定され、国民運動の指導推進機関として大政翼賛会*の設立が決定し、十月十二日に発会式が挙行された。（矢野信幸）

大政翼賛会《たいせいよくさんかい》　昭和十五年（一九四〇）十月十二日、新体制運動*の結果により近衛文麿*を初代総裁として設立された組織。歴代首相が中央本部総裁を務め、各府県を単位として地方支部が設置された。当初、新体制運動をリードしてきた陸軍・革新官僚・革新右翼などの「革新」派は、全国民を対象とする国民組織の形成と、その中核体としての政党組織を構想し、翼賛会にその役割を期待した。しかし、その考えに反対する観念右翼・財界・旧既成政党勢力・内務官僚らの抵抗にあい、昭和十六年二月に大政翼賛会は公事結社であると規定され、その政治性を否定された。さらに同年四月の第一回改組で、有馬頼寧《よりやす》事務総長ら新体制運動の指導者が退陣し、以後内務官僚が翼賛会運営の主導権を握った。東条内閣*は、昭和十七年六月に翼賛会の機能刷新を実施し、大日本産業報国会*など六団体をその傘下に組み入れ、官製国民運動の中心的役割を担わせた。昭和二十年六月、本土決戦準備のためすすめられた国民義勇隊の組織化に伴い解散した。（矢野信幸）

日ソ中立条約《にっそちゅうりつじょうやく》　昭和十六年（一九四一）四月十三日、モスクワで締結された条約。有効期間は五年、二十五日に発効。日独防共協定の締結後、決定的に悪化した日ソ間の国交を調整しようとする動きは、ドイツ外交に呼応する白鳥敏夫大使の独伊ソ日四国協商案や東郷茂徳駐ソ大使の日ソ不可侵条約案、また参謀本部の日ソ中立条約案などいくつか存在したが、昭和十五年七月には東郷大使による中立条約の提案がソ連になされた。一方、新しく外相に就任した松岡洋右*は十月、対米交渉の観点から独自の四国協商構想に基づき不可侵条約をソ連に提議、しかし日本のもつ北樺太の石油・石炭利権の解消をモロトフ外相が要求し、交渉は頓挫した。松岡外相は直接交渉による打開のため訪欧したが、独ソ関係の冷却化のなかで、結局ソ連側の主張する中立条約を締結した。これにより太平洋戦争*開始後も日ソ間は中立を維持しえたが、ヤルタ会談*後の四月ソ連は条約不延長を通告、期限満了までの条約遵守を唱えながら、八月八日には日本に宣戦布告を行い、同日条約は自動的に失効した。（黒沢文貴）

松岡洋右《まつおかようすけ》（一八八〇―一九四六）　戦前の外交官・政治家。明治十三年三月四日、山口県熊毛郡（光市）に、松岡三十郎・ゆうの四男として生まれる。同二十六年渡米、三十三年オレゴン大学卒業、三十五年帰国。三十七年外交官試験合格。関東都督府外事課長、パリ講和会議*全権随員などを経て、大正十年（一九二一）退官。昭和二年（一九二七）から四年まで満鉄副社長（副総裁）。同五年から八年まで衆議院*議員（立憲政友会*）。七年国際連盟*総会首席全権として連盟脱退を主導、国民の快哉を受ける。十年八月から十四年二月まで満鉄総裁。十五年七月、第二次近衛内閣*の外相。日独伊ソ四カ国の提携によるアメリカの対日参戦の阻止と日中関係の打開を図るため、日独伊三国同盟*と日ソ中立条約*を締結。しかし十六年六月の独ソ戦勃発で構想は破綻。日米交渉*における近衛首相との対立と米側の忌避のため、七月十六日の内閣総辞職で事実上更迭される。持病の結核が悪化したこともあり、以後政界から退く。戦後A級戦犯容疑者として訴追されたが、公判中の昭和二十一年六月二十七日死去。六十六歳。（黒沢文貴）

第二次近衛内閣《だいにじこのえないかく》　昭和十五年（一九四〇）四月以降ドイツの攻勢が始まると、七月十六日陸軍は大戦介入に消極的な米内光政内閣を倒閣。重臣会議は次期首相に近衛文麿*を推薦、十七日天皇は近衛に組閣を命じた。当時近衛は枢密院*議長を辞し、新体制運動*と称する政治運動を行っていたが、十九日東京荻窪の私邸荻外荘に東条英機*陸相候補、吉田善吾海相候補、松岡洋右*外相候補を集め、独伊との枢軸提携強化、日ソ不可侵協定の締結と並行した対ソ軍備の強化、南方の欧米植民地の大東亜新秩序への編入などの基本国策を策定、二十二日組閣を完了した。内政では新体制運動に期待が集まり、十月発足した大政翼賛会*には既成政党が解党して参加、地方と職域ごとに支部が設けられたが、会の政治性についての思惑の違いから、国民に基礎をおく一大政治組織の創出という当初の企図の達成は困難であった。外政では、松岡外相の強力なイニシアチブで九月に日独伊三国同盟*が締結され、日本は従来の英米協調主義を完全に転換。松岡はソ連も含む四国同盟構想をもっていたが、対ソ戦を計画していたドイツの消極的な態度のため、昭和十六年四月の日ソ中立条約*の締結にとどまった。日中戦争*処理のため近衛首相が独自にアメリカとの交渉を進めていたことに松岡が激しく反発、近衛は日米交渉*の行き詰まりを打開するために松岡の事実上の更迭を決意し、再組閣の大命降下を見越したうえで七月十八日内閣は総辞職した。　（黒沢文貴）

〔戦時下の国民生活〕

滝川事件《たきがわじけん》　京大事件ともいわれる。昭和八年（一九三三）四月、京都帝国大学法学部教授滝川幸辰《ゆきとき》の研究が、危険思想であるとして文部省から弾圧された事件。滝川は、前年十二月に中央大学法学会で「トルストイの『復活』に現はれた刑罰思想」と題して講演を行ったが、これが文部省*・貴族院*・右翼より非難を受けた。鳩山一郎文相は滝川の辞職または休職を要求、小西重直京都帝国大学総長および法学部教授会は処分を拒否した。しかし大学側の意向とは裏腹に、滝川の休職処分が決定されると、法学部の全教授ら三十九名が辞表を提出した。小西総長は、文部省の処置を受け入れる方向で解決を図ろうとしたが、法学部教授会の反対から辞職に追いこまれ、松井元興新総長が事態の打開にあたることになった。結局、七教授・五助教授・二講師・四助手・二副手の辞職となった。この過程で京都帝国大学の学生は、文部省の処置に対する反対運動を展開したが、警察の弾圧と大学再建の進行により終息していった。　（矢野信幸）

大日本国防婦人会《だいにほんこくぼうふじんかい》　軍部の指導によって組織された女性を総力戦体制、国防国家体制に動員するための全国組織。昭和七年（一九三二）十月設立。会の幹部は、現役将官夫人が就任。軍の編成に対応させて、師管本部・地方本部・支部・分会（町村・工場）・班を設けた。会員は同九年（一九三四）百二十三万人、同十六年（一九四一）度には公称一千万人に達した。「国防は台所から」のスローガンのもとに、出征者の送迎・傷痍軍人・遺家族の扶助や防空演習などを行い、戦時下、国民生活の統制機関となった。同十七年（一九四二）二月、愛国婦人会・大日本連合婦人会とともに大日本婦人会に統合された。　（舘かおる・堀千鶴子）

国民精神総動員運動《こくみんせいしんそうどういんうんどう》　日中戦争*に対する国民の協力を促進するために、政府によって昭和十二年（一九三七）九月から十五年十月まで実施された国民運動。十二年九月、政府は「挙国一致・尽忠報国・堅忍持久」をスローガンとする国民精神総動員運動の開始を宣言し、各道府県庁や、十月に外廓団体として結成した国民精神総動員運動中央連盟によって、主に消費節約・貯蓄奨励など戦時統制への協力を国民に求める運動が行われた。しかし、二度にわたる実施機構の改組にもかかわらず、十分に効果があがらなかったため、新体制運動発足の要因の一つとなり、十五年十月、組織・運動とも大政翼賛会*に吸収された。（古川隆久）

情報局《じょうほうきょく》　日中戦争*・太平洋戦争*期に情報宣伝政策のため内閣に設置された行政機関。国家の情報宣伝政策統一のため、内閣情報部、外務省情報部、陸軍省情報部、海軍省軍事普及部と、内務省*と逓信省の検閲業務の一部を統合して昭和十五年（一九四〇）十二月六日に設置。内外への政策の広報宣伝、言論や文化の統制、情報の収集など国家の情報宣伝および文化政策全般に関与し、広報誌として『週報』『写真週報』があった。準閣僚級の総裁以下、幹部職員として情報官を置き、多数の民間専門家を嘱託とし、特に言論や文化の統制に大きな力を振るった。太平洋戦争敗戦後、行政整理の一環として二十年十二月三十一日に廃止された。（古川隆久）

軍事教練《ぐんじきょうれん》　学校教育における正課としての軍事的教育および訓練をいう。明治期には主として兵式体操として実施されていたが、大正六年（一九一七）の臨時教育会議による「兵式体操振興ニ関スル建議」を契機として本格化し、大正十四年（一九二五）に「陸軍現役将校学校配属令」「学校教練教授要目」の制定により中等学校以上で正課となった。思想的には第一次世界大戦*の教訓を踏まえ、総力戦体制構築の一貫として国民に対する軍事思想ならびに訓練の普及と徹底を企図したものであるが、他方で、軍縮に伴う戦力低下を学校教練で補うと同時に、定員外となった将校を現役のまま保持するという目的も有していた。教練内容としては各個教練・部隊教練・射撃・指揮法・軍事講話・戦史などがあり、翌十五年、全国の市町村に設置された青年訓練所では勤労青年に対し、四年間四百時間の教練が実施された。これらに対する反対運動も組織されたが、満州事変*以降年々強化され、終戦後、ＧＨＱ*の命令により全面的に廃止された。（大久保文彦）

国民徴用令《こくみんちょうようれい》　国家総動員法*に基づく国民の戦時勤労動員のための法令の一つ。国家総動員法第四条に基づく勅令として、昭和十四年（一九三九）七月八日公布、十月二十日施行。当初は、政府が職業紹介所の募集で所要の人員を調達できない場合に、同法第二十一条に基づいて国家による工業技術者の把握を目的に制定された国民職業能力申告令（同年一月施行）による申告者のなかから、強制的に所要の総動員業務に従事させる（徴用）ために制定された。十五年十月に、政府管理工場従業員に本令を適用するため大改正され、徴用者の範囲がやや拡大されたほか、徴用者の労働条件も本令で定めることとなった。十八年七月の大改正で適用範囲が総動員業務一般に拡大され、十一月の軍需会社法制定に伴い、軍需会社従業員はすべて本令の適用を受けることになったことなどから、適用人員は延べ六百十六万人に及び、戦時勤労動員法令の代表例とされる。のち、他の勤労動員法令とともに国民勤労動員令（二十年三月十日）に統合された。（古川隆久）

創氏改名《そうしかいめい》　朝鮮人を皇民化（日本化）するため実施された、朝鮮人固有の姓名を廃止し、日本式の姓名を名のらせた日本の植民地政策。昭和十四年（一九三九）十一月、朝鮮総督府*は制令により「朝鮮民事令」を改正し、朝鮮人戸主は朝鮮人式の姓名を改め、日本人式の氏名を定めることを規定した。この制度は翌十五年二月十一日に施行された。これに対し朝鮮では、儒教主義の生活慣習と相容れないことから抵抗が生まれたが、創氏改名を行わない者には、公的機関での不採用、食糧の配給対象からの除外、労務徴用の優先的適用などの圧力がかけられたことから、期限内に全戸数の約八〇パーセントが届け出た。当時の朝鮮総督は、「内鮮一体」を重視した南次郎陸軍大将であった。（矢野信幸）

紀元《きげん》二《に》千《せん》六百《ろっぴゃく》年《ねん》祝典《しゅくてん》　昭和十五年（一九四〇）十一月十日に政府が実施した行事。昭和十五年が建国伝説に基づいて、明治五年（一八七二）に政府が正式の紀年法とした神武天皇紀元で二六〇〇年にあたることから、東京市・横浜市や民間団体がアジア初のオリンピック招致や万国博覧会開催の名目として着目し、昭和十一年に国家として記念行事・記念事業を実施することになった。オリンピックと万博は十三年に中止となったが、祝典は皇居前広場に約五万人が参列、天皇・皇后が臨席して行われ、全国でもこの日を中心に種々の記念行事・記念事業が行われ、行事参加はのべ五千万人、事業数は一万五千件以上にのぼった。（古川隆久）

大日本《だいにほん》産業《さんぎょう》報国会《ほうこくかい》　日中戦争*・太平洋戦争*期の労資協調のための官製の全国組織。労資協調のための第三者機関たる協調会は、日中戦争下の労資関係安定のため、労資一体となった組織の設立を目指して産業報国連盟を創立し、各事業所に産業報国会（産報）の設立を要請した（産業報国運動）。その後、同運動は厚生省の管轄となり、十五年（一九四〇）九月には全国ほぼすべての事業所に産報が設立された。そこで、十一月二十三日に全国組織として大日本産報が創立された。官僚からの出向者や経営者側を中心とする中央本部以下、道府県あるいは産業別に支部を設置し、その下に事業所ごとの産報（単位産報）があった。主な活動は、増産協力運動、各種の厚生事業、経営者や従業員の研修などで、太平洋戦争末期には物資配給や空襲被災救済事業も行った。大日本産報は敗戦直後の昭和二十年九月三十日に解散したが、単位産報の多くは戦後の企業別組合結成の母体となった。（古川隆久）

隣組《となりぐみ》　近世の五人組を原型としてつくられた隣保扶助団体。昭和戦中期に国家総動員体制の最末端を担う組織として設置された。昭和十五年（一九四〇）九月十一日、内務省*は部落会・町内会・隣保班・市町村常会整備要綱を府県に通達し、全国的な整備を行った。隣組は、政府―都道府県―市町村―町内会・部落会の末端に位置づけられ、官民一体による戦時行政の遂行を支えた。日中戦争*から太平洋戦争*へと戦争が拡大するに従い、隣組が国民生活に果たす役割は、ますます大きくなっていった。生活必需品の配給と統制、勤労奉仕の割当、防空訓練への参加、出征兵士の歓送など、地域住民の日常生活と密接な関係を形成した。隣組では定期的に常会が開催され、回覧版が様々な情報を伝達するための手段として用いられた。地方制度の戦時体制化が進むなかで、隣組は地方行政の主務官庁である内務省の指導を強く受けることになった。敗戦後の昭和二十二年五月、「ポツダム政令」により廃止された。（矢野信幸）

国民学校《こくみんがっこう》　教育審議会の答申に基づいて制定公布された国民学校令により、昭和十六年（一九四一）四月に従来の小学校を改組して設けられ、昭和二十二年（一九四七）三月まで続いた初等教育の学校の名称。外地などのほか、外国の邦人学校でも一斉に実施された。初等科六年、高等科二年の八年制だが、中等学校への進学は初等科卒業後とされた。国民学校令中、教育の目的の条文に「皇道ノ道ニ則リテ」という文言が入り、小学校教育史上特異な性格をもつ。教科が理数科、国民科、体錬科、芸能科、実業科に統合され、職制に教頭と養護訓導が新しく導入され、同令に則らない私立小学校への学齢児童の入学が原則禁止（従来の小学校令下では許容）となった。日本内地では昭和六年四月二日以降の出生者に義務教育八年制（当時は六年）が予定されたが、戦時下ということで停止され実現しなかった。（所澤　潤）

配給制度《はいきゅうせいど》　物資を分配する制度。日本史においては通常、昭和十三年（一九三八）から二十五年にかけて政府によって実施された事例をさす。配給は産業資材から始まった。十三年三月の綿糸以後、同年中には石油製品・鉄鋼・ゴム・石炭などに広まった。生活物資の配給は、凶作による米不足を契機として、十四年十一月に大都市において米から開始された。その後切符を使った配給制が十五年六月に砂糖・マッチについて全国で実施され、以後十六年四月に米・小麦粉・酒、十七年一月に食塩、二月に味噌・醤油などと拡大したほか、同年二月からは衣料の点数切符制も始まった。その多くは町内会・部落会や隣組*を通じてのもので、太平洋戦争*敗戦後、戦後復興が進んだ二十五年（一九五〇）ごろまで続いた。配給量は敗戦が近づくにつれしだいに減少し、敗戦後は生産、配給機構の混乱で一時は配給そのものが滞りがちとなった。大都市では餓死や栄養失調が問題となって、二十一年五月には「食糧メーデー」も起きたが、占領軍の食糧援助や食糧増産によって改善された。（古川隆久）

ゾルゲ事件《じけん》　昭和十六年（一九四一）ソ連の諜報活動員ゾルゲらが検挙された事件。ゾルゲは、ソ連共産党員としてヨーロッパでのコミンテルン活動に従事していたが、極東の政治情報を入手するため赤軍第四本部へ所属替えとなり、中国での諜報活動を展開した。その後、日本への派遣が決定し、昭和九年に来日した。日本ではナチ党員を偽装し、中国での活動をとおして知遇を得た尾崎秀実の協力のもと政治情報を入手、自らの分析を加えソ連へ通報した。ゾルゲが日本国内で組織した諜報網には、尾崎のほか画家宮城与徳、特派員ブーケリッチ、無線技師クラウゼンらが含まれていた。ゾルゲは、彼らの協力を得て、主にドイツのソ連侵攻意図や日本の北守南進への国策転換に関する情報収集にあたった。ゾルゲの諜報組織網は、昭和十六年九月から摘発され、ゾルゲと尾崎は「国防保安法」「治安維持法*」違反等を問われ、ソビエト革命記念日の昭和十九年十一月七日に死刑となった。（矢野信幸）

大日本言論報国会《だいにほんげんろんほうこくかい》　太平洋戦争*のさなか昭和十七年（一九四二）十二月二十三日、評論家・文化人が日本評論家協会を発展的に解消・統合して設立した国策協力団体。会長に徳富蘇峰*（猪一郎）、専務理事に鹿子木員信、常務理事に津久井龍雄・井沢弘・野村重臣、理事に大串兎代夫・大熊信行*・市川房枝*・穂積七郎ら二十七名が就任した。創立総会には、内閣情報局や陸・海軍両報道部の政府関係者、緒方竹虎朝日新聞主筆ら約五百名が参加した。大日本言論報国会の役割は、言論思想戦の第一線に立って様々な活動を展開し、政府の戦争政策に協力することにあった。このため、米英排撃を目的とする戦意昂揚のための思想講演会を開催したり、そのための出版物を刊行した。終戦後の昭和二十年八月二十一日に解散した。　（矢野信幸）

〔太平洋戦争〕

太平洋戦争《たいへいようせんそう》　昭和十六年（一九四一）十二月八日から始まった日本の対米英（連合国）戦争。世界的には第二次世界大戦*の一部。政府は当時この戦争を、日中戦争*および今後生起すべき戦争を含め、「大東亜新秩序建設」を目的とする意味で「大東亜戦争」と称したが、敗戦後の昭和二十年十二月GHQ*が「太平洋戦争史」と題する新聞連載を開始、「大東亜戦争」の語の使用を禁じた。アメリカ側のこの呼称は、太平洋が米国の主戦場であったことによる。

マレー半島のコタバル上陸と真珠湾攻撃*から始まる日本軍の侵攻は、十二月二十五日香港陥落、昭和十七年一月二日マニラ占領、二月十五日シンガポールの英軍降伏、三月九日ジャワの蘭印軍降伏、五月一日マンダレー占領と、緒戦でめざましい戦果をあげた。しかし六月五日から七日のミッドウェー海戦*で大敗、洋上における日米の攻守は逆転した。さらに八月から翌昭和十八年二月までのガダルカナル攻防戦で日本軍が敗退し、連合軍が本格的な反攻に転じた。五月アッツ島守備隊が玉砕。大本営と政府は同月「大東亜政略指導大綱」を採択、十一月大東亜会議*を開催して占領地との協力体制を強める一方、九月「絶対国防圏」を設定して実質的に戦線を縮小した。英軍に対しては、昭和十九年三月から七月までインパール作戦、中国に対しても大陸打通作戦が行われたが、いずれも失敗。

他方、連合艦隊は六月十九日から二十日のマリアナ沖海戦で航空兵力を失い、七月サイパン失陥で絶対国防圏は崩壊。日本本土がB29爆撃機の往復爆撃の域内に入ると、開戦直前より政権を担当していた東条首相が退陣。十月フィリピンのレイテ島に上陸した米軍との決戦で、連合艦隊は壊滅。昭和二十年二月の硫黄島玉砕後、四月から六月までの沖縄戦では本土が初めて戦場となった。本州にもマリアナの航空基地完成後、空襲が繰り返され、特に三月と五月の東京空襲では無差別爆撃により多くの民間人が死亡。八月の二度の原爆とソ連参戦ののち、政府は十四日ポツダム宣言*の受諾を連合国側に申し入れ、十五日国民に無条件降伏を放送、九月二日降伏文書に調印し、連合国の占領下に入った。〈防衛庁防衛研修所戦史室編『戦史叢書』全百二巻、朝雲新聞社、一九六六―七九年〉　（黒沢文貴）

大本営政府連絡会議《だいほんえいせいふれんらくかいぎ》　日中戦争*拡大後の昭和十二年（一九三七）十一月二十日、天皇に直属する最高統帥機関として大本営が、同月十八日に公布された新しい大本営令に基づき宮中に設置された。首相・外相などの文官をその構成員としなかったため、国務と統帥の一致を求める近衛文麿*首相の要求で、同時に政戦略に関する重要案件については必要に応じて政府と大本営が会合し調整を図ること、特に重要な案件は御前会議を奏請して天皇の裁断を仰ぐことが申し合わされ、大本営と政府の協議体がつくられることになった。この会合は、内閣により大本営政府連絡懇談会や最高戦争指導会議と呼ばれたが、戦時日本の最高国策決定の場であることに変わりはなかった。（黒沢文貴）

日米交渉《にちべいこうしょう》　悪化した日米関係を打開するための日米非公式交渉は、昭和十五年（一九四〇）十一月ごろから民間有志の間で始まり、井川・ドラウト案の作成、野村吉三郎駐米大使の要請で渡米した岩畔豪雄《いわくろひでお》前陸軍省軍事課長の参加を経て、翌年四月十六日の野村・ハル会談で正式交渉の出発点としての「日米諒解案」が成立した。しかし対米外交に独自の構想をもち、訪欧から帰国した松岡外相は、自分の預かり知らない日米交渉に不快感を表し交渉は難航。五月松岡の修正案が提出されると、六月ハル国務長官は外相の忌避を示唆。近衛首相は七月内閣総辞職による外相更迭で交渉の継続を図ったが、独ソ戦勃発後の南部仏印進駐に伴い日米関係は一段と悪化。日米トップの頂上会談構想も頓挫し、九月の「帝国国策遂行要領*」以降、外交交渉は作戦準備と並行して行われた。十一月日本が最終提案（甲案、乙案）を行うと、アメリカは「ハル・ノート*」を提出して原則論を再び強硬に主張、これを最後通牒とみなした日本は十二月八日真珠湾攻撃*を行うと同時に交渉決裂を通告した。

（黒沢文貴）

対日石油輸出禁止《たいにちせきゆゆしゅつきんし》　昭和十四年（一九三九）七月、アメリカは天津租界封鎖問題をめぐる日英関係の緊張を機に、日米通商航海条約*の廃棄を通告、翌年一月の失効で対日輸出規制の自由を得た。七月アメリカは国防法に基づき航空機用ガソリンの輸出許可制を発表、日本は蘭印会商で代替の確保を図るが、昭和十六年六月交渉は打ち切られ、日本の必要とした軍需物資の確保はできなかった。七月十四日日本が南部仏印進駐の期限付き通告を行うと、アメリカは進駐開始後の二十五日在米日本資産を凍結、八月一日石油輸出全面禁止を宣言した。石油の九割をアメリカに依存する日本は危機感を強め、南方進出による資源確保のためには対米英蘭戦も辞せずとする雰囲気が急速に醸成された。

（黒沢文貴）

帝国国策遂行要領《ていこくこくさくすいこうようりょう》　南部仏印進駐に対するアメリカの日本資産凍結と石油輸出全面禁止の結果、日米交渉*決裂の場合戦争も止むなしとする意見が軍部内に強まった。大本営は昭和十六年（一九四一）九月三日の大本営政府連絡会議に、①対米（英・蘭）戦を辞せず、十月下旬を目途に戦争準備を完整する、②並行して米国と外交交渉を行う、③十月上旬までに要求が貫徹しない場合、直ちに開戦を決意するなどを内容とする「帝国国策遂行要領案」を提出、③を「貫徹し得る目途なき場合は」と修正したうえで、六日の御前会議で「日米交渉に関する件」とともに採択。十月東条内閣*の成立にあたり戦争を憂慮する天皇は国策の白紙還元を下命、十一月一日の大本営政府連絡会議には、①戦争せず臥薪嘗胆、②直ちに開戦を決意、③作戦準備と外交交渉の並行の三案が提出され激論となったが、五日第三案に基づく「帝国国策遂行要領」が御前会議で採択された。交渉期限は十二月一日午前〇時、決裂の場合の武力発動は同月初頭と定められ、別紙として甲乙二案の日米交渉最終案が付された。

（黒沢文貴）

東条内閣《とうじょうないかく》　日米交渉が行き詰まり、昭和十六年（一九四一）十月十六日第三次近衛内閣*が総辞職すると、木戸幸一*内大臣は第二次近衛内閣以来陸相を務める東条英機*を後継に推薦、十七日大命降下、翌日内閣が発足。天皇は「帝国国策遂行要領*」の白紙還元を命じたが、日米交渉*は決裂、十二月八日、日本は開戦を決定した。東条は現役軍人のまま陸相と内相を兼任し（内相は十七年二月まで）「言論出版集会結社等臨時取締法」や「戦時犯罪処罰特例法」を成立させ諸団体を弾圧。十七年四月には候補者推薦制の翼賛選挙を実施、貴衆両院議員の大部分を翼賛政治会員とする体制をつくる一方、「戦時行政特例法」と「戦時行政職権特例」の公布で首相に行政権限を集中。外交面では、大東亜省の設置や大東亜会議*を開催。戦局の悪化に伴い、十九年二月陸海軍大臣の参謀総長、軍令部総長の兼任による強力な政軍一致を試みたが、サイパン失陥に伴う反東条機運の高まりのなかで、同年七月倒閣を企図する米内光政元首相の入閣拒否と岸信介国務大臣の辞職拒否により内閣改造が頓挫、十八日総辞職した。（黒沢文貴）

ハル・ノート*　昭和十六年（一九四一）十一月五日、御前会議は日米交渉最終案（甲案、乙案）と十二月一日までに交渉が成立しない場合の対米英開戦を定めた「帝国国策遂行要領*」を決定、野村吉三郎駐米大使に訓電した。電文を傍受したアメリカ国務省は基礎的一般協定案と妥協的な暫定協定案を作成したが、中国が妥協に強く反対したうえ、作戦準備のため南下中の日本の輸送船団が発見されたことから暫定協定案は破棄、二十六日基礎的一般協定案のみがハル国務長官から野村・来栖三郎両大使に手交された。ハル・ノートと呼ばれる同案は、アメリカ従来の主張である領土保全・主権尊重などのいわゆるハル四原則の確認と、中国・仏印からの日本軍の全面撤退、蔣介石*国民政府の正当性の確認、三国同盟の死文化など、日本側が満州事変*前の状態に戻ることを迫る内容で、日本側の到底受け入れられないものであった。大本営政府連絡会議*は同案をアメリカの最後通牒であると結論づけ、十二月一日の御前会議で対米英開戦を決定、五日に対米最終通告案が閣議決定された。（黒沢文貴）

真珠《しんじゅ》湾《わん》攻撃《こうげき》*　ハル・ノートをアメリカの最後通牒と認識した日本は、昭和十六年（一九四一）十二月一日御前会議で対米英開戦を決定、択捉《えとろふ》島単冠湾に集結していた機動部隊に作戦開始日を指示する一方、五日から六日未明にかけて最後通牒にあたる対米最終通告を分割電報で駐米大使館に向けて送付した。日本時間の十二月八日午前三時二十五分（現地時間七日午前七時五十五分）空母六隻を基幹とする日本海軍機動部隊の艦載機は、ハワイのオアフ島真珠湾に集結していたアメリカ太平洋艦隊主力に対する奇襲攻撃を開始したが、作戦開始の直前に予定されていた対米最後通告が攻撃後にずれ込んだため、この攻撃は「騙し討ち」として激しい非難の対象となり、「リメンバー・パールハーバー」の標語のもとに、米国民の戦意を一気に高揚させる契機となった。米軍は戦艦四隻を撃沈され、同四隻を撃破されたほか、多数の航空機を破壊されるなど大きな損害を被ったが、空母三隻が出港していて攻撃を免れたこと、修理施設や燃料タンクの被害が少なかったことなどから、その回復は早かった。（黒沢文貴）

真珠湾で炎上する米戦艦
（毎日新聞社提供）

ミッドウェー海戦《かいせん》　昭和十七年（一九四二）六月五日に生起

した海空戦。南方進攻作戦の第一段階終了後、日本海軍はミッドウェー島を攻略し、米艦隊主力の反攻を誘って決戦を行うという計画をたて、空母四隻を主力とする機動部隊を同方面に派遣した。しかし日本海軍の暗号を解読していた米軍は、ハワイの機動部隊を出撃させて日本艦隊を待ち伏せした。日本側が米空母群の発見に手間取ったため、再三の攻撃計画の変更による兵装転換が行われ、艦載機の発進準備が整う寸前、米急降下爆撃機の奇襲を受け、赤城・加賀・蒼龍が艦載機とともに破壊され、残りの空母飛龍も奮闘の末沈没、多くの熟練パイロットを失った。以後日米両海軍の攻守は逆転した。　（黒沢文貴）

翼賛選挙《よくさんせんきょ》　昭和十七年（一九四二）四月三十日に実施された第二十一回衆議院*議員総選挙のこと。昭和十七年二月、東条内閣*は、戦争完遂のための翼賛議会を確立するため、候補者推薦制の採用による総選挙の実施を決定した。このため、各界代表三十三名によって構成される翼賛政治体制協議会（会長は元首相阿部信行）が結成された。この翼賛政治体制協議会が推薦母体となり、各地で候補者の選考が行われた。選挙の結果、投票率八三・一パーセント、当選者四百六十六名のうち推薦候補者は三百八十一名にのぼった。非推薦の当選者は、鳩山一郎・中野正剛ら八十五名であった。また新人当選者のなかでは、在郷軍人・翼賛壮年団員らの進出がめだった。しかし、当時の議会内に存在した各会派のなかでは、旧既成政党勢力が中心となり結成していた翼賛議員同盟（三百十一名）が、現職議員推薦率では最高の六七・九パーセントを確保し、翼賛選挙後も多数派を形成した。　（矢野信幸）

翼賛政治会《よくさんせいじかい》　太平洋戦争*のさなか、昭和十七年（一九四二）五月二十日に結成された政事結社（略称は翼政会）。その構成員は、衆議院*議員・貴族院*議員・各界より形成され、初代総裁には元首相阿部信行が就任し、会の運営は常任総務会を中心に行われた。翼政会は、結成の初期から、国民運動の主導権をにぎるために地方支部を組織することを希望したが、東条内閣*はこれを認めなかった。戦争遂行のために帝国議会*では東条内閣の与党としての役割を果たしたが、昭和十九年七月の政変に際しては反東条運動の一翼を担った。小磯内閣期になると、翼政会による地方支部設置の運動はいっそう活発化し、昭和二十年には旧既成政党勢力を中心とする新党結成運動へと発展した。その結果、同年三月、大日本政治会が結成された（総裁に陸軍大将南次郎）。　（矢野信幸）

大東亜共栄圏《だいとうあきょうえいけん》　第二次近衛内閣*の松岡洋右*外相が、昭和十五年（一九四〇）八月、初めて公式に用いた呼称。日中戦争*以降の「日満支」ブロック（東亜新秩序）に、原料供給地・工業製品の市場としての東南アジア地域を結びつけて新たな経済圏（大東亜新秩序）をつくろうとしたもの。日本は仏印進駐などで同地域への進出を開始、太平洋戦争*開始後は武力によりその大部分を軍政下に置いた。同地域が欧米の植民地であったことから、同地域の白人支配からの開放と、日本を盟主とするアジア諸民族の共存共栄のための広域経済圏の建設を目的とするものであると内外に喧伝された。アジア主義、自給自足圏、地域主義、生存圏思想など多様な思想的源流をもつ。　（黒沢文貴）

大東亜会議《だいとうあかいぎ》　昭和十八年（一九四三）十一月五日、六日の両日東京で開かれた会議。占領の長期化とガダルカナル撤退やアッツ島玉砕など戦況の悪化に伴い、占領地諸国家の協力体制を米英の本格的反攻前に強化する必要が生じた。御前会議は五月占領地処理方針として「大東亜政略指導大綱」を採択、戦争目的である「大東亜共栄圏*建設」の具体的方針として、①汪兆銘政府との関係強化、②ビルマ、フィリピンの独立と自由インド仮政府の樹立、③タイの失地回復援助、④マレー、スマトラ、ジャワの開発と民心把握、⑤各国指導者による会議の開催を決定、方針に沿って八月ビルマ、十月フィリピンが独立、自由インド仮政府も同月成立した。会議には東条英機*、張景恵（満州国）、汪兆銘（中国）、バ・モー（ビルマ）、ラウレル（フィリピン）、ワンワイタヤコーン（タイ）、チャンドラ・ボース（インド）が参加、道義に基づく共存共栄、自主独立の尊重、伝統の尊重と民族の創造性の伸暢、互恵的経済発展、人種差別撤廃の五項目からなる大東亜共同宣言が採択された。（黒沢文貴）

学徒動員《がくとどういん》　日中戦争*から太平洋戦争*にかけて、工場や農村での労働力不足を補い、戦時生産体制を支えるため実施された学生・生徒の動員。昭和十三年（一九三八）六月、文部省*通牒により中等学校以上で夏季の集団勤労作業が始められ、さらに昭和十六年八月には学校報国隊による労務動員が行われることとなった。太平洋戦争開始後、昭和十八年六月に東条内閣*は「学徒戦時動員体制確立要綱」を決定し、軍需工場への学徒勤労動員が本格化した。さらに昭和十九年三月には、「決戦非常措置要綱ニ基ク学徒動員実施要綱」が決定され、中等学校生徒以上を全対象とする軍需工場への動員がなされることとなった。昭和二十年になり、いっそうの軍需および食糧の増産が要求され、戦局の悪化により本土決戦準備が進行するなか、三月小磯内閣は「決戦教育措置要綱」により一年間の授業停止を含む学徒動員の方針を決定した。戦時下における学徒動員による死亡者は、原爆の犠牲者も含めると一万人を越えた。（矢野信幸）

学徒出陣《がくとしゅつじん》　太平洋戦争*期における「在学徴兵猶予措置」の停止に伴う学生・生徒の入営・出陣のこと。昭和十八年（一九四三）十月二日、勅令として「在学徴集延期臨時特例」が公布され、理工・医学・教員養成系以外の大学・高等専門学校在学生の徴集延期が廃止となり、満二十歳に達した学生・生徒は徴兵検査の後、十二月一日に第一回学徒兵として入営（陸軍）した（海軍は同月十日入団）。これに先立つ十月二十一日には、明治神宮外苑競技場で、東条首相ら七万人出席の出陣学徒壮行大会が開催された。このときの模様は、文部省*映画「学徒出陣」に記録されている。在学中の「徴兵猶予措置」を停止され出陣した学徒数は定かではないが、二十万人ともいわれている。（矢野信幸）

学徒出陣

本土空襲《ほんどくうしゅう》　太平洋戦争*期における米軍による日本の軍事施設・都市への爆撃。本土が初空襲を受けたのは、昭和十七年（一九四二）四月十八日で、これは空母ホーネットから飛来したドゥーリットル中佐率いるB25爆撃機による東京などへの空襲であった。本土への本格的な空襲は、米軍が昭和十九年になってサイパン、テニアン、グアムの諸島に戦略爆撃機B29の基地を整備し、十一月二十四日に約七十機のB29が東京を初爆撃してからである。その後、B29は中島飛行機工場その他の軍事施設に対する精密爆撃を行ったが、所期の効果が得られなかったため、焼夷弾なども用いた都市への無差別絨毯爆撃へと攻撃範囲を拡大させた。この方針に沿って実施された昭和二十年三月九日夜から翌日未明にかけての東京大空襲では、焼夷弾によって下町が焦土と化し、罹災者百万・死者十万人を越える犠牲者が出た。B29による本土空襲は、東京をはじめ全国各都市に対して終戦当日の八月十五日まで続けられ、約五十万人ともいわれる死者を出した。（矢野信幸）

学童疎開《がくどうそかい》　太平洋戦争*末期に重要都市の国民学校*初等科児童を集団的もしくは個人的に疎開させた政策。これは戦局の悪化に伴い、空襲時の混乱を回避して防空態勢を整えるため実施された。政府は、昭和十九年（一九四四）六月、一般および初等科児童の疎開促進を決定、東京をはじめ十八都市における初等科三年以上六年までの学童を対象とする疎開が行われ、しだいに対象範囲は拡大された。その規模は、全国約七千カ所に学童約四十六万人が疎開したといわれている。集団疎開先には、指定都市の郊外や近隣都市にある社寺・旅館などが利用された。疎開学童は、親元を離れて不慣れな土地で集団生活を送ることになり、その体験は忘れられないものとなった。（矢野信幸）

沖縄戦《おきなわせん》　太平洋戦争*最後の激戦。米第一〇軍は昭和二十年（一九四五）三月二十五日沖縄本島沖の慶良間諸島に、四月一日本島の嘉手納に上陸、軍政府布告一号により沖縄に軍政府樹立を宣言した。沖縄戦を最後の決戦とする海軍は天号作戦・菊水作戦を展開、九州・台湾からの航空特攻攻撃、戦艦大和など残存連合艦隊の特攻出撃を行ったが、沖縄を本土決戦の前哨地とする陸軍は有力兵団を台湾に移し、代わりに二万五千人の島民を動員し、一般住民を巻き込んでの抗戦体制をとった。沖縄守備の第三二軍は北・中部の飛行場を放棄して南部の首里を防衛線とする持久方針を決めたが、五月下旬米軍が首里に迫ると喜屋武・摩文仁に撤退、米軍との激闘ののち、六月二十三日牛島満軍司令官、長勇参謀長らが自決して組織的抵抗は終わった。大本営の作戦終結発表は二十五日。戦闘で米軍約一万二千五百名、日本軍約九万四千名が死亡、一般住民の戦没者は約九万四千名。米軍の猛攻だけでなく、日本軍による集団自決の強要やスパイ容疑での虐殺などが島民の被害を大きくした。（黒沢文貴）

鈴木貫太郎内閣《すずきかんたろうないかく》　昭和二十年（一九四五）四月七日成立、小磯内閣*総辞職のあとを受けた枢密院議長鈴木貫太郎は、かつて侍従長も務め天皇の信任の厚い海軍大将。表向きは「聖戦完遂」を唱え、六月八日の御前会議で本土決戦方針を決定、内閣に独裁権限を付与する「戦時緊急措置法」や大政翼賛会*などに代わる国民義勇戦闘隊の創設など本土決戦の準備を整えたが、暗黙裡に戦争終結の道を模索。五月十四日最高戦争指導会議構成員会議でソ連との国交調整交渉の開始を決定、六月二十二日の御前会議で天皇が終戦努力を督促、七月十三日無条件降伏でない講和を希望する旨の天皇の親書を携行する近衛文麿*特使の派遣をソ連に打診するなど、ソ連を仲介とする終戦工作を進めた。七月二十六日ポツダム宣言*が発せられると、鈴木首相は二十八日、軍部の要求を入れて宣言を「黙殺」する声明を発表。

これが原爆投下*とソ連の対日参戦*の理由とされた。八月十日と十四日の二度の聖断を経てポツダム宣言受諾、無条件降伏した。天皇が終戦の詔書をラジオ放送した十五日、内閣は総辞職した。（黒沢文貴）

ヤルタ会談《かいだん》　一九四五年二月四日から十一日にかけて、クリミア半島南端のヤルタでローズヴェルト、チャーチル、スターリンの米英ソ三国首脳が行った会談。三者会談としては、一九四三年のテヘラン会談に続くもの。議定書には、①国際連合*創設のための会議の開催、安全保障理事会での五大国の拒否権など国際連合に関する諸合意、②分割占領、賠償請求、戦犯処罰など独の戦後処理方針、③侵攻を受けたヨーロッパ各国の国境画定などの項目が盛り込まれたほか、「日本に関する合意」（いわゆるヤルタ協定）が結ばれ、ドイツ降伏二、三カ月後のソ連の対日参戦*が約束された。ソ連参戦はローズヴェルトがスターリンに要請したものであり、見返りとして中ソ領土関係の現状維持、対中旧利権の回復、千島列島の譲渡が約束された。しかし中国の同意が必要とされていたものの、中国関係の項目は中国と相談なく約束されたものであり、千島の譲渡も、第一次世界大戦*以降日本が獲得した領土の返還以外に領土拡張の企図がないとする連合国のカイロ宣言に違反するものであった。

（黒沢文貴）

ポツダム宣言《せんげん》　一九四五年七月二十六日に発表された対日降伏勧告。同宣言は、トルーマン、チャーチル、スターリンの米英ソ三国首脳が独降伏後のヨーロッパ戦後処理問題と対日戦争終結問題を話し合ったポツダム会談の最中公表され、署名者はトルーマン、チャーチル、蔣介石*（ソ連は対日宣戦布告後、宣言に参加）。①連合国の戦争能力と戦争完遂意思を示す項目、②戦争終結条件を示す項目、③日本軍隊の無条件降伏を要求する項目など十三項目からなり、②には軍国主義者の権力の除去、戦争遂行能力が破砕されるまでの占領、カイロ宣言の履行、軍隊の武装解除、戦争犯罪人の処罰と民主主義の確立、軍需産業の禁止があげられていた。鈴木貫太郎首相は七月二十八

ポツダム宣言（『日本外交年表竝主要文書』）

六、吾等ハ無責任ナル軍国主義カ世界ヨリ駆逐《くちく》セラルニ至ル迄《まで》ハ平和、安全及正義ノ新秩序カ生《しょう》シ得サルコトヲ主張スルモノナルヲ以《もっ》テ日本国国民ヲ欺瞞《ぎまん》シ之ヲシテ世界征服ノ挙《きょ》ニ出ツルノ過誤《かご》ヲ犯サシメタル者ノ権力及勢力ハ永久ニ除去セラレサルヘカラス

十、吾等ハ日本人ヲ民族トシテ奴隷化《どれいか》セントシ、又ハ国民トシテ滅亡セシメントスルノ意図《いと》ヲ有スルモノニ非サルモ、吾等ノ俘《ふ》虜《りょ》ヲ虐待《ぎゃくたい》セル者ヲ含《ふく》ム一切ノ戦争犯罪人ニ対シテハ、厳重ナル処罰ヲ加ヘラルヘシ。日本国政府ハ日本国国民ノ間ニ於《お》ケル民主主義的傾向ノ復活強化ニ対スル一切ノ障礙《しょうがい》ヲ除去スヘシ。言論、宗教及思想ノ自由並ニ基本的人権ノ尊重ハ確立セラルヘシ

十二、前記諸目的カ達成セラレ、且《かつ》日本国国民ノ自由ニ表明セル意志ニ従ヒ、平和的傾向ヲ有シ且責任アル政府カ樹立セラルルニ於テハ連合国ノ占領軍ハ直《ただち》ニ日本国ヨリ撤収セラルヘシ

十三、吾等ハ日本国政府カ直ニ全日本国軍隊ノ無条件降伏ヲ宣言シ且右行動ニ於ケル同政府ノ誠意ニ付適当且充分ナル保障ヲ提供センコトヲ同政府ニ対シ要求ス、右以外ノ日本国ノ選択ハ迅速且完全ナル壊滅アルノミトス

日、同宣言を「黙殺」する声明を発表するが、連合国は「無視」または「拒否」と解釈、原爆投下*、ソ連の対日参戦*の口実となった。八月十日の御前会議で「国体護持」を条件とする宣言受諾を決定。バーンズ回答後の十四日、天皇の聖断で無条件受諾を決定し、翌日天皇の玉音放送で降伏の意思が国民に伝えられた。（黒沢文貴）

原爆投下《げんばくとうか》　昭和二十年（一九四五）四月十五日、アメリカは原爆投下を含む対日作戦計画を決定、陸軍を中心に亡命科学者も交えた開発チームは同月二十五日、四カ月以内の完成をトルーマン大統領に報告、五月十八日投下部隊先発隊がテニヤンに配備された。十一月一日を目途とする九州上陸作戦承認に際し、多数の死傷者を懸念したスティムソン国務長官は六月一日、戦争の早期終結を目的に無警告の原爆使用を大統領に勧告。七月十六日初の原爆実験が成功すると、ソ連の対日参戦*前に日本に決定的打撃を与えうることを確信した大統領は、二十五日付で戦略空軍司令官に八月三日以降なるべく速やかに投下を行う命令を下す一方、二十六日ポツダム宣言*を発表、ソ連には原爆の保有を秘匿した。八月六日午前八時十五分最初の原爆が広島に（ウラニウム爆弾）、九日午前十

原爆投下直後の長崎（毎日新聞社提供）

一時二分二発目が長崎に投下され（プルトニウム爆弾）、両都市は壊滅。広島では約四十二万人の市民のうち一五万九千人が十二月までに死亡、長崎では約二十七万二千人が被爆、七万四千人が早期に死亡した。（黒沢文貴）

ソ連《れん》**の対日参戦**《たいにちさんせん》　一九四三年十一—十二月のテヘラン会談において、スターリンは米英首脳にヨーロッパ戦終結後の対日参戦を初めて約束、アメリカの参戦要求に応えた。四五年二月のヤルタ会談で独降伏二、三カ月後のソ連の対日参戦が決定。四月五日モロトフ外相は佐藤尚武駐ソ大使に、翌年期限の切れる日ソ中立条約*の不延長を通告。五月十四日最高戦争指導会議構成員会議は対ソ交渉の目標として、①対日参戦の防止、②好意的中立の獲得、③戦争終結の仲介を確認（③が正式目標となったのは六月の構成員会議）。七月十三日無条件降伏でない講和を希望する旨の天皇の親書を携行する近衛文麿*特使の派遣をソ連に打診。しかしソ連はポツダム会談切迫を理由に回答を遅延、十八日拒否。原爆投下*後の八月八日、ソ連は最終回答としてポツダム宣言*を黙殺する鈴木貫太郎首相の声明を理由とする対日宣戦を布告し、九日未明から満州・樺太・朝鮮北部に侵攻。現地では多くの民間人が身一つの避難を余儀なくされ、混乱の中で一家離散や集団自決などの悲劇が相ついだ。（黒沢文貴）

敗戦《はいせん》　昭和二十年（一九四五）七月のポツダム宣言*に対する鈴木首相の「黙殺」声明を口実に、アメリカによる原爆投下*とソ連の対日参戦*が惹起。八月九日の最高戦争指導会議構成員会議と閣議はポツダム宣言受諾について、国体護持のみを条件とする東郷外相・米内海相らと、自主的戦犯処罰と武装解除、保

障占領の拒否を加えた四条件を主張する阿南陸相らが対立。天皇は十日午前二時半御前会議で国体護持を条件とする受諾を聖断、政府は同日連合国に受諾を申し入れ、終戦詔書の起草を開始、木戸内大臣は天皇の放送による伝達につき許しを得た。連合国は十二日バーンズ米国務長官の名で、天皇および日本国政府の権限は連合国軍司令官に隷属すること、日本国政府の最終的形態は国民の自由に表明された意思により確立されることを回答。翌日の会議は即時受諾をめぐり再び紛糾、陸軍の一部ではクーデター計画が進行。首相は再び天皇の聖断を仰ぐことを決意。十四日の御前会議で、天皇は無条件受諾の意思とこれに従うことを求め、続く閣議で全閣僚が終戦詔書に署名、連合国に宣言受諾を申し入れた。しかし徹底抗戦を叫ぶ陸軍一部の玉音盤奪取の動きがあり、陸相は署名後自決。十五日正午ラジオで玉音放送が流れ、国民に戦争終結を伝えた。三十日連合国軍最高司令官マッカーサー*元帥が厚木飛行場に下り立ち、九月二日重光葵・梅津美治郎の両全権が米戦艦ミズーリ号上で降伏文書に調印した。（黒沢文貴）

東条英機《とうじょうひでき》（一八八四―一九四八）　昭和時代の軍人・政治家。明治十七年十二月三十日、戦略家として著名な東条英教中将の長男として東京に生まれる。陸士（十七期）、陸大（二十七期）卒。ドイツ駐在武官・陸軍省軍事調査委員長・関東憲兵隊司令官などを歴任し、昭和十二年（一九三七）三月には関東軍参謀長となり、日中戦争*勃発に際して事変拡大論を唱えた。同十三年五月陸軍次官に就任、十五年七月には第二次近衛内閣*に陸相として入閣、中国からの撤兵に反対し対米開戦を主張して首相と対立、内閣を総辞職に導いた。十六年十月、後継首班に指名されるや、現役のまま陸相・内相を兼任、十二月八日には対米英蘭戦に突入した。開戦後、独裁的傾向を強め、戦局悪化に伴い自ら参謀総長をも兼ね国務と統帥の一致を図るものの、マリアナ諸島陥落後、重臣層の反対により総辞職を余儀なくされる。終戦後の昭和二十一年（一九四六）九月、A級戦犯として起訴され、同二十三年十二月二十三日絞首刑に処せられた。（大久保文彦）

現代

〔政治・経済〕

1945 敗戦・降伏文書調印，連合国軍日本占領，財閥解体，婦人参政権実現
1946 天皇人間宣言，公職追放，農地改革開始，金融緊急措置令，日本国憲法公布，インフレ進行
1947 独占禁止法，日本国憲法施行
1948 極東国際軍事裁判判決，経済安定九原則
1949 ドッジライン，1ドル360円の単一レート決定
1950 警察予備隊設置，レッドパージ
1951 サンフランシスコ講和会議
1952 平和条約，日米安保条約発効
1954 自衛隊発足
1955 社会党統一，保守合同
1956 日ソ共同宣言，日本国連加盟
1960 日米新安保条約調印，安保反対運動激化
1961 農業基本法
1964 IMF 8条国移行，OECD加盟
1965 日韓基本条約
1967 公害対策基本法
1968 自由主義諸国中 GNP 2位へ
1970 核兵器拡散防止条約に調印
1971 環境庁設置，1ドル308円に
1972 沖縄日本復帰，日中共同声明
1973 円変動相場制，石油危機
1976 ロッキード事件
1978 日中平和友好条約
1980 粗鋼生産・自動車生産ともに米を抜き世界1位へ
1985 プラザ合意で円急騰
1987 国鉄分割民営化，対米貿易黒字増大・貿易摩擦深刻化
1989 消費税実施
1991 ODA 世界1位へ
1992 国際平和（PKO）協力法
1993 非自民8党派連立内閣
1994 自民・社会・さきがけ連立内閣
1995 円高進行1ドル80円台へ
1996 小選挙区比例代表並立制実施
1998 金融証券経営破綻続出
2001 中央省庁再編

〔社会・文化〕

1945 労働組合法公布
1946 当用漢字・新かなづかい告示
1947 2・1スト中止，教育基本法・学校教育法公布，労働基準法公布
1948 教育委員会発足，国立国会図書館開館
1949 日本学術会議設置，岩宿遺跡で旧石器出土，湯川秀樹ノーベル賞受賞
1950 金閣全焼，文化財保護法制定
1951 民間ラジオ放送
1953 テレビ放送開始
1956 南極観測始まる
1959 メートル法実施
1960 三井三池争議
1964 東海道新幹線開通，東京オリンピック
1967 公害対策基本法
1968 文化庁設置，大学紛争激化
1970 日本初の人工衛星，日本万国博覧会
1971 国立公文書館開館
1972 札幌冬季オリンピック，高松塚古墳壁画発見
1975 沖縄海洋博開催
1978 新東京国際空港開港
1983 国立歴史民俗博物館開館
1985 男女雇用機会均等法公布科学技術万国博覧会
1988 青函トンネル・瀬戸大橋開通
1989 吉野ケ里遺跡発掘
1995 阪神・淡路大震災
1998 長野冬季オリンピック
1999 国旗・国歌法成立

〔世界の動き〕

1945 第2次世界大戦終結，国際連合発足
1946 中国で全面的内戦
1947 トルーマン・ドクトリン，マーシャル・プラン
1948 大韓民国（韓国）・朝鮮民主主義人民共和国（北朝鮮）成立
1949 北大西洋条約機構発足，東・西両ドイツ成立，中華人民共和国成立
1950 中ソ友好同盟成立，朝鮮戦争勃発
1951 対日講和会議
1953 朝鮮休戦協定調印
1954 インドシナ停戦
1955 アジア・アフリカ会議，米英仏ソ4巨頭会談
1956 スターリン批判
1957 ソ連人工衛星打上
1959 中ソ対立激化
1961 ベルリンの壁構築
1962 キューバ危機
1963 部分核停条約調印
1965 ヴェトナム戦争
1966 中華人民共和国で文化大革命
1968 核拡散防止条約
1969 米宇宙船月に着陸
1971 中華人民共和国国連加盟，米ドル切下げ
1973 石油ショック
1975 ヴェトナム戦争終結，第1回サミット
1977 文化大革命終結
1979 米中国交正常化
1985 G5プラザ合意
1988 中華人民共和国で天安門事件
1989 東欧で社会主義体制崩壊・民主化進む，ベルリンの壁撤去
1990 ドイツ統一
1991 湾岸戦争，ソ連解体
1992 東欧で民族紛争
1999 香港，中華人民共和国に返還
2000 韓国・北朝鮮首脳会談

一　占領下の改革と自立への道

（一）　占領下の改革

連合国軍の日本占領　第二次世界大戦*は連合国側の勝利によって終わり、一九四五年（昭和二十）九月二日、降伏文書の調印とともに、日本は正式にアメリカ軍を中心とする連合国軍の占領下におかれた。日本国民にとって国土を外国軍隊に占領されたことは、初めての歴史的体験であった。しかし、同じ敗戦国のドイツ、イタリアとは異なり、日本では国内で大規模な反政府運動はなく、沖縄などを除いて陸上戦闘も行われず、日本政府は統治能力を保ったまま敗戦を迎えた。そのため、連合国軍の日本占領は直接の軍政ではなく、日本政府を通じた間接統治*の形をとった。日本占領がさしたる混乱もなく進められたのは、こうした事情によるところが大であった。

日本占領の政策決定機関として、米・英・ソ・中など十一カ国からなる極東委員会*がワシントンに、連合国軍最高司令官の諮問機関として、米・英・ソ・中四カ国からなる対日理事会が東京に設置されたが、対日占領政策*の主導権を握ったのはアメリカであった。そして、アメリカ大統領が任命した最高司令官マッカーサー*のもとで、ＧＨＱ*（連合国最高司令官総司令部）が絶大な権限を行使した。

非軍事化と民主化の政策　アメリカ政府の対日占領政策の基本は、日本が再び世界の、とりわけアメリカの脅威とならないように、その軍事能力を徹底的に一掃し、そのために国内体制を民主化することであった。

ＧＨＱは一九四五年十月、日本政府（幣原《しではら》喜重郎《きじゅうろう》*内閣）に、婦人の解放、労働者の団結権の保障、教育の自由化、圧政的諸制度の廃止、経済の民主化のいわゆる五大改革を指示し、非軍事化と民主化を進めさせた。

こうして、軍隊の解体、軍事産業の撤去、政治犯の釈放、治安維持法*・内務省*などの廃止、婦人参政権*の実現、日本歴史・地理・修身教育の停止、天皇の神格否定宣言*（人間宣言）、旧指導者の公職追放*などがつぎつぎに実施された。また、ＧＨＱの手で旧戦争指導者が戦争犯罪人として逮捕され、最高責任者がA級戦犯として連合国側の極東国際軍事裁判*（東京裁判）により処刑された。

ＧＨＱは、ラジオ*・新聞*・雑誌・出版・映画*などから個人の信書に至るまで検閲を実施して、占領政策に反する言動を厳しく取り締まった。このように、非軍事化と民主化の政策が民主的にではなく、ＧＨＱの軍事的圧力のもとに進められたのは、占領下の改革の大きな矛盾といえよう。

日本国憲法の制定　改革の進むなかで、複数政党制が復活し、婦人参政権も実現した。昭和二十一年（一九四六）

四月には戦後初の衆議院議員総選挙が実施され、三十九名の女性の代議士が登場したのも民主化を象徴する出来事であった。選挙で第一党となった自由党総裁の吉田茂が首相となり、第二党進歩党と連立内閣を組織し、十四年ぶりに政党内閣が出現した。

占領下の改革で最も重要なものの一つは、大日本帝国憲法（明治憲法）に代わる日本国憲法の制定であった。日本政府はGHQの指示により、幣原内閣のもとで憲法改正に着手し、昭和二十一年（一九四六）二月、「憲法改正要綱」ができあがった。しかし、これは明治憲法を多少手直しした程度だったため、GHQはこれを拒否し、マッカーサーノートに基づいてGHQ民政局が起草した新憲法草案を日本側に提示した。そこには、国民主権、象徴天皇制、戦争放棄などが盛り込まれていた。

日本政府はGHQ憲法案の基本原則を受け入れ、若干の修正を加えて、あらためて憲法改正案をつくり直し、この改正案が明治憲法の改正手続に従って、帝国議会（衆貴両院）・枢密院の審議を経て、昭和二十一年十一月三日、日本国憲法として公布され、翌昭和二十二年（一九四七）五月三日施行された。

日本国憲法は、国民主権・平和主義・基本的人権の尊重という大原則に立ち、天皇は日本国と日本国民統合の象徴とされて国政への権能を有せず、国民代表機関として、二院制（衆参両院）の国会が国権の最高機関となり、行政府の首長たる内閣総理大臣の指名権をもった。これにより、議院内閣制が制度化され、議会制民主主義の原則が確立された。憲法の大きな特色は、第九条で国際紛争を解決する手段としての戦争の放棄と戦力不保持を明文化したことで、これは類例のないこととして世界の注目を集めた。

経済の改革　経済の民主化もつぎつぎと実施されたが、特に大きな成功を収めたのは農地改革であった。農地改革は、農業生産の増強と食料の確保のための地主制改革を目指して、昭和二十一年二月、日本政府が自主的に実行に着手した。しかし、この第一次農地改革は不徹底なものだったので、GHQの勧告で、同年十月、自作農創設特別措置法が制定され、第二次改革が実現した。それにより、不在地主の農地全部と在村地主の一町歩（北海道は四町歩）以上の小作地を国が強制的に買い上げ、小作人に安く売り渡すこととなり、翌年七月から実施された。こうして三年間で約一九三万町歩の小作地が耕作農民の手に渡された。この結果、長年にわたって農村を支配していたいわゆる寄生地主制は一掃された。

また、GHQは日本の軍事力を支えていた経済力の弱体化を図って財閥解体を実施し昭和二十二年（一九四七）には独占禁止法・過度経済力集中排除法が制定され、三井・三菱など財閥の解体、巨大企業の分割が進められた。

経済の復興　大戦中の空襲による生産設備の破壊や戦後の軍事産業の撤去などにより、工業生産は激減し、昭和二十一年（一九四六）には昭和十六年（一九四一）の六分の一以下となった。極端な物資不足でインフレーションが爆発的に進行し、金融緊急措置令*も効果なく、東京の小売物価は昭和二十三年（一九四八）八月には、昭和九―十一年（一九三四―三六）の水準の百七十倍以上に達した。食料難も深刻となり、米などの配給も遅配続きとなり、栄養失調による死者も出た。政府は占領軍の食料放出を求めるとともに、石炭・鉄鋼など基幹産業に資金や資材を重点的に投入する傾斜生産方式により、生産力の回復を目指した。

昭和二十三―二十四年（一九四八―四九）には冷戦の激化とともに、アメリカの対日政策は日本経済の弱体化政策から、経済再建と自立化を強く求める方向に変わっていった。昭和二十三年（一九四八）十二月、GHQはインフレ抑制のため、予算の均衡、徴税の強化、物価の統制など経済安定九原則*の実施を日本政府に指令した。翌年にはドッジ・ライン*による緊縮財政、シャープ勧告に基づく税制改革が実行され、一ドル＝三六〇円の単一為替レートが設定され、ドル経済圏のなかで輸出の振興が図られた。このようにしてインフレは収拾され、経済復興が進められた。

（鳥海　靖）

〔大戦後の国際情勢〕

国際連合《こくさいれんごう》　第二次世界大戦*において枢軸国（ドイツ・日本など）を敵国として戦った連合国中心の秩序を維持し続けるための国際組織として、一九四五年（昭和二十）結成したものが国際連合 The United Nations である。この英文名称でも察することができるように、連合国と国際連合は同じものであり、違いは前者は戦時のもので組織がないのに対し、後者は戦後を見越してつくったもので規約（憲章）や組織・事務局があるという点である。現に中国では後者をも連合国と訳している。日本では、第一次世界大戦*後の国際連盟*に語呂を合わせた国際連合という翻訳により、旧敵国の集まりという意識はまったくもたれることがなかった。

国際連合憲章では、国際の平和および安全を維持すること（当初は、敵国であるドイツ・日本による平和撹乱を許さずの意）を目的としており、加盟国の主権平等、義務の履行、紛争解決、内政不干渉などを原則とした。主要機関として、総会、安全保障理事会、経済社会理事会、信託統治理事会、国際司法裁判所などがある。最も重要なものが安全保障理事会で、第二次世界大戦の主要戦勝国であるアメリカ・イギリス・フランス・ソ連・中華民国が当初の常任理事国（拒否権をもつ）で、中華民国は七一年中華人民共和国に、ソ連は九一年ロシアに変わった。本部はアメリカのニューヨーク市。原加盟国は五十カ国、その後増加して一九九六年末で一八五カ国となっている。日本は一九五六年（昭和三十一）加盟、安全保障理事会非常任理事国を八回務めた。もし旧敵国である日本やドイツが常任理事国になるとすれば、反枢軸組織を本質として発足した国際連合の性格を一変させることになろう。日本の財政負担はきわめて多い。（百瀬　孝）

冷戦《れいせん》　第二次世界大戦*後に生じた米ソ二大陣営の間の緊張関係をさしていう。hot war（戦争）はしてはいないが、きわめて敵対的な対抗関係にあって、いつ戦争になってもおかしくない状態という意味でcold war（冷戦）といった。もともと、資本主義国の雄たるアメリカと社会主義国の覇権者たるソ連とは相互に信頼関係がなかったが、第二次世界大戦に際しては反枢軸国という一点で協調した。しかし戦争終結が近づくと対立があらわになり、ドイツ処理のためのポツダム会談で決定的になった。冷戦の起源は明確でないが、一九四七年三月トルーマン・ドクトリンでソ連の勢力拡張に対抗しようとしたころからといわれ、cold war の語はアメリカ政府内で使われた。一九八九年のベルリンの壁崩壊ののち、米ソのマルタ島会談で一応終結した。

　連合国の日本処理は、枢軸国打倒、弱体化の一点にかかっていたが、冷戦に際して、アメリカは日本を対ソ戦略の重要な一環に織り込むことで弱体化政策を和らげ、むしろアメリカの身内として利用する政策に一変させた。そのため当初の厳しい賠償取立計画はほとんど消滅し、経済力集中排除は、過度のもののみに限定され、ポツダム宣言*再軍備禁止条項および憲法第九条があるにもかかわらず、警察予備隊設置を命令*し、地方行政の監督機関である地方軍政部を廃止し、公職追放解除を認め、徐々に事実上の講和という状態に近づけた。一方、米ソ対立のため旧連合国をあげての対日講和問題は進展せず、結局、日米安全保障条約*締結を条件とするアメリカ陣営のみとのいわゆる多数講和を締結し、日本自身がソ連・中国と対立したままの国際復帰とならざるをえなかった。最終的には一九九一年のソ連解体をもって冷戦の終焉とされる。（百瀬　孝）

アジア諸国《しょこく》**の独立**《どくりつ》　アジア諸国は太平洋戦争*後、日本敗戦を契機として種々の経過をたどって独立を獲得した。日本の戦争目的にアジア諸国の独立は含まれておらず、むしろ占領地区の領土編入さえ予定していた（実際には編入せず）。日本侵攻区域には大部分軍政を敷き、のち一部には傀儡政権の独立を承認したものもある。アジア諸国の独立は、日本敗戦を第一の契機

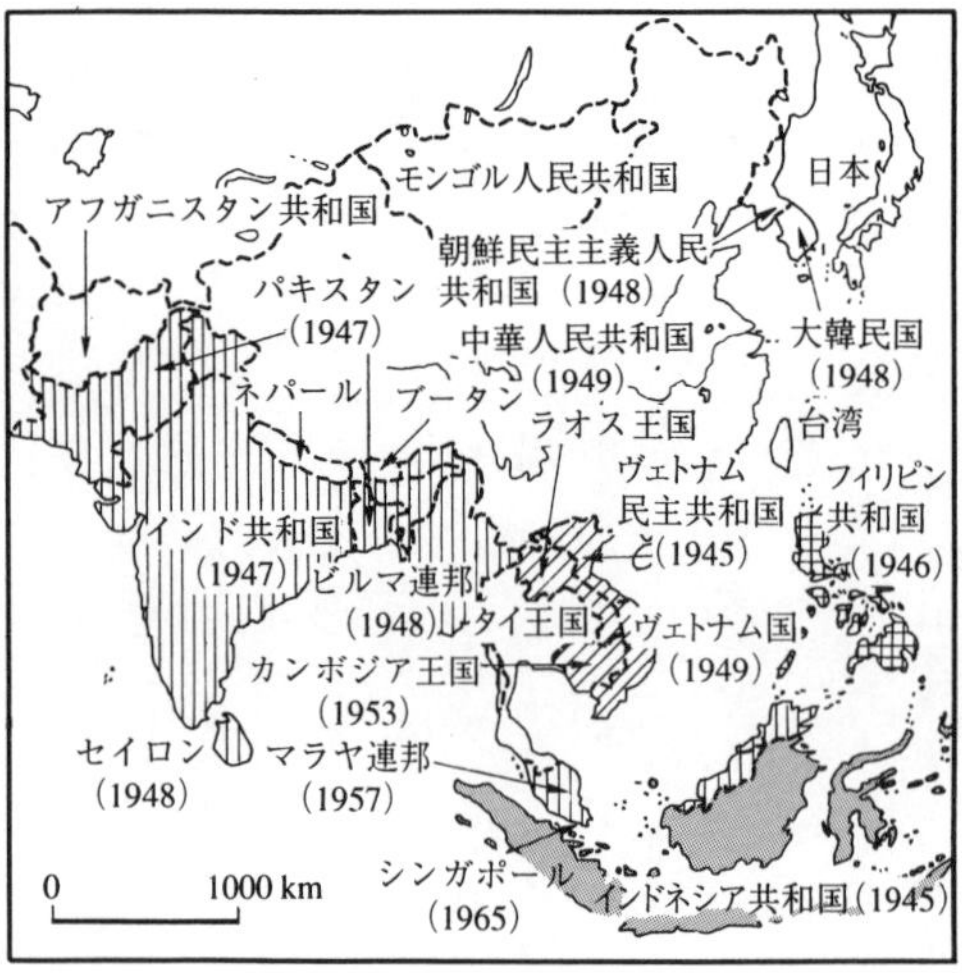

アジア諸国の独立

として達成されるが、日本敗戦のみでなったのではなく、自らの対日抵抗の実績による旧宗主国との抗争あるいは交渉によ る。日本がアジアの解放を図った事実はないが、日本の敗退がより遅ければ独立はより遅かったであろう。日本がアジアの旧秩序を破壊したことが独立の遠因だが（旧宗主国の国力・軍事力が対日戦で弱体化したことが独立を許す原因）、それがなくても数年後には同じ結果になっていたであろう。

独立には、次のような種々の類型がある。①日本植民地の独立。朝鮮は一九四八年（昭和二十三）占領者米ソへの抵抗なく独立。南洋群島はアメリカが国際連合*の信託統治領とし、それとの抗争はなく、一九八六年以降順次分割独立した。概して日本植民地は独立を戦いとるということがなかった。②旧宗主国からの円満な独立。フィリピンはアメリカが日本からの解放者の位置付けにあり、一九四六年、他のような抗争がなく独立した。対日戦勝国の位置にある。③旧宗主国との激しい戦争ののち独立を戦いとったもの。インドネシア、ヴェトナム、ラオス、カンボジアなどがこれで、日本敗退後、旧宗主国が当然のように復帰して旧支配を復活させようとしたことに対して、断固反対して戦争によって時間をかけて独立を達成した。連合国の敵対勢力になったため、日本占領に関与できなかった。独立戦争に日本軍人が個人として参加したものもある。④日本を自ら敗北させ、混乱ののち旧宗主国との交渉により独立を得たもの。ビルマがこれである。⑤旧宗主国とのきびしい交渉で独立を達成したもの。インド、パキスタン、マラヤである。インドのように独立前から国連に入り、対日戦勝国として日本占領に関与した国もある。

（百瀬　孝）

〔連合国軍の日本占領〕

対日占領政策《たいにちせんりょうせいさく》　対日占領政策は一九四三年*（昭和十八）のカイロ宣言で領土制限を示し、ポツダム宣言と降伏文書で連合国の占領、軍備撤廃、天皇と日本政府の連合国最高司令官への隷属（国体の否認）、領土制限、言論・自由・基本的人権の尊重、賠償取立のための産業維持許容などを示し、降伏後におけるアメリカの初期の対日方針（一九四五年九月二十二日）、日本占領および管理のための連合国最高司令官に対する降伏後初期の基本的指令（同年十一月三日）によって明確にされた（ただし最後のものは日本に対しては公表せず）。形式的には連合国の占領であるが実質的にはアメリカ一国の力で行われた。なお沖縄分割占領統治は連合国とは無関係にアメリカ軍の単独軍事占領による。連合国の日本占領支配・統治のことを日本管理という。これを担当するのが極東委員会*、アメリカ政府、連合国最高司令官総司令部、対日理事会*といった組織機関であり、実力行使機関としてアメリカ太平洋陸軍（極東軍）があった。占領政策は、①アメリカの強制により行われたもの（財閥解体*、公職追放*、神道分離、内務省解体*、戦犯裁判、自治体警察制）、②アメリカにいわれるまでもなく日本側が行ったもの（軍解体・復員、大東亜省・軍需省廃止）、③アメリカの強制であるが、日本側の自主的実行を装わされたもの（憲法制定）、④アメリカ側よりも日本側が虎の威を借りる形で行ったもの（六三制）がある。また、①旧日本を単に解体・破壊するものと、②新しい日本をつくるために旧制度を廃止・改正したものがある。さらにアメリカの当初の占領政策では示されていないもの（農地改革*）、占領政策とは無関係のもの（サマータイム、満年齢表示、台風の米女性名、漢字・仮名遣い）などもあった。日本側がアメリカの命令を実行するに際しては、正規に法律を制定して行わずに、超法規的手続きであるポツダム命令で行うものがあった。勅令・政令・省令で法律を改正できるという法治国家にはありえない制度で、このようなものが存在している期間は、日本は法治国家ではなかったことになる。〈百瀬孝『事典昭和戦後期の日本―占領と改革』吉川弘文館、一九九五〉　（百瀬　孝）

間接統治《かんせつとうち》　占領統治にあたって占領軍が直接軍政（統治）をする形態に対し、占領側が被占領側政府に命令して、自らは住民に直接命令しない形態を間接統治という。第二次世界大戦*後アメリカはドイツ・沖縄・南朝鮮では直接軍政を行い、日本では間接統治を行った。ただし直接統治といっても、ほどなく住民側行政府をつくらせて徐々に間接的に行うようになるのがふつうである。日本占領に際しては、ポツダム宣言*や降伏文書で間接統治を示唆する文面があるが、アメリカも直前まではっきりしておらず、日本進駐にあたっては軍票まで印刷してもってくるほどの用意周到さであった。しかし昭和二十年（一九四五）八月二十二日には、アメリカ大統領はマッカーサー*元帥宛最高司令官は天皇を含む日本政府機構および諸機関を通じて権限を行使すると伝えていた。したがって軍票を用意したり、八月三十一日千葉県館山に上陸して直接軍政まがいの命令を発したのはそれを知らない者の手違いであった。重光外相らが直接軍政を阻止したと伝えられるが、実は方針は決まっていたのである。　（百瀬　孝）

ＧＨＱ（連合国最高司令官総司令部《れんごうこくさいこうしれいかんそうしれいぶ》）　日本占領管理を実行する連合国最高司令官Supreme Commander for the Allied Powers（ＳＣＡＰ）の総司令部General Headquaters の意。一九四五年八月五日、マニラで編成されたアメリカ太平洋陸軍総司令部軍政局が、十月二日従来からあった参謀部とともに新たに連合国最高司令官総司令部になった。アメリカ太平洋陸軍総司令部は、そのまま継続し、マッカーサー*元帥が両司令官を兼ねた。連合国最高司令官は連合軍最高司令官または連合国軍最高司令官と訳されることもあるが、直訳的には連合国最高司令官が正しく、日本政府の公訳でもこうなっている。専門部局として民政局（憲法制定、公職追放*）、公衆衛生福祉局（社会福祉、社会保障、医薬保健）、経済科学局（財閥解体*、賠償、労働）、民間情報教育局（教育、宗教）、天然資源局（農地改革*）などがあり、参謀部は四部のうち参謀第二部は情報を掌握して民政局と張り合った。地方軍政部はアメリカ太平洋陸軍に属して都道府県行政を監視した。ＧＨＱは昭和二十七年（一九五二）四月二十八日廃止された。　（百瀬　孝）

極東委員会《きょくとういいんかい》　連合国の日本管理機構のうち、最高の位置付けにある機関で、一九四六年二月二十六日ワシントンに置かれた。アメリカ・中華民国・イギリス・オーストラリア・カナダ・フランス・オランダ・ニュージーランド・インド・フィリピン・ソ連・パキスタン・ビルマの十三カ国で構成される委員会で日本管理の政策を決定するが、それを連合国最高司令官に指令するのはアメリカ政府であり、アメリカ政府は極東委員会の議決がなくても中間指令を発しうるし、委員会がそれを取り消そうとしてもアメリカ政府が拒否権を行使できるので、アメリカの優位性は覆いがたい。一九四八年以降、冷戦のもと睡眠

状態になった。（百瀬　孝）

対日理事会《たいにちりじかい》　降伏条項・日本管理に関し、連合国最高司令官と協議し、これに助言することを任務とする機関で、連合国最高司令官が議長となり、アメリカ・イギリス連邦（代表はオーストラリア）・中華民国・ソ連の四代表が参加する。一九四六年発足。占領管理実施の指令を出す際、事情の許す限り事前に理事会で協議する。実際は、GHQ*は指令という形をとらずに口頭の示唆・書簡で命じ、あるいは日本側の自主的施策を装うことが多く、理事会にかける必要はあまり発生しなかった。連合国最高司令官は出席せず、代理出席であり、米ソ両国の宣伝合戦の有様であった。ただし農地改革*については積極的な役割を果たした。（百瀬　孝）

プレスコード*（GHQの言論統制《げんろんとうせい》）　Press Code for Japan　GHQが言論活動取締りのため発した規則。昭和二十年（一九四五）九月十九日発した。新聞*に対する制限ではなく、自由な新聞のもつ責任とその意味を日本の新聞に教えるためと称して、連合国への批判を取り締まるなど十項目を定めた。罰則は明記せず、違反すれば発行停止のほか占領目的妨害の罪で軍事裁判にかけられる。これにより、日本の全出版物はGHQの事前検閲を受けることになった（一九四七年末まで、以後事後検閲）。放送についてはラジオコードが定められた。いずれも昭和二十三年（一九四八）に廃止された。従来の日本の検閲ほど厳しいわけではないが、検閲の痕跡を残さぬよう巧妙に行った。ただし十分手がまわらず、お目こぼしも少なくなかった。このほか、個人の差し出す封書を開封して検閲する郵便検閲や、電報検閲、電話傍受を行った（日本では官憲が違法に行うことはあっても法的には禁止されていた）。以上は異民族支配としては特別なことではなく、ほかに比して苛酷なことを行ったわけではない。（百瀬　孝）

公職追放《こうしょくついほう》　GHQ*の指令に基づき旧指導者層を公共的職務から排除することを目的とした政策が追放である。昭和二十年（一九四五）十月四日には、特別高等警察罷免が命令され、この当日在籍の全員六〇〇一名が罷免された。十月三十日には全教員の審査により、軍国主義者と占領政策に反対する者の解職を指示し、自発的辞職を含め一二万一八七八名が追放された。最も重要なものが公職追放で昭和二十一年一月四日、「好ましくない人物の公職からの除去に関する覚書」により官吏・軍人・財界人・地方職員・出版関係・財閥関係・大政翼賛会*関係等々二〇万二八八二名が追放された。このうち過半数が軍人であった（将校全員）。ほかに地方公職就任禁止（他の公職にはついてよい）二七万二五九一名、労働組合関係追放二万一一九五名、財閥同族支配力排除二一九二名があり、趣旨はまったく異なるが、レッドパージ*で共産党関係者とされた一万二二五三名、計六三万九〇九一名が追放された。レッドパージ以外は講和条約発効前から追放解除が進行した。（百瀬　孝）

極東国際軍事裁判《きょくとうこくさいぐんじさいばん》*（東京裁判《とうきょうさいばん》）　日本人A級戦犯を裁いた国際法廷。ポツダム宣言で戦争犯罪人の厳罰が規定され、連合国最高司令官は昭和二十年（一九四五）九月十一日多数の戦争犯罪容疑者の逮捕を命令した。GHQ国際検事局（首席検察官キーナン）が戦争全般につき指導的役割のある者二十八名をA級戦犯として起訴し、昭和二十一年五月三日開廷の極東国際軍事裁判所で裁いた。この裁判が東京裁判である。裁判長はオーストラリアのウェッブ、判事は各国から任命された。五十五の訴因のうち昭和三年（一九二八）から昭和二十年（一九四五）の侵略戦争の共同謀議、満州事変*以後の侵略戦争の遂行、米・英・蘭・仏・ソ連に対する侵略戦争の遂行、ノモンハン事件*に対する侵略戦争の遂行、戦争法規違反のための命令授権許可、戦争法規遵守の義務の無視のみが有罪とされ、板垣征四郎*・木村兵太郎・土肥原賢二・東条英機*・広田弘毅*・松井石根・武藤章の七名が絞首刑、十八名が終身禁錮、二名が有期禁錮となった。

極東国際軍事裁判（毎日新聞社提供）

東京裁判の評価は様々である。罪刑法定主義とは無関係に事後法で裁くという前近代的方法であるが、ポツダム宣言*でいう戦犯処罰は、勝者の報復裁判であることを日本が容認して降伏したのであるから一概に非合法とはいえない。特徴として、裁く側にも同じ罪があり、平和に対する罪という犯罪類型には問題が多く、共同謀議という英米法上でも問題のある法概念に無理があるといったことがあった。東京裁判以外にGHQ裁判があり、またBC級戦犯については、各国が任意無秩序に日本軍人（朝鮮・台湾出身者も含む）を裁判にかけ、死刑判決だけでもアメリカ二百五十五名、イギリス二百八十二名、オーストラリア二百二十五名、オランダ二百三十六名、フランス六十三名、フィリピン七十九名、中華民国百四十九名が受け（ソ連・中華人民共和国は死刑なし）、その数倍の有罪を下した。講和条約発効後有期刑で拘束されている者については、各国政府の決定があれば赦免し、減刑し仮出獄させることができるとした。〈百瀬　孝『事典昭和戦後期の日本―占領と改革』吉川弘文館、一九九五〉

（百瀬　孝）

マッカーサー　Douglas MacArthur（一八八〇―一九六四）日本占領の最高司令官をつとめたアメリカ軍人。一九三〇年大将・陸軍参謀総長、一九三五年少将に降格してフィリピンに赴き、一九四一年中将・アメリカ極東陸軍総司令官、四四年元帥、四五年太平洋陸軍総司令官・兼連合国最高司令官、五〇年国連軍総司令官兼任。連合国最高司令官として、日本管理を忠実に実行し予期以上の成果をあげたが、朝鮮戦争*での作戦方針で大統領と意見が一致せず、一九五一年解任された。日本管理の業績の大部分はアメリカ政府の方針に沿ったものであり、あるいは下僚の提案を決裁したにすぎないとしても、天皇の利用価値の発見と東京裁判*での不起訴決定、憲法改正（象徴天皇制の採用、軍備撤廃）といった重要な事項決定はマッカーサーの独壇場であり、プラス・マイナスいずれの評価をするにしても、その位置付けは重いものである。太平洋陸軍総司令官としては南朝鮮や沖縄の占領で責任はあったが、語られる業績はない。死後、人格面を含めた否定的評価がアメリカにおいて一時流行した。

（百瀬　孝）

〔国内改革の展開〕

五大《ごだい》改革《かいかく》指令《しれい》　マッカーサー*元帥が幣原首相に示した日本民主化の指令。昭和二十年（一九四五）十月十一日、幣原喜重郎*首相はマッカーサー元帥に就任挨拶に赴いた際、憲法改正とともに五つの指令を受けた。①女性の解放と参政権の付与、②労働組合組織化の奨励と児童労働の廃止、③学校教育の自由主義化、④秘密警察制度と思想統制の廃止、⑤経済の集中排除と経済制度の民主化がこれである。アメリカ政府から受領していた「降伏後における米国の初期の対日方針」に③⑤は明記されているが、①②④は抽象的にしか示されていない。したがって、これらはマッカーサー自身が重要と信じたものを独自に考慮したものであろう。①はこの前に日本政府で決定しており、④は十月四日にGHQ*はすでに特高警察解体の命令を発していた。日本政府は憲法改正について、その必要性は十分認識せず、他についても改革に乗り出す前にGHQから矢継ぎ早に具体的命令が発せられ、それに対処していくのに大わらわの有様であった。　（百瀬　孝）

天皇《てんのう》の神格《しんかく》否定《ひてい》宣言《せんげん》（人間《にんげん》宣言《せんげん》）　昭和二十一年（一九四六）一月一日、天皇自ら天皇は現御神《あきつみかみ》（現人神《あらひとがみ》）でないとした詔書。天皇の戦争責任と天皇制廃止を求めるアメリカ世論に対処するため、天皇の位置付けが変わったことを示して、世論を沈静化させる必要があり、GHQ*と日本政府が共同で天皇の神格否定の詔書を発することを検討し、案文を幣原首相が英文で書き直し、マッカーサー*の了解のもと、一九四五年十二月三十日天皇の裁可を得た。天皇と国民の間の紐帯は相互の信頼と敬愛によっていて、天皇を現御神とする架空の観念によるものではないとした。これが神格否定といわれるものであるが、人間宣言といった表現はどこにもない。　（百瀬　孝）

農地《のうち》改革《かいかく》　太平洋戦争*後、従来の地主-小作制土地所有形態を否定し、土地の自作農所有制に改めた改革。農地改革については、ポツダム宣言*やアメリカの当初の対日占領政策方針にも言及されておらず、日本側の独自改革として昭和二十年（一九四五）末、農林省の提案で、いわゆる第一次農地改革案（農地調整法改正）がつくられた。これの議会審議の途中、GHQ*から遅ればせに農地改革の覚書が出された。この農地調整法改正案は成立し、翌年二月施行されたが、GHQから拒否されて小作料金納化以外は実行されず、事実上の廃案になった。

昭和二十一年（一九四六）三月以降、アメリカ以外の連合国であるソ連およびイギリス連邦（実際はオーストラリア）もこの問題に積極的に介入し、主に対日理事会*の主導で第二次農地改革が立案された。農林省は自作農創設特別措置法案と農地調整法改正案を作成し、同年十月公布された。これによれば、他市町村在住不在地主の全小作地の所有禁止、同一市町村内在住地主の平均一町歩以上小作地の所有禁止（平均一町歩であり、府県により九反であったり、一町一反であったりする、なお北海道は四町歩）、自作地小作地合計三町歩以上土地の所有禁止（北海道は一二町歩）、市町村農地委員会が所有禁止土地の買収を決定し、国家が機械的に買収、農地委員会は地主三、自作二、小作五の割合、買収価格は田は賃貸価格の四十倍、畑は四十八倍、小作料は金納・小作料の上限規定（田は収穫高の二五パーセント以内、畑は一五パーセント以内、しだいにインフレの結果一パーセント程度になった）といった内容であった。一町歩以内ならば小作地をもってよいが、取れる小作料が少しであり、事実上これで従来の地主-小作制土地所有形態（古い言葉では寄生地主制）*が崩壊した。以後自作農民は農業生産に励み、技術進歩もあって農業生産は飛躍的に向上し、農民の経済的・社会的地位が向上した。ただし三町歩以上の所有が禁止されたため、細分化農業が定着し農業近代化を阻害した。第一次農地改革は金納以外存在しないので、第二次農地改革という言葉はおかしいが、一般的にこの言葉が使われている。〈百瀬孝『事典昭和戦後期の日本―占領と改革』吉川弘文館、一九九五〉

（百瀬　孝）

財閥《ざいばつ》解体《かいたい》　軍国主義の永久排除を目的とする占領政策のなかで、軍国主義の温床とみなされた財閥*の経済支配を否定する政策。財閥解体と過度経済力集中排除、独占禁止政策は一応別のものであるが、同一目的をもった一連の政策である。財閥解体は民主化や経済の活性化を目的とせず、あくまでも非軍事化、日本弱体化を目指したものであるが、結果的には日本経済の発展に資するものが大であった。昭和二十年（一九四五）九月には、GHQ*設置前すでに四大財閥（三井・三菱・住友・安田）自身に解体計画作成を命じ、各財閥は十月までに自主解体を決定した。この場合の解体とは財閥本社の統轄機能の廃止のみであり、持株会社としてはそのまま存続していた。昭和二十一年（一九四六）七月には財閥家族の企業支配力制限が指令され、同年末に至って持株会社八十三社を指定した。これらのうち解散したものと、第二会社を設立したもの、一部事業を分割したものがあり、別の過度経済力集中排除法で分割されたものがある。これとは別次元で、三井物産・三菱商事のみが昭和二十二年（一九四七）七月、即時解散即日取引停止が命ぜられ、両社で三百社に分割された。また三井・三菱などの財閥商号が一部使用禁止になった。財閥解体とは別であるが、同年末冷戦開始後の微妙な時期に経済力の過度な集中のみを排除する法律（過度経済力集中排除法）が制定され、王子製紙・三菱重工業・日本製鉄などが分割された。

（百瀬　孝）

教育《きょういく》改革《かいかく》　太平洋戦争*後、GHQ*の強い指導によって行われた学校制度・教育内容・教育行政制度など全般にわたる改革。アメリカは一九四二年（昭和十七）ごろから日本敗北後の占領政策としての教育政策の検討を行っていたが、アメリカの学校制度（六三制）を強制する案はまったく含まれておらず、それ以外のものはすべてこの時期に表れていた。これらに従ってGHQは、戦後日本の教育改革を進めたのである。まず戦時教材の削除、軍国教育の禁止、教職追放などを指令し、ついでアメリカ教育使節団を呼んで日本の教育について調査させた。制度改革として六・三・三制の採用（使節団員は不賛成であったが、協力のためつけられた日本側委員が文部省の意図とは無関係に虎の威を借りる形で採択させた）、教育委員会制度の導入、漢字の全廃とローマ字の採用（これは無視）、教員養成制度のレベルアップ、個性差を伸ばす教育の必要性などを提言した。これを受けた日本側は、教育刷新委員会を設けて具体的改革案を検討したが、結論の出る前にGHQ民間情報教育局長・教育刷新委員長・文部大臣間の談合で内容は決定されていた。小学校六年、中学校三年の義務教育、高等学校三年、大学四年、男女共学、教員養成を大学で行うこと、都道府県市町村に公選の教育委員会を設けること、中央教育委員会の設置（これのみ実現せず）などを答申した。義務教育年限や基本理念については教育基本法＊、学校制度や教育内容については学校教育法＊、教育行政については教育委員会法・文部省設置法、教員養成については国立学校設置法や教育職員免許法などを制定して実施に至った。以後、教育行政制度については教育委員が任命制とかわり、教育内容についても大幅な変革があったが、学校制度に大変更はない。（百瀬　孝）

教育基本法《きょういくきほんほう》　戦後教育改革の中心となる法律。憲法にも教育を受ける権利、普通教育の義務、義務教育の無償が規定されたが、一部に新しい教育勅語の制定を希望する声もあり、結局教育の基本条項は法律で定めることになり、教育刷新委員会で案文をつくり、昭和二十二年（一九四七）三月三十一日公布施行された。他に例の少ない前文があり、ここで憲法との結びつきをのべ、憲法の理想を教育によって実現するとした。教育の目的を平和的国家および社会の形成者を育成することにあるとし、その形成者は真理と正義を愛し、個人の価値をたっとび、勤労と責任を重んじ、自主的精神に満ちた心身ともに健康な国民であるとする。以下教育の方針、教育の機会均等、九年制義務教育、男女共学、学校教育、社会教育、政治教育（特定政党政治教育禁止）、宗教教育（国公立学校の宗教教育の禁止）、教育行政などについて規定した。制定後改正されたことはない。一部には他の教育法規の上位にあるものとか、教育勅語との連想から批判を許さないものとの誤解が生じたことがある。（百瀬　孝）

学校教育法《がっこうきょういくほう》　昭和二十二年（一九四七）制定された学校教育についての制度を定めた法律。従来学校制度は法律でなく勅令で定められていたが、初めて法律によって定められることになった。法案提出の理由の第一が教育の機会均等、第二が普通教育の普及向上と男女の差別撤廃、第三が複雑多岐にわたっている学校体系を単純化することであるとした。学校制度の中心が小学校（六年）、中学校（三年）、高等学校（三年）、大学（四年）、盲学校、聾学校、養護学校、幼稚園で、第一条に記すためこれらを一条校ということがある。昭和三十六年（一九六一）高等専門学校（中学校卒業後五年）が付け加わった。他の条文で各種学校、大学院、短期大学を記し、のち専修学校を加えた。また学校の設置、授業料、職員、学生生徒の懲戒、体罰の禁止、各学校の目的、教育目標、就学義務、義務の猶予免除、学位などを定める。部分的改正はしばしば行われたが、根本的な学校制度の改正はなされておらず、五十年もの間なされないのは明治以来初めてのことである。（百瀬　孝）

日本国憲法《にほんこくけんぽう》＊　太平洋戦争＊敗戦後、アメリカの要求により旧大日本帝国憲法を改正する形式で定められた国家の最高法規。象徴天皇制、戦争放棄と軍備制限、基本的人権の保障、三権分立、議院内閣制、二院制、裁判所の法令審査権、地方自治制などを主要規定とする。ポツダム宣言＊の条項、特に照会に対するバーンズ国務長官の回答で、従来の憲法を無傷で守れるとは考えられないはずであったが、日本政府はアメリカ側から憲法改正の必要をいわれても、部分的な改正ですむと考えていた。これに対しマッカーサー＊は、GHQ＊民政局に草案作成を命じ、わずか一週間で完成させて昭和二十一年（一九四六）二月十三日日本政府に示し、これを採用しなければ、ほかの連合国の動向からして天皇制の保持が困難であることを示唆して、日本政府の発案の形で改正することを求めた。法制局ではこれを極秘の

日本国憲法（『官報』）

〔前文〕　日本国民は、正当に選挙された国会における代表者を通じて行動し、われらとわれらの子孫のために、諸国民との協和による成果と、わが国全土にわたつて自由のもたらす恵沢を確保し、政府の行為によつて再び戦争の惨禍が起ることのないやうにすることを決意し、ここに主権が国民に存することを宣言し、この憲法を確定する。……

第一条　天皇は、日本国の象徴であり日本国民統合の象徴であつて、この地位は、主権の存する日本国民の総意に基く。

第九条　日本国民は、正義と秩序を基調とする国際平和を誠実に希求し、国権の発動たる戦争と、武力による威嚇又は武力の行使は、国際紛争を解決する手段としては、永久にこれを放棄する。

②　前項の目的を達するため、陸海空軍その他の戦力は、これを保持しない。国の交戦権は、これを認めない。

第十一条　国民は、すべての基本的人権の享有を妨げられない。この憲法が国民に保障する基本的人権は、侵すことのできない永久の権利として、現在及び将来の国民に与へられる。

うちに検討し、またGHQとも強い折衝を行って、三月六日、日本政府憲法要綱案を公表した。このあと行われた衆議院*議員総選挙では、憲法案反対を標榜して当選した者はなく（反対者は立候補できず）、国民の信任を得たという擬制をとることができた。六月八日枢密院*可決、八月二十四日衆議院可決、十月六日貴族院*可決、七日衆議院で再可決、二十九日枢密院再可決、十一月三日公布、昭和二十二年（一九四七）五月三日施行された。

マッカーサー草案はほとんどそのまま日本国憲法になったが、次のように一部は日本側でその都度GHQの了解を得て修正することができた。法制局では、国会の一院制を二院制にし、首相を議員に限定し、国会が最高裁判所の判決を覆せる規定、封建制度廃止、土地国有制、皇室財産収入の国庫納入制を削除し、教育を受ける権利、地方自治の本旨などを追加した。また衆議院では、主権は国民に存するとし、華族を廃止し、生存権保障を挿入し、国務大臣の過半数を議員とするとし、戦力不保持は九条第一項の目的を達成するためにと限定した。貴族院では、戦力不保持が衆議院修正で限定されたとして、GHQの要求により国務大臣の文民資格を挿入した。〈佐藤達夫『日本国憲法成立史』全四巻、有斐閣、一九六二―九四。百瀬孝『事典昭和戦後期の日本―占領*と改革』吉川弘文館、一九九五〉（百瀬　孝）

国会《こっかい》　日本国憲法による国の立法機関。憲法マッカーサー*草案では国会は一院制であったが、法制局が衆議院・参議院の二院制に修正した。帝国議会*が貴族院*・衆議院*の二院制であったからであろう。日本側による憲法草案のもっとも大きな修正の一つであった。草案では帝国議会の公称英訳と同じthe Dietであったが、日本側ではそれ以前に国会という名称を考えていた。三権分立のもとでの立法機関として、あくまでも他を超越してはいないが、憲法上では最高機関とされる。マッカーサー草案では超越する条項があったが、日本側で削除したので、草案にあった国権の最高機関の語のみが残り、単なる政治的美称であるとして残された。国の唯一の立法機関であるが、占領中はポツダム命令で法律を改正したり、法律で定めるべきことを定めることができたので、真に唯一の立法機関になったのは占領が終わってからである。（百瀬　孝）

新民法《しんみんぽう》　太平洋戦争後*、明治時代制定の民法のうち、第四および第五編（親族相続）を昭和二十二年（一九四七）全面改正した（第一、二、三編は部分改正のみ）ので、これを新民法、民法新規定、新法ということがある。日本国憲法*で国民の法の下の平等や両性の合意による婚姻、個人の尊厳と両性の本質的平等が規定され、これに反する民法の規定は憲法違反になるため、とりあえず憲法施行日からの応急措置の臨時立法をし、ついで民法の本格的改正を図り、二十二年十二月公布、二十三年一月一日から施行した。第一編総則では私権は公共の福祉にしたがうこと、信義誠実の原則、権利濫用の禁止を冒頭にかかげ、第四編親族では、家族制度を全面的に廃止した点が最大の改正で、婚姻の自由、夫婦の平等、夫婦財産制、妻の能力の確認、離婚原因の相対化、庶子名称の廃止、父母共同親権、近親の相互扶養、第五編相続では均分相続、配偶者の相続権、遺産の国庫帰属等々を規定した。（百瀬　孝）

地方自治制《ちほうじちせい》　太平洋戦争後*、GHQ*の指導により従来の中央集権的な地方行政制度を、地方自治の本旨にそって都道府県・市町村行政に自治制度を大幅に取り入れたもの。日本国憲法*施行前に、旧憲法に抵触しない範囲でいわゆる第一次地方自治改革が行われた。重点が都道府県知事市町村長の公選で、ほかに自治体選挙における女子選挙権、住民直接請求など地方自治法の先取りが行われた。昭和二十二年（一九四七）憲法で住民自治と団体自治からなる地方自治の本旨とともに、首長公選、地方公共団体の財産管理権、事務処理権、行政執行権、条例制定権を定め、同時施行の地方自治法で地方公共団体の種類、事務、機関などを定めた。ほかに地方財政法、地方税法など多くの法律で地方自治制度を形づくっている。従来、国の事務であったものが、都道府県知事や市町村長に対する機関委任事務として位置づけられ、自治の確立に影響を与えた。これらに劣らず重要なことが、昭和二十二年末の内務省*廃止である。中央集権の権化とされた内務省が、地方自治制の確立とは別次元で廃止されたものであるが、以後の自治制に大きな影響を与えた。（百瀬　孝）

〔政党政治の復活〕

議院内閣制《ぎいんないかくせい》　執行権と立法権との均衡を意図した権力分立制の一形態。主に市民革命*後のイギリスにおいて発達した。立憲制のもとに、内閣が議会の信任に基づいて成立することに特徴がある。そのため、通常は議会の多数政党の党首が内閣総理大臣となる。また議会は内閣に対して不信任権をもち、その反対に内閣は議会の解散権をもつことで、行政府と立法府の均衡が保持される。第二次世界大戦*以前の大日本帝国憲法*下でも、「憲政の常道*」の名に基づいて衆議院*の多数派に基礎をおく政党内閣が出現した時期があったが、帝国議会*はあくまで天皇の立法権行使の協賛機関に過ぎず、厳密な意味で議院内閣制が制度化されたのは、昭和二十二年（一九四七）の日本国憲法*施行以後のことである。（渡辺昭夫）

婦人参政権《ふじんさんせいけん》　公職選挙における女性の選挙権および被選挙権利。女性参政権付与は、男性のそれと比べ、どこの国でも遅れた。日本では、大正八年（一九一九）に平塚らいてう*・市川房枝*らが新婦人協会を設立し、婦人参政権運動を始め、一度は衆議院*で建議案が通過するところまでいったが、実現したのは戦後、GHQ*の民主化五大改革指令の一つとして女性解放が指示されて以後のことである。昭和二十年（一九四五）十二月十七日公布の衆議院議員選挙法改正で、二十歳以上の男女に選挙権、二十五歳以上の男女に被選挙権が与えられた。翌年四月の衆議院選挙で、男子投票率七八・五二パーセントに対して女子投票率は六六・九七パーセントを記録し、三十九人の女性議員が誕生した。また二十二年に制定された参議院選挙法で三十歳以上の男女に被選挙権が与えられ（選挙権は衆議院と同じ）、四月の第一回参議院選挙で十人の女性議員が登場した。なお、地方議会選挙については、二十一年に婦人参政権が確立しており、翌年の統一地方選挙で女性の首長や地方議員が生まれている。（渡辺昭夫）

日本自由党《にほんじゆうとう》　昭和二十年（一九四五）十一月に反東条派の院内交渉団体であった同交会系の議員四十三名によって結成された政党。進歩党*と比べると、戦前・戦中の翼賛体制に批判的だった人々が主体である。結党時の幹部は総裁（鳩山一郎）、幹事長（河野一郎）、政調会長（安藤正純）。反軍国主義・反共・人権の尊重などを政綱に掲げた。昭和二十一年二月の公職追放*で三十名の議員を失ったが、四月の総選挙では百三十九議席を獲得して第一党となった。鳩山首班の内閣が成立するかと思われたが、鳩山が突如GHQ*から追放指定を受けたため、新総裁吉田茂*のもとで、進歩党との連立による吉田内閣*が成立した。以後、吉田が実権を握るにつれて鳩山ならびにその周辺の政治家との間に確執が生じた。二十二年四月の総選挙では百三十一議席を獲得して第二党の地位に甘んじ、第一党となった社会党に政権を譲る。片山・芦田の二代にわたる中道連立内閣時代が終わった後、二十三年八月政権に復帰する。その間、二十三年三月に民主党を脱党した幣原喜重郎*・齋藤隆夫らを吸収して党名を民主自由党*と改めた。（渡辺昭夫）

民主自由党《みんしゅじゆうとう》　昭和二十三年（一九四八）三月、日本自由党*は民主党を脱党した幣原喜重郎*らの同志クラブを吸収して、民主自由党を結成した。総裁は吉田茂*。百五十三名を擁する衆議院*第一党となった。芦田均首班の民主党内閣が総辞職すると、十月、与党に返り咲き、第二次吉田内閣*を組織するが、少数単独内閣であった。二十四年一月の総選挙で過半数（二百六十四議席）を獲得。経済安定九原則*を実施するにはなお強力な権力基盤が必要との判断から、民主党内部の連立派の二名を入閣させ、同党との連立で第三次吉田内閣を発足させた。この連立問題が火種となって民主党は分裂し、民主自由党内でも議論が分かれたが、二十五年二月、民主党連立派である保利茂以下二十八名の衆参議員が脱党して民主自由党に入党、三月、党名を自由党と改称した。（渡辺昭夫）

日本進歩党《にほんしんぽとう》　昭和二十年（一九四五）十一月、旧大日本政治会の後継政党として発足。総裁は町田忠治。立憲君主制と民本主義*、反共などを掲げたが、民主的改革には反対した。発足当初は二百七十三名を擁していたが、二十一年一月、総裁以下二百六十名の議員が公職追放*該当者に指定されて大打撃を受けた。四月の総選挙では九十四名と激減したが、日本自由党*につぐ第二党の地位は辛うじて保持し、幣原喜重郎*を総裁に迎え、自由党との連立で第一次吉田茂内閣*を組織した。二十二年に入ると両与党の内部で新党結成の動きが高まり、幣原が吉田に合同を申し入れた。しかし吉田に拒否されたため、芦田均を中心とした自由党の一部、国民協同党の一部、無所属の議員ら計百

四十五名を集めて同年三月末日本民主党*を結成、進歩党は解党した。（渡辺昭夫）

日本民主党《にほんみんしゅとう》　昭和二十二年（一九四七）三月旧進歩党を中心として、芦田均ら自由党の一部、協同党の一部などからの参加を得て結成。旧進歩党総裁の幣原喜重郎*を最高顧問に据え、最高委員七名の合議体制で発足した。当初百四十五名を擁し衆議院*の第一党であったが、四月の総選挙では第三党に転落（議席は百二十四名）。五月、芦田を総裁に迎え、社会党と提携して連立内閣を組織する。十一月、炭鉱国家管理問題を契機に幣原ら二十四名が脱党して同志クラブを結成。二十三年二月には芦田首班の連立内閣が誕生したが、十月、昭和電工疑獄事件で芦田内閣は総辞職する。二十四年一月の総選挙で六十八名に激減。民主自由党*との連立を主張する連立派は民自党へ、野党派は二十五年四月に国民協同党と組んで国民民主党を結成した。（渡辺昭夫）

日本社会党《にほんしゃかいとう》　昭和二十年（一九四五）十一月、戦前の無産政党*諸派が団結して結成された社会主義政党。初代書記長は片山哲。右派（西尾末広派、河上丈太郎・浅沼稲次郎派）と左派（鈴木茂三郎派、和田博雄派）の間のイデオロギー的な差は大きく、派閥抗争が絶えなかった。二十一年四月の総選挙では九十三議席で第三党。二十二年四月の総選挙で百四十三議席を得て第一党となり、民主・国民協同両党と提携して片山内閣を発足させた。しかし、左派が反対したため内閣提出の補正予算案が不成立に終わり、二十三年二月内閣は総辞職した。民主党総裁の芦田均を首班として同じ三党が連立内閣を再度組織したが、昭和電工疑獄事件で副総理西尾が逮捕されるに及んで、十月にこの内閣も瓦解した。翌二十四年一月の総選挙では大敗し、四十八議席を得たにとどまった。以後、左右両派間の対立が激化し、二十六年十月、講和・安保両条約の批准の可否をめぐってついに分裂。昭和三十年（一九五五）に再統一し、保守合同で成立した自由民主党*とともに五五年体制*の一方の主役となる。だが、長らく野党の座に甘んじていた。

平成五年（一九九三）に非自民八党派が連携して成立させた細川護熙内閣に社会党も与党のひとつとして参画。同内閣を継いだ羽田内閣でも与党の一角を形成するが、平成六年夏、羽田内閣が総辞職すると、自民党と組んで党委員長の村山富市を総理とする連立内閣を組織した。片山内閣以来四十七年ぶりの社会党首班内閣の登場であったが、むしろ社会主義政党としての独自性は失われ、党勢は衰退に向かう。平成八年一月十九日、新時代への適応を図って社会民主党と改名、半世紀にわたる日本社会党の歴史は閉じられた。（渡辺昭夫）

吉田内閣《よしだないかく》　昭和二十一年（一九四六）四月十日、大日本帝国憲法*下での最後の総選挙で、鳩山一郎率いる自由党*が第一党になった。その直後GHQ*によって突然公職追放*者として指定された鳩山に代わって、その委嘱により吉田茂*が党首となり、五月二十二日総理大臣に就任した。第一次吉田内閣の最大課題は、憲法問題であった。吉田は、幣原内閣*の外相として憲法草案にかかわったことがあるが、今度は首相として、その議会での承認を得るための論陣を張る立場に立たされた。たとえば、第九条をめぐる論議では自衛のための武力行使さえ否定するような徹底した解釈を述べて注目された。次の選挙で社会党に第一党の地位を譲りいったん下野した吉田は、二十三年十月十九日、再び政権の座に返り咲く。以後第五次内閣の崩壊まで一貫して政権を担当した。この時期の吉田内閣の最重要課題は、講和・安保条約であった。吉田は野党勢力が唱えた「全面講和」論を退け、アメリカを中心とする西側諸国との「部分講和」を選択した。吉田は自ら超党派的全権団を率いてサンフランシスコ講和会議*に臨み、講和条約に調印した。同じくサンフランシスコで調印された日米安全保障条約*は、吉田一人がこれに署名した。講和後も吉田は政権担当の意欲を抱いていたが、占領期間中雌伏を強いられていた鳩山とその周辺の保守政治家の政界復帰の動きや、長期政権に飽きた世論の反発もあってしだいに有権者の支持を失っていった。二十九年十二月七日、第五次吉田内閣はついに総辞職し、以後、吉田は政治の表舞台から退き、大磯に引きこもった。（渡辺昭夫）

吉《よし》田《だ》茂《しげる》　明治十一年（一八七八）九月二十二日、土佐出身の竹内綱の五男として誕生。父は、板垣退助*率いる自由党*の領袖であった。吉田は子沢山の竹内家から、吉田家へと養子に出された。養父吉田健三は、実父の友人で、ジャーディン・マジソン商会を振り出しに、貿易商人として成功した人物である。健三は、茂が十一歳のときに病死し、相当の資産（当時の金で五十万円を下らなかったという）を後に残した。茂は学習院の中等学科・高等学科・大学科を経て、東京帝国大学法科大学政治学科を卒業後、外交官領事官試験に合格。学習院在学中、皇室や華族に対する親近感と尊敬心を自然に身につけ、のちに、自らを「臣茂」と呼んだ。外交官としての吉田は奉天総領事など中国大陸勤務が多かったが、のちにロンドンに大使として勤務し、イギリスを政治・外交のモデルと考えていた。大久保利通*の二男で外交界の重鎮である牧野伸顕*の長女雪子と結婚し、田中義一*政友会および浜口雄幸*民政党の両内閣で外務次官を務めた。その後駐イタリア大使・駐英大使を歴任。親独派の勢力が強い当時の外務省のなかで親英米派の立場を貫き、日米開戦回避工作に奔走したり、開戦後は近衛文麿*を通じて早期終戦工作をした。戦後は、友人の鳩山一郎の追放後の穴埋めとして思いがけなく総理大臣の任を引き受けることになり、軽武装・日米基軸路線・経済中心主義という戦後日本の基本路線を確立し、「通商国家」へと導いた。これは「吉田ドクトリン」と呼ばれ、長く、吉田以後の政治家によって踏襲されることになる。（渡辺昭夫）

〔経済の再建〕

金《きん》融《ゆう》緊《きん》急《きゅう》措《そ》置《ち》令《れい》　昭和二十一年（一九四六）三月、当時通用していた日本銀行券をすべて金融機関に預け入れさせて封鎖し、新紙幣（新円）のみを流通させることにして、財産税徴収を準備し、かつインフレーションの進行を抑止しようとした緊急勅令。終戦後、臨時軍事費の大量撒布などのために生じた通貨の増発から、二十年十月ごろから、闇物価は急に上昇し始め、預金の引出しと換物運動が盛んになった。渋沢敬三蔵相は財政再建のために一回限りの財産税を徴収する方針を立て、そのために現金資産を調査するのを機会に預金を封鎖して、現金通貨の流通量を縮少してインフレを抑え、時間を稼いで生産の回復を待ち、経済の安定を図ろうとしたのである。計画は予定どおり実施され、新円で支払われるのは毎月の給与のうち五百円、預金引出しも一世帯当たり五百円までと定められた。この政策のために、実施後半年ほどはインフレの進行は一時食い止められたが、米穀の供出代金をはじめ、例外的に新円で支払われるものが増え、同年秋以後、インフレは再度激化した。

（中村隆英）

ドッジ・ライン　連合軍総司令官経済顧問として、昭和二十四年（一九四九）二月来日したジョセフ・ドッジ（Joseph Dodge）が、経済安定九原則*に基づいて実施した経済安定政策。この当時総司令部経済科学局は、経済安定本部と協力して、インフレを漸次安定させつつ生産の増加を図ろうとする計画を実行し、相当の成果をあげていた。ドッジは記者会見において、「日本経済はアメリカの援助と高額の政府からの補給金という二本の竹馬に乗っている、高い竹馬は危険である」と指摘したうえ、日本政府に対して次の四項目を中心とする政策を提示した。①一般会計と特別会計を合計した総予算の均衡、②復興金融金庫の新規貸出停止、③いっさいの補助金を予算に計上したうえ可及的速やかに廃止、④一ドル＝三六〇円の一本為替レートの設定。以上の方針は、政府資金の民間への漏出と復金による信用創造を阻止してインフレを根絶し、補給金による人為的な低い公定価格による統制を廃止して自由経済を復活させ、三六〇円レートを通じて日本を国際競争に復帰させようとするものであった。吉田内閣*はこれを実行し、経済界は資金供給を絶たれて金融の逼迫に苦しみ、倒産、人員整理が相つぐ不況となった。日本銀行*は市中銀行に対して日銀信用を供与するとともに大量の買オペレーションを行って資金を供給し、企業の「金詰り」緩和に努めた。ドッジは昭和二十五年度予算についても上記の方針を堅持するように求め、市中銀行を通じて日銀信用を供給する「金詰り緩和方策」に対しても否定的見解を伝えてきた。このため「安定恐慌*」は必至とみられたが、二十五年六月の朝鮮戦争勃発と国際景気の急上昇によって不況は解消した。ドッジの政策は、日本経済に苦難を強いたが、自由経済復帰のための必要な試練であった。

（中村隆英）

経《けい》済《ざい》安《あん》定《てい》九《きゅう》原《げん》則《そく》　昭和二十三年（一九四八）十二月、アメリカ本国から占領軍総司令部に送られた日本経済の安定のための処方箋。昭和二十二年以来、非軍事化と民主化よりも、日本の復興を図り、アジアにおけるアメリカの同盟国とすべきだという考え方が、国務省企画室長ジョージ・ケナン（George Kennan）、陸軍次官ウィリアム・ドレーパー・ジュニア（William Draper Jr.）の共通認識となり、国家安全保障会議決定（NSC13／2、十月七日）に結実した。その第十五項、アメリカの安全保障の見地からも、「経済復興はアメリカの対日政策の主要目標」であるという見地から作成された復興政策がこの九原則である。その重点は総予算の均衡、徴税強化、賃金安定、物価、貿易などの統制強化と増産努力などが列挙され、終わりに上記計画は単一為替レート実現への道を開くためにぜひ実施されるべきだと結んでいた。その実施のために、トルーマン大統領自らデトロイト銀行頭取ジョセフ・ドッジ（Joseph Dodge）に連合総司令官経済顧問として、公使の資格で渡日を要請したのである。

（中村隆英）

（二）国際社会への復帰

冷戦とアジア　大戦が終わると国際社会では、新しい戦後秩序の形成への動きが始まった。連合国は協力して世界平和を維持するため一九四五年（昭和二十）国際連合*を創設し、米・英・ソ・仏・中の五大国が安全保障理事会の常任理事国となった。しかし、ヨーロッパでは対独戦後処理の問題などをめぐって、アメリカなど西側諸国とソ連との間に対立が生じた。こうして、アメリカを中心とする自由主義陣営とソ連を中心とする社会主義陣営との冷戦*が始まった。

一方、東南アジア諸地域では、第二次世界大戦*中、日本の占領による衝撃から、欧米諸国による植民地支配の構造が崩壊し、日本の敗北後、オランダ・フランス・アメリカ・イギリスなど旧宗主国に対する民族独立運動が活発化し、インドネシア・ヴェトナム・フィリピン・インド・パキスタン・ビルマ（現ミャンマー）など独立国がつぎつぎに生まれた。しかし、これらの新興国は、社会的・経済的基盤が弱体で、政治的にも不安定だった。

また東アジアでは、一九四八年、朝鮮半島に北緯三十八度線をはさんで北側にソ連の支援する朝鮮民主主義人民共和国（北朝鮮）、南側にアメリカをうしろだてとする大韓民国（韓国）が成立し、冷戦の最前線となった。中国では、共産党が国民党との内戦に勝利をおさめて、一九四九年、中華人民共和国が発足し、中華民国の国民政府は台湾に逃れた。

このように、冷戦が深まるなかでアジアの国際関係は、はなはだ不安定であった。そこでアメリカは、アジアの自由主義陣営における民主主義的な安定したパートナーとして日本に期待をかけ、その経済的自立化を図るようになったのである。

朝鮮戦争　一九五〇年（昭和二十五）六月、北朝鮮軍は三十八度線を越えて韓国に侵攻を開始し、たちまちソウルを占領した。国連の安全保障理事会（ソ連欠席）は北朝鮮を侵略者として武力制裁を決議し、アメリカ軍を中心とする国連軍が韓国の側に立って参戦した。国連軍が中朝国境に迫ると中国軍が人民義勇軍の名目で北朝鮮を支援して参戦し、朝鮮戦争*は、自由主義陣営と社会主義陣営の代理戦争の様相を呈した。戦局は一進一退であったが、一九五三年（昭和二十八）七月、ようやく休戦協定が成立した。

朝鮮戦争の勃発とともに、在日アメリカ軍が朝鮮半島に出動した日本国内の軍事的空白を埋めるため、ＧＨＱ*の指示により日本政府（第三次吉田内閣）は警察予備隊（のち保安隊を経て自衛隊*）を創設した。また、いわゆるレッド・パージ*が実施され、多くの共産主義者が官公庁や言論機関から追放された。日本は国連軍の補給基地となり、経済安定九原則*の実施以来低迷していた日本経済は、朝鮮特需景気によりブームにわき一挙に好況に転じた。

サンフランシスコ平和条約　朝鮮戦争の勃発を契機に講和問題が急速に具体化された。東アジアにおける集団安全保障の立場から、日本に再軍備強化を求めるアメリカに対して、再軍備による過大な財政負担を避けて経済の復興と自立化を重視した吉田内閣*は、この要求を最小限に抑えつつ、自由主義諸国との間だけでも早期に講和（いわゆる単独講和、または多数講和）を実現し、主権の回復を目指した。日本社会党*、労働組合、一部の文化人グループなど革新勢力は、非武装中立論の立場から、単独講和に反対し、社会主義諸国を含む全面講和を結ぶことを唱えたが、与党の自由党*や民主党*などの保守・中道勢力や財界は、厳しい冷戦の続く国際情勢のなかでの唯一の現実的選択として単独講和を主張し、国内世論の多数もこれを支持した。

昭和二十六年（一九五一）九月八日、日本はアメリカ・イギリスなど自由主義陣営の四十八カ国とサンフランシスコ平和条約を結んだ。しかし、中国は中華人民共和国、中華民国とも講和会議に招かれず、インドなど三国は会議に参加せず、ソ連など社会主義諸国は条約に調印しなかった。翌昭和二十七年（一九五二）四月二十八日、平和条約は発効し、連合国軍の日本占領は終わり、日本は主権を回復して、自由主義陣営の主要な一員として国際社会に復帰したのである。

また、平和条約と同時に日米安全保障条約*が結ばれ、日本国内にアメリカ軍が引き続き駐留し、「日本の安全に寄与」することとなった。日本は、さらに中華民国（台湾）と日華平和条約*、インドと日印平和条約*を結んだ。

五五年体制の成立　日本国憲法施行*後、最初に成立した日本社会党委員長片山哲《てつ》を首相とする連立内閣と、その後を継いだ民主党総裁芦田均《ひとし》を首相とする連立内閣が、ともに短期間で退陣した後、昭和二十三年（一九四八）十月民主自由党（のち自由党）の第二次吉田内閣が成立し、長期安定政権を維持した。しかし、平和条約の発効をきっかけに、保守・革新勢力とも政界再編成の動きが進んだ。保守政界では、保守本流の吉田内閣の長期政権化に反発した諸勢力が、昭和二十九年（一九五四）十一月、鳩山一郎を総裁に擁立して日本民主党*を結成し、同年十二月第一次鳩山内閣が成立した。革新勢力では平和条約・安保条約への意見の対立から左右に分裂していた日本社会党が、昭和三十年（一九五五）十月に統一を実現すると（委員長鈴木茂三郎）、同年十一月、これに対抗して日本民主党と自由党が合同（保守合同*）して、自由民主党*を結成した（総裁鳩山一郎）。実質的な議席数は、ほぼ保守二に対して革新一の比率であったが、ここに五五年体制*と呼ばれる保守・革新の二大政党制の形式ができあがった。

日ソ国交回復と日本の国連加盟　鳩山内閣は保守合同後、占領時代の是正に着手し、自衛力増強を進め、憲法改正を意図して憲法調査会を設置した。しかし、革新勢力の強い反対で、憲法改正の発議に必要な三分の二以上の議席を獲得できずに、この試みは断念せざるをえなかった。

一九五〇年代半ばから、国際社会において東西両陣営の間に雪どけの兆しが現れ、こうした変化のなかで、鳩山内閣は、未解決となっていたソ連との国交回復に意欲的に取り組んだ。北方領土問題での対立など日ソ交渉は難航したが、昭和三十一年（一九五六）十月、北方領土問題を棚上げしたまま、モスクワで日ソ共同宣言*が調印され、日ソ国交回復が実現した。その結果、それまでソ連の反対で再三阻止されていた日本の国際連合加盟*が、同年十二月の国連総会で満場一致で承認された。

一方、日本が大戦中に占領した東南アジア諸地域の国々との賠償問題も、一九五〇年代半ばから後半にかけてつぎつぎに賠償協定が結ばれ、日本が経済・技術協力を中心とした賠償を支払うことで、ひとまず解決をみた。しかし中国・韓国との関係改善は、なお課題として残された。

（鳥海　靖）

〔主権の回復〕

朝鮮戦争《ちょうせんせんそう》　昭和二十五年（一九五〇）六月二十五日、朝鮮民主主義人民共和国（北朝鮮）が北緯三十八度線を越えて大韓民国（韓国）へ武力侵攻し、三年に及ぶ戦争が始まった。国連安保理事会は北朝鮮の攻撃を侵略と認定し、韓国支援を決議した。この決議に基づいて六月二十七日、アメリカを中心とする十六カ国が国連軍を組織して韓国支援のために介入した。いったんは釜山近くまで追い詰められた国連軍は、マッカーサー*指揮下の仁川上陸作戦の成功を契機に緒戦の退勢を挽回し、逆に北上して平壌を落とし、鴨緑江へと迫る。しかし、十月中旬、中国義勇軍の参戦で勢いを盛り返した北側によって、再び三十八度線まで押し戻された。国連軍司令官のマッカーサー元帥は中国への戦線拡大を唱えるが、トルーマン大統領によって解任された。こうして、ほぼ三十八度線のあたりを境に戦線は膠着状態に陥り、二十六年七月から断続的に板門店で開催されていた長々とした休戦会談の末に、二十八年七月二十七日、ようやく休戦協定が成立した。しかし、この戦争を契機に米中の敵対関係が明確化し、アジアを舞台とする東西冷戦の構図ができ上がった。この戦争が日本に与えた影響も大きかった。二十五年七月八日、GHQ*は米第八軍が朝鮮戦線に動員されたあとの空白を埋めるために治安対策を主務とする警察予備隊の創設を日本政府に命じた。これがのちに自衛隊*へと発展する。また、米軍の特需のおかげで日本経済は低迷を脱し、朝鮮戦争ブームと呼ばれる好況を迎え、後の高度成長への足がかりをつくった。

（渡辺昭夫）

レッド・パージ　パージ（公職追放*）とは、もともとは、日本の非軍事化・民主化のための占領政策の一環として、ポツダム宣言*に基づいて、太平洋戦争*に荷担した政治家・幹部軍人・官僚・国粋主義者・経済界の要人などを対象に行われた。二度にわたるパージが実施された後、米ソ冷戦*が顕在化して状況は大きく変わり、日本をアジアでの「共産主義への防波堤」とすべく、占領政策は転換された。一方、日本国内では、昭和二十四年（一九四九）のドッジ・ライン*による緊縮財政後の厳しい社会経済情勢のなかで労働運動がますます過激化しつつあった。二十五年六月には、この労働運動を指導していた日本共産党*が、平和革命路線から暴力革命路線に転換するに及んで、GHQ*は、同党の中央委員二十四名を公職追放し、党の機関紙『アカハタ』を発刊停止とした。さらに、十二月までに、GHQの指示によって、民間部門一万九百七十二名、政府部門一千百七十二名の労働組合の共産党系活動家が指名解雇された。このような共産主義者を対象に実施された追放政策をさしてレッド・パージという。（渡辺昭夫）

自衛隊《じえいたい》　昭和二十五年（一九五〇）六月二十五日の朝鮮戦争*の勃発により、日本を占領していた米第八軍（四個師団）が韓国へ移動したため、その穴を埋めるために、七月八日、吉田内閣*は「日本の警察力の増強に関する」マッカーサー書簡*に従って、七万五千人の警察予備隊を創設した。二十七年十月十五日、警察予備隊は、十一万人へ増員され、保安隊と改名された。さらに、二十九年七月一日、これまでの治安維持を任務とする部隊から、対外防衛を主たる任務とする部隊へと改組され、名前も陸・海・空の三部編成の自衛隊に改称された。この背景には、二十九年三月調印のMSA協定により、アメリカの相互安全保障法に基づき兵器や資材の提供や防衛産業振興上の支援などを受け入れる代わりに、日本は、同法で規定された「アメリカとの集団安全保障体制に参加する国（同盟国）としての」防衛努力を示さなければならない事情が存在した。そのような防衛努力の証左として、「防衛庁設置法案」と「自衛隊法案」の防衛二法案が成立し、自衛隊が発足したのである。（渡辺昭夫）

サンフランシスコ講和会議《こうわかいぎ》　昭和二十六年（一九五一）九月四日から八日まで、サンフランシスコで、第二次世界大戦*において日本と交戦相手となった諸国が対日平和条約を締結するために開いた国際会議。日本を含む五十二カ国が参加し、ソ連・ポーランド・チェコスロバキアの三カ国を除く四十八カ国が調印。会議を主催したのはアメリカで、特にジョン・フォスター・ダレス国務省顧問が十一カ月にわたって日本、およびイギリスをはじめとする連合諸国を精力的に歴訪して平和条約案をまとめあげるまでが実質的な協議の過程であり、会議はそれを承認するための儀式という色彩が濃かった。

この会議に参加した国々は、一九四五年に同じサンフランシスコに国際連合*創立のために集まった国々とほぼ同じメンバーであった。もともとドイツや日本などの枢軸国を相手に戦った連合国は、戦時中の協調を維持し、その基礎の上に戦後の国際秩序をつくりあげていくはずであった。ところが、間もなく米ソ間の抗争が始まり東西関係が緊張するに及んで、連合国間の

平和条約に調印する吉田首相
（毎日新聞社提供）

団結は失われ、そのような戦後構想は崩れ去った。その結果、日本との平和条約締結も東西対立の構図のなかに組みこまれ、日本を西側陣営に招き入れるためのものであるという意味を帯びることになった。そのことを象徴するのが、対日平和条約と並行して日米安全保障条約*締結交渉が行われ、その調印がサンフランシスコの別の場所で行われたという事実である。ソ連などの三カ国が平和条約への調印を拒否し、インドなどが会議に招かれながら非同盟の立場から出席を拒んだのはそのためである。

日本国内でも、アメリカをはじめとする西側諸国とのみ講和を結ぶことは、東西対立に自ら関与することになり、ひいては戦後日本の平和主義に反するという理由で、吉田茂*が推進しようとする「単独講和」と日米安全保障条約に強く反対する勢力があった。彼らの主張は「全面講和」論と呼ばれた。この論争が、戦後日本の外交論議の出発点となった。〈細谷千博『サンフランシスコ講和への道』中央公論社、一九八四。渡辺昭夫・宮里政玄編『サンフランシスコ講和』東京大学出版会、一九八六〉

（渡辺昭夫）

対《たい》日《にち》平《へい》和《わ》条約《じょうやく》　昭和二十六年（一九五一）九月八日、サンフランシスコ講和会議*で、日本が第二次世界大戦*における交戦諸国と締結した条約。日本を含む四十八カ国が調印し、翌二十七年四月二十八日に発効した。アメリカのトルーマン大統領の政策に従って国務省顧問に任用されたジョン・フォスター・ダレス*がイギリスその他と協議のうえ草案を作成した。第一次世界大戦後の厳格な懲罰的講和がドイツ人の復讐心をひき起したという苦い経験があったことに加えて、当時形成されつつあった冷戦*状況のなかで日本を西側陣営に引き入れる必要があったために、戦後初期に準備された対日講和構想にあったような厳格な内容のものではなくて、「和解と寛容」の講和と形容されるようなものとなった。その意味で、戦後の対日占領政策における転換の延長上に位置するものといえる。日本に賠償の義務はあるが、同時に日本が「存立可能な経済を維持」できるように配慮すべきであるとした第十四条や、通商関係の速やかな復活を規定した第四章に、その点がよく現れている。ただ領域に関しては、戦時中に発せられたカイロ宣言やポツダム宣言*に沿って、朝鮮の独立、台湾・千島列島および樺太南半に対するすべての権利の放棄を規定しているのに加えて、沖縄と小笠原を事実上アメリカの管理下に置くという内容を含んでいた（第二、第三条）。なお、サンフラ

対日平和条約（『条約集』）

第一条（a）　日本国と各連合国との間の戦争状態は、第二十三条の定めるところによりこの条約が日本国と当該連合国との間に効力を生ずる日に終了する。

第三条　日本国は、北緯二十九度以南の南西諸島（琉球島……を含む。）、孀《そう》婦《ふ》岩の南の南方諸島（小笠原群島……を含む。）並びに沖の鳥島及び南鳥島を合衆国を唯一の施政権者とする信託統治制度の下におくこととする国際連合に対する合衆国のいかなる提案にも同意する。

第六条（a）　連合国のすべての占領軍は、この条約の効力発生の後なるべくすみやかに……日本国から撤退しなければならない。但し、この規定は……協定に基く……外国軍隊の日本国の領域における駐とん又は駐留を妨げるものではない。

ンシスコ会議に参加しなかった諸国（たとえばインド・ビルマ・中華民国など）とは個別に平和条約が締結された。

（渡辺昭夫）

日米安全保障条約《にちべいあんぜんほしょうじょうやく》　昭和二十六年（一九五一）九月八日、サンフランシスコで（ただし対日講和会議とは別の場所で）締結された。吉田茂*首相一人が日本を代表して署名した。発効は平和条約と同じく翌二十七年四月二十八日。平和条約で主権を回復した日本の安全をどのようにして保障するかは、一方で高まりつつある極東の緊張（やがて朝鮮戦争*となって露呈する）があり、他方では戦争放棄の規定をもつ憲法や国民の間の厭戦気分（しばしば平和主義と呼ばれる）といった規範的制約、さらには戦後復興を優先しなくてはならない苦しい経済事情という現実的制約があるという状況下では、難問であった。はっきりとした再軍備路線をとるようにというアメリカ側の圧力にもかかわらず、吉田は日本の軍備の規模は最小限にとどめる考え方をとった。その前提となるのは、日本の承認のもとに講和後も駐留し続ける米軍が日本の安全を保障するということであった。こうして結ばれた日米安全保障条約は、日本が当面「固有の自衛権を行使する有効な手段を持たない」ので、その防衛のための「暫定措置として、日本国内およびその付近に米国がその軍隊を維持することを希望する」と規定した。しかし、日本が「自国の防衛のために漸増的に自ら責任を負う」ことを期待されていた。在日米軍の駐留が暫定的な措置というよりも半永久的なものとなっていったのは、本来の意図というよりは意図せざる結果であった。

（渡辺昭夫）

日米相互協力及び安全保障条約

『条約集』

第四条　締約国は、この条約の実施に関して随時協議し、また、日本国の安全又は極東における国際の平和及び安全に対する脅威が生じたときはいつでも、いずれか一方の締約国の要請により協議する。

第五条　各締約国は、日本国の施政の下にある領域における、いずれか一方に対する武力攻撃が、自国の平和及び安全を危うくするものであることを認め、自国の憲法上の規定及び手続に従って共通の危険に対処するように行動することを宣言する。

第十条　……この条約が十年間効力を存続した後は、いずれの締約国も、他方の締約国に対しこの条約を終了させる意思を通告することができ、その場合には、この条約は、そのような通告が行なわれた後一年で終了する。

日華平和条約《にっかへいわじょうやく》　共産党政権（北京）を承認したイギリスと国民党政権（台北）を承認するアメリカとの意見が調整できなかったため、昭和二十五年（一九五〇）九月のサンフランシスコ講和会議*には、どちらの中国も招請せず、選択は独立回復後の日本に任せることで妥協が成立した。しかし、アメリカ国務省顧問ダレスの公然たる圧力のもとで吉田内閣*は、国民党政府と交渉し日華平和条約を締結した（二十七年四月二十八日）。条約は、本文十四カ条ならびに条約と不可分の一部をなす一つの議定書および交換公文からなっており、別に同意された議事録が署名された。中華民国が自発的に賠償請求権を放棄したこと、国民党政府が現に実効支配している範囲に条約の適応範囲を限定したことなどが特に注意される点である。昭和四十七年（一九七二）に中華人民共和国と国交正常化を果たした日本は、

日華平和条約の破棄を宣言した。（渡辺昭夫）

日印平和条約《にちいんへいわじょうやく》　第二次世界大戦*の交戦状態を終わらせるために日印間で結ばれた条約。インドは、極東委員会*や東京裁判*の参加国であったが、アメリカの対日講和政策の立案がソ連・中華人民共和国などの社会主義国を排除して進められていることと、日本を西側同盟に組み込む日米安全保障条約*と対になっていることなどを不服としてサンフランシスコ講和会議*に参加しなかった。しかしサンフランシスコ講和条約調印当日、インドは二国間平和条約締結の意思を日本に通告し、昭和二十七年（一九五二）六月九日に条約調印、八月二十七日に発効した。日華平和条約*についで対日賠償請求権放棄を規定している点に特徴がある。（渡辺昭夫）

賠償問題《ばいしょうもんだい》　戦勝国が敗戦国に対して要求・賦課する賠償金。賠償には戦勝国の戦費の負担、公私の損害賠償があり、西欧近代史上、慣行として行われてきた。十九世紀以降は講和条約に盛り込むのが通例となった。第二次世界大戦*の敗戦国日本に対する賠償問題は、昭和二十六年（一九五一）九月のサンフランシスコ講和条約において連合国が賠償請求権、直接軍事費に関する請求権を放棄する旨を規定し（十四条）、他国の日本軍による損害と苦痛に対しては個別交渉に基づき賠償が支払われることが規定された。昭和二十七年（一九五二）の四月の日華平和条約*、同年六月の日印平和条約*では中印両国の対日賠償請求権が放棄された。その他、ビルマとは賠償・協力協定（一九五二）、フィリピンとは中間賠償協定（一九五三）、インドネシアとは賠償協定（一九五八）、南ヴェトナムとは賠償・借款協定（一九五九）がそれぞれ成立し、またカンボジア、ラオスは賠償請求権を放棄した。日タイ間の「特別円債支払い協定」（一九五五）、日韓条約（一九六五）、シンガポール決済問題（一九六六）は賠償協定の形式をとっていないが、日本の植民地支配、軍事占拠に起因して成立したものである。平成三年（一九九一）以降、韓国内で「従軍慰安婦問題」が未処理の案件として取り沙汰され、日本政府は関与を認め謝罪した。しかし、国家レベルの補償問題は日韓交渉の際に決着しているという立場から、これについては民間基金による保障の措置が適切だと日本側は主張している。（渡辺昭夫）

メーデー事件《じけん》　昭和二十七年（一九五二）五月一日、第二十三回メーデーに際して起きた警官隊とデモ隊との衝突事件。血のメーデー事件とも呼ばれる。その年、明治神宮外苑で開かれたメーデーの集会では、発効直後のサンフランシスコ講和条約*、審議中の破壊活動防止法*への反対に加え、前年からの皇居前広場（当時、人民広場と呼ばれていた）の使用禁止への不満が高まっていた。これを受けた集会後のデモ行進は、都学連の学生などとともに皇居前広場へ侵入し、警棒・催涙ガス・拳銃などで対応した警官隊五千人と衝突。結局、デモ隊から死者二人、双方の負傷者二千人以上を出す

1952年の「血のメーデー」（毎日新聞社提供）

という大事件となった。事件後、千二百三十二人が検挙され、そのうち二百六十一人が騒乱罪で起訴された。一審の東京地裁は昭和四十五年（一九七〇）一月に騒乱罪の一部成立の判決を言い渡したが、昭和四十七年の第二審では、東京高裁が十六人を他の罪状で有罪としたものの、騒乱罪は成立していない。（渡辺昭夫）

破壊活動防止法《はかいかつどうぼうしほう》　「破防法」と略称される。占領中の治安法制に代わるものとして、アメリカの国内安全保障法を範に、昭和二十七年（一九五二）に公布された。団体活動として暴力主義的破壊活動を行った団体に対する規制措置と暴力主義的破壊活動に関する刑罰規定を補整し、公共の安全の確保に寄与することを目的としている。規制対象は団体活動としての内乱、予備、陰謀、教唆、扇動、政治目的のための騒擾、放火、殺人、強盗などの暴力主義的破壊活動を行い、将来も反復・継続して活動を行う恐れのある団体に対し、公安審査委員会が公安調査庁の調査に基づき、集会・デモの禁止、機関紙発行などの活動制限、団体の解散指定を命ずる。昭和四十四年の四・二八沖縄デー直前の集会でのアジ演説が、同法第四条の「扇動」に問われ、扇動のみで罰せられたことから、言論の自由の侵害として議論の的となった（扇動罪は思想自体を罰するものでないので合憲、昭和六十年東京地裁）。最近では平成元年の「即位の礼」において団体適用が取り沙汰され、また、「オウム事件」に関しても適用が論議された。（渡辺昭夫）

原水爆禁止運動《げんすいばくきんしうんどう》　昭和二十九年（一九五四）三月の第五福龍丸のビキニ環礁における被爆以降、原水爆禁止運動が本格化した。東京杉並区の主婦グループが始めた署名運動が全国に波及し、同年八月、原水爆禁止署名運動全国協議会の結成、翌年のヘルシンキ世界平和集会参加、広島原水爆禁止世界大会開催へと発展した。同年九月原水爆禁止日本協議会（原水協）結成。昭和三十三年秋から日米安保改定問題が原水協で表面化し、執行部が改定阻止の方針を示したことから保守派が原水協を離脱する。他方、労働組合系は核兵器禁止平和建設国民会議（核禁会議）を、社会党・総評系は原水爆禁止日本国民会議（原水禁）をそれぞれ結成し運動は四分五裂になった。昭和五十二年、中立的な市民団体が原水協・原水禁とともに統一世界会議を開催したが、昭和六十一年にはこれも分裂した。近年は、原水協と原水禁の対立が続くなか、原水禁と核禁会議の統一を目指す日本労働組合総連合（連合）が、原水協とは別個の集会を開き、運動の再編成を試みている。（渡辺昭夫）

1955年の第一回原水爆禁止世界大会
（毎日新聞社提供）

日ソ共同宣言《にっそきょうどうせんげん》　昭和三十三年（一九五八）十月、モスクワにおいて日本側全権の鳩山一郎・河野一郎・松本俊一、ソ連側全権のブルガーニン、シェピーロフが共同宣言に署名し、国交が正常化された。当時、米ソ関係の雪解けを受けてモスクワに対日外交を積極化する機運が生まれる一方、日本側にも東側諸国との関係正常化を通じて外交の幅を広げたいという気持があった。三十年六月に正式交渉が始まったが、領土問題が障害となって交渉は難航した。重光葵《まもる》*外相と鳩山首相との間の意思が一致しなかったこと、保守合同直後の自由民主党*内部の派閥抗争など国内政治の混乱も交渉者の足を引っ張った。結局領土問題を棚上げにして、とりあえず国交を正常化する措置がとられた。共同宣言の内容は、①両国の戦争状態の終結、②外交関係の回復、③国連憲章（第二条「国際紛争の平和的解決及び他国の領土保全、政治的独立の尊重」および第五十一条「個別的及び集団的自衛権の確保」）の尊重と内政不干渉、④日本の国連加入の支持、⑤在ソ抑留日本人の送還と消息不明日本人の調査、⑥賠償その他の戦争請求権の相互放棄、⑦通商航海条約締結交渉の開始、⑧日ソ漁業条約・海難救助協定（昭和三十一年五月）の発効、⑨平和条約締結のための交渉継続、同条約締結後の歯舞・色丹両島の日本への引き渡し、⑩批准条項の十項目である。　（渡辺昭夫）

国際連合加盟《こくさいれんごうかめい》　一九五六年（昭和三十一）十二月十八日、国連総会で全会一致による承認で、日本は第八十番目の国連加盟国となった。国際連合*はもともと、第二次世界大戦*中に旧枢軸国であるドイツや日本を相手に戦った連合国が戦後秩序の柱とする意図で創設した機構であった。したがって日本やドイツは「旧敵国」として扱われていた。日本は、そのような国連に加盟を認められることは、国際社会への復帰の完成を意味するものと見て、講和後の外交政策の重要目標とした。しかし、安保理事会でのソ連の拒否権行使が障害となって、その実現が阻まれていた。三十一年（一九五六）十月、日ソ国交回復が成立しソ連が態度を変更したために、同年十二月に念願叶い、加盟実現にこぎつけた。　（渡辺昭夫）

〔五五年体制の形成〕

保守合同《ほしゅごうどう》　自由党*と日本民主党*という二つの保守政党の合同。昭和三十年（一九五五）十一月に成立し、五五年体制*の出発点となった。占領期に再出発した日本の政党政治は、多党乱立からしだいに保守と革新の二大陣営にまとまっていく。しかし、両陣営とも内部に雑多な要素を抱え込んだ寄せ集めであった。保守陣営の側では戦前の政友会と民政党を受け継いだ自由党と進歩党*という二つに流れがあったことに加えて、自由党の主導権を吉田茂*に奪われたことに恨みをもつ鳩山一郎とその側近という新たな対立要因が生まれた。講和条約という大役を果たし終わった吉田の人気が落ち目になり、特に昭和二十九年の疑獄事件の続発以後政局はにわかに不安定化する。「バカヤロー解散」後の総選挙で、自由党はついに過半数を割ってしまった。退勢挽回を目指して自由党は保守合同を呼びかけたが、反吉田勢力はその誘いに乗らず、逆に日本民主党を結成、吉田内閣*を崩壊に導いた。昭和三十年の総選挙後、第一党となった民主党の三木武吉総務会長の呼びかけで開かれた自由党と民主党の幹事長・総務会長会談は物別れとなった。その間に、社会党*が統一を実現したことが刺激となり、十一月十五日に東京神田の中央大学講堂で自由民主党*の結成大会が開かれ、党首問題を棚上げにして代行委員制による党運営を行うことで保守合同を達成。衆議院議員二百九十九名、参議院百十八名を擁する自由民主党が誕生した。　（渡辺昭夫）

社会党統一《しゃかいとうとういつ》　昭和三十年（一九五五）に達成された右派と左

派の社会党の統一。戦前の無産政党*諸派が糾合して結成した日本社会党*（昭和二十年）はもともとまとまりが悪く、左派と右派とで対立が絶えなかった。西尾末広派、日労系の河上丈太郎・浅沼稲次郎*派、左派と呼ばれる労農系の鈴木茂三郎派、革新官僚系の和田博雄派などに分裂して派閥間抗争が繰り返される。特に片山・芦田の両連立内閣失敗後、右派は経済社会の漸進的改革と勤労国民大衆の党を主張し、政治権力の掌握による革命と階級政党を主張する左派と激しく対立した。この「森戸・稲村論争」は、「社会党は階級的大衆政党」とする折衷案でいったんはおさまりがついたが、講和・安保両条約の賛否をめぐって再燃。昭和二十六年、両条約に反対の左派と講和賛成・安保反対の右派とに分裂した。しかしその後、革新支持層の間で両派社会党の統一を望む声がしだいに高まり、特に自由党*の吉田内閣*に代わって登場した日本民主党*の鳩山内閣のブームに対抗する必要から、再統一への動きにはずみがつく。昭和三十年二月の総選挙では、両派社会党がいずれも「統一」を公約にかかげて議席を増やした。これを背景に、同年十月十三日に統一大会が開かれ、四年ぶりに社会党統一が達成された。委員長には左派の鈴木茂三郎、書記長には右派の浅沼稲次郎が就任。この社会党統一が保守合同を促し、五五年体制*の出発点を形成した。（渡辺昭夫）

自由民主党《じゆうみんしゅとう》*　昭和三十年（一九五五）、自由党*と日本民主党*との保守合同によって結成された政党。結党以来、日本の戦後政治のほとんどの期間の政権を担当してきた。党綱領は①文化的民主国家の完成、②自主独立の達成、③民生の安定と福祉国家の実現の三項目で、憲法改正・再軍備問題については、党政綱第六項目「独立体制の整備」で、憲法の自主的改正と自衛軍備の整備をうたっている。昭和三十五年の安保改定と岸信介内閣退陣後は、憲法改正・再軍備の強硬路線から改憲棚上げ・経済発展重視の柔軟路線への転換を図り、池田勇人・佐藤栄作の両内閣のもとで日本の高度成長を達成、その間に自民党一党支配体制が構造化された。一方、政権交代がないことの結果、政・官・財の癒着関係が定着し、金権政治が蔓延するという事態をひき起こした。ロッキード事件やリクルート事件などが、その代表的な例である。また、自民党結党時から続いている党内派閥政治が、「五大派閥」として定着し、派閥間での総裁交代が擬似政権交代となってきた。これらの問題点に加え、一九八〇年代末の冷戦終焉のあおりを受けて、平成五年（一九九三）には「非自民」八党派の連立政権に政権を明け渡し、保守合同以来初めて野に下った。しかし、翌年には社会民主党（旧社会党）ならびにさきがけと提携して政権奪回に成功。平成八年一月には、橋本龍太郎総裁の首班指名を獲得した。（渡辺昭夫）

五五年体制《ごじゅうごねんたいせい》　昭和三十年（一九五五）秋、保守合同*により結成された自由民主党*と、左右両派の社会党統一*により再結成された日本社会党*の二大政党を軸として成立した政党制。その二極化は、この体制成立後の最初の総選挙である昭和三十三年の衆議院*総選挙では、両党の合計得票率は九一パーセント、議席率が九七パーセントに達していることからもうかがえる。ただし、得票率・議席率でみると社会党は自民党の半分程度にすぎず、「一カ二分の一政党制」とも呼ばれた。社会党の統一によって憲法改正阻止に必要な三分の一議席が確保されたことの意味は大きいが、当初から政権交代の可能性に乏しい非対称な二大政党体制であった。昭和四十年代後半に入ると、社会党右派が分かれて民主社会党を結成、さらには公明党の出現、共産党の伸長と「野党の多極化」が進み、社会党の凋落と自民党の一党支配の政治構造が定着した。このような構造は、平成五年（一九九三）に、非自民八党派連立の細川護熙連立政権が誕生するまで継続する。（渡辺昭夫）

安保改定問題《あんぽかいていもんだい》* 一九五一年（昭和二十六）に締結された日米安全保障条約*（以下旧条約）は、あくまで固有の自衛権を行使する有効な手段を日本がもつことができるようになるまでの暫定措置として考案されたものであった。現に五〇年代を通じて自衛隊や防衛庁の創設など防衛力・制度の整備が進み、それに伴って在日米軍の規模も着実に減少していった。しかし、朝鮮戦争*以後の極東の情勢は米軍にとって基地としての日本の価値の低下どころかその増大をも意味した。他方、内乱鎮圧のために米軍の出動を想定した第一条の規定や在日米軍に関する地位協定に象徴されるように、旧条約のもとでの在日米軍は実質的には占領軍の色彩を色濃く引き継いだものであった。また、アメリカは他国と安全保障条約を結ぶ際、相手側の「継続的かつ効果的な自助と相互援助」を条件とするという考えを基本としていた（ヴァンデンバーグ決議）ので、自衛能力や相互的防衛義務について不確かな日本とは「相互防衛」条約は結ぶことはできないという事情があった。したがって、旧条約にはアメリカによる日本防衛の義務に関する規定はなかった。

こうした様々な欠陥を修正し、独立国としてふさわしい対等な「相互防衛」条約に改めることを吉田以後の内閣は目指した。鳩山一郎内閣の重光葵《まもる》外相の交渉が失敗した後を受けて、この問題に全面的に取り組んだのが岸信介内閣であった。結局、集団的自衛権について当時までにでき上がっていた憲法解釈を前提とする限り、さらには日米以外のアジア諸国の安全保障が対象となる以上、すっきりとした形の日米相互防衛条約にはなりようがなかった。結局、在日米軍に対する第三国からの攻撃をアメリカ自体に対する攻撃とみなし、日本はその防衛義務を負うことで「継続的かつ効果的な自助と相互援助」という条件が満たされたものとするという便法が考案された。これでさえ、不必要な義務であるとして、国内で猛烈な反対があった。新安全保障条約は騒然たる反対デモのなかで、昭和三十五年（一九六〇）六月二十三日、国会の批准を得て発効した。（渡辺昭夫）

二　経済大国への歩み

（一）　経済繁栄と国民生活

自民党の長期安定政権*　五五年体制*のもとで、自由民主党は総選挙ごとにおおむね衆参両院で過半数の議席を制し、長期安定政権を確立した。対外政策の面では自由主義陣営の一員として対米協調を基本に、社会主義諸国とも国交を回復し、アジア諸国との関係改善を図った。国内政治の面では、自主的に占領下の諸制度・政策の再検討を進めるとともに、自衛力漸増を進めた。自民党は国の実際の政策立案・執行にあたる官僚勢力や政治資金の供給源である財界とも深く結びついた。また業界団体など各種の圧力団体が、政府・国会*・政党などへの圧力活動を通じて、利益配分と得票調達の相互作用を果たした。

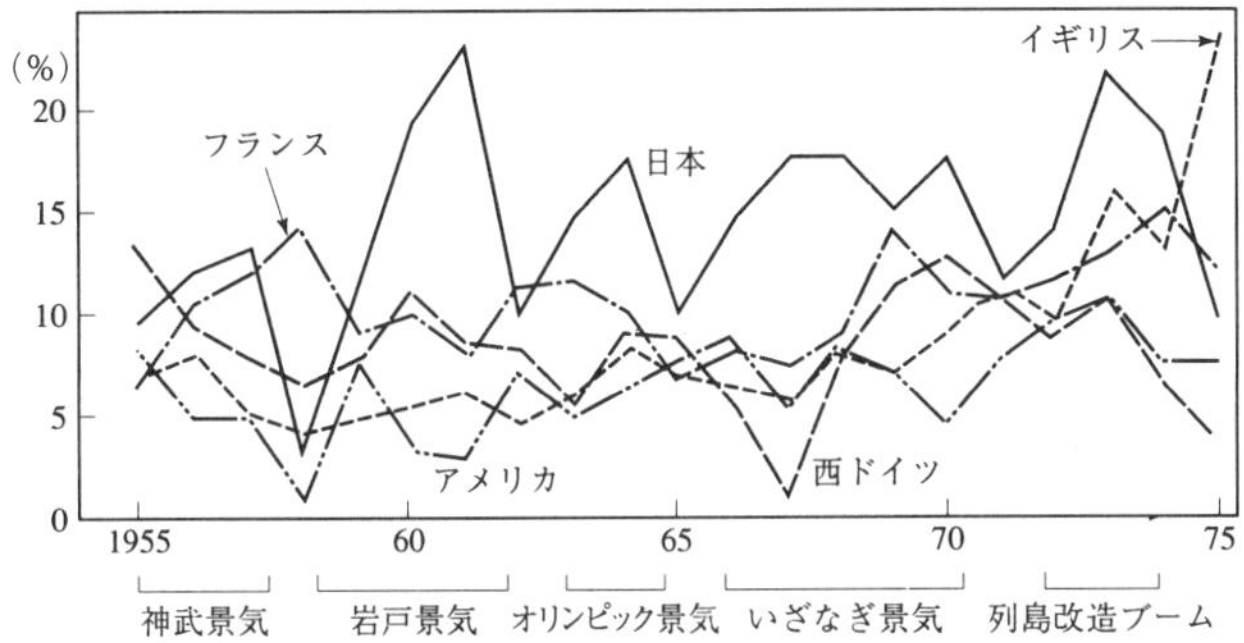

戦後の各国の経済成長率

　これに対し日本社会党*は野党勢力の中心となり、労働組合を最大の支持基盤とし、自民党内閣の憲法再検討・自衛力漸増に反対して、「憲法擁護」の運動を進めた。昭和三十三年（一九五八）の総選挙では衆議院*で百六十六議席を獲得し、憲法改正阻止に必要な三分の一以上を確保した。しかし、これをピークにその後は伸び悩み、民主社会党の結成（昭和三十五年）や公明党の創立（昭和三十九年）など、野党はむしろ多極化した。このように、五五年体制のもとでの自民党・社会党の二大政党制では、実際には「一カ二分の一」政党制であり、与野党の役割は固定化された。

高度経済成長の展開　朝鮮戦争*終結後、特需景気が去って、日本経済は不況に見舞われたが、まもなく世界的好況の波に乗って輸出増大を引き金に景気を回復し、昭和三十一年（一九五六）神武《じんむ》景気と呼ばれる好況を迎えた。鉱工業生産は一九五〇年代半ばには戦前の最高水準を突破した。景気は一九五七—五八年いったん下降したが、五九年以降息の長い空前の好景気が訪れ、六五年の一時的な不況をはさんで、一九七〇年代はじめまで続くなど、日本経済は本格的な高度成長時代に突入した。

こうして、一九五〇年代後半から七〇年代はじめ、鉄鋼・造船・石油化学・電機・自動車などの部門でめざましい技術革新と設備投資が進み、巨大なコンビナートが全国各地で建設され、日本の産業構造は、重化学工業中心へと大きく変化した。一九五五―七三年の日本の鉱工業生産は約十倍、貿易額は約十七倍となり、粗鋼生産は七四一万トン（世界第六位）から一億一四〇〇万トン（同第三位）、自動車生産は世界のはるか下位の五万九〇〇〇台から七〇八万台（同第二位）と驚異的伸びを示し、実質経済成長率は、おおむね年平均一〇パーセントに達した。

このような高度成長を通じて、日本は世界で屈指の高度工業国・経済大国に発展し、一九六〇年代末には、自由主義諸国のなかで、国民総生産（GNP）は西ドイツを抜き、アメリカについで第二位となった。

この間、日本は国際通貨基金（IMF）の八カ国に移行して貿易の自由化に踏み切り、ついで経済協力開発機構（OECD）への加入によって、資本取引きの自由化を進めるなど、国際的にも経済開放体制を実現していった。

生活革命と公害問題　めざましい経済繁栄とともに国民生活も急激な変化をとげた。東京はじめ大都市には高層ビルが林立し、地下鉄が網の目のように張りめぐらされた。昭和三十九年（一九六四）、東京―大阪間の東海道新幹線が開通し、両都市を三時間（はじめ四時間）でつないだ。翌年名神高速道路が全線開通し、自動車輸送時代へ途を開いた。

農村は労働力を都市に送り出して人口が減少し、とりわけ専業農家は激減したが、農業技術の改良、機械化の推進、農薬の普及による病虫害の防止などにより農業生産は増大し、生産者米価の値上げも続いて、農家収入は増加した。

勤労者の賃金（給与）は、一九五五―七三年の間に六倍以上（名目）に上昇した。国民の生活水準も急速に向上し、電気洗濯機・電気冷蔵庫・カラーテレビ・乗用車などの耐久消費財が一般家庭に普及した。ゴルフ・旅行など各種のレクリエーションが大衆化し、昭和三十九年（一九六四）には海外への観光旅行が自由化され、旅行客が急増した。昭和二十八年（一九五三）に始まったテレビ放送*がたちまち全国に広がり、新聞・雑誌*などの発達と相まって、マスメディアの活動を通じて、国民の生活様式の均質化が進んだ。

このような経済繁栄・生活革命により「豊かな社会」が出現したが、同時に、一九六〇―七〇年代には、それが国民生活に様々な副作用をもたらしたことも否定できない。エネルギー資源が石炭から石油に転換し、原油輸入（主に中東のアラブ諸国から）は急増し、反面、国内の石炭産業は斜陽化し、三井三池炭鉱争議*のような大争議も起こった。

急ぎすぎた産業開発により自然環境が破壊され、産業廃棄物や排ガス・農薬などによる大気や河川・海水などの汚染が進み、各地で公害問題*が起こったが、熊本県水俣湾での有機水銀中毒（いわゆる水俣病）による地元住民の被害は大きな社会問題となった。

大都市への人口集中による過密化、交通渋滞や事故の多発、住宅難、地価の高騰などの問題も深刻化した。公害による環境破壊に反対する住民運動も高まり、昭和四十二年（一九六七）、政府は公害対策基本法を制定し、昭和四十六年（一九七一）には環境庁を設置して環境保護対策に取り組むようになった。（鳥海　靖）

高度経済成長《こうどけいざいせいちょう》　一九五〇年代中ごろから一九七〇年代はじめまで続いた高い経済成長の時期のこと。この間の実質GNPの成長率は、年平均約一〇パーセントに達した。五〇年代のはじめから鉄鋼・電力・造船・機械・自動車・石油化学などの重化学工業において、米欧から積極的に技術導入を行いながら、つぎつぎと設備投資がなされたことが、高度経済成長の起点となった。戦時経済の経験をつんだ研究者・技術者・労働者は導入技術を改良し、生産性を上げていった。設備投資は、投資が投資を呼ぶ波及効果を生んだ。賃金・所得は上昇し、国内市場は拡大し、大量に生産された家電製品・乗用車など耐久消費財が広く大衆に購入されていった。農村から若者たちが都市に流出し、経済成長に必要な労働力となり、農業（第一次産業）の相対的な縮小、製造業（第二次産業）とサービス業（第三次産業）の拡大という産業構造の変化が進んだ。以上のような民間の経済活動が、高度経済成長を実現する中心的な動きとなったのである。さらに中東からの安価な原油を輸入して石炭に代替したことや、世界的な経済成長のもとで、日本からの輸出が拡大したことも、高度経済成長を可能にする要因となった。

他方、政府が育成すべき産業を選んで、減税・金融上の優遇、産業別の振興策などの施策を行い、一方、財政支出や財政投融資による産業基盤整備などの政策を実現したことも経済成長を促進した。高度経済成長の過程で、大企業と中小企業の格差（二重構造）は解消の方向に向かった。しかし、都市の過密化と農村の過疎化、農業の近代化の遅れ、公害問題*の深刻化など、ひずみも生じた。高度経済成長とともに日本の輸出競争力が増大し、アメリカのドル防衛策（ニクソン・ショック、一九七一年）や、変動相場制への移行（一九七三年）を引き起こす要因の一つとなった。また一九七三—七四（昭和四十八—四十九）年には、第一次石油ショック*が生じ、世界経済の発展はエネルギーの制約に突き当たった。こうした不均衡や制約のなかで高度経済成長は終わり、日本経済は低成長に移行することとなった。〈香西泰『高度成長の時代』日本評論社、一九八一〉（中村隆英・宮崎正康）

所得倍増論《しょとくばいぞうろん》　池田勇人内閣が昭和三十五年（一九六〇）十二月に閣議決定した経済計画。昭和三十六年から昭和四十五年までの十年間に、一人当たり実質国民所得を二倍、期間中の実質

GNP成長率を七・二パーセントとすることなどを内容とする。日本経済の成長力を強く肯定した最初の計画であり、民間の経済活動に明るい展望を与え、設備投資を刺激した。その後の経済成長の実績はこの計画を上回り、実質GNPの成長率は一〇パーセントに達した。この急速な経済成長の結果、日本のGNPは、昭和四十三年（一九六八）以後、アメリカについで自由世界第二位となった。（中村隆英・宮崎正康）

池田内閣《いけだないかく》　池田勇人*を首相とする自民党内閣。岸信介首相の日米安全保障条約改定後の退陣を受けて成立。第一次・昭和三十五年（一九六〇）七月―十二月、第二次・同年十二月―昭和三十八年十二月、第三次・同年十二月―昭和三十九年十一月。激しい安保闘争のあと、池田内閣は「寛容と忍耐」「低姿勢」をスローガンに、経済問題を優先課題として政治的融和を図った。昭和三十五年、所得倍増計画を発表して高度経済成長*をうたい、昭和三十六年、農業基本法、三十八年、中小企業基本法を制定して、それぞれの分野の発展と格差是正を促した。対外政策としては、昭和三十七年に政教分離の立場で、日中総合貿易に関する覚書を調印、LT貿易を開始した。自民党内の右派からは労働問題・日韓交渉などへの取組みを「事なかれ主義」と批判され、安定成長論者からは高度成長に対する批判を受けた。昭和三十九年（一九六四）オリンピック東京大会*の閉会直後に、首相の病のため退陣。（中村隆英・宮崎正康）

佐藤内閣《さとうないかく》　佐藤栄作を首相とする自民党の長期政権。池田勇人首相の病気退陣を受けて成立。第一次・昭和三十九年（一九六四）十一月―昭和四十二年二月、第二次・同年二月―昭和四十五年一月、第三次・同年一月―昭和四十七年七月。高度経済成長*を背景に自民党多数の力による政治を行い、昭和四十年には、強行採決によって、ILO八七号条約批准、農地報償法成立、日韓基本条約（外交関係正式樹立、韓国併合など旧条約の無効確認など）批准を実現した。韓国を「朝鮮にある唯一の合法的な政府」と確認したことは、野党の激しい批判を浴びた。六〇年代末の大学紛争に対しては、昭和四十四年（一九六九）「大学の運営に関する臨時措置法」を制定し、昭和四十五年には日米安全保障条約*を自動延長した。高度成長のひずみといわれた公害問題*に対しては、昭和四十五年末の「公害国会」において十四の公害対策の法律を成立させた。佐藤内閣最大の課題とされた沖縄の復帰についての交渉は、一九六九年十一月の佐藤首相とニクソン米大統領の会談において、沖縄の核抜き本土並み返還（一九七二年）が合意された。しかし、高度成長の終焉、公害問題の拡大、長期政権への批判などが続き、ニクソンの訪中計画発表とドル防衛政策（一九七一年）などの新事態への対処もむずかしくなり、昭和四十七年（一九七二）に退陣した。（中村隆英・宮崎正康）

貿易自由化《ぼうえきじゆうか》　輸入制限の撤廃、関税の引下げや非関税障壁の撤廃などの自由な貿易を進める政策。第二次世界大戦後*、GATT（関税と貿易に関する一般協定、一九四七年成立）において、貿易に関する自由・多角・無差別・互恵の原則が定められた。日本は昭和二十四年（一九四九）四月、一本為替レート（三六〇円）が設定されたあとも、外貨予算制度などによる貿易制限を実施してきたが、昭和三十年（一九五五）GATTに加盟し、米欧からの貿易自由化の要求も強まり、昭和三十五年（一九六〇）に「貿易・為替自由化大綱」を制定して、輸入制限の解除を大幅に行うことになった。一九五〇年代後半から、日本産業の競争力が上昇し、貿易収支も六〇年代中ごろから黒字傾向が定着したことがその背景となった。また昭和三十八—四十二年にかけての、ケネディ・ラウンドによる関税の一括引下げ交渉によって、日本の関税率は昭和四十七年（一九七二）にはほぼ欧米なみの低水準となった。残存輸入制限品目数も、七〇年代に急速に減少し、七〇年代中ごろにはほぼ欧米なみとなった。

（中村隆英・宮崎正康）

消費《しょうひ》革命《かくめい》　高度経済成長*の過程で生じた消費生活の大きな変化。大衆の所得水準の上昇により消費生活が拡充し、「消費は美徳」という考えが広まった。白黒テレビの普及率は、昭和四十年（一九六五）には九〇パーセントに達した。また同様に昭和四十五年の普及率は、洗濯機も冷蔵庫も九〇パーセント前後に達し、こうした家電製品が大部分の世帯に普及することとなった。また一九六〇年代中ごろには、カー、クーラー、カラーテレビが3Cと呼ばれて、大衆があこがれる商品となり、七〇年代になるとこれらの普及率も急上昇していった。メーカーはこれらの耐久消費財を大量生産し、系列店網を通して大量販売した。戦後開始された民間放送に流されたコマーシャルが、大衆の消費意欲を誘い、割賦販売が、高額商品の購入を容易にした。他方、六〇年代以後スーパーマーケットなどが、流通革命を伴う低価格商品の大量販売を展開した。所得分配の平等化にも促されて、高度経済成長期に消費のあり方は大きく変化し、大衆消費社会が実現したのである。

（中村隆英・宮崎正康）

公害《こうがい》問題《もんだい》　公害は経済発展とともに発生してきた環境破壊現象である。公害は第二次世界大戦*以前にもみられたが、戦後、高度経済成長*の過程で、川崎や千葉などの鉄鋼・石油化学コンビナートにおいて大気汚染や水質汚濁による被害者が発生し、東京など大都市ではスモッグや騒音などの被害が拡大した。昭和四十二—四十四年（一九六七—六九）にかけて、新潟水俣病（水銀中毒症）・富山イタイイタイ病（カドミウム中毒症）・四日市公害（大気汚染）・熊本水俣病（水銀中毒症）の四大公害裁判が、それぞれ開始され、いずれも、被害者側の勝訴で結審した。それまでの政府の対策は、企業の擁護に傾き、被害者が発生しているにもかかわらず、後手に回りがちであった。しかし昭和四十二年に公害対策の総合的推進を図る公害対策基本法が定められ、昭和四十五年末のいわゆる公害臨時国会においては、公害発生企業に対し無条件に原因除去の責任を課す基本法改正を含む十四の公害対策の法律が制定・改正された。昭和四十六年（一九七一）には環境庁が発足した。さらに一九七〇年代には公害防止機械の開発が進んだ。しかし、被害者の認定から救済までの期間が長く、公害の予防について環境アセスメント（事前調査）が不十分なことなど問題点が少なくない。八〇年代の末ごろからは地球環境問題としてより広い視点からの対応が求められている。

（中村隆英・宮崎正康）

（二）　国際協力の推進

日米協力の強化　自由主義陣営の一員として国際社会に復帰した日本は、その後、国際的影響力を少しずつ高め、日米安全保障条約*をより対等なものに改める方針を進めた。昭和三十五年（一九六〇）岸信介内閣のときに日米相互協力及び安全保障条約（日米新安保条約）が結ばれ、事前協議制や相互の防衛力強化などが取り決められた。しかし、非武装中立論を唱える革新勢力は新安保条約に強く反対して、大衆的な反対運動が展開された。

条約の批准を終えて岸内閣が退陣した後、次の池田勇人内閣は、「所得倍増」をスローガンに高度経済成長の政策を推進し、国内の政治的対立の緩和を図った。

国際社会の多極化　一九六〇年代には米ソ両国間に平和共存の気運が高まり、緊張緩和（デ・タント）が進んだ。部分的核実験停止条約・核拡散防止条約*が、米・英・ソ三国を中心に結ばれ、日本をはじめ世界の多くの国々がこれに参加した。しかし、中国は平和共存政策に反対し、フランスとともに独自に核兵器の開発を進めた。

こうして中ソの対立が表面化し、東欧のソ連からの自立化の動きも起こり、社会主義陣営の一枚岩的団結は揺らぎ始めた。中国は一九六〇年代後半、文化大革命*により国内が混乱したが、国際的発言力を強め、一九七一年中華民国（台湾）に代わって国連の代表権を得て、安全保障理事会の常任理事国となって、米ソに対抗した。

一方、アメリカはヴェトナム内戦の介入（ヴェトナム戦争*）に失敗し、一九七三年和平協定を結んでヴェトナムから撤退した。その結果、インドシナ三国は社会主義国となったが、社会主義陣営内部の対立を反映し、中越戦争、カンボジアでの大量虐殺など混乱が続き、大量の難民が出るなど大きな国際問題となった。

このように、アメリカの自由主義陣営、ソ連の社会主義陣営における威信と指導力は低下し、国際社会の多極化が進んだ。

近隣諸国との国交正常化と沖縄の祖国復帰　一九六〇―七〇年代、日本は近隣諸国との関係改善を進めた。三十数年植民地支配をしていた韓国との交渉は、請求権問題などで難航したが、昭和四十年（一九六五）六月、佐藤栄作内閣のときに日韓基本条約および諸協定が結ばれた。これにより日韓の外交関係が樹立され、日本の韓国に対する五億ドル（うち無償三億ドル）の供与も取り決められた。

佐藤内閣*は引き続いて、サンフランシスコ平和条約発効後もアメリカの施政権下におかれていた沖縄の返還交渉に着手した。沖縄基地の自由使用に固執するアメリカ側との間で交渉は難航したが、沖縄住民の祖国復帰運動の高まりを背景に、昭和四十六年（一九七一）六月沖縄返還協定が調印され、翌四十七年（一九七二）五月発効とともに沖縄の本土復帰*が実現した。しかし、在日米軍基地の七〇パーセント以上が沖縄県に集中しているため、その後も基地問題は残された。

また未解決のままとなっていた中華人民共和国との関係改善について、ニクソン米大統領の訪中によって改善された米中関係に続いて、田中角栄内閣*が積極的に取り組んだ。昭和四十七年（一九七二）九月、田中首相が中国を訪問し、中国の周恩来国務総理との間で、日中共同声明が調印された。この結果、日本は中華人民共和国政府を中国の唯一の合法政府と認め、中国は対日賠償請求権の放棄を宣言し、平等互恵・内政不干渉などの諸原則のもとに平和友好関係を確立することが約束され、日中国交正常化が実現した。

石油ショックと先進国の協力　第二次世界大戦*後、世界経済のリーダーシップを握っていたアメリカは、ヴェトナム戦争のための巨額の戦費支出などにより、経済力にかげりを生じた。一九四九年（昭和二十四）以来一ドル三六〇円に固定されていた為替相場は、一九七一年にはドル防衛措置のため、一ドル三〇八円とドルの切り下げが行われ、ついで一九七三年（昭和四十八）変動相場制*が導入されると、日米経済の実勢を反映して円高が進んだ。

一九七三年十月、イスラエルとアラブ諸国の対立から第四次中東戦争が勃発すると、アラブの産油国はイスラエル寄りとみられるアメリカ・西欧諸国や日本に対し石油供給を削減した。これをきっかけに、石油不足と価格の暴騰でいわゆる石油ショック*が起こった。西側の先進工業国は大きな経済的打撃を受け、日本も不況と物価の高騰に見舞われ、昭和四十九年（一九七四）には、実質経済成長が戦後初めてマイナスとなった。

一九七五年十一月、米・英・仏・西独・伊・日の六カ国首脳（のちカナダ・EC首脳も参加）が主要先進国首脳会議*（サミット）を開き、不況克服を目指す国際協力について協議した。以後、サミットは毎年開かれ、世界経済など重要問題について、西側の先進工業国としての協力体制を強めている。

（鳥海　靖）

〔国際社会の多極化〕

ヴェトナム戦争《せんそう》　一般には、一九五〇年代に始まり、一九七五年四月三十日にヴェトナム解放勢力が南部親米政権を打倒し、ヴェトナム統一に至る十五年あまりの戦争をさす。フランス植民地からの独立を求めるヴェトナム民族独立運動に、一九五四年ジュネーヴ協定以降アメリカが介入し、南部に親米政権（ゴ・ディン・ジェム政権）を樹立。一九五九年、ゴ政権とその背後にいるアメリカに対する武力闘争が開始され、一九六〇年十二月、ヴェトナム南部解放民族戦線結成、一九六一年二月、解放民族戦線人民武装勢力（解放軍）設立。一九六一年七月、アメリカは軍事顧問団を送り込んでしだいに深入りし始める。翌年二月、サイゴンに軍事援助司令部を設置、一九六四年八月の「トンキン湾事件」を契機に北ヴェトナムへの空爆を開始した。一九六五年、アメリカは地上軍二十万人をもって直接介入に踏み切り、最大五十四万人を派遣。一九六八年一月のテト攻勢以降、パリで和平交渉が開始され、一九七三年一月、ヴェトナム和平協定が成立した。アメリカ地上部隊の撤兵の開始

後ほどなく、一九七五年、北側のホー・チ・ミン作戦で南部が制圧され、南北統一に至った。（渡辺昭夫）

文化《ぶんか》大革命《だいかくめい》　広義には一九六六年に始まる十年間、毛沢東の革命理念・権力観が動因となって発生した政治・経済・文化・思想運動など中国社会の総体的な現象をさすが、狭義には政治過程に注目し、文革派対実権派の対立、紅衛兵運動などの政治事件・運動をさす。大躍進政策に始まる野心的な経済政策が破綻し「調整政策」に転じざるをえなくなったが、同時にイデオロギーの純潔さを維持し自己の権威を守り抜こうとする毛の意図が背景にあった。北京副市長呉晗《ゴガン》の歴史劇「海瑞罷官」をめぐる文芸論争が発端となり、大規模な権力闘争に発展した。毛は紅衛兵などの大衆運動を操って政敵である劉少奇ら実権派を攻撃し、失脚させた。一九六九年四月の中国共産党九全大会で一応の終止符が打たれたが、林彪を中心とする軍人、江青らの文革派、周恩来ら実務官僚との間の権力闘争は以後も続く。一九七一年九月林彪の怪死後は、江青以下の四人組の権力が増大するかに見えた。しかし軍の後ろ盾を失った文革派は、一九七六年の毛沢東の死後勢いを失い、華国鋒のクーデターにより息の根を止められた。文革は現代中国に大きな爪痕を残したが、当時の日本やヨーロッパの左翼知識人・学生運動にも影響を与えるなど、海外にもその余波は及んだ。（渡辺昭夫）

日韓《にっかん》基本《きほん》条約《じょうやく》　昭和四十年（一九六五）六月、日本と大韓民国との間で調印、同年十二月発効した両国の国交関係の基本を規定した条約。両国間の外交関係の開設（第一条）、日韓併合条約など旧条約の失効（第二条）、韓国政府の管轄権（第三条）、国連憲章の遵守（第四条）、通商貿易の回復（第五条）、民間航空路の開設（第六条）、批准（第七条）の全七条からなっている。基本条約に付随する一連の協定、交換公文を総括して日韓条約と称する。昭和二十九年（一九五四）に予備会談が開始されたが、両国間には難問が山積していたこと、韓国側の政情不安定もあって、交渉は異例なまでに長期化した。経済発展を優先する朴正熙政権が登場したことや、アジア政策の見地から日韓関係の改善を望むアメリカの強い後押しがあったため、池田内閣*時代に妥結へ向けて動き始め、次の佐藤内閣*時代に調印までこぎ着けた。日韓両国内で反対運動が展開され、特に韓国では学生デモが頻発し、非常戒厳令が発令された。批准に関しても、韓国は与党承認の強行、日本は国会での強行採決と変則的であった。（渡辺昭夫）

沖縄《おきなわ》の本土《ほんど》復帰《ふっき》*　日本の本来の領土で唯一第二次世界大戦*中に戦場となった沖縄は、戦後の連合国による対日占領期間中も、他府県とは別個の扱いを受け、米軍による直接統治下に置かれた。もともと、何世紀にもわたる琉球王国としての歴史をもつこの地方は、明治初期の「琉球処分」によって他府県並みに近代中央集権体制のなかに編入されたものの、独自の地方意識の強いところであった。敗戦直後に将来の沖縄の国際的地位が議論されたころ、沖縄政界の一部には琉球独立論を唱える声があった。だが、大勢を占めたのは祖国復帰論であった。しかし、沖縄の祖国復帰運動の声は東京やワシントンには届かず、対日平和条約*によって日本が主権を回復した際にも、旧沖縄県は奄美群島や小笠原諸島と並んで、平和条約第三条の規定により、アメリカを管理者とする国連の信託統治制度が導入されるまで、従来どおりアメリカの統治下にとどめ置かれることになった。日本はこれらの諸地域に対して「潜在主権」をもつものとされた。

以後、しだいに高まる祖国復帰運動を受けて、沖縄返還が日米間の重要な外交案件となっていく。他方、極東の軍事的緊張が続くなかで米軍にとって、他国による制約から自由に利用できる沖縄基地はますます貴重なものと考えられた。しかし、沖縄に固執するあまりに両国の安全保障上の協力関係を損なうことは避けるべきだとの判断が勝って、アメリカは日米安全保障*条約の枠内で沖縄に基地を保持・使用できることを前提に、施政権を日本に返還することに同意した（一九七二年五月十五日、沖縄返還協定発効）。基地使用に関して他府県と法制上の区別は置かないという意味で本土並みの復帰と呼ばれた。だが、沖縄に米軍基地が集中しているという事実はいまでも残っている。（渡辺昭夫）

日中《にっちゅう》国交《こっこう》正常化《せいじょうか》　昭和二十七年（一九五二）の対日平和条*約締結の際に中国では内戦状態がまだ続いており、台湾に逃げ込んだ中華民国（国民党政権）と北京に成立した中華人民共和国（共産党政権）とのいずれが中国を代表して日本と講和を結ぶ資格があるのかが問題となった。北京に中国代表権があるとするイギリスと、同党政権に対して非承認の政策をとり国民党政府を支援するアメリカとで意見が分かれ結論がでなかった。結局、いずれを相手として国交を開くかは講和後に主権を回復した日本の選択に任せることになった。アメリカの意図が明らかに台湾にある以上、当時の日本政府としては選択の余地は事実上なしと判断して、国民党政権との間で日華平和*条約を結んだ（昭和二十七年四月二十八日）。

しかし、民間では経済界をはじめ、中国の領域の大部分を実効支配している北京政府と外交関係がないことは、いかにも不自然であり、経済関係の発展にも支障があるという理由で、中華人民共和国との国交正常化を急ぐべきだとの声が早くからあった。いわゆる政経分離の名のもとに国交（政治）関係を抜きにして通商（経済）を進めるという方式が試みられ、日中経済関係は少しずつ発展し、アメリカもある程度までは、それを黙認していた。ところが、昭和四十六年（一九七一）七月十五日アメリカのニクソン大統領が突然対中政策の転換を宣言し、翌年二月に米中が上海コミュニケを発表するに及んで、事態は一変した。佐藤内閣*はこれまでの信義を重んじて台湾との関係を維持したが、田中角栄内閣*に変わると、それまで抑えられていた日中国交樹立論は一気に高まり、田中首相と大平正芳外相が北京を訪問し、昭和四十七年九月二十九日、国交正常化に関する日中共同声明の発表となった。同日、日華平和条約は失効し、約二十年にわたるその生命を終えた。（渡辺昭夫）

日中《にっちゅう》平和《へいわ》友好《ゆうこう》条約《じょうやく》　日中平和友好条約は、昭和五十三年（一九七八）八月十二日、園田直外相と黄華外交部長との間で調印、十月二十三日批准書交換された。昭和四十七年の日中共同声明第八項で「両国間の平和友好関係を強固にし、発展させるため、平和友好条約の締結を目的として交渉を行うことに合意した」と明記されていたのを受けて、実際の交渉は四十九年から開始された。当初の楽観論に反して意外に交渉は難航し、ついに反覇権条項をめぐって暗礁に乗り上げてしまった。当時厳しい状態にあった中ソ対立を背景に中国側は、ソ連を念頭においた反覇権条項を盛り込むことにこだわった。他方、日本側は、たださえ領土問題などでむずかしい対ソ関係をこれ以上悪化させたくないので、中国の反ソ外交戦略の片棒を担ぐことを嫌った。結局、「この条約は、第三国に関する各締約国の立場に影響を及ぼすものではない」とするいわゆる第三国条項（第四条）を盛り込むことを条件に、日本側が反覇権条項（第二条）の挿入を受け入れて妥協が成立し、調印に漕ぎつけた。（渡辺昭夫）

田中角栄内閣《たなかかくえいないかく》　七年八カ月続いた佐藤政権の後、昭和四十七年（一九七二）七月、高い世論の支持を受けて、田中角栄内閣が発足した。佐藤内閣*の「待ちの政治」に対し、田中内閣は「決断と実行」をスローガンに掲げ、内政面では日本列島改造を、外交面では日中関係の打開を優先課題とした。内閣成立後ただちに中国問題に着手し、同年九月二十九日に北京で日中共同声明に署名、国交正常化を達成した。しかし、内政面では、日本列島改造論が引き金となって、地価高騰、さらにはインフレを招いてしまった。一九七三年十月に勃発した第四次中東戦争とそれに続くオイルショックがこれに加わり、「狂乱物価」と評される事態を生んだ。結局、愛知揆一蔵相の死後、田中はライバルの福田赳夫を蔵相に迎えてインフレ収束に力点を移し、持論の日本列島改造は放棄せざるをえなかった。石油ショックはアラブ外交をめぐってアメリカとの関係の緊張を生む原因にもなった。また、東南アジアを歴訪した田中を反日デモが迎えるなど、アジア外交の面でも新しい問題に直面した。ロッキード疑惑で満身創痍となった田中は昭和四十九年（一九七四）十一月三木武夫に政権の座を譲った。田中内閣で露呈した金権政治は、以後自民党政治そのものの体質として大きな問題に発展し、国民の政治不信の理由となった。（渡辺昭夫）

核拡散防止条約《かくかくさんぼうしじょうやく》　正式名称は「核兵器の不拡散に関する条約」。核不拡散の問題は一九五〇年代から国連の場で討議されてきたが、六〇年代半ば以降、世界的な原子力発電計画の展開を背景に、核拡散の危険への対処が急務となった。核拡散阻止の点では米ソはおおむね立場が一致していたので、条約の成否は核保有国と非核保有国との利害の調整にかかっていた。一九六八年七月一日に条約案への署名が開始されたが、必要な要件を充たしてそれが発効したのは一九七〇年三月五日のことであった。条約は、前文と本文十一条からなり、大別して三つの内容にわたる。①核兵器の拡散禁止を規定した第一・第二条および保障措置制度を規定した第三条、②核保有国に核軍縮の努力を促す第六条、③非核保有国による原子力の平和利用の権利を定めた第四・第五条である。なお、この条約では一九六七年一月一日以前に核兵器をすでに取得した国々が核兵器国と規定されているが、結局は米ソ両国とその他の国々との差を際立たせることになった。日本は昭和四十五年（一九七〇）二月に署名、同五十一年（一九七六）六月に批准した。（渡辺昭夫）

〔先進国の経済協力〕

変動相場制《へんどうそうばせい》　外国為替相場が市場の取引に応じて変動する制度。戦後、ブレトン・ウッズ協定に基づいて、固定相場制度を軸とした国際通貨制度（ＩＭＦ体制）が維持された。しかし日欧の経済発展により、各国、特にアメリカの国際収支の不均衡が増大して固定相場の維持は困難となった。また各国は保有している過剰ドルの金との交換をアメリカに求めたため、ドルと金との価値の固定も困難になった。アメリカのニクソン大統領は一九七一年八月に金とドルの交換を停止し（ニクソン・ショック）、さらに同年十二月のスミソニアン合意によりドルの切下げ、円・マルクなど主要通貨の切上げなどの多角的通貨調整が図られた。円は、昭和二十四年（一九四九）以後一ドル＝三六〇円に固定されてきたが、この通貨調整で三〇八円に切り上げられた。しかし不均衡は続き、四十八年（一九七三）二月にはアメリカの要請によって、固定相場制は放棄されて変動相場制に移行した。変動相場制による国際収支不均衡の自動的な調整を期待してのことであったが、資本取引が大幅に拡大したことなどのため、必ずしも成功していない。

（中村隆英・宮崎正康）

石油《せきゆ》ショック　一九七三年（昭和四十八）、第四次中東戦争が勃発し、アラブ石油輸出国機構（ＯＡＰＥＣ）はイスラエル支持国への石油輸出の削減を、また石油輸出国機構（ＯＰＥＣ）は石油価格の大幅引上げを発表した。前者は短期的・政治的恫喝にとどまったが、後者は一九七三―七四年にかけて原油価格の四倍の上昇をもたらし、世界経済に甚大な影響を及ぼした。これが第一次石油ショックである。また一九七八―七九年のイラン革命と、それに続くイラン・イラク戦争を背景に、再度石油価格の三倍値上げが実施された（第二次石油ショック）。石油輸入国はインフレーションと、所得の産油国への移転がもたらす内需減少のため景気の悪化に苦しんだ。第一次ショック当時、日本は田中内閣の内需拡大政策のためインフレーションが激化していたが、石油の値上りによってインフレはさらに昂進した。田中は福田赳夫を蔵相としてその処理を委ね、福田は列島改造計画を棚上げとし、財政・金融の思いきった引締め政策をとってインフレの抑制に成功した。しかし、一九七五年（昭和五十）には、鉱工業生産は七三年の二割減となり、戦後最大の不況が訪れ、高度成長はここに終わりを告げた。第二次ショックの際には、時の福田内閣は一九七九年から早目に引締め政策をとり、これが成功してインフレは最低限度に抑制された。ただし、世界的なスタグフレーションのもとで、一九八〇―八一年は全体としての不況を避けることができなかった。

（中村隆英・宮崎正康）

先進国首脳会議《せんしんこくしゅのうかいぎ》（サミット）　日・米・独・英・仏・伊・加およびＥＣの各首脳が参加して、世界的な政治経済問題を話し合う会議。第一次石油ショック*後の政治的経済的混乱に対処するため、仏のジスカール・デスタン大統領の呼びかけに基づいて、右のうちカナダとＥＣを除いた六カ国の首脳が参加して一九七五年フランスのランブイエで第一回会議が開かれた。以後毎年各国の持ち回りで主催され、一九七六年からカナダ、一九七七年からＥＣが参加した。冷戦*下に西側先進各国がソ連に対抗する意味合いが含まれていたが、ソ連の崩壊の後、一九九四年からはロシアが政治討議に参加し、先進国が世界的な問題を検討する会議へと性格が変化してきている。

（中村隆英・宮崎正康）

（三）　現代の世界と日本

冷戦の終結と民族紛争　一九八〇年代末から九〇年代にかけて、国際社会には大きな変動が起こった。それは社会主義陣営の多くの国々で、自由化・民主化の動きが高まり、独裁的政治体制と社会主義経済体制とが崩壊したことである。

　ソ連では硬直化した社会主義体制のもとで軍事費が肥大化して経済危機が深まり、それを打開するため、ゴルバチョフ書記長（のち大統領）がペレストロイカ（改革・再編）とグラスノスチ（情報公開）を進め、アメリカと中距離核兵器全廃条約を結んだ。そして一九八九年、米ソ両首脳は冷戦*の終結を宣言した。

　その後、一九九一年ソ連では保守派のクーデター失敗を契機に共産党の支配体制は崩壊し、また、連邦内の共和国がつぎつぎに独立を宣言してソ連は解体され、ロシア連邦を中心とする主権国家のゆるやかな連合体（独立国家共同体、CIS）に再編された。ロシアはエリツィン大統領のもとで複数政党制による民主主義体制と資本主義・市場経済への道を進めた。日本を含む西側先進諸国は、ロシアの経済危機打開のために協力体制をとった。

　その間、ソ連による締めつけから解放された東欧諸国でも、一九八九―九〇年、つぎつぎと社会主義体制が崩壊し、西欧的な議会制民主主義と市場経済への移行を目指した。東西ベルリンを分断し両陣営による冷戦の象徴となっていたベルリンの壁が一九八九年十一月撤去され、翌年十月、西ドイツが東ドイツを吸収する形で、ドイツの統一が実現した。

　中国では一九八九年、民主化を求める学生らの運動を政府が武力で鎮圧して共産党の支配体制を強化し（天安門事件）、またチベットや新疆《しんきょう》ウイグル自治区での民族独立運動をきびしく抑え込んだが、経済的には市場経済を取り入れて改革・開放路線を進めた。

　このような社会主義陣営の変動によって、冷戦体制はほぼ解消した。しかし、その後も旧ソ連・東欧・中近東など、世界各地で民族紛争・地域紛争が続発している。一九九〇年のイラクのクウェート侵攻に対し、国際連合*安全保障理事会の決議により、翌年アメリカ軍を中心に多国籍軍がイラク制裁の軍事行動を起こした（湾岸戦争）。こうした紛争の続発に対して国連の平和維持活動*（PKO）の役割が増大している。

日米貿易摩擦　一九七〇年代後半、石油危機を克服した日本は、いっそう輸出力を強め経済成長を維持した。一九八〇年代に入って、自動車や工作機械の生産で日本はアメリカを抜いて世界一位となり、とりわけ乗用車の対米輸出の急増は、アメリカ最大の産業である自動車産業に大きな打撃を与えた。

　アメリカ側の強い要求で日本は自動車の対米輸出を自主規制し、また一九八五年の米・英・仏・西独・日の先進五カ国（G5）蔵相会議によるいわゆるプラザ合意をきっかけに、日米経済の実勢を反映して円高が進行した。しかし、日本の輸出力は衰えず、昭和六十一年（一九八六）には対米輸出総額は八百億ドル（日本の全輸出額の約三五パーセント、うち三〇パーセントが自動車輸出）を越え、対米貿易黒字は五百億ドルを上回った。

　このような著しい貿易不均衡に対して、アメリカ側は日本市場の閉鎖性を非難し、牛肉や農産物、特に米《こめ》の市場開放、非関税障壁の撤廃、アメリカ企業の日本国内の公共事業への参入を要求するなど、日米貿易摩擦*が深まり、アメリカ国内では、いわゆるジャパン・バッシングの風潮が高まった。

五五年体制の崩壊　日本国内では一九九〇年代に入って政治資金調達をめぐる汚職事件が頻発し、「金権政治」に対する国民の不信感が高まった。政治腐敗防止を目指す政治改革・選挙法改正などに関して、与野党内の対立も顕在化し、内閣はたびたび交代して、ついに自民党は分裂した。平成五年（一九九三）の衆議院議員総選挙*で自民党は過半数を大きく割り、三十八年間続いた自民党政権に代わって、日本新党の細川護熙《もりひろ》が新生党（自民党脱党派）・日本社会党*・公明党など非自民八党派による連立内閣を組織した。翌年には社会党委員長村山富市を首相とする自民・社会・新党さきがけの連立内閣が出現した。社会党は与党化のなかで、自衛隊*のPKO参加や日米安保条約を認めるなど、安全保障問題その他で大幅にこれまでの方針を改め、自民党の主張に歩み寄り、保守・革新の政策の差もほとんどなくなった。

　こうして保守・革新の対立を軸にした五五年体制*は崩壊したが、その後、非自民諸党派の合同による新進党の結成と分裂、社会党の解党と社会民主党の結成、民主党の創立など政党の離合集散が相つぎ、政局の流動化が続いている。

経済の混迷　一九八〇年代を通じて日本経済は安定成長を続け、八〇年代後半から一九九一年（平成三）まで、大型景気が持続された。その間、自民党の中曾根内閣によって、電電・専売・国鉄の民営化が実現した。しかし、一方では大量の資金が不動産や株式市場に流入し、投機の対象として地価や株価の異常な高騰をもたらした（バブル経済）。

　一九九二年ごろから、こうしたバブル経済はくずれ、景気は一転して長期の低迷に落ち込んだ。多くの企業で収益は悪化し、大手都市銀行や証券会社のなかにも、巨額の不良債権をかかえ、経営が破綻するものが現れた。政府の財政事情は悪化し、高齢者福祉などの財源を求めて、政府は平成元年（一九八九）に新設された消費税を平成九年（一九九七）より三パーセントから五パーセントに増税したが、この結果、景気はいっそう冷え込んだ。政府はこうしたなかで金融秩序の崩壊を回避するため、膨大な公的資金を投入して銀行の救済に当たった。

日本の国際貢献　このような経済の混迷にもかかわらず、世界経済に占める日本の役割と国際社会の日本への期待はきわめて大きい。日本は「経済大国」として、一九九〇年代、世界屈指の債権国であり、政府開発援助（ODA）の総額はアメリカを抜いて世界第一位を占め、特に中国・インドネシア・フィリピンなど三十余カ国に対して最大の援助供与国となっている。また国連分担金はアメリカについで第二位である。湾岸戦争では経費として百三十億ドルを支出した。

日本に続いて、韓国・台湾などが一九八〇年代から九〇年代にかけてめざましい経済発展をとげて、アジア新興工業地域経済群（A-NIES）を形成し、また中国やアセアン諸国の高い経済成長も世界の注目を集めた。一九九〇年代後半、これらの地域では経済危機・通貨危機が広がったが、そこからの回復に向けて、日本の主導的役割もまた期待されている。

湾岸戦争以後は、日本に対して経済面以外の分野でも、国力に見合った国際貢献を求める声がアメリカなどを中心に高まっている。自衛隊のPKO参加問題もその一つであるが、日本国内では、一国平和主義を乗り越えて、国際社会における責任を分担すべきであるとして、これを推進しようとした政府・自民党と、平和憲法擁護の立場からこれに反対した社会党など革新勢力との対立のなかで、平成四年（一九九二）宮沢喜一内閣のとき、国際連合平和協力法（PKO協力法）が成立した。これにより、カンボジアなどでの平和維持活動のための自衛隊の派遣が実現し、国際社会に認められる実績をつくった。

今日、世界各地で民族紛争・地域紛争が多発するなかで、いかなる形で平和を守る活動に貢献できるのか、日本にとって国際化の時代における大きな試金石といえよう。

現代日本の文化　第二次世界大戦*における敗戦とアメリカ軍を中心とする連合国軍の日本占領によって、日本国内にはアメリカ文化が大量に流入し、日本人はアメリカ映画や音楽を通じて、アメリカ流の生活様式や風習に接触した。教育面ではこれまでの国家主義的統制がくずれ、教育の機会均等・男女共学などを取り入れた教育基本法*・学校教育法*が制定され、教科書のなかにも、アメリカ流の自由・民主主義の価値感が盛り込まれた。このような価値観の全面的転換は、時としていろいろな混乱を生みながら、しだいに国民のなかに新しい価値観を浸透させていった。

現代日本の文化の大きな特色は、大衆化と国際化に求めることができるだろう。昭和二十八年（一九五三）に始まったテレビ放送*は、たちまちのうちに全国の家庭に普及し、六〇年代後半にはカラーテレビが広まった。八〇年代にはテレビ受像機は三千万台以上となり、普及率は九八パーセントに達した。有力新聞は、高級紙と大衆紙の双方の性格をあわせる形で発行部数を大幅に伸ばして一日数百万部を越え、週刊誌も数多く発行された。このようなマスメディアのめざましい発達が、文化の大衆化を推進し、一九六〇年代以降の消費革命が日本人の生活意識を大きく変化させた。しかし、七〇年代以降、環境問題が深刻化するなかで、人々の間には、大量生産・大量消費の使い捨て文化に対する反省も生まれ、リサイクルやゼロエミッション運動も進められた。

教育の大衆化もめざましく、一九七〇年代には高等学校への進学率が九〇パーセントを越え、高等学校は事実上、義務教育的な存在となった。大学への進学率も七〇年代後半には三〇パーセントを越えた。しかし、このような教育の大衆化が同時に激しい受験競争や学校間の格差を生み、「落ちこぼれ」「学級崩壊」、校内暴力や若者の非行問題にもつながった。

学問や芸術の分野では、自然科学・科学技術の発達がめざましく、その国際化も進んだ。物理学者湯川秀樹*・朝永振一郎、文学者川端康成*らのノーベル賞受賞、オリンピック東京大会*（昭和三十九年）、大阪での日本万国博覧会*の開催（昭和四十五年）、黒沢明監督らの日本映画作品の海外での受賞などは、日本の学問・文化・芸術・技術が国際社会で高い評価を受けたあらわれといえよう。

一方、新しい文化だけでなく、国際化の進むなかで、日本の伝統的文化尊重の姿勢も深められ、文化財保護法により貴重な歴史的遺産の保護も行われている。

近年、文化の大衆化と国際化はいっそう進展し、とりわけ、一九八〇年代後半以降、衛星放送の開始により世界各国の出来事がそのまま国民の茶の間に映像として伝えられ、またパーソナルコンピューター（パソコン）やインターネットの普及により、国境を越えて即時に様々な情報を個人的に引き出すことが可能になった。こうした情報革命によって人間生活の場はいっそう拡大したが、同時にそうして得た情報をどのように主体的に活用できるかは、今後の大きな課題といえよう。

（鳥海　靖）

〔世界のなかの日本〕

日米貿易摩擦《にちべいぼうえきまさつ》　日本とアメリカとの間に起こった通商上の様々な軋轢《あつれき》。とりわけ、第二次世界大戦後*二十数年を経て、日本が経済大国としての地位を確立した一九七〇年代以降のそうした現象についていう。昭和四十五年（一九七〇）ごろには、日本から繊維製品のアメリカへの輸出が急増し、日本との貿易に関してアメリカの不満感が深まった。昭和四十六年には二十年以上続いていた一ドル＝三六〇円の日米間の為替レートは、ドル切下げによって、一ドル＝三〇八円に変更され、翌年には日米繊維協定が結ばれて、繊維問題はひとまず決着した。昭和四十八年、日本は固定相場制から変動相場制に移行したが、石油危機を乗り切った日本経済の着実な発展とともに、一九七〇年代後半には日米間の経済の実勢を反映して円高ドル安が進み、昭和五十三年（一九七八）には一時一ドル＝一七〇円台にまでなった。しかし、円高圧力にもかかわらず、その後もテレビ受像機やトランジスターラジオのアメリカへの「集中豪雨」的輸出が続いた。さらに一九八〇年代に入ると自動車、とりわけ乗用車の対米輸出が急増し、アメリカ最大の産業である自動車産業に大きな打撃を与えた。日本側は乗用車の輸出を自主規制し、また円高も進んだが、日本経済の輸出力は衰えず、昭和六十一年（一九八六）には日本の対米輸出は年間八百億ドルを超え（その約三〇パーセントが自動車の輸出）、対米貿易黒字は年間五百億ドルを上回った。アメリカ側はこうした貿易不均衡の原因は日本市場の閉鎖性にあるとして強く日本を非難し、日本に牛肉や農産物、特に米《こめ》の輸入自由化、非関税障壁の撤廃、公共事業への外国企業の参入などを要求し、一九八八年アメリカ議会は、日本の対米貿易黒字が減少しない場合の報復措置を定めた抱括貿易法を可決するなど、アメリカ国内で、ジャパン・バッシングの動きが高まり、日米貿易摩擦は一段と深刻化した。一九九〇年代、日本経済はそれまでの異常な大型景気から一転して不況に突入し、逆にアメリカは好景気を迎えたが、日本の不況による輸入減少により、いぜん対米貿易黒字は続いた。こうしたなかで、アメリカは日本に、抜本的な国内景気回復策を求めるなど、いぜん日米貿易摩擦は続いている。

（鳥海　靖）

国連《こくれん》平和《へいわ》維持《いじ》活動《かつどう》　ＰＫＯ（Peace-Keeping Operations）と略称される。国連が関係当事国（特に受け入れ国政府）の同意を得て、軍人その他の要員で構成された国連平和維持軍や停戦監視団などを現地に派遣し、休戦・停戦の監視や治安維持任務を遂行し、事態の沈静化と紛争の再発防止にあたる。国連憲章に明確な規定はなく、国連安保理の決議に従って実施される。ＰＫＯは、①同意原則（当事国の要請・同意）、②非強制の原則（武力の行使は自衛のみを目的とする）、③中立の原則（国連事務総長の指揮下に中立性を維持）を守るべきものとされる。しかし、*冷戦後は、派遣数が増大するだけでなく、その機能も予防外交や必ずしも当事者の同意を前提としない人道的介入、さらには紛争後の平和建設など、従来の範囲を越える傾向が出てきた。日本は*自衛隊の海外派遣に絡むという理由で反対する声が強かったが、平成四年（一九九二）に成立した「国連平和維持活動等に対する協力法」（いわゆるＰＫＯ協力法）のもとでカンボジアの平和維持活動に始めて参加して以来、いくつかの参加の例がある。

（渡辺昭夫）

阪神《はんしん》・淡路《あわじ》大震災《だいしんさい》　平成七年（一九九五）一月、兵庫県南部・大阪府西部を中心に大きな被害をもたらした大地震による災害。阪神大震災・兵庫県南部地震ともいう。同年一月十七日午前五時四六分ごろ大地震が発生。震源は淡路島北部で深さ約二〇キロ。マグニチュード七・二の直下型地震で、神戸市や淡路島北部では震度七を記録したのをはじめ、災害は広範囲に及んだ。とりわけ、神戸市・灘市・西宮市などでは、各地で高速道路・鉄道・高架橋・高層ビル・住宅などの建造物が倒壊し、多くの火災が発生した。道路・鉄道が寸断され、電気・ガス・水道などライフラインもストップし、消*火活動もままならず、死者は六千三百人を越し、第二次世界大戦後、最大の災害となった。救援活動などボランティア活動も含めてさかんに行われ、被害住民はおおむね冷静に対応した。しかし、自衛隊*への災害出動命令の遅れなど、政府（村山内閣）の危機管理体制に問題を残した。また、経済不況が進行しつつあるさなかの災害であり、経済活動や国民生活への打撃は少なくなかった。

（鳥海　靖）

〔現代の文化〕

オリンピック東京大会《とうきょうたいかい》　昭和三十九年（一九六四）東京で開かれた第十八回オリンピック大会（夏季大会）。東京オリンピックと通称。近代オリンピック大会は一八九六年ギリシアのアテネで第一回大会が開かれ、日本は明治四十五年（一九一二）のストックホルム大会から参加。昭和十五年（一九四〇）の第十二回大会が東京で開かれる予定であったが、日中戦争*により返上。一九五九年のIOC委員会の決定により、第十八回大会が一九六四年十月十日—二十四日東京で開かれた。アジア最初の大会で、九十四カ国、五千五百名以上の選手が参加、二十種目の競技が行われ、日本は体操・レスリング・ボクシング・重量挙・柔道・女子バレーボールで十六個の金メダルを獲得した。この開会を目指して東海道新幹線が開通したのをはじめ、都市開発が進み、大きな経済効果を発揮した。

（鳥海　靖）

日本万国博覧会《にほんばんこくはくらんかい》　昭和四十五年（一九七〇）大阪で開かれた万国博覧会。通称は大阪万博。万国博覧会は世界各国の工業化の社会的成果を集中的に展示する催し物で、一八五一年イギリスのロンドンで初めて開かれた。以後、フランスのパリ、オーストリアのウィーン、アメリカのフィラデルフィアなど世界の先進諸国で相ついで開催された。日本が最初に参加したのは、幕末の慶応三年（一八六七）のパリ万国博であった。第二次世界大戦*によりしばらく途絶えたが、「国際博覧会条約」に基づいて、一九五八年ベルギーのブリュッセルで再開。一九七〇年三月十四日—同年九月十三日まで、大阪府千里丘陵で開かれた日本万国博覧会EXPO'70は、「人類の進歩と調和」を基本テーマに、七十七カ国が参加し、約六千四百二十二万人の入場者を集めた。これは関西地方で社会資本の整備が進む契機となった。

（鳥海　靖）

テレビ放送《ほうそう》　大正十二年（一九二三）ごろから研究実験に着手され、昭和五年（一九三〇）には日本放送協会（NHK）も研究を開始した。昭和十四年には公開実験に成功したが、戦争に突入したため、研究は一時途絶した。昭和二十一年（一九四六）から研究が再開され、二十五年十一月からは定時公開実験放送が開始された。二十七年には周波数帯幅や受像方式が決定され、二十八年二月から、NHK東京が本放送を開始、同年八月には民放の日本テレビが放送を開始した。ついで三十年にはラジオ東京がテレビ放送を開始、関西・東海・九州・北海道などでも、相ついで商業放送が開始された。街頭テレビや電気店の店頭のテレビでの視聴からしだいに家庭に普及し、昭和三十四年の皇太子成婚、三十九年の東京オリンピックを機に飛躍的に受信契約が増加した。カラーテレビは四十年代後半から急速に普及、十年余でほぼ白黒にとって代わった。昭和五十年に広告費でテレビが新聞*を上回り、視聴率競争がしだいに激化、一九八〇年代以降は新技術による放送が開始され、多チャンネル化が進行する一方で、ビデオなどの普及による放送離れも進ん

でいる。（小風秀雅）

国立《こくりつ》歴史《れきし》民俗《みんぞく》博物館《はくぶつかん》　日本の歴史・文化の調査・研究、歴史・考古・民俗資料の収集・保存・展示にあたる国立の博物館。千葉県佐倉市にある。昭和五十六年（一九八一）設置、同五十八年より展示公開を開始した。初代館長は井上光貞。文部省所管の大学共同利用機関で、歴史研究部・考古研究部・民俗研究部・情報資料研究部・管理部からなり、資料の収集・保存や、一般への展示とともに、特に大学の要請に応じて大学教員や大学院生など研究者の研究、教育活動に協力することが重要な活動内容とされている。（鳥海　靖）

湯川秀樹《ゆかわひでき》（一九〇七―八一）　昭和時代の理論物理学者。明治四十年一月二十三日東京に生まれる。京都帝国大学理学部物理学科卒業。昭和九年（一九三四）中間子の存在を予言する素粒子論の論文を発表。三年後、アンダーソンによってその存在が実験的に確認された。その後、坂田昌一らと*中間子場理論を展開。同十四年以降、京都帝大教授。第二次世界大戦後、アメリカに招かれプリンストン大学高等研究所、コロンビア大学で研究活動にあたり非局所場理論を提唱。同二十四年日本人で初めてのノーベル賞（物理学）を受賞。帰国後、京都大学に復帰。またパグウォッシュ会議に参加するなど平和運動に活躍。学士院賞、文化勲章受賞。昭和五十六年九月八日死去。七十四歳。（鳥海　靖）

三島由紀夫《みしまゆきお》（一九二五―七〇）　小説家・劇作家。本名平岡公威《きみたけ》。大正十四年一月十四日、父梓《あずさ》、母倭文重《しずえ》の長男として東京に生まれる。『煙草』（昭和二十一年）で文壇に登場し、『仮面の告白』（同二十四年）で作家としての地位を確立した。様式美をもった古典芸術を愛し、『潮騒』（同二十九年）『金閣寺』（同三十一年）などで美と滅びの一致を描くという独自の世界を築いた。小説・戯曲・評論などの分野で幅広く活躍。日本文化への危機感を抱いて『憂国』（同三十六年）に死の美学を表面化し、実生活でも楯の会を組織した。遺作『豊饒の海』を完結後、昭和四十五年十一月二十五日、自衛隊内で割腹自殺した。四十五歳。（宇佐美毅）

索　引

配列は 50 音順.
イタリック体は項目見出しのページを示す.

●り

●る

●れ

●ろ

●わ

編集代表略歴

藤野《ふじの》　保《たもつ》

1927 年　長崎県に生まれる
1959 年　東京教育大学大学院博士課程修了
1965-86 年　九州大学助教授・教授
1986-98 年　中央大学教授
専　攻　日本近世史
　　　　文学博士

日本史事典（普及版）　　定価はカバーに表示

2001 年 1 月 20 日　初　版第 1 刷
2003 年 4 月 10 日　　　　第 3 刷
2012 年 5 月 15 日　普及版第 1 刷
2013 年 3 月 20 日　　　　第 2 刷

編集代表　藤　野　　保
編集委員　岩　崎　卓　也
　　　　　阿　部　　猛
　　　　　峰　岸　純　夫
　　　　　鳥　海　　靖
発 行 者　朝　倉　邦　造
発 行 所　株式会社　朝　倉　書　店
東京都新宿区新小川町6-29
郵便番号　162-8707
電　話　03(3260)0141
FAX　03(3260)0180
http://www.asakura.co.jp

〈検印省略〉

シナノ印刷・渡辺製本

ISBN 978-4-254-53019-3　C 3521　　Printed in Japan

中国	西暦	和暦	天皇	おもな人物	
	1163—	長寛			
	1165—	永万	六条[79]		
	1166—	仁安		平清盛	
	1169—	嘉応	高倉[80]		
	1171—	承安			
	1175—	安元			
	1177—	治承			
	1181—	養和	安徳[81]		
	1182—	寿永			
	1184—	元暦	後鳥羽[82]		
	1185—	文治			
	1190—	建久		源頼朝【1】	
	1199—	正治	土御門[83]		
	1201—	建仁		源頼家【2】	北条時政(1)
	1204—	元久		源実朝【3】	北条義時(2)
	1206—	建永			
	1207—	承元			
	1211—	建暦	順徳[84]		
	1213—	建保			
	1219—	承久	仲恭[85]		
	1222—	貞応	後堀河[86]		
	1224—	元仁			北条泰時(3)
	1225—	嘉禄		九条頼経【4】	
	1227—	安貞			
	1229—	寛喜			
	1232—	貞永			
	1233—	天福	四条[87]		
モンゴル・南宋	1234—	文暦			
	1235—	嘉禎			
	1238—	暦仁			
	1239—	延応			
	1240—	仁治			北条経時(4)
	1243—	寛元	後嵯峨[88]	九条頼嗣【5】	
	1247—	宝治	後深草[89]		
	1249—	建長		宗尊親王【6】	北条時頼(5)
	1256—	康元			赤橋長時(6)
	1257—	正嘉			
	1259—	正元			
	1260—	文応	亀山[90]		
	1261—	弘長			
	1264—	文永		惟康親王【7】	北条政村(7)
元	1275—	建治	後宇多[91]		北条時宗(8)
	1278—	弘安			北条貞時(9)
	1288—	正応	伏見[92]	久明親王【8】	
	1293—	永仁			
	1299—	正安	後伏見[93]		
	1302—	乾元	後二条[94]		北条師時(10)
	1303—	嘉元			
	1306—	徳治			
	1308—	延慶	花園[95]	守邦親王【9】	
	1311—	応長			大仏宗宣(11)
	1312—	正和		北条熙時(12)	北条基時(13)
	1317—	文保			北条高時(14)
	1319—	元応	後醍醐[96]		
	1321—	元亨			
	1324—	正中			
	1326—	嘉暦		金沢貞顕(15)	赤橋守時(16)
	1329—	元徳*			
	1331—	元弘			
	1332—	正慶*	光厳*		
	1334—	建武*	後醍醐		
	1336—	延元	光明*		
	1338—	暦応*		足利尊氏[1]	
	1340—	興国	後村上[97]		
	1342—	康永*			
	1345—	貞和*			
	1346—	正平			
	1350—	観応*	崇光*		
	1352—	文和*	後光厳*		
	1356—	延文*		足利義詮[2]	
	1361—	康安*			
	1362—	貞治*			
	1363—	応安*		足利義満[3]	
明	1370—	建徳	長慶[98]		
	1372—	文中	後円融*		
	1375—	永和*			

中国	西暦	和暦	天皇	おもな人物	
	1375—	天授			
	1379—	康暦*			
	1381—	永徳*	後小松[100]		
	1381—	弘和			
	1384—	至徳*			
	1384—	元中	後亀山[99]		
	1387—	嘉慶*			
	1389—	康応*			
	1390—	明徳*			
	1394—	応永	称光[101]	足利義持[4]	足利義量[5]
	1428—	正長			
	1429—	永享	後花園[102]	足利義教[6]	
	1441—	嘉吉		足利義勝[7]	
	1444—	文安			
	1449—	宝徳		足利義政[8]	
	1452—	享徳			
	1455—	康正			
	1457—	長禄			
	1460—	寛正			
	1466—	文正	後土御門[103]		
	1467—	応仁			
	1469—	文明		足利義尚[9]	
	1487—	長享			
	1489—	延徳		足利義稙[10]	
	1492—	明応		足利義澄[11]	
	1501—	文亀	後柏原[104]		
	1504—	永正			
	1521—	大永		足利義晴[12]	
	1528—	享禄	後奈良[105]		
	1532—	天文		足利義輝[13]	
	1555—	弘治			
	1558—	永禄	正親町[106]	足利義栄[14]	
	1570—	元亀		足利義昭[15]	
	1573—	天正		織田信長	
	1592—	文禄	後陽成[107]	豊臣秀吉	
	1596—	慶長		徳川家康〈1〉	
	1615—	元和	後水尾[108]	徳川秀忠〈2〉	土井利勝
清	1624—	寛永	明正[109F]	徳川家光〈3〉	松平信綱
	1644—	正保	後光明[110]		
	1648—	慶安		徳川家綱〈4〉	
	1652—	承応			
	1655—	明暦	後西[111]		
	1658—	万治			
	1661—	寛文	霊元[112]		酒井忠清
	1673—	延宝		徳川綱吉〈5〉	
	1681—	天和			
	1684—	貞享			
	1688—	元禄	東山[113]		柳沢吉保
	1704—	宝永		徳川家宣〈6〉	新井白石
	1711—	正徳	中御門[114]	徳川家継〈7〉	
	1716—	享保		徳川吉宗〈8〉	
	1736—	元文	桜町[115]		
	1741—	寛保			
	1744—	延享		徳川家重〈9〉	
	1748—	寛延	桃園[116]		
	1751—	宝暦		徳川家治〈10〉	田沼意次
	1764—	明和	後桜町[117F]		
	1772—	安永	後桃園[118]		
	1781—	天明	光格[119]	徳川家斉〈11〉	
	1789—	寛政			松平定信
	1801—	享和			
	1804—	文化			
	1818—	文政	仁孝[120]		
	1830—	天保		徳川家慶〈12〉	水野忠邦
	1844—	弘化			阿部正弘
	1848—	嘉永	孝明[121]	徳川家定〈13〉	
	1854—	安政		徳川家茂〈14〉	井伊直弼
	1860—	万延			
	1861—	文久			
	1864—	元治			
	1865—	慶応		徳川慶喜〈15〉	
	1868—	明治	明治[122]		
	1912—	大正	大正[123]		
	1926—	昭和	昭和[124]		
	1989—	平成	今上[125]		